- Scett. o caso [illegible] 107-2[illegible] 515 523-531
- Kausalität 308-319

Contro Malebranche 307 sg. 318 sg.

- Contro finalismo 313

Morale 497 sg.

- Empirismo 519-589
e cartesianismo
- Esist. di Dio 525
- Leggi di natura 528 sgg.
- Teoria d. conosc. 547
- Infinito 553-556-568
- Matematica 559

Fisica incerta 572-573

FONTENELLE
A LA RECHERCHE DE LUI-MÊME
(1657-7102)

ALAIN NIDERST
Docteur ès Lettres

FONTENELLE
A LA RECHERCHE DE LUI-MÊME

(1657 - 1702)

EDITIONS A.-G. NIZET
3 bis, place de la Sorbonne
PARIS
1972

A Monsieur René Pintard

AVANT-PROPOS

Il y a déjà une dizaine d'années, nous envisageâmes d'étudier la personnalité et les idées de Fontenelle. Il convenait, ainsi que nous l'indiqua aussitôt M. R. Pintard, d'adopter une perspective historique ; J.-R. Carré avait abordé en philosophe l'œuvre de Fontenelle ; il avait cherché à concilier ou à enchaîner des thèmes divergents ; il avait nié toute évolution. Notre propos était tout différent : nous souhaitions faire la *biographie intellectuelle* de ce penseur méconnu. Ainsi s'explique l'importance que le lecteur jugera peut-être excessive des discussions chronologiques, et de l'histoire événementielle. Nous rêvions de parvenir à dater chaque ouvrage, chaque fait, peut-être même chaque lecture. Il entrait dans ce projet une part d'utopie : l'histoire littéraire, même la plus scrupuleuse et la plus loyale, a des limites infranchissables ; le passé se défend toujours. Puis notre intention initiale s'est modifiée. Il nous est apparu que Fontenelle « s'était cherché » durant la première partie de sa vie et qu'ensuite il demeura fidèle au rôle et aux idées qu'il avait choisis. Nous décidâmes donc de borner notre étude à ces années d'hésitation, d'inqiétude et de conquête. Les dates que nous indiquons — 1657-1702 — sont conventionnelles, mais elle permettent de préciser l'objet de notre étude et d'aborder toutes les œuvres essentielles. Après 1702, le secrétaire de l'Académie des Sciences succède à l'écrivain et même au philosophe ; le personnage officiel prend souvent le pas sur le penseur inquiet ; tout les problèmes sont résolus ; commence une longue vieillesse que modèlent les conventions académiques et qu'emplissent les plaisirs mondains.

L'histoire, la littérature et la philosophie se mêlent dans notre ouvrage. Jamais nous n'eussions pu mener seul cette entreprise. A la Bibliothèque Nationale, aux Archives Nationales, à la Bibliothèque de Rouen, à celles de Strasbourg, de La Rochelle, de Bordeaux, nous reçûmes l'accueil le plus empressé, des conseils judicieux, une aide inlassable. MM. Adam et Pomeau et Mme Labrousse ont bien voulu s'intéresser à notre tâche. Mme Durry nous a témoigné sa bienveillance. Les ultimes remarques de M. Vernière nous ont été profitables. Mais notre gratitude va surtout à nos deux maîtres, M. Pintard, dont la bonté et la fermeté nous ont constamment guidé durant ce long labeur, et M. J. Roger, qui a consenti à relire attentivement notre manuscrit et à nous indiquer tous les défauts et toutes les lacunes qu'une rédaction hâtive avait laissés.

NOTE LIMINAIRE

Fallait-il ou non respecter l'orthographe des ouvrages — imprimés ou manuscrits — que nous citons ? On peut à cet irritant problème donner plusieurs solutions, mais aucune n'est absolument satisfaisante. Une fidèle transcription des textes classiques est assurément plus correcte et plus rigoureuse, mais que d'embarras souvent inutiles pour le lecteur ! Et dans toutes les éditions, dans toutes les copies de l'époque classique, fourmillent les erreurs qui créent parfois de gênantes équivoques ou de véritables contre-sens. Il nous a donc paru préférable de moderniser la graphie des textes cités, mais nous n'avons pas osé toucher aux titres des livres, que nous reproduisons littéralement, tels qu'ils étaient dans les éditions que nous utilisons. Nous ne prétendons pas que ce compromis soit excellent ; il nous semble toutefois qu'il présente moins d'inconvénients que les autres solutions envisagées.

INTRODUCTION

La personnalité de Fontenelle est plus populaire que ses livres ou ses idées. Maintes anecdotes attestent son esprit, son égoïsme, parfois sa bienveillance, et l'on sait qu'il vécut cent ans. Ainsi se dessine une image un peu schématique : le philosophe « avait de la cervelle à la place du cœur » ; il ne riait, ni ne pleurait jamais ; il fuyait tous les dangers et toutes les émotions. Ce portrait demanderait sans doute à être nuancé ; et surtout il ne repose que sur des documents relatifs à la vieillesse de Fontenelle. Celui-ci a revêtu aux yeux de tous l'apparence d'un éternel octogénaire, un peu apathique, encore vif et toujours clairvoyant. Il serait cependant bien étrange qu'à l'époque où il écrivit les *Dialogues des morts* ou les *Entretiens sur la pluralité des mondes,* il ait eu une telle physionomie. Le portrait de Cydias suffit à montrer l'inexactitude de cette conception.

Les travaux universitaires ont souvent proposé une image plus complexe et plus vraie ; nous voulons rappeler ici les ouvrages de Louis Maigron (1), de Jean-Raoul Carré (2), de Grégoire (3) ; ces analyses sont souvent admirables : comment ne pas louer la précision et la mesure de l'un, l'intelligence compréhensive et la finesse déductive des autres... ? Malgré leur valeur, ces études sont loin d'épuiser l'œuvre et le personnage, et une nouvelle approche est possible. Dans son essai sur *La Philosophie de Fontenelle ou le sourire de la raison,* J.R. Carré nous a montré que dans tous les ouvrages du philosophe, se retrouve le même système, singulièrement cohérent : Fontenelle l'aurait édifié dès sa jeunesse, et se serait borné à en développer les conséquences. F. Grégoire préfère admettre que deux systèmes ont coexisté dans son esprit : l'un ésotérique, l'autre exotérique ; le secrétaire de l'Académie des Sciences affichait l'optimisme le plus déterminé, mais il était profondément nihiliste et « désabusé ». Ces deux thèses, malgré leurs divergen-

---

(1) Louis Maigron, *Fontenelle, l'homme, l'œuvre, l'influence* (588).

(2) J.-R. Carré, *La philosophie de Fontenelle ou « le sourire de la raison »* (433).

(3) F. Grégoire, *Fontenelle, une philosophie désabusée* (524).

ces, émanent un peu du même principe : l'évolution chez Fontenelle est nulle ou insignifiante. Ce postulat, qu'avait déjà refusé Sainte-Beuve, a paru arbitraire à certains de nos contemporains : A. Robinet (4) et J. Dagen (5) se sont récemment élevés contre cette théorie, qui leur a paru incertaine ou simpliste.

En fait, il n'est guère plausible que Fontenelle ait perçu vers vingt-cinq ans les intuitions essentielles de sa philosophie, et qu'il se soit, pour ainsi dire, enfermé dans son système, alors que le monde autour de lui ne cessait d'évoluer. Un métaphysicien solitaire aurait peut-être adopté cette attitude, mais elle ne semble pas convenir à un homme qui parut dans tous les salons de son temps, qui travailla dans les gazettes, qui approcha des princes et des ministres, qui affirma inlassablement son attention à toutes les formes de l'actualité. L'*Histoire de l'Académie des sciences* ne montre-t-elle pas au contraire une perpétuelle mise en question des thèses admises ? Fontenelle n'a-t-il pas célébré lui-même « l'inquiétude » des philosophes modernes ? S'il fallait adopter un postulat, l'examen même superficiel du personnage nous inciterait plutôt à croire à son évolution qu'à la nier.

On s'imaginerait, en lisant la plupart des travaux que Fontenelle a inspirés, qu'il ne fut qu'un philosophe et un savant. Mais le collaborateur du *Mercure galant*, le polémiste qui combattit aux côtés de Perrault, le poète des *Pastorales* sont souvent oubliés ou relégués au second plan. On entre mal dans les raisons de cet ostracisme, qui ne reflète peut-être que le mépris des critiques du XIXe siècle pour tout ce qui fut étranger ou hostile au classicisme. Jusqu'en 1700, Fontenelle fut avant tout un homme de lettres. Ensuite ses obligations à l'Académie des Sciences, et peut-être son évolution personnelle, le détournèrent de ces activités auxquelles il s'était voué depuis son adolescence. Si l'on excepte ses comédies, écrites entre 1710 et 1741, toutes ses œuvres littéraires furent composées entre 1675 et 1699.

Mais ses traités philosophiques, ses recherches mathématiques remontent, malgré les apparences, à la même époque. *De l'origine des fables*, *Sur l'existence de Dieu* l'*Histoire du théâtre françois*, les *Réflexions sur la poétique* datent, selon Trublet ou selon Fontenelle lui-même, des années 1691-1699 (5 *bis*). Parmi les manuscrits que l'on retrouva après sa mort, il est certain que les *Remarques sur quelques comédies...* sont antérieures à 1695 (6), il est

---

(4) A. Robinet, *Considérations sur un centenaire* (661) ; *Fontenelle et Malebranche* (662).

(5) J. Dagen, *Pour une histoire de la pensée de Fontenelle* (460).

(5 *bis*) Trublet, *Mémoires pour servir à l'histoire de la vie et des ouvrages de M. de Fontenelle* (345). Cet ouvrage est en principe la meilleure source pour connaître Fontenelle. Ce qu'on y trouve est rarement infirmé, souvent au contraire renforcé, par d'autres témoignages. Pour les œuvres citées, voir p. 294 et 299. Fontenelle lui-même écrit dans la préface de l'édition de 1742 (2) à propos des *Réflexions* et de *l'Histoire du théâtre* : « Il y a près de cinquante ans que cet ouvrage est fait... »

(6) On lit en effet dans l'*Avertissement du libraire* des *Œuvres* (2 *bis*), t. IX, p. VI : Fontenelle « a dit à quelques-uns de ses amis qu'étant encore assez jeune, il les avait jetées rapidement sur le papier

vraisemblable que *Sur l'instinct* fut écrit avant 1700 (7). Sans doute l'anonyme traité *De la liberté de l'âme* fut-il imprimé en 1743 dans les *Nouvelles libertés de penser* (8), mais le manuscrit de l'Arsenal indique qu'il fut composé en 1700 (9). Si *Du bonheur* ne parut qu'en 1724, Trublet en situe la rédaction dans l'époque qui précéda l'entrée de Fontenelle à l'Académie des Sciences (10). Que reste-t-il ? Quelques vers, qui souvent avaient déjà été publiés dans des recueils collectifs dès le XVIIe siècle ; les *Eléments de la géométrie de l'infini*, mais une lettre de Bernoulli nous apprend qu'ils étaient déjà presque achevés en 1707 (11) ; la *Théorie des tourbillons*, dont on ignore la date exacte, mais qui, de l'aveu même de l'éditeur, fut écrite « longtemps avant » son impression (12). On a mis récemment en doute l'affirmation de J.-R. Carré, selon laquelle *Sur l'Histoire* daterait des années 1680 (13) ; mais l'essentiel de ce traité se retrouve dans *De l'origine des fables* ; il ne s'agirait donc que de quelques pages, et nous croyons pouvoir prouver qu'elles furent écrites en effet, quand l'auteur n'avait guère que vingt-cinq ou vingt-sept ans. Restent les *Fragmens d'un traité de la raison humaine et de la connoissance de l'esprit humain*, sur lesquels on ne sait rien de précis, et les *Fragmens de ce que Monsieur de Fontenelle appeloit sa République*. Nous verrons qu'il ne se trouve dans ces brouillons aucune idée que le philosophe n'ait conçue avant 1700. Nous ne prétendons pas parvenir dès maintenant à une chronologie très précise, que seul l'examen des œuvres permettra d'atteindre. Mais il est visible qu'une fois élu à l'Académie des Sciences, Fontenelle devint silencieux, ou ne parla plus que sur des instances officielles. Cette seule remarque devrait inciter les exégètes à la plus grande prudence, quand ils analysent ces textes qui n'ont rien ou presque rien de spontané.

---

en lisant les dramatiques grecs, pour se rappeler un jour plus facilement, s'il lui prenait envie d'écrire sur la poétique, le jugement qu'il avait porté des ces poètes et de leurs ouvrages ». On peut en conclure que les *Remarques* sont antérieures aux *Réflexions sur la poétique*.

(7) Trublet n'en dit rien de précis, mais, dans une lettre à Boullier du 21 mars 1744, Fontenelle écrit à propos de ce traité : « Je fus bien aise autrefois d'...avoir imaginé [ce raisonnement] pour m'en servir contre un homme d'un grand nom qui ne pensait pas comme vous », dans *Œuvres* (3), t. XI, p. 31. Cet « homme d'un grand nom » n'est autre que Malebranche. « Autrefois », l'expression est évidemment très vague, mais Fontenelle ne se livra plus à la polémique après 1700. Les thèses de Malebranche étaient connues depuis longtemps et Fontenelle les avait déjà combattues dans les *Lettres galantes*.

(8) Amsterdam, 1743 (34).

(9) Ms. Arsenal 2858, f. 278 : « Traité de la liberté composé par M. de Fontenelle. Cet écrit imprimé avec plusieurs autres brochures a été brûlé environ en 1700 par arrêt du Parlement... composé en 1700. »

(10) *Mémoires* (345), p. 294.

(11) Dans une lettre du 28 mai 1725, Bernoulli affirme : « Selon ce que MM. de Montmort et Varignon m'en ont écrit, il faut qu'il y ait bien deux fois neuf ans que [cet ouvrage] était presque achevé », dans S. Delorme, *La « géométrie de l'infini » et ses commentateurs* (477), p. 343.

(12) *Œuvres* (3), t. IX, p. 145-146.

(13) J. Dagen, *op. cit.* (460).

Ce silence ne s'explique pas seulement par des raisons extérieures. Fontenelle avait toujours le loisir, comme ses comédies le montrent, de réaliser un travail personnel. Ce n'est peut-être pas simplement par prudence qu'il a préféré se taire ou se répéter. C'est plutôt qu'à ses yeux la philosophie et même la littérature n'avaient plus de sens, une fois résolus les problèmes majeurs. Il semble que vers quarante-cinq ans sa personnalité s'est cristallisée. Il restera sensible aux inventions nouvelles, aux recherches des savants ; il sera capable de modifier ou de nuancer certaines de ses attitudes. Mais l'essentiel de son système, son attitude devant la vie et devant les grands problèmes contemporains demeureront inchangés. Ce n'est donc plus vers cette période tant étudiée qu'il convient de tourner notre attention ; il importe au contraire, de montrer comment à travers ses atermoiements, ses contradictions, ses hésitations, Fontenelle est parvenu à édifier ce personnage auquel il restera fidèle jusqu'à sa mort. Si après 1700 sa vie, même la plus quotidienne, la plus concrète, est toujours identique, si l'homme passe inlassablement des salons aux Académies, s'il n'est aucune modification dans sa situation sociale, ni dans ses activités, ni dans ses idées, comme l'époque précédente paraît au contraire diverse et mouvementée ! De Rouen à Paris, du *Mercure galant* au Palais-Royal, de l'intimité du vieux Corneille à celle de La Motte, que de changements ! Et la vie intellectuelle est aussi variée et aussi surprenante : qu'y a-t-il de commun entre le cynique Chevalier d'Her... et le berger sentimental des *Eglogues*, entre les railleries perpétuelles du « lucianiste » et la gravité du métaphysicien ? Pour découvrir les secrets de cette évolution, il convient de recourir à une stricte chronologie, et il faut d'abord connaître tout ce qu'a écrit Fontenelle.

L'attribution des œuvres.

« Naître avec cinquante mille livres de rente, et être président de la Chambre des comptes, car... il faut être quelque chose et que ce quelque chose ne vous oblige à rien. » Tel était l'idéal de Fontenelle, tel que Trublet nous l'a transmis ; « il aurait composé ; mais sans se nommer... il aurait donné souvent à manger à un petit nombre d'amis choisis, jamais plus de cinq ou six à la fois » (14), et il leur aurait lu ses œuvres, sans avouer qu'il en était l'auteur... Liberté, loisir, discrétion, telles sont les valeurs dominantes qu'il a visées et qu'il a presque atteintes. Peu d'hommes, sinon Valéry, ou plutôt M. Teste, parurent aussi dédaigneux de la gloire. « Souvenez-vous, dit-il, que la sagesse consiste plus souvent à se taire qu'à parler ; car il est toujours temps de penser, mais il ne l'est pas toujours de dire ce qu'on pense... » (15). C'est la maxime spinoziste : « Les affaires humaines iraient beaucoup mieux s'il était également au pouvoir de l'homme de se taire ou de parler... » (16). Dans cette

(14) Trublet, *Mémoires* (345), p. 181-182.
(15) Lettre à M. de Lassone, citée dans F. Grégoire, *op. cit.* (524), p. 472.
(16) *Ethique* (334), III, 2, sc., p. 151.

dissimulation, il entre évidemment de la prudence — la peur des puissances que Fontenelle aurait heurtées ; mais on devine aussi une sorte d'angoisse devant le public, angoisse que l'écrivain a souvent avouée, jusque dans sa vieillesse. Sans doute, ce sage silencieux, ce « discret Fontenelle », est-il plutôt le philosophe des dernières années que le jeune intrigant peint par La Bruyère sous les traits de Cydias... Mais enfin, c'est l'impression dominante qu'il nous laisse tout d'abord ; et cette impression rend pénible notre recherche. Il faudrait tout savoir sur un homme qui a beaucoup caché, qui a souvent refusé de reconnaître ses ouvrages et à qui on en a prêté beaucoup qui n'étaient sûrement pas de sa main. Nous avons tenté d'éclaircir ces problèmes, et nous avons dressé la liste qui suit. Nous n'avons pas voulu inventorier toutes les éditions des livres de Fontenelle, mais simplement définir les œuvres qu'il a écrites, à quelle date elles parurent pour la première fois, à quelle date semble remonter leur composition.

I. — Œuvres signées par Fontenelle ou reconnues ultérieurement (17)

Epigramme latine sur le Melon : Pepo in fimo corrupto incorruptus, 1670.

Stances pour Clélie, 1671.

Ode sur Alceste, 1671.

Sonnet sur l'œil, 1671.

Allégorie latine sur l'œil, 1671.

Toutes ces pièces furent présentées à Rouen au concours des « Palinods » et furent imprimées dans Le Cat, *Eloge de Fontenelle,* Rouen, 1759, *app.*

Le Coq, fable (traduction d'un poème latin du Père Commire). Paris, G. de Luyne, 1673.

A Son A.S. Mg. le Prince de Condé, sur ce qu'il ne vit plus que de lait (traduction d'une ode latine du Père Commire) S.I. (Paris), 1676.

La gloire des armes & des lettres sous Louis XIV, poème présenté pour le prix de l'Académie française, 1676, imprimé dans le *Recueil de l'Académie françoise,* Paris, 1676.

L'Amour noyé : Mercure galant, mai 1677.

Eloge de Marquès, petit chien aragonais : Mercure galant, juillet 1677.

A une de ses amies, qui l'avait prié de lui apprendre l'espagnol : Mercure galant, juillet 1677.

Pour l'éducation de Mg. le Dauphin, poème présenté pour le prix de

(17) Nous nous sommes aidé de la bibliographie ébauchée par S. Delorme (476), et surtout de Trublet, *Mémoires* (345). Nous avons eu également recours à F. Lachèvre, *Bibliographie des recueils collectifs de poésies publiés de 1597 à 1700,* t. III (553).

l'Académie française, 1677, imprimé dans le *Recueil de l'Académie françoise,* Paris, 1677.

L'Amour commode : Mercure galant, septembre 1677.

Apollon à Daphné : Mercure galant, octobre 1677.

Les Flèches d'amour : Mercure galant, octobre 1677.

Le ruisseau amant de la prairie : Mercure galant, novembre 1677.

Apollon à Iris, l'amour à Iris : Mercure galant, décembre 1677.

L'indifférence à Iris : Mercure galant, janvier 1678.

Description de l'empire de la poésie : Mercure galant, janvier 1678.

Réponse d'Iris à l'indifférence : Mercure galant, février 1678.

Lettre de M.D.P. à Mlle P.B. : Mercure galant, mars 1678.

Tirsis à la belle Iris : Mercure galant, mai 1678.

Songe à Iris : Mercure galant, mai 1679.

Le duc de Valois : Mercure galant, août 1679.

Les zéphyrs : Mercure galant, novembre 1680.

Aspar, tragédie créée le 27 décembre 1680, non imprimée.

Histoire de mon cœur : Mercure galant, janvier 1681.

Histoire de mes conquêtes : Mercure galant, février 1681.

Les jeux olympiques : Mercure galant, janvier 1682.

Nouveaux dialogues des morts (première partie). Paris, C. Blageart, janvier 1683.

Lettres galantes (première partie). Paris, C. Blageart, mai 1683.

Nouveaux dialogues des morts (deuxième partie). Paris, C. Blageart, septembre 1683.

Jugement de Pluton sur les deux parties des Nouveaux dialogues des morts. Paris, C. Blageart, janvier 1684.

Eloge de Monsieur Corneille : Nouvelles de la République des lettres, janvier 1685.

Mémoire composé par M.D.F.D.R. contenant une question d'arithmétique (sur le nombre 9) : *Nouvelles de la République des lettres,* septembre et octobre 1685.

Relation curieuse de l'île de Bornéo « extrait d'une lettre de Batavia... contenu dans une lettre de M. de Fontenelle : Nouvelles de la République des lettres, janvier 1686.

Entretiens sur la Pluralité des mondes (cinq *soirs*). Paris, Vve C. Blageart, mars 1686.

Doutes sur le système physique des causes occasionnelles. Rotterdam, A. Acher, mars 1686.

Lettre de l'auteur des doutes à M... pour répondre à une difficulté qui lui avait été objectée, dans *Retour des pièces choisies ou bigarrures diverses.* Emmerick, décembre 1686.

Histoires des oracles. Paris, G. de Luyne, décembre 1686.

Lettres galantes (deuxième partie). Paris, Vve C. Blageart, janvier 1687.

Au roi, sur le rétablissement de sa santé, traduction d'une pièce latine du Père Commire, dans *Pro restituta Ludovici magni valetudine Musarum gratulatio, in Regio Ludovici Magni Collegio Patrum Societatis Jesu.* Paris, G. Martin, janvier 1687.

Traduction de pièces latines dans *Le Triomphe de la religion sous Louis-le-Grand, représenté par des inscriptions et des devises,*

H. Rigaud pinx.
M. Dossier sculp.
BERNARD DE FONTENELLE
Des Académies Françoises, des Sciences, des Belles Lettres, de Londres, de Nancy, de Berlin et de Rome.

par Rigaud

PORTRAIT INÉDIT DE FONTENELLE.
D'APRÈS JEAN GRIMOUX.

d'après Jean Grimoux

avec une explication en vers latins et français. Paris, G. Martin, 1687.

Portrait de Clarice : Mercure galant, août 1687.

Discours sur la patience, présenté pour le prix d'éloquence de l'Académie française et couronné le 30 août 1687, imprimé dans le *Recueil de l'Académie françoise*, Paris, 1687.

Le soin que le roi prend de l'éducation de la noblesse dans ses places et dans Saint-Cyr, poème présenté pour le prix de l'Académie française, imprimé dans le *Recueil de l'Académie françoise*. Paris, 1687.

Lettre sur *Eléonor d'Ivrée : Mercure galant*, septembre 1687.

Entretiens sur la pluralité des mondes habités (six soirs). Paris, M. Guérout, octobre 1687.

Poésies pastorales de M.D.F. (neuf églogues) et *Le retour de Climène*, avec un *Discours sur la nature de l'églogue* et une *Digression sur les anciens & les modernes*. Paris, M. Guérout, janvier 1688.

Lettre à une demoiselle de Suède, dont j'avois vu un très agréable portrait chez M... envoyé de Suède, qui de plus m'en avoit dit des merveilles : Mercure galant, octobre 1688.

Thétis et Pélée, opéra créé le 11 janvier 1689. Paris, 1689.

Enée et Lavinie, opéra créé le 7 novembre 1690. Paris, C. Ballard, 1690

Discours prononcé à l'Académie française lors de sa réception, le 5 mai 1961, imprimé dans le *Recueil de l'Académie françoise*, Paris 1691.

Parallèle de Corneille et de Racine, imprimé sur une feuille volante (17 *bis*), juillet 1693.

Sur la satire de Boileau, épigramme dans le *Recueil de pièces curieuses*. La Haye, Adrian Moetjens, 1694.

Le rossignol, la fauvette et le moineau, fable dans le *Recueil de pièces curieuses*. La Haye, Adrian Moetjens, 1694.

Préface de l'*Analyse des infiniment petits* du marquis de l'Hôpital. Paris, Imprimerie royale, 1696.

Réédition des *Pastorales...* avec *Endymion*, pastorale (composée en 1692), et les *Héroïdes*. Paris, M. Brunet, octobre 1698.

Lettre de M. de Fontenelle à M. Basnage de Beauval : Histoire des ouvrages des savants, septembre 1699.

Histoire de l'Académie royale des sciences, premier volume, avec une *Préface sur l'utilité des mathématiques et de la physique et sur les travaux de l'Académie*. Paris, Imprimerie royale, 1702.

(Les volumes se succèdent régulièrement jusqu'en 1742).

Poésies, avec *Sur un souper, Sur un retour, Rêverie, Etrennes pour 1701, Autres étrennes, Sur les étrennes avancées, L'horoscope, Le Temps et l'Amour La macreuse, Sur un mot d'amour, Sur un billet, Sur un clair de lune, Sur une passion d'automne, A*

(17 *bis*) La date est indiquée sur le manuscrit de l'Arsenal 6544, f. 168.

Mme la D. de M., Les deux courriers, Caprice, Sur une petite vérole, Sur une scène que..., Madrigal, Autre madrigal, Sur une passion constante, L'anniversaire. Paris, M. Brunet, 1708.

Poésies, avec la Statue de l'amour (septième églogue), *Sur les distractions dans l'étude de la géométrie, l'Amour et l'Honneur, Sur une brune, Sur ce qu'on avoit traité un sujet..., Sur ce qu'on avoit mis dans une églogue..., Sur une visite qu'un malade attendoit...* Paris, M. Brunet, 1715.

Sur les brunes, rondeau, dans le *Nouveau choix de pièces de poésie,* 1715 (18).

Lettre à Sa Majesté Czarienne (Académie des Sciences), le 27 décembre 1719.

Réponse à la lettre du czar (Académie des Sciences), le 15 octobre 1721.

Compliment fait au roi sur son sacre, par M. de Fontenelle, directeur de l'Académie française, le 9 novembre 1722.

Réponse au cardinal Dubois, lors de sa réception à l'Académie française, le 3 décembre 1722.

Compliment fait au roi sur la mort de Madame (Académie française) le 16 décembre 1722.

Compliment fait au duc d'Orléans sur la mort de Madame (Académie française), le 16 décembre 1722.

Réponse à Néricault-Destouches, lors de sa réception à l'Académie française, le 25 août 1723.

Traduction en prose de plusieurs cantates & airs italiens, 1724 (pas d'édition publique) (18 *bis*).

Œuvres diverses... avec *Sur l'existence de Dieu, De l'origine des fables, Du bonheur,* (rédigés tous trois entre 1691 et 1699) et des poésies : *Sur un portrait de feue Madame la duchesse de Mantoue, Madrigal, Sur un commerce d'amour...* Paris, M. Brunet, 1724.

Réponse à Chalamont de la Visclède et aux députés de l'Académie de Marseille, au sujet de l'adoption de cette Académie par l'Académie française, le 19 septembre 1726.

Réponse à Mirabaud, lors de sa réception à l'Académie française, le 28 septembre 1726.

Réponse à une lettre de M. de Voltaire, écrite de Villars le premier septembre 1720, sur ce que le soleil avoit un jour paru couleur de sang... : Mémoires littéraires, t. II, 1726 (19).

Eléments de la géométrie de l'infini (avant 1707). Paris, Imprimerie royale, 1727.

Eclaircissements sur la géométrie de l'infini, dans le *Journal littéraire,* 1728.

---

(18) *Nouveau choix de pièces de poésie* (269), t. II, p. 88.

(18 *bis*) Trublet, *Mémoires* (345), p. 163, *sq.* Ces traductions furent faites pour un concert italien donné en 1724 chez M. Crouzat, le cadet. Elles ne furent éditées qu'à très peu d'exemplaires, et seulement pour les associés Trublet en cite quelques extraits.

(19) Desmolets, *Continuation des mémoires de littérature et d'histoire* (155).

Vers pour le portrait de Madame du Tort, dans *l'Almanach des dames savantes.* Paris, Vatel, 1729 (19 bis).

Réponse à l'évêque de Luçon, lors de sa réception à l'Académie française, le 6 mars 1732.

Eloge de la marquise de Lambert : Mercure de France, 1733.

Histoire de l'Académie royale des sciences, t. I : *Depuis son établissement en 1666, jusqu'à 1686* : préface de Fontenelle, qui rédige l'*Histoire* jusqu'à l'année 1679. Paris, Imprimerie royale, 1733.

Discours sur le voyage de quelques académiciens au Pérou (Académie des sciences), avril 1735.

Lettre à Messieurs les auteurs du Journal des savants : Journal des savants, 1740.

Discours à l'Académie française, à l'ouverture de l'assemblée publique, le 25 août 1741.

Œuvres, avec l'Histoire du théâtre françois jusqu'à M. Corneille, La vie de M. Corneille et les *Réflexions sur la poétique* (écrits entre 1691 et 1699, sauf *La vie...*, qui n'est qu'une reprise corrigée et augmentée de l'*éloge* de 1685) ; des poésies : *Sur un portrait de Descartes, Caprice, Sur mon portrait, Chanson, Sur une absence, Sur l'absence d'une personne...* Paris, M. Brunnet, 1742.

Discours à M. de Linant (Académie française), le 25 août 1744.

Discours à l'Académie française, à l'ouverture de l'assemblée publique, *Sur la rime,* le 25 août 1749.

Réponse à l'évêque de Rennes, lors de sa réception à l'Académie française, le 25 septembre 1749.

Histoire du Romieu de Provence (œuvre de jeunesse) : *Mercure galant,* janvier 1751.

Œuvres, avec Idalie, tragédie (vers 1715), *Macate,* comédie (1722) *Abdolonisme, roi de Sidon,* comédie (1725), *Le Testament,* comédie (1731), *Henriette,* comédie (1740), *Lysianasse,* comédie (1741), *Au feu roi* (1678), *A. Mad..., Enigme singulière, A. Mad..., Sur ma vieillesse,* poésies, *Sur la poésie en général* (traité écrit vers 1730-1740). Paris, M. Brunet, 1751.

Lettres sur le tutoiement « parmi celles de M. Vernet ». Genève, 1752 (20).

Théorie des tourbillons cartésiens, avec des *Réflexions sur l'attraction* (date inconnue, « longtemps avant »), Paris, H.-L. Guérin, 1752.

Œuvres, avec les *Fragments d'un traité de la raison humaine. De la connoissance de l'esprit humain* (date inconnue), *Sur l'instinct* (avant 1700), *Sur l'Histoire* (vers 1680), *Fragments de ce que M.D.F. appeloit sa République* (date inconnue), *Remarques sur quelques comédies d'Aristophane, sur le théâtre grec, etc...* (vers 1690) ; des poésies : *Epître, Sur une absence, Sur le même sujet, Sur le même sujet, Sur un cachet, Printemps,*

(19 *bis*) John Grand-Carteret, *Les almanachs français* (523), p. 38, n° 113.

(20) Edition disparue citée par Trublet, *Mémoires* (345), p. 159.

A Madame de... qui alloit à Versailles, A la même, Madrigal, Vers de l'auteur sur le reproche qu'on lui avoit fait d'être normand, Pomone à Iris, Autres vers, L'Amour au petit de Morangis, Placet présenté par un officier de marine à M. le comte de Pontchartrain (vers 1693), *Vers pour le portrait de M. de Vallière* (1752), *Autres vers à l'occasion des précédents* (1752), *Enone*, pastorale (vers 1686) ; prologue de *Pygmalion*, comédie (date inconnue). Paris M. Brunet, 1758.

Œuvres, avec des lettres, des poésies : *Traduction d'un refrain latin, imitation de vers de Manilius ; Couplet sur les demoiselles Loyson ; Sur le mariage ; Sur une expression assez commune : tuer le temps*. Paris, M. Brunet, 1761.

On trouve quelques vers de Fontenelle dans les *Mémoires pour servir...* de l'abbé Trublet, et, parmi des poèmes déjà édités, la fictive *Lettre de Madame de Fontenelle à l'abbé Le Blanc* dans *Le Portefeuille trouvé*, 1757 (20 *bis*). Des lettres ont été publiées dans :

Depping, *Lettres de Phelypeaux, comte de Pontchartrain...* (1690-96) dans *Bulletin du comité historique des monuments écrits de l'Histoire de France, Histoire, Sciences, Lettres*, t. II, 1850.

Decorde, *Fontenelle et Cideville, correspondance et documents inédits (1740-1757) dans Mémoires de l'Académie de Rouen*, 1867-68 ; *Revue de Normandie*, 1869 ; *Mémoires lus à la Sorbonne*, 1868.

Amateur d'autographes, 1863, 1869, 1892.

Bulletin du bibliophile, 1908.

Bonno, *Deux lettres inédites de Fontenelle à Newton* (1714) dans *Modern langage notes*, 1939.

E. Ritter, *Deux lettres inédites de Fontenelle* dans *Revue d'Histoire littéraire de la France*, 1910.

F. Duine, *Lettres inédites...* dans *Mémoires de la Société d'Ille-et-Vilaine, XLIII*, 1914.

J. La Harpe, *Des inédits de Fontenelle, sa correspondance avec J.-P. Crousaz* dans *Revue historique vaudoise*, juin 1953.

G. Martin, *Retouches au portrait de Fontenelle, pièces inédites* (1740-1757) ; S. Delorme, *La « géométrie de l'infini » et ses commentateurs de Jean Bernoulli à M. de Cury*, dans *Revue d'histoire des sciences*, octobre-décembre 1957.

A. Birembaut, P. Costabel et S. Delorme, *Correspondance Leibniz-Fontenelle et les relations de Leibniz avec l'Académie royale des sciences*, 1700-1701 dans *Revue d'histoire des sciences*, avril-juin 1966.

On peut lire une lettre de Fontenelle à Mlle d'Achy dans *Journal historique, ou mémoires critiques et littéraires...* par Ch. Collé, Paris, 1805 (21). Des fragments de sa correspondance sont contenus dans Charma et Mancel, *Le Père André, documents inédits pour servir à l'histoire philosophique, religieuse et littéraire du*

(20 *bis*) *Portefeuille trouvé ou tablettes d'un curieux* par d'Aquin (289), t. I, p. 161.

(21) *Journal historique de Charles Collé* (449), t. I, p. 364-367.

dix-huitième siècle, Caen, 1844 (22) ; Foucher de Careil, *Lettres et opuscules inédits de Leibniz,* Paris 1854 (23) ; Budé, *Lettres inédites adressées à J.-H. Turrettini,* Genève, 1887 (24) ; Tougard, *Documents concernant l'histoire littéraire du dix-huitième siècle,* Rouen 1912 (25).

Tous les manuscrits des grandes œuvres sont perdus. La plupart des autographes qui figurent à la bibliothèque de Rouen ont été édités. Il en reste plusieurs — souvent insignifiants — dans les bibliothèques de Besançon, de Perpignan, de Pont-Audemer, de l'Institut. Une lettre aux Archives municipales de Rouen, et une intéressante épître à Mlle d'Achy, à la Société des antiquaires de Picardie. Le *Fichier Charavay* présente la description de plusieurs lettres ; dans le *Catalogue des lettres autographes recueillies par J.-L. Boilly* et dans la *Revue des autographes* de janvier 1875, se trouvent quelques renseignements sur une lettre de Bayle (19 mars 1699), à laquelle Fontenelle ajouta deux lignes autographes...

A la Bibliothèque de Rouen, dans la *Correspondance académique* et dans les *Traits, notes et remarques* de Cideville, se rencontrent quelques petits vers ou pièces fugitives, non imprimées. D'autres copies manuscrites existent à la Bibliothèque nationale, à celle de l'Arsenal, à celles de Bordeaux, Toulouse, Caen, Lyon, Avignon, La Rochelle, Lille... (26). Tout cela demeure assez mince ; ce ne sont en général que des œuvres très brèves, d'inspiration mondaine ou érotique. Certaines, nées d'une intention polémique, sont plus intéressantes, et nous aurons l'occasion de les utiliser.

Enfin, quelques écrits de Fontenelle sont perdus : les discours qu'il rédigea pour la réception à l'Académie française de l'abbé d'Olivet et de Montesquieu (27) ; et peut-être *Le Comte de Gabalis,* une comédie qu'il aurait écrite et fait jouer en 1689 (28), et *La Cornette,* une autre comédie, dont on ne sait rien (29).

---

(22) *Le Père André...* (441), *passim.*

(23) Foucher de Careil, *Lettres...* (229), *passim.* Les manuscrits des lettres éditées dans cet ouvrage se trouvent à la Bibliothèque de Hanovre : Niedersächsische Landesbibliothek, Lbre, n° 275.

(24) *Lettres inédites...* (425), t. II, p. 54-61.

(25) *Documents concernant l'histoire littéraire...* (690), *passim.*

(26) Sur tous ces manuscrits, voir la *Bibliographie.*

(27) Trublet, *Mémoires* (345), p. 239-240.

(28) Cette pièce est mentionnée dans le *Dictionnaire portatif des théâtres* (156), p. 90 : « Comédie en un acte attribuée à M. de Fontenelle et non imprimée. Le livre singulier de l'abbé de Villars, qui porte le titre de *Comte de Gabalis,* et qui traite des habitants des quatre éléments, a fourni le sujet de cette pièce qui fut donnée en 1689. « Dans la *Bibliothèque des théâtres* (250), p. 81, on trouve simplement cette remarque : « Comédie en un acte de M. de... non imprimée... » ; aucune date n'est indiquée. Goizet dans le *Dictionnaire universel du théâtre* (520), p. 561, mentionne un divertissement en 2 actes et en vers libres de Beauchamps donné par la duchesse du Maine en 1714, et affirme qu'il y a eu confusion entre cette pièce et celle qu'on attribua à Fontenelle. Une telle erreur peut difficilement s'admettre ; les deux œuvres paraissent très différentes : celle de Fontenelle serait une comédie en un acte.

(29) *Annales dramatiques* (383), p. 153. Mais l'auteur a peut-être fait simplement erreur sur le titre, et il faudrait lire *La Comète.*

II. — ŒUVRES QUE L'ON DOIT ATTRIBUER A FONTENELLE, BIEN QU'IL NE LES AIT PAS AVOUÉES

Il n'est pas du tout certain que *La rencontre de Messieurs Le Noble et Boileau aux Champs-Elysées* (30) soit une œuvre de Fontenelle. Sans doute l'exemplaire de la Bibliothèque Nationale porte l'inscription suivante, écrite à la main : « Ce dialogue est de Fontenelle qui ne l'a pas jugé digne de figurer avec ceux qu'il donna par la suite. » Mais les *Dialogues des morts* parurent en 1683, la *Rencontre* en 1711 ; après cette date, Fontenelle ne produisit aucun ouvrage de ce type. Imagine-t-on qu'en 1711, à une époque où sa correspondance et le témoignage de ses amis le montrent accaparé par la rédaction des *Mémoires de l'Académie des sciences,* il ait pu écrire : « Je ... donnerai quelques autres [dialogues] dans la suite où l'on ne trouvera peut-être pas moins d'utilité que d'agrément... » (30 *bis*) ? Même le style de cette satire, où apparaît une certaine complaisance pour le burlesque (31), semble écarter cette conjecture. Faut-il lui attribuer l'*Eloge de Perrault* (31 *bis*) ? Le libraire a simplement tiré argument d'une certaine ressemblance formelle entre ce texte et la plupart des œuvres de Fontenelle, et des liens étroits qui unissaient le philosophe à la famille des Perrault. Ces raisons ne semblent pas convaincre Trublet. Il demeure également incertain en face de *l'extrait* relatif aux odes de La Motte (32), paru dans le *Journal des savants* de 1707. Et, comme Fontenelle lui-même a prétendu qu'il n'avait pas le loisir de participer à cette gazette (32 *bis*), il paraît plus sage d'écarter cet article. Bien d'autres attributions nous semblent légères ou discutables. Pourquoi Voltaire a-t-il prétendu que *La Mort de César,* tragédie signée par Mlle Barbier, fût en fait l'œuvre de Fontenelle (33) ?

---

(30) *La Rencontre...* (305). Approbation de Danchet, le 14 juin 1711; privilège donné le 21 juin, enregistré le 16 juillet 1711. L'auteur est appelée : « le sieur F... ». A la fin du volume, on trouve la mention suivante : « Le même auteur a fait un *Traité du bonheur* tiré des anciens philosophes, et imprimé in-douze en 1706, chez Nicolas Leclerc. « S'agirait-il du traité *Du bonheur de Fontenelle ?* Mais il semble que cet ouvrage fut seulement publié en 1724.

(30 *bis*) *Ibid.*, préface.

(31) *Ibid.*, p. 15 : « Proserpine qui est une coquette fieffée, qui s'est fait enlever plus d'une fois. » Ajoutons que dans ce livre on trouve maintes citations latines, ce que Fontenelle excluait d'ordinaire, et un éloge de La Bruyère (p. 8), ce qui serait encore plus inattendu de sa part.

(31 *bis*) *Eloge de M. Perrault,* dans *Histoire des ouvrages des savants,* octobre 1688, réimprimé dans les *Œuvres* (3), t. IX, p. 422-426.

(32) *Mémoires* (345), p. 293-294.

(32 *bis*) Fontenelle à Turrettini, le 29 novembre 1702 : « Je n'ai nulle part au *Journal de France* [*des savants*]. Il est vrai qu'on m'y avait destiné une place, et c'est sur cela que le bruit en a couru, mais je ne l'ai pas acceptée. J'ai assez d'occupation, d'ailleurs, et plus qu'il ne m'en faut... », dans Budé, *op. cit.* (425), t. II, p. 58.

(33) Mlle Barbier, *La mort de César* (90). Cf. Voltaire, *Œuvres complètes...* (359), t. III, p. 310, préface de l'édition de 1736 de *La mort de César :* « Il y a environ trente-cinq ans qu'un des plus beaux génies

Pourquoi a-t-on voulu reconnaître sa main dans les *Amours de Théagènes et de Chariclée* — une adaptation d'Héliodore éditée en 1726 (33 *bis*), ou dans les *Amours de Mirtil* de 1761 (34) ? Ce n'est pas parce que Cydias a parfois vendu sa plume qu'on peut affirmer qu'il écrivit pour Breteuil l'*Histoire des amours de la jeune Bélise et de Cléante* (35) ; on ne voit pas qu'il ait été lié avec Breteuil et le manuscrit de Toulouse porte une autre signature (36).

L'Histoire de la conjuraiton faite à Stokolm contre M. Descartes (37) a fait longtemps hésiter Trublet, qui a d'abord trouvé l'ouvrage trop « pédant » pour pouvoir être de Fontenelle, et qui conclut enfin : « J'ai su depuis qu'il était d'un M. Gervaise (37 *bis*) (de Montpellier), d'abord protestant, ensuite ecclésiastique. » Même les *Réflexions sur l'argument de M. Pascal et de M. Locke* nous semblent poser des problèmes : Fontenelle ne les a jamais reconnues ; il n'en a jamais parlé, même à ses intimes ; Trublet n'en a dit mot. Certes, cet opuscule parut dans les *Nouvelles libertés de penser* avec le traité *De la liberté de l'âme*, mais dans le même volume figuraient des écrits de Mirabaud et de Dumarsais. Depping les fit imprimer en 1818 dans les *Œuvres de Fontenelle*, mais il avoue lui-même que certains les ont attribuées à Freret. Il s'appuie seulement sur le témoignage de Naigeon et de Condorcet qui prétendent retrouver dans ces pages « la philosophie et le style » de Fontenelle » (38). En effet, certaines analogies sont indéniables. Une telle argumentation demeure cependant assez légère. Et, quand on examine attentivement le texte, des différences apparaissent : l'auteur affirme :

> Un de mes amis, à qui je ne connais qu'une incrédulité générale à l'égard de tout ce qu'on appelle religion, prétend qu'il n'y a aucune de ces vérités, qui ne se trouve entièrement détruite par des raisonnements métaphysiques, qui, selon lui, sont les seuls moyens infaillibles pour s'assurer de la vérité ou de la fausseté de quelque chose... (39).

Voilà une phrase bien contournée pour être de Fontenelle ; et surtout nous sommes surpris qu'on puisse penser qu'il ait fait de la sorte l'éloge des « raisonnements métaphysiques ». Des *Dialogues des morts* aux traités de philosophie, il n'a jamais manqué de les

---

de France, s'étant associé avec Mlle Barbier pour composer un *Jules César...* » En fait, c'est l'abbé Pellegrin qui aurait mis la main à cette pièce.

(33 *bis*) *Amours de Théagènes et de Chariclée* (71).

(34) *Amours de Mirtil* (70).

(35) On trouve cette affirmation dans Marcel Langlois, *Louis XIV et la Cour* (561), p. 130. Breteuil aurait engagé Fontenelle à rédiger la troisième partie de cette *Histoire* afin de réfuter les affirmations contenues dans les deux premières parties, inspirées par Anne Bellinzani.

(36) Ms. Toulouse 848 (C, 32). A la fin, ces mots : « fin du livre, signé Lagüe. »

(37) *Histoire de la Conjuration faite à Stokolm contre M. Descartes* (183).

(37 *bis*) *Mémoires* (345), p. 246.

(38) *Œuvres* (4), t. I, p. XXVI.

(39) *Ibid.*, t. II, p. 617.

condamner... La présentation même de ces *Réflexions*, leur allure un peu « scolaire », les citations latines qui les émaillent ne ressemblent guère à Fontenelle... D'autant que cet essai a forcément été écrit après que l'œuvre de Locke eut été traduite, soit après 1701. L'avenir donnera peut-être à ce problème une solution décisive, mais nous ne pouvons actuellement tenir compte de ce livre.

En 1768 parut à Genève un livre intitulé *La République des philosophes ou l'histoire des Ajaoiens,* « relation d'un ouvrage de M.D. Van Doelvelt en Orient... traduite sur l'original flamand ». Il portait la mention suivante : « Ouvrage posthume de M. de Fontenelle. » Robinet affirme que cette attribution fut faite « peut-être sans assez de fondement » (40). Lichtenberger l'a même jugée franchement « erronée » (41). Le problème est en effet assez délicat : nous verrons que ce livre est d'un style assez négligé, et qu'on n'y retrouve guère les qualités habituelles de Fontenelle ; on peut même s'étonner que ce sceptique, ce réaliste ait pu concevoir une *utopie* — n'a-t-il pas lui-même raillé ce genre dans les *Dialogues des morts* (41 *bis*) ? Pourtant on a souvent constaté l'analogie qui apparaît entre cet ouvrage et les *Fragmens de ce que M. de Fontenelle appeloit sa République* (42). Le philosophe avait lui-même confié à ses amis qu'il avait rédigé une « république » à la manière de Platon (43), et une telle assertion semble s'appliquer beaucoup mieux à ce « voyage imaginaire » qu'aux *Fragmens.* Enfin, nous avons eu la chance de découvrir un renseignement précieux : le manuscrit de *La République des philosophes* « de la main de Fontenelle » est passé à la vente Piat, le 29 mars 1898 (44). Est-ce là une preuve absolument décisive ? Non pas, car l'on pourrait toujours imaginer que l'écrivain a recopié de sa main un écrit qui courait dans son entourage, qui peut-être était dû à l'un de ses amis... Reconnaissons toutefois que nous sommes en présence d'un faisceau impressionnant de présomptions. Voilà un livre qu'on a attribué au XVIIIe siècle à Fontenelle, où l'on retrouve plusieurs idées qui lui étaient chères, dont il semble avoir allusivement parlé

(40) Robinet, *Dictionnaire universel* (306), article *Ajao.*

(41) Lichtenberger, *Le socialisme au dix-huitième siècle* (580), p. 373.

(42) Cf. Rolf Lagerborg, *Un écrit apocryphe de Fontenelle* (556), et surtout Werner Krauss, *Fontenelle und die « Republik der Philosophen »* (548).

(43) *Œuvres* (2 *bis*), t. IX, p. IV : *Avertissement du libraire* : « M. de Fontenelle a souvent dit à ses amis qu'à l'exemple de Platon, il avait aussi voulu faire une République... »

(44) *L'Intermédiaire des chercheurs et des curieux* du 20 mai 1898 affirme (n° 699) : « Le manuscrit de la main de Fontenelle est passée à la vente Piat le 29 mars 1898, sous le numéro 8970. » On trouve en effet au n° 1970 du *Catalogue de la bibliothèque de feu Me Alfred Piat* (435) la notice suivante : « *Histoire des Ajaoiens, ou relation d'un voïage de M.S. Van Doelvelt en Orient en l'an 1674, qui contient la description du gouvernement, de la religion et des mœurs de la nation des Ajaoïens, in-4°, dem. rel. bas.,* manuscrit de la main de Fontenelle, l'auteur du présent ouvrage, imprimé à Genève en 1768 sous le titre de la *République des philosophes ou Histoire des Ajaoiens* (note au crayon sur le feuillet de garde en tête du volume) ».

à ses proches, et le manuscrit de sa main a existé, existe peut-être encore... Nous serions impardonnable, malgré toutes les objections que nous avons formulées et celles mêmes qui apparaîtront à la lecture de ce texte, de le négliger ; nous devons au moins chercher dans quelle mesure il s'accorde avec la philosophie de Fontenelle, dans quelle mesure il peut l'éclairer. Cet ouvrage porte d'ailleurs la mention suivante, qu'il serait absurde de négliger : « Fini le 4 décembre 1682. »

Fontenelle a avoué à Trublet qu'il avait écrit le traité *De la liberté de l'âme* (45). A la Bibliothèque de l'Arsenal on trouve une copie de cet essai, qui porte le nom du philosophe et précise la date à laquelle cet opuscule fut composé, puis brûlé par ordre du Parlement. Après Montesquieu (46), Diderot (47), et toutes les copies manuscrites (48), il serait assez vain de refuser à Fontenelle la paternité de la *Lettre au marquis de La Fare,* malgré les pieuses dénégations de Trublet. Saint-Simon (49) et Mathieu Marais (50) nous apprennent que notre auteur prêta souvent sa plume au cardinal Dubois pour des manifestes politiques. Trublet cite un extrait du discours qu'il composa pour son ami des Aguais (51). Il est certain que Cydias produisit bien d'autres œuvres pour des protecteurs ou des intimes. On peut affirmer que maintes pièces du *Mercure galant* doivent être de sa main, bien qu'il ne les ait pas signées. Il écrivit peut-être d'autres traités contre la religion ou contre l'immortalité de l'âme. On retrouve des morceaux de ses livres dans plusieurs de ces manuscrits « scandaleux » qui circulèrent au début du XVIIIe siècle. Mais limitons-nous d'abord à ce qui est probable ou certain : au fur et à mesure de notre enquête,

---

(45) Trublet, *Journal manuscrit,* dans Jacquart, *Un journal de la vie littéraire...* (543), *app. ;* ms. Arsenal 2858, f. 278 : « Traité de la liberté composé par M. de Fontenelle. » Voir J.-R. Carré, *op. cit.* (433), p 523-524.

(46) Montesquieu, *Œuvres complètes* (258), t. II, p. 1295 : *Spicilège,* 261 263.

(47) *Correspondance littéraire...* (180), t. III, p. 103.

(48) Ms. Arsenal, 5570 : *Lettre à M. le marquis de la Fare par M. de Fontenelle sur la question si tous les hommes pourront tenir à la vallée de Josaphat ;* B.N. fds. fr. nv. acq. 11.364 : « *copie d'une lettre écrite au gros marquis,* c'est M. de Fontenelle de l'Académie française qui a écrit cette lettre à M. le marquis de la Fare » ; ms. Lyon 778, f. 79 : « *copie d'une lettre sur le jugement dernier,* lettre de M. de Fontenelle à M. le marquis de la Fare sur la question si tous les hommes pourront contenir dans la vallée de Josaphat. Cf. Trublet, *Mémoires* (345), p. 132-133. Enfin le manuscrit autographe de cette *lettre* fut publié dans l'*Amateur d'autographes,* 1er août 1863 (540).

(49) *Mémoires de Saint-Simon* (318), t. XXXV, p. 89-90 (à propos du manifeste contre l'Espagne).

(50) *Journal et mémoires de Mathieu Marais* (247), t. II, p. 339 (sur la disgrâce de Villeroy). On peut consulter sur ce point J. Capefigue, *Philippe d'Orléans, régent de France :* l'auteur affirme même p. 333 : « Fontenelle n'avait pas cessé d'être au service des Affaires Etrangères ; il était l'écrivain officiel des protocoles et des manifestes... »

(51) *Mémoires* (345), p. 242-246. Cet extrait fut réimprimé dans les *Œuvres* (3), t. XI : *Avertissement du libraire,* p. vij-xiij.

certaines pistes, plus ou moins hasardeuses, apparaîtront. Nous ne pouvons pour l'instant retenir que les ouvrages suivants :

Histoire des Ajaoiens, ou relation d'un voyage de M. S. Van Doelvelt en Orient en l'an 1674, qui contient la description du gouvernement, de la religion et des mœurs de la nation des Ajaoiens (achevé en 1682). Genève, 1768.

De la liberté de l'âme (1700), imprimé dans les *Nouvelles libertés de penser*, Amsterdam, 1743.

Discours pour des Aguais, prononcé en 1699 (extrait imprimé dans Trublet, *Mémoires...* 1759).

Lettre au marquis de La Fare « sur la résurrection des corps » (date inconnue, après 1700, semble-t-il) publiée dans *Le petit réservoir*, 1751 (52).

Manifeste contre l'Espagne, pour Dubois, décembre 1708.

Lettre au cardinal de Noailles, pour le roi, mars 1722.

Mémoire pour Dubois (sur la disgrâce de Villeroy), août 1722.

Discours dans le lit de justice, pour le Garde des Sceaux, le 21 février 1723.

III. — Œuvres en collaboration avec d'autres auteurs

On a parfois attribué à Fontenelle l'*Histoire des révolutions de Suède* de l'abbé de Vertot (53), et les *Entretiens ou amusements sérieux et comiques* de Dufresny (54). Ce ne sont là, semble-t-il, que des « supercheries littéraires », mais, comme il était l'ami intime de ces deux écrivains, il est à la rigueur possible qu'il les ait aidés ou leur ait inspiré quelques passages.

La Pierre philosophale fut signée par Donneau de Visé et Thomas Corneille, mais une satire conservée à La Rochelle dans le Recueil Tallemant des Réaux (55) affirme que cette comédie a été composée par Fontenelle. Peut-être a-t-on confondu cette pièce avec *La Comète*. Mais l'auteur de cette chanson semble bien renseigné ; ce serait sa seule erreur. Après l'échec d'*Aspar*, Fontenelle avait de bonnes raisons de ne pas signer ses œuvres, et, dans *La Pierre philosophale*, se trouvent maintes allusions au *Comte de Gabalis*

---

(52) *Petit réservoir* (283), t. IX, p. 158-160. Tous les poèmes de Fontenelle publiés dans ce recueil étaient parus auparavant sauf le *Quatrain à un jeune auteur* (t. III, p. 41). Van Roosbroeck dans *Uncollected poems by Fontenelle* (698) affirme que les *Vers sur une maison à Névilles* sont de Fontenelle, mais on voit mal notre auteur considérer Chaulieu, qui l'a si souvent attaqué, comme un « ami ». Cideville dans *Traits, notes et remarques* (ms. Rouen 0.40), p. 195, attribue cette pièce à M. des Mailly, et l'intitule *Vers sur la maison des Sonninges à Neuilly*.

(53) Deux éditions : Paris, Brunet, 1695-1696, « par l'abbé de Vertot » ; Amsterdam, de Lorme, 1696, « par M. de Fontenelle de l'Académie française ». Privilège du 30 avril 1695, registré le 19 août.

(54) Paris, C. Barbin, 1699, « par Dufresny » ; Amsterdam, E. Roger, 1704, « par Fontenelle ».

(55) Ms. La Rochelle 673, f. 301, v°.

de l'abbé de Villars, dont il aurait tiré une comédie en 1689. Nous supposerons donc qu'il put mettre la main à cet ouvrage.

Les Dames vangées furent créées le 22 février 1695, sous le nom de Donneau de Visé ; on a souvent remarqué que le style trop vif et trop brillant de cette pièce ne rappelle pas les autres œuvres du directeur du *Mercure* ; on en a tiré argument pour l'attribuer à Thomas Corneille (56), mais celui-ci, depuis longtemps ne s'intéressait plus guère au théâtre ; Trublet soupçonne, sans rien affirmer, que Fontenelle a pu collaborer à cette comédie (57). La satire de Boileau à laquelle *Les Dames vangées* prétendent riposter lui avait déjà inspiré une épigramme. Toutes ces présomptions demeurent assez légères, mais la position nuancée de Trublet semble acceptable.

On sait que Fontenelle collabora avec Mlle Bernard et que la plupart des ouvrages qu'elle signa lui doivent quelque chose (58). Il est très difficile d'apprécier exactement le rôle qu'il joua. Fut-il simplement un conseiller ou un critique ? Rédigea-t-il lui-même certaines pages de ces romans et de ces tragédies ? *Brutus* fut constamment réimprimé parmi ses œuvres. Il est en tout cas indispensable de tenir compte de ces livres, et, dans la mesure où ils autorisent certains rapprochements avec des écrits de Fontenelle, ils nous donnent de précieux renseignements.

Le philosophe a lui-même reconnu qu'il avait aidé Thomas Corneille à composer les livrets de *Psyché* et de *Bellérophon* (59). S'il n'est pas certain que le *Recueil des plus belles pièces des poètes français* lui soit entièrement dû, s'il put se faire assister par certains collaborateurs, Trublet affirme qu'il rédigea au moins la préface et les biographies des auteurs (60).

Lorsque La Bruyère fut reçu à l'Académie, le *Mercure galant* lui consacra un article fort malveillant, où la tradition a voulu reconnaître la main de Fontenelle, épaulé sans doute par Donneau de Visé et Thomas Corneille. Celui-ci avait composé un *Dictionnaire des arts et des sciences,* que son neveu corrigea et augmenta. Nous pouvons donc dresser la liste suivante :

---

(56) Reynier, *Thomas Corneille* (658), p. 246, *sq.*

(57) *Mémoires* (345), p. 98, *sq.* : « Voici encore une comédie... à laquelle je soupçonne M. de Fontenelle d'avoir eu quelque part... »

(58) *Ibid.*, p. 24 et 301 : « ... il aida Mlle Bernard dans la plupart de ses autres ouvrages... et même dans ses trois romans... » Il ajoute même *ibid.*, p. 301, note, que Fontenelle a eu « une très grande part à tous les ouvrages de Mlle Bernard, tant en prose qu'en vers (romans, tragédies, poèmes) ».

(59) Plus exactement, il affirme avec décision que *Bellérophon* est son œuvre dans *Lettre à Messieurs les auteurs du Journal des savants,* 1740, dans *Œuvres* (3), t. III, p. 364-376 ; dans cette lettre, il ne dit rien de *Psyché,* mais il avoua à Trublet qu'il avait écrit ce livret, *Mémoires* (345), p. 21-22, note 1, et l'on trouve parmi ses poésies une petite pièce intitulée *Sur une scène que j'avois faite entre l'Amour et Psyché,* dans *Œuvres* (3), t. IV, p. 380.

(60) *Mémoires* (345), p. 74, note : « J'en ai depuis la preuve par quelques-uns des anciens amis de M de Fontenelle à qui il l'avait dit. »

Psyché (61), opéra composé avec Thomas Corneille, créé le 9 avril 1678, édité en 1678.

Bellérophon (62), opéra composé avec Thomas Corneille et Boileau, créé le 31 janvier 1679, édité en 1679.

La Comète, comédie composée avec Donneau de Visé, créée le 29 janvier 1681.

La Pierre philosophale, comédie composée avec Donneau de Visé et Thomas Corneille, créée le 25 février 1681.

Eléonor d'Ivrée (63), roman composé avec Mlle Bernard, août 1687.

Le Comte d'Amboise (64), roman composé avec Mlle Bernard, septembre 1688.

Laodamie (65), tragédie composée avec Mlle Bernard, créée le 11 février 1689.

Brutus (66), tragédie composée avec Mlle Bernard, créée le 18 décembre 1690, éditée en 1691.

Recueil des plus belles pièces des poètes français depuis Villon jusqu'à Bensérade (67), mars 1692.

Article, à propos du discours de réception de La Bruyère à l'Académie française, composé avec Donneau de Visé et Thomas Corneille, *Mercure galant,* juin 1693.

Les Dames vangées (68), comédie composée avec Donneau de Visé, créée le 22 février 1695, éditée en 1696.

Discours, couronné par l'Académie française, signé par Brunel, qu'avait aidé Fontenelle, mai 1695, édité dans le *Recueil de l'Académie française* de 1695.

Inès de Cordoue (69), roman composé avec Mlle Bernard, mai 1696.

Les poésies qu'écrivit Mlle Bernard, sans doute conseillée par Fontenelle.

Corrections et augmentations du *Dictionnaire des arts et des sciences* (70) de Thomas Corneille (1720, 1731).

---

(61) *Psyché* (9).

(62) *Bellérophon* (10).

(63) *Les malheurs de l'amour, première nouvelle, Eléonor d'Ivrée* (43), privilège du 8 août 1687, registré le 20 août 1687.

(64) *Le comte d'Amboise, nouvelle galante* (44), privilège du 7 avril 1688, registré le 17 septembre 1688.

(65) Imprimée dans le *Théâtre françois* (47). Il y eut cependant une autre édition ; on lit dans la *Bibliothèque dramatique de Monsieur de Soleinne* (539), t. I, p. 39 : « L'édition originale de *Laodamie* est tellement rare que Pont de Vesle n'avait pu se la procurer et que Beauchamps l'a citée sans l'avoir vue. »

(66) *Brutus* (46), privilège du 18 janvier 1691, registré le 24 janvier 1691.

(67) *Recueil des plus belles pièces* (33), privilège du 29 septembre 1690, registré le 6 mars 1692 ; achevé d'imprimer le 15 mars 1692.

(68) *Les dames vangées ou la dupe de soi-même* (163).

(69) *Inès de Cordoue, nouvelle espagnole* (45), privilège du 19 février 1696, registré le 28 février 1696.

(70) *Le dictionnaire des arts et des sciences* (138). Ajoutons que *La Comète* fut imprimée dans les *Œuvres...* (3), t. X ; il y eut cependant une édition plus ancienne, puisqu'elle est signalée dans les listes du *Mercure* dès 1683 (chez Blageart), mais nous ne l'avons pas retrouvée. Il ne reste que le canevas de *La Pierre Philosophale* dans Frères Parfaict, *Histoire du théâtre françois* (243), t. XII, p. 225-226.

La méthode et les problèmes.

Il est possible que certaines œuvres nous aient échappé. L'état de la librairie au XVIIe et au XVIIIe siècles et la légendaire discrétion de Fontenelle interdisent toute conclusion abusive. Mais nos recherches permettent au moins de vérifier et de préciser notre conjecture initiale ; bien que la date tardive des éditions le dissimule souvent, bien que Fontenelle lui-même ait parfois voulu nous faire croire — avec quelque coquetterie — qu'il ne cessa de mêler la géométrie au badinage galant (71), on ne peut nier son évolution ; après 1700, il semble accaparé par ses obligations dans les diverses Académies, mais avant cette date, il nous laisse l'impression d'une perpétuelle « inquiétude », et comment se cacher qu'il ait progressé, du *Mercure galant* aux traités de métaphysique ?

Quelques dates nous semblent revêtir une importance singulière ; en 1680, la chute d'*Aspar,* et le retour de Fontenelle à Rouen ; en 1684, la Révocation de l'Edit de Nantes, qui l'ébranla profondément ; en 1687, le début de la grande polémique entre les Anciens et les Modernes ; en 1696, la parution de l'*Analyse des infiniment petits,* qui marque de façon éclatante sa vocation scientifique et philosophique. Ces points de repère nous ont permis d'organiser notre travail. Leur choix n'est évidemment pas arbitraire, mais il est très simple ; il repose sur quelques intuitions immédiates, susceptibles d'être infiniment nuancées — ou même abandonnées.

Dans chacune des périodes ainsi définies, nous voudrions parvenir à une chronologie extrêmement précise. Ce souci crée des problèmes qui sont parfois insolubles. Il demeure une part d'incertitude, qui résiste à tous les efforts. Mais notre méthode consiste avant tout en une entière soumission à la réalité. L'humilité est notre plus grand besoin. Souvent en évitant les systèmes prématurés, en consentant à remanier ou à détruire ceux qu'on vient d'adopter, on peut parvenir à des résultats plus sûrs que les produits de notre intuition — si séduisants qu'ils nous semblent. Oserons-nous avouer que l'esprit même de Fontenelle, son empirisme et sa prudence ont pu nous guider dans cette tâche (72) ?

L'histoire littéraire la plus stricte est donc indispensable. Et l'œuvre de Fontenelle l'exige peut-être plus que toute autre. Tant elle est née des circonstances : l'actualité se retrouve à la source de la plupart de ses livres — sous la forme tantôt d'une suggestion d'un protecteur ou d'un ami, tantôt d'une intention polémique, tantôt d'une ambition précise et parfois éphémère. Tels sont les

---

(71) *Sur les distractions dans l'étude de la géométrie* et *Sur l'absence d'une personne à qui l'on donnoit le nom d'Iris en vers et hors de là quelques autres noms* dans *Œuvres* (3), t. IV, p. 385 et 397.

(72) Ce scrupule historique explique certains termes ou certaines idées que nous empruntons à Fontenelle et à ses contemporains. Ainsi, appelons-nous *fatalisme* ce qui est en fait déterminisme, et confondons-nous le spinozisme avec le matérialisme athée.

problèmes qui se posent à nous. Mais notre enquête serait insuffisante si elle se limitait à cela. Fontenelle s'est sans doute « cherché » durant la première partie de sa vie : ses diverses expériences et le poids même des années ont concouru à forger sa personnalité ; cette physionomie, qui ne subit plus guère d'altération par la suite, nous devons essayer de la définir... Nous souhaiterions même aller plus loin : sous les péripéties et les miroitements de l'esprit, la condition sociale de l'écrivain, sa psychologie, son affectivité ont joué leur rôle ; l'intellectuel, qui « avait relégué le sentiment dans l'églogue », ne put échapper à ces déterminations ; il faudrait parvenir à percer ses secrets, à approcher de ses sollicitations inconscientes. Mais sa froideur naturelle ou affectée, son goût des pures idées ou des formes géométriques, l'aspect souvent conventionnel ou mondain de ses livres rendent cette recherche bien malaisée et nous inclinent à une extrême prudence. Trop heureux, si nous arrivions seulement à connaître tout ce qui peut être connu...

PREMIERE PARTIE

« LE NEVEU DE MESSIEURS CORNEILLE » (1657-1680)

par Largillière

BERNARD DE FONTENELLE
A MADAME ××××
Philosophe profond simple avec eloquence
Unissant le sçavoir et l'ingenuité
Le gout, le sentiment et la solidité
Il fit honneur au siecle a l'esprit a la France
Il eut meme un bonheur qui fut plus envié
Que tous les dons brillants, d'esprit et de genie
Themire il eut votre amitié
C'est le plus beau trait de sa vie.

par VOIRIOT

CHAPITRE I

UN BRILLANT SUJET

La Famille.

> Belle Iris, on est ce qu'on peut.
> Je suis Normand, je le confesse,
> Fort peu lié par ma promesse,
> Si mon intérêt ne le veut... (1)

Un aveu assez cynique, qui prélude à une galanterie... La province de Fontenelle jouissait alors d'une réputation bien établie de perfidie et même de malhonnêteté. On serait tenté d'expliquer les ruses et les secrets de l'écrivain par ses origines, mais ce serait vraiment trop facile. Il est cependant revenu souvent sur ce thème (2), tantôt avec complaisance, tantôt avec une sorte de honte ; et même dans l'*Eloge de Varignon,* on trouve cette remarque : « Ses manières d'agir nettes, franches, loyales en toute occasion, exemptes de tout soupçon d'intérêt indirect et caché auraient seules suffi pour justifier la province dont il était, des reproches qu'elle a d'ordinaire à essuyer. » (3).

En fait, sa famille paternelle était originaire du Perche : son grand-père Isaïe et son grand-oncle Nicolas furent respectivement avocat et président du Présidial d'Alençon ; son arrière-grand-père Nicolas était receveur général du duc d'Anjou et d'Alençon : c'est donc une famille de robins — tant la branche aînée qui resta fixée à Alençon que la branche cadette qui émigra à Rouen. Ils purent

---

(1) Vers de l'auteur *sur le reproche qu'on lui avoit fait d'être Normand* dans *Œuvres* (3), t. X, p. 467.

(2) *Cf. Pomone à Iris, loc. cit.*

> Je vous envoie, avec ces pommes,
> Des serments du même terroir.
> Le plus Normand de tous les hommes
> Jure qu'il ne veut plus vous voir.

(3) *Eloge de Varignon,* dans *Œuvres* (3), t. VI, p. 173.

léguer à Fontenelle un peu de leur réalisme et de leur sens pratique... Lorsque Nicolas Le Bovier (3 *bis*), son ancêtre, épousa Madeleine de la Pallue, la sœur de lait de Jeanne d'Albret, toute la famille passa au calvinisme ; mais Isaïe, le grand-père de Fontenelle, né huguenot, revint au catholicisme. François Le Bovier, le père de l'écrivain, fut donc baptisé et grandit dans cette religion (4). Ce n'est pas un cas exceptionnel, durant le XVIIe siècle, que des familles connaissent de semblables fluctuations. On retrouve le

(3 *bis*) Le billet d'enterrement de l'écrivain et le contrat de mariage de son père portent la dénomination « Le Bouyer » ; mais selon Trublet, « il faut prononcer le Bovier, et on l'a toujours prononcé de même », *Mémoires* (345), p. 19, n. 1.

(4) Voici l'arbre généalogique de la famille Le Bovier, établi par M. Dubuc, avec l'aide de M. de Gennes (Rouen : *Dossier Fontenelle*, doc. 92 N) :

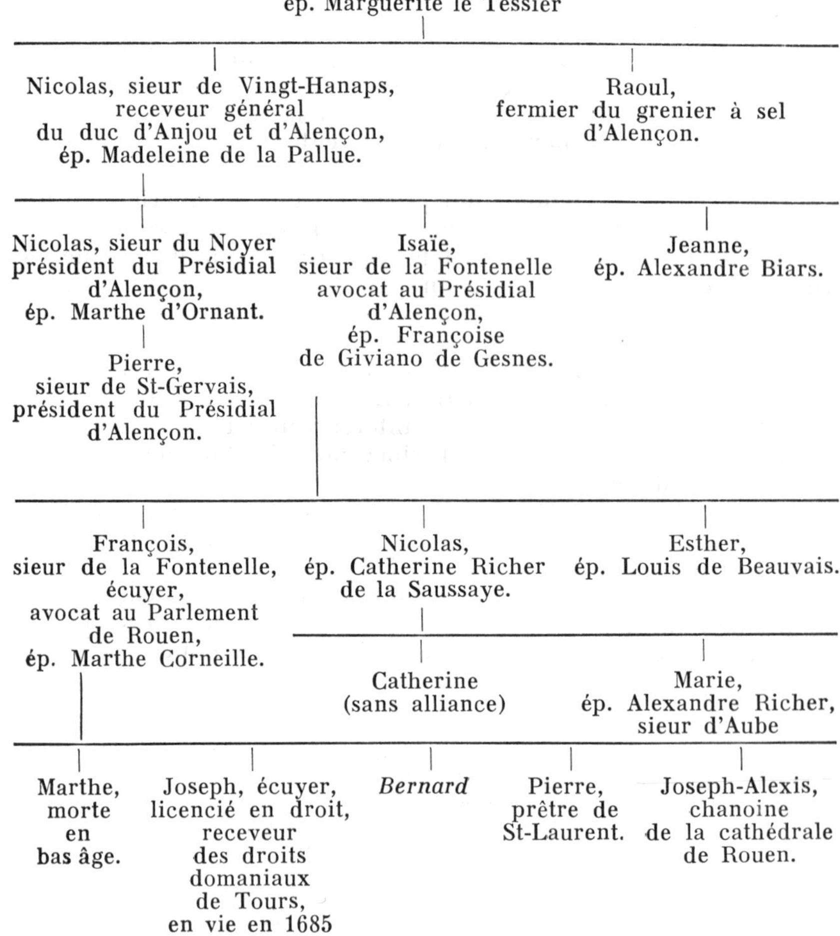

même phénomène chez les ancêtres de Montesquieu (5). Peut-être en se rappelant les hésitations de ses aïeux, Fontenelle trouvait-il déjà une raison de fuir le fanatisme et l'intolérance...

Sa mère, Marthe Corneille, appartenait aussi à une famille de robins : elle était fille d'un avocat au Parlement, qui, depuis 1602, était maître enquêteur et réformateur particulier des Eaux et Forêts du bailliage de Rouen, petite-fille d'un conseiller référendaire en la chancellerie du Parlement de Rouen. Mais c'étaient des bourgeois qui furent seulement anoblis en janvier 1637, tandis que les Le Bovier avaient droit au titre d'écuyer et possédaient le fief de La Fontenelle (6). Les Corneille étaient d'une profonde piété ; ils n'avaient pas connu les hésitations doctrinales ou les conversions opportunistes des Le Bovier : Pierre et Thomas, les frères de Marthe, furent élèves des Jésuites, et l'on a pu voir jusque dans l'*Œdipe* un développement du molinisme. Les deux familles étaient également aisées : leur alliance était parfaitement conforme à de raisonnables traditions provinciales (7).

Les parents de Fontenelle nous sont bien connus. Son père, François, né à Alençon en 1611, était devenu avocat au Parlement de Rouen ; en janvier 1644, il épousa Catherine Houzard ; cette union demeura stérile ; veuf — on ignore à quelle date — il se remaria en juillet 1649 avec Marthe Corneille qui était née le 28 juillet 1623 (8). Mme Necker rapporte que, devenu vieux, le philosophe jugeait ainsi ses parents : « Mon père était une bête, mais ma mère avait de l'esprit ; elle était quiétiste : c'était une petite femme douce... » (9). Guiot dans le *Moreri des Normands* dit sim-

---

(5) La famille de Secondat se convertit au catholicisme en même temps que Henri IV. Jean II de Secondat était le protégé et le maître d'hôtel de Jeanne d'Albret, dont Madeleine de la Pallue était la sœur de lait.

(6) Fouchy nous apprend dans l'*Eloge de M. de Fontenelle, dans Œuvres* (3), t. IX, p. v, que l'écrivain « était en état de prouver par des actes authentiques trois cents ans de noblesse ». Cf. Rouen Arc. Dép. de Seine-Maritime, Cour des Aides, B. Expéditions 1525-1526 : maintenue de noblesse de Guillaume Le Bovier le 28 février 1525 ; il y eut un Guillaume Le Bouyer, sieur de Saussay vers 1420 (Rouen, doc. 92 N.).

(7) François Le Bovier fut témoin à l'inhumation de Pierre Corneille, le 31 juillet 1675 (Rouen, Arc. Mun. Reg. 623, Saint-Vigor), et le poète le choisit comme procureur quand il vendit sa maison de la rue de la Pie, le 10 novembre 1683 (Arc. Dép. de Seine-Maritime. Not. Régis, novembre-décembre 1683).

(8) Mariage de François Le Bovier avec Catherine Houzard, à Saint-Sauveur : Rouen, doc. 92 N ; juillet 1649 : (deuxième) mariage de François Le Bovier avec Marthe (dénommée à tort Françoise) Corneille, née le 28 juillet 1623, contrat de mariage, le 7 août 1649 : Rouen, Arc. Mun. Reg. 819, Notre-Dame de la Ronde ; 16 novembre 1693 : inhumation de François Le Bovier, « écuyer, sieur de Fontenelle, sous-doyen des avocats du Parlement, mort le 15 novembre, âgé d'environ quatre-vingt-deux ans, inhumé dans la chapelle Saint-Jean » ; 11 juin 1696 : inhumation de Marthe Corneille « morte le 9 juin, âgée d'environ soixante-treize ans, inhumée dans la chapelle Saint-Jean, en présence de son fils, curé de Boissey » ; 7 juillet 1693 : inhumation de Pierre Le Bovier de Fontenelle, frère de l'écrivain, « prêtre habitué à Saint-Laurent, inhumé en présence de son père et de son frère » (certainement Joseph-Alexis) — ces trois actes Rouen Arc. Mun. Reg. 278, Saint-Laurent.

(9) Mme Necker, *Nouveaux mélanges* (621), t. I, p. 166.

plement que François Le Bovier « avait beaucoup d'esprit et de littérature, surtout beaucoup de probité, mais qu'il était d'une humeur fâcheuse » (10) ; les deux sentences s'accordent assez bien : François Le Bovier n'était peut-être pas aussi stupide que son fils l'a prétendu, il est vraisemblable qu'il eut beaucoup de « probité », mais il est évident que Fontenelle ne s'est pas entendu avec lui. Sa mère en revanche dut exercer sur lui, comme sur ses frères, un profond ascendant. Selon Trublet, « je lui ressemblais beaucoup, répétait-il fréquemment, et je me loue en le disant » (10 *bis*). Dans son élégie, le Chanoine Saas consacre à Marthe Corneille ces vers :

Saepe, nec erubuit saepe emendanda sorori
Carmina commisit frater uterque suae... (11),

et c'est une illustre tradition qui nous montre Pierre Corneille consultant sa sœur sur ses tragédies (12). Peut-être n'est-ce qu'une légende inspirée par le désir de flatter Fontenelle, mais on peut y voir aussi un indice de la valeur de sa mère. Le Beau, dans son *Eloge funèbre,* ajoute : « Elle joignait beaucoup d'esprit à une piété exemplaire ; elle forma son fils, dans lequel la douceur des mœurs et l'élégance du style retinrent toujours l'empreinte de l'éducation maternelle (13) ». Nous l'avons vu — Marthe Corneille était quiétiste ; et il n'est pas impossible de retrouver dans l'œuvre de Fontenelle, et singulièrement dans sa conception du bonheur, un écho de cette doctrine. Elle disait à son fils : « Avec vos petites vertus, vous serez damné... » ; mais, ajoute Fontenelle, « cela ne lui faisait pas de peine » (13 *bis*). Cette phrase pourrait s'interpréter comme une formule inspirée du quiétisme : « les petites vertus » ne sont rien sans l'amour de Dieu. On a parfois attribué à cette femme une influence plus étonnante. Le père de Pascal avait été intendant à Rouen en 1639 et avait connu Pierre et Thomas Corneille ; Gilberte Pascal écrit : « Monsieur Corneille était ravi de voir les choses que faisait ma sœur » (14). Ainsi on a pu supposer que par l'intermédiaire de sa mère, Fontenelle avait été attiré par le génie scienti-

---

(10) Trublet, *Mémoires* (345), p. 124.

(11) Chanoine Saas, *Elegia* dans *Œuvres* (3), t. XI, p. lxiij :

Doctus uterque parens, magis et Cornelia mater,
Gracchorum matri nomine, parque animo.
Nempe soror gemini non inficienda poetae
Fraterni judex carminis illa fuit.
Saepe nec erubuit...

On peut traduire : « Ses parents étaient tous deux lettrés, mais surtout sa mère Corneille pareille à la mère des Gracches par le nom et par l'esprit. De fait, il est indéniable que la sœur des deux poètes servit souvent de juge pour les chants fraternels. Souvent sans honte, souvent l'un et l'autre frère remirent à leur sœur des poèmes à corriger. »

(12) Vigneul-Marville, *Mélanges d'Histoire et de Littérature* (353), t. I, p. 160 : « Quand il avait composé un ouvrage, il le lisait à Mme de Fontenelle qui pouvait bien en juger. »

(13) *Eloge de M. de Fontenelle* dans *Œuvres* (3), t. XI, p. ii-iij.

(13 *bis*) Mme Necker (621), *loc. cit.*

(14) Cf. *Magasin pittoresque,* XXXVII, 1869, p. 322, et surtout G. Forster, « *C'est nous qui sommes les anciens...* » (507).

fique de Pascal, et avait vu en lui un modèle prestigieux. Rien ne serait plus gratuit que cette hypothèse, s'il n'existait des rapports évidents entre l'œuvre de Fontenelle et celle de Pascal. Dans *Sur l'Histoire* et dans le *Discours sur nature de l'églogue,* on retrouve la comparaison entre l'humanité entière et un seul homme, que contient la *Préface pour le traité du vide* : Fontenelle aurait-il eu communication du manuscrit de Pascal ? Son premier essai scientifique, c'est un *Mémoire sur le nombre 9,* qui s'inspire du *De numeris multiplicibus,* et quand il rédige la préface de l'*Analyse des infiniment petits* du marquis de l'Hôpital ou de ses propres *Eléments de la géométrie de l'infini,* il se plaît à souligner la force de ce génie, qui « découvrit des méthodes générales, et d'autant plus surprenantes, qu'il ne paraît y être arrivé qu'à force de tête et sans analyse (15) ». On discerne enfin aisément dans sa conception de l'humanité des réminiscences des *Pensées.* Il est donc possible que cette figure l'ait attiré, embellie par les récits de sa mère et de ses oncles. Il n'est pas rare de voir un enfant prendre pour modèle un mort, auquel les vivants donnent un prestige presque surnaturel.

Ses parents eurent cinq enfants (16). Marthe Le Bovier fut baptisée le 10 août 1650 ; elle mourut en bas âge. Joseph fut baptisé le 22 novembre 1655. Sa vie comporte une énigme ; on a toujours admis, depuis Trublet, qu'il était mort en bas âge, et Le Beau, dans son *Eloge funèbre* de 1757, affirme qu' « il mourut fort jeune » (17) — ce qui reste assez vague. En fait, des actes juridiques portent mention d'un Joseph Le Bovier, écuyer, licencié en droit, receveur des droits domaniaux à Tours : le 1er mars 1685, il donne à bail, comme procureur de son père, la métairie du Plessis. Ce serait donc le frère aîné de Fontenelle — même s'il est un peu surprenant qu'étant issu de deux familles si étroitement attachées à Rouen, il soit allé s'expatrier dans la vallée de la Loire ; il ne semble pas avoir laissé de descendance ; après 1685, on ne trouve plus trace de lui (17 *bis*). Bernard était le troisième enfant, baptisé à Saint-Vigor, le 14 février 1657. Pierre, le quatrième, fut baptisé le 22 décembre 1659, et Joseph-Alexis, le cinquième, le 24 mars 1663 ; tous deux furent prêtres. L'aîné, dont Guiot célèbre « les excellentes qualités et l'attachement à la vérité », semble avoir été assez simple : Fontenelle prétendait que, « le matin, il disait la messe, et, le soir, ne savait ce qu'il disait » ; il resta vicaire à Saint-Laurent,

---

(15) *Œuvres* (3), t. X, p. 36 et 53.

(16) Actes de baptême : Marthe, 10 août 1650, Rouen, Arc. Mun. Reg. 820, Notre-Dame de la Ronde ; Joseph, 22 novembre 1655, parrain : Dom Antoine Corneille, marraine : Madeleine Bouvier ; Pierre, 22 décembre 1659, parrain : François... (?) chevalier, lieutenant particulier du bailliage d'Alençon, marraine : Marie Corneille ; Joseph-Alexis, 24 mars 1663, parrain : Jean Papavoine, marraine : Marguerite Langineux, veuve de Pierre de la Bouque, écuyer et sieur du Quesne, premier capitaine du régiment de Grancey — ces trois actes Rouen Arc. Mun. Reg. 619, Saint-Vigor, ainsi que celui de Bernard, l'écrivain, 14 février 1657 ; ajoutons sur le même registre : François-Bernard Corneille, fils d'Antoine Corneille et de Françoise Pointel, 27 décembre 1665, parrain : Bernard de Fontenelle, marraine : Marie Baillet.

(17) *Op. cit.*, dans *Œuvres* (3), t. XI, p. iv.

(17 *bis*) Ms. Rouen, Doc. 92, N., *Dossier Fontenelle.*

à Rouen, jusqu'à sa mort, le 6 juillet 1693. Dans son enfance, il « avait une singulière vocation pour la mécanique, et, tous les matins, il manquait quelquefois la classe parce qu'il s'arrêtait chez un serrurier ou un menuisier ; il n'avait pas de disposition pour les sciences ; il peignait assez joliment des fleurs dont j'ai vu plusieurs morceaux dans l'appartement de M. de Fontenelle ; le père était un jour en colère contre lui et disait à sa femme : « Je vous le disais bien que vous n'aviez qu'un sot dans le ventre » (18).

Joseph-Alexis donne l'impression d'une personnalité plus puissante : curé de Boissé pendant quatorze ans, il « demeura — comme dit Guiot — dans la solitude », puis devint chanoine des Andelys, où les Corneille avaient leur propriété ; en 1716, il revint à Rouen, fut chanoine de la Cathédrale et se fit connaître par son zèle janséniste — puisqu'il s'opposa à la lecture du mandement de Claude d'Aubigné en faveur de la *Bulle Unigenitus*. Il fut inhumé le 6 novembre 1741 (19). On verrait volontiers en cet homme solitaire et intransigeant l'opposé de l'opportuniste mondain que parut souvent être l'auteur des *Dialogues des morts*. Et celui-ci n'hésita pas, dans le salon de Mme du Tencin, à travailler à la ruine du jansénisme (20).

L'enfance.

A sa naissance, Fontenelle était extrêmement chétif (21) ; c'est

---

(18) *Traits, notes et remarques...* de Cideville (ms. Rouen), p. 70.

(19) Arc. Dép. de Seine-Maritime, G. 3433, 3410, 3236 : Joseph-Alexis mourut le 6 novembre à 7 heures du matin ; les scellés furent mis le même jour, et levés le 27 novembre ; le 17 novembre, « vente des meubles restés après le décès de M. Le Bovier de Fontenelle », « procuration de M. Bernard Le Bovier de Fontenelle, un des quarante de l'Académie française et demeurant à Paris, rue et paroisse Saint-Roch » cf. lettre de Fontenelle à Mme de Forgeville, dans *Œuvres* (3), t. XI, p. 211.

(20) On peut lire dans le *Nécrologue des plus célèbres défenseurs et confesseurs de la Vérité au dix-huitième siècle, 1760* l'éloge de Joseph-Alexis : « Son attachement à la vérité se fit voir à l'occasion du mandement de M. d'Aubigné pour l'acceptation de la Bulle, et il parvint à en empêcher la lecture dans sa compagnie. Etant ensuite devenu chanoine de Notre-Dame de Rouen, il appela de la Bulle dans le temps qu'on tramait l'accommodement de 1720 », cité dans *Revue de la Normandie,* 1869, p. 283. Dans le *Journal* de Trublet on trouve cette remarque sur les rapports de Fontenelle et des jansénistes : « On l'avait quelquefois sollicité de se mettre de ce parti qui le prônerait etc., mais... il avait eu trop de répugnance pour leurs dogmes. » Jacquart, *La correspondance de l'abbé Trublet...* (543), *app.* Cf. le poème, *La Chimère* (ms. Sainte-Geneviève, 2083, f. 4, Bordeaux, 693, p. 649) ; note du manuscrit de Bordeaux : « Cette pièce fut faite au mois de janvier 1731. M. Tencin donna pour lors son mandatement sur la bulle *Unigenitus.* On prétendit que ce mandement avait été fait par M. Tencin, sa sœur, MM. Fontenelle, La Motte et Astruc. Ce mandement fut supprimé par arrêt du Parlement de Paris du 29 janvier 1731, sur la réquisition de M. Gilbert de Voisins, avocat général. »

(21) Le Beau, *op. cit.* dans *Œuvres* (3), t. XI, p. j : « On fut d'abord étonné de le voir vivre. » Le billard était pour lui un jeu trop fatigant, il crachait du sang : *Dictionnaire historique et critique* (ms. Rouen Y. 43), t. I, p. 417.

paradoxalement cette faiblesse qui expliqua sa longévité : entouré des scrupuleuses attentions de sa mère, il n'eut qu'à suivre les habitudes d'hygiène et de prudence qu'elle lui avait données ; on peut voir aussi dans cette fragilité la cause du méfiant égoïsme du personnage, qui selon la légende — excessive sans doute, mais sûrement révélatrice — craignit toujours et le chaud et le froid, et le rire et les larmes, et tout ce qui pouvait altérer la santé et raccourcir la vie. Borné par la nature à cette existence un peu étroite, il devait concilier cette prudence avec une hardiesse certaine : ce sage emmitouflé, toujours frileux, toujours — semble-t-il — sur la défensive, faillit deux fois se faire embastiller (22)...

Sa fragilité retarda son baptême : il fut seulement ondoyé dans la maison paternelle, et on le porta à l'église Saint-Vigor, le 14 (23) : son parrain était Thomas Corneille, ce qui explique peut-être en partie l'attention particulière que celui-ci montra toujours pour son neveu, et le rôle presque paternel qu'il joua près de lui, lors de ses débuts à Paris. Sa marraine était Catherine Lefebvre. « Sa demeure proche des feuillants, ordre des Citeaux, donna occasion à ses père et mère de le vouer à la Sainte Vierge et à saint Bernard, dont on lui donna le nom et l'habit qu'il porta jusqu'à l'âge de sept ans. » (24). C'est dire la profondeur de l'imprégnation religieuse qu'il subit. D'ailleurs, les feuillants de Rouen étaient depuis longtemps les amis de la famille — et même du grand Corneille. A sept ans, les enfants voués aux ordres recevaient la tonsure et contractaient l'engagement définitif. Fontenelle eut un jour l'occasion d'évoquer cette coutume, c'est lorsqu'il prononça l'*Eloge du chevalier de Louville :* « Il était cadet ; il fut destiné à l'Eglise, et on lui donna l'habit, qui assez souvent accoutume les enfants à croire qu'ils y sont appelés. Pour lui, il ne se laissa pas persuader si aisément, et quand il fut question de le tonsurer à sept ans, il attendit le jour de la cérémonie pour déclarer en toutes paroles, avec une fermeté froide, inébranlable et fort au-dessus de son âge, qu'il ne voulait point être ecclésiastique. » (25). Y eut-il chez Fontenelle pareille révolte ? Montra-t-il dès son jeune âge la même absence de ferveur que dans

---

(22) Pour la *Relation de Bornéo* en 1687 et pour l'*Histoire des Oracles* en 1707. Voir *infra, Polémiques et sacrilèges* et *Avec Van Dale.*

(23) Guiot, *Le Moreri des Normands* (ms. Rouen, Martainville, Y. 51), article *Fontenelle.*

(24) *Dictionnaire historique et critique...* (ms. Rouen) t. I, p. 417, *sq.* Le couvent et la maison de Fontenelle étaient situés rue des Bons-Enfants. Les feuillants de Rouen étaient en rapport avec Pierre Corneille et protégés par les Vendôme. Cette consécration de l'enfant s'inscrivait donc dans une tradition familiale. La maison de Fontenelle était située à l'emplacement actuel des numéros 132 et 134 de la rue des Bons-Enfants. Le Cat précise : « M. de Fontenelle est né... dans le quartier des RR.PP. Feuillants, dans une maison dont le jardin est à l'ouest de celui de ces Pères. On y entre par une allée qui est la cinquième porte à l'ouest de ce monastère. Dans la cour est un puits décoré d'une charpente d'architecture gothique singulièrement belle. C'est principalement à cet indice, donné par M. de Fontenelle, que j'ai reconnu cette maison. Le père de M. de Fontenelle la tenait apparemment à loyer », dans *Eloge* (225), p. 51.

(25) *Œuvres* (3), t. VI, p. 467.

sa maturité ? Il se plaisait, dans sa vieillesse, à conter à ses proches des anecdotes relatives à son enfance. Sa mère le mena, alors qu'il avait sept ans, à un sermon d'un « minime qui, après avoir prêché longtemps sur quelques points assez difficiles à entendre, dit à son auditoire que, pour lui remettre devant les yeux les vérités qu'il leur annonçait et les conséquences importantes qu'il en tirait, il allait reprendre et récapituler ce qu'il venait de dire, le petit Bernard était monté sur une chaise et se mit à crier en pleurant : Quoi, ma mère, il va recommencer, ce qui fit rire l'assemblée et empêcha le minime de poursuivre, il finit là. » Il avait pour amie une servante de ses parents nommée Charlotte. Elle dit « un jour à son confesseur, qui était feuillant, qu'elle avait à lui amener une personne qui depuis sept ans n'était point approchée des sacrements... Le lendemain, Charlotte revient avec le petit Bernard, c'est ainsi qu'on appelait dans son enfance M. de Fontenelle. Comme cet enfant était tous les jours dans la maison, et que le confesseur le voyait tous les jours et ne pouvait pas penser que ce fût là son pécheur endurci, il dit à Charlotte : Eh bien, où est votre homme ? Le voilà, dit-elle ; n'y a-t-il pas sept ans que le petit Bernard a été baptisé ? Mais je lui ai appris à se confesser. Le feuillant rit et fait approcher le petit Bernard qui lui conte tout ce que lui a dit sa bonne ; après quoi, il dit en se détournant : Est-ce là tout, Charlotte ? » (26).

Ces deux scènes soulignent bien l'aspect formaliste, et même absurde, d'une pareille éducation. Mais « le petit Bernard » n'y paraît vraiment pas sous les traits d'un révolté. On a plutôt l'impression d'une enfance assez heureuse, entourée d'affection. Cependant le philosophe devait plus tard se rappeler avec quelque ironie les légendes dont on l'avait nourri dans ses premières années : « L'on m'a dit dans mon enfance — nous confie-t-il — que le sureau avait autrefois des raisins d'aussi bon goût que la vigne, mais que le traître Judas s'étant pendu à cet arbre, ses fruits étaient devenus aussi mauvais qu'ils le sont présentement » (26 *bis*) ; et il avoua à Moncrif qu'on lui avait fait croire « que la veille de la Saint-Jean, il ne restait pas un seul chat dans la ville, parce qu'ils se rendaient ce jour-là à un sabbat général... » (27). Après avoir été ainsi abreuvé de fables et de contes, il allait toute sa vie s'acharner contre la crédulité et la superstition. C'est un peu contre son éducation et son passé qu'il prodiguait tant d'énergie... Mais s'il quitta l'habit de feuillant, ce fut simplement pour entrer chez les Jésuites ; « comme il annonçait beaucoup d'amour pour les sciences, ses parents le mirent au collège... » (27 *bis*). En 1670, à treize ans, il était en rhétorique. Qu'il soit entré en sixième en 1665, ou qu'on lui ait fait sauter des classes, ce qui n'était pas rare à l'époque, tout nous persuade de la précocité et de l'éclat de ses dons (28).

(26) *Traits, notes et remarques* (ms. Rouen), p. 14-15 et 145-146.

(26 *bis*) *Œuvres* (3), t. III, p. 282.

(27) Moncrif, *Les Chats* (256 *bis*), let 1, p. 7.

(27 *bis*) *Dictionaire historique et critique* (ms. Rouen), t. I, p. 418.

(28) *Fontenelliana* (458), p. 70 : « L'esprit de Fontenelle brilla beaucoup dès ses basses classes qu'il finit de très bonne heure... »

Chez les Jésuites.

Le collège de Bourbon, ouvert en février 1593, fermé, puis rouvert en 1605, était une importante maison ; on y comptait, dès 1607, mille cinq cents à mille six cents écoliers ; et mille neuf cent vingt-huit en 1627 (29). Tous les témoignages concordent : Gölnitz note en 1655 : *Bibliotheca in fama est ; discipuli in numeroso numero*... et le P. Antoine Maillard, dans l'inventaire dressé vers 1700 : « La jeunesse qui se trouvait au collège de Rouen était la plus nombreuse qui fût guère en aucun collège de France... » (30) Grisel, qui fut lui-même l'élève des Jésuites, s'attarde dans ses *Fasti Rothomagenses* à faire l'éloge de son maître Dinet et à célébrer toutes les fêtes du collège ; en juillet, la foule se presse pour voir les logiciens soutenir leurs thèses ou déchiffrer les énigmes :

Nec minus alternis Logici dant proelia linguis ;
Omnibus expositas sustinuere theses...
Tres tabulae ingentes pendent, aenigmata dicunt ,
Obscura est etiam multa tabella minor,
Qui reteges sensum, non indonatus abibis ;
Qui pariter gryphos, accipe praemiolum... (31)

En septembre, ce sont les examens publics et la distribution des prix :

In medium meritus praeconia voce citatur,
Praebet iter populus, constrepuere tubae.
Ille quidem primus donatur et alter ab illo... (32)

On sait que Fontenelle fut apprécié par ses maîtres qui le jugèrent *adolescens omnibus partibus absolutus et inter discipulos princeps*... Il connut donc cette popularité et ces honneurs qu'évoque Grisel. Cet enfant toujours chétif, que le moindre exercice épuisait, avait déjà trouvé, comme c'est fréquent, un moyen de compenser sa faiblesse physique : la réussite intellectuelle.

---

(29) Cf. *Recherches sur l'instruction publique dans le diocèse de Rouen avant 1789*, par Ch. de Beaurepaire (391), t. II, p. 73 ; voir aussi P. Martin, *Histoire du collège de Rouen*, Arch. Dép. de la Seine-Maritime, D. 26 à 271, G. 1263, C. 1138 et 1248 ; G. Dubosc, *L'abbé de Saint-Pierre au collège de Rouen* (486) ; *Herculis Griselli Fastorum Rothomogensium* (187), p. 619, *app.*

(30) *Recherches sur l'instruction* (391), t. II, p. 73, note 2.

(31) *Fastorum* (187), *Julius*, p. 251, vers 153, *sq.* : « Les logiciens livrent également des combats par des discours alternés ; aux yeux de tous, ils ont soutenu leurs thèses... Trois immenses affiches sont accrochées, elles indiquent des énigmes, et il y a encore le problème que propose mainte affiche plus petite ; si tu en découvres le sens, tu ne t'en iras pas sans présent ; de même, si tu perces les énigmes, reçois un petit cadeau... »

(32) *Fastorum* (187), *September*, p. 270, vers 81, *sq.* : « Au milieu de la foule, le lauréat est appelé par la voix du héraut ; le peuple lui ouvre un chemin au fracas des trompettes. Le premier reçoit sa récompense, et le second en reçoit une de ses mains... »

Les recteurs du collège nous sont connus : Claude Fraguier en 1664 ; Verthamon de 1666 à 1668 ; Adrien Jourdan de 1668 à 1670 ; Le Fort en 1671 ; La Faluère de 1671 à 1674. Mais leur personnalité demeure mystérieuse (33).

Il y avait deux groupes de classes : les *studia inferiora* qui allaient de la sixième à la rhétorique, et les *studia superiora* qui, sans être interdites aux laïcs, étaient plus particulièrement destinées aux futurs Jésuites, aux *scolastici*. Puisque Fontenelle resta au collège jusqu'en 1674, il parcouru le cycle complet des études. Peut-être sa famille, qui avait voulu faire de lui un feuillant, envisageait-elle maintenant qu'il serait jésuite : il y avait assez de liens entre les Corneille et le collège de Bourbon. Les *studia inferiora* étaient consacrées aux belles-lettres, c'est-à-dire aux langues et aux littératures — essentiellement le grec et le latin : en cinquième des lettres de Cicéron ; en quatrième, des lettres de Cicéron et Ovide ; en troisième, des lettres de Cicéron, le *De Amicitia,* le *De Senectute,* Ovide, Catulle, Tibulle, Properce, les *Bucoliques* et les *Géorgiques* de Virgile ; saint Jean Chrysostome, Esope, Agapet ; en seconde, les œuvres philosophiques et les discours de Cicéron, César, Salluste, Tite-Live, Quinte Curce, Virgile, Horace ; Isocrate, saint Jean Chrysostome, saint Basile, Platon, Plutarque ; en première, Cicéron ; Démosthène, Platon, Thucydide, Homère, Hésiode, Pindare, saint Grégoire de Nazianze, saint Basile (34). Naturellement les maîtres avaient recours à des éditions expurgées ; pour reprendre l'expression de la *Ratio Studiorum,* les auteurs profanes devenaient *quodam modo Christi praecones.* L'écrivain idéal était Cicéron ; son style « est presque le seul que l'on doive adopter » (35). Deux méthodes étaient utilisées : le « précepte », ou « l'explication de texte ». Le « précepte » se décomposait de la façon suivante : explication de la formule ; appel aux rhéteurs qui l'approuvent ; raisons qui l'appuient ; citations en guise d'exemples ; preuves empruntées à l'histoire, à la mythologie, à l'érudition ; application. Devant un texte, on cherchait successivement à en discerner le sens général, à en juger l'art, les qualités et les défauts, à faire tous les rapprochements qu'il autorisait, à citer les maximes qui le confirmaient, à rapporter les traits historiques ou mythologiques qui s'y rattachaient, enfin à étudier le vocabulaire.

Fontenelle dut à ses maîtres sa culture classique : il s'insurgea plus tard contre les Anciens, il célébra les mérites de la langue française en soulignant les défauts du grec et du latin, « même dans les bons auteurs », où le tour est souvent « embarrassé et le sens

---

(33) *Recherches* (391), t. II, p. 96, note 2. Beaurepaire cite également pour 1664 Julien Hayneufve, mais celui-ci était mort le 31 janvier 1663.

(34) Cf. Charmot, *La pédagogie des Jésuites* (442) ; Dumas, *Histoire du Journal de Trévoux* (492) : on y trouve dans l'*app.* l'*Instruction pour les Régents* du P. Tournemine. Voir aussi *Histoire de l'Enseignement...* par H. Lantoine (556) ; *Histoire de la Cie de Jésus...* par le P. Fouqueray (508), t. II, p. 696-720 ; *Programme et règlement...,* trad. par H. Ferté (504).

(35) *Programme et règlement* (504), p. 96.

longtemps suspendu et confus » (36). Mais il attaquait alors ceux qui l'avaient formé ; il était bien, pour reprendre les termes de La Bruyère, « semblable à ces enfants drus et forts, d'un bon lait qu'ils ont sucé, qui battent leur nourrice » (37). En fait, il imita Lucien et Ovide, il voulut refaire Virgile, et lorsqu'il composa les *Entretiens sur la pluralité des mondes,* il se compara lui-même à Cicéron... On retrouverait aisément dans la construction même de ses ouvrages des traces des méthodes qui lui avaient inculquées ses maîtres. L'écolier devait écrire tous les jours, et apprendre à imiter les bons auteurs. N'est-ce pas un peu cette technique qui lui servit pour adapter Lucien ou Van Dale ?

Les externes étaient astreints à une confession mensuelle, à une séance hebdomadaire de catéchisme, à une messe quotidienne. « Ils n'iront pas au théâtre, aux comédies, aux jeux publics : ils n'assisteront pas aux supplices des condamnés, si ce n'est à ceux des hérétiques. » (38) On exigeait de leur part une obéissance rigide ; leur assiduité était surveillée ; on s'efforçait de leur inculquer la soumission à Dieu ; on avait recours aux châtiments corporels. Mais cette sévérité ne devait pas empêcher qu'une certaine affection se manifestât entre les maîtres et les élèves. Fontenelle détesta les humanités dont les Pères l'avaient nourri, il approuva la politique anticléricale de Pierre-le-Grand en Russie, mais il resta toujours attaché aux Jésuites : attachement bien compréhensible, puisqu'on le retrouve chez Voltaire, chez Descartes, enfin chez tous ceux qui passèrent par leurs mains. L'écolier n'était jamais seul : « un surveillant le suivait partout, à l'église, en classe, au réfectoire, en récréation » (39), mais cette présence perpétuelle n'avait pas seulement un but de surveillance, elle visait à personnaliser les rapports des maîtres et des enfants : le pédagogue devait s'intéresser à chacun d'eux : « Qu'il examine quel est son caractère pour y conformer ce qu'il doit dire, et amorcer son interlocuteur, comme on dit, avec l'hameçon qui lui convient » (40). Et Pierre et Thomas Corneille avaient déjà été éduqués au collège de Bourbon : comment les Pères n'auraient-ils pas montré un intérêt particulier pour le jeune homme ? L'émulation et les honneurs tenaient dans la discipline une place importante : les classes étaient divisées en deux camps, les Romains et les Carthaginois : à la tête de chaque camp, il y avait un *imperator ;* il est bien vraisemblable que l'*ado-*

---

(36) Lettre à Gottsched, professeur à Leipzig, 24 juillet 1728, dans *Œuvres* (3), t. XI, p. 8 : « Une chose plus considérable que j'entends reprocher à votre langue, quoique ce soit plutôt la faute des écrivains, c'est que vos phrases sont souvent extrêmement longues, que le tour en est fort embarrassé, le sens longtemps suspendu et confus. Il est vrai que le grec et le latin ont assez souvent aussi ces défauts, et même dans les bons auteurs ; mais, tout grecs et latins qu'ils sont, ils ont tort. »

(37) *Les Caractères* (202), *Des ouvrages de l'esprit,* 15. Cideville précise : « Il savait si bien le grec, son Homère et les autres poètes grecs, qu'il a fait en un centon la *Descente d'Orphée aux Enfers* d'environ trois cents vers grecs », *Traits, notes et remarques* (ms. Rouen), p. 230.

(38) *Programme et règlement* (504), p. 133.

(39) Charmot, *op. cit.* (440), p. 180.

(40) *Ibid.,* p. 201.

lescens omnibus partibus absolutus reçut ce titre. Il existait dans chaque collège trois Académies : l'une formée par des élèves de théologie et de philosophie ; l'autre par des rhétoriciens et des humanistes ; la troisième par des grammairiens. C'était « un choix d'élèves studieux pris parmi les meilleurs de la classe qui se réunissaient, sous la direction d'un Père *modérateur,* pour se livrer à quelques exercices en rapport avec leurs études » (41). Les académiciens élisaient en scrutin secret, tous les trois ou quatre mois, un recteur, deux conseillers et un secrétaire. Ils se retrouvaient le dimanche et les jours de congé ; les rhétoriciens lisaient des discours et des vers ; les philosophes pratiquaient la « prélection » et la « dispute ». Il y avait parfois quelques solennités. Comment un élève aussi brillant que Fontenelle n'eût-il pas fait partie de ces Académies ? Encore qu'il fallût pour y pénétrer être membre de la Congrégation de la Vierge... Il commençait ainsi une longue carrière ; toute sa vie, il allait perpétuer ce cadre, et la gloire paisible qu'il y trouvait. Rivarol imaginera que le vieux secrétaire, après sa mort, devait animer une Académie sous les bosquets des Champs-Elysées.

« On le mit au collège des Jésuites. Il n'était guère propre à y briller. Il ne parlait qu'avec beaucoup de peine et en avait encore plus à apprendre par cœur. Sa mémoire se refusait à tout ce qui n'est que de pure mémoire, et ne saisissait rien qu'avec le secours du jugement. Il fut extrêmement négligé d'un premier régent qu'il eut, et n'avança guère sous lui. Il fit beaucoup mieux sous un second qui démêla ce qu'il valait. On ne peut guère blâmer le premier et il faut beaucoup louer le second. » C'est ainsi que dans l'*Eloge de Sauveur* (41 *bis*) Fontenelle fut amené à équilibrer les critiques et les éloges au sujet de ses maîtres. Il est vrai que l'instruction était insuffisante — bornée à des exercices de mémoire, dépouillée de toute érudition, limitée à l'analyse et à l'imitation des auteurs antiques, qui étaient d'ailleurs profondément altérés pour devenir « quoique païens et profanes les panégyristes de la foi », mais il n'était pas rare de trouver parmi les Pères des pédagogues capables et passionnés par leur tâche. Sans doute montrèrent-ils à leur élève cette fascinante union de souplesse opportuniste et de dureté profonde qu'il allait adopter à son tour. Enfin certains professeurs du collège de Bourbon étaient de fortes personnalités, et singulièrement le P. Commire, attaché au duc de Montauzier ; il « professait la logique, lorsque M. de Fontenelle n'était encore qu'en rhétorique. Cependant celui-ci a toujours regardé ce Père comme un de ses maîtres par la liaison étroite qu'ils ont formée et par les conseils que le jeune homme en recevait » (42). Commire lui dédia en effet son poème *Cleopatra officii Antonium monens,* et en cette occasion il rappelle l'intimité qui l'unit à son disciple :

Tu fabulas probare qui soles meas

(41) Fouqueray, *op. cit.* (508), p. 716.
(41 *bis*) *Œuvres* (3), t. V, p. 425.
(42) *Eloge de Fontenelle* par Le Cat (225), p. 53.

Decus eruditae, Fontanella, Neustriae,
Avunculisque par nepos Corneliis (43).

Jean Commire fut surtout connu par ses fables latines relatives à l'actualité politique, mais son génie s'appliqua à tous les genres de poésie — de l'idylle sacrée et de la paraphrase biblique aux petites pièces légères qu'il adressa souvent à Mlle de Scudéry. Sapho loue sa « charmante lyre » qui « enchante tout l'univers » (43 *bis*). Lié à Nicolas Heinsius, à Graevius, à Huet, à Bensserade, à Ferdinand de Fürstenberg, l'évêque de Paderborn, il s'intéresse à l'histoire et à la philologie ; il remet à Emeric Bigot les corrections qu'il a rédigées sur *Les Métamorphoses* d'Ovide et des remarques sur le traité de Lactance, *La Mort des persécuteurs*. Savant et frivole à la fois, ce prêtre lettré ressemble à Fontenelle, qui dut un peu se modeler sur son exemple.

La souplesse morale des Pères, leur capacité infinie d'excuser ou d'atténuer les fautes purent aussi impressionner le jeune homme, et, à sa manière, il ne s'est jamais écarté des principes qu'ils lui avaient inculqués. L'ambiguïté qu'il sut conserver plus ou moins nettement, plus ou moins consciemment durant presque un siècle, il dut l'apprendre au collège ; c'est là qu'il vit comment manœuvrer, comment restreindre et adoucir la portée d'une idée ou d'un acte, comment concilier la docilité absolue et la complète indépendance. A cet ascendant continuel que les Pères exerçaient sur leurs élèves, il dut opposer la même attitude à laquelle il recourait devant toutes les formes d'oppression : une sorte de défense souple, une merveilleuse obéissance et une franche révolte. Le système à la fois lâche et coercitif des collèges, où l'on prêtait plus d'attention aux apparences qu'aux intentions véritables, dut lui enseigner cette méthode. L'inflexibilité et l'opportunisme des Jésuites, qui correspondaient à leurs convictions et aux perpétuelles difficultés qu'ils rencontraient, secrétaient, si l'on peut dire, les mêmes réactions chez leurs disciples.

Le collège de Bourbon, comme tous les établissements de Jésuites, offrait à la ville des représentations théâtrales ; Grisel en est ébloui :

Area vix populum concipit, ampla licet.
Quinque sonant actus, celebratur scaena choreis,

(43) *Joannis Commirii... Carmina* (132), t. I, p. 322 : « Toi qui d'ordinaire aimes mes fables, honneur de la savante Neustrie, Fontenelle, toi, l'égal de tes oncles, les Corneille. »

(43 *bis*) *Ibid.*, t. II, p. ij.

(44) Nous citons ici les principaux personnages à qui le P. Commire dédie ses poèmes. Dans ses *Carmina* figurent, à côté des *Idylles Sacrées,* de petits poèmes badins tel *Sur la Mort d'un chat* (t. II, p. 348). Ajoutons cet éloge que Jean Commire adresse à Mlle de Scudéry :

D. contre elle en vain fait agir cent ressorts,
Les fleurs, la pourpre, l'or que sa Muse prodigue
Nous jette chaque jour dans de nouveaux transports
(II, p. 344)

Ces vers expliquent en partie la haine de Fontenelle pour Boileau...

Fulgent personae vestibus, ore placent.
Quot juvenes matrum radiant, ut sidera, cura !
Aequa putes vernis corpora pulchra rosis (45).

La *Ratio Studiorum* définissait strictement le but et le caractère de ce théâtre : « Que le sujet des tragédies et des comédies, lesquelles doivent être latines et très rares, soit sacré et pieux ; qu'il n'y ait entre les actes aucun intermède qui ne soit latin et décent ; qu'aucun personnage en costume de femme n'y soit introduit. » (46) Sans doute ces règlements furent quelque peu assouplis : il y eut des intermèdes en français ; mais l'essentiel demeurait : l'amour, même chaste, était interdit, et les sujets devaient toujours être empruntés aux Ecritures. Lorsque Fontenelle en vint plus tard à méditer sur l'histoire et l'esthétique du théâtre, il ne se priva pas d'attaquer indirectement ce type d'œuvres, que Mme de Maintenon et la duchesse du Maine prônèrent à la fin du siècle. Cependant, les ballets étaient permis : « On fera — écrit le Père Jouvancy — une place à la danse, qui est un divertissement digne d'un homme bien élevé, et d'un exercice utile pour les jeunes gens. » (47) Et, le Père Le Jay publia en 1725 un essai *De choreis dramaticis*. L'inspiration de ces ballets pouvait émaner de la fable, de l'histoire ou de la pure imagination du créateur. « L'usage de la comédie doit être rare et prudent dans les écoles chrétiennes et religieuses à cause de la bouffonnerie qui est propre à ce genre... » (48). Cependant, les Pères Porée et Le Jay n'hésitaient pas à s'adonner à ce genre. Les machines, les accessoires, les costumes avaient beaucoup d'importance dans ces représentations ; le public s'y précipitait, et la reine mère, en 1651, y conduisit ses deux fils (49).

Les auteurs de ces pièces sont justement les amis des Corneille et de Fontenelle ; c'est le Père La Rue, qui admire comment l'auteur du *Cid* a rajeuni la tragédie : « Tu l'as ornée de fleurs — lui dit-il — et tu lui a enseigné la pudeur et la décence. Grâce à toi, la licence de la scène fut réprimée ; le bon goût la remplaça ; et le théâtre offrit un plaisir innocent digne des oreilles les plus sévères. » (50). C'est le Père Commire, qui blâme les œuvres antiques : « Des muses sur un théâtre purifié. Si elles se livrent à des jeux, que ces jeux soient dignes... des regards des chrétiens. » (51).

---

(45) Grisel, *op. cit.* (187), *September*, p. 272, vers 76, *sq.* : « La salle, si vaste qu'elle soit, contient à peine la foule. Cinq actes se font entendre, des chœurs occupent la scène. Les acteurs brillent par leurs vêtements, plaisent par leur visage. Que de jeunes gens resplendissent, pareils à des étoiles, parés par le soin de leur mère ! La beauté de leur corps égale — semble-t-il — les roses printanières. »

(46) Cf. E. Boysse, *Le théâtre des Jésuites* (410), p. 27 (d'après la *Ratio Studiorum*).

(47) *Ibid.*, p. 36.

(48) *Ibid.*, p. 59.

(49) Loret, *Muze Historique*, 13 août 1651 (242), vers cités dans Grisel, *op. cit.* (187), p. 614.

(50) Boysse, *op. cit.* (410), p. 92.

(51) *Ibid.*, p. 93.

C'est enfin le Père Le Jay, qui préfère *Polyeucte* à *Andromaque*. On ne sait malheureusement pas quelles pièces furent représentées à Rouen, à cette époque : de 1663 à 1679, il ne reste rien, et c'est précisément la période qui nous intéresserait. Fontenelle, dans ses essais, a critiqué sévèrement ce théâtre froid et factice — mais encore une fois, il parlait contre lui-même, il voulait nier l'empreinte qu'il avait subie : lorsqu'il oppose la virilité des tragédies de Corneille à la fadeur de celles de Racine, il recourt aux mêmes arguments que ses maîtres. Son goût pour l'allégorie (52) naquit peut-être dans ce climat, et même son amour des *Pastorales* — car les Jésuites ne laissaient pas de représenter des œuvres de ce genre ; et surtout son « savoir-faire », parfois trop facile et trop lâche...

« La ville de Rouen, que je puis appeler la ville de la Vierge » — comme dit Farin (53) — avait créé en 1071 la Confrérie de la Conception de la Vierge, et, en 1486, on décida de donner un prix aux auteurs de poèmes sur la Conception : d'où naquit le concours des « Palinods ». Tous les genres poétiques étaient représentés : l'ode, qui permettait d'obtenir « le miroir d'argent », le sonnet qui donnait droit à « l'anneau d'or », les stances, l'épigramme et l'allégorie latines. En 1670, le brillant élève qu'était Fontenelle présenta une allégorie latine *Le Melon* : « L'allégorie n'est pas heureuse » (54), note Le Beau, mais un admirateur du philosophe affirme : « Si ce n'était un fait de notoriété publique, nous n'oserions presque avancer qu'à l'âge de treize ans, il composa un poème latin sur l'Immaculée Conception et moins encore que cette pièce concourut avec applaudissement au prix des Palinods de Rouen. La circonstance de l'âge rend ce petit ouvrage un des plus surprenants qu'ait produits M. de Fontenelle. » (55). En fait, il obéissait

(52) Cf. *Pigmalion, Œuvres* (3), t. X, p. 241-264. Lire *Ancien théâtre scolaire...* (72), p. XXX-XLVII : la liste des pièces présente une lacune de 1663 (*Josephum Aegypti praefectum*) à 1679 (*Perpetuo Agonothetae Sigericus*).

(53) Cf. Farin, *Histoire de la ville de Rouen* (174), t. III ; Guiot, *Les trois siècles palinodiques* (528) ; Nobécourt, *Fontenelle, lauréat du Puy des Palinods* (623).

(54) *Eloge*, dans *Œuvres* (3), t. IX, p. iv.

(55) *Ibid.* (3), t. IX, p. v-xxxj. Le Cat dans son *Eloge* (225), *app.* mentionne la pièce de 1670 : *In immaculatam conceptionem B.M. Virginis Epigramma Honorarium, Cujus Argumentum jam meruit : Pepo in fimo corrupto incorruptus.* Il cite l'ode couronnée en 1671 :

Médée et le parricide
Vont étaler en ces lieux
Tout ce qu'a vu la Colchide
De barbare et d'odieux.
Le crime qui se déguise
Sous ombre de piété,
Abusant la franchise
D'une famille surprise,
Séduit sa crédulité.
Les charmes de Thessalie
Qui rappellent du trépas,
Pour les filles de Pélée

à une tradition à la fois provinciale et familiale : les « Palinods » donnaient lieu à l'une des plus glorieuses manifestations culturelles de Rouen et son oncle Pierre avait montrés la dextérité à composer des vers latins. *Le Melon* ne fut pas couronné, mais obtint l'honorariat. L'année suivante, le jeune homme présente quatre poèmes à ce concours : les *Stances pour Clélie* et l' *Allégorie latine sur l'œil* furent encore honoraires, mais l'ode française sur *Alceste*

Sont de décevants appas.
Leur pitié trop sincère
Par une fatale erreur
Croit qu'on va rendre à leur père,
Dans un bain d'eau salutaire,
La jeunesse et la vigueur.
De ces filles inhumaines
On voit les coups amoureux
Epuiser toutes les veines
De ce père malheureux.
Leur amour seul les convie
A ces barbares efforts ;
C'est lui qui le sacrifie
Et qui lui cherche une vie
En lui donnant mille morts.
Leur vertu n'est qu'en leur crime ;
Leur crime n'est qu'en leur vertu ;
L'un par l'autre est légitime,
L'un de l'autre est revêtu.
Cette union si nouvelle
Qui les accorde tous deux
Dans leur discorde éternelle,
Rend la vertu criminelle
Et le crime vertueux.
Que de funestes alarmes
Vont naître avec le jour !
Que de soupirs ! Que de larmes !
Que d'ennuis à son retour !
Médée ayant pris la fuite
A la faveur de la nuit,
Malgré toute leur poursuite
Laisse à ses sœurs qu'elle quitte
Pleurer leur amour séduit.
Alceste seule est innocente
De ce forfait généreux
Et sa main n'est point sanglante
De ce parricide affreux.
Vous devenez cette Alceste,
Chaste fille de Sion,
Le crime n'est point funeste
A la pureté céleste
De votre conception.

Le Cat cite également les *Stances à Clélie* :

En vain de Porsenna la fureur impuissante
Voudrait mettre à la chaîne et Rome et ses enfants ;
Ce charme des grands cœurs, la liberté naissante
Prête un nouveau secours à ses bras triomphants.

Mais malgré tout ce feu, cette ardeur martiale
Que portent sur le front ces héros au combat,

recueillit « le miroir d'argent », et le sonnet *Sur l'œil* « l'anneau d'or ». Cette moisson d'honneurs pour un enfant de quatorze ans, était bien exceptionnelle et devait enorgueillir sa famille. Ces pièces nous paraissent aujourd'hui banales et convenues ; elles témoignent seulement d'une certaine habileté. Mais elles peuvent expliquer un peu le goût et la personnalité de leur auteur. Ces exercices assez délicats lui donnèrent une sorte de virtuosité, qu'il devait plus tard utiliser — sans toujours assez de mesure. Il en retira surtout du mépris pour la poésie et la dévotion, qui durent lui sembler également conventionnelles. La versification ne fut guère à ses yeux qu'une forme arbitraire, qu'il était amusant, mais assez vain, de savoir manier correctement. La religion tout extérieure et toute fleurie qu'on lui inculquait, ne pouvait lui inspirer de sentiments

---

Clélie est de leur gloire une illustre rivale,
Qui des plus beaux périls cherche avec eux l'éclat.

Elle est de Porsenna l'illustre prisonnière.
Mais elle est au-dessus de son propre malheur ;
Dans ses indignes fers, cette âme grande et fière
Par ses nobles projets signale son grand cœur.

Elle a contre un tyran de plus puissantes armes
Que d'inutiles cris et de faibles soupirs ;
Sa prison ne voit point couler d'indignes larmes,
Jusqu'à briser ses fers tendent tous ses désirs.

Déjà de son tyran elle n'est plus captive,
Libre de ses prisons, elle brave ses coups ;
Sa suite est un triomphe et cette fugitive
De sa gloire rendra tous les héros jaloux.

Cette fois, on discerne un accent cornélien, et même plusieurs réminiscences littérales des vers du grand tragique. Le *sonnet sur l'œil* n'est guère meilleur :

Interprète du cœur, chef d'œuvre de nature
Qui caches au-dedans un trésor précieux,
Petit soleil vivant, miroir officieux
Qui reçois des objets la fidèle peinture,

Œil, de qui l'admirable et divine structure
Forme un charmant dédale, un globe industrieux,
Et qui prends de toi-même un soin si curieux
Que tu ne peux jamais souffrir la moindre ordure,

Puisqu'en toi des objets tu reçois chaque trait,
Par un nouveau bonheur tu deviens le portrait
Du plus beau des objets qu'on ait vus dans le monde.

C'est un miroir de grâce, un soleil de beauté,
Un chef d'œuvre des cieux, une Vierge féconde
Dont tu nous peins assez qu'elle est la pureté.

On ne possède pas toutes les œuvres de jeunesse de Fontenelle. Il affirmait lui-même : « J'ai fait dans ma jeunesse... des vers latins et grecs aussi beaux que ceux de Virgile et d'Homère ; vous jugez bien comment... c'est qu'ils en étaient pris », *Fontenelliana* (458), p. 30.

bien profonds. Il n'est donc pas absurde de voir dans ces premières expériences une des sources de sa révolte future.

A quinze ans, il fit imprimer une de ces œuvres ; ce n'est — il est vrai — qu'une traduction : *Le Coq*, d'après la fable latine du Père Commire :

Un injuste dessein réussit toujours mal,
Et celui qui l'ose entreprendre
N'a jamais sujet d'en attendre
Qu'un succès honteux et fatal.
C'est un petit discours moral,
Que l'exemple suivant vous fera mieux comprendre... (56)

C'est l'histoire allégorique de la guerre de Hollande. L'auteur signe « de la Fontenelle », d'après le fief de son père. Sa traduction n'est pas maladroite, malgré bien des platitudes et une certaine naïveté. Mais il n'avait que quinze ans.

Il était engagé dans les *studia superiora :* une année de logique, une année de physique, une année de métaphysique :

> Dans les questions de quelque importance, on suivra Aristote... Ce n'est pas sans en avoir fait un choix scrupuleux qu'on lira et qu'on produira en classe les interprètes d'Aristote contraires à la religion chrétienne : on veillera à ce que les élèves ne s'y attachent pas... C'est pour cela qu'on ne mentionnera pas dans quelque traité particulier les digressions d'Averroès... on le citera sans en faire l'éloge, et, si c'est possible, on montrera qu'on l'a tiré d'autre part... on montrera les erreurs d'Averroès, d'Alexandre et des autres philosophes, et l'on en tirera parti pour abaisser fortement leur autorité. On ne parlera au contraire que très honorablement de saint Thomas (57).

En fait, on recourait surtout aux *Institutionum Dialecticarum libri octo* de Fonseca (58) et aux *Commentaria* de Toledo (59). Certaines des questions traitées peuvent nous faire sourire : *utrum logica sit scientia ; utrum logica sit una scientia ; utrum logica sit scientia speculativa an practica* (60). On comprend la sévérité que maints disciples des Jésuites ont marquée à leurs maîtres : « Chez eux, la logique n'est qu'une routine sophistiquée ; au lieu de servir d'appui aux conceptions et de règle aux raisonnements nécessaires, elle est devenu un alambic qui réduit tout en fumée... La morale est démembrée dans leurs ouvrages ; ils lui ôtent les nerfs et la chair, pour ne lui laisser qu'une peau rude... ils apprennent plutôt à disputer qu'à bien vivre... La physique est étrangement défigurée

---

(56) *Le Coq* (8), p. 3.
(57) *Programme et règlement...* (504), p. 39-44.
(58) *Petri Fonsecae... Institutionum Dialecticarum libri octo* (178).
(59) *D. Francesci Toleti... Commentaria una cum quaestionibus in universam Aristotelis logicam* (342).
(60) Toledo, *op. cit.* (342), p. 4, 5, 6 : « Si la logique est une science » ; « si la logique est une seule science » ; « si la logique est une science spéculative ou pratique ».

par leur piété... » (61). Fontenelle lui-même avouera un jour à Trublet : « Comme de très bonne heure j'ai tâché de ne me fâcher de rien, je pris mon parti de ne rien entendre à la logique. Cependant, continuant de m'y appliquer, parce que c'était mon devoir, j'y entendis quelque chose, je vis bientôt que ce n'était pas la peine d'y rien entendre, que ce n'étaient que des mots, je m'en tirai ensuite aussi bien que les autres... » (62). Et dans l'*Eloge de Tournefort,* il ne se prive pas de railler la physique des Jésuites.

Faut-il croire que Fontenelle n'ait gardé de son passage au collège que de mauvais souvenirs et qu'il ait bâti sa vie et sa pensée en réaction contre ses maîtres ?

> Un jour, pendant qu'il était en philosophie aux Jésuites de Caen, feuilletant par amusement différents livres dans la boutique d'un libraire, il tomba sur un Euclide et lut les premières pages qui le charmèrent non seulement par l'ordre et l'enchaînement des idées, mais encore par la facilité qu'il se sentit à y entrer... L'incertitude éternelle, l'embarras sophistique, l'obscurité inutile et quelquefois affectée de la philosophie des Ecoles aidèrent encore à lui faire goûter la clarté, la liaison, la sûreté des vérités géométriques. La géométrie le conduisit aux ouvrages de Descartes, et il fut frappé de cette nouvelle lumière qui de là s'est répandue dans tout le monde pensant (63).

Cet itinéraire intellectuel qu'il attribue à Varignon fut-il aussi le sien ? Il y a bien dans ces lignes un accent de confidences personnelles ; et surtout ses *éloges* se ressemblent tous : Descartes et les mathématiques constituent toujours les étapes essentielle dans la vie de ses héros. Tournefort, « quand il fut en philosophie, prit peu de goût pour celle qu'on lui enseignait. Il n'y trouvait point la Nature qu'il se plaisait tant à observer, mais des idées vagues et abstraites, qui se jettent, pour ainsi dire, à côté des choses, et n'y touchent point. Il découvrit, dans le cabinet de son père, la philosophie de Descartes, peu fameuse alors en Provence, et la reconnut aussitôt pour celle qu'il cherchait... » (64) Malebranche, « un jour, comme il passait par la rue Saint-Jacques, un libraire lui présenta le *Traité de l'homme* de M. Descartes, qui venait de paraître. Il avait vingt-six ans, et ne connaissait Descartes que de nom et par quelques objections de ses cahiers de philosophie. Il se mit à feuilleter le livre, et fut frappé comme d'une lumière qui en sortit toute nouvelle à ses yeux. Il entrevit une science dont il n'avait point d'idée, et sentit qu'elle lui convenait. La philosophie scolastique qu'il avait eu tout le loisir de connaître, ne lui avait point fait, en faveur de la philosophie, en général, l'effet de la simple vue d'un volume de Descartes ; la sympathie n'avait point joué ; l'unisson n'y était point ; cette philosophie ne lui avait point

(61) Lantoine, *op. cit.* (565), p. 157-159.
(62) Trublet, *Mémoires* (345), p. 125.
(63) *Eloge de Varignon,* dans *Œuvres* (3), t. V, p. 157.
(64) *Eloge de Tournefort,* dans *Œuvres* (3), t. V, p. 196-197.

paru une philosophie... » (65). Louis Carré reçut la même révélation, en découvrant Malebranche : « ... de la ténébreuse philosophie scolastique, il fut tout d'un coup transporté à la source d'une philosophie lumineuse et brillante ; là il vit tout changer de face, et un nouvel univers lui fut dévoilé » (66). Tous ces textes condamnent évidemment la philosophie et la physique enseignées dans les collèges. Mais Fontenelle a-t-il ressenti le même choc que ses héros ? Exista-t-il dans sa vie intellectuelle une conversion soudaine au cartésianisme ?

Son intérêt pour la science remonte bien à cette époque. Les Jésuites avaient fait, dans plusieurs établissements, un effort pour promouvoir l'enseignement des mathématiques : à Avignon, à Lyon, à La Flèche, à Paris, à Caen même, depuis 1667 (67). Mais rien de tel n'existait à Rouen. Il est d'autant plus remarquable de voir Fontenelle, dès 1678, se présenter comme un « géomètre » (68). Lorsqu'en 1674 il composa un poème *Sur la gloire des armes et des lettres sous Louis XIV* il évoque, contrairement au sujet proposé, les travaux des savants : l'Observatoire :

> ... Dans une tour qu'il fait bâtir exprès,
> Pour mesurer le ciel, les sphères de plus près,
> Jusque dans le soleil, l'art conduit notre vue ;
> S'il a la moindre tache, elle est soudain connue,

l'Académie des Sciences :

> ... Un palais pour ces esprits sublimes,
> Qui, sondant la Nature, en percent des abîmes,

et l'effort de tous pour découvrir des ressorts de l'univers :

> En vain, pour y former un invincible obstacle,
> Ses plus communs effets nous cachent un miracle... (69).

Rien n'obligeait le jeune homme à parler d'astronomie et de physique plutôt que de tragédies et d'églogues — rien, sinon un goût personnel. Une lettre de Cideville est encore plus explicite : « On dit que M. de Fontenelle, quitte vers l'âge de quatorze à quinze ans du cours de ses classes, fut souvent aux Andelys, où restait Thomas Corneille, quand il n'était point à Paris ; et on prétend que ce fut vers ce temps que M. de Fontenelle fit ses *Dialogues des morts,* ses *Lettres galantes* et même ses *Mondes* depuis l'âge de quinze ans jusqu'à celui d'environ dix-huit ou dix-neuf... Le petit Fontenelle, quand il était aux Andelys, s'étourdissait souvent du cours des

(65) *Eloge de Malebranche,* dans *Œuvres* (3), t. V, p. 391.
(66) *Eloge de Carré,* dans *Œuvres* (3), t. V, p. 278 et 280.
(67) Cf. Dainville, *L'enseignement des mathématiques*... (461 et 462).
(68) *Lettre sur la Princesse de Clèves,* dans *Mercure galant,* mai 1678, p. 57.
(69) *Œuvres* (3), t. X, p. 423.

astres et du nom des étoiles... » (70) ; il ne faut évidemment pas prendre tous ces renseignements au pied de la lettre ; il est impossible que les ouvrages cités par Cideville aient été achevés dès cette époque, ils contiennent trop d'allusions à des événements qui se déroulèrent entre 1680 et 1685, mais on peut admettre que Fontenelle les ébaucha aux Andelys, et son intérêt pour l'astronomie et la géométrie paraît alors évident.

Thomas Corneille a pu jouer un rôle important ; après 1680, il devait s'orienter franchement vers l'érudition, et produire en 1694 un *Dictionnaire des termes d'arts et de sciences* (71) ; on croira volontiers que le jeune homme a suivi cet exemple. Plus profondément, la géométrie devait l'attirer par le contraste que présentait sa rigueur avec « l'inutile embarras » de la philosophie scolastique ; on trouve dans l'*Eloge de Boerhaave* cette remarque :

> Peut-être certains esprits, faits pour le vrai, savent-ils par une espèce d'instinct qu'il doit y avoir une géométrie, qui sera quelque chose de bien satisfaisant pour eux ; mais enfin M. Boerhaave se sentit forcé de s'y appliquer sans aucune raison que celle du charme invincible qui l'attirait (72).

Encore un passage qui peut paraître autobiographique.

Mais peut-on prétendre, comme certains l'ont pensé (73), que le goût des sciences fut complété par la lecture de Descartes et que le *Discours de la méthode* acheva d'ouvrir les yeux du jeune homme sur l'insuffisance de l'enseignement qu'il recevait ? Pourtant l'auteur des *Méditations* est présenté dans *Sur l'Histoire*, le plus ancien des essais philosophiques de Fontenelle, comme « un grand génie... sujet à se tromper » (74) ; on trouve dans les *Dialogues des morts* plusieurs railleries à son adresse, et une négation opiniâtre de son optimisme et de son rationalisme. S'il y eut une conversion au cartésianisme, ce fut après 1680, et, plutôt qu'une conversion, ce serait un ralliement progressif, et toujours mesuré, dont les *Entretiens sur la pluralité des mondes*, les *Doutes sur le système physique des causes occasionnelles* — la polémique avec Malebranche qui s'en suivit — et enfin la *Digression sur les anciens et les modernes* mesurent les étapes. Et encore, ce cartésianisme fut-il toujours relatif et sujet à discussions et à revisions. Il serait même contraire à la personnalité prudente et toujours réticente de Fontenelle de bâtir sa vie sur un enthousiasme juvénile. La notion même de « conversion » ne lui convient pas : son esprit se plaît davantage dans le doute, ou dans un assentiment mitigé qui n'est

---

(70) Lettre du 31 janvier 1757, dans Tougard, *op. cit.* (690), t. I, p. 13. Les Corneille possédaient une grande maison aux Andelys.

(71) Cf. Reynier, *Thomas Corneille...* (653). Selon Trublet, Fontenelle « aimait beaucoup son oncle... tout l'attachait à lui : la liaison du sang, la reconnaissance, et du moins à plusieurs égards, la conformité des caractères... » *Mémoires* (345), p. 83.

(72) *Eloge de Boerhaave*, dans *Œuvres* (3), t. VI, p. 517.

(73) *Dictionnaire historique...* (ms. Rouen), t. I, p. 417-430.

(74) *Œuvres* (3), t. IX, p. 404.

jamais irrévocable. On peut cependant supposer qu'il a connu Descartes dès cette époque et que cette lecture l'aida à percevoir les faiblesses de la Scolastique.

Le problème demeure embarrassant, car on suppose toujours, et Fontenelle lui-même semble nous pousser dans cette voie, que le jeune homme n'eut que mépris pour l'enseignement des collèges et ne songea qu'à se libérer de cette néfaste influence. Or la réalité est bien différente. Lorsqu'il eut achevé ses études, « les Jésuites lui proposèrent à Rouen de se faire jésuite, mais il trouva qu'il y avait trente lieues de trop à faire pour aller de Rouen au noviciat à Paris » (75). Le philosophe se plaisait dans son scepticisme à insister sur sa frivolité et à expliquer toutes ses décisions par de petites causes. Mais il n'avait sûrement pas une vocation religieuse bien décidée. Cependant il resta toujours lié à ses maîtres. Il ne faisait d'ailleurs que suivre l'exemple de sa famille : « J'ai été bien aise, avait dit Pierre Corneille en 1667 en présentant au public le poème *Sur les victoires du roi,* qu'il avait traduit en français, de pouvoir donner par là quelque marque de reconnaissance aux soins que les Pères Jésuites ont pris d'instruire ma jeunesse et celle de mes enfants... » (76). Mais Trublet précise, « M. de Fontenelle avait fait ses études chez les Jésuites et il les a toujours aimés. Il avait été très lié à Rouen, pendant sa jeunesse, avec le Père Tournemine... » (77). Et les Pères Commire, Le Jay (78), Daniel (79) furent également ses amis personnels. Certes le Père Baltus attaqua l'*Histoire des oracles,* mais ce fut le *Journal de Trévoux* qui défendit le philosophe en août 1707 (80). Il est facile de prétendre que Fontenelle était athée et a su tromper ses maîtres ; on peut aisément gloser sur la crédulité des bons pères et l'habile hypocrisie du bel esprit. Mais ce n'est peut-être pas si simple ; nous savons, par Trublet, qu'il aimait discuter théologie avec le Père Tournemine ; il « faisait les objections et fournissait quelquefois des réponses que le Père Tournemine, aidé de tout son zèle, n'aurait pu trouver. Je lui en fournis une entre autres, me disait un jour, M. de Fontenelle, qui le fit sauter de joie. Il s'agissait d'un argument assez spécieux, mais que M. de Fontenelle regardait néanmoins comme un sophisme pour attribuer à un hasard aveugle des êtres qui par la régularité de leur construction portent l'empreinte d'une intelligence créatrice... » (81). Jeu de sceptique rompu au *sic et non ?*

---

(75) *Traits, notes...* (ms. Rouen), p. 241.

(76) Couton, *La vieillesse de Corneille* (459), p. 302.

(77) *Mémoires* (345), p. 79-80.

(78) Né en 1657 à Paris, professeur, puis préfet du collège Louis-le-Grand, maître de Voltaire ; auteur de tragédies et de pastorales.

(79) Né à Rouen le 8 février 1649, il composa une *Histoire de France,* mais il s'attacha surtout à lutter contre Descartes : dans le *Traité métaphysique de la nature du mouvement,* il critique les causes occasionnelles et le dualisme cartésien ; dans le *Voyage du Monde* (145), il réfute le système des tourbillons, mais affirme, p. 269 : « Ce n'est plus guère la mode de vous traiter d'athée... » ; dans les *Nouvelles difficultez...* (146), il s'attaque à l'automatisme animal.

(80) *Journal de Trévoux,* août 1707, p. 1388, *sq.*

(81) Trublet, *Mémoires* (345), p. 80, note 1.

Mais on retrouve le même raisonnement dans la *Théorie des tourbillons*.

« Si M. de Fontenelle avait mal pensé de la religion, comme on l'en a soupçonné malgré son exactitude à remplir les devoirs extérieurs... je me garderais bien d'avouer qu'il était incrédule, ou du moins d'entrer sur cela dans aucun détail... » (82) : c'est reconnaître que Fontenelle était passablement hétérodoxe, avait une réputation d'impie et pratiquait régulièrement. « Il ne manquait jamais la messe, les jours de faste. Et, quand il ne pouvait y aller par indisposition du matin, il ne sortait pas du jour : on lui demanda un jour pourquoi il était exact jusqu'au scrupule sur ses actes de religion : il répondit : c'est que je n'y entends rien... » (83). On saisit à merveille, à travers ces anecdotes, l'ambiguïté où s'est toujours plu le philosophe — prudent au point de donner des gages aux partis les plus opposés, sans jamais aliéner son indépendance. Nous ne savons rien sur son état d'âme à dix-sept ans. Il avait refusé de faire son noviciat. Mais les Jésuites s'efforçaient de garder leur emprise sur les jeunes gens qu'ils avaient éduqués ; il existait la « congrégation des Messieurs » formée d'anciens élèves — une sorte de société secrète dirigée par un Père, et vouée essentiellement au perfectionnement religieux de ses membres et à l'assistance des nécessiteux (84). On trouve sur la liste des adhérents un « Fontenelle, avocat » inscrit en 1667, et un « De Fontenelle » inscrit de 1674 à 1683. Il existait plusieurs familles de ce nom à Rouen, mais, si l'on pense à l'étroitesse des liens qui unissaient l'écrivain à ses maîtres, si l'on se rappelle qu'il termina précisément ses études en 1674, on sera tenté d'admettre qu'il fit partie des « Messieurs » durant neuf ans — d'autant que le nom de plusieurs de ses amis se retrouve sur cette liste : il existe un « Brunel » inscrit en 1677 — et Brunel fut son condisciple et son meilleur ami. Pierre Corneille lui-même aurait adhéré à cette société. Pourquoi Fontenelle s'y fût-il joint ? Indifférence, docilité, politesse ? Prudence surtout... Il n'en reste pas moins que les *Mémoires* de Mme de Staal (85) nous le montrent, vers 1710, lié comme autrefois à Brunel, à Vertot, à l'abbé de Saint-Pierre, à tout un groupe d'intellectuels normands, formés par les Jésuites.

Chose plus singulière, Fontenelle ne s'est pas borné à garder de l'affection pour ses maîtres. Quoi qu'il en ait dit, il s'est souvenu de leur enseignement. L'empirisme des Jésuites, appuyé par Aristote, saint Thomas, mais aussi Gassendi, reçut toujours son adhésion. Dans les *Fragmens de la connaissance de l'Esprit humain*, il

(82) *Ibid.*, p. 139-140.

(83) *Traits, notes...* (ms. Rouen), p. 248.

(84) Cf. Couton, *op. cit.* (459) et Féron, *La Congrégation des Messieurs...* (503). Cette congrégation était dirigée par un jésuite — de 1682 à 1716, le P. Barbereau — avec deux assistants et un instructeur. Vouée en principe aux bonnes œuvres, elle servait de séminaire à l'A.A. qui avait remplacé en 1656 la Confrérie du Saint-Sacrement. L'affiliation de Corneille est seulement plausible ; on trouve également sur la liste un Pradon, un Auzout, plusieurs Lucas, un Bigot.

(85) Mme de Staal, *Mémoires* (335), p. 694 et *passim*.

affirme : « L'ancienne philosophie n'a pas toujours eu tort. Elle a soutenu que tout ce qui était dans l'esprit avait passé dans les sens ; et nous n'aurions pas mal fait de conserver cela d'elle... (86) Dans les *Commentaria* de Toledo, on retrouve les mêmes problèmes que Fontenelle tenta de résoudre dans ces *Fragmens : Quicquid est in Mundo est singulare, ut experientia patet, ergo nullum est universale... Universalia secundum Arist. sunt collecta ex particularibus in intellectu, qui accipit inter ea convenientiam... Utrum universalia sint in regus distincta, ante intellectus operationem...* (87) Le Père Daniel — rouennais, comme Fontenelle, et l'on a même pu attribuer indifféremment à l'un ou à l'autre l'*Histoire de la conjuration faite à Stokolm contre M. Descartes* — ébauche en 1690 dans son *Voyage du monde de M. Descartes* un parallèle entre l'auteur du *Discours de la méthode* et Gassendi dont il souligne la supériorité ; il lui reconnaît « autant d'esprit... une bien plus grande étendue de science et beaucoup moins d'entêtement... » (88) Il critique d'ailleurs le dualisme cartésien et le système des causes occasionnelles, juge absurde l'automatisme des bêtes ; sur tous ces points, son opinion est celle de Fontenelle. Les historiens ont souvent exagéré l'influence que Descartes avait pu exercer sur lui. Trublet affirme qu'il était « cartésien décidé du moins quant à la physique... » et précise : « Il m'a toujours paru très éloigné de ce système [l'occasionalisme] et autant de celui qui des animaux fait de pures machines » (89). Fontenelle lui-même dans une lettre à Huet, après la parution de la *Censura,* écrit : « Si j'étais cartésien, je serais fâché que ce livre fût écrit aussi vivement et aussi agréablement qu'il l'est... Mais, Dieu merci, je ne suis d'aucun parti... » (90) Il composa d'ailleurs un rondeau où sont ridiculisés « l'être étendu » et « l'être pensant » (91), et un petit poème *Sur un portrait de Descartes* (92) ; même ces badinages sont

---

(86) *Œuvres* (3), t. IX, p. 359. Notons d'ailleurs que Fontenelle a toujours parlé avec admiration de saint Thomas, *Œuvres* (3), t. V, p. 398, 465, 466, t. VI, p. 415-416.

(87) Toledo, *op. cit.* (342), p. 13-14 : « Tout ce qui est au monde est singulier comme le révèle l'expérience, donc il n'y a aucun universel.... Les universaux selon Aristote sont formés à partir des choses particulières dans l'intelligence qui perçoit entre elles un rapport... S'il y a des universaux distincts dans les choses avant l'opération de l'intelligence... »

(88) *Voyage...* (145), p. 154.

(89) *Mémoires* (345), p. 30 et 114.

(90) Lettre décrite dans le *Fichier Charavay,* 74, Flo-For, 267.

(91) Voir *infra, Polémiques et sacrilèges.*

(92) *Œuvres* (3), t. IV, p. 393 :

> Avec sa mine renfrognée,
> Elevé sur la cheminée,
> Descartes dit : Messieurs, c'est moi
> Qui dans ces lieux donne la loi.
> Mais au fond d'une alcôve obscure
> Se cache une aimable figure
> Qui se moque du ton qu'il prend
> Et dit tout bas : Oh l'ignorant !

Ce serait une erreur d'attacher trop d'importance à ces bagatelles, mais

révélateurs ; évidemment les circonstances ont pu faire évoluer Fontenelle, mais il n'oublia jamais les convictions ni le style de ses maîtres.

Malgré les routines des collèges, la Société de Jésus donne à cette époque une impression saisissante de vie. Elle faisait, semble-t-il, effort pour se renouveler, pour concilier la scolastique et l'esprit moderne. Elle comptait maints esprits novateurs et dynamiques qui vivifiaient une tradition que nous imaginons abusivement comme morte ou stérile... Le Père Daniel va jusqu'à louer Descartes : « Vous avez ouvert les yeux des philosophes de votre temps sur les défauts qui se rencontraient dans leur manière de philosopher... » (93) Le Père Buffier était né en Pologne le 25 mai 1661 ; il se fixa en Normandie où il se fit naturaliser, et fut élevé au collège de Bourbon. Contemporain de Fontenelle, il dut être son condisciple — dans une classe inférieure évidemment (94). En septembre 1679, il commence son noviciat et revient à Rouen en 1695, comme adjoint au directeur du séminaire. L'année suivante, il s'allie avec le Père Daniel dans une polémique contre le Père Noël Alexandre de l'ordre de saint Dominique (95), et son imprudence lui vaut d'être condamné par l'archevêque de Rouen. On connaît l'importance et l'originalité de sa philosophie ; nous aurons souvent l'occasion de le retrouver, tant ses idées se rapprochent de celles de Fontenelle. C'est lui qui affirme dans le *Traité des premières véritez* que, depuis le *Discours de la méthode*, « on a commencé à philosopher avec plus de circonspection et par divers endroits, avec plus de succès » (96), et il ajoute : « On est redevable à Descartes d'une manière de philosopher méthodique, dont l'usage s'est établi à son occasion ou à son exemple... Sa méthode sert quelquefois à le combattre lui-même » (97). C'est exactement ce que dit Fontenelle dans la *Digression sur les anciens et les modernes :* « Avant M. Descartes, on raisonnait plus commodément... c'est lui, à ce qu'il me semble, qui a amené cette nouvelle méthode de raisonner beaucoup plus estimable que sa philosophie même, dont une bonne partie se trouve fausse, ou fort incertaine, selon les propres règles qu'il nous a apprises » (98). Le P. Tournemine (98 *bis*), qui devait, comme

---

on y retrouve toujours le même thème : l'impuissance de la philosophie devant la nature. Cependant Trublet affirme : « Un Descartes en philosophie, un Corneille en poésie, un La Motte en littérature... Ce sont là les trois hommes dont je l'ai entendu parler avec le plus d'estime. » (345), p. 188 ; mais l'admiration que Fontenelle porte à Descartes ne l'empêche pas de le critiquer.

(93) Daniel, *Voyage* (145), p. 267.

(94) *La vie et l'œuvre du P. Buffier,* par F.K. Montgomery (613).

(95) Cf. *Difficultez proposées à Mg. l'Archevêque de Rouen par un ecclésiastique de son diocèse sur divers endroits des livres dont il recommande la lecture à ses curez,* par le P. Bouffier (*sic*), Jésuite de Rouen, s.l., 1696 ; *Lettres au R.P. Alexandre où se fait le parallèle de la doctrine des Thomistes avec celle des Jésuites sur la Probabilité et sur la Grâce* par le R.P. Daniel, Jésuite, s.l., 1698.

(96) *Traité des premieres veritez* (122), *Avertissement.*

(97) *Ibid.*, p. 5.

(98) *Œuvres* (3), t. IV, p. 197.

(98 *bis*) On sait quelle influence le P. Tournemine exerça sur Voltaire

Fontenelle, méditer sur *l'origine des fables,* exige, en théologie, une « démonstration tirée de l'art de la nature », et écarte les preuves tirées des idées (99). Dans l'essai *De l'existence de Dieu,* Fontenelle affirme : « La métaphysique fournit des preuves fort solides de l'existence de Dieu, mais... elles deviennent suspectes à la plupart des gens qui croient que tout ce qui n'est pas sensible et palpable est chimérique et purement imaginaire... Il y a lieu d'espérer que ceux qui sont de ce caractère goûteront un raisonnement de physique fort clair, fort intelligible. » (100) Même remarque dans la *Censura* de Huet : *Ergone, inquies, nullam habemus Dei notitiam ? Habemus vero & manifestam quidem ; at non ex idea Dei haustam, sed ratiocinando collectam, & praeclaro mundi ornatu & ordine, & ex rerum, uti vocant, existentia earumdemque motu, aliisque argumentis, quae & a veteribus philosophis, & a sanctis Ecclesiae patribus feliciter sunt usurpata* (101). Et l'évêque d'Avranches peut s'acharner contre la philosophie de Descartes ; il ne laisse pas de reconnaître les progrès que ce philosophe a introduits dans les raisonnements des modernes : après avoir loué Aristote, il ajoute : « On peut dire néanmoins que sa méthode manque de méthode, et qu'il est encore bien éloigné de cette exacte et fine précision, où notre siècle a porté les spéculations philosophiques ... » (102). Huet était lié aux Jésuites, et devait finir ses jours dans leur maison professe (103)... Tout un groupe d'esprits, chez qui l'on retrouve les mêmes attitudes : on admire Descartes, mais toute sa philosophie est critiquée, pièce par pièce. Seule, sa

---

qui fut son élève. Les rapports avec Fontenelle, en dépit des liens personnels, sont moins évidents. Le *Projet d'un ouvrage sur l'origine des fables* du P. Tournemine, qui parut dans le *Journal de Trévoux,* novembre-décembre 1702, p. 84-111, est fort différent dans l'ensemble du traité que Fontenelle consacra au même problème : Tournemine demeure attaché à l'explication traditionnelle de la mythologie ; il veut y voir, comme le P. Thomassin, un reflet de la Révélation Divine...

(99) *Préface* à la *Démonstration de l'existence de Dieu* de Fénelin (177 *bis*), p. XVIII. Dans le même ouvrage, on trouve ces lignes curieuses : « Un bel esprit fameux pour son zèle pour étendre l'impiété m'a sincèrement avoué qu'il n'omettait rien pour persuader aux autres ce qu'il ne pouvait croire lui-même ; il se flattait du vain espoir qu'il croirait enfin ce qu'il verrait cru de plusieurs, et que le nombre de ceux qu'il aurait convaincus, serait pour lui-même une espèce nouvelle de démonstration. » Oserons-nous avouer que ce « bel esprit » ressemble fort à Fontenelle et qu'on pourrait supposer que le P. Tournemine s'est ici souvenu des confidences que lui aurait faites l'auteur de l'*Histoire des Oracles* ? Mais ce n'est évidemment là qu'une conjecture...

(100) *Œuvres* (3), t. III, p. 229.

(101) *Censura...* (192), t. I, p. 120 : « Nous n'avons donc, diras-tu, aucune notion de Dieu ? Nous en avons une, et certes elle est éclatante ; mais elle n'est pas tirée de l'idée de Dieu, elle est trouvée par le raisonnement et dans l'ordonnance et l'ordre lumineux du monde et dans l'existence et le mouvement des choses, comme l'on dit, et dans les autres arguments auxquels ont recouru avec bonheur les anciens philosophes et les Saints Pères de l'Eglise. »

(102) *Huetiana* (196), p. 25.

(103) On peut consulter *P.-D. Huet et l'exégèse...* par A. Dupront (495), *Pierre-Daniel Huet...* par L. Tolmer (687).

physique, que le Père Rapin juge « une des plus subtiles et des plus accomplies des physiques modernes » (104), peut trouver grâce à leurs yeux (105).

Par delà les affirmations et les doctrines, il y a une autre ressemblance plus intime : c'est « ce ton dégagé » — proche parfois du persiflage, que les Jésuites enseignaient à leur élèves (106). Le scepticisme et l'humour continuels de Fontenelle évoquent les affirmations désabusées du P. Daniel : « On m'a dit aussi qu'il y a bien des fadaises et des chimères dans la nouvelle [philosophie] ; ainsi folie ancienne, folie nouvelle, je crois qu'ayant à choisir, il faut préférer l'ancienne à la nouvelle... » ou du P. Rapin : « Avoir appris combien ce qu'on sait le mieux est mêlé d'obscurité et d'incertitude, voilà le plus grand fruit qu'on puisse tirer de la philosophie... » (107). C'est peut-être ce qui explique l'indulgence que les Pères ont toujours gardée pour leur ancien élève, malgré ses hardiesses et la mauvaise réputation qu'il avait acquise. Ils pouvaient voir en lui le parfait produit de leur enseignement ; nonchalant, élégant, affectant de ne « se piquer de rien », il leur ressemblait, il avait gardé de façon indélébile le souvenir des exercices et des leçons du collège.

Dans le monde.

On aimerait mieux connaître sa vie à Rouen, les amis et les plaisirs de son adolescence. Sa ville était riche et orgueilleuse : Grisel, avec une sorte de dévotion, adresse à la cité de Rouen cette invocation lyrique :

> *O Patria ! o magni studiis dignissima Regis !*
> *Aurea divitiis, ingeniisque potens* (108) *!*

Il nous retrace toutes les joies que l'on pouvait y trouver : les bals, les mascarades en hiver ; en été les sorties dans la campagne voisine :

> *Nunc calor, et nimio caelum sol asperat aestu ;*
> *Rivorum et fluvii saepe natantur aquae.*
> *Ad ripas agili juvenes nant corpore, credas*
> *Se quod amor nostro plurimus amne lavet.*
> *Alta petunt sejuncta viri, secreta puellae* (109).

---

(104) *Œuvres* du P. Rapin (297), t. III, p. 452.

(105) Sur la philosophie des Jésuites et leurs rapports avec Descartes, voir Bréhier, *Histoire de la philosophie* (414), t. II, *La philosophie moderne* ; Sortais, *Le cartésianisme chez les Jésuites français...* (678) ; Bouillier, *Histoire de la philosophie cartésienne...* (406).

(106) Lantoine, *op. cit.* (565), p. 160, *sq.*

(107) Ces deux formules sont citées dans Lantoine, *loc. cit.*

(108) Grisel, *op. cit.* (187), *Januarius,* p. 7, vers 59-60 : « O ma patrie ! ô toi si digne de l'amour d'un grand roi ! Dorée de richesses, puissante de talents ! »

(109) *Ibid., Julius,* p. 256, vers 31, *sq.* : « Maintenant la chaleur et le soleil aigrissent le ciel d'une ardeur excessive ; souvent on nage dans les

Et c'est l'évocation bucolique des jeux, des luttes, des promenades en bateau, des repas en musique...

At quidam ceraseta petunt : non una per amnem
Insula purpureis fructibus alma rubet... (110).

La jeunesse se retrouve à Sotteville ou dans les jardins des environs.

Itur et in montes, praetoria pulchra petuntur... (111).

Tout un cadre rustique et heureux, qui a pu inspirer en partie les *Eglogues* de Fontenelle, et l'on sait qu'il aimait aller aux Andelys chez son oncle, et dans les châteaux de Launay et de Cantaleu. Ainsi s'expliquent tant de passages des *Lettres galantes* consacrées aux voyages et aux divertissements de la société mondaine...

Il y avait à Rouen deux théâtres (112) : celui des « Deux Maures » rue des Charrettes et celui des « Braques » au Jeu de Paume, rue Saint-Eloi. Le père de la Champmeslé, Guillaume Desmarets, était receveur du domaine de Normandie ; elle parut sur les scènes de Rouen (113), comme Molière, qui y joua en 1643 et en 1658, comme Du Parc et sa femme. Saint-Eloi était la paroisse des comédiens, et l'on voit que Thomas Corneille consentit souvent à être le parrain de leurs enfants... D'autres acteurs célèbres vinrent dans cette cité : les Villiers, Jean et Catherine Raisin, mais on connaît mal les pièces qui furent représentées. Ne doutons pas que le jeune Fontenelle ait été assidu à ses spectacles, où devaient souvent figurer des œuvres de ses oncles, et dès 1679, il rêva de marcher sur leurs traces...

Le succès des « Palinods » devait l'encourager à persévérer dans la littérature. Le 11 août 1674, le prince de Condé remportait la victoire de Senef, et, peu après, selon le *Mercure galant* de juillet 1679, le Père Commire écrivit un poème en latin : *A.S.A.S. Mgr le Prince de Condé, sur ce qu'il ne vit plus que de lait* (114) ;

---

eaux des rivières et du fleuve. Vers les rives les jeunes gens agiles se précipitent à la nage. On croirait qu'un Amour multiple se baigne dans notre fleuve. Sur les hauteurs, les hommes ont leur retraite, et les jeunes filles la leur. »

(110) *Ibid., Julius,* p. 247, vers 51-52 : « Mais certains vont dans les cerisaies : mainte île, au milieu du fleuve, rougit, féconde en fruits de pourpre. »

(111) *Ibid., Julius,* p. 248, vers 81-82 : « Et on va dans les collines, on gagne de belles villas... »

(112) Cf. *Le théâtre à Rouen au dix-septième siècle,* par G. Monval (614), *La Champmeslé,* par E. Mas (600).

(113) Cf. l'anecdote assez fantaisiste que raconte Arsène Houssaye : « Il fit semblant d'être amoureux de la Champmeslé ; non parce qu'elle était belle, non par amour, mais par vanité : « M. Racine, lui dit-elle un « jour, m'a dit tant de mal de vous que j'ai fini par vous aimer, d'ailleurs « votre esprit universel parlait pour vous à merveille. Venez donc me « voir. » *Œuvres* (5), p. 20.

(114) La traduction de Fontenelle se retrouve dans les *Œuvres* (3), t. X, p. 437-447.

Fontenelle le traduisit en français. Ce n'est évidemment pas une œuvre de grande valeur ; une suite de variations plus ou moins ingénieuses sur le thème du lait ; certaines idées semblent même assez étranges — comme le panégyrique de la génisse, qui nourrit le prince... On peut y trouver seulement une certaine habileté de traducteur et de versificateur. L'année suivante, cette ambition s'exprimait plus nettement : le jeune homme concourait pour le prix de poésie de l'Académie française sur le sujet suivant : *La Gloire des Armes & des Lettres sous Louis XIV*. Nous découvrons dans ces vers l'aveu de son tempérament : il s'intéresse — nous l'avons déjà remarqué — aux sciences ; il est dans le camp des Modernes ; après une brève introduction, où il célèbre « le double laurier » de Louis XIV « héros pacifique et héros guerrier », il compare Athènes et Paris : là « des restes douteux » et de tristes « débris », ici « les bontés souveraines » du Roi, qui « consolent l'univers de la perte d'Athènes ». Ce parallèle est banal, mais il évoque déjà le poème de Perrault sur *Le siècle de Louis XIV*. La « querelle » était commencée. Cet éloge de la science semble même répondre à l'indifférence que Boileau venait d'afficher :

> Que Rohault vainement sèche pour concevoir
> Comment, tout étant plein, tout a pu se mouvoir ;
> Ou que Bernier compose et le sec et l'humide
> Des corps ronds et crochus errants parmi le vide ;
> Pour moi, sur cette mer qu'ici-bas nous courons,
> Je songe à me pourvoir d'esquif et d'avirons,
> A régler mes désirs... (115).

Poussé sans doute par son entourage, le jeune poète venait de prendre parti ; sur ce point au moins il ne devait jamais évoluer... Son oncle Thomas l'avait emmené quelques mois à Paris en 1674 : certains passages de ce poème — telle la description de l'Observatoire — correspondent sûrement à des impressions encore toutes fraîches. Peut-être avait-il eu l'occasion d'approcher la société mondaine qui gravitait autour de son oncle : Donneau de Visé, Mme Deshoulières, Pellisson, Bensserade, Quinault, Perrault... Toutes ces gloires devaient lui paraître de séduisants modèles. Il pouvait respirer dans ce milieu une atmosphère d'élégance et de galanterie à laquelle il resta toujours attaché. Au milieu de ces beaux esprits il conçut peut-être sa première aversion pour les « gens de Versailles ». Il connut plus intimement son oncle Pierre... C'était l'année de *Suréna,* mais l'esprit du jeune homme était plus facilement attiré par Thomas, dont la curiosité encyclopédique le séduisait, que par le grand tragique, dont le théâtre était la seule passion : « Il savait les belles lettres, l'histoire, la politique ; mais il les prenait principalement du côté qu'elle ont rapport au théâtre. Il n'avait pour toutes les autres connaissances ni loisir, ni curiosité, ni beaucoup d'estime. » (115 *bis*) Thomas Corneille était l'ami de Ménage ;

---

(115) *Epître V,* vers 23-29.

(115 *bis*) *Œuvres* (3), t. III, p. 122. Sur Thomas Corneille, voir *Mémoires* de Trublet (345), p. 83-86.

et Ménage, tous les mercredis, animait un cercle d'érudits. Fontenelle a-t-il participé à ces réunions savantes ?

Il revint à Paris en 1675 pour recevoir l'accessit que lui avait décerné l'Académie française, mais on ne saurait rien dire des relations qu'il y entretint à cette époque. Aucune correspondance, aucun mémoire ne les atteste. Si son oncle Thomas devait être à ses yeux un exemple brillant de réussite littéraire et de curiosité scientifique, s'il pouvait l'entretenir aux Andelys ou à Rouen de la vie intellectuelle de la capitale, il restait le seul lien qui y rattachât le jeune homme. Les illustres personnages qu'il avait vus à Paris l'avaient sans doute marqué, mais leur influence serait restée superficielle, si elle n'avait été soutenue par le spectacle que lui offrait sa ville natale.

Il y retrouvait d'abord son cousin Le Pesant de Boisguilbert (116) ; celui-ci était sensiblement plus âgé que lui ; né le 17 février 1646, il avait suivi une carrière analogue : lui aussi avait été l'élève des Jésuites, puis il avait fréquenté les « petites écoles » de Port-Royal. En 1674, il débutait dans la littérature en traduisant l'abrégé que Xiphilin avait fait de Dion Cassius ; l'année suivante, il était nommé conseiller au Parlement, et il publiait une traduction de l' *Histoire romaine* d'Hérodien (117). Il ne s'était pas encore tourné vers les problèmes économiques ; c'est seulement en 1676 qu'il commença ses études sur l'agriculture et le commerce. Mais il devait d'abord envisager une carrière d'écrivain, puisque, dès 1674, il fit paraître *Marie Stuart, reine d'Ecosse* (118). Tout cela est assez banal : Boisguilbert héritait des mêmes ambitions que Fontenelle. Sa présence pouvait seulement alimenter les espoirs du jeune homme et lui offrir un autre modèle — plus proche de lui, plus accessible — que Thomas Corneille. Nous ne sommes malheureusement guère renseignés sur les rapports qui existèrent entre les deux hommes ; une seule anecdote — qui ne se rapporte d'ailleurs pas à cette époque — atteste leurs relations (118 *bis*). Ses ennemis ont fait à Boisguilbert la réputation d'un esprit emporté ou extravagant, mais la générosité de ses intentions et la justesse de ses vues ont peut-être inspiré à Fontenelle certaines de ses attitudes ou de ses réflexions politiques.

On connaît les amis de Corneille à Rouen (119) : Emeric Bigot, Louis Petit, de Coste, Coqueteau de la Clairière, Lucas... Emeric Bigot était né à Rouen en octobre 1626. Il appartenait à une antique lignée de parlementaires, puisqu'on trouve en 1573 un Emery Bigot président du Parlement, et un Alexandre Bigot, qui occupe la même charge en 1637, sans compter plusieurs conseillers qui étaient issus de la même famille (120) ; sa mère était la fille du président

(116) Cf. Cadet, *Pierre de Boisguilbert...* (428).

(117) *Histoire romaine écrite par Hérodien, traduite du grec en françois*, par M. de Boisguilbert. Paris, G. de Luyne, 1675.

(118) *Marie Stuart, reine d'Ecosse* (108).

(118 *bis*) Anecdote relative à la *Relation de Bornéo*, dans *Dictio. Hist.* (ms. Rouen), t. I, p. 421.

(119) Couton, *op. cit.* (459), p. 20.

(120) Cf. *Histoire de la ville de Rouen* (188), t. p. 51-73.

Groulart ; mais, selon le *Moreri*, « l'amour qu'il avait pour les sciences fit qu'il s'éloigna de toutes sortes d'emplois pour se consacrer tout entier dans la bibliothèque qu'il avait eue de son père et qu'il augmenta considérablement » (121). On sait en effet que « son père lui avait laissé une bibliothèque de six mille volumes dont plus de cinq cents manuscrits... Emery (*sic*) augmenta cette collection qui, à sa mort, fut estimée quarante mille francs » (122). Il eut pour amis intimes Gilles Ménage, Nicolas Heinsius et Jacques Basnage. Lorsqu'il voyagea en Allemagne, lors de l'élection de l'Empereur Léopold Ier, en 1657 et 1658, il envoya maintes lettres à Ménage et à Ismaël Boulliau, où se découvrent à la fois son intérêt pour la politique et son goût de l'étude. Il parcourut également la Hollande, l'Angleterre et l'Italie. Dans le *Menagiana,* on trouve plusieurs traits relatifs à ce personnage : « N. Heinsius... recommanda en mourant à M. Graevius de nous faire des compliments de sa part à M. le duc de Montauzier, à M. Bigot et à moi... » (123) Lorsque Bigot mourut, Ménage avoua : « Si j'étais à l'âge de quarante ans, je pleurerais amèrement la mort de M. Bigot ; mais je suis tellement accablé de mes maux que je ne suis plus capable d'être sensible aux maux étrangers... Il y a trente-cinq ans que M. Bigot logeait chez moi toutes les fois qu'il venait de Rouen à Paris... » (124). Et cet *ana* nous révèle la science et les goûts de Bigot ; helléniste passionné, « il avait acheté le catalogue de tous les livres grecs imprimés » (125), et il édita le texte de *La vie de saint Chrysostome* de Palladius. Chapelain lui rend ce bel hommage :

> ... il a cela par-dessus M. Ménage et par-dessus moi, qu'il est plus soigneux que l'un à entretenir bonne correspondance avec ses amis, et qu'il est mieux informé que l'autre de ce qui se passe dans la république des lettres... C'est le garçon de France qui a le plus de passion pour les lettres, et un de ceux qui, sans fanfare, est le plus enfoncé dans le grec et dans le latin. Sa violente inclination est de contribuer au rétablissement des bons auteurs de l'une et de l'autre langue, et il ne se peut dire combien il a de la sagacité pour en découvrir le véritable sens (125 *bis*).

Mais Bigot était également capable d'analyser les lettres de Guy Patin et d'y remarquer maintes erreurs (126) ; il s'intéressait à la littérature française des siècles passés (126 *bis*) ; il écrivit à

---

(121) *Dictionnaire* de Moreri (261), article *Bigot.*

(122) Oursel, *Nouvelle biographie normande* (628) ; cf. *Journal des savants,* 25 mars 1680 ; *Nouvelles de la République des lettres,* juin 1685 ; *Histoire des ouvrages des savants,* 1690 ; *Dictionnaire* de Bayle (96) ; *Menagiana* (253).

(123) *Menagiana* (253), p. 32.

(124) *Ibid,* p. 87.

(125) *Ibid.,* p. 114.

(125 *bis*) *Mélanges de littérature...* (129), p. 18-19.

(126) Guilbert, *Mémoires biographiques* (527), t. I, p. 107.

(126 *bis*) *Menagiana* (253), p. 334.

Ménage « qu'il allait relire tous les anciens poètes gaulois pour l'amour de lui, et qu'il lui ferait part de tout ce qu'il trouverait de propre pour ses origines de la langue française... » (127). On retrouve chez Fontenelle des indices d'une curiosité analogue : les problèmes philologiques n'ont jamais manqué de le solliciter ; qui sait si son *Histoire du théâtre françois* et son *Recueil des plus belles pièces* ne doivent pas quelque chose à l'exemple de cet érudit ? Plus précisément, il fut souvent tenté de méditer sur « l'histoire de l'esprit humain » : c'est à Bigot que Ménage dédia son *Diogène Laërce ;* et on trouve dans son *ana* cette remarque : « Diogène Laërce n'était point savant, cependant il n'a pas laissé de nous donner un excellent ouvrage que l'on peut appeler l'histoire de l'esprit » (128).

En mai 1674, Bayle vint à Rouen avec des lettres d'introduction de Basnage pour être précepteur chez un négociant de la ville (129). Le 17 août 1675, il écrit à son frère aîné :

> M. Bigot est d'une ancienne maison de robe... pour lui, il ne fait qu'étudier dans une des plus grandes bibliothèques que particulier ait, entretenant correspondance avec tous les savants de l'Europe et recevant très honnêtement tous les curieux et les habiles gens qui le viennent voir. Il a une maison à la campagne, où il va se délasser de la ville, il vient de temps en temps ici, et, tous les jeudis, les avocats de Rouen, qui ne sont pas en petit nombre, s'assemblent chez lui, et on discourt de la première chose présente, et de celle-là, on passe à une autre, sans gêne, ni contrainte. M. le Moine (pasteur) et M. Larroque (huguenot grécisant) s'y trouvent et conversent fort fraternellement avec les chanoines et les abbés. M. Bigot est catholique romain, mais sans rigueur contre nous (130).

Peut-on admettre que Bayle et Fontenelle se soient rencontrés chez Bigot ? Fontenelle a vraisemblablement participé à ces réunions : Bigot était l'ami de ses oncles ; le jeune homme faisait alors son droit, et tous les avocats de Rouen se retrouvaient dans cette maison. Mais Bayle ne séjourna que peu de temps en Normandie : dès les premiers jours d'août, il dut suivre la famille de son élève à Lamberville, dans le pays de Caux ; s'il revint à Rouen le 6 novembre, il partit pour Paris en mars 1675. Certes, c'est Basnage qui l'avait introduit, et tous les Basnage étaient, et demeurèrent, des intimes de Fontenelle. Mais lorsque Bayle, dans sa correspondance, cite les beaux esprits de la ville qu'il put approcher, il ne mentionne jamais le jeune Fontenelle, ni sa famille. D'ailleurs un fossé

---

(127) Guilbert, *Mémoires biographiques* (527), t. I, p. 107.

(128) *Menagiana* (253), p. 354 ; cf. *Lettres d'Emeric Bigot...* (103), *Bibliotheca Bigotiana...* (102).

(129) Cf. E. Labrousse, *Pierre Bayle* (549), t. I, p. 122-124 ; P. André, *La jeunesse de Bayle...* (382).

(130) Lettre mentionnée dans E. Labrousse, *Inventaire critique...* (550), p. 90, n° 103 ; éditée dans *Unpublished letters of Pierre Bayle* (699). Elle fut écrite à Paris, peu après que Bayle eut quitté Rouen.

séparait le brillant élève des Jésuites, assez fortuné, promis à un brillant avenir, épaulé par des parents illustres, et le pauvre huguenot, qui courait l'Europe, comme un aventurier. Les seules lettres qu'ils échangèrent sont bien postérieures, et n'attestent pas forcément des souvenirs communs...

A travers les souvenirs de Ménage et de Bayle, on discerne aisément l'atmosphère qui régnait chez Emeric Bigot : la liberté, la tolérance, les rapports cosmopolites. C'est dans une certaine mesure le cadre où Fontenelle ne cessera d'évoluer ; on songe à l'Académie des Sciences, au salon de Mme de Lambert. Dans ce milieu, il put compléter sa culture, trop exclusivement littéraire et antique. Son indépendance d'esprit, son absence de préjugés devaient se développer dans ce climat ; et peut-être les ressemblances qui apparaissent entre la pensée de Bayle et celle de Fontenelle s'expliquent un peu par « l'humanisme rouennais » de cette époque. A travers ces contacts, l'influence calviniste s'ajoutait à l'influence des Jésuites, mais c'étaient les plus modérés et les plus ouverts des huguenots. On connaît l'illustre famille des Basnage : Henri, le père, sieur de Franquenay, un des grands avocats de la ville, assez respecté pour échapper à toutes les persécutions qu'entraîna l'Edit de Fontainebleau ; ses deux fils : Jacques, né en août 1653, qui fut pasteur à Rouen en octobre 1676, et fut autorisé à partir pour la Hollande en 1685 ; et Henri de Beauval, né le 7 août 1656, avocat, qui dut s'expatrier en 1687 — le plus proche sans doute de Fontenelle, puisqu'il était exactement son contemporain, qu'il plaida au même moment dans la même ville, et qu'il le soutint obstinément dans son *Histoire des ouvrages des savants.* Mathieu de Larroque était alors ministre à Rouen ; c'était, selon Basnage, « une âme d'une droiture presque inconnue dans ce siècle, qui regardait sans envie le mérite des autres savants, et qui fermait les yeux sur ses belles qualités » (130 *bis*). Son fils Daniel devait rejoindre Bayle à Rotterdam, et le remplacer en 1687 à la direction des *Nouvelles de la République des lettres.* Il fut peut-être l'auteur de l'*Avis aux réfugiés ;* en 1690, il rentra en France et abjura. Tous ces hommes représentaient le rameau le plus modéré et le plus loyaliste de la pensée réformée. Ils combattirent l'intransigeance de Jurieu et blâmèrent la révolte des Camisards. Ne nous imaginons pas qu'il y ait eu une contradiction trop sensible entre les diverses influences qui s'exercèrent sur le jeune Fontenelle. Les professeurs du collège de Bourbon et les amis de Bigot n'appartenaient pas à des clans opposés. Jean Commire était lié avec Bigot ; Bayle correspondit avec Ménage ; la *Demonstratio Evangelica* de Huet reçut l'approbation de Ménage, des Jésuites et des huguenots ; et, si les *Questiones Alnetanae* soulevèrent l'hostilité d'Arnauld, elles rencontrèrent la faveur des réfugiés de Rotterdam... (131). Quoique Basnage manifestât quelque inquiétude devant la méthode employée par Huet, et les conséquences qu'on en pouvait

---

(130 *bis*) *Nouvelles de la République des Lettres,* mars 1684, p. 60.
(131) Cf. Dupront, *P.-D. Huet* (495).

tirer... (132). Enfin l'évêque d'Avranches tenta avec Pufendorf de réunir les catholiques et les protestants.

Il existe, semble-t-il, deux personnages différents du nom de Louis Petit : l'un aurait été l'intime ami de Corneille, l'aurait suivi à Paris et aurait édité ses œuvres. L'autre est ce poète rouennais que le *Mercure galant* et le *Journal des savants* ont souvent loué ; il devait en 1678 dédier un madrigal à Fontenelle. On ne saurait confondre ces deux hommes ; le poète écrit en 1687 : « Je ne suis plus jeune, et depuis vingt-cinq ans, j'ai toujours respiré l'air d'une province où l'on ne se pique pas de la dernière politesse de la langue (133)... » — ce qui est évidemment contradictoire avec la biographie de son homonyme. Il était né en 1613 ; lié à Saint-Aignan, qui l'appelait son « confrère en Apollon », à Montauzier, à qui il dédia des vers, à la marquise de Rambouillet (134), il fut l'un des personnages les plus brillants de la société mondaine de la ville. Ses vers les plus anciens — recueillis dans *La Muse normande de Louis Petit* (135) — sont pour sa maîtresse, Olympe de Gromeny « la reine cauchoise » ; il se peint lui-même comme

... un bon garçon
Qui certes n'est pas une buse,
Qui n'a pas mauvaise façon,
Qui du matin au soir à badiner s'amuse,
Soit à pincer le luth, soit à versifier,
Composant épîtres jolies...
Un garçon, dis-je, qui peut bien
Entrer dans un noble entretien,
Et qui dans les belles ruelles
Jase bien mieux qu'un perroquet,
Et dont les dames spirituelles
Approuvent assez le caquet... (136).

Il est indifférent à la gloire, et il dit à son livre « encore manuscrit » : « Votre unique but doit être de plaire à Olympe et vous ne ferez pas mal de vous défaire de la pensée (si vous l'avez) d'aspirer à l'immortalité. » (137). Dans une autre pièce, il avoue à Pierre Corneille en 1658 :

Je laisse à ces grandes cervelles
Remplies de leurs étincelles
A chanter des vers avec art :
Je renonce au style sublime

(132) *Histoire des ouvrages des savants*, juin 1691, p. 454.

(133) *Dialogues satyriques et moraux. Avis au lecteur* (281). Sur ce personnage, voir *Corneille's relations with Louis Petit*, par G.L. Van Roosbroeck (697) ; *Mercure galant*, novembre et décembre 1677 ; Guiot, *Le Moreri des Normands* (ms. Rouen).

(134) *Poésies choisies...* (288), t. II, p. 277 : *Sur la mort de M. de Pisani, à la M. de Rambouillet, sa mère, Madrigal.*

(135) *La Muse normande...* (282).

(136) *Ibid.*, p. 33-34.

(137) *Ibid.*, p. 4.

Et quand avec succès je rime,
En vérité, c'est par hasard... (138)

Un type d'homme, comme la province devait en contenir beaucoup d'exemples à cette époque — cultivé, nonchalant, passablement sceptique, honnête homme surtout. Dans l'*Amour eschappé,* il figure sous les traits de Licortas : sa maison « est le rendez-vous des personnes d'esprit de toute la province. On ne peut en avoir plus qu'il n'en a. Il aime passionnément la musique... » (139). Il pouvait enseigner à Fontenelle bien d'autres choses que l'élégance et la galanterie. Dans ses *Satyres générales* de 1686, il révèle plus de sérieux : certes, on y rencontre souvent les lieux-communs de la satire : la sottise humaine, l'hypocrisie des courtisans ; mais on découvre parfois un esprit plus hardi : le poète s'en prend à plusieurs reprises aux vocations forcées et au luxe du haut clergé, il médite sur la mode, comme le fait Fontenelle dans *Sur l'Histoire,* il évoque — après Segrais et Mme Deshoulières — « le bonheur de la vie champêtre » (140) et ce sera le thème central des *Pastorales...* Hostile aux esprits forts (141), il semble pourtant l'héritier de la tradition sceptique car il se plaît à souligner la vanité de la science et de la philosophie. Le Fontenelle de 1680 — l'auteur des *Dialogues de morts* et des *Lettres galantes* — lui devra beaucoup. Petit aura peut-être même l'audace de ridiculiser les conversions forcées, qui suivirent la Révocation de l'Edit de Nantes (142). Ses goûts littéraires sont sans équivoque : il admire le grand Corneille, déteste Boileau : « Je hais ces esprits noirs, qui dans tous leurs ouvrages choquent les gens d'honneur presque à toutes les pages... » (143). Il méprise « le merveilleux » et « l'hyperbole » (144) — autant d'attitudes, que nous retrouverons chez Fontenelle. Louis Petit était d'ailleurs l'ami de Jean Commire, qui lui dédia son poème *Cicures lusciniae tota hieme decantantes,* et Bayle l'appuya dans les *Nouvelles de la République des lettres* de janvier 1686 et de mai 1687 (145).

Les autres amis de Corneille sont moins illustres que Bigot et Petit. Coqueteau de la Clairière avait concouru lui aussi pour les « Palinods » ; on lui attribua trois tragédies : *Oreste et Pylade, Amurat, Iphigénie ;* la première fut jouée par Molière. Lucas avait été l'ami de Brébeuf ; il était selon Boursault « connu pour habile

---

(138) *Ibid.,* p. xxij, *A Corneille,* 1658.

(139) *L'Amour eschappé* (160), t. II, p. 188 : sur ce roman on peut consulter l'article de G. Mongrédien, *Le Fondateur...* (611), qui attribue cet ouvrage à Donneau de Visé plutôt qu'à Angélique Petit.

(140) *Œuvres diverses du Sr D...* (270), t. I, p. viij-ix, *Discours sur le bonheur de la vie champêtre à M. de C.*

(141) *Ibid.,* p. 26-27, *Satire II, Contre la mode, à M. de St-E.*

(142) *Ibid.,* p. 157, *Satire XI, ou Discours sincère à M. Despréaux sur son entreprise d'écrire l'histoire de Louis-le-Grand.*

(143) *Ibid.,* p. 7, *Satire I, Contre les critiques, à M. le Comte de...*

(144) *Ibid.,* p. 5.

(145) Bayle le loue de peindre « le caractère des vieilles coquettes, la fureur des modes, la vie libertine de certains abbés, le mensonge et la médisance... » *Nouvelles,* janvier 1686, p. 115.

homme par tout ce qu'il y a d'habiles gens à l'Académie, et... le grand Corneille [le] consultait souvent sur ses ouvrages » (146). Tous deux appartenaient exactement au même groupe social : Coqueteau était conseiller à l'Amirauté et aux Eaux et Forêts ; Lucas était conseiller du roi et lieutenant général de l'Amirauté. De la Coste, « bel esprit de province » nous est pour ainsi dire inconnu. Faut-il ajouter l'influence posthume de Brébeuf ? Il était mort en 1661, mais il était assez célèbre et ses liens avec Corneille avaient été assez étroits pour que Fontenelle ait eu connaissance de ses poésies et de ses lettres... (147). Et surtout c'était l'ami de Guillaume Du Hamel que Fontenelle retrouva plus tard à Paris, avant de lui succéder à l'Académie des sciences. On peut encore évoquer l'abbé de Pure, mais il était désormais retiré du monde, et, lorsqu'il mourut en avril 1680, le *Mercure galant* ne lui consacra qu'un éloge assez froid et bref (148).

La vie mondaine à Rouen était particulièrement intense. Somaize en a évoqué les figures les plus brillantes — telle Mlle Petit, « la divine Pantée » : « jeune précieuse du quartier de la Normanie, qui aime les livres et la conversation ; elle sait les langues et surtout elle possède fort bien les mathématiques. On peut même dire qu'elle ferait aussi bien un coup d'épée qu'un homme : cela n'empêche pas qu'avec cette humeur martiale, elle n'ait l'agrément et la civilité attachée à celles de son sexe » (149). Est-ce à Angélique Petit ou à Donneau de Visé qu'il faut attribuer l'*Amour eschappé* (150) — cette fresque de la haute société des années 1670 ? L'Amour, dans ses voyages, après avoir visité la Cour, arrive aussitôt en « Normanie » ; il est ébloui : « J'ai vu — écrit-il à sa mère — tant de gens de mérite que je ne puis attendre jusques à mon retour à vous mander des nouvelles... » (151). Et il peint sous des noms empruntés les gloires des salons : Mme de Martigny ; Mlle Bertaut, sœur de Mme de Motteville ; Mme Réveillon : elle « fait très bien les vers, elle danse bien, elle a la jambe belle, elle sait peindre en miniature, elle joue de beaucoup d'instruments, et en sait trop enfin pour une fille » (152) ; Mme du Buisson, que protège la duchesse de Longueville ; Mme la Présidente de la Haye-du-Puits ; son rang est « considérable. Elle a la taille belle et grande, l'air libre et bon, le teint clair, beau et vif, les yeux mourants et pleins d'un doux brillant, le nez fort bien fait, la bouche vermeille, le tour du visage agréable ; elle a beaucoup de complaisance pour ses amis, mais elle sait piquer ceux qui ne le sont pas, et les coups qu'elle porte sont d'autant plus à craindre qu'elle le fait avec une délicatesse qui lui est particulière... » (153) ; Mme la conseillère

---

(146) Adam, *Histoire de la littérature...* (375), t. IV, p. 200, note 2.

(147) Cf. R. Harmand, *Essai sur la vie et les œuvres de Georges de Brébeuf* (531).

(148) *Mercure galant*, avril 1680, p. 326.

(149) Somaize, *Dictionnaire des prétieuses* (328), t. II, p. 82-83.

(150) Cf. Mongrédien, *op. cit.* (611).

(151) *L'Amour eschappé* (160), t. III, p. 187.

(152) *Ibid.*, t. III, p. 189.

(153) *Ibid.*, t. III, p. 190-191.

d'Arques ; Mme des Alleurs ; Mme Romère : « Son esprit qui brille dans ses yeux est pourtant doux et toujours penchant vers la joie. Il est d'une trempe si aimable qu'il satisfait tout le monde, encore que la dame ne contente personne. » (154) ; M. du Rollet, conseiller du Parlement : il « a la taille belle, l'air bon, il a infiniment d'esprit, il est enjoué, il a l'âme belle ; et quoique le nombre de ses conquêtes soit grand, plusieurs belles assurent qu'il en ferait davantage s'il était moins difficile. » (155) ; M. du Bailly, qui « tourne très galamment les vers... il est constant envers ses amis ; on l'accuse de ne l'être pas tant pour ses maîtresses, et d'avoir un peu d'amour-propre... » (156) ; M. de Curville, qui n'est pas touché par le monde, mais « écrit fort bien en prose et en vers, sans se piquer de l'un, ni de l'autre, et sait fort bien l'histoire » (157) ; Mme de Bernières, qui « dit toutes choses avec esprit et agrément » et « paraît aimer tous les plaisirs » (158). Après les gloires de Rouen, viennent celles de Caen — et d'abord Cléodomère — Huet : « C'est un homme fort bien fait ; mais si cette qualité lui est commune avec plusieurs, son esprit ne l'est pas. C'est un homme extraordinaire pour les sciences et fameux pour de belles traductions. Il ne laisse pas de faire des vers quelquefois pour se divertir, et il y réussit admirablement ; c'est un prodige surprenant pour l'étude ; le travail ne le fatigue point et après douze heures de cabinet, il a l'esprit aussi libre et aussi enjoué, que s'il sortait de la conversation la plus agréable. » (159).

Dans la ville de Corneille, on trouve encore Jacques Bulteau, mathématicien, poète latin et français (160) ; et les amis du P. Commire : le Président du Parlement Claude Pellot, les chanoines Etienne de Fieux, Jean-Baptiste Du Hamel, Joseph Figuière, Bernard le Pigny ; le conseiller au Parlement, Charles Ferrare du Tot, qui correspond avec Chapelain (160 *bis*) ; et les deux abbesses lettrées, Mme de Saint-Amant et Mme de Bellefonds. L'une est la Siradamis de Somaize : « ... son esprit n'est que lumière, par ses belles connaissances qu'on peut dire universelles : et c'est aussi un aimant si puissant pour les âmes éclairées, que sa grille se trouve journellement au milieu d'un cercle de nobles intelligences, qui s'y rendent de toutes parts, et recueillent toutes ses paroles plus chèrement qu'on ne recueillait autrefois les oracles des Sibylles et des Prophètes », et l'on trouve à ses côtés Mlle de Sauvray, et le P. Gervais « qui, ayant beaucoup voyagé, sait en perfection plusieurs langues entre autres celle d'Ausonie et celle d'Hespé-

(154) *Ibid.*, t. III, p. 194.
(155) *Ibid.*, t. III, p. 195.
(156) *Ibid.*, *loc. cit.*
(157) *Ibid.*, t. III, p. 196.
(158) *Ibid.*, t. III, p. 197-198.
(159) *Ibid.*, t. III, p. 201.
(160) Couton, *op. cit.* (459), p. 16.
(160 *bis*) *Commirii... Carmina* (132), *passim*. Tels sont les lettrés de Rouen à qui Jean Commire adresse ses vers. Jean-Baptiste Du Hamel est le frère du secrétaire de l'Académie des sciences, qui protégera Fontenelle et le choisira comme successeur. Il n'est manifestement aucun rap-

rie... » (161). Le Père Bouhours écrivit l'histoire de Mme de Bellefonds : « Les bons écrivains du temps lui venaient lire leurs ouvrages avant que de les donner au public, et ils la priaient quelquefois si instamment de leur en dire sa pensée et même de les corriger, qu'elle ne pouvait s'en défendre... elle entendait la théologie. Elle joignait les belles lettres avec les sciences solides ; et la poésie surtout lui plaisait infiniment... » (161 *bis*). Grande amie des Jésuites, liée au comte d'Harcourt, aux duchesses de Longueville et de Nemours, c'est elle qui éleva les enfants de sa sœur, Mme de Saint-Pierre — dont le futur abbé, l'ami de Fontenelle et de Varignon.

Toute cette société perpétuait les divertissements et les plaisirs des années 1650 ; c'est elle que Fontenelle peignit dans les *Lettres galantes,* et la plupart des beaux esprits de la province, Segrais, Bensserade, Mlle de Scudéry se retrouvèrent bientôt dans le camp des « Modernes ». Fontenelle restera fidèle à leur enseignement et ne cessera comme eux d'aimer les romans, de préférer la galanterie à la grossièreté, et de rêver d'un monde édénique, qui put exister à l'origine des temps. Citons encore Saint-Aignan, qui figure dans l'*Amour eschappé* sous les traits d'Artaban : « Il est civil, affable, obligeant, grand amateur du vieux langage. Il écrit quelquefois en ce style, et fait des vers sur-le-champ. Les tournois, les combats de taureaux, et tous les exercices semblables ont de grands charmes pour lui. » (162) Et Montauzier, le gouverneur : « ... il a de la naissance, du cœur, de l'érudition, et... il sait tout ce qu'il est nécessaire aux rois pour bien régner... » (163).

Mais l'influence la plus précise que subit Fontenelle, fut celle de Mme de Scudéry — la veuve du poète. C'est elle qui l'introduisit en 1677 dans les salons parisiens (164), et qui s'efforça, dix ans plus tard, de le faire élire à l'Académie française (165). Issue d'une obscure famille normande, Marie-Françoise de Martinvast était née en 1631. Tallemant des Réaux la peint comme « une demoiselle romanesque, qui mourait d'envie de travailler à un roman » (166) et, selon Somaize, « Sarraide, femme de Sarraidès, et non pas sa sœur, est une personne, qui peut se vanter de quelque beauté ; mais son esprit l'emporte sur les traits de son visage. Aussi est-elle une des plus grandes précieuses du royaume... elle aide à Sarraidès... leur mariage s'est plutôt fait et lié par leurs écrits que par les nœuds ordinaires ; car leurs inclinations ne sont venues que de la

---

port entre Charles Ferrare du Tot et le fameux Fauvelet du Tot qui fut lié avec Boileau. Commire s'adresse en ces termes à du Tot : *Qui enim famam ingenii ac doctrinae excellentem possides... necesse est ut quod probaveris, dignum commendatione videatur...* (*Carmina,* t. I, p. 385.)

(161) Somaize, *op. cit.* (328), t. II, p. 315-316.

(161 *bis*) *La vie de Mme de Bellefont* (112), p. 83.

(162) *L'Amour eschappé* (160), t. I, p. 45.

(163) *Ibid.,* t. I, p. 49.

(164) Cf. *Lettres de Mme la Comtesse de L.* (179), p. 213 et 239.

(165) Mme de Scudéry, *Lettres* (320), p. 175 (à Bussy le 1er décembre 1687).

(166) *Les Historiettes* (336), t. VIII, p. 59.

sympathie de leur style qui du moins a précédé leur hymen... » (167). Elle a dû en effet collaborer à la composition d'*Almahide* (168) — et bien des pages de Fontenelle évoquent — nous le verrons — ce roman... Veuve à trente-six ans, Mme de Scudéry était l'amie des Pères Bouhours et Rapin, de l'abbé de Choisy, de Mme de Pisieux, et surtout de Bussy-Rabutin. Que d'aveux dans ses lettres ! Elle voue à l'amitié un véritable culte ; « c'est — dit-elle — la seule rose sans épines qu'il y ait en ce monde... » (169). Malgré ses déceptions, elle ne peut se décider à se convertir : « c'est un vrai métier de malheureuse que celui de dévote ; non seulement il console des chagrins, mais il en fait des plaisirs. Je n'ai pourtant pas la force de le prendre... Le retour de notre cœur vers Dieu n'est pas notre ouvrage ni celui de qui que ce soit tout seul ; il faut pour cela la grâce victorieuse qui nous entraîne presque malgré nous. » (170). Elle finira toutefois par approuver la Révocation de l'Edit de Nantes... (171). Elle admire *Les Exilés* de Mme de Villedieu (172). *De la fausseté des vertus* de Jacques Esprit lui plaît moins : « Je trouve seulement qu'il n'a pas assez bonne opinion du cœur humain et qu'il cherche le mauvais avec trop de curiosité. Il y en a de moins gâtés qu'il ne croit ; mais enfin ce livre est bien écrit. » (173). Lorsque Fontenelle écrira *Sur l'Histoire,* il se souviendra du traité d'Esprit, et son essai ne rappelle-t-il pas cette remarque de Mme de Scudéry : « Je suis comme Plutarque, je guette les grands hommes aux petites choses ? » (174) ?

Mais, dans les châteaux de Normandie, il pouvait rencontrer d'autres hommes plus singuliers et plus hardis ; Cideville écrit :

> M. de Fontenelle m'a dit avoir passé huit ou dix jours à Launay chez M de Joigny. Il trouvait M. de Joigny plaisant et de bonne compagnie. M. de Joigny avait fait une espèce de temple de sceptique d'une de ses chambres à la campagne. Sur la cheminée était le portrait de Montaigne avec sa balance et sa devise : Que sais-je ? Les côtés des volets des croisées qui étaient ouverts durant le jour étaient pleins de sentences sur l'éternité, sur Dieu, sur le paradis et l'enfer, et le côté qui se présentait le soir à la lumière, quand les volets étaient fermés, contenait toute une autre morale, et des passages d'opéra ; j'ai trouvé encore un vieux plastron noir en forme de marbre avec cette inscription : *certissimo verum incertudini* ; il y a apparence que M. de Joigny était un peu mécréant et il passait même pour cela dans le pays. Il y avait au bout de la terrasse un petit cabinet pour faire collation ou pour souper, et dessous une espèce de petite cuisine. Dans le cabinet, qui était

(167) Somaize, *op. cit.* (328), t. I, p. 213.

(168) Voir J.W. Schweitzer, *Georges de Scudery's « Almahide »...* (74).

(169) *Lettres* (320), p. 71.

(170) *Ibid.*, p. 82 et 104.

(171) *Ibid.*, p. 170 : « C'est une œuvre chrétienne et royale... Cela lui attirera bien des bénédictions du ciel. »

(172) *Ibid.*, p. 82.

(173) *Ibid.*, p. 145.

(174) *Ibid.*, p. 131.

peint assez grossièrement en camaieu bleu, était dans un cartouche une figure de femme que l'Amour chassait avec ces mots : *fuge, credule,* et cette autre inscription sur la porte au-dedans :

De l'heure, ni du vent, il ne m'importe guère,
Pourvu que ma bergère
Me donne toujours
De beaux jours (175).

Ce personnage est Claude III Fournier de Joigny ; petit-fils d'un professeur à l'Université de Caen, ce libertin semble né de parents dévots, car son père, qui avait acquis en 1653 le domaine de Launay, en fit rebâtir l'église, et sa mère se retira en 1665 au couvent des filles du Val de Grâce à Rouen (176). Cideville, qui acheta le château en 1716 après la mort de M. de Joigny, aimait à rappeler à Fontenelle les heures heureuses que celui-ci y avait connues :

J'interroge à Joigny ces lieux beaux autrefois,
Lorsque, peuplés de dieux, au son de votre lyre,
La dryade de votre choix
En dérobant sa marche au cocu de satyre,
Vous cherchait au fond de mes bois ;
Tout se tait ; je relis vos archives champêtres,
Et des chiffres mystérieux,
Des *ff* et des cœurs enlacés sur nos hêtres
M'apprennent que pour vous l'Amour vint dans ces lieux,
L'herbe est en ces endroits et plus tendre et plus belle.
Chaque an y fait briller une rose nouvelle.
Si vous avez orné mes bosquets de rosiers,
Venez, l'Amitié vous appelle,
Venez les planter de lauriers... (177).

Quelle est cette aventure qu'évoque le poète ? Les *ff* gravés sur les arbres nous inciteraient à supposer que Fontenelle fut l'amant de Mme Fournier, la châtelaine, et « le cocu de satyre » ne serait autre que M. de Joigny (177 *bis*)... Mais nous voyons surtout qu'à Launay l'irréligion et la tradition pastorale s'unissaient étroitement ; loin de la souplesse des Jésuites et du badinage des mondains, c'était un épicurisme décidé, qu'un voile de prudence recouvrait à peine...

Enfin, on imagine assez bien cette heureuse adolescence, pleine

---

(175) *Traits, notes et remarques* (ms. Rouen), p. 141.

(176) Cf. Des Guerrots, *Launay...* (481 *bis*) et Archives du château de Launay.

(177) *Correspondance Cideville* (ms. Rouen) ; cf. Tougard (690), t. I, p. 59 : « Je suis près de cette maison de Joigny que vous avez visitée... »

(177 *bis*) Claude Fournier se maria le 4 mai 1669 avec Marie Bigot qui mourut en octobre 1690, âgée d'environ quarante-cinq ans ; en secondes noces il épousa Marie-Anne de la Houssaye de Rougemontier, le 2 juillet 1693 ; celle-ci se remaria en 1716, un an après son veuvage, avec Ch. de Rupierre (Arch. de Launay) : elle ferait donc une « dryade » possible...

de culture et de liberté. De la paix champêtre des Andelys aux salons de Rouen, du Père Commire aux libertins, du collège de Bourbon aux entrevues parisiennes, Fontenelle pouvait se laisser imprégner par toutes ces influences qui s'ajoutaient sans se contrarier. Sa famille et ses maîtres l'avaient tourné vers la littérature. Fidèle au style et parfois à la philosophie des Pères, il avait entrevu une science plus positive. On a l'impression d'une sorte de papillonnement. Le jeune homme lit beaucoup ; s'il ignore l'anglais, il a appris l'italien et l'espagnol (178) ; il aime Lucien, dont il veut imiter les *Dialogues,* l'Arioste (179), d'Urfé (180), Rabelais (181) ; il écrira bientôt sur *La Princesse de Clèves ;* il connaît sûrement les romans de Mme de Villedieu, les poésies de Mme Deshoulières, de Pellisson, de Mme de la Suze. Il commence à composer, mais ce sont plutôt des ébauches que des œuvres achevées ; il hésite entre Voiture, Lucien et... Descartes. On devine déjà le même rythme qu'il gardera jusque dans sa vieillesse : un mélange de frivolité et de sérieux : le goût des petits vers et l'amour de l'étude.

Docile aux suggestions familiales, il fit son droit et devint avocat (182). La confrérie des avocats avait son siège à Saint-Patrice ; leur fête se déroulait le 9 mai (183). Ils étaient plus de cent ; ils jouissaient d'un certain renom ; un témoin note : « Dans tous les parlements où j'ai été, je n'en connais point où les avocats se donnent plus de mouvement que dans le parlement de Normandie. » (184) On ne voit pas que Fontenelle ait beaucoup brillé au barreau ; Trublet affirme qu'il plaida une seule cause, et sans succès (185). Le Cat dit que « l'auditoire fut frappé de son éloquence... » (186). Mais il est certain que le philosophe ne garda de cette expérience que de mauvais souvenirs ; dans l'*Eloge de Homberg,* il oppose la rigueur de la science aux caprices de la justice : Homberg « étudia en droit... et... il fut reçu avocat à Magdebourg. Quoiqu'il se donnât sincèrement à sa profession, il sentait qu'il y avait quelque autre chose à connaître dans le monde que les lois arbitraires des hommes » (187). A propos de Leibniz, Fontenelle souligne encore la confusion qui règne dans le droit (188). A cette obscurité, comme à celle de la logique, il devait préférer la limpi-

---

(178) *Mémoires* (345), p. 207.
(179) Cf. *La Pluralité des mondes,* dans *Œuvres* (3), t. II, p. 61-65.
(180) Cf. *Les Pastorales,* dans *Œuvres* (3), t. III, p. 11-12.
(181) Cf. *Histoire des oracles,* dans *Œuvres* (3), t. II, p. 330.
(182) *Mémoires* (345), p. 275.
(183) Grisel, *op. cit.* (187), *Maius,* p. 150.
(184) *Ibid.,* p. 441, note 116.
(185) *Mémoires* (345), p. 275.
(186) Le Cat, *Eloge* (225), p. 8. A. Houssaye romance cet épisode dans *Œuvres* (5), p. 21.
(187) *Œuvres* (3), t. V, p. 372.
(188) *Ibid.,* t. V, p. 463. Cf. l'*Eloge de Saurin* dans *Œuvres* (3), t. VI, p. 504 : « Il délibéra entre la géométrie et la jurisprudence : la géométrie l'emporta. Il sortait d'une théologie toute contentieuse ; il serait tombé dans la jurisprudence, qui l'est encore davantage. Il conçut qu'en se donnant à la géométrie, il habiterait une région où la vérité est moins sujette à se couvrir de nuages, et où sa raison, trop longtemps agitée, jouirait avec sûreté d'un certain repos. »

dité de la géométrie ; et sa poitrine fragile le rendait plus propre aux succès mondains qu'aux effets oratoires.

Sa ville natale lui offrait cependant d'autres spectacles que les jeux des salons : la misère fut grande à Rouen en 1678 et en 1679 ; la rigueur de l'hiver et la cherté des grains provoquèrent des émeutes. A cela s'ajoutaient les problèmes religieux ; à partir de 1671, il y eut d'innombrables rixes entre les protestants et les catholiques ; des enfants huguenots furent enlevés et conduits de force au collège des Jésuites ; en 1681, les soldats vinrent loger chez les religionnaires (189). Nous ne savons rien de précis sur la mentalité du jeune Fontenelle. Mais comment supposer que ces drames et ces persécutions, qui firent réfléchir son cousin Boisguilbert, aient pu le laisser insensible ? N'est-ce pas un peu en voyant les gens du peuple maltraiter les calvinistes qu'il conçut son mépris de la foule et son « aristocratisme », hérités d'ailleurs de la tradition libertine ? Les livres interdits, les pamphlets qui pénétraient en masse dans le port de Rouen, étaient sans doute susceptibles d'accroître la hardiesse de ses méditations.

On ne voit pas qu'il ait fréquenté beaucoup de savants à cette époque ; les gloires de la ville — Auzout, l'inventeur du micromètre, et le chimiste Lémery — habitaient à Paris ; il y avait seulement à Rouen Croixmare, mais il était trop isolé pour que le jeune Fontenelle ait pu entretenir avec lui des rapports bien fréquents. Toujours est-il que Rouen, avec les récits des missionnaires jésuites, les comptes rendus de voyages de La Martinière et de Louis Touroude (190), lui offrait l'occasion de rêver aux contrées lointaines, et peut-être de concevoir une *utopie* — comme l'*Histoire des Ajaoiens*...

---

(189) Sur tous ces événements, voir Périaux, *Histoire sommaire et chronologique de la ville de Rouen* (633), p. 495, *sq.* ; Herval, *Histoire de* Rouen (536), t. II, p. 165-168.

(190) Herval, *op. cit.* (536), t. II, p. 172-173.

CHAPITRE II

LE POETE DECONFIT

Les petits vers.

Le Mercure galant que Donneau de Visé avait fondé en janvier 1672, reparut en avril 1677. Dès le deuxième numéro, Fontenelle y collaborait. C'est évidemment Thomas Corneille — l'associé de Donneau de Visé — qui avait introduit son neveu dans cette gazette. Fontenelle fut pendant trois ans l'un des écrivains le plus souvent cités dans les colonnes du journal (1) : ses rapports avec son oncle étaient toujours excellents, mais rien n'indique qu'une grande familiarité ait régné entre lui et de Visé. Ce dernier — tout intelligent et cultivé qu'il fût — semble avoir été encore davantage un commerçant habile (2). Chacun sait que les auteurs devaient payer pour voir imprimer leurs œuvres dans cette feuille. Fontenelle, plus tard, confiera à Trublet que les généalogistes du *Mercure* étaient plus attentifs aux présents qu'on leur offrait qu'aux origines réelles de leurs clients (3). *L'Arlequin, Mercure galant,* que les Comédiens italiens devaient créer le 22 janvier 1681, allait bientôt ridiculiser ces trafics : *La Comédie sans titre* que Boursault donna le 5 mars 1683 (4) — sans attaquer précisément les directeurs du journal — ne manquait pas de faire allusion à ces

(1) Voir ms. fds fr. 32688, *Table alphabétique...* Fontenelle est cité sept fois en 1677, neuf fois en 1678, trois fois en 1679, trois fois en 1680.

(2) Cf. Mongrédien, *op. cit.* (611), et P. Mélèse, *op. cit.* (606).

(3) Montesquieu, *Spicilège :* « J'ai ouï dire à M. de Fontenelle que M. Devise dans ses *Mercures* avait coutume de mettre bien des généalogies, qu'il n'en avait jamais mis qui ne lui eût été donnée par les parties intéressées... »

(4) L'*Arlequin, Mercure galant* — voir *Histoire de l'ancien théâtre italien* (274), p. 92 — fut créé en 1684, et eut un brillant succès, qui fut d'ailleurs reconnu sans acrimonie par Donneau de Visé ; en fait, la satire restait assez bénigne. *La Comédie sans titre* (117) était plus agressive, mais c'étaient davantage les auteurs du *Mercure* que le directeur, qui étaient ridiculisés. Le personnage central, neveu du directeur, pourrait

complaisantes généalogies. Le Noble, en 1692 publiait à La Haye ses œuvres, qui contenaient une satire de la gazette (4 *bis*). Plus crûment Gacon écrivait :

Vient-il de la province, un ouvrage insipide,
Dût-il déshonorer les faits de notre Alcide,
Si l'écu neuf le suit, il trouve un doux accueil,
Et tiendra le haut bout dans le fade recueil... (5).

Une satire dirigée contre Fontenelle en 1688 faisait ainsi parler notre auteur :

O vous que je tiens à mes gages,
Grand immortaliseur de noms,
Ami de Visé... (6).

évoquer Fontenelle, neveu de Thomas Corneille. Mais à cette époque il résidait à Rouen. C'est plus tard qu'il jouera un rôle de premier plan dans la gazette. La comédie de Boursault eut un brillant succès. Il n'y eut probablement pas quatre-vingt représentations — et au double du prix des places — comme on l'a parfois prétendu ; mais au moins une vingtaine, comme l'indiquent les frères Parfaict, *Histoire* (273), t. VII, p. 367. Voir Lancaster, *A History of french dramatic literature of the XVIIs th. century* (559), Part. IV, II, p. 523-527.

(4 *bis*) *Œuvres* de Le Noble (233), t. IX, *La pierre de touche politique* (23-28e dialogues) ; cf. ms. Arsenal 3132, p. 50 : *Sur le Mercure galant* (1697) :

Mercure est le dieu des filous,
Visé, sans démentir son titre,
Donne pour de l'argent la noblesse aux belîtres,
Au diable de l'encens, et de l'esprit aux fous.

(5) Gacon, *Le poète sans fard* (180), p. 38.

(6) Cette chanson figure dans les papiers de Tallemant des Réaux, ms. La Rochelles 673, fl. 247 ; la marquise à qui s'adressent ces couplets, est « celle avec laquelle il parla dans son livre de la *Pluralité des mondes* » (selon une note manuscrite). Voici le texte intégral de cette satire qui est inédit :

Marquise par moi révérée
Depuis le chef jusqu'aux talons,
Avec qui, plus d'une soirée,
J'ai babillé des tourbillons,

Entrez un peu dans ma querelle.
On me fait un affront sanglant,
A moi, ce fameux Fontenelle,
Neveu du *Mercure galant,*

A moi, qui par des *Dialogues,*
N'ai, dit-on, pas mal débuté,
A moi, l'auteur de ces églogues
Si propres à lire en été,

A moi qui contre les oracles
Ecrivis pour montrer l'abus
De ce qu'on appelle miracles,
Et de quelque chose de plus,

A moi, dont la galante plume

On pourrait en conclure que ses publications dans le *Mercure galant,* et les éloges que la gazette lui prodigua, n'étaient que la contrepartie des « gages » qu'il versait. C'est possible — même si Thomas Corneille dut alléger ce tribut pour son neveu... Notons

---

Sous le nom de Chevalier d'Her...
Tout exprès pour faire un volume,
Ecrivis des lettres en l'air,

A moi, qui, savant en cabale,
En fourrais partout au hasard
Dans *La Pierre philosophale,*
Et qui par cœur ai fait *Aspar* ;

Ces ouvrages dans leurs espèces
Etaient rares par tant d'endroits
Que de peur d'user ces deux pièces,
On ne les joua que deux fois,

Enfin, à moi que le *Mercure*
Prend soin d'annoncer tous les mois,
L'Académie a fait piqure,
Mais elle s'en mordra les doigts.

Elle verra tout de plus belle
Les gazetiers dire : elle a tort,
Elle verra tomber sur elle
Les foudres que j'ai dans le Nord.

Mais, Marquise, mon écolière,
Il est temps de conter ici
De mon déplaisir la matière.
Ecoutez-moi donc, la voici.

J'avais fait à l'Académie
L'honneur d'y vouloir bien entrer,
Quand une puissance ennemie
Est venue tout déconcerter.

Elle a demandé pour un autre
La place où j'avais prétendu.
Tout lui cède, on m'envoie au peautre.
C'en est fait, me voilà tondu.

Sur quoi faut-il que l'on s'assure ?
J'avais pour moi dix et huit voix.
Docte Marquise, je vous jure,
Ils s'honoraient tous par ce choix.

Que devient donc la survivance
Dont ces Messieurs m'avaient saisi
Pour réparer l'atroce offense
Qu'on ne m'ait pas déjà choisi ?

Quoi, vous me serez inutiles,
Artifices, ruses, détours,
De mon oncle, M. de l'Isle,
Le plus fin normand de nos jours !

O vous que je tiens à mes gages,
Grands immortaliseurs de noms,

cependant que les deux compères s'entendaient à merveille ; dans l'acte d'association du 19 janvier 1682, ils conviennent de partager par moitié le profit (vente, *présents,* pensions) (7).

Enfin, l'*Amour noyé* figurait dans le numéro de mai 1677. La pièce est assez mièvre. Elle se confond avec la plupart de celles que contenait le *Mercure ;* c'est le type même de « poésie coquette », analogue à celles de Pavillon, fidèle à l'exemple de Voiture... Citons l'*Epitaphe de l'Amour,* qui termine le poème :

> Ci-gît l'Amour ; Philis a voulu son trépas,
> L'a noyé de ses mains ; on n'en sait pas la cause.
> Quoique sous ce tombeau, son petit corps repose,
> Qu'il fût mort tout à fait, je n'en répondrais pas.
> Souvent il n'est pas mort, bien qu'il paraisse l'être.
> Quand on n'y pense plus, il sort de son cercueil.
> Il ne lui faut que deux mots, un coup d'œil,
> Quelquefois rien, pour le faire renaître (8).

Cette mièvrerie n'empêche qu'à l'instar des plaisanteries de Voiture, ce poème doit émaner d'une anecdote authentique : « L'auteur — affirmait de Visé — avait été noyé douze fois par une jolie

---

> Ami de Visé, cher Basnage,
> Ecrivez, vengez mes affronts.

Voici les notes que comporte le manuscrit :
Premier couplet : *c'est celle avec laquelle il parle dans son livre de la pluralité des mondes.*
Troisième couplet : dialogues *des morts.*
Quatrième couplet : Miracles : *Il y a des imposés* (?).
Cinquième couplet : *Il avait aussi écrit d'Her avec des points.*
Sixième couplet : Cabale : *une science épuisée. Corneille le jeune, son oncle, et lui composèrent une pièce en prose appelée La Pierre philosophale, et lui avait fait une tragédie intitulée Aspar qu'il disait avoir faite sans en avoir écrit un seul vers.*
Neuvième couplet : *Il fit mettre dans la gazette de Hollande que l'Académie, honteuse de ne lui avoir pas donné le prix de poésie au lieu de Mlle Deshoulières, lui avait promis la première place vacante. Basnage, son compatriote de Rouen, fait le journal de Rotterdam au lieu de Bayle qui est hors d'état de travailler.*
Quatorzième couplet : une variante : *qu'on ne m'ait déjà choisi.*
Quinzième couplet : M. de l'Isle : *Corneille.*
Dernier couplet : de Visé : *celui qui a le privilège du Mercure galant.*

Il n'est pas certain que cette satire soit l'œuvre de Tallemant. Beau-frère du marquis de la Sablière — le père de Mme de la Mésangère — il était évidemment au courant des relations qu'elle entretenait avec Fontenelle... En tout cas, cette chanson a été composée par un homme qui connaissait bien Fontenelle, son caractère, ses protecteurs, ses intrigues. Nous reviendrons sur ce portrait, quand nous arriverons aux divers événements qui y sont évoqués.

(7) Cité dans Mélèse, *op. cit.* (606), p. 163-164 et dans Reynier, *op. cit.* (658), *app.* Les deux compères stipulent : « Sur ce qu'il serait arrivé entre nous quelques contestations et différends, nous aurions unanimement prié M. l'abbé de la Vaux auquel nous nous sommes rapportés pour nous régler et accorder afin d'éviter ci-après toutes nouvelles contestations et différends... »

(8) *Œuvres* (3), t. XI, p. 260.

personne qu'il aimait. » (9). Nouvel exemple des relations et des divertissements du jeune homme à Rouen. Et que d'éloges accompagnaient cette petite pièce :

> M. de Fontenelle, qui, à l'âge de vingt ans, a déjà plus d'acquis qu'on en a ordinairement à quarante... Il est de Rouen, il y demeure ; et plusieurs personnes de la plus haute qualité qui l'ont vu ici, avouent que c'est un meurtre que de le laisser dans la province... Il n'y a point de science sur laquelle il ne raisonne solidement ; mais il le fait d'une manière aisée, et qui n'a rien de la rudesse des savants de profession... Il n'aime les belles connaissances que pour s'en servir en honnête homme. Il a l'esprit fin, galant, délicat... (10).

Peut-on trouver un peu de vérité dans ces flatteries outrées ? Le jeune homme est déjà savant ; il montre du goût pour les agréments et la galanterie. Ces lignes sont peut-être même plus précises qu'on ne croirait : pourquoi ne feraient-elles pas allusion à quelque « traité scientifique en style badin », qu'aurait alors ébauché Fontenelle ? Et ce seraient les *Entretiens sur la pluralité des mondes* — ou quelque autre essai de vulgarisation... Cideville affirme en effet que cette œuvre remonte à l'adolescence de l'écrivain, et celui-ci a toujours eu peur du public, il a toujours remanié ses œuvres avant de les publier ; son ambition juvénile n'excluait pas la timidité... Tout en s'amusant aux colifichets de la littérature galante, tout en s'enorgueillissant même d'y réussir avec virtuosité, il n'y voyait sans doute qu'un travail imposé, susceptible de le « lancer », mais bien éloigné de solliciter tout son esprit.

Durant plus d'un an, les poèmes se succèdent régulièrement : en juillet 1677, c'est un sonnet : « Une aimable fille, dont la conversation est un charme pour tous ceux qui la connaissent parfaitement, avait prié un de ses amis, façon d'amant, de lui apprendre l'espagnol... » (11) — et c'est encore du Voiture :

> Car ne pouvons-nous pas mêler dans nos amours
> Et liberté française et constance espagnole (12) ?

Dans le même numéro, figure l'*Eloge de Marquès, petit chien aragonais* (13). L'Espagne semble décidément à la mode. Serait-ce un

---

(9) *Mercure galant,* mai 1677, p. 115-166 : « Une des plus enjouées noya jusqu'à douze fois un de ses amants qu'on lui donna. Ce fut cette jeune personne qui a les cheveux d'un si beau blond, dont le visage et la taille sont si fort à votre gré, et que vous dites que Mme la marquise de... a raison d'appeler son petit ange. » Voilà des éléments trop particuliers pour être inventés. Selon Trublet, il s'agit d'un jeu « qui n'est peut-être connu qu'en Normandie », *Mémoires* (345), p. 35.

(10) *Ibid.,* p. 117-118. Fontenelle affirma plus tard à Trublet que ce panégyrique n'était « absolument pas» de sa main ; *Journal manuscrit* dans Jacquart, *Un journal de la vie littéraire* (543), *app.* Cet aveu est significatif : on en conclura volontiers que Fontenelle a souvent rédigé lui-même pour le *Mercure* le commentaire de ses œuvres.

(11) *Mercure,* juillet 1677, p. 2-3.

(12) *Œuvres* (3), t. XI, p. 261.

(13) *Ibid.,* p. 262-265.

héritage de Thomas Corneille, cet « espagnolisme » galant ? Ces deux pièces ne sauraient nous attacher, mais dans la première, se découvre un des thèmes favoris de Fontenelle : ce mélange d'amour et de pédagogie, ce rôle de « professeur badin », qui feront l'essentiel des *Entretiens*. La même année, il concourt pour le prix de poésie de l'Académie française, et le *Mercure* d'août publie *Sur l'éducation du Dauphin,* mais ce sont les vers de M. de la Monnoye qui sont couronnés. La pompe réussit moins à Fontenelle que les plaisanteries mondaines ; cependant Donneau de Visé — toujours prodigue en éloges plus ou moins désintéressés, obstiné à lancer méthodiquement le neveu de Thomas Corneille — prépare l'avenir, en affirmant qu' « une tragédie de cette force ne serait pas indigne de paraître sur nos théâtres » (13 *bis*). Peut-être le jeune homme songe-t-il déjà à composer *Aspar.*

En septembre, c'est l'*Amour commode ;* en octobre, *Les flèches d'amour.* Et cette fois, il y a plus de profondeur :

L'amour n'avait jadis que des flèches d'acier.
Ce n'était pas faire grande dépense,
Mais cela suffisait pour un siècle grossier,
Où tous les cœurs se rendaient sans défense.
Le temps changea, plus de simplicité.
Les traits d'acier devinrent inutiles,
Et l'amour eut affaire à des gens plus habiles
Qui de les repousser, prenaient la liberté...
Quel remède ? Il fallut changer de batterie,
Il les fit d'un autre métal,
Ce fut d'or : à l'amour, la victoire était sûre...
Cette mode n'a point changé,
Les flèches d'or sont toujours en usage,
Et, pour peu qu'on s'en serve, il n'est cœur si sauvage,
Qui sous les lois d'Amour ne soit bientôt rangé (14).

Ce thème se retrouvera pour ainsi dire dans toute l'œuvre de Fontenelle ; il ne cessera d'opposer l'innocence primitive et la civilisation mercantile. Le ton reste assez conventionnel ; la forme de l'apologue paraît gauche et « scolaire ». Faut-il cependant chercher dans ces vers l'écho d'une expérience personnelle ? Mais il n'y avait pas de lieu commun plus rebattu dans la littérature de cette époque ; on connaît les poèmes de Mme Deshoulières, et singulièrement l'*Ode à M. le duc de la Rochefoucauld* de 1678 :

Dans l'heureux siècle où sans guide
On laissait aller les mœurs,
L'homme n'était point avide
De richesses, ni d'honneurs... (14 *bis*).

Ces mêmes auteurs se montraient hostiles à la science et à

(13 *bis*) *Mercure galant,* août 1677, p. 292.

(14) Ne fut pas réédité dans les *Œuvres* de Fontenelle ; fut publié par Van Roosbroeck (698).

(14 *bis*) *Œuvres* de Mme et Mlle Deshoulières (153), t. I, p. 55.

l'intelligence. *Apollon à Daphné,* qui figura également dans le *Mercure* d'octobre 1677, développe un thème analogue : ni la poésie, ni la science d'Apollon ne séduisent Daphné,

> Mais, s'il eût dit, voyez quelle est votre conquête,
> Je suis un jeune dieu, toujours beau, toujours frais ;
> Daphné, sur ma parole, aurait tourné la tête (15).

Louis Petit, comme Fontenelle, devait bientôt stigmatiser l'ambition et l'avidité modernes (15 *bis*). Dans l'*Almahide,* le roman auquel Mme de Scudéry avait mis la main, sont inlassablement confrontées la pureté des champs et la corruption des cours.

En novembre, paraîtra *Le ruisseau amant de la prairie,* que le fameux poème de Mme Deshoulières pourrait avoir inspiré. Donneau de Visé cette fois parle du « génie de M. de Fontenelle qui joint la nouveauté de la matière à l'agrément de ses vers ; et, comme personne avant lui n'avait songé à comparer un petit chien à l'Amour, il est le premier qui ait donné à un ruisseau de la sensibilité pour une prairie... » (16). On ne peut mieux dire : tout est sacrifié à l'ingéniosité, et ces éloges reflètent un goût si médiocre qu'on s'étonne que Fontenelle ne se soit pas laissé complètement pervertir... Le *Ruisseau* est d'ailleurs un marivaudage assez gracieux ; il suscita une série de répliques : en décembre, la *Réponse à la prairie ;* en janvier, *La véritable prairie à la fausse prairie, sa rivale ;* en février seulement, ce jeu littéraire s'achevait : « le ruisseau que vous avez tant aimé a fait d'étranges fracas... Une troisième prairie... Elle a été trahie par un ruisseau un peu plus voisin de la mer que celui que M. de Fontenelle a fait parler et dont elle prétend qu'il soit connu... » (17), et on pouvait lire *La prairie trompée aux deux prairies rivales.* Toutes ces pièces semblent indiquer le succès du poème de Fontenelle, mais on y verrait volontiers un montage publicitaire, une nouvelle rouerie de Donneau de Visé et de Thomas Corneille pour faire connaître leur protégé...

Il n'était pas resté inactif : le numéro de décembre contenait la *Nouvelle à Madame de... par l'auteur du Mercure,* et, dans le texte de Donneau de Visé, étaient inclus deux poèmes de Fontenelle : *Apollon à Iris* et *L'Amour à Iris.* Il s'agit dans la nouvelle d'une jeune fille « belle... spirituelle... une brune qui a la taille bien prise, quoique médiocre, le plus bel œil qu'on ait jamais vu... et outre tout cela, un air doux et modeste qui ne la rendra nullement suspecte de faire des vers... un peu trop de mélancolie, une défiance perpétuelle d'elle-même et une timidité qu'elle a peine

---

(15) *Œuvres* (3), t. IV, p. 361.

(15 *bis*) *Œuvres diverses* (270), t. I, p. VIII-IX : *Discours sur le bonheur de la vie champêtre,* à M. de C.

(16) *Mercure galant,* novembre 1677, p. 15-16. Dans le même numéro, p. 7-8, l'allégorie du *Ruisseau...* est expliquée : « ... par ces torrents qui font du fracas et dont les eaux se tarissent incontinent, il est aisé d'entendre ces amants qui font d'abord de si ardentes protestations, et qui ne savent ce que c'est que d'aimer avec constance. »

(17) *Mercure galant,* février 1678, p. 111.

à vaincre, même avec ceux dont elle ne doit rien appréhender...» (18). Ce portrait est plus précis que conventionnel ; on sait que, dans ses *Nouvelles galantes,* de Visé s'était le plus souvent inspiré de faits réels ; cette Iris ne serait donc pas imaginaire. Elle a composé quelques vers, et Fontenelle nous montre comment Apollon et l'Amour se disputent la paternité de cette œuvre. On interprèterait volontiers cette « historiette » et ces vers comme un effort pour « lancer » une nouvelle poétesse. Ces galanteries, ce petit roman sentimental ne sont peut-être qu'un habile moyen de séduire les lecteurs. L'élégance et la mondanité du *Mercure* recouvrent souvent d'étranges trafics. Mais nous n'apprendrons jamais le nom véritable d'Iris... C'est donc plutôt à Fontenelle que devait servir encore une fois ce manège. Après avoir révélé ses œuvres, après l'avoir couvert d'éloges, de Visé aurait eu l'idée de lui prêter le prestige supplémentaire qu'apporte une intrigue d'amour. A la fin de la nouvelle, « je les attends, disait l'auteur, au sacrement, s'ils vont jamais jusque-là ; car il n'y a guère de passions qu'il n'affaiblisse et l'Amour, dans l'ordinaire, demeure tellement déconcerté par le mariage qu'on a quelque raison d'assurer qu'il n'a point de plus irréconciliable ennemi... » (19). Ne cherchons aucune intention précise dans cette critique du mariage, à laquelle Pavillon (20) et tous les rédacteurs du *Mercure* s'abandonnaient régulièrement... Simple thème mondain, hérité de la préciosité.

Le roman se poursuit, il acquiert d'un mois à l'autre plus de cohérence et de sérieux. En janvier, on annonce « une galanterie de M. de Fontenelle » (21), et c'est *L'Indifférence à Iris* : Iris commence à n'être plus insensible ; elle hésite cependant, et le *Mercure* de février publie la *Réponse à l'Indifférence. La lettre de M.D.P. à Mlle P.B.* de mars se ramène pour ainsi dire à une question de vocabulaire : comment les deux amants doivent-ils s'appeler ? « Monsieur et Mademoiselle », c'est trop froid ; « Soleil et chère âme », c'est démodé ; « mon cher et ma chère », c'est trop précis ; « mon berger et ma bergère », c'est trop commun ; mais « mon berger et ma musette seront des noms nouveaux, fort agréables ». Ces considérations paraîtraient bien stériles, si elles n'évoquaient les idées de Fontenelle sur le style : dans la *Description de l'Empire de la poésie,* il venait d'affirmer sa préférence pour un ton « moyen », également éloigné du sublime et du vulgaire, à la fois naïf et ingénieux... En mai, *Tirsis à la belle Iris* oppose « deux différents caractères d'amours... les uns étaient de ces amours délicats, qui raffinent sur les moindres choses... les autres se moquaient de cette délicatesse et ne se flattaient de la conquête des cœurs qu'à bonnes enseignes... » (22). Tous ces poèmes dessinent une sorte de scénario ; ils présentent beaucoup de traits concordants, et c'est

(18) *Mercure galant,* décembre 1677, p. 99.
(19) *Ibid.*, p. 116.
(20) *Œuvres* de Pavillon (277), t. II, p. 132-135 et 135-137 : *Raisons de ne se point marier.*
(21) *Mercure galant,* janvier 1678, p. 138.
(22) *Œuvres* (3), t. XI, p. 281.

visiblement toujours de la même femme qu'il s'agit. Son partenaire ressemble à Fontenelle. Dans la nouvelle de décembre 1677, était annoncée « la conversion de l'indifférent à qui vous avez tant de fois reproché l'air tranquille qui paraît dans toutes ses actions, et cette philosophie soit naturelle soit artificielle dont il se pique, quoique la plupart des gens la regardent en lui comme un défaut... » S'il s'est « converti », c'est qu'il a rencontré « une jeune et fort aimable personne... elle aime les livres et a l'esprit très éclairé... Il s'offrit à lui servir de maître pour l'italien » (23). On pense aussitôt au sonnet de juillet 1677 adressé à une jeune fille qui voulait apprendre l'espagnol. Et cet « indifférent » n'est autre que le Tirsis de mai 1678 : « le feu avait pris à tous les livres de morale qu'avait... Tirsis, jeune homme qui faisait fort le philosophe... » ; d'ailleurs son Iris a vu en songe le *Mercure galant* qui lui « a dit ces mots : Aime et je t'immortalise... » (24) : n'est-ce pas une allusion aux vers écrits par la jeune fille ? Enfin, dans la même pièce figure ce quatrain :

> Les Amours sont demain priés d'un grand dîné
> Chez l'Amour, fils d'Iris, autrement la...
> Comme c'est le jour qu'il est né,
> Il se met en frais et les traite (25).

Le mot qui manque à la rime est évidemment « musette », et c'est un écho de la lettre de mars 1678.

Tout coïncide. Les deux jeunes gens se sont rencontrés le 2 mai 1677, puisque la lettre de *Tirsis à la belle Iris* est datée du 1er mai 1678, et qu'elle annonce pour le lendemain un festin d'Amours destiné à fêter l'anniversaire de cette « journée remarquable ». L'indifférent est séduit ; il « brûle ses livres de morale ». Iris est une intellectuelle ; elle aime la lecture et demande d'abord à son amant des leçons d'espagnol — ou d'italien... En décembre, elle écrit ses premiers vers. En janvier, Iris, qui, jusqu'ici, « avait vécu tranquillement, commence à montrer un peu de sentiment ». Elle l'avoue en février, mais refuse encore de s'engager. En mai, elle hésite toujours :

> Ce Tirsis qui lui rend mille hommages constants,
> Aux dépens de son cœur, veut qu'elle les achète,
> Iris, qui ne saurait désavouer sa dette,
> Pour le payer lui demande du temps.
> Cependant, s'il reçoit une œillade flatteuse,
> Et quelques mots douteux qu'il entend comme il veut,
> Il croit que la fortune est encor trop heureuse... (26).

On pense déjà aux ***Pastorales*** :

> Timidité flatteuse, ardeurs toujours égales,
> Transports qui sont ensemble et doux et violents,

(23) *Mercure galant*, décembre 1677, p. 90.
(24) *Œuvres* (3), t. XI, p. 279.
(25) *Ibid.*, t. XI, p. 277.
(26) *Ibid.*, t. XI, p. 280.

Respect, constance, enfin les vertus pastorales,
Voilà quels sont tous mes talents (27).

Mais ici le thème reste superficiel et est traité avec plus de détachement. D'ailleurs, le poète ne semble pas préférer l'amour quintessencié à l'amour vulgaire. Il ne cesse de s'impatienter des retards ou des équivoques que lui inflige sa maîtresse. Cette pudeur et ces minauderies lui semblent un peu risibles, comme la soumission galante à laquelle il est contraint. Lorsque les deux amants comparaissent, dans le *Songe à Iris,* devant le tribunal de l'Amour, leur dieu tutélaire se plaint :

Depuis plus de deux ans que j'avance fort peu,
Il avait chaque mois le même compte à rendre :
Iris promet un aveu tendre,
Iris promet un tendre aveu... (28).

Et Tirsis paraît assez désabusé : il pourrait écouter les conseils de l'Amour :

... Faites quelquefois entrevoir à la belle
Qu'en se défendant trop, elle courrait hasard
De ne pas inspirer une flamme éternelle... (29).

En novembre 1680, il est éloigné de sa maîtresse ; le zéphyr qui porte les soupirs de Tirsis et celui qui porte les soupirs d'Iris se rencontrent, et le premier se plaint de la froideur de la jeune fille (30). Ainsi c'est toute une conception chimérique de l'amour, celle des romans et des poèmes précieux, qui est ici raillée.

Ce petit roman se prolonge donc pendant trois ans. Nous n'y avons d'abord vu qu'une habile publicité destinée à faire connaître Fontenelle et peut-être à lancer une nouvelle poétesse. Mais cette Iris ne semble pas fictive ; une histoire aussi longue et aussi cohérente finit par ressembler à la réalité. Enfin les poésies fugitives de Fontenelle « ont été toutes ou presque toutes faites pour des personnes réelles... Elles sont filles des circonstances et non d'un vain caprice... » (31). Et l'on trouve dans ses œuvres quelques vers qui n'étaient sûrement pas destinés au *Mercure : Sur une scène que j'avois faite entre l'Amour et Psyché : Psyché à Iris :*

Votre amant fait parler le mien,
Et le mien fait parler le vôtre (32).

Or l'opéra fut créé en avril 1678. Cet amour fut-il donc autre chose qu'en jeu ? Les deux éléments pourraient s'équilibrer. De Visé rend

(27) *Ibid.*, t. IV, p. 30.
(28) *Ibid.*, t. XI, p. 303.
(29) *Ibid.*, t. XI, p. 304.
(30) *Ibid.*, t. XI, p. 289-290.
(31) *Fontenelle, Colardeau & Dorat* (630), p. 20.
(32) *Œuvres* (3), t. IV, p. 380.

service à Fontenelle en révélant son intrigue avec Iris. Le poète adresse à la jeune fille des pièces galantes, qui ne mobilisent sans doute pas toute son affectivité, mais qui ne sont pas purement factices. L'intérêt et même l'humour se concilient avec les effusions... Il faudrait identifier Iris. Ce ne peut être — comme plus tard — Mme de la Mésangère, qui se maria en mai 1678 (33). Fontenelle, à cette époque, résidait d'ordinaire à Rouen : il est à Paris le 27 mars et le 22 juillet 1677 (34), mais c'est dans sa ville natale qu'il compose *Bellérophon*. Les *Zéphirs*, qui peignent les amants séparés, datent de novembre 1680 ; Fontenelle devait alors être à Paris pour préparer les représentations d'*Aspar*. Iris serait donc une Normande, une de ces précieuses qui paraissaient naguère dans *L'Amour eschappé*... (34 *bis*). Risquerons-nous une hypothèse ? Ce pourrait être Catherine Bernard. Nous la retrouverons souvent : jusque vers 1700, elle joua un grand rôle dans la vie de Fontenelle, qui l'aida à composer la plupart de ses ouvrages. Elle appartenait elle aussi à la famille de Corneille (35). Il devait donc la connaître dès cette époque. Elle était née en 1662 ; elle n'était pas trop jeune pour inspirer ces galanteries, ni pour écrire des vers ; on fait remonter ses débuts poétiques à son adolescence ; on lui attribue même *Fédéric de Sicile* (35 *bis*) qui parut en 1680. Protestante,

---

(33) *Mercure galant*, mai 1678, p. 194.

(34) Cf. *Lettres de la comtesse de L...* (179), p. 213 et 239. Nous n'avons pu, malgré nos recherches, identifier cette « comtesse de L. ». Mais ces lettres, qui furent éditées par Mlle Fontette de Sommery, ont toutes les marques de l'authenticité : une chronologie précise et confirmée par d'autres témoignages (Mme de Sévigné, Bussy) ; une certaine cohérence ; une sorte d'abandon même qui peut difficilement être simulé.

(34 *bis*) Voici les vers de la jeune fille, tels qu'ils étaient cités dans le *Mercure* de décembre 1677, p. 94 :

Pourquoi m'avoir fait confidence
Que vous en vouliez à mon cœur ?
Il faut que contre vous il se mette en défense.
Je dois vous empêcher d'en être le vainqueur.

Je ne m'étais point aperçue
Que tous vos petits soins dussent m'être suspects,
Et, quand j'en faisais la revue,
Je les prenais pour des respects.

Ah, que ne m'avez-vous laissée,
Cruel Tircis, dans cette douce erreur !
Vous me voyez embarrassée.
On l'est toujours quand il s'agit du cœur.

Il faut prendre parti, je ne dois plus attendre.
Mais si vous m'attaquez, comment vous repousser ?
Quand on sent le besoin qu'on a de se défendre,
Il est déjà bien tard de commencer.

(35) C'est du moins ce qu'affirment tous les biographes de Catherine Bernard, mais nous n'avons pas retrouvé dans les généalogies de la famille de Corneille de trace de son origine...

(35 *bis*) *Fédéric de Sicile*, réimprimé dans *Recueil de romans historiques* (176), t. VIII, p. 1-222. Le privilège fut donné à Pradon, mais *l'Avis au lecteur* du libraire Amaulry affirme que le roman « vient d'une

elle n'abjura qu'après la Révocation de l'Edit de Nantes, et la note qui parut à cette occasion dans le *Mercure* d'octobre 1685, atteste sa notoriété : « Mlle Bernard de Rouen, pour qui les galants ouvrages qui ont paru d'elle, nous ont donné tant d'estime, a fait abjuration depuis huit jours. Comme elle a infiniment d'esprit, il est aisé à juger qu'elle n'a renoncé aux erreurs où sa naissance l'avait engagée qu'après une sérieuse et longue recherche de la vérité » (36). Rien n'infirme et rien ne démontre cette conjecture.

Ces poèmes nous semblent désuets. Nous sommes trop marqués par le romantisme pour goûter des œuvres où il entre tant d'ingéniosité et si peu de lyrisme. Encore faut-il bien comprendre l'esprit de ces galanteries : Fontenelle ne prétend pas nous enflammer. Il veut nous amuser et nous surprendre plutôt que nous émouvoir. Evidemment ces trouvailles perpétuelles sont lassantes. S'il faut en croire le Mercure, ces vers eurent un grand succès ; le *Ruisseau, amant de la prairie* suscita maintes répliques ; la *Lettre de M.D.P.* entraîna bien des commentaires... Mais nous disposons d'un témoignage plus sûr ; la comtesse de L. écrit le 26 mars 1677 : « [Fontenelle] fait des vers que beaucoup de gens admirent et dont beaucoup se moquent. Racine et Despréaux sont du parti des rieurs... (37) », et le 22 juillet :

> M. de Fontenelle nous a récité trois églogues, dont une m'a paru très jolie, et deux fables. Mais ce n'est pas mon sentiment qu'il faut vous dire, c'est celui du Père Bourdaloue ; il trouve infiniment d'esprit à M. de Fontenelle, de l'invention, de l'art, mais peu d'imagination ; une manière neuve, sans être originale ; des tours heureux, fins, délicats, mais peu naturels ; enfin tout ce qu'on peut demander à une versification agréable, et rien de ce qu'on attend d'un grand poète : il nous a rendu tout cela d'une façon si claire, si précise, que j'aurais été ravie, si vous eussiez été à la portée de l'entendre... (38).

Ces lignes sont singulièrement révélatrices. On y voit que Fontenelle était dès cette époque l'ennemi de Racine et de Boileau. Peut-être, comme on l'a prétendu, à cause de ses liens avec Pradon. Mais plutôt à cause du « clan » qui le soutenait, et du bruyant appui que lui prêtait Donneau de Visé... Les remarques de Bourdaloue semblent équilibrées et judicieuses : même les contemporains ont senti la froideur de ces vers... « Peu d'imagination, une manière neuve sans être originale... » — on ne saurait mieux dire : dans chacun de ces poèmes, il y a bien une trouvaille personnelle, mais le plus souvent Fontenelle paraît démarquer ses devanciers : le « ruisseau » est dû à Mme Deshoulières ; les « zéphyrs » et les

---

personne dont le sexe, la jeunesse et le mérite inspirent des sentiments aussi tendres que ceux qu'elle décrit, et qu'on ne croira jamais, quoique ce soit la vérité, que ce livre soit le coup d'essai d'une jeune personne de dix-sept ans ».

(36) *Mercure galant*, octobre 1685, p. 274-275.

(37) *Lettres* (179), p. 213.

(38) *Ibid.*, p. 239.

« règlements d'Amour » à Mme de la Suze et à Pellisson (39). Allégories ingénieuses, sentiments « délicats », mollesse et brillant — tous ces traits se retrouvent dans la plupart des pièces que publiait le *Mercure*. Il est impossible d'y reconnaître les vers de Fontenelle ; certains poèmes furent attribués aussi bien à notre auteur ou à Pavillon (40). C'est dire la « banalité » foncière de cette littérature. Mais un problème se pose : la comtesse de L... évoque deux fables dont l'une pourrait être *Les flèches d'amour*. Mais quelles sont ces églogues dont elle nous parle ? Les pièces qui parurent dans le *Mercure*, malgré leurs allusions à la « musette » et au « berger », ne sont pas exactement des pastorales. Serait-ce une première version des poèmes qui furent édités en 1688 ? Mais une tradition bien assurée les rattache à Mme de la Mésangère, et aux années 1683-1686... Sans doute Fontenelle a-t-il écrit bien d'autres vers que ceux qui figurèrent dans le *Mercure*. Le recueil de Lille présente, au milieu des œuvres qu'il a signées, la *Question* qui semble se rattacher à la liaison de Tirsis et d'Iris :

Un illustre et galant berger
Me conseille de m'engager.
Il n'est rien de si sot, dit-il, qu'un cœur tranquille.
Il vaudrait assurément mieux
Qu'il fût en désirs trop fertile.
Le cœur, ce bijou précieux,
N'est pas fait pour être inutile (41).

et deux *Réponses*... (42) Mais c'est peut-être Iris elle-même qui a écrit ces strophes... Et comment identifier l'auteur de poésies aussi conventionnelles ?

Il est cependant certain que le génie de Fontenelle tendait vers l'églogue : de Pavillon à Mme Deshoulières, telle est nettement l'évolution qui se devine. Déjà ses premiers vers opposent la corruption moderne et l'innocence primitive. Souvent, comme bientôt dans les *Lettres galantes*, on y discerne une satire voilée de la préciosité et l'exaltation de la nature. Mais dans les *Zéphyrs*, c'est un ton nouveau qui apparaît :

... Telle est expressément
Dans le séjour d'Iris, la loi qu'Amour impose,
Que tout de son berger lui parle à tout moment ;

(39) *Recueil de pièces galantes* (223), t. I, p. 140, *Edit de l'Amour* ; p. 159, *De l'Amour* ; p. 49, *Règlement d'Amour*.

(40) *Mémoires* (345), p. 177 : « Toutes [les pièces] qui sont de M. de Fontenelle dans les anciens *Mercures* ne portent pas son nom ; et, parmi celles qui ne le portent pas, les unes sont absolument anonymes ; les autres ont des lettres initiales qui ont trompé les éditeurs de quelques-uns de nos poètes, et par exemple, ceux de M. Pavillon ». Ainsi on trouve dans les *Œuvres* de Pavillon (277), t. I, p. 120-124, *A Mlle P.B.*, et t. I, p. 125-130, *A.M.D.P.*, mais le contenu même de cette seconde lettre indique qu'elle est adressée à l'auteur du *Ruisseau, amant de la prairie*.

(41) Ms. Lille 408, p. 103.

(42) *Ibid.*, p. 104 et 106.

Car on craint que son cœur n'en parle rarement,
Si sur son cœur on s'en repose.
Si la belle Iris rêve à son tendre berger,
L'amour veut qu'à l'envi tout flatte la bergère,
Il veut que d'une aile légère
Les zéphyrs autour d'elle aient soin de voltiger ;
Il veut que les oiseaux, en chantant leurs amours,
Entretiennent ses rêveries.
Mais, dès qu'elle osera goûter d'autres plaisirs,
Que ceux de s'occuper d'un berger si fidèle,
Il veut que les oiseaux, les ruisseaux, les zéphyrs,
Tous à l'envi se déclarent contre elle (43).

C'est encore de la galanterie, mais c'est déjà le décor, la cadence, la sensualité un peu molle des *Pastorales*. L'art de Fontenelle, à travers les poèmes du *Mercure,* se cherche, et se dépouille peu à peu de sa sécheresse et de sa raideur ; il devient toujours plus souple et plus tendre.

Cependant d'autres tendances apparaissent : le *Duc de Valois* d'août 1679 est une « historiette » inspirée par Mézeray (44) ; le *Mercure* organise à nouveau une savante publicité :

> Je n'en connais point l'auteur, mais, si on en croit quelques personnes très spirituelles entre les mains de qui il est tombé une copie, il doit être de ceux qui sont en réputation d'écrire le plus galamment... Je vous prie seulement de me mander qui vous croyez qui l'ait faite. Vous en pourrez juger sur le style... L'auteur a beau se cacher ou par modestie ou par quelque autre raison qu'on ne peut savoir. Tout se connaît, et le hasard m'a fait enfin découvrir ce que vous m'avez souvent demandé et ce que tout Paris a découvert comme vous... (45).

Une anecdote historique ne pouvait que plaire à un public qui se jetait sur les œuvres de Mézeray et de ses émules. Et l'anecdote est encore plus grivoise que mondaine. L'élégance de la forme sauve tout, mais, comme les poèmes de Tirsis à Iris n'étaient au fond qu'une satire de l'amour précieux, ce persiflage et ce cynisme ne sauraient nous surprendre. Le naturalisme de Fontenelle, qui va s'exprimer dans les œuvres suivantes, dans les *Dialogues des morts,* dans les *Pastorales,* prend d'abord le visage de la sensualité :

... Si la reine était avec vous plus féconde
Qu'elle ne l'est avec son vieil époux,
(Or cela me semble, entre nous,
Le plus vraisemblable du monde)
Le roi serait enfin au comble du bonheur :
Grâce à vous, il se verrait père (46).

---

(43) *Œuvres* (3), t. XI, p. 288-289.
(44) Le *Mercure* d'août 1679 mentionne p. 156-157 le passage de l'*Abrégé* de Mézeray, qui a inspiré ce poème.
(45) *Mercure,* août 1679, p. 167-168.
(46) *Œuvres* (3), t. X, p. 458.

En contant les amours de François 1er et de Marie d'Angleterre, qui allait bientôt devenir une des protagonistes des *Dialogues,* Fontenelle visait sans doute à plaire à sa clientèle, mais il révélait aussi son goût de l'histoire et ses lectures. Cette petite pièce insignifiante pourrait bien annoncer les solides réflexions de *Sur l'Histoire.* Et, de façon légère, en badinant continuellement, Fontenelle reprend le grand thème pastoral : la confrontation de l'Amour et de l'Ambition, du Plaisir et de l'Action, des valeurs naturelles et des valeurs sociales. C'est la secrète unité de toutes ces œuvres disparates et leur aspect le plus sincère ; autrement elles ne sembleraient refléter que l'ambition de Fontenelle et son désir de plaire au public en employant indifféremment le badinage mondain et le lyrisme pastoral. Il est certain en tout cas que le jeune homme pouvait être reconnaissant à Thomas Corneille, car le *Mercure* l'avait soutenu avec une obstination et une habileté exemplaires. On retrouve sensiblement dans les gazettes du XVIIe siècle les mêmes procédés publicitaires qu'à notre époque. Pourtant le public — nous l'avons vu — était partagé, mais la coterie qui soutenait Fontenelle lui attirait fatalement l'hostilité des « gens de Versailles », qui allaient s'acharner contre lui jusqu'à la fin du siècle. Même parmi les collaborateurs du *Mercure,* ces éloges outrés pouvaient susciter des jalousies : faut-il y voir l'origine de la haine tenace que Mme Deshoulières et sa fille allaient lui manifester ? Elles ne manquèrent pas de le couvrir d'épigrammes à chacun de ses échecs, à chacun de ses faux pas. Il est vrai que s'il travaillait à lancer une jeune poétesse, il devait normalement s'attirer l'animosité de l'auteur des *Moutons* (46 *bis*).

Un critique moderne.

Loin de chercher à désarmer ses ennemis, le jeune homme les attaquait avec insolence. En janvier 1678, il fit paraître la *Description de l'Empire de la Poésie* ; ce ne semble qu'un badinage inoffensif, mais on y trouve des idées plus sérieuses, et une certaine agressivité.

« La Haute-Poésie est habitée par des gens graves, mélancoliques, renfrognés et qui parlent un langage qui est à l'égard des autres provinces de la Poésie, ce qu'est le bas-breton pour le reste de la France. Tous les arbres de la Haute-Poésie portent leurs têtes jusque dans les nues. Les chevaux y valent mieux que tous ceux qu'on amène de Barbarie, puisqu'ils vont plus vite que les

(46 *bis*) Ainsi écrit-il dans *Apollon à Iris,* dans *Œuvres* (3), t. XI, p. 271 :

Puisque votre début a si bien réussi,
Vous irez loin, ou je m'abuse.
Les poètes galants l'ont beaucoup admiré ;
Les femmes beaux-esprits, telle que fut la Suze,
Pour dire tout, l'ont un peu censuré.

vents » (47). Ce que Fontenelle ridiculise ici, c'est précisément le « sublime » ; il allait le répéter bientôt dans la préface de l'*Histoire des oracles* : « Il me semble qu'il ne faudrait donner dans le sublime qu'à son corps défendant. Il est si peu naturel ! » (48). Et le sens de la *Description* échappe, si l'on oublie le *Traité du sublime* que Boileau avait traduit de Longin en 1674, et l'acharnement qu'il devait dépenser pour le défendre. C'est toute « la querelle des Anciens et des Modernes ». C'est surtout le conflit de deux sociétés et de deux formes d'esprit : le « Noble » et le « Gracieux » pourrions-nous dire — s'opposent ici. Et cette critique se précisait : l'Epopée, c'est une ville qui a « plusieurs journées de chemin et... est d'une étendue ennuyeuse » (49) ; la Tragédie, ce sont des montagnes sur lesquelles « on découvre... de fort belles ruines de quelques villes anciennes : de temps en temps, on apporte les matériaux dans les vallons pour en faire des villes toutes nouvelvelles » (50). Cette fois, c'est l'imitation des Anciens que vise Fontenelle, mais selon Trublet, « quelques traits de cette allégorie qu'on aurait pu appliquer à Racine empêchèrent l'auteur de la redonner dans ses œuvres » (51). Quel autre passage aurait pu blesser l'auteur d'*Andromaque,* sinon les remarques sur la tragédie ? Fontenelle n'a sûrement pas voulu dire — comme on l'a prétendu — que Racine avait plagié Corneille ; il n'aurait jamais figuré les œuvres de son oncle par « les ruines de quelques villes anciennes ». Si Racine est attaqué, c'est en tant qu'imitateur des Anciens. « La Basse-Poésie » n'est pas mieux traitée : « tous les habitants en sont tabarins nés » (52) ; les allusions à la satire pourraient s'appliquer à Boileau.

« Remarquez, je vous prie, dans cette carte, les vastes solitudes qui sont entre la Haute et la Basse-Poésie. On les appelle les déserts du bon sens... D'ailleurs, ce pays confine avec une province où tout le monde s'arrête, parce qu'elle paraît très agréable... C'est la province des pensées fausses... L'élégie en est la principale ville » (53). Fontenelle en voudrait-il cette fois à Mme de la Suze, qui ressuscita l'élégie, et qu'il raille parfois dans ses vers (53 *bis*) ? Enfin, il est aussi loin de l'enflure épique, de la vulgarité burlesque et des effusions sentimentales. Dans cet art poétique qui contredit systématiquement celui de Boileau, la seule valeur est le « bon sens » ; il y a « certaines gens qui, ne se promenant que dans des chemins faciles, qu'on appelle chemins des pensées naturelles, se moquent également et de ceux qui veulent monter aux pointes des

(47) *Œuvres* (3), t. IX, p. 435.
(48) *Ibid.*, t. II, p. 200.
(49) *Ibid.*, t. IX, p. 436.
(50) *Ibid., loc. cit.*
(51) *Mémoires* (345), p. 35.
(52) *Œuvres* (3), t. IX, p. 437.
(53) *Ibid.*, t. IX, p. 437-438.
(53 *bis*) Voir note 46 *bis*. Dans son *Recueil des plus belles pièces* (33), t. IV, p. 103, Fontenelle ne réserve à Mme de la Suze que quelques lignes assez froides, alors qu'il ne trouve pas de mots pour louer Bensserade, Mme de Villedieu et même la Sablière.

pensées sublimes et de ceux qui s'arrêtent sur l'esplanade des pensées basses » (54). Même si les termes évoquent la doctrine classique, l'intention est tout autre : toute la société mondaine pouvait se retrouver dans la *Description* ; à la pompe des « gens de Versailles », les poètes de Paris, les maîtresses de maison, les beaux-esprits des salons préféraient presque unanimement « le bon sens » et le naturel. Plus précisément, c'est à Segrais et à Desmarets de Saint-Sorlin que cet article fait penser. Fontenelle n'y nomme aucun écrivain, mais ceux qu'il aime sont certainement, comme il l'avouera bientôt, ceux que Desmarets et Segrais louaient : Voiture, Sarasin, Pellisson... Ils admirent leur « belle et fine galanterie », leur « esprit fin et doux et délicat » (55) ; ce sont exactement les valeurs qu'il prône. Le paragraphe que Fontenelle consacre à l'imitation semble directement inspiré de ces lignes de Desmarets : « L'imitation est fort commune, et supplée dans les ouvriers au défaut de l'invention, qui est comme la fontaine publique, dans laquelle chacun va chercher de l'eau, faute d'avoir une source chez soi. » (55 *bis*). Louis Petit, qui envoya des vers au *Mercure galant* pour soutenir le neveu des Corneille, développera bientôt les mêmes idées : « Les pensées élevées — écrira-t-il — quelque élevées qu'elles soient, si elles partent d'un esprit sage, elles sont toujours naturelles ; elles doivent donc être toujours naturellement exprimées » (56) ; il consacrera un de ses *Dialogues satyriques* à démontrer « qu'il faut écrire purement, sans comparaison et sans figures, et que la plus riche parure d'une langue vient de sa naïveté » (57). Et plus tard, une esthétique analogue sera proposée par Fénelon dans sa *Lettre sur les occupations de l'Académie* : une beauté simple et dépouillée, une élégance qui doit paraître involontaire et fortuite... Ainsi ces auteurs s'entendent-ils pour critiquer l'artifice inutile, la virtuosité, « le virelai, la ballade et le chant royal » ou encore « le galimatias » (58). Mais ils ne s'accordent pas toujours : Fénelon aime les Anciens, parce qu'ils ont « peint avec force et avec grâce la simple nature » (59) ; Fontenelle considère l'imitation comme une « grande province stérile » dont « les habitants sont très pauvres et vont glaner dans les campagnes de leurs voisins » (60). L'archevêque de Cambrai s'appuie, à travers les ouvrages de l'abbé Fleury, sur toute une tradition religieuse ; le style qu'il aime correspond à la morale et au mysticisme qu'il prône ;

---

(54) *Œuvres* (3), t. IX, p. 439.

(55) *La comparaison de la langue et de la poésie françoise...* (154), p. 69. De même, p. 10-11 : « Les Anciens ont-ils été de si grands esprits, et d'un si parfait jugement, que la France n'en puisse jamais produire de semblables ? Et Dieu s'est-il tellement épuisé à les créer... ? » ; p. 183 : « les esprits médiocres aiment l'enflure et le galimatias pointu... » Cf. *Segraisiana* (324), p. 96-100.

(55 *bis*) Desmarets (154), p. 89-90.

(56) *Dialogues satyriques* (279), p. 213.

(57) *Ibid.*, p. 203-214.

(58) *Œuvres* (3), t. IX, p. 440-441.

(59) *Œuvres* de Fénelon (177), t. II, p. 448.

(60) *Œuvres* (3), t. IX, p. 441.

Fontenelle est plus mondain. Mais ils ne sont pas les seuls ; les libertins et les prêtres de cette époque se retrouvaient souvent pour vanter « l'aimable nature », pour louer une poésie qui reflète « la simplicité du monde naissant » (61). La morale qui soutient et justifie les idées littéraires de Fontenelle, c'est la morale des *Oiseaux* et des *Moutons ;* c'est cet épicurisme indolent, ce « quiétisme laïcisé », auxquels s'abandonnaient tant d'esprits libres de cette génération. Cela n'apparaît guère dans la *Description,* mais une préférence esthétique recouvre toujours une option morale. Le « naturel » que loue Fontenelle évoque déjà les *Pastorales,* comme les poèmes qu'il donnait au *Mercure* les annonçaient souvent.

Evidemment ses vers ne semblent pas répondre à son esthétique : est-ce « naturel » d'imaginer la déclaration d'un ruisseau à une prairie ou la métamorphose d'un petit chien en Amour ? Mais Fontenelle s'explique. Non loin des « pensées naturelles » se dresse « un palais fort brillant... C'est celui de la badinerie. A peine y est-on entré, qu'au lieu de pensées naturelles qu'on avait d'abord, on n'en a plus que de rampantes » (62). Le critique ne se fait donc aucune illusion sur ses œuvres ; ce qu'il a écrit n'est que « badinerie », ou ce sont de « petites îles » de l' « archipel des Bagatelles » (63). Peut-être, dès cette époque, Fontenelle médite-t-il des œuvres plus sérieuses, mais il faudra attendre les *Pastorales* pour qu'il se sente en mesure de les réaliser — ou l'*Histoire des oracles,* dont la préface reprend les mêmes idées et les mêmes termes : « il y a un milieu et même plusieurs » (64).

La plus grande originalité de la *Description* n'est pas là ; au fond de la plaisanterie et de la polémique littéraire, perce une sorte de « nihilisme ». Aucun genre ne suscite vraiment l'adhésion du critique. Il prône « le bon sens », « le naturel » — mais il ne les définit pas. Ce qu'il désire est bien moins net que ce qu'il refuse. Ce négativisme, cet éloge d'une nature idéale, mais presque inaccessible, c'est déjà l'esprit des *Dialogues des morts* : il suffira de transposer ce « naturalisme désespéré » de la littérature à la morale pour arriver aux paradoxes anarchistes qui font l'essentiel de ce livre. Mme Deshoulières et Fénelon montrent plus d'optimisme ; ils connaissent la morale qui assure le bonheur, et le style qui doit la refléter. Ils pensent parvenir à l'un comme à l'autre. Fontenelle en 1678 est tout près d'épouser leurs convictions, mais il les juge utopiques. La vraie poésie — comme le vrai bonheur — n'est qu'un rêve. Restent les jeux mondains, l'artifice, le mensonge. La « foi » viendra plus tard ; à la révolution formelle correspondra une révolution éthique. Certes il serait téméraire d'attacher trop d'importance à cet article ; comme les poèmes à Iris, ce n'est après tout qu'une plaisanterie. Mais, comme dans les poèmes, l'auteur s'est livré. Pour la première fois, il s'est abandonné à ce qui sera un de ses plus durables plaisirs : le saccage des valeurs. Par delà Racine

(61) *Œuvres* de Fénelon (177), t. II, p. 448.
(62) *Œuvres* (3), t. IX, p. 439.
(63) *Ibid.,* t. IX, p. 442.
(64) *Ibid.,* t. II, p. 200.

et Boileau, c'est presque toute la littérature qui est visée — et peut-être la société qui la soutient et la perpétue. Autant que les *Dialogues des morts,* les *Lettres galantes,* avec leur cynisme et leur amertume brillante sont déjà contenues dans ce petit article.

L'allégorie est un procédé si banal qu'on ne saurait trouver à cette *Description* des sources bien précises. Fontenelle avait appris cette technique chez les Jésuites ; il y eut à nouvau recours avec la *Relation de Bornéo.* Faut-il songer à la « carte du Tendre » de *Clélie,* ou aux dernières pages des *Etats et empires du soleil,* où Cyrano évoque les cinq fontaines qui alimentent les trois grands fleuves de l'imagination, de la mémoire et du jugement... ? (65). Mais presque chaque numéro du *Mercure* renfermait une allégorie... (66).

Fontenelle s'est-il mêlé à la cabale qui soutint Pradon ? Serait-ce là l'explication de son agressivité ? Il est vrai que Pradon était de Rouen. Les deux hommes devaient se connaître. Et le protégé du duc de Nevers adressa des vers à Mlle Bernard (67). Mais à cette époque, Fontenelle était rarement à Paris, et il lui eût été difficile de faire partie du clan qui appuyait son compatriote. Rien n'atteste qu'il ait eu le moindre rapport avec la duchesse de Bouillon, ni avec son frère ; Mme Deshoulières — la « muse » de cette coterie — fut une de ses ennemies les plus acharnées. Cousin d'Avallon nous a rapporté le trait suivant. Lorsqu'en 1677, l'on joua pour la première fois la *Phèdre* de Racine,

> Corneille, qui n'était pas sans jalousie contre son heureux rival, engagea Fontenelle, son neveu, qui n'avait pas vingt ans, à assister à la première représentation de cette tragédie et à venir sur le champ lui apprendre la manière dont elle avait été reçue. Fontenelle ne put que lui faire le rapport malheureusement très vrai de la manière froide et dédaigneuse avec laquelle on avait écouté ce chef-d'œuvre (68).

Et comme le vieux poète se réjouissait d'apprendre que la pièce allait sans doute tomber à la seconde représentation, son neveu lui rétorqua : « Si *Phèdre* a une troisième représentation et qu'elle soit écoutée, elle ira aux nues ; car c'est, je crois, la plus belle pièce dans le genre de l'amour qu'on puisse voir. » (69). Cette histoire est-elle authentique ? Les récits de Cousin sont en général vraisemblables, mais ici il prête à Fontenelle une clairvoyance et une objec-

---

(65) *Histoire comique des Etats du Soleil* (140), p. 438-443.

(66) En particulier, dans le numéro de février 1678, p. 271-310, le *Combat de la Louange et de la Satire.*

(67) Vers cités dans Herval, *Histoire de Rouen* (536), t. II, p. 170 :

> Vous n'écrivez que pour écrire,
> Pour vous c'est un amusement.
> Moi, je vous aime tendrement.
> Je n'écris que pour vous le dire.

Sur les rapports éventuels de Pradon et de Fontenelle, voir R. Troude, *Fontenelle ennemi de Racine* (691).

(68) *Fontenelliana* (458), p. 48.

(69) *Ibid.,* p. 49.

tivité vraiment extraordinaires... Tout nous persuade cependant que de cœur, sinon de fait, le jeune homme s'associait à ce parti. En héritant de la gloire des Corneille, en ayant accepté l'appui du *Mercure galant,* il s'était fatalement rangé dans un camp déterminé. Il donnera selon les années une forme différente à son attitude, il l'étayera d'arguments variés, mais elle ne changera pas. Il restera fidèle à sa famille, à ses protecteurs, et à leurs partis-pris. L'habile Normand n'avait cependant pas signé son article, et cette discrétion est admirable, si on la compare aux éloges délirants dont l'abreuvait Donneau de Visé dans chaque numéro de sa gazette. Prudence sans doute... Mais cette précaution révèle indirectement la hardiesse de l'article, et les réactions qu'il pouvait soulever. Fontenelle adoptera souvent cette attitude ; en bien d'autres circonstances, il conciliera la modération extérieure et le radicalisme de pensée. L'horreur de la polémique, le goût de la quiétude, une forme d'égoïsme y trouvent leur compte.

Le numéro du *Mercure* de mai 1678 était — pour ainsi dire — consacré à Fontenelle ; on y trouvait *Tirsis à la belle Iris,* et le madrigal de Louis Petit :

> Fontenelle, dans ton jeune âge,
> A bien des vieux rimeurs, tu peux faire leçon ;
> Et quand on lit ton moindre ouvrage,
> Qui ne t'a jamais vu, te prend pour un barbon.
> Si ta muse naissante a produit des merveilles,
> Et si tes vers chantés dans le sacré vallon,
> Des plus fins connaisseurs ont charmé les oreilles,
> Pourquoi s'en étonnerait-on ?
> Quand on est neveu des Corneille,
> On est petit fils d'Apollon (70).

La Princesse de Clèves était parue depuis deux mois. La gazette avait organisé une enquête sur l'aveu de l'héroïne, et, dans le numéro de mai, figurait une lettre fort élogieuse consacrée à ce roman. Trublet se déclare certain que cette épître est de Fontenelle (71). Cideville affirme d'ailleurs :

> C'est M. de Segrais qui est certainement l'auteur de *Zaïde* et de *La Princesse de Clèves* ; il commença par *Zaïde* dont il a dit à M. de Fontenelle avoir recommencé le premier tome jusqu'à sept fois pour plaire à Mme de Lafayette, qui n'avait pas été contente jusque là ; elle voulait un ton tout différent de celui des grands romans de Mlle de Scudéry et de M. de La Calprenède. L'imprimeur ne donna pas le temps à M. de Segrais de recommencer autant de fois le second tome de *Zaïde* ; le premier tome fit un bruit prodigieux. M. de Segrais a fait depuis *La Princesse de Clèves.* Le plan en partie lui en fut donné par Mme de Lafayette et autres, mais lui seul l'écrivit... (72).

---

(70) *Mercure galant,* mai 1678, p. 12.
(71) *Mémoires* (345), p. 282.
(72) *Traits, notes et remarques* (ms. Rouen), p. 83. Cideville affirme encore p. 12, que *Zaïde* et *La Princesse de Clèves* sont de Segrais.

On ne saurait trop insister sur l'importance de ce témoignage, qui nous fait comprendre la composition de ces œuvres auxquelles Huet et La Rochefoucauld mirent également la main. Maintes anecdotes attestent des liens personnels entre Fontenelle et Segrais (73). Peut-on en conclure que cet article fut inspiré au jeune homme par le poète normand qui était sans doute heureux d'obtenir cet appui ? Mais nous ignorons à quelle date les deux hommes se sont connus...

La lettre est censée avoir été envoyée de Guyenne : « un géomètre comme moi... ne quitte point son Euclide pour lire quatre fois une nouvelle galante, à moins qu'elle n'ait des charmes assez forts pour se faire sentir à des mathématiciens mêmes, qui sont peut-être les gens du monde sur lesquels ces sortes de beautés trop fines et trop délicates font le moins d'effet » (74). On retrouve ici la distinction pascalienne de « l'esprit de géométrie » et de « l'esprit de finesse ». Nous savons que dès 1674, Fontenelle s'intéressait aux sciences ; peut-être étudiait-il la géométrie en 1678 (75) ; mais il est vraisemblable que s'il joue ce personnage, c'est avant tout pour souligner le charme du roman qui agit même sur ceux qui en sont le plus éloignés... Dans le même numéro du *Mercure,* il est apparu sous les traits de Tirsis ; maintenant « c'est un géomètre qui parle de galanterie. » (76). Il entre de la malice, de la vanité — un peu de perversité même — dans ces métamorphoses. Fontenelle prend d'ailleurs ses précautions pour n'être pas reconnu. Ce travestissement lui permettait peut-être de mieux servir Segrais ; qui mettrait en doute l'impartialité d'un « géomètre de Guyenne » ? Mais il importait aussi que le lecteur ne s'aperçut pas de la place excessive que le jeune homme occupait dans chaque numéro du *Mercure*; il était en passe de devenir le rédacteur universel de la gazette. Vers ou critiques, on pouvait tout lui demander ; son style devait d'ailleurs s'assouplir à cet exercice...

Avant de louer le roman, il souligne habilement son objectivité: « Sachez d'abord que j'ai attendu *La Princesse de Clèves* dans cette belle neutralité que je garde pour tous les ouvrages dont je n'ai point jugé par moi-même. » (77). Peut-on deviner dans cette phrase un écho des principes cartésiens ? Enfin l'épistolier s'est déterminé « à suivre le parti » des approbateurs de cette nouvelle. Il en loue la construction, l'intérêt dramatique qui nous entraîne et nous fait souhaiter l'union des deux amants, et surtout les finesses psychologiques : « Il n'y a rien qui soit ménagé avec plus d'art que la naissance et les progrès de la passion pour le duc de Nemours.

---

(73) *Ibid.*, p. 13 : « M. de Segrais écrivit de Caen à M. de Fontenelle pour lui demander son portrait, et lui demanda de se dépêcher de lui envoyer parce qu'il enflait beaucoup ; et en effet, il mourut avant que Rigaud eût fini le portrait de M. de Fontenelle... » Fontenelle a également connu Mme de Lafayette; Garat-Suard, *Mémoires historiques* (513), t. I, p. 115.

(74) *Mercure galant,* mai 1678, p. 56.

(75) Trublet, *Mémoires* (345), p. 282 : « il étudiait alors la géométrie... »

(76) *Mercure galant,* mai 1678, p. 57.

(77) *Ibid.,* mai 1678, p. 57.

... Si je voulais vous faire remarquer tout ce qui j'ai trouvé de délicat dans cet ouvrage, il faudrait que je copiasse ici tous les sentiments de M. de Nemours et de Mme de Clèves. » (78). L'aveu même sur lequel portait l'enquête du *Mercure* le satisfait : « Je ne vois rien à cela que de beau et d'héroïque. Je suis ravi que M. de Nemours sache la conversation qu'elle a avec son mari. » (79). Mais ici commencent les critiques : « Je suis au désespoir qu'il l'écoute, cela sent un peu les traits de l'*Astrée* » (80). Le voyage du duc à Coulommiers, le désespoir un peu trop rapide de M. de Clèves lui semblent maladroits et forcés. Enfin, « on n'y voudrait point d'épisodes... Je ne pouvais m'empêcher de vouloir un peu de mal à ce plan de la Cour de Henri II, et à tous ces mariages proposés et rompus, qui reculaient si loin les plaintes qui me charmaient. » (81). En somme — excepté quelques longueurs, quelques procédés artificiels — le roman est admirable.

Même si cet article fut inspiré par Segrais ou par Huet, les réserves qu'exprime Fontenelle nous montrent sa sincérité. Il a d'ailleurs toujours parlé de *La Princesse de Clèves* avec admiration; lorsqu'en 1687 il présentera *Eléonor d'Ivrée,* il emploiera un peu les mêmes termes : les mêmes qualités susciteront les mêmes éloges. Cependant les tendances qui se devinent dans cette « lettre » nous étonnent un peu. Le critique semble très classique — géomètre, cartésien peut-être. Il voudrait que la logique règne dans les belles-lettres. La fantaisie que Fontenelle a toujours défendue le rebute. Certes, il peut entrer dans cette attitude une part d'affectation : l'écrivain s'est amusé à rédiger la lettre d'un « géomètre » ; il est normal que le géomètre aime la logique et méprise l'*Astrée* ; ce ne sont pas forcément les sentiments réels de l'auteur... Mais dans *La Description de l'Empire de la poésie* il louait déjà « le bon sens ». En fait, à cette date, sa doctrine littéraire est encore flottante. Les polémiques qu'entraîna la querelle des anciens et des modernes, ses propres œuvres, les blâmes et les éloges qu'il reçut, l'amenèrent à préciser ses conceptions. Plus tard, il mettra la main à des contes de fées ; il louera l'imprévu, l'invraisemblable. En 1678, il était trop jeune pour imaginer de telles idées, et les temps n'étaient peut-être pas mûrs.

Le « nègre » de Thomas Corneille.

On pouvait lire dans le *Mercure* de mars 1678 l'annonce suivante « J'apprends que Psyché a été mise en opéra, et que M. Lully nous le doit donner incontinent après Pâques, avec tous ces beaux airs qui entraient dans les divertissements de cette pièce, quand la troupe de feu Molière la représenta devant le Roi » (81 *bis*) ; et en

(78) *Ibid.*, mai 1678, p. 58 et 61.
(79) *Ibid.*, mai 1678, p. 62.
(80) *Ibid.*, mai 1678, p. 62.
(81) *Ibid.*, mai 1678, p. 59-60.
(81 *bis*) *Mercure galant,* mars 1678, p. 198-199.

avril : « *Psyché,* dont je vous parlai la dernière fois, a été représentée par l'Académie royale de musique... On y court en foule... Ce qu'il y a de plus surprenant, c'est que les vers ont été faits et mis en musique en trois semaines. » (82). Ce détail semble trop particulier pour être inventé. Le *Mercure* ne cite pas l'auteur du livret ; lorsqu'il agissait ainsi, c'est qu'il présentait des œuvres de Thomas Corneille ou de Donneau de Visé. En fait, on connaît maintenant l'histoire de cet opéra (83). Mmes de Montespan et de Thianges obligèrent Lully à se séparer de Quinault, qui avait commis la maladresse de placer dans *Isis* des allusions à la maîtresse du roi — la cruelle Junon — et à Mlle de Ludres — la pitoyable Io (84). Thomas Corneille l'avait donc remplacé ; mais, pressé par le temps, il fit sans doute appel à son neveu, qui dut lui envoyer le livret au fur et à mesure de sa composition, comme il le fit plus tard pour *Bellérophon.* Certes, le rôle de Fontenelle peut être discuté, et il n'a pas revendiqué *Psyché* dans la lettre qu'il écrivit en 1741 au *Journal des Savants* pour réclamer la paternité de *Bellérophon* (85), mais il existe d'autres indices : les affirmations de Trublet d'abord (86), et surtout le petit poème *Sur une scène que j'avois faite entre l'Amour et Psyché* (87). Il est cependant impossible de déterminer quels passages du livret lui reviennent ; sans doute son oncle a-t-il remanié et corrigé l'ensemble.

Il s'agissait simplement de refondre la pièce qui avait été représentée en 1671. Thomas Corneille et son collaborateur resserrèrent l'action et abrégèrent les scènes, mais ils changèrent l'intrigue. Ils donnèrent un rôle plus important à Vénus, et supprimèrent les deux sœurs de Psyché. C'est la déesse qui incite la jeune fille à pénétrer dans la chambre où repose l'Amour, et qui l'oblige à descendre dans les Enfers. On ne peut dire que ces transformations aient été heureuses. Dans la première version, les deux sœurs de l'héroïne donnaient lieu à des scènes pleines de grâce et de malice, tandis que les interventions de Vénus dans l'opéra semblent souvent mal venues et inutiles. Le voyage de Psyché au royaume de Proserpine suscitait naguère de charmantes trouvailles — telle la rencontre qu'elle fait aux bords de l'Erèbe de ses anciens soupirants, Cléomène et Agénor (88) ; cet acte devient entre les mains des nouveaux librettistes une péripétie assez languissante. Enfin le revirement de Vénus était mieux préparé et plus logique. Peut-être doit-on attribuer ces faiblesses à une collaboration mal organisée ; on croirait aisément que Fontenelle et son oncle rédigèrent des passages différents, qui furent reliés à la hâte, de façon assez négligée et mala-

---

(82) *Ibid.*, avril 1678, p. 381.

(83) Voir Orcibal, *Racine et Boileau,* librettistes (627), Vanuxem (700).

(84) Cf. *Le théâtre de Mr Quinault* (294), t. IV, p. 337-407.

(85) *Œuvres* (3), t. III, p. 364-376.

(86) *Mémoires* (345), p. 21, note 1 : « M. de Fontenelle [y] a autant de part qu'à *Bellérophon.* Il me l'a dit plus d'une fois. »

(87) *Œuvres* (3), t. IV, p. 380. Cf. Sylvie Stychet, *Thomas Corneille et la musique* (682).

(88) *Psyché,* acte V.

droite. Et l'on ne retrouve jamais dans cet opéra le chant prenant qu'avait su inventer le vieux Corneille. Il semble cependant que les auteurs ont fait un effort pour rendre plus logique et plus naturelle l'intrigue traitée par Molière ; selon La Motte, l'oracle, qui « se rend dans Molière à propos de rien » est amené ici de façon plus adroite ; la curiosité de Psyché est plus intense dans l'opéra, et c'est un trait qui paraît vrai. Le critique loue même la délicatesse de certains passages, la variété des divertissements ; seul l'acte III, trop nu, trop sec, ne parvient pas à lui plaire (89).

Faut-il chercher quelque intention dans ces changements ? *Psyché* n'est plus l'amusante histoire de deux sœurs jalouses, mais le tableau des fureurs d'une déesse. On imaginerait volontiers que Vénus, dont les sentiments sont assez ambigus, et évoquent davantage la colère d'une maîtresse abandonnée que l'orgueil maternel, représente Mme de Montespan, dont les rapports avec le roi devenaient sans cesse plus difficiles et plus orageux. Mais c'est la favorite elle-même qui avait désigné Thomas Corneille pour remplacer Quinault ; comment supposer qu'il l'ait figurée sous les traits d'une divinité perfide et cruelle ? « On y court en foule », affirmait le *Mercure* avec sa complaisance coutumière. En fait, l'échec fut retentissant : « Paris ne battit pas beaucoup des mains à cet opéra, et la réussite n'en a pas été fort éclatante » (90), lit-on dans la *Vie de M. Quinault,* et Noinville, le secrétaire de Lully, affirme que « Thomas Corneille, rebuté par le peu de succès de *Psyché,* avait renoncé au théâtre lyrique » (91). Jamais l'opéra ne fut joué devant la cour ; il n'eut que deux reprises, et ne se releva jamais de son échec initial.

Pourtant Racine et Boileau « engagèrent Corneille à reprendre encore la plume pour l'opéra. Ils firent si bien que Louis XIV lui fit l'honneur de lui témoigner qu'il le souhaitait. » (92). *Bellérophon* devait provoquer soixante ans plus tard une polémique, où Fontenelle, contrairement à son habitude, intervint avec décision Dans le *Bolaeana,* on prêtait à Despréaux ces paroles : « Tout ce qui s'est trouvé de passable dans *Bellérophon,* c'est à moi qu'on le doit. Lully était pressé par le roi de lui donner un spectacle. Corneille lui avait fait, disait-il, un opéra où il ne comprenait rien ; il aurait mieux aimé mettre en musique un exploit... L'opéra fut réformé presque d'un bout à l'autre, et le roi se vit servi à point nommé. Lully crut m'avoir tant d'obligation, qu'il s'en vint m'apporter la rétribution de Corneille... » (93). C'est à ces assertions que Fontenelle répondit dans sa lettre au *Journal des Savants* de 1741 :

A l'exception du prologue, d'un morceau fameux qui ouvre le

(89) Cette analyse est contenue dans les Mémoires (345) de Trublet, p. 49-56, sous le titre *Examen de l'opéra de Psiché par Mr de La Motte.* La Motte croyait que c'était une œuvre de Quinault.

(90) *Vie de Mr Quinault,* ms. fds. fr. 24.329 : cf. Reynier, *op. cit.* (658), p. 337.

(91) Cf. *Dictionnaire des opéras* (446), p. 142, extrait de Durey de Noinville (171).

(92) *Dictionnaire des opéras* (446), p. 142.

(93) *Bolaeana, ou bons mots de M. Boileau* (105), p. xvij.

> quatrième acte : « Quel spectacle charmant pour mon cœur amoureux » et de ce qu'on appelle dans les opéras « canevas », de petits vers faits sur les airs et qu'on met dans les divertissements, il ne peut y avoir un mot de M. Despréaux dans tout *Bellérophon*... M. Lully... pria M. Thomas Corneille de lui faire un opéra... M. Corneille ne goûtait pas trop cette sorte de travail ; il s'avisa de mettre en sa place, mais sans en rien dire, un jeune homme qui était en province. Il lui envoya le plan de *Bellérophon,* qui avait été montré à M. Despréaux et où il est vrai que le nom du magicien Amisodar, qui est heureux et sonore, fut fourni par lui. Le jeune auteur exécuta tout le plan dans sa province... Tout le reste est de lui seul, hormis les endroits qui ont été marqués ; mais il n'y a nulle apparence que M. Despréaux ait eu la moindre part à ces endroits-là ; et quand il les revendiquerait positivement, on ne le croirait pas, si l'on connaissait son style... La pièce fut envoyée de province à Paris, acte par acte... (94).

Cette mise au point reflète évidemment la vieille rancune de Fontenelle contre Boileau, mais elle doit être fondée. Il est plus logique de faire confiance à un auteur vivant qu'à des « ana » colportés par des témoins plus ou moins sincères. Les historiens ont souvent découvert des mensonges dans les dires du vieillard d'Auteuil, alors que les affirmations de Fontenelle sont en général dignes de créance. Enfin son caractère modéré, sa haine des polémiques, son indifférence à la gloire et sa modestie sont trop illustres, pour qu'on puisse croire qu'à plus de quatre-vingts ans il ait voulu frauduleusement s'approprier une œuvre qui datait de son adolescence...

Flatteusement annoncé dans le *Mercure* de décembre 1678 (95), *Bellérophon* fut créé le 31 janvier 1679. Selon Donneau de Visé, « tout Paris y était... M. de Lully s'est surpassé lui-même... ce dernier ouvrage est un chef d'œuvre... » (96). C'est exact : on apprend en avril que « les assemblées ont continué d'y être nombreuses » (97), en juin, que « Mgr le Dauphin a vu pour la troisième fois l'opéra de *Bellérophon* » (98). Il fut représenté du 31 janvier au 27 octobre ; et alors « on a cessé de le jouer à Paris pour avoir le temps de se disposer à le faire paraître à Saint-Germain » (99). En janvier 1680, il fut donné devant la cour, et le *Mercure* à cette occasion en analysait les qualités : « Un sujet conduit qui attache lui-même, qui a toutes les parties de la tragédie et dans lequel tous

---

(94) *Œuvres* (3), t. III, p. 367.

(95) On lit en effet dans ce numéro, p. 124-125 : « Sans la maladie de M. de Lully qui a reculé l'opéra nouveau, qu'il nous doit donner cet hiver, il aurait bientôt son tour, et je ne doute point qu'on n'eût peine à trouver place dans la salle du Palais-Royal. Les triomphes de Bellérophon en sont le sujet... Nous n'aurons la représentation de cet opéra que dans les derniers jours du mois prochain. Quelques personnes qui en ont entendu répéter les premiers actes m'ont parlé si avantageusement de la musique que je ne doute point qu'elle soit le chef-d'œuvre de M. de Lully. »

(96) *Mercure galant,* janvier 1679, p. 337.

(97) *Ibid.,* avril 1679, p. 363.

(98) *Ibid.,* juin 1679, p. 58-59.

(99) *Ibid.,* octobre 1679, p. 349-350.

les divertissements naissent du corps de l'ouvrage... à l'exception de la scène des napées et des faunes qui a été faite contre le sentiment de l'auteur et seulement pour fournir des vers à la musique... » (100)

Le succès de *Bellérophon* s'explique assez bien. Certes, la versification, comme souvent celle de Quinault, est assez pâle, mais l'opéra offrait des spectacles particulièrement somptueux. Au premier acte, le héros paraît avec « une troupe de solymes et d'amazones enchaînées » ; c'est l'occasion d'un ballet triomphal. Lorsque au deuxième acte l'ennemie de Bellérophon fait appel au magicien Amisodar, celui-ci change le jardin en une prison « horrible, taillée dans les rochers », puis « la terre s'ouvre et l'on voit sortir trois monstres qui s'élèvent au-dessus de trois bûchers ardents... » (101) Au troisième acte, c'est le sacrifice et les prières des peuples. Au quatrième, l'apparition de Pallas sur son char et le combat de Bellérophon avec la Chimère... Prestige habituel des opéras, mais la présence du magicien permet ici des spectacles plus merveilleux. A cela s'ajoute une qualité plus solide : comme le notait le *Mercure,* ces divertissements sont adroitement incorporés dans l'action, et l'intrigue elle-même n'est pas sans intérêt. Sténobée aime Bellérophon d'un amour impossible. Celui-ci « n'a jamais rien aimé » et « il se donne à la gloire » (102). Elle s'acharne contre lui sans parvenir à se délivrer de sa passion. Il lui préfère une rivale ; elle s'abandonne à la jalousie ; tous ses complots sont inutiles ; il ne lui reste plus qu'à s'empoisonner et à venir expirer sur le théâtre. Comment ne pas songer à Phèdre et à ses rapports avec Hippolyte ?

> Déjà le jour se cache à mes regards mourants (103),

s'écrie la reine au dénouement. N'est-ce pas un écho des adieux de Phèdre à Thésée :

> Déjà je ne vois plus qu'à travers un nuage
> Et le ciel et l'époux que ma présence outrage,
> Et la mort à mes yeux dérobant la clarté
> Rend au jour qu'ils souillaient toute sa pureté ?

Les plaintes de Sténobée :

> Cruel Amour, reçois une victime
> Que tu cherchais à t'immoler ;
> Je meurs pour expier le crime
> Des feux dont tu m'as fait brûler (104),

rappellent les lamentations de Phèdre sur l' « implacable Vénus » qui l'a rendue coupable et l'a nourrie de remords. Bien d'autres

(100) *Ibid.*, janvier 1680, p. 301.
(101) *Œuvres* (3), t. X, p. 178.
(102) *Bellérophon*, acte I, sc. I, dans *Œuvres* (3), t. X, p. 161.
(103) *Ibid.*, acte V, sc. II, dans *Œuvres* (3), t. X, p. 210.
(104) *Ibid., loc. cit.*

vers évoquent l'œuvre de Racine. Thomas Corneille et son neveu on sans doute voulu exploiter le retentissement de cette tragédie ; en des tirades moins expressives, plus incolores, ils reprennent le même thème, la même théologie. Cette ressemblance procède aussi de la source commune des deux pièces : le *Bellérophon* de Quinault, mais l'opéra de Fontenelle fait bien davantage penser à la *Phèdre* de Racine. Ce n'est pas la même intrigue qu'avait traitée Quinault ; même les rapports entre les personnages sont changés : Sténobée n'est plus la sœur de Philonoé, sa rivale ; elle est la veuve de Proetus, et non sa fiancée... (105). Ainsi l'action devient-elle moins complexe et moins cruelle, comme il convient dans un opéra. Cependant, le héros triomphe au dénouement ; les peuples peuvent chanter :

> Si le Ciel nous fit verser des larmes,
> Un heureux sort en arrête le cours...

L'opéra n'est donc plus qu'un hymne à la gloire de l'Amour capable du meilleur et du pire, capable de perdre Sténobée et de grandir Bellérophon :

> Pour tout vaincre, il suffit qu'un héros soit amant (106).

Après avoir frôlé le pessimisme racinien, nous retrouvons la morale de Quinault.

Au prologue, Apollon chante :

> Le plus grand roi de l'univers
> Vient d'assurer le repos de la terre...
> Après avoir chanté les fureurs de la guerre,
> Chantons les douceurs de la paix... (107)

Au cinquième acte, quand la Chimère est morte, les peuples s'écrient :

> Le plus grand des héros rend le calme à la terre ;
> Il fait cesser les horreurs de la guerre.
> Jouissons à jamais
> Des douceurs de la paix. (108).

Rapprochement évidemment intentionnel. La Chimère figure la coalition de l'Empire, de l'Espagne et de la Hollande que la France a brisée. Ainsi s'explique « l'allure officielle » de ce livret « plus somptueux, plus solennel et plus massif » que ne le sont d'ordinaire ceux de Quinault (108 *bis*). A cet éloge de la victoire, s'ajoute l'éloge de la paix ; la guerre est peinte sous les couleurs les plus affreuses :

---

(105) Voir *Le théâtre de Mr Quinault* (294), t. III, p. 257-328.
(106) *Bellérophon*, acte V, sc. v, dans *Œuvres* (3), t. X, p. 213 et 209.
(107) *Ibid. Prologue*, dans *Œuvres* (3), t. X, p. 153.
(108) *Ibid.*, acte V, sc. III, dans *Œuvres* (3), t. X, p. 107.
(108 *bis*) Gros, *Quinault* (526), p. 125.

Il n'est plus d'herbes dans les plaines...
Il n'est plus d'eaux dans les fontaines...
Les forêts sont en feu, le ravage s'augmente ;
Ce n'est partout qu'épouvante et qu'horreur... (109).

Ce patriotisme était sans doute sincère ; on attribue à Fontenelle une chanson qui circula en 1679, où s'expriment la même fierté et la même joie :

De nos fiers ennemis, qu'a servi l'union ?
Sans elle, on n'eût compté les forces de la France,
Que pour celles d'un peuple ou d'une nation,
Il nous restait encor l'heureuse occasion
De signaler notre puissance.
On voit par là combien la France vaut d'Etats ;
L'Europe est d'un côté, mais la France est de l'autre.
Le pouvoir ramassé des plus grands potentats
Se vient briser contre le nôtre. (109 *bis*).

On peut d'ailleurs remarquer que l'auteur de cette chanson ne glorifie nullement la valeur du roi ; il présente la guerre comme le conflit « des plus grands potentats » et du peuple français...

D'autres intentions pouvaient se deviner dans l'opéra ; le magicien Amisodar, l'importance et l'étrangeté de son rôle, nous permettent de mieux comprendre le succès de cette pièce. Le spectacle d'une femme passionnée qui recourt aux sortilèges et aux envoûtements n'était pas pour les spectateurs du temps un simple mythe. La réalité quotidienne offrait à cette légende maintes « applications » ; tout Paris était alors remué par « l'affaire des poisons » ; la chambre ardente devait siéger à partir du 10 avril 1679. Thomas Corneille allait bientôt collaborer avec de Visé, et, soutenus par La Reynie (110), ils firent jouer le 19 novembre *La Devineresse,* où la Voisin paraissait sous les traits de la cynique Mme Jobin. On sait que beaucoup de grands personnages, la duchesse de Bouillon, la comtesse de Soissons, Mme de Montespan, même, furent compromis dans ce scandale ; les envoûtements, les messes noires, les mages et les sorciers faisaient partie de la chronique de la cour. Il serait évidemment absurde de reconnaître en Sténobée une image de Mme de Montespan, puisque c'est la maîtresse du roi qui avait présidé à la composition de l'opéra. Mais, si l'œuvre a un but, c'est de ruiner le prestige de la sorcellerie ; la Chimère ne peut rien contre « la valeur et l'amour ». Comme dans *La Devineresse,* comme dans *La Comète,* comme dans *La Pierre philosophale,* l'équipe du Mercure sert La Reynie et lutte à sa

(109) *Bellérophon,* acte IV, sc. III et IV, dans *Œuvres* (3), t. X, p. 199-200. Le caractère officiel de l'opéra est affirmé dans la *Préface* de l'édition de 1678 (8), p. 3 : « Le roi, ayant donné la paix à l'Europe, l'Académie royale de musique a cru devoir marquer la part qu'elle prend à la joie publique par un spectacle où elle pût faire entrer les témoignages de son zèle pour la gloire de cet auguste monarque. »

(109 *bis*) Ms. fds. fr. 12640, fl. 171, *Sur la Triple Alliance.*

(110) Cf. Carré, *op. cit.* (433), p. 448, *sq.*

manière contre la crédulité populaire. Enfin, ce travail pouvait donner à Fontenelle l'occasion de s'interroger sur les fables, sur cet amas d'erreurs et de naïvetés, que constitue la mythologie... L'opéra annonce un peu les analyses du traité *Sur l'Histoire*.

Quinault, qui était « d'une figure aimable, doux et charmant dans la société » et qui « n'avait nulle jalousie de l'esprit des autres » (110 *bis*), n'en voulait pas à ses rivaux ; « le poète déchu ne laissa pas de les tirer d'embarras ; il se contenta de retrancher de la moitié de la pièce qu'on lui soumettait et d'obliger Corneille pour sept ou huit cents vers que le livret contenait, d'en faire plus de deux mille... Se vengeait-il à sa façon ? » (111) Il pouvait regarder l'avenir avec confiance. Malgré le succès de *Bellérophon,* Lully ne voulait plus collaborer avec Thomas Corneille, dont les vers lui semblaient trop lourds. Dès octobre 1679, il rappela Quinault, mais il ne semble pas que Fontenelle et son oncle en aient conçu de l'aigreur. Ils aidèrent Quinault à leur tour ; selon Cideville, ils « lui dessinèrent son opéra de *Proserpine,* ils lui fournirent l'épisode d'Alphée et d'Aréthuse, et l'idée des fastes des Champs-Elysées » (111 *bis*). C'est à Quinault que Fontenelle lut plus tard son livret de *Thétis et Pélée,* et il ne manqua jamais, autant qu'il put, de lui rendre hommage.

La chute d' « Aspar ».

Même s'il devait renoncer pour l'instant à composer les livrets de Lully, même s'il s'était déjà fait beaucoup d'ennemis avec ses poèmes et ses articles de critique, Fontenelle pouvait considérer à la fin 1680 que sa carrière parisienne était assurée. L'appui du *Mercure* lui avait peut-être fait du tort, mais l'avait beaucoup servi. Il préparait alors la création d'une tragédie, qui serait digne de ses oncles et qui permettrait de leur succéder. En novembre, de Visé l'annonçait ainsi :

> Elle a pour titre *Léon empereur d'Occident.* C'est celui que l'histoire appelle Léon le Grand... Il donna au patrice Aspar le commandement d'une grande armée... mais Aspar se révolta... Léon eut recours à l'artifice. Il fit avec lui une fausse paix... et il fiança Ariane, sa fille unique à un fils d'Aspar... Mais comme ils allaient au festin des noces, il les fit tous deux égorger par Zénon, l'Isaurien, à qui il donna sa fille et l'empire. C'est le péril du fils d'Aspar qui fait le nœud de la pièce de M. de Fontenelle... Il l'avait d'abord appelée *Aspar* mais tous ses amis ont cru que celui de Léon étant plus noble ferait plus d'impression... Cette pièce fait déjà quelque bruit par quelques lectures qu'il en a faites... Tous ceux qui l'ont entendue en sont charmés et n'en estiment pas moins la conduite qu'ils n'en admirent la beauté des vers et la force des pen-

(110 *bis*) *Traits, notes et remarques* (ms. Rouen), p. 37.
(111) Gros, *op. cit.* (526), p. 128.
(111 *bis*) *Traits, notes...* (ms. Rouen), p. 13.

> sées... L'auteur doit paraître digne héritier du mérite et de la réputation de MM. de Corneille dont il est le neveu... (112).

On retrouve dans l'*Histoire de Constantinople* (113) du Président Cousin les sources de cette pièce ; dans l'*Histoire du la guerre contre les Vandales,* Procope écrit :

> Cet Aspar étant de la secte des Ariens et ne la voulant pas quitter, pouvait faire un empereur et ne le pouvait pas devenir. Il tramait déjà assez ouvertement quelque conspiration contre Léon, de qui il avait reçu les injures, et on dit que craignant que la défaite des Vandales n'augmentât par trop sa puissance ; il donna en leur faveur des ordres secrets à Basilisque... Basilisque... ne put alors parvenir à l'empire où il aspirait, à cause que l'Empereur s'était défait d'Aspar et d'Ardaburius (le fils d'Aspar) sur des soupçons qu'ils conspiraient contre sa vie. (114).

La *Table chronologique pour servir à l'histoire de Constantinople* note en 457 l'élection de Léon comme empereur, « par le crédit d'Aspar » ; en 469, « Léon donne Ariane sa fille en mariage au fils d'Aspar » ; en 470, « le peuple de Constantinople se soulève contre Aspar, contre Ardabure et toute leur famille, et les oblige de se retirer à Chalcédoine. L'Empereur Léon les rappelle, et les fait tuer par Aricmesius, natif d'Isaurie. Il ôte Ariane sa fille au fils d'Aspar et la donne à Aricmesius qui se fait appeler Zénon... » (115).

D'après le résumé du *Mercure,* il semble que Fontenelle a stylisé les données de l'histoire en imaginant que le patrice et son fils étaient tués au moment même du repas de noces. Ainsi la tragédie pouvait donner lieu à un effet de surprise plus intense, et les unités étaient mieux respectées. Cette technique est typiquement cornélienne. Le sujet même d'*Aspar* évoque *Pulchérie,* et c'est le climat de la plupart des tragédies de vieillesse du grand Corneille : une intrigue politique, un mariage princier, une révolution de palais. Fontenelle était alors à Paris, il était descendu chez ses oncles, rue de Cléry ; tous deux s'étaient désormais détournés du théâtre, mais on peut supposer qu'ils l'encouragèrent et le conseillèrent. Peut-être espéraient-ils voir leur neveu leur succéder — c'est bien ce qu'insinue l'article du *Mercure ;* ainsi les Corneille, après la retraite de Racine, seraient redevenus les maîtres de la scène.

Il paraît que le jeune homme composa sa pièce de mémoire, et ne l'écrivit que pour en remettre le texte aux comédiens (115 *bis*). La création eut lieu le 27 décembre. Le *Mercure* affirma : « La

---

(112) *Mercure galant,* novembre 1679, p. 148-151.
(113) *Histoire de Constantinople...* trad. par Cousin (139).
(114) *Ibid.,* t. I, p. 312-315.
(115) *Table chronologique pour servir à l'histoire de Constantinople* dans Cousin (139), t. VIII.
(115 *bis*) *Plainte, op. cit.* (ms. La Rochelle).

beauté des vers y soutient partout celle des pensées, et si on pouvait se plaindre qu'il y eût trop d'esprit dans un ouvrage, c'est un défaut qu'on imputerait peut-être à cette pièce. » (116) Il est bien étonnant que la complaisante gazette ose formuler des réserves, mais c'était encore une flatterie : selon les notes de Jean-Baptiste Racine, les comédiens ne purent achever la première représentation... Le registre de La Grange atteste qu'il n'y eut que 274 spectateurs — ce qui est peu. Et la pièce ne fut reprise que deux fois : le 29 décembre — devant une assistance de 155 personnes et le 1er janvier (avec *Les Précieuses Ridicules*) devant 476 spectateurs (117). Malgré cette apparente remontée, l'échec était complet — si complet que Fontenelle repartit pour Rouen et brûla son manuscrit.

Cette catastrophe peut en partie s'expliquer ; malgré leur complaisance, les éloges du *Mercure* donnent une idée de cette œuvre : sans doute trop intellectuelle, trop recherchée, trop subtile. Et les ennemis de Fontenelle ne manquèrent pas de lui faire cruellement sentir sa déroute : Racine en 1693 devait encore chansonner la chute d'*Aspar,* mais, dès 1681, des couplets circulèrent :

Adieu, ville peu courtoise
Où je crus être adoré.
Aspar est désespéré.
Le coquetier de Pontoise
Me doit ramener demain
Voir ma famille bourgeoise,
Me doit ramener demain
Un bâton blanc à la main.

La chute de mon ouvrage
M'a tiré de mon erreur.
Je tranchais du grand auteur,
Tout me devait rendre hommage.
Cependant je pars demain,
Et m'en retourne au village.
Cependant etc...

Mon aventure est étrange.
On me couronne à Rouen,
Dans le *Mercure galant,*
J'avais plus d'esprit qu'un ange.
Cependant je pars demain
Sans avoir reçu de louange,
Cependant etc...

Un quatrain accompagnait ces strophes :

On m'avait dit que de Léon
Tous les vers étaient admirables.
Je les trouve si détestables
Que je les ai crus de Pradon.

---

(116) *Mercure galant,* décembre 1680, p. 316.
(117) *Registre La Grange,* Comédie Française.

Le quatrain doit être de Racine ou de Boileau, mais « Mme Deshoulières avait fait le reste de la chanson » (118). Ainsi se réunissaient contre le jeune auteur les deux clans qui s'étaient combattus au moment de la création de *Phèdre*. Fontenelle avait réussi à exciter contre lui les partisans des Anciens et les auteurs du *Mercure*. Les uns et les autres étaient irrités par son assurance et les éloges excessifs que Donneau de Visé lui prodiguait. Ces couplets, dans leur cruauté, nous paraissent peindre fidèlement l'état d'âme du jeune homme ; encensé dans sa ville natale, vanté dans la gazette de son oncle, il voyait soudain s'anéantir toutes ses espérances. On pense déjà au « grand homme d'Angoulême » des *Illusions perdues*.

Contre les astrologues et les Rose-Croix.

Fontenelle dut rentrer à Rouen dans les premiers jours de janvier, mais il avait laissé à Paris une comédie qui fut créée à la fin du mois. Une comète était apparue en novembre. On a parfois minimisé la frayeur qu'elle suscita. Un contemporain écrit au contraire : « Tout Paris la vit avec étonnement le 26 de décembre sur les cinq heures du soir. Sa queue qu'on voyait sortir des vapeurs de l'horizon était d'une grandeur prodigieuse. Elle était pleine comme un arc-en-ciel et de couleur rougeâtre, large d'environ deux degrés et de trois vers le bout. » (119). Les éditeurs des *Œuvres* de Huygens notent : « La queue énorme s'étendant sur 80 degrés attirait l'attention de tous les astronomes de l'époque et répandait une épouvante considérable parmi le public. » (120). Ajoutons le témoignage d'Aublet de Monbay : « On ne s'est mis à étudier les comètes que depuis l'apparition de celle de 1680, qui causa tant d'effroi, parce qu'elle fut la plus grande et la plus brillante qu'on eût vu. » (121) *L'Espion turc* précise même : « On fait une infinité de tristes conjectures, et les astrologues mêmes publient que cette comète présage à l'Europe d'horribles malheurs qui n'arriveront peut-être de plusieurs années. Ils soutiennent même que cette génération sera entièrement éteinte avant que les effets de cette épouvantable apparition se fassent sentir sur la terre », et Marana ajoute que par horreur de l'athéisme, beaucoup de dévots se précipitent dans la superstition (122). Le *Mercure* de janvier 1681 affirmait : « Elle a fait trem-

(118) Le texte que nous citons, et ce commentaire, sont empruntés au *Recueil Tallemant des Réaux* (ms. La Rochelle 672, fl. 247). On a parfois attribué la chanson à Racine. Mais Trublet note, *Mémoires* (345), p. 222, note 1 : « M. [Louis] Racine à qui j'ai parlé de ces couplets... doute fort qu'ils soient de son père. » R. Picard n'en fait d'ailleurs pas mention dans *La carrière de Jean Racine* (635).

(119) Fontaney (J. de), *Observations sur la comète de l'année 1680 et 1681, faites au collège de Clermont*, cité dans Busson, *La Religion des Classiques* (427), p. 98.

(120) *Œuvres complètes* de Christian Huygens (200), t. XV, p. 123, note des éditeurs.

(121) *Histoire des troubles et des démêlés littéraires* (189), t. I, p. 89.

(122) *L'Espion dans les Cours des princes chrétiens* (248), t. VI, p. 297-298 et 301-303. Il est vrai que les esprits libres se moquaient de

bler les faibles et le peuple... » (123), et il annonçait : « Ceux qui voudront se guérir de la peur de la comète peuvent aller voir la petite comédie que la troupe royale des comédiens français a commencé de représenter sous le même titre de *La Comète* avec beaucoup de succès. Elle fait connaître qu'on n'a aucun lieu de s'en effrayer, et marque d'une manière très enjouée l'opinion du fameux Descartes sur cette matière... » (124).

Donneau de Visé était sans doute encouragé par La Reynie dans cette voie. C'est sous son nom que la pièce fut créée le 29 janvier. Mais Trublet soutient que c'est l'œuvre de Fontenelle. Et tous les historiens l'ont suivi (125). Notons cependant que le registre de la Grange porte cette singulière mention : « pièce nouvelle du fils de M. de l'Isle ». M. de l'Isle, c'est Thomas Corneille ; ses fils ne s'occupèrent jamais de théâtre. Confusion sans doute, mais assez difficile à démêler.

La comédie fut jouée neuf fois, ce qui est peu. Mais il est évident qu'une fois la disparition de la comète « à la fin de février », cette pièce devenait anachronique : si l'on excepte une reprise le 17 juin, elle ne fut jamais représentée après le 4 mars. C'est une œuvre sans grande prétention. Elle n'est ni très originale, ni très comique. Nous y retrouvons le fonds classique de Molière et de ses émules : un père de famille un peu fou, un mariage contrarié, un couple de valets. L'astrologue ne veut pas marier sa fille, tant il craint la comète. Le prétendant simule un enlèvement ; le père s'incline... La note publicitaire du *Mercure* citait Descartes, et c'est en effet la cosmologie cartésienne qui est exposée dans la pièce : « La plupart des philosophes modernes soutiennent que chaque étoile fixe est un soleil comme le nôtre ; tous ces soleils ont chacun leur tourbillon, c'est-à-dire un grand espace dont ils occupent le centre et de là ils éclairent des terres et des planètes semblables à nos planètes et à notre terre... » (126). Mais on est surpris de trouver ce discours dans la bouche de l'astrologue qui devrait être attaché aux systèmes anciens. Le jeune Fontenelle s'est sans doute laissé emporter par son goût de l'astronomie et de la vulgarisation. Les *Entretiens sur la pluralité des mondes* ne sont pas loin. Même le thème des mondes habités paraît dans la pièce : « J'entre fort dans la peine de ces pauvres gens dont le soleil est présentement parmi nous, sous la figure de la comète. » (127).

Fontenelle n'a pu connaître les *Pensées diverses* de Bayle avant

---

la comète, cf. *Lettres de Mme de Sévigné* (326), t. VII, p. 132-136. Voir à ce sujet H. Busson, *La Religion des Classiques* (427), p. 98-102.

(123) *Mercure galant*, janvier 1681, p. 94.

(124) *Ibid.*, janvier 1681, p. 328. Dans le même numéro, p. 94, *Stances de la comète parlant à Paris ;* p. 98, *Madrigal sur la comète ;* p. 103-143, *Discours sur les comètes par lequel il est prouvé qu'elles ne prédisent aucun malheur.*

(125) Notons d'ailleurs que selon les frères Parfaict (273), t. XVI, p. 222, « M. de Visé... était très ignorant sur ces sortes de matières. » Cf. Lancaster, *op. cit.* (559), Part. IV, II, p. 537-539.

(126) *Œuvres* (3), t. X, p. 202-203.

(127) *Ibid.*, t. X, p. 304.

d'écrire sa comédie (128). Certes, Bayle a transmis son manuscrit à Donneau de Visé, dans l'espoir de le faire imprimer à Paris — mais seulement le 27 mai, quatre mois après la création de la pièce. Néanmoins le sujet de *La Comète,* inclinait l'auteur à méditer sur l'erreur et la crédulité populaire. Dans quelques passages, ce problème est envisagé : l'astrologue est riche ; il « a amassé bien de l'argent... c'est un bon métier... » (129), mais il n'est pas un imposteur. La « devineresse » de Donneau de Visé était franchement cynique : « Les hommes, disait-elle, donnent dans toutes les sottises qu'on leur débite... Les sorcelleries dont on m'accuse et d'autres choses qui paraîtraient encore plus surnaturelles, ne veulent qu'une imagination vive pour les inventer et de l'adresse pour s'en bien servir. » (130). Le héros de Fontenelle est au contraire persuadé de la valeur de son art ; il est le premier à craindre les présages célestes ; s'il refuse sa fille à M. de la Forest, ce n'est pas tellement parce que celui-ci doute de l'astrologie, mais parce que l'apparition de la comète interdit ce mariage : « Tant que la comète durera ou qu'il restera dans le ciel le moindre morceau de sa queue, soyez bien sur que vous n'épouserez point ma fille... » (131). Il n'est pas poussé par l'avidité, mais par une conviction sérieuse. D'où vient cette conviction ? Avant tout, de l'orgueil. Il se croit le centre du monde ; chaque phénomène céleste concerne à ses yeux non seulement l'humanité entière, mais singulièrement les Parisiens, et surtout sa maison, sa famille et lui-même. M. de la Forest lui dit justement : « ... croyez-vous tout de bon que les astres s'inquiètent de notre mariage ? Vous leur donnez bien de la pratique, si vous voulez qu'ils se mêlent de tous les menus tracas qui occupent les hommes... » (132). Et la Comtesse tombe dans le même travers : « J'ai perçu — dit-elle — au bout de ce pont cette épouvantable comète. J'ai fait arrêter mon carrosse, je l'ai regardée avec soin. Elle était justement sur ma maison. » (133).

Rien d'original dans cette conception. La source la plus sûre nous semble être Gassendi, ou du moins l'*Abrégé* de Bernier, dont on sait le succès à cette époque. C'est là que Fontenelle a pu voir incriminer la vanité humaine, cause de toutes les erreurs. Lorsque l'astrologue expose sa science à la Comtesse, il commence par la théorie d'Aristote avant d'arriver à celle de Descartes. C'est exactement le plan que suivent Gassendi et Bernier (134). « Les accidents — écrivait celui-ci, en paraphrasant son maître — arrivent indifféremment soit qu'une comète ait précédé, ou qu'il n'en ait point paru

(128) *Pensées diverses* (95). Bayle n'a d'ailleurs commencé son ouvrage qu'en janvier — le 11, selon Des Maizeaux, *La vie de Mr Bayle,* dans *Dictionnaire* (96), t. I, p. XXVII.

(129) *Œuvres* (3), t. X, p. 268.

(130) *La devineresse ou les faux enchantements* (137), p. 54.

(131) *Œuvres* (3), t. X, p. 276.

(132) *Ibid.,* t. X, p. 276-277.

(133) *Ibid.,* t. X, p. 295.

(134) Cf. *Petri Gassendi... opera omnia* (181), t. I, p. 700-701, *Syntagma Philosophicum... De rebus coelestibus ;* Bernier, *Abrégé...* (100), t. IV, p. 407-410.

depuis longtemps. » (135). N'est-ce pas l'argument qu'invoque M. de la Forest : « Ne m'avouerez-vous pas qu'il est bien arrivé de grands malheurs sans comète. Ou plutôt qu'ils sont presque tous arrivés sans comète ? Pourquoi les uns sont-ils annoncés, lorsque d'autres, et même plus considérables, ne le sont pas... ? » (136). Une seule nuance : Bernier reconnaissait que les comètes pouvaient par l'intermédiaire des vents avoir une influence physique sur la terre. Il semble évident que Fontenelle a rédigé sa comédie, en ayant sous les yeux l'*Abrégé,* et hâtivement il en a recopié des paragraphes entiers, en se bornant à les résumer, à les égayer et à les adapter aux nécessités du dialogue. Ce procédé lui devait être familier : il y recourut encore avec Van Dale dans l'*Histoire des oracles,* et à nouveau avec Bernier dans la *Pluralité des mondes.*

La morale de la comédie reflète de façon plus vague la tradition sceptique toute entière. On songe à Montaigne, à Molière, à La Fontaine, à La Mothe le Vayer, autant qu'à Gassendi. On retrouve le thème que tous ces sages ont développé : l'ignorance et l'incapacité des faux savants. L'astrologue ne sait même pas de quel genre est le mot « comète » (136 *bis*) ; il ne tombe pas dans un puits, comme celui du fabuliste, mais il est aussi maladroit et aussi inconscient ; il monte en hiver à son observatoire, et, quand il redescend, il gémit ; « J'ai gagné une toux si violente... » (137) ; la Comtesse qui l'a suivi, renchérit : « J'ai aussi par devers moi une grosse fluxion... » (138). C'est elle qui retient le savant pressé de consulter les étoiles : « Songeons d'abord à nous reposer, nos rhumes ont besoin d'une bonne nuit... » (139). Et tout au fond de cette comédie se devinent les vieux axiomes des sceptiques : « Un sot savant est sot plus qu'un sot ignorant », comme disait Clitandre à Trissotin ; « Je préfère en beaucoup de façons un modeste ignorant à un vain et présomptueux savant » (140), ainsi que l'affirmait La Mothe le Vayer...

Fontenelle est cartésien en physique, sceptique en philosophie.

---

(135) *Abrégé* (100), t. IV, p. 426 ; *Opera omnia* (181), t. I, p. 712 : *Citant exempla mille cladium, mille mortium principium quae post cometas acciderint ; at centies plureis praetermittunt, quae acciderunt sine cometis.*

(136) *Œuvres* (3), t. X, p. 279-280.

(136 *bis*) On doit d'ailleurs penser que ce problème était un des lieux-communs de la grammaire contemporaine, car Bayle y fait allusion dans les *Pensées diverses.*

(137) *Ibid.,* t. X, p. 317.

(138) *Ibid.,* t. X, p. 317. Déjà en 1665, Loret écrivait à propos de la comète :

> Tout le monde l'a voulu voir...
> Et comme les nuits hivernales
> Aux forains sont toujours fatales,
> Plus de cent trente mille corps
> Respirant un air froid et sombre
> Sont enrhumés...,

Muze Historique (242), t. IV, p. 296, 10 janvier 1665.

(139) *Œuvres* (3), t. X, p. 322.

(140) *Prose chagrine* (213), t. I, p. 16.

C'est un peu son option fondamentale, et jusque dans sa vieillesse, il paraîtra s'y tenir. Ainsi cette pièce d'actualité, destinée à exploiter un événement particulièrement spectaculaire, n'indique pas seulement l'habileté commerciale de l'auteur. Elle révèle ses premières réflexions sur les causes de l'erreur ; elle montre dans quel courant intellectuel il a voulu dès sa jeunesse se placer.

A-t-il vraiment participé à la composition de *La Pierre philosophale* ? Nous manquons de preuves formelles. Il s'agissait encore d'une œuvre destinée à lutter contre les sorciers et les magiciens, qui dupent le peuple. Ce fut un échec aussi retentissant que celui d'*Aspar :* deux représentations seulement : une, le 23 février, avec une recette de 1 794 livres, 10 sols ; l'autre, le 25, avec une recette de 398 livres, 10 sols. La comédie ne fut même pas imprimée ; il n'en reste que l'argument (141). M. Maugis cherche la pierre philosophale, et il est résolu à marier sa fille, Marianne, avec un Chevalier qui s'intéresse à ses travaux. Marianne est amoureuse d'un Marquis. Celui-ci pour obtenir sa main monte un stratagème avec le comte de Gabalis : on flattera la manie du père, on feindra de l'initier aux secrets des Rose-Croix, et le Marquis se fera passer pour un sylphe — ce qui apaisera aussitôt la résistance de M. Maugis. « Cette comédie, affirmait le *Mercure,* est remplie de spectacles d'une invention très singulière, et qui ont même quelque chose de grand. Ceux qui cherchent la pierre philosophale ayant plus d'un but, et cette science en renfermant plusieurs autres, ce sujet doit faire attendre beaucoup de diversité. » (142). Au premier acte, on voit en effet le laboratoire de M. Maugis : un fourneau crève, et le héros est transporté au second acte dans un jardin suspendu, où les habitants des quatre éléments, les sylphes, les salamandres, les ondins et les gnomes l'accueillent ; le cinquième acte est le plus troublant : dans un château en ruine, des voix retentissent, des serpents apparaissent, des spectres surgissent...

Le propos de l'auteur était nettement expliqué dans la préface : « Comme il y a beaucoup de folie parmi ceux qui veulent trouver quelque vérité dans les extravagantes imaginations des cabalistes, on a cru qu'une satire publique était l'unique moyen de les faire revenir dans leur bon sens... » (143). Suivait une longue citation de l'*Instruction à la France sur la vérité des frères de la Rose-Croix* de Naudé (144) — une des sources certaines de l'essai *Sur l'Histoire.* L'intrigue évoque également *Le Comte de Gabalis,* dont Fontenelle tira peut-être une comédie en 1689. Est-ce l'influence de Naudé, est-ce une expérience personnelle ? Toujours est-il que Fontenelle ne cessa jusque dans sa vieillesse de revenir sur ces problèmes : dans les *Dialogues des morts,* il compare les chimères que poursuit l'humanité à la recherche de la pierre philosophale (145) ;

(141) Donneau de Visé (162) ; cf. Parfaict, *op. cit.* (273), t. XII, p. 225-265 ; Lancaster (559), Part. IV, II, p. 920-922.

(142) *Mercure galant,* janvier 1681, p. 298-299.

(143) Parfaict, *op. cit.* (273), t. XII, p. 226.

(144) *Instruction à la France...* (262).

(145) *Dialogue d'Artémise et de Raimond Lulle,* dans *Œuvres* (3), t. I, p. 14.

dans l'*Eloge de Leibniz,* il conte longuement les rapports qu'entretint le philosophe avec une société secrète de chimistes de Nüremberg (146) ; et souvent dans l'*Histoire de l'Académie,* il s'attache à stigmatiser cette erreur : « Ce serait rendre un grand service aux hommes que de leur ôter cette espérance, qui pour le moins a trompé jusqu'ici tous ceux qui s'y sont livrés... » (147). Il n'est donc pas impossible qu'il ait mis la main à cette comédie, et la référence à Naudé, comme la citation de Descartes dans *La Comète,* révèlerait alors quels sont ses maîtres.

Une pièce singulière. Elle rappelle à la fois *Le Bourgois gentilhomme* et l'*Illusion comique.* Foncièrement ambiguë, elle prétend lutter contre les impostures des alchimistes, mais exploite le charme de leurs fables. Les extravagants spectacles qui se succèdent ne sont que des artifices ourdis par le Marquis et son compère, mais l'atmosphère n'en est pas moins onirique. Fontenelle a trop aimé les opéras et les contes de fées pour qu'on le croie insensible à l'attrait du merveilleux. Peut-être n'a-t-il tant combattu l'erreur que parce qu'il était fasciné par le fantastique. Si *La Pierre philosophale* est vraiment son œuvre, ce serait le premier aveu de cette oscillation, qui lui fut essentielle, entre le rêve et la lucidité — l'abandon aux légendes et l'analyse qui les dissout. Même dans sa vieillesse, il aimait consulter des magiciens avec le Régent, et il écrivait des comédies, où renaissaient tous ses songes d'autrefois...

Est-ce l'originalité de cette pièce qui explique son échec ? Mais nous n'en possédons plus que l'argument... Enfin, toutes les tentatives théâtrales de Fontenelle, excepté *Bellérophon,* avaient abouti à des désastres. On ignore encore si les premiers sifflets se firent entendre à la représentation d'*Aspar* ou à celle de *La Pierre philosophale* (148).

Les relations parisiennes.

Les historiens ont souvent admis que cette période, malgré les revers qu'avait subis le jeune homme, lui put être utile par les contacts enrichissants qu'il eut à Paris (149). Mais nous savons qu'il séjourna d'ordinaire à Rouen, et les témoignages qui attestent sa présence dans la capitale sont assez rares et dispersés. On voit cependant qu'il parut dans les salons ; Mme de Scudéry lui fit rencontrer Bourdaloue ; il a connu Lully et Quinault, sans doute Pradon, Boursault, et Bensserade qu'il aimait beaucoup (150). N'est-ce pas à Boursault qu'il emprunta certaines de ses idées sur le

(146) *Œuvres* (3), t. V, p. 464-465.

(147) *Histoire de l'Académie royale des sciences* (42), 1734, p. 55, *sq.* (*Sur le Mercure.*) *Ibid.,* 1722, p. 39, 1724, p. 39. Le Rouennais La Martinière avait d'ailleurs consacré un livre à ce problème, *Tombeau de la Folie où l'on fait voir l'abus de la recherche de la pierre philosophale.*

(148) Parfaict, *op. cit.* (273), t. XII, p. 225.

(149) Voir sur cette question, Carré, *op. cit.* (433), p. 487-564 ; Vernière, *Spinoza et la pensée française...* (702) ; Pintard, *Fontenelle et la société de son temps* (643).

(150) Parfaict, *op. cit.* (273), t. XII, p. 393.

théâtre, et en particulier le rêve d'une « tragédie moderne » (151) ? N'a-t-il pas évoqué dans son *Recueil des plus belles pièces* la gaîté et les saillies de Bensserade avec une sorte d'émotion (152) ? Il est allé chez Mme de la Sablière, et dans ce même *Recueil* il rendit hommage aux poésies d'Antoine de la Sablière, où il trouve « je ne sais quoi d'aisé, de vif et d'engageant, beaucoup de force et de délicatesse » (153). Fait plus remarquable, une anecdote révèle qu'il fréquenta l'abbé de Saint-Réal : c'est en sa présence que l'auteur de *Don Carlos* aurait affirmé ne connaître dans l'histoire du monde que trois grands hommes, Scipion, Jésus-Christ et lui-même... (154). Mais il est impossible de dater exactement ces entrevues, d'apprécier leur fréquence et leur importance. L'essai *Sur l'Histoire* atteste évidemment l'influence de Saint-Réal, mais Fontenelle a pu aussi bien le rencontrer plus tard. Comment distinguer le rôle des hommes et celui des livres, le poids d'une lecture et l'ascendant personnel ?

De tous ces rapports, les plus sûrs, et peut-être les plus enrichissants, demeurent ceux qu'il entretint avec les amis de Mme de la Sablière. La fille de celle-ci, Marguerite Rambouillet, se maria le 10 mai 1678 avec Guillaume Scott de la Mésangère. Son mari, réformé comme elle, était conseiller au parlement de Normandie. Le *Mercure galant* avait salué ces noces : « Mlle de la Sablière est une fort aimable personne. Elle est belle, bien faite, et partage les avantages de sa famille qui est tout esprit... » (155). La Mésangère était un esprit fort éclairé, amateur de littérature, comme l'indique le catalogue de sa bibliothèque, et protecteur des ministres protestants (156). Fontenelle fut sûrement reçu dans leur hôtel de Rouen, puisqu'il participa — semble-t-il — au conseil de famille qui fut réuni en 1683 à la mort de Guillaume Scott (157). Ce seul fait indiquera des relations assez anciennes et assez intimes. Il eut un jour l'occasion de faire l'éloge de Mme de la Sablière, et admira « combien elle était sensible à toutes les différentes sortes d'esprits... » (158). Elle recevait chez elle Huet, dont nous verrons l'influence prolongée qu'il exerça sur Fontenelle, Bensserade, l'abbé

---

(151) Lettre de Boursault à Mme de... à propos de *La Princesse de Clèves*, la « tragédie moderne » qu'il fit représenter le 20 décembre 1678, Parfaict (273), t. XII, p. 130-137.

(152) *Recueil* (33), t. V, p. 80.

(153) *Ibid.* (29), t. IV, p. 259.

(154) Cité dans *L'abbé de Saint-Réal* par G. Dulong (491), t. I, p. 299, n. 1.

(155) *Mercure galant*, mai 1678, p. 194. C'est M. de la Sablière qui avait élevé les enfants.

(156) *Fontenelle et la Marquise des Entretiens...* par F. Bouquet (408).

(157) *Un soir de novembre 1683 à l'hôtel de la Mésangère* (696) ; cf. *Magasin pittoresque*, 1869, p. 246-248 (654).

(158) Dans l'*Eloge de Sauveur* dans *Œuvres* (3), t. V, p. 428. De même, on trouve dans *Traits, notes et remarques* de Cideville (ms. Rouen), p. 13, cette remarque intéressante : « Mme de Sévigné ne passait pas pour une femme de beaucoup d'esprit du temps même qu'elle écrivait ses lettres charmantes et naïves, si goûtées depuis. Mme de la Sablière, femme ravissante, et même Ninon n'en faisaient point un prodigieux cas. » Cf. Menjot d'Elbène, *Mme de la Sablière...* (607).

Testu, le Père Bouhours qu'il a loué dans le *Discours sur la nature de l'églogue,* (159) La Fare, à qui il écrivit la fameuse *Lettre sur la résurrection des corps,* Tallemant des Réaux, Bernier, dont l'*Abrégé* ne cessa de l'inspirer. Nous n'avons aucune preuve formelle qu'il fut l'habitué de cette maison ; nous ne savons même pas à quelle date il connut tous ces personnages. Mais comment n'être pas troublé en constatant que ses meilleurs amis et ses maîtres étaient tous les intimes de Mme de la Sablière ? Il y avait encore La Fontaine ; Fontenelle a admiré ses fables : s'il « cède ainsi à Phèdre — disait-il — c'est par bêtise » (160). Plusieurs anecdotes attestent les rapports des deux hommes ; Fontenelle fut seulement surpris de la fidélité de la Fontaine aux Anciens (161) et de son irréductible naïveté : il voyait en lui « un homme qui était toujours demeuré à peu près tel qu'il était sorti des mains de la nature, et qui, dans le commerce des autres hommes, n'avait presque pris aucune teinture étrangère » (162). Cette maison était foncièrement attachée au gassendisme. A côté de Bernier, on y rencontrait de Launay, dont les conférences recueillaient un grand succès ; Bayle a admiré « la facilité qu'il a de bien parler et de dire mille choses tournées agréablement » (163). De Launay avait publié en 1667 des *Essais de physique ;* en 1668 une *Dissertation sur la philosophie en général,* qui fut rééditée en 1675 ; en 1672 des *Essais métaphysiques ;* en 1673 une *Dialectique.* Sa morale était tout épicurienne, il enseignait que le vrai bonheur réside dans « la ... liberté d'esprit. L'affranchissement des voluptés dangereuses et des vaines craintes de la superstition et de la mort » (164). Enfin l'oncle de La Sablière était le médecin Menjot : foncièrement hostile à Descartes, dont il considère les idées « comme des jeux d'esprit » ou « des choses ingénieuses qui sont bien trouvées, si elles ne sont pas véritables » (165), il admire Gassendi « qui devrait passer pour le chef des philosophes modernes » (166), Rabelais, cet « agréable

---

(159) Cet éloge ne figura que dans la première édition du *Discours.* Voir Trublet, *Mémoires* (345), p. 258.

(160) *Fontenelliana* (458), p. 59.

(161) *Traits, notes...* (ms. Rouen), p. 21 : « M. de Fontenelle trouva un jour M. de La Fontaine lisant Platon ; vous lisez là un grand philosophe, lui dit-il ; oui, répondit M. de La Fontaine ; mais ne trouvez-vous pas, lui dit M. de Fontenelle, qu'il fait quelquefois des raisonnements assez peu justes et que c'est souvent un grand sophiste ? Oui, dit M. de La Fontaine, mais c'est cependant toujours un grand philosophe, il peint si bien ses personnages ; par exemple, il raisonne si bien, quand il me dit : Je vois Agaton couronné de fleurs qui entre dans le port du Pirée, etc. Voilà ce que c'était que la judiciaire de cet admirable conteur. » On trouve dans ce recueil maintes anecdotes relatives à La Fontaine, p. 17, 34, 35, 135, 189, etc., mais aucune n'atteste, comme celle que nous avons citée, l'amitié du fabuliste et de Fontenelle.

(162) *Fontenelliana* (458), p. 53.

(163) Lettre de Bayle, 24 juin 1675, dans *Lettres* (96 *bis*), t. I, p. 143.

(164) Cf. Busson, *op. cit.* (427), p. 216.

(165) E. Jovy, *Le médecin Antoine Menjot...* (546), p. 72 (lettre de Menjot à Daniel Puerari).

(166) *Ibid.*, p. 72.

railleur » (167), et surtout Pascal (168). Il approuvera la *Censura* (169) et les *Quaestiones* (170) de Huet. Toute sa morale est résumée dans une *Lettre à une demoiselle d'esprit et d'érudition :* « J'admire l'association judicieuse que vous faites de l'épicurisme et du pyrrhonisme ; le premier vous fera goûter les voluptés qui vont le plus au cœur, et, si par hasard vous avez quelque scrupule, le deuxième vous en guérira aussitôt en vous faisant douter des plaisirs passés... » (171). Bien des maximes des *Dialogues des morts* pourraient trouver leur origine dans de telles affirmations.

« Ceux qui avaient le goût des véritables sciences s'assemblaient par petites troupes, comme des espèces de rebelles qui conspiraient contre l'ignorance et les préjugés dominants. Telles étaient les assemblées de M. l'abbé Bourdelot, médecin de M. le Prince, le grand Condé, et celles de M. Justel » (172). On a souvent cité cette phrase de l'*Eloge de Lémery*. Le Gallois nous a transmis les *Conversations de l'Académie de M. l'abbé Bourdelot* : « C'est une Académie — écrit-il — composée de personnes qui ne se contentent pas d'effleurer les choses et d'en considérer simplement la superficie. Ce sont tous génies relevés aux lumières de qui peu de choses échappent dans les matières même les plus difficiles... On rapporte des expériences ; on cite des faits et des observations ; on raconte des histoires ; ce qui se fait sans aucun ordre. » (173). Poupart et Lémery vinrent à ses conférences. Et Régis, et Du Verney. Curieux homme que ce Bourdelot — mi-savant, mi-bouffon (174). A-t-il inspiré à Fontenelle sa méfiance envers les fables populaires, son désir de lutter contre l'erreur ? C'est lui qui découvrit en décembre 1678 la supercherie de la fillette de Casteljaloux ; c'est lui surtout qui proclame : « Nous n'avons autre chose en tête que de désabuser le genre humain des faussetés dont il est rempli... » (175). Foncièrement irréligieux, il se déclare contre Malebranche qu'il traite de « coupeur de cheveux en quatre » (176) et contre Bourdaloue : « En fait de morale, affirme-t-il, je leur ferai voir des pays qui leur sont inconnus » (177). Ses maximes sceptiques évoquent *La Comète*

(167) *Ibid.*, p. 76 (à Puerari).

(168) *Ibid.*, p. 72 : « Feu M. Pascal appelait la philosophie cartésienne le roman de la nature, semblable à peu près à l'histoire de Don Quichotte, et néanmoins depuis ce temps-là MM. de Port-Royal, ses confrères se sont avisés de l'adopter. »

(169) *Ibid.*, p. 83-89.

(170) *Ibid.*, p. 94 : « Vous y avez... confondu l'erreur des anciens païens... en leur faisant voir que la vraie religion est en quelque sorte enveloppée dans les fables dont ils ont composé eux-mêmes leur fausse théologie... »

(171) *Ibid.*, p. 134.

(172) *Œuvres* (3), t. V, p. 358.

(173) *Conversations académiques* (227), *Préface*.

(174) Voir également les *Conversations de l'Académie...* (226) ; Lemoine et Lichtenberger, *Trois familiers du grand Condé* (574); J. Roger, *Les sciences de la vie...* (664), p. 46-47 et *passim ;* Pintard, *Le libertinage érudit...* (641), p. 219-220 ; ms. fds fr. 21446 et 25436.

(175) Busson, *op. cit.*, (427), p. 103, note 4.

(176) Lemoine et Lichtenberger, *op. cit.* (574), p. 102.

(177) *Ibid.*, p. 102.

ou les *Dialogues des morts* : « Il ne croyait point que l'homme fût né pour méditer, ni pour apprendre les sciences... L'étude casse la tête le plus souvent aux hommes, leur fait tourner la cervelle... L'homme est plus fait pour être un bon cordonnier, savetier, maître tailleur que philosophe, astrologue et mathématicien... » (178). Mais ce n'est qu'une apparence : Bourdelot peut bien affirmer : « Nous allons droit à la vérité et nulle autorité ne nous impose... » (179) ; il proclame ailleurs : « Il n'y a jamais eu au monde de philosophe pareil à M. Descartes... » (180). Certes ce cartésien ne ressemble guère à Malebranche : insensible aux preuves métaphysiques, hostile même à tout finalisme, il définit une méthode mi-empirique, mi-rationnelle : « il faut... aller — dit-il — *duce experientia, comite ratione...* » (181). Mais il n'a pas oublié l'optimisme de son maître ; il célèbre la valeur et les progrès de la médecine (182). Le jeune Fontenelle ne verra dans ces convictions que des chimères et s'attachera dans les *Dialogues des morts* (183) et peut-être dans l'*Histoire des Ajaoiens* (184) à les ridiculiser. Ainsi, s'il connut le médecin des Condé, il ne fut jamais son disciple, et on ne saurait même assurer qu'il l'ait connu ; cette maison n'était pas son milieu naturel : Bourdelot était l'ami de Boileau et l'ennemi des Jésuites ; il échangea des épigrammes avec le Père Commire, le maître et le collaborateur de Fontenelle... (185).

Justel était un riche réformé qui groupait autour de lui une élite intellectuelle (186). Selon Ancillon, « il se faisait un plaisir singulier de ... communiquer [à ses amis] ses livres, ses manuscrits et ses lumières et de leur rendre tous les autres bons offices qui dépendaient de lui... Il se faisait chez lui une fois par semaine une assemblée de gens doctes qui s'entretenaient de tout ce qu'il y a de beau, de curieux et de solide dans toutes les sciences, surtout dans la belle littérature » (187). Il avait été conseiller du roi, avant d'être destitué en 1664. Bien qu'il aimât Boileau, il s'intéressait davantage à la philologie ou à l'histoire qu'aux belles-lettres. Ses curiosités l'inclinaient surtout vers Lightfoot, l'hébraïsant, Ashmole et Marsham. Il fut l'un des précurseurs de l'anglophilie qui devait bientôt régner au Palais-Royal... « Tout ce qui nous vient de cette île-là — dit-il — est solide et extraordinaire. » (188). Anglophilie qui apparaît au

---

(178) *Ibid.*, p. 104.

(179) *Conversations de l'Académie* (226), p. 62.

(180) Lettre de G. Patin à Ch. Spon, 24 septembre 1658, cité dans Roger, *op. cit.* (663), p. 47.

(181) Dans F. Bayle, *Discours sur l'expérience et la raison*, cité dans Roger, *op. cit.* (663), p. 197.

(182) *Conversations académiques* (227), *Préface*.

(183) *Dialogue d'Erasistrate et d'Hervé*, dans *Œuvres* (3), t. I, p. 61.

(184) *La République des philosophes...* (35), p. 79.

(185) Lemoine et Lichtenberger, *op. cit.* (574), p. 115-116.

(186) Voir sur Justel Ph. Dally *Les Justel* (464) ; Bonno, *Les relations intellectuelles de Locke* (405) ; Brugmans, *Le séjour de Clément Huygens...* (417) ; Vernière, *Spinoza...* (702), t. I, p. 107-110 et *passim* ; R. Ternois, *Les débuts de l'anglophilie en France...* (684) ; Harcourt Brown, *Un cosmopolite du grand siècle...* (415).

(187) *Mémoires* (73), p. 220-231.

(188) Cité par Ternois, *op. cit.* (684), p. 603.

même moment chez La Fontaine... Politiquement Justel s'est prêté tout entier aux grands projets scientifiques et littéraires de Colbert (189). Le ministre protégeait une société d'érudits composée de Perrault, de Huet et de l'abbé Gallois. Lorsque Fontenelle dans ses *éloges* eut à évoquer la mémoire de Colbert, il le fit toujours avec la plus grande admiration (189 *bis*). Et ne voyons là aucune complaisance ; il n'eut jamais un mot flatteur pour Louvois... Les réunions qu'animait Justel rue des Fossés-Monsieur-le-Prince sont illustres ; y parurent le jeune Locke (190), Huygens, Leibniz. Les historiens se sont plu parfois à imaginer que le jeune Fontenelle s'était formé dans cette atmosphère d'érudition et de liberté ; on pourrait supposer qu'il découvrit l'œuvre de Spinoza, qu'il ébaucha sa « psychologie de l'erreur » dans ce milieu. Mais toutes ces hypothèses demeurent discutables : il n'existe aucune lettre de Justel qui soit adressée à Fontenelle, ou qui contienne la moindre allusion à notre auteur... Aucun rapport avec Locke sinon que ce dernier acheta plus tard l'*Histoire des oracles* et les *Pastorales* (191), ni avec Huygens, hormis une lettre de 1688 où le savant affirme avoir lu « *La Guerre des anciens et modernes* décrite par M. Fontenelle, et sa *Pluralité des mondes, ses Dialogues des morts* » (192). Dans l'essai sur *l'Histoire,* Fontenelle montre de l'intérêt pour les mythologies primitives, mais — sans invoquer Justel — Huet et le Père Thomassin suffisent à expliquer cette curiosité... Bien mieux, l'*Eloge de Leibniz* ne renferme aucune allusion précise au voyage du philosophe à Paris, ou du moins aux relations qu'il y entretint... Pourtant l'occasion était belle pour le vieux secrétaire d'évoquer à son habitude de pittoresques images qui eussent amusé et éclairé ses auditeurs (193). D'ailleurs, les deux hommes n'ont correspondu que beaucoup plus tard, après que Fontenelle fut devenu une personnalité de l'Europe savante.

En 1680, l'abbé de Saint-Pierre arrive à Paris : « J'allais — nous dit-il — au cours d'anatomie du feu M. Lémery. J'allais à diverses conférences de physiques chez M. de Launay, chez l'abbé Boudelot et chez d'autres... » (194). On sait l'amitié qui lia Fontenelle à l'abbé de Saint-Pierre : lorsque celui-ci ajoute : « J'avais des camarades avec lesquels je disputais souvent à la promenade sur ces matières... » (195), on penserait volontiers qu'il fait allusion à l'auteur d'*Aspar* ; mais ce serait une erreur : les deux hommes ne se sont connus qu'en 1683 — et à Rouen. Cependant Fontenelle a évoqué certaines de ces assemblées d'une manière si précise qu'on croit l'entendre remuer des souvenirs :

(189) Voir Vernière, *op. cit.* (702), t. I, p. 106-109.

(189 *bis*) *Œuvres* (3), t. V, p. 49, 123, 170, 171, 173, 174, 177, 185, etc.

(190) Bonno, *op. cit.* (405).

(191) *Ibid.*, p. 166.

(192) *Œuvres complètes* de Huygens (200), t. IX, p. 301.

(193) *Œuvres* (3), t. V, p. 447-506.

(194) *Projet pour des conférences sur la physique...* cit. par Drouet, *L'abbé de Saint-Pierre* (485), p. 19, *sq.*

(195) *Ibid., loc. cit.* Voir *infra, Vers la science véritable.*

> Tous les grands talents doivent se rendre dans la capitale. M. Régis y vint en 1680, et commença à tenir de semblables conférences chez M. Lémery... Le concours du monde y fut si grand, qu'une maison de particulier en était incommodée : on venait s'y assurer d'une place longtemps avant l'heure marquée pour l'ouverture ; et peut-être la sévérité de cette histoire ne me défend-elle pas de remarquer qu'on y voyait tous les jours le plus agréable acteur du théâtre italien, qui, hors de là, cachait sous un masque et sous un badinage inimitable, l'esprit sérieux d'un philosophe... (196). [Lémery] ouvrit des cours publics dans la rue Galande où il se logea. Son laboratoire était moins une chambre qu'une cave et presque un antre magique, éclairé de la seule lueur des fourneaux ; cependant l'affluence du monde y était si grande qu'à peine y faisait-il de la place pour ses opérations. Les noms les plus fameux entrent dans la liste de ses auditeurs. Les Rohault, les Bernier, les Auzout, les Régis, les Tournefort. Les dames mêmes, entraînées par la mode, avaient l'audace de venir se montrer à ces assemblées si savantes. En même temps, M. Du Verney faisait des cours d'anatomie avec le même éclat et toutes les nations de l'Europe leur fournissaient des écoliers... Comme M. Lémery prenait des pensionnaires, il s'en fallait beaucoup que sa maison fût assez grande pour loger tous ceux qui le voulaient être, et les chambres du quartier se remplissaient de demi-pensionnaires qui voulaient du moins manger avec lui... (197).

Comme Claude Perrault, dont le traité *De la mechanique des animaux* (198) parut en 1680, Du Verney semble hostile à la fois au pyrrhonisme des épicuriens et au dogmatisme cartésien. Ces hommes savent en même temps mesurer l'étendue de notre ignorance et faire confiance au progrès (199). Une théologie teintée d'augustinisme se devine dans les thèses de Perrault : Dieu nous dépasse, la mécanique des animaux et la formation de l'univers demeurent mystérieuses, mais « il est fort aisé de comprendre que Dieu, dont la puissance et la sagesse sont sans bornes, a produit lui-même tous les germes au commencement » (200). Fontenelle a loué les travaux de Perrault (200 *bis*) ; il a admiré l'infinie patience de Du Verney, sa soumission à la réalité, son obstination à poursuivre

(196) *Œuvres* (3), t. V, p. 139. Cet « acteur italien » est Scaramouche. Fontenelle a dû le connaître, car les *Traits, notes et remarques* de Cideville (ms. Rouen) contiennent maintes anecdotes relatives à ce personnage, p. 91 et 199.

(197) *Ibid.* (3), t. V, p. 358-359. Cf. *Le Temple d'Esculape* (373), t. II (1680), p. 175 : « M. Du Verney, chirurgien du roi et juré à Paris, a disposé dans sa maison au cloître Saint-Jacques de la Boucherie plusieurs chambres très commodes pour prendre des pensionnaires à qui il donnera tous les jours des leçons sur tout ce qu'il y a de plus beau, de plus curieux et de plus utile dans l'anatomie. »

(198) Cf. Roger, *op. cit.* (664), p. 203-205.

(199) *Ibid.*, p. 252.

(200) *Ibid.*, p. 205.

(200 *bis*) Sans évoquer *l'Eloge de Monsieur Perrault*, dont l'attribution n'est pas certaine, on peut citer ici la *Préface* de 1733, où est célébré le « génie » de Claude Perrault, *Œuvres* (3), t. X, p. 23-24.

les expériences les plus longues et les plus délicates (201). Un passage des *Lettres galantes* évoque même *De la méchanique des animaux,* et les arguments qui y sont avancés pour réfuter le mécanisme cartésien (202). Mais l'auteur des *Dialogues des morts* avoue si souvent son indifférence à la science, il affiche un tel dédain de l'anatomie et de la médecine, qu'on ne peut le croire rallié à cette école ; il semble plutôt faire partie de cette secte que blâme Perrault, qui « se glorifie de son ignorance, de sa paresse et du mépris qu'elle fait des connaissances dont l'esprit humain est capable » (203).

Fontenelle a sûrement connu Lémery, qui était de Rouen. Le *Cours de chimie* figurait dans sa bibliothèque (204), et il l'avait peut-être acheté dès sa parution, puisque ce traité se vendit « comme un ouvrage de galanterie ou de satire » (205). Est-ce Lémery qui lui inspira son dégoût pour « les ténèbres naturelles ou affectées de la chimie » (205 *bis*), qui l'incita à se moquer de ceux qui cherchent « la pierre philosophale » ? Comme *La Comète* reflète son intérêt pour l'astronomie cartésienne, *La Pierre philosophale,* si le texte nous en était conservé, nous montrerait peut-être l'estime qu'il conçut pour les travaux de son compatriote.

Il n'admira jamais le système de Régis ; lorsqu'il eut à prononcer son *éloge,* il affirma : « C'est un mal sans remède que les objets, vus de plus loin et en plus grand nombre, le sont aussi plus confusément... Une seule matière particulière bien éclaircie satisferait peut-être davantage... » (206). Mais il fut surpris de ses dons oratoires et de son succès : Régis « avait une facilité agréable de parler, et le don d'amener les matières abstraites à la portée de ses auditeurs » (207). Tous les courtisans devenaient cartésiens à son contact. Mêmes louanges pour Du Verney :

> ... il eut bientôt une grande réputation... [son] éloquence n'était pas seulement de la clarté, de la justesse, de l'ordre, toutes les perfections froides que demandent les sujets dogmatiques ; c'était un feu dans les expressions, dans les tours et jusque dans la prononciation qui aurait presque suffi à un orateur... ses yeux... brillaient de joie et toute sa personne s'animait... On peut ajouter qu'il était jeune et d'une figure assez agréable... Je me souviens d'avoir vu des gens... qui portaient sur eux des pièces sèches préparées par lui, pour avoir le plaisir de les montrer dans les compagnies, surtout celles qui appartenaient aux sujets les plus intéressants. (208).

---

(201) *Œuvres* (3), t. VI, p. 391.

(202) *Lettres*... I, XI, dans *Œuvres* (3), t. I, p. 312.

(203) *De la mechanique des animaux, avertissement,* cité dans Roger, *op. cit.* (664), p. 343.

(204) Arc. Nat. Minut. Cent. XXIII, 608.

(205) *Œuvres* (3), t. V, p. 361.

(205 *bis*) *Ibid.*, t. V, p. 361.

(206) *Ibid.*, t. V, p. 140-141.

(207) *Ibid.*, t. V, p. 137.

(208) *Ibid.*, t. VI, p. 386 ; Locke écrit également, le 14 juillet 1680 : « Je m'assure que M. Du Verney régale bien toute l'assemblée », dans Bonno, *op. cit.* (405), p. 80.

Fontenelle était peut-être trop jeune, il n'avait pas une formation scientifique suffisante, et il était trop influencé par le scepticisme des amis de Mme de la Sablière, pour apprécier le contenu de ces conférences, mais il pouvait en discerner aisément le succès, et envier les talents qui y paraissaient. Est-ce ce spectacle qui le fit concevoir un traité de vulgarisation scientifique ? Plusieurs indices nous ont montré, et nous montreront, que les *Entretiens sur la pluralité des mondes* — ou quelque travail analogue — furent médités, dans une forme qui nous échappe, longtemps avant leur parution. Comment douter que la gloire de ces savants l'ait encouragé dans cette voie ?

Il a rarement cité, mais de façon assez précise, Guillaume Lamy, l'auteur de *l'Ame sensitive* et des *Discours anatomiques* (209). Cet ouvrage parut à Rouen en 1675, et l'on supposerait volontiers que Fontenelle l'a lu. Certains passages des *Dialogues des morts* et des *Lettres galantes* pourraient s'éclairer par cette hypothèse : hostile au finalisme, convaincu de la faiblesse humaine et de l'influence du corps sur « l'âme sensitive », Lamy représente la philosophie épicurienne dans sa pureté, dans son matérialisme primitif, sans les prudentes atténuations auxquelles Gassendi avait recouru. Et il ne laissa pas d'influencer Du Verney, qui soutint sa théorie de « la double semence ».

Lamy mourut avec la réputation d'un *impius homo*. Mais il ne paraît pas avoir été persécuté. Au contraire, « les conférences de Régis avaient un éclat qui leur devint funeste. Feu l'archevêque de Paris, par déférence pour l'ancienne philosophie, donna à M. Régis un ordre de les suspendre, déguisé sous la forme de conseil ou de prière et enveloppé de beaucoup de louanges. Ainsi le public fut privé de ces assemblées au bout de six mois » (210). En 1680, Huygens fut renvoyé par Louvois ; la même année, en septembre, Justel vendit sa bibliothèque et prépara sa fuite en Angleterre (211). En 1681, Lémery, qui était huguenot, reçut l'ordre de se défaire de sa charge de maître-apothicaire (212) On arrive alors au tournant du règne de Louis XIV, et aux premiers efforts concertés pour éteindre tout pensée libre. Ces conférences, qui avaient montré à Fontenelle le prestige que peut avoir la science, quand elle se fait éloquente et persuasive, lui enseignèrent aussi quels étaient les risques courus, et quelle prudence était nécessaire.

Nous le voyons — il ne convient ni de nier, ni d'exagérer l'importance du séjour de Fontenelle à Paris. Ses relations les plus probables — Lémery, Huet, le cercle de Mme de la Sablière — se rattachent toujours à Rouen, ou du moins à la Normandie. On peut parler d'une sorte de « provincialisme » ; et le plus souvent Fontenelle demeurait dans sa ville natale. Ce n'est donc pas de cette époque que date sa découverte de la science véritable ; *La Comète* ne

(209) *Discours anatomiques* (220), *Explication...* (221) ; cf. *Œuvres* (3), t. VI, p. 145.
(210) *Œuvres* (3), t. V, p. 139-140.
(211) Vernière, *op. cit.* (702), t. I, p. 118.
(212) *Œuvres* (3), t. V, p. 363.

reflète que des connaissances approximatives, et de seconde main. Reconnaissons simplement qu'il eut l'occasion de voir le succès des conférences savantes, qu'il put rêver de s'engager dans cette voie, qu'il assista aux premières persécutions et à l'éparpillement des libertins, et que le pyrrhonisme et l'épicurisme, qu'il avait rencontrés dans sa jeunesse, revêtirent à Paris une apparence plus moderne et plus solide.

CONCLUSION

Il est facile de retrouver dans la jeunesse de Fontenelle les traits essentiels de l'œuvre future. Dira-t-on que *La Comète* annonce les réflexions de *Sur l'Histoire ?* Que les petits vers publiés dans le *Mercure galant* évoquent les galanteries que Fontenelle composa, jusque dans sa vieillesse ? On peut admettre en effet la stabilité profonde de toute personnalité. Mais il importe davantage de souligner l'originalité de cette période. L'éducation à Rouen fut celle de tout bon esprit du temps. La particularité de Fontenelle — sa bonne et mauvaise fortune — fut d'être le neveu de deux auteurs illustres. Il ne connut aucune difficulté ; il trouva tout de suite des protecteurs et des critiques dévoués. Est-ce ce climat trop facile et trop confortable qui explique les défauts de ses premiers ouvrages et leur échec retentissant ?

Abreuvé dès son enfance de littérature, voué par sa famille et par ses maîtres à réussir aisément des exercices conventionnels, il serait resté, s'il s'était borné à cela, un littérateur médiocre : on ne saurait concevoir une grande admiration pour le traducteur du Père Commire, ni pour le poète du *Mercure.* On croit même deviner une excessive assurance qui peut expliquer les premières haines que le jeune homme s'attira. Toute cette période n'apparaît que comme une succession d'efforts pour réussir. Où trouver la moindre sincérité dans ces poèmes qui se confondent avec ceux de Pavillon, dans ces articles, dont l'insolence même est étudiée, dans ces couplets d'opéra, dans ces comédies qui exploitent si délibérément l'actualité ?

Heureusement nous discernons parfois d'autres traits : les sciences sont mal connues ; elles le seront encore au moment où Fontenelle écrira les *Entretiens sur la pluralité des mondes* ; mais au moins il s'y intéresse déjà, et cet intérêt n'est dû ni à son éducation, ni à son « arrivisme». C'est peut-être en luttant contre l'entraînement naturel, en réagissant contre les séductions faciles d'une littérature de convention, que le jeune homme trouvera sa voie. Et son échec lui fut providentiel, s'il lui donna l'occasion de se renouveler, et si l'amertume même qu'il engendra, l'incita à de plus sérieuses réflexions et à un effort plus authentique.

DEUXIEME PARTIE

UN BEL ESPRIT DE PROVINCE (1681-1683)

De retour à Rouen après la chute *d'Aspar,* Fontenelle dut rester assez longtemps marqué par cet échec ; *La Comète* fut jouée sous le nom de Donneau de Visé ; *L'Histoire de mon cœur* et l'*Histoire de mes conquêtes* furent anonymes. Aucune publication durant deux ans, sauf quelques pièces non signées dans le *Mercure galant* (1) ; lorsqu'en janvier 1683 parurent *Les Dialogues des morts* (2) et en mai les *Lettres galantes* (3), c'est encore sous l'anonymat ; seules les initiales de Fontenelle figureront dans les *Nouvelles de la République des lettres* de septembre 1685 (4), à propos du *Mémoire sur le nombre 9.* Et ne croyons pas que cet anonymat ait été transparent aux contemporains ; certains attribuèrent les *Dialogues* à Boileau (5)... Cette conduite révèle le caractère de Fontenelle : une sensibilité bien plus vive qu'on ne l'a dit, une sorte de recul et de retraite devant les blessures, une tenace rancune aussi ; jusqu'à la fin de sa vie, il gardera la même haine pour Racine. Evidemment il entre aussi dans cette attitude une part de prudence et même de ruse : le Normand avisé sait bien qu'il ne

(1) *Mercure galant,* avril 1681, p. 31-37, *Pour celle qui a si galamment écrit l'Histoire de mes conquêtes ;* mai 1681, p. 207-228, *Pour la spirituelle inconnue qui s'intéresse si obligeamment dans mes aventures. Les jeux olympiques* (*Mercure galant,* janvier 1682) sont cependant signés.

(2) Premier recueil, privilège donné à Blageart, le libraire, le 31 août 1682, ms. fds fr. 21946.

(3) Premier recueil, privilège donné à Blageart « pour un livre intitulé *Lettres diverses* », le 28 mai 1683, ms. fds fr. 21946.

(4) *Nouvelles de la République des Lettres,* septembre 1685, p. 944-947, et décembre 1685, p. 1186-1191 : *Mémoire communiqué par M.D.F. D.R. contenant une question d'arithmétique.*

(5) Gigas, *Choix de la correspondance* (518), p. 157 ; lettre de Jacob Bayle du 14 février 1684 : « des dialogues des morts qu'on dit être de M. Boileau. »

peut s'exposer à un nouvel échec ; il lui faut attendre ; il ne reparaîtra sur la scène littéraire, que lorsqu'il sera assuré du succès de ses ouvrages. Durant cette période, Fontenelle demeura à Rouen : le *Mémoire sur le nombre 9* est attribué dans les *Nouvelles* à M.D.F.D.R. ce qui est assez clair. La seule mention que nous ayons d'un passage de Fontenelle à Paris est la suivante : le 14 janvier 1683, le contrat de mariage entre Louis de Marsilly et la fille de Thomas Corneille est signé en présence de « Bernard Le Bovier de Fontenelle de sa profession avocat au Parlement de Normandie » (6). Il ne faut sans doute pas en conclure que l'auteur dépité soit revenu au Palais ; les médisances de l'abbé Desfontaines et les *Mémoires* de Trublet s'accordent au contraire pour affirmer qu'il n'a jamais plaidé qu'une seule cause — vers 1676. Toujours est-il qu'il ne semble plus aux yeux de son entourage qu'un avocat, ou du moins un bel esprit, de Normandie... Aucune obligation ne l'attirait à Paris ; il ne pouvait espérer après la chute de ses pièces se faire jouer ; Quinault avait triomphalement repris sa place aux côtés de Lully... Naturellement rien n'interdit d'imaginer qu'il fit quelques voyages dans la capitale. Dans la *Vie de Monsieur Corneille,* il dira du poète « La dernière année de sa vie, son esprit se ressentit beaucoup d'avoir tant produit et si longtemps ». (7). Cette phrase, ainsi qu'une anecdote rapportée par Trublet, selon laquelle il lui arriva de railler le « radotage » de son oncle (8), laissent entendre qu'il vint parfois en 1683 ou en 1684, rue d'Argenteuil, voir le vieux tragique. Mais aucun document n'indique le moindre rapport entre le jeune homme et la société parisienne ; son nom disparaît du *Mercure* ; il retombe dans le silence et l'obscurité.

Cependant ces années furent parmi les plus fécondes de sa carrière. C'est en 1681 et 1682 que furent rédigées les *Lettres galantes.* Certes, Cideville affirme qu'elles furent écrites, quand Fontenelle avait une quinzaine d'années, et certaines lettres du second recueil semblent dater de 1684 ou même de 1685. Mais la majeure partie des indices chronologiques que nous pouvons recueillir nous ramène à 1681 ou 1682. On trouve dans ces *Lettres* des allusions au tremblement de terre du 16 mai 1682 (9), à l'ambassade du

(6) Cité par Reynier, *op. cit.* (658), p. 341-343.

(7) *Œuvres* (3), t. III, p. 117.

(8) *Mémoires* (345), p. 86. Fontenelle semble d'ailleurs avoir été assez lié avec Mme de Marsilly, la fille de Thomas Corneille, qui était choquée de l'entendre ainsi plaisanter de la vieillesse du grand tragique. Voir Avignon, *Autographes-Requien,* n° 3825 : l'auteur — le petit fils de Mme de Marsilly — souligne ces relations, mais il commet une erreur ; il affirme que Fontenelle se fixa à Paris en 1684 ; nous savons par Trublet et Le Cat qu'il ne vint y résider qu'en 1691 (*Mémoires* (344), p. 240).

(9) Lettre XIII de l'édition de 1683 — supprimée dans les éditions postérieures — *Au même, sur le tremblement de terre qui arriva à Paris en 1682* dans l'éd. Delafarge (13), p. 178. C'est dans cette édition que nous prendrons toutes nos références, en indiquant « 1683» et « 1687 » pour les lettres qui parurent dans les éditions faites à ces dates et qui furent supprimées ensuite. Sur le tremblement de terre de 1682, voir les *Mémoires* de Sourches (331), t. I, p. 103 (10 mai 1682), et le *Mercure*

Maroc de janvier-février 1682 (10), au remède anglais du chevalier Talbot, qui fut surtout employé à partir de 1680 (11) — et d'ailleurs le *Mercure* de novembre 1686 affirme : « Il y a déjà longtemps que ces lettres ont été écrites... depuis quatre ou cinq années... » (12). Il est vraisemblable que certaines de ces épîtres remontent à l'adolescence de l'écrivain et qu'il en composa plusieurs après 1683 pour compléter le second recueil, mais dans l'ensemble elles durent être rédigées peu après l'*Histoire de mon cœur* et l'*Histoire de mes conquêtes* qui leur ressemblent tant. Il reste évidemment quelque mystère touchant leur auteur. En 1751, Fontenelle dit qu'il ne les avait « jamais avouées », et il ajouta : « L'histoire en serait peu agréable et fort indifférente au public ; puisqu'il les a crues de moi et qu'il les a eues même sous mon nom, qu'il les ait encore... (13) ». C'est un aveu — mais bien trouble et bien ambigu... Simple pudeur peut-être d'un académicien devant des productions de jeunesse un peu légères, et d'ailleurs assez mal considérées par plusieurs bons esprits ? Dans la satire du *Recueil Tallemant des Réaux,* qui date de 1687, on fait prononcer par Fontenelle ces vers :

A moi, dont la galante plume
Sous le nom du Chevalier d'Her...
Tout exprès pour faire un volume,
Ecrivis des lettres en l'air... (14)

C'est donc que le public ne se trompa jamais sur l'auteur de ces épîtres, qui dans les listes du *Mercure* figurent toujours avec les *Dialogues des morts.* Cependant quelque secret se devine dans les réticences de l'écrivain. Peut-être n'est-il pas le seul à avoir mis la main à ces lettres ; nous serions tenté de supposer que cette œuvre émane d'un jeu de société ; plusieurs intellectuels ou mondains de Rouen y auraient collaboré. Mais il est sûr que Fontenelle a joué le rôle essentiel dans cette rédaction, puisqu'il consentit malgré tout à en accepter la responsabilité.

---

galant, mai 1682, p. 219-220.

(10) *Lettres galantes* (13), p. 161 (II, XLIII) ; cf. Sourches (311), t. I, p. 68-70 et p. 77.

(11) *Ibid.* (13), p. 89 (I, XXXIX) ; cf. *Mercure galant,* septembre 1678, p. 151 ; septembre 1680, p. 228-230 ; décembre 1680, p. 221 ; décembre 1681, p. 213-214 ; *Chansonnier Maurepas,* ms. fds. fr. 12620, fl. 185 : *Parodie de la première scène du IV acte de l'opéra de Bellérophon sur le Chevalier Talbot vulgairement appelé le médecin françois qui apporta en France l'an 16... la véritable manière de guérir la fièvre avec le quinquina* (1681) ; *ibid.,* fl. 187 : *Autre chanson sur le même thème sur... de Coulanges, abbé de Livry, guéri par le remède du Chevalier Talbot...* (1681) ; *ibid.,* fl. 277 : *A Françoise de Rabutin, marquise de Sévigné, sur la guérison de Charles d'Ailly, duc de Chaulnes... lequel avait la fièvre et s'était guéri par le quinquina.*

(12) *Mercure galant,* novembre 1686, p. 293-294.

(13) *Œuvres* (3), p. viij ; le même texte se trouvait déjà dans les éditions de 1724 et de 1742.

(14) Ms. La Rochelle, 673, fl. 247, *op. cit.*

Les *Héroïdes* furent éditées en 1698 ; peut-être en 1686 (15). Elles étaient en tout cas achevées en 1687, car dès cette année-là, le *Mercure* annonce qu'elles doivent paraître prochainement avec les *Pastorales* (15 *bis*). Cette œuvre ressemble assez aux *Lettres galantes* : c'est un peu la même forme et ce sont un peu les mêmes thèmes ; on y retrouve une satire sociale et des analyses psychologiques identiques. Alors que les *Pastorales* reflètent un certain lyrisme, les *Héroïdes* font penser à un jeu d'humaniste : jeu qui suppose, comme celui des *Lettres galantes,* un milieu mondain capable de le comprendre et même de le susciter. D'autre part, l'esprit qui transparaît dans ces épîtres, cette recherche des singularités de l'histoire, ce goût de « l'érudition galante » s'accordent avec les traits essentiels que laissent deviner les *Dialogues des morts*. Ces remarques nous incitent à placer ces poésies dans cette période, bien qu'il faille reconnaître que nous manquons de preuves plus précises.

Malgré les dires de Cideville, nous pensons que les *Dialogues* datent dans l'ensemble de ces mêmes années 1680-1682, ou du moins, si Fontenelle avait ébauché cette œuvre auparavant, il l'a remaniée, parfaite et terminée peu avant sa parution en 1683. Nous verrons en analysant ce livre toutes les allusions qu'il contient aux problèmes que se posait la génération de 1680. Ajoutons que la seconde partie des *Dialogues* était, selon le *Mercure* de septembre 1683, « déjà fort avancée dans le temps que la première parut... » (16). Fontenelle dans l'*avertissement* de la troisième édition écrit en effet : « Le succès de ce petit ouvrage m'a déterminé à finir d'autres *Dialogues des morts* de la même nature que ceux-ci et dont j'avais déjà quelques ébauches » (17).

L'essai *Sur l'Histoire* n'est qu'un brouillon que l'on retrouva dans les papiers de l'écrivain. Le ton est assez amer : « Les meilleurs ouvrages ont bien de la peine à se faire lire ; le public est de mauvaise humeur et se défend tant qu'il peut d'approuver » (18). Cette aigreur se retrouve dans les *Dialogues des morts* et pourrait à la rigueur s'expliquer par l'échec d'*Aspar*. Mais bien d'autres rapports peuvent être établis entre *Sur l'Histoire* et les *Dialogues* : pour présenter cet ouvrage, le *Mercure* écrivait : « Il faut savoir à fond l'histoire générale du monde. Un seul dialogue renferme la vie de deux grands hommes... et bien souvent l'histoire de tout un siècle s'y trouve dépeinte... » (19). Dans *Sur l'Histoire,* Fontenelle

---

(15) Dans la *Bibliographie d'éditions originales...* de Tchemerzine (683), t. V, p. 322, on trouve cette indication sibylline : « Fontenelle : *Héroïdes,* 1686 ? » Tchemerzine aurait-il remarqué à cette date l'édition d'un recueil d'*Héroïdes* où il croirait reconnaître l'œuvre de Fontenelle ? Nous ne voyons pas à quel livre il fait allusion. Dans l'édition de 1698 (28), les *Héroïdes* sont présentées comme si elles étaient imprimées pour la première fois.

(15 *bis*), *Mercure galant*, août 1687, p. 106.

(16) *Ibid.*, septembre 1683, p. 380, *sq.*

(17) *Œuvres* (3), t. X, p. 72.

(18) *Ibid.*, t. IX, p. 409.

(19) *Mercure galant,* septembre 1683, p. 381-382.

évoque « une conformité étonnante entre les fables des Américains et celles des Grecs » (20) ; dans un *dialogue,* Montézume dit à Cortez : « Vous ne sauriez reprocher une sottise de nos peuples d'Amérique que je ne vous en fournisse une plus grande de vos contrées ; et même je m'engage à ne vous mettre en ligne de compte que des sottises grecques ou romaines » (21). *Sur l'Histoire* contient des remarques sur « les goûts qui se succèdent insensiblement les uns les autres, cette espèce de guerre qu'ils se font en se chassant et en se détruisant, cette révolution éternelle d'opinions et de coutumes... (22) » ; le Socrate des *Dialogues* dit à Montaigne : « ... ne voit-on pas des... [siècles] naïfs et d'autres qui sont plus raffinés ? N'en voit-on pas de sérieux et de badins, de polis et de grossiers... ? Le plus ou moins d'une certaine naïveté, le génie sérieux ou badin, ce ne sont là que les dehors de l'homme et tout cela change, mais le cœur ne change point et tout l'homme est dans le cœur » (23) ; c'est la même distinction que note le philosophe de *Sur l'Histoire* entre la fixité de la nature humaine et l'évolution des mœurs.

La plus grande partie de ce traité se retrouva dans *De l'origine des fables* ; l'abbé Trublet affirme que cette œuvre fut composée entre 1691 et 1699 (24), et « n'est qu'une partie d'un ouvrage plus considérable que [Fontenelle] avait commencé sur l'histoire » (25) ; cela peut sembler bien vague, mais c'est au moins une preuve que *Sur l'Histoire* fut écrit avant *De l'origine des fables.* Veut-on plus de précision ? Il faut revenir à *Sur l'Histoire.* « Le goût d'aujourd'hui — écrit Fontenelle — est très différent de ce qu'il était il y a vingt ou trente ans. Les gens d'esprit étaient extrêmement courus... et la figure que Voiture a faite dans le monde en est une belle preuve » (26). « Vingt ou trente ans », la chronologie est assez approximative ; Voiture mourut en 1648. Mais Fontenelle revient sur ces chiffres ; dans le même passage, il nous dit qu'il y a « vingt ou trente ans... un roman ne fatiguait point par ses douze tomes (27) » — c'est sûrement une allusion de l'ami de Mme de Scudéry à *Cyrus* qui parut de 1649 à 1654, ou à *Clélie* éditée de 1656 à 1660, ou enfin à *Almahide* qui date des années 1660-1662. D'autant que l'on peut lire dans les *Lettres galantes* : « Voyez où sont Cyrus et Aronce au commencement du premier tome ; pourtant ces héros, avec leurs pas de tortue, ne laissent pas d'arriver au douzième... » (28).

---

(20) *Œuvres* (3), t. IX, p. 400.
(21) *Ibid.,* t. I, p. 202.
(22) *Ibid.,* t. IX, p. 408.
(23) *Ibid.,* t. I, p. 48.
(24) Trublet (345), p. 294.
(25) *Ibid., loc. cit.* Trublet parle d'ailleurs du « discours *Sur l'origine des Fables* ou plutôt *Sur l'Histoire.* C'est le titre de l'ouvrage dans le t. IX des *Œuvres* de M. de Fontenelle, où on l'a imprimé en entier » (345), p. 35. La tournure de la phrase n'indique-t-elle pas évidemment qu'aux yeux de Trublet *Sur l'origine des fables* n'est qu'une partie de *Sur l'Histoire* et fut donc composé après ce traité ?
(26) *Œuvres* (3), t. IX, p. 408.
(27) *Ibid., loc. cit.*
(28) *Lettres galantes* (13), p. 49 (I, VIII).

Mais, nous objectent certains critiques (29), il paraît plus vraisemblable de supposer que *Sur l'Histoire* fut écrit après l'*Histoire des oracles*. Ne comprend-on pas mieux ainsi l'évolution de Fontenelle ? En imitant Van Dale, il interprète les fables de façon assez traditionnelle, puis il parvient à une conception plus originale et plus forte, celle qui attribue l'origine des religions à un mécanisme psychologique et non à une imposture déterminée. Mais en fait, même dans l'*Histoire des oracles,* la superstition naît d'abord de la stupidité populaire avant l'intervention des prêtres (30), et l'on retrouve toujours les mêmes facteurs : l'analogie qui favorise la diffusion d'une croyance, et le respect des Anciens qui la consolide. La pensée de Fontenelle sur ce point s'est nuancée et enrichie au fil des années ; elle ne s'est jamais altérée.

Comme dans les *Lettres galantes,* il souligne dans *Sur l'Histoire* la vogue du jeu, qui ruine la littérature (31). C'est en 1680 que Hauteroche fit représenter *La Bassette* (32) ; la même année le *Mercure* d'avril publia des vers d'un cavalier qui avait perdu au jeu son argent et qui reçut la bourse de Mme Deshoulières pour continuer la partie (33) ; Champmeslé en 1683 donna *Les joueurs* (34) ; en 1682, le cercle de Mme de Mazarin se convertit à la bassette et Saint-Evremond s'en désola :

> Tout se change ici-bas, à la fin tout se passe,
> Les livres de bassette ont des autres la place,
> Plutarque est suspendu, *Don Quichotte* interdit,
> Montaigne auprès de vous a perdu son crédit,
> Racine vous déplaît, Patru vous importune,
> Et le bon La Fontaine a la même fortune (35).

C'est la même idée, ce sont presque les mêmes termes auxquels Fontenelle recourt dans son essai, et ces vers pourraient avoir inspiré ses réflexions, puisque dans les livres qu'il écrit à cette époque, on retrouve souvent l'influence de Saint-Evremond.

Nous sommes toujours renvoyés aux mêmes dates : en août 1679, Fontenelle avait publié *Le duc de Valois,* d'après Mézeray ; *Aspar* qu'il achève en décembre 1680, est tiré d'un épisode des chroniques de Byzance ; dans *La Comète* transparaît déjà son intérêt pour « l'origine des fables ». Tout cela est logique : Fontenelle a lu d'abord les livres d'histoire pour y chercher des sujets

---

(29) Telle est l'interprétation d'A. Robinet dans *Considérations sur un centenaire* (661) et surtout de J. Dagen dans *Pour une histoire de la pensée de Fontenelle* (460). Nous avons déjà exposé nos arguments dans *Revue d'histoire littéraire,* janvier-février 1968 (621 *bis*).

(30) *Première dissertation* dans *Œuvres* (3), t. II, p. 285-287.

(31) *Œuvres* (3), t. IX, p. 409.

(32) Cf. Parfaict, *op. cit.* (273), t. XII, p. 188-189 ; Lancaster, *op. cit.* (559), IV, I, p. 466 et 496. Deux comédies intitulées *La bassette* furent créées simultanément en mai 1680, la première de Hauteroche à l'hôtel de Bourgogne ; l'autre, anonyme (sans doute de Champmeslé) au théâtre de Guénagaud.

(33) *Mercure galant,* avril 1680, p. 150-154.

(34) Cf. Parfaict (273), t. XII, p. 363 ; Lancaster (559), IV, II, p. 496.

(35) Saint-Evremond (310), t. IV, p. 169.

d'anecdotes galantes ou de tragédies, puis sa réflexion s'est approfondie, et, tandis qu'il écrit les *Dialogues des morts,* où se reflète « toute l'histoire du monde », il note — mais pour lui-même, sans songer peut-être à être publié — ce que lui inspirent ses lectures. Le public dévorait les ouvrages historiques ; les salons de Paris où était passé le jeune homme, ceux de Rouen où il revenait, étaient emplis de discussions dont cet essai est l'écho. Et son manuscrit dut circuler, car le traité *Sur l'étude et les sciences,* qui figura dans les *Œuvres posthumes* de Saint-Réal éditées en 1693, contient une allusion transparente à l'ouvrage de Fontenelle :

> Il faut être fort simple, dit un bel esprit, pour étudier l'histoire avec l'espérance d'y découvrir ce qui s'est passé ; c'est bien assez qu'on sache ce qu'ont dit tels ou tels auteurs ; et ce n'est pas tant l'histoire des faits qu'on doit chercher que l'histoire des opinions et des relations (36).

Nous n'oserions pas affirmer que l'*Histoire des Ajaoiens* est bien de Fontenelle avant d'avoir analysé cet ouvrage. Mais il est vraisemblable qu'il date de cette période. Certes, Lichtenberger réserve le problème et note : « A certains traits (existence des esclaves, sévérité des règles du mariage), on peut croire que cette utopie date effectivement du XVIIe siècle. Sous d'autres rapports, elle a un caractère très XVIIIe siècle » (37). Mais ce livre évoque surtout l'*Histoire des Sévarambes* qui parut en France de 1677 à 1679 (38). L'auteur prétend conter un naufrage survenu en 1674 ; l'ouvrage se présente comme un récit fait par un hollandais, Van Doelvelt, et celui-ci affirme avoir achevé sa relation le 4 décembre 1682 (39). Cette date est trop précise pour qu'on la néglige. Le *Journal encyclopédique* de 1770 voit dans cette utopie une œuvre de Fontenelle, et ajoute : [c']... est une de ses premières productions et... il était bien jeune lorsqu'il en écrivit les premiers chapitres, mais c'est l'essai d'un auteur philosophe ; et, à travers la simplicité du style et l'ingénuité de la narration, il n'est absolument pas possible de méconnaître l'ingénieux et sage M. de Fontenelle. » (40). Nous verrons ce qu'il faut penser de ce jugement, mais il faut avouer en effet que le style des *Ajaoiens* est naïf, parfois gauche, qu'on y rencontre même des termes d'Ecole (41), ce que Fontenelle fuyait d'ordinaire par dessus tout. S'il est bien l'auteur de ce livre, il ne peut l'avoir écrit que très jeune ; peut-être même l'aurait-il ébau-

(36) *Œuvres* de Saint-Réal (315), t. IV, p. 175. Il est vrai qu'on ne saurait affirmer que les *Œuvres posthumes* sont réellement de Saint-Réal, mais cela ne change rien à la date de *Sur l'Histoire.* Cf. Dulong, *Saint-Réal* (491).

(37) Lichtenberger, *Le socialisme...* (580), p. 373, note 1.

(38) *L'Histoire des Sévarambes* (347).

(39) *La République des philosophes* (35), p. 152.

(40) *Journal encyclopédique,* 1770, t. I, p. 18.

(41) *La République des philosophes* (35), p. 41 : *a priori* — l'auteur s'excuse même d'employer ce terme dans la note 40 ; p. 43 : *per fas et nefas.* Ajoutons, p. 12 : *Quanta cadunt inter humana supremaque labra !*

ché vers 1677, lorsqu'il n'avait que vingt ans et que les premiers chapitres des *Sévarambes* venaient de paraître.

L'*Histoire du Romieu de Provence* fut seulement publiée en 1751 (42), et le *Journal des savants* écrivit à cette occasion : « Ce n'est que le commencement d'un roman... Il le composa, étant encore fort jeune dans le loisir d'une campagne où l'on ne connaissait d'autre littérature que des romans... M. de Fontenelle revenu à la ville et rendu à des études profondes, perdit entièrement son roman de vue... » (43). Toutes ces précisions sont assez vraisemblables ; cette campagne demeure incertaine ; on peut penser aux Andelys ou à l'un de ces châteaux de Haute-Normandie, où le jeune homme était invité. Comme plusieurs pages de ce petit roman se retrouvent dans l'*Histoire du théâtre françois* (44), nous avons cependant hésité à suivre ces indications. Mais comment admettre que Fontenelle, après 1690, au moment où il visait l'Académie des Sciences, ait voulu se donner l'apparence frivole d'un romancier ? Sans doute lui arrivait-il de composer des nouvelle ou des contes de fées avec Mlle Bernard, mais c'est elle qui en assumait la responsabilité. D'ailleurs, le *Romieu* présente maintes analogies avec les écrits de cette période. Ainsi Guillaume de Cabestan est l'un des protagonistes des *Dialogues des morts* (45) ; c'est dans les ouvrages de Jehan (46) et de Caesar (47) de Nostredame que Fontenelle a dû lire son aventure, et c'est là qu'il a trouvé le sujet du *Romieu* (48). Il avait été certainement conduit à cette lecture par Huet qui cite et loue les Nostredame dans son *Traité de l'origine des romans* (49). Mais l'influence directe de Huet lui-même se fait autant sentir dans le *Romieu* et dans l'essai *Sur l'Histoire*. Enfin, lorsqu'on interroge le héros du roman sur ses voyages, il répond : « Je fais à ma fantaisie des mœurs et des gouvernements qui ne sont pourtant pas contraires aux principes qui nous sont essentiels, et je dis : Tout cela est quelque part : si ce n'est pas cela, c'est quelque chose d'approchant ; voilà tout le tour du monde fait... » (50). Cet éloge des « voyages imaginaires », qui pourrait nous faire songer aux *Ajaoiens*, rappelle surtout la philosophie des *Dialogues* et de *Sur l'Histoire* : la nature humaine est identique à travers tous les lieux et tous les siècles.

Il est impossible de dater plus précisément ces ouvrages ; ils durent à peu près tous être commencés avant 1680 et être achevés

---

(42) D'abord dans le *Mercure galant* de janvier 1751, p. 5-24 ; puis dans les *Œuvres* (3), t. VIII, p. 347-374.

(43) *Journal des savants,* juin 1751, t. I, p. 366.

(44) Le début de l'*Histoire du théâtre françois* dans *Œuvres* (3), t. III, p. 7-11 et 15-16 est une reprise presque littérale du *Romieu* (*ibid.,* t. VIII, p. 349-353 et 357-358).

(45) *Œuvres* (3), t. I, p. 83-87.

(46) Jehan de Nostredame, *Les vies des plus célèbres et anciens poètes* (268), p. 36 (première éd. en 1575).

(47) Nostradamus, *Histoire et chronique de Provence* (268), p. 170.

(48) Nostredame (268), p. 55, 57, 65, 84-85, 136, 229. Nostradamus (267), p. 204.

(49) Huet, *Traitté de l'origine des romans* (193), p. 129.

(50) *Œuvres* (3), t. VIII, p. 371.

en 1684. Il serait arbitraire de chercher dans quel ordre ils furent écrits ; leurs différences le plus souvent ne s'expliquent pas par l'évolution de l'auteur ; ce sont plutôt des zones différentes de son esprit, tantôt plus superficielles, tantôt plus profondes, qui apparaissent ; on ne saurait parler le même langage quand on écrit une *lettre galante* qui doit être lue dans un salon, un *dialogue* capable d'intéresser les historiens et les moralistes, et un brouillon plus ou moins scandaleux qu'on gardera dans ses tiroirs ou qu'on ne montrera qu'à ses amis. Le talent de Fontenelle était justement remarquable par sa souplesse et sa merveilleuse faculté d'adaptation à toutes les circonstances et à tous les publics. Cette variété ne doit cependant pas nous abuser ; toutes ces œuvres interfèrent et se correspondent... Les mêmes problèmes y sont débattus ; il s'agit toujours de l'humanité dans son aspect le plus concret ; historique, social, politique... Rien de moins cartésien que cette curiosité et ce goût de l'érudition. Nous verrons d'ailleurs, en lisant ces écrits, que l'y retrouve toujours l'influence des mêmes auteurs (51).

(51) Nous ne savons rien de précis sur la vie intime de Fontenelle durant cette période. Tout au plus peut-on noter que dans *Les Jeux olympiques* (*Mercure galant*, janvier 1682), le poète chante « une passion qui avait déjà duré cinq ans ». Doit-on supposer que son idylle avec l'Iris de 1677-1680 se prolonge encore ?

CHAPITRE I

« UN SIECLE AUSSI CORROMPU QUE LE NOTRE... » (1)

Une littérature à la mode.

L'*Histoire de mon cœur,* l'*Histoire de mes conquêtes,* les pièces galantes qui parurent dans le *Mercure* de 1681, et les *Lettres du Chevalier d'Her...* constituent un ensemble d'œuvres analogues, où la même société et les mêmes situations apparaissent. Rien de plus banal à première vue que cette littérature : la même année 1681, un privilège était donné le 7 novembre à Nicolas Pradon pour la publication des *Lettres de tendresse de Timandre à la jeune Iris & de la jeune Iris à Timandre* (1 bis) ; le *Mercure* d'août et de décembre contenait des *Conseils désintéressés à la jeune Iris,* qui furent sans doute écrits par Pavillon (2). Dans le numéro où il annonçait la publication des *Lettres diverses de M. le Chevalier d'Her...,* Donneau de Visé signalait qu'un autre recueil de lettres allait paraître au même moment (3) ; et ce genre avait ses critiques et son esthétique : on imprimait en février 1683 des *Sentiments sur les lettres & les histoires galantes* (4)... La plupart des œuvres de Pavillon, celles de Le Pays, certains écrits de Mme de Villedieu et même de Saint-Evremond reflétaient les mêmes tendances ; il y a peu de numéros du *Mercure,* où Donneau de Visé n'ait glissé quelque nouvelle de ce type. Il semble que cette mode remonte à 1670 environ : c'est l'année où Mme de Villedieu fit paraître ses *Annales galantes,* et les contemporains reconnurent que c'est elle qui avait créé le genre. Cependant de Visé donna dès 1669 ses *Nouvelles galantes et comiques,* et il définit assez bien le contenu et les intentions de son livre dans l'*Epître à mes maîtresses* qui sert de préface :

---

(1) II, lettre XI, éd. Delafarge (13), p. 118.
(1 *bis*), Ms. fds fr. 21946.
(2) *Mercure galant,* août 1681, p. 64-79 ; décembre 1681, p. 389-390. Cette pièce fut en effet réimprimée dans les *Œuvres* de Pavillon (277).
(3) *Ibid.,* février 1683, p. 325-326.
(4) *Ibid.,* février 1683, p. 325-326.

> Les infidélité que quelques-unes de vous m'ont faites, autorisent ce que je viens de faire ; et je ne puis moins pour me venger que de publier vos perfidies. sans découvrir vos véritables noms. J'ai mêlé beaucoup d'autres nouvelles avec les vôtres pour ne pas fatiguer le lecteur, qui se rebuterait peut-être s'il ne trouvait que l'histoire de vos inconstances, et pourrait concevoir pour tout votre sexe une haine qui n'est due qu'à vous... toutes vos actions font trop voir que vous ne vous souciez plus de rien que de vos intérêts et de vos plaisirs, et je vous méprise autant que je vous ai aimées (5).

Nous voyons ce que le public attendait de cette littérature : des anecdotes piquantes qui paraissent tirées de la réalité ; une morale assez amère et sarcastique. De Visé définissait même la forme qui convient à ces écrits : « ... je prie ceux qui ne trouveront pas le style de mes nouvelles assez ampoulé, de se ressouvenir que ces sortes d'ouvrages n'étant que des récits de choses plus familières que relevées, le style en doit être aussi aisé et aussi naturel que celui d'une personne d'esprit qui ferait agréablement un conte sur le champ... » (6).

Fontenelle s'est plié à toutes ces exigences : l'avertissement de la première édition des *Lettres galantes* précise qu'on ne saurait exiger de ce livre trop de pureté grammaticale ; c'est un « homme du monde » qui parle, et non un docte (7). Le *Mercure* y a complaisamment retrouvé un style « semblable à la conversation » (8). Faut-il piquer, intriguer les lecteurs ? « Il s'est fait depuis un mois entre deux personnes aussi délicates que spirituelles un commencement de liaison d'une nouveauté assez singulière » (9) : ainsi est annoncée l'*Histoire de mon cœur ;* et que de finesses pour que le public s'interroge sur l'identité du Chevalier d'Her ! Les lecteurs — affirme de Visé — « croient que c'est un homme qui, par trois ou quatre lettres mêlées dans son recueil pour se faire paraître d'une profession dont il n'est pas, ou écrites par d'autres, se cache pour éprouver le goût du public. Dans cette pensée, ils jettent les yeux sur de fort habiles gens pour découvrir l'auteur de ces lettres... » (10).

Les amants sincères.

Une dame oblige son amant à lui conter ses aventures passées : telle est la fiction qui soutient l'*Histoire de mon cœur :* c'est le plus vieux et le plus banal des sujets de roman ; un jeune homme fait l'expérience du monde et des femmes : « Ma première passion,

---

(5) *Les Nouvelles galantes* (161), t. I : *Epître à mes maîtresses.*
(6) *Ibid.*, t. I : *Préface.*
(7) *Lettres diverses du Chevalier d'Her...* (11) (privilège du 28 avril 1683 registré le 11 mai ; achevé d'imprimer le 18 mai), *Le libraire au lecteur.*
(8) *Mercure galant,* mai 1683, p. 328.
(9) *Ibid.*, janvier 1681, p. 189-191.
(10) *Ibid.*, mai 1683, p. 239-241.

presque au sortir de l'Académie, fut une dame qui était en possession de former la plupart des jeunes gens. J'étais en ce temps-là beaucoup plus capable de faire du bruit que de parler, et les assemblées tumultueuses étaient beaucoup mieux mon fait que des conversations un peu régulières... (11). Mais elle est tellement entourée de galants qu'il ne parvient même pas à faire sa déclaration. Ensuite vient « une jeune personne nouvellement mariée, fort bien faite, et qu'on disait avoir de l'esprit... » (12) ; il serait capable de l'aimer, mais « nous entrâmes l'un avec l'autre dans une espèce de jalousie tout à fait particulière. C'était une jalousie d'esprit... » (13). Il commence à mûrir, il lui faut maintenant « quelque chose de nouveau et de plus piquant. » (14). Ce sera une toute jeune fille, pleine de naïveté ; « c'était la simplicité de l'Age d'or » (15); il lui enseigna « toutes les délicatesses de l'amour » (16), mais « à la fin, elle me passa dans l'art que je lui avais enseigné » (17) ; aussi décident-ils bientôt de rompre. « Je passai une bonne année, bien résolu aussi de mon côté à n'aimer jamais... » (18). Survient « une dame. C'était une vraie femme. Elle en avait toutes les bonnes et toutes les mauvaises qualités, pleine d'esprit, ou plutôt d'imagination... mais inégale, impérieuse et aigre autant et à peu près qu'on le peut être, laide par-dessus tout cela et ayant quelque âge... » (19). Mais son esprit et surtout ses malveillances lui donnent du piquant ; cependant le cavalier est réduit au bout de quinze jours « à n'être qu'un amant de montre et de parade... Je fus ravi qu'un rival aimé vînt me dégager... » (20). Enfin la dernière, celle à qui il adresse ses confidences ; il lui dédie pour conclure quelques strophes ; il ne veut pas être jaloux de tous les jeunes gens qui l'entourent :

Ce n'est pas après tout que je n'aimasse mieux
(Soit dit sans offenser votre air incomparable)
Que ce fût seulement à mon cœur, à mes yeux
    Que vous vous montrassiez aimable...
    Cependant mon cœur se résout
    Vous le voulez d'une autre sorte.
    On doit s'accommoder à tout,
Aimez-moi seulement, le reste ne m'importe. (21).

Sa maîtresse lui répond en lui envoyant l'*Histoire de mes conquêtes ;* elle commence par faire son propre portrait : « J'ai eu une éducation très capable de m'étouffer l'esprit ; cependant je n'ai pas laissé d'en réchapper, et d'en sauver quelque chose... Il y

(11) *Ibid.*, janvier 1681, p. 192-193.
(12) *Ibid.*, janvier 1681, p. 196.
(13) *Ibid.*, janvier 1681, p. 200.
(14) *Ibid.*, janvier 1681, p. 200.
(15) *Ibid.*, janvier 1681, p. 201.
(16) *Ibid.*, janvier 1681, p. 203.
(17) *Ibid.*, janvier 1681, p. 204.
(18) *Ibid.*, janvier 1681, p. 207.
(19) *Ibid.*, janvier 1681, p. 208.
(20) *Ibid.*, janvier 1681, p. 212.
(21) *Ibid.*, janvier 1681, p. 219.

avait en moi des commencements de plus d'esprit que je n'en ai... » (22). Elle fut d'abord aimée par « un jeune homme toujours assez bien mis, mais qui du reste n'avait aucun caractère... On ne savait ce que c'était. » (23). Puis elle rencontre un cavalier plein d'esprit dont elle s'éprend ; il lui enseigne l'usage du monde. Elle l'admire et ils s'aiment mais « la fortune a renversé tout ce qu'avait fait l'amour... » (24). Vient ensuite un troisième galant : « Ses manières faisaient honneur à son esprit... Il y avait dans sa physionomie je ne sais quoi qui m'était suspect en fait de tendresse ; et quand je le voyais, mon cœur m'avertissait que je ne me fiasse point trop à lui... » (25). Elle le quitte pour un autre amant : « C'étaient les manières du monde les plus tendres, l'air le plus doux... Des honnêtetés, des complaisances, des empressements, autant qu'on en pouvait souhaiter ; tout cela lui tenait lieu de vivacité, d'imagination et d'enjouement dans l'entretien, et empêchait en quelque sorte qu'on ne s'aperçût que ces choses-là lui manquaient... » (26). Cette liaison ne dure pas plus que les autres...

Ne demandons pas à ces nouvelles de nous peindre de façon pittoresque la société contemporaine. Certes, le monde qu'évoque Fontenelle est bien réel : ces liaisons éphémères, ces engagements épidermiques, cette instabilité générale, c'est la vie que menait la jeunesse à Paris ou à Rouen ; les comédies du temps présentaient les mêmes personnages et les mêmes aventures. Mais cette description demeure ici purement abstraite ; les nouvelles de Donneau de Visé, celles même de Préchac (27) étaient autrement colorées et concrètes. Il est visible que Fontenelle ne s'est intéressé qu'à la psychologie de ses personnages. S'il a choisi le thème de l'éducation sentimentale, c'est peut-être pour se confier, mais c'est sûrement parce que ce sujet permettait de fair défiler une série de portraits — toutes les maîtresses du jeune homme, toutes « les conquêtes » de la jeune fille. Ce sont d'ordinaire des *types :* la femme médisante et coquette, l'ingénue, la jeune mariée, voilà des figures banales, comme on pouvait en retrouver dans toutes les œuvres de l'époque. Certains détails toutefois paraissent plus authentiques : comme Donneau de Visé, Fontenelle a dû s'inspirer de l'actualité ; les aventures qu'il conte sont sans doute imaginaires, mais ses héros semblent souvent réels :

> Elle suivait toujours bien les pensées des autres, mais les siennes n'allaient pas loin. En un mot, elle avait beaucoup plus de bon sens que d'agrément. Pour le cœur, j'ai reconnu en toutes occasions qu'elle l'avait assez droit... Sitôt que l'humeur de faire des confidences la prenait, elle ne regardait pas de trop près aux confidents... (28).

---

(22) *Ibid.*, février 1681, p. 187.
(23) *Ibid.*, février 1681, p. 195.
(24) *Ibid.*, février 1681, p. 209.
(25) *Ibid.*, février 1681, p. 210-211.
(26) *Ibid.*, février 1681, p. 211-212.
(27) *Nouvelles du temps et à la mode*, 1680.
(28) *Mercure galant*, janvier 1681, p. 197.

De telles notations semblent trop singulières pour être imaginaires. Il devrait exister une clef, et bien des protagonistes de la société mondaine de Rouen ont pu se reconnaître dans ces portraits. On sait que le deuxième amant de la jeune fille n'est autre que Fontenelle lui-même.

L'auteur cède à tous les principes de la littérature galante. Il faut avant tout surprendre et intriguer le lecteur ; il importe que toutes les aventures évoquées soient rares et imprévues : « Il m'arriva avec elle ce que je crois qui n'est arrivé à personne... » (29), c'est une sorte de refrain ; chaque événement, chaque situation doivent être inouïs, singuliers ; les sentiments dépeints ne sauraient être banals. Heureusement l'intelligence de Fontenelle l'empêche de nous lasser par cette affectation, et l'amène au contraire à des remarques éclairantes ; ainsi ces analyses :

> Je ne sais pas bien si je conçus un véritable amour pour la dame ou si je me fis une affaire de vanité, d'être distingué chez elle aux yeux de tant de rivaux... Elle ne savait point encore qu'elle m'aimait, et ses yeux m'avaient fait confidence de sa tendresse longtemps avant qu'elle ne se la fît à elle-même... (30).

Il est évident que bien des traits de la psychologie de Marivaux se découvrent ici. Et l'on devine déjà, comme dans les *Lettres galantes,* comme dans les romans signés par Mlle Bernard une attention particulière pour la mauvaise foi et l'amour-propre qui nous dérobent la signification de nos actes. Faut-il voir dans cette insistance un souvenir des *Maximes* de La Rochefoucauld ou du traité de Jacques Esprit, ou simplement de *La Princesse de Clèves,* tant admirée naguère ? Mais les *Dialogues des morts* nous montreront la portée réelle et la gravité profonde de cette recherche.

Evidemment le genre ne permettait à l'auteur aucun jugement moral ; les deux héros font trop partie de cette société pour la juger ; ils s'amusent seulement des bizarreries et des absurdités qu'ils côtoient... Les seules valeurs que l'on puisse d'abord discerner sont l'amour et l'esprit. Comme Arlequin sera poli par l'Amour, l'ingénue est affinée par son séducteur : « Je voyais avec plaisir comment l'amour débrouillait tout ce petit chaos de son cœur et de son esprit... » (31) ; et sa maîtresse nous peint avec délicatesse sa métamorphose :

> Je pensais assez bien et je faisais des efforts pour pousser mes pensées hors de ma tête, mais j'avais beau faire. Je demeurais toujours riche de mille jolies choses que je n'avais point dites. ... Enfin je commençai à parler. Il m'échappa des choses assez heureuses, et qui furent fort applaudies. Il se trouva que j'avais de l'esprit. Jamais je ne fus si étonnée... (32).

---

(29) *Ibid.*, janvier 1681, p. 199.
(30) *Ibid.*, janvier 1681, p. 194.
(31) *Ibid.*, janvier 1681, p. 203.
(32) *Ibid.*, février 1681, p. 200.

Malgré l'intelligence de l'écrivain, l'ouvrage demeurerait insignifiant, s'il se bornait à cela ; ce ne serait qu'une expression parmi d'autres de l'idéal de la société moderne, idéal que Voiture, puis Saint-Evremond ont concouru à modeler, mais que la plupart des auteurs de cette génération célébraient inlassablement. Fontenelle prône une autre valeur : la *sincérité*. Les deux amants ne veulent rien se cacher de leurs aventures passées. Tous les galants qu'a rencontrés la jeune fille — sauf évidemment celui qui ressemble à Fontenelle — toutes les femmes qu'a courtisées le jeune homme participaient plus ou moins aux chimères de la société ; ils se trompaient sur eux-mêmes et voulaient tromper les autres. Certains se piquaient d'esprit, certains mimaient la tendresse, mais ils étaient tous faux — et malheureux. L'auteur semble nous indiquer qu'il est possible, à force de se connaître et de se contrôler, de parvenir à se dépouiller de toutes ces apparences mensongères. Ainsi la conclusion de l'*Histoire de mes conquêtes,* simple, décisive et noble : « Je vous ai confié toutes mes aventures et tous mes sentiments. Prenez vos mesures là-dessus. Si nous ne sommes pas le fait l'un de l'autre, le plus tôt que nous pourrons nous en aviser, ce sera le mieux » (33). La sécheresse même du style marque le refus de toute affectation. Et, quand la jeune fille s'analyse elle-même, c'est pour insister sur son horreur des chimères auxquelles cède son entourage : « Si je m'étais crue, ma tendresse eût ressemblé à celle de la plupart des femmes. Elle eût été jalouse, inquiète, ombrageuse, mais un peu de raison y a donné ordre... » (34). La raison sert donc à combattre l'amour-propre, et à faire retrouver la spontanéité naturelle : « Mon cœur prend les conseils de ma raison. Aussi n'est-ce pas une raison farouche. Elle approuve de certains engagements, et même les fortifie. Elle est de moitié avec le cœur à goûter ses plaisirs » (35). Cette lucidité et même cet artifice visent simplement à restaurer la Nature défigurée et à ressusciter le « paradis pastoral ». Car le même idéal, célébré dans des termes analogues, soutiendra tout le recueil des *Eglogues.* Cette nostalgie d'un monde édenique se devinait dans les pièces publiées dans le *Mercure,* mais elle restait bien superficielle ; on voit ici comme ce thème s'approfondit et se singularise. Hérité sans doute de Des Barreaux et de Mme Deshoulières, il prend avec Fontenelle un aspect particulier : la raison n'est pas maudite, mais utilisée ; un art de vivre est ébauché, fait de clairvoyance et de pondération. Ne nous dissimulons pas la profondeur de ces idées : toute l'œuvre future de Fontenelle s'y rattache ; même les *Ajaoiens* auraient pu naître de ce rêve tenace... Lahontan d'ailleurs se souviendra de cette conception de l'amour ; il dira que ses sauvages « n'ont jamais eu cette sorte de fureur aveugle que nous appelons amour. Ils se contentent d'une amitié tendre et qui n'est point sujette à tous les excès que cette passion cause à ceux qui en sont

(33) *Ibid.,* février 1681, p. 212.
(34) *Ibid.,* février 1681, p. 191-192.
(35) *Ibid.,* février 1681, p. 192.

possédés ; en un mot, ils aiment si tranquillement qu'on pourrait appeler leur amour une simple bienveillance... » (36).

Fontenelle à vingt-quatre ans.

L'importance et l'authenticité de cette morale apparaissent mieux, si l'on considère, comme nous l'avons dit, que le deuxième cavalier qui figure dans l'*Histoire de mes conquêtes* n'est autre que Fontenelle. Ce narcissisme n'a rien d'étonnant, puisque Mlle de Montpensier, Mlle de Scudéry, La Rochefoucauld, Louis Petit — et combien d'autres — avaient déjà livré au public leur portrait :

> L'amant dont je vous parle était d'un caractère fort particulier et une des principales choses qu'on lui reprochât, c'était cela même qu'il était trop particulier ; il aimait les plaisirs, mais non point comme les autres. Il était passionné, mais autrement que tout le monde. Il était tendre, mais à sa manière. Jamais âme ne fut plus portée aux plaisirs que la sienne, mais il les voulait tranquilles. Plaisirs plus doux, parce qu'ils étaient dérobés ; plaisirs assaisonnés par leurs difficultés ; tout cela lui paraissait des chimères... Il avait une espèce de raison droite et inflexible, mais non pas incommode, qui l'accompagnait presque toujours. On ne gagnait rien avec lui pour en être aimée : il n'en voyait pas moins les défauts des personnes qu'il aimait ; mais il n'épargnait rien pour les en corriger, et il ne s'y prenait pas mal. Des soins, des assiduités, des manières honnêtes et obligeantes, des empressements, tant qu'il vous plaira ; mais presque point de complaisance, sinon dans les choses indifférentes. Il disait qu'il aurait une complaisance aveugle pour les gens qu'il n'estimerait guère et qu'il voudrait tromper ; mais que pour les autres, il voulait les accoutumer à n'exiger pas des choses peu raisonnables, et à n'être pas les dupes de ceux qui les feraient. A ce compte, vous voyez bien que la plupart des femmes, qui sont impérieuses et déraisonnables, ne se fussent guère accommodées de lui, à moins qu'il ne se fût longtemps contraint ; ce qu'il n'était pas capable de faire. Il était d'une sincérité prodigieuse, jusque-là que, quand je le prenais à foi et serment, il n'osait me répondre que de la durée de son estime et de son amitié ; et pour celle de l'amour il ne la garantissait pas absolument. Il avait toujours ou un enjouement assez naturel, ou une mélancolie assez douce. Dans la conversation, il y fournissait raisonnablement, et y était plus propre qu'à tout autre chose : encore fallait-il qu'elle fût un peu réglée, et qu'il raisonnât ; car il triomphait en raisonnements, et quelquefois même dans les conversations communes, il lui arrivait d'y placer des choses extraordinaires qui déconcertaient la plupart des gens. Ce n'est pas qu'il n'entendît bien le badinage ; il l'entendait même trop finement. Il divertissait, mais il ne faisait guère rire. Son extérieur froid lui donnait un air de

(36) Lahontan (208), t. II, p. 133.

vanité ; mais ceux qui connaissaient son âme, démêlaient aisément que c'était une trahison de son extérieur... (37).

Fontenelle a visiblement fait effort pour se dédoubler et pour comprendre les sentiments qu'il inspire aux autres. Certes, le personnage qu'il peint est un peu l'idéal de toute sa génération : son goût des plaisirs, son esprit dans la conversation, son adresse à badiner ne lui sont pas personnels. Mais d'autres traits sont plus révélateurs. Comme Rousseau, comme Chateaubriand, comme beaucoup de ceux qui s'étudient, Fontenelle se sent « particulier », il n'est « point comme les autres ». Il craint de n'être pas compris : on le juge froid et vaniteux ; ce n'est qu'un masque ; il plaide pour la chaleur de son âme : il est capable de tendresse, de passion, de mélancolie même. Ce qui glace les autres, c'est qu'il ne s'abandonne jamais ; son affectivité, ses attachements sont perçus et dominés par sa raison. Il s'agit — bien sûr — de cette raison qui n'est pas « farouche » et qui « est de moitié avec le cœur ». Mais tout en lui est concerté — et il ne se conforme pas aux jugements de l'opinion, il se règle seulement sur les exigences de son esprit... Intellectuel qui détonne un peu, que l'on n'apprécie guère... Il y a peut-être un peu d'amertume dans ce portrait : Fontenelle n'a que vingt-quatre ans ; il s'efforce de s'expliquer pourquoi il semble « particulier » et « trop particulier » ; on croirait qu'il veut rassurer les autres, et se rassurer lui-même. Mais il y a aussi de l'orgueil : car il se fie à sa « raison droite et inflexible »... C'est un peu « l'homme naturel » égaré parmi des civilisés inquiets et menteurs, qui ne le comprennent pas, et dont il est forcément éloigné. Encore que cette « nature » soit foncièrement artificielle. Mais l'essentiel demeure cette « distance » qui le sépare des autres ; il ne se donne jamais tout à fait ni aux sociétés où il paraît, ni aux femmes qu'il aime. Et ce recul, il l'adopte d'abord envers lui-même : il refuse de se confondre avec ses émotions et les appels de son affectivité ; il les épouse et s'y dérobe à la fois. Il se voit agir — mais sans honte, ni orgueil — avec une sorte de lucidité supérieure, d'indifférence ou de lassitude.

Un roman singulier.

Le *Mercure galant* d'avril 1681 publiait la lettre d'une « aimable inconnue » : *Pour celle qui a si galamment écrit l'Histoire de ses conquêtes* (38), et le numéro de mai contenait la réponse : *Pour la spirituelle inconnue, qui s'intéresse si obligeamment dans mes aventures* (39). Personne n'a fait état de ces deux morceaux, qui sont certainement de Fontenelle, puisqu'ils prolongent les nouvelles parues en janvier et en février.

(37) *Mercure galant,* février 1681, p. 201-209 ; réimprimé dans les *Œuvres* (3), t. XI, p. lj-liv.
(38) *Mercure galant,* avril 1681, p. 31-37.
(39) *Ibid.,* mai 1681, p. 207-228.

Il ne s'agit d'abord — semble-t-il — que de piquer le lecteur et d'introduire la suite de l'*Histoire de mes conquêtes* : l'inconnue se demande pourquoi l'héroïne a rompu avec son deuxième amant, qui était si parfait — celui même qui ressemble à Fontenelle. Elle ajoute, et l'on saisit la rouerie de l'écrivain : « Ma mère croit l'avoir vu quelquefois chez elle, et m'en a dit des merveilles. Elle m'assure que si je vous pouvais engager à vous faire part de quelques-unes des conversations que vous avez eues ensemble, ce serait un ouvrage aussi rare que charmant... » (40). Peut-être ce même cavalier aurait-il été aimé des deux femmes.

La réponse est plus intéressante ; nous y découvrons une sorte de petit roman assez étrange. Evidemment le public demande, comme toujours, des situations inouïes, et la jeune fille écrit :

> Il serait assez plaisant que nous nous trouvassions rivales, et que celui dont vous êtes si charmée, fût le même qui a su toucher mon cœur. Je ne vois rien en cela de trop impossible, car je n'ai point entendu parler de lui depuis notre dernière entrevue, et il se peut faire qu'un reste d'amour pour moi lui ait fait choisir pour s'attacher une personne à qui je ressemble... (41).

Tous les procédés sont donc employés pour donner à l'aventure un aspect authentique. Les deux jeunes gens ne pouvaient espérer se marier. Leurs parents s'y opposaient ou, plus exactement, « nos conditions étaient égales et si égales que nous ne pouvions songer à être jamais l'un à l'autre, c'est-à-dire qu'il ne pouvait faire ma fortune, ni moi la sienne... » (42). Ils continuaient à se voir mais rarement et en secret, dans « une espèce de contrainte qui redoublait la tendresse » (43), et leur amour était forcé de prendre aux yeux des autres la forme de l'amitié. Mais c'est le jeune homme lui-même qui apprend à sa maîtresse qu'elle est demandée en mariage ; bien plus, tout en protestant de sa fidélité, c'est lui qui l'exhorte à céder : « Un établissement de fortune n'est jamais à négliger » (44). En quatre jours, elle est fiancée et mariée. On donne un bal masqué, le soir des noces, où paraît « un masque habillé négligemment, quoique de bon air... Il dansa, mais d'une manière triste, et qui laissait entrevoir qu'il eût mieux dansé s'il eût voulu... (45). Le mari « avait beaucoup de naissance et était très riche. » (46). Il part pour la province juste après le mariage, et meurt, avant même que sa femme ait appris qu'il était malade. Ainsi, explique-t-elle, « je n'ai pu avoir le temps de le connaître assez bien pour en faire le portrait. » (47).

D'étranges faiblesses paraissent dans cette nouvelle : cette fin

(40) *Ibid.*, avril 1681, p. 34.
(41) *Ibid.*, mai 1681, p. 209.
(42) *Ibid.*, mai 1681, p. 210.
(43) *Ibid.*, mai 1681, p. 213.
(44) *Ibid.*, mai 1681, p. 221.
(45) *Ibid.*, mai 1681, p. 226.
(47) *Ibid.*, mai 1681, p. 227.

abrupte, qui est assez invraisemblable, une excessive subtilité dans la scène centrale — celle où les deux amants décident de se quitter :

> Hélas ! répliqua-t-il, c'est parce que je sens votre perte trop vivement, que je souhaite que vous sentiez peu la mienne... J'aime mieux n'être point aimé que de vous livrer à la douleur que j'éprouve... (48).

Mais l'intérêt n'est pas là. Ces nouvelles aussi abstraites que l'*Histoire de mon cœur* et l'*Histoire de mes conquêtes* présentent une satire sociale plus virulente. C'est surtout le mariage qui est ridiculisé. Il ne s'agit pas seulement du grand thème, que Fontenelle et ses contemporains ont inlassablement repris, du divorce de l'Amour et l'Hyménée (49) : ce que Fontenelle veut dire, c'est que le monde où il vit ne repose que sur l'argent, et que toutes les relations individuelles y sont faussées. Avouons-le, nous ne serions pas surpris si ce petit roman avait un aspect autobiographique ; il est certain que le personnage central n'est autre que l'auteur lui-même ; a-t-il eu dans sa jeunesse une aventure analogue ? Sans doute a-t-il déguisé certains éléments ; la mort inopinée du mari semble fictive. Mais cette narration, malgré les conventions du genre, a souvent un accent personnel, et une certaine émotion s'en dégage : ainsi cette scène presque romantique, qui évoque un peu les comédies de Musset, où le masque mélancolique vient danser dans le bal que l'on donne pour le mariage de sa maîtresse. Malheureusement nous ne savons, pour ainsi dire, rien sur la vie sentimentale de Fontenelle à cette époque ; on peut seulement affirmer que l'héroïne ne saurait être l'Iris du *Mercure,* puisque les deux intrigues ne coïncident pas ; ni Mme de la Mésangère, qui se maria en 1678, mais qui habitait Paris auparavant et qui était d'ailleurs d'une famille bien plus riche que celle de Fontenelle. S'il était possible de démontrer qu'il exista dans la vie du jeune homme une telle liaison, le « chagrin » contre le monde, qu'il exprime dans les *Lettres galantes,* les sarcasmes des *Dialogues des morts,* toute cette littérature de révolte prendrait une signification plus profonde et plus émouvante.

En conclusion, la jeune fille écrivait : « ... Si vous voulez, je vous récompenserai d'un récit si triste par celui de nos premières conversations, qui pour la plupart furent pleines d'enjouement. Vous pouvez m'y engager, en prenant l'entremise du *Mercure* pour me faire telle confidence qu'il vous plaira... (50) ». L'œuvre, que Fontenelle semble ici envisager, ne vit jamais le jour : peut-être les *Lettres galantes* en contiennent certains éléments ; peut-être pensait-il déjà à des *Entretiens sur la pluralité des mondes.* On ne saurait rien dire de précis sur le sujet qu'il pensait aborder, mais il est certain que son talent inclinait vers la forme du dialogue, qu'il s'agisse d'amour ou d'astronomie...

---

(48) *Ibid.,* mai 1681, p. 218.
(49) *Prologue* de *Pigmalion* dans *Œuvres* (3), t. X, p. 241-264.
(50) *Mercure galant,* mai 1681, p. 227-228.

Les maîtres du Chevalier d'Her...

Le *Mercure* de mai 1683 commentait les *Lettres diverses du Chevalier d'Her...* L'originalité du recueil et la tradition dans laquelle l'auteur prétendait se placer étaient également indiquées :

> Nous n'avons guère d'autres lettres françaises généralement estimées que celles de Balzac et de Voiture, mais le style élevé des unes ne serait plus propre aujourd'hui que pour les harangues : et les pointes et les applications de proverbes qui règnent dans les autres, quoique très heureuses et très spirituelles, ne seraient plus à la mode, surtout si elles étaient perpétuellement affectées comme elles l'ont été par Voiture. Ce qu'il a encore, et ce qu'il aura toujours d'admirable, c'est la naïveté de son enjouement et les grâces de son badinage. Si j'ose dire que les *Lettres diverses* ressemblent à celles de Voiture, c'est par ce dernier endroit... (51).

Nous ne sommes évidemment pas surpris de retrouver ici cette aversion pour le style de « harangue », qui était décidément passé de mode. La référence à Voiture est plus intéressante. On sait que son prestige n'avait pas diminué depuis 1650. Ainsi le P. Bouhours, l'ami et parfois l'inspirateur de Fontenelle, le considérait comme son auteur favori ; Fontenelle l'admirait, il le regardait comme un prodige d'esprit (52) ; mais dans le texte du *Mercure,* percent des réserves : Voiture manque parfois de naturel. Nous trouvons dans le *Recueil des plus belles pièces* un jugement d'ensemble sur le poète de l'hôtel de Rambouillet :

> Nous n'avons rien en notre langue qui soit plus fin, plus délicat et plus enjoué que les lettres de Voiture... Jamais personne n'entendit mieux l'art de badiner noblement et agréablement ; il serait dangereux même à un bel esprit de se le proposer pour modèle... Celles que l'on nomme lettres amoureuses ne sont pas à beaucoup près si belles que les autres qu'on peut appeler pour la plupart lettres de galanteries ; il s'en piquait fort et il était bien aise que l'on crût qu'il était favorisé des dames. Il en aima plusieurs par vanité plutôt que par inclination. Les lettres qu'il leur écrivait étaient purement un jeu de son esprit, le cœur n'y avait point de part. Il est sorti de son caractère, quand il a voulu faire le passionné, et c'est peut-être pour cela qu'il n'y a pas si bien réussi... (53).

Ces éloges sont nuancés, il n'est même pas certain que le bel esprit qui conçut le Chevalier d'Her... soit tombé dans le danger de se proposer Voiture pour modèle. Il faut avouer que les ressemblances entre les deux auteurs demeurent imprécises ; D. Delafarge, au terme de ses recherches, reconnaît simplement une

(51) *Ibid.,* mai 1683, p. 327.
(52) II, lettre XI (1742) dans Delafarge (13), p. 118.
(53) *Recueil* (33), t. V, p. 1.

« parenté quelque peu éloignée, mais incontestable » (54). Fontenelle a un peu la même ironie, la même tournure d'esprit que Voiture ; jamais il ne s'inspire directement de ses *Lettres*.

Nous retrouverons ce trait : Fontenelle ne cite jamais les auteurs qui furent vraiment à la source de ses œuvres. A propos de *La Comète,* il invoquait Descartes, mais, nous l'avons vu, il se souvenait surtout de Gassendi et de Bernier. Il nous parle maintenant de Voiture et de Balzac. Son maître essentiel fut René Le Pays. On connaît bien la personnalité de ce fonctionnaire du Dauphiné (55). Né à Fougères en 1634, il s'attacha à Mazarin, et, après des voyages en Angleterre, aux Pays-Bas, en Hollande, il fut nommé par Colbert directeur des gabelles à Grenoble. Il nous trace lui-même son portrait, et Le Chevalier d'Her... et même Fontenelle lui resemblent un peu ; Le Pays ne nous cache ni son épicurisme, ni même son égoïsme : « Je ne sais si ma personne vaut la peine d'être conservée, mais naturellement je crains fort de l'exposer, et je fuis avec beaucoup de soin toutes les occasions où il y a quelque légère apparence de hasardeé sa vie. » Ses goûts, ses plaisirs ? On les devine :

> J'aime la société, la joie et le divertissement. Ce sont des choses qui me sont aussi nécessaires pour vivre que la nourriture que je prends tous les jours... Pourvu que je conte fleurette, je me mets fort peu en peine, si c'est avec une brune ou avec une blonde, avec une stupide ou avec une spirituelle, avec le brocard ou avec l'étamine... J'aime quand je veux, et je cesse d'aimer tout de même... (56).

Le Chevalier d'Her... est plus intellectuel, moins joyeux, mais il adopte le même parti-pris d'inconstance et de lucidité. Ce n'est pas seulement un type idéal qui correspond à une génération précise ; il semble qu'il existe entre Le Pays et Fontenelle une parenté innée. Nous sommes surtout frappés par l'excessive prudence des deux hommes, leur désir de ne rien faire qui puisse altérer leur santé ou leur équilibre. Voilà un trait trop particulier et trop intime, qui atteste une ressemblance naturelle entre leurs caractères. Et d'autres aveux de Le Pays pourraient être signés par notre philosophe : « L'ambition est une fièvre, dont je ne ressens guère les accès, et il me semble que j'en guéris peu à peu... Jamais je n'épouse de parti quand je puis demeurer neutre... Je ne saurais croire que la philosophie consiste en ces sortes de querelle, qui échauffent si fort la plupart des pédants... » (57). C'est la même recherche d'une morale indulgente qui assure le bonheur, la même condamnation des « fièvres » qui agitent la plupart des hommes.

Le Pays était protégé par Charles-Emmanuel de Savoie, la duchesse de Nemours, de Lionne ; aucune de ces figures ne paraît

(54) Delafarge (13), p. 17.

(55) On peut consulter P. Morillot, *Un bel esprit de province...* (615) ; G. Rémy, *Un précieux de province* (656).

(56) *Amitiez, amours et amourettes* (234), t. II, p. 364, sq. : *A Son Altesse Madame la duchesse de Nemours, portrait de M. Le Pays.*

(57) *Les Nouvelles Œuvres* (235), t. II, p. 2.

dans la biographie de Fontenelle, mais d'autres noms les rattachent l'un à l'autre : Tallemant des Réaux, le beau-frère de Mme de la Sablière ; Mme de Villedieu, que Fontenelle semble avoir connue personnellement, s'il faut en croire la notice du *Recueil des plus belle pièces,* où paraissent se refléter des souvenirs réels... (58). On remarque surtout que tous ceux qui soutinrent Fontenelle louèrent Le Pays : Bayle admira ses œuvres ; Basnage de Beauval le défendit dans son *Histoire des ouvrages des savants* ; à sa mort, le *Mercure* de mai 1690 lui consacra des pages élogieuses ; à cette époque, La Bruyère peignait la gazette comme une fabrique dirigée par Fontenelle ; il est vraisemblable que celui-ci a dû au moins inspirer cet article. Il ne reste cependant aucune trace de relations entre les deux hommes.

Si Le Pays était surnommé par ses ennemis « le singe de Voiture » (59), ses livres eurent un énorme succès ; il publia en 1664 *Amitiez, amours & amourettes,* un recueil de cent trente-cinq lettres, qui devint « le rudiment des amoureux de province » (60), en 1665 *Zélotyde, histoire galante,* en 1672 les *Nouvelles Œuvres.* Il ne borna pas son esprit aux galanteries de Grenoble : il loua Villon et Rabelais (61), et l'un et l'autre furent admirés par Fontenelle. Il se réclame avant tout de Voiture, de Sarasin et de Bensserade (62) ; le *Recueil des plus belles pièces* atteste le goût de Fontenelle pour ces poètes.

Certes, comme l'a noté D. Delafarge, Le Pays a le sel plus gros, il s'abandonne davantage à des gauloiseries ; jamais Fontenelle n'aurait écrit le *Récit d'un songe sur deux beaux tétons* (63) : cela peut s'expliquer par une différence de tempérament et aussi une différence d'époque. Mais les rapprochements qu'a faits D. Delafarge sont convaincants ; certains semblent même lui avoir échappé. Il est vrai que l'on retrouve dans *Amitiez, amours et amourettes* les mêmes allusions que dans les *Lettres diverses...* à l'histoire de Céladon (64), au *quinquina* (65), aux amours d'une « belle huguenote » (66), à *Clélie* (67) et à *Cyrus* (68), à la sottise des Flamandes (69). Mais les deux auteurs s'accordent aussi pour com-

---

(58) *Recueil* (33), t. IV, p. 231.

(59) Cf. Boileau, l'éloge ironique de la *Satire III,* vers 180 : « Le Pays, sans mentir, est un bouffon plaisant. »

(60) Dans Piganiol de la Force, *Description de Paris,* cité par Rémy (656), p. 118.

(61) Cf. Rémy (656), p. 142-146.

(62) *Ibid.,* p. 142.

(63) *Les Nouvelles Œuvres* (235), t. I, p. 125.

(64) *Amitiez...* (234), t. I, p. 13 ; Delafarge (13), p. 86 (I, XXXV).

(65) *Amitiez...* (234), t. I, p. 58 ; Delafarge (13), p. 89 (I, XXXIX).

(66) *Amitiez...* (234), t. I, p. 78 ; Delafarge (13), p. 63 (I, XVIII).

(67) *Amitiez...* (234), t. II, p. 107 ; Delafarge (13), p. 49 (I, VIII).

(68) En fait, dans Le Pays : *Amitiez* (234), t. II, p. 207, on trouve des recommandations à une jeune fille touchant la lecture de *Clélie* ; dans les *Lettres galantes* (13), p. 112 (II, VII), le Chevalier offre *Cyrus* à la jeune couventine.

(69) Le Pays, voyageant en Hollande, écrit que ces filles de ce pays « ne sont que des belles images et qu'elles n'ont de l'esprit qu'autant qu'il en faut pour discerner le vin de la bière et le beurre du fromage »,

parer la fièvre et l'amour (70), pour narrer un voyage, où ils rencontrent des « ridicules », pour regretter l'absence de leur belle (71), pour consoler leurs amis, quand ils perdent leur maîtresse (72) et pour décrire leur province (73). Les ressemblances qui apparaissent entre les *Lettres galantes* et les *Nouvelles Œuvres* sont encore plus fortes ; dans les deux livres figure une femme amoureuse de son mari, qui est pourtant laid et stupide (74). La même situation aboutit à la même conclusion : « Puisque je vous vois capable d'aimer votre mari, je ne désespère plus de rien. Il n'est point d'homme que vous ne soyez capable d'aimer » (75). Le Chevalier d'Her... montre aussi peu d'émotion que Le Pays devant les deuils domestiques (76) ; l'absence chez les deux hommes stimule l'amour (77) ; la Nature s'associe pareillement à leurs sentiments (78) ; ils mènent de front les procès et les galanteries (79).

On peut penser encore à Mme de Villedieu, qui avait publié en 1668 un *Recueil de quelques lettres ou relations galantes* (80). Ces épîtres furent écrites lors d'un voyage dans les Pays-Bas ; on y retrouve donc une évocation analogue de la lourdeur flamande (80 *bis*) ; et, comme Mme de Villedieu ébauchait un parallèle entre les belles de Paris ou de province et les dames de Hollande (81), le Chevalier d'Her... dans ses campagnes montre quelque sensibilité pour une jeune fille des Pays-Bas, bien dépourvue cependant de grâce et d'esprit (82). Les amours d'un Chevalier de

---

passage cité par Delafarge (13), p. 19-20 ; cf. *Lettres galantes* (13), p. 74 (I, XXVI) ; 76-77 (I, XXVIII) ; 78-79 (I, XXX).

(70) *Amitiez* (234), t. I, p. 39 ; *Lettres galantes* (13), p. 89 (I, XXXIX).

(71) *Amitiez* (234), t. I, p. 66 ; *Lettres galantes* (13), p. 51 (I, X).

(72) *Amitiez* (234), t. II, p. 167 ; *Lettres galantes* (13), p. 90 (I, XXXIX).

(73) *Amitiez* (234), t. II, p. 287 : *A M. de la V.S.D.F., Description de Grenoble* ; *Lettres galantes* (13), p. 92-93 (I, XLI).

(74) *Les Nouvelles Œuvres* (235), t. I, p. 1-4 ; *Lettres galantes* (13), p. 103-104 (II, I).

(75) *Les Nouvelles Œuvres* (235), t. I, p. 3-4. Fontenelle écrit : « Elle a renoncé à toute pudeur, elle lui dit publiquement mille choses tendres, et lui donne de petits noms... sa femme est folle de lui, elle le sera bientôt de quelque autre. C'est la plus dangereuse chose du monde pour un mari, qui n'est pas aimable, que d'être aimé, dès qu'il est mari, il faut qu'il ait plu par des agréments qui ne peuvent pas lui être particuliers. Je vous réponds que Madame... doit avoir un tempérament sur lequel la vertu du sacrement a opéré aussitôt ; et, si ce tempérament favorable a trouvé un certain mérite au mari, il est à craindre qu'il ne le trouve aussi à bien d'autres... » *Lettres galantes* (13), p. 103-104.

(76) *Les Nouvelles Œuvres* (235), t. I, p. 5, sq. ; *Lettres galantes* (13), p. 131-132 et 142 (II, XXI et XXIX).

(77) *Les Nouvelles Œuvres* (235), t. I, lettres III-VII ; *Lettres galantes* (13), p. 47-53 (I, VI-X).

(78) *Les Nouvelles Œuvres* (235), t. II, lettre XII ; *Lettres galantes* (13), p. 52-53 (I, X).

(79) *Les Nouvelles Œuvres* (235), t. II, p. 31 ; *Lettres galantes* (13), p. 42-44 (I, II, III).

(80) *Recueil de quelques lettres...* (355). Cf. E. Magne, *Madame de Villedieu* (584).

(80 *bis*) *Recueil* (355), p. 1-2, 5.

(81) *Ibid.*, lettre V.

(82) *Lettres galantes* (13), p. 74 (I, XXVI), p. 76-79 (I, XXVIII-XXX).

Malte figurent dans les deux ouvrages (83) ; Fontenelle comme Mme de Villedieu, s'intéresse aux mariages secrets et en fait même l'apologie (84). Tous ces rapprochements demeurent cependant assez superficiels.

Le *Recueil de pièces galantes* (85) de Mme de la Suze et de Pellisson contient des lettres où sont traités dans un style analogue la plupart des sujets qu'aborde le Chevalier d'Her... Ainsi cette déclaration, cette menace humoristique, pourrait aussi bien être signée par Fontenelle : « Je vous avertis, Mademoiselle, que pour votre gloire aussi bien que pour la mienne, vous devez précipiter cette récompense, si vous songez qu'autant de jours que vous la retardez, autant en diminuez-vous le prix... » (86). Dans les deux ouvrages, reparaît le thème galant du *songe* (87) ; le Chevalier d'Her... envoie à ses amies « des pâtés d'un sanglier qui l'avait pensé blesser à la chasse » (88), du vermillon (89), un More et un singe (90) ; l'épistolier du *Recueil* adresse à sa maîtresse « des fruits de la campagne » (91). Pavillon a composé lui aussi des *lettres galantes* (92) ; comme le Chevalier d'Her... consacre une missive à une jeune Anglaise qui arrive en France, Pavillon écrit à Mme de Pelissari *sur le voyage de sa fille en Angleterre* (93). Mais ces rapprochements deviennent de plus en plus incertains ; autant dire que les *Lettres diverses* présentent les traits essentiels de toute la littérature mondaine de l'époque. Seule leur ressemblance avec les œuvres de Le Pays est éclatante et souvent littérale.

« *Des lettres écrites en l'air.* »

Fontenelle n'a pas imité servilement ses devanciers ; il renonce aux vers qui se mêlaient à la prose dans la plupart de leurs ouvrages ; il fuit tout ce qui serait burlesque ou trop vulgaire ; et surtout, comme l'*Histoire de mon cœur* et l'*Histoire de mes conquêtes,* ses lettres sont purement abstraites : aucun pittoresque, aucune description colorée. Il suffit de comparer le tableau de Grenoble brossé par Le Pays, plein de notations concrètes et réalistes (94), et la lettre à Monsieur d'A... *sur la conduite qu'il devait tenir dans la ville où il allait plaider* (95) ; tous les détails, le site, les mœurs

(83) *Recueil* (355), lettre VIII ; *Lettres galantes* (13), p. 169 (II, LI).
(84) *Annales galantes* (354 *bis*), t. I, p. 219-221 : *Articles d'un mariage clandestin ; Lettres galantes* (13), p. 152-155 (II, XXXVII-XXXVIII).
(85) *Recueil de pièces galantes* (223).
(86) *Ibid.*, t. II, p. 57 : *A Mademoiselle de la Motte.*
(87) *Ibid.*, t. II, p. 74 ; *Lettres galantes* (13), p. 75 (I, XXVII).
(88) *Lettres galantes* (13), p. 177-178 (I, XI, éd. de 1683).
(89) *Ibid.*, p. 182 (I, XLVIII, 1683).
(90) *Ibid.*, p. 87-88 (I, XXXVII).
(91) *Recueil* (223), t. II, p. 101.
(92) Pavillon (277), t. I, p. 120-136, 146, 157.
(93) *Ibid.*, p. 157.
(94) *Amitiez* (234), t. II, p. 187).
(95) *Lettres galantes* (13), p. 92-93 (I, XLI).

disparaissent ; il ne reste qu'une réflexion assez vague sur les guerres intestines des citadins de province. Une telle abstraction confère à ces épîtres une valeur assez générale : elles pourraient être écrites dans n'importe quelle ville ; mais elles perdent en même temps beaucoup de saveur. On peut supposer que Fontenelle s'intéressait davantage à la philosophie ou même aux mathématiques qu'à la vie de ses contemporains. Mais c'est surtout le caractère purement fictif de cette œuvre qui explique son dépouillement. Le Pays, Mme de Villedieu, Mme de la Suze, Pavillon écrivaient à leurs amis : sans doute transformaient-ils leur épître en un morceau littéraire, mais le point de départ était réel, et n'était jamais oublié. Fontenelle au contraire invente ses sujets, et ce n'est qu'un prétexte à développer ses méditations morales. Le *Mercure* ne s'y trompait pas ; il invitait les lecteurs à trouver dans ce livre des « traits de satire » (96), de « petites leçons » (97), et à reconnaître dans l'auteur « un philosophe galant dont l'esprit aisé s'accommode au temps » (98). Bayle souligna dans les *Nouvelles de la République des lettres* de décembre 1686 l'aspect imaginaire de ces épîtres. C'est là leur véritable originalité et c'est là ce qui a choqué les contemporains. La *chanson* recueillie par Tallemant des Réaux s'étonne qu'on puisse écrire des lettres « en l'air », « exprès pour faire un volume » (99) Voltaire ne dira rien d'autre : « Que doit-on penser de ces lettres imaginaires, qui sont sans objet et qui n'ont jamais été écrites que pour être imprimées ? C'est une entreprise fort ridicule que de faire des lettres comme on fait un roman, de se donner pour un colonel, de parler de son régiment et de faire des récits d'aventures qu'on n'a jamais eues... » (100). Nous n'avons aucune raison, après *La Nouvelle Héloïse* et *Les Liaisons dangereuses,* de trouver cette entreprise si ridicule. Boullier pouvait répondre : « Les incidents, les situations, l'espèce de roman, que l'auteur a feint pour servir de canevas, sont autant dans les règles de la vraisemblance et du naturel qu'un roman y peut jamais être... » (101).

Ce qu'il faut regretter, c'est que Fontenelle n'ait pas poussé ce projet jusqu'au bout, et que son ouvrage soit resté morcelé. Les lettres qui nous semblent les plus gratuites sont celles qui sont isolées : ainsi *à Madame de G... déclaration d'amour à venir* (102) : *à Madame D... qui prétendoit avoir entretenu quatre heures un esprit familier...* (103) ; *à Monsieur de C... sur ce qu'il étudioit la Philosophie de Descartes* (104). L'ouvrage devient au contraire plus

---

(96) *Mercure galant,* mai 1683, p. 329.
(97) *Ibid.,* mai 1683, p. 330.
(98) *Ibid.,* mai 1683, p. 331.
(99) Ms. La Rochelle 673, f. 247.
(100) *Connaissance des beautés et des défauts de la poésie et de l'éloquence dans la langue française* dans Voltaire (359), t. XXIII, p. 398.
(101) Boullier (116), p. 274-295 : *Défense de M. de Fontenelle et de quelques autres auteurs* (1751), p. 290.
(102) *Lettres galantes* (13), p. 41-42 (I, I).
(103) *Ibid.,* p. 55-57 (I, XII).
(104) *Ibid.,* p. 53-54 (I, XI).

intéressant, lorsque certaines missives se groupent autour de la même aventure ; nous passons de la fiction convenue à la nouvelle. Le premier recueil renferme en somme quatre histoires suivies. Les dix lettres (105) à Mademoiselle de J... contiennent d'abord une « déclaration badine » (106), qui s'approfondit aussitôt (107) ; puis c'est l'évocation de l'absence qui amène le Chevalier à rêver au chant des rossignols dans « de grandes allées sombres » (108) ; enfin il retrouve la jeune fille « plus belle et plus brillante que jamais » (109), mais il a un rival (110), et bientôt il part combattre dans les Flandres (111). Trois épîtres narrent la liaison du Chevalier avec Madame de L.M. (112) ; elle devient sa maîtresse, mais il constate un beau jour qu'il ne l'aime plus (113) ; il ne doit plus vivre avec elle « qu'en bonne amitié » (114) ; cette situation est embarrassante : heureusement il a bientôt un successeur, et le voilà délivré (115)... Cinq missives à Mademoiselle de T... (116) : il voudrait se venger des infidélités qu'elle lui fait en courtisant une Flamande (117) ; mais, bien que la jeune fille ait une nuit prononcé son nom en dormant (118), elle finit par épouser son rival... (119). S'ajoute à cela l'aventure de Monsieur d'O... qui se marie contre le gré de son père résolu à le déshériter (120). Mais ces récits demeurent si vagues et si incertains, qu'il s'agit plutôt de développements sur des thèmes assez banals que d'une véritable création... Et, que dire des autres lettres où ne paraissent que des silhouettes aux traits imprécis ? Si ce recueil était issu, comme nous l'avons soupçonné, d'un jeu de société, on comprendrait que Fontenelle paraisse si souvent traiter des sujets imposés : ainsi l'*envoi du More et du singe* (121), *l'absence* (122), *la précieuse sotte* (123)...

On trouve dans le deuxième recueil plus de cohérence. Vingt-deux lettres sont groupées autour du personnage de Mademoiselle de V... (124) : elle est pensionnaire dans un couvent, et « la simplicité dans laquelle l'ont élevée les religieuses qui ont eu jusqu'à

(105) *Ibid.*, I : lettres VI, VII, VIII, IX, XIII, XIX, XV, XVI ; et XI et XXIX (1683).
(106) *Ibid.*, p. 47 (I, VI).
(107) *Ibid.*, p. 48 (I, VII).
(108) *Ibid.*, p. 51-53 (I, X).
(109) *Ibid.*, p. 59-60 (I, XV).
(110) *Ibid.*, p. 60-61 (I, XVI).
(111) *Ibid.*, p. 179-180 (I, XXIX, 1683).
(112) *Ibid.*, I, lettres XXIII, XXIV, XXV.
(113) *Ibid.*, p. 69-70 (I, XXIV).
(114) *Ibid.*, p. 71-72 (I, XXIV).
(115) *Ibid.*, p. 73 (I, XXV).
(116) *Ibid.*, I, lettres XXVI, XXVIII, XXIX, XXX.
(117) *Ibid.*, p. 74 (I, XXVI).
(118) *Ibid.*, p. 75-76 (I, XXVII).
(119) *Ibid.*, p. 77-78 (I, XXIX).
(120) *Ibid.*, I, lettres XLII, XLIII, XLIV, XLV.
(121) *Ibid.*, p. 87-88 (I, XXXVII).
(122) *Ibid.*, p. 51-53 (I, X).
(123) *Ibid.*, p. 83 (I, XXXIII).
(124) *Ibid.*, I, lettres VI, VII, VIII, IX, X, XVII, XIX, XXVII, XXVIII, XLI, XLII, XLIII, XLIV, XLV, XLIX, L, LIII ; et XIX, XX, XXXII, XXXIII (1687).

présent soin d'elle, relève beaucoup ses agréments » (125) ; les deux jeunes gens s'entendent pour se moquer de la nonne qui assiste à leurs entrevues (126) ; le Chevalier fait lire à la jeune fille *Cyrus*, qu'elle dévore (127) ; une maladresse le fait exclure du couvent (128) ; mais la belle doit paraître dans le monde, et c'est « un événement très considérable » qui « doit y causer une grande révolution » (129) ; on la mène à l'opéra voir *Psyché* ; elle en sort, tout émue : « Elle ne s'était point encore remise de toutes les petites agitations qu'elle avait essuyées : la musique remplissait encore ses oreilles, Psyché et l'Amour n'étaient point sortis de son esprit... et le soir que je la ramenai jusque dans sa chambre, je lui dis que si je ne la laissais pas dans ce moment-là au milieu d'une troupe de nymphes, du moins je lui pouvais promettre qu'elle habiterait toute la nuit dans le palais enchanté, et qu'elle serait Psyché plus de vingt fois... » (130). Elle apprend la musique (131), éclipse ses rivales au bal du carnaval (132) ; elle attrape la petite vérole, mais, grâce à un remède que lui fournit son amant, elle évite d'en être marqué (133) ; son premier cheveu blanc est l'occasion d'un nouveau badinage (134) ; puis un portrait qu'elle fait faire et l'habillement qu'il convient de revêtir pour la circonstance (135) ; enfin, le succès de ce portrait où elle paraît sous l'aspect de Flore (136). Quelques gauloiseries sur un accident qui lui est arrivé à la chasse et sur les soins scrupuleux du médecin (137) ; de nouvelles déclarations plus tendres que jamais : « Il n'y a que trois ans que j'ai l'honneur de vous voir, tous vos agréments me sont encore nouveaux... vous êtes la première personne que j'aie aimée telle qu'elle était, et qui ne m'ait rien dû de ses charmes... » (138) ; puis quelques plaintes sur sa sensibilité à l'opéra et son indifférence dans la vie (139) — voilà la fin de cette intrigue, qui, un peu mieux nouée, un peu plus pittoresque et plus mouvementée, eût offert un véritable roman : « Les débuts d'une jeune couventine dans le monde ». Mais tout cela reste assez flottant ; le visage et le caractère de Mlle de V..., sa vie même sont trop vagues, et les lettres qui évoquent cette idylle forment plutôt, comme dans le premier volume, un recueil de « pièces de circonstance » qu'une suite logique. C'est fâcheux, car quelques remarques dans certaines lettres, quelques heureux incidents qu'a imaginés l'auteur, donnent

(125) *Ibid.*, p. 111 (II, VI).
(126) *Ibid.*, p. 112-113 (II, VII).
(127) *Ibid.*, p. 112.
(128) *Ibid.*, p. 115-116 (II, IX).
(129) *Ibid.*, p. 117 (II, X).
(130) *Ibid.*, p. 127 (II, XVII).
(131) *Ibid.*, p. 127-128 (II, XVIII).
(132) *Ibid.*, p. 128-131 (II, XIX).
(133) *Ibid.*, p. 140 (II, XXVII).
(134) *Ibid.*, p. 189-191 (II, XXXII et XXXIII, éd. 1687).
(135) *Ibid.*, p. 158-160 (II, XLI et XLII).
(136) *Ibid.*, p. 160-161 (II, XLIII).
(137) *Ibid.*, p. 161-162 (II, XLIV).
(138) *Ibid.*, p. 169 (II, L).
(139) *Ibid.*, p. 172 (II, LIII).

l'idée de ce qu'aurait pu être ce petit roman : une sorte d'annonce des *Liaisons dangereuses* — dépouillées évidemment de leur violence et de leur satanisme. Les autres aventures du Chevalier sont encore plus vagues : il se délivre des plaintes et des « élégies » perpétuelles de Mad..., en lui fournissant un autre amant (140) ; on veut le marier à « Madame d'A..., la plus sage personne qui soit au monde » (141), et il ne trouve pas de meilleur moyen de se dérober que de prétendre que « son bien n'était pas ce qu'on croyait » (142) ; il rompt avec Madame d'H... qui ne vivait que pour le jeu (143).

Fontenelle aurait pu inventer le roman par lettres ; une sorte de timidité l'a retenu, et son œuvre paraît ainsi pleine de gaucherie : elle n'a ni la saveur et la spontanéité des lettres authentiques, ni la cohérence et les prestiges d'un roman suivi. Trop abstraite pour paraître réelle ; trop décousue pour que ses fictions nous entraînent.

« *Quelques traits de satire.* »

Les sujets de ces lettres sont-ils simplement des thèmes imposés ou des souvenirs d'œuvres littéraires ? N'y a-t-il dans ce recueil aucune observation de la réalité contemporaine ? Mathieu Marais évoque pourtant dans son *Journal* la deuxième lettre où « Fontenelle parle de *Dorigny* qui est un nom supposé ; le vrai est *Landon,* qui épousa M. Biton, receveur général des finances de Poitiers » (144). Un tel renseignement paraît intéressant ; malheureusement, dans cet ouvrage que Marais appelle d'ailleurs *Lettres au Chevalier d'Her...* (*sic*), il n'y a aucune *Dorigny,* il n'y a même aucun nom, seulement des initiales ; nous croirions volontiers qu'il s'agit d'une confusion et que Marais n'a jamais dû lire bien attentivement ce livre, pour lequel il marque un mépris si décidé.

Il est vrai que les personnages et les intrigues sont d'ordinaire si vagues qu'on ne saurait leur trouver des « applications » précises. Cela est surtout évident dans le premier recueil. Dans le second, figure le comte d'... qui épouse la fille d'un marchand pour redorer son blason (145) ; il a lui-même des maréchaux de France dans sa famille ; mais le comte et son épouse iront en pèlerinage, car la dame ne parvient pas à « produire » de garçons ; ils ont « filles sur filles » et redoutent que le nom ne s'éteigne (146). Sans doute faut-il songer au fils du duc de Saint-Aignan, qui se fit successivement appeler comte de Saint-Aignan, puis duc de Beauvillers ; la ruine de son père l'avait incité à épouser Henriette-Louise de Colbert, la fille du ministre, le 21 janvier 1671 ; jusqu'en 1685, ils eurent six filles, et pas un seul garçon. Ils étaient assez dévots

(140) *Ibid.*, II, lettres XIV, XV, XVI.
(141) *Ibid.*, p. 135 (II, XXIV).
(142) *Ibid.*, p. 137 (II, XXV).
(143) *Ibid.*, p. 150-151 (II, XXXV).
(144) M. Marais (247), t. IV, p. 586-587.
(145) *Lettres galantes* (13), p. 132-133 (II, XXII).
(146) *Ibid.*, p. 134-135 (II, XXIII).

pour imaginer un pèlerinage afin de remédier à cette disgrâce. Le duc de Saint-Aignan était un personnage en Normandie ; il est donc tout à fait naturel que Fontenelle ait pensé à ridiculiser les malheurs et la dévotion de son fils. Dans le même volume, on voit M. des R..., qui à soixante-quinze ans est marié avec une femme de vingt-cinq ans ; elle ne l'a épousé qu'avec l'espoir d'être bientôt une veuve fortunée, mais voilà dix ans qu'il s'entête à vivre et désespère les galants qui guignaient un si beau parti (147). On pense au duc de Saint-Aignan qui à soixante-dix ans s'était remarié secrètement en juillet 1680 avec Françoise de Rancé, âgée seulement d'une trentaine d'années (148). Mme de Scudéry, l'amie de Fontenelle, n'écrivait-elle pas en janvier 1681, quand cette alliance était encore inconnue du public : « Toutes les femmes courent après le vieux Saint-Aignan. Lorsqu'il s'agit de s'établir et d'avoir un rang, on ne trouve rien de honteux pour y parvenir » (149) ? Mais Saint-Aignan était à peu près ruiné (150) et l'on peut songer aussi bien au marquis de Genlis qui s'était remarié à soixante-dix-neuf ans — encore qu'il fût mort en janvier 1685, avant la parution du deuxième recueil des *Lettres galantes* (151).

« Mademoiselle de S.P. est mariée ? Je ne la croyais point faite pour le sacrement. L'amour, à ce que je vois, on use en grand seigneur, il marie les filles qui l'ont servi » (152) : cette histoire et les malicieuses réflexions qui l'accompagnent, évoquent le mariage de Mlle de Courtebonne et de François de Breteuil, qui fut chansonné en 1684 (153) ; la dame avait été la maîtresse de Poissy et de Marsin ; elle était sans biens, mais attendait l'héritage de sa grand-mère. Le Chevalier d'Her... rompt avec Madame d'H... qui ne songe qu'à jouer ; il gémit : « Cette maudite bassette est venue pour achever de dépeupler l'empire de l'Amour, qui était déjà en assez mauvais état, c'est le plus grand fléau que la colère céleste lui pût envoyer » (154) ; ces plaintes nous rappellent la Fare qui préféra la bassette à l'amour de Mme de la Sablière (155). *L'histoire d'un homme qui, pour venir à bout de la rigueur d'une dame dont il était amoureux, avait fait semblant de vouloir mourir de faim* (156) est trop étrange pour être purement fictive, mais nous ne sommes pas parvenu à en retrouver l'origine. Et, il faut avouer, malgré l'audace de cette « application », que *la vieille que son amant avait*

(147) *Ibid.*, p. 131-132 (II, XXI).

(148) Cf. *Mercure galant*, mars 1681, p. 145-154.

(149) Mme de Scudéry (320), p. 161.

(150) Sourches (321), t. I, p. 74 (février 1682).

(151) *Ibid.*, janvier 1685. Il est vrai que ce genre de mariage n'était pas rare à l'époque ; Sourches cite également le duc d'Estrées (*ibid.*, p. 170, 18 janvier 1685).

(152) *Lettres galantes* (13), p. 171 (II, LII).

(153) Ms. fds fr. 12620, ff. 211, 375, 377.

(154) *Lettres galantes* (13), p. 150 (II, XXXV).

(155) On peut aussi bien penser à Mme de Mazarin qui aimait tant jouer à la bassette, Saint-Evremond (310), t. IV, p. 169. Il est vrai que cet épisode évoque également, comme l'a noté D. Delafarge une lettre de Pavillon parue dans le *Mercure* de mai 1678, Pavillon (277), t. I, p. 93-96.

(156) *Lettres galantes* (13), p. 108-110 (II, V).

battue (157) ressemble assez à la Grande Demoiselle qui avait fait libérer Lauzun en 1681 et devait essuyer, comme elle le confesse dans ses *Mémoires* (158), ses mauvais traitements. Cependant les *Historiettes* de Tallemant des Réaux contiennent tout un développement sur les *Vieilles remariées et maltraitées* (159) et Fontenelle n'a peut-être traité qu'un lieu commun. Il y avait à l'époque tant de mariages clandestins que celui qu'il raconte peut n'avoir aucune source précise. Faut-il penser encore au vieux Saint-Aignan ? Mais la situation est vraiment trop différente. Ne serait-ce pas plutôt le comte de Soissons qui épousa secrètement en décembre 1682 Mlle de Beauvais (160) ? Sa grand-mère, la princesse de Carignan, s'opposa à cette union et le déshérita. Fontenelle évoque en effet une « vieille folle de tante » (161), qui interdit à Monsieur de la F... d'épouser Mlle d'Her... Mais la suite de l'histoire est différente : l'écrivain a dû inventer pour amuser ses lecteurs — et peut-être pour dissimuler son intention satirique — la naissance des deux jumeaux, qui oblige les époux à déclarer leurs noces... (162). Lorsque le Chevalier d'Her... nous parle d'une veuve jalouse de sa fille, il pense peut-être à des personnages précis que le public d'alors connaissait — et l'on serait tenté de reconnaître dans ces portraits Mme et Mlle Deshoulières... Mais il est également possible qu'il se souvienne simplement de la *Mère coquette* que Quinault et Donneau de Visé avaient naguère représentée (163). Plus vraisemblablement Mme Deshoulières paraîtrait dans ce recueil sous le masque de Madame de M..., la maîtresse du Chev. de B. : cette dame est déjà âgée, elle a une grande réputation d'esprit et de méchanceté, elle aime la philosophie et les mathématiques (163 *bis*). Ne serait-ce pas là une sorte de caricature de la poétesse ? Fontenelle avait assez de raisons de lui en vouloir pour s'abandonner à cette aigreur.

Dans le premier recueil, on discerne beaucoup moins de rapports avec l'actualité : les faits et les personnages sont plus généraux ou plus « littéraires ». D. Delafarge a rapproché la lettre relative à la conversion d'une protestante de plusieurs aventures analogues, dont on trouve le récit dans le *Mercure* de février, de mars, d'avril et de mai 1681 (164), mais les conversions étaient alors si nombreuses que Fontenelle a peut-être voulu évoquer un phénomène général plutôt qu'une « historiette » précise. Une seule intrigue paraît plus réelle : le Chevalier d'Her... s'étonne qu'un de ses amis envisage d'épouser Madame de..., qui est si riche, mais si

---

(157) *Ibid.*, p. 138-139 (II, XXVI).
(158) Mlle de Montpensier (259), p. 510, sq. Cf. ms. fds fr. 10265 (avril 1682).
(159) Tallemant des Réaux, *Historiettes* (336), t. V, p. 153-161.
(160) Sourches (321), t. I, p. 162.
(161) *Lettres galantes* (13), p. 153 (II, XXXVII).
(162) *Ibid.*, p. 155-156 (II, XXXIX).
(163) Les deux comédies avaient été créées en octobre 1665, Parfaict (273), t. IX, p. 369-378, Lancaster (559), III, II, p. 687-693.
(163 *bis*) *Lettres galantes* (13), p. 118-122 (II, XI, XII, XIII).
(164) *Mercure galant*, février 1681, p. 3-10, 177, 182 ; mars 1681, p. 199, sq. ; avril 1681, p. 218 ; mai 1681, p. 7-16.

laide (165) : en décembre 1682, selon Sourches, « Madame d'Albret, laide et fort riche épouse M. de Marsan, agréable et très pauvre » ; le roi voulut s'opposer à cette union et enleva à Mme d'Albret sa place de dame du Palais et son appartement à Versailles (166). Cette aventure eut sans doute assez de retentissement pour inspirer Fontenelle.

Il est certain que dans l'ensemble il n'a pas voulu faire « un livre à clef ». Seuls peut-être Saint-Aignan, son fils et Mme Deshoulières avaient lieu de s'irriter à cette lecture, et l'on devine que des motifs personnels ont joué. Mais en général les intentions de Fontenelle sont assez inoffensives. Quand il ne tire pas ses sujets des lettres de Le Pays il les emprunte à l'actualité, mais loin d'inciter le lecteur à reconnaître de hauts personnages dans les intrigues qu'il raconte, loin de chercher à donner à son ouvrage l'aspect d'une « chronique scandaleuse », il s'efforce au contraire de transformer la réalité pour la rendre plus générale et plus piquante ; entre ses mains, elle devient presque méconnaissable. Plusieurs aventures sont mêlées ; plusieurs personnalités sont confondues ; sur des bases réelles s'échafaudent des fictions. Fontenelle pourra plus tard blâmer la malice des *Caractères* de La Bruyère (167). Son propos est tout différent ; ceux qui l'ont approché ont souligné sa haine de la médisance (168). Peut-être son livre aurait-il eu plus de vie et plus de verdeur, s'il était resté plus proche de la vérité.

On y retrouve pourtant une peinture satirique de la société mondaine : les nouvelles publiées dans le *Mercure* nous le font pressentir, Fontenelle ne voit autour de lui que le règne de l'argent : un « gueux » épouse un laideron qui a quinze mille livres de rente (169) ; une jeune fille doit se marier avec un marquis fortuné, et elle a de la peine à s'y résoudre (170) ; le noble ruiné a choisi l'héritière d'un marchand (171); d'autres pourtant tombent « amoureux d'un arbre généalogique »... (172). D'ailleurs, la vie de province est mesquine (173) ; les nobles de village sont stupides (174) ; les vieilles maîtresses sont battues par leurs amants (175) ; les jeunes épousées se refusent à leurs maris (176) ; des vieillards goutteux parviennent à faire perdre à leurs femmes le goût des aventures (177), un gouverneur, si laid qu'il soit, est « l'Adonis de toute

(165) *Lettres galantes* (13), p. 80-81 (I, XXXI).
(166) Sourches (321), t. I, p. 163.
(167) *Mercure galant,* juin 1693, p. 258-284.
(168) Trublet (345), p. 261-262 et *passim.*
(169) *Lettres galantes* (13), p. 80-81 (I, XXXI).
(170) *Ibid.,* p. 103-104 (II, I).
(171) *Ibid.,* p. 132-133 (II, XXII).
(172) *Ibid.,* p. 45 (I, IV).
(173) *Ibid.,* p. 92-93 (I, XLI).
(174) *Ibid.,* p. 51-53 (I, X). Cf. Hauteroche, *Les nobles de province* (février 1678) ; voir Parfaict (273), t. XII, p. 81-89 ; Lancaster (559), IV, I, p. 461-463.
(175) *Ibid* (13), p. 138-139 (II, XXVI).
(176) *Ibid.,* p. 142-144 (II, XXX).
(177) *Ibid.,* p. 148-150 (II, XXXIV).

la ville » (178) ; un mari qui fuit à la campagne pour aimer sa femme dans la solitude revient tout seul à Paris au bout de deux mois (179) ; une fille galante trouve un homme assez sot pour l'épouser (180)... Les *Lettres galantes* prennent ainsi l'aspect d'un *miroir de la folie humaine* ; rien de très original dans cette peinture. C'est une société oisive, dont l'amour est l'unique divertissement et l'intérêt l'unique souci ; elle fait déjà penser aux satires des *Lettres Persanes,* aux tableautins du *Mariage à la mode* ; mais les lettres de la duchesse d'Orléans (181), les dernières *satires* de Boileau, Primi Visconti (182), l'*Espion turc* (183), La Bruyère bientôt, les cyniques comédies de Hauteroche (184), de Saint-Yon (185) et de Dancourt (186) reflètent le même monde et le même triomphe de la frivolité et de l'argent. On peut aussi se rappeler que Louis Petit, l'ami de Fontenelle, allait bientôt évoquer dans ses œuvres des scènes analogues (187). Cette description est seulement dans les *Lettres galantes* plus éprise de singularité et de *philosophie.*

« Un philosophe galant. »

L'auteur a donné au Chevalier d'Her... — et comment pouvait-il en être autrement ? — certains traits de son caractère ; lorsque le galant cavalier se révolte contre Descartes et lui reproche de nier l'objectivité des couleurs et d'assimiler les bêtes à des machines, ce n'est apparemment qu'un badinage : « ...mettez une machine de chien et une machine de chienne, l'une près de l'autre, il en pourra résulter une troisième petite machine ; au lieu que deux montres seront l'une auprès de l'autre toute leur vie, sans faire jamais une troisième montre » (188), mais ces plaisanteries — que Du Verney a pu inspirer — ne font que traduire les convictions sérieuses de Fontenelle et sa résistance à la métaphysique cartésienne. La *lettre à Madame D.* sur les esprits, reflète l'intérêt de toute une société pour les faits extraordinaires, et l'ironie de Fontenelle est l'ironie du sceptique, de l'ami de Donneau de Visé et du

(178) *Ibid.,* p. 164-165 (II, XLVI).
(179) *Ibid.,* p. 165-167 (II : XLVII, XLVIII).
(180) *Ibid.,* p. 171-172 (II, LII).
(181) Duchesse d'Orléans (271).
(182) Primi Visconti (292). Il n'est pas impossible que Fontenelle ait connu ce personnage, car on trouve dans *Traits, notes et remarques* de Cideville (ms. Rouen) d'intéressantes anecdotes à son sujet : comment de façon purement fortuite il obtint la protection des Vendôme et parvint à la fortune (p. 235-237).
(183) *L'espion dans les cours...* (249).
(184) *Les nobles de province* (février 1678) ; *La bassette* (mai 1680), etc.
(185) *Les Façons du temps* (1685).
(186) *Le chevalier à la mode* (octobre 1687), etc. Voir Parfaict (273), t. VIII, p. 53-57 ; Lancaster (559), IV, II, p. 577-595 et 533-536.
(187) Cf. *Satyres générales...* (279).
(188) *Lettres galantes* (13), p. 54 (I, XI).

négateur des « fables » (189). Le refus du mariage — « Comme le sacrement finit tout, il faudrait s'il était possible, ne le placer que vers la fin de sa vie » (190) — le goût des romans, avec les allusions à Céladon, à Cyrus, à Aronce (191), l'amour du pays natal — « Je suis de la même province que vous, j'aime ma patrie... » (192) — la haine des procès — « On ne prend ordinairement dans la maison des juges que du chagrin, de la haine, du dépit... le hideux personnage de plaideur... » (193) — voilà d'autres confidences auxquelles l'écrivain s'est laissé aller. Mais l'essentiel n'est pas là ; c'est évidemment quand il s'agit de l'amour et de la société que Fontenelle est le plus prolixe et le plus intéressant.

Il condamne sans ambages la société moderne. Nous avons vu les griefs qu'il lui adressait. Il évoque franchement « un siècle aussi corrompu que le nôtre » (194). Ce qu'il blâme, ce n'est pas tant l'avidité de ses contemporains que leur oubli des valeurs naturelles : « Il n'y a presque plus rien de naturel chez beaucoup de dames du grand monde, ni teints, ni tailles, ni sentiments ; la Nature s'est réfugiée chez les grisettes... » (195). De même que l'amant de l'*Histoire de mes conquêtes* « n'en voyait pas moins les défauts des personnes qu'il aimait », le Chevalier ne se dissimule pas la sottise de la précieuse qu'il courtise. Et il ne sait pas mentir, il avoue : « J'aime mieux qu'elle ne m'aime point que de la rendre si sotte » (196), ou encore : « Je sais bien que, dès que je la déclarerai bel esprit, elle m'aimera ; mais cela me fâche, la tête va lui tourner... Vous voyez comme j'ai l'âme bonne ; il y a une certaine friponnerie en amour, que je n'approuve point trop... » (97). Ce culte de la sincérité prend parfois un aspect brutal ; les déclarations deviennent aussi logiques et limpides que des théorèmes :

> Je ne vous aime que parce que je ne connais rien de plus digne d'être aimé ; et du jour que j'aurais découvert ailleurs plus de mérite, ne comptez plus sur moi. J'ai bien exactement calculé si ce que vous avez d'esprit et de beauté par dessus les autres récompenserait le moins de tendresse que vous avez. J'ai trouvé qu'il le récompenserait ; et sur cela je me suis mis à vous aimer... (198).

Naturel, franchise, n'est-ce donc que l'idéal pastoral qui reparaît ? Mais la morale de Fontenelle est plus ambiguë. Sa condamnation de la société se double d'une condamnation des romans. M. d'O...

(189) *Ibid.*, p. 55-57 (I, XII).
(190) *Ibid.*, p. 97 (I, XLIV).
(191) *Ibid.*, p. 49-50 (I, VIII) et 112-113 (II, VII).
(192) *Ibid.*, p. 99 (I, XLVI).
(193) *Ibid.*, p. 43 (I, II).
(194) *Ibid.*, p. 118 (II, XI).
(195) *Ibid.*, p. 45 (I, IV).
(196) *Ibid.*, p. 84 (I, XXXIV).
(197) *Ibid.*, p. 83 (I, XXXIII).
(198) *Ibid.*, p. 51 (I, IX).

risque d'être déshérité, s'il épouse la demoiselle dont il est amoureux. Il a demandé conseil au Chevalier, et voici la réponse :

> Il y a sur cette matière là deux partis à prendre, le parti héroïque, qui est de préférer la belle tendresse à tout, et le parti bourgeois, qui est de ne vouloir pas perdre vingt mille livres de rente pour une maîtresse... on se lasse d'être héros et on ne se lasse point d'être riche. Vous n'avez point vu vingt mille livres de rente faire des inconstants comme toutes les belles en font. Je sais que mes raisonnements vous paraîtront assez grossiers et qu'ils sont démentis par toute la métaphysique amoureuse ; je suis fâché que l'expérience que j'ai du monde ne me permette pas de conserver des idées que je trouverais aussi bien que vous plus nobles et plus délicates. Ce n'est pas ma faute si je ne crois pas que l'amour suffise pour le bonheur de quelqu'un... Et si l'amour trompe, à plus forte raison, l'amour qui devient ménage... avant que de vous déterminer tout à fait, abstenez-vous de la lecture des romans. (199).

Ainsi que nous l'avons vu, dans la nouvelle de mai 1681, c'est l'amant de la jeune fille qui lui conseillait de songer à son établissement et d'accepter le mari que ses parents lui proposaient. Lorsque le Chevalier d'Her... offre à la jeune conventine le *Cyrus,* il l'avertit de « ne pas exiger de ses amants tout le mérite d'Artamène et [de]... leur relâcher quelque chose, surtout de ce respect outré qu'il avait pour sa maîtresse » (200) ; il sait d'ailleurs que « le monde l'aura bientôt désabusée » (201) et « qu'elle viendra aisément à goûter la différence qui est entre le romanesque et le naturel... » (202). Cette destruction de l'héroïsme galant des générations antérieures est admirablement symbolisée, comme l'a noté J. Roger (203), dans cette étrange lettre qui clôt le premier recueil, où l'on voit une troupe de jeunes gens se préparer à une mascarade, s'habiller en « paladins » et en « chevaliers errants », puis renoncer soudain à leurs projets car « dans beaucoup de parties de cette nature..., toutes les fois qu'on s'est attendu à y avoir bien du plaisir, on n'y en a point eu du tout, et... quand le dessein a été fort agréable, l'exécution ne l'a pas été... » (204). C'est que la nature humaine est trop instable peur souffrir les attitudes outrées — si prestigieuses soient-elles — des héros de romans. Il se pourrait même que cette *lettre* soit dirigée, comme d'autres épisodes, contre le vieux duc de Saint-Aignan, qui aimait tant l'héroïsme d'autrefois et se faisait appeler « le chevalier errant ». C'est en tout cas cette nostalgie, partagée alors par beaucoup d'esprits, que Fontenelle veut ridiculiser. On sait qu'en 1684, l'*Amadis* de Quinault (205) inspira à Mme Deshoulières une ballade sur le thème :

---

(199) *Ibid.*, p. 94 (I, XLII).
(200) *Ibid.*, p. 113 (II, VII).
(201) *Ibid.*, *loc. cit.*
(202) *Iibid.*, *loc. cit.*
(203) J. Roger, *op. cit.* (664), p. 773-777.
(204) *Lettres galantes* (13), p. 102 (I, XLVIII).
(205) Cf. Gros, *op. cit.* (526), p. 145-150.

On n'aime plus comme on aimait jadis... (206)

Saint-Aignan renchérit :

O l'heureux temps où les fiers paladins
En toutes parts cherchaient les aventures... (207).

Pavillon (208) et La Fontaine (209) réagirent contre ce pessimisme et ces rêves romanesques. Il est vraisemblable que Fontenelle, qui se souvint de cette querelle en écrivant les *Pastorales,* eût pris parti contre les « paladins » et les « chevaliers errants ». Nous savons que, même s'il s'inspira souvent des poèmes de Mme Deshoulières, les deux écrivains ne cessèrent à partir de 1680 d'échanger des quolibets ou des épigrammes ; cette hostilité reflète peut-être, par delà les antagonismes personnels, le conflit de deux générations et de deux morales : l'une plus idéaliste, plus chimérique, l'autre plus mesurée et plus indulgente.

Critiquant à la fois cette société mensongère et les constructions artificielles des romans, Fontenelle en vient à définir une voie moyenne : c'est ce qu'il appelle la Nature. Et il s'appuie pour cela sur une psychologie et même une conception du temps assez singulières (210). Tout ce qui dure est condamné ; seuls les « débuts » dans l'amour, comme dans les mascarades, ont du charme : le temps ne revêt en somme à ses yeux qu'un aspect négatif ; il ruine au lieu d'enrichir. Seule l'instabilité compense cette érosion ; c'est encore une raison de condamner le mariage. Les « intermittences de notre cœur » nous surprennent : elles sont inopinées et irrévocables. « J'aimais, comme vous le savez, Madame de L.M. et je ne l'aime plus. Elle m'en fait des reproches : je n'entends que des plaintes perpétuelles... Cela me met au désespoir : car de bonne foi, est-ce ma faute si je ne l'aime plus... Je serais trop heureux d'aimer encore. » (211). Nous ne pouvons nous prévoir ni nous contraindre. Il nous est seulement permis de nous prémunir contre des surprises trop désagréables en recourant à « quelques réflexions mûres et solides sur le caractère de la plupart des femmes et même sur le caractère de l'amour » : « Vous demandez de la fidélité à votre maîtresse : vous seriez peut-être bien fondé si elle n'avait jamais aimé que vous, et si vous n'aviez jamais aimé qu'elle ; mais elle a eu déjà des passions qui ont fini, et malgré une expérience si convaincante, vous vous imaginez que la passion que vous lui inspirez, ne finira point » (212). En fait, la passion même est une chimère, avec ses jalousies, ses aigreurs et ses désespoirs ; elle naît de notre amour-propre ; la Nature ne tolère qu'une « amitié un peu égayée ».

(206) Mme Deshoulières (153), t. I, p. 178 sq.
(207) *Ibid.*, t. I, p. 184-186 ; voir *ibid.*, t. I, p. 178-189.
(208) Pavillon (277), t. II, p. 152-155.
(209) *Ibid.*, t. II, p. 150-151.
(210) Poulet, *Etudes sur le temps humain* (653), t. I, p. 133-145.
(211) *Lettres galantes* (13), p. 69-70 (I, XXIII).
(212) *Ibid.*, p. 90 (I, XXXIX).

Il ne reste plus qu'à « plier au temps », et à adopter « un art d'aimer » assez complexe, qui prolonge ou diversifie les sentiments :

> On n'a de part et d'autre qu'une certaine mesure de tendresse ; il la faut ménager ; ceux qui ne savent pas aimer, la prodiguent imprudemment. On se plaint des absences... cependant, pourvu qu'elles ne soient pas trop longues, elles font tous les biens du monde aux amants. Elles renouvellent un amour qui vieillirait ; et s'il languissait, elles le réveillent... (212 *bis*).

Citons encore cette recette pour le traitement des passions :

> Il faut étendre leur durée avec adresse, et les faire filer, pour ainsi dire, autant qu'on peut, en se ménageant de petits repos, des intervalles, d'autres occupations même... On veut être, par exemple, dans une extase perpétuelle auprès de ce qu'on aime, toujours également ravi et enchanté. La nature ne comporte point cela... (213).

Si toutes ces tentatives échouent, il convient de rompre, mais il y a certains principes à respecter :

> On n'entendrait point tant de plaintes de femmes abandonnées par leurs amants, si lorsque les amants se sentent eux-mêmes abandonnées par leur amour, ils avaient soin de se donner des successeurs qui empêchassent que leur perte ne fût sentie, et ce ne serait point là du tout une infidélité ; car quand je jure à une belle de l'adorer toute ma vie, cela ne se peut-il pas s'interpréter favorablement, que si je ne l'adore pas toujours, un autre l'adorera pour moi ; enfin que je ne la laisserai point sans un amant qui lui plaise ? (214).

Cette conception doit sans doute beaucoup à La Rochefoucauld (215) ou à Saint-Réal (216), mais le véritable maître de Fontenelle est Saint-Evremond (217). La morale des *Lettres galantes* n'est souvent qu'une paraphrase presque littérale de la *Maxime qu'on ne doit jamais manquer à ses amis* : il suffit de rapprocher les passages que nous avons cités de ces lignes de Saint-Evremond :

> ... Il n'y a point de sympathie si parfaite qui ne soit mêlée de quelque contrariété ; point d'agrément à l'épreuve d'une fami-

(212 *bis*) *Ibid.*, p. 67 (I, XXI).

(213) *Ibid.*, p. 166 (II, XLVIII).

(214) *Ibid.*, p. 124 (II, XV). Dans *Les jeux olympiques* de janvier 1682, se retrouve le même thème, *Œuvres* (3), t. IV, p. 357.

(215) *Maximes* : XLIII : « L'homme croit souvent se conduire, lorsqu'il est conduit » ; XLIV, XLV : « Le caprice de notre humeur... », etc., et surtout *De l'inconstance* dans les *Réflexions diverses*.

(216) Saint-Réal, *De l'usage de l'histoire*, dans *Œuvres* (315), t. I, p. 8 : « Que la bizarrerie ou la folie est le plus souvent la cause des actions les plus éclatantes » ; p. 16 : « Que la malignité est le plus souvent le motif de nos sentiments et de nos actions », etc.

(217) Rien d'étonnant à cela, si l'on considère le succès des œuvres de Saint-Evremond, et ses liens avec Pierre et Thomas Corneille.

liarité continuelle : les plus belles passions se rendent ridicules en vieillissant. Les plus fortes amitiés s'affaiblissent avec le temps ; chaque jour y fait quelque brèche... Après tout, c'est une chose bien lassante que de dire toute sa vie à une même personne : *je vous aime*. Rien n'approche de l'ennui que donne une passion qui dure trop... (218).

Les premiers plaisirs de chaque engagement ont je ne sais quoi de piquant, qui excite le désir de s'engager davantage. Dès qu'ils deviennent plus solides, ils rassasient. C'est pourquoi il n'y a pas de raison de reprocher le changement comme un fort grand mal... Tout ce qu'on peut demander raisonnablement aux personnes légères, c'est d'avouer de bonne foi leur légèreté et de ne pas ajouter la trahison à l'inconstance... (219).

Nous avons tort de nous récrier contre l'ingratitude et de blâmer ceux qui nous quittent ; nous sommes quelquefois bien aisés qu'ils nous donnent l'exemple de changer, nous cherchons querelle, nous faisons semblant d'être bien fâchés, afin d'avoir quelque prétexte pour nous mettre en liberté... (220).

Dieu n'a pas voulu que nous fussions assez parfaits pour être toujours aimables, pourquoi voulons-nous être toujours aimés ? Il faut donc avouer que les honnêtes gens mêmes trouvent dans les plus fortes liaisons des intervalles d'assoupissement et de langueur, dont ils ne connaissent pas toujours la cause... (221).

On remarque quelques nuances, Saint-Evremond compte sur « l'honneur » seul capable de secourir le cœur, de « jouer le personnage de la tendresse », de « sauver les apparences » jusqu'à ce que l'inclination « se réveille, et qu'elle reprenne sa première vigueur » (222). Et, malgré tout, il se laisse aller à certains regrets :

Mais hélas ! il n'est plus qu'au pays des romans
Des fidèles amis et de parfaits amants... (223).

Cette nostalgie et ces valeurs héritées des générations précédentes sont oubliées par Fontenelle.

Nous découvrons ainsi la secrète philosophie que contiennent les *Lettres galantes* : on perçoit une sorte de *fatalisme* ; notre cœur nous entraîne et nous surprend toujours ; notre seule liberté consiste à céder adroitement à l'irrévocable, ou mieux à l'exploiter. Si l'amour se soigne comme la fièvre par le *quinquina,* n'est-ce pas que le Chevalier d'Her... est passablement matérialiste ? Et le secret

(218) Saint-Evremond (311), t. II, p. 165 (première éd. en 1671).
(219) *Ibid.*, t. II, p. 166.
(220) *Ibid.*, t. II, p. 166-167.
(221) *Ibid.*, t. II, p. 167.
(222) *Ibid.*, t. II, p. 168.
(223) *Ibid.*, *loc. cit.* R. Ternois, dans les notes de cette édition, indique les textes de La Rochefoucauld qui ont pu inspirer Saint-Evremond, mais sur chaque point Fontenelle demeure plus proche de Saint-Evremond, et certaines pages de La Rochefoucauld citées ici n'étaient pas imprimées à l'époque (*De l'amour et de la vie...*).

de notre instabilité n'est peut-être que le mouvement des esprits animaux. Guillaume Lamy, qui inspirera à Fontenelle plusieurs pages de l'*Histoire des Ajaoiens*, s'était naguère demandé *pourquoi les passions finissent* (224), et il écrivait alors :

> De toutes les jeunes personnes qui aiment pour la première fois, il n'y en a pas une qui ne jurât par tout ce qu'elle estime davantage, que son amour ne finira jamais, et qu'elle durera autant que sa vie. En effet, elles le croient, et parce qu'elles s'imaginent qu'elles sont libres d'aimer, et que dans l'amour, elles trouvent beaucoup de douceur, elles se persuadent aisément qu'elles voudront toujours les goûter. Au contraire, celles qui ont été maltraitées de l'amour, et qui reviennent dans un état d'indifférence, assurent hardiment qu'elles n'aimeront plus. Tout cela arrive faute d'expérience et de réflexion sur l'inconstance de notre naturel. Nous ne pouvons non plus assurer de la durée de nos passions, que de l'état où se trouve un coq sur un clocher. Car comme celui-ci se tourne vers différents endroits, suivant la diversité des vents qui l'émeuvent et qui ne dépendent point de lui, de même l'âme sensitive a diverses passions suivant la diversité des objets qui la frappent dont la rencontre ne dépend point d'elle... la passion... pour l'ordinaire entraîne la raison... (225).

Peut-être l'analogie paraît-elle moins nette qu'avec le texte de Saint-Evremond. Mais Fontenelle évoque dans le deuxième recueil *le mariage d'un homme qui avait toujours fait profession de mépriser les femmes*. Le malheureux s'attire « une grêle de plaisanteries », et le Chevalier conclut : « Je frémis de la situation où il est. Mon cher ami, ne perdons jamais le respect pour les femmes en général, ni pour le mariage, ni pour toutes les choses auxquelles elles peuvent s'intéresser. Nous sommes trop exposés à leur vengeance » (226). Quelle morale propose Lamy ? Quel exemple invoque-t-il ? « ... Les personnes prudentes ne répondent point des sentiments qu'elles auront à l'avenir pour des choses indifférentes. J'ai vu plusieurs de mes amis exagérer mille fois avec moi les incommodités du mariage, qui s'y sont précipités un mois après... » (227).

Dans les *Lettres galantes* se trouve l'histoire du mari follement épris, qui se lasse au bout de deux mois :

> Il sent lui-même cette différence, et évite une matière qui était il y a quelque temps la seule dont il pût parler. Il me paraît tout honteux de n'être plus si amoureux qu'il l'était... Quelle folie aussi de s'aller confiner à la campagne en publiant partout *je suis amoureux pour le reste de ma vie, je n'ai plus besoin du commerce des hommes* ! (228).

---

(224) *Explication mechanique* (221), chap. XI : *Pourquoi les passions finissent.*
(225) *Ibid.*, p. 108-109.
(226) *Lettres galantes* (13), p. 148 (II, XXXIII).
(227) *Explication mechanique* (221), p. 109.
(228) *Lettres galantes* (13), p. 167 (II, XLVIII).

Et Lamy note :

> ... souvent même nous avons des inclinations opposées dans un même jour, et quelquefois dans une même heure (229)... tous ces changements arrivent non seulement parce que les objets changent, mais aussi parce que l'âme sensitive change elle-même de moment en moment, en perdant quelques-unes de ces particules, et en recevant de nouvelles qu'elle tire de l'air que l'homme respire, et des aliments dont il se nourrit. C'est pourquoi suivant que l'air est serein ou pluvieux, froid ou chaud, nous avons diverses dispositions au plaisir ou au chagrin, de même qu'après le vin on est autrement disposé qu'avant que de boire, et on a d'autres résolutions... (230).

Cette explication ne pouvait être développée systématiquement dans un ouvrage aussi mondain que les *Lettres galantes,* mais certains épisodes où la Nature s'associe aux émotions, émanent peut-être, malgré leur apparence romanesque, des considérations de Lamy ; ainsi ce passage du premier recueil :

> ... j'ai de grandes allées sombres qui sont extrêmement dangereuses pour un amant ; elles inspirent des rêveries pernicieuses, et c'est une chose mortelle que le souvenir de votre beauté fortifié de ces allées-là. Il est encore venu des rossignols avec qui assurément vous vous entendez... Je suis d'une faiblesse étrange ; je n'oserais plus entendre un ruisseau qui gazouille que cela ne m'aille au cœur... (231).

Les *Dialogues des morts* préciseront les origines matérialistes de la psychologie que propose Fontenelle ; dans l'*Histoire des Ajaoiens* ces conceptions se retrouvent sous la forme la plus hardie et même la plus provocante. Les *Lettres galantes* ne peuvent évidemment que suggérer ces thèmes qui sembleraient trop sévères. Ainsi se justifie en partie l'aspect fictif et abstrait de l'ouvrage : les situations imaginées, les thèmes traités servent souvent à illustrer l'épicurisme auquel l'auteur a discrètement adhéré.

« *Un style impertinent* » ?

Ce livre qui souligne l'instabilité humaine est bien plus baroque que classique : l'homme de Corneille, de Racine, et même de Molière y est démantelé ; à la limite, la conscience n'apparaît que comme une succession hâtive, et parfois discontinue, d'états d'âme éphémères, et souvent contradictoires. Les grandes idoles classiques, la Volonté, la Raison, l'Honneur, la Passion même, s'effondrent ou s'érodent ; il ne reste que l'éparpillement qui surprend, énerve, et parfois procure d'exquis plaisirs ; le rôle bien modeste de la raison consiste simplement à consentir à l'irrationnel.

---

(229) *Explication mechanique* (221), p. 109.
(230) *Ibid.*, p. 109-110.
(231) *Lettres galantes* (13), p. 52 (I, X).

On connaît le cruel jugement de Voltaire : « style forcé et tout à fait impertinent » (232). Il évoque ailleurs « ces riens entortillés dans des phrases précieuses, et... ces billevesées énigmatiques

Que cette dame de Lambert
Imitait du Chevalier Dher (*sic*)
Et dont leur laquais Marivaux
Farcit ses ouvrages nouveaux (233).

Le *Mercure galant* juge au contraire le style « semblable à la conversation » ; Boullier vante « cette expression libre et naturelle » (234). Fontenelle n'a cessé jusqu'en 1742 de corriger son ouvrage, il a éliminé certaines lettres, il a supprimé certaines gaucheries ou certaines équivoques, mais le style est demeuré le même. Nous n'avons aucune raison de suivre aveuglément l'opinion de Voltaire. Emile Faguet n'avait peut-être pas tort de souligner au contraire que cette plume malicieuse, cette *phrase rapide* annoncent la prose voltairienne (235). Notre siècle a toutefois présenté des analyses plus compréhensives et plus éclairantes (236). Le style de Fontenelle dans les *Lettres galantes* nous frappe d'abord par une affectation de négligence, des répétitions, des facilités. Sans doute l'auteur a-t-il voulu être spirituel. A quels procédés recourt-il ? Il nous présente souvent un effet inattendu qui nous surprend et qu'il nous explique ensuite (237). Plus fréquemment sa prose semble ne pas convenir à son sujet ; l'esprit consiste à recourir à un langage que les thèmes traités paraissent interdire (238). Mais ces procédés assez simples demeurent secondaires. L'originalité de Fontenelle dans cet ouvrage, c'est qu'il n'écrit pas d'après les sujets qu'il aborde ou les impressions qu'il voudrait communiquer ; il laisse d'ordinaire « le langage parler tout seul ». Sa prose est construite sur les mots ; elle y retourne toujours sans guère approcher de la réalité. Quand le Chevalier d'Her... écrit à la jeune fille qui « a parlé de lui en dormant », il lui dit :

> Ne vaudrait-il pas mieux que vous m'eussiez fait en peu de mots un petit aveu de vos sentiments, que d'en parler la nuit comme une personne insensée ? L'amour ne perd rien ; vous lui devez cet aveu de tendresse ; il faut que vous le fassiez en quelque temps que ce puisse être. Si votre raison vous impose silence, votre raison s'endormira, et alors l'amour ne s'endor-

---

(232) *Connaissance des beautés, op. cit.* dans *Œuvres* (359), t. XXIII, p. 398.

(233) *Voltaire' correspondence* (360), t. V, p. 76.

(234) Boullier (115), p. 291.

(235) Faguet (501), p. 41.

(236) Ph. Garcin, *Fontenelle...* (514).

(237) Par exemple *Lettres galantes* (13), p. 85 (I, XXXV), p. 118 (II, XI), p. 132 (II, XXI), de façon générale, presque chaque épître commence par un « paradoxe » destiné à retenir l'attention. Ce n'est peut-être pas un simple procédé littéraire, c'est une manière de nous faire comprendre combien ce monde est irrationnel.

(238) *Ibid.*, p. 47 (I, VI) : « L'amour est le revenu de la beauté... expédient... quittance... je m'en acquitte... »

mira pas. Votre sévère vertu peut répondre de vos jours, mais de vos nuits qui en répondra ? Les nuits appartiennent à l'amour. Aussi vous voyez que le secret de tant de jours vous est échappé en une nuit (239).

Pur bavardage, abandon nonchalant aux caprices des mots qui font rebondir les phrases — tous les rapports possibles entre l'*amour,* la *raison,* la *nuit* et le *jour* sont accumulés en quelques phrases. C'est plus que de la frivolité. Ce langage concerté dans sa fausse mollesse signifie qu'il « n'y a rien à dire », que toute prose n'est que verbiage ; une sorte de néant circule dans ces développements absurdes. Peu de styles sont aussi désespérés. Que Fontenelle oppose « les gens de l'autre monde » et « ceux de ce monde-ci » (240) et qu'il revienne durant deux pages sur cette vaine antithèse, qu'il ne cesse dans une autre lettre de confronter jusqu'à l'écœurement Paris et la province (241), qu'il se permette des jeux de mots sur les roses et les lis qui composent le teint d'une belle (242), son propos demeure toujours aussi inquiétant. Comme la société où voyage le Chevalier d'Her, la langue de ce siècle est insensée. A quoi bon tenter d'imposer un ordre factice à ce langage qui se décompose ? Comme l'homme et la morale classiques, la belle prose est enterrée dans cet ouvrage : à l'harmonie de la raison succèdent l'instabilité, les surprises, les ruptures de rythme — une destruction rapide et indéfinie. Le siècle de Voltaire ne pouvait comprendre ces négligences ni ces recherches que notre époque semble capable de mieux apprécier. Les cruels jugements de l'auteur des *Lettres anglaises* reflètent un malentendu *philosophique.* Comment eût-il admis que ces « billevesées » avaient leur sens, qu'un style pouvait s'édifier sur le désespoir, sur la ruine d'une langue et l'indifférence à toute signification ?

(239) *Ibid.,* p. 75 (I, XXVII).
(240) *Ibid.,* p. 55-57 (I, XII).
(241) *Ibid.,* p. 99 (I, XLVI).
(242) *Ibid.,* p. 140-141 (II, XXVII).

CHAPITRE II

L'UTILISATION DE L'HISTOIRE

« Savoir l'histoire, c'est connaître les hommes qui en fournissent la matière, c'est juger de ces hommes sainement ; étudier l'histoire, c'est étudier les motifs, les opinions et les passions des hommes... » (1). Cette conception de Saint-Réal fut partagée par toute sa génération ; Fontenelle s'en souvint en rédigeant son traité *Sur l'Histoire*. C'est ce principe qui explique les *Dialogues des morts*, l'*Histoire du Romieu de Provence* et les *Héroïdes* — trois œuvres où se retrouvent un peu les mêmes procédés et les mêmes intentions. Cependant la forme employée dans chacun de ses livres en modifie le contenu ; il est évident que Fontenelle, en imitant Lucien, était davantage enclin à traiter des thèmes philosophiques qu'en imitant Ovide, et l'évocateur de la Provence galante n'avait pas exactement les mêmes desseins que le poète des *Héroïdes*.

L'imitation d'Ovide.

Fontenelle avait traduit Ovide au collège. On sait la vogue du poète latin dans les années 1650-1700 ; d'Assoucy en 1650 avait publié l'*Ovide en belle humeur* (2), qui eut de nombreuses réimpressions ; Bensserade mit en rondeaux les *Métamorphoses* (3) ; Mme de Villedieu fit paraître en 1673 *Les exilés* (4), qui peignaient la mélancolie de l'auteur des *Tristes* et des *Pontiques*, et Mme de Scudéry, l'amie de Fontenelle, lut ce roman avec plaisir (5). Mais il semble que Thomas Corneille eut sur son neveu une influence essentielle. Il avait traduit des *Pièces choisies* d'Ovide, qui furent éditées en 1670 (6) ; dans l'avis *Au lecteur*, il affirmait : « De tout

---

(1) Saint-Réal (315), t. I, p. 1-82 : *De l'usage de l'histoire*. La première édition de ce traité remonte à 1671 (316).
(2) D'Assoucy (82).
(3) Bensserade (98). Première édition en 1676.
(4) Mme de Villedieu (356) : privilège du 6 février 1672.
(5) *Lettres* (320), p. 82.
(6) *Pièces choisies d'Ovide* (137).

ce que nous avons d'Ovide, ses épîtres sont au jugement de tout le monde ce qu'il a fait de plus achevé... » (7) ; il louait « la force... la délicatesse des expressions », et surtout il présentait son livre en ces termes :

> J'ai ajouté quelques remarques à la fin de chaque épître afin que les dames qui ignorent peut-être quelqu'une des fables qu'il touche en passant, en puissent avoir une parfaite intelligence. Pour le style, je me suis quelquefois servi de quatrains, tant pour diversifier que parce que je me suis imaginé que cette sorte de cadence aurait son agrément, et en effet il semble qu'elle répond mieux au repos qui se trouve dans chaque distique latin... (8).

Fontenelle a adopté la même technique que son oncle : il a placé en tête de chaque poème une petite notice explicative, et il a généralisé l'emploi du quatrain en le diversifiant toutefois : dans l'épître *Dibutadis à Polemon,* chaque strophe comprend successivement un alexandrin, un octosyllabe, un alexandrin, un octosyllabe ; *Flora à Pompée* présente l'agencement suivant : deux alexandrins, deux octosyllabes ; dans *l'Arisbe au jeune Marius,* on trouve un octosyllabe, deux alexandrins, un octosyllabe ; dans *Cléopâtre au jeune Auguste,* trois alexandrins, un octosyllabe. Il n'est pas tellement facile de justifier ces variations ; elle reflètent peut-être un simple désir de diversité : il ne faut pas lasser le lecteur par la monotonie ; La Fontaine, comme Thomas Corneille, a exprimé cette idée que Fontenelle a reprise dans ses *Réflexions sur la poétique,* et qui constitue un des principes essentiels de l'esthétique de cette génération — jusqu'à La Motte. Peut-être ces rythmes différents correspondent-ils aux sentiments évoqués dans chaque épître. Il est assez malaisé de préciser ce rapport ; on peut au moins affirmer que la cadence du premier poème — plus vive et plus allègre — convient à la joie de Dibutadis ; les trois autres *Héroïdes* sont également mélancoliques ; les plaintes de Flora et d'Arisbe, les mensonges et les roueries de Cléopâtre se développent dans le même climat funeste et langoureux...

Comme Ovide, Fontenelle évoque le plus souvent les lamentations des amantes trahies. Flora et Arisbe rappellent la Didon, la Phyllis, la Phèdre, l'Hypsipyle, la Déjanire, la Sappho du poète romain. « Je suis comme Plutarque, — écrivait Mme de Scudéry — je guette les grands hommes aux petites choses » (9). Est-ce sa protectrice qui incita Fontenelle à chercher dans *Les vies des hommes illustres* la matière de ses poèmes ? Ses personnages pouvaient ressembler à ceux d'Ovide ; il fallait bien des sujets nouveaux. C'est à Plutarque que sont empruntées les anecdotes évoquées dans la deuxième et dans la troisième héroïdes ; la notice de Fontenelle sur *Flora à Pompée* est pour ainsi dire une traduction littérale du

---

(7) *Ibid. : Au lecteur.*
(8) *Ibid. : Au lecteur.*
(9) *Lettres* (320), p. 131. Fontenelle s'est inspiré d'*Antoine* (XC, XCI), de *Pompée* (II) et de *Marius* (XLIV).

passage de *Pompée* qui l'inspira ; dans le troisième poème, il a seulement inventé le nom d'Arisbe. Il est allé chercher ces « historiettes » dans des passages peu connus, il s'est appuyé sur une ou deux lignes, afin sans doute de faire une œuvre plus originale et d'intéresser davantage le lecteur. La Cléopâtre de Fontenelle est plus cynique que celle de Plutarque ; elle recourt à « une coquetterie bien conduite » (10), mais le sujet semble bien tiré d'*Antoine*. Seule la première héroïde est inspirée par l'*Histoire naturelle* de Pline ; et il n'est pas inutile de rappeler que Pline, avec son pessimisme, son évocation de l'homme abandonné par Dieu et voué au malheur, sa conception d'un monde « immense, éternel, sans origine et sans fin », fut, autant que Lucrèce, Lucien et le Cicéron du *De Divinatione*, à l'origine de la pensée sceptique ou irréligieuse du XVIe et du XVIIe siècles (11).

L'histoire ne joue malgré tout qu'un rôle secondaire dans les *Héroïdes* ; l'amante du jeune Marius est nommée Arisbe ; la fille de Dibutade s'appelle Dibutadis ; et l'invention de la sculpture est plutôt un mythe qu'une anecdote authentique. C'est que Fontenelle ne s'intéressait qu'à la psychologie de ses héroïnes. L'histoire est surtout un masque piquant et prestigieux. Les quatre femmes qui figurent dans les *Héroïdes* ressemblent à celles que Fontenelle put connaître. De même qu'Ovide peignait sous des noms empruntés les personnages du règne d'Auguste, son émule décrit ici la même société qu'il évoquait dans les *Lettres galantes*. Dans son imitation, Fontenelle est allé plus loin ; certaines strophes de ces poèmes reprennent presque littéralement des vers d'Ovide. Nous lisons dans la troisième héroïde :

Seule et mortellement blessée,
Je parcours ce palais de l'un à l'autre bout,
Et ne saurais bannir l'espérance insensée,
Que j'ai de vous trouver partout.
Qui le croirait ? Je revois, j'aime
Les lieux où par le roi vous étiez resserré ;
Et je vous redemande à cette prison même
D'où mon amour vous a tiré. (12).

N'est-ce pas une simple adaptation des plaintes de Sappho :

Antra nemusque peto tamquam nemus antraque prosint ;
Conscia deliciis illa fuere meis.
Huc mentis inops, ut quam furialis Enyo
Attigit, in collo crine jacente, feror... ? (13).

Et, dans le même poème, ces strophes :

(10) *Œuvres* (3), t. IV, p. 348.

(11) Busson, *Les sources...* (426), p. 23 *sq*. Fontenelle a utilisé l'*Histoire naturelle* (XXV, chap. XII).

(12) *Œuvres* (3), t. IV, p. 342.

(13) Ovide, *Héroïdes* (57) : *Sappho Phaoni*, vers 137-140, p. 96 : « Je gagne les grottes et les bois, comme si grottes et bois pouvaient me servir : ils furent témoins de mes voluptés. Là, privée de raison, comme une possédée de la féroce Enyo, j'erre, les cheveux épars sur le cou... »

J'attends avec impatience
Que l'ombre de la nuit se répande sur nous ;
Ma tristesse redouble en ce vaste silence,
Et ce temps m'en paraît plus doux.

Tout me peint l'objet que j'adore,
Lorsqu'en mes yeux lassés le sommeil est entré ;
En songe quelquefois (ce bien me reste encore)
Je crois vous avoir recouvré. (14)

n'évoquent-elles pas ces vers, qui se trouvent eux aussi dans l'héroïde de Sappho

Tu mihi cura, Phaon ; te somnia nostra reducunt,
Somnia formoso candidiora die,
Illic te invenio, quamquam regionibus absis ;
Sed non longa satis gaudia somnus habet.
Saepe tuos nostra cervice onerare lacertos,
Saepe tuae videor supposuisse meos.
Oscula cognosco, quae tu committere linguae
Aptaque consueras accipere, apta dare.
Blandio interdum, verisque simillima verba
Eloquor, et vigilant sensibus ora meis.
Ulteriora pudet narrare, sed omnia fiunt,
Et juvat, et siccae non licet esse mihi. (15) ?

En abrégeant et en stylisant les vers d'Ovide, Fontenelle leur a enlevé beaucoup de leur pittoresque et de leur force évocatrice. Sa méthode est toujours la même ; les *Lettres galantes* rendaient plus abstraits et plus schématiques les récits de Le Pays ; les *Héroïdes* dépouillent Ovide de sa sensualité et même de sa poésie. Ce sont d'ailleurs là les ressemblances les plus nettes que nous ayons reconnues ; sans doute l'héroïde de Flora évoque-t-elle le poème qu'Ovide consacra à Phyllis, mais l'analogie demeure plus vague et plus générale.

L'œuvre de Fontenelle est le plus souvent dépourvue de lyrisme. Chaque lettre semble plutôt un « rôle » d'actrice qu'un poème. Dans la première, on voit se succéder dans l'âme de Dibutadis un flot de sentiments nuancés ; la gaîté, des allusions narquoises, une légère inquiétude, le bonheur, la confiance s'enchaînent habilement ; ces strophes présentent une série de demi-teintes ; c'est une sorte de moirure. On comprend l'intention de l'auteur. Qu'a pu penser la jeune fille qui vit inventer la sculpture ? C'est

(14) *Œuvres* (3), t. IV, p. 342.

(15) Ovide, *op. cit.* (57), vers 123-134, p. 96 : « C'est toi mon souci, Phaon, toi que ramènent mes songes, songes plus éclatants qu'un beau jour. Là je te retrouve, quoique absente de nos contrées. Mais le sommeil n'a pas de joies assez longues. Souvent, il me paraît que j'appuie ma tête sur tes bras, souvent que les miens supportent la tienne. Je reconnais les baisers dont ta langue était messagère et que tu avais coutume de recevoir savamment, de donner savamment. Quelquefois je te caresse et je profère des mots tout semblables à la réalité et ma bouche veille pour exprimer ce que je sens. Ce qui s'ensuit, j'ai honte à le conter ; mais tout s'accomplit et cela m'est doux et je ne puis rester aride. »

piquant à imaginer, c'est un peu délicat, mais ce n'est pas inutile. Recherche psychologique, jeu d'intellectuel mondain se mélangent. On oublie l'antiquité du mythe ; Dibutadis parle comme une amoureuse de comédie ; elle a le cynisme léger et l'entrain de quelque Colombine. Et Fontenelle évoque un « tableau de genre », lorsqu'il nous montre comment le père vient surprendre les deux amants ; certes il est plein d'indulgence,

> Mais un père est toujours un témoin trop sévère,
> Pour les amours et pour les jeux.
> Quelques mots au hasard jetés par complaisance
> Composaient tout notre entretien,
> Et nous interrompions notre triste silence,
> Sans toutefois nous dire rien. (16).

On songerait volontiers à Marivaux, à Lancret, à Fragonard ; c'est ce monde heureux, aux couleurs fraîches, que Fontenelle retrouvera dans ses comédies de vieillesse. La seconde épître devrait être plus tragique ; Flora ne pense qu'à mourir, mais ses plaintes laissent bientôt la place à une dissertation suivie sur l'inconstance de l'amour, sur l'amour et l'amitié. Il faut avouer que cette subtilité semble excessive ; comment serions-nous touchés par cette précieuse un peu pédante, qui dans son lit « baigné de pleurs » trouve le moyen de poursuivre ces raisonnements méthodiques ? Arisbe a favorisé la fuite de Marius, elle sait maintenant qu'elle l'a perdu, mais aux lamentations succèdent à nouveau les raisonnements, et de continuels balancements du *sic et non.* Aussi cette lettre demeure-t-elle glacée ; Fontenelle ne cesse de parler à la place de son héroïne, et l'intelligence excessive du poète tue l'émotion. Comme l'auteur l'a lui-même indiqué, la lettre de Cléopâtre n'est « qu'une coquetterie bien conduite ». La reine essaie de susciter la pitié d'Auguste ; elle proteste de son désintéressement ; elle ne laisse pas de blâmer Antoine, son « esprit violent, téméraire », mais Auguste est un second César. Evidemment elle a vieilli, elle est « pâle et défigurée » ; pourtant tout est encore possible :

> Peut-être... Mais hélas ! quel retour j'envisage !
> D'où me vient cette douce erreur ? (17)

Le cynisme — parfois outré — de cette petite comédie convient mieux à Fontenelle que les plaintes lamartiniennes. La première et la quatrième épîtres, qui reposent sur des événements heureux ou qui mettent en scène des caractères lucides, sont plus agréables que la seconde et la troisième, qui partent de situations tragiques. Dans ce registre de haute comédie, où Dibutadis et Cléopâtre figurent l'amoureuse et la coquette traditionnelles, Fontenelle est à son aise ; sa complaisance devant ce bonheur ou ces roueries nous amuse ; les pointes, les mots d'esprit dont il ne peut se dispenser,

(16) *Œuvres* (3), t. IV, p. 334.
(17) *Ibid.*, t. IV, p. 350 et 352.

choquaient dans la bouche des amantes désespérées ; on peut au contraire les admettre, lorsque le poète fait parler cette jeune fille et cette femme vieillissante, que l'on imagine pleines de malice et d'intelligence.

Cette galerie de portraits s'organise autour d'un thème central ; c'est évidemment l'Amour capable d'inventer les arts, de susciter les pires souffrances et de conduire au suicide, de prendre toutes les formes, de la coquetterie la plus froide à la passion la plus élégiaque.

Quoi ! cet amour toujours vainqueur
Animerait par moi des marbres insensibles,
Et n'animerait plus ton cœur ? (18).

Thème traditionnel de la littérature précieuse, thème des opéras de Fontenelle, comme de Quinault.

Ces poèmes ne parurent qu'en 1698. Ils passèrent inaperçus, et Fontenelle ne fit guère d'efforts pour les faire connaître. Il y joignit un bref *Avertissement,* où il se contente d'indiquer, comme nous l'avons noté, qu'il a préféré chercher ses sujets dans l'histoire que dans la Fable ; celle-ci « est trop usée présentement, et l'histoire peut fournir des sujets plus nouveaux, surtout si l'on cherchait dans les endroits un peu détournés » (19). Il ajoutait : « ce n'est qu'un essai d'un ouvrage, où il en serait entré un bien plus grand nombre » (20). Nous imaginerions volontiers qu'il a retrouvé ces manuscrits déjà anciens et les a publiés afin de compléter son volume de *Poésies.* C'est à peu près ce qu'il suggère. On comprendrait ainsi cette indifférence relative vis à vis de ses œuvres ; et dans le même livre figuraient de vieux poèmes parus autrefois dans le *Mercure*... (21). Contrairement à son habitude, Fontenelle ne demanda pas à ses amis de le soutenir. Basnage de Beauval ne dit pas un mot de cette édition ; le *Mercure galant* d'octobre 1698 ne lui consacra que quelques lignes, qui paraphrasent l'*Avertissement* de l'auteur... (22). Ce n'est qu'en 1759 que ces épîtres sortirent un peu de l'oubli ; La Harpe, en publiant ses *Héroïdes,* ébaucha une histoire du genre. Après avoir cité Ovide, chez lequel il trouve « trop d'esprit » (23), il en vient à Fontenelle. Son jugement est rapide et péremptoire. « M. de Fontenelle, estimable sans doute à bien des égards, a tenté presque tous les genres de poésie, parce qu'il n'était né pour aucun. Il nous a laissé quelques héroïdes. Elles sont ignorées et méritent de l'être... » (24). Il se livre ensuite à la critique

(18) *Ibid.*, t. IV, p. 336.

(19) *Poésies pastorales,* éd. de 1698 (28), p. 239-240. Privilège donné le 22 juin 1696, achevé d'imprimer le 20 octobre 1698.

(20) *Ibid., loc. cit.*

(21) *Ibid., Eloge de Marquès,* p. 266-270 ; *Les flèches d'amour,* p. 280-281 ; *Le ruisseau amant de la prairie,* p. 282-286 ; *Sonnet à une de ses amies qui l'avoit prié de lui apprendre l'espagnol,* p. 279.

(22) *Mercure galant,* octobre 1698, p. 288.

(23) La Harpe, *Héroïdes* (207), p. 4.

(24) *Ibid.*, p. 8-9.

détaillée de certains vers de la première, de la troisième et de la quatrième héroïdes, dont le sens ou l'harmonie le laissent insatisfait. Il reconnaît enfin qu'il y a « beaucoup d'esprit, mais l'esprit ne fait point les beaux vers » (25). Ce serait une vaine entreprise que de tenter de réhabiliter cette œuvre ; malgré la séduction qu'exerce toujours l'intelligence de Fontenelle, il y a dans ces poèmes trop de recherche et trop de vers malheureux pour qu'on puisse s'y attacher.

La Provence galante.

Ore sachez qu'en la présente perle
Luit la clarté de Romieu de qui l'œuvre
fut grande et belle, et fut mal agréée.
Mais ceux des Provençaux qui le honnirent
n'ont ri qu'un jour : car bientôt il trébuche,
qui se fait dam du bien faire d'autrui !
Raymond Bérenger, comte, eut quatre filles,
dont chacune fut raine ; et ce dut-il
à l'humble homme Romieu, de terre étrange.
Plus tard, ému de maints louches parlages,
il demanda des comptes à ce juste,
qui sept et cinq lui résigna pour dix ;
et puis s'en fut de là, pauvre et antique.
Si le monde savait le cœur qu'il eut
quêtant son pain à bouchée à bouchée,
tant bien le loue, assez plus le louerait. (26).

Fontenelle a sûrement connu ces vers du Dante, qui contiennent la substance de son *Histoire du Romieu de Provence.* Mais cette légende, qui se greffa sur le personnage historique de Romieu de Villeneuve et que l'on peut comparer à l'histoire de Bélissaire, n'était pas oubliée au XVIIe siècle (27). Michel Baudier avait publié en 1635 une *Histoire de l'incomparable administration de Romieu, grand ministre d'Etat en Provence* (28) ; on y voit le pèlerin arriver à la cour de Raymond-Bérenger, s'imposer par son éloquence, devenir chef du conseil et surintendant, assurer la prospérité du pays, protéger les arts et les lettres et succomber finalement aux calomnies de ses ennemis ; lorsque Fontenelle publia son roman

---

(25) *Ibid.*, p. 9. La Harpe semble surtout se placer à un point de vue de puriste. Il critique les expressions : « une joie... que je veux t'écrire tient mon esprit tout occupé » ; « Un demi-jour m'eût-il duré sans vous parler ? » ; « Tout sans vous, tout va s'écouler » ; « Combien me jura-t-il... » ; « Un des tendres soins dont j'étais toujours pleine ». On peut ajouter que beaucoup de vers sont sans harmonie : ainsi « Qui forme les traits et les airs » ; « Grâce à ces heureux hasards » (vers de sept pieds au lieu de huit), etc.

(26) Dante (51), p. 1411-1412, *Paradis,* chap. VI, v. 127-142.

(27) Cf. Villani, *Cronica universale de suoi tempi,* Firenze, 1554, VI, p. 89-90, cité dans l'introduction de Jehan de Nostredame, *op. cit.* (268), chap. V : *L'influence de Nostredame.*

(28) M. Baudier, *Histoire...* (91). Sur Baudier, voir R. Pintard, *op. cit.* (640), p. 183.

en 1751 (29), Dom Vaissette lui adressa une lettre dans le *Mercure de France* (30), où il lui reprochait d'avoir naïvement suivi la fiction de Dante et surtout celle de Baudier, sans se soucier de la vérité historique. Fontenelle n'a pas achevé son livre ; il se contente de nous peindre la cour de Provence et de nous présenter les personnages essentiels de cette société. Dans les pages qui nous restent, l'influence de Baudier n'est pas visible ; celui-ci s'attache avant tout à la politique ; Fontenelle paraît plus enclin à nous brosser le tableau d'un monde heureux, uniquement consacré à la galanterie et à la poésie. Cependant, il est peu vraisemblable qu'il ait ignoré le roman de Baudier ; et les intentions que celui-ci affiche, auraient peut-être été les siennes, s'il avait terminé son ouvrage ; or Baudier, qui dédia son livre à Séguier, affirmait qu'on y trouverait « le vrai modèle d'un ministre d'Etat et d'un surintendant des finances » (31). Autant dire que Fontenelle eût sans doute été amené à préciser ses idées politiques. Peut-être même l'histoire de ce ministre parfait, que son maître finit par disgracier, avait-elle à ses yeux un sens précis ; mais il est impossible de le discerner. Serait-ce Foucquet ? Mais pourquoi remuer cette vieille histoire ? Ne serait-ce pas plutôt Colbert, dont la faveur déclinait à cette période ? Le ministre protégeait les Perrault, Fontenelle ne manquera aucune occasion de faire son éloge, mais tout cela demeure assez factice et discutable.

Le morceau qui nous reste reflète d'autres intentions ; comme Mme de Lafayette dans *La Princesse de Clèves,* Fontenelle s'est attaché à peindre les mœurs et la mentalité du siècle envisagé. N'est-ce pas ce qu'il conseillait alors dans son essai *Sur l'Histoire ?* Il demandait que l'historien nous peignît « les mœurs des hommes, leurs coutumes, leurs différents usages ; et c'est ordinairement ce que l'histoire nous montre le moins, quoique ce fût peut-être ce qu'elle aurait de plus utile et de plus agréable... » (32). Il s'irritait de voir ses contemporains nous présenter des Grecs ou des Turcs, qui ne sont jamais que des Français de leur âge. Ainsi s'expliquent toutes ces pages qu'il consacre à l'évocation de la vie en Provence au Moyen-Age, et même les anecdotes qu'il cite, bien qu'elles paraissent extérieures à son sujet : « L'histoire marque beaucoup de troubadours qui s'y sont enrichis ; et ces troubadours-là portent de si beaux noms, qu'il n'y a pas de grand seigneur aujourd'hui qui ne fût bien heureux d'en descendre... Un sonnet d'Armand ou Chomeil mit à bout toute la vertu de la vicomtesse de Boiers... » (33). Il serait vain de reprocher à Fontenelle la froideur ou la sécheresse de ces descriptions ; mieux vaut souligner qu'elles témoignent mal-

(29) *Mercure de France,* janvier 1751, p. 5-24.

(30) *Ibid.,* mars 1751, p. 50-73.

(31) Le Romieu dans le roman de M. Baudier met fin aux troubles intérieurs et à la guerre avec le comte de Toulouse ; il enrichit la province, combat l'oisiveté, veille sur les mœurs et protège les arts et les lettres.

(32) *Œuvres* (3), t. IX, p. 406-407.

(33) *Ibid.,* t. VIII, p. 352-353.

gré tout d'un certain sérieux ; les *Nouvelles françoises* (34) de Segrais avaient dès 1658 reflété ce désir d'exactitude historique ; et Sorel en 1671 affirmait le même souci dans son ouvrage *De la connaissance des bons livres* (35).

En se tournant vers la Provence du XIIIe siècle, Fontenelle satisfaisait son vieux rêve d'un monde heureux et innocent, pareil à celui des *Pastorales*. Est-ce l'*Ibrahim* de Mlle de Scudéry avec ses belles descriptions de la région de Nice et de Monaco qui l'incita à traiter ce sujet ? L'histoire même du Romieu en opposant la fausseté des courtisans et la vertu du pèlerin, évoquait le grand thème pastoral ; et à la fin du roman de Baudier, le héros s'écriait : « On commence à vivre, quand on commence à quitter la Cour. » (36).

Plus que toutes ces influences, celle de Huet nous paraît importante ; dans son *Traitté de l'origine des romans,* celui-ci avait consacré maintes pages à la littérature médiévale ; ainsi Fontenelle en le suivant montrait déjà dans son *Romieu* une certaine compréhension de la poésie française des siècles passés, et affirmait que les auteurs d'alors, malgré leur ignorance des Grecs et des Latins, ne laissèrent pas de montrer « une simplicité qui se rend son lecteur favorable, une naïveté qui vous fait rire sans vous paraître ridicule, et quelquefois des traits de génie imprévus et assez agréables... » (37). Il suivait les principes qu'il avait énoncés naguère dans sa *Description de l'Empire de la poésie ;* en condamnant l'imitation, il était logiquement amené à défendre la poésie française du Moyen-Age.

Ce roman nous montre surtout comment Fontenelle composait; il suffit de mettre en parallèle certains paragraphes de son livre et les textes dont il s'est inspiré. Comparons d'abord l'*Histoire du Romieu* et le *Traitté de l'origine des romans :*

HUET	FONTENELLE
La langue latine fut méprisée dans ces siècles barbares, comme la vérité l'avait été... (38).	... à l'égard de ces siècles, les Grecs et les Latins, n'avaient jamais été. Le grec était absolument inconnu ; et si quelques-uns de ces auteurs savaient le latin ce n'étaient guère que des prêtres ou des moines, qui même ne le savaient presque que par l'Ecriture sainte, et par conséquent assez mal... (39).
Les troubadours accompagnés de leurs menestriers, et quelquefois de leurs femmes qui se mêlaient de leur métier, allaient	Ils s'attachaient à quelque prince, ou allaient errants de Cour en Cour pour faire voir leurs ouvrages. Quelquefois pen-

(34) Segrais, *Les Nouvelles françoises...* (322).
(35) Charles Sorel, *De la connoissance des bons livres...* (330).
(36) M. Baudier, *op. cit.* (91), p. 78.
(37) *Œuvres* (3), t. VIII, p. 350.
(38) *Traitté* (193), p. 124.
(39) *Œuvres* (3), t. VIII, p. 350.

ainsi par le monde, étant bien payés de leurs peines et bien traités des seigneurs qu'ils visitaient... (40).

Dans le temps que la romancerie fleurissait en Provence, toute l'Europe était couverte des ténèbres d'une épaisse ignorance... (42).

C'est de nous que l'Italie et l'Espagne, qui a été si fertile en romans, tiennent l'art de les composer... Fauchet montre que [Boccace]... a pris la plupart de ses nouvelles des romans français et que Pétrarque et les autres poètes italiens avaient pillé les plus beaux endroits des chansons de Thibaut, roi de Navarre, de Gaces Brusles... (44).

dant le repas d'un prince, vous voyiez arriver un troubadour... On les payait en draps, armes et chevaux, paiement assez noble : mais, pour tout dire, on leur donnait aussi de l'argent... (41).

Ces temps-là furent fort ignorants... Au milieu de la grossièreté du XIIe et du XIIIe siècles, il se répandit dans toute la France un esprit poétique qui alla jusqu'en Picardie et à plus forte raison la Provence en eut-elle sa part... (43).

La plus grande gloire de la poésie provençale est d'avoir pour fille la poésie italienne. Non seulement l'art de rimer passa des Provençaux aux Italiens, mais il est sûr que Dante, Pétrarque et Boccace dans ses contes, ont bien fait leurs profits de la lecture des Provençaux... (45).

Fontenelle a visiblement suivi le texte de Huet, mais il l'a rendu plus précis et plus pittoresque. On sent qu'il a eu d'autres sources. Dans le *Traitté de l'origine des romans,* Huet mentionnait le *Recueil de l'origine de la langue & poésie françoise* de Fauchet (46), qui n'offre guère d'analogies avec le *Romieu,* et les livres de Jehan et de Caesar de Nostredame, ou Nostradamus. Comme Caesar de Nostradamus dans son *Histoire et chronique de Provence* s'est borné le plus souvent à paraphraser *Les vies des plus célèbres et anciens poètes provençaux* de Jehan de Nostradame, c'est ce dernier ouvrage qu'il convient de confronter avec le texte de Fontenelle.

JEHAN DE NOSTREDAME

Mais de quoi ont enrichi leur langage et pris leurs inventions Dante, Pétrarque, Boccace et autres anciens poètes toscans, fors que des œuvres de nos poètes provençaux ? (47).

FONTENELLE

... il est sûr que Dante, Pétrarque et Boccace dans ses contes, ont bien fait leurs profits de la lecture des Provençaux... (48).

---

(40) *Traitté* (193), p. 127.
(41) *Œuvres* (3), t. VIII, p. 352.
(42) *Traitté* (193), p. 142.
(43) *Œuvres* (3), t. VIII, p. 349.
(44) *Traitté* (193), p. 130 et 142-143.
(45) *Œuvres* (3), t. VIII, p. 351.
(46) *Recueil de l'origine de la langue et de la poésie françoise, rime et romans* dans *Œuvres* (175). Première édition en 1581.
(47) Nostredame (268), p. 9.
(48) *Œuvres* (3), t. VIII, p. 351.

La plus honorable récompense qu'on pouvait faire aux dits poètes était qu'on leur fournissait de draps, chevaux, armures et argent, pour raison de quoi bien souvent ils attribuaient leur poème à leurs Mécènes... (49).

Les tensons étaient disputes d'amours qui se faisaient entre les chevaliers et dames poètes, entreparlant ensemble de quelque belle et subtile question d'amours, et où ils ne s'en pouvaient accorder, ils les envoyaient pour en avoir la définition aux dames illustres présidentes, qui tenaient cour d'amour ouverte... (51).

On les payait en draps, armes et chevaux, paiement assez noble : mais, pour tout dire, on leur donnait aussi de l'argent. L'histoire marque beaucoup de troubadours qui s'y sont enrichis... (50).

Rien n'était alors plus singulier en Provence, que ce qu'on appelait la *Cour d'Amour*. C'était une assemblée de dames de la première qualité, qui ne traitaient que de matière de galanterie. S'il naissait quelque contestation entre un amant et une maîtresse, on envoyait la question à la Cour d'Amour ; et comme l'esprit du siècle était sérieux sur les bagatelles, les dames prononçaient gravement sur la question, et leur jugement était reçu avec une soumission très sincère... (52).

A quoi bon multiplier ces rapprochements ? L'histoire de Guilhem de Cabestan a été également trouvée dans les livres des Nostredame, mais, alors que l'héroïne, dans le récit de Jehan de Nostredame, après avoir mangé le cœur de son amant, « tenant un couteau sous sa robe, s'en perça sa tendre poitrine et mourut » (53), Fontenelle imagine simplement qu'elle « se laissa mourir de faim » (54) — il est vrai que, selon Caesar de Nostradamus, « elle... perdit les esprits et fut suffoquée soudainement... » (55). Ce simple exemple nous montre comment l'auteur du *Romieu* compose : même s'il lui arrive de suivre presque littéralement les écrits de ses devanciers, il modifie des détails selon le goût de son siècle ; d'ailleurs, il change l'ordre, il parvient à fondre des renseignements d'origine différente dans un ensemble neuf, il donne à son récit une allure enjouée... Faisait-il preuve de naïveté en acceptant aveuglément toutes les fables de Nostredame ? Quand Mézeray évoque la figure du Romieu, c'est sans trop de conviction... Mais Duverdier, La Croix du Maine et enfin Huet n'avaient pas montré plus d'esprit critique que Fontenelle... (56).

---

(49) Nostredame (268), p. 10.
(50) *Œuvres* (3), t. VIII, p. 352.
(51) Nostredame (268), p. 11.
(52) *Œuvres* (3), t. VIII, p. 357-358.
(53) Nostredame (268), p. 36-37.
(54) *Œuvres* (3), t. VIII, p. 355.
(55) *Histoire et Chronique... op. cit.*, p. 170.
(56) Nostredame (268), introduction, chap. v. Dans l'*Histoire de France* (255), t. II, p. 285, on trouve l'histoire du Romieu, mais le récit demeure très sec et Mézeray ajoute : « Les Provençaux ont toujours eu l'imagination romanesque, je craindrais qu'ils n'eussent inventé cette aventure. »

Lorsque le romancier en vient à tracer le portrait des grands personnages de la cour, il suit encore Nostredame, mais il procède à certaines modifications qui ne sont pas indifférentes :

JEHAN DE NOSTREDAME	FONTENELLE
Hugues de Lobières... bon poète provençal, homme de subtiles inventions. Pour son savoir, s'enrichit à la poésie provençale et se mit au rang des grands barons et seigneurs du pays, qu'il entretenait en public divorce, tant malin et divers qu'il était ; il estimait que jamais nul ne le passa en vertu ; mais elles furent tellement obscurcies d'une ambition et voluptueuse ardeur de luxure qu'il avait envers les femmes, que personne ne voulut écrire de lui... (57).	Hugues de Sobière (*sic*) était de bonne maison, mais né sans bien. Le métier de troubadour lui avait valu une grande fortune et la familiarité des grands seigneurs. Il ne faisait guère de sirventes : mais il était plus méchant que Boniface de Castellane, parce qu'il était plus retenu et plus circonspect ; il outrageait moins, et faisait plus de mal. Jamais courtisan ne sut mieux le grand art de nuire : aussi l'histoire remarque expressément qu'il entretenait les barons dans une division perpétuelle. Il était susceptible de toutes les formes que l'intérêt peut donner ; il se forçait quelquefois à être amoureux, parce que le comte de Provence l'était toujours ; il eût cru faire mal à sa cour, si on l'eût pu surprendre sans une passion... (58).
Raoul ou Rollet de Gassin ... poète excellent, grand orateur et historien mémorable, vaillant au armes, lequel par le moyen de ces grâces et vertus singulières en poésie fut toujours bien venu entre les plus grands et même des gens d'Eglise, nonobstant qu'il écrivait contre leurs vices, mais il soutenait fermement leur parti contre l'opinion des Albigeois et vaudois de Lyon... (*succès féminins ; vaillance à la guerre*) ... en une assemblée qui se fit en la ville de Montpellier, il s'y trouva et fut surpris tellement de l'amour d'une gentilfemme de la maison de Montauban, nommé Rixendre ou Richilde... à la louange de laquelle il fit plusieurs bonnes et doctes chansons, desquelles lui en fit présent... mais elle se mo-	Raoul de Gatin avait... un génie fort étendu, et qui n'était borné que parce qu'il ne s'était pas appliqué à tout, une vivacité douce, un agrément facile, des grâces simples, une probité et une droiture de cœur que tout son extérieur représentait ; mais il était extrêmement faible sur l'amour, et très sujet à faire de mauvais choix. Alors tout son mérite devenait ridicule par l'hommage qu'il en faisait à des personnes indignes... Le plus grand déshonneur où il fut encore tombé, était d'aimer Richilde, de la maison de Montauban, jeune dame très galante, qui s'accommodait de toutes sortes d'amants, hormis de ceux qui étaient honnêtes gens, et à qui Raoul ne manqua pas de déplaire dès qu'elle eut décou-

(57) Nostredame (268), p. 55.
(58) *Œuvres* (3), t. VIII, p. 367-368.

qua du poète... contre sa coutume, car elle était belle, sage, vertueuse et bien apprise en la poésie... (*il se venge par une centurie et se réfugie au couvent*) (59).

vert ses bonnes qualités. Il était extrêmement aimé du comte de Provence, qui l'employait dans ses guerres, et lui confiait ses plus importantes affaires, mais du moment qu'il fut amoureux de Richilde, il quitta tout pour être sans cesse à Montpellier, où elle demeurait. Il était excellent troubadour, et il eut le malheur de faire pour elle les plus beaux vers qu'il eût faits de sa vie... (60).

Béral des Baux... un des principaux gentilhommes de la plus noble et première maison de Provence, seigneur de Marseille, grand amateur des lettres et même de la philosophie ; il avait recouvré d'un physicien catalan... quelques livres en langue arabe traitant de l'astrologie.... » (*anecdotes sur son esprit superstitieux*) il était bon poète provençal, amateur de poètes... (61).

Beralde des Baux était bien fait, et d'un extérieur bien agréable ; il avait de la valeur, de la libéralité, de la générosité, du désintéressement : mais il ne se croyait obligé à toutes ces vertus, que parce qu'il était de bonne maison. Il croyait que la naissance les donnait, et qu'un gentilhomme qui ne les avait pas, avait pris soin de les étouffer en lui. On le trouvait parfaitement honnête homme, quand on ne s'apercevait pas de son motif. Il avait des vues assez fines sur les choses de morale, et on était charmé de l'en entendre discourir : mais au milieu de raisonnements très solides, il plaçait quelquefois que la maison des Baux était descendue d'un des trois rois, nommé *Balthasar,* et que l'étoile d'argent qu'elle a pour armes représentait celle qui avait conduit les mages à Jérusalem. Il avait beaucoup d'esprit : mais malheureusement il avait étudié des livres arabes que lui avait donné un médecin catalan du comte Raymond, qui l'avaient entêté de toutes les rêveries de l'astrologie, et lui avaient appris à craindre les chouettes. Il ne pouvait pas imaginer que ce qui était écrit dans une langue aussi mystérieuse que l'arabe, et qui lui avait tant coûté à apprendre, ne fût pas vrai... (62).

---

(59) Nostredame (268), p. 57.
(60) *Œuvres* (3), t. VIII, p. 365-366.
(61) Nostredame (268), p. 55.
(62) *Œuvres* (3), t. VIII, p. 362-364.

Boniface de Castellane... homme riche et puissant, vaillant en fait de guerre ; en sa jeunesse, s'adonne à la poésie provençale, fut amoureux d'une dame de Provence... croissant en âge, crût aussi de gloire et d'ambition, fut convoiteux de régner... Une fureur poétique incroyable... n'épargnant personne en quelque degré que ce soit... (*citation du Bougua, qu'as dich*) fécond en son parler, libre en ses écrits, vif d'esprit et chevalereux... (63).

Boniface de Castellane était aussi d'une naissance très distinguée, grand poète satirique ; mais satirique par nature, et poète par art, seulement pour être satirique... il était hardi dans ses *sirventes* ou satires ; il n'y épargnait personne, et il les finissait d'ordinaire par ces mots : *Bougua, qu'as dich,* qui marquaient l'étonnement où il était lui-même de sa hardiesse. Il sacrifiait tout à la satire, amitié, bienséance, et même l'honneur de son propre goût, excusable seulement par l'impossibilité d'avoir de l'esprit dans un autre genre. Il était très timide quand il était menacé par le moindre faiseur de sirventes très redoutable quand il était craint. Sa bile, sa férocité, son indiscrétion lui avaient donné plus de vogue que d'autres n'en avaient par leurs bonnes qualités, et il était en droit de mépriser, autant qu'il faisait, la bonté, la douceur et l'équité... (64).

L'abbé de Montmajour... *fléau des poètes* un bon poète, mêmement à médire et à écrire satiriquement... eut bien la hardiesse ou plutôt improbité d'écrire contre les poètes provençaux... il bailla à chacun des poètes son quolibet... un souverain poète... (65).

L'abbé de Montmaiour était toujours à la Cour, sous prétexte de quelques affaires de son monastère qui allaient lentement. Jamais moine n'entendit mieux l'art d'accorder les intérêts spirituels et les temporels. Comme le Comte n'était pas dévot, l'abbé de Montmaiour gardait sur les désordres de la Cour un silence qui paraissait forcé, et qui n'était qu'un effet naturel de sa politique ; il faisait de très légères remontrances, et semblait se retenir à regret par la réflexion qu'on n'était pas en état d'en profiter ainsi le peu qu'il disait ne le brouillait avec personne, et il avait le mérite de ce qu'il n'avait point dit. Il se faisait forcer à prendre part à des divertissements de la Cour, à des parties de chasse, à des spectacles ; et il avait l'esprit de

(63) Nostredame (268), p. 84.
(64) *Œuvres* (3), t. VIII, p. 364-365.
(65) Nostredame (268), p. 136.

> faire bien des choses contre son état, sans rien faire contre la bienséance. Son hypocrisie était fort fine... Il savait bien attirer des donations à son abbaye... (66).

Pourquoi Fontenelle a-t-il choisi ces cinq personnages dans la multitude de figures qui lui offrait le livre de Nostredame ? Les caractères qu'il nous peint — l'ambitieux, l'amoureux, le satirique, le noble vaniteux, le prêtre hypocrite — ressemblent bien davantage à des hommes du XVIIe siècle qu'à des hommes du Moyen Age. Fontenelle est parti des données de Nostredame, mais, sans grand scrupule. il s'en est affranchi afin de s'abandonner à sa verve moqueuse et d'entraîner le lecteur dans de subtiles analyses psychologiques. Cette psychologie est pessimiste, proche de celle qui s'affirme dans les *Dialogues des morts,* apparentée à Saint-Réal, à Jacques Esprit, à La Rochefoucauld : ce sont des mobiles secrets qui expliquent toutes les actions — et, en général, l'intérêt. Ce réalisme altère la grâce romanesque, qui semblait parer cette Provence à demi légendaire. « Les dehors de l'homme » changent, « mais le cœur ne change point, et tout l'homme est dans le cœur ». (67). Loin des portraits souvent trop flatteurs que Mlle de Scudéry livrait à une société avide de se retrouver dans des miroirs embellissants, les analyses de Fontenelle sont fines et toujours malveillantes.

Nous soupçonnons qu'il a songé à des individus précis ; il y a trop de netteté dans les additions qu'il a imposées au texte de Nostredame, les figures dessinées sont trop singulières, pour représenter simplement, comme dans *les Lettres galantes,* des « types sociaux ». Boniface de Castellane a perdu sa vaillance et son âme chevaleresque ; il est bilieux, féroce et craintif à la fois. Il faut avouer qu'il ressemble à Boileau, tel que l'ont vu ses ennemis. Fontenelle ne cessera de le poursuivre de sa haine, et jusque dans l'*Eloge de Dangeau,* il écrira à son sujet : « Les plus satiriques et les plus misanthropes sont assez maîtres de leur bile, pour se ménager adroitement des protecteurs. » (68). Et Boileau n'avait-il pas montré souvent son esprit « craintif », au point de faire interdire *La Satire des satires* de Boursault ? Un seul détail ne convient guère : la « naissance très distinguée » de Boniface de Castellane, mais la famille des Castellane était trop illustre pour que Fontenelle pût les peindre comme des bourgeois ; et dans la suite du portrait, le personnage ne présente aucun aspect aristocratique ; on ne parle même pas de son action à la guerre. La méchanceté et l'ambition de Hugues de Sobière ressemblent assez à Racine ; Primi Visconti le dépeint à peu près dans les mêmes termes que Fontenelle. Le Président de Lamoignon le jugeait plus cruel que

(66) *Œuvres* (3), t. VIII, p. 366-367.
(67) *Ibid.* (3), t. I, p. 48 : *Dialogue de Socrate et de Montaigne.*
(68) *Ibid.,* t. VI, p. 112.

Boileau qui lâchait un trait, puis n'y songeait plus (68 *bis*) ; c'est exactement la différence qu'établit Fontenelle entre Castellane et Sorbière. Celui-ci avait, dans le livre de Nostredame, un aspect sensuel et emporté ; Fontenelle dit au contraire qu'il « se forçait quelquefois à être amoureux » (69). C'est bien ainsi que les ennemis de Racine interprétèrent ses liaisons, puis sa dévotion : ils n'y virent que des mensonges engendrés par « l'arrivisme ». On comprendrait aisément qu'après les moqueries que Racine et Boileau avaient décochées à ses premiers poèmes, et après la chute d'*Aspar*, qu'ils avaient saluée avec joie, Fontenelle ait voulu se venger en s'abritant sous le prétexte d'un roman historique et galant.

Les autres personnages sont plus difficiles à identifier ; l'abbé de Montmajour évoque peut-être Bossuet, dont les contemporains remarquèrent la souplesse et les talents de manœuvrier. Mais il faut avouer que Fontenelle a toujours cité l'évêque de Meaux de façon élogieuse... (70). Serait-ce plutôt François II de Harlay qui avait été archevêque de Rouen, avant d'être envoyé à Paris ? Son avidité et sa fausseté étaient assez célèbres. Béralde des Baux rappelle Boulainvilliers, qui s'intéressait également à l'astrologie et était aussi fier de ses origines. Il ne prétendait pas descendre d'un roi mage, mais se croyait apparenté aux rois de Hongrie. Il ne savait pas l'arabe, mais il se passionnait pour le Coran, et écrivit une *Vie de Mahomet*. Né à Saint-Saire le 21 octobre 1658, il vivait en Normandie, tantôt dans son château, tantôt à Rouen, tantôt à Forges-les-Eaux (71). Fontenelle a donc pu le connaître. Boulainvilliers servit dans l'armée de 1679 à 1688 ; ainsi l'auteur peut-il parler de sa « valeur ». On est seulement surpris de retrouver ce personnage à côté de Racine et de Boileau... Raoul de Gatin rappelle La Fare. L'un, comme l'autre, avaient « un génie »... qui n'était borné que par manque d'application. La grâce, la séduction et même la paresse de Raoul de Gatin sont celles de La Fare. Et ces liaisons vulgaires, qui sont évoquées dans le *Romieu*. Si l'ami de Fontenelle vendit sa charge par amour pour Mme de la Sablière, Raoul de Gatin « quitta tout » pour vivre à Montpellier avec Richilde. Il est vrai que Richilde ne ressemble guère à la protectrice de La Fontaine ; cette « jeune dame très galante » rappellerait plutôt Louison Moreau (72) avec qui La Fare vécut plusieurs années — au moins de 1679 à 1686. Toutes ces conjectures demeurent problématiques. Il semble probable que Fontenelle a songé à Racine, à Boileau, et même à Boulainvilliers ; les autres « applications » sont plus incertaines. Mais on peut affirmer que l'*Histoire du Romieu* était autant un miroir de l'actualité qu'un roman galant, et on y trouve de nouveaux indices de la haine de Fontenelle pour

(68 *bis*) Adam, *Histoire* (375), t. IV, p. 295 ; *Bolaeana* (105), p. 102-103, l'aveu de Boileau : « Il est plus malin que moi », et p. 107-108, « Racine... railleur, inquiet, jaloux et voluptueux ».

(69) *Œuvres* (3), t. VIII, p. 368.

(70) *Ibid.*, t. V, p. 427 ; t. VI, p. 272-274, 379, 388, 502, 504, 515.

(71) R. Simon, *Un Révolté du grand siècle* (677).

(72) *Les Cours galantes* (482), t. I, p. 125-176 et 242-243.

le clan des Anciens. Est-ce la précision et la malveillance de ces portraits qui découragèrent l'auteur de poursuivre son entreprise ? Il n'aimait pas la médisance ; il ne fit paraître cette ébauche qu'en 1751. Peut-être s'était-il abandonné dans une période de mauvaise humeur, par exemple après la chute d'*Aspar,* à cette tentation satirique.. Il l'abandonna aussitôt.

Le portrait de la comtesse est exactement fidèle au texte de Nostredame. Celui de Raymond Bérenger est plus original : pacifique, « doux, simple, populaire », vertueux mais faible, susceptible de tomber parfois dans « les défauts du prince », « troubadour... plutôt par mode que par génie » (73), il est moins parfait que Nostredame ne l'a dit ; sa figure est plus précise que dans le roman de Michel Baudier. Encore une fois, Fontenelle a dû penser à ses contemporains : est-ce Vendôme, le duc de Nevers, ou quelque autre grand seigneur amateur de poésie, comme le siècle de Louis XIV en fournit tant d'exemples ?

Ce roman inachevé se révèle singulièrement riche ; nous y retrouvons tout Fontenelle — son anticléricalisme, son désir d'évasion, son goût de l'érudition, sa haine des Anciens, son intérêt pour les débuts de la littérature française, et surtout sa conception de l'histoire. Nous l'avons déjà dit — les mœurs médiévales sont décrites avec exactitude, mais les caractères peuvent être empruntés au XVIIe siècle, car, selon les paroles du pèlerin, « je suis fortement persuadé que le fonds de la nature humaine est partout le même, mais qu'il est susceptible d'une infinité de différences extérieures, surtout ce qui ne dépend que de l'opinion et de l'habitude » (74). On peut regretter que cette entreprise ait été abandonnée ; l'auteur aurait pu y exprimer à la fois ses conceptions politiques, et sa haine tenace de la fausseté qui règne dans les cours et dans toute la société.

L'imitation de Lucien.

La popularité de Lucien, depuis l'époque où Erasme, Rabelais et Bonaventure Des Périers l'admiraient, n'avait pas diminué : Mme de Sévigné (75), Chapelle (76), Bussy-Rabutin (77), Lahontan (78) éprouvaient pour l'auteur des *Dialogues des morts* la même vénération, et ce culte avait souvent une signification particulière (79) ; déjà au XVIe siècle, on disait d'Erasme : « Pour ses idées, où les a-t-il prises, sinon à Lucien, l'auteur le plus mordant, le plus impudent, sans religion, sans Dieu et porté à ridiculiser

(73) *Œuvres* (3), t. VIII, p. 348-349.
(74) *Ibid.,* t. VIII, p. 371.
(75) Mme de Sévigné (326), t. V, p. 190 (25 juin 1677) : « Je relis par hasard Lucien : en peut-on lire un autre ? », t. V, p. 227 (23 juillet 1677).
(76) *Œuvres de Chapelle et de Bachaumont* (130), p. 150.
(77) Mme de Sévigné (326), t. V, p. 305.
(78) Lahontan (208), p. 104 : « Mon cher Lucien. »
(79) Busson, *Les Sources* (426), p. 10.

toutes choses religieuses comme profanes ? » (80). C'est bien cela qui plut à Fontenelle ; il avoue dans le *Jugement de Pluton* que Lucien lui a appris « à ne respecter rien de tout ce que le monde respecte... » (81). Ainsi pour attaquer franchement les Anciens, pour attaquer indirectement la religion, Fontenelle pouvait s'autoriser de ce patronage. Il a recouru à la même technique du « dialogue des morts » et il s'en explique dans l'épître dédicatoire :

> ... j'ai fait moraliser tous mes morts : autrement ce n'eût pas été la peine de les faire parler ; des vivants auraient suffi pour dire des choses inutiles ; de plus, il y a cela de commode, qu'on peut supposer que les morts sont gens de grande réflexion, tant à cause de leur expérience que de leur loisir ; et on doit croire, pour leur honneur, qu'ils pensent un peu plus qu'on ne fait d'ordinaire pendant la vie. Ils raisonnent mieux que nous des choses d'ici-haut, parce qu'ils les regardent avec plus d'indifférence et plus de tranquillité, et ils veulent bien en raisonner, parce qu'ils y prennent un reste d'intérêt... (82).

C'est encore Lucien qui lui a enseigné que les « dialogues » doivent être brefs : « comme les morts ont bien de l'esprit, ils doivent voir bientôt le bout de toutes les matières ». Et, il rêve « d'attraper... cette simplicité fine et cet enjouement naïf... » (83).

Mais, comme nous l'avons vu quand il s'agissait d'Ovide, son « imitation n'est pas un esclavage », et dans le *Jugement de Pluton* Lucien refuse de plaider la cause de son émule ; il va même jusqu'à dire : « Si l'auteur avait pu trouver un autre héros que moi, il l'aurait pris. Il n'a choisi un mort que faute de vivants. » (84). En fait, même si c'est Lucien qui lui a enseigné l'ironie, Fontenelle ne laisse pas de la tourner contre son maître ; « Que je suis fâché, lui dit-il, que vous ayez épuisé toutes ces belles matières de l'égalité des morts, du regret qu'ils ont à la vie, de la fausse fermeté que les philosophes affectent de faire paraître en mourant, du ridicule malheur de ces jeunes gens qui meurent avant les vieillards dont ils croyaient hériter et à qui ils faisaient la cour ! » (85). Autant dire que Lucien n'a guère traité que des lieux-communs ; et dans le *Jugement de Pluton,* Chrysippe s'écriera même à son sujet : « Qui l'obligerait à dire toujours des choses nouvelles, on le réduirait peut-être à une petite demi-douzaine de dialogues de morts. » (86). Fontenelle a donc prétendu renouveler la matière. De même que dans ses *Héroïdes,* il préférait des aventures historiques aux fictions mythologiques qu'avait évoquées Ovide, de même il chasse de ses *Dialogues* « Pluton, Caron, Cerbère, et tout

(80) *Ibid., loc. cit.* Neufville à Th. Morus (Dolet, *De imitatione Ciceronia,* Lyon, 1535, p. 89).
(81) *Œuvres* (3), t. I, p. 221.
(82) *Ibid.*, t. I, p. 2-3.
(83) *Ibid.*, t. I, p. 3-4.
(84) *Ibid.*, t. I, p. 215.
(85) *Ibid.*, t. I, p. 216.
(86) *Ibid.*, t. I, p. 216.

ce qui est usé dans les Enfers », et il estime que l'histoire lui fournit « assez de véritables morts et d'aventures véritables... » (87).

Ainsi ébauche-t-il une théorie de l'imitation: pour n'être pas stérile, elle doit se borner à emprunter à un auteur antique son style et ses procédés, mais que les thèmes et la morale soient actuels ; et la génération de 1680 préfère l'exactitude historique aux mythes légendaires.

L'histoire dans les Dialogues des morts.

C'est cependant chez Lucien que Fontenelle a pu trouver l'histoire de Stratonice (88), celle d'Erostrate (89), celle de Milon (90) et celle d'Artémise (91). Mais le *Mercure galant* affirmait qu'il connaissait « l'histoire générale du monde » (92). Aussi emprunte-t-il indifféremment aux auteurs anciens et aux auteurs modernes. Tite-live lui a fourni les personnages de Lucrèce (93) et du « vieux samnite » (94) ; il a pu lire dans Hérodote l'histoire de Candaule et de Gygès (95) ; Juvénal, Martial et Suétone avaient conté les aventures d'Apicius (96) ; Strabon et Fulgence avaient parlé de Théocrite de Chio (97) ; Jules Capitolin de Faustine (98) ; Pline, Aulu-Gelle et Strabon d'Artémise (99) ; Justin de Straton (100) ; saint Jérôme, saint Augustin, Macrobe et Justin avaient montré comment Virgile avait altéré la vie et la mort de Didon (101) ; et Catulle avait chanté « la chevelure de Bérénice » (102). Mais plus que tous ces anciens qui attestent simplement la culture classique de Fontenelle, les historiens modernes nous intéressent. Comme Mme de Lafayette en écrivant la *Princesse de Clèves,* Fontenelle s'est avant tout inspiré de Brantôme ; il lui doit l'histoire d'Anne de Bretagne,

---

(87) *Ibid.*, t. I, p. 4.

(88) Lucien (55), t. II, p. 448, *Sur la déesse syrienne*, 17-18.

(89) *Ibid.*, t. II, p. 391, *Sur la mort de Peregrinus*, 22.

(90) *Ibid.*, t. II, *passim*.

(91) *Ibid.*, t. I, p. 157, *Dialogues des morts*, 24, *Diogène et Mausole.*

(92) *Mercure galant*, septembre 1683, p. 381-382.

(93) Tite-Live, I, c. 58.

(94) *Ibid.*, IX, c. 3 ; *Dialogue de Straton et Raphaël d'Urbin,* dans *Œuvres* (3), t. I, p. 163-164.

(95) Hérodote, I, 8-12.

(96) Juvénal, sat. II, v. 2 ; Martial, liv. 2, ap. 69 ; Suétone, *Calig.*

(97) Fulgence, *Mithol*, I.

(98) Jules Capitolin, *Anton. le philosophe.*

(99) Pline, I, 36, c. 5 ; Aulu-Gelle, I, 10, c. 18 ; Strabon, I, 14.

(100) Justin, I, 18.

(101) Dans *l'Abrégé chronologique* de Ph. Labbe (201 *bis*), on trouve p. 243-292 une *Défense des savants chronologues contre les paralogismes d'un célèbre auteur de ce temps qui soutient au chapitre IV de son traité du poème épique, ajouté à sa version de l'Enéide, que Virgile ne s'est point trompé...* (fait à Paris, le 18 février 1662). Dans cet essai, p. 290 : « Le véritable sujet de la mort de Didon » (cf. saint Augustin, Justin, Macrobe, saint Jérôme, etc.). Il s'agit donc d'un problème que l'on discutait à l'époque de Fontenelle.

(102) Catulle, LXVI.

celles de Marie Stuart, de Jeanne Ire de Naples, de Barbe Plomberge, et combien d'autres ! (103) : Brantôme évoquait aussi les figures d'Erostrate, de Sapho, de Candaule et de Gygès, de Faustine, de Brutus, de Cortez et de Montézume (104). Certes Fontenelle a pu consulter l'*Histoire* de Mézeray (105), les *Mémoires* de Castelnau (106), les écrits de De Thou et du P. Rapin (107), mais la présence de Brantôme est bien plus fréquente et plus insistante. Le créateur d' *Aspar* n'a pas oublié l'*Histoire de Constantinople* du Président Cousin ; quand il conte l'aventure d'Icasie, il paraphrase simplement *La vie des Empereurs* de Léon le grammairien, qu'il a trouvée dans le livre de Cousin (108) ; l'auteur du *Romieu* s'est souvenu de Nostredame qui lui a appris les malheurs de Guillaume de Cabestan et les rites des *cours d'amour* (109). C'est sans doute dans l'*Histoire des oracles de* Van Dale, qu'il a lu l'histoire de « l'antre de Trophonius » (110), à laquelle Lucien ne faisait que de brèves allusions (111). *Les imposteurs insignes* de Rocoles lui ont fourni « le troisième faux Démétrius » (112).

---

(103) Brantôme, *Œuvres complètes* (119), t. VII, p. 307-331 : Anne de Bretagne ; t. VII, p. 403-453, t. IX, p. 152-153 : Marie Stuart ; t. VIII, p. 148-182 : Jeanne 1re ; t. II, p. 139 : Barbe Plomberge ; t. VIII, p. 93-94 : Juliette de Gonzague et Soliman ; t. IX, p. 393-394 : Agnès Sorel ; t. IX, p. 640-642 : Marie d'Angleterre : t. IX, p. 103-104 : Diane de Poitiers : t. VIII, p. 171-172 : Marguerite d'Ecosse.

(104) *Ibid.*, t. III, p. 176 : Erostrate ; t. IV, p. 195-199 : Sapho ; t. IX, p. 67-68 : Candaule et Gygès ; t. IX, p. 117-118 : Faustine ; t. IX, p. 507 : Brutus ; t. VII, p. 143 : Cortez et Montézume. Ajoutons encore t. I, p. 276 et t. IX, p. 57, 138 et 294 : Lucrèce ; t. III, p. 88 et t. IX, p. 24 : Anne Boylen. Brantôme évoque également la mort d'Adrien, t. V, p. 325, et il fait une allusion à la manière dont l'histoire de Didon fut déformée, t. VIII, p. 182 : « Ce n'a pas été Didon seule... dont l'on a mal parlé... » Il est évident que Brantôme est la source essentielle des *Dialogues des morts*. Ses *Mémoires* avaient été édités à Leyde en 1665-1666 ; ils connaissaient alors un grand succès.

(105) Mézeray (225) et *Abrégé* (256). Fontenelle ne semble pas s'en être inspiré ; il préfère visiblement l'humour et la gauloiserie de Brantôme.

(106) Castelnau (128). Cette œuvre avait servi à Mme de Lafayette pour peindre la cour des Valois ; Fontenelle est revenu directement à Brantôme.

(107) De Thou (340). Fontenelle a pu y trouver le personnage d'Albert-Frédéric de Brandebourg. La chanson d'Anacréon était citée dans les *Réflexions sur la poétique* du P. Rapin (*Réflexion XXX*). La poésie de Marguerite d'Autriche se retrouve (est-ce une simple coïncidence ?) dans le *Carpentariana* (Ms. fds fr. nv. acq. 1963, fl. 16).

(108) Cousin, *op. cit.* (139), t. III, p. 528-529.

(109) Nostredame (268), p. 36-37 ; Nostradamus (267), p. 170.

(110) Van Dale (348), p. 264-268. Il est vrai que Van Dale avait tiré cette description de Pausanias, mais rien n'indique que Fontenelle ait utilisé Pausanias.

(111) Lucien, *Dialogues des morts*, 3 : *Ménippe, Amphilocos et Trophonius*, et *Necyomantia*, 22.

(112) Rocoles, *Les Imposteurs...* (308), p. 373-386. On peut ajouter à toutes ces sources Plutarque qui a parlé de Démétrius de Phalère, d'Erostrate et d'Erasistrate. Notons en revanche que Fontenelle ne semble pas avoir lu la *Marie Stuart* de son cousin Boisguilbert (108) ; dans ce roman on lit p. 198 : « outre que Risso (*sic*) était vieil, c'était l'homme du monde le plus mal fait, et le moins propre à donner de l'amour. »

Toutes ces sources révèlent une curiosité presque encyclopédique. Aux lectures historiques s'ajoute d'ailleurs le souvenir d'œuvres littéraires du XVIIe siècle. Anne de Bretagne avait inspiré en 1678 une tragédie à Ferrier (113). La même année, on avait présenté deux pièces intitulées *Le comte d'Essex,* l'une de Thomas Corneille, l'autre de Boyer, où figurait Elisabeth d'Angleterre (114). Plus précisément le *Dialogue de Sénèque et de Scarron* émane d'une remarque de Balzac ; Fontenelle l'avoue dans son *Recueil des plus belles pièces,* quand il note à propos de l'auteur du *Virgile travesti :* « ... il paraît... dans ses ouvrages une gaîté qui semble lui être naturelle ; c'est ce qui fait dire à Balzac qu'il avait été plus loin dans les maux que les stoïciens, parce qu'ils se contentaient de paraître insensibles dans les douleurs, et que Scarron était gai, réjouissait et divertissait tout le monde dans ses souffrances... » (115). Enfin, les *cours d'amour* avaient déjà été évoquées par La Fontaine (116) ; la *Quatrième partie* des *Contes,* éditée en 1674, contenait l'histoire du roi Candaule (117), et Fontenelle a sûrement lu cet ouvrage malgré l'interdiction qu'il avait encourue. Il est plus curieux de constater que la légende du fleuve Scamandre est narrée dans le tome I des *Ouvrages de prose et de poésie des sieurs de Maucroix et de La Fontaine,* qui parurent en 1685 (118). N'est-ce là qu'une coïncidence ? Ou Fontenelle a-t-il eu connaissance du manuscrit du poète ? Ou celui-ci s'est-il au contraire inspiré du *Dialogue de Callirhée et de Pauline* ?

Fontenelle a prétendu « garder les caractères » (119). L'histoire sert donc ici, comme dans le *Romieu,* de « révélateur » ; elle offre la matière de cette « anatomie spirituelle » dont parlait Saint-Réal (119 *bis*). Ainsi s'explique le parti-pris de froideur et presque de malveillance qu'a adopté l'auteur en face de ses personnages. « Mon sentiment, disait Saint-Réal, est... que les grands ne doivent être considérés par le commun du monde dans l'histoire que comme dans la tragédie ; c'est-à-dire par les choses qui leur sont communes avec le vulgaire, leurs passions, leurs faiblesses et leurs erreurs, et non pas par les choses qui leur sont propres et particulières en qualité de grands... » (120). Comme Montaigne, il invoquait Plutarque ; Fontenelle, nous le verrons, doit beaucoup aux *Essais,* et

---

(113) Parfaict (273), t. XII, p. 123-129 : *Anne de Bretagne, reine de France,* représentée à l'hôtel de Bourgogne, fin novembre 1678 ; Lancaster (559), Part. IV, I, p. 180.

(114) Parfaict (273), t. XII, p. 75-78 et 98-121. Les deux pièces eurent un brillant succès.

(115) *Recueil* (33), t. V, p. 75.

(116) La Fontaine (206), t. II, p. 584-585, *imitation d'un livre intitulé Les Arrêts d'amour.*

(117) *Ibid.,* t. I, p. 576-579. La quatrième partie des *Contes* fut interdite le 5 avril 1675.

(118) *Œuvres de prose et de poésie des sieurs de Maucroix et de La Fontaine,* Paris, Barbin, 1685, 2 vol. in-12 ; cf. La Fontaine (206), t. I, p. 623-625.

(119) *Avertissement* de la troisième édition, t. II, dans *Œuvres* (3), t. X, p. 74.

(119 *bis*) *De l'usage de l'histoire,* dans *Œuvres* (315), t. I, p. 138.

(120) *Ibid.,* t. I, p. 71.

c'est Plutarque qui lui avait fourni le sujet de plusieurs *héroïdes*. La précision des portraits contenus dans le *Romieu* nous a autorisé à supposer qu'ils s'appliquaient à d'illustres contemporains. Un tel projet était impossible dans les *Dialogues des morts*, mais on y retrouve la même clairvoyance, le même esprit un peu dénigrant, la même volonté de ne s'en pas laisser conter par les panégyristes officiels.

Cette psychologie mène à une philosophie de l'histoire. Il y a maintes approximations, maintes erreurs, dans la plupart des récits historiques. Les causes invoquées ne sont pas souvent les motifs réels. En fait, quels que soient les fastueux prétextes qu'invente la postérité, seuls comptent, comme l'a dit Saint-Réal, « les opinions et les passions des hommes... les tours et les détours, enfin toutes les illusions qu'elles savent faire aux esprits et les surprises qu'elles font aux cœurs » (121). Dans ce domaine, il n'existe aucun progrès. Le monde « est plus fou et plus corrompu qu'il n'a jamais été » (122) ; il est aussi absurde d'admirer les Anciens que de louer les Modernes ; « le spectacle du monde serait bien ennuyeux pour qui le regarderait d'un certain œil, car c'est toujours la même chose... L'ordre général de la nature a l'air bien constant. » (123). C'est exactement la même conception que proposait Fontenelle dans le *Romieu*, et elle précise la leçon des *Lettres galantes ;* nous comprenons pourquoi la société moderne et les romans d'autrefois y étaient également condamnés.

Aux mobiles passionnels, qui restent identiques à travers les siècles, s'ajoute l'action de la Fortune. Hélène et Fulvie, après avoir comparé leurs aventures, concluent : « Ainsi vont les choses parmi les hommes ; on y voit de grands mouvements ; mais les ressorts en sont d'ordinaire assez ridicules. Il est important pour l'honneur des événements les plus considérables que les causes en soient cachées... » (124). Même aveu dans la bouche de la duchesse de Valentinois : « Pour être aimée à mon âge, j'ai eu besoin d'une fortune pareille à celle de César. Ce qu'il y a de plus heureux, c'est qu'aux gens qui ont exécuté d'aussi grandes choses que lui et moi, on ne manque point de leur attribuer après coup des desseins et des secrets infaillibles, et de leur faire beaucoup plus d'honneur qu'ils ne méritaient. » (125).

C'est pour démontrer cette philosophie, qui attribue les faits les plus spectaculaires à des hasards insignifiants et à l'action toute-puissante de la Fortune, que Fontenelle cite dans ses *Dialogues* tant d'anecdotes surprenantes, où se révèle une évidente disproportion entre les effets et les causes. Cette conception avait déjà été exprimée par La Rochefoucauld (126) et par Sorbière (127),

(121) *Ibid.*, t. I, p. 4.
(122) *Œuvres* (3), t. I, p. 44.
(123) *Ibid.*, t. I, p. 47.
(124) *Ibid.*, t. I, p. 120-121.
(125) *Ibid.*, t. I, p. 199.
(126) *Maximes :* LX : « La fortune tourne tout à l'avantage de ceux qu'elle favorise » ; CLIV ; CCCXXIII ; CCCXCI.
(127) *Sorberiana* (329), p. 182.

mais c'est encore à Saint-Réal qu'il faut revenir (128). Dans le traité *De l'usage de l'histoire,* il évoque l'alliance du sultan et d'Henri IV; les historiens ont trouvé bien des motifs à cette action, « il n'est rien en tout cela qui ne fût très probable et très vraisemblable : c'est ainsi que le bon sens voulait qu'on raisonnât sur ce sujet... », mais toutes ces conjectures étaient fausses (129) ; l'auteur de la *Dent d'or* se rappellera ce passage. Ces rapports entre Saint-Réal et Fontenelle soulèvent même un problème délicat ; on trouve dans les *Œuvres posthumes* de Saint-Réal, parues en 1693, un discours *De l'infidélité des femmes chez les Romains,* où est longuement contée l'histoire de Fulvie (130) ; et cette anecdote sert, comme dans les *Dialogues des morts,* à démontrer l'insignifiance des causes profondes, et l'uniformité du cœur humain à travers les siècles. Supposera-t-on que Saint-Réal a remis à Fontenelle son manuscrit ? Mais il est également possible que les *Dialogues des morts* aient inspiré à l'auteur de *Don Carlos* ce passage ; et enfin il n'est pas certain que ces *Œuvres posthumes* soient tout entières de sa main...

Satire et polémique.

Même si Fontenelle prenait l'histoire au sérieux et voulait communiquer à ses lecteurs la conception que ses lectures et l'influence de Saint-Réal lui avaient inspirée, il était trop intéressé par l'actualité, trop mêlé au monde des gazettes, trop pareil à un journaliste, pour négliger les problèmes de son siècle. Certains *dialogues* reflètent des intentions satiriques. Ainsi, quand Fontenelle fait parler Auguste et l'Arétin, il raille indirectement les flatteries décernées à Louis XIV, et peut-être même les platitudes vénales de Donneau de Visé (131). Nous retrouvons l'auteur de *La Comète* dans le *Dialogue de Jeanne I*[re] *de Naples et d'Anselme,* qui ridiculise l'astrologie (132) ; de même Paracelse et de ses « génies » (133), Raymond Lulle et ses recherches d'alchimie (134), sont égratignés au passage. Pour les contemporains de l'affaire des poisons, ce n'étaient pas là de vaines plaisanteries.

D'autre part, le Chevalier d'Her... n'est pas loin (135). Fontenelle semble avoir oublié l'histoire, quand il nous parle de l'amour

---

(128) Voir Dulong, *op. cit.* (491).
(129) *Œuvres* (315), t. I, p. 8, *sq.*
(130) *Ibid.*, t. II, p. 105 et p. 56-57.
(131) *Œuvres* (3), t. I, p. 32-38. Auguste est dépeint comme l'un de ces personnages vaniteux qui payaient Donneau de Visé pour obtenir des éloges ou de complaisantes généalogies.
(132) *Ibid.*, t. I, p. 94-99. Anselme parle un peu comme Mme Jobin dans *La devineresse :* « Je consultai beaucoup moins [les astres] que vos inclinations. »
(133) *Ibid.*, t. I, p. 177-183.
(134) *Ibid.*, t. I, p. 140-144.
(135) Le Chevalier d'Her... a si peu disparu que dans l'édition de 1684 (Lyon, Amaulry), la dédicace de l'ouvrage est signée D.H.

et des femmes. Stratonice affirme : « ... dans l'usage ordinaire, la première question qu'on fait sur une femme que l'on ne connaît point, c'est *est-elle belle ?* la seconde *a-t-elle de l'esprit ?* il arrive rarement qu'on fasse une troisième question... » (136). Et, l'on s'en doute, les *Dialogues* expriment une conception assez cynique et désabusée de l'amour : « il en est de la fidélité conjugale comme du grand œuvre... » (137) ; « le corps est destiné à recueillir le profit des passions que l'esprit même aurait inspirées » (138). Ainsi Fontenelle enterre les mythes galants ou chevaleresques que ses *Lettres* avaient déjà raillés, il ne se prive pas d'ironiser sur les femmes savantes et les mondaines de son temps. Les héroïnes des *Dialogues* semblent pousser à l'excès le goût des raisonnements, et Pétrarque dans le *Jugement de Pluton* dira que « Laure est gâtée, qu'elle voulait présentement faire des dissertations sur tout, que sa nouvelle folie était d'approfondir toujours les matières et de les traiter méthodiquement » (139).

Mais l'écrivain ne s'est pas borné à ces allusions assez légères. Les polémiques de son époque se devinent dans les *Dialogues*. On commence à s'interroger sur le « progrès ». Fontenelle, qui ne parle pas ici de la littérature, ni des arts, nie, nous l'avons vu, tout perfectionnement moral ; Saint-Réal l'a persuadé de l'identité de la nature humaine à travers les siècles. Quant au progrès scientifique, il reconnaît que « les modernes sont meilleurs physiciens » et « qu'ils connaissent mieux la nature » (140). Mais la plupart des médecins se refusaient alors à l'optimisme cartésien et ne croyaient pas possible d'allonger la vie humaine. Sur ce point, Fontenelle, qui doit se souvenir du gassendisme des amis de Mme de la Sablière, prend nettement position :

> La nature veut que dans de certains temps les hommes se succèdent les uns aux autres par le moyen de la mort ; il leur est permis de se défendre contre elle jusqu'à un certain point, mais passé cela, on aura beau pénétrer de plus en plus dans les secrets de la structure du corps humain, on ne prendra point la nature pour dupe ; on mourra comme à l'ordinaire... (141).

Lucien n'avait aucun respect pour Homère qu'il rangeait, avec Hérodote, parmi les « menteurs », et « non seulement ils ont trompé ceux qui les écoutaient de leur temps, mais... leurs mensonges sont parvenus jusqu'à nous comme une succession gardée en dépôt dans leurs vers admirables » (142). Il raillait ces « fables étranges », ces « récits absurdes faits pour amuser les enfants » (143), et affirmait

---

(136) *Œuvres* (3), t. I, p. 18.
(137) *Ibid.*, t. I, p. 18.
(138) *Ibid.*, t. I, p. 157.
(139) *Ibid.*, t. I, p. 242.
(140) *Ibid.*, t. I, p. 58.
(141) *Ibid.*, t. I, p. 61.
(142) Lucien (55), t. II, p. 236 : *Le Menteur*, 2.
(143) *Ibid.*, *loc. cit.*

« qu'Ajax n'était pas si grand, ni Hélène si belle qu'on le croit... elle était vieille et de même âge qu'Hécube... » (144). Il n'est donc pas surprenant que Fontenelle relève les mensonges de Virgile et souligne l'insignifiance des fictions homériques. Mais les contemporains ne voyaient pas là de simples idées générales. Huet venait de publier sa *Demonstratio Evangelica* (145), où il soutenait que les mythologies antiques dérivent de la Bible et qu'en général *Universa propemodum ethnicorum theologia ex Mose, Mosisve actis aut scriptis manavit* (146). En 1681, le Père Thomassin faisait paraître *La méthode d'étudier & d'enseigner chrétiennement & solidement les lettres humaines par rapport aux lettres divines & aux écritures...* (147). Il y montrait que « l'histoire de Josué déguisée a formé la fable d'Hercule » (148), que « si Hector fait un discours à ses chevaux pour les amener au combat, cet exemple peut avoir été emprunté de l'entretien d'Eve avec le serpent » (149). Il prétendait encore découvrir *les mystères de Jésus-Christ représentés dans le paganisme même & dans les fables des anciens poètes* (150), et affirmait que « les allégories des fables sont quelquefois philosophiques ou astronomiques, et nous font comprendre les secrets de la nature sous des termes empruntés... » (151). Comment douter que Fontenelle ait voulu réfuter ces thèses ? Il prête à Esope ce discours : « ... les savants de mon temps... soutenaient que tous les secrets de la théologie, de la physique, de la morale et des mathématiques même, étaient renfermés dans ce que... [Homère]... a écrit. Véritablement il y avait quelque difficulté à les développer... » (152). De ces efforts pour christianiser la mythologie, Fontenelle n'a retenu que l'universelle tendance des hommes à se forger des chimères. On croirait même qu'il a le livre de Huet sous les yeux, lorsqu'il confronte Montézume et Cortez. Le chef inca dit à son conquérant : « ... vous ne sauriez me reprocher une sottise de nos peuples d'Amérique, que je ne vous en fournisse une plus grande de vos contrées ; et même je m'engage à ne vous mettre en ligne que les sottises grecques ou romaines... » (153). Fontenelle devait songer, sans oser le dire, au christianisme, et il n'était pas le seul à s'engager dans cette voie ; c'est bien ce qui effraya Arnauld et Bossuet ; Huet lui-même disait de ses ennemis : « ... ils ont jugé de mon ouvrage sans le lire, et se persuadant que j'avais mis la religion chrétienne en balance avec les fables des païens, et par consé-

---

(144) *Ibid.*, t. II, p. 124 : *Le songe ou le coq*, 17. Ajoutons t. I, p. 381 : *Histoire véritable*, I, 3 ; t. I, p. 273 : *Comment il faut écrire l'histoire*, 40 ; t. II, p. 108, *Jup. Tragique*, 39.

(145) *Demonstratio Evangelica* (192).

(146) *Ibid.*, *caput tertium*, t. I, p. 99 : « La théologie de presque toutes les nations est venue de Moïse, des actes ou des écrits de Moïse. »

(147) Thomassin (338).

(148) *Ibid.*, t. II, sec. part., p. 40, chap. IV.

(149) *Ibid.*, t. I, p. 341.

(150) *Ibid.*, t. III, p. 312, chap. XXII.

(151) *Ibid.*, t. I, p. 296, chap. XII.

(152) *Œuvres* (3), t. I, p. 24.

(153) *Ibid.*, t. I, p. 202.

quent que je la faisais passer pour fabuleuse, il ne leur en a pas fallu davantage pour me condamner... » (154).

Contre la raison.

L'actualité des caractères et des questions traitées peut expliquer le succès du livre au XVIIe siècle. Mais Fontenelle voulait être un moraliste et un philosophe ; le *Mercure galant* parle de « cette morale insinuante » (155) que l'auteur nous communique à travers les personnage et les anecdotes évoqués. Fontenelle ne dit rien d'autre pour justifier la composition de son ouvrage :

> Quelques personnes, mais peu, ce me semble, avaient dit que les assortiments de personnages étaient quelquefois trop bizarres, celui d'Auguste et d'Arétin par exemple. J'avoue que je n'ai pas remédié à cela, mais je prie ceux qui ont fait cette critique de vouloir bien considérer que souvent tout l'agrément d'un dialogue, s'il y en a, consiste dans la bizarrerie de cet assortiment, qu'elle donne moyen d'offrir à l'esprit des rapports qu'il n'avait peut-être pas aperçus, et qui aboutissent toujours à quelque moralité... (156).

Certes, l'aspect discontinu des *Dialogues,* leur rédaction qui fut sans doute étalée sur plusieurs années, risquent d'enlever de la cohérente à cette philosophie, ce n'est sûrement pas un « système », mais dans cc morcellement, quelques tendances générales se révèlent.

Le sujet même obligeait l'auteur à aborder le problème de la mort, ou plus exactement à se demander, comme il le dit, *quelles morts sont les plus généreuses* (157). Adrien ne voit rien d'admirable dans l'héroïque trépas de Caton d'Utique ; « Caton traita la mort comme une affaire trop sérieuse, mais pour moi, vous voyez que je badinai avec elle... Il n'est pas si difficile de braver fièrement la mort, que d'en railler nonchalamment, ni de la bien recevoir quand on l'appelle à son secours, que quand elle vient, sans qu'on ait besoin d'elle... » (158). Cette critique d'une vertu spectaculaire et artificielle émane sans doute de Saint-Evremond et de Montaigne. Le premier avait célébré la mort de Pétrone, « indifférente, molle et nonchalante » (159), ou celle de des Yveteaux « fai-

---

(154) Lettre à Antoine Menjot, citée dans Jovy, *op. cit.* (546), p. 95-96 (8 décembre 1690).

(155) *Mercure galant,* septembre 1683, p. 383-384.

(156) *Avertissement* de la troisième édition, t. II, dans *Œuvres* (3), t. X, p. 74.

(157) *Œuvres* (3), t. I, p. 49-56 : *L'empereur Adrien et Marguerite d'Autriche.*

(158) *Ibid.*, t. I, p. 53.

(159) Saint-Evremond (311), t. III, p. 81, *Discours sur les historiens,* cité dans Busson (427), p. 227. Saint-Evremond a encore célébré la mort de Pétrone dans *Jugement sur Sénèque, Plutarque et Pétrone,* dans *Œuvres* (311), t. I, p. 166.

sant jouer une sarabande, afin, disait-il, que son âme passât plus doucement » (160). On trouve le même thème dans les *Essais :* il faut admirer comme Pétrone et Tigellin ont fini leur vie, « ils l'ont comme endormie par la mollesse de leurs apprêts : ils l'ont fait couler et glisser parmi la lâcheté de leurs passe-temps accoutumés entre des garces et bons compagnons, nul propos de consolation, nulle mention de testament, nulle affectation ambitieuse de constance ; nul discours de leur condition future ; parmi les jeux, les festins, farceries, entretiens communs et populaires, et la musique, et des vers amoureux... » (161). Fontenelle ne vise-t-il à son tour qu'à ruiner le stoïcisme ? Il s'en prend à Sénèque, dont les principes surent moins bien résister à la douleur que l'heureux tempérament de Scarron (162). Cette attitude n'a rien d'original ; Mme Deshoulières avait déjà écrit en 1678 :

Je ris de ce fier stoïque,
Qui dans les tourments se pique
D'avoir un visage égal ;
Qui, tandis qu'il en soupire,
A l'audace de nous dire :
La douleur n'est point un mal... (163).

Et l'on sait que Jacques Esprit, Malebranche et Saint-Evremond se rencontraient sur ce point ; toute la génération de 1680, en dépit de Boileau (164), refusait la morale du Portique, et souvent pour lui préférer l'épicurisme que prêchaient Bernier et de Launay.

Mais relisons le *Dialogue de l'Empereur Adrien et de Marguerite d'Autriche ;* la mort d'Adrien fut plus belle que celle de Caton, mais celle de Marguerite d'Autriche est encore plus admirable ; elle s'explique elle-même : « La fermeté de Caton est outrée dans un genre, la vôtre dans un autre, la mienne est naturelle. Il est trop guindé, vous êtes trop badin, je suis raisonnable » (165), et l'empereur finit par avouer : « ... la vertu est bien grande, quand elle ne passe point les bornes de la nature... » (165 *bis*). Aussi ce n'est pas tant au stoïcisme que Fontenelle en veut qu'à toute la philosophie, et même à la raison. Lucilius, dans le *Jugement de Pluton* s'en étonne : « D'où vient que cet auteur se déclare toujours contre la raison ? Quelle inimitié y a-t-il entre la raison et lui ? On ne doit point à ce qu'il prétend compter sur elle, on ne doit point s'y fier, elle ne mérite point d'estime... » (166).

---

(160) Saint-Evremond, cité dans Busson, *loc. cit.*
(161) *Essais,* III, 9 ; Busson, *loc. cit.*
(162) *Œuvres* (3), t. I, p. 133-139.
(163) Mme et Mlle Deshoulières (153), t. I, p. 54 (*Ode à M. le duc de La Rochefoucauld,* 1678).
(164) *Satire XI,* vers 69, *sq :*
Quoi qu'en ses beaux discours Saint-Evremond nous prône,
Aujourd'hui j'en croirai Sénèque avant Pétrone (1698).
(165) *Œuvres* (3), t. I, p. 55.
(165 *bis*) *Ibid.,* t. I, p. 57.
(166) *Ibid.,* t. I, p. 268.

En fait, Smindiride affirme que la raison nous enlève nos plaisirs (167) ; Icasie montre que la Fortune ne cesse de se jouer « de la raison humaine » (167 *bis*) ; la folie est utile, elle sert à empêcher qu'on se connaisse (168) ; Parménisque est descendu dans l'antre de Trophonius et il a perdu sa gaîté, car « l'antre de Trophonius n'est pas ce qu'on pense... ce sont les réflexions... Quand nous découvrons le peu d'importance de ce qui nous occupe et de ce qui nous touche, nous arrachons à la nature son secret ; on devient plus sage, et on ne veut plus agir ; voilà ce que la Nature ne trouve pas bon... » (169). Ne soyons donc pas surpris de voir Platon manquer à ses principes, ni d'entendre Anacréon railler Aristote : « On peut philosopher comme vous avez fait. On n'est point obligé de se guérir ni de l'ambition ni de l'avarice ; on se fait une entrée agréable à la Cour du grand Alexandre ; on s'attire des présents de cinq cents mille écus, que l'on n'emploie pas entièrement en expériences de physique... en un mot, cette sorte de philosophie mène à des choses assez opposées à la philosophie... » (170). Nous comprenons aussi les sarcasmes que Fontenelle adresse aux savants. Il ne lui suffit pas de railler, comme nous l'avons vu, l'optimisme cartésien. Il doute profondément à cette date de *l'utilité des mathématiques et de la physique* (171). De la science, il n'a, il ne veut avoir, qu'une idée sommaire, et l'on comprend parfois que ces *Dialogues* aient pu être attribués à Boileau. Les vérités que les savants découvrent « de temps en temps » sont « petites » et propres tout au plus à « amuser » (172). Comme il serait plus utile de connaître l'homme que les astres ou les pierres !

Sans doute Fontenelle s'est-il souvenu de l'ironie de Lucien. Celui-ci ne disait-il pas « qu'Aristote n'eut qu'une légère teinture de l'art du parasite, comme de beaucoup d'autres d'ailleurs » (173) ? Et n'affirmait-il pas : « Il est impossible de citer un philosophe qui soit mort à la guerre, car ou bien ils n'ont jamais servi, ou, s'ils ont servi, ils ont tous pris la fuite... » (174) ? Mais ce refus des systèmes, cette haine de la dialectique pompeuse et stérile, procèdent de sources plus modernes. La Mothe le Vayer avait déjà écrit :

> Le système général composé de la logique, de la physique et de la morale, d'où toutes les connaissances humaines emprun-

(167) *Ibid.*, t. I, p. 13 : « Que les hommes sont à plaindre ! Leur condition naturelle leur fournit peu de choses agréables, et leur raison leur apprend à en goûter encore moins. »

(167 *bis*) *Ibid.*, t. I, p. 31.

(168) *Ibid.*, t. I, p. 85.

(169) *Ibid.*, t. I, p. 126-127.

(170) *Ibid.*, t. I, p. 20.

(171) *Préface sur l'utilité des mathématiques et de la physique*, 1702, dans *Œuvres* (3), t. V, p. 1-22.

(172) *Ibid.*, t. I, p. 191-192.

(173) Lucien (55), t. II, p. 184 : *Parasite ;* de même, t. I, p. 142 : *Dialogues des morts : Diogène et Alexandre :* « Ce philosophe a été le plus détestable de tous mes flatteurs ! Personne ne sait donc tout ce qu'il a fait, cet Aristote... C'était un charlatan, Diogène, un vrai faiseur. »

(174) *Ibid.*, t. I, p. 186, *Parasite*, 43.

tent ce qu'elles ont de plus considérable, n'est rien qu'un ramas d'opinions contestées par ceux qui ont le temps d'un peu les approfondir... (175).

N'est-ce pas d'ailleurs La Mothe le Vayer ou Naudé qui ont inspiré à Fontenelle son pessimisme aristocratique :

> Sur le nombre prodigieux d'hommes assez déraisonnables qui naissent en sept ans, la Nature en a peut-être deux ou trois douzaines de raisonnables qu'il faut qu'elle répande par toute la terre, et vous jugez bien qu'ils ne se trouvent jamais nulle part en assez grande quantité pour y faire une mode de vertu ou de droiture... (176) ?

Mais cette attitude était commune à toute la tradition libertine. Plus précisément, le mépris où Fontenelle tient les sciences a dû lui être suggéré par Saint-Evremond. C'est la même idée : *L'homme qui veut connaître toutes choses ne se connaît pas lui-même* — le même ton : « La physique est belle. Rien de si beau que les divers systèmes du monde... Mais peut-on démêler la vérité de ces contestations... ? Quand Dieu qui nous cache les secrets de la Nature en promettrait la découverte aux méditations des philosophes, pourraient-ils les éclaircir... ? » (177). Pour l'exilé de Londres, les seules recherches qui conviennent à un honnête homme sont la morale, la politique et les belles lettres. On peut se demander si Fontenelle eût seulement consenti à cette restriction.

C'est que son antiintellectualisme est plus radical que celui de Saint-Evremond et peut-être même que celui de La Mothe le Vayer. Il rappelle plutôt Des Barreaux qui s'était écrié :

> Je renonce au bons sens, je hais l'intelligence,
> D'autant plus que l'esprit s'élève en connaissance,
> Mieux voit-il le sujet de son affliction... (178),

et l'histoire de l'antre de Trophonius semble simplement paraphraser ce tercet. Enfin, Mme Deshoulières avait dénoncé avant Fontenelle les méfaits de l'intelligence. Elle disait à ses *Fleurs :*

> Jamais trop de délicatesse
> Ne mêle d'amertume à vos plus doux plaisirs (179).

Smindiride affirme dans les *Dialogues* : « La délicatesse est tout à fait digne des hommes... Cependant la délicatesse diminue le nom-

---

(175) *Dialogues d'Oratius Tubero* (211), t. II, p. 49. Voir Pintard (640), p. 505-515.

(176) *Œuvres* (3), t. I, p. 48-49.

(177) Saint-Evremond (311), t. II, p. 6-14 : *Jugement sur les sciences où peut s'appliquer un honneste homme* (éd. en 1670) ; t. II, p. 107-139 : *L'homme qui veut connoistre toutes choses ne se connoist pas lui-même* (éd. en 1671) ; *Saint-Evremontiana* (313), p. 267 : *Lettre I, à Monsieur...*

(178) Sonnet, *Qui multiplicat intellectum multiplicat afflictionem*, vers 12-14, cité dans Adam, *Les libertins* (379), p. 193-194.

(179) *Les derniers libertins* (555), p. 68 ; Adam (379), p. 254.

bre des plaisirs, et l'on n'en a point trop : elle est cause qu'on les sent moins vivement, et d'eux-mêmes ils ne sont point trop vifs... » (180). Dans le *Dialogue d'Athénaïs et d'Icasie,* nous discernons une réminiscence des *Moutons.* La poétesse proclamait :

Il n'est dans ce vaste univers
Rien d'assuré ni de solide.
Des choses d'ici-bas la Fortune décide
Selon ses caprices divers... (181).

Icasie conclut le *dialogue* par ces mots : « Tout est incertain. Il semble que la Fortune ait soin de donner des succès différents aux mêmes choses et de se moquer toujours de la raison humaine, qui ne peut avoir de règle assurée. » (182). Dans le même poème, on trouve ces vers :

Cette fière raison, dont on fait tant de bruit,
Contre les passions n'est pas un sûr remède.
Un peu de vin la trouble, un enfant la séduit,
Elle s'oppose à tout et ne surmonte rien... (183).

N'est-ce pas la même pensée, sinon les mêmes expressions, que dans le *Dialogue d'Anacréon et d'Aristote* (184) ?

Ainsi l'antiintellectualisme de Fontenelle n'est pas seulement un écho du scepticisme antique ou un héritage de la vieille tradition du libertinage érudit. Cette attitude était toujours vivante en son temps et Mme Deshoulières l'enseignait régulièrement dans le *Mercure galant.*

Le rêve pastoral.

Fontenelle ne cesse de répéter dans son ouvrage la sixième des maximes que le Père Garasse attribuait aux libertins :

> Il n'y a point d'autre divinité, ni puissance souveraine, que la Nature, laquelle il faut contenter en toutes choses sans rien refuser à notre corps ou à nos sens, de ce qu'ils désirent de nous... (185).

Mais ce naturalisme va changer de visage au fur et à mesure des *Dialogues.* L'influence de Mme Deshoulières domine dans le premier recueil. La philosophie exprimée ici est celle que proposait l'auteur des *Moutons* et des *Oiseaux.* Tous les personnages qui sont confrontés en arrivent à oppposer « les vrais et les faux biens », la

(180) *Œuvres* (3), t. I, p. 13.
(181) *Les derniers libertins* (555), p. 67.
(182) *Œuvres* (3), t. I, p. 31.
(183) *Les derniers libertins* (555), p. 67.
(184) *Œuvres* (3), t. I, p. 18-23.
(185) *Doctrine curieuse des beaux esprits de ce temps,* p. 267-268, dans Adam (379), p. 42.

Nature et la Raison, l'Amour et l'Ambition. Alexandre et Phryné, Bérénice et Cosme II condamnent également la « gloire » : « Quand on ne veut que faire du bruit, ce ne sont pas les caractères les plus raisonnables qui y sont les plus propres » (186) et « il est assez raisonnable que nos noms meurent aussi ; ils ne sont pas de meilleure condition que nous » (187). En face de tous ces fous, qui sont aussi bien les conquérants, les philosophes et les savants, il existe quelques sages : Anacréon explique son « art de vivre » : « Pour chanter et pour boire comme moi, il faudrait avoir dégagé son âme des passions violentes, n'aspirer plus à ce qui ne dépend pas de nous, s'être disposé à prendre toujours le temps comme il viendrait... » (188). Cette forme d'épicurisme peut évoquer La Fontaine ou Saint-Evremond. Mais c'est surtout « le naturalisme pastoral » qu'avait chanté Mme Deshoulières. Et le *dialogue* où Fontenelle explique le mieux sa pensée est celui d'*Anne de Bretagne et de Marie d'Angleterre* : « La nature a fait aux hommes des plaisirs simples, aisés, tranquilles et leur imagination leur en a fait qui sont embarrassants, incertains, difficiles à acquérir ; mais la nature est bien plus habile à leur faire des plaisirs, qu'ils ne le sont eux-mêmes... Elle a inventé l'amour qui est fort agréable, et ils ont inventé l'ambition dont il n'était pas besoin » (189). C'est ce que Fontenelle répètera dans ses *Eglogues*. Or que lit-on dans les *Oiseaux* ?

Que nous servent, hélas, de si douces leçons ?
Tous les ans la Nature en vain les renouvelle.
Loin de la croire, à peine nous naissons,
Qu'on nous apprend à combattre contre elle.
Nous aimons mieux par un bizarre choix,
Ingrats, esclaves que nous sommes,
Suivre ce qu'inventa le caprice des hommes
Que d'obéir à nos premières lois (190).

Ainsi Anne de Bretagne avoue que « la vie pastorale... ne réussirait pas dans la pratique » (191), mais Marie d'Angleterre a le dernier mot : « S'il est vrai que peu de gens aient le goût assez bon pour commencer par ces plaisirs-là, du moins on finit volontiers par eux quand on le peut. L'imagination a fait sa course sur les faux objets et elle revient aux vrais » (192).

On devine comment Fontenelle a composé son ouvrage ; il lit dans le *Mercure* quelques vers qui le frappent, puis il cherche deux personnages historiques dont la confrontation permette d'aboutir à l'énoncé de cette morale... Tout son effort consiste à chercher une présentation ingénieuse, mais les idées sont presque littéralement

(186) *Œuvres* (3), t. I, p. 10.
(187) *Ibid.*, t. I, p. 66.
(188) *Ibid.*, t. I, p. 19-20.
(189) *Ibid.*, t. I, p. 69.
(190) Adam (379), p. 256.
(191) *Œuvres* (3), t. I, p. 73.
(192) *Ibid.*, t. I, p. 73-74.

empruntées à Mme Deshoulières. Une influence aussi évidente s'explique-t-elle par des rapports personnels ? Dans le *Furetiriana* fut publiée une églogue intitulée *Amarante* ; on y rencontre ces vers :

> Ce berger enjoué, ce doux magicien
> Qui connaît tous les morts des vieux temps et du sien,
> S'en va jusqu'aux Enfers déchagriner les ombres,
> Damon pour se guider dans ces royaumes sombres,
> Consultait Amarante, il suivait ses avis,
> Et se trouve fort bien de les avoir suivis.
> Ménasques, Lycidas, Palémon et moi-même
> Nous n'estimons nos chants qu'autant qu'elle les aime.
> Nous faisons sur son goût tout ce que nous faisons,
> Et ne nous plaisons point si nous ne lui plaisons (193).

Il faut avouer que ce Damon ressemble étrangement, comme l'a noté l'abbé Goujet (193 *bis*), à l'auteur des ***Dialogues des morts***. Celui-ci aurait donc fait partie d'un groupe de poètes réunis autour de la même « Muse ». Or F. Lachèvre, qui attribue cette œuvre à Jean Hénault ou Déhénault, veut reconnaître en Amarante une incarnation de Mme Deshoulières. Il n'est en effet qu'un trait qui distingue les deux personnages : dans cette pièce, qui ne put être écrite avant 1683 — l'année où parurent les *Dialogues* — on nous dit qu'Amarante est encore en son « printemps » (194) ; Mme Deshoulières avait alors quarante-cinq ans pour le moins... A cette réserve près, toutes les circonstances de la vie d'Amarante semblent se retrouver dans la biographie de Mme Deshoulières (194 *bis*). Cependant d'autres difficultés s'élèvent ; Trublet affirme : « M. de Fontenelle m'a dit qu'il n'avait point eu de liaison particulière avec Mme Deshoulières » (195) et surtout nous savons que la poétesse avait chansonné la chute d'*Aspar* ; elle ne cessera d'ailleurs de ridiculiser les échecs que Fontenelle rencontrera dans sa carrière ; nous avons même vu que le Chevalier d'Her... paraissait parfois se moquer d'elle... Faut-il supposer qu'après avoir subi son ascendant il se soit brouillé avec elle — pour un motif qui nous échappe ?

(193) Lachèvre, *Dehénault* (554), p. 79-80. Lachèvre attribue cette pièce à Jean Dehénault suivant les indications du *Furetiriana* paru en 1696.

(193 *bis*) Goujet, *Bibliothèque* (185), t. XVIII, p. 384-394.

(194) Lachèvre (554), p. 74.

(194 *bis*) Non seulement Amarante est savante, raisonnable — et même ruinée — comme l'était Mme Deshoulières, mais, de même que la poétesse, elle a quelque rapport avec le Dauphiné (Lachèvre [554], p. 81), et elle a été trahie par un certain Lycas qui pourrait figurer Deshoulières. L'auteur de cette églogue est protégé par Arcas ; malgré l'opinion de F. Lachèvre, il semble difficile de reconnaître Foucquet dans ce personnage. Si Damon est bien Fontenelle, le poème est au moins de vingt ans postérieur à l'arrestation de Foucquet, et il paraît contenir une allusion à l'expédition de Vivonne en Sicile, qui s'est déroulée de 1675 à 1677. D'ailleurs Arcas semble lyonnais, Lachèvre (554), p. 86 ; serait-ce Villeroy ou son oncle, l'archevêque de Lyon ?

(195) Trublet (345), p. 257. Evidemment Fontenelle peut avoir menti ou simplifié la vérité.

Mais cette brouille se serait produite vers 1679 ou 1680, et dans le poème du *Furetiriana* on ne trouve aucune allusion à un tel événement. Le problème demeure donc embarrassant, et il est encore plus difficile de deviner quels sont les autres écrivains qui figurent autour d'Amarante et qui seraient sans doute assez proches de Fontenelle. L'églogue est-elle de Jean Hénault ? Cette attribution même est incertaine. Hénault mourut en 1682 ; le poème est forcément postérieur à cette date. Hénault était né en 1612 ; l'auteur de la pastorale, qui se peint sous le nom de Daphnis, n'avoue que cinquante ans. Enfin Hénault était le maître de Mme Deshoulières, et non son disciple... Remarquons cependant que figure dans le recueil de Cideville une anecdote où paraissent ces deux auteurs, et l'on sait que la plupart des historiettes que rapporte Cideville lui ont été contées par Fontenelle (195 *bis*).

Les thèmes que l'auteur des *Dialogues des morts* développait n'étaient d'ailleurs pas personnels à Mme Deshoulières. C'était déjà une sorte de quiétisme qui nous était proposé. La poésie que Fénelon enverra à Mme Guyon fait irrésistiblement penser à ces premiers *Dialogues* :

Jeune, j'étais trop sage
Et voulais tout savoir.
Je n'ai plus en partage
  Que badinage,
Et touche au dernier âge
  Sans rien prévoir.
Au gré de ma folie,
Je vais sans savoir où.
Tais-toi, philosophie !

(195 *bis*) *Traits, notes et remarques* (ms. Rouen), p. 201 : « Henaut (*sic*) disait à Mme Deshoulières : Savez-vous bien que pour faire des tragédies il faut avoir ce qui manque à votre chat (il était coupé). » Cette anecdote est vraisemblablement postérieure à la chute de *Genseric*, la tragédie que Mme Deshoulières fit représenter en janvier 1680. Il faut d'ailleurs ajouter qu'il n'est pas absolument certain que Hénault soit mort en 1682. On trouve à la B.N., ms. fds fr. 12973, une lettre qui lui est attribuée et qui traite de la querelle de Perrault et de Boileau de 1687. Ou bien y aurait-il eu deux Hénault, comme il y eut deux Louis Petit ? En tout cas, on retrouve dans une *Elégie* attribuée à Hénault certains des plus grands thèmes des *Dialogues de morts :* la critique du stoïcisme :

Car enfin loin de moi ces sages orgueilleux,
Qui loin de ces plaisirs se vantent d'être heureux,
Et contents de montrer une science vaine,
Se font une sagesse au-dessus de l'humaine...
Lachèvre (554), p. 38.

la toute-puissance du « tempérament » :

Etre sage est un bien que nul ne s'est donné,
Et ce n'est proprement qu'être heureusement né.
Quel que soit l'homme enfin, il est ce qu'il doit être
Et la nature en lui ne s'est point fait un maître.
Lachèvre (554), p. 45.

Que tu m'ennuies !
Les savants, je défie,
Heureux, les fous ! (196).

C'est exactement ce que disent Anacréon, Marie d'Angleterre et Erasistrate. Le ton est différent : Fénelon est plus naïf et plus doux, Fontenelle est plus sarcastique ; mais c'est le même rêve qui séduisait tant d'esprits à la fin du XVIIe siècle.

Si l'idéal est le même, tous ces auteurs ne le jugent pas également accessible : découvert par Fénelon dans une expérience mystique, atteint par Chaulieu et La Fare dans un « art de vivre » assez complexe, il semble aux yeux de Fontenelle demeurer presque utopique. Même Marie d'Angleterre doit confesser que « les hommes ont tout gâté » (196 *bis*). Certes, les *Dialogues* évitent toute apparence didactique, le ton reste mitigé ; mais « les sottises des pères sont perdues pour les enfants » (197), et Fontenelle semble s'orienter vers un pessimisme presque total, qu'il fonde sur son naturalisme même ; il sait ce qui est bien, mais ce « bien » est irréalisable... Ce rêve pastoral n'est pas une évasion éphémère ; c'est peut-être l'aspiration la plus profonde de Fontenelle. Toutes ses œuvres, jusqu'aux recherches et aux vulgarisations scientifiques, peuvent s'expliquer par la persistance d'un idéal qui lui paraît parfois impossible, parfois accessible — mais au prix de quels détours et de quels efforts !

L'ordre naturel.

Dans le second recueil des *Dialogues,* on ne retrouve plus le « rêve pastoral ». L'auteur paraît même y prendre souvent le contre-pied de ce qu'il avait soutenu naguère. Loin d'opposer au troupeau des « frénétiques » les sages qui trouvent le bonheur dans l'amour, l'indépendance et la paix, Fontenelle donne tort maintenant à David Riccio qui incarne cette attitude. Il peut regretter la vie tranquille dont l'a tiré Marie Stuart : « La Nature, dit-il, m'avait mis dans la meilleure situation du monde pour cela : point de bien. beaucoup d'obscurité, un peu de voix seulement et de génie pour jouer au luth... » (197 *bis*). La reine a vite fait de lui rétorquer : « ... tu es un fou. Tu t'es gâté depuis ta mort par des réflexions oisives, ou par le commerce que tu as eu avec les philosophes qui sont ici. C'est bien aux hommes à avoir leur bonheur dans eux-mêmes... » (198). Aussi n'a-t-il pas lieu de se plaindre. Cette sagesse dont on rêve loin du tumulte du monde n'est qu'un mythe. Anacréon conseillait de dégager son âme « des passions violentes » ; Fontenelle consacre maintenant un *dialogue* à démontrer *que les passions sont nécessaires.* L'ambition, la soif d'immortalité étaient

(196) *Ode sur l'enfance chrétienne,* dans *Œuvres* (177), p. 298-299.
(196 *bis*) *Œuvres* (3), t. I, p. 73.
(197) *Ibid.,* t. I, p. 45.
(197 *bis*) *Ibid.,* t. I, p. 186.
(198) *Ibid., loc. cit.*

condamnées ; Soliman et Juliette de Gonzague nous apprennent *qu'il y a quelque chose dans la vanité qui peut être bon,* et plus précisément : « ... les bonnes qualités d'un homme tiennent à d'autres qui sont mauvaises, et... il serait dangereux de le guérir de ses défauts (198 *bis*) ». Même les préjugés ont leur valeur, car ils suppléent à « cette espèce de vide » que la raison créerait dans notre esprit.

On le devine — après avoir tout blâmé, Fontenelle approuve tout ; sans se dissimuler les insuffisances ni les dangers que présentent nos opinions et nos passions, il les juge au moins préférables au désert que suscite la raison, et à la tristesse des réflexions. L'antiintellectualisme demeure, mais il n'a plus le même sens : il ne s'agit pas de retrouver un paradis miraculeusement préservé au sein de l'agitation universelle ; il convient au contraire d'accepter cette agitation, si décevante qu'elle soit, car « vivre, c'est ne savoir ce que l'on fait la plupart du temps » (199). Même la Nature n'a plus la même valeur ; ce n'est plus l'évasion conquise par une ascèse difficile, et très rare ; c'est l'ordre du monde, qui se perpétue et aboutit à ses fins à travers les désordres apparents :

> ... tous les devoirs se trouvent remplis, quoiqu'on ne les remplisse pas par la vue du devoir ; toutes les grandes actions qui doivent être faites par les hommes se trouvent faites ; enfin, l'ordre que la Nature a voulu établir dans l'univers va toujours son train ; ce qu'il y a à dire, c'est que ce que la Nature n'aurait pas obtenu de notre raison, elle l'obtient de notre folie (200).

Ainsi au pessimisme des premiers *Dialogues* succède une sorte de fatalisme à la fois amer et souriant : les hommes seront éternellement des « sots », mais leurs sottises ne sont pas inutiles. La sagesse n'est donc plus qu'une sorte d'obéissance dynamique aux passions ; notre folie, ou plutôt notre tempérament, sont nos véritables guides.

L'origine de cette nouvelle philosophie ne doit plus être cherchée dans les poèmes de Mme Deshoulières ; Fontenelle s'est choisi des maîtres plus graves. Il s'est souvenu dans ce recueil des *Considérations* de Naudé, car le *Dialogue de Straton et de Raphaël d'Urbin* porte la marque de cet ouvrage. Naudé citait et commentait la maxime de Sénèque : *Non tam bene cum rebus humanis geritur ut meliora pluribus placeant. Argumentum pessimi est turba* (200 *bis*), et il ajoutait : « Le même ne donne autre avis pour connaître les bonnes opinions et, comme parle le poète satirique, *quid solidum crepet,* sinon de ne pas suivre celle du peuple. *Sanabimur si modo separemur a coetu* (201) ». Fontenelle prête à Straton ce discours :

(198 *bis*) *Ibid.*, t. I, p. 176.
(199) *Ibid.*, t. I, p. 127.
(200) *Ibid.*, t. I, p. 170-171.
(200 *bis*) « Les affaires humaines ne sont pas si bien réglées que le meilleur plaise à la majorité. Le critère du pire, c'est la foule. »
(201) *Considérations politiques...* (263), p. 154, *sq.*

> Ah ! tous les philosophes qui sont ici vous répondront pour moi que j'ai appris à mon esclave ce que tous les sages doivent pratiquer ; que pour trouver la vérité, il faut tourner le dos à la multitude, et que les opinions communes sont la règle des opinions saines, pourvu qu'on les prenne à contre-sens (202).

Certes, cette antienne de la pensée libertine est-elle bientôt dépassée et Fontenelle dans son fatalisme conclut que toutes les erreurs et toutes les sottises de l'humanité ont leur valeur. Mais cette opposition même est révélatrice : il connaît Naudé, il ne s'en satisfait pas. D'ailleurs, dans le dialogue *Sur la comédie,* il cherche déjà une nouvelle interprétation de l'erreur et des fables ; il préfère y voir une simple conséquence de la faiblesse humaine plutôt que le fruit d'une imposture déterminée.

L'influence de La Mothe le Vayer est plus importante. On peut affirmer que Fontenelle a lu et apprécié le *Discours de l'histoire* (203) et la *Prose chagrine* (204). Deux passages du second recueil sont presque littéralement tirés de ces livres. Dans le premier, on lisait :

> Qui considèrera la nudité et l'état d'innocence, où furent trouvés ces Indiens, qu'ils n'avaient jamais vu de chevaux, ni de centaures, tels que leur parurent les Espagnols, qu'ils les croyaient invulnérables dans leurs armes de fer, et beaucoup d'autres telles circonstances dont parle cette histoire, il ne s'étonnera pas beaucoup d'une conquête si facile... On a même écrit que... [les Espagnols] furent pris pour des dieux qui disposaient du tonnerre, à cause de leurs canons, et que leur navire passa pour un grand oiseau dont ils s'étaient servis pour descendre du ciel en terre... (205).

Que dit Montézume à Cortez ? « Nous n'avions jamais vu de navires, ni de canons... », et le conquistador lui répond : « Vous étiez bien grossiers, vous autres Américains, quand vous preniez les Espagnols pour des hommes descendus de la sphère du feu, parce qu'ils avaient du canon, et quand leurs navires vous paraissaient de grands oiseaux qui volaient sur la mer... » (206). De même, le discours d'Erostrate :

> Ce sont les passions qui font et qui défont tout. Si la raison dominait sur la terre, il ne s'y passerait rien. On dit que les pilotes craignent au dernier point ces mers pacifiques où l'on ne peut naviguer, et qu'ils veulent du vent au hasard d'avoir des tempêtes. Les passions sont chez les hommes des vents qui sont nécessaires pour mettre tout en mouvement, quoiqu'ils causent souvent des orages (207)

---

(202) *Œuvres* (3), t. I, p. 159.
(203) *Discours de l'histoire* (211).
(204) *Prose chagrine* (213).
(205) *Discours de l'histoire* (211), p. 98-99.
(206) *Œuvres* (3), t. I, p. 200-201.
(207) *Ibid.*, t. I, p. 105.

sort visiblement de ce passage de la *Prose chagrine* :

> ... mon âme se révolte souvent contre ces discours généreux qui vont à l'extirpation des passions... Elle me dépeint cette vie comme une mer morte, où nous languirions misérablement presque sans action, si le vent des passions ne les tirait de cet assoupissement léthargique... (208).

Fontenelle a dû méditer cet ouvrage, car on y retrouve d'autres thèmes qu'il exprime dans son livre : il faut être aveugle pour avancer ; les passions, en nous cachant « les précipices qui nous environnent », rendent la vie plus heureuse et plus utile (209).

A travers La Mothe le Vayer, Fontenelle paraît parfois revenir aux *Essais*. Montaigne avait déjà montré que les sauvages d'Amérique valaient bien les Espagnols et « qu'ils ne nous devaient rien en clarté d'esprit naturelle et en pertinence » (210). Plus précisément il avait déjà raillé ces « descriptions de police feintes par art », qui « se trouvent ridicules et inaptes à mettre en pratique... » (211) — ainsi Scarron dans les *Dialogues* se moque de « Platanopolis » (212). Et il semble surtout que Fontenelle a pu trouver dans les *Essais* l'ébauche de cette justification qu'il nous propose de toutes les passions et de toutes les erreurs ; Montaigne estimait que « l'exercice de méchancetés insignes porte marque de vigueur et force d'âme autant que d'erreur et de dérèglement... », et que même les hommes les plus corrompus ont pu « dresser des vices mêmes une contexture politique entre eux et une commode et juste société » (213).

Mais cette idée, qui est la plus forte et la plus féconde des *Dialogues* (214), doit avoir des sources plus précises. Faut-il songer à Bayle ? Dans la *Continuation des pensées diverses,* il donnera ce conseil : « Conservez à l'avarice et à l'ambition toute leur vivacité ; animez-les par des récompenses » (215). On a souvent vu dans ce thème un écho de l'influence que Spinoza avait pu exercer sur son esprit, mais Bayle lui-même a reconnu qu'il s'était souvenu du

---

(208) *Prose chagrine* (213), t. III, p. 31-33.

(209) *Ibid., loc. cit.* : « Et je me fais croire après Cardan que ce sont... [les passions] qui charment notre être et qui nous le rendent plus tolérable, parce qu'autrement, et sans leur distraction, nous serions dans une continuelle contemplation de notre misère. Car pour user de sa comparaison, comme l'on monte bien mieux et beaucoup plus sûrement une montagne droite et bien escarpée, en regardant toujours devant soi, qu'en considérant les précipices qui l'environnent, notre âge aussi coule bien plus heureusement par le moyen de ce que les passions nous font tantôt espérer et tantôt entreprendre, que si nous n'avions pour objet que le malheur du temps présent et calamités qui nous obsèdent de tous côtés... »

(210) *Essais,* III, VI.

(211) *Ibid.,* III, IX.

(212) *Œuvres* (3), t. I, p. 139.

(213) *Essais,* III, IX.

(214) On sait avec quel éclat Mandeville la développera. Voir Morize, *L'apologie du luxe* (616), *passim.*

(215) *Continuation* (95), par. CXXIV ; Morize (616), p. 66-67.

Dialogue de Lucrèce et de Barbe Plomberge (216). Cependant les *Pensées diverses,* parues en 1683, allaient déjà dans ce sens ; on imagine mal que Fontenelle n'ait pas lu ce livre consacré à la comète qui lui avait inspiré une comédie. Certains rapprochements sont même indéniables : Bayle affirme *que ce qu'on appelle prodiges est souvent aussi naturel que les choses les plus communes* (217) ; Molière dans les *Dialogues* dit à Paracelse : « Tant pis pour l'esprit. La vérité se présente à lui, mais parce qu'elle est simple, il ne la reconnaît pas, et il prend des mystères ridicules pour elle, seulement parce que ce sont des mystères... si la plupart des gens voyaient l'ordre de l'univers tel qu'il est... ils ne pourraient pas s'empêcher de dire sur cet ordre admirable : *Quoi, n'est-ce que cela ?* » (218). Le dialogue *Que la gloire a plus de force que le devoir* (219) émane directement des remarques de Bayle sur « les braves qui s'exposent à tant de périls et à tant de fatigues pour faire parler d'eux dans l'histoire » (220). Et surtout l'auteur des *Pensées diverses* ne cesse de répéter que *l'homme n'agit pas selon ses principes* (221) : « Le véritable principe des actions de l'homme (j'excepte ceux en qui la grâce du Saint-Esprit se déploie avec toute son efficace) n'est autre chose que le tempérament, l'inclination naturelle pour le plaisir, le goût que l'on contracte pour certains objets, le désir de plaire à quelqu'un, une habitude gagnée dans le commerce de ses amis... » (222).

Mais nous savons que Fontenelle dépasse cette conception. L'ordre naturel qu'il invoque pourrait nous faire songer à Spinoza. Pour les deux philosophes, l'homme n'est qu'une parcelle de la Nature, et « les sentiments de haine, de colère, d'envie, etc... considérés en eux-mêmes obéissent à la même nécessité et à la même vertu que les autres choses singulières » (223). Mais Fontenelle ne semble pas croire au « pouvoir modérateur de l'esprit » (224).

Cependant sa philosophie paraît secrètement matérialiste. Charles V dit à Erasme : « Vous étiez un grand génie, mais demandez à tous les philosophes à quoi il tenait que vous ne fussiez stupide et hébété ; presque à rien, à une petite disposition de fibres ; enfin, à quelque chose que l'anatomie la plus délicate ne saurait jamais apercevoir » (225). Peut-être n'est-ce qu'un souvenir de la physiologie cartésienne. La maxime de Sénèque dans le dialogue *Sur la sagesse* est plus curieuse : « [Les hommes], dit-il, ne sont

(216) Delvolvé, *Bayle* (480), p. 104 et note 2. Bayle cite Fontenelle dans les *Nouvelles lettres critiques,* lettre XVIII dans *Œuvres* (92), t. II, p. 282.

(217) *Pensées diverses* (94), p. 167, par. LXVI.

(218) *Œuvres* (3), t. I, p. 179.

(219) *Ibid.,* t. I, p. 165-171 : *Lucrèce et Barbe Plomberge.*

(220) *Pensées diverses* (94), p. 530.

(221) *Ibid.,* p. 401, par CXXXVI : *Que l'homme n'agit pas selon ses principes.*

(222) *Ibid.,* p. 402.

(223) *Ethique* (334), troisième partie, p. 146.

(224) *Ibid.,* p. 145.

(225) *Œuvres* (3), t. I, p. 78.

sages que selon qu'il plaît à leur sang. Il faudrait savoir comment les parties intérieures de leur corps sont disposées pour savoir jusqu'où ira leur vertu » (226). Cette phrase, qui rappelle La Rochefoucauld (227), sera reprise dans le mystérieux traité de *L'ame matérielle* : « Le bonheur d'être vertueux vient de la nature : on n'est sage que selon qu'il plaît au sang » (228). Nous sommes ramenés cette fois à Guillaume Lamy (229). Dans l'*Explication mechanique,* il écrivait : « ... quoique la raison puisse résister aux passions, et que l'homme, par le moyen de l'âme raisonnable, supérieure à la sensitive, est libre, comme la foi l'enseigne, de suivre ses passions ou de ne les suivre pas, la passion cependant pour l'ordinaire entraîne la raison » (230). Que dit maintenant Scarron à Sénèque ?

> La Nature garde toujours ses droits ; elle a fait ses premiers mouvements qu'on ne lui peut jamais ôter ; ils ont souvent bien fait du chemin, avant que la raison en soit avertie ; et,

---

(226) *Ibid.*, t. I, p. 138.

(227) *Maximes :* DLXIV (1665, n° XIII) : « Toutes nos passions ne sont autre chose que les divers degrés de la chaleur et de la froideur du sang ».

(228) Il existe deux copies manuscrites de ce texte : Maz. 1189 et Arsenal 2239. (Cf. Spink (680), p. 248-255 ; Wade (706), p. 223, *sq.*) D'ailleurs l'analogie que nous avons signalée se prolonge ; on lit dans *L'ame matérielle* (Maz. 1189, 6, p. 74) : « Ce sont donc de plaisants sages que ceux qui le sont, puisqu'ils ne le sont que par tempérament. S'ils ne sont pas fous, doit-on leur en tenir compte ? Le bonheur d'être vertueux vient donc de la nature : on n'est sage que selon qu'il plaît au sang ; et pour savoir jusqu'où peut aller la vertu, il n'y a qu'à savoir comment les parties intimes du corps sont composées ou disposées. Il n'est pas même en notre pouvoir de ne se laisser conduire qu'à la raison ; on ne peut se rendre indépendant de la nature ; elle garde toujours ses droits ; elle a ses mouvements qu'on ne peut lui ôter. Ils ont bien fait du chemin avant que la raison en soit avertie, et quand elle s'est enfin mise en devoir d'agir, elle trouve tout en désordre... « Cette page est presque littéralement empruntée au *Dialogue de Sénèque et de Scarron :* « On doit encore moins se fier à l'inégalité du tempérament de vos sages : ils ne sont sages que selon qu'il plaît à leur sang. Il faudrait savoir comment les parties intérieures de leurs corps sont disposées pour savoir jusqu'où ira leur vertu... La Nature garde toujours ses droits... » C'est évidemment l'auteur de *L'ame matérielle* qui a utilisé l'œuvre de Fontenelle, puisque ce traité ne peut avoir été écrit avant 1725 (on y retrouve des pages tirées de l'*Histoire de la philosophie payenne* que Levesque de Burigny publia en 1724). Ce mystérieux auteur n'est certainement pas Fontenelle : bien d'autres philosophes ont été mis à contribution (Bayle, Malebranche, G. Lamy), et la théorie exposée sur l'origine des idées n'est pas celle que Fontenelle a exprimée dans *De la connoissance de la raison humaine* et *De la connoissance de l'esprit humain.*

(229) *L'ame matérielle* contient d'ailleurs maints extraits de G. Lamy : dans le chapitre II, *Nature de notre âme et de notre esprit* (Maz. ms. 1189, p. 63, *sq.*), tout le passage qui commence par « Il y a dans le monde un esprit très subtil... » vient des *Discours anatomiques* (220), p. 114-117 : « Il est certain qu'il y a dans le monde un esprit très subtil, ou une matière très déliée... »

(230) *Explication mechanique* (221), chap. XI : *Pourquoi les Passions finissent.*

> quand elle s'est mise enfin en devoir d'agir, elle trouve déjà bien du désordre ; encore est-ce une grande question que de savoir si elle pourra le réparer... (231).

Nous ne saurions affirmer que Fontenelle ait paraphrasé G. Lamy, mais nous estimons que son fatalisme est plus proche de l'épicurisme de Lamy que de la doctrine de l'*Ethique* ; et cette influence secrète peut expliquer à la fois le pessimisme qu'il affiche en face de la nature humaine et le mépris où il tient les efforts de la technique et de la médecine.

Ainsi la nouvelle philosophie de Fontenelle se serait construite à partir de toutes ces influences ; hostile à Naudé, disciple fidèle de La Mothe le Vayer, nourri de Montaigne, sensible aux analyses de Bayle, de Guillaume Lamy et peut-être de Spinoza, il aurait été amené à approfondir l'épicurisme ou le fatalisme de ses maîtres et à concevoir ce naturalisme rénové qui triomphera au siècle des lumières.

Pour une chronologie des « Dialogues des morts ».

> Il y a une raison qui nous met au-dessus de tout par les pensées ; il doit y en avoir ensuite une autre qui nous ramène à tout par les actions ; mais à ce compte-là même, ne vaut-il pas presque autant n'avoir point pensé (232).

Cette phrase, qui sert de « moralité » au *Dialogue de Parménisque et de Théocrite de Chio*, paraît bien refléter l'évolution de Fontenelle, qui, à travers son livre, passe de la tradition pastorale au « providentialisme naturel » de Mandeville, et, si l'on veut, de Schopenhauer. Mais ce serait une conception trop simple que d'opposer les deux recueils ; certains *dialogues* qui parurent dans le second volume, étaient achevés, quand le premier fut édité ; la conception de l'ouvrage remonte, selon Cideville, à l'adolescence de l'écrivain. Il est donc indispensable de préciser la date probable, à laquelle chaque *dialogue* fut écrit, afin de comprendre le cheminement de la pensée de Fontenelle.

Nous pouvons affirmer que *Parménisque et Théocrite de Chio* et *Le troisième faux Démétrius et Descartes* furent composés en 1683, car c'est l'année où parurent l'*Histoire des oracles* de Van Dale et *Les imposteurs insignes* de Rocoles. Boursault fit jouer en décembre 1683 une *Marie Stuart, reine d'Ecosse,* (233) et il est possible que le *Dialogue de Marie Stuart et David Riccio* ait quelque rapport avec cette tragédie. *Sénèque et Scarron* semble inspiré par les *Pensées diverses* qui parurent en 1682. Tels sont les *dialogues* du second livre, qui paraissent les plus tardifs ; il est visible que ce

(231) *Œuvres* (3), t. I, p. 138-139.
(232) *Ibid.*, t. I, p. 128.
(233) Parfaict, *op. cit.* (273), t. II, p. 396-401.

sont ceux où la nouvelle philosophie de Fontenelle se développe avec le plus de force et de précision.

Il est probable qu'*Anacréon et Aristote,* marqué à la fois par Lucien et par les *Moutons* de Mme Deshoulières (234), doit remonter à 1677 ; *Milon et Smindiride,* qui paraphrase *Les Fleurs* (235), daterait de la même année, ainsi qu'*Athénaïs et Icasie* où se retrouve encore l'écho des *Moutons.* Si *Anne de Bretagne et Marie d'Angleterre* doit à la fois à la tragédie de Ferrier et aux *Oiseaux* (236) de la poétesse, on peut présumer que Fontenelle l'écrivit en 1679. Ce sont les *dialogues* qui semblent les plus anciens ; l'idéal pastoral y est exprimé avec le plus de netteté.

On croirait volontiers qu'*Athenaïs et Icasie,* où se devinent les mêmes sources que dans *Aspar,* fut composé en 1680 ; *Sapho et Laure, Agnès Sorel et Roxelane, Platon et Marguerite d'Ecosse* rappellent assez les *Lettres galantes* pour qu'on soit tenté d'en fixer la composition aux années 1681-1682 ; *Jeanne Ire de Naples et Anselme,* si proche de *La Comète, Artémise et Raymond Lulle,* où se trouve évoquée « la pierre philosophale », seraient de 1680 ou 1681. Quand Erasme demande à Charles V : « Tout est donc hasard ? », l'empereur lui répond : « Oui, pourvu qu'on donne ce nom à un ordre que l'on ne connaît point » (236 *bis*). Cette phrase rappelle, malgré tout ce qui sépare l'orthodoxie de Bossuet du naturalisme de Fontenelle, la conclusion du *Discours sur l'histoire universelle,* où le précepteur du Dauphin écrit : « C'est ainsi que Dieu règne sur tous les peuples. Ne parlons plus de hasard ni de fortune, ou parlons en seulement comme d'un nom dont nous couvrons notre ignorance » (237). *Sur l'Histoire* nous montrera d'ailleurs que Fontenelle a lu et médité Bossuet. Ce dialogue n'aurait donc pu être écrit avant 1681. Il ne serait pas surprenant en ce cas d'y trouver l'énoncé d'une philosophie plus profonde que dans l'ensemble du premier recueil.

Certes, nous ne pouvons nous fier aveuglément à ces conjectures, mais elles nous donnent une image plausible de l'évolution de Fontenelle. Ajoutons que le style, souvent gauche, conventionnel et très proche de Lucien dans les premiers *dialogues* (238) acquiert progressivement plus d'originalité et de piquant. Il est donc vraisemblable que cette œuvre fut composée durant six ans environ ; malgré les apparences, c'est plutôt un travail de journaliste qu'un traité de morale : Fontenelle se montre sensible à tous les appels de l'actualité ; il prend son bien indifféremment dans les poèmes

---

(234) *Mercure galant,* juillet 1677.

(235) *Ibid.*, novembre 1677.

(236) *Ibid.*, mai 1679.

(236 *bis*) *Œuvres* (3), t. I, p. 78-79.

(237) *Discours sur l'Histoire universelle,* troisième partie, chap. VIII, dans *Œuvres* de Bossuet (110), p. 1025. De même l'analyse des entreprises humaines rappelle Fontenelle : « Alexandre ne croyait pas travailler pour ses capitaines. » (*Ibid.*, p. 1026.)

(238) Surtout *Alexandre et Phryné,* et *Milon et Smindiride,* plus « scolaires », plus secs, moins spirituels que la plupart des autres *dialogues.*

du *Mercure,* dans Bossuet et dans Bayle ; il se contente de chercher une anecdote historique, de préférence assez peu connue et assez singulière, pour introduire habilement les idées qui l'ont séduit. Et il nous révèle, sans peut-être y songer, que ses réflexions ont acquis plus de profondeur à partir de 1680 ou de 1681, lorsqu'il s'est détaché du thème pastoral qu'évoquait inlassablement la génération précédente... N'est-ce que l'effet de la maturité ? Ou revenu à Rouen Fontenelle s'est-il livré à de plus sérieuses lectures ? Ou faudrait-il songer à cette « brouille » que nous avons supposée entre Mme Deshoulières et l'auteur d'*Aspar* ? Il est certain en tout cas qu'après la chute de cette tragédie, qui inspira à la poétesse des couplets si malveillants, Fontenelle paraît se détacher absolument de cette influence.

Entre tous ses contemporains, le plus proche de lui est peut-être La Fontaine. Les deux écrivains ne se sont pas seulement connus chez Mme de la Sablière ; ils ont un peu la même philosophie empreinte de gassendisme ; ils s'accordent pour railler les astrologues ; ils reconnaissent tous deux que malgré les bizarreries de la Fortune, « Dieu fait bien ce qu'il fait ». Et surtout la composition des *Dialogues* et celle des *Fables* peuvent se comparer ; l'auteur commence par choisir la « moralité » qui évoque souvent des problèmes contemporains, puis il cherche le mythe ou « l'historiette » qui peuvent l'exprimer.

Eloges et critiques.

Dès février 1683, le *Mercure galant* notait le succès des *Dialogues* (239) ; en juillet et en août, il annonçait le second volume ; en septembre, celui- était publié. « Enfin, Madame, écrivait Donneau de Visé, je vous envoie la seconde partie des *Dialogues des morts,* si souhaitée et tant de fois demandée depuis six mois... » (240). En octobre, il notait que l'œuvre n'avait pas moins plu « aux étrangers qu'aux Français », et que le premier recueil avait déjà été traduit en italien et en anglais (241). Mais il y eut aussi de violentes critiques ; dans *l'avertissement* de la troisième édition, Fontenelle écrit : « pour la diction... On m'avait reproché qu'elle était négligée ; j'ai tâché de me corriger de ce défaut, autant que me l'a pu permettre l'extrême naïveté dont le dialogue doit être. Quelques personnes, mais peu, ce me semble, avaient dit que les assortiments des personnages étaient quelquefois trop bizarres (242)... « Et sans doute lui reprocha-t-on aussi une certaine inexactitude historique, puisqu'il s'attache à se disculper sur ce

(239) *Mercure galant,* février 1683, p. 327-328.
(240) *Ibid.,* septembre 1683, p. 380, *sq.*
(241) *Ibid.,* octobre 1683, p. 334-336.
(242) *Œuvres* (3), t. X, p. 73-74. Déjà en mars 1683, à propos de la deuxième édition, le *Mercure* signalait que l'auteur avait « purgé [son texte] des légers défauts dont vous l'avez averti. » (*Mercure,* mars 1683, p. 357-358).

point. Enfin, le *Mercure* de janvier 1684 affirme : « Les *Dialogues des morts* ont eu la destinée des bons livres. Ils ont trouvé des censeurs et j'en ai vu depuis quelques mois trois différentes critiques... Ceux qui les ont faites, s'étant déchaînés contre l'auteur, comme s'il était fort condamnable d'avoir fait un livre qui a plu à tout le monde, il y a grande apparence qu'ils n'ont pu obtenir la permission de rendre public leur emportement... » (243). Il annonce ensuite la prochaine parution d'une quatrième critique « le huitième du mois suivant sous le titre du *Jugement de Pluton* » : « Elle est d'un homme qui nous a déjà donné plusieurs ouvrages avec beaucoup de succès et qui a pris soin de ramasser tout ce qui s'est dit au désavantage des *Dialogues*. Il l'a fait d'une manière galante et spirituelle, qui laisse voir qu'il n'en a pas moins d'estime pour l'auteur ; et qu'en rapportant toutes les critiques qu'on a faites, il n'est pas persuadé qu'elles soient capables de diminuer la gloire qu'elle s'est acquise... » (244).

On sait que ce *Jugement* est l'œuvre de Fontenelle ; il l'a avoué. Mais on aimerait savoir de quelles mains partirent des critiques si malveillantes. La carrière de Fontenelle, si favorisée qu'elle fût par le *Mercure galant* et par les admirateurs de Corneille, rencontrait sans cesse de nouvelles difficultés. A voir cet acharnement, on serait enclin à croire que la chute d'*Aspar* fut l'œuvre d'une cabale. Enfin, ses échecs étaient soulignés par des chansons satiriques ; ses succès attiraient la haine et le dénigrement. Il semble bien que ces critiques étaient personnellement dirigées contre lui : le *Mercure* s'en irrite, et dans l'*épître* dédicatoire du *Jugement de Pluton,* l'auteur parle lui-même de « cette mauvaise critique, que nous lûmes en manuscrit, qui ne critiquait rien, mais qui en récompense disait des injures... » (245).

Nous ne pouvons rien affirmer : ces manuscrits ont disparu. C'est en reconstituant, à l'aide des renseignements que nous fournissent le *Mercure* et le *Jugement de Pluton,* les arguments des ennemis de Fontenelle, que l'on peut parvenir, sinon à les identifier, du moins à percevoir à quel milieu ils appartenaient... « Il fallait venger l'Antiquité » (246), s'écrie Homère, dans le *Jugement,* et Caton affirme que « la principale question... était le mépris de l'Antiquité. » (247). En fait, les *Dialogues des morts* niaient, nous l'avons vu, tout progrès ; les *morts anciens* et les *morts modernes* étaient également stupides ; mais cet ouvrage contenait trop de sarcasmes contre Virgile, Homère, Aristote et même Lucien, pour ne pas inquiéter les admirateurs fervents des siècles d'Auguste ou de Périclès. Depuis 1674, les Anciens et les Modernes échangeaient des coups ; en octobre 1681, le *Mercure* avait publié un discours *Sur l'éloquence ancienne & Moderne* (248) qui s'achevait par ces vers assez péremptoires :

(243) *Mercure galant,* janvier 1684, p. 336.
(244) *Ibid.*, janvier 1684, p. 337-338.
(245) *Œuvres* (3), t. I, p. 210.
(246) *Ibid.*, t. I, p. 232.
(247) *Ibid.*, t. I, p. 220.
(248) *Mercure galant, extraordinaire* d'octobre 1681, p. 28-103.

Nous ne sommes pas moins éloquents que nos pères,
Sans nous assujettir à leurs règles sévères (249).

Quels sont les arguments d'Homère dans le *Jugement ?*

> Ce nombre infini d'hommes, qui, dans une longue suite de siècles, ont adoré mes ouvrages, c'étaient donc des fous ? On condamne dans un moment, et sans y faire trop de réflexion, tant de jugements qui ont tous été conformes ? La préoccupation peut beaucoup, dira-t-on. Quand les uns ont crié merveille, tous les autres le crient aussi. Ceux qui seraient d'avis contraire, n'osent se déclarer. Je n'ai qu'un mot à dire. Qu'on me fasse entendre comment j'ai pu avoir une si grande réputation sans la mériter, et je croirai en effet ne l'avoir pas méritée... (250).

De tels propos évoquent irrésistiblement les polémiques des années 1675-1695 ; Boileau ne fera que reprendre les mêmes idées dans la *Septième Réflexion sur Longin* (251) et dans la préface de son édition de 1701 (252). On soupçonnerait volontiers que dans ce passage, Fontenelle a cité — plus ou moins littéralement — l'argumentation de ses adversaires, afin de les ridiculiser. On lui avait aussi reproché des négligences et des obscurités : son ennemi est un « Ancien » et un puriste.

Autres plaintes : les *Dialogues* sont d'une excessive subtilité : « on dit que les plaisirs sont dans l'imagination ; on dit qu'ils n'y sont pas ; on dit qu'il faut raffiner et chimériser sur les plaisirs ; on dit que les plus simples et les plus communs sont les meilleurs. Qui me tirera de tous ces embarras-là ? » (253). Les femmes raisonnent trop ; les caractères des personnages illustres sont mal respectés ; l'auteur semble excessivement pessimiste, lorsqu'il soutient que « les amants fidèles... [sont] extrêmement rares » (254) ; pourquoi s'en prend-il toujours à la raison ? Ses paradoxes offensent le sens commun... La physionomie du critique s'éclaire : soucieux de vraisemblance, peut-être cartésien, il semble représenter l'esthétique classique dans sa forme la plus austère... Serait-ce Boileau lui-même ? On sait qu'il avait naguère songé à écrire des *dialogues des morts,* à l'imitation de Lucien. Se serait-il révolté, en voyant que son projet était repris par le détestable auteur d'*Aspar* ? Mais on imaginerait plutôt qu'il a inspiré cette satire, sans la rédiger lui-même... Le pédantisme qui perce dans ces arguments, leur aspect moralisateur, pourraient évoquer Longepierre, qui fut l'ennemi acharné de Fontenelle, à l'époque des *Pastorales...* Il est troublant de retrouver dans son *Discours sur les anciens* de 1687 une

(249) *Ibid.,* p. 103.
(250) *Œuvres* (3), t. I, p. 233.
(251) Boileau (104), t. I, p. 359, *sq.*
(252) C'est le fameux texte : « Le gros des hommes peut bien durant quelque temps prendre le faux pour le vrai... »
(253) *Œuvres* (3), t. I, p. 237.
(254) *Ibid.,* t. I, p. 255.

phrase analogue à celle que nous avons citée dans le *Jugement de Pluton :* « Je sais que le grand nombre d'années n'est pas un rempart assuré contre l'erreur... mais je sais que c'est une vraisemblance très raisonnable... » (255). Dira-t-on que l'idée était si banale que ce rapprochement ne prouve rien ? Mais dans le même *Discours,* Platon, Aristote, Homère et Virgile — tous les auteurs que les *Dialogues des morts* avaient ridiculisés — sont réhabilités (256). Peut-être Longepierre a-t-il utilisé dans cette œuvre apparemment dirigée contre Perrault des fragments rédigés d'abord contre Fontenelle... Dans une lettre à Charpentier, en septembre 1688, il écrit : « Je pense qu'il est bien en colère contre moi, et que dans son âme il me la garde bonne. Mais c'est le moindre de mes soucis, et s'il me fâche, ce n'est pas le seul chagrin que je lui donnerai. J'ai regret que M. Perrault, qui est un bon homme, se trouve mêlé là-dedans et il est aisé de voir que je fais mon possible pour l'épargner... » (257). C'est au moins reconnaître que dans cette polémique il vise uniquement l'auteur des *Dialogues des morts...*

La critique des critiques.

On devine le procédé employé dans le *Jugement de Pluton.* L'auteur « ramasse » — comme le dit le *Mercure* — tout ce qu'on a dit contre lui. Et il caricature les arguments de ses adversaires. Il recourt à un pastiche continuel : pastiche des Anciens, des moralistes stoïciens, du législateur de l'*Art poétique.* L'ouvrage est dédié à M.L.M.S.A. et, si ces initiales ont un sens, elles désigneraient le marquis de Sainte-Aulaire, l'ami de Mme de Lambert ; mais Trublet, qui avait déjà exprimé cette conjecture, n'en était pas bien convaincu, car il lui semblait qu'à l'époque les deux hommes n'étaient pas encore liés... (258). Cependant on devine, à travers cette polémique, le combat de deux cabales. La position de Fontenelle est singulièrement ambiguë ; il affirme, ce qui est plausible, que le marquis, à qui il dédie son livre, lui en donna l'idée. Mais ce « dédoublement » devait le séduire : il était à la fois l'auteur et le critique ; ainsi pouvait-il mépriser les coutumes du monde littéraire et en faire cruellement éclater la vanité. Il entrait dans ce jeu une part de perversité. Et aussi de l'orgueil : en jugeant lui-même son ouvrage, il semblait interdire aux lecteurs de le faire. Peut-être même, redoutant le public et ses sarcasmes, adoptait-il cette attitude pour mieux s'abriter. On y retrouve à la fois la désinvolture et la timidité qui lui étaient habituelles.

Le sujet choisi inclinait au burlesque, mais si l'on excepte les

(255) *Discours sur les anciens* (240), p. 28. Sur Longepierre et ses rapports avec Fontenelle, voir *infra, Contre les gens de Versailles.*

(256) *Ibid.,* p. 44, *sq. ;* p. 88, *sq. ;* p. 107. Certaines phrases paraissent assez menaçantes : « La postérité se fera un plaisir de venger Homère de leur censure et de l'en venger à leurs propres dépens », p. 89. Longepierre fait d'ailleurs l'éloge de Descartes, p. 60, *sq.*

(257) Ms. fds fr. 15276, fl. 82.

(258) Trublet (345), p. 153, note a.

« bâillements de Pluton » (259), il n'est guère de passage où l'auteur ait cédé à ce genre. Il l'avait d'ailleurs condamné dans sa *Description de l'Empire de la Poésie*. Après les tumultueuses et souvent vaines plaintes des morts et des vivants que les *Dialogues* ont hérissés, on en arrive à la *Requête des morts désintéressés* (260) : Pluton accepte immédiatement leurs avis ; ils parlent avec gravité ; c'est dans leur discours qu'on peut trouver la véritable pensée de Fontenelle. Ils ne trouvent à reprendre que quatre phrases. « Les belles sont de tous les pays, et les rois même ni les conquérants n'en sont pas » : cette maxime est absurde, car « les goûts pour la beauté sont différents dans les nations, mais dans toutes les nations, on cède au plus fort ». « Les vraies louanges ne sont pas celles qui s'offrent à nous, mais celles que nous arrachons » — autre sottise : « Il n'est point besoin que ceux qui louent ne le fassent qu'à regret ». C'est encore une erreur que d'opposer la tranquillité de l'amour à l'inquiétude de l'ambition : l'amour aussi est instable et insatisfait. Et comment peut-on soutenir que « les frénétiques sont si fous, que le plus souvent ils se traitent de fous les uns les autres ? » ; est-ce une marque de dérangement « que d'appeler fous ceux qui le sont ? » (261).

En réduisant toutes les critiques à ces quelques remarques, Fontenelle se donne à peu de frais un air d'impartialité. Tous ces jugements sont évidemment de bon sens. Le troisième est le plus intéressant : on y voit le reflet de l'évolution de l'auteur ; il semble définitivement désabusé des chimères pastorales ; la clairvoyance a remplacé les rêves d'autrefois. Le *Jugement de Pluton* est souvent amusant ; il obtint naturellement l'appui du *Mercure*, qui sut y discerner « une critique fine et délicate, pleine d'enjouement » (262). Si l'on songe que Fontenelle avait sans doute inspiré cet article, on admirera comme cette situation pouvait lui paraître plaisante : après avoir écrit un livre, il en avait fait la critique ; et cette critique à son tour, il l'analysait et la louait. La littérature ne devait pas dans ces conditions lui paraître une chose bien sérieuse. Son universelle ironie était satisfaite, et il pénétrait dans un univers de miroirs, de reflets infinis — un peu comme Gide, trois siècles plus tard, avec les *Faux monnayeurs*.

Un succès durable.

A la fin du *Jugement de Pluton,* on évoque la possibilité qu'il paraisse une imitation des *Dialogues*. Peut-être n'est-ce pas là une simple fiction. Enfin, durant le XVIIe et le XVIIIe siècles parurent maints *Dialogues des morts* : ceux de Bordelon en 1696, ceux de Fénelon en 1710, ceux de Rémond de Saint-Mard en 1711, ceux du duc de Nivernais en 1746 — tous inspirés, plus ou moins directe-

(259) *Œuvres* (3), t. I, p. 213.
(260) *Ibid.*, t. I, p. 282-286.
(261) *Ibid.*, t. I, p. 283-285.
(262) *Mercure galant,* février 1684, p. 381-382.

ment, par Fontenelle (263). C'est dire la popularité de cet ouvrage, qui connut le même succès en Angleterre et en Allemagne. Durant cette période, on ne voit pas que ce livre ait encouru des critiques bien sévères ; souvent même il est loué, et singulièrement par le Père Bouhours (264). Mais Voltaire fut aussi cruel envers cet ouvrage qu'envers les *Lettres galantes* ; il le jugea « frivole, rempli d'un faux continuel, plein de pensées puériles, propres à révolter tous les esprits sensés. C'est je ne sais quel style compassé et bourgeois... » (265). Malgré ses défenseurs, cette œuvre fut oubliée, jusqu'à ce que Nietzsche (265 *bis*) et Jean Rostand (266) en signalent les mérites. Il est bien vrai que la forme est parfois un peu « scolaire », et même « puérile » ; les pensées contenues dans le premier recueil ne sont souvent, comme nous l'avons montré, que l'écho des banalités morales de la génération de 1680. Il y a plus de profondeur dans le second volume. Mais surtout, même lorsque Fontenelle emprunte à ses devanciers la substance de ses réflexions, il leur donne un tour qui nous frappe : une apparente légèreté, une allure paradoxale, une impertinence perpétuelle. Que l'on compare cette franchise et cette désinvolture à la démarche embarrassée et trop prudente de La Mothe le Vayer dans ses *dialogues*... On mesurera aisément tout ce que l'esprit de Fontenelle a apporté à un genre assez conventionnel et à une philosophie parfois rebattue. A cette époque, commence à naître un nouveau type d'homme : on demandait déjà à Voiture d'être spirituel, mais ce n'était qu'une qualité secondaire — délicieuse dans la conversation, peut-être dangereuse dans la grande littérature. Mais y a-t-il encore en 1680 une « grande littérature » (266 *bis*) ? Si les genres nobles périclitent, « l'esprit » devient une vertu essentielle ; et que d'auteurs s'attachent à le définir ! Saint-Evremond : « Pour être agréable et de bonne compagnie, il faut penser finement et dans le moment, sur tout ce qui se dit dans la conversation, et cela ne se peut faire, si l'on n'a l'esprit excellent, beaucoup de mémoire et d'imagination. Il faut aussi bien savoir sa langue... » (267). Le Père Bouhours : « Le caractère de ces esprits-là est de parler bien, de parler facilement, de donner un tour plaisant à tout ce qu'ils disent ; ils font dans les rencontres des réparties fort ingénieuses ; ils ont

---

(263) Voir Egilsrud, *Le « Dialogue des morts »* (497), p. 43-58, et Gerhard Hess (537), p. 345-358.

(264) *La manière de bien penser...* (113), p. 139-140. *Les Dialogues des morts* sont cités parmi les « fictions ingénieuses ».

(265) Voltaire, *Œuvres* (359), t. XXIII, p. 367, *sq.*

(265 *bis*) *Le Gai Savoir* (622), p. 83 (II, 94) : « Quelque chose d'incroyable se passa : ces idées se trouvent être des vérités ! La science en apporte la preuve ; le jeu devient partie sérieuse ! Et, quant à nous, nous lisons ces *Dialogues* avec un autre sentiment que Voltaire et Helvétius. Involontairement nous élevons leur auteur à une autre classe, et infiniment plus haute, de la hiérarchie des esprits. » Voir Andler (381).

(266) J. Rostand (665).

(266 *bis*) Dans les *Lettres galantes*, on trouve une épître consacrée à la décadence du théâtre et surtout de la tragédie ; on ne lit plus les pièces, même si elles ont du succès sur la scène, *Lettres* (13), p. 186.

(267) Saint-Evremond (311 *bis*), p. 35-36 (*Avis & pensées sur plusieurs sujets*).

toujours quelque question subtile à proposer, et quelque joli conte à faire, pour animer la conversation, ou pour la réveiller, quand elle commence à languir... » (268). Et Callières se fera le législateur du genre dans son traité *Du bel esprit* ; quelle définition propose-t-il ?

> Une personne qui avec un air dégagé, certains mots mesurés, mais libres, commence par émouvoir agréablement ceux qu'il rencontre ; qui ensuite produit sur le sujet dont on parle des pensées nouvelles et singulières qu'il orne d'un tour d'expression facile et animé ; qui a le secret de les faire recevoir, quelque faibles et quelque confuses qu'elles soient, par des manières vives et hardies qui touchent délicatement ceux qui l'écoutent ; c'est là, pour presque tout le monde, une personne d'esprit, un bel esprit (269).

On crorait qu'il a songé à Fontenelle en ébauchant ce portrait. Ecartant l'équivoque, le quolibet, la turlupinade, qu'il juge trop vulgaires, c'est encore Callières qui nous explique ce qu'est un bon mot : « un sentiment naïvement et finement exprimé sur les choses qui se présentent, ou une répartie prompte et ingénieuse sur ce qui a été dit auparavant ». La qualité essentielle est bien l'à-propos, mais les plaisanteries peuvent avoir un but moral : « ... redresser les malhonnêtes gens, et les ridiculiser, et ... corriger l'injustice et l'orgueil des hommes puissants qui abusent de leur pouvoir » (270).

Il est bien vrai que dans les *Dialogues des morts,* les saillies et les paradoxes ne sont pas gratuits. La souplesse du talent de Fontenelle et la vivacité de son intelligence lui permettaient d'exceller dans ce genre. Il offrait à ses contemporains, dans une forme brillante, paradoxale, épigrammatique, ce qu'ils demandaient. En adoptant ces principes, on en arrivait implicitement à renoncer à toute littérature ; il ne restait plus que le plaisir éphémère du dialogue, la joie momentanée d'une trouvaille destinée à l'oubli... Il est évident que cette conception reflète une nouvelle vision de l'histoire et du temps. Les Anciens ne sont pas admirables ; chaque époque se fait des beautés à son goût ; seul compte le présent — l'immortalité n'est qu'une chimère.

---

(268) *Les entretiens d'Ariste et d'Eugène* (111), p. 213.
(269) *Du bel esprit* (127), p. 25-26.
(270) S. Pitou (644), p. 185-186.

CHAPITRE III

LES MAUVAISES PENSEES

Le bel esprit de Rouen révélait dans les *Dialogues des morts* plus d'impertinence et plus de hardiesse qu'on ne l'eût supposé, mais l'ironie arrangeait tout et pouvait rassurer le Père Bouhours; comment se fût-on inquiété de ces paradoxes que l'auteur lui-même ne semblait pas prendre au sérieux ? Dans le silence, il ébauchait un traité *Sur l'Histoire*. C'est là qu'il faut chercher sa véritable pensée que les exigences de la mode et les conseils de prudence ont souvent édulcorée. Cependant l'actualité immédiate fut à l'origine de cet ouvrage. *Sur l'Histoire* contient deux parties, l'une consacrée à « l'origine des fables », ou plutôt des religions ; l'autre vouée à la définition d'une histoire moderne, laïque, psychologique et même sociologique. L'exégèse biblique préoccupait tous les savants du temps : les travaux de Selden (1), de Marsham (2), de Huet et du Père Thomassin contiennent une méditation approfondie sur la source des cultes païens et de la Bible, sur la valeur de la Révélation, sur l'originalité du christianisme par rapport aux mythologies ; le point de départ de toutes ces réflexions fut peut-être le *Tractatus* de Spinoza, qui avait éveillé et inquiété bien des érudits et que Huet avait voulu réfuter. D'autre part, l'histoire était tellement aimée à cette époque, qu'on ne saurait s'étonner de voir Saint-Réal, puis le Père Rapin, puis Bossuet, exposer, après La Mothe le Vayer, leur conception de ce genre. C'est de la rencontre de ces deux courants qu'est né le traité *Sur l'Histoire*.

Il est difficile, nous le savons, d'affirmer que l'*Histoire des Ajaoiens* soit l'œuvre de Fontenelle. Les preuves historiques ne sont pas absolument convaincantes. Mais nous n'avons pas le droit de négliger cet ouvrage. Peut-être l'analyse interne nous éclairera davantage. Si nous pouvions conclure que Fontenelle a réellement

---

(1) *Joannis Seldeni...* (325), nombreuses éditions depuis 1617, dont une en 1680.

(2) Marsham, *Chronicus Canon Aegyptiacus, Ebraicus, Graecus et Disquisitiones*, Londres, 1672.

écrit cette « utopie » elle nous révèlerait, davantage encore que *Sur l'Histoire*, l'audace secrète et l'intransigeance profonde du bel esprit.

L'origine des religions.

Sur l'Histoire n'est qu'un brouillon inachevé, mais depuis l'édition qu'en donna J.-R. Carré (3), il n'est pas d'œuvre de Fontenelle qui ait suscité plus de remous que ce brouillon inachevé, où l'abbé Trublet voyait déjà l'un des meilleurs écrits de son maître. Si l'on a souvent montré la prodigieuse fécondité et la nouveauté des conceptions de Fontenelle, encore faut-il en dégager les principes et les sources pour les apprécier correctement.

Dans les premiers siècles du monde, l'ignorance faisait voir partout des prodiges, et l'imagination les grandissait encore, aidée par la vanité que suscitent toujours les applaudissements des auditeurs émerveillés. Ces légendes en se diffusant ne faisaient qu'empirer, et « peut-être qu'après un siècle ou deux il n'y resta rien du vrai qui y était d'abord, et même peu du premier faux » (4). Même en ce temps-là, « il y a eu de la philosophie » (5) ; l'esprit humain toujours curieux ne sait expliquer l'inconnu qu'en le ramenant au connu et se forge des systèmes pour comprendre la nature. Il a donc uni ces systèmes fabuleux aux récits légendaires qu'il avait conçus. Et, après la naissance spontanée de ces fables, viennent d'autres mythes inventés cette fois gratuitement, car « l'on ne raconta plus les faits un peu remarquables sans les revêtir des ornements que l'on savait qui étaient propres à plaire » (6). Ces embellissements étaient sans doute considérés par les esprits les plus lucides comme de simples parures, mais comment le peuple, qui « est destiné à être la dupe de tout » (7), se fût-il gardé de croire à ces merveilles ? « Encore aujourd'hui les Arabes remplissent leurs histoires de prodiges et de miracles » (8). Il ne faut pas croire que les climats aient sensiblement modifié l'imagination humaine ; les Occidentaux sur ce point valent les Orientaux, et les Américains ont à peu près les mêmes croyances que les Grecs. A cette théorie, Fontenelle ajoute deux réflexions curieusement placées au milieu de considérations sur l'histoire : il ne faut pas oublier la tendance de l'esprit humain à « l'analogie » — ainsi un mythe en engendre d'autres qui lui ressemblent ; d'autre part, le « respect de l'Antiquité » a joué son rôle en maintenant les erreurs anciennes.

Cette conception — formulée de façon un peu hâtive et désordonnée — contient deux idées essentielles : l'erreur procède d'un mécanisme psychologique et non d'une imposture préméditée ; l'es-

(3) Fontenelle, *De l'origine des fables* (37).
(4) *Œuvres* (3), t. IX, p. 393.
(5) *Ibid.*, *loc. cit.*
(6) *Ibid.*, t. IX, p. 397.
(7) *Ibid.*, t. IX, p. 398-399.
(8) *Ibid.*, t. IX, p. 399.

prit humain reste le même à travers les siècles : c'est le même raisonnement qui a créé les mythologies barbares et la science positive.

Fontenelle doit peut-être à Naudé son mépris de la populace, mais il refuse ici, comme dans les *Dialogues des morts,* d'accepter sa philosophie des religions. « ... Si nous considérons quels ont été les commencements de toutes les monarchies, nous trouverons toujours qu'elles ont commencé par quelques-unes de ces inventions et supercheries, en faisant marcher la religion et les miracles en tête d'une longue suite de barbaries et de cruautés. » (9) — telle était la substance des théories exposées dans les *Considérations* ; sans doute l'ignorance du peuple favorisait-elle les impostures, mais celles-ci étaient imaginées par des esprits lucides et dominateurs. Dans *Sur l'Histoire* au contraire, la politique est absente ; seuls comptent les penchants spontanés et éternels de notre nature.

Malebranche écrivait dans la *Recherche de la vérité* : « L'autorité des Anciens n'a pas seulement aveuglé l'esprit de quelques gens, on peut même dire qu'elle a fermé les yeux. Car il y a encore quelques personnes si respectueuses à l'égard des anciennes opinions, ou peut-être si opiniâtres, qu'ils ne veulent pas voir des choses qu'ils ne pourraient plus contredire s'il leur plaisait seulement d'ouvrir les yeux... » (10). Voilà un passage qui se rapproche davantage des réflexions de Fontenelle. Mais on relève aisément des analogies plus troublantes encore ; l'oratorien affirme : « Les hommes s'attachant à tout ce qui est extraordinaire se font un plaisir bizarre de raconter ces histoires surprenantes et prodigieuses de la puissance et de la malice des sorciers, à épouvanter les autres et à s'épouvanter eux-mêmes. » (11). Et surtout, il narre la fameuse histoire du « pâtre dans sa bergerie » qui « raconte après souper à sa femme et à ses enfants les aventures du sabbat » ; il montre que le rustre a l'imagination échauffée non seulement par les vapeurs du vin, mais par « la disposition où est toute sa famille pour entendre parler d'un sujet si nouveau et si terrible » ; il explique enfin comment la fable se répand grâce aux « traces profondes » qu'en reçoit « l'imagination de la mère et des enfants » (12). Comment nier cette influence qu'A. Adam a déjà soulignée (13) ? Il suffit de relire les premières pages du traité de Fontenelle : « Naturellement les pères content à leurs enfants ce qu'ils ont fait, ce qu'ils ont vu... Quand on dit quelque chose de surprenant, l'imagination s'échauffe sur son objet, l'agrandit encore... De plus, on est flatté des sentiments de surprise et d'admiration que l'on cause à ses auditeurs. » (14). Tout indique que Fontenelle a lu Malebranche, et l'on retrouve son procédé habituel : il n'hésite pas à piller ses devanciers, mais il rend leurs descriptions plus abstraites et plus générales. Cependant, la *Recherche de la vérité* n'a pas

(9) *Considérations...* (263), p. 84-85.
(10) *Recherche de la vérité,* livre deuxième, II, chap. III.
(11) *Ibid.,* livre deuxième, II, chap. dernier.
(12) *Ibid., loc. cit.*
(13) *Histoire de la littérature...* (375), t. V, p. 222.
(14) *Œuvres* (3), t. IX, p. 391.

suffi à lui inspirer sa théorie ; les arguments les plus forts qu'il avance — l'ignorance humaine, l'assimilation de l'inconnu au connu, l'analogie qui étend les mythes — rien de tout cela ne se trouve exprimé dans le livre de l'oratorien.

Lorsque le duc de Nivernais fit l'éloge de Fontenelle, il le compara à Bacon : « Le fameux chancelier d'Angleterre — dit-il — connut et attaqua les prestiges de la fausse philosophie qui régnait impérieusement de son temps. Il pressentit, il devina qu'il existait une méthode pour connaître. Il en avertit son siècle et mit les siècles suivants en état de la trouver. » (15). Il est vrai que Bacon fut l'un des premiers à ébaucher une psychologie de l'erreur et de la fabulation primitive ; mais enfin, relisons le *Novum Organum :* « Ces fantômes qui obsèdent l'esprit humain, nous avons cru devoir les distinguer par les quatre dénominations suivantes : fantômes de race (préjugés de l'espèce), fantômes de l'antre (préjugés de l'individu), fantômes de commerce (préjugés du langage), fantômes de théâtre (préjugés d'école). » (16). Ce n'est pas là que Fontenelle a pu trouver ses idées directrices. Sans doute relève-t-on des analogies. Les deux philosophes s'entendent pour incriminer l'excessive vénération de l'Antiquité ; lorsque le « fameux chancelier d'Angleterre » écrit :

> Il n'y a rien de plus pernicieux que l'apothéose des erreurs, et c'est un vrai fléau pour l'entendement que cet hommage rendu à des chimères imposantes. Certains philosophes parmi les modernes se sont tellement livrés à leur engouement pour ces puérilités qu'ils ont fait mille efforts pour établir la physique sur le premier livre de la Genèse, sur celui de Job et sur les autres livres sacrés... Ce mélange indiscret de choses humaines avec les choses divines n'enfante pas seulement une philosophie fantastique et imaginaire, mais de plus l'hérésie... (17),

on peut songer à cette remarque contenue dans *Sur l'Histoire* :

> Lorsque les chrétiens et même avant eux quelques philosophes vinrent à découvrir publiquement le ridicule des fables païennes, que n'imagina-t-on pas pour tâcher de les défendre ? On alla jusqu'à les réduire en allégories parce qu'assurément le sens littéral était insoutenable, et l'on attribua aux premiers hommes, c'est-à-dire à des hommes très grossiers et très ignorants, d'avoir su tous les secrets de physique et de morale... (17 *bis*).

Mais ce rapprochement demeure trop vague et trop partiel. D'ailleurs, selon Bacon, la source essentielle de l'erreur est simplement une observation incorrecte — ce que Fontenelle n'envisage pas.

---

(15) *Ibid.*, t. IX, p. xlj-xlij.
(16) *Nouvel Organe,* I, XXXIX, dans *Œuvres* (86), p. 275.
(17) *Nouvel Organe,* I, LXV, dans *Œuvres* (86), p. 283.
(17 *bis*) *Œuvres* (3), t. IX, p. 405.

Faut-il invoquer, comme le suggérait Renan (18), Pomponazzi et les Padouans ? Sans doute ceux-ci niaient-ils les miracles et les visions, qu'ils attribuaient d'ordinaire aux forces inconnues de la Nature ou à l'imagination humaine, et à travers Montaigne, Fontenelle a-t-il pu connaître cette tradition, mais, avouons-le, pour un esprit aussi « moderne », aussi docile aux suggestions de l'actualité, voilà une influence bien lointaine et bien recherchée.

Mieux vaut revenir aux livres qu'il ne pouvait ignorer ; Lucien lui avait peut-être enseigné les ruses des imposteurs (19), mais précisément il ne se satisfaisait pas de cette explication ; évidemment, il connaissait Lucrèce, qu'il ne cite jamais, et il avait lu dans le *De natura rerum :*

> *Ignorantia causarum conferre Deorum*
> *Cogit ad imperium res, et concedere regnum.*
> *Quorum operum causas nulla ratione videre*
> *Possunt, ac fieri divino numine rentur* (20).

Il y avait appris que le genre humain est avide de merveilles ; il n'avait pu être indifférent à l'évhémérisme du poète (21) ; il aimait Rabelais, qui s'était moqué des miracles (22). Si, comme l'affirme Cideville, il avait déjà entrepris les *Entretiens sur la pluralité des mondes,* il avait pu trouver dans Cyrano cette condamnation des mythes :

> Ne déferez-vous jamais votre bouche aussi bien que votre raison de ces termes fabuleux de miracles ? Sachez que ces noms-là diffament le nom de philosophe, et que, comme le sage ne voit rien au monde qu'il ne conçoive et qu'il ne juge pouvoir être conçu, il doit abhorrer toutes ces expressions de miracles, de prodiges et d'événements contre nature qu'ont inventées les stupides pour excuser les faiblesses de leur entendement... (23).

Toute l'Eglise participait d'ailleurs à un effort pour purifier et rationaliser la Religion (24) ; on ne brûlait plus les sorcières ; on se moquait de la *Légende dorée* ; la *Logique de Port Royal* soulignait la promptitude de l'esprit humain à embrasser les erreurs, pour peu qu'elles soient séduisantes (25). Enfin, il est facile de deviner

(18) *Averroès et l'Averroïsme,* dans *Œuvres complètes* d'Ernest Renan (657), t. III, p. 83-142.

(19) Lucien, *Alexandre ou le faux prophète,* dans *Œuvres* (55).

(20) *De Natura Rerum,* chant VI, vers 53-56 : « Leur ignorance des causes les contraint de tout remettre à l'autorité des dieux, et de leur accorder le royaume du monde. Les faits dont ils ne peuvent découvrir la cause s'accomplissent, selon leur croyance, par la puissance divine. » Cf. *ibid.,* V, vers 1182, *sq.*

(21) Sur l'influence de Lucrèce, voir Busson, *Sources* (427), p. 228-229, 265-371, *passim.*

(22) *Quart livre,* chap. LII, dans *Œuvres complètes* (295), p. 700-705.

(23) *États et Empires de la lune* (140), p. 343.

(24) Cf. Busson, *La Religion...* (427), p. 301-316.

(25) *Logique de Port-Royal* (81), p. 3 : « Il n'y a point d'absurdités si insupportables qui ne trouvent des approbateurs. Quiconque a dessein de piper le monde est assuré de trouver des personnes qui seront bien

que les travaux de Huet et de Thomassin, ainsi que nous l'avons montré, incitaient un esprit hardi et libre de tout préjugé à considérer le christianisme comme une mythologie parmi d'autres. N'est-ce pas à ces livres que Fontenelle doit la comparaison qu'il ébauche entre les fables grecques et les fables américaines ? Les Jésuites même ne donnaient-ils pas dans leur enseignement une place de choix à la mythologie, qui devenait une sorte d'image déformée de la morale chrétienne ? Fontenelle utilisait ces thèmes pour finalement les détruire. Il acceptait de comparer les religions de tous les pays, mais ce n'était pas pour grandir la mythologie, en lui prêtant une valeur allégorique ; c'était au contraire pour abîmer le christianisme, en le confondant avec les fables. Ainsi s'explique son acharnement, qui rappelle l'abbé d'Aubignac (26), à nier le sens symbolique de l'*Iliade* et de l'*Odyssée*. Contre une tradition ininterrompue, qui avait magnifié l'œuvre d'Homère, contre Héraclite, Conti et Bacon lui-même, Fontenelle s'en tient aux sarcasmes de Rabelais : « Croyez-vous en votre foi qu'onques Homère, écrivant l'*Iliade et l'Odyssée,* pensât aux allégories lesquelles de lui ont calfreté Plutarque, Héraclides Pontique... ? » (27).

Enfin, son analyse était doublement hostile à la religion ; en étudiant l'origine des fables, Fontenelle expliquait la naissance du christianisme ; en ridiculisant la mythologie, il anéantissait un des arguments traditionnels de l'Apologétique. Tout cela est cohérent, et un nouveau monde succédait à l'ancien. A l'humanisme classique, qui conciliait, comme dans les peintures de Lebrun et dans les tragédies de Racine, l'enseignement de l'Antiquité et l'enseignement du Christ, se substituait un nouvel humanisme, encore mal défini, que Fontenelle n'est jamais parvenu à bien préciser et qu'il a laissé parachever par Diderot et ses émules.

Mais nous serions surpris, vu la méthode habituelle de Fontenelle, qu'il ait construit son analyse sur des sources aussi lointaines ou aussi diffuses. Nous savons que d'ordinaire, il se choisit des maîtres plus modernes et les suit presque littéralement. Dans l'*Extraordinaire* du *Mercure galant* d'avril 1681, se trouvait un long article *De la superstition & des erreurs populaires* par M. de la Fèvrerie, qui contenait des idées bien singulières et bien audacieuses (28). L'auteur qui invoquait La Mothe le Vayer, citait la maxime de Plutarque: « La superstition est plus criminelle que l'athéisme », et celle de Quinte-Curce : « Rien n'est si puissant pour tenir la populace en bride, mais rien n'est aussi propre à la soutenir et à la porter à la sédition » ; il s'en prenait à Pythagore, aux Egyptiens, à la « pierre philosophale », à l'astrologie et même aux « songes des saints ». Et surtout il affirmait : « Je veux croire avec les savants

---

aises d'être pipées et les plus ridicules sottises rencontrent toujours des esprits auxquels elles sont proportionnées. » Suit une critique de l'astrologie : sont incriminés la précipitation de l'esprit, le manque d'attention, la vanité, la présomption.

(26) *Conjectures académiques* (85). L'ouvrage fut seulement publié en 1715 ; d'Aubignac cite Montaigne.

(27) *Gargantua, Prologue de l'auteur,* dans *Œuvres* (295), p. 27.

(28) *Mercure galant, extraordinaire* d'avril 1681, p. 12-88.

qu'il y a beaucoup d'imperfection de naturel dans le superstitieux, et qu'il est faible par tempérament ; mais il y a aussi beaucoup d'habitude, de curiosité et de vanité » (28 *bis*).

Comment supposer que ce discours n'ait pas été lu par Fontenelle ? Comment nier le rapport évident qu'il présente avec ses théories ? Si l'on songe à cette analogie, si l'on se rappelle que le *Discours sur l'Histoire universelle* parut en mars 1681, on sera tenté d'admettre que Fontenelle a composé, ou du moins conçu, son traité au printemps 1681. Mais peut-être faut-il songer aux *Pensées diverses* qui parurent en mars 1682. Bayle explique *comment les hommes eussent pu d'eux-mêmes prendre certains choses pour des prodiges* ; il avoue « à la honte de notre espèce qu'elle a un penchant naturel à cela » (29), et il comprend fort bien « que les hommes plongés dans l'ignorance se fussent portés d'eux-mêmes à craindre pour l'avenir en voyant les éclipses » (30). Cependant il reste fidèle le plus souvent à l'explication traditionnelle, aux impostures des politiques et des prêtres...

L'influence de Huet est la plus importante. Si Fontenelle exploite et mine à la fois la *Demonstratio Evangelica,* il se souvient surtout du *Traitté de l'origine des romans* ; il nous dit : « Les hommes sont toujours curieux, toujours portés naturellement à rechercher la cause de ce qu'ils voient ; j'entends les hommes qui ont un peu plus de génie que les autres » (31). Selon Huet,

> cette inclination aux fables, qui est commune à tous les hommes, ne leur vient pas par raisonnement, par imitation ou par coutume ; elle leur est naturelle, et a son amorce dans la disposition même de leur esprit et de leur âme ; car le désir d'apprendre et de savoir est particulier à l'homme... l'envie de connaître ne se remarque que dans l'homme... de cette nature mitoyenne et ambiguë, vient le désir qu'il a de s'enrichir de la science, duquel les dieux sont exempts, parce qu'ils ne la connaissent pas... (32).

Ainsi c'est le même principe, chez les deux auteurs, qui explique la naissance des mythes : le désir partagé par tous les hommes de connaître la nature. Plus profondément, ils adhèrent tous deux à cette conception, que Huet prétend platonicienne (33), mais qui

---

(28 *bis*) *Ibid.*, p. 17.
(29) *Pensées diverses* (94), LXV, p. 165
(30) *Ibid.*, p. 166.
(31) *Œuvres* (3), t. IX, p. 393.
(32) *Traitté* (193), p. 148-149.
(33) *Ibid.*, p. 149 : « Les bêtes trouvent dans les objets qui se présentent à leurs sens de quoi remplir les puissances de leur âme et ne vont guère au-delà ; de sorte que l'on ne voit point en elles cette avidité inquiète, qui agite incessamment l'esprit de l'homme et le porte à la recherche de nouvelles connaissances pour proportionner, s'il se peut, l'objet à sa puissance, et y trouver un plaisir semblable à celui qu'on trouve à apaiser une faim violente, ou à se désaltérer après une longue soif. C'est ce que Platon a voulu exprimer par la fable du mariage de Porus et de Penès, c'est-à-dire des Richesses et de la Pauvreté, d'où il dit que naquit l'Amour. »

évoque surtout Gassendi (34) : parce que notre esprit dépasse nos sens, nous sommes toujours insatisfaits et avides, alors que les bêtes, bornées aux objets qui les entourent, connaissent la paix. D'ailleurs, si Fontenelle cite les contes arabes et les fables du Septentrion, ce n'est pas, comme ses historiens l'ont supposé, qu'il ait lu des récits de voyage, c'est simplement que Huet y faisait déjà allusion (34 *bis*).

« On attribue ordinairement l'origine des fables à l'imagination vive des Orientaux » (35) : l'auteur de *Sur l'Histoire* va-t-il cette fois se révolter contre son maître, qui affirmait en effet : « l'invention en est due aux Orientaux » (36) ? Mais cette contradiction est moins sensible qu'on ne le penserait. La thèse de Huet est plus complexe et plus hésitante. Il lui arrive d'écrire : « Les fables ont donné naissance aux histoires fabuleuses chez les peuples du Levant ; les histoires fabuleuses ont donné naissance aux fables et aux romans chez nous et chez tous les autres peuples du Nord. » (37). Mais il montre aussi comment les nations, étant retombées au Moyen-Age dans l'ignorance, se sont mises à nouveau à forger des contes : « N'est-il pas bien vraisemblable que cette ignorance produisait dans l'Europe le même effet qu'elle a toujours produit par ailleurs ? » (38). Nous sommes alors tout près de Fontenelle qui avoue : « Je ne dis pas qu'un soleil vif et ardent ne puisse encore donner aux esprits une dernière coction qui perfectionne la disposition qu'ils ont à se repaître de fables... » (39). En quelques lignes, le *Traitté* de Huet contient toute la substance de l'essai de Fontenelle :

> [Les fables] n'ont point d'autre origine que les histoires remplies de faussetés, qui furent faites dans des temps obscurs remplis d'ignorance, où l'industrie et la curiosité manquaient pour découvrir la vérité des choses, et l'art pour les écrire... ces histoires mêlées du vrai et du faux ayant été bien reçues par des peuples semi-barbares, les historiens eurent la hardiesse d'en faire de purement supposées qui sont les romans (40).

N'est-ce pas dans des termes analogues que l'auteur de *Sur l'Histoire* résume sa thèse ?

---

(34) Dans *Jugement sur les sciences où peut s'appliquer un honneste homme* dans *Œuvres* (311), t. II, p. 10 : « J'eus la curiosité de voir Gassendi, le plus éclairé des philosophes et le moins présomptueux des hommes... il se plaignait que la nature eût donné tant d'étendue à la curiosité et des bornes si étroites à la connaissance... » Cf. les *Entretiens sur la pluralité des mondes* dans *Œuvres* (3), t. II, p. 67. Ce passage se retrouve dans les *Œuvres* de Saint-Réal (315), t. IV, p. 36-37, avec quelques modifications de détail ; mais on sait que toutes ces *œuvres* ne sont pas réellement de Saint-Réal, et plusieurs *maximes* de La Rochefoucauld y figurent également.

(34 *bis*) *Traitté* (193), p. 14, 17, 146.

(35) *Œuvres* (3), t. IX, p. 400.

(36) *Traitté* (193), p. 10.

(37) *Ibid.*, p. 157-158.

(38) *Ibid.*, p. 155.

(39) *Œuvres* (3), t. IX, p. 400.

(40) *Traitté* (193), p. 156.

On est ignorant, et on est étonné de bien des choses : on les exagère naturellement en les racontant ; elles se chargent encore de diverses faussetés en passant par plusieurs bouches ; il s'établit de mauvais systèmes... et on les mêle avec ces faits... Mais comme ces histoires fabuleuses eurent cours, on commença à en forger sans aucun fondement (41).

Il est vrai que « le bon Huet », qui n'était d'ailleurs pas aussi inoffensif qu'on l'a dit, ne semble pas songer à laïciser la Révélation. Le génie de Fontenelle a consisté à élargir ses intuitions, à les grouper, et, en s'aidant de Lucrèce, de Cicéron, et paradoxalement de Malebranche et du P. Thomassin, à leur prêter la plus grande virulence. Ajoutons qu'il a donné à son traité un style vif et limpide que Huet, trop érudit et trop négligé, ne parvenait pas à atteindre. Mais avant le *Traitté de l'origine des romans,* avant la *Demonstratio Evangelica,* La Mothe le Vayer avait ébauché une sorte de comparatisme et n'avait pas hésité à rapprocher Moïse de Bacchus, Cham de Saturne (43). Cependant Huet s'est formé en lisant Gassendi, en fréquentant Montmort et La Mothe le Vayer ; peut-être leur doit-il l'essentiel de ses idées. Ces thèmes que les libertins inventèrent pour miner la Révélation, parurent entre ses mains se concilier avec l'orthodoxie ; voilà maintenant que Fontenelle détruit le travail de Huet et rend à l'érudition la virulence qu'il lui avait enlevée.

Il se pourrait enfin que sa hardiesse s'appuie sur une autre autorité. Il est un auteur qui, depuis 1678, était clandestinement diffusé : le port de Rouen était la voie principale par laquelle ses ouvrages pénétraient en France ; le jeune homme avait dû en entendre parler à Paris. S'il avait lu, compris et utilisé la *Demonstratio Evangelica,* pouvait-il ignorer que Huet n'avait eu d'autre dessein que de réfuter Spinoza ? Et n'est-il pas vraisemblable qu'un esprit aussi curieux et aussi dépourvu de préjugé ait voulu connaître cet auteur scandaleux ? Les *Dialogues des Morts* ne doivent peut-être rien à l'*Ethique,* mais on devine dans *Sur l'Histoire* l'influence du *Tractatus.* Trente ans plus tard, Roy, dans une satire fort malveillante, mais fort précise, allait rapprocher les deux hommes (43). Certes, Spinoza cite la Bible, quand Fontenelle cite l'*Iliade,* mais, à cette différence près, que d'analogies troublantes !

---

(41) *Œuvres* (3), t. IX, p. 396-397.

(42) Pintard, *op. cit.* (640), p. 531-532.

(43) Ms. Rouen, fds. Ac., papiers Cideville ; Bordeaux, 693, p. 613, *Eloge funèbre de M. de Fontenelle par M. Roy fait en 1726 pendant la vie de M. de Fontenelle.* Le poète imagine que, tandis que Fontenelle agonise, un rabbin, un pasteur et un prêtre se disputent son âme. Le philosophe ne dit mot,

Mais il leur fait laide grimace,
Et pour crucifix il embrasse
Le vrai portrait de Spinoza

(Voir *infra, Polémiques et sacrilèges.*) Dans ses *éloges,* Fontenelle a mentionné deux fois Spinoza ; Régis a joint à son *Usage de la raison et de la foi* « une réfutation du système de Spinoza. Il a été réduit à en

SPINOZA

Josué a ignoré la vraie cause de cette prolongation de la lumière,... avec toute la foule présente, il a cru que le soleil se mouvait autour de la terre et, ce jour-là, s'était arrêté quelque temps, et ne remarqua point que la grande quantité de glace alors en suspension dans l'air... avait pu produire une réfraction inaccoutumée (44).

FONTENELLE

Un jeune homme est tombé dans une rivière, et on ne saurait retrouver son corps. Qu'est-il devenu ? La philosophie du temps enseigne qu'il y a des jeunes filles dans cette rivière qui la gouvernent. Les jeunes filles ont enlevé le jeune homme, cela est fort naturel. Et où ? Dans leur palais qui est sous la rivière, et par conséquent inaccessible... (45).

Ainsi, pour l'un comme pour l'autre, les fables « ne sont qu'un mélange des faits avec la philosophie chimérique des premiers hommes » (46) — comme le dit Fontenelle ; ou, selon Spinoza, on confond « les choses qui sont réellement arrivées avec les choses imaginaires qui ne furent que des visions prophétiques... » (47).

Spinoza, avant Malebranche, avait avoué : « Il est très rare que les hommes racontent une chose simplement comme elle est arrivée, sans y rien mêler de leur propre manière de juger. » (48). Comment le vulgaire explique-t-il les choses ? « En recourant à sa mémoire pour se rappeler un cas semblable qu'il se représente sans surprise à l'ordinaire. » (49). Que dit Fontenelle ? « On ne fait qu'expliquer les choses inconnues de la Nature par celles que l'ex-

---

développer les obscurités nécessaires pour couvrir l'erreur, mais heureusement peu propres pour la séduction » dans *Œuvres* (3), t. V, p. 146-147 ; on ne peut rien dire de plus orthodoxe. Boerhaave « voyageait dans une barque, où il prit part à une conversation qui roulait sur le spinozisme. Un inconnu, plus orthodoxe qu'habile, attaque si mal ce système que M. Boerhaave lui demanda s'il avait lu Spinoza. Il fut obligé d'avouer que non, mais il ne pardonna pas à M. Boerhaave. Il n'y avait rien de plus aisé que de donner pour un zélé et ardent défenseur de Spinoza, celui qui demandait seulement que l'on connût Spinoza quand on l'attaquait ; aussi le mauvais raisonneur de la barque n'y manqua-t-il pas ; le public, non seulement très susceptible, mais avide de mauvaises impressions, le seconda bien, et en peu de temps M. Boerhaave fut déclaré spinoziste. Ce spinoziste cependant a été toute sa vie fort régulier à certaines pratiques de piété, par exemple à ses prières du matin et du soir. Il ne prononçait jamais le nom de Dieu, même en matière de physique, sans se découvrir la tête, respect qui à la vérité peut paraître petit, mais qu'un hypocrite n'aurait pas le front d'affecter... », *Œuvres* (3), t. VI, p. 519-520. Fontenelle vise-t-il simplement à souligner l'ignorance et les préjugés du vulgaire ? Mais il ne donne que peu d'arguments pour disculper Boerhaave, qui, après cette aventure, renonça à devenir pasteur... Ajoutons que Fontenelle était l'ami de Dortous de Mairan, qui se rallia au spinozisme vers 1713...

(44) *Traité théologico-politique,* chap. IV, dans *Œuvres* de Spinoza (334), t. II, p. 56.

(45) *Œuvres* (3), t. IX, p. 395-396.

(46) *Ibid.*, t. IX, p. 396.

(47) *Traité...*, chap. VI, dans *Œuvres* (334), t. II, p. 129.

(48) *Traité,* chap. VI, dans *Œuvres* (334), t. II, p. 128.

(49) *Ibid.*, chap. V, dans *Œuvres* (334), t. II, p. 120.

périence nous met devant les yeux... » (50). Dans le *Tractatus*, comme dans *Sur l'Histoire*, la fabulation volontaire suit l'erreur spontanée : « A la fois par religion... et par opinion préconçue, ils conçurent et racontèrent la chose tout autrement qu'elle n'avait pu se passer réellement... » (51). Il est encore plus singulier de noter que dans les deux livres se retrouvent, parmi une analyse de l'origine des religions, les mêmes remarques désabusées sur l'histoire et la philosophie :

SPINOZA	FONTENELLE
... dans les chroniques et les histoires les hommes racontent leurs propres opinions plus que les faits réellement arrivés... Je pourrais, si je ne le jugeais superflu, apporter ici en confirmation beaucoup d'exemples tant de chroniqueurs, que de philosophes ayant écrit l'histoire de la nature... (52).	L'historien a aussi un certain nombre de faits dont il imagine les motifs, et sur lesquels il bâtit le mieux qu'il peut un système d'histoire, plus incertain encore et plus sujet à caution qu'un système de philosophie. Tacite et Descartes me paraissent deux grands inventeurs de systèmes en deux espèces bien différentes, mais... également sujets à se tromper... (53).

Si l'on songe à tous ces rapprochements, l'essai de Fontenelle prend, pour ainsi dire, une valeur allégorique : non seulement son interprétation des mythes englobe la religion, mais il ne cesse de penser à la Bible. Condamne-t-il l'exégèse homérique ? A travers ce problème littéraire, il pense aux commentateurs de l'Ecriture, que Spinoza a ridiculisés :

> Bien que certains passages de l'Ecriture nous disent de la façon la plus claire que les Prophètes ont ignoré certaines choses, on aime mieux déclarer qu'on n'entend pas ces passages que d'accorder que les Prophètes aient ignoré quelque chose, ou bien l'on s'efforce de torturer le texte de l'Ecriture pour lui faire dire ce que manifestement il ne veut pas dire... (54).

Le livre de Fontenelle, abrité sous le patronage de Huet et de Malebranche, représenterait donc une des premiers pénétrations du spinozisme dans la pensée française. Il ne faut plus s'étonner que, même édulcorées et dissimulées, ces idées soient demeurées secrètes, et que l'essai *De l'origine des fables.* où Fontenelle les reprendra, en les masquant et en les gauchissant encore, n'ait été publié qu'en 1724. Et, bien qu'il ait voilé son spinozisme au point parfois de le rendre méconnaissable, sa vie et ses ouvrages ne cesse-

---

(50) *Œuvres* (3), t. IX, p. 395.
(51) *Traité,* chap. VI, dans *Œuvres* (334), t. II, p. 129.
(52) *Ibid.*, chap. VI, dans *Œuvres* (334), *loc. cit.*
(53) *Œuvres* (3), t. IX, p. 424.
(54) *Traité,* chap. II, dans *Œuvres* (334), t. II, p. 56.

ront de garder cette empreinte ; nous la retrouverons dans l'*Histoire des oracles,* dans le *Traité de la liberté ;* il unira, jusqu'à sa mort, à l'instar du sage de La Haye, la plus stricte observance d'un culte incompréhensible et la plus grande audace intellectuelle. Il serait donc mesquin de lui reprocher d'avoir pris son bien chez les autres ; il faut au contraire admirer avec quelle sûreté son esprit s'est dirigé d'emblée vers le penseur le plus profond et le plus hardi de son temps. C'est justement là que réside le mystère; un tel comportement se conçoit chez les exilés, Bayle et Saint-Evremond ; mais pourquoi ce jeune homme, qui semble avoir une vie assez facile, a-t-il adopté, à moins de vingt-cinq ans, cette attitude singulière ? Rien dans sa biographie ne permet de l'expliquer ; seule la psychologie parviendrait peut-être à résoudre ce problème.

Dans le manuscrit *Des miracles* (55), se retrouvent deux paragraphes empruntés à *Sur l'Histoire* — ou plutôt à *De l'origine des Fables* — un résumé de l'*Histoire des oracles* et de longs développements tirés du *Tractatus.* Rien n'indique que ce soit l'œuvre de Fontenelle, car on pourrait aussi bien lui attribuer l'*Examen de la religion* (56) et *L'ame matérielle* (57), où figurent pareillement des bribes de ses écrits. Mais c'est une preuve évidente que les contemporains ne se sont pas trompés sur ses intentions réelles et ont rapproché son entreprise de celle de Spinoza. Ajoutons que ce traité semble dater de 1707 (58) ; à cette date, ni *Sur l'Histoire,* ni *De l'origine des fables* n'étaient parus ; les manuscrits devaient donc circuler ; on aimerait mieux connaître leur diffusion : nous l'avons vu, les *Œuvres posthumes* de Saint-Réal semblent déjà contenir une allusion à *Sur l'Histoire.*

Même si Fontenelle n'a pas écrit lui-même *Des miracles,* cet ouvrage nous permet de discerner sa véritable pensée. A quoi vise le comparatisme ? « Josué, dit la Bible, arrêta le cours du soleil. Le soleil, dit l'Antiquité, retourna vers l'orient pour ne pas voir l'action d'Atrée contre les enfants de Thyeste, son frère... » (59). Les « miracles des païens » peuvent être mis en parallèle avec les « miracles des chrétiens » (60) ; tous les arguments, qui tendent à les distinguer, sont réfutés : « ... d'où vient que dans une semblable action, faite par un païen et un chrétien, y aurait-il une différence essentielle et si marquée que dans l'une il y aurait du

(55) Ms. Mazarine 1195, 1 ; 1104, 4.

(56) Dans l'*Examen de la religion* (173) que l'on a attribué à Saint-Evremond, à Burnet ou à La Serre, figurent, p. 68-69, un passage emprunté à l'*Histoire des oracles,* et, p. 116, *sq.,* des extraits du *Traité de la liberté.*

(57) Nous l'avons noté dans le chapitre précédent ; nous reviendrons sur cette question (*infra, Avec Van Dale*).

(58) Cf. Ira O. Wade, *The clandestine organization and diffusion...* (705) ; J.-S. Spink, *La diffusion des idées matérialistes en France* (679) dans *Revue d'histoire littéraire,* 1937, p. 248-255, *French free-thought from Gassendi to Voltaire* (680).

(59) Ms. Mazarine, 1195, p. 25.

(60) *Ibid.,* p. 45, *sq., Miracles des païens mis en opposition avec ceux des chrétiens.*

surnaturel, tandis que dans l'autre tout serait dans l'ordre de la nature... ? » (61).

L'anticléricalisme et la révolte de Fontenelle l'amenaient à inventer une science nouvelle. Lang vit en lui le précurseur de l'école anthropologique : « Les disciples de Taylor, Mannhardt, Gaidoz et les autres n'ont pas l'air de se douter qu'ils ne font que rééditer les opinions du neveu de Corneille... » (62).

Une histoire laïque.

Après de longs siècles, les hommes sont enfin parvenus à se dégager des illusions primitives, et à « conserver la mémoire des faits, tels qu'ils ont été » (63). L'histoire véritable est née de l'amour-propre ; elle servait à flatter le patriotisme d'une nation, ou à défendre ses droits contre des rivaux. Plus rarement, quoi qu'on en dise, à donner des exemples de vertu. Les premiers récits étaient secs et confus. On tenta ensuite de pénétrer les caractères des héros ; et Tacite édifia son système, aussi hardi et aussi douteux que celui de Descartes. Quelle est la valeur de l'histoire ? L'homme est soumis au déterminisme, comme la matière ; si les lois physiques permettent de prévoir les faits naturels, une définition générale de l'humanité nous fera deviner tous les événements de la société ; aussi est-il vain d'accumuler les dates, les traités de paix et les considérations généalogiques. L'histoire ne peut être utile que dans la mesure où elle présente des exemples frappants, qui révèlent des mécanismes psychologiques : « elle nous fera voir, pour ainsi dire, l'homme en détail, après que la morale nous l'aura fait voir en gros » (64). Enfin, la connaissance des fables primitives nous apprend quels sont les travers de notre esprit, comment l'erreur a pu naître et comment s'en défendre ; « l'histoire véritable » nous fait découvrir nos passions, comment elles peuvent jouer, comment nous en guérir. Il serait également utile d'étudier nos « mœurs » qui résultent autant de notre esprit que de notre cœur, et il conviendrait d'analyser le caractère des peuples et d'expliquer pourquoi les goûts et les coutumes se succèdent et se détruisent sans fin.

Dans ce passage on retrouve à la fois un plaidoyer pour l'histoire contre ses adversaires — surtout cartésiens — et un effort pour en limiter et en préciser le rôle. « Il retranchait de ses lectures celles qui ne sont que pure érudition, un insecte le touchait plus que toute l'histoire grecque ou romaine, et en effet un grand génie voit d'un coup d'œil beaucoup d'histoires dans une seule réflexion d'une certaine espèce » (65) — c'est ainsi que Fontenelle

(61) *Ibid.*, p. 93.
(62) A. Lang, *Myth, Ritual and Religion* (560), t. I, p. 28, *sq.*, et 34 ; t. II, p. 321, *sq.*
(63) *Œuvres* (3), t. IX, p. 402.
(64) *Ibid.*, t. IX, p. 401 (*sic*, erreur de pagination).
(65) *Ibid.*, t. V, p. 420-421.

parlera de Malebranche quand il prononcera son *éloge ;* en écrivant *Sur l'Histoire,* il a sûrement dans l'esprit les innombrables critiques que l'auteur de la *Recherche de la vérité* adressait aux érudits :

> Ils ne savent pas la généalogie des princes qui règnent présentement, et ils recherchent avec soin celle des hommes qui sont morts, il y a quatre mille ans. Ils négligent d'apprendre les histoires de leur temps les plus communes. et ils tâchent de savoir exactement les fables et les fictions des poètes. Ils ne connaissent pas même leurs propres parents ; mais si vous le souhaitez, ils vous apporteront plusieurs autorités pour vous prouver qu'un citoyen romain était allié d'un empereur, et d'autres choses semblables (66).

Ces réflexions, Fontenelle les a méditées ; il en a discerné la valeur et les insuffisances. « Il est certain qu'on peut savoir tout ce qui s'est fait entre les hommes et ignorer comment les hommes eux-mêmes sont faits ; et au contraire on peut savoir parfaitement comment les hommes sont faits, et par cette raison-là même, ne s'amuser guère à apprendre ce qui s'est fait entre eux » (67) — c'est là un écho de la *Recherche de la vérité*. Mais lorsque le philosophe précise : « Ce n'est pas une science de s'être rempli la tête de toutes les extravagances des Phéniciens et des Grecs ; mais c'en est une de savoir ce qui a conduit les Phéniciens et les Grecs à ces extravagances » (68), il s'en écarte ; avocat madré, il cède du terrain pour le reprendre, et finalement il plaide pour l'histoire. Dans certaines digressions il nous révèle son hostilité à Descartes, ce « grand inventeur de système ». En fait, il est tout le contraire d'un cartésien ; il se souvient du gassendisme qui régnait chez Mme de la Sablière ; il hérite de toute une tradition de recherches concrètes et positives ; il défend le libertinage français, sa curiosité, son empirisme contre l'abstraction rationaliste ; il défend aussi tout simplement son époque, ses contemporains, qui « se jetaient sur les livres d'histoire », et souvent il reprend les arguments qu'ils ont avancés.

Ses maîtres sont Saint-Réal, le Père Rapin et Saint-Evremond. L'influence du premier nous est souvent apparue déjà. Bayle admirait Saint-Réal, et Mathieu Marais reconnaît que l'auteur de *Don Carlos* avait le talent rare « d'étudier les motifs des actions et de les découvrir dans le fond de leur âme où ils les voulaient cacher. Son style est fort, vigoureux et pris dans Amyot et dans Montaigne » (69). Fontenelle a lu *De l'usage de l'histoire ;* il s'est à peine donné le mal d'en varier les expressions :

SAINT-RÉAL	FONTENELLE
Il n'est rien de plus inutile que l'étude de l'histoire de la	Tout le monde convient de l'utilité de l'histoire : mais ce

(66) *Recherche de la vérité,* livre quatrième, chap. VII.
(67) *Œuvres* (3), t. IX, p. 408.
(68) *Ibid.*, t. IX, p. 402 (*sic*).
(69) *Journal...* (247), t. II, p. 415.

manière qu'on l'étudie d'ordinaire ; comme il n'y aurait rien de si utile, si on l'étudiait en bien... (70).

qui est assez surprenant, elle n'est guère utile de la manière dont presque tout le monde entend qu'elle l'est, et elle peut l'être assez d'une certaine autre manière que bien peu de gens connaissent... (71).

On charge sa mémoire d'un grand nombre de dates, de noms et d'événements : pourvu qu'on puisse simplement redire ce qu'on a lu, ou oui dire, on passe pour être savant... (72).

Entasser dans sa tête faits sur faits, retenir bien exactement des dates, se remplir l'esprit de guerres, de traités de paix, de mariages, de généalogies, voilà ce qu'on appelle savoir l'histoire... (73).

Savoir l'histoire, s'est connaître les hommes qui en fournissent la matière, c'est juger de ces hommes sainement... (74).

... l'histoire n'est bonne à rien, si elle n'est alliée avec la morale. Son utilité n'est pas dans tous ces faits qu'elle nous laisse le plus souvent à découvrir... (75).

Ce n'est pas seulement cette conception d'une histoire morale et psychologique que Fontenelle a trouvée chez Saint-Réal. Il lui doit la philosophie qui lui permet d'organiser son traité et d'associer « l'histoire fabuleuse » et « l'histoire véritable », car on apprend dans *De l'usage de l'histoire* que les deux motifs essentiels qui égarent l'humanité sont l'opinion et les passions, et « ils ont cela de commun qu'ils offensent tous deux la Nature » (76).

Mais toute cette génération adhérait au même idéal. Lassés des fresques somptueuses et des harangues inutiles, les beaux esprits ne demandaient plus à l'histoire que cette « anatomie spirituelle » qu'évoque Saint-Réal de façon saisissante. On avait aimé les *Réflexions sur l'histoire* du Père Rapin, que Bussy-Rabutin jugeait « un petit ouvrage achevé » (77). L'auteur ne faisait que reprendre les thèses de Saint-Réal ; il écrivait dans des termes analogues à ceux qu'avait employés « le pauvre abbé » : « Il faut surtout bien étudier l'homme en général, découvrir son esprit par les endroits les plus bizarres, reconnaître les plus grandes faiblesses de son cœur, pénétrer ses véritables sentiments, pour ne point lui en imposer de faux... » (78). Sans doute ajoutait-il bien des conseils de rhétorique touchant « l'art de la narration » et l'éloquence de l'histo-

(70) *Œuvres* (315), t. I, p. 3.
(71) *Œuvres* (3), t. IX, p. 391.
(72) *Œuvres* (315), t. I, p. 3.
(73) *Œuvres* (3), t. IX, p. 406.
(74) *Œuvres* (315), t. I, p. 4.
(75) *Œuvres* (3), t. IX, p. 401 (*sic*). Saint-Réal dit même (315), t. I, p. 6 : « L'histoire devrait servir à leur apprendre... la véritable morale. »
(76) *Œuvres* (315), t. I, p. 50.
(77) Mme de Sévigné : *Lettres* (326), t. V, p. 535 (10 juin 1679) ; cf. *ibid.*, t. V, p. 531 (29 mai 1679).
(78) *Œuvres* du P. Rapin (297), t. II, p. 251 (la première édition des *Réflexions* est de 1677).

rien (79), mais Fontenelle ne semble pas s'être préoccupé de ces questions ; il leur eût peut-être consacré un développement s'il avait achevé son traité ; ce n'est pas cela qui l'a tout d'abord intéressé, et il est allé chercher dans le livre du Père Rapin d'autres suggestions. Celui-ci, à la suite de Saint-Réal, mais avec plus de netteté encore, s'inquiétait des interprétations aventureuses auxquelles s'abandonnent trop souvent les chroniqueurs. Il ne suffit pas de chercher à peindre le cœur humain ; encore faut-il s'en tenir à la plus grande prudence. Ainsi, après avoir affirmé, comme l'auteur de *Don Carlos* et comme Fontenelle : « Ce n'est pas écrire l'histoire, que de conter les actions des hommes, sans parler de leurs motifs : c'est faire le gazetier, qui se contente de dire les événements des choses, sans remonter à leur source. » (80). Rapin ajoute aussitôt : « Mais de combien de faussetés les histoires se sont-elles remplies sous ce beau prétexte ?... Rien n'est plus dangereux que ces gens, qui se mêlent de fouiller dans les cœurs pour deviner les pensées. » (81). Ce sont ces phrases qui ont frappé le théoricien de *Sur l'Histoire*. Ainsi s'explique son scepticisme : « Croyons-nous que ces portraits et ces motifs soient exactement vrais ? Y avons-nous la même foi qu'aux faits ? Non ; nous savons fort bien que les historiens les ont devinés comme ils ont pu, et qu'il est presque impossible qu'ils aient deviné juste... » (82). Ainsi s'explique surtout sa méfiance envers Tacite, trop hardi et « sujet à se tromper ». Le Père Rapin accusait déjà l'auteur des *Annales* de « jeter du poison partout » (83) ; il trouvait dans ses œuvres « de grandes beautés parmi de grands défauts » (84) et concluait : « c'est un grand biaiseur, qui cache un cœur fort vilain sous un fort bel esprit... » (85) ; il lui préférait Thucydide et Tite-Live, qui savent éviter de « faire trop le philosophe » et d'exagérer dans la critique et dans l'ostentation... (86). Curieux homme que ce Père Rapin, que Fontenelle a connu personnellement... Un des esprits les plus libres de la Compagnie de Jésus, capable de voir en Galilée « le père de la philosophie moderne » (87), d'admirer Boyle (88) et, dès 1676, de louer Descartes... (89).

A travers Saint-Réal et Rapin, Fontenelle retrouve Saint-Evremond. Celui-ci a la même sévérité pour Tacite, et il recourt aux mêmes arguments : « ... quelquefois il passe au-delà des affaires, par trop de pénétration et de profondeur ; quelquefois des spéculations trop fines nous dérobent les vrais objets pour mettre en leur

---

(79) *Ibid.*, t. II, p. 258-268, 272-300.
(80) *Ibid.*, t. II, p. 268.
(81) *Ibid.*, t. II, p. 269.
(82) *Œuvres* (3), t. IX, p. 397-398.
(83) *Œuvres* du P. Rapin (297), t. II, p. 270.
(84) *Ibid.*, t. II, p. 306.
(85) *Ibid.*, t. II, p. 309.
(86) *Ibid.*, t. II, p. 318-319.
(87) Dans *Réflexions sur la philosophie*, 1676 : *Œuvres* (297), t. II, p. 365.
(88) *Ibid.*, t. II, p. 365.
(89) *Ibid.*,, t. II, p. 366.

place de belles idées... » (90). L'ami de la duchesse de Mazarin a d'ailleurs connu Saint-Réal, et l'on a pu se demander lequel de ces deux hommes elle avait choisi pour rédiger ses *Mémoires* (91). Enfin, Saint-Evremond ne se contentait pas de rêver d'une histoire psychologique ; il voulait surtout — et c'est lui qui l'a dit avec le plus de force avant Fontenelle — que l'historien ne négligeât pas de peindre les mœurs, ni la société ; il admirait comment Corneille avait su représenter des Romains ou des Orientaux qui nous ressemblent si peu ; il blâmait Racine de n'avoir su discerner ce qui fait la différence entre Porus et un courtisan moderne (92) ; plus précisément, il louait les tableaux de la justice et de la religion qu'a faits Tite-Live ; il remarquait que « César, en ses *Commentaires*, ne perd jamais l'occasion de parler des mœurs, des coutumes et de la religion des Gaulois... » (93). Bossuet voulait également montrer au Dauphin le caractère de chaque peuple et de chaque siècle (94) ; l'idée commençait à se répandre ; elle allait encore se développer lentement jusqu'à Montesquieu ; on commençait à sentir que la psychologie individuelle était insuffisante ; la pensée européenne découvrait le « collectif ». Fontenelle fera beaucoup pour hâter la progression de cette idée ; son *Histoire du théâtre françois*, ses *Réflexions sur la Poétique*, son travail à l'Académie des Sciences conspirent toujours à dégager les facteurs sociaux qui modèlent la

---

(90) *Observations sur Salluste et sur Tacite*, dans *Œuvres* (313), t. II, p. 61.

(91) Dans les *Mémoires inédits* de Brienne (120), on lit (t. II, p. 355, *Eclaircissements historiques*) : « Je sais fort bien que ces *Mémoires* ne sont pas de la duchesse ; je sais fort bien qu'on les attribue soit à Saint-Evremond, soit à Saint-Réal, qui, après avoir conçu peut-être trop d'attachement pour Mme de Mazarin, la suivit en Angleterre, précisément à l'époque où parut cet ouvrage. » C'est à l'occasion de ce voyage que Saint-Evremond et Saint-Réal ont dû se rencontrer, mais leur doctrine était déjà formée à cette date. Selon M. Marais, *Journal* (247), t. II, p. 414-415, les *Mémoires* de Mme de Mazarin seraient de l'abbé de Villars, l'auteur du *Comte de Gabalis*.

(92) *Ibid.* (313), t. II, p. 76-101, *Dissertation sur la tragédie de Racine intitulée Alexandre le grand*. Le même souci est visible dans les *Réflexions sur les divers génies du peuple romain... ibid.* (311), t. II, p. 199-365.

(93) *Ibid.*, t. III, p. 73, dans *Discours sur les historiens français* (1684).

(94) *Discours sur l'Histoire universelle*, troisième partie, chap. II, dans *Œuvres* (110), p. 953 : « ... il ne suffit pas de regarder seulement devant ses yeux, c'est-à-dire de considérer ces grands événements qui décident tout à coup de la fortune des empires. Qui veut entendre à fond les choses humaines doit les reprendre de plus haut ; et il lui faut observer les inclinations et les mœurs, ou, pour dire tout en un mot, le caractère, tant des peuples dominants en général que des princes en particulier... » Lorsqu'on lit cette phrase de Fontenelle, *Œuvres* (3), t. IX, p. 407 : « Je vois d'une vue générale les nations répandues sur la surface de la terre, se la disputant incessamment, et se poussant les unes les autres comme des flots », on pense évidemment à la prose de Bossuet. Ajoutons qu'une part de ces conceptions était exprimée dans l'*Almahide* (319), *Au Lecteur* : « Comme le génie des siècles est différent, les coutumes et les mœurs le sont aussi. Ce n'est pas que les passions ne soient de tous les siècles... mais les manières sont différentes... »

pensée et les sentiments des hommes. Il introduit même dans cette conception plus de dynamisme que Saint-Evremond ; il ne souhaite pas seulement que l'historien distingue les peuples et les continents ; il lui demande encore de peindre et même d'expliquer « ces goûts qui se succèdent insensiblement les uns les autres... cette révolution éternelle d'opinions et des coutumes... » (95).

Saint-Evremond se réclamait de Bacon ; on peut penser que Fontenelle est allé chercher dans la *Dignité et accroissement des sciences* les pages consacrées à l'histoire ; si l'on y retrouve les mêmes principes qu'ont développés Saint-Réal et le Père Rapin, on y voit surtout que Bacon, plus nettement que ses successeurs, a conçu l'idéal d'une histoire sociologique, capable d'embrasser toutes les transformations du monde intellectuel. Ne conseille-t-il pas de « chercher quelles sciences et quels arts ont fleuri dans le monde... », de « marquer dans le plus grand détail leur antiquité, leurs progrès, leurs migrations... leur décadence... par rapport à chaque art, l'occasion de son invention, les sectes et les plus célèbres controverses qui aient occupé les savants... » (96) ? N'écrit-il pas comme Fontenelle dans *Sur l'Histoire :* « On peut, dans une semblable histoire, observer les mouvements et les troubles, les vertus et les vices du monde intellectuel, aussi bien qu'on observe ceux du monde politique... » (97) ? C'est sans doute Bacon qui a suggéré à Fontenelle la distinction qu'il propose entre les différents types d'histoires. Le Chancelier d'Angleterre affirme : « L'histoire civile nous paraît se diviser en trois espèces : 1° l'histoire sacrée ou ecclésiastique ; 2° l'histoire civile proprement dite, qui retient le nom du genre ; 3° enfin, l'histoire des lettres et des arts. » (98). Après avoir cité « l'histoire fabuleuse » et « l'histoire véritable », Fontenelle évoque « une troisième chose... ce sont les mœurs des hommes, leurs coutumes, leurs différents usages... » (99). C'est évidemment la même idée, à cette différence qu'il remplace « l'histoire sacrée » par « l'histoire fabuleuse », mais à ses yeux, les deux termes étaient synonymes.

En effet, il ne faut pas se déguiser la portée réelle de cette conception, ni la cohérence de tout le traité. Fontenelle vise avant tout à laïciser l'histoire. Contre le providentialisme de Bossuet, qui abîme l'humanité, ses desseins et ses mœurs devant la sagesse divine, c'est une histoire tout humaine qu'il nous propose ; bien avant Voltaire, il énonce les principes essentiels de *l'Essai sur les mœurs ;* et il reste fidèle à la philosophie des libertins : c'est à eux qu'il doit le pessimisme avec lequel il envisage l'humanité — pessimisme qui se retrouvait déjà chez Saint-Réal et Rapin ; avec plus d'éclat que ses devanciers, il affirme : « La nature humaine est composée d'ignorance, de crédulité, de vanité, d'ambition, de mé-

---

(95) *Œuvres* (3), t. IX, p. 408 (*sic*).
(96) *Œuvres* de Bacon (86), p. 60 (*Dignité et accroissement...* II, chap. IV).
(97) *Ibid.*, p. 60.
(98) *Ibid.*, p. 59.
(99) *Œuvres* (3), t. IX, p. 406 (*sic*).

chanceté, d'un peu de bon sens et de probité par dessus tout cela, mais dont la dose est fort petite en comparaison des autres ingrédients... » (100). Nous serions surpris de voir l'auteur des *Dialogues des morts* adopter des vues plus encourageantes ; et par delà toutes les influences que nous avons signalées, il faut se rappeler que Fontenelle avait lu le *Discours de l'histoire* de La Mothe le Vayer, et le philosophe a pu lui suggérer le raisonnement auquel il recourt pour défendre l'histoire ; quand Fontenelle écrit :

> Elle nous fera voir, pour ainsi dire, l'homme en détail, après que la morale nous l'aura fait voir en gros ; et ce qui sera peut-être échappé à nos réflexions générales, des exemples et des faits particuliers nous le rendront... (101),

il paraphrase — semble-t-il — cette remarque de son maître :

> Je l'estimais principalement comme celle qui faisait les propres fonctions de la philosophie morale, et qui lui pouvait même par quelque considération être préférée, puisque, non contente de donner les mêmes préceptes, elle y ajoutait encore les exemples qui émeuvent bien plus puissamment que les mœurs... (102).

Cependant, La Mothe le Vayer insistait surtout sur les déformations dues à la partialité, à l'aveuglement ou au patriotisme. Fontenelle a bien perçu ces périls, puisqu'il les évoque dans ses *Dialogues des morts,* mais, dans les pages qui nous restent de *Sur l'Histoire,* il n'en fait pas mention.

Cet ouvrage, également hostile au dogmatisme cartésien et à la théologie de Bossuet, ne laisse pas de devoir quelque chose à la philosophie du *Discours de la méthode.* Si Descartes voulait rendre compte de tous les faits naturels par quelques lois simples, Fontenelle semble bien poursuivre un rêve analogue, lorsqu'il montre que les événements humains peuvent être expliqués par quelques principes généraux. L'homme est confondu avec la Nature. Les conflits et les avatars des sociétés sont aussi prévisibles que la germination d'une plante ou la course d'une planète. Cette vue étonnamment moderne n'est pas vraiment cartésienne ; on pourrait y voir plutôt un écho du déterminisme spinoziste (103). Mais n'est-ce pas une généralisation de la méthode cartésienne, qui, du monde matériel, est transposée dans l'univers des sentiments et des faits sociaux ? Si Malebranche opposait la nécessité mathématique et la contingence historique, Fontenelle imagine une *histoire mathématique* :

> Quelqu'un qui aurait bien de l'esprit... devinerait toute l'histoire passée et toute l'histoire à venir... Après quoi, si cet homme voulait examiner toutes les vérités que peuvent pro-

(100) *Ibid.,* t. IX, p. 405.
(101) *Ibid.,* t. IX, p. 405 (*sic*).
(102) *Discours de l'histoire* (213), p. 6-7.
(103) *Ethique,* troisième partie.

duire ces principes généraux, et les faire jouer, pour ainsi dire, de toutes les manières possibles, il imaginerait en détail une infinité de faits ou arrivés effectivement, ou tout pareils à ceux qui sont arrivés (104).

Il entrevoit une sorte de « mécanisme historique ». Est-ce là une contradiction avec les *Dialogues* où semblait régner le hasard ? Ce n'est pas certain ; il le dit encore dans *Sur l'Histoire :* « les événements du dehors, et ce qu'on appelle les hasards contribuent quelquefois » (105) aux vicissitudes des sociétés, et « la fortune y a mis du sien » (106). Enfin, ce déterminisme est assez souple et vague ; la vie de chaque individu paraît y échapper...

Trublet avait raison de souligner la richesse de ce traité. Enrichi de maintes lectures, reflétant une curiosité universelle, il indique surtout une admirable indépendance de jugement ; l'auteur se montre capable de critiquer et d'utiliser Descartes, de concilier la documentation de Huet, les thèses de Spinoza, les théories de Saint-Réal, du Père Rapin et de Saint-Evremond, dans un ensemble cohérent et original. C'est dans les travaux de ce genre que ses qualités apparaissent avec le plus d'éclat. Dépourvu peut-être d'imagination créatrice, il excelle à reprendre, à remanier, à critiquer, à corriger, mais son génie le pousse à prendre pour maîtres les esprits les plus puissants, et à tirer de leurs œuvres ce qu'elles ont de plus hardi et de plus fécond. Cet essai si bref, si hâtif et si abstrait, pourrait bien être un travail de journaliste ; les *extraordinaires* du *Mercure* publiaient régulièrement vers 1682 ou 1684 des articles de cette sorte. On ne peut préciser davantage la date : peut-être 1684, à cause de l'influence de Saint-Evremond, mais on peut expliquer *Sur l'Histoire* sans invoquer précisément le *Discours sur les historiens français*. Alors, faudrait-il remonter à 1682 — comme les livres de Bossuet et de Bayle et l'article de M. de la Fèvrerie nous l'ont suggéré ?

Utopie ou allégorie ?

Dans l'*Histoire des Ajaoiens*, nous retrouvons — semble-t-il — l'habituel schéma des voyages imaginaires ; comme Jacques Sadeur et le Capitaine Siden, Van Doelvelt rencontre dans ses périples une cité idéale, où règnent les mœurs les plus pures et le gouvernement le plus raisonnable. Et l'auteur ne nous laisse pas ignorer dans quelle tradition il se situe ; il fait lui-même allusion aux « habitants d'une certaine île de la mer pacifique, découverte de notre temps » (107). Comme ses devanciers, il profite de son sujet pour décocher quelques traits contre les Espagnols et pour condamner le racisme européen, « l'impertinent préjugé où nous sommes tou-

(104) *Œuvres* (3), t. IX, p. 405.
(105) *Ibid.*, t. IX, p. 410 (*sic*).
(106) *Ibid.*, t. IX, p. 411 (*sic*).
(107) *République des philosophes* (35), p. 102.

jours que les peuples qui ne sont pas de notre continent sont autant de barbares brutes... » (108).

Mais ce roman est bien singulier. Ce n'est pas par hasard que Van Doelvelt parvient chez les Ajaoiens ; il nous le dit lui-même au début de sa relation : « Ennuyé des troubles qui déchiraient ma patrie et qui étaient causés par des esprits factieux, qui, de quelque parti qu'ils fussent, n'étaient animés que par de honteux motifs d'intérêt, de haine et d'ambition, je résolus d'aller voyager... » (109). Et le narrateur n'a fait aucun effort pour donner quelque vraisemblance à son récit ; loin des pittoresques tableaux de tempêtes et de naufrages qu'évoque Denis Vairasse, il se cantonne dans la plus stricte abstraction. Il nous le cache à peine : les Ajaoiens ne sont qu'un mythe ; il ne s'agit pas d'une évasion romanesque, mais d'une allégorie. Le seul voyage auquel nous soyons conviés est celui qui nous ramènerait des préjugés et des passions jusqu'à la raison naturelle dont nous avons étouffé la voix. Ainsi nous dit-il franchement :

> ... les premiers Ajaoiens étaient une colonie de gens assez semblables à ceux qu'on nomme aujourd'hui esprits forts, c'est-à-dire des gens sans aucun préjugé que celui de se soumettre dans toute leur conduite au dictamen d'une raison saine, éclairée par une attention continuelle sur les devoirs dont la nature imprime en nous la nécessité de la pratique en nous donnant l'être (110).

On comprend que l'éditeur ait intitulé cet ouvrage *La République des philosophes ;* sous le masque de ces habitants d'une île fantastique, paraissent simplement des « esprits forts », comme on pouvait en voir dans les salons de Paris et de Rouen, et l'attitude de Van Doelvelt en face des Ajaoiens pourrait refléter l'admiration et les réticences de l'auteur devant les audacieuses constructions de ses amis... Il faut avouer que cette abstraction, ce mépris de tout exotisme ressemblent aux procédés habituels de Fontenelle : nous avons vu comme l'imitateur de Le Pays ou de Nostredame sacrifiait le pittoresque de ses devanciers.

La cité idéale.

Comme dans toutes les utopies, l'auteur se propose de concilier les exigences sociales et la liberté naturelle. Ainsi sont bannis tous les produits pernicieux de la civilisation et tous les métiers inutiles qu'elle entraîne. Le vin est interdit ; les Ajaoiens ont fait arracher la vigne (111) ; « ils n'ont ni médecins, ni chirurgiens, ni cuisiniers, ni pâtissiers, ni tailleurs, ni avocats, ni régents, ni notai-

(108) *Ibid.*, p. 11.
(109) *Ibid.*, p. 1-2.
(110) *Ibid.*, p. 92.
(111) *Ibid.*, p. 32.

res » (112). Nous trouvons ici une diatribe contre la médecine, qui peut nous rappeler les dénégations qu'opposait Fontenelle dans les *Dialogues* aux ambitieuses espérances de la physiologie cartésienne. C'est le même naturalisme qui explique l'importance attachée à l'hygiène, la résignation et la sérénité de tous devant la mort, et même les règles du mariage : pour rendre cette institution moins détestable, pour éviter qu'elle ne suscite, comme en Europe, « un tissu de chagrins, ou, pour mieux dire, un vrai enfer » (113), la bigamie est obligatoire ; le Chevalier d'Her... n'eût-il pas souscrit à ces déclarations et à ce programme... ? Enfin, on n'apprendra pas aux filles à écrire ; ainsi n'auront-elles pas « la démangeaison de s'ériger en auteur, ce qui nous aurait caché bien des défauts » (114). Cette fois, on semble s'éloigner du féminisme habituel de Fontenelle et du *Mercure galant.* En fait, tous ces principes sont assez banals ; avec autant de cohérence et plus d'humour que Denis Vairasse, notre auteur vise, comme lui, à retrouver la Nature « loin de la superstition, de l'ambition, de l'avarice et de la médisance » (115).

Mais c'est par l'honneur et « l'intérêt propre » (116) que l'on fait agir les hommes. Ce principe, qui rappelle un peu la philosophie des *Dialogues des morts,* explique que dans cet Etat l'éducation, l'organisation politique et l'organisation judiciaire entretiennent ces passions, au lieu de les réprimer, et les font servir à l'utilité publique.

La République doit se charger elle-même de l'enseignement (117). Les enfants auront des « vêtements libres » ; ils se baigneront souvent ; on leur imposera de nombreux exercices physiques ; leurs repas seront pleins de frugalité. Mais surtout dans l'éducation, on fera une place, si l'on peut dire, à la « propagande »; les écoliers chanteront des odes morales ou patriotiques *Sur la fondation de la République d'Ajao, Sur la Vertu, Sur les merveilles de la Nature* (118), et l'apprentissage complètera les études intellectuelles.

La géométrie règne dans l'île d'Ajao (119) ; elle est divisée en six petites républiques, qui comprennent chacune six quartiers ; dans chaque quartier, six cents à huit cents maisons ; dans chaque maison, vingt familles. Aucun roi, aucun prince ; les chefs de famille élisent dans chaque maison deux *Minchist ;* quarante *Minchist* réunis élisent deux *Minchiskoa ;* dans chaque quartier, ceux-ci désignent deux *Minchiskoa-Adoë,* qui choisissent parmi eux dans chaque république quatre *Adoë-Resi* pour siéger à l'Assemblée des Etats, le Conseil souverain ; ce sénat sera divisé en quatre conseils,

(112) *Ibid.,* p. 78.
(113) *Ibid.,* p. 112.
(114) *Ibid.,* p. 65-66.
(115) *Ibid.,* p. 152. Cf. *Histoire des Sévarambes* (347), seconde part., t. I, p. 177-178 : « ... les malheurs des sociétés dérivent principalement de trois grandes sources qui sont l'orgueil, l'avarice et l'oisiveté. »
(116) *Ibid.,* p. 83.
(117) *Ibid.,* p. 54-66.
(118) *Ibid.,* p. 59-63.
(119) Comme dans la plupart des *utopies.* Voir à ce sujet *La crise de la conscience européenne* par P. Hazard (532), p. 23-25.

l'un qui aura la responsabilité de la justice, l'autre qui veillera à la culture des terres, le troisième chargé des maisons et des chemins, le quatrième à qui reviendront les finances, la guerre et la paix. Pas de monnaie ; les achats se feront par troc. Pas de propriété privée, mais des greniers et des magasins publics. Les *Minchisko-Adoë* sont « comme les pères d'un vaste district, dont il faut qu'ils nourrissent et gouvernent toutes les familles... » (120).

Il faut avouer que cette rigidité semble assez éloignée du tempérament de Fontenelle, ou s'est-il plié, avec une docilité qui n'exclut pas l'humour, aux conventions du genre ? Le système d'éducation, l'organisation économique, la présence des esclaves rappellent l'*Histoire des Sévarambes ;* même les poèmes cités ici évoquent l'*Oraison au soleil* qu'avait conçue Denis Vairasse (121). En revanche, on ne discerne guère d'analogies entre ce roman et la *Cité du soleil* de Campanella ou la *Nouvelle Atlantide* de Bacon. On penserait plutôt à l'*Utopie* de Thomas More, que Sorbière avait traduite en 1643 (122). Dans ce pays de rêve, se retrouve, malgré les pouvoirs du prince, une sorte de démocratie représentative, le communisme règne, il existe, comme chez les Ajaoiens, des magasins publics et des hôpitaux, le service militaire est obligatoire, on vit de l'agriculture, la vertu n'est que la soumission à la Nature. Mais ce n'est pas la même philosophie. Si tolérants qu'ils soient, les Utopiens adorent presque tous un dieu et se convertissent facilement au christianisme ; enfin, leur communisme, qui respecte des structure patriarcales, ne paraît guère qu'une application de la morale évangélique. D'autre part, l'auteur des *Ajaoiens* a montré plus de réalisme que More : il a évité de réglementer de façon trop rigide et trop mesquine la vie privée de son peuple ; cet apparent libéralisme voile toutefois une extrême rigueur : « L'Ajaoien n'a d'autres parents que la patrie ; c'est d'elle qu'il tient tout ce qu'il a... » (122 *bis*). Les *Ajaoiens* nous ramènent souvent de More à Platon, et c'est précisément de Platon que se réclamait Fontenelle, s'il faut en croire Trublet (123) : le système d'éducation, le communisme, et même le refus de la médecine, évoquent la *République*.

On remarque aussi que cet Etat ressemble aux Provinces-Unies : même système fédératif, même organisation de conseils municipaux, d'Etats de province et d'Etats généraux (124). Spinoza était déjà parti de ce modèle dans son *Traité politique*. On croirait que le même principe a guidé les deux philosophes :

> L'Etat doit être réglé de telle sorte que tous, aussi bien ceux qui gouvernent que ceux qui sont gouvernés, fassent de bon ou de mauvais gré ce qui importe au salut commun, c'est-à-

---

(120) *République des philosophes* (35), p. 67-69.

(121) *Histoire des Sévarambes* (347), seconde partie, t. II, p. 145-164.

(122) *L'Utopie de Thomas Morus,* trad. par Sorbière (260).

(122 *bis*) *République des philosophes* (35), p. 121.

(123) *Mémoires* (345), p. 175.

(124) *Vingt années de République parlementaire...* par Lefèvre-Pontalis (572).

dire que tous, de leur propre volonté, ou par force ou par nécessité, soient contraints de vivre selon les préceptes de la raison (125).

Quand Spinoza ébauche une monarchie idéale, c'est, pour ainsi dire, une démocratie qu'il nous propose. Avant l'auteur des *Ajaoiens*, il exige le service militaire obligatoire (125 *bis*), la propriété collective du sol et même des maisons (126), la polysynodie (127) ; sans doute n'admet-il pas l'esclavage, mais il enlève le droit de vote aux muets, aux fous et même aux « domestiques vivant de quelque office servile... » (128). Il n'est entre ces deux programmes qu'une différence importante : le roi, dans l'Etat spinoziste, est peut-être dépourvu de pouvoirs effectifs ; il subsiste toutefois et il choisit lui-même ses conseillers sur la liste que lui fournissent les familles.

Pour jouer sur les passions humaines, il faut une justice efficace : si la peine de mort n'existe pas chez les *Ajaoiens*, les punitions corporelles sont employées, et surtout les châtiments infamants : l'indignité civique, la chute dans l'esclavage, l'inscription du nom des condamnés sur une colonne (129)... Et l'amour-propre, que ces peines doivent effrayer, sera stimulé par des récompenses honorifiques. Spinoza au contraire admettait la condamnation à mort et il jugeait néfastes les « statues... cortèges triomphaux et les autres excitants à la vertu » qui « sont des marques de servitude plutôt que des marques de liberté » (130). La position de notre auteur paraît plus nuancée ; il s'attache davantage à l'efficacité qu'à la rigueur philosophique.

On ne sait à quelle date furent rédigés les *Fragmens de ce que M. de Fontenelle appelloit sa République ;* c'est Trublet qui les retrouva dans les papiers de Fontenelle et en assura la publication. On y remarque maintes différences par rapport à l'ambitieux programme des *Ajaoiens*. La propriété privée subsiste, avec toutefois quelques nuances (131) ; les fortunes sont inégales et le suffrage censitaire ; la justice est réglementée de façon plus réaliste, et la peine de mort est admise ; dans l'*Autre Fragment* sont même restaurées l'Epée et la Robe. Mais les principes essentiels des *Ajaoiens* se retrouvent ici : le service militaire est obligatoire ; il n'y a « ni nobles ni roturiers » (132) ; c'est surtout la même organisation fédérative, la même hiérarchie de conseils et de magistrats, et l'on devine que le philosophe eut les mêmes points de départ : les Pro-

(125) *Œuvres* de Spinoza (334), t. IV, p. 41-42.
(125 *bis*) *Ibid.*, t. IV, p. 44 : « L'armée doit comprendre les seuls citoyens sans en excepter aucun... Il faut donc que tous aient obligatoirement des armes. »
(126) *Ibid.*, t. IV, p. 45 : « Les champs et tout le sol, et, s'il se peut aussi, les maisons seront du domaine public. »
(127) *Ibid.*, *loc. cit.*
(128) *Ibid.*, t. IV, p. 48.
(129) *République des philosophes* (35), p. 84-86.
(130) *Œuvres* de Spinoza (334), t. IV, p. 109.
(131) *Œuvres* (3), t. IX, p. 412-413.
(132) *Ibid.*, t. IX, p. 413.

vinces-Unies et le système spinoziste (132 *bis*). Nous n'oserions en conclure que les *Ajaoiens* sont bien de Fontenelle ; il est même impossible que les *Fragmens* aient servi de brouillon pour la rédaction de cette utopie ; en revanche, on peut supposer que ces pages furent écrites plus tard, soit que l'âge et l'expérience eussent atténué la rigueur du théoricien, soit qu'il ait envisagé un autre projet plus simple et plus modeste : au lieu de concevoir une cité idéale, il aurait seulement noté les réformes qui lui paraissaient indispensables et qu'un avenir éventuel pourrait réaliser. On a rapproché ces *Fragmens* des travaux de l'abbé de Saint-Pierre (133) ; les liens personnels qui unirent les deux hommes à partir de 1683 rendent plausible cette hypothèse. Mais s'il fallait décidément attribuer les *Ajaoiens* à Fontenelle, nous devrions admettre que dès sa jeunesse il avait conçu son programme politique, qu'il n'a donc rien emprunté à l'abbé de Saint-Pierre et que c'est peut-être celui-ci au contraire qui s'est inspiré de certaines de ces conceptions.

Il ne faut d'ailleurs pas se cacher le sens de cet ouvrage. En proposant cette république idéale, où la législation la plus adroite suffit à créer des hommes vertueux et désintéressés, l'écrivain critique indirectement l'Etat monarchique du XVIIe siècle : les faiblesses du despotisme — l'arbitraire, le règne des favorites et des confesseurs — l'inutile complication et la stérilité de la justice, l'inégalité sociale, la toute-puissance de l'argent, tous ces traits sont indiqués ; et l'on retrouve, voilés par une forme chimérique et romanesque les grands thèmes des *Lettres galantes* ou des *Dialogues des morts*.

La religion de la nature.

Les Ajaoiens ne connaissent aucune division politique, ni religieuse. Deux principes leur suffisent : « Ce qui n'est point ne peut donner l'existence à quelque chose » et « Traitez les autres comme vous voudriez qu'ils vous traitassent. » (134). La Nature est donc « leur bonne mère » et leur « divinité » ; elle a toujours été ; si « cette éternité d'existence passe l'esprit humain » (135), il est encore plus difficile de concevoir la création du monde. Van Doelvelt s'attriste de les voir livrés à cette incroyance ; il s'efforce de les convertir, mais son éloquence est vaine. Un Ajaoien lui répond ; « il ne renversa pas mes preuves, mais il persuada à ses concitoyens la nécessité de vivre comme avaient vécu leurs pères... » (136).

Le panthéisme a donc le beau rôle. Le *Discours sur l'existence de Dieu* que prononce le Hollandais, paraît assez sommaire : la Nature, dit-il, n'est pas éternelle ; comment le monde se fût-il formé par hasard ? Le soleil, si bien placé dans le ciel, nous révèle

(132 *bis*) Ce rapprochement a déjà été fait par W. Krauss (548).
(133) Carré, *op. cit.* (433), p. 627-630.
(134) *République des philosophes* (35), p. 37.
(135) *Ibid.*, p. 39.
(136) *Ibid.*, p. 149.

l'action de la Providence; enfin « qui de nous ne sent pas... ? » (137). L'auteur s'est amusé à caricaturer les arguments banals de l'apologétique ; le style comme les thèmes de ce passage, ont un aspect parodique. La religion y est confondue avec toutes ces belles techniques qu'ignorent les Ajaoiens, la médecine, l'imprimerie... N'y a-t-il pas même une pointe d'ironie contre Malebranche, lorsque sont invoquées l'astronomie et l'anatomie qui conduisent également à l'adoration du Souverain Créateur (138) ?

Comme les arguments des Ajaoiens paraissent plus solides ! Ils avouent franchement « combien les connaissances de l'esprit humain sont bornées » (139) ; leurs convictions ne viennent pas, comme les nôtres, de l'imagination ni du préjugé... Dieu, dans le système des chrétiens, est « inventé à plaisir à peu près comme un joueur de gibecière fait sortir une muscade de dessous un gobelet, qu'il avait fait voir vide aux spectateurs... » (140). C'est l'anthropomorphisme qui nous fait croire à la création du monde : « notre orgueil étant contraint de reconnaître un point où nous avons commencé d'être, nous sommes bien aises de trouver le même défaut dans ce grand tout dont nous faisons partie... » (141). Ignorant les cérémonies du culte qui ne servent qu'à « endormir » la foule et « à faire réussir les desseins des politiques » (142), ce peuple philosophe nie l'immortalité de l'âme qu'il croit toute matérielle.

Van Doelvelt, chez les Ajaoiens, ressemble au voyageur des *Etats et empires de la lune ;* et tous les arguments invoqués ici pour soutenir le matérialisme sont empruntés à cet ouvrage. Cyrano avait écrit :

> Je dis donc que le premier obstacle qui nous arrête, c'est l'éternité du monde ; et l'esprit des hommes n'étant pas assez fort pour la concevoir et ne pouvant non plus s'imaginer que ce grand univers si beau, si bien réglé, pût s'être fait soi-même, ils ont recouru à la création. Mais semblables à celui qui s'enfoncerait dans la rivière de peur d'être mouillé de la pluie, ils se sauvent des bras d'un nain, à la miséricorde d'un géant. Encore ne s'en sauvent-ils pas... a-t-on jamais conçu comment de rien il se peut faire quelque chose (143) ?

C'est sans doute Cyrano qui a suggéré à l'auteur des *Ajaoiens* que dans l'infini des hasards il n'était pas impossible que le monde se fût ordonné de lui-même. Quand notre écrivain évoque « toutes les créatures, qui, par une admirable circulation, sortent continuel-

---

(137) *Ibid.*, p. 129-146.

(138) Il est vrai que Fontenelle dans l'*Histoire de l'Académie des sciences* aura souvent recours à ces arguments, mais son évolution et les convenances officielles pourraient expliquer cette contradiction. Nous reviendrons sur ce problème : voir *infra, Le héraut de la science.*

(139) *République* (35), p. 39.

(140) *Ibid.*, p. 41.

(141) *Ibid.*, p. 43.

(142) *Ibid.*, p. 44.

(143) Cyrano, *op. cit.* (140), p. 320-321.

lement... du sein [de la Nature] et y retournent de même » (144), il paraît se souvenir des visions cosmiques de Cyrano. C'est peut-être à lui qu'il doit les sarcasmes dont il couvre les médecins et les prêtres, et l'argumentation risible qui doit défendre la religion. Mais, s'il élague et simplifie les thèses de son maître en leur prêtant une plus grande hardiesse, il suit parfois d'autres auteurs. Son développement sur la nature de l'âme est tiré des *Discours anatomiques* de Guillaume Lamy :

DISCOURS ANATOMIQUES

La plus vraisemblable opinion qu'on puisse avoir de l'âme des animaux... est celle que je vais vous dire. Il est certain qu'il y a dans le monde un esprit très subtil, ou une matière très déliée et toujours en mouvement, dont la plus grande partie et pour ainsi dire la source est dans le soleil, et le reste est répandu dans tous les autres corps, plus ou moins selon leur nature et leur consistance. C'est assurément l'âme du monde, qui le gouverne et qui le vivifie, dont toutes les parties ont quelque portion. C'est le feu le plus pur de l'univers, qui de soi ne brûle pas, mais par les différents mouvements qu'il donne aux particules des autres corps où il est insinué, il brûle et fait ressentir la chaleur. Le feu visible a beaucoup de cet esprit, l'air aussi, l'eau beaucoup, la terre très peu. Entre les mixtes, les minéraux en ont le moins, les plantes plus, et les animaux beaucoup davantage. C'est ce qui fait leur âme, qui enfermée dans leurs corps, devient capable de sentiment... Dans l'homme, outre cette âme qui se dissipe dans la mort, comme celle des bêtes, la foi nous enseigne qu'il y en a une immortelle... (144 *bis*).

AJAOIENS

De là les Ajaoiens concluent que ce que nous appelons âme, n'est autre chose qu'une partie de cette matière subtile et très déliée, qui règne dans toute la Nature, et qui est répandue dans tous les corps plus ou moins, selon la nature de leur consistance. Cette matière a sa source dans le soleil, d'où elle tire un mouvement continuel, c'est le feu le plus pur qui soit dans la Nature. Il ne brûle pas de lui-même, mais par les différents mouvements, qu'il donne aux particules des autres corps où il est insinué, il brûle et fait ressentir sa chaleur. Le feu visible, disent-ils, a plus de cette matière subtile que l'air, celui-ci que l'eau, et la terre encore moins que celle-là. Entre les mixtes, les plantes en ont plus que les minéraux, et les animaux encore plus. Enfin, ce feu insinué dans le corps le rend capable de sentiment, et c'est ce que les Européens appellent l'âme qui n'est autre chose que les esprits animaux qui sont répandus dans toutes les parties du corps. Or il est certain que cette âme étant de même nature que celle des animaux, elle se dissipe à la mort de l'homme comme à celle des autres animaux... (145).

Nous avons vu que dans les *Dialogues* et dans les *Lettres galantes,* Fontenelle s'était maintes fois souvenu des thèses de Guil-

(144) *République* (35), p. 48-49.
(144 *bis*) *Discours anatomiques* (220), p. 114-117.
(145) *République* (35), p. 48-49.

laume Lamy. Ce serait donc un argument pour lui attribuer les *Ajaoiens*. Et il ne serait pas étonnant qu'il ait presque littéralement recopié le texte de son prédécesseur, puisqu'il a procédé souvent de la sorte : ainsi dans le *Romieu* et dans l'*Histoire du théâtre françois*...

Par delà G. Lamy, nous pouvons songer au *Theophrastus redivivus* qui daterait de 1650. Non seulement l'auteur y démontre que l'âme est matérielle et vouée à la mort, mais dans des termes analogues à ceux que l'on trouve dans les *Etats et empires de la lune* et dans les *Ajaoiens,* il explique et réfute le thème de la création : *Nam ex mundi ortu tot absurda et impossibilia sequuntur, ut inde facile conjicias aeternum illum necessario esse, ingenerabilemque et incorruptibilem...* (146). Il incrimine également l'orgueil des hommes qui, pour se cacher leur faiblesse, l'ont étendue à l'univers entier. Et dans ce manuscrit sont contenues bien des affirmations que Fontenelle allait inlassablement développer : absurdité des oracles et des prophéties, qui ne sont qu'une invention des politiques (147), refus de l'au-delà (148), élimination des démons et des anges. Comme les Ajaoiens affrontent le trépas sans trembler, un chapitre du *Tractatus* s'intitule *De contemnenda morte* (149) ; enfin la morale est bien la même : *vita secundum naturam* (150). Peut-on savoir si notre écrivain a eu connaissance de ce mystérieux traité ? Jamais il ne s'en inspire littéralement... Cyrano et Lamy ont-ils suffi à nourrir sa pensée ? Mais ne serait-ce pas dans le *Tractatus* que Lamy put trouver sa conception de « l'âme sensitive » contenue dans la semence (150 *bis*) ?

L'héritage d'Averroès et de Cardan n'était pas perdu (151). En associant cette tradition à celle de l'épicurisme et à l'influence de Spinoza, les *Ajaoiens* inauguraient cette longue suite d'ouvrages, qui allait assurer la survie du matérialisme jusqu'à Diderot. Dans tous ces traités reparaît le même alliage (152). Ainsi la morale des Ajaoiens, spontanée, sensuelle, reflète une sorte de naturalisme païen. Mais la mort est envisagée avec sérénité selon les conseils d'Epicure. Et dans ce peuple règnent l'amitié et la bienveillance, comme chez le sage de l'*Ethique*. Tout cela nous prouve, ainsi que Bayle le montrera, que « sans divinité, sans crainte d'un éternel avenir » (153), on peut atteindre à une vertu plus pure qu'en s'appuyant sur les maximes chrétiennes.

---

(146) Ms. B.N. fds lat. 9324, p. 191, r° : « Car de la naissance du monde s'en suivent tant d'absurdités et d'impossibilités que l'on admettra aisément que celui-ci est forcément éternel, increé et incorruptible. »

(147) *Ibid.*, f. 406, v° sq.

(148) *Ibid.*, f. 653, v°.

(149) *Ibid.*, f. 837, r°.

(150) *Ibid.*, f. 913, v°.

(150 *bis*) *Ibid.*, f. 749, r°.

(151) Voir Renan, *op. cit.* (657) ; Charbonnel, *La pensée italienne au seizième siècle* (439).

(152) Ms. Mazarine 1192, *Parité de la vie et de la mort* ; Maz. 1168, *Formation du monde,* etc. ; et évidemment *Les trois imposteurs* (343).

(153) *République* (35), p. 51.

Les sources essentielles de cet ouvrage, Spinoza et G. Lamy, se retrouvent dans les *Dialogues des morts* ou les *Lettres galantes* ; l'auteur a fui le pittoresque ; il ne s'est pas gêné pour plagier littéralement ses maîtres ; son programme politique ressemble étrangement à celui qui est exprimé dans les *Fragmens*. Toutes ces constatations, ajoutées aux preuves historiques, ne doivent-elles pas nous conduire à attribuer cet ouvrage à Fontenelle ? Il demeure que le style est bien négligé, mais nous verrons que certaines lettres de Fontenelle sont également écrites de façon fort gauche et fort embarrassée (154). Nous mesurons ainsi combien cette forme limpide, qu'ont admirée tous les lecteurs, doit au temps et au labeur. Sans doute devint-elle spontanée et Trublet s'émerveilla de voir écrire si vite et si bien (155), mais tout dans les *Ajaoiens* sent l'effort et la maladresse.

La signification de cette utopie demeure cependant plus ambiguë qu'on ne croirait. Il serait un peu audacieux d'en extraire toute la philosophie de Fontenelle. Comment juger un livre qu'un auteur si jeune a si peu soigné ? Nous serions enclin à penser que la philosophie que Fontenelle nous propose ici le tente, mais n'obtient pas son adhésion formelle. Les libertins qu'il a lus ou qu'il fréquente lui ont inspiré la conception d'une société où règnerait la démocratie, et d'où la superstition et l'opinion seraient bannies. Mais il sait que ce n'est qu'un rêve. Il voyage avec admiration parmi les esprits-forts, comme Van Doelvelt voyage parmi les Ajaoiens ; l'un et l'autre gardent des doutes. Dans un esprit aussi complexe que celui de Fontenelle, où la pensée se meut dans plusieurs zones, s'oriente dans plusieurs directions, également séduisantes, également incertaines, il n'y a guère de place pour une conviction définitive, mais plutôt pour des tentations éphémères. L'*Histoire des Ajaoiens* incarne le songe le plus hardi et peut-être le plus attirant. Mais rien n'est résolu. Comment douter en revanche de la portée critique de cet ouvrage ? Lorsque Fontenelle dénonce l'inefficacité morale de la religion, la vanité des cultes, les méfaits de la monarchie, il nous semble encore plus convaincu que lorsqu'il nous propose le retour à la Nature et le matérialisme padouan.

---

(154) Voir *infra*, dans *Les Expériences littéraires*, la lettre à Mlle d'Achy.

(155) *Mémoires* (345), p. 13, p. 65-66, *passim*.

CONCLUSION

Si les *Lettres galantes* blâment également l'avidité qui règne dans le monde et les chimères romanesques, si les *Dialogues des morts* finissent par conseiller l'abandon à la Fortune, à cet ordre mystérieux que les hommes ignorent, mais qu'ils doivent subir, si l'essai *Sur l'Histoire* ruine les religions et refuse le providentialisme de Bossuet, il n'est entre ces œuvres aucune contradiction, aucune incohérence. Ce sont toujours les mêmes auteurs qui inspirent Fontenelle. Saint-Evremond, Saint-Réal, Huet et Spinoza — tels sont ses maîtres. Etrange assemblée, qui révèle l'éclectisme du jeune homme et son désir de déceler la vérité où elle se trouve, quels que soient les masques qui la dissimulent et les écoles qui la professent. Même ses plagiats peuvent se comprendre : à quoi bon chercher une forme neuve ? Seule la pensée l'intéresse ; l'art littéraire lui paraît sûrement frivole. Et par delà toutes ces influences, dont la diversité risquerait de nous égarer, Fontenelle poursuit toujours le même but. Qu'il dénonce la corruption sociale, les erreurs de la superstition et du préjugé ou les mensonges de l'amour-propre, il ne cesse de chercher ce qu'il appelle la nature. Qu'est-ce exactement ? Le retour aux « vrais biens » que les hommes ignorent ? L'ordre du monde qui se perpétue malgré tous nos égarements et les fait même servir à ses fins ? Une république idéale où les citoyens sont contraints d'être vertueux ? C'est tout cela à la fois... Fontenelle n'a pas encore trouvé sa voie, mais les *Dialogues des morts* reflètent un abandon progressif de « l'idéal pastoral » et l'*Histoire des Ajaoiens* a sans doute été commencée avant 1680. On sera donc tenté d'admettre que vers 1683, le jeune homme adhère à une sorte de fatalisme ; puisque les « vrais biens » ne sont qu'une chimère que le siècle et la nature humaine interdisent également, il n'est qu'un remède : accepter le faux comme le vrai, se persuader que tout ce qui peut surprendre et choquer a sa valeur et sa nécessité... Ainsi peut-on se délivrer de toute amertume ; et le scepticisme, qui nous révèle la fausseté de nos jugements, a son rôle à jouer ; il permet de croire que nos révoltes sont vaines et qu'il faut tout accepter. En face de la nature, telle qu'il la définit maintenant, Fontenelle adopte la même attitude que La Mothe le Vayer conseillait sans trop de conviction envers l'enseignement du Christ (156).

---

(156) On connaît la « sceptique chrétienne » de La Mothe le Vayer.

TROISIEME PARTIE

LE BERGER MECREANT
(1683-1686)

Naguère Fontenelle fréquentait chez Mme de la Sablière, et aimait lire des romans avec son hôtesse et Mme de la Mésangère (1). Il avait sans doute été reçu chez celle-ci, dans son hôtel, à Rouen, rue du Gros-Horloge. Le 16 juillet 1682, Guillaume Scott de la Mésangère mourut à trentre-quatre ans ; il était conseiller au parlement de Rouen, mais sa mort servit de prétexte pour nommer un catholique à sa place. Marguerite Rambouillet était veuve à vingt-quatre ans, avec deux enfants. Peut-être Fontenelle a-t-il participé au conseil de famille qui se réunit le 27 novembre 1683 (2). Arsène Houssaye écrit : « La marquise de la Mésangère habitait alors son château de Rouen ; Fontenelle y fut accueilli en poète... Çà et là, il se promenait avec la marquise qui pleurait les souvenirs d'un amour fatal. A force de se promener avec elle et de

---

(1) « Mmes de la Sablière et de Nocé aimaient beaucoup les romans, surtout ceux de Mlle de Scudéry qu'elles préféraient beaucoup à ceux de La Calprenède, du moins *Cyrus,* aussi bien que M. de Fontenelle. Comme il les aimait beaucoup aussi, ils les lisaient ensemble, et disaient qu'il n'y avait qu'eux trois dans Paris qui se connussent bien en roman », *Journal* de Trublet (Cahier Chaponnière), 19 septembre 1754, cité dans *De l'Origine des fables,* éd. par J.-R. Carré (37), p. 45, note 3.

(2) C'est ce qu'affirme G. Vannier dans *Précis de l'Académie de Rouen* (696) : il donne la liste suivante : Mme de la Sablière ; Nicolas Rambouillet, son fils ; Tallemant des Réaux, son beau-frère ; Menjot, son oncle ; Esther Scott, la sœur du défunt ; Legendre, un négociant rouennais marié à Esther Scott ; Mme de la Mésangère et Fontenelle. Mais dans le *Magasin pittoresque,* 1869, p. 248 (654) il est fait mention d' « un acte découvert par M. Gosselin », où figurent cette fois les noms suivants : Muysson, conseiller au Parlement de Paris, Pierre Hessein, Tallemant des Réaux, Lestang, Jacques Bigot, Dulac, père et fils. La présence de Fontenelle n'est donc pas certaine. On connaît les dates auxquelles s'est réuni ce conseil de famille : du 27 octobre 1683 au 7 décembre 1683, et du 10 au 18 juillet 1684.

la voir pleurer, il s'imagina qu'il devenait amoureux... Il imita les bergers... » (3).

S'il n'était d'autre témoignage, le doute serait permis, car cette relation semble un peu aventureuse. Trublet et Le Cat ont narré cette liaison avec plus de vraisemblance. Ce n'est pas à Rouen, mais plutôt dans le château de la Mésangère que cette intrigue s'est développée. « L'écorce de plusieurs des hêtres du parc... était décorée des... vers [de Fontenelle]. » (4). On songe aux *Pastorales.* En effet la *Première églogue* évoque Mme de la Mésangère:

Elle aurait mis en nœuds sa longue chevelure,
La jonquille à ces nœuds eût servi de parure,
Elle est jaune, Iris brune...
Peut-être dans les jeux, elle eût bien voulu prendre
Le moment d'un regard mystérieux et tendre
Qu'avec un air timide elle m'eût adressé... (5).

Tout cela coïncide ; les *Pastorales,* que Fontenelle avait peut-être rêvées et même ébauchées précédemment, durent être composées à partir de 1683 ou 1684 — et complétées et remaniées jusqu'en 1687.

En janvier 1686, le *Mercure galant* annonçait la prochaine parution des *Entretiens sur la pluralité des mondes,* et ajoutait : « L'approbation que [ce livre] a déjà eue dans quelques lectures particulières, a fait connaître que, si... [l'auteur] l'a fait attendre longtemps, c'est parce qu'il n'a rien voulu hasarder qui ne répondît en quelque sorte à la réputation que ses *Dialogues* lui ont acquise... » (6). Cette aimable publicité indique qu'il s'écoula plusieurs années entre la composition et la publication de cet ouvrage. L'intérêt de Fontenelle pour l'astronomie n'est pas nouveau. Il s'étourdissait déjà à quinze ans du nom des étoiles... Il plaça dans

---

(3) *Œuvres* (5), p. 22.

(4) Le Cat (225), p. 53. A. Houssaye dans *Monsieur de Fontenelle* (538), *Revue de Paris,* t. XXVII, p. 114-115 cite les vers suivants que le poète aurait gravés sur les arbres du parc :

Lycidas est si tendre, et Climène est si belle.
Qu'adviendra-t-il, hélas...
Amour, fais-lui la guerre, à ce cœur de rocher.
Amour, cruel amour...

Il ajoute que Mme de la Mésangère les compléta par ces rimes : « Climène est trop rebelle » ; et « où vas-tu te nicher », et que Fontenelle répliqua :

Vous qui rimez si bien, bergère au cœur de marbre,
Qui d'un si doux regard m'avez tant réjoui.
Demain, avec Phébé, viendrez-vous sous cet arbre ?

Mais nous n'avons retrouvé aucun témoignage de valeur qui mentionne ces vers. A. Houssaye se serait-il laissé emporter par son imagination ?

(5) *Œuvres* (3), t. IV, p. 16. C'est Le Cat, *op. cit.* (225), p. 53, qui affirme que Fontenelle voulut représenter son amie sous les traits d'Iris.

(6) *Mercure galant,* janvier 1686, p. 284. Privilège donné à Blageart, le 9 janvier 1686, registré le 22 janvier.

La Comète un exposé de la cosmologie cartésienne. Nous l'avons vu — le *Mercure galant* en 1677 signale sa culture scientifique, et les nouvelles de 1681 laissent présager des « entretiens »... On peut donc supposer qu'il imagina très tôt un livre où la science fût mise à la portée des dames. Mais une tradition tenace qu'il serait vain de contester, affirme que cette œuvre doit beaucoup à la liaison de l'écrivain avec Mme de la Mésangère ; s'il faut en croire Trublet, Fontenelle n'eut jamais de telles conversations avec son amie, mais c'est elle qui y paraît, c'est son caractère, c'est son goût, c'est sa curiosité ; et de brune il l'eût faite blonde pour éviter qu'on ne la reconnût (7). *Phaéton,* qui est évoqué dans les *Entretiens,* fut créé le 6 janvier 1863 à Versailles, et le 27 avril à l'Académie royale de musique... « Nous sommes à la campagne, et nous menons quasi une vie pastorale... (8) lit-on dans le *Premier soir,* où l'abbé Du Bos trouva « la meilleure églogue qu'on nous ait donnée depuis cinquante ans... » (9). N'est-il donc pas vraisemblable que les *Entretiens* furent composés à peu près en même temps que les *Pastorales* — à partir de 1683 ou de 1684 ? Sans doute la conception de l'ouvrage et les premières esquisses furent-elles antérieures à la rédaction définitive. Fontenelle écrit peut-être vite et avec facilité, mais il ne se lasse pas de remanier, d'améliorer le premier jet, et de passer de nouvelles couches sur le dessin primitif. La hardiesse se concilie avec la pudeur du public.

Dans les *Lettres galantes* on voit une jeune calviniste se convertir pour épouser un catholique ; les sectes religieuses n'excitent chez Fontenelle qu'un badinage ironique : « Il a fait en vous convertissant un trait d'une grande habileté ; il a accommodé les intérêts de la religion et les siens ; il s'assure mille plaisirs avec vous, et il faudra encore qu'en l'autre monde, on lui tienne compte de ces plaisirs-là... » (9 *bis*). Ce scepticisme demeure assez souriant et inoffensif. Cependant, depuis 1671, des rixes opposaient à Rouen les protestants et les catholiques ; dans toute la Normandie, on compte 184.000 émigrants (10). Les Basnage, qui étaient les amis de Fontenelle, furent contraints de partir pour la Hollande, l'un en 1685, l'autre en 1687. Brimades, pressions, violences se succédèrent dans les années qui précédèrent la Révocation de l'Edit de Nantes. Dans la deuxième partie des *Lettres galantes,* on trouve cet épisode : « Un certain gentilhomme du petit nombre des huguenots qui nous restent encore, se trouva hier chez moi, et voulut faire au comte D'... quelque mauvaise plaisanterie, comme ces messieurs en savent bien faire... » (10 *bis*). Et ces lignes nous montrent à la fois que Fontenelle s'amuse quelque peu de ces multiples conversions et éprouve une certaine sympathie pour les protestants

(7) *Mémoires* (345), p. 128.
(8) *Œuvres* (3), t. II, p. 22.
(9) *Réflexions critiques sur la poésie et sur la peinture* (164), I, sec. 22.
(9 *bis*) *Lettres galantes,* I, XVIII, éd. Delafarge (13), p. 64.
(10) Tel est le chiffre avancé par Goube (521), t. II, p. 544, d'après les états de la province dressés en 1690, et par Weiss (706), t. I, p. 113.
(10 *bis*) *Ibid.,* II, XXIII, Delafarge, p. 134.

qui échappent au moins aux plus ridicules superstitions des « papistes ». En fait, ses liaisons avec les Basnage, Mme de la Mésangère, Mlle Bernard — tous calvinistes — sont trop évidentes pour qu'on puisse penser qu'il soit resté indifférent à ce problème. L'*Histoire des oracles,* les *Doutes sur le système des causes occasionnelles* et surtout la *Relation de Bornéo* reflètent en partie cette préoccupation et les diverses réponses que l'écrivain donna à cette question. Il est donc indispensable de dater précisément ces ouvrages pour comprendre l'évolution de Fontenelle et ses rapports avec l'histoire de son temps.

Dans la préface de l'*Histoire des oracles,* il affirme : « Il y a quelque temps qu'il me tombe entre les mains un livre latin sur les oracles des païens, composé depuis peu par Van Dale » (11), et il paraît avouer ensuite que son projet d'adapter ce livre suivit immédiatement la lecture qu'il en fit. Edité en 1683, le traité de Van Dale fut commenté dans le numéro de mars 1684 des *Nouvelles de la République des lettres* (12). Il serait tentant de supposer que l'article de Bayle éveilla la curiosité de Fontenelle. Cependant la deuxième partie des *Dialogues des morts* contient déjà l'histoire « de « l'antre de Trophonius ». Il semble donc qu'il connut cet ouvrage dès 1683 — mais aucune précision n'est possible.

Les Doutes sur le système des causes occasionnelles donnent quelques renseignements sur les circonstances qui les firent naître : « Rien n'a fait plus de bruit parmi le petit nombre de gens qui se mêlent de penser, que la dispute qui est présentement entre les deux premiers philosophes du monde, le père Malebranche et M. Arnauld. On a eu avec raison une attention particulière sur les différents combats qu'ils se sont livrés... Ni le Père Malebranche n'a prévu mes objections, ni M. Arnauld ne s'en est servi... » (13). La querelle d'Arnauld et de Malebranche, inaugurée en 1683 avec *Des vraies et fausses idées,* se poursuivit jusqu'en 1685 — l'année où Arnauld publia ses *Réflexions philosophiques en théologiques sur le traité de la nature et de la grâce.* Quand Fontenelle écrit dans ses *Doutes* qu'Arnauld « ... voulut frapper par le pied tout le système du père Malebranche » (14). il paraît faire allusion aux *Réflexions* ; ne dira-t-il pas dans l'*Eloge de Malebranche* qu'Arnauld dans cet ouvrage « prétendait renverser absolument la nouvelle philosophie ou théologie » (15) de son adversaire ? L'auteur des *Doutes* semble trop bien connaître les arguments des deux polémistes pour que son livre ait été écrit avant 1685. Enfin, on ne voit pas pourquoi il aurait laissé passer un temps considérable entre la composition et la publication d'un ouvrage qui tirait sa valeur essentielle de l'actualité et risquait d'être rapidement démodé.

---

(11) *Œuvres* (3), t. II, p. 193. Privilège donné à Fontenelle le 16 juillet 1686, registré le 31 août 1686.
(12) *Nouvelles de la République des lettres,* mars 1684, p. 1-18.
(13) *Œuvres* (3), t. IX, p. 45.
(14) *Ibid.,* t. IX, p. 45.
(15) *Ibid.,* t. V, p. 406.

Nous ne savons rien du *Mémoire sur le nombre 9,* qui parut dans les *Nouvelles de la République des lettres* en septembre et en novembre 1685. La *Relation de Bornéo* en revanche se laisse aisément dater ; elle figura dans les *Nouvelles* de janvier 1686 et elle contient des allusions à la Révocation de l'Edit de Nantes, qui fut proclamée le 16 octobre 1685 ; elle a donc été écrite entre octobre et décembre.

Lus dans cet ordre, ces ouvrages témoignent d'une évidente évolution ; la part qu'occupe la galanterie diminue progressivement. Les *Entretiens,* qui furent écrits en même temps que les *Pastorales,* sont mêlés d'amour, et l'auteur évoque le nom et les chiffres de la marquise « gravés sur l'écorce des arbres... par la main des adorateurs... » (16). L'*Histoire des oracles* fut composée pour « les dames et, pour ne rien dissimuler, la plupart des hommes de ce pays-ci... » ; les *Doutes* s'adressent aux doctes, ainsi que le *Mémoire sur le nombre 9* ; la *Relation* dissimule sous la fiction et le badinage une véritable révolte. Même superficiel, même éphémère, ce changement est indiscutable ; les contemporains l'ont remarqué, et Bayle put écrire dans les *Nouvelles* de janvier 1686 : Fontenelle « me semble présentement regarder comme au-dessous de lui ce qui s'appelle production de bel esprit, car il s'attache tout entier aux mathématiques et à la métaphysique... S'il fait autant de progrès en métaphysique que nous voyons qu'il en a fait en pièces galantes et en mathématiques il excellera en trois choses qui, pour l'ordinaire, demandent trois tours d'âme entièrement différents... » (17). Et ce que Bayle dissimule afin sans doute de ne pas compromettre son ami, c'est que celui-ci ne passe pas seulement du bel esprit à la métaphysique ; il semble renoncer au scepticisme ; il devient un révolté. Liée peut-être à d'autres facteurs, l'évolution de Fontenelle correspond trop bien à la montée des persécutions contre les huguenots et à leur misère grandissante pour pouvoir en être détachée. Cette colère est bien loin du fatalisme assez désabusé des *Dialogues des morts.* Pour y parvenir, il fallait que le bel esprit amer et sarcastique crût en son idéal. Et pour cela, il fallait une expérience authentique, que les *Pastorales* nous retracent sous les parures des bergeries. Il importait enfin que l'écrivain se sentît soutenu par tout un groupe d'esprits libres, capables de le comprendre et de l'appuyer. On ne sait s'il rencontra Bayle à Rouen en 1674, mais les rapports des deux hommes deviennent évidents, à partir de 1684, quand Fontenelle collabore aux *Nouvelles.* Lorsque Basnage sera parti pour la Hollande, lorsque son frère de Beauval l'aura rejoint, le philosophe aura à Rotterdam toute une société favorable à ses entreprises, et ses ennemis incrimineront les « gazettes du Nord » où il trouve ses plus sûrs amis (18). Il ne s'éloignait pas pour autant du monde du *Mercure galant,* ni des cercles des modernes, puisque Bensserade tenta de défendre le journal de Bayle et d'en faire lever l'interdiction.

---

(16) *Ibid.,* t. II, p. 35.
(17) *Nouvelles* (372), janvier 1686, p. 91.
(18) *Plainte de M. de Fontenelle* (ms. La Rochelle), *op. cit.*

Sans doute Donneau de Visé dans le *Mercure* de novembre 1684 reprocha-t-il à Bayle son excessive sévérité envers certains écrivains qu'il prétendit défendre — mais cette critique et la réponse de Bayle dans l'*Avertissement* des *Nouvelles* de janvier 1685 demeurent assez courtoises. C'est seulement trois ans après leur publication que les *Lettres galantes* furent commentées dans les *Nouvelles* de décembre 1686 ; on peut supposer que Bayle avait enfin identifié le mystérieux Chevalier d'Her... et voulait par cet article élogieux remercier son collaborateur (19).

(19) Fontenelle n'est pas encore bien connu en 1684. On lit dans les anecdotes de Fanière, fds fr. 24525, f. 102, v° : « M. de Fontenelle, neveu de M. Corneille... par sa mère, qui est leur sœur, né à Rouen. Il est auteur des *Nouveaux dialogues des morts* dédiés à Lucien, in-12, 2 volumes, et d'une comédie qui a été jouée sur le théâtre de Paris, mais qui n'a pas eu d'applaudissements. Je crois qu'il a aussi mis au jour un recueil de ses poésies. » En fait, Fontenelle à cette date n'avait publié aucun poème ; en revanche, il venait de donner les *Lettres galantes,* dont Fanière ne dit mot.

CHAPITRE I

DANS LE PARC DE LA MESANGERE

Littérature et sincérité dans les « Pastorales ».

Segrais et Huet, après Ménage, avaient, dès 1652, ranimé le rêve pastoral ; Mlle de Montpensier fit jouer *Amaryllis* en pleine forêt et n'hésita pas à figurer dans les ballets, déguisée en villageoise. Fontenelle a connu Segrais et Huet — on ne saurait dire à quelle date ; depuis 1683, il était lié avec le jeune abbé de Saint-Pierre (1) qui à Caen fréquentait chez l'auteur des *Nouvelles françoises.* Et comme celui-ci avait rêvé dans *Athis* d'égaler Honoré d'Urfé, la *Première églogue* de Fontenelle débute par cette confidence :

Quand je lis d'Amadis les faits inimitables,
Tant de châteaux forcés, de géants pourfendus,
De chevaliers occis, d'enchanteurs confondus,
Je n'ai point de regret que ce soient là des fables.
Mais quand je lis l'*Astrée*, où dans un doux repos
L'amour occupe seul plus de charmants héros,
    Où l'Amour seul de leurs destins décide,
Où la sagesse même a l'air si peu rigide,
Qu'on trouve de l'Amour un zélé partisan
Jusque dans Adamas, le souverain druide ;
Dieux ! que je suis fâché que ce soit un roman (2) !

Si dans ces vers se retrouvent les anciens sarcasmes que le chevalier d'Her... décochait aux romans héroïques, Fontenelle y avoue surtout quels sont ses maîtres, et quel idéal il conçut en écrivant

---

(1) *Manuscrits de l'abbé de Saint-Pierre* (ms. Rouen), t. III, p. 213 : en 1683, l'abbé passe chez la duchesse de Ventadour, « elle lui prêta le premier tome des *Dialogues des morts* de M. de Fontenelle qui venait de paraître dans le public ; cet ouvrage lui donna envie de faire connaissance de l'auteur qui demeurait à Rouen... Le séjour que M. l'abbé de Saint-Pierre fit à Rouen pour quelque procès de famille lui donna occasion de lier amitié avec lui. Ils se voyaient tous les jours... »
(2) *Œuvres* (3), t. IV, p. 11-12.

ses poèmes. Les noms des personnages, le symbolisme social qui explique la présence des nymphes et des bergers, la conception même du genre émanent directement de l'*Astrée*. Damon, Sylvie, Corylas, Tircis, Palémon et même Hylas viennent errer dans les bosquets normands, comme ils ont parcouru les monts du Forez. Le sage Timante

> Qu'une expérience savante
> Rendait en fait d'amour l'oracle des pasteurs... (3).

ressemble au druide Adamas. Fontenelle a banni de ses églogues toute allusion aux travaux rustiques, dont la bassesse eût altéré la grâce de ses héros. N'a-t-il pas suivi en cela l'enseignement de d'Urfé, qui écrivait à la « bergère Astrée » :

> Que si l'on te reproche que tu ne parles pas le langage des villageois et que toi, ni ta troupe se sentez guère les brebis, ni les chèvres, réponds-leur, ma bergère, que, pour peu qu'ils aient connaissance de toi, ils sauront que tu n'est pas, ni celles qui te suivent, de ces bergères nécessiteuses qui pour gagner leur vie conduisent les troupeaux aux pâturages, mais que vous n'avez toutes pris cette condition que pour vivre plus doucement et sans contrainte... (4) ?

Cependant l'analogie des deux ouvrages demeure imprécise : on retrouve un décor identique, les mêmes personnages, les mêmes sentiments, mais on ne saurait prétendre que la « source unique » des poèmes de Fontenelle soit l'*Astrée* (5). Dans le *Discours sur la nature de l'églogue,* Fontenelle n'a pas hésité à critiquer ce roman : bien qu'il « soit plein de choses admirables », certains des bergers qui y paraissent « demanderaient à être dans *Cyrus* ou dans *Cléopâtre* » et d'autres ressemblent à « des gens de cour déguisés en bergers » (6). Enfin, il n'était guère dans le goût, ni dans le tempérament de Fontenelle, d'entrer dans le platonisme et la subtile métaphysique du créateur de Céladon.

Il s'est sans doute souvenu de Virgile. Peut-être lui doit-il ses brèves évocations de la canicule, de l'*aestas torrida.* Et, comme dans les *Bucoliques* Ménalque et Damète chantent devant Palémon (7), puis Corydon et Thyrsis devant Mélibée (8), nous assistons ici au duel d'Arcas et de Palémon, qu'arbitre Timante (9).

> *Phyllidis adventu nostrae nemus omne virebit.*
> *Juppiter et laeto descendet plurimus imbri* (10),

(3) *Ibid.,* t. IV, p. 31.
(4) *L'Astrée* (346) : *L'auteur à la Bergère Astrée.*
(5) Mia I. Gerhardt, *Essai d'analyse* (517), p. 267 sq.
(6) *Œuvres* (3), t. IV, p. 346.
(7) Virgile, *Bucoliques* (66), *Troisième bucolique.*
(8) *Ibid., Septième bucolique,* vers 59-60.
(9) *Œuvres* (3), t. IV, p. 31-38 (*Quatrième églogue*).
(10) *Bucoliques* (66), *Septième bucolique,* vers 59-60 : « Vienne notre Phyllis ! Tout le bocage reverdira, et Jupiter, à profusion, descendra en averse bienfaisante. »

ces beaux vers ont été rendus assez froidement dans le chant d'Adraste :

> Ma bergère revient, c'est demain que ces lieux
> S'embellissent par sa présence (11).

Si Alphésibée regrette Daphnis qui est parti pour la ville (12), Lygdamis soupire après Climène qui a quitté leur hameau (13). Au *ducite ab urbe domum...* (14) répond le « Rapportez-nous » de la *Sixième églogue* (15). Comme Damon souffre de la trahison de sa bergère (16), Délie craint d'être abandonnée par Myrtille (17). Mais chaque fois que Fontenelle s'est inspiré de Virgile, il a rendu l'intrigue plus sereine et plus douce. L'églogue selon lui ne saurait conduire à la tristesse, elle ne doit offrir qu'une aimable évasion. Ainsi Délie est-elle bientôt consolée, et retrouve-t-elle Myrtille ; ainsi Ligdamis n'aurait jamais l'idée de recourir à la magie, comme Alphésibée. Les visions cosmiques de la *Sixième bucolique* sont éliminées ; Fontenelle n'éprouvait que dédain pour « ces merveilles incompréhensibles », et jugeait qu'on aurait mieux flatté Pollion par des choses qui « eussent eu un peu plus de vraisemblance... » (18). Les touchantes évocations de la douceur du soir, que l'on rencontre dans les *Bucoliques,* sont remplacées par cette notation bien sèche et bien artificielle :

> ... alors du dieu du jour
> Le char penchait un peu vers la fin de son tour... (19).

Ces vers de la *Deuxième églogue* :

> Un soir que les troupeaux, sortant du paturage,
> D'un pas tardif et lent marchaient vers le village... (20).

émanent sans doute de la *Deuxième bucolique* :

> *Aspice, aratra jugo referunt suspensa juvenci...* (21).

Mais Fontenelle, par manque d'imagination et par dégoût des travaux rustiques, ne parvient pas à nous donner des descriptions bien pittoresques, ni bien émouvantes... Il ne cherche visiblement qu'à corriger l'œuvre de Virgile, en lui imposant plus de finesse,

---

(11) *Œuvres* (3), t. IV, p. 47.
(12) *Huitième bucolique.*
(13) *Œuvres* (3), t. IV, p. 43-50 (*Sixième églogue*).
(14) *Huitième bucolique,* vers 79-84.
(15) *Œuvres* (3), t. IV, p. 46.
(16) *Huitième bucolique.*
(17) *Troisième églogue.*
(18) *Œuvres* (3), t. IV, p. 147 (*Discours...*).
(19) *Ibid.,* t. IV, p. 29 (*Troisième églogue*).
(20) *Ibid.,* t. IV, p. 23.
(21) Vers 66 : « Vois, les bœufs rapportent les charrues suspendues au joug. »

plus de gaîté, plus d'harmonie... C'est surtout la *Sixième églogue,* la plus proche des *Bucoliques* par le dessein général et même par le détail des vers, qui trahit cette intention.

L'influence de Segrais reste limitée. La *Cinquième églogue* de Fontenelle rappelle la troisième pièce du recueil de Segrais. La ressemblance est parfois presque littérale ; quand Fontenelle écrit :

> La mère des Amours à peine renaissante
> Commençait à jeter sa lumière perçante... (22),

il paraphrase les vers de son devancier :

> L'astre heureux et brillant de la mère d'Amour
> De l'Aurore vermeille annonce le retour... (23).

Comme le héros de Segrais s'écriait :

> Il est temps de partir, adieu, mon cher Tityre,
> Garde bien, mes troupeaux, je vole vers Amire... (24).

on lit maintenant :

> Quelques moments après, il appelle Tityre,
> Depuis que le berger pour son Iris soupire,
> Tityre a pris le soin des troupeaux du berger... (25).

C'est sensiblement la même situation dans les deux poèmes : le pâtre va au devant de sa bergère ; il l'attend avec impatience. Mais Fontenelle semble s'être attaché à rendre l'anecdote plus « amusante » : son berger dès l'aube se précipite pour une entrevue, qui n'est fixée qu'au crépuscule... Nous devinons la réserve ou la coquetterie d'Iris. Et ses vers sont plus abstraits et moins lyriques que ceux de Segrais. Ne lui a-t-il pas reproché dans son *Discours* d'avoir trop cédé « au goût de son siècle », qui « demandait des choses figurées et brillantes... » ? (26).

Ainsi les *Pastorales* paraissent le plus souvent une œuvre personnelle. Fontenelle emprunte peu aux poètes qui l'ont précédé, et ce qu'il leur prend, il le transforme selon sa sensibilité et sa conception du genre. C'est que l'églogue n'était pas à ses yeux un simple jeu de société, ni une forme conventionnelle. Dans les premiers *Dialogues des morts,* il avouait déjà la fascination qu'exerçait sur son esprit ce climat d'innocence et de paix. Il ne cessera

---

(22) *Œuvres* (3), t. IV, p. 40 (*Cinquième églogue*).

(23) *Poésies diverses* (323), p. 19. Dans Brédif (413), p. 223, cette analogie est indiquée. L'abbé Desfontaines signale une autre imitation de Segrais faite par Fontenelle, *Dictionnaire...* (148), p. 234-235 : le madrigal « Je veux chanter en vers la beauté qui m'engage », dans *Œuvres* (3), t. IV, p. 381, rappelle la pièce de Segrais : « Quand à mon esprit je propose... »

(24) *Poésies diverses* (323), *loc. cit.*

(25) *Œuvres* (3), t. IV, p. 41.

(26) *Ibid.*, t. IV, p. 155.

jusque dans sa vieillesse de rêver à une sorte d'Eden où les sentiments sont simples et purs, dépouillés de tous les artifices enfantés par la société. Il ne manquera jamais dans ses *éloges* de souligner l'hypocrisie et la vanité qui règnent dans les cours. Il participera aux bergeries qu'organisera la duchesse du Maine ; et, si les hêtres de la Mésangère portaient des vers qu'il avait gravés, nous avons vu qu'à Launay une autre « dryade » lui inspira le même hommage (27). Nous mesurons ainsi combien l'églogue se mêla intimement à la vie de Fontenelle. Dans une forme élégante, sous un mythe transparent, les *Pastorales* pourraient n'être qu'une confidence personnelle.

Au moment où il écrivait ces vers, La Fontaine dédia à Mme de La Mésangère la belle fable de *Daphnis et Alcimadure* ; le goût de Marguerite Rambouillet pour Virgile et ses émules semble évident :

> Je louerai seulement un cœur plein de tendresse,
> Ces nobles sentiments, ces grâces, cet esprit ;
> Vous n'auriez en cela ni maître, ni maîtresse,
> Sans celle dont sur vous l'éloge rejaillit.
> Gardez d'environner ces roses
> De trop d'épines, si jamais
> L'Amour vous dit les mêmes choses :
> Il les dit mieux que je ne fais,
> Aussi sait-il punir ceux qui ferment l'oreille
> A ses conseils. Vous l'allez voir (28).

Et le fabuliste narre l'histoire d'Alcimadure,

> Fier et farouche objet, toujours courant aux bois,
> Toujours sautant aux prés, dansant sur la verdure,

mais aussi belle qu'indifférente à l'amour.

> Le jeune et beau Daphnis, berger de noble race,

désolé de sa froideur, vient se tuer à ses pieds, mais « le fils de Cythérée » le venge en laissant tomber sa statue sur la cruelle bergère : elle sera désormais condamnée dans les Enfers à poursuivre son amant, qui ne l'écoutera

> Non plus qu'Ajax Ulysse, et Didon son perfide (29).

Ce poème nous révèle le caractère de Mme de la Mésangère : sa fierté, sa froideur, son « esprit », peut-être son amour de la nature. Et surtout, comme l'a supposé Chamfort, « cette pièce est très agréable, mais elle fait peut-être allusion à quelque petit secret de société, qui la rendait plus piquante ; par exemple au peu de goût que Mme de la Mésangère pouvait avoir pour le mariage, ou pour quelque prétendant appuyé par sa mère » (30). On a parfois

(27) Cf. *supra, Le Neveu de Messieurs Corneille.*
(28) La Fontaine, *Œuvres* (206), t. I, p. 320-321. Cette fable parut en 1685 dans les *Œuvres de prose et de poésie.*
(29) *Ibid.*, t. I, p. 322.
(30) La Fontaine (205), t. III, p. 328.

prétendu qu'il s'agirait de Nocé, qui épousa en effet Mme de la Mésangère en 1690. Mais la fable de La Fontaine parut dès 1685, et l'on sait que Mme de la Sablière désapprouva le choix de sa fille (31). Cette conjecture demeure donc assez fragile. Peut-on supposer que ce prétendant, ce « jeune et beau Daphnis », soit Fontenelle lui-même ? Il est certain que la bergerie de La Fontaine ressemble étrangement aux *Pastorales* ; les deux poètes se connaissaient, ils s'étaient vraisemblablement rencontrés chez Mme de la Sablière ; toutes les anecdotes qui les rapprochent attestent même une certaine intimité (32). D'autre part, Fontenelle était depuis longtemps l'ami de Mme de la Sablière et de sa fille. Socialement, cette union était pensable : Fontenelle appartenait à la même classe que Scott de la Mésangère, conseiller au Parlement et de fraîche noblesse. Si détaché qu'il fût des titres et des généalogies, Fontenelle était autant un gentilhomme de province qu'un écrivain — d'un train de vie bien inférieur évidemment à Mme de la Mésangère qui possédait un hôtel à Rouen, un domaine immense près de Bourgtheroulde (33) et encore un hôtel à Paris, mais ce mariage n'aurait pas été une mésalliance pour l'héritière des financiers huguenots (33 *bis*). Leurs rapports sont exactement décrits, selon le symbolisme de l'*Astrée,* dans la dédicace de la *Troisième églogue* :

Ce présent pastoral doit-il être pour vous ?
Hélas ! Je ne vous trouve aucun trait de bergère.
Vous n'avez point ce tendre caractère,
Des belles de nos bois l'agrément le plus doux ;
Mais vous avez en récompense
Dans l'air, dans le visage assez de majesté,
Dans l'humeur assez de fierté,
Et peut-être un peu d'inconstance ;
Enfin, vous êtes nymphe, à ce que font juger
Vos appas, vos défauts, trop bizarre mélange,
Et trop capable encor de plaire et d'engager.
Vous êtes nymphe et moi, qui sous vos lois me range,
Je ne suis qu'un simple berger.
Mais toute nymphe que vous êtes,
Que vous faut-il de plus que des flammes parfaites ?
Un berger fidèle a de quoi
Payer le cœur des nymphes même ;

---

(31) Mme de Sévigné, *Lettres* (326), t. IX, p. 482 (lettre écrite en mars 1690).

(32) *Fontenelliana* (458), p. 53, 59.

(33) Le domaine existe toujours à Bosguérard-de-Marcouville.

(33 *bis*) Les Hessein et les Rambouillet. On connaît l'origine des Scott ; Jacques Scott, l'oncle de Guillaume de la Mésangère, était un simple vinaigrier, qui acheta en 1642 l'hôtel de Rouen et devint sieur du Triagnel et de Fumechon. La maison passa ensuite à son frère Guillaume Scott, qui acheta le 22 février 1659 la Mésangère ; il épousa Catherine de la Forterie qui lui apporta une immense fortune, et acquit les titres de « baronneau, seigneur de la Mésangère, Boscherville et autres lieux, écuyer, conseiller, secrétaire du roi... » C'est son fils qui fut le mari de Marguerite Rambouillet. Cf. *Promenades* (654).

Et qui d'un certain ton peut dire : je vous aime,
Ne voit rien au-dessus de soi.
Je ne crois pas qu'on vous irrite,
En vous tenant ce superbe discours... (34).

Les bergers et les bergères sont des nobles de la campagne ; les nymphes appartiennent au monde de Paris ou de Versailles ; celles-ci peuvent dédaigner ceux-là, mais l'amour et même le mariage sont possibles entre eux. Les déclarations que Fontenelle adresse à Mme de la Mésangère ne sont pas des galanteries convenues. Il nous l'avoue lui-même ; ce n'est plus le badinage un peu humoristique qu'il entretenait avec l'Iris du *Mercure galant* :

J'ai vu le temps que j'avais en partage
Un assez galant badinage...
Mais de moi maintenant ce talent se retire ;
Lorsque je demande à ma lyre
Un menuet, un rigodon,
Elle me rend des airs qui peindraient le martyre
Du passionné Céladon.

Il faut le reconnaître, « tout le galant se tourne en tendre » (35), et, comme il le confesse encore,

Quand de ce qu'on adore on chante les appas,
Le chalumeau devient trompette... (36).

Il existe maints petits poèmes édités en 1698 ou en 1761, qui appartiennent au cycle de Mme de Mésangère et nous révèlent les sentiments du poète ; il est parfois malaisé de les identifier, car ils sont mêlés à d'autres pièces, qu'ont inspirées d'autres liaisons. Cependant le *Portrait de Clarice* publié dès 1687 doit bien représenter Mme de la Mésangère ; à défaut d'autre preuve, citons la lettre de Boulacre, pasteur à Genève, à Turrettini, du 6 décembre 1714 : « On écrit de Paris à M. de la Sablière la mort de Mme de Nocé, sa sœur. C'était la fameuse marquise des *Dialogues sur la Pluralité des Mondes* (*sic*) ; c'était encore la fameuse Clarice de M. de Fontenelle... » (37). Cette pièce est assez explicite :

Je ne suis pas des plus aimables,
Mais je suis des plus délicats.
J'étais dans l'âge où règne la tendresse,
Et mon cœur n'était point touché...
Je disais quelquefois : qu'on me trouve un visage
Par la simple nature uniquement paré,
Dont la douceur soit vive, et dont l'air vif soit sage,
Qui ne promette rien, et qui pourtant engage...
Ce qui serait encor bien nécessaire,

(34) *Œuvres* (3), t. IV, p. 29-30.
(35) *Ibid.*, t. IV, p. 389 : *Sur ce qu'on avoit traité un sujet tendrement, au lieu de le traiter galamment, suivant la première intention.*
(36) *Ibid.*, t. IV, p. 389 : *Sur ce qu'on avoit mis dans une églogue...*
(37) Budé (425), t. I, p. 213.

Ce serait un esprit qui pensât finement,
Et qui crût être un esprit ordinaire,
Timide sans sujet et par là plus charmant...
Je voudrais bien encore un cœur plein de droiture,
Vertueux sans rien réprimer,
Qui n'eût pas besoin de s'armer
D'une sagesse austère et dure,
Et qui de l'ardeur la plus pure
Se pût une fois enflammer... (38).

Si conventionnel que paraisse ce *portrait,* il n'en reflète pas moins les traits essentiels de l'amie du poète : la vertu, l'esprit allié à la modestie, le « naturel » surtout... Peut-on rattacher à ce cycle les divers poèmes consacrés au thème de l'absence ? On y trouve ces singulières confidences qu'on n'attendrait pas sous la plume de Fontenelle et qui rappellent encore l'*Astrée,* ou les vers de Mme de la Suze :

Solitaire séjour, que j'ai besoin de toi !
Sauve moi des plaisirs qui s'offriraient à moi,
Aide encor, s'il se peut, à ma tristesse extrême,
Nourris ma rêverie, entretiens mes soupirs... (39).

L'Epître (40), *Sur un cachet* (41), *A Madame de... qui alloit à Versailles* (42) reprennent le même sujet. *Printemps,* avec son cadre pastoral, pourrait bien s'adresser à Mme de la Mésangère :

Depuis le temps heureux où mon cœur fut blessé,
Pour la troisième fois, léger amant de Flore,
Tu reviens dans nos champs, d'où l'hiver est chassé,
Et tu me retrouves encore
Aux pieds du même objet où tu m'avais laissé... (43).

Ce sont toujours les mêmes thèmes : l'évocation de l'amour dans une atmosphère bucolique — et les absences de la « nymphe » séparée de son « berger » par les obligations de son rang ou de sa famille, qui l'appellent à Paris ou à la cour. Mais il est difficile de tirer de ces pièces des conclusions précises, puisqu'on ne saurait affirmer qu'elles aient été toutes inspirées par Mme de la Mésangère...

Il est certain en revanche qu'elle paraît sous le masque d'Iris dans la *Première églogue* ; les plaintes d'Alcandre en l'absence de

(38) *Œuvres* (3), t. IV, p. 355-356.
(39) *Ibid.,* t. X, p. 462. Cf. Segrais (*Eglogue V*) :

Lieux sauvages et solitaires,
De mes tristes ennuis les seuls dépositaires,
Antres affreux, noires forêts...

(40) *Ibid.,* t. X, p. 460-461.
(41) *Ibid.,* t. X, p. 463-464.
(42) *Ibid.,* t. X, p. 465.
(43) *Ibid.,* t. X, p. 464.

sa maîtresse pourraient refléter l'ennui que Fontenelle ressentit lors d'un séjour de Mme de la Mésangère à Paris ou à Versailles... Ainsi nous retrouverions, dans un cadre embelli, les mêmes sentiments que développaient les petits poèmes. Et peut-être, les rivales d'Iris, Madonte et Stella, la fête du hameau, les noces de Silvie, où la bergère a déjà donné à Alcandre des preuves de sa tendresse — peut-être tout cela n'est-il pas imaginaire : il suffit de voir dans ces bergers des nobles de Normandie, et l'on retrouve un tableau fidèle — excepté quelques détails — de leur vie quotidienne. La deuxième pièce évoque une Silvanire, qui rappelle encore Clarice, ou plutôt la fière Alcimadure :

> Silvanire vivait sans avoir de tendresse,
> Elle perdait le temps d'une aimable jeunesse,
> Et ce qui méritait les plus grands châtiments,
> Elle le faisait perdre à deux ou trois amants... (44).

Si la jeune fille devient sensible en épiant Mirène et Zélide, ce n'est sûrement pas que Mme de la Mésangère ait connu semblable aventure ; c'est plutôt un rêve de Fontenelle — ou un avertissement qu'il adresse à son indifférente maîtresse. La troisième pastorale reprend la même leçon :

> Inutile et vaine jeunesse,
> Toi qui devais m'amener de beaux jours,
> Qu'ai-je affaire de toi pour sentir la tristesse
> De vivre loin des jeux, des plaisirs, des amours (45) ?

La brune Daphné, que chante Palémon, « douce ensemble et sévère » (46) nous semble une autre incarnation de l'élue du poète... Il est possible, malgré l'influence de Segrais, que l'impatience d'Eraste ait été éprouvée par l'amant de Mme de la Mésangère. Dans les « vers tendres et doux » de Ligdamis, Fontenelle s'est sans doute attaché à rivaliser avec Virgile, mais il a peint encore une fois sa maîtresse : « cette rougeur sincère », « ce timide embarras », « cet air sévère » (47). C'est peut-être un aveu personnel qu'il glisse dans ces strophes :

> J'ai vu la même ville où vous allez paraître...
> J'y regrettais notre séjour champêtre,
> Et votre vue et même vos rigueurs... (48).

Le parallèle entre l'amitié et l'amour que l'on rencontre dans la *Neuvième églogue* évoque certaines galanteries de la *Pluralité des Mondes* :

> Notre amitié peut-être aura l'air amoureux,

(44) *Ibid.*, t. IV, p. 19.
(45) *Ibid.*, t. IV, p. 28.
(46) *Ibid.*, t. IV, p. 34 (*Quatrième églogue*).
(47) *Ibid.*, t. IV, p. 46 (*Sixième églogue*).
(48) *Ibid.*, t. IV, p. 46.

Mais n'ayons point d'amour, il est trop dangereux.
Dieux ! disait le berger, quelle est ma récompense !
Vous ne me marquerez aucune préférence,
Avec cette amitié dont vous flattez mes maux,
Vous vous plairez encore aux chants de mes rivaux... (49).

Le décor de la dernière pièce paraît trop précis pour être imaginaire :

... Un clair ruisseau tombant d'une colline
Y roule entre les fleurs qu'il y vient abreuver ;
Et quoiqu'il soit encore près de son origine,
Déjà ses petits flots savent faire rêver... (50).

Nous voyons cette fois triompher l'amour de Tirsis et d'Iris ; après avoir évoqué les mensonges et les trahisons dont même les hameaux sont empestés, ils se jurent une éternelle passion :

Les nymphes, les sylvains dans leurs grottes obscures,
Témoins de ces ardeurs si fidèles, si pures,
Les applaudissaient à l'envi (51).

Faut-il en conclure que Mme de la Mésangère ait fini par céder à Fontenelle? Ou n'est-ce qu'un rêve? Ou un artifice littéraire destiné à couronner le recueil et à laisser le lecteur sur une impression de sérénité et de bonheur... ? Nous ne savons rien de précis sur leurs rapports. Le mariage de Climène avec Nocé fut malheureux ; Saint-Simon nous a laissé le portrait de ce roué du Palais-Royal : « Un grand homme, qui avait été fort bien fait, qui avait assez servi pour sa réputation, qui avait de l'esprit et quelque ornement dans l'esprit et de la grâce quand il voulait plaire » ; il s'était fait aimer du duc d'Orléans « par sa haine de toute contrainte, par sa philosophie tout épicurienne, par une brusquerie, qui, quand elle n'allait pas à la brutalité, ce qui arrivait assez souvent, était quelquefois plaisante sous le masque de franchise et de liberté ; d'ailleurs un assez honnête mondain, pourtant fort particulier. Il était fort éloigné de s'accommoder de tout le monde, fort paresseux, ne se gênait pour rien, ne se refusait rien... ne se souciait de rien que de quelque argent, sans être trop avide, pour jeter librement à toutes ses fantaisies... (52) ». Mathieu Marais nous a conté la vie des deux

(49) *Ibid.*, t. IV, p. 62.
(50) *Ibid.*, t. IV, p. 65.
(51) *Ibid.*, t. IV, p. 71.
(52) Saint-Simon (318), t. XXVII, p. 116-117. Madame dit de Nocé (271), t. II, p. 148 : « Il a de l'esprit, mais il n'y a absolument rien de bon chez lui. Il parle toujours contre Dieu et les hommes. Il est vert, noir et jaune foncé... » Cideville raconte dans *Traits, notes et remarques* (ms. Rouen), p. 269, cette anecdote : « M. de Nocé, frère de Mme du Tort, disait à l'abbé de Saint-Pierre en parlant de la philosophie de Platon : Tenez, Monsieur l'abbé, le bon vin donne ce que la philosophie promet. » Sur ce personnage, voir encore Luynes (243), t. II, p. 441-443.

époux : « Il s'en dégoûta bientôt, prit pour maîtresse Mme de Strafford, fille du comte de Gramont, qu'il emmena à Avignon où il était encore lors de la mort de Mme de Nocé, sa femme, et il n'est revenu que pour la Régence... » (53). Fontenelle était l'ami de Nocé et de sa sœur, Mme du Tort, « grande approbatrice du nouveau langage et des sentiments métaphysiques dans le discours » (54), à qui il dédia un madrigal. Le 20 avril 1701, Mme de Nocé fit donner une rente à Fontenelle pour s'acquitter d'une dette... (55). Bien des éléments de cette intrigue nous échappent. Et, dans les *Pastorales,* à côté des confidences et des protestations du poète, c'est tout un monde qui revit. Il est vraisemblable que le jeune Nocé, âgé alors de vingt-deux ans, sa sœur, leur père M. de Fontenay — le sous-gouverneur du duc de Chartres — que Trublet nous peint comme un « misanthrope » (55 *bis*), parurent dès 1684 au château de la Mésangère. Mais quelle peut être la jeune fille à qui est dédiée la *Neuvième églogue :*

> Vous qui par vos treize ans à peine encor fournis,
> Par un éclat naissant de charmes infinis,
> Par la simplicité compagne de votre âge,
> D'un rustique hautbois vous attirez l'hommage... (56) ?

La blonde Philis et Arcas sont peut-être des personnages réels. Le vieux Timante qui forme les jeunes bergers, évoque un peu Louis Petit — ou même Hénault, si celui-ci vivait encore. Comment des portraits si vagues et si conventionnels nous permettraient-ils de les identifier ? La *Cinquième églogue* est dédiée à un « philosophe » :

> Vous donc que la sagesse admet dans ses mystères,
> Qui, simple spectateur des passions vulgaires,
> De leurs ressorts en nous considérez le jeu... (57).

Ne serait-ce pas l'abbé de Saint-Pierre qui étudiait alors la morale, avant de se consacrer à la politique ? Enfin quel est le mystérieux ami auquel Fontenelle offre ses poèmes ? On songerait volontiers à Brunel. Trublet nous dit que son maître « n'avait jamais aimé — je veux dire avec une sorte de tendresse — que M. Brunel et M. des Aguais... mais plus encore le premier ; c'était un camarade de

---

(53) Marais (247), t. II, p. 273 (avril 1722).
(54) *Ibid, loc. cit.*
(55) Arch. Nat., 0[1], 45 : *Brevet portant permission à la duchesse de Nocé de faire transport d'une rente de 8 000 livres au sieur de Fontenelle :* « [elle a] dessein de transporter au sieur de Fontenelle un contrat de rente de 8 milliers de ce principal sur l'hôtel de ville pour s'acquitter envers lui de pareille somme qu'elle lui doit... Mais, comme par sa qualité de nouvelle catholique, elle ne peut, aux termes de la déclaration du 5 mai 1699, faire cette cession sans une permission expresse de Sa Majesté, elle l'a très humblement suppliée de lui accorder... »
(55 *bis*) Trublet (345), p. 181, note 1.
(56) *Œuvres* (3), t. IV, p. 60 : *A Mademoiselle...*
(57) *Ibid.*, t. IV, p. 40.

collège. Sa mort arrivée en 1711 renversa un projet qu'ils avaient fait pour vivre ensemble. Sans cette mort, me disait un jour M. de Fontenelle, le reste de ma vie eût tourné tout autrement... C'est à Rouen qu'il avait fait les *Dialogues des Morts*, la *Pluralité des Mondes*, les *Oracles*, etc... Je lui dis un jour : « Consultiez-vous M. Brunel sur vos ouvrages ? » Il me répondit « Je les lui montrais ». Je répliquai : « Comment les trouvait-il ? » « Belle demande, reprit M. de Fontenelle, nous ne faisions qu'un par l'esprit aussi bien que par le cœur... » (57 *bis*). On lit en effet dans la *Première églogue* :

> Ami, dans ce dessein, je t'offre cet ouvrage.
> Nous avons eu du ciel l'un et l'autre en partage
> Le même goût pour les bergers... (58).

Ne serait-ce pas une allusion à cette affinité de goût et de tempérament qu'évoque Trublet ? Le panégyriste de Fontenelle cite d'autres traits de cette amitié (59) ; Mme de Staal dans ses *Mémoires* nous peint Brunel : « Il avait un discernement exquis et toutes les connaissances qui ornent l'esprit ; il lui manquait seulement ces grâces qu'on n'acquiert que dans le commerce du grand monde... » (60). Elle nous montre aussi le chagrin que Fontenelle éprouva à sa mort : « Il n'est point question de philosophie : la nature, le bon cœur, tout est rentré dans ses droits. Il est véritablement à plaindre. » (61). Procureur du roi au bailliage de Rouen, condisciple de Fontenelle au collège et à l'université, il devait être dans sa ville un assez grand personnage, car, lorsque la mairie y fut rétablie en 1692, il fut élu à cette charge qu'il occupa jusqu'en février 1695. Enfin la chaleur de cette amitié et les affinités des deux hommes rendent acceptable notre conjecture.

Mais l'interprétation des *Pastorales* demeure délicate. Trois éléments s'y mêlent : des préoccupations strictement littéraires, qui expliquent la composition du recueil, l'imitation de Virgile et de Segrais ; un certain lyrisme qui reflète les sentiments de Fontenelle pour Mme de la Mésangère ; une sorte de réalisme, malgré les apparences, puisque le caractère des héros et les aventures évoquées ne semblent pas imaginaires. Il est presque impossible de dissocier ces trois tendances. Comment savoir si Fontenelle nous conte un incident dont il fut seulement le spectateur ? S'il l'a inventé afin d'amuser Mme la Mésangère et de lui adresser un conseil ou une prière ? S'il l'a emprunté à ces devanciers pour rivaliser avec eux ? Il est vraisemblable que dans la plupart des pièces tous ces projets se confondent. Ainsi la *Quatrième églogue* est visiblement inspirée par Virgile : Arcas et Palémon se répondent en chants alternés comme les bergers des *Bucoliques*. Mais Daphné, que célèbre Palé-

---

(57 *bis*) Trublet (345), p. 26-27.
(58) *Œuvres* (3), t. IV, p. 13.
(59) *Mémoires* (345) *loc. cit.*, et p. 292-293.
(60) Mme de Staal (335), p. 670-671.
(61) *Ibid.*, p. 694.

mon, ressemble à Mme de la Mésangère, et le poète se confie par l'entremise de son berger. D'autre part, Philis, Arcas et Timante sont sans doute des voisins ou des amis : la vie champête de la noblesse normande renaît dans ces vers dont beaucoup d'allusions nous échappent, et qui devaient présenter à une société définie une image flatteuse de ses loisirs et de ses amours.

Nous reprochera-t-on d'exagérer la sincérité du poète ? Cydias a sur le métier une idylle « pour Crantor qui le presse et qui lui laisse espérer un riche salaire... » (62). Fontenelle a lui-même avoué à propos du *Retour de Climène,* une tragi-comédie pastorale, qui fut publiée en 1688 avec les *Eglogues* : « La petite pièce qui suit avait été faite pour être mise en musique, quoiqu'il soit arrivé qu'on ne l'y a point mise. On avait même demandé qu'elle fût sur le retour d'une belle personne, ce qui est un sujet assez stérile et que je n'eusse point choisi, si on m'eût laissé le choix. » (63). Quand Mme de la Mésangère lui fit verser une rente, ce n'était peut-être que la contrepartie de quelque ouvrage qu'elle lui avait commandé... Mais le portrait de Cydias date de 1694 ; il est de dix ans postérieur aux *Pastorales* ; c'est seulement en 1701 que Mme de la Mésangère accorda cette rente à l'écrivain ; le *Retour de Climène,* destiné à faire le livret d'un petit opéra, ne pouvait guère être écrit que sur commande ; quelle différence d'ailleurs entre ces vers grêles, incolores et souvent négligés, et les harmonieuses strophes des *Pastorales* qui trahissent tant de soin et tant de travail... ! La sincérité de Fontenelle, le sérieux même avec lequel il considère cette entreprise, demeurent donc évidents, malgré les influences qu'il subit et les intentions mineures qu'il put concevoir.

Une nouvelle morale.

On devine aisément la « philosophie » qui est exprimée dans ces poèmes :

Tout l'art de la raison ne saurait imiter
De nos bergers l'innocente droiture ;
Ils ne se laissent point flatter
Aux plaisirs remplis d'imposture,
Que sans l'aveu de la Nature
L'Opinion ose inventer (64).

Cette opposition se retrouve dans la confrontation de la ville pleine de mensonge et d'hypocrisie et de la vie rustique simple et naïve. C'est apparemment un retour au « quiétisme » des premiers *Dialogues.* Nous retrouvons ici l'antiintellectualisme que nous proposait naguère Anacréon. Ne sont-ce pas les thèmes favoris de Des Barreaux, de Hénault, de Mme Deshoulières, qui reparaissent ? Comment expliquer que se fassent entendre à nouveau ces accents dont

(62) *Les caractères : Cydias* (*De la société,* 75).
(63) *Œuvres* (3), t. X, p. 216.
(64) *Ibid.,* t. IV, p. 39.

Fontenelle semblait s'être détaché ? Nous l'avons vu — le second recueil des *Dialogues* attestait l'évolution du philosophe qui en arrivait insensiblement à une fataliste acceptation de toutes les conduites — toutes également sages, également insensées, toutes exigées par l'ordre naturel. La métamorphose du jeune homme paraissait logique ; au contact de la réalité, il avait peu à peu oublié « les chimères pastorales », et était parvenu à une résignation plus ou moins amère.

Il est vrai que même dans ces *Eglogues* Fontenelle parvient à exprimer la vieille rancune qu'il conserve pour Mme Deshoulières et Saint-Aignan ; ainsi ridiculise-t-il les « prouesses extravagantes » et « le fol entêtement de la chevalerie », et se refuse-t-il à regretter le temps d'*Amadis* (64 *bis*). Mais, à cette réserve près, ces poèmes nous déconcertent : nous ne retrouvons ni le fatalisme du « lucianiste désabusé » ni la légèreté un peu cynique du Chevalier d'Her... Certes, le genre choisi modèle la pensée ; si Mme de la Mésangère aimait les pastorales, Fontenelle était bien obligé de traiter les thèmes qu'impliquent ces poésies. Cependant d'autre raisons ont pu jouer. Faut-il penser que dans le parc de la Mésangère, dans ces grands bois isolés du monde, il ait retrouvé, à peine altérées, la sincérité et la douceur de ses rêves, et qu'en somme il leur soit revenu, en les voyant presque réalisés ? Mais il nous laisse entendre que ce n'est là qu'une chimère :

Souvent en s'attachant à des fantômes vains,
Notre raison séduite avec plaisir s'égare,
Elle-même jouit des objets qu'elle a feints,
Et de cette illusion pour quelque temps répare
Le défaut des vrais biens que la Nature avare
N'a pas accordés aux humains (65).

Tout cela demeure assez mystérieux et passablement incohérent ; pourquoi cette volte-face, pourquoi passer aussi brutalement du « providentialisme naturel » qui justifie tout au naturalisme des libertins ou de Rousseau qui condamne tout ? Et surtout pourquoi présenter le monde pastoral tantôt comme un rêve destiné à compenser les défauts de la réalité, tantôt comme une expérience vécue ?

Nous serions enclin à croire que cette morale un peu confuse reflète diverses tentatives pour parvenir au bonheur. Fontenelle n'a pas encore trouvé sa voie véritable, et il la cherche dans des directions variées. Comment douter de son pessimisme en face de la société, si l'on connaît les *Lettres galantes* ? Sa révolte est même assez forte pour lui inspirer les *Ajaoiens*. Mais, dans la réalité, il n'est que deux moyens de combler ce fossé qui sépare « les vrais » et « les faux biens » : soit découvrir, comme les *Dialogues* le suggèrent, que les « faux biens » sont vrais à leur manière, et que la nature est présente jusque dans les conduites qui lui semblent le plus étrangères ; soit retrouver le paradis

(64 *bis*) *Ibid*, t. IV, p. 13 (*Première églogue*).
(65) *Ibid.*, t. IV, p. 12 (*Première églogue*).

primitif — et non plus dans les mythiques Anacréons d'autrefois, mais dans une expérience vécue, à peine parée par la poésie. Ces deux voies ne sont pas si contradictoires qu'on le penserait : l'une mène à une indulgente sagesse, qui exclut les tourments et les colères inutiles ; l'autre à une sorte de joie, celle qu'on peut éprouver à se sentir délivré des folies humaines, même si celles-ci peuvent encore s'excuser. Attitude complexe, un peu double, que les *Entretiens* pourront parfaire et mieux organiser ; mais sur l'itinéraire intellectuel et affectif de Fontenelle, les *Pastorales* marquent une sorte de réconciliation avec le monde ; l'*Astrée* est vivable, il est Céladon, il aime une nymphe, les bois et les hameaux sont les confidents de leur amours. S'il insiste cependant sur la vanité des « fantômes » dont son cœur se nourrit, c'est un peu par pudeur, et les jeux et les plaisirs de la Mésangère ne sont malgré tout qu'un divertissement éphémère ; enfin, pour donner à cette liaison l'innocente beauté d'une bergerie, il fallait la dépouiller de bien des circonstances, du veuvage de Mme de la Mésangère, des ignobles persécutions qu'elle risquait comme calviniste et qu'allait encourir son frère. Aussi bien le pessimisme n'a-t-il pas disparu :

> ... On se fût figuré
> Que le fidèle amour, des villes ignoré,
> S'était fait dans nos bois des retraites tranquilles :
> Mais on l'ignore ici comme on fait dans les villes... (66).

Et, n'est-ce pas la conclusion du recueil et l'ultime sagesse à laquelle est alors parvenu Fontenelle, que cette opposition dans la *Dixième églogue* entre la sincère tendresse de Tircis et d'Iris qu'applaudissent « les nymphes, les sylvains dans leurs grottes obscures », et le libertinage des autres bergers ? Il faut un peu d'imagination et beaucoup de sagesse pour reconstituer à l'écart de l'agitation humaine « l'innocent paradis » des amours naïves. Climène et le poète, isolés au milieu d'hommes légers et pervers, retrouvent la vie naturelle. Pour Fontenelle — comme pour La Fontaine, mais de façon bien différente — il existe un bonheur possible dans la nature et dans la solitude, malgré la corruption qui règne dans la société. La sincérité à laquelle s'attachait le Chevalier d'Her... restait stérile et virait au cynisme, parce qu'il était seul. Maintenant il a trouvé une compagne, et l'amour ne sert pas seulement à parfaire son bonheur, il lui est indispensable : il faut être deux pour retrouver et défendre un idéal que presque tout le monde ignore.

Un genre difficile.

Les *Pastorales* parurent en janvier 1688. Donneau de Visé écrivait alors dans le *Mercure galant :* « Je vous envoie... ces poésies où les connaisseurs trouvent toutes les beautés que demande la simplicité de la bergerie... » (67). Cette remarque est bien vague ;

(66) *Ibid*, t. IV, p. 68.
(67) *Mercure galant*, janvier 1688, p. 339-340.

le critique s'intéressait davantage au *Discours sur la nature de l'églogue* ou à la *Digression* qu'aux poèmes qui les accompagnaient. Cependant il affirmait dans le numéro suivant : « Je vois ici tout le monde dans les sentiments où vous me mandez qu'on est dans votre province à l'égard des *Poésies pastorales* de M. de Fontenelle... On trouve que ces églogues ont toute la délicatesse que peuvent avoir les ouvrages de cette nature... » (68). Ces éloges, assez imprécis et sans doute trop complaisants, ne nous apprennent rien. Basnage de Beauval commentera plus longuement le *Discours* et la *Digression* que les *Eglogues* (68 *bis*). L'aveu de Bussy-Rabutin paraît plus éclairant : « ... rien n'est plus amusant : ce sont les églogues de Fontenelle qui me ravissent... » (69). Et ces pièces durent connaître un certain succès, comme semble l'indiquer un acte notarié signé de Donneau de Visé et de Thomas Corneille et daté du 12 février 1688 (69 *bis*). Pourquoi Cideville et tous les amis de Fontenelle lui eussent-ils inlassablement rappelé cette œuvre si elle avait été mal reçue par le public ou rapidement oubliée ? Elle fut réimprimée en 1698 et en 1708. Mathieu Marais, Voltaire, Roy (70) nous montrent, même par leurs sarcasmes, que cette vogue dura pendant la première partie du XVIIIe siècle, et, aux yeux de la postérité, Fontenelle paraît aussi bien un berger galant qu'un philosophe ou un savant...

Ce n'est plus le badinage des premiers poèmes. La sensibilité de Fontenelle semble s'être approfondie. Le terme même de « pastorale » évoque en notre esprit des idées d'artifice ou de convention. Nous avons peut-être tort : Fontenelle ne visait évidemment pas à évoquer la vie des véritables bergers ; c'étaient ses propres sentiments parés par la Fable, transportés dans une atmosphère insouciante et paisible, qu'il voulait nous confier. On serait déçu si l'on

(68) *Ibid.*, février 1688, p. 307-308.

(68 *bis*) *Histoire des ouvrages des savants*, mars 1688, p. 327, sq.

(69) Bussy-Rabutin (124), t. VI, p. 121 (Lettre à la comtesse de Toulongeon du 26 janvier 1688). Bussy avait déjà montré de la curiosité pour les *Dialogues des morts* (lettre du 4 mai 1683 ; t. V, p. 348).

(69 *bis*) Acte signalé et cité par Reynier (658) *app.* : « Jean Donneau et Thomas Corneille s'engagent à payer à Anne Aupetit (de qui ils ont reçu 2 000 livres) le quart des bénéfices produits par les livres nouveaux... en particulier *Pastorales*.... »

(70) M. Marais (247), t. III, p. 459, cite avec une certaine cruauté l'épigramme célèbre de Rousseau : « Depuis trente ans, un vieux berger normand, » Roy dans *Le Coche* (ms. Bordeaux, 693, f. 690), une satire de 1727, appelle Fontenelle « le vieux syndic des bourgeois de Cythère... » Voltaire (359), t. XXXIII, p. 58, s'adresse à Fontenelle en ces termes :

Jadis quand vous étiez pasteur,
On vous eût vu sur la fougère,
Sur ce changement de couleur
Du dieu brillant qui nous éclaire,
Annoncer à votre bergère
Quelque changement dans son cœur.

Cideville et surtout La Motte se prétendront les disciples de Fontenelle et loueront ses *Pastorales.*

cherchait dans ces vers une évocation pittoresque de la vie champêtre ; la nature est réduite à quelques poncifs : un hameau, un ruisseau, un buisson, un ombrage ; et quand le poète veut décrire plus précisément, il reste assez gauche et conventionnel.

Cependant, ce décor champêtre, si artificiel et si vague qu'il soit n'en suggère pas moins une atmosphère séduisante ; quelques fleurs, quelques traits de crayon ; c'est la nature, telle que l'a peinte Boucher. Elle n'est ni colorée, ni vivante, ni mystérieuse ; elle ne sert qu'à suggérer des idées sereines et paisibles. L'intérêt des *Eglogues* est surtout psychologique ; et les sentiments y sont évoqués et même analysés avec plus de finesse et de délicatesse que dans les *Héroïdes.* L'esprit a encore son rôle, mais il demeure plus discret. Rémond de Saint-Mard n'avait pas tort — nous semble-t-il — d'aimer la *Neuvième églogue,* « dont le dialogue est extrêmement touchant » (71), ni de trouver dans celle de Delphire et de Damon de la « naïveté », de l' « agrément » dans le dessein, même « assez de naturel dans la manière de conter » (72). L'aventure de Silvanire, dans la seconde pièce, et l'évolution de ses sentiments paraissent assez vraies. On découvre bien dans ce recueil, comme on l'a dit, une « attitude ambivalente, mêlée de complaisance et d'ironie » (73). Le poète s'abandonne parfois à des protestations lyriques ; souvent il narre d'un ton un peu narquois les aventures survenues dans les hameaux ; il unit la sensibilité et la gaîté ; il s'amuse de ses personnages ; il s'amuse de lui-même — mais sans la moindre aigreur : il ne raille jamais cette naïveté, mais il s'en détache parfois pour la souligner avec humour. Ce n'est pas aux *fêtes galantes* de Watteau que nous pourrions penser. Il y a chez Fontenelle davantage de sensualité et moins de rêve, c'est plutôt Lancret, ou Boucher, que nous évoquerions.

Evidemment, le genre est bien éloigné du goût de notre époque, et, malgré les efforts de Fontenelle pour y introduire une certaine diversité, cette continuelle élégance et cette imperturbable sérénité, cet amour qui ne connaît que des tourments éphémères et de légères inquiétudes, pourraient paraître monotones. Nous accepterions volontiers les remarques de Rémond de Saint-Mard ; il trouve dans ce recueil « des choses qui sentent l'homme de cour, le galant de ruelle... » (74). Les sentiments parfois lui semblent faux, mais il ajoute : « ... chose admirable (et ceci fait bien de l'honneur à M. de Fontenelle) on n'est pas choqué la moitié de ce qu'on devrait être. » (75). Il va même jusqu'à dire : « L'esprit prend entre les mains de M. de Fontenelle un faux air de tendresse dont on a quelquefois le bonheur d'être la dupe. » (76). Mais il ne connaissait que le Fontenelle tellement froid et tellement détaché des dernières années ; la « tendresse » des églogues est sans doute sincère.

(71) Rémond de Saint-Mard (304), t. III, p. 67.
(72) *Ibid.,* t. III, p. 68.
(73) Gerhardt (517), p. 267, sq.
(74) Rémond de Saint-Mard (304), t. III, p. 50.
(75) *Ibid.,* t. III, p. 72.

Dans ce décor imprécis, évoluent des silhouettes. Ce ne sont ni de vrais bergers, ni des hommes de cour déguisés, ce sont plutôt des nobles normands, qui errent dans une nature, tantôt analogue à des jardins, tantôt à des bocages ; leurs sentiments, leur langage sont presque naturels... Ce qui nous gêne, ce qui devait gêner Fontenelle, c'est la monotonie de ces vies et de ces sentiments trop calmes ; et c'est la difficile alliance d'un décor et de travaux rustiques avec des délicatesses et une langue aristocratiques. Ce recueil finit par ressembler à une suite de « tableaux de genre », de bergeries souvent sentimentales, parfois grivoises. Et, il demeure difficile d'admettre que ces Tircis et ces Climènes, qui parlent un si beau langage et ont un cœur si raffiné, mènent paître des moutons et s'abaissent aux travaux de la ferme. Le genre n'est pas absolument faux ; mais il côtoie perpétuellement le plus criant artifice — et il faut avouer que Fontenelle y est parfois tombé. Encore que ces *Pastorales* aient été communément jugées supérieures à celles de Segrais ou de Longepierre.

Les voyages extraordinaires.

Depuis que les dames s'étaient mêlées, comme Mme de la Sablière, d'assister à des conférences savantes, d'observer les astres et de voir disséquer des cadavres, il était prévisible qu'un nouveau genre littéraire allait naître : il fallait bien un intermédiaire entre les savants de profession, parfois rudes et austères, et la curiosité des salons, souvent légère et rebelle aux efforts. Les *Entretiens sur la pluralité des mondes,* que Fontenelle a peut-être médités dès 1678 ou 1680, en voyant les succès oratoires de Du Verney et de Régis, répondent à ce besoin. C'est du moins ce qu'affirmait le *Mercure galant* de janvier 1686 : « L'auteur des *Dialogues des morts*... fait imprimer un livre nouveau qui, quoiqu'il soit de philosophie, est tourné si galamment que la matière n'a rien de sauvage... La physique y est amenée à la portée des dames... » (77). Dans la *Préface* de l'ouvrage, Fontenelle, après avoir comparé son entreprise à celle de Cicéron, qui traduisait en latin la philosophie grecque, précise : « J'ai voulu traiter la philosophie d'une manière qui ne fût point philosophique ; j'ai tâché de l'amener à un point où elle ne fût ni trop sèche pour les gens du monde, ni trop badine pour les savants... » (78). Mais il ne faut pas s'exagérer cette intention ; sans

(76) *Ibid.*, t. III, p. 68. Le P. Buffier, qui était un ami de Fontenelle, est encore plus sévère que Rémond de Saint-Mard ; dans *Suite...* (123), p. 105-106, il écrit : « Tel auteur est également connu par l'esprit dont brillent ses ouvrages et par le mauvais goût de ses églogues ; souvent même parce qu'il s'y trouve trop d'esprit et que les vers en sont trop élevés... Changez de titres et de noms à ces pièces : ce seront, si vous voulez, de bons ouvrages, et on les lira avec empressement : elles s'appellent églogues et on y emploie des personnages champêtres, ce sont de méchantes pièces, et on ne les lit qu'avec mauvaise humeur ! »

(77) *Mercure galant,* janvier 1686, p. 284.

(78) *Œuvres* (3), t. II, p. 2.

doute l'auteur a-t-il employé « de vrais raisonnements de physique », mais il ne s'est pas interdit de recourir à des ornements étrangers, ni de procéder à des digressions, comme Virgile dans ses *Géorgiques* et même Ovide dans l'*Art d'aimer*. Il nous avoue même qu'il a mêlé dans son exposé des « visions » qui « ont quelque fondement réel » (79), mais aucune valeur scientifique. Singulière vulgarisation ; l'imagination de l'auteur lui présente une idée séduisante, il n'hésite pas à l'introduire dans ses *Entretiens :* cette œuvre, mêlée de calculs approximatifs, de chimères agréables et d'erreurs volontaires, ne saurait ressembler à un manuel ; la matière n'est pas seulement parée d'humour et de poésie, elle est souvent altérée. Fontenelle en est parfaitement conscient : « Je dois avertir ceux qui liront ce livre, et qui ont quelque connaissance de la physique, que je n'ai point du tout prétendu les instruire, mais seulement les divertir... J'avertis ceux à qui ces matières sont nouvelles, que j'ai cru pouvoir les instruire et les divertir tout ensemble... » (80).

Son intention initiale n'a donc pas été de répandre dans le monde une cosmologie dont il eût été entêté, mais de faire l'essai d'une littérature susceptible d'amuser n'importe quel public malgré le sérieux apparent des thèmes traités. Et n'a-t-il pas voulu relever le défi du Père Rapin, qui jugeait qu' « on serait ridicule » (80 *bis*) de développer en littérature le système de Copernic ou celui de Descartes ? Certes, la philosophie et surtout la morale auront leur importance, mais la vérité scientifique compte moins aux yeux de Fontenelle que l'habile rhétorique qu'il faut déployer pour faire comprendre et aimer une matière aussi aride. C'est donc moins dans les ouvrages savants qu'il faut chercher ses sources, que dans ces livres où la physique et l'imagination sont unies, « les voyages extraordinaires ».

Lalande dans son édition des *Entretiens* s'est amusé à chercher tous les auteurs qui avaient pu inspirer Fontenelle ; il est remonté aux Pythagoriciens, à Zénon d'Elée (81). Mais ses rapprochements demeurent souvent incertains. Même Lucien, malgré son *Histoire vraie* (82), ne paraît pas avoir joué un rôle bien important. Pierre Borel avait publié en 1657 un *Discours nouveau prouvant la pluralité des mondes* (83). Fontenelle semble lui avoir emprunté ses mesures touchant les étoiles et leurs distances. Sans doute

(79) *Ibid.*, t. II, p. 6.

(80) *Ibid.*, t. II, p. 2-3.

(80 *bis*) P. Rapin (297), t. III, p. 377 : « ... à quelles railleries ne s'exposerait pas un poète qui, suivant l'opinion de Copernic, ferait tourner la terre autour du soleil, ou qui, selon le système de Descartes, ne parlerait jamais d'astres, ni d'étoiles, sans parler de tourbillons et de matière sublime ! Qu'on serait ridicule, quelque génie qu'on eût, avec de si beaux principes... » (*Réflexions sur la poétique,* 1676).

(81) *Entretiens...* (19), *introduction.*

(82) Lucien (55), t. I, p. 380 *sq.* Sans doute Lucien imagine-t-il un voyage dans la lune, mais l'analogie demeure assez vague ; on peut en revanche constater une certaine ressemblance dans le ton, le persiflage, le dilettantisme apparent...

(83) P. Borel (109).

a-t-il trouvé dans cet ouvrage l'évocation des taches et des montagnes de la lune. Il a pu méditer cette phrase de Borel : « Le ciel bleu que nous voyons n'est pas une chose solide et réelle, mais la borne de notre vue... » (84). Et toute une page du *Troisième soir* :

> Qui verrait la terre de loin, remarquerait souvent quelques changements sur sa surface, parce qu'un grand pays couvert de nuages serait un endroit obscur et deviendrait plus lumineux dès qu'il serait découvert. On verrait des taches qui changeraient de place ou s'assembleraient diversement ou disparaîtraient tout à fait. On verrait donc aussi ces mêmes changements sur la surface de la lune, si elle avait des nuages autour d'elle... (85).

doit émaner du chapitre XXVII de Borel : *Comment verrions-nous le terre si nous étions éloignés d'elle* ? (86).

Malgré les dénégations de Trublet (86 *bis*), l'exégèse moderne (87) a montré que Fontenelle devait beaucoup au *Monde dans la lune* de Wilkins, dont la traduction parut à Rouen en 1655 (88). Aussi bien que dans l'ouvrage de Borel, il a pu trouver dans ce livre les chiffres qu'il avance touchant la grosseur et l'éloignement des étoiles, et il a été ainsi conduit à des erreurs qui, à son époque déjà, étaient considérables. Peut-être Wilkins lui a-t-il suggéré les arguments qu'il avance pour concilier la Révélation et l'idée que les mondes soient habités. Fontenelle écrit : « L'objection roule... tout entière sur les hommes de la lune, mais ce sont ceux qui la font, à qui il plaît de mettre des hommes dans la lune. Moi, je n'y en mets point ; j'y mets des habitants qui ne sont point du tout des hommes... » (89). Wilkins avait affirmé : « ... on ne peut dire avec certitude de quelle espèce ils sont... la seconde conjecture de Campanella pourra être la plus vraisemblable, à savoir que les habitants de ce monde-là ne sont point hommes comme nous, mais quelque autre espèce de créatures qui ont quelque proportion et ressemblance avec notre nature... » (90). Nous verrons toutefois que ce raisonnement avait déjà été soutenu par d'autres auteurs. Mais la séduisante fiction du *Second soir,* qui nous montre comment il pourra « y avoir commerce quelque jour entre la lune et la terre » (91), vient visiblement de cette affirmation de Wilkins : « Qu'il n'est pas impossible

---

(84) *Ibid.,* p. 12.
(85) *Œuvres* (3), t. II, p. 77-78.
(86) Borel (109), p. 37-38.
(86 *bis*) Trublet (345), p. 249-250.
(87) Shackleton, *Entretiens...* (20). Cependant A. Calame dans son édition des *Entretiens* (21), p. XXIII *sq.* tend à minimiser l'influence de Wilkins ; mais pour expliquer les analogies qui existent entre l'ouvrage de Fontenelle et celui de Wilkins, il est amené à invoquer une multitude de livres différents qui auraient inspiré notre auteur. Il est plus simple et plus vraisemblable de revenir à Wilkins, d'autant que Fontenelle lui-même fait allusion à cet écrivain (cf. notes 95 et 96).
(88) Wilkins (361) traduit par le sieur de la Montagne.
(89) *Œuvres* (3), t. II, p. 7.
(90) Wilkins (361), p. 212.
(91) *Œuvres* (3), t. II, p. 69.

que quelqu'un de la postérité puisse découvrir ou inventer quelque moyen pour nous transporter en ce monde de la lune ; et, s'il y a des habitants, d'avoir commerce avec eux... » (92). Les titres du *Premier soir* et du *Second soir* procèdent de la même origine. On a signalé des analogies encore plus troublantes ; cette phrase de Fontenelle : « Le soleil a été très pâle pendant des années entières, pendant celle par exemple qui suivit la mort de César... » (93) est un simple résumé de ce paragraphe, plus délayé et moins péremptoire, de Wilkins :

> On a remarqué que le soleil a quelque fois apparu quatre jours entiers aussi sombre et aussi rougeâtre presque que la lune dans ses éclipses, jusque-là que les étoiles ont été vues en plein midi, voire même il s'est vu obscurci par l'espace de près d'un an entier sans jamais luire que par une espèce de lumière pesante et sombre, tellement qu'à grand peine y eut-il assez de chaleur pour mûrir les fruits de la terre, comme il advint au temps que César fut assassiné... (94).

Cette comparaison révèle évidemment l'infinie supériorité de Fontenelle. Il semble même avoir reconnu, bien qu'avec discrétion, cette dette. Ne trouve-t-on pas dans le *Cinquième soir* cette allusion :

> ... un certain auteur, qui tient que la lune est habitée, dit fort sérieusement qu'il n'était pas possible qu'Aristote ne fût dans une opinion si raisonnable (comment une vérité eût-elle échappé à Aristote ?), mais qu'il n'en voulut jamais rien dire, de peur de fâcher Alexandre, qui eût été au désespoir de voir un monde qu'il n'eût pas pu conquérir... (95) ?

On lisait en effet dans le *Monde dans la lune* : « Peut-être fut-ce à cause qu' [Aristote]... craignait de mécontenter son disciple Alexandre, dont il est dit qu'il se mit à pleurer amèrement, ayant disputé d'un autre monde, vu qu'il n'avait pas encore atteint à la monarchie de celui-ci... » (96). Cependant, le ton même de Fontenelle est assez railleur ; il nous confesse qu'il a lu Wilkins, il est bien loin de le considérer comme son maître ; il ne voit sans doute dans son livre — comme dans ceux de Nostredame dont il s'est inspiré naguère — qu'un de ces vieux ouvrages savants, mais maladroits, dont la matière est assez riche et le style bien médiocre. Il est vrai que, même si l'on ajoute quelques citations ou quelques anecdotes que Fontenelle a pu prendre chez son devancier, cette influence demeure fragmentaire et superficielle. Elle prouve sim-

(92) Wilkins (361), p. 226.
(93) *Œuvres* (3), t. II, p. 160.
(94) Wilkins (361), p. 156-157. Shackleton établit que cette phrase est bien plus proche du texte de Fontenelle que le passage correspondant des *Principia* de Descartes.
(95) *Œuvres* (3), t. II, p. 142.
(96) Wilkins (361), p. 26.

plement la profonde indifférence de l'auteur des *Entretiens* pour la science véritable.

Il est évident que Cyrano n'a pas été oublié. Fontenelle a abandonné les fictions les plus audacieuses des *Etats et empires de la lune*, le « montgolfier », l' « alunissage des fusées ». Son goût était trop sévère pour entretenir de telles conceptions, que son époque n'eût pas comprises. Mais la pittoresque évocation du voyage dans les airs, que renferment les *Entretiens* : « D'abord il passera par ici des Anglais.., des Iroquois... des Tartares... de belles Circassiennes... » (97), n'est sans doute qu'une reprise plus colorée et plus humoristique de cette description de Cyrano : « ... je voyais ensuite de la France, le pied de la botte d'Italie, puis la mer Méditerranée, puis la Grèce, puis le Bosphore, le Pont-Euxin, la Perse, les Indes, la Chine et enfin le Japon passer successivement vis-à-vis du trou de ma loge... » (98). Encore un rapprochement qui montre comme l'imagination de Fontenelle, aidée par les récits de Thévenot et de Tavernier, est plus riante et plus ornée que celle de ses prédécesseurs (98 *bis*). En fait, nous le verrons, il n'est pas allé chercher dans l'œuvre de Cyrano des détails pittoresques, mais plutôt une orientation philosophique. C'est moins le rêveur épris de fantastique que le disciple de Campanella qui l'a retenu.

L'actualité immédiate offrait à l'ami de Mme de la Mésangère d'autres suggestions qui devaient le séduire davantage : les *Nouvelles de la République des lettres* de juin 1684 (99) citent un savant ouvrage qui venait de paraître à Leyde, où les thèses essentielles des *Entretiens* étaient développées (100) ; l'auteur se réclamait de Pythagore, mais Bayle croyait surtout reconnaître dans son livre l'influence de Gassendi ; il démontrait que les cieux étaient fluides, que la terre tournait autour du soleil, qu'elle n'était pas au centre de l'univers, que la lune était habitable, que les rayons du soleil étaient un corps, que le soleil lui-même n'était qu'une flamme. Toutes ces propositions se retrouvent dans les *Entretiens*. Cependant Fontenelle n'a recouru ni aux images, ni aux mythes que ce volume présentait. Peut-être ne l'a-t-il même pas lu, mais l'article de Bayle lui a au moins montré que cette question était à la mode et qu'il pouvait enfin terminer et publier l'ouvrage qu'il avait sans doute conçu dès sa jeunesse. La source la plus immédiate est la plus surprenante et la plus révélatrice. Les comédiens italiens représentèrent en mars 1684 *Arlequin, empereur de la lune ;* et dans l'extrait que cite Gherardi, se rencontre ce passage :

> As-tu remarqué ces certains nuages qu'on voit autour de la

(97) *Œuvres* (3), t. II, p. 40.

(98) Cyrano (140), p. 307 (*sic*, erreur de pagination).

(98 *bis*) A. Calame (21), p. 41-42, souligne ces sources.

(99) *Nouvelles de la République des lettres*, juin 1684, p. 400-414.

(100) Πυθαγόρας μετέμψυχος *sive These quadragesimales in Scholis Oxonii publicis pro forma habitae. Adjecta est Dissertatio Epistolica D. Wallisii ad D. Boyle de fluxu et refluxu maris.* Lugd. Batav. apud Jordanum Luchtmans, 1684. Nous n'avons pu consulter cet ouvrage ; nous n'en parlons que d'après le long extrait qu'en a donné Bayle.

> lune... Ces nuages donc qu'on remarque autour de la lune s'appellent des crépuscules. Or voici comment j'argumente... S'il y a des crépuscules dans la lune, *bisogna ch'a vi sia una generation, & una corrution ; e s'al ghé una corrution, & una generation, bisogna ch'a ve nasca dei animali, e dei vegetabili, ergo la luna è un mundo abitabile com' al nostro...* (101)

Dans le *Troisième soir,* Fontenelle s'attache à réfuter cette hypothèse et à montrer à la Marquise que « l'aurore et les crépuscules sont une grâce que la Nature nous fait... » (102). Sans doute eût-il été trop frivole d'entrer dans toutes les fictions des comédiens italiens, et l'auteur des *Entretiens,* si galant qu'il fût, ne pouvait dépouiller son livre de toute valeur scientifique, mais il n'aurait pas composé tout ce développement s'il n'avait eu dans l'esprit l'*Arlequin dans la lune,* qui était assurément plus familier à ses lecteurs, et peut-être à lui-même, que les travaux des astronomes modernes... Né d'une ancienne tradition, que les libertins avaient vivifiée, docile aux suggestions de la mode (103), l'ouvrage de Fontenelle n'aurait-il aucune originalité ?

« *La meilleure églogue...* »

Les *Entretiens* inspirèrent à l'abbé du Bos ces remarques :

> Je ne crois pas qu'il soit de l'essence de l'églogue de ne faire parler que des amoureux. Puisque les bergers d'Egypte et d'Assyrie sont les premiers astronomes, pourquoi ce qui se trouve de plus facile et de plus curieux dans l'astronomie ne serait-il pas un sujet propre pour la poésie bucolique...? (103 *bis*).

S'il est absurde d'imaginer que le galant philosophe et Mme de la Mésangère aient réellement consacré cinq soirs à parler d'astronomie à la lumière des étoiles, il est certain que la Marquise n'est autre que l'amie de Fontenelle. Ce ton mêlé d'amour et de science n'est peut-être pas imaginaire, et le parc où devisent les deux personnages est bien réel. Nous avons pu visiter cette vaste propriété boisée, dont le jardin fut dessiné par Le Nôtre (104) : les statues et les fontaines qui s'y découvrent lui donnent un aspect enchanté; on est surpris, au milieu de ces forêts immenses et désertes, de

(101) Gherardi (184), t. I, p. 124.
(102) *Œuvres* (3), t. II, p. 87.
(103) Dans les *Nouvelles de la République des lettres* de mai 1686, Bayle cite l'abbé de la Roque (journal du 8 mars 1686) : « ... l'empire de la galanterie va en déroute... on n'y parle plus que problèmes, corollaires, théorèmes... » L'abbé de la Roque attribue cette transformation à l'action du *Mercure galant* ; la gazette, peut-être sous l'influence de Fontenelle, se donnait alors à la vulgarisation scientifique. On y trouve, durant toute l'année 1685, une série de *Dialogues sur les choses difficiles à croire.*
(103 *bis*) Du Bos (164), t. I, sec 22.
(104) Il ne reste qu'une aile du château primitif qui devait être immense. On y trouve un portrait de Mme de la Mésangère.

rencontrer les hautes grilles et les vasques d'un château ensorcelé. Et, par un paradoxe assez commun à cette époque, on trouve plus de poésie dans les *Entretiens* que dans les *Pastorales* ; à la place de ces schémas trop ternes et trop abstraits que présentaient les *Eglogues,* nous avons ici cette belle description, qui ouvre le *Premier soir,* que l'on a pu comparer, sans trop d'exagération, à celles de Chateaubriand (105). Ainsi s'expliquent ces allusions galantes, ces perpétuelles protestations, et nous suivrons encore l'analyse de l'abbé Du Bos : « Les descriptions et les images que font les interlocuteurs sont très convenables au caractère de la poésie pastorale, et il y a plusieurs de ces images que Virgile aurait employées volontiers. » (106). Sans doute pense-t-il à l'évocation des étoiles et de la nuit, de ce doux paysage, qui « favorise la rêverie, et un certain désordre de pensées où l'on ne tombe point sans plaisir... » (107). Tout ce qui pouvait sembler artificiel dans les *Pastorales* disparaît ici ; autant Fontenelle peinait visiblement pour ne pas donner trop d'esprit à ces bergers et pour concilier la simplicité de leur vie et la finesse de leurs sentiments, autant il est à l'aise pour évoquer le parc de la Mésangère où il venait chaque année passer la belle saison. Il n'y a presque plus de distance entre l'auteur et son livre ; ce qu'il nous dépeint n'est peut-être pas tout à fait réel, mais l'idéalisation est bien plus simple et plus naturelle que dans les *Eglogues* ; l'ironie et la subtilité, qui naguère pouvaient choquer, sont maintenant pleines de séduction. Et ne voyons pas dans cette galanterie que l'auteur a prodiguée à travers son livre un vain ornement ou une simple parure propice à la vulgarisation ; il est possible, au contraire, comme l'analyse des thèmes moraux nous le montrera, que Fontenelle n'ait fait dans cet ouvrage que prolonger et parfaire la recherche esthétique et les leçons des *Pastorales.*

« *Le vrai et le faux.* »

L'écrivain ne s'est pas contenté d'unir la tradition des « voyages imaginaires » et la tradition des *Pastorales.* La *Préface* nous explique quel singulier propos a présidé à la rédaction des *Entretiens* : « Le vrai et le faux sont mêlés ici : mais ils sont toujours aisés à distinguer. Je n'entreprends point de justifier un composé si bizarre ; c'est là le point le plus important de cet ouvrage ; et c'est cela justement dont je ne puis rendre raison... » (108). En effet, dans les livres de ses prédécesseurs, il n'y avait que de graves considérations scientifiques, qui, même conjecturales, étaient au moins étayées par des arguments sérieux et ne visaient enfin qu'à instruire le public ; ou de pures fictions, philosophiques peut-être,

(105) A. Maurois (603).
(106) Du Bos (164), *loc. cit.*
(107) *Œuvres* (3), t. II, p. 14.
(108) *Ibid., t.* II, p. 6.

mais bien éloignées de la physique véritable. Fontenelle associe la science et les « visions ».

C'est dans le *Troisième soir* surtout que nous le voyons s'abandonner aux fantaisies les plus gratuites. Jusque-là, il gardait plus de prudence ; il n'était pas bien sûr que la lune fût réellement peuplée ; mais tant d'auteurs l'avaient affirmé avant lui que la Marquise ne pouvait guère s'effrayer de cette conjecture. Le ton change maintenant : « La lune, selon toutes les apparences, est habitée, pourquoi Vénus ne le sera-t-elle pas aussi ? Mais, interrompit la Marquise, en disant toujours « pourquoi non », vous m'allez mettre des habitants dans toutes les planètes ? N'en doutez pas, répliquai-je, ce « pourquoi non » a une vertu qui peuplera tout... » (109). Et nous voilà entraînés dans un vertigineux jeu intellectuel ; ce n'est plus une vérité démontrée que Fontenelle nous propose, ni même une vraisemblance, que nous accepterions volontiers, mais l'infinie variété des hypothèses plus ou moins fantastiques que tolère la raison. Le monde paraît une sorte de puzzle dont l'on peut varier indéfiniment l'organisation ; en respectant quelques conventions, on parvient à loisir à peupler, à dépeupler, à repeupler la lune et les planètes ; et cette liberté de l'intelligence peut sembler assez amère, car toutes ces combinaisons — si différentes, si nombreuses qu'elles soient — demeurent irréelles.

« Tout est vivant, tout est animé » (110) : comment refuser notre assentiment à cette vérité, que les découvertes récentes de Van Leeuwenhœk et peut être d'Hartsoëker venaient d'imposer ? Mais sur cette base s'édifient des rêves inouïs. Comme la nature a un secret « pour varier en tant de manières une chose aussi simple que le visage » (111) et comme ce que la nature pratique en petit entre les hommes pour la distribution du bonheur ou des talents, elle l'aura sans doute pratiqué en grand entre les mondes, et elle se sera bien souvenu de mettre en usage ce secret merveilleux qu'elle a de diversifier toutes choses et de les égaler en même temps par les compensations » (112), ces raisonnements si beaux et si convaincants autorisent les conjectures les plus hardies. Ainsi les habitants de Vénus, puisqu'ils sont tout proches du soleil et que nous appliquons la théorie des climats, fût-ce pour la ridiculiser, ressemblent aux Indiens Grenadins, « un petit peuple noir, brûlé du soleil, plein d'esprit et de feu, toujours amoureux, faisant des vers, aimant la musique inventant tous les jours des fêtes, des danses et des tournois » (113). Les habitants de Mercure sont trop près du soleil pour qu'on puisse rien en espérer de bon. « Il faut qu'ils soient fous à force de vivacité. Je crois qu'ils n'ont point de mémoire, non plus que la plupart des nègres, qu'ils ne font jamais de réflexion sur rien, qu'ils n'agissent qu'à l'aventure, et par des mouvements subits, et qu'enfin, c'est dans Mercure que sont les

(109) *Ibid.*, t. II, p. 94.
(110) *Ibid.*, t. II, p. 97.
(111) *Ibid.*, t. II, p. 99.
(112) *Ibid.*, t. II, p. 100-101.
(113) *Ibid.*, t. II, p. 108.

Petites-Maisons de l'univers... » (114). Cependant, il est possible, pour plaire à la Marquise, de donner à Mercure « de longues et d'abondantes pluies qui le rafraîchissent » et même ce « sera, si vous voulez, une petit planète toute de salpètre, et le soleil tirera d'elle-même le remède au mal qu'il lui pourrait faire » (115). Evidemment le soleil est inhabitable ; Mars ne vaut pas la peine qu'on s'y arrête ; cette planète n'a pas de lune, mais peut-être y-a-t-il « de grands rochers fort élevés, qui sont des phosphores naturels et qui prennent pendant le jour une provision de lumière qu'ils rendent pendant la nuit... » (116). Enfin, si l'on est fou dans Mercure, « on est bien sage dans Saturne » (117).

Ces fantaisies plaisaient à Fontenelle, et convenaient évidemment à ce dilettantisme intellectuel qu'il ne sut jamais dissimuler, même dans ses œuvres les plus graves. Mais ce procédé nous semble émaner d'une source plus précise. L'expression même qu'il emploie pour le définir est empruntée au *Traitté de l'origine des romans* de Huet, où les fables sont présentées comme « des histoires mêlées du vrai et du faux » (118). C'est encore dans cet ouvrage que Fontenelle a trouvé ébauchée la définition qu'il nous propose de l'humanité : « ... pourrions-nous bien nous figurer quelque chose qui eût des passions si folles et des réflexions si sages, une durée si courte, et des vues si longues, tant de science sur des choses presque inutiles et tant d'ignorance sur les plus importantes... ? » (119). Cette lecture et les réflexions de *Sur l'Histoire* expliquent tant de développements consacrés à l'intérieur des *Entretiens* aux fables de tous les pays. Il est bien évident que Fontenelle se rappelle l'interprétation de l'erreur qu'il vient de proposer dans son essai, lorsqu'il insiste sur l'universelle vanité des mythologies que notre ignorance a inventées, et surtout lorsqu'il imagine que les habitants de la lune doivent nous égaler sur ce point. Mais comment expliquer qu'il nous propose à son tour ce « composé bizarre » du vrai et du faux ? C'est qu'il ne condamne pas le merveilleux primitif pour le remplacer par la science moderne ; il rêve plutôt de bâtir sur cette science un nouveau merveilleux, qui aurait autant d'attrait, et, malgré tout, plus de valeur, que les mythes anciens. De même que *Sur l'Histoire* montre comment les primitifs mêlèrent des observations inexactes et des systèmes arbitraires pour créer leurs fables, l'homme moderne peut, en utilisant les découvertes des astronomes et en respectant les exigences de la raison — ou du moins de la vraisemblance — se forger des « romans » aussi délicieux et aussi surprenants que les croyances des barbares. « Le voyage extraordinaire » devient un ouvrage de polémique littéraire ; c'est une démonstration que nous propose Fontenelle : à travers maintes expériences, il ne cessera de chercher un « merveilleux

(114) *Ibid.*, t. II, p. 108-109.
(115) *Ibid.*, t. II, p. 110-111.
(116) *Ibid.*, t. II, p. 131.
(117) *Ibid.*, t. II, p. 134.
(118) Huet (193), p. 156.
(119) *Œuvres* (3), t. II, p. 67.

moderne », qui puisse plaire à ses contemporains et échapper aux naïvetés antiques. Les *Entretiens* ont une valeur exemplaire : ils indiquent une direction où la littérature peut se renouveler.

Optimisme et pyrrhonisme.

Cette désinvolture et ces préoccupations esthétiques nous incitent à quelque scepticisme, lorsque Fontenelle prétend défendre sérieusement la cosmologie copernicienne. Mais le prétend-il seulement ? Le système de Ptolémée est trop compliqué ; celui de Tycho Brahé est un peu recherché. « ... Il fut résolu que nous nous en tiendrions à celui de Copernic, qui est plus uniforme et plus riant, et n'a aucun mélange de préjugé... » (120). Ces aveux mitigés suscitèrent parfois de singulières réactions. En 1740, on envoya au secrétaire de l'Académie des sciences une *Dissertation sur le système du monde* ; l'auteur, qui refusait d'admettre l'astronomie moderne, louait l'habileté de Fontenelle et mettait en doute le sérieux de ses convictions : il « a trouvé — écrivait-il — le moyen de faire entrer dans la tête d'une marquise fort spirituelle tout ce qu'il y a de plus spécieux et de plus subtil dans le système de Copernic. Mais il ne faut point lui faire dire sérieusement ce qu'il ne dit là-dessus qu'en badinant, pour égayer la conversation... » (121). Et le critique cite avec quelque pertinence un passage du *Cinquième soir,* où s'affiche ce pyrrhonisme railleur : « Quoi, s'écria la Marquise, j'ai dans la tête tout le système de l'univers ! Je suis savante ! Oui, répliquai-je, vous l'êtes assez raisonnablement, et vous l'êtes avec la commodité de pouvoir ne rien croire de tout ce que je vous ai dit, dès que l'envie vous en prendra. » (122).

Une telle interprétation serait évidemment abusive. Il suffit de comparer les *Dialogues des morts* et les *Entretiens* pour voir combien la pensée de Fontenelle a évolué. Du scepticisme épicurien, nous passons maintenant à l'apologie de la science et de la technique modernes. L'intelligence, jadis méprisée, devient une valeur. Descartes est loué. L'idée de progrès, qui ne paraissait qu'une chimère, est sérieusement défendue. Les sages de l'Antiquité n'ont été que des sots ; les modernes sont venus corriger leurs erreurs et nous montrer « la Nature, telle qu'elle est ». Si Descartes se proposait de rendre l'homme maître du monde, Fontenelle explique à la Marquise qu' « on commence déjà à voler un peu... » On peut évidemment plaisanter de ces premières tentatives souvent maladroites ou inutiles, « mais enfin, cela ne représente encore que les premières planches que l'on a mises sur l'eau et qui ont été le commencement de la navigation... » (123).

L'évolution de Fontenelle est indiscutable. Est-ce seulement

(120) *Ibid.*, t. II, p. 44.

(121) *Dissertation sur le système du monde,* p. 28, anonyme (Archives de l'Académie des Sciences : autographes : *dossier Fontenelle*).

(122) *Œuvres* (3), t. II, p. 164-165.

(123) *Ibid.*, t. II, p. 72.

le sujet choisi et l'intention littéraire qui modifient sa philosophie ? Se ferait-il des convictions au gré des genres qu'il traite ? Comment concilier cet optimisme et ce scepticisme tenace ? L'attitude mitigée qu'il propose lui fut peut-être inspirée par d'autres philosophes. Plusieurs passages des *Entretiens* reflètent l'influence de la Mothe le Vayer et de Gassendi. Dans le *Discours de l'histoire* on trouvait une évocation de la misère des Indiens et de leur surprise à l'arrivée des Espagnols ; Fontenelle, qui dut admirer ce passage, l'employa déjà — nous l'avons vu — dans les *Dialogues des morts* ; il le reprend dans les *Entretiens* de façon plus étendue et plus fastueuse. N'est-ce pas La Mothe Le Vayer qui ébaucha le premier cette singulière conception d'une science toujours mouvante, susceptible d'infinies variations, destinée seulement à « sauver les apparences » (124) ? Ne conseillait-il pas, avant Fontenelle, de recourir au système de Copernic, puisque celui de Ptolémée est devenu incapable de remplir ce rôle ? L'auteur des *Entretiens* a lu Gassendi, ou du moins Bernier. Est-ce dans l'*Abrégé* qu'il a trouvé cette image assez banale du navigateur qui croit « que le rivage s'approche ou se retire » ? Sans doute Cyrano avait-il utilisé la même comparaison, mais le texte de Fontenelle se rapproche bien davantage de celui de Bernier :

CYRANO	BERNIER	FONTENELLE
... de même que celui dont le vaisseau vogue terre à terre croit demeurer immobile et que le rivage chemine (125).	Il me semble donc qu'il en est en ceci comme d'un homme qui serait né au milieu des terres, et qui n'ayant aucune expérience de la mer serait transporté en dormant dans un navire ; car, de même que cet homme en s'éveillant jurerait que le rivage s'approche et se retire, et que le navire demeure immobile, parce qu'il verrait toutes les parties du navire demeurer toujours entre elles dans la même situation...(126)	C'est la même chose que si vous vous endormiez sur un bateau qui allât sur une rivière, vous vous trouveriez à votre réveil dans la même place et dans la même situation à l'égard de toutes les parties du bateau... (127).

Et combien d'analogies se découvrent entre ces deux ouvrages ! De façon plus précise et plus éclatante que Cyrano et même que Wilkins, Bernier a été à l'origine des *Entretiens*. C'est lui qui a sug-

(124) Cité dans Pintard, *op. cit.* (640), p. 514 (*Dialogues...*).
(125) Cyrano (140), p. 126.
(126) Bernier (100), t. IV, p. 221.
(127) *Œuvres* (3), t. II, p. 31-32.

géré à Fontenelle que les Babyloniens, à force d'admirer la beauté et les vicissitudes des étoiles, avaient été conduits à inventer l'astronomie (128). Il affirmait que rien ne doit nous empêcher de croire « que les taches lunaires ne soient autre chose que quelque espèce d'élément fluide qui s'insinue entre les continents de la lune, et quelque chose d'analogue à nos montagnes et à nos vallons, à nos forêts et à nos campagnes, à nos mers, à nos lacs et à nos îles » (129) ; ainsi Fontenelle décrit-il dans le *Second soir* la géographie de la lune. Bernier, tout aussi bien que Wilkins, avait su écarter l'objection des théologiens : si les planètes sont habitées, « l'homme ne saurait ni naître ni subsister dans la lune » (130) ; on ne peut y placer que des animaux d'un genre inconnu... Fontenelle soupçonne que la lune est peuplée, mais, dit-il, « je ne prends parti dans ces choses-là que comme on en prend dans les guerres civiles, où l'incertitude de ce qui peut arriver fait qu'on entretient toujours des intelligences dans le parti opposé, et qu'on a des ménagements avec les ennemis même... » (131). Le disciple de Gassendi, en abordant le même problème, écrivait : « Plutarque remarque fort judicieusement que plusieurs choses se disent les unes en riant et les autres fort sérieusement sur ce sujet, et que ceux qui y ajoutent trop de foi sont autant blâmables que ceux qui n'y croient point du tout... » (132). Les fantastiques développements du *Troisième soir* et du *Quatrième soir* n'ont d'autre source que ce passage de l'*Abrégé* :

> ... puisqu'il est vrai... que Mercure et Vénus sont plus proches du soleil que de la terre, et que Mars, Jupiter et Saturne en sont plus éloignés... il semble qu'à proportion que Mercure et Vénus approchent du soleil qui est la fontaine de la vie et de la lumière et qu'ils reçoivent son influence en plus grande abondance que la terre, plus leur substance doit être noble, et plus elle doit être capable de souffrir l'éclat de la lumière, et la force de la chaleur qui est celle de la terre... (133).

Bernier ajoutait que cette proportion doit exister parmi les habitants des planètes, comme parmi les planètes elles-mêmes : « Ces sortes d'animaux devront véritablement être plus petits, mais plus parfaits dans Mercure que dans Vénus, dans Vénus que dans la terre, dans la terre que dans Mars, dans Mars que dans Jupiter, et dans Jupiter que dans Saturne... » (134). Il est vrai qu'il n'hésitait pas à peupler le soleil et les étoiles fixes (135), ce

---

(128) Bernier (100), t. IV, p. 2.
(129) *Ibid.*, t. IV, p. 340.
(130) *Ibid.*, t. IV, p. 370.
(131) *Œuvres* (3), t. II, p. 46.
(132) Bernier (100), t. IV, p. 365.
(133) *Ibid.*, t. IV, p. 369.
(134) *Ibid.*, t. IV, p. 370.
(135) *Ibid.*, t. IV, p. 370 : « Quant à ceux du soleil et de chacune des étoiles fixes, si on suppose qu'il y en ait quelques-uns, ils doivent apparemment être et bien plus grands, et bien plus nobles, en tant que le soleil surpasse en grandeur et en noblesse les autres globes... »

que Fontenelle refuse dans les *Entretiens*. Et celui-ci n'a pas eu la prudence de son maître qui conseillait :

> Puisque nous ne savons que par de faibles conjectures ce qui se passe, ce qui s'engendre et ce qui se corrompt dans les astres, souvenons-nous de n'imiter point ceux qui en partie par jeu et en partie sérieusement, décrivent l'état, la forme, le vivre et les mœurs des habitants de la lune et des autres globes, de même que nous pourrions présentement faire à l'égard des Américains jusques auxquels notre industrie nous a enfin portés et fait pénétrer... (136).

Mais les scrupules qui retiennent un philosophe laissent indifférent le littérateur qui cherche avant tout à distraire les marquises...

Ainsi l'adhésion mitigée que Fontenelle donne au système de Copernic lui est simplement inspirée par Bernier et par Gassendi : n'a-t-on pas déjà reconnu que l'expression qu'il emploie n'est peut-être qu'une traduction du *planius atque concinnius* du *Syntagma* (137) ? Si la cosmologie de Tycho Brahé est éliminée, c'est, selon Fontenelle, parce qu'on y trouve quelque « mélange de préjugé » ; selon Bernier, parce qu'on ne saurait l'adopter que par révérence envers la Sainte-Ecriture... Nous mesurons combien le cartésianisme des *Entretiens* est superficiel ou mensonger. Est-ce par simple prudence que Fontenelle cite plutôt l'auteur du *Discours de la méthode* que celui du *Syntagma* ? Mais les Jésuites n'hésitaient pas à louer Gassendi. Ne serait-ce pas plutôt quelque coquetterie de bel esprit, peu soucieux de révéler ses sources ? Les critiques contemporains, ceux du *Mercure galant*, ceux des *Nouvelles de la République des lettres*, ceux de l'*Histoire des ouvrages des savants*, n'ont jamais souligné cette filiation. Mais ils étaient tous des amis de Fontenelle, et ses trouvailles et son imagination dissimulaient assez bien ses larcins. D'ailleurs, en s'appuyant sur Gassendi et Bernier, il en arrivait à une conception de la science toute proche de celle que professaient les physiciens de son époque : au « rationalisme conquérant » de Descartes était généralement préféré un « rationalisme critique et sceptique » (137 *bis*). Sans épouser le scepticisme systématique des épicuriens, on se persuade que les découvertes accomplies laissent beaucoup à faire aux générations futures, sont même susceptibles d'être un jour reniées ou démenties, et que, selon toute vraisemblance, la nature gardera maints secrets éternellement.

Une philosophie mélangée.

Quelques évidences s'imposent ; l'auteur des *Entretiens* méprise l'Antiquité, il est hostile à la religion (138). Le livre en

(136) *Ibid.*, t. IV, p. 375.

(137) *Pierre Gassendi* (515), p. 98 (B. Rochot, *Gassendi le philosophe*). Cf. *Syntagma*, I, 360 a.

(137 *bis*) J. Roger, *op. cit.* (664), p. 201.

(138) Ce n'était pas une idée aussi anodine qu'il nous semble de soutenir que les planètes pouvaient être habitées, puisque La Bruyère

témoigne ; la *Préface* s'efforce d'atténuer ces deux attitudes ; ainsi Fontenelle évoque Cicéron, Virgile, Ovide, et nous apprend que les habitants de la lune ne sauraient être des hommes. Ces « défaites » sont assez adroites, mais peu convaincantes. Cependant si les *Entretiens* se bornaient à cela, leur intérêt demeurerait limité.

Il est plus curieux de noter les divers visages qu'emprunte la Nature dans ce livre. Le mécanisme cartésien a séduit Fontenelle ; Phaéton est tiré par des cordes ; l'univers n'est « en grand que ce qu'une montre est en petit... » (139) ; « il est surprenant que l'ordre de la Nature, tout admirable qu'il soit, ne roule que sur des choses si simples » (140). Le *Premier soir* développe un thème qui sera repris dans tous les *Entretiens* : « [La Nature] est d'une épargne extraordinaire ; tout ce qu'elle pourra faire d'une manière qui lui coûtera un peu moins, quand ce moins ce serait presque rien, soyez sûre qu'elle ne le fera que de cette manière-là. Cette épargne néanmoins s'accorde avec une magnificence surprenante qui brille dans tout ce qu'elle fait. C'est la magnificence qui est dans le dessein, et l'épargne dans l'exécution » (141). Ce passage a été commenté par Bayle ; il y a vu, sans aucune hésitation, un souvenir de Malebranche ; il écrit en effet dans les *Nouvelles* de mai 1686 :

> Nous avons rapporté ailleurs la pensée d'un des amis de M. Arnauld, que, selon l'auteur de la *Recherche de la vérité,* Dieu aurait donné le peuple juif à gouverner aux anges au rabais des miracles. On trouve ici une pensée qui a bien du rapport à celle-là, c'est que *la vraie philosophie est une espèce d'enchère où ceux qui s'offrent de faire les choses à moins de frais l'emportent sur les autres...* (142).

Il est vrai que les expressions des deux auteurs se ressemblent beaucoup. Même quand Fontenelle s'en prendra aux « causes occasionnelles », il ne mettra pas en doute les attributs de la Nature, tels qu'ils sont définis dans la *Recherche de la Vérité.* Il nous dit dans le *Cinquième soir* : « Les Anciens étaient plaisants de s'imaginer que les corps célestes étaient de nature à ne changer jamais, parce qu'ils ne les avaient pas encore vu changer » (143), et il évoque le fameux sophisme des roses. N'est-ce pas un écho, plus léger et plus gracieux, de cette remarque de Malebranche : « Les cieux sont trop éloignés de nous pour y pouvoir découvrir les changements qui y arrivent, et il est rare qu'il s'y en fasse d'assez grands pour être vus d'ici-bas. Cela a suffi à une infinité de personnes pour croire qu'ils étaient en effet incorruptibles » (144) ? Lorsqu'il conseille à la Marquise de se soucier davantage de la morale que de la physique, il reprend peut-être cette maxime de la *Recherche*

(*Des esprits forts,* 45) s'attache à la réfuter. Il avait sûrement dans l'esprit les *Entretiens,* ce qui indique le succès de cet ouvrage.

(139) *Œuvres* (3), t. II, p. 19.
(140) *Ibid.,* t. II, p. 20.
(141) *Ibid.,* t. II, p. 27.
(142) *Nouvelles de la République des lettres,* mai 1686, p. 488.
(143) *Œuvres* (3), t. II, p. 161.
(144) *Recherche de la vérité,* liv. III, 2e partie, X.

de la vérité : « Il est permis de s'amuser à cela quand on n'a rien à faire et pour se divertir; mais les hommes... doivent incessamment s'appliquer à la connaissance de Dieu et d'eux-mêmes... » (145). Enfin, n'aurait-il pu signer cette phrase qui résume si bien sa pensée : « La beauté de l'univers ne consiste pas dans l'incorruptibilité de ses parties, mais dans la variété qui s'y trouve ; et ce grand ouvrage du monde ne serait pas si admirable sans cette vicissitude des choses que l'on y remarque. » (146) ?

Il serait cependant téméraire de le croire rallié à la philosophie de Malebranche. Car il se dispose en 1684 à la combattre, et tous les principes qu'il paraît emprunter à la *Recherche de la vérité* se retrouvent dans l'*Abrégé* de Bernier. Comment celui-ci nous persuade-t-il du mouvement de la terre ? Il nous dit simplement : « Cela... est tout à fait selon le génie de la Nature, qui ne fait jamais par des embarras ce qu'elle peut faire par quelque chose de plus simple, ni par beaucoup, comme on dit, ce qu'elle peut faire aussi par moins aussi commodément... » (147). Il ajoute que la Nature fait toutes les choses « avec une certaine harmonie et convenance » (148), et affirme : « S'il se fait des générations et des corruptions dans la terre, on ne saurait prouver qu'il ne s'en fasse pas de même dans les autres [mondes]... » (149). On le voit — il est certain que Fontenelle a lu la *Recherche de la vérité*, mais il n'en retire rien de précis : les analogies que l'on constate ne sauraient attester une soumission déterminée aux thèses de l'oratorien.

Il n'en reste pas moins que sa description d'une Nature riche, variée et économe, implique logiquement l'existence de Dieu. Ce nom même n'est jamais prononcé, mais ce n'est peut-être que par prudence : il serait un peu risible de le mêler à des imaginations si fantasques et si gratuites. Ce Dieu, dégagé de toutes les mythologies, serait évidemment le « Dieu des philosophes et des savants ». La course des planètes et la génération des animaux sont les deux miracles les plus éclatants qui révèlent sa présence, et la Providence est affirmée à plusieurs reprises. « La Nature ne saurait faire vivre les gens qu'où ils peuvent vivre... » et surtout, « elle a en vue les besoins de quelques êtres vivants... » (150).

Enfin, cette divinité n'est pas seulement généreuse et pleine de sagesse ; elle ménage aux hommes d'exquis plaisirs. Les *Entretiens sur la pluralité des mondes* sont une des premières œuvres où soient exposées avec autant d'éclat et de naïveté les « harmonies naturelles ». Dans le *Premier soir* déjà, le ciel nous paraît une savante décoration : « Il n'y avait pas un nuage qui dérobât, ou qui obscurcît la moindre étoile, elles étaient toutes d'un or pur et éclatant, et qui était encore relevé par le fond bleu où elles sont attachées... » (151). Et cette conception se développe plus franche-

---

(145) *Ibid.*, liv. IV, VII.
(146) *Ibid.*, liv. III, 2e partie, X.
(147) Bernier (100), t. IV, p. 223.
(148) *Ibid.*, t. IV, p. 254.
(149) *Ibid.*, t. IV, p. 254.
(150) *Œuvres* (3), t. II, p. 111 et 130.
(151) *Ibid.*, t. II, p. 12.

ment, lorsque Fontenelle en vient à prétendre que « la Nature a bien de l'esprit... Laissez-lui le soin d'inventer un assortiment de couleurs pour la lune, et je vous garantis qu'il sera bien entendu... » (152) ou encore : « L'aurore et les crépuscules sont une grâce que la Nature nous fait... Mais dans la lune... les pauvres habitants n'ont... point cette lumière de faveur, qui en se fortifiant peu à peu, les préparerait agréablement à l'arrivée du soleil, ou qui en s'affaiblissant, comme de nuance en nuance, les accoutumerait à sa perte. » (153).

Va-t-on le croire touché par la grâce ? La beauté des forêts normandes et le charme de Mme de la Mésangère l'ont-ils soudain convaincu de l'existence de Dieu ? Va-t-il vénérer le créateur de cette adorable Nature ? Bien des passages des *Entretiens* révèlent cependant d'autres tendances. Il n'est pas surprenant que l'auteur de l'*Histoire des Ajaoiens* ait médité la philosophie de Cyrano. N'est-ce pas le discours du « démon de Socrate » qui lui a inspiré ces remarques du *Premier soir* : « Toute la philosophie... n'est fondée que sur deux choses, sur ce qu'on a l'esprit curieux et les yeux mauvais ; car si vous aviez les yeux meilleurs que vous ne les avez, vous verriez bien si les étoiles sont des soleils qui éclairent autant de mondes ou si elles n'en sont pas... » (154) et plus encore cette conjecture hardie : « On dit qu'il pourrait bien nous manquer un sixième sens naturel qui nous apprendrait beaucoup de choses que nous ignorons. Ce sixième sens est apparemment dans quelqu'autre monde, où il manque quelqu'un des cinq que nous possédons. Peut-être même y a-t-il effectivement un grand nombre de sens naturels... » (155) ? Il est vrai qu'il tend malgré tout à égaliser les ressources des habitants de toutes les planètes, alors que Cyrano imaginait des êtres supérieurs, auxquels nous fussions incomparables. C'est sans doute que Fontenelle juge cette conception trop chimérique et demeure attaché à l'ordre de l'univers, qui diversifie les créatures sans leur imposer trop d'inégalités.

C'est cependant une vision toute matérialiste du monde qu'il nous propose : tout ce qui n'est pas physique est éliminé ; et il a dû également méditer les pages où Cyrano montrait, après Bruno, que le monde est infini. N'évoque-t-il pas en des termes qui rappellent parfois Pascal « cet espace immense qui comprend notre soleil et nos planètes », où il ne faut voir « qu'une petite parcelle de l'univers... » (156) ? Enfin, n'est-ce pas la « cironalité universelle » des *Etats et Empires de la Lune* (157) autant que les découvertes qu'avait récemment permises l'emploi du microscope, qui explique ce développement du *Troisième soir* :

(152) *Ibid.*, t. II, p. 86.
(153) *Ibid.*, t. II, p. 87-88.
(154) *Ibid.*, t. II, p. 16-17. Cyrano (140), p. 152 *sq.* : « ... Il n'y avait rien en la nature qui ne fût matériel... Il y a trop peu de rapport entre vos sens et l'explication des mystères. Vous vous imaginez, vous autres, que ce que vous ne sauriez comprendre est spirituel, ou qu'il n'est point, mais cette conséquence est très fausse... »
(155) *Ibid.*, t. II, p. 99-100. Cyrano (140), *loc. cit.*
(156) *Ibid.*, t. II, p. 140.
(157) Cyrano (140), p. 311-313.

> ... il y a autant d'espèces d'animaux invisibles que de visibles. Nous voyons depuis l'éléphant, jusqu'au ciron ; là finit notre vue : mais au ciron commence une multitude infinie d'animaux, dont il est l'éléphant, et que nos yeux ne sauraient apercevoir sans secours. On a vu avec des lunettes, de très petites gouttes de pluie, ou de vinaigre, ou d'autres liqueurs, remplies de petits poissons ou de petits serpents, que l'on n'aurait jamais soupçonnés d'y habiter... Mêlez de certaines choses dans quelques-unes de ces liqueurs, ou exposez-les au soleil, ou laissez-les se corrompre, voilà aussitôt de nouvelles espèces de petits animaux... Beaucoup de corps qui paraissent solides ne sont presque que des amas de ces animaux imperceptibles, qui y trouvent par leurs mouvements autant de liberté qu'il leur en faut. Une feuille d'arbre est un petit monde habité par des vermisseaux invisibles, à qui elle paraît d'une étendue immense, qui y connaissent des montagnes et des abîmes et qui d'un côté de la feuille à l'autre, n'ont pas plus de communication avec les autres vermisseaux que nous avec nos antipodes... (158) ?

Cette poétique vision d'un pullulement de vie, qui fait penser à Leibniz, peut-elle se concilier avec le mécanisme et le providentialisme physique et esthétique qui sont affirmés dans le même ouvrage ? Est-ce simplement l'évolution de Fontenelle qui peut expliquer ces incohérences ? Il est vraisemblable que les *Entretiens*, comme les *Dialogues*, comme les *Lettres galantes*, furent rédigés par fragments durant plusieurs années. Ainsi s'y seraient déposées et mêlées les diverses conceptions que Fontenelle a successivement épousées. Il est cependant impossible d'ébaucher une chronologie intellectuelle assez précise. Les « harmonies naturelles » ne sont peut-être qu'une naïveté de jeunesse, mais on y verrait aussi bien le procédé d'un auteur habile soucieux d'égayer son texte et de charmer son public. Les *Entretiens* reflètent la curiosité de Fontenelle et ses lectures, mais on ne saurait demander à ce livre un contenu philosophique bien clair, ni bien rigoureux, tant les préoccupations littéraires et la recherche du succès ont influencé l'auteur. On y discerne toutefois quelques croyances solides. Même si Dieu n'y paraît qu'une hypothèse — ou un ornement — même si l'on passe maintes fois du mécanisme au vitalisme, l'écrivain ne cesse de nous répéter que la Nature est infinie et ordonnée. D'autre part, Fontenelle dans cet ouvrage semble, comme à l'ordinaire, plus convaincu lorsqu'il nie que lorsqu'il affirme. Son éloignement de toutes les explications « métaphysiques » et de toutes les obscurités, ses réticences devant tous les systèmes, demeurent évidents. La science

---

(158) *Œuvres* (3), t. II, p. 96-97. Il est vrai que ce vitalisme se retrouve chez Bernier (100), t. IV, p. 355 : « Il semble véritablement qu'il y ait beaucoup de convenance à s'imaginer qu'il en est du ciel comme de quelque grand et majestueux animal, dont le soleil soit comme le cœur, en sorte que, de même que l'animal est vivifié par la chaleur que le cœur transmet à toutes ses parties, ainsi la région des astres et principalement celle des planètes qui est formée de divers membres, soit vivifiée et entretenue par la chaleur qui découle du soleil. »

n'aboutit peut-être qu'à des connaissances partielles ou seulement plausibles ; nous devons cependant faire confiance à une méthode qui élimine le merveilleux, le sacré et l'ambigu, qui ramène la Nature à des faits, et les faits à des idées claires. Admirer l'ordre général du monde, sans être bien sûr d'en connaître le détail, éprouver les vertus d'une méthode qui peut pourtant conduire à des résultats incertains, telles sont les deux attitudes auxquelles nous exhorte Fontenelle. N'est-ce pas la preuve que son livre vise plutôt à un enseignement moral qu'à une leçon de physique ?

Une science approximative.

Le Fontenelle des *Entretiens* est un écrivain et, nous le verrons, un moraliste, plutôt qu'un savant ou un philosophe. Ainsi s'explique la plus grande faiblesse de son ouvrage. L'auteur, qui lui dut peut-être une part de sa renommée scientifique, s'y révèle assez ignorant, ou du moins fort négligent. Wilkins, Borel et Bernier lui ont suffi. Cependant Bayle a trouvé dans les *Entretiens* « un fond de physique et d'astronomie » (159). Cet hommage peut être complaisant, mais le rédacteur des *Nouvelles* ajoute que ce livre lui a appris les découvertes que Cassini avait faites en mars 1684. Fontenelle, malgré sa désinvolture, devait bien s'informer de l'actualité. Les *Entretiens* auraient déçu même les marquises, si elles n'avaient pu y trouver que des vieilleries rebattues. Ainsi cet ouvrage est à la fois moderne et erroné ; il révèle la curiosité de l'auteur et son attention à toutes les nouveautés, mais il reflète aussi l'indifférence du bel esprit pour les détails qui lui paraissent oiseux. Aucun des écrits de Fontenelle ne représente mieux les transformations qui se firent dans son esprit et dans sa personnalité entre 1680 et 1700 ; les confusions, l'aspect mélangé du livre figurent l'insensible passage qui s'opère du pyrrhonisme désabusé et un peu systématique des *Dialogues* au culte de la science moderne. Même ce souci de « vulgarisation » qui présida à la rédaction des *Entretiens,* n'incarne pas tellement, comme on l'a dit trop souvent, une tendance essentielle de Fontenelle, mais plutôt l'attitude que, vers 1684 ou 1685, doit adopter le littérateur, déjà fasciné par la physique, mais encore méfiant, trop mondain et trop incertain pour recourir à une forme plus austère et plus rigoureuse.

Une leçon morale.

A la fin du *Monde dans la lune,* Wilkins écrivait :

> ... quand je considère en moi-même l'immensité de ce grand univers, en comparaison duquel notre terre n'est que comme un point imperceptible, quand je considère que je porte au-dedans de moi une âme de beaucoup plus grande valeur que ne l'est tout ceci et des désirs qui sont d'une vaste étendue et d'une capacité moins limitée que toute cette fabrique de la Nature, il me semble déjà que ce serait dégénérer infiniment et se montrer bien lâche de courage, que d'occuper

(159) *Nouvelles de la République des lettres,* mai 1686, p. 486-492.

les facultés de mon âme à un si vil sujet si étroit et si resserré comme sont les choses terrestres... Quelle grande chose est-ce d'être monarque d'une petite partie d'un point... Pourquoi songerait-on à perpétuer son nom ou épandre sa renommée par tout le monde...? (160).

Ces réflexions, Fontenelle les a méditées ; la Marquise s'écrie dans le *Cinquième soir* : « Pour moi, je commence à voir la terre si effroyablement petite, que je ne crois pas avoir désormais d'empressement pour aucune chose... » (161). Tous les hommes du XVIIe siècle, devant les nouvelles découvertes astronomiques, en arrivaient à reconsidérer la place de l'homme dans le monde, à s'interroger sur l'importance de notre race, la valeur de nos desseins et même de notre existence. Mais Fontenelle est bien loin de se laisser effrayer par « les deux infinis » et de se plonger dans un « désespoir éternel ». L'astronomie ne lui enseigne ni le découragement, ni l'indolence ; elle le met à l'aise. « Il me semble, dit-il, que je respire avec plus de liberté... Rien n'est si beau à se représenter que ce nombre prodigieux de tourbillons... Ils guérissent de l'ambition et de l'inquiétude... » (162). Les tourbillons nous apprennent que nous ne sommes rien, mais c'est une situation qui peut être délicieuse. Nous n'échappons pas seulement aux fables risibles des Anciens qu'avait engendrées notre amour-propre ; nous nous délivrons des passions stériles et des orgueils absurdes ; ce recoin de l'univers où nous sommes placés peut n'être pas un cachot, mais un jardin paisible...

Paradoxalement c'est à une redécouverte de l'idéal pastoral que conduit la science ; lorsque dans la conclusion Fontenelle laisse la Marquise libre de tout oublier, c'est qu'il sait bien que le plus important demeurera : la modestie et la sérénité que lui a enseignées l'astronomie. Le savant est le plus semblable aux bergers. Ce sont d'ailleurs les pâtres de Chaldée, « dont le grand loisir produisit les premières observations qui ont été le fondement de l'astronomie » ; le héros des *Eglogues* et l'intellectuel ont la même simplicité et le même bonheur ; ils peuvent considérer calmement le spectacle des agitations humaines auxquelles ils échappent. De l'amertume nous passons à la joie ; la vie n'est pas si mauvaise ; l'astronomie nous fait peut-être connaître l'univers, mais elle nous permet surtout de retrouver en nous la voix de la Nature. Ainsi s'expliquent les allusions galantes qui parsèment les *Entretiens* : loin de représenter une simple parure, ils attestent la présence obstinée chez le professeur et son élève de l'amour, c'est-à-dire des « vrais biens » et du bonheur authentique : « un peu de faiblesse pour ce qui est beau, voilà mon mal, et je ne crois pas que les tourbillons y puissent rien... » (163). Quand la Marquise regardera les étoiles, elle pensera à son ami ; « les raisonnements de mathématiques sont faits comme l'amour » (164). Les *Entretiens* achèvent ce

(160) Wilkins (361), p. 274-276.
(161) *Œuvres* (3), t. II, p. 141-142.
(162) *Ibid.*, t. II, p. 142-143.
(163) *Ibid.*, t. II, p. 143.
(164) *Ibid.*, t. II, p. 143-144.

qu'avaient ébauché les *Pastorales :* la science parfait et approfondit la paisible pureté des bergeries. Avec Fontenelle, le libertinage « récupère » cet univers infini qui avait d'abord inquiété les chrétiens et que Pascal avait voulu utiliser pour démontrer sa religion « tragique ».

Un immense succès.

Aucun des livres de Fontenelle ne reçut un accueil aussi favorable et cette popularité a subsisté à travers les siècles. Bayle découvrit dans cet ouvrage « mille pensées diverses où l'on trouve des plaisanteries galantes, des railleries fines, des moralités profondes et enjouées... » (165). Le *Mercure galant* expliqua que Fontenelle avait voulu « donner une idée générale et fort claire de l'arrangement et de la construction de tout ce grand univers... » (166). Saint-Evremond s'étonna de voir la duchesse de Mazarin préférer l'astronomie à ses divertissements habituels :

> Tout est perdu, Morin, la maudite marquise,
> Si Dieu n'y met la main, va nous mettre en chemise.
> On ne saurait parler de bassette un moment,
> Tout est lune, soleil, cercle, orbe, firmament... (167)

Huygens (168) et Algarotti (169) imitèrent les *Entretiens ;* ce livre fut régulièrement réédité jusqu'à nos jours et traduit dans toutes les langues. Voltaire (170), Condillac (171), Auguste Comte (172), Cournot (173), s'unirent dans la même admiration. On s'est parfois exagéré la valeur scientifique ou philosophique de cet ouvrage. Son charme, malgré un style un peu fardé, est indéniable. C'est en somme, avec les *Pastorales,* le seul ouvrage important de Fontenelle qui soit vraiment littéraire. La composition et l'expression sont plus savantes et plus agréables que dans la plupart de ses livres. On ne peut se refuser à tant de gaîté ; cette bonne humeur et cette frivolité ne semblent pas concertées ; elles pourraient au contraire, comme la biographie de l'écrivain nous a incité à le soupçonner, refléter une expérience vécue, et le bonheur que Fontenelle dut éprouver dans les années 1684-1685 est sans doute la vraie cause du succès de ce livre, qui rayonne de joie et d'insouciance.

(165) *Nouvelles,* mai 1686, p. 486.
(166) *Mercure galant,* janvier 1686, p. 287-288.
(167) Saint-Evremond (310), t. IV, p. 380.
(168) Huygens (199).
(169) Algarotti (69).
(170) Voltaire (359), t. VIII, p. 552 (*Lettre à M. de Cideville sur le temple du goût*) ; quelques images seulement lui déplaisent — telle la comparaison entre le jour et une beauté blonde, la nuit et une beauté brune. *Ibid.*, t. XIV, p. 72 (*Le Siècle de Louis XIV*), etc.
(171) Condillac (133), t. I, p. 133, a, n. (*Traité des systèmes*) ; t. II, p. 189 (*Cours d'études, VI, Histoire moderne*).
(172) La dix-neuvième leçon du *Cours de philosophie* (*Considérations philosophiques sur l'ensemble de la science astronomique*) semble inspirée par les *Entretiens.*
(173) La vocation de Cournot s'éveilla en lisant les *Entretiens.*

CHAPITRE II

AVEC VAN DALE

Fontenelle, jusqu'ici, ne se distingue pas nettement de la plupart des beaux esprits de sa génération. Ne croyons pas qu'il y ait eu beaucoup de hardiesse à railler la crédulité populaire ou à soupçonner que les étoiles étaient peuplées d'êtres vivants. Le « rationalisme chrétien » et la fantaisie littéraire pouvaient toujours excuser ces attitudes. Les analyses de *Sur l'Histoire* et le matérialisme des *Ajaoiens* demeuraient inconnus. C'est au contraire en pleine lumière, à l'abri d'un privilège royal, que va paraître l'*Histoire des oracles*. Fontenelle fut-il inspiré par l'article que Bayle avait consacré à l'ouvrage de Van Dale ? On ne sait comment lui vint le projet de répandre en France ce livre, qui ne reflétait pas exactement sa pensée, mais qui pouvait au moins la servir. Ses convictions profondes, le philosophe va les révéler et les gauchir à la fois en se livrant à ce travail.

L'art de la vulgarisation.

Faut-il croire tout ce qu'il nous dit dans la *Préface* sur la genèse de ce traité : « Il me vint en pensée de... traduire [Van Dale], afin que les femmes et ceux même d'entre les hommes qui ne lisent pas volontiers le latin ne fussent point privés d'une lecture si agréable et si utile... » (1) ? Suit une critique assez vénéneuse, malgré les apparents éloges qui la recouvrent : l'érudit a abusé des citations, même grecques ; il n'a recouru à aucun agrément ; son discours est assez confus et fréquemment interrompu par des parenthèses enchevêtrées. Les exégètes modernes se sont parfois attachés à réhabiliter ce livre, mais les contemporains partagèrent l'opinion de Fontenelle. Baltus blâma l'ouvrage de Van Dale, « cette confusion extrême qui y règne partout, et qui désespère le lecteur le plus ardent et le plus attentif, qui se perd à tout moment dans un laby-

(1) *Œuvres* (3), t. II, p. 193.

rinthe de digressions de parenthèses et de citations inutiles entassées les unes sur les autres... » (2). Enfin, comme l'a dit Voltaire, « le diamant brut de Van Dale brilla beaucoup, quand il fut taillé par Fontenelle » (3).

Cette *Préface* définit l'art de la vulgarisation : il faut plaire aux dames, ce que le féminisme obstiné du *Mercure* laissait pressentir, et, puisque nous sommes en 1686 et que nous avons choisi de combattre le camp des Anciens, il nous est agréable de répéter qu'un bon style « n'est que de conversation », et qu'il ne faudrait « tomber dans le sublime qu'à son corps défendant, il est si peu naturel ! » (4). Ainsi Fontenelle ne présente l'*Histoire des oracles* que comme une expérience littéraire. La difficulté même l'a attiré : il serait beau de faire lire par tous un ouvrage aussi savant et aussi austère. Comment vulgariser l'érudition sans la trahir ? Comment réconcilier les doctes et les mondains ?

Les deux dissertations de Van Dale sont interverties ; comme l'a dit celui-ci, « Fontenelle change et renverse terriblement toute l'économie de mon ouvrage. » (5). Il était en effet plus logique de montrer successivement *que les oracles n'ont point été rendus par les démons* et *que les oracles n'ont point cessé au temps de la venue de Jésus-Christ*. Fontenelle ajoute plus de rigueur et plus d'agrément ; il ne semble pas s'être informé personnellement ; il a pris toute sa matière dans Van Dale, auquel il a simplement donné une expression plus brève et plus brillante. Des ellipses, des allusions, des rapprochements humoristiques, remplacent de longs développements ; toute grossièreté est éliminée. Van Dale loua ces changements, il adopta l'ordre qu'avait choisi son émule, et il affirma : « J'approuve la liberté qu'il s'est donnée de tourner ce que j'avais avancé dans mes deux dissertations sur ce sujet, au génie de sa nation. Celui de nos peuples est un peu différent. Ils se défient furieusement du tour de l'esprit et des grâces du langage. » (6). Cette distinction entre le goût français et le goût germanique était peut-être fondée ; elle reprenait une remarque que Fontenelle avait glissée dans sa *Préface* (7).

C'est donc avec ce livre, bien plus qu'avec les *Entretiens sur la pluralité des mondes*, où règne souvent la plus libre fantaisie, que l'écrivain révélait au public ce talent qui lui fut essentiel : mettre à la portée de tous et égayer une matière aride et épineuse. Les efforts du *Mercure galant* pour vulgariser l'érudition moderne et le succès des conférences savantes ont-ils suffi à lui inspirer ce projet ? Il invoquait naguère l'exemple de Cicéron qui avait fait comprendre par les Romains, même peu instruits, les méditations

(2) Baltus (87), III, p. 2.

(3) Voltaire, *Dictionnaire philosophique*, article *Oracles*.

(4) *Œuvres* (3), t. II, p. 200.

(5) *Nouvelles*, mai 1687, art. I : *Lettre de M. Van Dale à un de ses amis au sujet du livre des Oracles des Payens, composé par l'auteur des Dialogues des morts*, p. 460.

(6) *Ibid., loc. cit.*

(7) *Œuvres* (3), t. II, p. 194 : « Les dames, et, pour ne rien dissimuler, les hommes de ce pays-ci... »

des philosophes grecs. Ce patronage n'est sans doute pas fictif ; Cicéron, avec son *De divinatione* et son *De natura deorum,* avait des raisons de lui plaire ; ce fut l'un des auteurs anciens qu'il aima le plus. N'a-t-il pas écrit dans la *Digression :* « Je n'imagine rien au-dessus de Cicéron et de Tite-Live. Ce n'est pas qu'ils n'aient leurs défauts : mais je ne crois pas qu'on puisse avoir moins de défauts avec autant de grandes qualités... » (8) ? Cette admiration qu'il justifie seulement par des arguments esthétiques, pourrait bien refléter surtout l'affinité des deux tempéraments : l'académisme de Cicéron et sa liberté d'esprit lui convenaient assez bien.

Fontenelle et Van Dale.

Ce serait cependant une étrange erreur d'imaginer qu'il se soit borné à des modifications de détail et à un effort d'ornementation. Van Dale ne s'y est pas trompé, qui l'a accusé d'avoir déformé sa pensée. Dans la *Préface,* Fontenelle précise « ... sous le nom d'oracle je ne prétends pas comprendre la magie dont il est indubitable que le Démon se mêle... Aller consulter un nécromancien, ou quelqu'une de ces sorcières de Thessalie, pareille à l'Erictho de Lucain, cela ne s'appelait pas aller à l'oracle... » (9). Van Dale ne manquera pas de s'irriter de ce *distinguo,* et il reprochera à son émule de manquer de sincérité « C'est peut-être un malheur pour la cause qu'il soutient avec moi, qu'il ne soit pas dans un pays de liberté ; car je ne peux imputer à autre chose le silence qu'il a gardé ou les déguisements qui semblent l'avoir commandé dans des faits de conséquence. » (10). Il cite aussitôt la *Préface,* s'étonne de voir Fontenelle respecter la magie et mépriser les oracles : « Je suis bien loin de mon compte — dit-il — s'[il] a parlé sincèrement... Cet habile homme a trop de lumières pour ne voir pas que l'un n'est pas mieux fondé que l'autre, et je lui demande pardon, si je prends la liberté de l'accuser ici de complaisance pour le Père Thomassin et le Père Thomassin et lui-même de dissimulation contre leurs véritables lumières... » (11). L'Erictho de Lucain ne provoque que ses sarcasmes : « Apparemment que l'honnête homme, auteur des *Dialogues des morts,* a aussi voulu rire, en apportant une aussi faible preuve pour une question aussi importante. » (12). Il oppose cette singulière attitude aux satires de la magie que contiennent la *Devineresse* de Thomas Corneille et le *Comte de Gabalis* (12 *bis*) de l'abbé de Villars. Ces allusions auraient-elles un sens précis ? Fontenelle a pu collaborer à la comédie de son oncle, il était en tout cas familier du milieu où elle fut élaborée, et il fit jouer en 1689 une adaptation du *Comte de Gabalis.* Peut-être ce dernier ouvrage était-il déjà

(8) *Ibid.,* t. IV, p. 197.
(9) *Ibid.,* t. II, p. 197-198.
(10) *Nouvelles,* mai 1687, p. 461, *sq.*
(11) *Ibid.,* p. 464.
(12) *Ibid.,* p. 471-472.
(12 *bis*) Dans ce livre, les oracles étaient déjà ridiculisés ; il n'est pas impossible que Van Dale s'en soit inspiré.

achevé à cette date, et on croirait que Van Dale, sans doute bien informé par Bayle ou Basnage, veut opposer Fontenelle à lui-même, ses livres passés et ses convictions profondes à ses mensonges actuels. Il explique cette prudence par le régime d'oppression où vivait la France ; éliminer le Démon de la magie, après avoir laïcisé les oracles, c'eut été le détruire absolument, et notre auteur à qui la *Relation de Bornéo* suscitait déjà assez d'ennuis, n'aurait vraiment pu échapper à l'accusation d'hérésie ou d'athéisme.

Tout cela est vraisemblable, et le destructeur des dogmes a sûrement été heureux de pouvoir s'abriter derrière la gloire et l'orthodoxie du Père Thomassin. C'est pourquoi il le mentionne dans sa *Préface,* et la *Méthode* du Père Thomassin lui était familière, puisque les *Dialogues des morts* et *Sur l'Histoire* montrent comment il utilise cet ouvrage, tout en s'acharnant à le réfuter. On ne peut cependant accepter tout ce qu'il nous dit. Il prétend que le Père Thomassin n'avait traité la question des oracles que superficiellement et à la hâte ; cette affirmation est inexacte : il y avait dans ce livre une analyse bien plus sérieuse et bien plus précise qu'il ne voudrait nous le faire croire. La vanité du bel esprit se mélange à la prudence ; s'il est heureux de recourir à ce patronage, il préfère en minimiser l'importance.

Van Dale était protestant et suspect de socinianisme. Il voulait expurger la religion des fables qui l'altéraient, et surtout ridiculiser le catholicisme. La sincérité de ses convictions demeurait indéniable. Le projet de Fontenelle est tout autre. Il ne semble recourir qu'à une précaution supplémentaire lorsqu'il supprime toutes les histoires modernes relatives aux pèlerinages ou au culte romain. Mais son livre, loin de paraître inoffensif, acquiert ainsi une portée plus générale, et devient finalement plus vénéneux. En ridiculisant les « papistes », Van Dale témoignait pour son Eglise. En soulignant l'universalité de l'erreur et les rechutes auxquelles nous sommes toujours exposés, Fontenelle pourrait bien viser à annihiler toute croyance au surnaturel ; c'est au moins la direction dans laquelle les réflexions du lecteur s'engagent fatalement.

L'analyse de l'erreur.

Même en adaptant Van Dale, Fontenelle demeure avant tout fidèle à l'enseignement de Bayle. Dans son compte rendu de mai 1684, celui-ci avait affirmé : « Discuter du caractère miraculeux des oracles, c'est attaquer un parti soutenu du préjugé favorable de la longue possession et d'un autre préjugé encore bien plus à craindre, savoir que l'opinion commune touchant les oracles fortifie les preuves du christianisme... Il n'y a point de prescription contre la vérité ; les erreurs pour être vieilles, n'en sont pas meilleures, et il serait indigne du nom chrétien d'appuyer la plus sainte et la plus auguste de toutes les vérités sur une tradition erronée... » (13). Nous lisons au début de l'*Histoire des oracles :*

(13) *Nouvelles,* mars 1684, p. 1-2.

> L'affaire des oracles... était de sa nature une affaire de religion chez les païens ; elle en est devenue une sans nécessité chez les chrétiens, et de toutes parts on l'a chargée de préjugés qui ont obscurci des vérités fort claires... dans la vraie [religion] qui est un ouvrage de Dieu seul, il ne s'y en trouverait jamais aucun, si ce même esprit humain pouvait s'empêcher d'y toucher et d'y mêler quelque chose du sien. Tout ce qu'il y ajoute de nouveau, que serait-ce que des préjugés sans fondement ? Il n'est pas capable d'ajouter rien de réel et de solide à l'ouvrage de Dieu... Le christianisme a toujours été par lui-même en état de se passer de fausses preuves ; mais il y est encore présentement plus que jamais par les soins que de grands hommes de ce siècle ont pris de l'établir sur ses véritables fondements... (14).

Ce n'est pas seulement cette argumentation teintée de malebranchisme, que Fontenelle est allé chercher chez l'auteur des *Pensées diverses*. N'a-t-il pas médité les principales maximes de ce volume :

> Je suis sûr que, si cela était, nous réduirions le suffrage d'une infinité de gens à l'autorité de deux ou trois personnes, qui, ayant débité une doctrine que l'on supposait qu'ils avaient examinée à fond, l'ont persuadée à plusieurs autres par le préjugé de leur mérite, et ceux-ci à plusieurs autres, qui ont trouvé mieux leur compte pour leur paresse naturelle à croire tout d'un coup ce qu'on leur disait qu'à l'examiner soigneusement... (15),

ou encore *Qu'il ne faut pas juger de la philosophie par la pluralité des voix* (16) et *Que ce qu'on appelle prodiges est souvent aussi naturel que les choses les plus communes* (17) ?

Même si les *Dialogues des morts* montraient les erreurs auxquelles les chroniqueurs et les poètes sont trop souvent enclins, Fontenelle en restait alors à des propositions générales que son traité *Sur l'Histoire* ne précisait pas. Il en est tout autrement dans l'*Histoire des oracles* : « On raisonne sur ce qu'ont dit les historiens ; mais ces historiens n'ont-ils pas été ni passionnés, ni crédules, ni mal instruits, ni négligents ? Il en faudrait trouver un qui eût été spectateur de toutes choses, indifférent et appliqué... Surtout quand on écrit des faits qui ont liaison avec la religion, il est assez difficile que selon le parti dont on est, on ne donne à une fausse religion des avantages qui ne lui sont point dus, ou qu'on ne donne à la vraie de faux avantages dont elle n'a pas besoin. » (18). Ces remarques sont évidemment inspirées par la *Critique générale* :

> Si d'un côté le bon sens veut que je me défie d'un historien

(14) *Œuvres* (3), t. II, p. 202-204.
(15) *Pensées diverses* (94), p. 122.
(16) *Ibid.*, p. 124.
(17) *Ibid.*, p. 167.
(18) *Œuvres* (3), t. II, p. 221.

> huguenot et que je le soupçonne, ou de n'avoir pas pénétré les pernicieux desseins de son parti, faute de discernement et à cause des préjugés qui l'aveuglent, ou de les avoir dissimulés afin de sauver l'honneur de sa religion ; de l'autre côté, le même bon sens vaut que je me défie d'un historien de la communion romaine et que je le soupçonne ou d'avoir malicieusement tu certaines circonstances qui serviraient à la justification des huguenots, ou de leur avoir imputé faussement des choses qui les rendent haïssables, ou d'avoir cru par des jugements préoccupés, que tout ce qui se faisait dans son parti était légitime et qu'au contraire ceux qu'il regardait comme hérétiques n'étaient animés que d'un esprit de rage, de fureur et d'impiété... (19).

En mars 1686, le rédacteur des *Nouvelles* affirmait : « Chaque nation, chaque religion, chaque secte prend les mêmes faits tout crus où ils se peuvent trouver, les accommode et les assaisonne selon son goût et puis ils semblent à chaque lecteur vrais ou faux selon qu'ils conviennent ou qu'ils répugnent à ses préjugés... » (20). En effet, le succès des historiens modernes et les polémiques religieuses avaient révélé à tous les partis le rôle des préjugés et de la propagande. Enfin, Bayle, avec bonhomie, souligne dans la *Continuation...* l'évidente analogie qu'il constate entre ses thèses et celles de Fontenelle. Il cite cette phrase de l'*Histoire des oracles* : « Le témoignage de ceux qui croient une chose déjà établie, n'a point de force pour l'appuyer ; mais le témoignage de ceux qui ne la croient pas, a de la force pour la détruire. » (21). Il ajoute encore : « M. de Fontenelle a dit des choses qui confirment le chapitre 49 de mon ouvrage... il représente si bien la conduite absurde de ceux qui cherchent la cause d'un effet imaginaire... » (22). Bayle compare son livre à une étoffe grossière », celui de Fontenelle à « une broderie d'or » (23), et il est bien vrai que l'ironie et les agréments de l'*Histoire des oracles* ne lui ressemblent guère. Mais l'anecdote de « la dent d'or », bien qu'elle fût contenue dans les *Considérations* de Naudé et surtout dans les dissertations de Van Dale, bien qu'on puisse l'apparenter aux maximes empiriques de Mariotte, de Boyle ou de Huygens (24), évoque surtout par sa présentation et son utilisation la méthode critique que Bayle proposait en généralisant les principes cartésiens.

Serait-ce à dire qu'il y eût quelque incohérence dans la pensée de Fontenelle et qu'il fût prêt à renoncer aux analyses de *Sur l'Histoire* ? Tout au contraire, il nuance et enrichit ses premières intuitions, il ne les renie pas. Il invoque évidemment les impostures des prêtres qui utilisaient habilement les cavernes sombres, où les voix

(19) *Critique générale* (93), p. 17-18.
(20) *Nouvelles*, mars 1686, p. 277.
(21) *Continuation* (95), p. 93 ; extrait des *Œuvres* (3), t. II, p. 266.
(22) *Ibid.*, p. 216.
(23) *Ibid.*, *loc. cit.*
(24) J. Roger (664), p. 193, *sq.* montre les rapports qui existent entre les affirmations de Fontenelle et l'actualité scientifique (*Journal des savants*, 20 janvier 1681, etc.).

retentissaient d'une manière effroyable, et les vapeurs, et les fumées. Mais il ne se borne pas à ces descriptions pittoresques. Sa psychologie du merveilleux est plus profonde que celle que proposait Van Dale : les chapitres 3 et 4 de la *Première dissertation,* où ces analyses sont développées, sont précisément les plus vigoureux et les plus originaux. La Béotie était « un bon pays pour les oracles », mais pas seulement parce qu'il y avait des cavernes ; il fallait encore « des sots » (25). En fait, l'erreur repose ici, comme dans *Sur l'Histoire,* sur un simple mécanisme psychologique ; les mêmes facteurs sont mis en évidence : l'ignorance, la paresse intellectuelle qui incite à généraliser les fables, le respect des Anciens, le mélange de faits erronés et de systèmes chimériques. Fontenelle nous montrait naguère comment les Grecs, après avoir imaginé un dieu amoureux, en avaient peuplé la Nature ; il nous dit maintenant : « Les démons étant une fois constants par le christianisme, il a été assez naturel de leur donner le plus d'emploi qu'on pouvait ; et de ne pas les épargner pour les oracles et les autres miracles païens qui semblaient en avoir besoin... Il semblait qu'en leur rapportant ces événements, on confirmât leur existence, et la religion même qui nous la révèle. » (26). Et les systèmes fabuleux jadis incriminés ? N'est-ce pas « la philosophie de Platon », comme l'indique le troisième chapitre, et même « le système du christianisme », qui fut la seconde raison « des anciens chrétiens pour croire les oracles surnaturels... » (27) ? Relisons surtout l'histoire de l'oracle de Delphes :

> Il y avait sur le Parnasse un trou, d'où il sortait une exhalaison qui faisait danser les chèvres, et qui montait à la tête. Peut-être quelqu'un qui en fut entêté se mit à parler sans savoir ce qu'il disait et dit quelque vérité. Aussitôt il faut qu'il y ait quelque chose de divin dans cette exhalaison ; elle contient la science d l'avenir ; on commence à ne s'approcher plus de ce trou qu'avec respect ; les cérémonies se forment peu à peu. Ainsi naquit apparemment l'oracle de Delphes... Qu'il y en ait une fois un d'établi, vous jugez bien qu'il va s'en établir mille. Si les dieux parlent bien là, pourquoi ne parleront-ils point ici ? Les peuples, frappés du merveilleux de la chose et avides de l'utilité qu'ils en espèrent, ne demandent qu'à voir naître des oracles en tous lieux ; et puis l'ancienneté survient à tous les oracles, qui leur fait tous les biens du monde. Les nouveaux n'avaient garde de réussir tant ; c'étaient les princes qui les établissaient. Les peuples croient bien mieux à ce qu'ils ont fait eux-mêmes... (28).

On croirait que Fontenelle a eu sous les yeux, en rédigeant cette page, son traité *Sur l'Histoire*. Le rôle de l'imposture est vraiment secondaire. Tous les facteurs psychologiques qui étaient indiqués dans le premier ouvrage, se retrouvent ici. La légende d'Hylas,

---

(25) *Œuvres* (3), t. II, p. 289.
(26) *Ibid.*, t. II, p. 212-213.
(27) *Ibid.*, t. II, p. 214, *sq.* et 212.
(28) *Ibid.*, t. II, p. 286.

l'histoire de la Pythie et celle de Josué sont parallèles et tolèrent les mêmes exégèses. On voit comment il serait vain de se fier aux protestations d'orthodoxie auxquelles se livre Fontenelle, et de juger qu'en éliminant les oracles, il ait eu les mêmes intentions que Malebranche ou le Père Thomassin. C'est bien plus le *Tractatus* que la *Recherche de la vérité* qui l'a inspiré. Les contemporains ne s'y sont pas trompés : la chanson du *Recueil Tallemant* est assez explicite :

A moi qui contre les oracles
Ecrivis pour montrer l'abus
De ce qu'on appelle miracles
Et de quelque chose de plus (29).

Et le *Noël* qu'inventèrent Mme la Duchesse et ses amis en 1696 n'est pas moins clair :

L'insipide Corneille,
Mercenaire Normand
Qui débite à merveille
Le *Mercure galant* ;
Disait à son neveu : Je crains pour tes *Oracles.*
De la religion don don
Dans cet ouvrage la la la
Tu combats les miracles (30).

Baltus ne fut pas le seul à suspecter l'orthodoxie du philosophe. Les mauvais esprits savaient bien qu'il était des leurs, et ils ne manquèrent pas d'utiliser son ouvrage. Dans l'*Examen de la Religion* figure tout ce passage du chapitre XI, dont nous avons cité un extrait, du célèbre « Donnez moi une demi-douzaine de personnes... » jusqu'à « ce qu'on appelle le peuple n'est jamais fort éclairé ». (31). Et, si l'on veut comprendre la pensée véritable de Fontenelle, il faut revenir au fameux manuscrit *Des miracles* :

> ... si nous sommes bien convaincus que les oracles de l'Antiquité étaient l'ouvrage des hommes, que cependant dans le nombre plusieurs ont été accomplis, même d'une façon surprenante, que penserons-nous des prédictions contenues dans l'Ancien et le Nouveau Testament ? Quel jugement pourrons-nous porter de ces annonces faites par des saints morts depuis plusieurs années, ou par leurs mages ? Nous sommes fondés à croire que, si les prêtres païens en ont pu imposer à l'Antiquité, les prêtres chrétiens, que nous avons vu ne pas être plus scrupuleux que les anciens idolâtres, ont comme eux abusé de la bonne foi des peuples de leurs temps... (32)

Dumarsais, dont l'athéisme était notoire, voulut défendre

(29) *Plainte de M. de Fontenelle* (ms. La Rochelle).
(30) Ms. Arsenal 3118, p. 290.
(31) *Examen de la Religion* (173), p. 68-69.
(32) *Des miracles* (ms. Maz.), p. 191-192.

l'*Histoire des oracles* (32 *bis*). Est-ce naïvement, est-ce par complaisance, que Bayle notait dans sa gazette :

> J'ai ouï dire qu'on veut prier M. Van Dale de faire un traité pour montrer qu'il n'y a eu que de l'industrie dans toutes les opérations miraculeuses qui ont fait courir tant de gens en foule à certaines chapelles, ou à certains monastères. S'il exécute cette entreprise, l'auteur des *Dialogues des morts* n'y voudra pas mettre la main, comme il l'a mise de fort bonne grâce et avec beaucoup de succès à l'autre traité (33) ?

Il est certain que Fontenelle pouvait rallier autour de lui les huguenots et les sociniens aussi bien que les athées ou les déistes. Le Clerc le défendit en 1707, mais avec quelque prudence. « Mon sentiment — avouait-il — tient le milieu entre celui de M. de Fontenelle et celui de l'auteur qui l'a attaqué. » (34). Enfin, lorsque cette querelle s'alluma, les dévots n'hésitèrent pas à souligner l'irreligion de Fontenelle, et il nous semble que Renaudot comprit assez bien son intention, quand il l'accusa d' « avoir admiré l'ouvrage de l'impie [Van Dale], qu'il a donné sous une forme propre à faire un plus pernicieux effet. » (35).

L'anticléricalisme de Fontenelle.

« On corrompait les oracles avec une facilité qui faisait bien voir qu'on avait affaire à des hommes. » (36). L'Enfer obéissait aux puissants. La Pythie philippisait. Si les prêtresses faisaient les enragées sur le trépied, les prêtres se laissaient acheter ; ils « avaient un bureau de prophéties écrites, dont ils étaient les maîtres, les dispensateurs et les interprètes » (36 *bis*). Les dieux sont nés de l'imposture des sages et des législateurs, ou de l'admiration que les grands hommes inspirèrent au peuple. La fabulation volontaire, que Fontenelle, inspiré par Huet, attribuait naguère à la seule fantaisie des poètes, a maintenant une source plus humble : « l'avarice des prêtres ». Tout cela est assez traditionnel, et Cicéron l'avait établi depuis longtemps.

Mais, comme sur les gravures du livre de Van Dale, le clergé

(32 *bis*) Dans Irailh (200 *bis*) on trouve t. II, p. 13 *sq.*, un résumé de la réponse de Dumarsais : l'auteur montre d'abord que les oracles n'ont pas pu être rendus par les démons ; puis il s'en prend à Baltus à qui il reproche de charger la religion de « prodiges inutiles » et de tomber dans les mêmes erreurs que le luthérien Moebius ; enfin il affirme que les oracles cessèrent avant la venue du Christ. Seule, la deuxième partie paraît présenter des éléments nouveaux par rapport à l'œuvre de Fontenelle.

(33) *Nouvelles*, février 1687, p. 164.

(34) *Bibliothèque choisie* (363), 1707, art. III, p. 181.

(35) Pelissier (631) dans *Revue d'histoire littéraire*, 1902, p. 147 (lettre de Renaudot du 1er juillet 1707).

(36) *Œuvres* (3), t. II, p. 274.

(36 *bis*) *Ibid.*, t. II, p. 280.

païen portait la mitre et la crosse, les prêtres de l'*Histoire des oracles* ont des mœurs et des procédés qui ne sont pas aussi exotiques qu'on le croirait. L'ancien élève des Jésuites s'est-il souvenu de ses années de collège et de ses confesseurs, lorsqu'il nous conte cette anecdote ? Un Lacédémonien demanda à un prêtre : « Est-ce à toi ou à Dieu qu'il faut confesser ses crimes ? » Et, quand il lui fut répondu : « C'est au Dieu », « Eh bien retire-toi donc, dit-il, et je les confesserai au Dieu. » (37). Les ministres du culte ne se gênaient pas pour décacheter les billets qui contenaient les demandes des fidèles. Le fourbe Alexandre, dont Lucien nous a narré l'histoire, « avait jusque dans Rome des correspondants qui lui mandaient les affaires les plus secrètes de ceux qui l'allaient consulter » (38). Ceux qui étaient admis à l'antre de Trophonius étaient soumis à tant d'épreuves, ils subissaient tant d'ablutions, d'expiations, de voyages nocturnes dans des « cavernes étroites et obscures », que leur esprit en devait être ébranlé et offrait un terrain favorable aux plus folles superstitions (39). Ce clergé avide, sans scrupules et sans conscience, n'est pas tellement imaginaire ; les Jésuites, tels qu'ils paraissent dans les *Mémoires* de Saint-Simon, lui ressemblent assez. D'autres passages sont encore plus vénéneux : les pèlerinages à Sérapis : « ... il n'y avait rien de plus gai dans toute la religion païenne jour et nuit, ce ne sont que bateaux pleins d'hommes et de femmes qui chantent et qui dansent avec toute la liberté imaginable. A Canope, il y a sur le canal une infinité d'hôtelleries qui servent à retirer ces voyageurs et à favoriser leurs divertissements... » (40). Est-ce sans intention que Fontenelle invoque les médisances des auteurs païens sur le clergé chrétien : « Dans ces lieux saints, on y plaça des moines, gens infâmes, qui, pourvu qu'ils eussent un habit noir et malpropre, prenaient une autorité tyrannique sur l'esprit des peuples et ces moines, au lieu des dieux que l'on voyait par les lumières de la raison, donnaient à adorer des têtes de brigands punis pour leurs crimes, qu'on avait salées afin de les conserver. » (41) ?

Cet anticléricalisme, plus ardent encore que chez Van Dale, se nourrit sans doute d'une tradition séculaire. Mais les contes de La Fontaine ont dû jouer un rôle essentiel, et surtout Rabelais. C'est justement dans l'*Histoire des oracles* que Fontenelle adresse à l'auteur du *Pantagruel* ce bel éloge : « Il avait beaucoup d'esprit et de lecture, et un art très particulier de débiter des choses savantes comme de pures fadaises, et de dire de pures fadaises le plus souvent sans ennuyer. C'est dommage qu'il n'ait vécu dans un siècle qui l'eût obligé à plus d'honnêteté et de politesse. » (42). Cette admiration, que partageaient alors tant d'esprits libres, de La Fontaine à Pavillon, est assurément sincère. On trouve dans les *Traits, notes et remarques* de Cideville des *Vers de M. de Fonte-*

(37) *Ibid.*, t. II, p. 300.
(38) *Ibid.*, t. II, p. 307-308.
(39) *Ibid.*, t. II, p. 310-313.
(40) *Ibid.*, t. II, p. 365.
(41) *Ibid.*, t. II, p. 365-366.
(42) *Ibid.*, t. II, p. 330.

nelle à M. le duc d'Orléans, régent, auquel il avait conseillé la lecture de Rabelais ; il lui dit :

Je veux porter, en langage du Pinde,
Votre grand nom par-delà l'Océan.
Car vous aimez Panurge et frère Jean (43).

Cependant, l'anticléricalisme de Fontenelle ne se borne ni à ces allusions, ni à ces facéties. Loin de l'évangélisme de ses devanciers, il ébauche dans l'*Histoire des oracles* une conception singulière du rôle de la religion dans la société. On se tromperait en attribuant aux Anciens trop de ferveur ; les Grecs traitaient étourdiment le pour et le contre (44) ; les rites auxquels ils se sousoumettaient ne les engagaient guère. « Il y a lieu de croire que chez les païens, la religion n'était qu'une pratique, dont la spéculation était indifférente. Faites comme les autres, et croyez ce qu'il vous plaira. Ce principe est fort extravagant, mais le peuple, qui n'en connaissait pas l'impertinence, s'en contentait, et les gens d'esprit s'y soumettaient aisément, parce qu'il ne les gênait guère. » (45). N'est-ce pas là un aveu personnel ? Cette attitude peut sembler « extravagante », elle n'en fut pas moins observée par Fontenelle jusqu'à sa mort. On peut n'y voir qu'une forme de prudence. Mais les anecdotes montrent que le philosophe poussait ce conformisme, au delà de ce qu'eût exigé le censeur le plus orthodoxe. L'esprit de système a joué son rôle ; les précautions sociales se sont intériorisés. Ainsi, s'inspirant peut-être de l'exemple de Spinoza, il a exactement retrouvé le comportement du sage de La Haye, de l' « athée vertueux », respectueux des rites et des croyances populaires, pour peu qu'on lui laissât le loisir de philosopher en paix. Et, jusque dans l'*Eloge de Malebranche,* Fontenelle parvint à insinuer qu'il était préférable de séparer la foi et la raison (46). Sa

---

(43) *Traits, notes et remarques* (ms. Rouen), p. 135. Il convient de citer toute cette pièce qui est inédite :

Louanges est certain petit tran tran,
Que sait par cœur le peuple courtisan ;
Jusques au ciel, le langage se guinde ;
Vous ne l'aimez, c'est tant pis pour Satan.
A peine encor dans votre vingtième an,
Vous fîtes rage aux plaines de Nerwinde,
Vous égalisiez un héros de roman,
Perceforêt et l'amant de Clorinde,
Même ce Grec qui conquit jusqu'à l'Inde ;
La Renommée en fit un grand cancan,
Moi pas un mot, ce n'était lors mon plan ;
Mais aujourd'hui, monté de plus d'un cran,
Je veux porter en langage du Pinde...

(44) *Œuvres* (3), t. II, p. 254.
(45) *Ibid.*, t. II, p. 257.
(46) *Ibid.*, t. V, p. 398 : « Ce n'est pas qu'on ne puisse assez raisonnablement les tenir toutes deux séparées, et pour prévenir tous les troubles, régler les limites des deux empires... »

soumission extérieure ne serait donc pas une simple comédie ; peut-être jugeait-il qu'en se pliant aux rites et même à la morale des chrétiens, il se rendait non seulement inattaquable, mais même irréprochable. Nous pressentons des attitudes et des réflexions si complexes qu'il est presque impossible de les analyser clairement. Si l'impiété de Fontenelle est bien établie, on ne saurait la confondre avec les bruyantes manifestations des Vendôme ou même du Régent. Il semble que le naufrage de la religion laissa subsister chez lui l'exigence morale, mais il ne s'en expliqua — et avec quels détours et quelle discrétion ! — que dans le traité *Du bonheur*... Quant à la ferveur du peuple, il ne faut ni l'exagérer, ni l'idéaliser ; « il ... pratiquait les cérémonies seulement pour se délivrer des inquiétudes qu'il eût pu avoir en ne les pratiquant pas ; mais au fond, il ne paraît pas qu'il y eut trop de foi. » (47). Primi Visconti et la duchesse d'Orléans nous montrent qu'il n'en était pas autrement à la fin du XVIIe siècle. Des « écoles de philosophie » qui se moquent sourdement de la religion, une populace naïve et formaliste, telle est aux yeux de Fontenelle la seule structure pensable.

L'histoire de l'esprit.

Si l'on oublie les incohérences et les équivoques des historiens, on parvient à la conclusion suivante : « En général, les oracles n'ont cessé qu'avec le paganisme, et le paganisme ne cessa pas à la venue de Jésus-Christ. » (48). Ainsi chaque religion enfante ses miracles ; toute croyance secrète les erreurs qui la nourrissent ; on ne voit que ce qu'on veut voir. D'autre part, le déclin du paganisme fut lent, entrecoupé, confus. Sous Honorius, Rome était encore pleine d'idoles. Les empereurs étaient divinisés, bien que l'on adorât « le vrai Dieu » ; la sottise et la cruauté s'unirent pour prolonger encore les sacrifices humains. Il est vrai toutefois que la déchéance des oracles avait commencé plus tôt : les Romains, en conquérant la Grèce, supprimèrent la division et les agitations qui y régnaient : « Les maîtres communs calmèrent tout, et l'esclavage produisit la paix » (49). A cela s'ajoutent l'action des sectes philosophiques, et singulièrement des Epicuriens qui s'acharnaient à discréditer la Pythie, et enfin l'impudence des prêtres qui n'avaient plus aucun ménagement, qui faisaient venir dans leurs temples des femmes à qui il n'arrivait « rien que de fort humain. » (50).

L'irrévérence de Fontenelle l'éclaire. Sans doute en mêlant le paganisme le christianisme, en montrant comment les deux religions s'enchevêtrèrent et se confondirent, il mine l'idée de révélation, il insinue que les diverses croyances qui se sont succédées ne sont que des émanations de la nature humaine : s'il existe en ce

(47) *Ibid.*, t. II, p. 263.
(48) *Ibid.*, t. II, p. 356.
(49) *Ibid.*, t. II, p. 383.
(50) *Ibid.*, t. II, p. 396.

domaine un progrès, c'est le progrès même de notre raison. Mais le philosophe paraît déjà ébaucher une sorte de conception de la « mentalité collective » : tout se tient ; des outils aux dogmes, chaque période de l'humanité présente un ensemble cohérent. Enfin, l'on se prend à penser que les causes qui précipitèrent la déchéance des oracles, pourraient bien menacer le christianisme : il suffirait que la paix règne, qu'elle supprime les malheurs et les angoisses qui alimentent la ferveur populaire, que les philosophes — et surtout les éternels épicuriens — persévèrent dans leurs critiques, que le clergé perde toute mesure dans ses mensonges et son avarice, pour que la religion s'écroule. Pour Fontenelle ce n'était peut-être pas là une chimère lointaine, mais une hypothèse raisonnable qu'un avenir imprécis réaliserait. Par delà Van Dale, on peut évoquer Naudé qui notait déjà dans ses *Considérations :*

> ... Il faut encore observer que ces changements, ces révolutions des Etats, cette mort des empires, ne se fait pas sans entraîner avec soi les lois, la religion et les sectes... le trop grand nombre des collèges, séminaires, étudiants, joints à la facilité d'imprimer et de transporter les livres, ont déjà bien ébranlé les sectes et la religion. Et en effet c'est une chose hors de doute qu'il s'est fait plus de nouveaux systèmes dedans l'astronomie, que plus de nouveautés se sont introduites dans la philosophie, médecine et théologie, que le nombre des athées s'est plus fait paraître, depuis l'année 1452, qu'après la prise de Constantinople, tous les Grecs, et les sciences avec eux, se réfugièrent en Europe et particulièrement en France et en Italie, qu'il ne s'en était fait pendant les mille années précédentes... (51).

C'est la même vision des facteurs collectifs qui modèlent les croyances humaines, la même association de la culture et de l'athéisme.

A la recherche d'une unité.

Dans cette démarche, il y a plus que la tendance naturelle d'un impie à considérer les religions comme des « plantes » dont la germination et la mort seraient soumises à des lois impérieuses ; il y entre sans doute une sincère curiosité. C'est une des constantes de l'œuvre de Fontenelle ; des essais et des comédies de jeunesse à l'*Histoire de l'Académie des sciences,* il se posera toujours le même problème : comment peut-il exister des esprits différents? Comment s'expliquer leurs variations ? En face de la crédulité des sauvages, en face de l'ignorance de ses contemporains, en face de toutes les polémiques, de toutes les différences de goût, de mentalité, de tempérament, Fontenelle est « stupéfait » ; cette diversité et cette instabilité que le peuple subit, les philosophes en sont

---

(51) Passage cité dans Pintard, *op. cit.* (640), p. 473. (*Considérations...*)

délivrés, ils peuvent les contempler et les étudier ; peuvent-ils les analyser et les guérir ? L'uniformité de l'explication compenserait cette incohérence. Seule la science peut unir, et la science même qui consiste à rendre compte de toutes les désunions. Ainsi l'œuvre de Fontenelle peut être envisagée comme la recherche d'une unité : unité que la religion a longtemps procurée, qui peut maintenant se retrouver dans la « saine philosophie » et l'exercice commun de la raison. Que les siècles passés et les siècles présents, au lieu de se combattre, ne soient que le développement d'un organisme unique, que les intelligences de toutes les nations s'associent, échangent leurs découvertes, que le monde ne soit qu'une grande Académie, et l'unité laïque remplacera l'unité religieuse qui a disparu. Rien de tout cela n'est franchement exprimé par Fontenelle, mais il suffit que cette hypothèse recouvre toute son œuvre et en justifie les diverses orientations. C'est plutôt une tendance qu'un projet. Dans *Sur l'histoire,* dans les *Doutes* dans les *Lettres galantes,* dans les *Entretiens,* se retrouve toujours le même étonnement un peu douloureux en face de « la séparation » des hommes : comment peut-on être Persan ? Mais chacun est un Persan aux yeux de l'autre. Chacun serait-il donc condamné à la solitude, comme le Chevalier d'Her... ? Mais, vers 1685, en luttant publiquement contre les religions empoisonnées et cruelles, en commençant à défendre la science — même couverte d'agréments et parfois approximative — en proposant surtout une méthode qui peut chasser l'erreur de l'astronomie et de l'histoire, le philosophe paraît envisager un progrès ou une entente possible — au moins dans « la petite troupe choisie », qui s'est délivrée de l'ambition et de l'avarice.

Fontenelle et les Jésuites.

Le sens évident de l'*Histoire des oracles* est moins métaphysique. L'irréligion et peut-être une forme de spinozisme sont bien le secret de cet ouvrage. Est-ce par prudence que le *Mercure galant* montra tant de discrétion devant ce livre (52) ? Il n'en dit presque rien, et cette attitude singulière ne se comprendrait pas, si Fontenelle avait été, comme l'a supposé J.-R. Carré, inspiré par quelque puissance (52 *bis*)... Les gazettes de Hollande n'avaient aucune raison de cacher leur admiration, et nous avons vu comment Bayle s'efforça d'atténuer la hardiesse du livre et d'en rassurer les éventuels censeurs en garantissant l'orthodoxie du philosophe. Vingt ans durant, Fontenelle paraît avoir échappé à toute suspicion. Ou du moins, s'il eut à craindre l'embastillement, ce fut pour la *Relation de Bornéo* et non pour l'*Histoire des oracles.* En 1707, Baltus publia sa *Réponse ;* et, après que Le Clerc eut défendu Fontenelle dans la *Bibliothèque choisie,* le jésuite rédigeait la *Suite de la*

(52) *Mercure galant,* novembre 1686, I, p. 290-291 ; décembre 1686, p. 304.
(52 *bis*) Carré (433), p. 448, *sq.*

réponse (53). Ce pauvre Baltus a été assez mal jugé par la postérité, qui s'est acharnée contre sa maladresse et sa naïveté. Mais malgré ses défauts, son interprétation de l'*Histoire des oracles* était exacte et assez rigoureuse. Il répétait simplement ce que les impies avaient constaté depuis longtemps : ce livre n'était rien d'autre qu'une machine de guerre contre la religion, les miracles et les Pères de l'Eglise. Les distinctions et les circonvolutions de l'auteur ne pouvaient en imposer à personne (54).

Il demeure des obscurités dans cette histoire ; on ne voit pas bien pourquoi Baltus se déchaînait contre un ouvrage déjà ancien qui, après tout, n'était qu'une adaptation et qui ne paraît pas avoir recueilli un succès considérable ; il est vrai que l'*Histoire des oracles* avait été récemment réimprimée (55). En tout cas, les dévots exultèrent, et les lettres de Renaudot, qui témoignent de leur allégresse, ont surtout l'intérêt de nous montrer comment Fontenelle se comporte dans ses circonstances : « [il] n'en est pas moins fier, ni moins ferme dans ses pensées... il avait déjà commencé à faire une réponse... ceux qui ont de l'autorité sur lui ont eu toute la peine du monde à l'empêcher de continuer et... il ne s'est rendu que quand il a été menacé qu'on lui refuserait permission et privilège. Car pour se rétracter et pour vouloir même donner les éclaircissements, il n'en a pas voulu entendre parler... » (56). Cette rigueur et cette fierté sont assez belles, et elles suffiraient à détruire la légende qui ne voulut voir en Fontenelle qu'un vieillard paresseux et égoïste. Trublet a donné une autre version de ces événements : « M. de Fontenelle m'a conté, que, lisant la *Réponse* du P. Baltus, trouvant à chaque page qu'une réplique serait aisée, et l'envie de la faire devenant de moment en moment plus forte, il avait fermé le livre, de peur de succomber à la tentation, et pris la résolution de n'en pas achever la lecture. Il m'a assuré qu'il l'avait tenue et qu'il n'avait jamais lu l'ouvrage en entier. » (57). Mais peut-être influencé par son admiration pour Fontenelle, peut-être égaré par les souvenirs inexacts ou un peu complaisants que celui-ci pouvait avoir conservés de cette affaire, il nous semble plus éloigné de la vérité que Renaudot qui était un contemporain, et sans doute bien informé. Voltaire donne même des précisions : « Les RR. PP. Lalemant et Doucin de la Sté de Jésus firent dire à M. de Fontenelle par l'abbé de Tilladet, que, s'il répondait, on le mettrait à la Bastille » (58). Cependant, cette tranquille assurance avait d'autres motifs : « l'auteur... n'en est pas moins fier pour cela, parce qu'il trouve des protecteurs. Si pareille chose était arrivée à quelque autre, où en serait-il ? C'est là l'effet des divisions

(53) Baltus (88).

(54) Baltus n'attaque jamais Fontenelle personnellement. Il affecte de s'étonner que celui-ci ait prodigué son talent pour une cause aussi peu chrétienne.

(55) A Amsterdam en 1701, et dans les *Œuvres* (Londres, 1707).

(56) *Revue d'histoire littéraire,* 1902 (631), p. 284-285 (15 juillet 1707).

(57) Trublet (345), p. 154.

(58) Voltaire (359), t. XXVI, p. 120 (*Les honnêtetés littéraires,* 1767).

qui sont aussi vives que jamais entre les deux personnes que vous savez et que je ne vois que vous qui puisse accommoder... » (59). Renaudot revient encore sur ce thème : « la division que vous savez est bien fâcheuse pour pareilles affaires et d'autres qui arrivent tous les jours... » (60). Ces querelles qui affaiblissent le clan des dévots, doivent être celles qu'entretenaient alors Mme de Maintenon et le duc de Chevreuse. Si Fontenelle pouvait à la rigueur escompter quelque appui de la favorite du roi, dont il avait jadis célébré l'œuvre à Saint-Cyr (61) et que Mlle Bernard avait plusieurs fois louée dans ses vers (62), la protection de Pontchartrain lui était acquise. Mais les jansénistes se déchaînèrent contre lui (63). Enfin quand Le Tellier devint le confesseur du roi (64), le philosophe faillit être embastillé, et c'est l'intervention de d'Argenson qui le tira d'affaire (65). Il lui en garda une tenace reconnaissance, qui se marqua encore dans l'*éloge* (66) qu'il lui consacra.

Plus curieuse est l'attitude du *Journal de Trévoux*. Dans le numéro d'août 1707, le Père Tournemine s'efforça de montrer que ses intentions et la piété de Fontenelle étaient au-dessus de tout soupçon ; il ne se fût jamais livré à cette entreprise, « s'il n'avait été convaincu qu'il était fort indifférent pour la vérité du christianisme que ce prétendu miracle de l'idolâtrie fût l'ouvrage des démons ou une suite d'impostures ». (67). Ce plaidoyer nous étonne : il serait trop facile de l'attribuer simplement aux relations anciennes et intimes de Fontenelle et de ses maîtres. Même Baltus gardait des formes. Sa *Préface* est bien ambiguë. Il s'en prend avec violence à Van Dale ; il affirme : « ... dans le siècle où nous sommes, on peut s'assurer qu'une opinion nouvelle, quelque mal prouvée qu'elle puisse être, ne manquera jamais de trouver des sectateurs, pourvu qu'elle favorise le penchant que l'on a à l'incrédulité, qu'elle entreprenne de décharger les hommes du poids

---

(59) *Revue d'histoire littéraire,* 1902 (651), p. 288 (26 août 1707).

(60) *Ibid.*, p. 292.

(61) En 1687, le poème pour le prix de l'Académie française, consacré à la fondation de Saint-Cyr, dans *Œuvres* (3), t. X, p. 431-435.

(62) *Lettre à Mme de Coulanges sur Mme de Maintenon* dans Bouhours (114), p. 241. La poétesse voit dans la favorite du roi :

> Mille grâces inexplicables,
> Qui de ses austères vertus
> Font les vertus les plus aimables.

(63) Voltaire : *Dictionnaire philosophique :* article *Oracles :* « Les jansénistes de leur côté, plus énergumènes que les Jésuites, crièrent encore plus haut qu'eux... »

(64) Trublet (345), p. 154. Lorsque Le Tellier fut nommé, Fontenelle dit : « Les jansénistes ont pêché. » C'est le confesseur du roi qui interdit à Dumarsais de répondre.

(65) Voltaire (359), t. XXVI, p. 500-501 (*Lettre VII sur les Français* dans *Lettres à S.A. Mg. le Prince de...,* 1767).

(66) *Œuvres* (3), t. VI, p. 136.

(67) *Journal de Trévoux* (370), p. 1388. Tournemine dit même que Fontenelle est un « homme au-dessus de pareils soupçons ».

incommode de la créance que l'on doit aux miracles, et qu'elle tende à enlever à la religion quelqu'une de ses preuves ou de ses traditions. » (68). Il reproche à Fontenelle d'avoir enrichi et orné le traité de Van Dale. Et cependant, il nous dit qu'il « l'honore très sincèrement » (69), et conclut : « Je suis prêt de souffrir avec la même tranquillité qu'il me réfute à son tour » (70).

Episode plus singulier encore et moins connu. Renaudot note en 1711 que Dacier est l'ennemi de Baltus, et que celui-ci, « pour faire la paix avec... Fontenelle, a fait un livre contre Platon... » (71); il s'agit en effet de la *Défense des S.S. Pères accusez de platonisme* (72). On le voit, l'adversaire du philosophe ne voulait pas le condamner au bûcher ; leur combat n'eut rien d'acharné, ni de cruel. Ce furent des dévots et le confesseur de Louis XIV qui rendirent l'affaire plus aigre et plus dangereuse. On ne parvient cependant pas bien à comprendre l'attitude des Jésuites. Leur indulgence envers Fontenelle étonnait Mathieu Marais (73). Comment cet homme, dont l'impiété se dissimulait si peu, a-t-il pu compter sur le fidèle appui du *Journal de Trévoux* jusqu'à sa mort ? Faut-il seulement considérer le fameux « laxisme » des Jésuites ? Ou bien, comme certaines anecdotes le montrent, leur aversion pour les jansénistes et pour les huguenots les rendait-elle plus tolérants envers les déistes et même les athées (74) ?

Le merveilleux dans l' « Histoire des oracles ».

De tous les jugements qu'a suscités ce livre, nous retiendrons celui de Garat qui connut Fontenelle ; il souligne comment, dans cet ouvrage, l'auteur « a fui le sublime » et s'est tenu à la « simpli-

---

(68) Baltus (87), *Préface.*

(69) *Ibid., loc. cit.*

(70) *Ibid., loc. cit.*

(71) *Revue d'histoire Littéraire*, 1902 (631), p. 311 (7 février 1711).

(72) *Défense des S.S. Pères...* (89).

(73) M. Marais (247), t. IV, p. 209, à propos de l'éloge que Fontenelle obtint du P. Porée, et surtout, t. IV, p. 159, quand les *Lettres du Chevalier d'Her...* furent données en prix par les jésuites de Marseille : « Voilà une belle tracasserie et un beau prétexte à ses amis de se faire molinistes, s'ils ne l'étaient pas... »

(74) Saint-Simon (318), t. XIV, p. 381-383 ; t. XVIII, p. 411 ; *passim.* La haine que les Jésuites portaient aux jansénistes atteignit son paroxysme dans les années 1705. Dans ses *Traits, notes et remarques* (ms. Rouen), Cideville cite la pièce suivante, p. 201 : *Sur Boindin mort à la fin de l'année 1751 :*

> Boindin mourant tranquillement
> Etait à la dernière angoisse,
> Quand le curé de la paroisse
> Veut lui parler de sacrement.
> Hélas, mon dieu, je suis déiste,
> Lui dit Boindin, même profès.
> Ah, je vous croyais janséniste,
> Dit le curé, mourez en paix.

cité la plus sévère » (75). Il montre surtout quel parti il sut tirer du traité de Van Dale, où il découvrit « les matériaux d'une histoire de l'esprit humain sous la double puissance d'une imagination qui sait tout feindre et d'une religion qui fait tout croire » (76). Cette phrase nous paraît fort éclairante : en critiquant les fables et la religion, Fontenelle dénonce les prestiges empoisonnés de l'imagination et de l'affectivité.

Mais ces charmes dont il révèle les méfaits, l'écrivain n'a pas manqué d'y recourir. Avec plus d'élégance, plus de concision, plus de talent dramatique que Van Dale, il nous présente dans son essai une suite brillante d'histoires curieuses, romanesques, fantastiques. C'est l'amateur de contes, le librettiste d'opéras, qui ressuscite pour nous narrer la légende du pilote Thamus, celles du roi Thulis, d'Aristodicus et des Cuméens. S'il blâme l'inexactitude et les fantaisies de Plutarque, il emploie un peu les mêmes procédés ; il montre, malgré son ironie, la même complaisance pour le féerique et le merveilleux. Mêlant adroitement la naïveté et l'humour, parsemant de plaisanteries un exposé qui serait trop sévère, il parvient à intéresser ses lecteurs. Mais il serait peut-être inexact de ne voir dans ces récits et ces ornements qu'une simple ruse de vulgarisateur. Deux ans plus tard, Fontenelle semblera exalter la puissance du Destin et des oracles dans *Thétis & Pélée*... Simple fiction d'opéra ? La coïncidence demeure troublante. Mme de Staal conte dans ses *Mémoires* l'aventure suivante, qui se déroula en 1713 : « Une jeune fille, nommée Mademoiselle Testar, excita la jalousie du public par un prétendu prodige qui se passait chez elle. Tout le monde y alla. M. de Fontenelle, engagé par M. le duc d'Orléans, fut aussi voir la merveille. On prétendit qu'il n'y avait pas porté des yeux assez philosophiques ; on en murmura... » (77). Et, conseillée par la duchesse du Maine, Mme de Staal écrivit au philosophe une lettre assez célèbre où elle notait : « On s'étonne, et peut-être avec quelque raison, que le destructeur des oracles, que celui qui a renversé le trépied des Sibylles, se soit mis à genoux devant le lit de Mlle Testar... Quoi ! disent les critiques, cet homme qui a mis dans un si beau jour des supercheries faites à mille lieues loin et plus de deux mille ans avant lui, n'a pu découvrir une ruse tramée sous ses yeux » (78). Fontenelle se tira d'affaire

(75) Garat-Suard (513), t. I, p. 78. Il montre également l'influence qu'exerça ce livre sur Montesquieu et Voltaire, et ajoute qu'on y trouve « les premiers exemples de ce ridicule, gai à la fois et terrible, jeté sur les extravagances des nations et des siècles... ».

(76) *Ibid.*, t. I, p. 78.

(77) Mme de Staal (335), p. 697.

(78) On retrouve cette lettre et la réponse de Fontenelle dans les *Œuvres* (3), t. XI, p. 90-94. Il existe à la B.N. ms. fds. fr. nv. acq. 13202 p. 41, une *Réponse à M. de Fontenelle par son ami de Marly* : « Croyez-vous, Monsieur, que vous n'auriez pas mieux fait de répondre au Père Baltus qu'à Mlle de Launay ; on s'étonne, et sûrement avec raison, que l'antagoniste impitoyable des vieilles prophétesses de Delphes, que le créateur philosophique de plusieurs mondes, se soit donné la peine d'écrire à une fille qui l'interrogeait sur une matière peu sérieuse, quand il a négligé de le faire sur un ouvrage qui attaquait sa réputation. Vous me

aisément : « Je n'ai point cru que d'avoir décrié les vieilles prophétesses de Delphes, ce fût un engagement pour détruire une jolie fille vivante... » (79).

Croira-t-on que le merveilleux qu'il ne cessait de confondre, ait gardé sur son cœur une emprise tenace ? Mais le duc d'Orléans, dans cette circonstance, montra moins de crédulité que nous ; la confiance apparente de Fontenelle envers les diableries de Mlle Testar lui parut une simple ruse : l'auteur de l'*Histoire des oracles* voulait rassurer les Jésuites qui l'avaient inquiété, et prouver même à Baltus, qu'il était encore candide, encore capable de croire l'incompréhensible (80). Curieuse conjecture... Mais le Régent connaissait son ami, et nous montre comment l'artifice et l'intelligence présidaient même aux conduites qui paraissaient les exclure. Il est cependant visible — et ce traité en témoigne autant que les romans ou les opéras — que Fontenelle fut également capable de mépriser et d'aimer les mythes. S'il a mis si souvent ses lecteurs en garde contre ces sortilèges néfastes, c'est peut-être qu'il en avait d'abord ressenti la puissance...

---

direz peut-être que *l'un ira pour l'autre,* et que vous n'avez pas cru qu'un ressentiment étouffé par la considération que vous avez pour une compagnie respectable, fût un engagement pour ne point écrire à une jolie fille, vivante, spirituelle, dont on n'a jamais parlé qu'en bien, et qui vous attaque par une lettre remplie de confiance et d'amitié ; *il n'y a pas grand mal à cela.* Je l'avoue, sans compter que, si les Baltusiens trouvaient que votre prudence ordinaire et normande vous abandonne en cette occasion, vous pourrez leur répondre *à tout péché miséricorde.* Dieu vous la fasse, Monsieur, aussi bien qu'au pauvre Sancho Pança, dont vous imitez si à propos le langage. Tout homme de cœur que je suis, je vous invite à l'imiter encore dans la sincérité et dans la solidité de ses jugements. L'honnête homme que c'était, quoique sans expérience et sans avoir essuyé *les injustices du monde,* hors d'avoir été berné, mais tant d'autres l'ont été depuis lui, qu'il se consolerait aisément de cette aventure s'il vivait encore ; quelque complaisance qu'il eût pour son maître, il ne serait jamais convenu qu'une hôtellerie fût château, un troupeau de moutons une armée, que des moulins fussent des géants, Dulcinée une princesse, et je pense que, si Dulcinée avait fait du bruit dans son lit, dont il n'eût pas connu la mécanique, Don Quichotte l'aurait plus tôt assommé que de lui faire croire que ce fût le badinage d'un lutin ou d'un enchanteur. Je n'en dirai pas davantage, Monsieur, Dieu m'entend, il suffit, le bon sens fait le bon entendement. Salut. »

Cette lettre nous montre comment les contemporains et surtout les amis de Fontenelle le jugeaient : son amitié pour les Jésuites, sa « prudence normande », tels sont les traits qui les ont le plus frappés.

(79) *Œuvres* (3), t. XI, p. 93-94.

(80) *Correspondance de Madame* (271), t. II, p. 201-202 (lettre du 19 novembre 1713) : « Mon fils pense que Fontenelle ne s'est montré croyant à ce point que parce qu'il est mal avec les Jésuites. Ils l'ont accusé de ne croire à rien, et il a profité de cette occasion pour faire montre de sa foi. »

CHAPITRE III

POLEMIQUES ET SACRILEGES

Les *Entretiens* trahissaient une certaine hostilité pour la religion ; cette tendance s'accentuait dans l'*Histoire des oracles* ; elle va prendre un tour plus précis, lorsque Fontenelle combattra la philosophie de Malebranche et la Révocation de l'Edit de Nantes. Des préoccupations littéraires déjà anciennes reparaîtront, et le philosophe, durant les années 1685-86, devient un journaliste agressif — et parfois scandaleux. C'est la gazette de Bayle qui lui donne le moyen de s'exprimer. Délaissant les colonnes du *Mercure galant,* Fontenelle fut alors le collaborateur le plus régulier et le plus hardi des *Nouvelles de la République des lettres.* L'association séculaire que firent les historiens entre ces deux noms n'est donc pas un mythe ; Bayle et Fontenelle s'opposèrent parfois, mais leur conflit fut limité et empreint de courtoisie. Regrettons seulement que leur correspondance ait presque entièrement disparu. Il ne reste de trace que d'une lettre écrite en 1699, où l'auteur de la *Critique générale* félicite et conseille le nouveau secrétaire de l'Académie des sciences (1).

Contre Racine.

Le grand Corneille était mort dans la nuit du 30 septembre au 1er octobre 1684 ; d'après l'acte officiel, Fontenelle ne fut pas présent à son inhumation (2). Thomas succéda à son frère à l'Académie, et y fut reçu le 3 janvier 1685 ; en évoquant cette cérémonie, Bayle notait dons son journal : « On doit nous envoyer bientôt un autre éloge de ce grand homme que nous insérerons dans les *Nou-*

(1) Lettre mentionnée par E. Labrousse, dans l'*Inventaire critique...* (550), p. 281.

(2) Acte de décès de Pierre Corneille, cité dans *Œuvres* (135), t. I, p. XCLL. On ne peut cependant rien affirmer, car seuls Thomas Corneille et Michel Richeur, prêtre, sont mentionnés.

velles de ce mois » (3). En effet, cet éloge figurait dans le dixième article du même numéro ; le rédacteur de la gazette précisait : « nous l'avons reçu si bien dressé qu'il n'a pas été nécessaire d'y changer la moindre chose » (4).

Le sévère anonymat qui entourait cet écrit ne laisse aucun doute sur son attribution : l'*Eloge de M. Corneille* reparut, corrigé et augmenté, dans l'*Histoire de l'Académie* de l'abbé d'Olivet en 1729, puis dans les *Œuvres complètes* de Fontenelle en 1742. C'était d'ailleurs chez lui une pratique habituelle que de reprendre ses anciens ouvrages — soit partiellement, soit dans leur ensemble — pour en faire la matière de nouveaux livres ; ainsi *De l'origine des fables* est une adaptation, ou, comme dit Trublet, un « détachement » de *Sur l'Histoire,* et des passages du *Romieu de Provence* se retrouvent dans l'*Histoire du Théâtre françois.* On peut voir dans cette pratique une forme de « paresse », et surtout d' « avidité » : l'écrivain ne veut rien perdre de ses travaux passés.

Un anonymat aussi strict peut surprendre ; il était bien naturel que Fontenelle fît l'éloge de son oncle. C'est que ses intentions étaient moins inoffensives qu'il ne semble. Racine, étant alors directeur de l'Académie, avait rendu hommage à son rival en recevant Thomas Corneille. Son discours, si éloquent et si juste qu'il fût, ne s'en ressentait pas moins des querelles du moment. Les prétentions du clan des Anciens y étaient affirmées ; à travers l'admiration, un sourd dénigrement perçait. Il est évident que Fontenelle a rédigé son article en ayant sous les yeux le discours de Racine, et, sans jamais y faire allusion, il s'est attaché à le réfuter systématiquement. L'auteur d'*Andromaque* avait brièvement mentionné la faiblesse des premières œuvres de Corneille. Fontenelle réplique en soulignant le charme de *Mélite* : cette « pièce était d'un enjouement assez naturel et assez poli, et qui représentait la conversation des honnêtes gens » (5). Et il ne veut pas seulement réhabiliter son oncle ; il exprime son propre goût : les termes qu'il emploie — « enjouement », « conversation » — sont ceux-mêmes qu'utilisaient les rédacteurs du *Mercure* pour parler des *Lettres galantes* ou des *Dialogue des morts.* Enfin, n'est-ce pas une implicite condamnation des préjugés de « la cabale du sublime » ?

Racine avait insisté sur la vulgarité de la scène française, au moment où Corneille fit ses débuts (6). Il paraissait ainsi mettre en évidence les qualités du « père de la tragédie classique », mais il insinuait aussi que celui-ci avait parfois cédé au mauvais goût de ses contemporains ; tout en excusant ses défauts, il les révélait. D'ailleurs, il croyait faire beaucoup en comparant Corneille à Eschyle ou à Sophocle (7). Que nous dit Fontenelle ? « Voilà le temps que l'on peut marquer pour celui où le théâtre français a été au plus haut point de sa gloire, et assurément il était alors bien

(3) *Nouvelles de la République des lettres,* janvier 1685, p. 32.
(4) *Ibid.*, janvier 1685, p. 81.
(5) *Ibid.*, janvier 1685, p. 86.
(6) *Œuvres* de Racine (296), t. IV, p. 359.
(7) *Ibid.*, t. IV, p. 360.

au-dessus de l'ancien théâtre d'Athènes... » (8). On peut difficilement imaginer une formule plus brève et plus vénéneuse. L'agressivité est encore plus nette dans les paragraphes suivants : « Il se trouva un homme qui, soutenu de beaucoup de mérite et d'un parti considérable qu'il s'était fait à la cour et parmi les femmes, prétendit être son rival. Il étudiait avec soin et avec un grand succès le goût que l'on avait alors pour la tendresse, au lieu que M. Corneille dédaignait d'avoir cette condescendance pour le public et ne voulait point sortir de sa noblesse ordinaire, ni de la grandeur romaine... » (9). D'autres phrases sont assez précises : « Il n'était pas extrêmement né pour faire la cour... » (10). L'ultime pointe est dans la conclusion : Corneille laisse « une réputation qui ne périra jamais, tant qu'il y aura des lettres, et qui le mettra au-dessus de tous les poètes tragiques qui aient jamais été ». (11).

La brutale sincérité de Fontenelle ne se borne pas au domaine littéraire. Alors que Racine avait transformé l'éloge de Corneille en un panégyrique de Louis XIV, il n'est ici pas un mot qui soit à la gloire du Roi. Bien au contraire — les menées jalouses du Cardinal de Richelieu sont cruellement indiquées. Dans la version officielle de la *Vie de Monsieur Corneille,* il y aura cette fameuse phrase sur l'*Imitation de Jésus-Christ* « ce livre, le plus beau qui soit parti de la main d'un homme, puisque l'Evangile n'en vient pas » (12), et les rapports du dramaturge et des Jésuites seront soulignés à plusieurs reprises. Rien de tel dans cet article ; l'*Imitation* est sèchement citée ; les Jésuites, et même le collège où Corneille fit ses études, sont passés sous silence.

A ces rectifications historiques, à ces attaques littéraires, s'ajoute une leçon de style ; l'expression nombreuse et fleurie, à laquelle avait recouru Racine, est remplacé par une sorte de nudité sèche : « le sublime » est toujours mensonger ; la vérité n'a que faire de ces parures. Cet *éloge* est né visiblement de la colère : colère que dut éprouver tout le clan des cornéliens, en voyant l'auteur d'*Andromaque* louer si pompeusement — et avec quelles sournoises réserves ! — son rival ; colère que le créateur d'*Aspar* avait des raisons personnelles de ressentir et d'exprimer. Il n'y eut aucune réplique ; on ne sait si Racine identifia son adversaire.

Les nombres sacrés.

« Rien de plus connu en arithmétique que la proposition d'après laquelle un multiple quelconque de 9 se compose de chiffres dont la somme est elle-même multiple de 9. » (13). C'est sans

(8) *Nouvelles* (372), janvier 1685, p. 87-88.
(9) *Ibid.*, janvier 1685, p. 88-89.
(10) *Ibid.*, janvier 1685, p. 89.
(11) *Ibid.*, janvier 1685, p. 89-90.
(12) *Œuvres* (3), t. III, p. 107.
(13) Dans le *De numeris multiplicibus,* dans Blaise Pascal, *Œuvres* (275), t. III, p. 315.

doute cette remarque de Pascal, et les travaux de Fermat, qui inspirèrent à Fontenelle le *Mémoire sur le nombre 9,* publié dans les *Nouvelles* de septembre et de novembre 1685 (14). Rien de bien nouveau dans cet article. « Tout le monde — écrit Fontenelle — n'a peut-être pas remarqué que cette propriété du nombre 9 ne se borne pas au-dessous de cent » (15) ; mais, malgré cette affirmation, il n'apporte aucune précision par rapport aux travaux de ses devanciers. Il ajoute qu'il a découvert « une propriété assez surprenante dans les nombres ». (16). 21 est un multiple de 7 ; 10 — 7 = 3 ; en multipliant 2 — le premier chiffre de 21 — par 3, on obtient 6 ; et en additionnant à 6,1 — le deuxième chiffre de 21 — on retrouve 7. Pascal avait déjà montré qu'il était possible de « reconnaître à la simple inspection de la somme de ses chiffres, si un nombre donné est divisible par un autre nombre quelconque ». (17). Fontenelle aurait-il été insatisfait de ce raisonnement ? Il propose aux lecteurs une sorte de jeu : il voudrait qu'on lui démontre cette propriété des nombres ; il affirme même qu'il conçoit cette argumentation, mais, dit-il, « je ne l'ai pas encore réduite en langage et forme mathématique ». (18). Cependant la direction où il s'engage lui a été indiquée par le *De numeris multiplicibus* ; il prétend « qu'on trouvera aisément le nœud [de ce problème], quand on aura attrapé une certaine combinaison de la nature véritable des nombres avec leur nature arbitraire qui dépend de l'institution des chiffres arabes » (19). N'est-ce pas un écho de cette remarque de Pascal : « notre système décimal de numération... repose non sur une nécessité naturelle, comme le pense le vulgaire, mais sur une convention, d'ailleurs assez malheureuse » (20) ?

On voit mal le sens de ce *Mémoire* ; Fontenelle ne pouvait en espérer une grande notoriété ; a-t-il simplement voulu aider Bayle, et donner aux *Nouvelles,* comme au *Mercure,* une valeur de vulgarisation scientifique, en invitant le public à résoudre l'énigme qu'il lui soumettait ? Il y eut trois réponses : l'une de Joullieu, en février 1686, l'autre de Sauveur, transmise par l'abbé Catelan, en octobre 1686, la dernière de Pithois, en janvier 1687. Il se pourrait que, sous ces intentions évidentes, Fontenelle ait visé un but plus philosophique. Dans le premier article, il note : « Il est toujours certain que cette vertu de 9, quelle qu'elle soit, aurait merveilleusement réjoui l'imagination d'un rabbin, ou d'un pythagoricien, et Philon, juif, qui s'est tant tourmenté à faire voir les beautés de 7, aurait tout autrement triomphé sur 9... C'est dommage que 9 ne soit quelque part un nombre sacré ; il ferait bien son personnage... » (21). Cette fois, tout s'éclaire : le négateur des oracles,

(14) *Nouvelles* (372), septembre 1685, p. 944-947 ; novembre 1685, p. 1186-1191.
(15) *Nouvelles* (372), septembre 1685, p. 944.
(16) *Ibid.,* novembre 1685, p. 1186.
(17) Pascal, *Œuvres* (275), t. III, p. 315.
(18) *Nouvelles* (272), *loc. cit.*
(19) *Ibid.,* novembre 1685, p. 947.
(20) Pascal, *Œuvres* (275), t. III, p. 947.
(21) *Nouvelles* (372), septembre 1685, p. 947.

l'ennemi des alchimistes et des Pythagoriciens, reparaît ; il ne s'agit plus que de traquer les dernières survivances de ce qu'Auguste Comte appellera « l'esprit métaphysique ». En montrant que 9 est aussi prestigieux que 7, puis que tous les nombres participent aux mêmes lois, si étonnantes qu'elles nous semblent, Fontenelle combat à nouveau contre les anciennes superstitions et contre les émules de Paracelse qu'il insultait déjà dans les *Dialogues des morts*. On comprend que cette tendance l'ait incité à souligner l'aspect arbitraire, et même fortuit, des chiffres arabes. Au réalisme mathématique de ses adversaires, il oppose implicitement une sorte de « conventionalisme ».

Contre Malebranche.

« Je n'avais jamais goûté le système du père Malebranche sur les causes occasionnelles... Quand je n'avais écouté que ma raison pour satisfaire à ce que les philosophes exigent de nous, j'avais été surpris de ne la trouver pas plus favorable aux causes occasionnelles que mon imagination et mes sens. » (22). C'est ainsi que Fontenelle présente ses *Doutes sur les causes occasionnelles*. Cet ouvrage fut anonyme ; le *Mercure* n'en dit rien ; ce sont seulement les *Nouvelles* de mars 1686, qui indiquèrent dans une note : « C'est [de] M. de Fontenelle, auteur des *Nouveaux dialogues des morts*. » (23). Le polémiste adopte un ton extrêmement doux et modeste : les objections qu'il avait conçues contre le système de Malebranche ne lui semblaient pas bien sûres ; il se défiait lui-même de ses idées, mais ne parvenait pas à s'en défaire : « Je me suis donc résolu à me délivrer de cette incertitude, en demandant au public ce que j'en dois croire, et principalement au père Malebranche, que je reconnais volontiers pour juge dans sa propre cause... Je me rendrai à la première réponse qu'on aura la bonté de me donner. Je me rendrai même, quand on ne m'en donnerait pas ; et j'entendrai bien ce silence... » (24).

Cette touchante modestie, qui s'explique sans doute par l'estime sincère que Fontenelle éprouvait pour Malebranche, est surtout un habile procédé : ce ton cauteleux, cet appel à la bonne foi, ces insinuations, cette modération, ne pouvaient manquer d'attirer la sympathie du lecteur. Enfin, c'était la première tentative du jeune homme en métaphysique.

En lisant ce traité, on voit aisément que Fontenelle est plus adroit et qu'il organise ses arguments avec plus d'art qu'il ne voudrait nous le faire croire. Il précise d'abord les limites de son entreprise. Toujours soucieux d'ébaucher une histoire de l'esprit humain,

(22) *Œuvres* (3), t. IX, p. 44.

(23) *Nouvelles* (372), mars 1686, p. 261. Selon Trublet, *Mémoires* (345), p. 107, « M. de Fontenelle m'a dit qu'il en avait confié le manuscrit à MM. Basnage qui l'emportèrent en Hollande, l'y firent imprimer, et lui en envoyèrent ensuite quelques exemplaires à Rouen. »

(24) *Œuvres* (3), t. IX, p. 46.

il nous explique comment les causes occasionnelles furent inventées par Descartes pour combler l'espace immense qu'il établissait entre l'âme et le corps, puis furent étendues à la physique, avant que l'auteur de la *Recherche de la vérité* ne les transportât dans la théologie. Abandonnant à Arnauld la théologie, laissant de côté les implications du dualisme cartésien, Fontenelle se borne à la physique. Il va s'efforcer de démontrer que les corps « sont causes véritables de leurs mouvements » (25), et que Dieu, dans le système des causes occasionnelles n'agit « ni simplement, ni par des lois générales, ni plus en souverain que dans le système commun » (26). Ses réflexions, comme il le dit lui-même, sont purement originales ; elles ne doivent rien à Arnauld, elles ne semblent émaner que d'une simple lecture de la *Recherche de la vérité* et surtout des *Méditations chrétiennes*. C'est donc en comparant les arguments de Fontenelle et les démonstrations de Malebranche, que l'on peut parvenir à apprécier les intentions qui présidèrent à ces *Doutes,* et les procédés auxquels recourut l'auteur.

Malebranche avançait quatre raisonnements pour soutenir son système. Annonçant Hume, il soulignait d'abord l'obscurité du rapport causal dans le monde matériel et dans le monde moral :

> Je suis... fort porté à croire que j'ai moi-même une force ou une puissance véritable, puisque je produis dans mon corps du moins les mouvements qu'on appelle volontaires... Néanmoins, quand je rentre en moi-même pour y trouver quelque idée claire de force ou de puissance, quand je pense aux forces mouvantes par lesquelles les corps se mettent en mouvement, à la force qu'a le feu de mettre en moi la douleur, ou à celle que j'ai moi-même pour m'unir aux corps qui m'environnent ou pour m'en séparer ; quand je fais, dis-je, une sérieuse réflexion à toutes ces choses, je me trouve dans un embarras étrange (27).

C'est à cela que Fontenelle a d'abord voulu répondre. Si l'on admet qu'avant le décret de Dieu, deux corps A et B sont en mouvement, « il faut nécessairement que les mouvements augmentent ou diminuent par le choc » ; « il est absolument impossible » que les deux corps « conservent tous deux en même temps... la même quantité de mouvement qu'ils avaient » (28). De telles remarques avaient déjà suscité cette réplique de Malebranche : « Qui te l'a appris ? Qui t'a dit que l'autre [corps] recevra [le mouvement]... ? Conçois-tu clairement ceci ? » (29). Sans doute, dit Fontenelle, « pour établir une cause véritable, il faut voir une liaison nécessaire entre elle et son effet », et il avoue que « l'on ne conçoit point comment le mouvement d'un corps passe dans un autre » ; mais il se résigne à cette obscurité ; « s'il fallait entendre ces sortes de

(25) Chapitre III, *Œuvres* (3), t. IX, p. 52-63.
(26) *Ibid.*, t. IX, p. 63-93 : chapitres IV à VI.
(27) *Méditations chrétiennes,* V.
(28) *Œuvres* (3), t. IX, p. 53-54.
(29) Malebranche, *loc. cit.*

comment là, je ne trouverais pas que Dieu même fût la cause véritable d'aucun effet » (30) ; le rapport du créateur et de la création est aussi mystérieux que la relation qui unit le choc des corps et la transmission de leurs mouvements. Scrupuleusement, mais fort adroitement aussi, il imagine d'autres objections, qu'il réfute sans mal. Le plein que reconnaissent les cartésiens ne suscite-t-il pas quelque difficulté ? Le choc de A et de B ne saurait s'y produire, parce que dira-t-on, « pour cela, il faudrait qu'ils eussent déjà mû d'autres corps... ainsi, avant le décret, tout sera immobile... à cause du plein qui fait qu'ils ne peuvent être mus sans en mouvoir d'autres, ce qui ne se peut qu'après le décret » (31). La réplique est aisée : dans ce cas, « l'impuissance de mouvoir d'autres corps est essentielle aux deux corps particuliers A et B... donc ils la conserveront dans toute hypothèse qui ne détruira point leur essence » (32) ; ainsi tout mouvement est annulé. Enfin, il ajoute un « raisonnement par impossible » dans l'hypothèse du vide ; « cela est dans les règles », note l'ancien élève des Jésuites, qui se souvient, quoi qu'il en dise, de sa logique (33).

Deuxième argument de Malebranche : la sagesse divine exige les causes occasionnelles: « Dieu est un être infiniment parfait ; ses volontés seront donc efficaces par elles-mêmes... Si Dieu a donc la volonté qu'un corps soit mû, cela seul le mettra en mouvement, et l'action de la volonté de Dieu sera la forme mouvante de ce corps. Dieu ne doit donc point créer des êtres pour en faire les forces mouvantes des corps, car ces êtres seraient inutiles. » (34).

En fait, rétorque Fontenelle, l'occasionalisme ne donne à l'action divine ni simplicité, ni uniformité. Dieu a voulu accomplir pleinement son dessein et employer les moyens les plus simples. Mais l'essentiel, c'est évidemment « la sagesse de l'exécution » ; préfère-t-on une horloge inexacte qui n'ait que cinq roues à une horloge précise qui en ait dix ? Or, si le système de Mallebranche n'apporte à la création aucune perfection, il y ajoute une complication inutile ; « c'est assurément prendre un circuit, et un circuit qui, selon la supposition présente, ne contribue en rien à une exécution plus pleine et plus entière du dessein » (35).

« Que l'horloge sonne les heures par son propre mécanisme », qu'un homme lui fasse « sonner toutes les heures de sa main », ou qu'il préfère sonner les heures lui-même « en frappant deux pièces de métal l'une contre l'autre... ces trois actions, quoique d'une égale uniformité, ne sont pas d'une perfection égale. Il n'y a que la première qui soit parfaite... j'ai confié l'exécution de mon dessein à la nature seule des sujets sur lesquels j'agis ; et dans tous les effets qu'elle produit d'elle-même, elle ne fait plus que m'obéir. » (36).

(30) *Œuvres* (3), t. IX, p. 57-58.
(31) *Ibid.*, t. IX, p. 60.
(32) *Ibid.*, t. IX, p. 61.
(33) *Ibid, loc. cit.*
(34) Malebranche, *loc. cit.*
(35) *Œuvres* (3), t. IX, p. 66-72.
(36) *Ibid.*, t. IX, p. 76-77.

Cette allégorie appliquée à Dieu signifie ceci : s'il veut que les corps qui se choquent se transmettent leurs mouvements, il va leur demander dans le système de Malebranche un effet qui ne leur est pas proportionné, puisque l'occasionalisme les dépouille de toute force mouvante. Peut-on concevoir que la sagesse divine soit tombée dans cette erreur ? Les cartésiens veulent que le monde matériel soit une machine ; « Dieu doit donc à toutes les parties de cette machine un premier mouvement » et « il faut que tout ce qui arrive ensuite dans la machine arrive en vertu de la disposition où elle est, et par la seule nature des parties qui la composent » (37). Comment admettre dans ces conditions que le mouvement des corps augmente ou diminue par « une loi particulière » (38) qui agit contre leur nature ? Les causes occasionnelles rendent bien l'action de Dieu uniforme, mais « l'uniformité par elle-même n'est point parfaite (39). Toute action contraire à la nature du sujet est imparfaite ; l'uniformité que l'on veut introduire ne saurait compenser ce défaut.

Il importe aussi de distinguer la généralité et l'uniformité ; « cette équivoque règne dans les ouvrages des cartésiens d'un bout à l'autre » (40) : l'uniformité consiste dans la constance d'un rapport ; la généralité dans la perfection de ce rapport. En fait, si l'on s'en tient à l'impuissance des corps, autant admettre que le monde n'est pas une machine, puisque cette machine ne servirait à rien : Dieu eût alors laissé les corps « dans un état où ils eussent été indifférents à tout mouvement et les eût remués à chaque instant, selon son dessein » (41) — ou bien reconnaissons que le monde est une machine, mais ne refusons pas aux corps une force mouvante qui s'accorde avec la sagesse divine.

Selon Malebranche, la puissance divine exige l'occasionalisme:

> afin qu'un esprit remue un corps en repos, ou arrête un corps en mouvement, il faut qu'il oblige Dieu à changer de conduite ou d'action ; car, si Dieu ne cesse point de vouloir, et par conséquent de conserver un corps en tel lieu, ce corps ne cessera point d'y être ; il sera donc immobile. Et, si Dieu ne cesse point de conserver un corps successivement en différents lieux, nulle puissance ne pourra l'arrêter, ou le fixer dans le même... la force mouvante des corps est l'action toute-puissante de Dieu... Nul esprit n'est le maître de l'action de Dieu ; nulle puissance ne peut la changer, il n'y a donc que Dieu seul qui puisse remuer les corps... (42).

Ce raisonnement semble avoir embarrassé Fontenelle. Il reconnaît d'abord qu'il le trouve « fort beau », et promet d'y répondre « dans la suite » (43). Il semble en effet y revenir dans le dernier

(37) *Ibid.*, t. IX, p. 84.
(38) *Ibid.*, t. IX, p. 85.
(39) *Ibid.*, t. IX, p. 87.
(40) *Ibid.*, t. IX, p. 88.
(41) *Ibid.*, t. IX, p. 89.
(42) Malebranche, *loc. cit.*
(43) *Œuvres* (3), t. IX,p . 56.

chapitre : comme l'existence des créatures ne saurait être que soumise et bien inférieure à celle de Dieu, leur force mouvante, dans « le système commun », est infiniment plus faible que la force divine ; on peut le comparer à la lumière réfractée par les corps, qui n'est qu'un effet de lumière solaire ; « ainsi Dieu est autant dans notre système le seul moteur que dans celui des causes occasionnelles » (44). Il est visible que cette argumentation ne correspond pas exactement à ce qu'on attendrait. Fontenelle a bien montré que la force mouvante des corps n'enlevait rien à la puissance de Dieu, mais il n'a pas nettement expliqué la distinction qu'il devait établir entre le mouvement et la conservation des créatures.

Dernière raison invoquée par Malebranche : la perfection qui règne dans la communication des mouvements, atteste l'intervention divine. « Les corps qui se choquent se communiquent leur mouvement avec une régularité, une promptitude, une proportion digne d'une sagesse et d'une puissance infinie, cela n'est que trop évident. » (45). Cette fois, Fontenelle a résolument omis de répondre. Il se contente de supposer le problème résolu. Il admet à titre d'hypothèse que la même perfection se retrouve dans le système commun et dans l'occasionalisme ; puis il raisonne sur cette conjecture, comme si elle était démontrée.

Ces ruses et ces embarras sont révélateurs ; un tel essai n'est donc pas tellement le fruit d'une honnête et naïve réflexion, comme l'auteur voudrait nous le faire croire ; c'est un effort concerté et habile. Il faut donc tenter de discerner les véritables intentions du polémiste ; elles ne sauraient apparaître dans l'argumentation essentielle, où sont admis tous les postulats du cartésianisme, mais plutôt dans les réflexions incidentes.

Une singulière théologie.

Fontenelle s'est borné à la physique, mais il a dit quelques mots de l'occasionalisme que Descartes avait établi entre l'âme et le corps :

> Monsieur Descartes... persuadé, comme il devait l'être, de la spiritualité de l'âme, vit qu'il n'y avait pas moyen de la bien établir, à moins qu'on ne mît une extrême disproportion entre ce qui est étendu et ce qui pense... tous ceux qui méditeront sur cette matière, sont dans la nécessité de cette supposition, et seront effrayés de l'absurdité du système commun, où l'on donne aux bêtes une âme matérielle qui pense (46).

Tout cela paraît limpide. Mais l'on sait l'aversion de Fontenelle pour l'automatisme animal. Il semble se contredire ; c'est peut-être ce passage qui étonne Dortous de Mairan : lorsqu'il lut les *Doutes*

(44) *Ibid.*, t. IX, p. 94.
(45) Malebranche, *loc. cit.*
(46) *Œuvres* (3), t. IX, p. 47-48.

après la mort du philosophe, il y trouva plusieurs endroits où il ne reconnaissait pas son ami (47). Mais la prudence et les règles de la polémique interdisaient à Fontenelle d'exprimer ici toutes ses convictions ; au lieu de se révolter contre Descartes, il convenait d'épouser son système, afin de mettre en lumière les contradictions qui y étaient impliquées.

L'automatisme animal et le dualisme cartésien sont évidemment liés ; l'un n'est que la conséquence de l'autre. Quand il prête aux animaux une âme capable de penser, Fontenelle ne se propose rien d'autre que de combler cet « espace immense » qui sépare « l'être étendu » et l' « être pensant » et il vise même à anéantir la spiritualité de l'âme humaine. *L'Histoire des Ajaoiens* était assez explicite sur ce point ; et, quand on lui demandait son avis sur la question, voici ce qu'il répondait :

L'être étendu n'est pas une chimère,
Aucuns rêveurs l'ont dit de son confrère,
L'être pensant dont pourtant je fais cas,
Et le moyen de ne l'estimer pas,
Lorsque l'on voit ce qu'en nous il sait faire ?
Entre les deux, le voisinage opère.
Ils sont souvent de sentiment contraire.
Mais qui des deux l'emporte en ces débats ?
L'être étendu.
Maître René, lui que tant on révère,
Qui tant pensa, maître René fut père.
La Hollandaise, avec ses gros appas,
Fut maintes fois reçue entre ses bras.
Lors, il disait qu'il nous est nécessaire,
L'être étendu (48).

Cette irrévérence malicieuse peut indiquer un certain penchant vers le matérialisme. Or, dans les *Doutes,* malgré les précautions et les feintes employées, il est évident qu'en niant l'existence des causes occasionnelles dans le monde physique, Fontenelle tendait à les éliminer du monde moral. Une des intentions les plus profondes de ce petit traité fut sans doute d'attaquer par une voie oblique le dogme qui nous assure de notre spiritualité et de notre

(47) Trublet, *Mémoires* (345), p. 114.

(48) Il existe plusieurs copies manuscrites de cette pièce : celle de la B.N., fds fr., 12724, fl. 178, v°, est intitulée *Rondeau à M. de No. qui demandoit à M. de Fontenelle son sentiment sur l'être étendu.* Il s'agit vraisemblablement de Nocé que nous avons rencontré dans le chapitre intitulé *Dans le parc de la Mésangère ;* mais rien ne permet de dater ce poème qui peut remonter aussi bien aux années 1685-1690 ou à la Régence. La même version figure à Bordeaux (693, fl. 1). A Rouen (fds Académie, *Papiers Cideville, correspondance avec Fontenelle*), nous trouvons cette addition :

Entre eux souvent l'on voit naître la guerre.
L'un veut agir et l'autre délibère,
Mais qui des deux l'emporte en ces débats ?
L'être étendu.

immortalité, et les preuves par lesquelles les cartésiens l'avaient étayé.

« Maître René » lui-même, dont la physique était tellement vantée dans les *Entretiens,* est ici considérée comme « le plus grand génie du siècle » et « un des esprits les plus justes qui aient jamais été (49), mais toute sa métaphysique est détruite. C'est sans doute l'option fondamentale de Fontenelle : cartésien en physique, il refuse la philosophie de son maître. Cependant il emploie sa méthode pour le combattre. Il approuve le soin qu'ont les cartésiens d'éviter les idées confuses, mais il nous montre que les notions dont ils se servent sont souvent équivoques : ainsi leur assimilation abusive de l'uniformité et de la généralité.

Une théologie est ébauchée dans cet essai : le finalisme y est radicalement condamné : « Pourquoi Dieu a-t-il voulu créer le monde tel qu'il est ? Nous n'en savons rien. On a beau dire que ç'a été pour sa gloire ; il revenait à Dieu la même gloire d'un monde purement possible... Supposons donc dans le dessein de Dieu une sagesse infinie, mais ne songeons pas à la pénétrer. Les vues de Dieu ne sont pas de nature à tomber dans l'esprit humain... » (50). Est-ce Lucrèce, Guillaume Lamy, Spinoza, ou même Descartes qui lui ont inspiré cette attitude ? Plus étrange est l'aveu auquel il s'abandonne en un passage où il oublie la modestie qu'il avait d'abord affichée. « Je crois que, s'il le fallait, j'exposerais un ordre physique... où non seulement vous ne trouveriez pas que celle des deux choses [la sagesse et la simplicité] qui ne doit point être subordonnée à l'autre, lui fut subordonnée... mais même où vous ne trouveriez aucune des deux subordonnées à l'autre. » (51).

Que veut-il dire ? Il est bien évident que Fontenelle, comme les cartésiens, ne voit dans le monde qu'une machine ; il paraît accepter que Dieu lui ait donné la première impulsion, la « chiquenaude » qui l'a mis en branle, mais il se refuse résolument à reconnaître l'omniprésence divine et la création continuée qu'établit l'occasionalisme ; ce Dieu qui préside à la communication des mouvements, aux rapports de l'âme et du corps, lui répugne. Son intention est au moins de creuser le plus grand abîme entre le créateur et les hommes — qu'il leur soit comme « absent »... Lorsque, dans son traité, il ébauche un parallélisme entre la force mouvante et l'existence des créatures — deux qualités à ses yeux également essentielles, et dont chacune pourrait s'écrouler, si l'autre s'affaiblissait — il nous révèle peut-être une des sources de sa révolte contre Malebranche ; pour un peu, il l'accuserait de spinozisme ; l'oratorien, comme l'auteur de l'*Ethique,* noie les individus dans l'omniprésence divine. Ce n'est donc pas chez Spinoza, malgré certaines analogies, qu'il faut chercher la source de sa pensée. Il est plus logique, en se rappelant les *Dialogues des morts* et les *Ajaoiens,* d'en revenir à l'épicurisme. Non pas tellement celui de Gassendi ou de Bernier, mais celui de Guillaume Lamy. Dans cette page des *Dis-*

(49) *Œuvres* (3), t. IX, p. 47.
(50) *Ibid.,* t. IX, p. 63-64.
(51) *Ibid.,* t. IX, p. 70.

cours anatomiques, figure sans doute le système du monde, tel que Fontenelle le conçoit :

> Considérons, messieurs, l'auteur de la nature comme un ouvrier qui a tout fait pour soi-même, n'ayant point de fin plus noble à se proposer. Il a produit la matière avec des mouvements dans ses différentes particules, par la nécessité desquels tous les corps que nous voyons, et une infinité d'autres qui nous sont inconnus, ont été formés. Ces corps sont autant de différents ouvrages dont la variété est admirable... Dieu a donc fait ses ouvrages pour soi, comme il a voulu ; et il n'est point constant que les usages des parties soient la fin qu'il s'est proposée, parce qu'il a pu s'en proposer d'autres, qui nous sont inconnues. Il y a même des occasions où il n'y a point d'apparence de le dire et d'autres où ce serait un crime de le penser... L'auteur de la nature est la première cause de toutes ces différences, qu'il a faites pour son plaisir ; et les particules de la matière qu'il a produites à dessein, avec leurs mouvements, sont la cause seconde à quoi un physicien doit s'attacher... (52).

Création instantanée et non continuée, autonomie des créatures, éloignement de Dieu, négation du finalisme — ne retrouve-t-on pas ici tous les principes qui sont exposés ou suggérés dans les *Doute* ?

En prononçant l'*Eloge de Malebranche,* le secrétaire de l'Académie des Sciences sera amené à évoquer cette vieille polémique : il se gardera bien de citer son œuvre de jeunesse, mais il explique la signification de l'occasionalisme. Malebranche, dit-il, « n'a pas seulement accordé cette philosophie avec la religion : il a fait voir qu'elle a produit plusieurs vérités importantes de la religion, et peut-être un seul point lui a-t-il donné presque tout ». Suit l'histoire de l'invention des « causes occasionnelles » par Descartes ; dans ce système « Dieu est... le seul qui agisse, soit sur les corps, soit sur les esprits ; et de là, il suit que lui seul, et absolument parlant, il peut nous rendre heureux ou malheureux, principe très fécond de toute la morale chrétienne. » (53). Tout se tient : l'occasionalisme était le moyen de lier la foi et la raison et de rendre l'une aussi impérieuse que l'autre. L'*Histoire des oracles* nous a déjà montré ce que Fontenelle pensait de cette entreprise. La morale chrétienne, aussi bien que tous les dogmes, sont concernés dans cette querelle. Peut-être à cette date, Fontenelle n'est-il pas athée, au sens propre, quoique les *Ajaoiens* le laissent penser. Peut-être est-il sincère, lorsqu'il reconnaît l'existence de Dieu, et la démontre par le cours immuable des planètes et la génération des animaux... Mais son Dieu est tellement transcendant, tellement inaccessible et imprécis qu'autant ne pas en parler et ne pas y penser ; ce n'est qu'une probabilité ou une énigme supplémentaire. Même s'il

(52) *Discours anatomiques* (220), p. 29, *sq.*
(53) *Œuvres* (3), t. V, p. 399-400. Fontenelle ajoute : « cela répond aux plus grandes objections qui se fassent contre la Providence. »

emprunte le langage des chrétiens et l'argumentation des déistes, la morale de Fontenelle, la portée concrète de ses raisonnements, c'est l'athéisme : quand même Dieu existerait, tous nos dogmes n'en seraient pas moins des chimères, et ce serait exactement comme s'il n'existait pas.

« Quiconque a *le nez un peu fin* comprendra qu'il suffit de décréter la matière éternelle et le mouvement essentiel à cette matière pour se débarrasser de Dieu. » (54). Cette maxime s'applique assez bien à notre auteur ; il déploie une énergie singulière pour rendre « le mouvement essentiel à la matière » ; les Ajaoiens croyaient la matière éternelle, mais Van Doelvelt n'en était pas bien convaincu. Au seuil de l'athéisme, Fontenelle marque une sorte d'hésitation ; tout le conduit jusque-là, mais il répugne à une affirmation trop péremptoire.

Contre Bayle.

Bayle était conscient de ce problème : « Le système qui attribue aux créatures inanimées une véritable activité est sujet à une fâcheuse rétorsion qui n'est point à craindre dans le cartésianisme » (55) — ce qu'il écrit en 1704, il le pensait déjà en 1686 ; après avoir donné dans les *Nouvelles* un extrait des *Doutes,* il ajoutait courtoisement : « L'auteur est un bel esprit si honnête homme qu'il ne trouverait pas mauvais que je dise mon sentiment sur son chapitre cinq, comme je l'ai dit sur le trois... » (56). En effet, ses réserves portaient sur les deux affirmations suivantes : *Qu'il semble que le corps ne sont point causes occasionnelles, mais causes véritables de mouvement les uns à l'égard des autres* et *Qu'il semble que, dans le système des causes occasionnelles, Dieu n'agit point par des lois générales.* Sur cette dernière proposition, Bayle, pris par le temps (57), ne disait rien de précis. Mais la première était systématiquement réfutée. Fontenelle avait supposé deux corps en mouvement avant le décret de Dieu ; on lui rétorque :

> Il ne manquerait rien que d'avoir prouvé que la supposition est possible et, qu'en supposant deux corps qui se meuvent avant le décret de Dieu, on ne suppose pas la question même dont on dispute, car la raison qui a obligé les cartésiens à ôter les corps du nombre des causes véritables du mouvement, est qu'ils prétendent qu'il est impossible que jamais un corps en meuve un autre physiquement et réellement, puisque, selon eux, le mouvement n'est autre chose que la création de la matière avec de nouvelles relations locales, d'où ils concluent

(54) A. Rüdiger, *Physica divina...* 1716, par 2, cité dans Roger, *op. cit.* (663), p. 229.

(55) *Premier mémoire contre Le Clerc,* août 1704 ; cf. E. Labrousse, *op. cit.* (551), t. II, p. 218.

(56) *Nouvelles* (372), mars 1686, p. 268.

(57) *Ibid., loc. cit. :* « Mais comme j'ai beaucoup de livres nouveaux... »

que, n'y ayant que Dieu qui puisse créer, il n'y a aussi que Dieu qui puisse produire le mouvement (58).

En effet, l'argumentation de Bayle tombe sur le point faible des raisonnements de Fontenelle, ou sur le silence trop habile auquel celui-ci avait recouru, quand il était gêné. Nous l'avons vu, ses *Doutes* n'expliquaient jamais la différence qu'ils suggéraient entre la création et le mouvement. Bayle précisait ensuite la double signification du mot « capable », qu'à son sens Fontenelle n'avait point perçue : « Quand on dit qu'un corps est capable d'en choquer un autre avant le décret de Dieu, on a raison, pourvu qu'on n'entende qu'une capacité passive, mais si on entend capacité active, les cartésiens diront qu'on se trompe... » (59).

Dans le *Retour des pièces choisies ou bigarrures diverses,* figuraient la réplique de Fontenelle intitulée *Lettre de l'auteur des « Doutes »... pour répondre à une difficulté qui lui avait été objectée* et des *Réflexions sur la lettre de l'auteur des « Doutes »,* que de récentes conjectures ont attribuées de façon fort vraisemblable à Bayle (60).

Si Fontenelle n'aimait guère la polémique, c'est l'affabilité de Bayle qui l'a incité à riposter. Et il garde le même ton : « Ce serait une chose souverainement ridicule que la question abstraite et spéculative des causes occasionnelles fût en droit d'exciter des passions et des tempêtes dans le cœur humain ; quand serions-nous donc de sang-froid ? » (61). Puisqu'on lui reproche d'avoir supposé ce qui était en question, il va présenter son argument sous une autre forme. Si l'on imagine que la cause occasionnelle de la communication des mouvements soit « le passage des deux corps à une certaine distance l'un de l'autre, par exemple, à une ligne qui sera moyenne proportionnelle entre leurs diamètres », cette hypothèse sera recevable, car il est impossible de découvrir « aucune liaison naturelle et nécessaire » entre cette communication et ce passage. Au contraire le choc des deux corps entraîne inévitablement « un changement, quel qu'il soit », et cette nécessité résulte uniquement « de la nature des corps et de leur impénétrabilité », sans qu'il faille recourir à la volonté de Dieu (62). « Attachez-vous, je vous prie, à ce parallèle... Je vous prie de mettre dans le même journal où vous insérerez tout ceci, la réponse que vous y ferez. » (63). Fon-

---

(58) *Ibid.*, p. 263-264.

(59) *Ibid.*, p. 264.

(60) A. Robinet dans Malebranche, *Œuvres* (246), t. XVII, I, p. 570, *sq.* On avait auparavant attribué cet écrit à Malebranche, mais Bayle, dans les *Nouvelles* de décembre, p. 1402, *sq.* laisse entendre que Fontenelle lui a répondu. Il est donc normal de supposer que ces *Réflexions* représentent la suite de cette polémique ; l'aspect didactique et pittoresque du texte reflète la personnalité de Bayle ; Malebranche montra beaucoup plus d'aigreur. E. Labrousse, *op. cit.* (551), t. II, p. 139, note, s'est déjà ralliée à cette conjecture.

(61) *Œuvres* (3), t. IX, p. 106.

(62) *Ibid.*, t. IX, p. 107-109.

(63) *Ibid.*, t. IX, p. 110. Comment douter que Fontenelle réponde à Bayle ? Il dit ici : « Je vous prie de mettre dans le même journal où

tenelle a évidemment choisi la tactique la plus adroite ; en laissant de côté tout ce qui est théologique, et surtout le problème de la « création continuée », il évite un terrain, où il ne serait pas à son avantage, car il devrait admettre les principes de Malebranche, et alors toute sa philosophie, et l'occasionalisme même, ou bien il serait contraint de dévoiler ses véritables intentions et les tendances profondes de son ouvrage. Enfin, son raisonnement, situé sur un plan purement concret, acquiert plus de force persuasive et plus d'éclat. « Est-il possible, conclut-il avec un accent de fatigue, que jamais, à force de dispute, on ne conviendra de rien ? Je voudrais avoir vu cela arriver une fois en ma vie, fût-ce à mes dépens. » (64).

Bayle ne se laissa pas convaincre. Si la cause occasionnelle de la communication des mouvements était bien le passage du corps A à une certaine distance du corps B, ce passage entraînerait régulièrement une modification de mouvement, et la régularité de ce rapport suffirait pour qu'on juge qu'il y a là une cause « physique, véritable et efficiente » — et non une cause occasionnelle. Les sens nous trompent toujours. L'induction est un raisonnement erroné : « Les hommes sont tous portés de leur nature, et en quelque façon instruits par une leçon naturelle, à juger que tout ce qui est régulièrement joint à certain effet, et sans quoi cet effet ne se produit pas, en est la cause véritable. » (65).

Le polémiste en arrive ensuite à proposer une nouvelle définition des causes occasionnelles, qui n'est pas exactement celle de Malebranche. Une cause est occasionnelle, lorsqu'elle ne produit pas l'effet, et qu'elle détermine seulement quelque agent à le produire. Mais l'agent qui « se laisse déterminer à produire quelque chose à cette occasion est bien obligé de s'accommoder à la nature de la cause et de modifier sa puissance selon ce pied-là ». L'impénétrabilité des corps impose un changement dans leurs mouvements ; ce n'est pas pour cela « que le corps est la cause véritable » ; il ne fait que déterminer Dieu à créer cet effet. Les cloches et les trompettes sont les causes occasionnelles de mille effets, mais on ne peut se servir des unes et des autres de la même façon. L'occasionalisme ne libère pas Dieu des lois de la Nature. Un voyageur qui rencontre une rivière est obligé d'obliquer. Cependant, la rivière n'est que la cause occasionnelle de son mouvement ; et c'est lui, évidemment, la cause véritable. Il est absurde d'imaginer que les corps aient une force motrice : « Faire des lois et les donner à exécuter à une puissance aveugle qui ne les connaît pas, c'est le moyen de ne les voir jamais exécutées. » (66). Nous retrouvons ici

---

vous insérez tout ceci la réponse que vous y ferez... » Il était donc prévu que ces opuscules figureraient dans les *Nouvelles*. Bayle s'est contenté de les résumer, après qu'ils eurent été édités dans le *Retour de pièces...*

(64) *Ibid.*, t. IX, p. 112. Tous ces opuscules ont été en effet réimprimés dans les *Œuvres* de Fontenelle par Brunet, à l'incitation sans doute de Trublet.

(65) *Ibid.*, t. IX, p. 113.

(66) *Ibid.*, t. IX, p. 115-119. Bayle demeure toujours aussi courtois : il espère — nous dit-il — avoir satisfait « un esprit aussi raisonnable et aussi peu entêté de ses premières pensées que l'auteur des *Doutes...* ».

l'argument des *Méditations chrétiennes :* la perfection qui règne dans la transmission des mouvements ne peut venir que de Dieu.

Dans cet essai, où l'on reconnaît la bonhomie de Bayle et son goût des exemples pittoresques, les conceptions de Malebranche sont défendues, mais légèrement altérées : la « cause occasionnelle » n'est plus tellement différente d'une « cause véritable ». Puisque la liaison est obligatoire et qu'elle est forcément conforme à la nature des corps, il semble assez vain de défendre à tout prix ce « circuit » inutile. Mais c'est qu'aux yeux des deux polémistes toute la religion est concernée dans cette querelle. Ces échanges contradictoires, qui pourraient paraître d'une subtilité gratuite, recouvrent deux attitudes mentales bien différentes : l'omniprésence de Dieu, son existence même sont en cause.

La réplique de Malebranche.

Le même recueil qui renfermait ces deux ouvrages contenait une autre réplique au traité de Fontenelle, les *Réflexions sur un livre imprimé à Rotterdam intitulé Doutes*... Et c'est Malebranche lui-même qui en était l'auteur. Bien qu'il loue les dispositions fort honnêtes et la « modestie » de son adversaire, il adopte un ton singulièrement plus agressif que celui de Bayle. Il relève, comme le journaliste de Rotterdam, la principale faiblesse du raisonnement de Fontenelle. Celui-ci a supposé « que les corps se meuvent avant le décret de Dieu » ; c'est absurde, car « le repos d'un corps n'est que sa création continuée successivement en différents lieux ». Certes, on ne conçoit pas « comment la volonté de Dieu produit les corps ou les met en mouvement », mais le mouvement est évident, et la liaison entre la volonté divine et son effet est nécessaire (67).

Il ne faut pas juger de la simplicité ni de la sagesse du dessein de Dieu d'après ce monde ; « le grand dessein de Dieu, c'est le Temple Eternel, l'Eglise Future qui doit être éternellement l'objet de sa complaisance... » (68). Les défauts de l'univers actuel importent peu : Dieu ne saurait renoncer à la simplicité des moyens qu'il emploie, pour réformer les monstres, car ceux-ci ne nuisent pas à la perfection finale du dessein divin, et d'ailleurs « ils répandent... par opposition une espèce de beauté dans l'univers... » (69) ; si l'on supprime les causes occasionnelles, Dieu sera contraint d'agir par de multiples volontés. Alors qu'il fait tout « par une seule volonté » (70). Seul, ce système rend l'action de Dieu « uniforme » et le fait agir « toujours de la même manière » (71). Ainsi sont conciliés la simplicité et l'uniformité : Dieu n'emploie que peu de moyens et son action ne varie pas.

Dieu peut fort bien donner aux corps l'existence sans leur

(67) *Ibid.*, t. IX, p. 96-98.
(68) *Ibid.*, t. IX, p. 99.
(69) *Ibid.*, t. IX, *loc. cit.*
(70) *Ibid.*, t. IX, p. 100.
(71) *Ibid.*, t. IX, p. 100-101.

octroyer de force mouvante ; l'une ne blesse pas sa gloire, l'autre la partagerait. Et cette force mouvante ne peut être que mode ou substance. Quelle substance pourrait ainsi se répartir en une infinité de corps ? Quel mode pourrait passer d'un corps à l'autre ? L'expérience nous apprend que deux corps se rencontrent et se choquent ; la raison lie nécessairement la volonté divine et ses effets ; il ne faut rien ajouter à ces deux vérités.

Huit remarques concluent cette réplique : il n'est pas nécessaire de « savoir de quelle manière Dieu donne l'existence aux créatures » ; Dieu ne peut agir que pour sa gloire ; il ne faut pas confondre « la puissance qui vise à la pleine réalisation d'un dessein, et la sagesse qui consiste à le conduire à la perfection par des voies fort simples » ; le vrai but de Dieu est le Temple Eternel ; Dieu n'a établi les lois générales qui uniformisent son action « qu'après avoir prévu toutes les déterminations du mouvement des corps et des volontés des esprits » ; il est conforme à la nature des corps que Dieu leur imprime un mouvement, mais non qu'ils possèdent une force mouvante ; l'exemple de la réfraction de la lumière par un corps est absurde, « puisque ce corps n'a que ses parties arrangées d'une telle manière qui déterminent la projection des rayons vers un certain côté, ainsi que le choc détermine la volonté de Dieu » (72) ; enfin, et c'est là l'essentiel, Fontenelle aurait dû s'appliquer davantage à bien interpréter la pensée de Malebranche avant de l'attaquer :

> L'auteur me permettra de le dire : il n'a pas toujours conservé l'air modeste qu'il avait pris. Quand on a un désir sincère de s'instruire, on ne doit jamais prendre le ton de maître, et moins encore imiter la conduite de certains philosophes, qui ne peuvent souffrir que la philosophie les approche de Dieu, voulant, sous les apparences d'un faux respect, cacher le peu de goût qu'ils ont pour ce qui doit être l'unique objet de notre application (73).

La violence, d'abord contenue, finit par éclater. Il n'a pas échappé au philosophe que le véritable dessein de Fontenelle était de ruiner la religion, et il analyse fort justement le « camouflage » employé et l'intention profonde de cet ouvrage.

Il n'est qu'un point sur lequel les deux hommes s'accordent : c'est pour souligner l'obscurité des relations causales. Le rapport qui unit Dieu à la création, est aussi mystérieux pour l'un que pour l'autre, mais cela n'effraie pas l'oratorien, puisque cette liaison demeure « nécessaire » ; Fontenelle y verrait au contraire une raison de douter. Avouons que les répliques de Malebranche concernant « l'uniformité » et la « perfection » de l'ouvrage divin ne correspondent pas exactement aux arguments de son adversaires ; l'occasionalisme rend peut-être l'action de Dieu plus régulière, mais Fontenelle ne semble pas avoir tort d'y reconnaître une complica-

(72) *Ibid.*, t. IX, p. 103-106.
(73) *Ibid.*, t. IX, p. 105-106.

tion inutile, et il est un peu facile de représenter les monstres comme des éléments de la beauté de l'univers. Cependant Malebranche triomphe et parvient à ruiner les efforts de Fontenelle, lorsqu'il affirme que l'intention finale du Créateur est seulement la Jérusalem Future et le Temple Eternel. On voit mal quelles objections le polémiste pourrait opposer.. Ce changement d'optique le condamne à l'impuissance. En fait, quelles que soient l'adresse, la loyauté et la rigueur de son argumentation, il est fatalement dans une position d'infériorité, puisqu'il ne peut développer complètement sa pensée. Il est obligé d'affecter une grande docilité aux données de la Révélation et aux suppositions cartésiennes. En se plaçant à l'intérieur du système religieux et philosophique qu'il veut combattre, il satisfait sans doute aux lois de la polémique, mais il s'impose aussi des difficultés supplémentaires, qui sont presque insurmontables.

Dans les *Entretiens de la métaphysique* (74) Malebranche réfuta à nouveau les *Doutes,* et il fut appuyé en 1703 par le P. Lamy dans les *Lettres philosophiques sur divers sujets...* (75). Les ennemis de Fontenelle, malgré les apparences, ont une démarche exactement inverse à la sienne ; ils partent, comme d'une vérité établie, de l'existence de Dieu et de ses desseins éternels ; le seul problème qu'ils se posent est d'accorder ces données avec celles de l'expérience. Fontenelle au contraire veut montrer le divorce qui existe entre les affirmations de la théologie et l'univers concret, et anéantir la conciliation qu'établissait entre eux l'occasionalisme.

Trublet nous le dit sans ambages : quoi que Fontenelle ait pu affirmer dans les discours ou les éloges académiques, son opinion ne varia jamais sur ce point — non plus d'ailleurs que sur l'automatisme animal (76) ; et il est significatif que son panégyriste unisse ces deux problèmes. Si Bayle avait défendu Malebranche, Leibniz (77) rejoignit Fontenelle. Le huguenot et l'oratorien étaient

---

(74) *Entretiens sur la métaphysique,* VII. On voit dans ce texte à quelles conséquences aboutit la thèse de Fontenelle. Ariste, qui paraît un moment la soutenir, on arrive à dire : « ... l'instant de la création passée... les corps s'arrangent au hasard, ou selon la loi du plus fort... » Réponse de Théodore : « ... La création ne passe point... Ne diminuez point la dépendance des créatures, de peur de tomber dans cette impiété de la ruiner entièrement... »

(75) Dom F. Lamy, *Lettres philosophiques...* (219).

(76) *Mémoires* (345), p. 114 : « Il m'a toujours paru très éloigné de ce système autant que de celui qui des animaux fait de pures machines ». Trublet ajoute, p. 174, note, que ce serait une erreur de croire Fontenelle aussi proche de Malebranche que l'*éloge* du philosophe le suggère. Il est vrai que dans la suite Fontenelle a parfois adopté des arguments et une dialectique qui rappellent *La Recherche de la vérité,* mais ces emprunts n'indiquent nullement une conversion.

(77) *Système nouveau de la nature et de la communication des substances* (1695), § 12-17. Leibniz affirme d'ailleurs que son système est « un avancement des causes occasionnelles », mais qu'il veut maintenir l'efficace des créatures (*De natura ipsa,* 5-6, et lettres au marquis de l'Hôpital, 1695, dans C.J. Gerhardt, *Leibniz Mathematische Philosophische Schriften,* 7 vol. Berlin, 1879-1899, t. IV, p. 289-299) ; cf. J. Chevalier, *Histoire de la pensée,* III (444), p. 385-386. Régis combattit également

des esprits plus religieux que métaphysiques ; ce « miracle perpétuel », qui semblait naître de l'occasionalisme, ne les effarouchait pas ; le dieu d'Abraham, d'Isaac et de Jacob devait être présent dans la texture quotidienne de nos volontés et dans l'enchaînement de tous les phénomènes. Le métaphysicien de Hanovre et le polémiste des *Doutes* tendaient à abstraire le Créateur, et ils s'accordaient au moins pour refuser la prière, le culte, l'imitation du Christ. Cette querelle, et les positions qu'adoptèrent les plus grands esprits du siècle, marquent la fin d'une époque : au mysticisme des moines et des réformés succédait la froide théologie du siècle des lumières.

Pour les huguenots.

Les *Nouvelles* de janvier 1686 contenaient un texte assez étrange, intitulé *Relation curieuse de l'île de Bornéo,* et accompagné de la mention suivante : « extrait d'une lettre écrite de Batavia, le 27 novembre 1684, touchant la guerre civile qui s'est élevée dans l'île de Bornéo, contenu dans une lettre de M. de Fontenelle » (78).

Sous l'apparence d'un récit de voyage, cet opuscule ridiculise la religion. A Bornéo, seules les femmes ont la royauté, et on est tellement attaché à la légitimité des héritiers, que « les principaux du pays doivent être présents aux accouchements des reines » (79). Selon les clefs, Bornéo représente la Chrétienté, et les assemblées évoquées sont les conciles. La reine Mliséo mourut récemment, et sa fille Mréo lui succéda sans difficulté. Il suffit de déchiffrer ces anagrammes : nous reconnaissons Solime — Jérusalem — et Rome. Désormais tout s'éclaire. Les innovations de Mréo figurent les rites et les croyances catholiques. Le célibat des prêtres et leur incertaine chasteté : la nouvelle reine voulut que tous ses ministres fussent eunuques, mais « elle ne les faisait mutiler que d'une certaine façon qui n'empêchait point les maris de se plaindre encore d'eux » (80). Le jeûne : elle organise des festins publics, mais y impose une pénible austérité. La communion : le pain devint d'un prix excessif, et on prétendit même que « certains magiciens le faisaient périr par des paroles... » (81). Le purgatoire est une prison, mais on en peut sortir par de l'argent — soit en achetant des indulgences. Les sanctuaires ni les reliques des saints ne sont oubliés : Mréo « faisait embaumer les corps de ses favoris, lorsqu'ils mouraient... et il fallait qu'on leur rendît des respects » (82). Jusqu'ici,

« les causes occasionnelles », mais d'un point de vue bien différent de celui de Fontenelle ; il mit en doute l'orthodoxie de ce système. Le P. Lamy lui répondit, *op. cit.* (219), p. 311-315.

(78) *Nouvelles,* janvier 1686, p. 87.

(79) *Ibid., loc. cit.*

(80) *Ibid.,* janvier 1686, p. 87-88.

(81) *Ibid.,* janvier 1686, p. 88.

(82) *Ibid.,* janvier 1686, *loc. cit.* Pour interpréter ces allégories, comme nous n'avons pu retrouver les *Eclaircissements* de l'abbé de Terson (voir *infra*), nous avons recouru à la *Relation de l'isle de Bornéo,*

nous ne pensons retrouver que l'anticléricalisme habituel de Fontenelle, inspiré par Rabelais et par la tradition des fabliaux. Mais la suite est plus singulière. A force d'innovations, Mréo lasse son peuple ; une rivale se déclare : Eénégu — Genève évidemment... Elle « ressemblait parfaitement à la feue reine Mliséo, au lieu que Mréo n'en avait presque pas un trait ; aussi avait-on remarqué que Mréo n'aimait point trop à se laisser voir en public ; on dit même qu'elle supprimait autant que possible les portraits de Mliséo » (83). De ces deux ennemies, l'une était indubitablement la fille de Mliséo, mais elle n'avait rien de commun avec sa mère ; l'autre ressemblait à Mliséo, mais sa naissance était discutée. Dans la guerre civile qui les oppose, Mréo paraît avoir l'avantage : « ... il n'y a pas longtemps qu'elle a surpris dans des endroits fort difficiles une partie de l'armée d'Eénégu, et en a exigé le serment de fidélité. Si son parti n'en est pas extrêmement fortifié, parce que ces soldats ne combattent pas trop volontiers sous ses enseignes, du moins celui d'Eénegu en est fort affaibli » (84).

Les intentions de Fontenelle s'éclairent. Il n'est pas exact qu'il renvoie « Rome et Genève dos à dos » (84 *bis*). On s'étonnerait d'ailleurs qu'il se fût proposé un tel dessein, puisque cet écrit fut envoyé à Bayle, et que les Basnage en connaissaient la teneur. Il est évident au contraire que l'auteur épouse tous les arguments des réformés ; ne prétend-il pas, comme eux, que la citadelle du calvinisme est plus proche de Jérusalem que la ville des papes ? Ne montre-t-il pas que le catholicisme s'est éloigné de la religion primitive ? Tous les reproches qu'il adresse au culte et au clergé romains étaient alors exprimés par les huguenots. Jacques Basnage, son ami, dans la *Réponse à Mr l'évêque de Meaux sur sa lettre pastorale* (85) de 1686, ne dit rien d'autre. Et les persécutions qui

---

éd. de 1807 (36), où se retrouvent le texte de Fontenelle, une *Seconde lettre de Batavia,* datée du 16 mai 1806, et les clefs de l'ouvrage. Sur certains points, on peut hésiter ; ainsi J.-R. Carré, *op. cit.* (433), p. 409-415, a voulu voir dans « les festins retranchés » non pas la coutume du jeûne, mais la communion, qui, faite d'abord sous les deux espèces, fut bientôt réduit au pain sacré. Cette interprétation est plausible, mais nous ne croyons pas que Fontenelle, lorsqu'il évoque la cherté du pain sous le règne de Mréo, ait pensé aux disettes qui sévissaient en France à l'époque : cela nous semble un peu recherché, et trop « moderne », trop « social » pour notre auteur.

(83) *Nouvelles,* janvier 1686, p. 89.

(84) *Ibid.,* janvier 1686, p. 90.

(84 *bis*) J.-R. Carré (433), *loc cit.*

(85) J. Basnage (90 *bis*). Achevé d'imprimer le 12 août 1686. L'auteur y compare la persécution des protestants par Louis XIV à celle des chrétiens par les Arriens. Parmi ceux-ci, les pires étaient les ennuques ; Basnage les rapproche aussitôt des moines, et singulièrement des jésuites ; « il ne leur manque que la chose essentielle aux ennuques, qui est la pudicité » (p. 47). Dans la suite, il s'en prend longuement à la communion. Une seule phrase de Fontenelle peut créer quelque doute sur ses intentions — celle où il nous dit qu'Eénégu se prétendait la fille de Mliséo, mais que son histoire était « presque incroyable, et pareille, à peu près, à celle du comte de Saint-Géran » (*Nouvelles,* janvier 1686, p. 89). En 1640, Mme de Saint-Géran, qui n'avait pas encore eu d'enfant, se déclare enceinte ; la nuit où elle aurait accouché, l'enfant aurait été

accompagnèrent la Révocation de l'Edit de Nantes ne sont-elles pas dénoncées — fût-ce avec humour — dans cette audacieuse allégorie ?

Cette similitude entre la *Relation de Bornéo* et les apologies calvinistes a même incité certaines critiques (86) à refuser cet ouvrage à Fontenelle pour l'attribuer de préférence à Mlle Bernard. Cideville affirmait déjà : « Il paraît constant que M. de Fontenelle n'était point l'auteur de la pièce de l'île de Bornéo, que les envieux lui avaient attribuée ; on la lui donna chez Mlle Bernard ; Basnage la tint de lui, et il l'envoya en Hollande à Bayle qui la crut de M. de Fontenelle. » (87). *Le Dictionnaire historique et critique*... ajoute cette précision : « Fontenelle a protesté à M. de Boisguilbert, son parent, qu'il n'en était pas l'auteur ; que cette pièce lui avait été adressée toute cachetée pour mettre dans un paquet qu'il envoyait à M. Basnage... » (88). Catherine Bernard était en effet son amie ; il allait bientôt l'aider à composer ses tragédies et ses romans. Elle n'abjura qu'en octobre 1685, ce qui rendrait plausible cette ultime révolte. Mais dans une lettre à l'abbé Trublet du 27 avril 1761, Levesque de Burigny affirme que Fontenelle lui avoua être l'auteur de la *Relation* (88 *bis*)... Et le philosophe pouvait parler un langage plus sincère avec le libertin Burigny qu'avec le vertueux Boisguilbert... On devine la vérité : il est bien vraisemblable que Mlle Bernard eut quelque part à cet écrit — peut-être même la conception et le dessein général, mais Fontenelle a sûrement collaboré avec elle, et l'on croit reconnaître son style.

Le philosophe avait assez d'amis parmi les calvinistes — des Basnage à Mme de la Mésangère, qui venait de se convertir, les per-

---

volé ; puis il est retrouvé et reconnu après les aveux de la femme qui avait commis ce rapt. Cette histoire est bien invraisemblable ; elle n'est cependant pas impossible, et les tribunaux l'ont accepté. Fontenelle veut donc dire que la filiation historique de Jérusalem à Genève, de l'Evangile au calvinisme, est compliquée et difficile à établir. C'était précisément l'argument essentiel de Bossuet ; mais ce point de vue est aussitôt dépassé : Eénégu ressemble davantage à Mliséo que sa rivale. L'histoire et la tradition importent peu ; seul compte l'esprit évangélique. C'est ce que soutenaient alors les protestants. Des Maizeaux ne se montre nullement choqué par la *Relation ;* il parle simplement du « scandale qu'elle avait pu causer parmi les catholiques... ». Bayle, *Œuvres* (92), t. IV, p. 853-854, note 8.

(86) *La France protestante* (529), t. II, p. 203-204.

(87) *Traits, notes et remarques* (ms. Rouen), p. 248.

(88) *Dictionnaire*... (ms. Rouen), t. I, p. 421.

(88 *bis*) Académie française, *Collection L.-H. Moulin*, dossier Fontenelle, p. 13, extrait d'un catalogue d'autographes, accompagné de la notice suivante : « Levesque de Burigny fut l'ami et l'exécuteur testamentaire de Fontenelle ». Sur ce « libertin érudit », voir Wade (706). On trouve à Rouen une copie manuscrite de la *Relation*, intitulée *Lettre de M. de Fontenelle, académicien français, neveu du fameux Corneille, à un de ses amis, en janvier 1686*. (Duputel, 654) ; mais le destinataire prétendu serait Perrault, ce qui est absurde, à moins que Fontenelle ne lui ait fait parvenir une copie de son opuscule. Dans le *Dictionnaire des ouvrages anonymes* de Barbier (388), t. IV, p. 310, on trouve cette remarque : « Cette *Relation*, qui ne contient que quatre pages, est écrite avec le talent et la finesse d'esprit qui distinguent Fontenelle. »

sécutions étaient assez vives à Rouen, pour qu'il fût tenté d'intervenir. A la fin d'octobre 1685, les soldats occupaient la ville, et, dès le 5 novembre, on notait d'innombrables conversions. Si Mme de la Sablière et sa fille recevaient, après leur abjuration, une pension, Nicolas de Rambouillet se faisait embastiller avant de se réfugier au Danemark ; Anne et Jacques Muysson se sauvaient en Hollande, en septembre et en octobre 1687 ; Monceau de Lestang allait bientôt combattre sous les ordres de Guillaume d'Orange. Est-ce une coïncidence ? En 1683, le nom de Fontenelle disparaît de la liste de la Congrégation.

Devant la Révocation de l'Edit de Nantes, ses amis se partageaient. Mme de Scudéry et La Fontaine louèrent cette mesure. Dans les *Œuvres diverses du Sr. D...* (89) parues en 1714, se retrouvent toutes les satires de Louis Petit. Est-ce une raison suffisante pour lui attribuer les autres poèmes qui sont contenus dans ces volumes ? Le morceau le plus original est le *Discours sincère à M. Despréaux :* on reproche à Boileau d'avoir renoncé à son ancienne franchise, et d'être devenu un flatteur — et pourtant quelles erreurs le Roi n'a-t-il pas commises ! Nous arrivons ainsi à cette évocation étonnante de la misère et de l'exil des huguenots :

Ses sujets exilés vont par tout l'univers
Habiter tristement mille climats divers...
Un évêque célèbre entre les orateurs,
Dit *Que c'est un chemin partout semé de fleurs.*
En effet, l'on quitta tous les détours obliques,
La chicane couverte, et les sourdes pratiques ;
Le masque fut levé, le grand dessein parut,
Et par divers endroits, on alla vite au but.
On vit tout aussitôt intendants, moinerie,
Et des torrents d'arrêts fondre sur l'hérésie...
Tandis qu'en divers lieux, l'on abattait des temples,
On poussait les errants de la bonne façon...
Le roi, pour achever sa chrétienne entreprise,
Joignit son grand pouvoir aux travaux de l'Eglise,
Et suivant l'Evangile, *on contraignit d'entrer*
Aveugles et boiteux, ceux qu'on put rencontrer,
L'on chargea néanmoins la mission dragonne
Si bien qu'en peu de temps la sainte mission
Parfit l'ouvrage entier de la réunion... (90).

Le « galant Licortas » se serait-il changé en apôtre de la tolérance ? Voilà qui pourrait faire mieux comprendre la réaction de Fontenelle. On sait que Vauban « s'indigna tout bas » (91). Le

---

(89) *Œuvres diverses du Sr. D...* (270). Toutes les poésies contenues dans le second tome se retrouvent dans *Rome et Paris et Madrid ridicules, avec des remarques historiques et un recueil de poésies choisies par M. de B. en Espagne* (Paris, P. Legrand, 1713) ; ce sont des œuvres de Saint-Amant, Claude Petit et De Blainville ; Louis Petit ne semble pas figurer dans ce volume. Au contraire, le premier tome, qui contient toutes ses satires, lui revient peut-être entièrement.

(90) *Ibid.*, t. I, p. 157.

(91) Lavisse, *Histoire de France*, t. VII, 2e partie, l. VI, chap. III, p. 79.

secrétaire de l'Académie des Sciences lui consacra plus tard un *éloge* éclatant, où il notait dans la péroraison : « Personne n'a été si souvent que lui, ni avec tant de courage, l'introducteur de la vérité ; ils avait pour elle une passion presque imprudente, et incapable de ménagement... » (92). Peut-être, pensait-il aussi bien à cette ancienne histoire qu'à la *Dîme royale*... Lorsqu'il eut à louer le cardinal de Rohan, il glissa dans son discours cette suggestive réserve : « Il employa tous ses soins, mais ses soins uniquement, à ramener dans le sein de l'Eglise ceux qui s'en étaient écartés... » (93).

Cependant la pitié qu'il éprouva pour les huguenots, la colère que lui inspira cette absurde Révocation, n'expliquent pas tout. Fontenelle aurait pu simplement souligner la misère des réformés, sans célébrer leur orthodoxie. Est-ce là qu'il faut retrouver l'influence de Mlle Bernard ? Il est évident que le sceptique n'avait pas trouvé son « chemin de Damas ». Le dogme calviniste ne devait guère lui inspirer plus de confiance que le dogme catholique. Mais on peut comprendre son attitude : Fontenelle pouvait aimer les protestants, pour leur travail de démolition. Même s'ils ne pensaient anéantir qu'une religion factice pour mieux se rapprocher du pur esprit évangélique, le philosophe devait estimer que leurs réticences et leurs doutes finiraient bien par ruiner toute foi. Pour lui, comme pour Bossuet, les « variations des églises protestantes », et l'esprit critique qui les avait engendrées, étaient un ferment d'anarchie qui menait au déisme et à l'abandon de tous les dogmes. Mais cette perspective, qui épouvantait l'évêque de Meaux, le ravissait. En somme, le calvinisme n'était à ses yeux qu'un intermédiaire entre la foi et le déisme — ou l'athéisme ; c'était donc un allié naturel.

Pour mesurer son habileté, il faut rapprocher tous les textes qu'il écrit alors. Dans l'*Histoire des oracles*, il ne semble viser qu'à purifier et à rationaliser la Religion, et l'on penserait volontiers à Malebranche. Mais c'est précisément Malebranche, dont il ruine le système dans les *Doutes*, et même les huguenots sont effrayés de sa hardiesse. La *Relation de Bornéo* l'unit maintenant aux réfugiés de Rotterdam. Chacun de ses livres n'a qu'une portée limitée ; il paraît diviser ses ennemis, et s'appuyer successivement sur les uns et les autres. Ainsi ses véritables intentions sont-elles voilées, et il échappe d'ordinaire aux violentes menaces qu'il pourrait s'attirer.

Il était cependant bien imprudent de faire paraître la *Relation de Bornéo* sous son nom. Voltaire a conté cette histoire (94), mais mieux vaut revenir à Bayle ; voici ce qu'il nous en dit :

> J'ignorais absolument le sens caché de la lettre écrite de Bornéo que j'insérai dans ma *République des lettres*, et personne, non pas même M. Jurieu, ni sa femme, ne devina en ce pays-ci ce que cela voulait dire. Nous ne le sûmes que lorsque M. Basnage et d'autres personnes de Rouen se furent

(92) *Œuvres* (3), t. V, p. 167.
(93) *Ibid.*, t. VIII, p. 344.
(94) *Œuvres complètes* (359), t. XXVI, p. 500-501.

réfugiés et nous apprirent la chose. Alors nous connûmes combien il eût été facile de découvrir le mystère ; mais, quand on ne soupçonne point qu'il y en eût dans une chose, on n'y en cherche point, et, par conséquent, quelque facile qu'il soit à trouver, on ne le trouve point... (95).

Tout le monde n'était pas aussi crédule que Bayle, qui avait considéré cette lettre comme un document ethnologique. On vit bientôt paraître des *Eclaircissements sur une lettre écrite de Batavia, dans les Indes orientales par un prêtre de Mréo, appelé Stenor* (96). L'auteur, qui avait signé de son anagramme, était Jean de Terson, un curé de Puylaurens. Ce prêtre, qui écrivit des vers pour chanter la conversion des huguenots des Cévennes (97), était lui-même issu d'une famille de calvinistes (98). Faut-il voir dans cette circonstance l'origine de son zèle contre Fontenelle ? Ou fut-il inspiré par Fléchier, qui était alors évêque de Lavaur et qui semble avoir été son protecteur (99) ? Malheureusement ce libelle a disparu, mais on sait que Fontenelle s'inquiéta du mauvais succès de son œuvre. « Aussi prétend-on que ce fut pour détruire les soupçons qu'elle avait fait naître, et pour dissiper le scandale qu'elle avait pu causer parmi les catholiques, qu'il se vit obligé de composer une certaine quantité de vers français à la louange de la *Destruction de l'Hérésie.* » (100). Il s'agit du *Triomphe de la religion,* qui parut en janvier 1687 (101). Les Jésuites avaient ouvert leurs bras à la brebis égarée ; ils lui permettaient de faire oublier ses imprudences, et Fontenelle traduisait, dans cet opuscule, les vers latins que la Révocation de l'Edit de Nantes avait inspirés au Père Le Jay. Tous ces incidents sont connus ; cette satire de Roy, composée trente ans plus tard, l'est moins et elle nous montre que Fontenelle s'était attiré de tenaces rancunes et qu'il ne parvenait guère à tromper ses contemporains :

(95) Lettre à Des Maizeaux dans *Œuvres diverses* (92), t. IV, p. 850.

(96) Imprimé à Montpellier.

(97) A de la Garde de Chambonas, évêque de Lodève, *quod Praefectus Missionibus Vivarensibus Populorum recens conversorum animos ad firmam ac sinceram fidei Catholicae professionem perduxerit.*

(98) *Collection Chérin,* 193 : famille de Terson de Paleville.

(99) Terson adresse à Fléchier en 1686 son *Ode Ad Illustrissimum et Reverendissimum Episcopum Vaurensem* (337 *bis*). D'après ce poème, il apparaît que Fléchier était venu prêcher à Puylaurens. J. de Terson signe *Podiolaurensis S. Th.* (Saint-Théorard) *D.* Si l'on voulait pousser plus loin les hypothèses, on supposerait volontiers que Mme Deshoulières, la grande amie de Fléchier et la grande ennemie de Fontenelle, ne fut peut-être pas étrangère aux *Eclaircissements* de l'abbé de Terson...

(100) Des Maizeaux dans Bayle, *Œuvres diverses* (92), *loc. cit.*, note 8. Cependant Fontenelle ne pensait pas en rester là, puisque la *Relation* se terminait par ces mots : « J'aurai soin de vous apprendre l'année prochaine le succès de cette guerre, puisque vous aimez assez l'histoire pour ne pas négliger celle de ces pays barbares dont les mœurs et les coutumes sont si étranges. » *Nouvelles,* janvier 1686, p. 90.

(101) *Le Triomphe de la religion...* (25).

L'historien de Bornéo,
Le docte et pieux Fontenelle,
Des vrais croyants le vrai modèle,
Malade au lit avec Mréo,
Enégu sa sœur, Mliséo,
Rivales qu'en vulgaire on nomme
Jérusalem, Genève et Rome,
Qui venaient là pour provoquer
Notre Normand à s'expliquer.
Rome dit : Il est catholique,
Et la preuve en est sans réplique.
C'était l'ami de cœur, de choix,
De feu mon cardinal Dubois.
Genève répond par la pièce
De Fontenelle sur la messe.
Il la traite d'après Calvin
D'une magique facétie
Où par des mots qu'on balbutie
On fait disparaître le pain.
Il taxe Rome d'avarice
D'avoir le jour du sacrifice
A ses gens retranché le vin.
Plein de mon esprit, il révoque
Le purgatoire, l'entrepôt,
Où Rome impunément extorque
Depuis neuf siècles les impôts.
Il déterre aussi les reliques,
Il prétend qu'on les jette aux vents,
Casse tous les vœux monastiques,
Ouvre la porte des couvents,
Ne veut que prêtre prolifique,
Badine avec légèreté
Sur tous livres apostoliques
Qu'il hait pour leur antiquité.
Rome en pleurant sur l'hérétique
Fuit. Un rabbin le revendique :
Il est nôtre sans contredit.
Comme nous, il pense du Christ,
Il lui conteste la puissance
Comme d'avoir, quand il naquit,
Aux démons imposé silence.
Ainsi se disputaient sans fin
Le prêtre et ministre et rabbin
L'âme du nouveau Pomponace.
Que dit notre homme ? Il s'embarrasse,
Décide-t-il ? Non, il n'osa,
Mais il leur fait laide grimace,
Et pour crucifix il embrasse
Le vrai portrait de Spinoza (102).

C'est à des témoignages de cette sorte qu'il faut revenir, pour bien comprendre ce que fut Fontenelle et ce qu'il voulut. *La Relation* marque le point culminant de la « crise » des années 1685-

(102) *Eloge funèbre de M. de Fontenelle,* ms. Bordeaux 683, p. 613.

1687. L'allégorie — pour piquante qu'elle soit — n'est qu'un masque transparent, au travers duquel se devinent la colère et la révolte. Ce n'est sûrement pas une œuvre de grande valeur : le procédé est un peu systématique ; cette ingéniosité ne saurait se comparer au spirituel badinage des *Entretiens* ou à l'inexorable logique des *Doutes*. Le vrai mérite de cet écrit n'est pas là : il réside dans le courage de l'auteur. Au milieu des louanges que les prêtres, les courtisans et les beaux esprits décernaient au Roi, presque seul, cet homme, que l'on jugerait tellement frivole, avait l'admirable audace d'élever la voix pour ridiculiser l'intolérance et défendre les victimes. On comprend que Voltaire ait pu admirer cet ouvrage.

CONCLUSION

C'est dans cette période que furent écrites les œuvres les plus célèbres de Fontenelle. Sa pensée ne subit aucune révolution : l'*Histoire des Ajaoiens* et *Sur l'Histoire* reflétaient autant d'audace et peut-être davantage que les *Oracles* ou les *Doutes*. Cependant il y a bien plus de profondeur, de réflexion et de culture dans les livres de cette époque que dans ceux qui les précédèrent. Au moment où Fontenelle s'abandonnait aux sarcasmes un peu faciles des *Dialogues des morts,* il était bien loin de la solide métaphysique des *Doutes* ; sa philosophie était alors empruntée — et souvent presque littéralement — à d'autres auteurs ; les *Entretiens* au contraire dissimulent leurs sources qui sont repensées et modifiées ; la *Relation de Bornéo* et les *Doutes* sont purement originaux. A cette maturation intellectuelle, s'ajoute évidemment la découverte de la science — découverte encore incertaine, fragmentaire, approximative, susceptible bientôt d'être précisée et parfaite.

La liaison avec Mme de la Mésangère, l'expérience vécue des *Pastorales,* le spectacle de la Révocation et l'appui de Bayle expliquent que Fontenelle ose combattre pour des idées qu'il avait déjà perçues, mais qu'il gardait secrètes, ou qu'il dissimulait sous un pyrrhonisme badin. En se découvrant, le philosophe est contraint de se trahir quelque peu ; comment eût-il pu présenter ses conceptions avec la hardiesse qu'il leur donna dans les *Ajaoiens* ? Mais ce gauchissement, ces feintes, ces prétextes ne cachent pas l'essentiel. Et l'essentiel, c'est la révolte. Il serait cependant téméraire de croire que tout Fontenelle fût contenu dans ses ouvrages ; l'anticléricalisme, la vulgarisation scientifique, la haine des fables et des dogmes ne sont qu'un moment de son entreprise. Il lui reste à prolonger et à surmonter ce négativisme forcené, pour édifier un nouvel humanisme, dont l'*Histoire des oracles* indique déjà la direction.

QUATRIEME PARTIE

SOUS LE MASQUE DE CYDIAS (1687-1695)

Fontenelle ne tira aucune fierté de ses traductions du *Triomphe de la religion* : « Elles ne méritaient pas d'être meilleures... n'en parlons plus, j'en ai honte maintenant... » (1), confia-t-il plus tard à Trublet. Mais en 1686, l'alarme fut chaude ; le philosophe s'en souvint et s'appliqua désormais à éviter de semblables périls. En janvier 1687, il fut le seul laïc à participer au *Pro restituta Ludovici Magni valetudine* édité par les jésuites de Louis-le-Grand (2). Les Pères Commire, de Jouvency, de Saligny, Buffier avaient mis la main à ce recueil ; Fontenelle y traduisait une ode de Jean Commire ; son adaptation était très libre et fleurie, truffée de périphrases :

> L'art qui par d'utiles rigueurs
> Répare et soutient la nature...

d'images plutôt abstraites que mythologiques, et de réminiscences raciniennes :

> On n'a plus sur la mer que la mer seule à craindre... (3).

La même année, il briguait simultanément les prix d'éloquence

---

(1) Trublet, *Mémoires* (345), p. 79.

(2) *Pro restituta Ludovici magni valetudine...* (26). On y trouve une ode du P. Commire, traduite successivement par Fontenelle, Claude Buffier et Pierre de Vallongnes ; et des odes de Joseph de Jouvency, Louis de Saligny et Charles-Hyacinthe Aubin.

(3) La traduction de Fontenelle paraît plus libre et plus ornée que celle de ses concurrents. Il exalte les victoires de Louis XIV, comparé à Charlemagne — la prise de Luxembourg, les succès en Afrique. Voici comment il parle de la coalition :

> Cette hydre, qui sortant de l'éternelle nuit,

et de poésie de l'Académie française, et les sujets proposés lui permettaient à nouveau d'affirmer son orthodoxie et de flatter le Roi. Le discours *Sur la patience* était couronné le 25 août ; c'est un des premiers échantillons que Fontenelle ait donnés du style « sublime » ; il le détestait, il n'y recourut que lorsque la circonstance l'y contraignait, et souvent pour mentir. En effet, cette pièce nous paraît souvent une amusante et magnifique parodie de l'éloquence des prédicateurs. Le thème essentiel est l'insuffisance de la raison humaine, capable tout au plus de « changer les vices que produit la nature corrompue en de fausses vertus, qui étaient, s'il se peut, des marques encore plus certaines de corruption ». (4). La Révélation est donc indispensable. Seule, la « patience » des chrétiens est véritable ; elle nous fait voir dans nos maux l'expiation de nos péchés ; elle adoucit l'âpreté de nos souffrances, car « on ne peut y consentir, sans les soulager » (5). Enfin, elle nous montre dans nos malheurs le chemin du bonheur éternel : « Aussi la patience chrétienne n'est-elle pas une simple patience, c'est un véritable amour des douleurs. » (6).

On peut juger avec quelle sincérité Fontenelle développait ces thèmes, et la péroraison nous laisse rêveurs : « Inspirez-vous, Verbe incarné, cette vertu héroïque, si éloignée de la corruption qui nous est devenue naturelle... Daignez nous instruire dans la science de souffrir, science toute céleste et qui n'appartient qu'à vos disciples... » (7). Ce brillant exercice de style nous fait irrésistiblement penser à Jacques Esprit qui avait déjà montré la médiocrité des sages païens, Socrate ou Sénèque, et s'était écrié :

> Que doit-on conclure de là ? Ce qu'en conclut saint Thomas, que ce n'est que dans les chrétiens que la patience est une véritable vertu, parce qu'ils supportent avec joie toutes les misères de cette vie pour l'amour de Dieu, et par l'espérance qu'ils ont de jouir de lui éternellement. Qu'au contraire la patience des païens n'était qu'une vertu apparente, parce que, ne croyant point qu'il y eût une autre vie, ce n'était pas pour être heureux après leur mort qu'ils enduraient toutes les peines de celle-ci... Ainsi leur patience, bien loin d'être une disposition vertueuse et louable, n'était autre chose que l'ardeur et l'opiniâtreté de leurs passions... (8).

Il est vraisemblable que Fontenelle a composé son discours en

---

Déclarait au ciel une insolente guerre,
Tombe sous le héros, dont le bras la poursuit,
Et ces cent têtes sont par terre.

Œuvres (3), t. X, p. 448-455.

(4) *Œuvres* (3), t. III, p. 208.
(5) *Ibid.*, t. III, p. 215.
(6) *Ibid.*, t. III, p. 216-217.
(7) *Ibid.*, t. III, p. 227.
(8) *La Fausseté des vertus humaines* (172) ; chap. XXI, *La patience à l'égard des injures, des outrages, des affronts et de toutes les choses incommodes et fâcheuses*, p. 437.

ayant sous les yeux le livre d'Esprit, et qu'il s'est borné à le paraphraser, en lui prêtant une expression plus soutenue et plus grandiloquente. Peut-être y a-t-il davantage de sincérité dans les critiques qu'il adresse aux stoïciens, puisqu'elles rappellent les *Dialogues des morts* — mais l'inspiration demeure plutôt chrétienne qu'épicurienne, et l'influence de Malebranche s'ajoute à celle d'Esprit. Si Fontenelle ne veut voir dans l'endurance des sages qu' « une patience d'esclaves attachés à leur chaîne... en un mot, un désespoir un peu raisonné » (9), l'auteur de la *Recherche de la vérité* n'avait montré que mépris pour cette secte vaniteuse : « L'orgueil secret, et non pas la joie, faisait bonne mine ; et, lorsqu'ils n'étaient plus en vue, ils perdaient toute leur sagesse et toute leur force, comme ces rois de théâtre, qui perdent toute leur grandeur en un moment. Il n'en est pas de même des chrétiens... » (10).

L'Académie française avait demandé un poème *Sur le soin que le roi prend de l'éducation de la noblesse dans ses places et dans Saint-Cyr.* Il ne s'agissait que de louer Mme de Maintenon, qui devient sous la plume de Fontenelle « le modèle fameux » de la beauté unie à l'innocence. Et cependant, cette pièce contient un tableau assez réaliste de la décadence de la noblesse :

> Hélas, que deviens-tu sans l'appui des richesses...?
> Nécessité fatale et honteuse aux humains... (11).

L'aristocratie dépérit à la campagne ; les filles sont vendues aux financiers :

> ... n'est-ce pas un piège alors pour la beauté
> Qu'un rayon de fortune à ses yeux présenté (12) ?

On reconnaît la veine des *Lettres galantes,* et ce serait sans doute une erreur de se convaincre hâtivement de l'hypocrisie du poète ; il n'était jamais ni si sincère, ni si fourbe qu'il semblait. Ainsi, lorsqu'il célèbre l'œuvre de Mme de Maintenon à Saint-Cyr, il se soumet au canevas qu'on lui a prescrit, mais sa pensée rejoint celle de son ami, l'abbé de Saint-Pierre, qui loue la favorite du roi de nous avoir « laissé un monument digne de sa piété et de son bon esprit. C'est le collège de Saint-Cyr... C'est un des plus utiles établissements que l'on puisse former dans un Etat et qui mérite le mieux d'être perfectionné et qui étendu dans les principales villes non seulement du royaume, mais encore dans toute l'Europe » (13). Ces esprits positifs étaient capables de discerner les mérites d'un régime dont ils haïssaient l'intolérance. Mlle Deshoulières obtint le prix, et les réactions des « gazettes de Hollande » nous éclairent sur les ambi-

(9) *Œuvres* (3), t. III, p. 224.
(10) *Recherche de la vérité,* livre cinquième, chap. III ; voir aussi livre deuxième, troisième partie, chap. IV, *De l'imagination de Sénèque.*
(11) *Œuvres* (3), t. X, p. 431.
(12) *Ibid.,* t. X, p. 432.
(13) *Annales politiques (1658-1740),* (314), p. 288 (année 1719).

tions de Fontenelle. Les *Nouvelles de la République des lettres* font surtout l'éloge du discours *Sur la patience* :

> Se peut-il rien de plus ingénieux, mais en même temps de plus véritable que ce qu'il dit pour montrer combien la Raison corrompue et la Révélation divine sont opposées... ? Rien n'y paraît faible, rien n'y languit ; et il est difficile, en le lisant, de ne pas conclure, que si l'Académie a rendu justice à M. de Fontenelle en cette occasion, elle pourra bientôt encore reconnaître son mérite d'une manière plus solennelle, lorsque l'admettant dans son sein, elle lui donnera la place que les grands hommes dont il porte le nom, ont si heureusement occupée (14).

Basnage de Beauval était encore plus flatteur :

> On nous écrit que M. de Fontenelle a remporté à l'Académie française le premier prix pour la prose et le second... pour les vers, parce que Mlle Deshoulières a obtenu le premier. Quelques-uns ont prétendu qu'il y avait un peu de faveur dans ce dernier jugement de MM. de l'Académie française, et le mérite de Mlle Deshoulières est assez propre pour appuyer cette conjecture...

Si l'ouvrage de Mlle Deshoulières en avait eu besoin, Fontenelle

> aurait volontiers laissé couler quelque négligence dans le sien pour laisser à cette jeune muse la joie d'une victoire si glorieuse ; il n'est pas de ces poètes affamés d'encens qui regardent d'un œil farouche la plus aimable fille du monde, dès qu'elle devient auteur... D'aucuns ont voulu insinuer que Mme Deshoulières avait fait l'ouvrage elle-même, mais qu'elle a bien voulu abandonner les lauriers qui lui appartenaient... (15).

Cet article empli de sournoises insinuations se terminait comme celui des *Nouvelles* : les Académiciens ont promis au neveu des Corneille « la survivance de la première place vacante dans cet illustre corps... » (16). La même gazette publiait un poème de Ménage dédié à Mlle Deshoulières, où Fontenelle était flatteusement nommé *nostri nova gloria Pindi* (17). Il y a trop d'analogies entre les *extraits* des *Nouvelles* et de l'*Histoire des ouvrages des savants* pour qu'on ne voie pas là une manœuvre concertée. Les réfugiés huguenots, qui avaient compromis Fontenelle en publiant sous son nom la *Relation de Bornéo,* l'aidaient à se racheter et soutenaient ses ambitions. Le *Mercure* ne l'avait pas abandonné. L'Académie était désormais à sa portée. Ses amis s'entremettaient en sa faveur.

---

(14) *Nouvelles de la République des lettres,* janvier 1688, p. 49-50.
(15) *Histoire des ouvrages des savants*, septembre 1687, p. 132-133.
(16) *Ibid.*, septembre 1687, p. 133.
(17) *Ibid.*, février 1688, p. 186. Trublet a cité cette pièce dans ses *Mémoires* (345), p. 255-256 : *Hulleria virgo in certamine Poetarum victrix, ad Paulum Pelissonem, magistrum libellorum supplicum.*

Le 1er décembre 1687, Mme de Scudéry écrit à Bussy : « J'ai un ami, monsieur, neveu de M. Corneille, qu'on appelle Fontenelle, qui songe à la place de M. le président de Mesmes, vacante à l'Académie. Il a beaucoup de mérite ; je vous le ménerai, si vous permettez, et je vous ferai voir ses derniers ouvrages qui vous charmeront assurément... Je vous demande pour lui votre voix... » (18).

C'est alors, on ne sait trop à quelle date, qu'il commença de fréquenter chez Ninon de Lenclos. « Elle était si aimable, si spirituelle et si réservée dans la société que les femmes de la plus haute volée la voyaient souvent et lui envoyaient même leurs filles en visite pour y prendre les bons airs et le ton de la grande compagnie... Elle avait les cheveux bruns, la bouche et les dents admirables, et un sourire et un accueil qui ne renvoyait personne ; elle poussa la beauté jusqu'à l'âge où à peine pousse-t-on la vie » (18 *bis*). Turrettini rencontre Fontenelle dans cette maison en 1693 (19). Le libertinage du philosophe pouvait plaire à Ninon qui « mit dehors un domestique, parce qu'il s'avisait de dogmatiser dans sa cuisine » (19 *bis*). C'est à lui qu'elle confia « qu'elle avait prêté son lit à Madame Scarron et à Villarceaux... » (20) ; et, avant de mourir, elle lui avouera : « Vous savez le parti que j'aurais pu tirer de mon corps ; je pourrais encore mieux vendre mon âme ; les Jésuites et les jansénistes se la disputent. » (21). La société la plus choisie se retrouvait chez elle, autour des abbés Gedoyn et de Châteauneuf... Est-ce alors que Fontenelle connut Mme de Lambert ? Nous ne savons quand débutèrent ces relations, qui devaient durer près d'un demi-siècle, mais certains ont prétendu que Mme de Lambert était la Marquise des *Entretiens* (21 *bis*), et le *Jugement* de Pluton était peut-être dédié à Sainte-Aulaire. Veuve en 1686, Mme de Lambert eut à soutenir de longs procès, puis « ... maîtresse d'un bien considérable qu'elle avait presque conquis, elle établit dans Paris une maison où il était honorable d'être reçu. C'était la seule, à un petit nombre d'exceptions près, qui se fût préservée de la maladie épidémique du jeu ; la seule où l'on se trouvât pour se parler raisonnablement les uns les autres, et même avec esprit.

(18) *Correspondance* de Bussy (125), t. VI, p. 116.

(18 *bis*) *Traits, notes et remarques...* (ms. Rouen), p. 10-12. Cideville ajoute : « Sa maison était le réduit de la plus grande compagnie. M. de Fontenelle de qui je tiens ces choses l'a fort connue. » Dans ces pages, se retrouvent maintes anecdotes touchant Ninon ; son esprit, sa beauté sont également vantés — et son désintéressement qui « lui fit beaucoup d'honneur dans le monde et lui attira une grande considération parmi les honnêtes gens », p. 56.

(19) Budé, *Turrettini...* (424), p. 51-52 : « J'ai appris des nouvelles de M. du Boulai par une vieille demoiselle de sa connaissance. C'est une nommée Mlle de l'Enclos (*sic*). Elle a infiniment d'esprit, et il se rend tous les jours chez elle quantité de gens distingués. J'y vais quelquefois et j'y ai vu entre autres l'abbé de Châteauneuf. J'ai fait connaissance dans le même lieu avec l'agréable M. de Fontenelle, l'auteur des *Dialogues des morts* et avec M. de la Loubère, le nouvel académicien. »

(19 *bis*) *Traits, notes et remarques* (ms. Rouen), p. 198.

(20) *Ibid.*, p. 242.

(21) E. Magne, *Ninon de Lenclos* (585), p. 253.

(21 *bis*) *Dossier Fontenelle* (ms. Rouen).

selon l'occasion. Aussi ceux qui avaient leurs raisons pour trouver mauvais qu'il y eût encore de la conversation quelque part, lançaient-ils quelques traits malins contre la maison de Mme de Lambert ; et Mme de Lambert, elle-même, très délicate sur le discours et sur l'opinion du public, craignait quelquefois de donner trop à son goût : elle avait soin de se rassurer, en faisant réflexion que dans cette même maison, si accusée d'esprit, elle y faisait une dépense très noble, et y recevait beaucoup plus de gens du monde et de condition que de gens illustres dans les lettres... » (22). En faisant son éloge, Fontenelle ébauche le portrait d'une femme idéale par sa culture, sa modestie et sa générosité : « Elle s'amusait volontiers à écrire pour elle seule, et elle voulut bien lire ses écrits à un très petit nombre d'amis particuliers » ; quand ses livres paraissent, « elle se croit déshonorée. Une femme de condition faire des livres. Comment soutenir cette infamie ? » (23). Le succès vint et les éditions se succédèrent ; mais « Madame de Lambert ne se consolait point ; et on n'aurait pas la hardiesse d'assurer ici une chose si peu vraisemblable, si, après ces succès, on ne lui ait vu retirer de chez un libraire et payer au prix qu'il voulut toute l'édition qu'il venait de faire d'un autre ouvrage qu'on lui avait dérobé. Enfin, « les qualités de l'âme plus importantes et plus rares surpassaient encore en elle les qualités de l'esprit ». Son goût ne pouvait que convenir à Fontenelle : c'était celui de la nouvelle génération ; dès son enfance, « elle se dérobait souvent aux plaisirs de son âge pour aller lire en son particulier et elle s'accoutuma dès lors, de son propre mouvement, à faire de petits extraits de ce qui la frappait de plus. C'étaient déjà ou des réflexions fines sur le cœur humain, ou des tours d'expression ingénieux, mais le plus souvent des réflexions ». (24). Elle ne laissa pas de l'influencer. Lorsqu'elle voyage en 1709 du côté d'Auxerre, « Vous nous manquez fort ici, lui écrit-il, c'est vous, Madame, entendez-vous, et non votre maison, toute bonne qu'elle est, car pour des maisons, j'en ai toujours plus que je n'en puis exploiter... » (25). Et encore en juillet 1716 : « J'ai fait un *Leibniz* qui aurait eu bien besoin d'un mardi où il eût été ressassé, mais faute de cela, il n'aura peut-être rien qui vaille... » (26). Nous pouvons imaginer le salon, où le jeune homme, puis le secrétaire de l'Académie couvert d'honneurs, lit ses ouvrages à la maîtresse de maison, et les remanie et les corrige selon ses avis. Littérature de société, née de la conversation, presque subordonnée à elle — l'écrit est le fruit et le reflet des entretiens ; d'ailleurs, « le plus grand fond des idées des hommes est dans leur

(22) *Œuvres* (3), t. IX, p. 430-431.
(23) *Ibid.*, t. IX, p. 431-432.
(24) *Ibid.*, t. IX, p. 430. Cf. Delavigne, *Le premier salon du dix-huitième siècle...* (472), Boulan, *Figures du dix-huitième siècle* (407), et surtout Desnoiresterres, *Les cours galantes*, IV. Même si ce salon n'acquit une grande importance que vers 1700, Fontenelle semble avoir connu la marquise beaucoup plus tôt.
(25) Archives de l'Académie française, *Collection Moulin*.
(26) *Ibid.*

commerce réciproque... » (27). Cependant la morale de la marquise n'est pas celle de Fontenelle ; elle demeure plus proche de Corneille que de Bentham, elle annonce Rousseau ou Vauvenargues ; son christianisme semble sincère ; la gloire lui est bien plus chère que les « petits bonheurs » auxquels il est prudemment attaché : « On ne peut avoir trop d'ardeur à s'élever... Il faut, par de grands objets, donner un grand ébranlement à l'âme, sans quoi elle ne se mettrait point en mouvement » (28). Ce sont — il est vrai — les conseils « d'une mère à son fils », et mieux vaut recommander à un jeune homme trop d'héroïsme que trop de prudence. N'y aurait-il pas d'ailleurs quelque souvenir du « nieztschéisme » des *Dialogues des morts* dans ces éloquentes exhortations ?

Le marquis de Sainte-Aulaire, les jésuites Bouhours et Cheminais, l'abbé de Choisy, Mlle Bernard sont les habitués de cette maison ; et bientôt Houdar de la Motte et de Sacy que leur hôtesse fera entrer à l'Académie française. Car ce que Fontenelle nous dissimule dans son flatteur éloge de la Marquise, c'est que ce salon deviendra bientôt le rendez-vous des Modernes et le point de départ de toutes les brigues académiques. Cette lettre, que le philosophe adresse à Mme de Lambert le 1er janvier 1707, est encore le meilleur document que nous possédions sur cette société :

> Il est le premier janvier 1707, et il sonne six heures et demie du matin : ainsi, Madame, voici incontestablement la première action de ma nouvelle année. Que ferait-on de mieux dans le culte le plus superstitieux que l'on rendrait à quelque divinité terrestre ? Je vous assure que, quand vous voudriez bien être cette divinité-là, vous ou votre cadette, je ne sentirais pas plus de plaisir de commencer mon année comme je fais. Il y a huit jours que je diffère à me donner l'honneur de vous écrire pour prendre ce moment-ci, et que je m'en fais d'avance un ragoût assez délicat. Il est bien vrai, et je vois que vous le pensez dans le moment, que j'aurais dû écrire longtemps avant ces huit jours. Oh, je le sais bien, et on ne me dira rien sur cela, dont mon impitoyable conscience, plus impitoyable encore quand elle parle pour vous, ne m'ait déjà bien fatigué. Mais d'abord le joli et maudit madrigal du beau-père me fit différer parce que j'y voulais répondre, et, après l'avoir beaucoup voulu, je n'en fais pourtant rien. Savez-vous pourquoi ? Entre nous, c'est que je n'ai pu. La vérité m'assomme, et le mauvais temps a toujours continué à être d'accord avec ce funeste madrigal. J'en suis encore, sans comparaison, plus fâché par rapport à votre retour qui en est fort reculé, que pour mon honneur. Je ne vois plus quand vous pourrez revenir, si la nouvelle lune, qui sera le trois et que j'ai été chercher dans l'*Almanach de l'Observatoire,* ne change le

(27) *Histoire de l'Académie des sciences* (40), 1703, p. 18, *Diverses observations de physique générale.* L'anecdote contée dans ce passage, et la moralité qui en est tirée, devaient faire réfléchir Condillac, *Œuvres* (133), t. I, p. 45, b, n, *Essai sur l'origine des connaissances humaines ;* et t. I, p. 437, *Cours d'Etudes*, V, *De l'art de penser*. On retrouve encore ce texte dans *L'ame matérielle* (Maz. 1189 ; Ars. 2239).

(28) *Œuvres de Madame la marquise de Lambert* (209), p. 4.

temps. Ce n'est pas que naturellement je croie à la lune, mais quand on est excédé par l'adversité, on devient superstitieux même contre les lumières de sa raison. Très sérieusement, Madame, votre absence me paraît cruellement longue, et, quoique je n'aie presque pas le loisir de me tourner, je vous trouve extrêmement à dire. L'autre jour, je dînai avec trois Brancas en famille. Vous y fûtes bien célébrée, et le mérite de la distraction ne fut pas celui qu'on vanta le plus, même en une telle compagnie.

Je ne vous réponds point sur tout ce que vous me dites de deux ou trois personnes brouillées ensemble. L'histoire du lieu dont il s'agit est si changeante, que ce que je vous dirais aujourd'hui, ne serait plus vrai demain. Imaginez-vous une mer, des flots, etc. Heureux, qui, comme moi, voit les orages d'un lieu élevé. Depuis votre départ, les histoires des jolies femmes du monde sont encore embellies ; c'est merveille que ce qui s'en dit tous les jours, et je vous assure que celle que vous me mandez qui agace si hardiment M. de Tourreil, est encore une des plus sages et des plus raisonnables.

Je commence à lire le factum du cher Sacy. J'en suis fort content pour ce qui dépend de lui, mais, et je ne le dis qu'à vous seule, je sens, ce me semble, que la matière manque à l'art.

Je patrocine tous les jours dans les maisons pour faire entendre aux gens que la préférence qu'ils donnent à l'adversaire est un jugement de leur cœur, plus favorable à la femme qu'au mari et qu'en cela ils ont raison, car il faut leur lâcher quelque chose, mais qu'ils ont tort de donner pour cela un jugement de leur esprit et de préférer un ouvrage à l'autre. Peu de gens entendent cette métaphysique, et nous avons un furieux torrent contre nous. Les dames sont trop redoutables, et il faut établir désormais pour principe que tout ce qu'elles feront sera bien fait. Pour moi, j'en suis d'accord ; je n'ai jamais trop goûté les maris, tout au plus quelque beau-père.

Les *Odes* de La Motte paraissent avec un applaudissement merveilleux. Sans vanité, j'en suis presque aussi aise que si je les avais faites. J'ai bien envie que vous les ayez lues. Apparemment M. de Sainte-Aulaire vous les a envoyées. A la première occasion, nous vous demanderons votre secours pour mettre l'auteur où vous savez.

Voici, ce me semble, une lettre honnêtement longue. Ce n'est point parce qu'il n'est chère que de vilain, en vérité, c'est par le plaisir que j'y prends, quand j'y suis une fois ; mais j'ai peine à m'y mettre à cause de tous ces vilains papiers qui m'environnent quand je suis dans mon cabinet et qui m'appellent tous.

Je suis très sincèrement avec cent fois plus que du respect, Madame,

Votre très humble et très obéissant serviteur... (29).

Sous une écorce d'esprit et de désinvolure, l'intrigue littéraire, le succès des Modernes, les élections académiques sont les préoccupations évidentes de la marquise et de son ami qu'on jugerait à

---

(29) *Amateur d'autographes*, février 1892, p. 55-57. Fontenelle fait

tort uniquement soucieux de la « métaphysique du cœur ». Les « bureaux d'esprit » ressemblèrent souvent à des clans habiles et ambitieux.

Loin de la quiétude des *Pastorales,* Fontenelle redevient alors — mais avec plus d'assurance et de notoriété — le mondain qu'il était vers 1680. Il se transforme même en courtisan ; vers 1686 ou 1687, il est présenté à la Dauphine, Victoire de Bavière. Mme de Sévigné, Saint-Simon, la duchesse d'Orléans se sont accordés pour célébrer la bonté et la culture de cette princesse. Selon Spanheim, elle avait « un goût exquis et accompagné de beaucoup de lumière pour les beaux-arts ou pour les ouvrages d'esprit, et en partie pour la musique et les pièces de théâtre, beaucoup d'agrément et de disposition pour la danse, et d'ailleurs une facilité, jointe à une justesse d'expression et de langage en français et en italien » (30), et Mlle de Montpensier affirme « qu'elle ne faisait que lire tous les romans en toutes langues et des vers... » (31). A sa venue en France, elle avait tenté de jouer un rôle politique, mais le roi l'avait promptement écartée des affaires. Elle était désormais isolée, avec sa favorite, Mlle Bessola, délaissée par son mari, et peut-être persécutée par Mme de Maintenon. Sa culture et son goût lui permettaient cependant d'aspirer à une sorte de mécénat, et elle était chargée, avec le Dauphin, de la protection du théâtre. Elle devait aimer l'églogue, puisque Bernard de Hautmont lui dédiait une idylle en 1686, et que Fontenelle en 1688 lui offrit ses poésies. Les deux auteurs recourent aux mêmes expressions. Hautmont errait sur les bords de la Seine ;

> Dans ce moment, frappé d'une extase imprévue,
> Se présente à mes yeux une nymphe inconnue...

Il croit voir une déesse :

> Tu te trompes, je suis la nymphe Victorie... (32).

Fontenelle marchait « sans tenir une route certaine », dans un bois « qu'arrose la Seine » (33) ; deux bergères célèbrent une divinité pleine de grâce et de bonté :

> Ce ne peut être que VICTOIRE (34).

Mais le poète des *Pastorales* ne cède pas comme son rival à la tentation malencontreuse de transformer son églogue en poème héroï-

---

allusion dans cette lettre au marquis de Sainte-Aulaire (« le beau-père », puisque son fils avait épousé Mlle de Lambert) ; à Mme Dacier et à son mari ; à la future élection de La Motte à l'Académie. Nous ne pouvons identifier exactement « les deux ou trois personnes brouillées ensemble ».

(30) *Relation de la Cour de France en 1690* (332), p. 50. Spanheim loue encore la « vertu solide et chrétienne » de la princesse, p. 51.

(31) *Mémoires* (345), p. 489.

(32) *Idylle à Mme la Dauphine* (99), septembre 1686, p. 3-5.

(33) *Œuvres* (3), t. IV, p. 5, *A Madame la Dauphine, églogue.*

(34) *Ibid.,* t. IV, p. 7.

que, et de chanter les succès du Roi ; il reste dans le genre qu'il s'est prescrit, et évoque, avec un peu d'humour, son premier entretien avec la princesse :

Quoique simple berger, j'ai voulu voir la cour ,
Cette cour, d'où Louis prend plaisir à répandre
Les biens dont est comblé ce rustique séjour.
N'attendez pas de moi que je vous représente
Combien de ces beaux lieux la pompe est éclatante,
Je fus à leur aspect interdit, ébloui.
Cent prodiges divers ont troublé ma mémoire,
Et, de plus, tout doit bien s'en être évanoui,
Mes yeux furent longtemps attachés sur VICTOIRE.
Car le croiriez-vous bien ? On me vit là chantant
Ces airs d'une muse champêtre,
Ces mêmes airs que vous connaissez tant,
VICTOIRE le voulut, se délassant peut-être
De ces airs plus polis que sans cesse elle entend.
Je tremblai devant elle, et je chantai pourtant ;
O ciel, qu'elle fit bien connaître
Jusqu'où va son esprit, jusqu'où son goût s'étend,
Les endroits dont je crois qu'on peut être content,
Un souris fin qui venait à paraître
Les marquait dans le même instant... (35)

La Dauphine, qui patronna les romans et les tragédies de Mlle Bernard et de Fontenelle, dut aimer le poète, puisqu'elle voulut intervenir en sa faveur, lorsqu'il eut été repoussé par l'Académie française (35 *bis*). Soucieux de son indépendance, il aurait décliné cette offre... Plus tard, il se souviendra d'elle, lorsqu'il aura l'occasion d'offrir quelques vers à la reine Marie Leczinska (36). Dangeau note le 9 décembre 1688 : « Mme la Dauphine a fait répéter à Versailles un petit concert d'airs qu'elle a faits pour les faire entendre à Monseigneur à son retour de Marly. Elle a fait faire les paroles sur ces airs-là par Fontenelle. » (36 *bis*). Selon l'éditeur du *Petit réservoir, Le Retour de Climène,* aurait été commandé par la Dauphine (37). *Enone,* qui fut composée avant *Thétis et Pélée,* doit également avoir été inspirée par cette princesse : il se pourrait que cette pièce ait été conçue pour représenter le Dauphin et son épouse sous les traits du berger Paris et de la nymphe Enone (38).

Cette protection autorisait de nouvelles ambitions. Campistron

---

(35) *Ibid.*, t. IV, p. 8-9.
(35 *bis*) *Traits, notes et remarques* (ms. Rouen), p. 51.
(36) *Œuvres* (3), t. VIII, p. 382.
(36 *bis*) *Mémoires* (345), t. III, p. 382.
(37) *Petit réservoir* (288), t. IV, p. 283-288.
(38) *Œuvres* (3), t. X, p. 227-241. L'éditeur, en suivant les indications de l'abbé Trublet, note qu'*Enone* fut écrite avant *Thétis et Pélée*, car on y retrouve ces deux vers qui figurent dans l'opéra :

Dans l'empire d'Amour on tient le rang suprême,
Dès que l'on sait charmer.

avait succédé à Quinault, Colasse à Lully. En novembre 1687, ils donnèrent *Achille & Polyxène* ; le *Mercure galant* se montrait assez réticent : « Je l'ai écouté avec grande attention, et, si je vous expliquais ce que j'en pense, il semblerait que je voudrais prévoir les sentiments de ceux qui lisent mes lettres... » (39). Et, de façon embarrassée, cet article multipliait les critiques. Les chansonniers étaient plus francs ; d'innombrables épigrammes furent alors décochées aux malheureux auteurs ; on faisait dire à l'ombre de Lully :

Rebuts infortunés du goût du plus beau monde,
Colasse, mon copiste, et vous, rampant auteur,
Campistron, l'opéra reste sans auditeur.
Contre vos vers, vos airs, le moins critique fronde.

Le public se lamentait et répliquait au Florentin :

La mort n'efface point le divin caractère
Dont ton savoir fut revêtu.
L'on te regrette fort, mais Colasse abattu
Ne peut espérer de me plaire,
Si Corneille à ses vers ne donne l'agrément,
Que Quinault scrupuleux me refuse à présent (40).

On regrettait l'équipe qui avait triomphé avec *Bellérophon,* et selon une note du *Chansonnier Maurepas,* « l'opéra d'*Achille* parut si mauvais que dès lors on songea de l'ôter à Campistron et de le donner à Fontenelle » (41). Celui-ci préparait soigneusement sa rentrée ; il composait *Thétis et Pélée,* qu'il lisait à Quinault « quelques mois avant sa mort, arrivée le 26 octobre 1688 », et il paraît que l'auteur d'*Armide* « en fut fort content » (42).

Visant l'Académie, soutenu par les salons de Paris, introduit à la cour, protégé par la Dauphine, Fontenelle devenait un tout autre personnage. Jérôme de Pontchartrain, le fils du Chancelier, était son ami. On a retrouvé quelques fragments de leur correspondance, qui sont singulièrement éclairants : Pontchartrain ne cesse de s'amuser de l'irréligion du philosophe ; il raille l'obscurité et les tournures trop fleuries de ses lettres ; il le traite comme un « vrai écolier » (42 *bis*) ; il se plaît à opposer les loisirs du bel esprit et la vie laborieuse qu'un ministre doit mener :

---

(39) *Mercure galant,* novembre 1687, p. 269-272.

(40) Ms. fds fr. 12622, fol. 179.

(41) *Ibid.,* note 9.

(42) *Traits, notes et remarques* (ms. Rouen), p. 28.

(42 *bis*) Depping, *Lettres de Phélypeaux, comte de Pontchartrain* (481), p. 60-61 : « Il faut avouer, Monsieur, que vous êtes un vrai écolier, et que vous parlez d'escamoter des lettres ainsi qu'un disciple en seconde escamote une amplification... » (19 juin 1695). *Ibid.,* p. 59 : « Une recommandation comme la vôtre me fera avoir pour saint François-Xavier et pour saint Ignace même, si vous voulez, toutes les considérations et tous les égards possibles » (26 septembre 1694) ; « Si la messe que vous avez entendue, Monsieur, était aussi courte que vous m'écrivez, vous n'avez pas eu assurément le temps de vous y ennuyer... » (27 avril 1695.) *Ibid.,* p. 60 : « Je crois, Monsieur, que dans la bibliothèque du Roi, dans

Si vous saviez la différence qu'il y a entre un secrétaire d'Etat de la marine qui visite son département et un académicien tranquille qui ne songe, depuis le matin jusqu'au soir, qu'à faire briller son esprit et dans son discours et dans ses lettres, vous ne seriez pas si surpris de mon silence et vous demeureriez d'accord qu'il est plus aisé d'écrire de jolies choses que de travailler sans relâche à des affaires sérieuses... (43).

Fontenelle distrait son correspondant en lui adressant de petites pièces de poésie, tel le plaisant *Placet présenté par un officier de marine à M. le comte de Pontchartrain* (43 *bis*). Mais l'habile Cydias ne manque pas d'utiliser cette protection puissante ; en septembre 1694, il recommande à Pontchartrain l'historien rouennais Legendre dont la pauvreté et la vertu étaient assez célèbres, et en janvier 1695, il se plaint d'être « le moins favorisé» de tous les amis du ministre (44) : celui-ci lui fait accorder aussitôt le « don d'aubaine » qu'il réclame (44 *bis*). Pontchartrain, qui protégeait également La Bruyère et Callières, n'était pas un aveugle partisan des modernes (45). Il put parfois servir d'intermédiaire ou de conciliateur entre les deux camps, et son poids était grand dans les élections académiques.

L'analyse de l'erreur, le combat contre le fanatisme, et même l'astronomie cartésienne paraissent bien oubliés. En janvier 1687, paraît le deuxième recueil des *Lettres galantes*, composé depuis

---

celle du Vatican et dans toutes les bibliothèques du monde on ne pourra jamais trouver des livres plus obscurs ni de romans moins intelligibles que votre lettre... » (13 mai 1695).

(43) Extrait édité dans Jal, *Dictionnaire critique*... (544), t. II, p. 988.

(43 *bis*) *Œuvres* (3), t. X, p. 471-473.

(44) Depping (481), p. 59 : Pontchartrain lui écrit : « J'espère, Monsieur, que vous verrez avant qu'il soit peu, que mes faveurs suivent de près mes intentions, et que vous n'avez pas lieu de vous plaindre que vous êtes le moins favorisé de mes amis... » (5 janvier 1695). Sur Legendre, voir *ibid.*, p. 59 (26 septembre 1694). Louis Legendre était né à Rouen en 1655 ; c'était vraisemblablement un condisciple de Fontenelle ; il était attaché à François de Harlay et devint chanoine de Notre-Dame de Paris. Sa piété et sa misère expliquent que Fontenelle le peigne à Pontchartrain comme un « saint » (*loc. cit.*).

(44 *bis*) *Ibid.*, p. 60 : « Ce mot, Monsieur, n'est que pour vous donner avis que le roi vous accorde le don d'aubaine que vous avez demandé et que vous n'avez qu'à en aller retirer le brevet au bureau de M. Desgranges... » On retrouve l'acte correspondant aux Arch. Nat. $0^1$39, f. 265 (Brevet de don des biens de Nicolas Clément, horloger à Paris en faveur du sieur de Fontenelle...).

(45) C'est lui qui intervint pour faire élire La Bruyère à l'Académie française, Michaut, *La Bruyère* (608), p. 57 *sq.* Dans les lettres éditées par Depping (481), on voit le ministre agit en faveur de Dacier ; il écrit à Fontenelle le 13 mai 1695, p. 60 : « J'aurais bien mieux aimé que vous m'eussiez mandé quel sujet vous choisirez pour remplir la place du pauvre La Fontaine. Je crois qu'après avoir bien cherché, vous ne pourrez mieux trouver que M. Dacier, qui rétablira dans notre époque la solide érudition qui est bannie depuis quelque temps pour je ne sais quelle raison qui ne me paraît pas probable. » Dans la même lettre, Pontchartrain s'amuse à faire l'éloge de « cette bonne antiquité du siècle d'Auguste dont on doit respecter la mémoire, n'en déplaise à quelques beaux esprits de ce siècle ».

longtemps. Fontenelle n'écrit plus dans les *Nouvelles de la République des lettres* il revient au *Mercure,* auquel il donne en août 1687 le *Portrait de Clarice,* et en octobre 1688 la *Lettre à une demoiselle de Suède,* un gracieux badinage, semblable aux colifichets d'autrefois, une sorte de déclaration humoristique, qui aboutit à cette chute :

> Je ne crois pas même que vous puissiez savoir qui je suis
> A moins qu'un coup de la fortune
> N'ait porté jusque sur vos bords
> Le nom de l'enchanteur qui fait parler les morts,
> Et qui voyage dans la lune (46).

Intrigant, affairé, pur littérateur, Fontenelle est alors *Cydias.* La Bruyère l'a montré comme le patron d'un atelier qui travaille à la hâte avec ses « compagnons ». En effet, le *Mercure galant* s'emplit alors d'écrits qu'il signe ou qu'il inspire ; vend-il sa plume au plus offrant, comme l'insinue l'auteur des *Caractères* ? Il exécute les commandes de la Dauphine, il rédige des discours pour son ami des Aguais, il met la main aux comédies de Donneau de Visé, il collabore avec Mlle Bernard. Ce portrait a surtout l'inestimable mérite de nous montrer un Fontenelle vivant : son afféterie dans les salons, sa toux perpétuelle, son esprit de contradiction — ou du moins son intransigeance — sa faveur auprès des femmes, son orgueil paisible...

Faut-il le dire ? Cette évocation pittoresque est à la fois criante de vérité et fort superficielle. La Bruyère n'a pas voulu voir ce que cachaient cette avidité et ces manières efféminées. Il est certain que Fontenelle n'avait que peu de bien, et a beaucoup écrit à cette époque pour s'enrichir ; il a visé l'Académie et le privilège des opéras avec persévérance ; il s'est introduit auprès de tous ceux qui pouvaient favoriser ses ambitions. Mais les œuvres qu'il compose alors vont nous montrer qu'il ne s'est pas transformé en ce simple « arriviste » qu'on nous peint. En revenant à la littérature, il rassurait le pouvoir qu'il avait inquiété ; en briguant une position officielle, il garantissait son indépendance. Et dans ce domaine, il pouvait poursuivre le combat qu'il avait commencé ailleurs ; si les Anciens étaient « les gens de Versailles », ils approuvaient la dévotion qui commençait de s'installer dans les mœurs ; ils préféraient suivre l'Autorité et l'assentiment général plutôt que les exigences d'une raison affranchie de tout préjugé : n'est-ce ainsi que s'expliquent les reproches adressés à Cydias : « Différent de ceux qui, convenant de principes et connaissant la raison ou la vérité qui est une, s'arrachent la proie l'un à l'autre pour s'accorder sur leurs sentiments, il n'ouvre la bouche que pour contredire... » (47) ? Il n'y a aucune contradiction entre le négateur des oracles et le critique d'Homère ou d'Eschyle. Même abritée derrière des prétextes littéraires, sa polémique a toujours les mêmes ennemis.

---

(46) *Œuvres* (3), t. IV, p. 404.
(47) *Les Caractères, De la société et de la conversation,* 75.

Jusqu'en 1695, il compose beaucoup d'écrits de circonstance suscités par cette querelle ; il va même jusqu'à versifier des chansons et des épigrammes. Une cinquantaine d'années avant l'édition de 1742, il écrit l'*Histoire du théâtre françois* et les *Réflexions sur la poétique,* et la polémique n'est pas absente de ces travaux, puisque Fontenelle n'osa les publier du vivant de Racine (48) ; les *Remarques sur quelques comédies* ne forment qu'un brouillon fragmentaire et confus, mais ces notes avaient été prises pour rédiger les *Réflexions...* Peut-être l'attentive étude de la littérature nationale, à laquelle s'était livré l'écrivain, lui inspira-t-elle *La Cornette,* qui serait une adaptation de la farce de Jean d'Abondance. Enfin, la place qu'occupe le problème du merveilleux dans *De l'origine des fables* nous incite à rattacher ce traité, que Trublet date simplement des années 1691-1699, à cet ensemble d'œuvres qui évoquent les problèmes et les combats littéraires du temps (49).

Si la polémique l'entraîna souvent à de graves réflexions, les nouveaux amis que Fontenelle se fit à cette époque le transformèrent et le conduisirent de la science mondaine à la science véritable. Paradoxalement, c'est au moment où il revêt l'apparence frivole de Cydias que ses études s'approfondissent, et que le futur secrétaire de l'Académie des Sciences commence à se former.

---

(48) *Mémoires* (345), p. 299.

(49) On trouve cependant dans le *Journal de Trévoux* d'août 1702, p. 244, une note relative aux travaux des membres de l'Académie des Inscriptions, où il est dit : « M. de Fontenelle doit travailler à expliquer la fable, son origine, sa liaison avec l'histoire. » Mais rien n'indique que ce projet fut réalisé ; on sait que le philosophe, une fois élu à l'Académie des Sciences, affirma n'avoir plus de loisir pour d'autres travaux ; nous verrons d'ailleurs que toutes les sources de son traité *De l'origine des fables* sont antérieures à 1692 et que certaines des analyses qui y sont contenues évoquent presque littéralement les travaux de l'abbé de Choisy et de l'Académie du Luxembourg.

CHAPITRE I

VERS LA SCIENCE VERITABLE

Le groupe normand.

Lorsqu'il eut à faire l'éloge de Varignon, Fontenelle se plut à revenir sur sa jeunesse :

> L'abbé [de Saint-Pierre], persuadé qu'il n'y avait point de meilleur séjour que Paris pour les philosophes raisonnables, vint en 1686 s'y établir avec M. Varignon, dans une petite maison du faubourg Saint-Jacques... J'étais leur compatriote et allais les voir assez souvent et quelquefois passer deux ou trois jours avec eux ; il y avait encore de la place pour un survivant, et même pour un second, sorti de la même province, aujourd'hui l'un des principaux membres de l'Académie des Belles-Lettres, et fameux par les *Histoires* qui ont paru de lui. Nous nous rassemblions avec un extrême plaisir, jeunes, pleins de la première ardeur du savoir, fort unis et ce que nous ne comptions peut-être pas alors pour un assez grand bien, peu connus. Nous parlions à nous quatre une bonne partie des différentes langues de l'empire des lettres, et tous les sujets de cette petite société se sont dispersés déjà dans toutes les Académies (1).

Depuis 1683, Fontenelle et l'abbé de Saint-Pierre se voyaient régulièrement à Rouen ; on est bien renseigné sur « la petite maison du faubourg Saint Jacques », qui était louée deux cents livres (2). L'amitié de l'abbé pour Varignon était assez ardente pour qu'il lui abandonnât une partie de sa pension, et voici comment dans ses *Mémoires* sont évoquées ces années heureuses :

> M. Varignon logeait tout en haut, il y composa son livre sur

---

(1) *Œuvres* (3), t. VI, p. 159.

(2) Cideville, *Traits, notes et remarques* (ms. Rouen), p. 269. Cf. *Etude sur la vie et les écrits de l'abbé de Saint-Pierre,* par E. Goumy (522), p. 10.

la nouvelle mécanique, M. l'abbé de Vertot y venait aussi trois jours la semaine, logeait dans la chambre voisine et travaillait à son *Histoire des Révolutions de Portugal.* M. l'abbé de Saint-Pierre, qui logeait au-dessous, composait des observations morales sur les différents partis que prennent les hommes pour augmenter leur bonheur, et M. de Fontenelle, qui logeait en bas, composait ses poésies pastorales. Ils allaient l'après-midi continuer leurs conversations et leurs disputes au jardin du Luxembourg et profitaient ainsi de leurs critiques mutuelles (3).

Cette petite Académie atteste évidemment le « provincialisme » de l'écrivain : « J'étais leurs compatriote », écrit-il, et tout est dit. Tous normands, ces jeunes gens sortaient tous des collèges des Jésuites. Comme on le voit, la morale, la physique, l'histoire et la poésie étaient représentées. En fait, les *Pastorales* étaient déjà composées à cette époque, mais Fontenelle pouvait les relire et les remanier avant de les publier, et il écrivait le *Discours sur la nature de l'églogue.*

Toute une atmosphère renaît dans ces quelques lignes que nous avons citées. On devine une camaraderie un peu bohème ; les œuvres de chacun étaient dans une certaine mesure les œuvres de tous. Est-ce à cette période qu'a songé l'abbé de Saint-Pierre, lorsqu'il nous dit : « J'avais des camarades avec lesquels je disputais souvent à la promenade... Je crois devoir à ces exercices l'habitude à l'application, la docilité à tout écouter, à tout examiner, la facilité à changer d'opinion, quand j'en apercevais une plus vraisemblable, la fermeté à garder mon opinion, tant que je ne trouvais rien de plus vraisemblable. » (4) ? On ne saurait l'affirmer, car il a peut-être brouillé ses souvenirs, et il semble parler d'un séjour à Paris qu'il fit vers 1680. Mais on peut supposer que le même climat régnait entre les quatre amis du faubourg Saint-Jacques.

Entre l'abbé et son ami, Fontenelle établissait cette différence : « L'un se distinguait par une certaine vigueur d'idées, par une vivacité féconde, par une fougue de raison, l'autre par une analyse subtile, par une précision scrupuleuse, par une sage et ingénieuse lenteur à discuter tout » (5). Fils d'un pauvre entrepreneur de Caen, Varignon avait découvert, en faisant sa logique, Euclide et Descartes. En octobre 1687, il donnait un *Mémoire contenant une nouvelle démonstration du paradoxe de M. Mariotte p. 86 du mouvement des eaux* (6), et surtout le *Projet d'une nouvelle mécanique* (7) ; en avril 1688 un *Mémoire sur le centre de gravité des*

(3) Manuscrits de l'abbé de Saint-Pierre (ms. Rouen, I, 12), t. III, p. 215 ; Drouet, *L'abbé de Saint-Pierre* (485), p. 30.

(4) *Ouvrages de politique et de morale,* t. V, p. 324, cité dans Drouet (485), p. 19 sq. Drouet situe cette scène vers 1680, ce que semblent indiquer les *Mémoires* de l'abbé.

(5) *Œuvres* (3), t. VI, p. 159 (*Eloge de Varignon*).

(6) *Histoire des ouvrages des savants,* octobre 1687, p. 172-176.

(7) *Projet d'une nouvelle mechanique avec un examen de l'opinion de M. Borelli sur les propriétés des poids suspendus par des cordes,* A Paris, chez Jean Boudot, 1687, in-4°. Cf. *Histoire des ouvrages des savants,* octobre 1687, p. 198-203.

corps sphériques (8) ; en juillet 1688 un *Mémoire contenant une démonstration contre le système de M. Descartes sur la pesanteur des corps* (9). La même année il entrait à l'Académie des Sciences ; par la théorie des mouvements composés, il fournissait les bases d'une mécanique rationnelle ; la pesanteur s'expliquait selon lui par la substance liquide de l'air, animé d'une infinité de directions diverses : Fontenelle dans son *éloge* ne se montra guère entêté de ce système, qui, dit-il, eut « peu de sectateurs » (10). Pouvait-il en discuter dès 1687 ? Il avait au moins l'occasion de se familiariser avec un domaine qu'il ne connaissait que superficiellement.

L'abbé de Saint-Pierre avait ébauché dès 1678 son *Projet pour diminuer le nombre des procès.* Séduit un instant par les recherches philosophiques, il était désormais « revenu des subtilités inutiles et fatigantes » et s'était tourné principalement du côté des réflexions sur l'homme, sur les mœurs et sur les principes de gouvernement. » (11). Ou plus exactement, « la préférence que M. l'abbé de Saint-Pierre donna à la morale sur la physique, vient de ce qu'il jugea que la connaissance de la morale pouvait beaucoup plus contribuer à rendre les hommes heureux et vertueux que la connaissance de la physique et des mathématiques » (12). Il avoue lui-même que c'est la lecture des *Pensées* de Pascal qui l'entraîna dans cette direction, et il fréquentait assidûment Nicole. Bientôt il devait découvrir que « la morale n'était pas la science la plus importante pour le bonheur des hommes » (13) ; Descartes « par ses méditations assidues et opiniâtres avait ouvert de nouvelles routes pour faire de grands progrès en peu de temps dans la physique... l'abbé jugea qu'avec un semblable travail, il pourrait peut-être avec ses méditations ouvrir de nouvelles routes pour la politique... » (14). Varignon, même pour critiquer la physique de Descartes, suivait la méthode que celui-ci avait prescrite ; l'abbé de Saint-Pierre la transposait dans les sciences humaines ; Fontenelle allait bientôt l'employer pour traiter les problèmes littéraires. C'est alors — semble-t-il — que put naître l'idée d'un Fontenelle cartésien, mais ce ralliement demeure limité et n'entame pas la fidélité du philosophe aux leçons de Gassendi et des libertins.

Vertot était né au château de Bonnetot dans le pays de Caux, le 25 novembre 1655 ; il était de bonne noblesse, et son frère aîné fut chambellan de Monsieur. « Emporté — selon d'Alembert — par une fièvre de dévotion, [il] avait commencé par se faire capucin » (15). Sa mauvaise santé l'obligea à quitter cet ordre ; il entra à Prémontré, puis se fit relever de ses vœux pour devenir secrétaire de l'abbé

(8) *Histoire des ouvrages des savants,* avril 1688, p. 467-474.
(9) *Ibid.,* juillet 1688, p. 351-360.
(10) *Œuvres* (3), t. VI, p. 164.
(11) *Ibid.,* t. VI, p. 160.
(12) *Manuscrits...* (ms Rouen), t. III, p. 215 ; Drouet (485), p. 32.
(13) *Manuscrits...,* p. 216-217 ; Drouet (485), p. 33.
(14) *Manuscrits...,* p. 218 ; Drouet (485), p. 34.
(15) *Histoire des membres de l'Académie française* (68), t. V, p. 173.

Colbert ; lassé des jalousies que cette charge lui attirait, il préféra une simple cure, celle de Croissy-la-Garenne ; ensuite il exerça dans le pays de Caux et enfin aux portes de Rouen ; sa pauvreté était telle que, lorsqu'il fut élu à l'Académie des Inscriptions, il supplia Pontchartrain de lui permettre de demeurer dans sa cure et de le dispenser des séances académiques. Se proposant Quinte-Curce comme modèle, il fut également loué par Mathieu Marais, par Mably et par Voltaire (16). Il ne semble pas s'être fait de l'histoire une idée trop sévère. Dans sa préface de la *Conjuration du Portugal,* il affirme simplement :

> Pour les mémoires dont je me suis servi, ce ne sont ni manuscrits rares, ni originaux précieux... ce sont des livres assez communs, et quelques-uns même assez mal écrits, mais qui m'ont paru avoir un caractère d'exactitude et de fidélité. J'ai aussi consulté plusieurs personnes qui se sont fait conter l'affaire... Ce que je prétends, c'est de raconter la chose non comme elle est arrivée, mais comme je crois qu'elle est arrivée... (17).

Cependant ce livre plut ; il mérita les éloges de Mme de Sévigné. Mais dès le XVIIIe siècle, on jugea que les chroniques de Vertot étaient un peu romanesques et parfois aventureuses (18). Inspirées sans doute par Varillas, qui avait mis à la mode ce type de sujets, elles reflètent parfois l'influence de Fontenelle ; ce seraient d'ailleurs Fontenelle et l'abbé de Saint-Pierre, qui auraient tourné leur ami vers ce genre (18 *bis*). Conformément aux maximes contenues dans *Sur l'Histoire,* la *Conjuration* marque un certain souci de peindre le caractère et les mœurs des peuples : « Les Portugais sont pleins de feu, naturellement fiers et présomptueux attachés à la religion, mais plus superstitieux que dévots. Tout est prodige parmi eux, et le ciel, si on les en croit, ne manque jamais de se

---

(16) Mathieu Marais, *op. cit.* (247), t. II, p. 431-433 ; Mably : « Je regarde Vertot comme celui de nos écrivains qui a été le plus capable d'écrire l'histoire. Il a l'âme élevée et généreuse. » Cité dans *Œuvres choisies* de Vertot (350), p. 8 ; Voltaire, *Œuvres* (359), t. XXXIII, p. 223 : « Combien d'excellentes histoires n'avons-nous pas depuis trente ans ? Il y en a telle qui se lit avec plus de plaisir que Philippe de Commines. » (*Aux nouvellistes du Parnasse,* juin 1731), et t. XIV, p. 142 : « Vertot... historien agréable et élégant... » (*Siècle de Louis XIV*).

(17) *Œuvres choisies* (350), t. II, p. 351-352. La *Conjuration du Portugal* — tel est le premier titre de l'œuvre rebaptisée ensuite *Histoire des révolutions de Portugal* — parut en juin 1689 (achevé d'imprimer le 8 juin) et fut dédiée à la Dauphine.

(18) Selon le *Moreri* (261), art. *Vertot* : « Toutes ces histoires sont écrites avec beaucoup d'agrément ; mais celle de la *Conjuration du Portugal* manque de fidélité, et l'on a trouvé un peu de romanesque dans les *Révolutions de Suède.* »

(18 *bis*) *Histoire de l'Académie... des Inscriptions...* (118), t. III, p. 194 : l'abbé de Saint-Pierre et Fontenelle poussent Vertot vers l'histoire « l'étude la plus conforme à son génie, et le genre dans lequel à son tour il réussirait le mieux par sa grande facilité à s'exprimer, et le don de narrer qu'il avait souverainement ». Sur Vertot, voir encore Dulong, *Saint-Réal* (491), t. II.

déclarer en leur faveur d'une manière extraordinaire... » (19). Saint-Réal peut suffire à expliquer cette recherche, mais surtout on devine dans ce livre une sorte d'anticléricalisme, et l'on y trouve des phrases qui en 1689 avaient une portée singulière. Ainsi, lorsque Vertot nous peint l'éducation de Don Sébastien. « Le jésuite... lui représentait à tout moment que les rois, qui ne tenaient leur couronne que de Dieu seul, ne devaient avoir pour objet du gouvernement que de le faire régner lui-même dans ses états... Ces idées pieuses et guerrières, mêlées ensemble, firent trop d'impression sur l'esprit d'un jeune prince naturellement impétueux et plein de feu. » (20). De tels passages peuvent évoquer aussi bien la Révocation de l'Edit de Nantes ou la révolution d'Angleterre (20 *bis*). *L'Histoire des révolutions de Suède* qui parut en 1695, recueillit un énorme succès. On a parfois prétendu que Fontenelle en était l'auteur, et la seule lecture du livre justifierait cette conjecture. *L'Avertissement* est assez précis :

> Entre les événements qui plaisent dans l'histoire, je n'en vois point qui méritent plus d'attention que les changements qui arrivent dans les Etats au sujet de la religion ou du gouvernement ; tous les particuliers s'y trouvent intéressés par ce qu'il y a de plus capable de toucher dans les hommes, l'ambition ou la conscience ; chacun est animé de passions vives, tout est en mouvement, le peuple croit alors rentrer dans ce qu'il appelle ses premiers et ses plus anciens droits ; il veut choisir lui-même son maître et décider de la religion ; il prend parti selon qu'il est prévenu et agité, et les grands mêmes sont contraints, dans ces occupations, de le flatter pour le faire servir à leurs intérêts et à leurs desseins particuliers... (21).

Mais d'autres préoccupations ont tourné l'auteur vers un tel sujet : au milieu des révolutions, on peut voir

> les prélats usurper les droits du prince et profaner souvent la sainteté de leur caractère parmi la sédition et les armes... les grands biens des évêques et du clergé, qui furent au commencement de l'Eglise le témoignage et la récompense de leur vertu, devenir dans la suite la cause des désordres qu'on leur reproche... Je n'ai point loué en tout les chefs des catholiques, parce qu'ils n'étaient point louables en tout. Ils ont toujours eu le bonheur de soutenir un parti où règne la vérité ; mais eux-mêmes souvent n'en faisaient qu'une profession extérieure sans une véritable foi, et ils défendaient moins la religion que les biens et les richesses qui étaient attachés à leur culte...

(19) *Petits chefs-d'œuvre historiques...* (351), t. II, p. 89.
(20) *Ibid.*, t. II, p. 93.
(20 *bis*) *Histoire de l'Académie des Inscriptions* (118), t. III, p. 195 : « Le sujet, grand par lui-même, le paraissait bien davantage, dans le rapport qu'on s'imaginait qu'il pourrait avoir un jour avec ce qui se passait actuellement dans un Etat voisin... Cependant l'auteur, qui aurait pu s'en faire un mérite, avouait de bonne foi qu'il n'y avait jamais songé... »
(21) *Œuvres choisies* (355), t. II, p. 127.

> Je n'ai point blâmé en tout, ni méprisé les chefs des protestants. J'ai distingué l'erreur de la malice... (22).

Contrairement à Varillas que Bayle avait tant critiqué, Vertot ne veut pas transformer l'histoire en apologétique religieuse, mais en lisant son livre, on devine ses véritables intentions. Il peint attentivement les mœurs et la structure sociale de la Suède au temps de Gustave Vasa : le Parlement qui entrave le pouvoir royal, la puissance de la noblesse, et surtout du clergé qui « possédait lui seul plus de biens que le roi, et même que tous les autres états du royaume » (23), la misère et la crédulité des paysans : « L'idolâtrie régnait encore dans quelques-uns de leurs villages ; les autres suivaient à la vérité la loi chrétienne, mais si défigurée par le mélange de leurs anciennes superstitions qu'ils n'avaient guère que le nom de chrétien... » (24). Et tout cela aboutit à célébrer l'œuvre de Gustave Vasa : il sécularise les biens ecclésiastiques ; une fois le catholicisme ruiné, les moines quittent leurs couvents, « les uns par libertinage, et les autres pour n'avoir plus de subsistance réglée... » (25) : le luthérianisme est institué, mais comme « le peuple et les femmes surtout souffraient impatiemment qu'on eût retranché les cérémonies du baptême et les prières pour les morts » (26), le roi « ordonna aux pasteurs et aux ministres luthériens d'user de condescendance pour ceux qui demandaient avec opiniâtreté les anciennes cérémonies, et de n'établir les nouvelles qu'autant qu'ils y trouveraient de disposition dans l'esprit des peuples... » (27). Bientôt les nobles sont imposés ; une monarchie héréditaire est instituée ; le royaume connaît un grand essor commercial ; Gustave Vasa régnait seul, « sans favori et même sans maîtresse, n'ayant pour objet que sa gloire et que la félicité et le repos de ses sujets... » (28). Cette *Histoire* est emplie du plus violent anticléricalisme ; elle paraît dessiner l'image du souverain idéal, analogue à Pierre-le-Grand, dont Fontenelle prononcera plus tard l'*éloge* avec éclat (29) : c'est déjà le despote éclairé, indépendant des suffrages du peuple, des intrigues des grands et surtout des prêtres, uniquement voué à la prospérité de son pays. N'y a-t-il pas quelque intention précise, lorsque Vertot place dans la bouche de Vasa ce discours prononcé dès son couronnement : « ... il ne pouvait comprendre comment dans la misère du peuple et dans la pauvreté de la noblesse, épuisée par de si longues guerres, on pourrait dorénavant ne pas demander du secours au clergé qui possédait lui seul plus de la moitié des biens du royaume... » (30) ? N'était-ce

(22) *Ibid.*, t. II, p. 127-128.
(23) *Petits chefs-d'œuvre* (351), t. II, p. 201.
(24) *Ibid.*, t. II, p. 204.
(25) *Ibid.*, t. II, p. 396.
(26) *Ibid.*, t. II, p. 402.
(27) *Ibid.*, t. II, p. 402.
(28) *Ibid.*, t. II, p. 413.
(29) *Œuvres* (3), t. VI, p. 174-212 ; on retrouve dans cet *éloge* la même conception que chez Vertot, du peuple, du clergé, du pouvoir royal.
(30) *Petits chefs-d'œuvre* (351), t. II, p. 356.

pas sensiblement la même situation où se trouvait la France vers 1695 ? L'historien ne cache pas ses allusions à la Révocation de l'Edit de Nantes : « on n'oublia aucune de ces persécutions indirectes que les princes savent si bien employer pour réduire les sujets opiniâtres ou trop fermes dans leurs sentiments... » (31), mais il prend soin de souligner que Gustave Vasa n'autorise jamais les pasteurs à recourir à trop de violences ; il n'y aura pas de dragonnades en Suède ; et ce ne sont pas de vains soucis théologiques qui ont entraîné le roi, c'est le simple désir de rendre sa couronne indépendante du pouvoir ecclésiastique.

> Le Chancelier dit que les royaumes ne se devaient pas gouverner par les maximes des prêtres et des moines, qui ont des intérêts différents de ceux de l'Etat, et qui reconnaissent même un prince étranger pour souverain dans la personne du pape ; que selon l'exigence des temps et du bien public, le salut de l'État devait être la première de toutes les lois ; et que toutes les autres constitutions humaines n'étant faites que pour l'entretien et la conservation de la société civile, le prince et le souverain magistrat devait être maître de les changer suivant le besoin et la disposition de chaque nation... (32).

Voilà sans doute le programme politique qu'eût alors proposé Fontenelle ; ce ne sont plus les chimères des *Ajaoiens* ; le despotisme est maintenant préféré à la démocratie, mais il s'agit toujours d'éliminer les prêtres et d'assurer le bien public, et l'on ne saurait parler le même langage en ébauchant une *utopie* et en proposant des réformes concrètes.

L'amitié qui liait ces hommes fut durable. En 1694, Fontenelle fit entrer à l'Académie l'abbé de Saint-Pierre qui n'avait rien publié... Et il revut et corrigea le discours de réception de son ami ; comme il en blâmait la faiblesse, l'abbé lui rétorqua : « Mon discours est médiocre ? Tant mieux ; il m'en ressemblera davantage » (33). Vingt ans plus tard, le philosophe devait être le seul à s'opposer à son exclusion de l'Académie. Varignon, à sa mort, laissa ses papiers à Fontenelle, qui en assura l'édition. Si la science, la méthode cartésienne et la haine du régime unissaient ces beaux esprits, ils partageaient aussi les mêmes ambitions. Vertot n'aspirait sans doute « à rien de plus qu'à une vie exempte du trouble et de la sollicitude des besoins, mais pour les honneurs de l'esprit, qui sont dans tous les états, et dont l'ambition ne peut être qu'utile aux hommes, loin de s'en défendre, il n'oublia rien de ce qui pouvait les lui assurer » (34). L'abbé de Saint-Pierre, qui avait peut-être l'impudence et l'effronterie de *Mopse,* faisait à Paris « la chasse aux grands hommes ». En 1693, il acheta la charge de premier aumônier de Madame ; un de ses frères — un jésuite — était le

(31) *Ibid.,* t. II, p. 378.

(32) *Ibid.,* t. II, p. 389.

(33) Anecdote rapportée par Goumy, *op. cit.* (522), p. 19, et par Cideville, *Traits, notes et remarques* (ms. Rouen), p. 200.

(34) *Histoire de l'Académie des Inscriptions* (118), t. III, p. 209.

confesseur de cette princesse, et son autre frère — le comte de Saint-Pierre — fut « menin » du duc de Chartres (35).

Un progrès.

Le *Mercure* d'octobre 1687 annonçait :

> Vous avertirez vos amis, qui ont lu avec tant de plaisir les *Entretiens sur la pluralité des mondes,* que l'on vient d'en achever une seconde édition beaucoup plus correcte que la première, où l'on trouvera quelques augmentations semées dans le corps du livre, et un *Sixième soir* qui n'a point paru avec les cinq autres. Il contient de nouvelles découvertes qui ont été faites depuis peu de temps, et dont quelques-unes n'ont pas même encore été publiées. Vous savez qu'on ne réimprime jamais que les livres qui ont une approbation générale ; aussi celui-ci est de M. de Fontenelle... (36).

Cette réédition allongée reflète assurément la volonté de l'auteur d'exploiter son succès ; ainsi le *Jugement de Pluton* avait suivi les *Dialogues des morts,* et un second recueil de *Lettres galantes* avait complété le premier. Mais Fontenelle, avec son habituelle souplesse, avait surtout amélioré son ouvrage et en avait rectifié la portée, selon les critiques qui lui avaient été adressées. Le *Sixième soir* devenait ainsi une sorte de « postface ».

On avait dû s'étonner de la légèreté de l'écrivain et des insuffisances de son information, puisqu'il corrigea plusieurs erreurs. Le *Sixième soir* ne fut sans doute écrit qu'en 1687, peu avant sa publication : « Il y avait longtemps que nous ne parlions plus des mondes » (37), nous confie le philosophe. Et il n'est plus dans sa province champêtre, mais à Paris — ce qui doit refléter le changement survenu dans la vie de Fontenelle et dans ses relations. Deux hommes ont soutenu à la Marquise, qui pourrait être désormais Mme de Lambert plutôt que Mme de la Mésangère, que les mondes n'étaient pas habités : « Pourquoi — dit-elle — m'avez-vous entêté d'une chose que les gens qui m'estiment ne peuvent pas croire que je soutienne sérieusement ? » (37 *bis*).

En effet, « le vrai et le faux » étaient si intimement mêlés qu'on

---

(35) *Mercure galant,* avril 1695, p. 247-250. Fontenelle devait loger au Palais-Royal à partir de 1712 ; Vertot y vint en 1719 et fut nommé « secrétaire des commandements de la duchesse d'Orléans ».

(36) *Ibid.,* octobre 1687, p. 366-367.

(37) *Œuvres* (3), t. II, p. 166. L'auteur annonce ainsi le *Sixième soir* : « Je publierai un nouvel entretien qui vint longtemps après les autres » (*ibid.,* t. II, p. 165). On peut préciser la date ; les « Annales de Chine » mentionnées par Fontenelle sont la *Tabula chronologica ab anno ante Christum 2952 ad annum post Christum 1683* parue en appendice du *Confucius sinarum philosophus sive scientia sinensis latine exposita* (achevé d'imprimer du 28 mai 1687) ; cf. éd. A. Calame (21), p. 178.

(37 *bis*) *Œuvres* (3), t. II, p. 167.

ne pouvait guère juger quand l'auteur badinait, et quand il parlait sérieusement. Mais pour se défendre, Fontenelle va ébaucher une conception nouvelle de la vérité et de l'erreur. Les amis de la Marquise sont sûrement des sots, qui se laissent aveugler par les sens et par l'imagination. Il est vraisemblable que les planètes ont des habitants, mais la seule certitude est mathématique : « Placez les habitants des planètes un peu au-dessous d'Alexandre, mais au-dessus de je ne sais combien de points d'histoire qui ne sont pas tout à fait prouvés. » (38). En revanche, la rotation de la terre est indiscutable ; ce serait étrangement suspect « que toutes les planètes et les étoiles tournent autour de notre globe en vingt-quatre heures précises », et même, « ... je suis si ennemi de l'égalité parfaite, que je ne trouve pas bon que les tours que la terre fait chaque jour sur elle-même, soient précisément de vingt-quatre heures, et toujours égaux les uns aux autres, j'aurais assez d'inclination à croire qu'il y a des différences ». (39). Tout varie, « tout est dans un branle perpétuel » (40) ; il n'y a pas plus de fixité dans l'univers céleste que dans notre monde.

Cette analyse est directement inspirée par Malebranche ; celui-ci avait souligné les dangers des sens et de l'imagination ; il avait surtout opposé les probabilités de l'histoire et la certitude scientifique :

> Les mathématiques, la métaphysique, et même une grande partie de la physique et de la morale contiennent des vérités nécessaires. L'histoire, la grammaire, le droit particulier ou les coutumes, et plusieurs autres qui dépendent de la volonté changeante des hommes ne contiennent que des vérités contingentes. On demande donc qu'on observe exactement la règle que l'on vient d'établir dans la recherche des vérités nécessaires, dont la connaissance peut être appelée science, et l'on doit se contenter de la plus grande vraisemblance dans l'histoire qui comprend les choses contingentes (41).

Vertot, avec sa modération et parfois sa désinvolture, ne s'éloignait pas tellement de l'épistémologie cartésienne. Fontenelle a-t-il donc renoncé à l'entreprise commencée dans l'*Histoire des oracles* ? Ne rêve-t-il plus, à l'instar de Bayle, de transposer le doute systématique et la règle de l'évidence dans le domaine de l'histoire ?

Quand il reconnaît dans le cours des planètes une irrégularité et une variation inévitables, il reprend encore une remarque de la *Recherche de la vérité* : « L'esprit suppose... l'uniformité dans la durée des choses, et il s'imagine qu'elles ne sont point sujettes au changement et à l'instabilité, quand il n'est point comme forcé par les rapports des sens d'en juger autrement » (42). Et surtout,

(38) *Ibid.*, t. II, p. 172.
(39) *Ibid.*, t. II, p. 177.
(40) *Ibid.*, t. II, p. 178-179.
(41) *Recherche de la vérité*, liv. I, chap. III.
(42) *Ibid.*, liv. III, deuxième partie, chap. X.

les astrologues « veulent trouver dans le cours des planètes une exacte régularité qui ne s'y rencontre jamais, et dresser des tables astronomiques pour prédire des effets dont ils ne connaissent pas les causes... » (43). Même le parallèle, établi à la fin de ce dernier *soir,* entre la Chine et la Grèce, dont l'éloignement seul fait le prestige, émane de Malebranche : « Un faux respect, mêlé d'une sotte curiosité, fait qu'on admire davantage les choses plus éloignées de nous, les choses plus vieilles, celles qui viennent de plus loin ou des pays les plus inconnus et même des livres les plus obscurs » (44). C'est évidemment le vieux principe : *Longius reverentia,* mais c'est surtout un point essentiel de la *Recherche de la vérité.*

Comment expliquer cette évolution ? Est-ce l'écho des discussions du « groupe normand » et de l'admiration que Varignon et l'abbé de Saint-Pierre portaient à Descartes ? Ou n'est-ce qu'une mesure de prudence ? En paraphrasant la *Recherche de la vérité,* le philosophe vise-t-il simplement à édulcorer la portée des *Entretiens* ? Mieux vaut, malgré tout, paraître malebranchiste que libertin... Ainsi le *Sixième soir* s'inscrirait dans cet ensemble d'écrits des années 1687 ou 1688, où Fontenelle tente de rassurer ses ennemis et de prouver l'innocence de ses intentions. Ce n'est pas exactement que le philosophe mente ; l'esprit « moderne » de Malebranche et le légalisme qu'il introduit dans la Nature lui conviennent. Peut-être même reconnaît-il sincèrement dans la *Recherche de la vérité* le bréviaire de la science nouvelle. Mais son ralliement se borne en tout cas à la physique et à l'épistémologie ; rien n'indique qu'il adhère maintenant plus que naguère aux « causes occasionnelles ». Ce malebranchisme, évident, presque ostentatoire, est donc isolé de la métaphysique qui le soutenait, et détourné de ses fins primitives. Il n'en demeure pas moins que Fontenelle renonce à expurger l'histoire de sa fatale incertitude, et il restera fidèle à cette position.

De nouvelles curiosités apparaissent : l'esthétisme, le Dieu artiste ont disparu ; ces « harmonies naturelles », qui charmaient les marquises, ne durent pas résister aux critiques de Varignon. Fontenelle ignore les *Principia* de Newton dont on ne parlait guère en France, mais il connaît les derniers travaux de Cassini : c'est en 1683 que celui-ci « aperçut pour la première fois dans le zodiaque une lumière qui peut-être avait déjà été vue, quoique très rarement... il trouva... qu'elle pouvait être renvoyée à nos yeux par une matière que le soleil pousserait hors de lui » (45). C'est encore Cassini qui avait remarqué le premier les taches et les ombres de Jupiter. D'autre part, nous trouvons dans ce *soir* un long développement sur la géologie : les fables, qui sont « des histoires des temps reculés, mais... défigurées, ou par l'ignorance des peuples, ou par l'amour qu'ils avaient pour le merveilleux, très anciennes

---

(43) *Ibid.,* liv. IV, chap. VII.
(44) *Ibid.,* liv. II, deuxième partie, chap. III.
(45) *Œuvres* (3), t. V, p. 322-323.

maladies des hommes » (46), représentent sans doute par la légende d'Hercule quelque tremblement de terre qui sépara l'Europe de l'Afrique ; de nouvelles îles se sont formées, des rivières ont changé de cours, les royaumes de Naples et de Sicile s'effondreront un jour. Est-ce la cosmologie cartésienne qui a amené Fontenelle à ces réflexions ? Ou plus vraisemblablement le *De meteoris et fossilibus* de son compatriote Du Hamel ? Ou même les travaux de Burnet (47) ? L'essentiel demeure qu'inspiré sans doute par son « impiété », il ne fait aucun effort pour concilier les observations géologiques de l'existence du déluge ; il admet simplement une infinité de révolutions terrestres, passées, présentes et futures.

Enfin, la méthode expérimentale est définie précisément, et c'est moins à Malebranche qu'il faut songer qu'à la tradition anglaise de Bacon et de Boyle. « Les vrais philosophes sont comme les éléphants, qui, en marchant, ne posent jamais le second pied à terre, que le premier n'y soit bien affermi » (48), de telles maximes rappellent le fameux adage du *Novum Organum* : « Ce qu'il faut pour ainsi dire attacher à l'entendement, ce ne sont point des ailes, mais au contraire du plomb. » (49). Bacon avait affirmé : « La subtilité des opérations de la Nature surpasse infiniment celle des sens et de l'entendement » (50). Et même, avant Malebranche, il avait écrit : « L'esprit humain, vu qu'il est lui-même, quant à sa substance, égal et uniforme, présuppose et imagine dans la nature des choses, plus d'égalité et d'uniformité qu'il ne s'y en trouve... De là ce préjugé des mathématiciens que tout dans les cieux fait sa révolution dans des cercles parfaits... » (51) ? Boyle s'était attiré l'admiration du père Rapin, car « il n'y a personne en l'Europe, qui ait enrichi la philosophie de tant d'expériences que lui » (52).

Ce *Sixième soir* nous révèle pour ainsi dire un nouveau Fontenelle. Tout se tient : Paris, au lieu des forêts normandes ; les discussions savantes, au lieu des galanteries pastorales ; la science, au lieu du badinage et du pyrrhonisme. Ne croirons-nous pas que le style y a gagné — plus abstrait peut-être, mais plus positif, dépouillé enfin de toute afféterie ? Ce langage ferme, purgé des

---

(46) *Ibid.*, t. II, p. 181.

(47) Cf. Sainte-Claire Delville, *Coup d'œil historique...* (671). Burnet donna en 1681 la première partie de sa *Telluris theoria sacra...* mais il y a une grande différence entre son érudition et les remarques assez cursives de Fontenelle.

(48) *Œuvres* (3), t. II, p. 188.

(49) *Œuvres* de Bacon, *Nouvel Organe,* I, CIV, p. 304.

(50) *Ibid.*, p. 272, *Nouvel Organe,* I, X.

(51) *Ibid.*, p. 276, *Nouvel Organe,* I, XLV.

(52) *Œuvres* du P. Rapin (297), t. II, p. 365-366. Cf. *La méthode scientifique de Robert Boyle,* par M. Boas (403). Boyle admet les bonnes hypothèses, mais il donne à la France une leçon d'empirisme, si l'on compare ses maximes à celles de Descartes : « Depuis longtemps — écrit-il — il me semble que ce n'est pas le moindre empêchement au progrès de la physique, que tout le monde se hâte d'en écrire des systèmes, pensant qu'il faut ou se taire, ou en écrire un corps entier ; car c'est ainsi, ce me semble, que se lèvent tant d'inconvénients » (*ibid.*, p. 119).

charmes équivoques de la préciosité et de l'humour, respire une sorte d'énergie ; on devine même un peu d'exaspération devant les sottises, les erreurs et les malentendus. On peut préférer ces affirmations limpides aux pointes et aux miroitements du « bel esprit ». Fontenelle est désormais presque mûr pour l'Académie des Sciences. Dans le conformisme général qui empêche son irréligion et sa révolte de s'exprimer, il ne voit qu'un oasis de sincérité ; c'est la science, sur laquelle les prêtres et les libertins peuvent presque s'accorder ; l'amour de la vérité y trouve son seul refuge.

Philosophes, savants et érudits.

Varignon, « dans sa solitude du faubourg Saint-Jacques ne laissait pas de lier commerce avec plusieurs savants, et des plus illustres, tels que MM. Du Hamel, Du Verney et de La Hire » (53). Du Hamel était un oratorien — et un Normand, lui aussi : originaire de Vire. Il avait quitté l'oratoire en 1652 pour être curé de Neuilly-sur-Marne, puis chancelier de l'église de Bayeux. Colbert l'avait nommé en 1666 secrétaire perpétuel de l'Académie des Sciences. Partagé entre les tâches officielles que le ministre et le roi lui imposaient et ses activités scientifiques, il avait conçu, lors d'un voyage en Angleterre, une grande admiration pour Boyle et un véritable culte des méthodes expérimentales (54). Par tous ces traits, autant que par son *De meteoris,* il a pu inspirer le *Sixième soir.* Ami du père Thomassin et de Malebranche, il était surtout l'intime de Richard Simon ; quand celui-ci se fut attiré l'hostilité de Bossuet, il tenta de désarmer le prélat, et Simon put lui rendre ce bel hommage : « J'ai eu beaucoup à souffrir de la part des hommes, mais il s'en est trouvé un pour me rendre autant de consolation que tous les autres m'en faisaient perdre » (55). Du Hamel fut également lié à Bernard Lamy, que les scolastiques avaient attaqué ; Gassendi l'avait considéré comme son successeur ; Bayle lui montra ses *Pensées sur la comète.* Tout indique qu'il fut un esprit libre, également attiré par la science, la philosophie, et même la littérature, puisque Ménage, Perrault et Pellisson étaient ses amis. Dans son *Astronomica physica* et dans son *De meteoris,* il fait dialoguer « Théophile, grand zélateur des Anciens, Ménandre, cartésien passionné, Simplicius, philosophe indifférent entre tous les partis... Ce Simplicius et M. Du Hamel, c'est le même homme... » (56). Comme Cicéron, bien avant les *Entretiens sur la pluralité des mondes,* il y donne des « raisonnements philosophiques qui ont dépouillé leur sécheresse naturelle, ou du moins ordinaire, en passant au travers d'une imagination fleurie et ornée... On lui reproche d'avoir été peu favorable au grand Descartes... En effet, Théophile le traite quelquefois assez mal. M. Du Hamel répondit

(53) *Œuvres* (3), t. VI, p. 161.
(54) Vialard, *Du Hamel...* (702).
(55) *Ibid.,* p. 40.
(56) *Œuvres* (3), t. V, p. 120.

que c'était Théophile, entêté de l'Antiquité... et que jamais Simplicius n'en avait mal parlé. Il disait vrai ; cependant, c'était au fond Simplicius qui faisait parler Théophile... » (57).

Son *De consensu veteris et novae philosophiae* se présente comme un vaste édifice, où il réconcilie en effet, avec quelque éclectisme, la philosophie platonicienne et le cartésianisme. La splendeur du monde démontre l'existence de Dieu, mais c'est surtout la vérité qui illumine nos esprits, et l'idée d'infini qui lui paraissent les preuves les plus éclatantes : c'est en Dieu que nous voyons les idées et l'enchaînement des causes (58). Cette brillante métaphysique ne semble pas avoir séduit Fontenelle ; il se refuse même à croire que les idées, les nombres et les formes archétypes aient pu vraiment intéresser le philosophe ; « quoique M. Du Hamel en connaisse l'obscurité, il ne peut leur refuser une place dans cette espèce d'Etats généraux de la philosophie... » (59). Mais d'autres thèmes étaient plus proches de Fontenelle ; Du Hamel n'a que mépris pour la logique de l'Ecole : « Je ne voudrais pas... voir des esprits avisés et puissants se dépenser et épuiser leurs forces dans cette partie des sciences philosophiques que l'on appelle indifféremment l'art du syllogisme ou l'art de la dispute » (60). Dans le *De corpore animato*, il admet l'existence chez les brutes d'une âme divisible et étendue (61), puis il se rallie à la conception gassendiste des deux âmes humaines — l'une animale, l'autre intellectuelle. Les arguments qu'il avance susciteront assurément l'intérêt de Fontenelle qui s'en souviendra, quand il méditera sur la nature de l'esprit humain. L'éclectisme de Du Hamel pouvait lui plaire ; c'est peut-être en le fréquentant et en lisant ses ouvrages qu'il perçut la valeur de cette attitude, et qu'il comprit que « l'ancienne philosophie » associée au gassendisme permettait de combattre le cartésianisme dévot qui régnait alors ; comment douter surtout qu'il ait appris au contact de Du Hamel à réfléchir sur la méthode expérimentale et la véritable physique ? Ne loue-t-il pas son maître en ces termes :

> ... quand il est enfin arrivé aux principes qui se peuvent entendre, c'est-à-dire aux lois du mouvement, ou aux principes moins simples établis par les chimistes, on sent que, malgré l'envie d'accorder tout, il laisse naturellement pencher la balance de ce côté-là. On s'aperçoit même que ce n'est qu'à regret qu'il entre dans les questions générales, d'où l'on ne remporte que des mots, qui n'ont point d'autre mérite que d'avoir longtemps passé pour des choses. Son inclination et son savoir le rappellent toujours assez promptement à la philosophie expérimentale, et surtout à la chimie, pour laquelle il paraît avoir eu un goût particulier (62) ?

---

(57) *Ibid.*, t. V, p. 120-121.
(58) *De consensu Veteris et Novae philosophiae...* (169), p. 27.
(59) *Œuvres* (3), t. V, p. 122.
(60) Vialard, *op. cit.* (702), p. 134.
(61) *De corpore animato* (168), p. 2-3.
(62) *Œuvres* (3), t. V, p. 122-123.

Eclectisme philosophique, empirisme scientifique — tels furent les deux enseignements que Du Hamel lui apporta, et on peut supposer que cet exemple l'influença davantage encore que la lecture de Bacon. Leur amitié fut durable ; c'est Du Hamel lui-même qui le choisit comme successeur ; lorsque le vieillard vit mourir son cher Mascaron, Fontenelle lui dit : « Laissez-nous faire Monsieur ; vous vous reconnaîtrez toujours ; pour un ami que vous perdrez, il vous en viendra dix ; c'est un honneur et une joie dont plusieurs ne se privent que malgré eux » (63). Vers 1687, Du Hamel devait se consacrer au monumental traité de théologie qu'il publia en 1691, où se trouvaient « unies la théologie positive et l'ancienne théologie des Ecoles » (64). Mécontent de la seule métaphysique, le philosophe tentait de la compléter par l'étude historique de l'Eglise, des Pères, des Conciles. Cette méthode n'était pas tellement éloignée des intentions de l'auteur des *Oracles* ; n'y avait-il pas là la matière d'un chapitre de « l'histoire de l'esprit humain » ?

Fontenelle, qui avait naguère admiré l'éloquence de Du Verney, pouvait maintenant l'approcher. Il a fait remarquer dans son *éloge* combien celui-ci excellait dans « l'anatomie comparée ». Est-ce en suivant ses travaux qu'il fut incité à voir dans la génération des animaux la preuve la plus sûre de l'existence de Dieu ? Il a souligné en effet la sévère piété du savant, dont l'anatomie s'élevait « jusqu'à devenir une espèce de théologie » (65). Plus simplement, la méthode expérimentale était admirablement représentée par Du Verney : « Jamais il ne se contentait pleinement sur un sujet, et ceux qui ont quelque idée de la Nature le lui pardonneront. Il faisait d'une partie qu'il examinait, toutes les coupes différentes qu'il pouvait imaginer : pour la voir de tous les sens, il employait toutes les injections ; et cela demande déjà un temps infini, ne fût-ce qu'en tentatives inutiles. Mais il arrivait, ce qui arrive presque toujours, des discussions poussées dans un grand détail ; elles ne lèvent guère une difficulté sans en faire naître une autre... » (66).

Ne nous étonnons pas de ne plus reconnaître après 1686 les faciles sarcasmes des *Dialogues des morts* ; il n'est pas nécessaire d'invoquer des sources livresques ; le spectacle de ces hommes patients et obstinés, convaincus à la fois de la faiblesse de la raison humaine et de la fatalité du progrès, suffisait à éclairer Fontenelle. Enfin l'attitude mitigée qu'il conservera longtemps en face de la préformation des germes s'explique peut-être par l'opposition que Du Verney avait manifestée devant cette théorie.

L'*Eloge de La Hire* est un des plus forts et des plus éloquents ; mathématicien universel, en qui on trouvait « une Académie entière des sciences », capable d'être un bon dessinateur et un habile peintre de paysage » (67), son plus grand mérite demeure la modestie et l'humilité : « il ne croyait pas que dans les matières de la

---

(63) Vialard, *op. cit.* (702), p. 37.
(64) *Œuvres* (3), t. V, p. 130.
(65) *Ibid.*, t. VI, p. 395 ; t. V, p. 16.
(66) *Ibid.*, t. VI, p. 391.
(67) *Ibid.*, t. VI, p. 18.

pure physique, le secret de la Nature soit aisé à tromper ». Il se « contentait d'avoir bien raisonné, sans prétendre avoir rien deviné... » (68). Tous ces savants, qui représentaient les tendances nouvelles de l'Académie, développaient un peu la même leçon : une « théologie naturelle » qui n'autorise guère le recours au finalisme ; un empirisme confiant, qui exclut aussi bien le dogmatisme cartésien et le pyrrhonisme épicurien, auquel Fontenelle avait autrefois adhéré.

Malebranche lui-même se mêlait parfois à cette société ; à la polémique de 1686, durent donc succéder entre les deux hommes des relations assez intimes, qu'attestent les anecdotes de Trublet. Sans revenir sur son hostilité à la métaphysique de l'oratorien, Fontenelle eut sans doute l'occasion, par son entremise, d'approcher du monde des mathématiciens et de s'initier à la nouvelle géométrie. Son ami Sauveur, le géomètre de la cour, qu'il avait pu rencontrer dans l'entourage de la Dauphine, ne montrait guère de faveur pour ceux qu'il appelait *infinitaires* (69). Cependant, lorsque Régis discuta l'explication que Malebranche avait proposée du grossissement des astres à l'horizon, Sauveur se joignit à Varignon, à Catelan et au marquis de l'Hôpital pour soutenir l'auteur de la *Recherche de la vérité*, et « *le Journal des savants* de l'an 1694 fut le théâtre de cette guerre » (70). On peut juger aisément dans quel camp se rangea Fontenelle : il n'avait jamais éprouvé beaucoup de sympathie pour la métaphysique de Régis, bien qu'il admirât ses dons oratoires. De Varignon à Malebranche et à l'Hôpital, c'est le futur géomètre des *Eléments* qui commence à percer ; en 1696, on le jugera capable de préfacer l'*Analyse des infiniment petits*, et il commencera sa géométrie ; il n'en est pas encore là vers 1688, mais les mathématiques lui paraissent déjà la seule science assurée que nous possédions, et il essaye, avant de s'y consacrer, de porter dans les lettres la rigueur et l'inflexibilité qui leur sont propres. C'est à ses yeux un modèle de raisonnement, avant d'être un objet d'étude.

Vers 1688 ou 1690, le « groupe normand », sans se dissoudre, se relâche quelque peu : « M. Varignon fut choisi comme professeur de mathématiques au collège Mazarin, il y alla demeurer, M. l'abbé Vertot alla faire son séjour en Normandie à Saint-Paër, près de Duclair, cure considérable, auprès de Caudebec. M. de Fontenelle fut plus occupé dans son quartier, et M. l'abbé de Saint-Pierre fut obligé d'aller à Brest... » (71). Mais l'amitié survécut à cet éparpillement, et l'empreinte était prise. Cependant Fontenelle paraissait alors dans d'autres milieux, et les sciences humaines, aussi bien que les mathématiques, le sollicitaient :

Aujourd'hui, 8 janvier 1692, on s'est assemblé pour la pre-

---

(68) *Ibid.*, t. VI, p. 22.
(69) *Ibid.*, t. V, p. 434.
(70) *Ibid.*, t. V, p. 143-144.
(71) *Manuscrits...* (ms. Rouen), p. 215-216 ; Drouet, *op. cit.* (485), p. 32.

mière fois chez M. l'abbé de Choisy, à Luxembourg, et l'on est convenu de ce qui suit.

La compagnie sera composée de douze personnes, sans compter celui qui prête sa maison, savoir de M. Bon, de MM. les abbés de Mailly, de Dangeau, Testu, Renaudot et Caumartin, et de MM. d'Herbelot, de Guénégaud, Perrault, Fontenelle, Guillard et président Cousin.

Cette Académie se proposait trois buts : « rendre compte des livres nouveaux... lire et critiquer les ouvrages des MM. de la Compagnie... Proposer des questions à résoudre... » (72). A cela, s'ajoutait la lecture de morceaux de prose ou de vers faits par des étrangers. Si Choisy, Dangeau et Perrault étaient des amis de Fontenelle, il est plus singulier de le voir siéger aux côtés de Renaudot. Est-ce cela qui explique qu'il ait été peu assidu à ces assemblées ? Il vient à la première réunion, où il peut entendre Renaudot et Bon critiquer Varillas, qui cite sans vergogne des manuscrits inexistants et préfère les grâces d'un style fleuri aux difficultés d'une information méticuleuse. On voit l'esprit de cette société : tous les membres, quelles que soient leurs divergences idéologiques, conspirent à apporter un peu de lumière et de précision dans l'histoire et la philologie. Cousin et Bon présentent des manuscrits qu'ils ont déterrés et qui méritent une traduction. On cherche l'origine de l'expression *Cours-la-Reine* ; de telles curiosités n'étaient pas indifférentes à Fontenelle, qui s'était jadis interrogé sur le genre du mot « comète » et qui aima s'entretenir avec Montesquieu et Trublet de ces questions. Mais les académiciens du Luxembourg ne négligent pas l'actualité ; il leur arrive de réfléchir aux démêlés de Louis XIV et du Pape ; Dangeau rend compte des voyages du père Avril, et Cousin commente l'*Histoire des Empereurs* de Tillemont.

Bien que Fontenelle n'ait guère participé à ces séances (72 *bis*) qui cessèrent le 12 août 1692, son adhésion à cette société indique au moins sa curiosité, et le renom qu'il commençait d'acquérir parmi les érudits. C'est alors qu'il reprend alors son traité *Sur l'Histoire* ; il en tire *De l'Origine des Fables*. Comment procède-t-il ? Il ajoute une introduction assez pompeuse :

Eclaircissons, s'il se peut, cette matière ; étudions l'esprit

(72) *Papiers de l'abbé de Choisy*, ms. Ars. 3186, f. 175. On connaît l'orientaliste Herbelot, qui fut l'ami personnel du P. Cousin ; l'abbé Testu, si lié à Mme de Sévigné ; le grammairien Dangeau ; les abbés de Mailly et Caumartin. Nous ne sommes pas parvenu à identifier Guillard ; quant à Bon, ce ne peut être l'illustre savant, qui n'avait alors que treize ans et qui ne vint à Paris qu'en 1694 pour y faire son droit. Serait-ce son père, Philibert Bon ? Mais celui-ci résidait à Montpellier où il était président de la Chambre des Comptes... Ou plutôt l'un de ses frères aînés, qui moururent avant 1694 ?

(72 *bis*) *Ibid., loc. cit.* Jamais Fontenelle ne livre aucun travail à ses amis ; l'abbé de Choisy note avec étonnement que le 22 avril 1692, « M. l'abbé Testu et M. Fontenelle, qui ne sont pas des plus assidus, s'y sont trouvés... »

humain dans une de ses plus étranges productions : c'est là bien souvent qu'il se donne le mieux à connaître (73).

Il impose un ordre plus logique ; ne suffit-il pas pour le constater de confronter ces deux paragraphes ?

SUR L'HISTOIRE	DE L'ORIGINE DES FABLES
Naturellement les pères content à leurs enfants ce qu'ils ont fait, ce qu'ils ont vu ; et sans doute cela s'est pratiqué dans les premiers siècles du monde. Comme l'ignorance y était parfaite, la plupart des choses y étaient prodiges. Ainsi un père ne manquait pas d'en remplir les contes qu'il faisait à ses enfants (74).	A mesure que l'on est plus ignorant, et que l'on a moins d'expérience, on voit plus de prodiges. Les premiers hommes en virent donc beaucoup ; et comme naturellement les pères content à leurs enfants ce qu'ils ont vu et ce qu'ils ont fait, ce ne furent que prodiges dans les récits de ces temps-là (75).

La structure générale de l'essai devient plus claire et plus rigoureuse : l'ignorance fait voir des merveilles que la vanité des conteurs amplifie ; puis il s'établit des systèmes de philosophie qui s'unissent avec ces faits prestigieux ; la tendance naturelle de l'esprit humain à tout généraliser et le respect de l'Antiquité sont les deux facteurs qui assurent la survie des fables. Tous ces arguments étaient contenus dans *Sur l'Histoire*, mais ils étaient exprimés de façon bien plus désordonnée ; ainsi c'est au milieu de considérations sur l'histoire proprement dite que Fontenelle invoquait les deux derniers principes de l'erreur. D'autre part, *De l'origine des fables* présente une philosophie religieuse bien plus profonde que *Sur l'Histoire* : l'ignorance incite les primitifs à concevoir des êtres supérieurs à forme humaine, mais c'est en fonction des valeurs qu'ils admettent, que les hommes se représentent les dieux : les sauvages « ne connaissaient point de plus belle qualité que la force du corps ; la sagesse et la justice n'avaient pas seulement de nom dans les langues anciennes... Il n'est donc pas surprenant qu'ils aient imaginé plusieurs dieux souvent opposés les uns aux autres, cruels, bizarres, injustes, ignorants ; tout cela n'est point directement contraire à l'idée de force et de pouvoir qui est la seule qu'ils eussent prise » (76).

Avec le temps, les hommes se perfectionnent, et les dieux y gagnent : ils deviennent justes et sages. Ainsi la religion, que Fontenelle explique en somme de façon matérialiste, n'est qu'un reflet et une sublimation de l'esprit humain, qui progresse lentement ;

---

(73) *Œuvres* (3), t. III, p. 269.
(74) *Ibid.*, t. IX, p. 391.
(75) *Ibid.*, t. III, p. 269-270.
(76) *Ibid.*, t. III, p. 274-275. Cf. Ciceron, *De natura Deorum*, I, XV, 42 ; *Tusculanes*, I, XXVI, 65 : *Fingebat haec Homerus et humana ad deos transferebat. Divina mallem ad nos* : « Homère imaginait cela et donnait aux dieux les qualités des hommes. Je préférerais l'inverse. »

cette conception, que Cicéron lui a peut-être suggérée, marque une évolution évidente depuis le négativisme des années 1680. Sa documentation s'est améliorée. Naguère sa source principale était le traité de Huet, dont il admettait tous les éléments, sans même les contrôler ; maintenant il cite « les Cafres, les Lapons et les Iroquois » (77) ; sans doute utilise-t-il les *Métamorphoses* d'Ovide, ce qui n'est guère nouveau, mais il invoque aussi l'Inca Manco Guyna Capac, qu'il a pu trouver dans Rüdbeck (78), les fables égyptiennes et phéniciennes, qu'avait contées Bochart (79), les légendes américaines et chinoises, qui l'intéressaient déjà, quand il écrivit le *Sixième soir* des *Entretiens*. Enfin, c'est peut-être à l'Académie de l'abbé de Choisy, qu'il doit certaines de ses analyses :

> Deux Egyptiennes, dont le nom propre veut dire colombes, sont venues s'habituer dans la forêt de Dodone pour y dire la bonne aventure ; les Grecs entendent que ce sont deux vraies colombes perchées sur des arbres qui prophétisent, et puis bientôt après ce sont les arbres qui prophétisent eux-mêmes. Un gouvernail de navire a un nom phénicien qui veut dire aussi *parlant ;* les Grecs, dans l'histoire du navire Argo, conçoivent qu'il y avait un gouvernail qui parlait (80).

De telles remarques avaient été déjà formulées par Spinoza, mais, bien que l'auteur de *Sur l'Histoire* ait su comprendre et utiliser le *Tractatus*, il avait négligé ce recours à la philologie dont il conçoit maintenant l'importance. N'est-ce pas même à ses amis du Luxembourg qu'il songe, lorsqu'il ajoute : « Les savants de ces derniers temps ont trouvé mille autres exemples où l'on voit clairement que l'origine de plusieurs fables consiste dans ce qu'on appelle vulgairement des *quiproquo* » (81) ? En effet, le 29 janvier 1692, Renaudot, affirme qu'on aurait découvert les ossements d'un géant près de Salonique ; les géants auraient donc existé — mais il est le seul avec Guénégaud à y croire ; les autres ont vite fait de lui répondre que le mot *géant* signifiait originellement *rebelle ;* ce n'est là qu'un « quiproquo », et ces ossements sont sans doute ceux d'un animal (82). Ainsi l'impiété de Fontenelle, au

(77) *Ibid.*, t. III, p. 269.

(78) *Olavi Rudbeckii atlantica...* (309). Voir Carré, *De l'origine des fables* (37).

(79) *Samuelis Bocharti Geographia Sacra...* ; Carré, *op. cit.* (37).

(80) *Œuvres* (3), t. III, p. 291-292. On lit déjà dans *Le comte de Gabalis* (354), p. 113-114 : « Il fallait mettre en avant ces filles miraculeuses dont parle le grec Pausanias, qui se changèrent en colombes, et sous cette forme rendaient les oracles célèbres des colombes Dodonides. »

(81) *Ibid.* (3), t. III, p. 292.

(82) Ms. Arsenal 3186, f. 185-186. Des remarques analogues avaient été faites — il est vrai — par Gassendi et Malebranche. Fontenelle manifestera d'ailleurs toute sa vie une grande curiosité pour les problèmes philologiques. Selon Cideville, *Traits, notes et remarques* (ms. Rouen), p. 77, il « était très curieux de ces recherches » (l'origine des noms). Dans le même recueil, on lit, p. 87 : « Problème de M. de Fontenelle : Quelle est la chose la plus difficile à apprendre montrée par des gens qui ne songent point à l'enseigner à des gens qui ne songent point à

lieu de s'édulcorer avec les années, s'approfondissait ; loin des intuitions un peu rapides d'autrefois et du dogmatisme des *Ajaoiens*, il parvenait à une interprétation neuve, assez souple et assez complexe du phénomène religieux.

S'il pénètre alors au Palais-Royal, s'il y retrouve Mme de la Mésangère, remariée à Nocé, et le marquis de la Fare, « un de ces beaux esprits philosophes que la religion ne gêne guère, et n'empêche point de se livrer aux plaisirs que leur raison regarde comme innocents » (83), on imagine mal qu'il y ait cherché l'occasion de se livrer à des orgies que son hygiène lui interdisait. « Souvent indigné de tant d'impies propos de table », il aurait dit un jour : « Voilà pour des gentilhommes de bien basses plaisanteries » (84) ; mais le goût de La Fare pour l'histoire, la politique et la psychologie pouvait l'intéresser davantage ; et Dubois, qui demeura jusqu'à sa mort son ami intime, était peut-être, comme l'a dit l'abbé de Saint-Pierre, un homme « médisant... calomniateur... débauché... avare... envieux... fourbe » (85), il avait cependant « beaucoup d'esprit et beaucoup d'habileté » (86). Sans doute athée, c'est lui, selon Montesquieu, qui aurait « gâté » le duc d'Orléans en lui faisant lire Hobbes (86 *bis*). Le régent lui-même qui devait héberger Fontenelle après 1712, a mérité les éloges du philosophe ; avec quelque aigreur envers le roi qui refusait d'employer son neveu, il dira que le prince, « qui n'avait point alors de fonctions à remplir dignes de sa naissance, se livrait au goût et au talent naturel qu'il a pour les sciences les plus élevées et faisait à la philosophie l'honneur de la croire digne de l'occuper au défaut du commandement des armées ou du gouvernement des états » (87). En 1702, Homberg, recommandé par Dubois, deviendra le professeur de physique et de chimie du « prince philosophe » : « J'ai vu plusieurs fois le maître effrayé de son disciple. *On ne le connaît pas,* me disait-il en propres termes, lui qui était presque le seul confident de ses talents ; *c'est un rude travailleur.* » (88). Et Homberg soigna Fontenelle et le guérit de ses attaques d'épilepsie (89). Dans ce milieu de science

---

l'apprendre ? On sent bien que c'est sa langue, qui sans doute est la chose la plus difficile, et que nous apprenons sans y songer de nos nourrices qui ne songent point à nous l'enseigner. Mais comment tout cela se fait-il ? M. de Fontenelle dit qu'il y a beaucoup pensé et qu'il ne l'a jamais pu trouver. Il ajoutait qu'en se mettant autant que le peut un homme fait à la place où se trouve l'enfant, en écoutant par exemple parler une langue étrangère, il n'avait seulement pu deviner la séparation des mots ; autant en arrivera à qui voudra y réfléchir ; c'est être bien loin d'en deviner la signification... Cette question fit naître celle de savoir pourquoi un homme fait n'apprendrait pas aussi aisément la langue d'un pays s'il y était transporté qu'un enfant... »

(83) *La vie de Philippe d'Orléans* par M. le M.D.M. (de la Hode), (218), t. I, p. 26.

(84) Lescure, *Les maîtresses du Régent* (576), p. 211.

(85) *Annales politiques* (314), p. 294 (1721).

(86) *Ibid., loc. cit.*

(86 *bis*) Montesquieu (258), t. II, p. 1350 : *Spicilège*, 465.

(87) *Œuvres* (3), t. V, p. 383-384.

(88) *Ibid.*, t. V, p. 384.

(89) Trublet, *Mémoires* (345), p. 340.

et de libertinage, on admirait la constitution anglaise ; si les *Histoires* de l'abbé de Vertot célébraient les mérites d'un « despotismes éclairé » susceptible de travailler au bien général et d'étouffer les intérêts particuliers, les tragédies signées par Mlle Bernard nous montreront quel intérêt Fontenelle porta aux révolutions britanniques.

Tous ces milieux, toutes ces recherches, que La Bruyère a voulu ignorer, modèlent un autre personnage. Et peut-être faut-il reconnaître Fontenelle dans le portrait de Nicandre qui figure parmi les œuvres de Louis Petit :

> Nicandre y tient son rang, qui lit *les grands critiques,*
> Et faisant l'entendu dans les mathématiques,
> Cite Euclide, Ozanam, Descartes, Vossius,
> Archimède, Prestet, Blondel, Simpilius,
> Huygens est son ami, Newton est son intime,
> Et pour lui l'Hôpital eut une haute estime ;
> Mais si de tout cela le docteur prétendu
> En entend quatre mots, je veux être tondu.
> Par quel autre talent l'illustre personnage
> Se fait-il donc valoir dans son aréopage ?
> Il mitige de C... les dogmes erronés,
> Grimace en vous parlant et vous vient rire au nez (90) ?

Nous n'avons aucune preuve, mais il est bien vrai que tous les noms qui ont été cités ici représentent des amis ou des inspirateurs de Fontenelle ; et l'aspect physique du personnage, qui « grimace » et « vous vient rire au nez », rappelle vaguement Cydias. Enfin, même lorsque le secrétaire de l'Académie des Sciences se fit écouter de toute l'Europe savante, ses ennemis doutèrent toujours de ses capacités et de son sérieux.

---

(90) *Œuvres diverses du Sr. D...* (270), t. I, p. 178. L'avant-dernier vers désigne évidemment « les dogmes » de Calvin. En admettant que Nicandre est bien Fontenelle, ce serait une allusion à la *Relation de Bornéo.*

CHAPITRE II

CONTRE LES « GENS DE VERSAILLES »

La Cour rassemblait alors un assez grand nombre de gens illustres par l'esprit ; MM. Racine, Despréaux, de La Bruyère, de Malézieu, de Court ; M. de Meaux était à leur tête. Ils formaient une espèce de société particulière, d'autant plus unie qu'elle était plus séparée de celle des illustres de Paris, qui ne prétendaient pas devoir reconnaître un tribunal supérieur, ni se soumettre aveuglément à des jugements, quoique revêtus de ce nom si imposant de jugements de la cour. Du moins avaient-ils une autorité souveraine à Versailles, et Paris même ne se croyait pas toujours assez fort pour en appeler (1).

C'est ainsi que Fontenelle conte la « querelle des Anciens et des Modernes » ; il n'y voit que la rivalité de la Cour et de la Ville ; et il est vrai que les Perrault, exilés de Versailles depuis 1680, et les adversaires de la politique actuelle du roi, avaient des motifs de s'unir contre les thuriféraires du Pouvoir.

Le discours de Charles Perrault, le 27 janvier 1687, fit éclater — comme on sait — la colère de Boileau, mais celui-ci se contenta de décocher quelques épigrammes à ses adversaires. En août, Fontenelle ne semble pas envisager de se mêler à cette querelle ; le *Mercure galant,* qui annonce la prochaine publication des *Pastorales,* ne mentionne alors ni le *Discours sur la nature de l'églogue,* ni la *Digression ;* ce sont les *Héroïdes* qui doivent compléter le volume (2). Quand celui-ci paraît en février 1688, les *Héroïdes* ont disparu, et l'on trouve à leur place ces deux pamphlets contre les Anciens. C'est donc dans les derniers mois de 1687 que Fontenelle les a écrits. Il est vrai que la polémique s'était échauffée : La Fontaine, Longepierre, Dacier et Ménage avaient répliqué au discours de Perrault ; ce dernier avait récidivé le 25 août, en produisant son *Epître au roi touchant l'avantage que Sa Majesté fait remporter à*

(1) *Œuvres* (3), t. V, p. 274-275 (*Eloge de Malézieu*).
(2) *Mercure galant,* août 1687, p. 106.

son siècle sur tous les siècles. Peut-être a-t-il appelé Fontenelle à son secours, mais des raisons particulières semblent avoir décidé notre auteur.

Contre Longepierre.

« C'était un drôle intrigant de beaucoup d'esprit, doux, insinuant, et qui, sous une tranquillité, une indifférence, et une philosophie fort trompeuses se fourrait et se mêlait de tout ce qu'il pouvait pour faire fortune... D'ailleurs il savait entre autres force grec dont il avait aussi toutes les mœurs » (3). Voilà le portrait que Saint-Simon nous a laissé du baron de Longepierre. Né à Dijon en 1659, il avait été attaché à l'éducation du comte de Toulouse (4). Cet ami de Racine avait donné en 1686 une traduction des *Idylles* de Bion et de Moschos ; il marquait dans sa *Préface* une grande admiration pour ses auteurs :

> Ces restes sont petits. Mais ils sont précieux, et d'une beauté à les rendre préférables aux plus longs ouvrages... Ces petites idylles sont véritablement la fine fleur... et leur beauté ne peut être assez louée... Et, si je n'ose pas dire que ces deux poètes sont au-dessus de Théocrite lui-même, du moins assurerai-je, sans crainte de m'abuser qu'à parler en général, ils sont plus du goût de notre siècle... (5).

Il joignait à sa traduction ses propres *Idylles,* et il en venait ainsi à exposer sa conception du genre. N'est-il pas vraisemblable que Fontenelle ait voulu lui répondre en rédigeant son *Discours sur la nature de l'églogue ?* Il ne faut pas s'étonner qu'il ait attendu l'automne 1687 pour mettre au point cette réplique : l'*Histoire de l'ouvrage des savants* ne rendit compte du livre de Longepierre qu'en octobre 1687 (6) ; c'est peut-être cet article qui incita Fontenelle à lire ce volume et à y riposter. Il avait d'autres raisons de détester Longepierre ; celui-ci avait publié en 1686 un *Parallèle de Corneille et de Racine* fort désagréable pour l'auteur du *Cid ;* à la fin d'août 1687, il donnait son *Discours sur les anciens,* où il réhabilitait les gloires de l'Antiquité ridiculisées dans les *Dialogues des morts.* Et le duel allait se prolonger : en septembre 1688, Longepierre écrit à Charpentier :

> ... on m'a écrit la mort de M. de Vivonne, et que ce seigneur laissait une place vacante à l'Académie. Je vous prie de me dire si on la donnera devant le 20 septembre et si elle regarde Fontenelle. Je ne suis pas naturellement envieux. Cependant

---

(3) Saint-Simon, *Mémoires* (318), t. X, p. 5-6.

(4) Sur Longepierre, voir les articles de Portalis dans le *Bulletin du bibliophile,* 1903-1904 (650).

(5) *Les idylles de Bion et de Moschus...* (238), t. I, *préface.*

(6) *Histoire des ouvrages des savants,* octobre 1687, p. 253-258. Ce compte rendu est favorable à Longepierre, dont on vante « le goût très délicat ».

> je sens bien que je serais vraiment fâché si cet orgueilleux petit Normand emportait par ses brigues une place qu'il croit appartenir de droit à son mérite (7).

En 1690, dans la *Préface* de ses *Idylles nouvelles,* il répliquait au *Discours sur la nature de l'églogue.* En 1693, Fontenelle faisait paraître à son tour un *Parallèle de Corneille et de Racine.* On put même lui attribuer cette chanson qui circula en 1707 :

Le traducteur Longepierre
    Tous les matins
Va voir dans le cimetière
    Grecs et Romains
Pour leur rendre ses respects.
    Vivent les Grecs !
    Vivent les Grecs !
Si le style bucolique
    L'a dénigré,
Il veut par le dramatique
    Être tiré
Du rang des auteurs abjects.
    Vivent les Grecs !
Termes lui fait des recrues
    D'admirateurs,
Et va criant par les rues
    A tous auteurs :
Voilà des vers bien corrects.
    Vivent les Grecs !
Il a fait un coup de maître
    Des plus heureux,
Car pour les faire paraître
    Fort et nerveux,
Il les a faits durs et secs.
    Vivent les Grecs !
L'auteur lui-même proteste
    Qu'ils sont charmants,
Et comme il est fort modeste,
    Ses jugements
Ne peuvent être suspects.
    Vivent les Grecs !
Pour donner à ses ouvrages
    L'air des Anciens,
Il prend pour ses personnages
    Vieux comédiens.
Les jeunes lui sont suspects.
    Vivent les Grecs !
Aucun d'eux n'est de personne
    Complimenté.
Cette froideur les étonne,
    L'Antiquité
N'attire que des respects.
    Vivent les Grecs ! (8).

---

(7) Ms fds fr. 15276, f. 82.

(8) Ms. Arsenal, 2928, f. 205-207 (*Charivaris,* 1707), « par Fontenelle sur Longepierre, qui, après avoir traduit quelques vers lyriques, vint tout

Malgré leur allure géométrique et leur feinte modération, le *Discours sur la nature de l'églogue* et la *Digression* ne sont donc que des œuvres de polémique ; les thèmes abordés, la construction des ouvrages, les arguments avancés ne se comprennent qu'en confrontant les écrits de Fontenelle et ceux de Longepierre.

Mythe et réalité dans l'églogue.

Longuement développée par le Père Rapin (9), expédiée par Boileau (10) en une trentaine de vers, il existait une conception classique de l'églogue, dont Longepierre ne s'était guère écarté. La pastorale, comme Donat et Scaliger l'ont montré, est la plus antique poésie ; elle est née en Sicile dans la douceur et le repos des mœurs primitives. Son sujet, c'est la vie des bergers, leurs amours surtout, mais paisibles et innocents, purgés des ardeurs jalouses et de la frénésie modernes ; l'auteur doit fuir les thèmes trop élevés ; il peut parfois sortir du cadre des bergeries, mais que ses fictions demeurent adaptées à cet univers. Il faut fuir l'élégance excessive et le brillant des Italiens, et cependant ne pas tomber dans une bassesse trop vulgaire : « un milieu » doit être trouvé ; aucune longueur dans les descriptions, ni dans les narrations n'est tolérable ; l'églogue « n'est pas une grande parleuse qui se plaise à faire du bruit... » (11).

Toutes ces affirmations sont acceptées par les théoriciens de l'églogue, et même par Fontenelle ; en des termes analogues, ils reprennent tous les mêmes idées ; s'agit-il de l'origine du genre ? *Pastorale carmen per sese delicatissimum, vetustissimum* (12) affirme Rapin ; les bergers antiques ont commencé de chanter des vers, *Musis ruris solitudo, secessusque silvarum, beatique illius otii securitas tantum placeret* (13) ; « Peut-être — dit Longepierre — pourrait-on assurer, après Donat et Scaliger, que la plus ancienne de toutes les poésies est la bucolique, qui convient à la manière de vivre ordinaire aux premiers hommes qui la plupart étaient bergers ; et qu'elle leur fut inspirée par la nature, l'amour et l'oisiveté, à l'imitation du chant des oiseaux et du bruit des arbres, ou du murmure des ruisseaux (14)... » Fontenelle ne paraît guère innover : « La poésie pastorale est apparemment la plus ancienne de toutes

---

d'un coup à deux tragédies de Sophocle. Il est auteur de la *Médée* ». Cette chanson fut également attribuée à J.-B. Rousseau, cf. Portalis (650). Mais elle semble plutôt avoir été écrite par un « moderne »; et J.-B. Rousseau s'est défendu, comme on sait, d'avoir composé toutes les satires qui parurent sous son nom.

(9) *Œuvres* du P. Rapin (297), t. II, p. 203 *sq.* (*Réflexions sur la Poétique*) et surtout *Renati Rapini... Eclogae...* (298).

(10) *Art poétique,* chant II, vers 1-37.

(11) *Œuvres* (297), t. II, *loc. cit.*

(12) *Eclogae* (298), p. xv : « Le poème pastoral en soi le plus exquis et le plus ancien. »

(13) *Ibid.*, p. xxij : « La solitude champêtre, les retraites des forêts et le calme de cet heureux loisir plaisaient tellement aux Muses. »

(14) *Les idylles...* (238), t. I, *préface.*

les poésies, parce que la condition de berger est la plus ancienne de toutes les conditions. Il est assez vraisemblable que les premiers pasteurs s'avisèrent, dans la tranquillité et l'oisiveté dont ils jouissaient, de chanter leurs plaisirs et leurs amours,,, » (15).

La matière ? *Actio pastoralis vel certe ficta ad modum actionis pastoralis... amores... candidi et innocentes...* (16) ; « l'amour, cette passion née avec l'homme et si naturelle aux gens oisifs, tels que sont les bergers, il y a eu la première et la meilleure part... En un mot, tout ce qui convient à un berger et à son caractère peut fort bien y entrer... » (17) : Que répond Fontenelle ? « ... La vie pastorale... n'admet point l'ambition... Mais cette sorte de vie-là, par son oisiveté et par sa tranquillité, fait naître l'amour plus facilement qu'aucune autre... Un amour plus simple... plus discret... plus fidèle... » (18).

Le style ? *Simplicitas tum sententiae, tum dictionis : concisae sed sensus, succique plenae orationis brevitas, et elegantissimae cujusdam, venustissimaeque amoenitatis suavitas* (19)... *Quid enim difficilius esse potest, quam semper esse ruri, nunquam agrestem ; res humiles et abjectas dicere, non humiliter et abjecte* (20) ? Longepierre aurait voulu imiter la simplicité de Théocrite, mais le goût de son siècle lui a fait craindre trop de rusticité : « J'ai donc cru devoir chercher un milieu et donnant à l'exemple des Italiens plus de galanterie et de politesse à mes bergers que Théocrite n'a fait aux siens, j'ai tâché de leur conserver, à l'exemple de ce poète, plus de cet air simple et naturel, qui fait leur caractère propre... » (21). Fontenelle paraphrase ses devanciers : « Entre la grossièreté ordinaire des bergers de Théocrite et le trop d'esprit de la plupart de nos bergers modernes, il y a un milieu à tenir... » (22). Ainsi serions-nous tentés de croire que le *Discours sur la nature de l'églogue* n'est qu'une vaine bigarrure de sentences déjà exprimées par Rapin ou Longepierre. Où est l'originalité de Fontenelle ? Où sont ses intentions polémiques ?

En fait ces analogies demeurent superficielles. La conception même du genre est complètement modifiée. Longepierre voulait peindre des bergers, leurs amours sans doute, mais aussi bien leurs travaux et leurs peines. Il aspirait à imiter Théocrite ; il ne néglige jamais dans ses *Idylles* de décrire les champs :

(15) *Œuvres* (3), t. IV, p. 127.

(16) *Eclogae* (298), p. xlvij et xlv : « Une action pastorale ou du moins inventée selon ce qui convient à une action pastorale... des amours... naïfs et innocents... »

(17) Longepierre, *op. cit.* (238) *loc. cit.*

(18) *Œuvres* (3), t. IV, p. 138-139.

(19) *Eclogae* (298), p. lvvj : « La simplicité aussi bien dans la pensée que dans l'expression ; une brièveté de parole concise, mais pleine de sens et de suc et la douceur d'une sorte d'agrément très élégant et très beau. »

(20) *Ibid.*, p. lxxiv : « Car que peut-il y avoir de plus difficile que d'être toujours aux champs sans être un rustre ; de dire des choses humbles et basses en fuyant l'humilité et la bassesse ? »

(21) Longepierre, *op. cit.* (238), *loc. cit.*

(22) *Œuvres* (3), t. IV, p. 156.

Voudrais-tu comparer Naïs à ma bergère :
Ah ! compare plutôt l'ombre avec la lumière ;
Les épines aux fleurs, les chèvres aux brebis,
Le sable à la verdure, et les bleuets aux lys... (23).

Son but demeure la représentation — stylisée peut-être et embellie, mais fidèle toutefois — de la vie rustique. Le projet de Fontenelle est tout différent :

> Je conçois donc que la poésie pastorale n'a pas de grands charmes, si elle est aussi grossière que le naturel, ou si elle ne roule précisément que sur les choses de la campagne. Entendre parler de brebis et de chèvres, des soins qu'il faut prendre de ces animaux, cela n'a rien par soi-même qui puisse plaire : ce qui plaît, c'est l'idée de tranquillité attachée à la vie de ceux qui prennent soin des brebis et des chèvres (24).

L'églogue devient entre ses mains purement conventionnelle ; elle ne repose sur rien de concret — mais simplement sur les passions des hommes, et singulièrement sur leur désir de repos et de bonheur. Aussi toute description est-elle éliminée. Le Père Rapin voulait également que le poète ne s'astreignît pas à évoquer la vie vulgaire des pâtres modernes (25), mais il souhaitait que l'on retrouvât la simplicité et la pureté primitives ; cette espérance demeure chimérique aux yeux de Fontenelle : « les pasteurs de ces siècles-là étaient trop misérables. Ainsi, et la vie de la campagne et la poésie des pasteurs, ont toujours dû être fort grossières. » (26). Ce qu'il nous propose, c'est une sorte d'académisme : une peinture qui n'a pas de modèle, qui est seulement flatteuse et susceptible de contenter nos plus profondes aspirations. Moderne et impie, il ne saurait admettre que les premiers hommes, quelles qu'aient été la douceur et la tranquillité de leur vie, aient pu avoir tant d'esprit ou tant d'innocence. En cela il s'appuie sur les thèses présentées par le Père Bouhours : « Je crains toujours qu'en voulant être naturel, on ne devienne plat et insipide... » (27). Ce n'est donc pas la nature qu'il faut imiter, mais l'idée que l'on en peut concevoir. Si Rapin paraît s'en tenir au réalisme dans l'églogue, il précise ailleurs :

> La vérité ne fait les choses que comme elles sont ; et la vraisemblance les fait comme elles doivent être... Il ne naît rien au monde qui ne s'éloigne de la perfection de son idée en y

---

(23) Longepierre, *op. cit.* (238), II, p. 65 (*Idylle à Palémon*).

(24) *Œuvres* (3), t. IV, p. 135-136. Voir *Theories of pastoral poetry...* par Congleton (453), p. 544-575.

(25) *Eclogae* (298), p. xciij sq., *Removenda omnis a pastore turpitudo* : « Il faut écarter du berger toute bassesse. »

(26) *Œuvres* (3), t. IV, p. 128.

(27) *La manière de bien penser dans les ouvrages d'esprit* (113), p. 219. Dans son *Discours*, dans *Œuvres* (3), t. IV, p. 154, Fontenelle cite une remarque du P. Bouhours sur le Tasse ; et comme l'a noté malicieusement Trublet (*Mémoires* (345), p. 258), cette citation disparut dans les rééditions qui suivirent la mort de Bouhours.

naissant. Il faut chercher des originaux et des modèles dans la vraisemblance, et dans les principes universels les choses, où il n'entre rien de matériel et de singulier qui les corrompe... (28).

Sans doute l'auteur des *Pastorales* n'allait-il pas entrer dans cette subtile métaphysique teintée de platonisme, mais il n'a fait en somme — selon une méthode qui lui est familière — que transposer dans un autre domaine des principes déjà énoncés.

Cette nouvelle définition du genre modifie les jugements portés sur les poètes qui s'y sont adonnés : Théocrite que le Père Rapin et Longepierre admiraient, bien qu'ils reconnussent la bassesse de certaines de ses évocations, est aux yeux de Fontenelle d'une rare vulgarité ; tirant logiquement les conséquences de son académisme, il en vient à dire à propos des *Idylles* du poète grec : « Ces discours ne sentent-ils point trop la campagne, et ne conviennent-ils point à de vrais paysans, plutôt qu'à des bergers d'églogue ? » (29).

Virgile, comme l'avait remarqué Longepierre, « a fait ses bergers plus polis et plus agréables » (30), mais la *Sixième églogue* n'a rien de bucolique, et elle est franchement incohérente ; il faut fuir ces grands sujets qui ne conviennent pas au genre. Calpurnius et Némésianus, que Rapin méprisaient tant, ne laissent pas d'avoir quelque beauté. Bion et Moschos, que leur traducteur humiliait quelque peu devant Théocrite, lui sont assurément supérieurs. Le progrès dans les arts est fatal, car chacun voit les erreurs où sont tombés ses devanciers, et parvient ainsi à les surpasser. Mais les critiques sont aveuglés ; « toute leur faveur est pour Théocrite, et... ils ont résolu qu'il serait le prince des poètes bucoliques... » (31). Les poètes modernes ne sont pas si détestables que Boileau et Longepierre l'on dit ; le cruel jugement du Père Rapin, *nihil enim tam sine animo quam Mantuani eclogae* (32), est acceptable avec quelques réserves, mais d'Urfé est souvent excellent, Racan et Segrais ont fait des œuvres « fort estimées » (33), les Italiens, malgré leurs pointes et leur brillant, ont « de grandes beautés » (34) ; c'est peut-être quand il s'agit du Tasse et de ses émules que l'on distingue le mieux la portée de ces discussions ; Longepierre exécute ces poètes en une phrase ; Rapin, malgré sa doctrine et son culte des Anciens, les juge « admirables » (35) ; Le Tasse inspire même au Père Bouhours cet éloge : « ... on ne peut avoir plus de génie qu'il en a. Ses imaginations sont nobles et agréables... toutes ses descriptions sont merveilleuses ; mais son génie l'emporte quelquefois trop loin ; il est trop fleuri en quelques endroits... » (36). Le goût des deux jésui-

(28) *Œuvres* du P. Rapin (297), t. II, p. 132.
(29) *Œuvres* (3), t. IV, p. 133.
(30) *Les idylles* (238), t. II, *Préface*.
(31) *Œuvres* (3), t. IV, p. 145-146.
(32) *Eclogae* (298), p. cxij : « Rien n'est plus dépourvu d'esprit que les églogues du Mantouan. »
(33) *Œuvres* (3), t. IV, p. 153-155.
(34) *Ibid.*, t. IV, p. 154.
(35) *Eclogae* (298), p. cxij-cxix.
(36) *Les entretiens d'Ariste et d'Eugène* (111), p. 199.

tes paraît infiniment plus large et plus souple que celui de Longepierre ; c'est à eux que revient Fontenelle.

La polémique perce à plusieurs reprises dans ce *Discours :* une allusion au « fiel » et à « l'aigreur » des satiriques (37) ; quelques phrases méprisantes sur les savants « dont le goût est « accoutumé à dédaigner les choses délicates et galantes » (38) — et n'est-ce pas l'helléniste Longepierre qui est ici visé ? La conclusion évoque les idées que Saint-Réal développe dans *De la critique* publié en 1691 (39) : Fontenelle a souvent paru dénigrer les Anciens, mais, ajoute-t-il, « je les ai en partie approuvés et condamnés en partie comme des auteurs de ce siècle, que je verrais tous les jours en personne ; et c'est dans toutes ces choses-là que consiste le sacrilège... » (40). Quand les *Idylles* de Longepierre parurent, celles de Fontenelle étaient déjà achevées. Peut-être a-t-il remanié certains passages de ses œuvres en lisant celles de son rival. Il est difficile d'en juger : sans doute retrouve-t-on dans ses poèmes des situations ou des thèmes qu'avait traités Longepierre, mais ils appartiennent simplement à la tradition pastorale et figurent aussi bien chez Virgile ou chez Segrais. Fontenelle s'est toutefois refusé systématiquement aux descriptions auxquelles se complaisait son rival. Et, dans son *Discours,* il affirme : « Il n'appartient point aux bergers de parler de toutes sortes de sujets, et, quand on veut s'élever, il est permis de prendre d'autres personnages (41). Ce trait, qui vise évidemment la *Sixième églogue* de Virgile, retombe aussi sur Longepierre qui avait adressé une *Idylle* à Racine, où il proclamait :

D'un ton un peu plus haut et d'une voix plus forte...
Favorable à l'ardeur qui m'anime et m'emporte,
O ma Muse champêtre aux échos de ces lieux,
Parlons pompeusement le langage des dieux (42).

Longepierre n'avait même pas hésité à introduire dans le même recueil une pièce sur la mort de Louis de Vermandois (43).

Ainsi les poésies, que Fontenelle avait d'abord vouées à Mme de la Mésangère, prenaient l'aspect d'une œuvre de polémique ; le lec-

(37) *Œuvres* (3), t. IV, p. 126.
(38) *Ibid.*, t. IV, p. 145-146.
(39) *Œuvres* de Saint-Réal (315), t. II, p. 212-360 ; surtout le chapitre *Il faut critiquer les morts,* t. II, p. 226-233. Bayle écrit à propos de ce livre, dans *Œuvres* (92), t. III, p. 228 : Basnage de Beauval « m'a dit que cet ouvrage lui paraissait la plus faible pièce que l'auteur eût jamais produite... je n'ai pas été si difficile que M. de Beauval... » On ne peut savoir si cette rencontre entre les idées de Fontenelle et celles de Saint-Réal vient d'une influence réelle — et ce serait alors Fontenelle qui aurait été l'initiateur — ou d'une simple coïncidence.
(40) *Œuvres* (3), t. IV, p. 168.
(41) *Ibid.*, t. IV, p. 146. Plus précisément, en faisant allusion aux modernes, Fontenelle écrit (*ibid.*, t. IV, p. 151) : « Quand les bergers louent un héros, il faudrait qu'ils le louassent en bergers... Mais il serait besoin d'un peu d'art ; et c'est bien le plus court de faire parler à des bergers la langue ordinaire des louanges. »
(42) *Les idylles* (238), t. II, p. 177, *Pan.*
(43) *Ibid.*, t. II, p. 133.

teur était incité à rapprocher la *Première idylle* de Longepierre et la *Troisième églogue* de Fontenelle — ou la *Cinquième idylle* et la *Quatrième églogue*. C'étaient sensiblement les mêmes sujets, mais l'art est bien différent : plus naïf, plus négligé, plus concret chez l'un, plus habile et plus abstrait chez l'autre. Longepierre ne s'avoua pas vaincu ; il écrivit des *Idylles nouvelles* qui parurent en décembre 1690. Dans sa *Préface,* il faisait son apologie et répliquait au *Discours* de Fontenelle. Certes, reconnaissait-il, « la seule langue grecque est également propre à dire tout avec élégance » (44) et la poésie française oblige à plus de recherche ; on est obligé de représenter les bergers « comme a fait M. d'Urfé, tels qu'ils pourraient être, et non pas, comme a fait Théocrite, tels qu'ils étaient en effet de son temps » (45). Mais après s'être apparemment rallié à l'académisme de son adversaire, il en venait rapidement aux insultes ; il évoque ces « gens qui se vantent d'avoir commencé par écrire et d'avoir ensuite pensé » (46) ; c'est ce qu'on lisait au début du *Discours sur la nature de l'églogue*. Fontenelle aimait voir les bergers « penser finement dans leur style simple » (47). La réplique est vive : « On leur fera voir qu'une belle pensée n'est pas toujours ce qu'on appelle une pensée brillante ; que la plus simple et la plus commune est quelquefois la meilleure ; que c'est le tour des paroles et la beauté de l'expression qui en font souvent tout l'agrément et toute la nouveauté. » (48). Enfin, la conclusion était assez violente :

> ... Ce n'est pas de bonne foi qu'ils ont écrit tant d'absurdités... selon leur méthode ordinaire, ils ont commencé par les écrire... mais... ensuite ils ont pensé, et... en un mot, leur haine pour les Anciens vient moins du peu d'estime qu'ils font des ouvrages de ces grands hommes, que du chagrin qu'ils ont, comme je l'ai déjà dit, de ce qu'on n'estime point les leurs (49).

Sans doute — et la forme même de l'attaque l'indique — Longepierre voulait-il en même temps répondre à Perrault, mais son adversaire personnel, celui auquel il décochait les traits les plus nombreux et les plus précis, était évidemment Fontenelle. Et il est visible que, si Longepierre est revenu à l'idylle, c'est moins sous l'effet d'une inspiration spontanée que pour se mesurer avec son rival. La quatrième des *Idylles nouvelles, Corylas,* est sortie de la *Cinquième églogue*. Comme Eraste, dès l'aube, commençait de s'impatienter et ne retrouvait Iris qu'au tomber du jour, Corylas guette Daphné et court « au-devant de la belle » (50). Mais Eraste demeu-

(44) *Idylles nouvelles* (241), privilège registré le 10 février 1690, achevé d'imprimer le 5 décembre 1690, *Préface*.
(45) *Ibid., loc. cit.*
(46) *Ibid., loc. cit.*
(47) *Œuvres* (3), t. IV, p. 158.
(48) *Idylles nouvelles* (241), *loc. cit.*
(49) *Ibid., loc. cit.*, Longepierre raille d'ailleurs l'ignorance et les jugements sommaires de Perrault.
(50) *Ibid.*, p. 60.

rait assez calme et ne sortait jamais du caractère galant et poli qui convient aux bergers d'églogue ; Corylas en arrive au contraire à battre ses moutons ; sa passion est plus tumultueuse ; il se laisse même égarer par la jalousie, que Fontenelle, après le P. Rapin, avait chassée des *Pastorales*. Longepierre a sans doute signifié que l'amour, tel que le décrivait Fontenelle, était trop paisible et trop éloigné de la nature. Si Eraste et Iris se retrouvaient sous des arbres touffus au milieu d'une foule d'Amours qui les épiaient, nous avons ici plus de simplicité :

> Il courut plein de joie au-devant de la belle,
> Et l'assurant cent fois d'une flamme éternelle,
> Baisant cent fois ses mains, embrassant ses genoux,
> Il confessa son crime et ses transports jaloux.
> Amour obtint sa grâce, et d'une telle offense
> L'indulgente Daphné ne tira point vengeance (51).

Est-ce également avec une intention polémique que le poète se risque à élever le ton dans son *Orphée* (52), dédié encore à Racine ? On ne saurait dire que Longepierre ait été un adversaire méprisable : savant, peut-être un peu infatué de ses connaissances, il montre un mélange singulier de prudence et de hardiesse, de douceur et de violence, qui ressemble assez à la méthode communément adoptée par Fontenelle ; il y avait peut-être entre ces deux hommes, qui fréquentèrent parfois les mêmes milieux — « les cours galantes », le Palais-Royal (53) — une certaine analogie de tempérament, mais leur « philosophie » si l'on peut dire, leurs liens avec Corneille ou avec Racine, leurs affinités avec les « mondains » ou les « doctes » étaient destinés à les diviser.

Tous ces soucis qui présidèrent à la rédaction du *Discours sur la nature de l'églogue* nous inciteraient à n'y voir qu'une œuvre de circonstance. Fontenelle paraît adopter le système de ses adversaisaires — fût-ce pour le ruiner ; et cependant, nous trouvons dans ce livre un miroir fidèle de ses tendances et de son évolution.

Il fallait bien admettre que les premiers hommes fussent de paisibles bergers, libres et innocents, voués seulement à l'oisiveté et à l'amour. Mais loin d'expédier hâtivement ce thème imposé, Fontenelle l'a longuement développé, il y a mis une chaleur et une précision que l'on chercherait en vain chez Longepierre. « Ils vivaient à leur manière dans une grande opulence, ils n'avaient personne au-dessus de leur tête, ils étaient pour ainsi dire les rois de leurs troupeaux ; et je ne doute pas qu'une certaine joie qui suit l'abondance et la liberté, ne les portât encore au chant et à la poésie... » (54). Ce rythme, cette cadence mélodieuse évoquent irrésistiblement le *Télémaque* ou les *Troglodytes* de Montesquieu ; le rêve pastoral n'est donc pas mort ; dans *Sur l'Histoire,* Fontenelle sem-

---

(51) *Ibid., loc. cit.*
(52) *Ibid.*, p. 138, *Idylle XII.*
(53) Longepierre fut sous-gouverneur du duc de Chartres en 1709.
(54) *Œuvres* (3), t. IV, p. 127. Fontenelle ajoute (*ibid.*, t. IV, p. 128) : « La société se perfectionna, et peut-être se corrompit. »

blait bien plus dur envers les primitifs ; il soulignait leur ignorance et leur sauvagerie ; maintenant il paraît enclin à trouver que leur vie fut la plus belle de toutes. A y regarder de près, il n'y a aucune contradiction : il s'agissait naguère de leur esprit livré à toutes les fables et à toutes les impostures ; maintenant c'est la paix de leur cœur qui est célébrée, et, comme pour éviter de paraître incohérent, l'auteur précise : « Les premiers pasteurs dont nous avons parlé étaient dans une assez grande abondance ; mais de leur temps le monde n'avait pas encore eu le loisir de se polir. » (55). Il est donc possible de concilier ce bonheur sans trouble et les innombrables erreurs auxquelles « ces pauvres sauvages » étaient naturellement enclins. Cependant le climat change, et la nostalgie se découvre : plutôt qu'une rigide démocratie, semblable à celle des *Ajaoiens*, c'est une souriante anarchie que nous propose Fontenelle. Ce rêve est tellement vieux et tellement banal qu'il semble inutile d'en chercher les sources, même s'il peut s'être nourri des récits de voyage, qui étaient tellement à la mode à cette époque, où la vie des peuplades d'Amérique apparaissait comme un songe pacifique. Bien qu'il s'inspire des conceptions du Père Rapin, grâce à quelques touches adroites, Fontenelle métamorphose ce mythe, qu'il dépouille de tout évangélisme, pour l'assimiler aux *utopies* des libertins ; on penserait volontiers aux descriptions de Lahontan. Si les idées politiques du philosophe sont bien hésitantes, partagées entre le culte d'une démocratie austère, l'apologie de Gustave Vasa et de Pierre-le-Grand et l'éloge de l'anarchie, son hostilité au monde moderne, et précisément au régime français de l'époque, demeure inébranlable ; il n'était pas absurde de suggérer aux « gens de Versailles », que l'églogue était le plus « républicain » des genres. Enfin, ce thème nous paraît refléter l'optimisme nouveau de Fontenelle ; ce rêve impossible que poursuivait le Chevalier d'Her... au milieu des mondains blasés et jouisseurs, ce rêve, qui, déçu, conduisait l'auteur des *Dialogues* à tant de railleries et à tant d'aigreur, n'est plus tout à fait un rêve ; cet idéal a existé à l'origine des temps ; ce n'est pas en brûlant les livres et les châteaux qu'on le restaurera ; c'est plutôt en empruntant la voie indiquée dans les *Entretiens*, en recourant à cette ascèse, qui élimine le malheur, le mensonge et les passions et ressuscite l'innocence primitive (55 *bis*).

L'académisme de Fontenelle n'est pas un simple argument destiné à défendre ses *Pastorales* ou à confondre Longepierre ; les *Réflexions sur la poétique* nous montreront la profondeur et la sincérité de cette attitude. Le philosophe s'explique : « Il vaut mieux suivre les règles et les véritables idées des choses. » (56). On peut appliquer aux belles-lettres la méthode cartésienne, comme l'abbé de Saint-Pierre rêve de la transposer dans la morale ou la politique. Ainsi, contre le mystérieux « art de plaire » des classiques, contre

(55) *Œuvres* (3), t. IV, p. 128.

(55 *bis*) Cf. l'anecdote contée par Cideville dans *Traits, notes...* (ms. Rouen), p. 7 : « On disait à M. de Fontenelle que l'ambition était une passion aussi naturelle que l'amour ; il répondit : Je ne vois pas que vous me puissiez aussi bien montrer les organes de l'ambition. »

(56) *Œuvres* (3), t. IV, p. 156.

le « je ne sais quoi » du P. Bouhours, il convient de recourir à des définitions précises et à des enchaînements rigoureux. Ce rationalisme est atténué par quelques réflexions narquoises : l'inspiration du poète a précédé ses réflexions, et « il est bien plus aisé de faire des règles que de les suivre » ((57). Mais il sera toujours utile d'apporter un peu de lumière dans un domaine où règnent l'approximation et l'obscurité. Or, « le principal avantage de la poésie consiste à nous dépeindre vivement les choses qui nous intéressent et à saisir avec force le cœur qui prend plaisir à être remué » (58). Les hommes sont avant tout paresseux et inconstants : « Le plaisir, et le plaisir tranquille, est l'objet commun de toutes leurs passions, et ils sont tous dominés par une certaine paresse... il leur faut quelque mouvement, quelque agitation, mais un mouvement et une agitation qui s'ajuste, s'il se peut, avec la sorte de paresse qui les possède... » (59). Cette conception, où semble se refléter une sorte d'épicurisme, n'est pas particulière à Fontenelle ; La Fontaine, Chaulieu, La Fare, Mme Deshoulières auraient souscrit à son analyse. Mais on remarque une évolution depuis les *Dialogues des morts* : on y apprenait que l'agitation, bien qu'elle ne conduisît pas au bonheur, était fatale ; l'homme était fait pour l'action, et même les passions tumultueuses, telle l'ambition, étaient justifiées.

En fait, ce n'est plus le même Fontenelle : l'incohérence, l'incertitude et les sarcasmes sont dépassés. Une méthode inspirée par les mathématiques, une nouvelle morale optimiste et décidée, une esthétique assez péremptoire — telles sont les valeurs qui se découvrent dans cet essai ; cette assurance se devine dans la limpidité, la rigueur et la précision du style.

L'histoire de l'humanité.

C'est encore à Longepierre, et précisément à son *Discours sur les anciens,* qu'a voulu répliquer Fontenelle dans la *Digression.* Il doit songer à son rival, quand il parle de « toutes ces belles phrases » qu'ont données les admirateurs des Anciens, et surtout quand il évoque ces « savants entêtés » (60) contre lesquels il combat.

Longepierre avait de bonne grâce reconnu qu'en physique les Grecs s'étaient souvent trompés : « Il ne doit pas sembler étonnant que les Anciens, qui n'avaient pour guide que le raisonnement, aient fait plusieurs fausses démarches sur des choses que nous avons mieux connues par le moyen de nouvelles découvertes et des nouveaux instruments que nous avons, et dont ils ignoraient l'usage. » (61). Fontenelle se contente d'enregistrer cet aveu : « ... la physique, la médecine, les mathématiques sont composées d'un nombre infini de vues, et dépendent de la justesse du raisonnement

(57) *Ibid.,* t. IV, p. 126.
(58) *Ibid.,* t. IV, p. 145.
(59) *Ibid.,* t. IV, p. 136.
(60) *Ibid.,* t. IV, p. 174.
(61) *Discours sur les Anciens* (240), p. 29.

qui se perfectionne avec une extrême lenteur, et se perfectionne toujours... les derniers physiciens ou mathématiciens devront naturellement être les plus habiles » (62). Mais, bien qu'il eût confessé que « la vérité est fille du temps » (63), Longepierre ne laissait pas de reprendre le terrain qu'il avait cédé à ses adversaires ; il défendait Platon et Aristote, dont les talents lui paraissaient admirables ; même Descartes, malgré son « génie extraordinaire » et son « rare mérite » eut souvent besoin des Anciens (64). La réplique de Fontenelle est assez péremptoire : il n'est pas nécessaire de tant louer Descartes ; il a « amené cette nouvelle méthode de raisonner, beaucoup plus estimable que sa philosophie même, dont une bonne partie se trouve fausse ou fort incertaine selon les propres règles qu'il nous a apprises » (65). Ce qui importe d'abord dans les sciences, c'est « la manière de raisonner, qui est une science à part, et la plus difficile et la moins cultivée de toutes » (66). Il fallut attendre notre siècle pour l'entrevoir, et les générations futures la perfectionneront encore.

Etudiant l'histoire du monde, Longepierre constatait que nous devons tout aux Anciens ; quand les invasions des Barbares eurent enseveli leurs œuvres, « l'Occident... se vit tout à coup enveloppé d'épaisses ténèbres de grossièreté et d'ignorance, qui durèrent jusqu'à ce qu'on eût recouvré ces mêmes Anciens dont la perte avait entraîné par une suite inévitable celles des beaux-arts et des sciences... » A la Renaissance au contraire, « à mesure qu'on découvrait quelque Ancien, il naissait une foule de grands hommes, comme enfantés de sa cendre... » (67). Cette idée que le Père Bouhours avait déjà développée (68), est reprise par Fontenelle : « Cela est vrai, et ne prouve pourtant rien... La lecture des Anciens a dissipé l'ignorance et la barbarie des siècles précédents. Je le crois bien. Elle nous rendit tout d'un coup des idées du vrai et du beau que nous aurions été longtemps à rattraper, mais que nous eussions rattrapées à la fin sans le secours des Grecs et des Latins... » (69).

Incidemment, il en vient même à ébaucher une philosophie de l'histoire, qui s'apparente à la sociologie : bien des causes externes modifient l'esprit humain : « des inondations de barbares, des gouvernements ou absolument contraires, ou peu favorables aux sciences et aux arts, des préjugés et des fantaisies... des guerres universelles établissent souvent, et pour longtemps, l'ignorance et le mauvais goût » (70). La Fortune est assez équitable ; elle répar-

(62) *Œuvres* (3), t. IV, p. 179.
(63) *Discours...* (240), p. 43.
(64) *Ibid.*, p. 60.
(65) *Œuvres* (3), t. IV, p. 181.
(66) *Ibid.*, t. IV, *loc. cit.*
(67) *Discours...* (240), p. 17.
(68) *Les entretiens d'Ariste et d'Eugène* (111), p. 225 : « Si le bel esprit est de tous les pays, il n'est pas de tous les siècles ; car il y en a de grossiers et de stupides, où la barbarie et l'ignorance dominent, tel qu'a été le xe siècle, où les gens étaient si simples et si bêtes, que, dès qu'un homme savait un peu de grec, il passait pour nécromancien. »
(69) *Œuvres* (3), t. IV, p. 189.
(70) *Ibid.*, t. IV, p. 187.

tit également les talents parmi tous les siècles et tous les Etats ; ce sont les conditions sociales qui font la différence. Dans *Sur l'Histoire,* Fontenelle proposait déjà une sorte de déterminisme — mais purement psychologique ; la nature humaine expliquait à la rigueur tous les événements qui se sont déroulés ; et, si elle varie quelque peu, c'est comme un individu, qui, en vieillissant, « deviendrait plus timide, plus défiant, moins sensible à l'amitié, et cela par les seuls effets de l'expérience » (71) ; l'évolution de l'humanité n'était qu'une maturation ou une sénescence progressive — évolution purement interne. Cette idée se retrouve dans la *Digression,* et c'est la fameuse comparaison « de tous les siècles à un seul homme » qui « est maintenant dans l'âge de la virilité, où il raisonne avec plus de force et a plus de lumières que jamais » (72) ; mais à cela s'ajoutent des facteurs politiques. C'est sans doute au Père Bouhours qu'il faut revenir ; n'expliquait-il pas que les siècles sont inégaux entre eux, que les plus admirables furent ceux d'Alexandre, d'Auguste et de saint Augustin ? Ne précisait-il pas, avant Fontenelle que « les beaux-esprits sont rares dans un temps de guerre » (73) ? Enfin ne reconnaissait-il pas « qu'il y a en tout cela je ne sais quelle fatalité, ou pour parler chrétiennement, je ne sais quelle disposition de la Providence, où l'on ne voit goutte... » (74) ? Il en arrivait logiquement à admirer l'époque contemporaine, à faire l'éloge du Dauphin et des femmes de la cour, et à avouer : « ... je suis un peu de l'avis du Chancelier Bacon, qui croit que l'antiquité des siècles est la jeunesse du monde, et qu'à bien compter, nous sommes proprement les Anciens... » (75). En développant cette conception sociologique de la littérature et des sciences, Fontenelle n'oubliait pas la polémique. N'y avait-il pas quelque ironie à célébrer en 1688 les douceurs et la fécondité de la paix ? A insister sur la funeste influence des préjugés et des superstitions populaires ? Le Dogme et l'Université fournissaient aux savants assez d'entraves ; et l'on peut songer encore une fois à la Révocation et à la ruine de Lémery. Il n'est, malgré les apparences, aucune contradiction entre ce thème et l'épistémologie cartésienne qui se découvrait dans le *Sixième soir* des *Entretiens* ; sans doute, si l'homme est comparable à une plante, il est possible de prévoir sa germination et sa déchéance ; mais cette science dont rêve Fontenelle est encore à créer, tandis que la physique et surtout la géométrie — pures de toute équivoque et de toute incertitude — existent déjà ; enfin ce ne serait jamais qu'une science globale, qui maintiendrait les individus sous le joug de la Fortune. Fontenelle hésite quelque peu ; selon les circonstances, il modifie l'éclairage de ses pensées, et paraît même se contredire, mais on parvient à

---

(71) *Ibid.,* t. IX, p. 410.
(72) *Ibid.,* t. IV, p. 190.
(73) *Les entretiens d'Ariste et d'Eugène* (111), p. 229-230.
(74) *Ibid.,* p. 230.
(75) *La manière de bien penser...* (113), p. 103. Basnage de Beauval, dans l'*Histoire des ouvrages des savants* de janvier 1688, p. 57-74, avait loué le livre de Bouhours et relevé cette allusion à Bacon.

retrouver sous ces miroitements la continuité d'un esprit singulièrement logique et intransigeant.

Embarrassé souvent quand il s'agissait des sciences, Longepierre se montrait sûr de triompher, lorsqu'il en arrivait à l'éloquence et à la poésie. Il existait un argument assez répandu pour ruiner le prestige des orateurs antiques ; Saint-Réal (76), les Pères Rapin et Bouhours (77) l'avaient invoqué : « On parvenait à tous les honneurs par l'éloquence, dans les Etats où elle a régné, et l'on ne parvient presque à rien, ou du moins à fort peu de chose par le même chemin, dans le temps où nous sommes » (78). Longepierre, avec une certaine loyauté, ne tente pas d'esquiver le problème :

> J'avoue que la grandeur des sujets peut exciter et nourrir l'éloquence ; mais c'est pousser bien loin ce principe que d'en tirer la conséquence que l'on en tire. Quoi ! Démosthène et Cicéron ne sont parvenus à ce haut point de perfection, que parce qu'ils ont eu entre les mains de grands sujets ! Ils avaient de grandes vertus. La nature en eux, comme dans toutes les grandes choses, avait presque tout fait... (79).

La réplique de Fontenelle est aisée ; il se contente de reprendre ce qu'on avait dit avant lui : « L'éloquence menait à tout dans les républiques des Grecs, et dans celle des Romains » (80) ; cependant Cicéron, selon la fatalité du progrès, doit l'emporter sur Démosthène ; et dans ce domaine, il n'est guère difficile d'arriver à la perfection ; on y est parvenu dès le siècle d'Auguste.

Son adversaire défendait ensuite Homère et Virgile, et il notait avec finesse, comme l'avait fait Saint-Evremond (81), que le goût

---

(76) *Œuvres* de Saint-Réal (315), t. II, p. 176-177 (*Sur l'étude et les sciences*) : « On ne doit point chercher vainement un ridicule dans les harangues de Cicéron et de Démosthène. Ce ridicule ne s'y trouve point et ne peut être que dans l'opinion de ceux qui croient l'y trouver. Mais on doit avouer que l'importance des matières, la liberté de la république, le concours infini des auditeurs, la plupart d'une considération très élevée, outre le goût particulier de leur siècle qui avait d'autres usages que les nôtres, tout cela donnait à l'éloquence des beautés qu'elle ne saurait avoir aujourd'hui. »

(77) *Les entretiens d'Ariste et d'Eugène* (111), p. 227 : « ... dans les anciennes républiques, où l'homme parvenait aux premières charges par son éloquence et par son devoir, il y avait une infinité de bons auteurs et de bons poètes... »

(78) *Œuvres* du P. Rapin (297), t. II, p. 3 (*Réflexions sur l'usage de l'éloquence de ce temps en général*).

(79) *Discours sur les Anciens* (240), p. 75.

(80) *Œuvres* (3), t. IV, p. 183.

(81) Saint-Evremond (310), t. IV, p. 336 *sq.* (*Sur les poèmes des Anciens*, 1685) : « Le changement de la religion, du gouvernement, des mœurs, des manières en a fait un si grand dans le monde qu'il nous faut comme un nouvel art pour entrer dans le goût et dans le génie du siècle où nous sommes... » Mais cette constatation amène Saint-Evremond à rechercher un « merveilleux moderne » ; Longepierre au contraire en conclut que le goût de notre siècle nous abuse et nous empêche de bien apprécier les œuvres antiques.

est relatif et que les bienséances sur lesquelles nous basons nos jugements sont instables et éphémères. C'est donc un défaut « de vouloir tout ramener à son siècle » (82) ; Homère est peut-être négligé, mais ces bagatelles doivent être attribuées à son emportement ; il est « non seulement le père de tous les poètes, mais des géographes, des rhéteurs, des physiciens, des philosophes moraux, des législateurs, et des théologiens de l'Antiquité... » (83). Fontenelle se plaît à reconnaître les beautés de Virgile, qui a la plus exquise « versification du monde » (84), mais la composition de l'*Enéide* lui semble imparfaite, et bien inférieure à celle de « nos romans, qui sont des poèmes en prose » (85) ; avec le temps, le public devient de plus en plus exigeant, et il impose aux artistes des règles de plus en plus rigoureuses ; ceux-ci sont donc bien obligés de progresser ; Homère avait trop de licences. Enfin, le critique demande simplement que l'on juge ces beaux génies sans préjugés et que l'on n'hésite pas à les comparer à de simples Français du XVIIe siècle. Lui dit-on que « la postérité se fera un plaisir de venger Homère » (86) en méprisant les modernes ? Cette prédiction ne l'effraie pas ; il en propose une autre — tout opposée : « On s'étudiera à trouver dans nos ouvrages des beautés que nous n'avons point prétendu y mettre... Il ne faut qu'avoir patience ; et par une longue suite de siècles, nous deviendrons les contemporains des Grecs et des Latins : alors il est aisé de prévoir qu'on ne fera aucun scrupule de nous préférer hautement à eux sur beaucoup de choses... » (87). Si Longepierre humiliait le *Saint-Louis,* le *Moyse,* le *Jonas* devant l'*Iliade* ou l'*Odyssée,* Fontenelle a vite fait d'affirmer que Sophocle, Euripide et Aristophane ne valent rien, comparés aux deux Corneille et à Molière : les romans grecs sont infiniment au-dessous de l'*Astrée* et de la *Princesse de Clèves.* Dans l'opéra, le conte et la lettre galante, Quinault, La Fontaine et Voiture — ou Fontenelle lui-même ? — sont insurpassables.

Dans sa réplique, l'auteur des *Pastorales* demeurait assez modéré ; la prudence n'est pas la seule raison de cette attitude ; le vieillard le confiera plus tard à Trublet : « Je n'ai jamais été aussi partisan de M. Perrault que certaines gens auraient voulu le persuader ; je n'ai jamais été aussi loin que lui. Aussi M. l'abbé Bignon me dit-il un jour que j'étais le patriarche d'une secte dont je n'étais pas. » (88). En effet, malgré quelques pointes, qui sont souvent inoffensives, le problème est envisagé ici avec beaucoup de modération : la supériorité des orateurs et des poètes anciens est à

---

(82) *Discours...* (240), p. 95-96 : « Ne doit-on pas savoir qu'il... y a [des bienséances] fondées sur les coutumes, sur les opinions, sur la religion, etc., et que notre siècle est une très mauvaise règle pour juger de ces sortes de bienséances appuyées sur des fondements si peu stables et si sujets par conséquent à changer... »

(83) *Ibid.,* p. 120. On connaît la position de Fontenelle sur ce problème.

(84) *Œuvres* (3), t. IV, p. 184.

(85) *Ibid.,* t. IV, p. 184-185.

(86) *Discours* (240), p. 98.

(87) *Œuvres* (3), t. IV, p. 193-194.

(88) *Mémoires* (345), p. 40-41.

peu près reconnue ; Fontenelle ne semble guère demander à ses adversaires qu'un peu d'impartialité et de justice. Perrault, qui lui devait beaucoup de ses idées, montrait plus d'audace ; même en éloquence, les Modernes avaient selon lui surpassé leurs devanciers : « Le cœur de l'homme qu'il faut connaître pour le persuader et pour lui plaire, est-il plus aisé à connaître que les secrets de la Nature ? » (89) ; et, s'il est vrai que de grandes récompenses favorisaient les orateurs grecs, ceux de notre époque ne sont pas non plus méprisés. Perrault tendait d'ailleurs à voir dans le siècle de Louis XIV une réussite inégalable, tandis que Fontenelle, avec plus de justesse et de pondération, insinue l'idée d'un progrès régulier et fatal.

En dépit de cette sagesse, ces écrits soulevèrent de vives réactions. Le *Mercure galant,* qui, en janvier 1688, les présente prudemment et paraît en adoucir la portée (90), est obligé d'avouer dès le mois suivant que « ... beaucoup de nos savants ont peine à ...pardonner... [à l'auteur] la liberté qu'il se donne de ne pas entrer entièrement dans la superstitieuse admiration qu'ils font paraître pour les Anciens... » (91). De Visé fait cependant un effort pour apaiser les esprits : « Il est certain, écrit-il, que le goût des Anciens est un fort bon goût, mais il ne doit pas être défendu de les examiner par soi-même, et ce serait une étrange servitude d'être obligé de les reconnaître sur la foi d'autrui, pour gens qui ont atteint la perfection en toutes choses. Chacun est libre dans ses jugements, et peut s'en expliquer à ses risques. C'est ce que M. de Fontenelle vient de faire dans l'ouvrage qui attire contre lui un parti si redoutable... » (92). Les *Nouvelles* et l'*Histoire des ouvrages des savants* semblent se cantonner dans une prudente neutralité. Basnage de Beauval se contente de résumer l'ouvrage de son ami (93).

Le 12 juillet 1688, Charles Perrault remercie son allié en lisant à l'Académie l'épître *Le Génie,* dédiée à Fontenelle :

Il voit tous les ressorts qui meuvent l'univers...
Et, si le sort l'engage au doux métier des vers,
Par lui, mille beautés à toute heure sont vues...
Combien de traits charmants semés dans tes écrits
Ne doivent qu'à toi seul et leur être et leur prix (94) !

---

(89) *Parallèle des anciens et des modernes* (278), achevé d'imprimer le 15 février 1690, t. II, p. 29 *sq* (*Sur l'éloquence*). Cf. N. Hepp, *Homère...* (535 *bis*), p. 539 sq.

(90) *Mercure galant,* janvier 1688, p. 339-340 : « L'auteur y joint son sentiment sur l'injustice que font aux Modernes ces zélés adorateurs de l'Antiquité qui ont pour les Grecs et pour les Latins une vénération si respectueuse qu'ils les admirent jusqu'en leurs défauts ; et je crois, Madame, que vous lui aurez quelque gré, d'avoir fait voir que non seulement nous pouvons égaler les Anciens, mais même qu'il ne nous est pas défendu de nous flatter que nous pouvons aller au-delà de ce qu'ils ont fait de plus merveilleux. »

(91) *Ibid.*, février 1688, p. 308.

(92) *Ibid., loc. cit.*

(93) *Histoire des ouvrages des savants,* mars 1688, p. 327-336.

(94) *Le Génie, Epistre à Mr de Fontenelle* (signé Perrault). Paris, J.-B. Coignard, 1688, in-8°, réimprimé dans *Parallèle* (278).

Et peut-être, le poète lui répond-il en rédigeant l'éloge de Claude Perrault, qui parut dans l'*Histoire des ouvrages des savants* de novembre (95).

L'utilisation de Malebranche.

La *Digression* s'élève cependant au-dessus des circonstances qui l'inspirèrent ; ce pamphlet est souvent un traité de philosophie. Perrault l'avait déjà dit :

> A former les esprits comme à former les corps,
> La Nature en tout temps fait les mêmes efforts ;
> Son être est immuable, et cette force aisée,
> Dont elle produit tout, ne s'est point épuisée (96).

La Fontaine, dans l'*Epître à Huet* avait cité cet argument :

> Dieu n'aimerait-il plus à former des talents ?

mais, sans se donner le mal de le réfuter, il avait conclu :

> Ces discours sont fort beaux, mais fort souvent frivoles (97).

C'est bien là le point central de l'essai de Fontenelle : « Si les Anciens avaient plus d'esprit que nous, c'est donc que les cerveaux de ce temps-là étaient mieux disposés, formé de fibres plus fermes ou plus délicates, remplis de plus d'esprits animaux. » (98). Comme on ne voit aucune inégalité entre les productions naturelles de l'Antiquité et celles de notre époque, comme le climat ne saurait d'ailleurs créer une différence bien sensible (99), on peut présumer que nos esprits valent ceux des Grecs. Cette conception devait être réfutée par Huet, qui écrivit à Perrault : « Lorsque M. de Fontenelle a pris l'affirmation pour vous, la preuve dont il s'est servi,

---

(95) Dans cet *éloge,* on trouve surtout l'évocation du nouvel idéal qui commençait à apparaître alors : le savant qui n'a rien de rude ni d'austère, mais qui est ouvert à tout : « Ce génie de mécanique et de physique n'empêchait point dans M. Perrault celui des belles-lettres... Il allait même jusqu'à faire agréablement des vers latins et français... On peut s'imaginer combien cela le préservait de l'air dogmatique si insupportable dans presque tous les savants, et combien sa conversation en était plus aisée et plus agréable. Quand on a bien du mérite, c'en est le comble que d'être fait comme les autres... », *Œuvres* (3), t. IX, p. 426. Et ce n'est pas seulement un idéal mondain ; l'auteur de cet *éloge* explique que la douceur et l'aménité de Claude Perrault venaient d'abord de son empirisme et de son éloignement de tout dogmatisme ; dans cet homme s'exprime une philosophie.

(96) *Le siècle de Louis-le-Grand, poème par Mr Perrault.* Paris, J.-B. Coignard, 1687, in-4°, réimprimé dans *Parallèle* (278).

(97) La Fontaine, *Œuvres* (206), t. II, p. 647.

(98) *Œuvres* (3), t. IV, p. 169.

(99) Fontenelle affirme seulement que les Lapons et les nègres lui paraissent peu propres à fournir de grands génies, mais le climat de la Grèce n'est pas tellement différent du nôtre.

tirée de la disposition des fibres du cerveau, regarde les personnes et non les ouvrages. » (100). C'est peut-être le Père Bouhours qui avait été à l'origine de cette idée ; il affirmait dans les *Entretiens d'Ariste & d'Eugène* : « ... d'où viennent toutes ces qualités qui font le bel esprit ? Elles viennent... d'un tempérament heureux, et d'une certaine disposition des organes... une tête bien faite et bien proportionnée ... un cerveau bien tempéré, et rempli d'une substance délicate... ; une bile ardente et lumineuse... » (101). Ces considérations anatomiques peuvent également refléter — comme l'allusion que fait Fontenelle au « respect des cadavres », qui empêche chez les Chinois le progrès scientifique (102) — les rapports que le philosophe entretenait alors avec Du Verney. Mais nous pensons surtout à la physiologie cartésienne et à la philosophie de Malebranche. Dans la *Recherche de la vérité,* l'imagination s'expliquait par « la force des esprits animaux » et « la constitution des fibres du cerveau » (103) ; l'oratorien avouait même que « l'homme, pour ainsi dire, n'est que chair et que sang depuis le péché. La moindre impression de ses sens et de ses passions rompt la plus forte attention de l'esprit, et le cours des esprits et du sang l'emporte avec soi et le pousse continuellement vers les objets sensibles » (104). Lorsque Fontenelle s'abandonne à une sorte de satire des commentateurs, il se souvient de l'ironie de Malebranche : « Si l'on commente Aristote, c'est le *génie de la Nature.* Si l'on écrit sur Platon, c'est le divin Platon... ce sont toujours les ouvrages d'homme tout divins, d'hommes qui ont été l'admiration de leur siècle, et qui ont reçu de Dieu des lumières toutes particulières... » (105). Même la primauté de l'esprit critique sur toute auto-

(100) *Mémoires* de Daniel Huet (197), *app.,* p. 257. On lit dans l'*Huetiana* (196), p. 26, cette remarque sur les amis de Perrault, « tous ceux que se trouvaient dans le même intérêt d'ignorance que lui, et qui sont le plus grand nombre, joint l'envie de se singulariser par une espèce de paradoxe, qui ne pouvait manquer d'avoir du moins l'agrément de la nouveauté » ; si Huet ne pouvait taxer Fontenelle d'ignorance, la fin de cette phrase paraît viser l'auteur de la *Digression.* C'est encore à cet écrit que Huet répond en notant : « ... n'est-il pas aisé de comprendre que, dans les premiers temps que la Grèce et l'Italie furent défrichées, ces terres toutes neuves, qui avaient encore tout leur sel, toute leur sève et toute leur vigueur, couvertes d'un air pur, entier et sans mélange, produisaient des hommes d'une nature plus forte, des corps plus robustes, mieux composés, mieux tempérés, plus animés, plus pleins d'esprit, des têtes mieux disposées, mieux proportionnées, pleines de cerveaux d'une meilleure trempe, composées de fibres plus subtiles, plus nombreuses et mieux tendues ? » (*ibid.,* p. 30), et encore plus précisément, lorsqu'il ajoute : « Dire que les Anciens n'ont sur nous que l'avantage d'être venus les premiers, que ce qu'ils ont trouvé, nous l'eussions trouvé comme eux, c'est se vanter à crédit... pourrions-nous sans témérité opposer nos bucoliques, nos poèmes didactiques, nos poèmes épiques, à ceux de Théocrite, de Virgile, d'Hésiode et d'Homère ? Je donnerais le prix de l'églogue à Théocrite » (*ibid.,* p. 30-40).

(101) *Les Entretiens d'Ariste et d'Eugène* (111), p. 207.

(102) *Œuvres* (3), t. IV, p. 187.

(103) *Recherche de la Vérité,* liv. II (*De l'imagination*).

(104) *Ibid.,* liv. III, deuxième partie, chap. IX.

(105) *Ibid.,* liv. II, deuxième partie, chap. VI, *De la préoccupation des commentateurs.*

rité, fût-ce celle de Descartes, est affirmée par les deux philosophes dans des termes analogues. Fontenelle écrit : « Si l'on allait s'entêter un jour de Descartes et le mettre à la place d'Aristote, ce serait à peu près le même inconvénient » (106). Malebranche avait glissé dans la *Recherche de la vérité* cette remarque : « M. Descartes était homme comme les auteurs, sujet à l'erreur et à l'illusion comme les autres ; il n'y a aucun de ses ouvrages, sans même excepter sa géométrie, où il n'y ait quelque marque de la faiblesse de l'esprit humain. Il ne faut donc point le croire sur parole, mais le lire, comme il nous en avertit lui-même, avec précaution et en examinant s'il ne s'est point trompé... » (107).

Ces emprunts évidents manifestent, comme le *Sixième soir,* le ralliement épistémologique de Fontenelle à Malebranche, mais, dès qu'il s'agit de métaphysique, les réserves subsistent. La psychologie cartésienne frôlait assurément le matérialisme ; il demeurait toutefois un abîme entre l'enchaînement des phénomènes corporels et « l'entendement pur » ; l'homme était toujours responsable de ses erreurs. Sans réfuter nettement cette conception en employant les mêmes termes qui entretiennent l'équivoque, Fontenelle anéantit implicitement ce dualisme et ne retient que l'aspect corporel de la vie mentale :

> La Nature a entre les mains une certaine pâte qui est toujours la même, qu'elle tourne et retourne sans cesse en mille façons, et dont elle forme les hommes, les animaux, les plantes ; et certainement, elle n'a point formé Platon, Démosthène, ni Homère d'une argile plus fine, ni mieux préparée que nos philosophes, nos orateurs et nos poètes d'aujourd'hui (108).

Par delà Descartes, ne retrouve-t-on pas le matérialisme épicurien ? Cette analogie est si criante que Fontenelle s'empresse d'ajouter : « Je ne regarde ici dans nos esprits, qui ne sont pas d'une nature matérielle, que la liaison qu'ils ont avec le cerveau, qui est matériel, et qui par ses différentes dispositions produit toutes les différences qui sont entre eux » (109). Cette restriction même est un aveu : c'est l'habituel procédé de l'auteur : ses véritables intentions, il prend toujours soin de les nier pour mieux les indiquer aux lecteurs attentifs ; ainsi dans la *Préface* des *Entretiens,* prétendait-il respecter le christianisme et dans *Sur l'Histoire* distinguer « la vraie religion » des fables barbares. Comme les *Doutes sur les causes occasionnelles* nous l'ont révélé, Fontenelle est toujours attaché à l'épicurisme de Guillaume Lamy, qui avait inspiré sa jeunesse.

On peut donc juger à sa vraie valeur le malebranchisme de cet écrit. Ce n'est qu'une attitude assez limitée et assez superficielle. Peut-être même en partie une adroite teinture, qui permet de cacher des convictions plus profondes. C'est une erreur, où l'on est

(106) *Œuvres* (3), t. IV, p. 170.
(107) *Recherche de la vérité,* liv. III, première partie, chap. IV.
(108) *Œuvres* (3), t. IV, p. 170.
(109) *Ibid.,* t. IV, p. 170-171.

tombé jadis, que de croire le clan des Modernes uni par la philosophie cartésienne ; Longepierre admirait Descartes bien plus que Perrault et même peut-être que Fontenelle ; les amis de la duchesse du Maine, qui allaient bientôt se ranger parmi les Anciens, se prétendaient des cartésiens convaincus. A la vérité, cette philosophie, conciliée avec la tradition religieuse, était surtout représentée par Bossuet et ses disciples. C'est contre ce système, doué alors d'une valeur presque officielle, que luttaient les Modernes — fût-ce en s'aidant de Malebranche et des règles du *Discours de la Méthode.*

Contre La Bruyère, Racine et Boileau.

Protégé par Mme de Scudéry et par Bussy, Fontenelle voulait être académicien ; Longepierre et ses amis n'étaient visiblement pas décidés à favoriser ses ambitions. Dès février 1688, il se présenta, mais, comme l'écrit le *Mercure* de mars, « Monsieur fit l'honneur à ceux dont est composé ce corps illustre, de leur marquer l'estime qu'il a pour eux en leur envoyant un gentilhomme pendant une de leurs assemblées pour leur demander cette place en faveur de M. l'abbé Testu-Mauroy, précepteur de Mlle... Le lundi 8 de ce mois fut le jour choisi pour la réception de ce nouvel académicien... » (110). Callières, l'auteur d'une *Histoire poétique de la guerre nouvellement déclarée entre les anciens et les modernes,* où s'affirmait une nette partialité en faveur des auteurs antiques et de leurs admirateurs (111), se mettait sur les rangs et envoyait à l'Académie un *Panégyrique historique du Roi,* qui fut lu le 12 juin 1688 (112) ; le 12 juillet, La Chapelle — encore un « Ancien », secrétaire des commandements du prince de Conti — était reçu à la place de Furetière (113) ; Fontenelle, battu à nouveau, n'avait d'autre dédommagement que d'entendre lire par Perrault l'épître *Le Génie* (114). Quand il fallut remplacer Quinault et Doujat, il se présenta aux deux fauteuils, mais Callières et Renaudot le battirent, et furent tous deux reçus le 7 février 1689 (115). Le même mois,

(110) *Mercure galant,* mars 1688, p. 249-250. C'est alors que fut composée la chanson, *Plainte de M. de Fontenelle* (La Rochelle, Tallemant des Réaux) ; nous l'avons déjà citée (*Le poète déconfit*) ; « la puissance étrangère » représente évidemment le duc d'Orléans ; cette satire a surtout l'intérêt de nous apprendre que Fontenelle devait beaucoup aux intrigues de Thomas Corneille, « le plus fin Normand de nos jours », et qu'il avait obtenu dix-huit voix au premier scrutin (à cette époque, les « Modernes » sont encore en minorité à l'Académie). Selon Trublet, *Mémoires* (345), p. 38, Monsieur ne pensait pas faire pression sur les Académiciens et fut surpris de la promptitude de leur obéissance.

(111) *Histoire poétique de la guerre nouvellement déclarée* (126) ; privilège donné le 14 août 1687, achevé d'imprimer le 25 novembre 1687. L'auteur oppose en un combat burlesque les gloires de l'Antiquité et les gloires modernes (Scudéry, Chapelain, Brébeuf, Pierre Corneille, Ronsard, Malherbe, Mme de la Suze, Molière, La Sablière, Racan).

(112) *Mercure galant,* juin 1688, p. 301-302.

(113) *Ibid.,* juillet 1688, p. 202-226.

(114) *Ibid.,* juillet 1688, p. 229-243.

(115) *Ibid.,* février 1689, p. 139-144 ; 268-292 ; et avril 1689, p. 22 *sq.*

paraissait la quatrième édition des *Caractères* (116). La Bruyère avait lu la *Digression* ; il écrivait : « Un auteur moderne prouve ordinairement que les Anciens nous sont inférieurs en deux manières, par raison et par exemple : il tire la raison de son goût particulier, et l'exemple de ses ouvrages. » (117). Il était facile de reconnaître dans cette phrase une caricature de l'argumentation de Fontenelle, et surtout de l'allusion qu'il avait faite aux auteurs qui excellèrent dans les lettres galantes. La Bruyère ajoutait :

> On se nourrit des Anciens et des habiles Modernes ; on les presse, on en tire le plus que l'on peut, on en renfle ses ouvrages ; et, quand enfin l'on est auteur et que l'on croit marcher tout seul, on s'élève contre eux, on les maltraite, semblable à ces enfants drus et forts d'un bon lait qu'ils ont sucé, qui battent leur nourrice (118).

N'était-ce pas la carrière de l'imitateur de Lucien, de Voiture et d'Ovide peu à peu affranchi et devenu plus audacieux, qui était figurée dans ce trait ?

Le *Parallèle* de Perrault inspira à un poète, qui est peut-être Boileau lui-même, cette épigramme :

> Ne blâmez point Perrault, car il condamne Homère,
> Virgile, Aristote et Platon.
> Il a pour lui Monsieur son frère,
> Fontenelle, Quinault, Caligula, Néron,
> Et le gros Charpentier, dit-on (119).

En décembre 1690, Racine était nommé gentilhomme extraordinaire du roi. Le *Mercure galant* avait une singulière façon de le féliciter ; Racine — y lisait-on — « est digne de sa réputation. Beaucoup en ont qui ont fait peu de chose pour la mériter, et d'autres en manquent, qui seraient dignes d'une plus heureuse destinée » (120). C'est sans doute Fontenelle qui rimait la pièce suivante à la création d'*Athalie* :

> Gentilhomme extraordinaire,
> Poète, missionnaire,
> Transfuge de Lucifer,
> Comment diable as-tu pu faire.
> Pour renchérir sur *Esther* (121) ?

A la mort de Villayer, Fontenelle fut à nouveau candidat — peut-être contre La Bruyère. Le 11 mars 1691, Bussy-Rabutin confiait à l'abbé de Choisy : « Mme du Dalet voudrait bien que Fontenelle

(116) Achevé d'imprimer le 15 février 1689.
(117) *Des ouvrages de l'esprit*, 15.
(118) *Ibid.*, *loc. cit.*
(119) Ms. fds fr. 12621, f. 59.
(120) *Mercure galant*, décembre 1690, p. 280.
(121) Ms. fds fr. 12621, f. 115. C'est Voltaire qui l'attribue à Fontenelle, *Œuvres* (359), t. VI, p. 494.

remplît cette place ; j'en serais ravi ; personne n'en est plus digne... » (122). Le 2 avril, Fontenelle était désigné ; le 25, eut lieu un second scrutin, où l'auteur des *Dialogues des morts* obtint tous les suffrages. Si Bussy se félicitait de l'événement, Racine écrivait à Boileau : « Je suis, comme vous, tout consolé de la réception de Fontenelle. M. Rose paraît fâché de voir, dit-il, l'Académie *in pejus ruere...* » (123).

La réception de Fontenelle fut une véritable fête pour le clan des Modernes. Le nouvel académicien s'offrit le plaisir de se venger des satires et des intrigues de Racine en affirmant froidement : « Je tiens par le bonheur de ma naissance à un grand nom, qui, dans la plus noble espèce des productions de l'esprit, efface tous les autres noms... » (124). Puis, selon l'usage, il complimenta le roi sur la prise de Mons ; nous avons ici un nouvel exemple de ce style pompeux, que Fontenelle s'amusait à pasticher : « Conquête aussi heureuse que glorieuse, si, au milieu du bonheur dont elle était accompagnée, elle ne nous avait pas coûté des craintes mortelles. Il n'est pas besoin d'en exprimer le sujet : sous le règne de Louis, nous ne pouvons craindre que quand il s'expose » (125). Son oncle, Thomas, trouva des termes émus pour célébrer les finesses des *Dialogues des morts* et des *Entretiens,* mais il ajouta plus audacieusement : « ... pourquoi ne nous sera-t-il pas défendu de croire que les arts et les sciences des Modernes puissent aller aussi loin et même plus loin que les Anciens... ? » Charpentier lut un *Compliment au Roi sur la prise de Mons.* Lavau prononça un discours fort élogieux pour Fontenelle ; il loua

> cet agrément qu'on trouve dans sa conversation et dans ce qu'il écrit, quelque épineuse et stérile qu'en est la matière ; de sorte qu'on pourra justement dire de lui, ce que rapporte Cicéron, que disait Crassus d'un des plus heureux génies de son temps, de César, qu'il savait donner aux choses tragiques tout l'agrément que le genre comique peut fournir, répandre de la douceur sur les sujets les plus tristes, et mettre de l'enjouement dans les choses les plus relevées, sans leur rien faire perdre de leur poids et de leur force (125 *bis*).

---

(122) *Correspondance* de Bussy (125), t. VI, p. 461. On connaît Mme du Dalet, la fille de Bussy. Après l'élection, Bussy écrit (*ibid.*, t. VI, p. 470) : « Je suis ravi que Fontenelle soit devenu mon confrère. Il y a quelque temps qu'il est mon ami, et je lui ai donné ma voix pour l'Académie, aussitôt que je l'ai connu. »

(123) *Œuvres* de Racine (296), t. VII, p. 19. Le Président Rose, secrétaire du cabinet du roi, était connu pour son avarice. « Un jour que l'abbé Régnier faisait une quête à l'Académie française, il revint une seconde fois au Président Rose, connu pour avare et qu'il soupçonnait de n'avoir point donné ; le président dit : j'ai mis mon argent dans votre bourse. L'abbé reprit : Je ne l'ai point vu. M. de Fontenelle qu'on prenait à témoin dit : Je l'ai vu et ne l'ai pas cru », *Traits, notes et remarques* (ms. Rouen), p. 238.

(124) *Œuvres* (3), t. III, p. 296.

(125) *Ibid.*, t. III, p. 299.

(125 *bis*) Toutes ces pièces et celles que nous mentionnons dans la suite se retrouvent dans *Discours prononcez à l'Académie françoise le*

Si ce panégyrique est assez exact et semble refléter des relations personnelles entre les deux hommes, l'allusion qu'il contient aux grands hommes de l'Antiquité n'a d'autre but que de déconcerter Boileau et ses amis. Cette fête des Modernes est aussi la fête des cornéliens : après Fontenelle, Lavau fait l'éloge du grand tragique, qui malheureusement n'a pu assister au triomphe de son neveu. C'est ce même Lavau, qui lut les poèmes de Boyer, *Au roi, sur la prise de Mons* ; de Le Clerc, *Action de grâces pour le roi sur la continuation de l'heureux succès de ses armes* ; de Perrault, *A Monsieur le président Rose, épître* ; et de Mme Deshoulières, *Epître à Mg. le duc de Bourgogne.* Même dans ces pièces conventionnelles, on pouvait deviner certaines intentions cachées : Perrault n'avait-il pas mis quelque malicieuse ironie à adresser son épître à l'ennemi juré de Fontenelle ?

Une chanson courut aussitôt, où tous les orateurs de cette cérémonie étaient ridiculisés :

Quand le novice académique
Eut salué fort humblement,
D'une normande rhétorique
Il commença son compliment,
Où sottement
De sa noblesse poétique
Il fit un long dénombrement.
Corneille, diseur de nouvelles,
Suppôt du *Mercure galant,*
Loua son neveu Fontenelle,
Et vanta le prix excellent
De son talent,
Non satisfait des bagatelles
Qu'il dit de lui douze fois l'an... (126).

---

cinquième may 1691... (158) ; la phrase de Thomas Corneille que nous citons est à la p. 12 de son *Discours* ; celles de Lavau aux p. 1-2 de son œuvre. L'abbé Lavau était un « bel esprit » ; il avait produit quelques vers et avait été élu à l'Académie en mai 1679.

(126) Ms. fds fr. 12622, ff. 133-138. Voici les strophes suivantes :

Doyen de plaisante figure,
Qui trouvez le secret nouveau
De parler aux rois en peinture,
Et d'apostropher leur tableau,
Ah, qu'il fait beau,
Ah, qu'il fait beau,
De te voir en cette posture
Faire à Louis le pied de veau.

Si tu ne savais pas mieux faire,
Lavau, fallait-il imprimer ?
Ne sors point de ton caractère,
Contente-toi de déclamer,
Sans présumer,
Sans présumer
Que ton ignorance grossière
Sur le papier nous peut charmer.

Entêté de ton faux système,

La « pesante figure » de Charpentier, « l'ignorance grossière » de Lavau, « le faux système » de Perrault, les madrigaux de Boyer et de Le Clerc, ce « couple inutile » étaient ensuite raillés. S'ajoutait une allusion maligne à la décadence de Bensserade. Aucun couplet ne visait Mme Deshoulières ; et la raison en est claire : c'est elle-même — ou plutôt sa fille — qui avait composé cette chanson. On peut y voir la preuve que les Modernes étaient plus divisés qu'on ne croirait, et que la rancune de la famille Deshoulières ne désarmait pas. Mais la présence de Bensserade dans cette satire est plus surprenante : il n'était pas intervenu à cette séance. A-t-on voulu attaquer un des plus fidèles alliés de Fontenelle, ou n'y eut-il pas quelque incident auquel le vieux *Théobalde* aurait été mêlé ?

Dans la même période Fontenelle aurait rimé l'épigramme célèbre :

Pour expier ses tragédies,
Racine fait des psalmodies
En style de *Pater Noster* (126 *bis*)

Perrault, philosophe mutin,
Discourant d'une force extrême,
Et coiffé de son avertin,
Fit le lutin,
Fit le lutin
Pour prouver clairement lui-même
Qu'il ne sait ni grec, ni latin.

Boyer, Le Clerc, couple inutile,
Grands massacreurs de Hollandais,
Porteurs de madrigaux en ville,
Moitié Gascons, moitié Français,
Vieux Albigeois,
Vieux Albigeois,
Allez exercer votre style
Près du successeur d'Henri trois.

Touchant les vers de Bensserade,
On a fort longtemps balancé,
Si c'est louange ou pasquinade ;
Mais le bonhomme est fort baissé,
Il est passé,
Il est passé,
Que l'on lui chante sérénade
De *Requiescat in pace.*

Prions Dieu, la Vierge Marie,
Et tous les saints de Paradis,
Que du corps de l'Académie
Tous ignorants soient interdits,
Comme jadis,
Comme jadis,
Quand Richelieu, ce grand génie,
Fit les premiers quatre fois dix.

Il est assez étrange de voir Mme Deshoulières railler « le faux système » de Perrault, mais tous les manuscrits s'accordent pour lui attribuer cette chanson.

(126 *bis*) R. Picard, *La carrière de Jean Racine* (635), p. 432.

En 1692 ou 1693, l'auteur d'*Athalie* eut l'idée de rappeler à son ennemi la chute d'*Aspar* :

> Ces jours passés, chez un vieil histrion,
> Grand chroniqueur, s'émut la question,
> Quand à Paris commença la méthode
> Des ces sifflets qui sont tant à la mode ;
> Ce fut, dit l'un, aux pièces de Boyer,
> Gens pour Pradon voulurent parier.
> Non, dit l'acteur, je sais toute l'histoire,
> Que par degrés je vais vous débrouiller.
> Boyer apprit au parterre à bâiller ;
> Quant à Pradon, si j'ai bonne mémoire,
> Pommes sur lui volèrent largement ;
> Or, quand sifflets prirent commencement,
> C'est, j'y jouais, j'en suis témoin fidèle,
> C'est à l'*Aspar* du sieur de Fontenelle (127).

Autant que les dates indiquées sur les manuscrits, le contenu même de cette pièce indique qu'elle ne put être écrite à la création d'*Aspar,* mais bien des années plus tard. Et les amis de Fontenelle répondirent :

> Quand Racine avec aigreur
> Médit, méprise et querelle,
> Ce n'est pas vous, Fontenelle,
> Qui le mettez en fureur ;
> En vous, il poursuit la race
> De son plus grand ennemi,
> Et n'en aura, quoi qu'il fasse,
> De vengeance qu'à demi (128).

Même le duc de Nevers intervint dans cette joute :

> Racine, je me rends, et c'est de bonne grâce,
> Qu'aux modernes auteurs, les anciens je préfère ;
> Ils valent mieux que toi, que moi,
> Et que l'Académie entière.
> Mais je connais aussi sans chagrin, sans colère,
> Que Lully, Corneille et Molière
> Ont surpassé l'Antiquité ;
> Pour la pièce d'*Aspar* du sieur de Fontenelle,
> Elle est mauvaise, et je la soutiens telle,
> Du chemin du bon sens, l'auteur s'est fourvoyé ;
> Mais, quand je vois tes vers tomber sans harmonie
> Quand je vois dans *Esther* dépérir ton génie,
> Hypocrite rimeur, historien trop payé,
> Avec tout l'univers, ma langue se délie,
> Et je dis, ô fatale loi,
> Quoi, faut-il voir un si grand roi
> Entre les mains de l'auteur d'*Athalie* (129) !

(127) Ms. fds fr. 12622, f. 353.

(128) *Ibid.*, f. 355. Le *Chansonnier Maurepas* donne comme date 1692, mais le *Recueil Tralage* (ms. Ars. 6541, f. 87) indique 1693.

(129) Ms fds fr. 12622, f. 357.

Le troisième volume du *Parallèle* de Perrault suscitait une nouvelle épigramme, où de Visé et le *Mercure galant* étaient daubés ; Fontenelle répliquait :

Qui sont ces gens qui pour les antiquailles
Font éclater un zèle si chagrin ?
Sont-ce pédants nés au pays latin ?
Non, ce sont gens soi-disant de Versailles (130).

et c'est peut-être lui qui composait cette autre pièce :

Despréaux criant comme un sourd ,
Furieux dans la ville court,
Et comme un scandale exagère
Le mépris que l'on fait d'Homère ;
Mais les malins disent tout haut
Que sa véritable colère
Est que dans son livre Perrault
A son gré ne l'encense guère,
Et qu'il loue un peu trop Quinault (131).

Toutes ces chansons, toutes ces épigrammes, révèlent les motifs profonds de cette querelle, qui oppose peut-être les zélateurs de l'Antiquité et les admirateurs du monde moderne, mais qui prolonge aussi les vieilles animosités des cornéliens et des raciniens, de Boileau et de Quinault, de Racine et de Nevers, des courtisans de Versailles et des bourgeois de Paris. Les mobiles des uns et des autres sont également complexes et mélangés ; des haines accumulées depuis une vingtaine d'années ont l'occasion de s'exprimer.

Cependant, la lettre que Perrault avait adressée à Boileau, en lui envoyant son *Parallèle,* avait paru amener entre les deux camps une sorte de trêve ; bien éphémère, puisqu'en 1693, commença de circuler l'*Ode sur la prise de Namur,* accompagnée d'un *Avis au lecteur,* où reparaissaient tous les vieux griefs. Et on lisait dans la seconde strophe :

J'aime mieux, nouvel Icare,
Dans les airs suivant Pindare,
Tomber du ciel le plus haut,
Que, loué de Fontenelle,
Raser, timide hirondelle,
La terre, comme Perrault (132).

S'il pouvait paraître singulier de mêler de la sorte la satire personnelle et le lyrisme pindarique, c'était cette fois la querelle du « sublime » qui renaissait. Jérôme Pontchartrain, le fils du Chancelier, intervenait et persuadait Boileau de retirer cette stance de

(130) *Ibid.*, f. 349 ; *Recueil Tralage, loc. cit.* Le *Chansonnier Maurepas* ne donne pas le nom de l'auteur ; le *Recueil Tralage* indique « Fontenelle ».
(131) *Ibid.*, f. 349.
(132) Boileau, *Œuvres* (104), t. III, p. 16.

son *Ode,* mais, comme le disait Racine, « à dire vrai, il est bien tard et... [elle] a fait un furieux progrès » (133).

Le 15 juin 1693, La Bruyère était reçu à l'Académie française. Son discours, qui vantait Segrais, La Fontaine, Boileau, Racine et Fénelon, qui portait aux nues Bossuet, qui abaissait Corneille devant son rival, fit beaucoup de bruit. Le Roi se le fit lire à Marly, et surtout le *Mercure* de juin publia un article particulièrement agressif, qui pourrait être de Fontenelle, comme semble l'indiquer l'aveu que fait l'auteur de la protection que lui avait accordée la Dauphine. Après avoir affirmé que les *Caractères* sont « un recueil de portraits satiriques, dont la plupart sont faux, et les autres tellement outrés qu'il a été aisé de reconnaître qu'il a voulu faire réussir son livre à force de dire du mal de son prochain » (134), le critique ajoute : « La satire n'était pas du goût de feue Mme la Dauphine, et j'avais commencé une réponse aux *Caractères*... du vivant de cette princesse qu'elle avait fort approuvée et qu'elle devait prendre sous sa protection, parce qu'elle repoussait la médisance... » (135). Quel peut être cet ouvrage dont il ne reste aucune trace ? Il est bien vrai que Fontenelle ne cessa de marquer, que ce soit dans la *Description de l'empire de la poésie* ou dans la *Digression,* la haine que lui inspiraient les satiriques, et Trublet a noté que son maître, doué pour la raillerie, n'aimait guère s'y livrer. Enfin, l'ouvrage de La Bruyère ne peut être appelé livre « que parce qu'il a une couverture et qu'il est relié comme les autres livres. Ce n'est qu'un amas de pièces détachées... » (136). L'écrivain ne doit son élection, quoi qu'il en ait dit, qu'à la brigue et à la protection de Pontchartrain. S'il a jugé que le *Mercure galant,* où se retrouve « ce que font de plus beau les plus illustres orateurs de France et les poètes les plus distingués » est « *immédiatement* au-dessous de rien », son discours est « *directement* au-dessous de rien » (137). De façon plus singulière, l'auteur de cet article invoquait Longepierre, et ce n'était pas pour le décrier ; il le peignait comme « un des illustres de ce temps, homme de naissance et d'érudition, et qui a l'honneur d'être auprès d'un prince de sang royal », et il rappe-

---

(133) Racine, *Œuvres* (296), t. VII, p. 77-78 (30 mai 1693).

(134) *Mercure galant,* juin 1693, p. 264.

(135) *Ibid.,* juin 1693, p. 270-271. Fontenelle en 1701 donnera son approbation aux *Sentiments critiques sur les caractères de Théophraste de Monsieur de La Bruyère,* Paris, M. Brunet, in-12. Cette œuvre, qui doit être de Brillon, est violemment hostile à La Bruyère. Il n'est cependant pas impossible que cette longue inimitié ait été précédée de quelques relations personnelles, comme l'a suggéré E. Fournier, dans *La Comédie de La Bruyère,* t. II, p. 548-549 ; peut-être se sont-ils rencontrés chez le président de Maisons ; notons que Basnage de Beauval dans l'*Histoire des ouvrages des savants* de mai 1688, p. 102-110, se montre très élogieux envers les *Caractères* ; cependant la lettre que l'on cite parfois, de La Bruyère à Fontenelle, à propos de l'*Histoire des oracles* est certainement apocryphe (Fournier, *loc. cit.*).

(136) *Mercure galant,* juin 1693, p. 271.

(137) *Ibid.,* juin 1693, p. 275. Nous avons vu (*Sous le masque de Cydias*) que Fontenelle était alors l'intime de Pontchartrain ; il est donc assez singulier qu'il dénonce — ou laisse dénoncer par ses amis — le rôle considérable que jouait le ministre dans les élections académiques.

lait comment Longepierre dans le *Discours sur les anciens* avait traité avec mépris le genre satirique (138). Si ces pages sont bien de Fontenelle, faut-il croire que les deux adversaires se seraient réconciliés ? Ou plus vraisemblablement l'ennemi de La Bruyère ne cherche-t-il pas à diviser le camp des Anciens ? C'était une tactique assez habile que d'aller prendre des arguments contre les *Caractères* dans les livres des « gens de Versailles ». Il apparaît toutefois que les liens de Longepierre et de Racine durent alors se relâcher, car en 1694, l'auteur d'*Athalie* ridiculisera l'échec de *Sesostris* (139).

Est-ce, comme l'a dit Trublet, pour répondre au *Parallèle* que Longepierre avait donné en 1686 (139 *bis*), que Fontenelle fit circuler à son tour un *Parallèle de Corneille et de Racine* en juillet 1693 ? Les dates sont un peu éloignées ; on peut également penser que Fontenelle a voulu répliquer à La Bruyère, qui, dans son discours, avait parlé de « ces vieillards, qui, touchés indifféremment de tout ce qui rappelle leurs premières années, n'aiment peut-être dans *Œdipe* que le souvenir de leur jeunesse » (140). Ce *Parallèle* n'est qu'un ouvrage bien mince où se retrouvent toutes les critiques habituellement adressées à l'auteur d'*Andromaque :* « Racine n'a presque jamais peint que des Français, et que le siècle présent, même quand il a voulu peindre un autre siècle et d'autres nations (141)... On rapporte des pièces de l'un le désir d'être vertueux et des pièces de l'autre le plaisir d'avoir des semblables dans ses faiblesses. » (142). Enfin, c'est une suite de sentences définitives, de théorèmes péremptoires, qui humilient régulièrement Racine devant Corneille. Une seule remarque nous frappe par son objectivité : « Dans les endroits où la versification de Corneille est belle, elle est plus hardie, plus noble, plus forte et en même temps aussi nette que celle de Racine, mais elle ne se soutient pas dans ce degré de beauté, et celle de Racine se soutient toujours dans le sien. » (143). Ce libelle laisse percer d'autres intentions : la deuxième phrase, « Corneille a trouvé le théâtre français très grossier et l'a porté à un haut point de perfection » (144), annonce l'*Histoire du théâtre françois* où ce thème est longuement développé. Ce n'est pas dans ce *Parallèle* qu'il faut chercher une critique bien profonde. Tout se ramène à quelques griefs que Saint-Evremond et les autres cornéliens avaient exprimés depuis longtemps : le théâtre

(138) *Ibdi.*, juin 1693, p. 266-267 ; cf. *Discours sur les anciens* (240), p. 115 et 231.

(139) Racine, *Œuvres* (296), t. IV, p. 193. Cette tragédie fut jouée les 28 et 30 décembre 1695, et ne fut pas imprimée.

(139 *bis*) *Jugemens des sçavans* (86 *bis*), t. V, p. 435, *sq.* Ce *parallèle* est présenté comme celui de Fontenelle — une suite de paragraphes où Corneille et Racine sont confrontés ; mais à part cela, on ne remarque aucun rapport précis entre ces deux textes.

(140) La Bruyère, *Œuvres* (202), t. II, p. 462.

(141) *Œuvres* (3), t. IX, p. 445.

(142) *Ibid.*, t. IX, p. 444.

(143) *Ibid.*, t. IX, p. 445.

(144) *Ibid.*, t. IX, p. 443.

de Racine n'a aucune valeur historique ou plutôt « sociologique » ; il est moins abondant et moins original que celui de son rival. On notera surtout dans ce pamphlet des accents de haine et un curieux alliage de froideur mathématique et de pointes d'esprit (144 *bis*).

Dans la huitième édition des *Caractères,* la polémique se poursuivait. Le *Discours* était réimprimé, avec une *Préface,* où La Bruyère expliquait les manœuvres de ses ennemis : « *Je viens d'entendre,* a dit Théobalde, *une grande vilaine harangue qui m'a fait bâiller vingt fois, et qui m'a ennuyé à la mort* (145). Puis Théobalde s'associe avec quelques amis, et dès le jour qui suit la réception de La Bruyère à l'Académie, ils se précipitent à Versailles pour le décrier. Qui est Théobalde ? Est-ce Fontenelle, comme le veut la tradition ? Et ses alliés seraient sans doute de Visé, Thomas Corneille, peut-être l'abbé de Choisy. Mais il ne semble pas qu'à l'époque il ait beaucoup paru à la cour. On l'imagine surtout parmi ces mondains qui « se cantonnèrent en divers quartiers de Paris » afin de lâcher leur venin sur le nouvel académicien, et il fut sans doute de cette ligue qui tenta d'obtenir que l'on retranchât de l'impression du *Discours* le parallèle de Corneille et de Racine. Enfin, La Bruyère évoque « deux auteurs associés à une même gazette » ; nous en arrivons donc à ce fameux article, mais quels sont ces deux écrivains ? Fontenelle peut-être — associé à Thomas Corneille sans doute ou à Donneau de Visé... Et ne sont-ce pas les deux directeurs du *Mercure* qui sont traités ici « de vieux corbeaux » (146), plutôt que Fontenelle âgé alors de trente-six ans ? Ensuite, l'auteur des *Caractères* explique la composition de son ouvrage et l'intention qui y présida, et il cite avec ironie ces « faiseurs de stances et d'élégies amoureuses... ces beaux esprits qui tournent un sonnet sur une absence ou sur un retour, qui font une épigramme sur une belle gorge, et un madrigal sur une jouissance. » (147). Bien qu'il ne paraisse désigner là que les lieux communs de la poésie galante du temps, ces remarques s'appliquent assez bien à l'œuvre de Fontenelle. Celui-ci a fait maintes pièces *Sur une absence* (148) ; il a composé quelques vers *Sur un retour qui devait être au mois d'octobre* (149) ; et parmi ses poèmes érotiques, qui pouvaient circuler

---

(144 *bis*) Lire *La carrière de Jean Racine* (695), p. 499, *sq.* Boursault dans la *Lettre à la marquise de B.* (*Lettres nouvelles,* 1697) et Boileau dans la *Septième réflexion sur Longin* rectifièrent certaines des assertions de Fontenelle.

(145) La Bruyère, *Œuvres* (202), t. II, p. 441.

(146) *Ibid.*, t. II, p. 443. On peut penser que Charpentier doit être également visé ; il avait reçu La Bruyère de façon très froide ; ne lui avait-il pas dit : « Vos portraits ressemblent à de certaines personnes et souvent on les devine... [ceux de Théophraste] ne ressemblent qu'à l'homme ; cela est la cause que ses portraits ressembleront toujours. Mais il est à craindre que les vôtres ne perdent quelque chose de ce vif et de brillant, quand on ne pourra plus les comparer avec ceux sur qui vous les avez tirés » ? Et son discours était plein de critiques contre les auteurs anciens.

(147) *Ibid.*, t. II, p. 446.

(148) *Œuvres* (3), t. IV, p. 397 ; t. X, p. 462.

(149) *Ibid.*, t. IV, p. 364.

alors, figurent *Le bon chrétien* (150) et *Mine amoureuse* (151), où est traité le thème de la *jouissance*... D'autres allusions sont encore plus précises : « l'atelier » des Théobaldes, qui est repris dans le portrait de Cydias ; ces « gens pécunieux, que l'excès d'argent ou qu'une fortune faite par de certaines voies, jointe à la faveur des grands qu'elle leur attire nécesairement, mène jusques à une froide insolence » (151 *bis*) ; les « louanges fades et outrées, telles qu'on les lit dans les *prologues d'opéras,* et dans tant d'*épîtres dédicatoires* » (152).

Dans cette réplique, La Bruyère paraît parfois hésiter entre plusieurs ennemis, ou plutôt nous manquons d'éléments pour éclairer son langage allusif ou équivoque. Cependant, il est bien évident que la prééminence des Anciens est maintenant oubliée ; la querelle revêt un autre sens : elle oppose le moraliste chrétien aux arrivistes habiles, dont Fontenelle semble le plus bel exemple, et elle marque la différence qui peut exister entre son goût pour un style « dur et interrompu » et la mélodieuse mollesse où se complaisent ses rivaux. Toutes ces ambiguïtés disparaissent avec *Cydias :* ce sont les mêmes critiques qui sont exprimées, mais plus systématiques et plus concrètes à la fois, animées par une représentation plus pittoresque et plus saisissante.

En mars 1694, parut la *Satire contre les femmes ;* les Modernes étaient insultés ; Mme de la Sablière était ridiculisée. Avec Perrault, Regnard et Pradon, Fontenelle répliqua ; il fit circuler cette épigramme :

> Quand Despréaux fut sifflé sur son ode,
> Ses partisans criaient dans tout Paris :

---

(150) Ms. Bordeaux 693, fl. 93 :
> Une maîtresse aimable mais légère,
> Par certain trait m'avait fort courroucé.
> Et pour calmer sa jalouse colère,
> Etroitement me tenait embrassé.
> Or, par malheur, je n'avais l'habitude
> D'être en ses bras et d'y rester bien coi.
> Un étourdi peu dépendant de moi
> Fut sans rancune et prit cette attitude
> Que l'on ne doit qu'à qui garde sa foi.
> J'aurais voulu cacher à la traîtresse
> Mon trop de force et mon trop de faiblesse.
> Elle sentit et prévint mon dessein.
> D'un air plus doux, la voilà qui m'embrasse ;
> Mais d'un seul bras et prenant d'une main
> Le bon chrétien, dit : Ah ! je tiens ma grâce !

(151) Ms. Bordeaux 693, fl. 11 :
> L'autre jour, épanchant cette liqueur divine
> Dont nos plaisirs et nous tirons notre origine,
> Iris, en se faisant inonder de ses flots,
> Fit une si charmante mine,
> Que j'entendis l'Amour dire ces propres mots :
> Vite, vite ; qu'on la désigne
> Pour mon cabinet de Paphos.

(151 *bis*) La Bruyère, *Œuvres* (202), t. II, p. 448.
(152) *Ibid.*, t. II, p. 453.

Pardon, Messieurs, le pauvret s'est mépris ;
Plus ne louera, ce n'est pas sa méthode.
Il va draper le sexe féminin ;
A son grand nom, vous verrez s'il déroge.
Il a paru, cet ouvrage malin ;
Pis ne vaudrait, quand ce serait éloge (153).

Et, il s'associa alors avec Donneau de Visé et Thomas Corneille pour écrire *Les Dames vangées*. Le *Mercure galant* de décembre 1694 affirmait « que cette pièce ne regarde en aucune manière la satire de M. Despréaux... » (153 *bis*). Ce n'est pas tout à fait exact. Sans doute, comme Boileau avait affecté d'adresser son poème à son ami Alcippe qui allait se marier, on retrouve dans *Les Dames vangées* un personnage qui porte ce nom et qui est en effet fiancé, mais l'analogie — au moins littérale — s'arrête là. On peut supposer que la réconciliation des Académiciens en août 1694 avait incité les auteurs à modifier leur plan : le titre l'indique — ils répondaient à Boileau et rendaient justice au sexe qu'il avait attaqué, mais il procédaient de façon très générale et très indirecte ; il n'y avait rien dans leur comédie qui pût offenser l'auteur des *Satires*. Plusieurs tirades cependant sont vouées à la gloire des femmes : « Leur goût nous sert de règles... La vraie politesse se trouve chez elles... La délicatesse y règne... (154). A quinze ans, une fille est faite, et souvent à trente, un homme n'est qu'un sot. L'esprit leur vient avant la raison, et, quand leurs frères sont encore à l'alphabet, elles régentent dans les ruelles... Les femmes sont les délices de la vie. Elle font les Académiciens. Les orateurs ont besoin de leurs cabales... » (155). Tels sont les passages qui réfutent précisément les arguments du satirique ; ne s'était-il pas indigné récemment du pouvoir que prenaient les femmes dans les élections académiques ? Et l'éloge perpétuel que cette comédie adresse, à la « politesse » délicate des temps nouveaux, à toutes les valeurs des modernes, n'était-ce pas une sorte de défi à la misogynie du vieux poète ? On voit cependant qu'il n'était jamais pris à parti personnellement, et que sa satire devait être vite oubliée par les spectateurs.

La pièce présente bien d'autres intérêts. On y trouve, comme dans la plupart des comédies du temps, une spirituelle et cynique peinture de la société. Tout était dit : le règne des financiers : « Ces MM. ont été fort en vogue depuis quelque temps, et la robe et l'épée ont rendu leur très humbles respects à leurs caisses et à leurs comptoirs » (156) ; les généalogies que le *Mercure* vendait aux plus offrants : « Rien ne rend plus noble que le bien. Les généalogistes ennoblissent peu de gueux » (157) ; l'enrichissement

(153) *Œuvres* (3), t. X, p. 473.
(153 *bis*) *Mercure galant*, décembre 1694, p. 294.
(154) *Recueil du théâtre françois* (47), t. VIII, p. 426 (acte III, sc. v).
(155) *Ibid.*, t. VIII, p. 434 (acte III, sc. VII).
(156) *Ibdi.*, t. VIII, p. 346 (acte I, sc. II).
(157) *Ibid.*, t. VIII, p. 355 (acte I, sc. III).

des laquais : « C'est par là qu'un maître valet gagne de quoi acheter une noblesse qui lui sert d'époussette à toutes les ordures de sa vie... Les désordres des maîtres ne doivent pas moins contribuer à l'établissement des valets que la ruine des grandes maisons à la fortune des intendants » (158) ; la vie des roués : « Quand les gens de qualité quittent ou sont quittés de leurs maîtresses, ils reprennent tous les bijoux qu'ils leur ont donnés, et font dépendre jusqu'à la tapisserie. » (159). La plupart des personnages ne sont guidés que par l'avidité ; on guette la mort prochaine des oncles fortunés ; les filles sont sacrifiées à l'établissement des garçons. Tous ces traits, Boileau les avait indiqués dans sa satire. Le ton n'est pas le même ici : plus allègre, plus indifférent, moins rageur — mais parfois plus mélancolique. Si les ruses que déploient les serviteurs pour s'enrichir sont peintes avec quelque complaisance, les préjugés nobiliaires des familles, et les cruelles suites qu'ils entraînent, ne suscitent aucune indulgence. Orasie, une veuve provinciale, destine sa fille Hortense au couvent pour marier brillamment son fils Alcippe. N'y a-t-il pas quelque émotion dans la peinture de la jeune fille, qui avoue elle-même : « A peine ai-je su parler qu'on m'a fait dire que je voulais aller au couvent... » ? Et sa suivante peut railler les vocations forcées : « C'est ainsi qu'on enrôle les filles pour le couvent. Il faut de l'adresse pour enrôler... » (160). Ce sourd anticléricalisme, qui reparaît dans d'autres scènes, et cette confrontation des valeurs naturelles — le bonheur, l'amour — avec les valeurs sociales et religieuses, également mensongères, ne ressemblent-ils pas assez à Fontenelle pour qu'on soit tenté de lui attribuer une part essentielle dans la composition de cette comédie ? Retrouvant parfois la veine des *Lettres galantes,* célébrant avec mélancolie le vieux thème pastoral que la réalité anéantit, il paraît s'être engagé tout entier dans cette pièce, qui ne devait être d'abord qu'une réplique à la satire de Boileau.

Dans la préface, qui doit être de Donneau de Visé, on trouve ces lignes intéressantes :

> Depuis quelques années... [le parterre] ne voulait rien souffrir au théâtre dont les plaisanteries ne fussent outrées... J'ai connu que les ouvrages fins, délicats et travaillés plairont toujours plus que ceux dont les traits seront trop marqués, pour ne pas dire, qui auront un comique plus bas. Ainsi, la carrière est présentement ouverte à tous ceux qui croyaient que l'esprit devait être banni du théâtre, et qui, dans cette pensée, n'osaient faire paraître sur la scène des ouvrages dont ils s'imaginaient que le public eût perdu le goût (161).

Le *Journal de Hambourg,* peu suspect de complaisance, remarquait dans cette pièce « des caractères bien représentés, des descriptions bien touchées, des pensées assez fines, et si heureusement

(158) *Ibid.,* t. VIII, p. 440-441 (acte III, sc. VIII).
(159) *Ibid.,* t. VIII, p. 363 (acte LL, sc. VI).
(160) *Ibid.,* t. VIII, p. 448 (acte IV, sc. III).
(161) *Ibid.,* t. VIII, p. 341, *sq.*

exprimées qu'elles ne manquent pas de faire leur effet » (162). En effet, on a pu comparer cette comédie à celles de Musset, et c'est surtout à *Il ne faut jurer de rien* que l'on pourrait songer. Lisandre est un séducteur qui refuse de se marier ; il débite à son valet une longue kyrielle de maximes sur les femmes qu'il méprise et les ruses qu'il emploie pour les séduire. A la seule vue d'Hortense, le voilà interdit ; c'est que la jeune fille ressemble à un mystérieux portrait qu'il avait acheté, et dont il cherchait partout le modèle. Le beau sexe est déjà « à demi vengé » (163), et Hortense n'est pas insensible au charme du roué repenti. De Visé parle des « délicatesses du rôle d'Hortense » (164). En effet, si les autres personnages sont plus conventionnels, la jeune fille et Lisandre sont des figures pleines de vérité et de charme. Ces peintures en demi-teintes, nuancées, changeantes, conviennent à l'art de Fontenelle, à sa conception du roman ou du « genre moyen » qu'il imaginera plus tard entre le tragique et le comique. C'est aussi que l'auteur, comme nous le verrons, dans cette intrigue et dans le rôle de Lisandre mit un peu de lui-même.

Créée le 22 février 1695, cette comédie n'eut pas le succès que semble évoquer le directeur du *Mercure*. Les comédiens français firent alterner les représentations des *Dames vangées* avec celles de *Judith*, puis la pièce disparut ; reprise sur les prières de Donneau de Visé le 12 avril, elle sombra définitivement après quatre séances. Le *Journal de Hambourg* put railler la vanité qui transparaît dans la *Préface* (165) ; et c'est dans cette gazette que nous trouvons peut-être la meilleure explication de cette chute : « ... il me semble, écrit le rédacteur, que l'auteur n'a pas bien conduit les intrigues de sa comédie au but qu'il s'y était proposé. » (166). En effet, l'action paraît un peu incohérente : on comprendrait aisément qu'Hortense sacrifie son amour à la volonté de sa mère, mais un héritage vient arranger les choses, et c'est de façon assez brutale et bizarre que la jeune fille préfère au dénouement prendre le voile plutôt que de s'unir avec Lisandre, dont aucun obstacle ne la sépare plus. Primitivement la comédie se terminait bien, mais, s'il faut en croire la *Préface*, l'échec de ce dénouement incita l'auteur à en écrire un nouveau dans le goût des quatre premiers actes. Ce remaniement semble avoir été fait à la hâte ou de façon négligée, puisque la comédie, malgré ses qualités, nous donne une impression de confusion ou d'illogisme.

Avec les *Dames vangées*, la « querelle » se terminait dans un climat adouci. Fontenelle respecta la paix qui avait été conclue ; il s'abstint de publier les *Réflexions sur la poétique* et l'*Histoire du théâtre françois*, où Racine était souvent raillé. Mais sa rancune ne

(162) *Journal de Hambourg* (367), 23 mars 1696.

(163) *Recueil du théâtre françois* (47), t. VIII, p. 409 (acte II, sc. XI).

(164) *Ibid.*, t. VIII, p. 341, *sq.*

(165) *Journal de Hambourg* (367), *loc. cit.* : « La pièce a eu un succès dont... [l'auteur] paraît être satisfait, et il faut bien que les sifflets du parterre ne lui aient point fait d'insulte puisqu'il a pris la peine de donner des louanges au bon goût du public... »

(166) *Ibid., loc. cit.* Cf. Lancaster, *op. cit.* (559), t. IV, p. 842-846.

s'évanouit jamais ; quand le Père Bouhours voulut le réconcilier avec Boileau et Racine (167), il refusa ses services, et jusqu'à sa mort il demeura inébranlablement hostile à La Bruyère et aux deux poètes, qui, durant quinze ans, n'avaient cessé de le ridiculiser et d'entraver sa carrière. Il aida La Motte contre Mme Dacier, mais son intervention demeura discrète et « oblique ». Ni son goût, ni ses charges ne lui permettaient de recommencer à combattre.

Nous l'avons déjà dit, le neveu de Corneille, le rédacteur du *Mercure* était fatalement destiné à prendre parti contre les Anciens. Les *Dialogues des morts* et les *Entretiens* indiquaient clairement la position qu'il avait adoptée. Le conflit avec Longepierre, les élections à l'Académie, les attaques de La Bruyère, rythment cette polémique où les motifs personnels jouent un rôle essentiel. A cela s'ajoutent les raisons d'ordre social et politique ; les « gens de Versailles » adhèrent au conformisme dévot qui se développe autour de Mme de Maintenon ; ils sont hostiles au luxe, à la bourgeoisie nouvelle, au féminisme et à la galanterie ; les Modernes approuvent tous les raffinements du siècle ; ils sont éloignés du pouvoir, et les tragédies de Mlle Bernard et de Fontenelle nous montreront comment le philosophe juge la politique du roi. Mais ces mobiles que partagent Perrault et tous ses amis, ne sont peut-être pas l'essentiel pour Fontenelle. L'auteur des *Entretiens* qui pourchasse tous les préjugés et toutes les idées obscures, ne pouvait adhérer d'aucune manière aux conceptions historiques et esthétiques de Boileau et de Longepierre. C'est ce qui fait le mérite de sa *Digression ;* il ne se laisse pas entraîner par l'esprit de parti ; il refuse de remplacer un préjugé par un autre. Ce qui est évident, c'est que les cerveaux humains, en notre siècle, égalent les cerveaux de l'Antiquité ; il faut se borner à cette idée simple que la physique démontre, et apprendre au moins l'impartialité et la justice. Ces idées prolongent les leçons des *Entretiens :* même si la vérité est fuyante et peut-être inaccessible, il existe maintes erreurs évidentes dont on doit se garder. Fontenelle ne semble pas attacher une importance excessive à cette querelle mais il y voit au moins l'occasion d'abolir l'un de ces préjugés néfastes dont ses contemporains sont infestés. Il en vient ainsi à ébaucher une nouvelle esthétique. Aux formules conventionnelles et obscures des Anciens, doit succéder une analyse rigoureuse. Nous savons que Fontenelle propose une sorte d'académisme ; le réalisme ou le mystérieux « art de plaire » des classiques sont abandonnés. Mais le *Traité sur la nature de l'églogue* est trop rapide et trop partiel ; les *Réflexions sur la poétique* nous éclaireront davantage... En tout cas, dans l'esthétique, comme dans l'histoire ou dans la psychologie, le philosophe vise avant tout à introduire la clarté et la netteté. Son combat est un combat contre « les idées inadéquates », les mythes, le verbalisme — tout ce qui vient des générations passées, tout ce qui reflète la faiblesse et la présomption humaines, tout ce qui autorise les aberrations des prêtres et des rois.

(167) Trublet, *Mémoires* (345), p. 257.

CHAPITRE III

LES EXPERIENCES LITTERAIRES

La « querelle » ne se borna pas à ces joutes personnelles, à ces échanges d'épigrammes et de mauvais procédés. Fontenelle fut amené à s'intéresser à tous les genres littéraires : le roman, l'opéra, la tragédie, la poésie le sollicitèrent tour à tour. Mais, ne parvenant guère à se donner à toutes ces recherches qu'il abandonnait hâtivement, il dut concevoir ces œuvres comme des « expériences » ; elles lui permettaient de vérifier les principes qu'il avait exprimés dans ses écrits polémiques, et en les approfondissant de tendre vers une « esthétique moderne », qu'il ébaucha bientôt.

Les métamorphoses du roman.

Fontenelle aida Mlle Bernard à écrire *Eléonor d'Ivrée ;* ce roman figura dans les listes du *Mercure* à la suite des livres qu'il avait signés, et il rédigea une lettre, qui parut dans la gazette en septembre 1687, pour célébrer cet ouvrage et expliquer les intentions de l'auteur. C'est évidemment une *nouvelle historique,* comparable à celles de Mme de Lafayette, de Boursault, de Boisguilbert. Mais tous ces volumes qui nous paraissent semblables émanaient de desseins différents ; Mme de Lafayette, dès 1662, avait présenté *La Princesse de Montpensier* en ces termes : « L'auteur ayant voulu pour son divertissement écrire des aventures inventées à plaisir, a jugé plus à propos de prendre des noms connus dans nos histoires que de se servir de ceux que l'on trouve dans les romans. » (1) ; Boursault dans l'*Avis du prince de Condé* s'exprimait de façon analogue (2) ; mais Boisguilbert n'hésitait pas à affirmer à propos de sa *Marie Stuart* : « Ce n'est point ici un roman, c'est

---

(1) *La Princesse de Montpensier,* Paris, Th. Jolly, 1662, in-8°. Voir *Romans et Nouvelles* (204), *Préface.*

(2) Cf. *L'histoire a-t-elle engendré le roman... ?* par Georges May (605).

une histoire très véritable, non seulement dans le général, comme chacun sait, mais encore dans toutes ses circonstances que beaucoup de gens ignorent. » (3).

Eléonor d'Ivrée est sortie de l'*Histoire de la décadence de l'Empire après Charlemagne...* du P. Maimbourg. On trouvait dans cet ouvrage publié en 1681 le récit de la révolte du marquis d'Ivrée contre l'empereur Henri II : « Comme les Italiens soupiraient toujours après le recouvrement de l'Empire, Ardouin, marquis d'Ivrée, homme de tête et d'exécution, n'eut pas beaucoup de peine à persuader aux seigneurs lombards, qu'ils le devaient proclamer roi d'Italie pour lui faire obtenir ensuite la couronne impériale. » (4). Après différentes vicissitudes, le frère de l'empereur, Arnoul, écrase l'armée d'Ardouin « qu'il obligea enfin à renoncer à toutes ses prétentions et à se condamner lui-même à passer le reste de ses jours dans un monastère » (5). Tels sont les événements qui sont narrés au début du roman, mais ils sont expédiés en une dizaine de pages et ne servent guère que d'introduction. L'intrigue essentielle concerne Eléonor, la fille du marquis, le comte de Rethelois et le duc de Misnie. Ces personnages semblent imaginaires : Maimbourg mentionne simplement un marquis de Misnie, « jeune et néanmoins fort goutteux », qui refusa l'empire et 1348 (6) — soit quatre cents ans après la révolte du marquis d'Ivrée... En s'inspirant à la fois de Mézeray (7) et de Maimbourg (8), Mlle Bernard et Fontenelle ont évoqué la pompeuse entrevue de Mouzon, où l'Empereur et le roi de France se retrouvèrent, mais cette scène demeure assez brève et assez indifférente à l'action. L'histoire ne sert donc que d'ornement. Dix ans plus tôt, Fontenelle s'était irrité de la place excessive qu'elle occupait dans la *Princesse de Clèves* ; il eût voulu éliminer tous ces « mariages rompus et retardés », et il jugeait les épisodes inutiles. Ces remarques peuvent expliquer la construction d'*Eléonor d'Ivrée.*

Dans l'*Avertissement,* on trouve cet aveu : « Le peu de romans que j'ai lus m'ont donné une idée générale des sentiments du cœur, et sur cette idée, j'ai entrepris de faire de petites nouvelles » (9). Cette démarche — purement intellectuelle — semble évoquer la tournure d'esprit de Fontenelle ; le roman est psychologique et même philosophique : sous le voile d'une fiction, l'écrivain cherche à exprimer une conception générale. Inspiré par Huet, soucieux

(3) *Marie Stuart* (108), *Préface.*
(4) *Histoire de la décadence de l'Empire...,* par le P. L. Maimbourg, p. 130.
(5) *Ibid.,* p. 134.
(6) *Ibid.,* p. 628-629.
(7) *Abrégé* (256), t. I, p. 316 (année 1023) ; *Histoire de France* (254), p. 382.
(8) Maimbourg, *op. cit.* (245), p. 135-136.
(9) *Eléonor d'Ivrée, Avertissement* (privilège « registré » le 20 août 1687, achevé d'imprimer le 26 août). Le roman est dédié à la Dauphine : « Vous avez eu la bonté de me permettre de vous dédier cette petite nouvelle. »

d'éviter toute critique morale, il proteste ensuite de la pureté de ses intentions :

> La lecture de ces sortes d'ouvrages est, ce me semble, plus agréable que dangereuse. L'on y voit toujours le bien et le mal dans un certain jour qui donne de l'éclat à l'un, et qui fait éviter l'autre. Cependant j'ai cru que ce n'était pas assez... Je conçois tant de dérèglement dans l'amour, même le plus raisonnable, que j'ai pensé qu'il valait mieux présenter au public un tableau des malheurs de cette passion, que de faire voir les amants vertueux et délicats, heureux à la fin du livre. Je mets donc mes héros dans une situation si triste qu'on ne leur porte point d'envie (10).

Peut-être ne faut-il pas attacher trop de valeur à ces affirmations. Elles reflètent moins des tendances personnelles de l'auteur que les obligations du genre ; Mme d'Aulnoy et Mlle de la Force présentaient leurs œuvres dans des termes analogues.

Le sujet sera, comme on s'en doute, l'histoire d'une passion impossible. Après la défaite du marquis d'Ivrée, sa fille Eléonor fut élevée par la comtesse de Tuscanelle, et elle se lia d'amitié avec la fille de celle-ci, Matilde. Le duc de Misnie, un voisin, rencontre Eléonor et apprend son origine ; « ils n'avaient qu'à se dire qu'ils s'aimaient, quand ils se le dirent » (11). Mais Mme de Misnie, la mère du jeune homme, peu favorable à cette union, éloigne son fils. Ils se revirent quelques jours à Pavie, et « prirent des mesures pour s'écrire... » Ainsi naquit entre eux « une liaison d'esprit et de sentiments » (12). Cependant, le vieux comte de Rethelois, qui avait élevé le frère d'Eléonor, décida par pitié d'épouser la jeune fille, et il envoya le jeune d'Ivrée, sous le nom de baron d'Hilmont, négocier cette union. Le frère et la sœur se reconnurent. Eléonor, désespérée, se résigna à ce mariage, et écrivit au duc de Misnie « pour lui dire le dernier adieu », mais Mme de Misnie intercepta la lettre. Eléonor arrive à Rethel et y demeure retirée, malade et désolée. Son amant, inquiet de n'avoir plus de nouvelles, apprend qu'elle est partie avec le baron d'Hilmont et il s'imagine qu'elle est fiancée avec lui ; sa mère, qui médite de le marier avec Matilde « parti considérable » le laissa dans l'erreur. De façon assez singulière, le duc, qui cherchait d'abord Matilde pour lui confier sa peine et se soulager, se lie insensiblement avec elle, « il se trouva pour ainsi dire dans une seconde passion, sans être sorti de la première » (13), et les deux jeunes gens envisagent de se marier. A la conférence de Mouzon, Eléonor les retrouve ; le duc « se jeta à ses pieds sans pouvoir prononcer une seule parole... » Elle lui conta tout ce qui lui était arrivé : « C'est le temps que je prends pour vous dire le dernier adieu... je suis engagée avec le comte de Rethelois... » (14).

---

(10) *Ibid., loc. cit.*
(11) *Ibid.*, p. 22.
(12) *Ibid.*, p. 40.
(13) *Ibid.*, p. 86.
(14) *Ibid.*, p. 143.

Les trois protagonistes sont également désolés ; Eléonor et le duc de devoir se quitter ; Matilde de sentir qu'elle n'est plus aimée ; elle en tombe malade de douleur, et c'est pour Eléonor une nouvelle raison de se sacrifier et de suivre son devoir. Une dernière entrevue avec son amant ne saurait l'ébranler. Matilde meurt, le duc reste insensible à cette nouvelle ; « Eléonor vécut avec le comte comme une personne dont la vertu était parfaite, quoiqu'elle fût toujours malheureuse par la passion qu'elle avait dans le cœur » (15).

Comment ne pas songer à la *Princesse de Clèves* (15 *bis*) ? Mais les modifications introduites dans le thème sont révélatrices. Eléonor est seulement engagée avec le comte de Rethelois ; ce n'est donc pas au devoir qu'elle obéit. Les deux amants sont séparés par les convenances sociales que représentent l'orgueil et l'ambition de Mme de Misnie, par des malentendus et des hasards. La morale n'intervient qu'au dénouement, lorsque Matilde meurt. Le duc n'a pas l'exemplaire fidélité des héros d'autrefois et il ne laisse pas de s'éprendre de Matilde. Ainsi l'œuvre, malgré les prétentions affirmées dans l'*Avis,* est bien moins morale que réaliste. Sans doute y trouve-t-on une situation qui pourrait être romanesque ; un frère et une sœur élevés séparément, qui se retrouvent par miracle et retrouvent en même temps leur père caché au fond d'un couvent, mais ces éléments ne sont pas exploités : toutes les invraisemblances sont supprimées ou voilées, et Fontenelle s'était naguère irrité de certaines conventions auxquelles avait recouru Mme de Lafayette — tel le voyage du duc de Nemours à Coulommiers.

L'auteur adopte un parti pris de froideur et d'objectivité il ne manifeste pas la moindre pitié pour ses héros ; le sacrifice d'Eléonor n'a aucune grandeur et n'est nullement récompensé. L'œuvre vise-t-elle à montrer *les malheurs de l'amour* ? Elle conduirait plutôt le lecteur à une sorte de révolte contre ce corset de bienséances qui étouffe les personnages. La *Princesse de Clèves* indiquait souvent les dangers de la passion ; le « repos » semblait une valeur acceptable. Ici il ne reste aucune valeur ; le roman aboutit au plus complet pessimisme. Les protagonistes sont tous innocents, et tous malheureux. L'amour n'a même pas cette grandeur fatale que lui prêtait Racine ; la désolation est « embourgeoisée ». Ce réalisme « médical » fait parfois penser à Flaubert. Le roman, qui prétend dénoncer les folies de l'amour et punir ceux qui s'y abandonnent, révèle surtout la cruauté d'une société étouffante. Cette interprétation permettrait de retrouver dans cette œuvre les anciennes obsessions de Fontenelle : son culte de la nature, de l'amour, de l'innocence. Si les *Pastorales* montraient « qu'une petite troupe choisie » pouvait — en s'aidant d'une flatteuse imagination — retrouver au milieu d'un monde corrompu le paradis originel,

(15) *Ibid.*, p. 236-237.

(15 *bis*) Sur *Eléonore d'Ivrée* et les autres œuvres de C. Bernard, on peut lire H. Coulet, *Le Roman...* (456 *bis*), t. I, p. 292-295. L'auteur y indique, t. I, p. 292, un rapprochement possible entre *Eléonor d'Ivrée* et *La Duchesse d'Estramène* de Du Plaisir, parue en 1682.

Eléonor d'Ivrée exprime un cri de révolte contre une société vouée à l'argent, où les sentiments les plus purs sont piétinés. On sait que la plupart des nouvelles écrites alors étaient inspirées par l'actualité ; Mlle Bernard et Fontenelle évoqueront plus tard sous un masque fabuleux les amours du prince de Condé et de Mlle du Vigean (16). Cette intrigue réaliste serait-elle également sortie de quelque événement contemporain ? Certains détails paraissent trop singuliers pour être fictifs, mais nous serions incapable de préciser cette source possible.

Si l'écrivain nous semble mentir quelque peu en affirmant la valeur édifiante de son livre, il est assurément plus sincère, quand il exprime son intention de peindre le cœur humain. Au fil d'un récit assez sec, nous trouvons dans ce roman des notations pleines de finesse, et souvent d'amertume ; Eléonor se lie avec Matilde « de cette amitié de l'enfance, qui, ayant plus d'innocence et de sincérité que les autres amitiés, a aussi plus de durée » (17) ; lorsque Matilde sert d'intermédiaire entre les deux amants, elle ressent d'abord « une mélancolie qui ne laissait pas d'avoir sa douceur », puis « une douleur très vive... » (18) ; Mme de Misnie veut éloigner son fils, il s'y oppose « avec une chaleur que la duchesse feignait de ne point remarquer, et dont il ne s'apercevait pas lui-même » (19). Les hésitations d'Eléonor avant sa décision finale, l'indifférence du duc, quand Matilde meurt — voilà encore de délicates observations. C'est bien sur cette intention qu'insistait Fontenelle dans son article du *Mercure* ; comment concevait-il le roman ? « C'est un petit sujet peu chargé d'intrigues, mais où les sentiments sont traités avec toute la finesse possible » (20). Il faut négliger — disait-il — « le merveilleux des incidents », qui frappe une fois ou deux, et « donner des peintures fidèles de la nature » (21). Le sujet d'un roman, ce sont les sentiments humains, mais surtout « certains mouvements du cœur presque imperceptibles à cause de leur délicatesse » (22). Et, loin de prétendre que l'on doive blâmer les protagonistes qui s'engagent dans une passion condamnée, Fontenelle souligne à la fois le réalisme et le sens véritable de l'œuvre en expliquant que, si l'on prend en pitié ces trois personnes, c'est « parce qu'aucune... n'a tort et n'a fait ce qu'elle a dû faire » (23).

Il termine sa *lettre* en soulignant la beauté du style qui est « fort précis ; les paroles y sont épargnées, et le sens ne l'est pas. Un seul trait vous porte dans l'esprit une idée vive, qui, entre les mains d'un auteur médiocre, aurait fourni à beaucoup de phrases...

---

(16) Dans l'*Histoire de la rupture...* (voir *infra, Un triste bonheur*).
(17) *Eléonor d'Ivrée* (43), p. 14.
(18) *Ibid.*, p. 25, *sq.*
(19) *Ibid.*, p. 31-32.
(20) *Œuvres* (3), t. XI, p. 228. Dans cette lettre, Fontenelle avoue que les romans étaient alors passés de monde : « Nous nous imaginions que le siècle avait perdu ce goût-là ; nous croyions l'avoir perdu nous-mêmes... On ne faisait plus de romans, et le goût périssait, faite de sujets sur quoi il pût s'exercer... » (*loc. cit.*)
(21) *Ibid.*, t. XI, p. 229.
(22) *Ibid.*. t. XI, *loc. cit.*
(23) *Ibid.*, t. XI, *loc. cit.*

Les conversations sont bien éloignées d'avoir de la langueur... » (24). En effet, le récit est rapide et nu. On peut distinguer une sorte de « découpage théâtral » ; au milieu de cette brève relation — trop brève même pour nous attacher — apparaissent quelques « morceaux de bravoure », quelques « grandes scènes » : c'est la conversation du duc et d'Eléonor à Mouzon ; c'est le monologue final d'Eléonor... Et surtout l'on distingue un mouvement musical. Tout est bref et sec, mais parfois une période mélodieuse vient retarder l'action et peindre les sentiments complexes des héros ; Eléonor, après avoir retrouvé son père, est laissée seule par Mme de Misnie qui rentre dans ses terres :

> Quand elle se vit abandonnée de tout ce qu'elle avait accoutumé de voir, qu'elle ne trouva plus d'objets qui eussent rapport au duc de Misnie, et que tout la fit songer qu'elle allait être à un autre qu'à lui, elle ne put retenir ses larmes, elle les laissa couler en abondance ; et il n'était plus possible qu'elle goûtât aucun autre plaisir (25).

Après avoir promis à Matilde de partir et d'épouser le comte de Rethelois, elle revient à elle et mesure son malheur :

> Jusque-là, elle s'était occupée de Mathilde, ou plutôt l'effort qu'elle avait fait sur elle-même avait suspendu tous ses mouvements ; mais quand elle se vit prête à partir, qu'il fallut renoncer à son amant pour jamais, qu'il fallut même se priver de la triste satisfaction de lui dire le dernier adieu, de peur qu'il ne la vînt troubler dans les résolutions qui la désespéraient, sa douleur ne se contint plus (26).

On peut admirer ce style tendu, où tant d'analyses, tant de remarques, tant de sous-entendus, sont accumulés dans un mouvement majestueux.

On ne sait comment cet ouvrage fut accueilli. Basnage de Beauval le cita avec complaisance dans l'*Histoire des ouvrages des savants* d'octobre 1687, et ajouta : « Le livre est parfaitement joli. Le style en est concis, mais plein de choses. Il y a une délicatesse achevée pour les sentiments et une intrigue agréable et intéressante, quoique peu chargée d'incidents » (27). *Eléonor d'Ivrée* fut sans doute appréciée par la Dauphine, puisque l'auteur évoqua, en dédiant *Le comte d'Amboise* à la princesse, « l'accueil favorable » (28) qu'elle avait réservé à sa première nouvelle. Dans sa *lettre,* Fontenelle trahissait d'autres intentions : il défendait le roman contre le clan des Anciens ; il montrait comment il était possible de distinguer ce genre de l'histoire avec laquelle il demeurait souvent confondu, et il en proposait une définition mathéma-

---

(24) *Ibid.*, t. XI, p. 230.
(25) *Eléonor d'Ivrée* (43), p. 61-62.
(26) *Ibid.*. p. 206-208.
(27) *Histoire des ouvrages des savants,* octobre 1687, p. 274.
(28) *Le Comte d'Amboise* (44), p. 3-4 (*A Madame la Dauphine*).

tique : comme l'églogue, comme bientôt la tragédie, le roman avait « ses axiomes, ses théorèmes, ses corollaires, ses démonstration » (29).

Quelques critiques durent cependant s'exprimer, et elles inspirèrent *Le comte d'Amboise* ; ne lit-on pas dans l'*Avertissement* de cette œuvre les phrases suivantes :

> On a trouvé que dans ma première nouvelle, il y avait des endroits où la nature n'était pas assez bien copiée, et qui tenaient plus de la pensée que du sentiment. Quoique je ne sois pas honteuse de ce reproche, j'ai tâché cependant, sur les remarques qu'on m'a faites, à porter mes vues jusqu'à faire la différence d'une véritable passion d'avec ce qui n'en est qu'une idée trop raisonnée... Cette histoire [est] plus naturelle que l'autre par les sentiments... plus extraordinaire par l'action (30) ?

Si Fontenelle exigeait naguère de la logique dans les romans, s'il opposait le charme superficiel du merveilleux et les vertus solides de la vraisemblance, nous trouvons ici une justification systématique de « l'extraordinaire » :

> Quoique les gens d'un goût médiocre soient accoutumés à trouver ridicule tout ce qui n'est pas ordinaire, les gens de beaucoup d'esprit trouvent du dégoût aux choses communes. Il leur semble qu'ils voient toujours le même roman, parce qu'ils voient toujours de semblables traits. Je me flatte que l'on n'a point encore vu ce trait-ci ; et même, si j'ai quelque chose à craindre, c'est qu'il ne soit trop peu vraisemblable qu'un amant soit généreux... (31).

La préface devient un pamphlet ; l'esthétique classique est démantelée ; la vogue des contes de fées s'annonce. Le roman se délivre enfin du moule historique : il connaît son propre domaine, qui est la peinture exacte des sentiments ; il laisse la vérité et même la vraisemblance dont il n'a que faire ; Perrault et Mlle de la Force participeront à ce mouvement. Fontenelle a radicalement changé d'attitude ; il s'engage résolument dans la voie d'une « esthétique moderne ». Dans l'absence où nous sommes de toute preuve précise, nous pouvons seulement supposer que la Dauphine, à qui cette nouvelle est dédiée, a peut-être suggéré à Mlle Bernard et à son collaborateur de chercher une fiction plus singulière qu'*Eléonor d'Ivrée*, où l'on retrouvait en effet les traits banals de la production romanesque du temps.

C'est dire que, dans *Le Comte d'Amboise*, qui se déroule sous le règne de François II, l'histoire n'a qu'un rôle limité. Ne cherchons dans ce livre aucune évocation des fastes, ni des intrigues de

(29) La Motte, cité par Adam, *Histoire de la littérature* (375), t. V, p. 311.

(30) *Le Comte d'Amboise* (44), p. 7-8 (*Au lecteur*).

(31) *Ibid.*, p. 8, *sq.*

la Cour. Sans doute, Brantôme (32) cite-t-il Sansac, Sancerre et Tavannes, qui figurent ici, mais le romancier a utilisé leur nom sans se soucier de leur personnalité ; même les âges ne sont pas respectés. L'héroïne est Mlle de Roye : Eléonore de Roye née en 1535, avait épousé en 1551 le prince de Condé ; sa sœur, Charlotte était mariée depuis 1557 avec François de La Rochefoucauld. Toute analogie entre ce roman et les chroniques du XVIe siècle demeure donc superficielle et trompeuse. L'actualité en revanche semble parfois concernée. François-Jacques de Crussol se faisait alors appeler « le comte d'Amboise ». Il existait des descendants de Charlotte de Roye — une branche cadette des La Rochefoucauld — qui avaient pris le nom de leur aïeule ; Frédéric de Roye avait émigré au Danemark en 1683 ; sa femme partit en 1686 ; en 1688, ils étaient tous deux réfugiés en Angleterre ; leur fils, François comte de Roucy, s'était converti, et il épousa le 8 février 1689 Mlle d'Arpajon, dame d'honneur de la Dauphine (33). On ne saurait préciser à quelles conclusions ces remarques permettraient d'aboutir, mais il est visible que Mlle Bernard, en évoquant cette famille de huguenots et ces protégés de la Dauphine, à laquelle elle dédiait justement son œuvre, dut avoir quelque intention. Sourches note à propos des fiançailles du comte de Roucy : « Il y avait longtemps que ce mariage se traitait, mais, quoiqu'il fût fort convenable pour l'un et l'autre des parties, il ne se serait peut-être pas fait, s'il y eût quelque duc et pair que Mlle d'Arpajon eût pu épouser. » (34).

« Une action extraordinaire », affirme l'auteur, qui pense visiblement au sacrifice du comte d'Amboise : « Je fais l'histoire d'un homme qui est assez généreux pour céder sa maîtresse à son rival ; et, comme il y a peu de gens capables de ces grands efforts, et qu'on n'est touché que des choses auxquelles on se sent quelque disposition, j'ai lieu de craindre pour le succès de ce livre. » (35). Mais nous n'en sommes pas encore aux contes de fées, et cette attitude héroïque est préparée de telle sorte qu'elle ne nous semble plus tellement surprenante. Le comte d'Amboise et le marquis de Sansac sont les deux personnages les plus remarquables de la cour de François II. Fiancée, avant même de l'avoir vu, avec le comte d'Amboise, Mlle de Roye voit un jour un étranger qui survient dans la maison de campagne où elle réside ; c'est Sansac, « le hasard l'avait conduit en ce lieu » (36). La pluie les enferme dans le cabinet du parc ; il ne laisse pas de lui plaire, et, lorsqu'arrive

(32) Brantôme, *op. cit.* (119), III, p. 397-404 : Sansac ; III, p. 233-240 : Sancerre ; V, p. 89 : le vicomte de Tavannes. Cf. Les *Mémoires* de Castelnau (128), t. II, p. 565-577 : Tavannes ; II, p. 97 : Sansac. Louis Prévost de Sansac avait une soixantaine d'années en 1559, l'année où est située l'action du *Comte d'Amboise ;* Louis de Bueil de Sancerre devait avoir sensiblement le même âge ; il est vrai qu'il avait un fils, Louis, dit « le bâtard » (Brantôme, VI, p. 35) ; mais rien n'indique qu'il ressemble au héros du roman.

(33) *Mémoires* de Sourches (331), III, p. 33 .

(34) *Ibid., loc. cit.*

(35) *Le Comte d'Amboise* (44), *A Mme la Dauphine,* p. 4.

(36) *Ibid.,* p. 16.

d'Amboise, malgré l'agrément de sa personne, « elle ne put s'empêcher de le regarder avec plus de froideur que naturellement elle ne devait en avoir », et « la manière dont elle le reçut ne lui permit pas de goûter ce charme qu'excite dans le cœur la naissance d'une passion, et l'amour lui dénia jusqu'à son premier plaisir » (37. Même engagée avec le comte, la jeune fille ne cesse de lui marquer de l'indifférence ou même de l'hostilité. En revanche, lorsqu'on fiance Sansac avec Mlle d'Annebaut, elle devient jalouse ; « malgré elle, elle s'attachait à la railler et à lui trouver des défauts » (38). D'ailleurs ce projet avorte ; Sansac essaie d'obtenir la main de Mlle de Roye, mais Mme de Tournon qu'il cherche à gagner à son parti s'acharne sournoisement contre lui... Le comte d'Amboise de lui-même renonce au mariage projeté ; un nouveau prétendant se présente — le vicomte de Tavannes ; Mlle de Roye préférera encore épouser d'Amboise, « le mal passé ne lui paraissait plus un mal et elle ne donnait ce nom qu'au présent » (39). Enfin, après de nouvelles péripéties, où interviennent Sancerre et Mlle de Sansac, le mariage s'accomplit ; mais lorsqu'on envoie à d'Amboise une lettre que Mlle de Roye avait naguère adressée à Sansac, le comte tombe malade et meurt, après que sa femme se fut justifiée. Elle revoit Sansac ; ils s'expliquent le passé ; elle hésite, mais il est tué en combattant contre les huguenots ; « elle retourna à la campagne où elle passa le reste de ses jours, emplie de ses diverses afflictions, et, sans oser les démêler, de peur de reconnaître la plus forte » (40).

Cette intrigue, malgré sa complexité, n'est pas d'une criante invraisemblance. Même l'héroïque sacrifice du comte d'Amboise est expliqué et atténué :

> Il vit qu'il fallait la céder à son rival, qu'elle ne pouvait être que malheureuse avec un autre. Il crut qu'il était capable de cet effort. Il se flatta même qu'une action extraordinaire produirait peut-être un effet extraordinaire, et que, s'il ne ramenait pas Mlle de Roye vers lui en faisant pour elle une chose dont un autre ne pouvait être capable, il rendrait du moins tous les autres hommes indignes d'en être aimés (41).

Ainsi le roman revêt l'aspect d'une gageure ; les auteurs semblent s'être proposé de faire comprendre une action apparemment inouïe, de la rendre simple et presque banale. On discerne cependant dans cette nouvelle une certaine complaisance pour les imbroglios ; du plan du récit nu et logique. nous passons au plan du roman, où de multiples personnages s'agitent, chacun à la poursuite de son amour ou de sa vengeance — et la Fortune joue son rôle. Bien davantage encore que dans *Eléonor d'Ivrée,* le souvenir de *La Princesse de Clèves* a guidé les auteurs. Non seulement l'époque est la

(37) *Ibid.*, p. 22.
(38) *Ibid.*, p. 30.
(39) *Ibid.*, p. 65.
(40) *Ibid.*, p. 202.
(41) *Ibid.*, p. 73.

même, non seulement la situation des protagonistes est analogue, non seulement Mme de Tournon, personnage purement fictif, a été simplement empruntée à l'œuvre de Mme de Lafayette, mais on croirait que ce roman n'a été écrit que pour rivaliser avec *La Princesse de Clèves*. Cependant, malgré les apparences, malgré l'attitude extraordinaire du comte d'Amboise, il y a ici bien moins de noblesse et d'héroïsme. La princesse refusait volontairement le duc de Nemours : sa clairvoyance lui indiquait les dangers de la vie et les « malheurs de l'amour » ; la comtesse d'Amboise ne choisit rien, le hasard décide pour elle.

Cette variation dans l'intrigue reflète une évolution dans la conception de l'homme et dans la morale. Le psychologue des *Dialogues des morts* s'inspirait déjà de La Rochefoucauld ; il dévoile ici les ruses de l'amour-propre et les trahisons de l'inconscient. Avec cruauté, il ronge les prétextes et révèle les vrais mobiles. Que de notations brèves et lucides !

> Les soins que le comte lui rendait lui devinrent incommodes, et lui donnèrent d'abord une répugnance pour lui qu'elle combattit en vain. Un amant, pour qui l'on est obligé d'avoir des égards, se fait toujours beaucoup haïr, quand il ne se fait pas aimer (42).

Ou cette peinture de la jalousie :

> Si Mlle de Roye était prévenue d'une autre inclination, il valait mieux qu'il en fût une fois persuadée, que de le craindre toujours. Cependant, il eut des occasions de s'en instruire ; mais il n'eut pas la force d'en profiter, et quand il était sur le point de l'apprendre, il ne voulait plus le savoir (43).

Nous trouvons même de nombreuses maximes, dont le tour assez sarcastique et désinvolte paraît refléter la part que Fontenelle dut prendre dans cette œuvre. S'agit-il de l'amour ? « On se trompe aisément sur une matière si délicate. L'application qu'on apporte à l'examiner est un moyen presque sûr de s'y méprendre » (44). Ou encore : « Bien souvent, un rival fait valoir le mérite d'une maîtresse, et quand il ne saurait la faire haïr, il la fait infiniment aimer. » (45). Et quelle recherche de situations et de sentiments singuliers ! Sansac confie sa jalousie à d'Amboise : « Dans quelle bizarre jalousie ce comte entra-t-il alors ? Il lui sembla que Mlle de Roye lui faisait une seconde infidélité. » (48) ; et, quand ce même Sansac apprit le prochain mariage de sa maîtresse, « il redonnait du prix à Mlle de Roye dans son imagination à mesure qu'il craignait de la perdre » (47). L'amour n'est souvent

(42) *Ibid.*, p. 27.
(43) *Ibid.*, p. 40.
(44) *Ibid.*, p. 42.
(45) *Ibid.*, p. 119.
(46) *Ibid.*, p. 145.
(47) *Ibid.*, p. 166.

que le masque de l'avidité et de l'orgueil qui égarent notre imagination et anéantissent notre clairvoyance.

Pas plus qu'*Eléonor d'Ivrée, Le Comte d'Amboise* ne dénonce *les malheurs de l'amour*. Dans ce désert de cruauté, paraissent parfois des scènes pleines d'émotion et de douceur, et ce sont celles où l'amour triomphe. Evidemment nous soupçonnons que ces moments trop durs seront brefs, et qu'il faudra de longues douleurs pour les payer. Mais pendant quelques instants nous sommes transportés dans un monde plus beau ; les dangers et les intrigues s'effacent ; il ne reste qu'une promesse de bonheur, que l'avenir trahira fatalement. Ainsi quand Mme d'Amboise, après la mort du comte, retrouve Sansac, ils reviennent ensemble la nuit en carrosse :

> Quel charme pour lui de se retrouver avec elle ! Il n'osait lui dire que des choses indifférentes, mais il lui parlait, il la voyait, et il espérait que cette rencontre ne serait pas sans suite ; même l'air de mystère, qui se trouvait par hasard dans cette aventure, lui donnait beaucoup de plaisir... La vérité se montrait à eux, à mesure qu'ils se parlaient ; ils se retrouvaient innocents ; une douce joie, que de longtemps ils n'avaient sentie, rentrait dans leurs cœurs.

Elle lui avoue dans un beau mouvement racinien : « Sachez que mon inclination n'est pas éteinte... » Elle hésite : « Ha, que me dites-vous, lui dit Mme d'Amboise avec des yeux grossis de larmes, pourquoi voulez-vous que je me détermine ? Laissez-moi du moins irrésolue, puisque vous ébranlez déjà ma résolution... » (49). On pense à Flaubert — à la rencontre d'Emma Bovary et de M. Léon : « ... tandis qu'ils s'efforçaient à trouver des phrases banales, ils sentaient une même langueur les envahir tous les deux... » C'est un peu le même rythme ; la cruauté laisse la place au lyrisme, le bonheur semble un instant possible.

« Ils se retrouvaient innocents » ; quand Sansac est tué, « elle en eut une douleur si cruelle qu'elle jugea qu'il ne lui aurait pas été possible de vouloir mériter longtemps son estime aux dépens de la tendresse qu'elle avait pour lui » (49 *bis*). Tout prépare et justifie le triomphe de l'amour ; l'échec final est dû au hasard. D'autres obstacles ont séparé les amants : les intrigues de Mme de Tournon, la méchanceté, la jalousie, la complication sociale. Et, comme dans *Eléonor d'Ivrée,* les auteurs semblent d'abord dénoncer les bienséances et l'hypocrisie, qui écrasent les individus.

Ces deux romans, qui attestent la lucidité psychologique de Fontenelle, son amère philosophie nourrie de La Rochefoucauld, son scepticisme devant les attitudes héroïques, et sa condamnation de la société, représentent aussi une recherche littéraire. Obsédé par La *Princesse de Clèves,* l'auteur cherche sa voie ; il se débarrasse progressivement des principes de l'esthétique classique et des valeur morales qu'ils reflétaient ; il tend vers un art plus libre et

---

(48) *Ibid.*, p. 191 et 197.
(49) *Ibid.*, p. 200-201.
(49 *bis*) *Ibid.*, p. 201.

plus réaliste à la fois ; les hardiesses de la fiction et le pessimisme pychologique s'équilibrent. Cependant l'interprétation de ces œuvres demeure délicate, puisqu'on ne saurait dégager la part qu'y a prise Fontenelle, et que les exigences du genre ont fatalement modelé les projets des créateurs.

La Fable corrigée.

Quand Fontenelle eut obtenu le privilège de l'opéra, il commença par adapter la fable de Thétis et Pélée. Cette légende avait déjà inspiré en 1654 un ballet à Bensserade, et avait figuré dans *Le Triomphe de l'Amour* que Quinault donna en 1681 (50). Mais Fontenelle a été obligé de donner à ce mythe une valeur plus dramatique, et il est curieux de voir de quelle façon le défenseur des modernes a utilisé et transformé les éléments que lui fournissait la poésie antique. Pindare avait conté comment Jupiter et Poseïdon briguèrent également la main de Thétis, et comment il préférèrent la céder à Pélée, lorque l'oracle leur eut appris que le fil de la déesse serait supérieur à son père (50 *bis*) ; Ovide avait repris ce thème et imaginé toutes les métamorphoses auxquelles recourait la néréïde pour fuir son prétendant (51). Et Homère avait prêté ces paroles à la mère d'Achille : « Seule, entre toutes les déesses marines... [Zeus] m'a soumise à un mortel, Pélée, l'Eacide ; et j'ai dû, en dépit de mille répugnances entrer au lit d'un mortel. » (52). Ce sujet ne pouvait convenir aux « fêtes galantes » que devaient présenter un opéra. Il fallait que l'amour l'emportât et non la contrainte. Aussi, dans la pièce de Fontenelle, Thétis et Pélée, avant que les dieux ne se soient déclarés, s'aimaient déjà. Le mythe n'a plus la même signification : il montre peut-être la force du Destin sur les dieux, mais il représente surtout le triomphe de l'Amour sur la Puissance. C'est le sujet de toutes les œuvres de Fontenelle qui ressuscite ici : le conflit de l'Amour et de l'Ambition, la primauté des simples idylles sur la gloire pesante et néfaste. Il ne faut pas s'étonner qu'au pessimisme des romans, succède un hymne de joie et de bonheur ; le genre imposait cette moralité ; l'auteur ne pouvait avoir la même attitude en écrivant un roman réaliste et en offrant à la Cour et à la Ville ces spectacles de rêve. Et cependant, sous ces différences, se découvrent de troublantes analogies ; que les amants soient heureux ou persécutés, leurs ennemis, qui sont en même temps les rois et les riches, sont toujours détestables ; Jupiter et Neptune paraissent ici cruels et violents ; ils ne songent qu'à accroître leur pouvoir et qu'à briser les résistances. Mais le chœur final le dit bien :

---

(50) *Les Œuvres de M. Bensserade* (97), t. II, p. 72-100 ; *Le théâtre de M. Quinault* (294), t. V, p. 69, *sq.*

(50 *bis*) Pindare, t. IV, *Isthmiques et fragments* (60), p. 77-78 (*Huitième isthmique,* III, vers 27-30 ; IV, 31-40 ; V, 41-48).

(51) Ovide, *Métamorphoses* (58), XI, vers 221-265.

(52) Homère, *Iliade* (53), t. III, ch. XVIII, v. 429-433.

Du sort des plus grands dieux, ne soyez point jaloux,
Ils ont peu de plaisirs, s'ils n'aiment comme vous (53).

A la société corrompue, Fontenelle oppose constamment ce rêve d'innocence et de pureté. Malgré les apparences, les *Ajaoiens* ne sont pas si loin de *Thétis et Pélée :* l'épicurisme, qui suggère d'audacieuses constructions politiques et de violentes révoltes contre la religion, emprunte aussi la voix de la passion naturelle, que les intérêts et les mensonges tentent obstinément de troubler. Même commun dans les opéras et dans les pastorales, ce thème n'en est pas moins personnel à Fontenelle : de l'importance qu'il y attachait, ses œuvres les plus obscures et les plus secrètes, — telles ses dernières tentatives théâtrales — sont le meilleur témoignage.

Nous nous sommes déjà étonné de voir le négateur des oracles adapter une légende qui en célèbre la puissance. Mais la signification de l'opéra, une fois la Fable transformée, est plus ambiguë qu'il ne semble. Selon Pindare, Thémis s'exprimait ainsi : « ... qu'elle partage la couche d'un mortel ; et qu'elle voie mourir à la guerre son fils, l'égal d'Arès par la vigueur de son bras... » (54). Qui ne reconnaissait dans cette prédiction l'annonce véridique du destin d'Achille ? Et, comment eût-on douté d'oracles si péremptoires et si clairs ? Lorsque dans l'opéra Neptune vient dans le temple du Destin, il obtient cette seule réponse :

L'époux de la belle Thétis
Doit être un jour moins grand, moins puissant que son fils.
Tout le reste est caché dans une nuit profonde (55).

Sans doute des préoccupations esthétiques ont pu intervenir ; il eût été maladroit d'assombrir la douceur de l'opéra en évoquant la mort tragique qui est réservée à Achille. Mais cette sentence est bien vague. C'est la crainte qu'inspirent les oracles et non leur valeur, que la pièce représente. Enfin, cet acte où l'on voyait danser et chanter les « ministres » du Destin ne manquait pas de refléter l'anticléricalisme de l'auteur ; l'archevêque de Paris n'intervint-il pas pour faire supprimer cette scène ? « Je ne me mêle pas de son clergé, dit Fontenelle, qu'il ne se mêle du mien. » (56). Et, quand l'opéra fut repris en 1750, le vieillard se permit un bon mot sur Machault qui « s'entend si bien à faire danser le clergé » (57). Ainsi le thème, malgré ses apparences mythiques et fabuleuses, est laïcisé : Fontenelle ne va évidemment pas insinuer ici que les prêtres ne sont que des imposteurs ; il était toujours utile, quand on avait

---

(53) *Œuvres* (3), t. IV, p. 264.
(54) Pindare (60), *loc. cit.*
(55) *Œuvres* (3), t. IV, p. 245 (acte III, sc. VIII), Il faut cependant avouer que chez Ovide l'oracle n'est guère plus explicite :
... mater eris juvenis, qui fortibus annis
Acta patris vincet, majorque vocabitur illo (op. cit., loc. cit.) :
« ... tu seras mère d'un jeune homme qui dans la force de l'âge surpassera les actions de son père, et sera proclamé plus grand que lui. »
(56) Collé, *Journal historique* (449), t. I, p. 317-318.
(57) *Ibid., loc. cit.*

la réputation d'être trop sceptique, d'affecter une excessive crédulité. Mais pour ses amis, pour ceux qui savaient le lire et le comprendre, le librettiste ne renonçait à aucun principe de sa philosophie ; il condamnait à nouveau les puissants, il ridiculisait le clergé, il célébrait l'innocence d'une nature délivrée des tyrans et des imposteurs. Ainsi conçue, cette œuvre se révèle d'une adresse admirable ; *Thétis et Pélée* est à la fois une résurrection flatteuse de la mythologie et un manifeste contre l'Eglise et la Monarchie. De semblables habiletés ne sauraient nous surprendre ; n'avons-nous pas vu qu'*Eléonor d'Ivrée* et *Le comte d'Amboise* chantaient l'amour, dont ils prétendaient dénoncer le « dérèglement » ?

Malgré la stylisation qu'impose l'opéra, Fontenelle était trop épris de singularité dans les situations et les sentiments pour se contenter des données un peu sèches de la Fable. Il a imaginé que Pélée était le confident de Neptune et que le dieu lui révélait sa passion pour Thétis, N'est-ce pas là une invention de romancier ? Matilde avait en effet la même position entre Eléonor et le duc de Misnie. Doris, une nymphe de la mer, amoureuse de Pélée, joue le même rôle que Mme de Tournon dans *Le Comte d'Amboise*. Elle emploie — tel Mithridate — la ruse pour faire parler le jeune homme ; et c'est, comme dans la tragédie de Racine, le fameux cri : « Vous changez de visage. » (58). Elle parvient même à persuader Thétis de se donner à Jupiter. Ces personnages sont purement humains, leurs ressorts n'ont rien de surnaturel, et ce sont eux qui dirigent l'action jusqu'au cinquième acte. Sans la miraculeuse intervention de l'oracle, sans la naïveté de Jupiter qui lui obéit aussitôt, la pièce se terminerait par une catastrophe. Le pessimisme de Fontenelle n'a pas disparu ; comme le chantent les protagonistes au premier acte :

> Les plus tendres amours sont les plus malheureux (59).

et cette fable, qui deviendrait une élégie et qui ressemblerait exactement aux mélancoliques romans qu'a signés Mlle Bernard, n'aboutit à un dénouement favorable que par un habile procédé du dramaturge soucieux de contenter son public.

Laïcisé, rendu plus réaliste et plus humain, le mythe présente peut-être quelque rapport avec l'actualité ; si l'on songe que Jupiter, dans les opéras du temps, représentait communément Louis XIV, que faut-il penser de ces vers que prononce Thétis :

> Dieux immortels, unissez-vous
> Contre un tyran qui nous opprime tous (60) ?

Ne semblent-ils pas s'appliquer à la guerre qui commençait alors ? Cette tirade du dieu de la mer :

> Ah ! dans le juste éclat de mes ressentiments,

---

(58) *Œuvres* (3), t. IV, p. 223 (acte II, sc. I).
(59) *Ibid.*, t. IV, p. 219 (acte I, sc. VI).
(60) *Ibid.*, t. IV, p. 256 (acte IV, sc. VIII).

Mon bras se servira de toute sa puissance ;
Je confondrai les éléments :
J'exciterai mes flots, et par leur violence,
Je causerai partout d'affreux débordements ;
Et sur la terre entière exerçant ma vengeance,
J'ébranlerai ses fondements (61).

n'avait-elle pas pour les spectateurs du temps un sens précis ? Et les conseils de Mercure, qui invoque « l'intérêt commun » ne nous révèlent-ils pas la pensée profonde de Fontenelle ? Il se pourrait bien que cet opéra soit un appel à la paix plus ou moins voilé ; l'horreur de la guerre, qui transparaissait déjà dans *Bellérophon*, se retrouve ici ; nous assistons à une bataille entre Jupiter et Neptune :

Quel bruit soudain nous épouvante !
Quelle tempête ! Quelle horreur !
Les vents sont déchaînés, et l'onde menaçante
Répond aux vents avec fureur (62).

Le *Mercure galant* de janvier 1689 célébra la beauté de cette œuvre : « Les plus tendres sentiments du cœur y sont exprimés naturellement, quoique d'une manière très noble... » (63). Et cette remarque, qui nous semble conventionnelle, a sans doute une signification précise : ne souligne-t-elle pas le double aspect de l'opéra, qui paraît noble et prestigieux, mais qui n'est au fond qu'un autre « roman » ? Les dieux sont des hommes, les oracles sont obscurs, et les prêtres risibles. Le *Mercure* notait évidemment la somptuosité des spectacles : on voyait en effet Neptune paraître avec son escorte de sirènes et de néréides ; Jupiter pour séduire Thétis lui montrait l'univers et tous les peuples ; la guerre se déclarait entre les dieux ; le spectateur était transporté dans le temple du Destin ; les Euménides et les Vents enlevaient Pélée et le déposaient sur un rocher où il devait attendre la mort ; au dénouement, les dieux du ciel et les dieux de la terre et Flore et Pomone s'assemblaient pour chanter l'amour de Thétis et de Pélée... Mais l'opéra offrait de plus solides qualités ; son intrigue est adroitement construite et intéressante ; en limitant le rôle de l'oracle, Fontenelle parvenait à faire planer sur l'action une sorte de mystère qui maintenait le spectateur en haleine.

Le *Mercure* invoquait « l'approbation générale du public » (64); il n'y avait là ni complaisance, ni exagération. Le 11 janvier 1689, le Dauphin était venu à la première représentation (65) : la Dauphine et le Roi firent jouer *Thétis et Pélée* à Trianon, le 16 février,

(61) *Ibid.*, t. IV, p. 235 (acte II, sc. IX).
(62) *Ibid.*, t. IV, p. 233 (acte II, sc. VII).
(63) *Mercure galant*, janvier 1689, p. 258-262. On y trouve encore cette remarque : « La beauté des vers a rempli l'attente de tout le monde. »
(64) *Ibid.*, *loc. cit.*
(65) *Mémoires et journal* de Dangeau (144), t. III, p. 133.

et ils « furent fort contents de la musique, et louèrent « beaucoup Colasse qui l'a composée » (66). Est-ce en songeant à cette œuvre que La Bruyère nota dans la quatrième édition des *Caractères* : Celui qui prononcerait aujourd'hui que Q..., en un certain genre est un mauvais poète, parlerait presque aussi mal que s'il eût dit il y a quelque temps : il est bon poète » (67) ? On peut en effet voir dans cette phrase une perfidie contre Fontenelle, et ce serait la première flèche que lui aurait décochée La Bruyère. Mais, comme cette édition se fit dès février 1689, il est plus raisonnable de penser que La Bruyère a simplement exprimé les regrets et la mauvaise humeur qu'avait ressentis le public devant les tentatives de Campistron. L'opéra fut repris huit fois. Danchet, avec l'approbation de Fontenelle, y ajoute un air. On fit de cette œuvre trois parodies : en 1713 *Arlequin Thétis,* en 1724 *Arlequin et Silvia,* en 1751 *Les Amants inquiets.* Si l'on reprocha parfois à Colasse d'avoir trop servilement copié Lully, tous louèrent la construction de l'intrigue, l'élégance de la versification et la splendeur du spectacle. Rémond de Saint-Mard se permit quelques légères critiques, mais ajouta : « ... les trois premiers actes surtout sont admirables... la scène du deuxième acte... c'est peut-être la plus belle, la plus magnifique, la plus superbe... » (68). La reprise de 1736 inspira à Voltaire ces remarques : « *Thétis et Pélée* me font trembler pour ma vieillesse. Il est triste que ce qui a été beau ne le soit plus, mais ce n'est point M. de Fontenelle qui est tombé, ce sont les acteurs de l'opéra... » (69).

C'est en 1690 que Fontenelle écrivit *Enée et Lavinie,* qui fut créé le 7 novembre. De l'aveu même du *Mercure,* c'est au chant VII que le librettiste avait emprunté son sujet ; il semble en effet avoir négligé le récit assez sec de Tite-Live. Après les critiques qu'il avait adressées à Virgile dans sa *Digression,* il avait l'occasion de se mesurer avec lui. Alors que dans l'épopée le roi Latinus engage sa fille avec Enée pour obéir aux oracles, avant même que les deux jeunes gens ne se soient vus, Fontenelle a repris ici le sujet de *Thétis et Pélée :* Enée et Lavinie s'aiment d'abord ; l'opéra présentera tous les obstacles qui s'opposent à leur passion et son triomphe final. On comprend aisément ce changement qui rend l'intrigue plus attachante et incite le spectateur à épouser les intérêts des protagonistes. Fontenelle ne pouvait représenter dans son opéra la guerre générale qu'a conçue Virgile : Evandre, Nisus et Euryale disparaissent. Il eût été déplacé de montrer au dénouement un carnage et le suicide d'Amata. Le genre imposait une concentration et

(66) *Ibid.,* t. II, p. 151.

(67) *Des jugements,* 13. Cette hypothèse a été soutenue par E. Fournier, *op. cit.* (509), *loc. cit.*

(68) Rémond de Saint-Mard (304), t. II, p. 306. Le critique ajoute : « Pour moi, quand j'y vois les deux plus grands dieux de l'Olympe sacrifiés à Pélée, mon égal et mon confrère, j'en deviens de quatre pieds plus haut... » Dès le XVIIIe siècle, on voyait donc dans cet opéra une exaltation de l'humanité victorieuse des dieux.

(69) *Voltaire's correspondence* (360), t. V, p. 94 (Voltaire à Nicolas-Claude Thiériot, le 10 mars 1736).

un adoucissement de l'intrigue. La guerre est remplacée par un simple duel entre Turnus et Enée ; Turnus est la seule victime. Ces modifications sont simples et presque fatales. D'autres changements sont plus révélateurs. Dans l'*Enéide,* les dieux mènent l'action, la colère de Vénus déchaîne la furie Alecto, qui va exciter Amata, les bateaux se transforment en nymphes, les habitants de l'Olympe se réunissent pour délibérer, l'armure que Vénus donne à son fils lui assure la victoire. L'opéra, comme *Thétis et Pélée,* se situe sur un plan plus humain : Alecto est éliminée, Amata et Turnus sont d'emblée hostiles au Troyen, l'oracle est assez vague et inoffensif ;

Les Amours vont bientôt ramener parmi vous
La paix qu'ils en avaient bannie ;
Le ciel suivra les vœux de Lavinie
Sur le choix d'un époux (70).

Et l'intrigue devient purement psychologique, puisque ce sont les hésitations de la jeune fille, sa soumission à sa mère et son inquiétude qui retardent le dénouement. Ce n'est qu'à la fin du troisième acte qu'elle choisit, et elle a subi tant d'influences qu'elle désigne Turnus, mais Enée réussit bientôt à la regagner. Quand les dieux apparaissent, quand Junon s'irrite ou s'apaise, quand Vénus donne à son fils l'armure invincible, de telles interventions semblent assez inutiles. On se demande pourquoi Fontenelle n'a pas poursuivi son dessein jusqu'au bout ; les conventions du genre et le respect de la mythologie l'ont sans doute contraint à conserver ces divinités désormais inutiles. Cette attitude enlève à l'opéra de sa logique et de son intérêt. Ce n'est pas que l'écrivain ait été incapable de concevoir un autre « merveilleux » ; peu sensible aux prestiges de la furie Alecto, il l'a remplacée par l'ombre de Didon qui révèle à Lavinie la trahison du Troyen et l'incite à se refuser à lui. Mais cette évocation présentait d'autres défauts ; elle rendait le héros « moins intéressant » (71).

Fontenelle avait critiqué la composition des épisodes dans l'*Enéide.* Son opéra présente assurément une action plus simple et plus cohérente que les chants correspondants de l'épopée. Mais cette logique n'est pas sans danger : toute la pièce est marquée par une sorte de « fatalisme » ; dès la première scène, Ilionée évoque « mille oracles » qui assurent à Enée que ses malheurs finiront sur les rives d'Italie. Est-ce le triomphe de l'amour ou le triomphe du destin qui nous est montré au dénouement ? L'un et l'autre à la fois... Mais l'intrigue est construite sur une accumulation d'épisodes, qui correspondent chacun à une difficulté nouvelle ; c'est Junon, c'est l'ombre de Didon, c'est Bacchus, qui tour à tour tentent de traverser l'amour des héros et de faire mentir les oracles. Comme le spectateur est rassuré depuis le début sur l'issue de ces péripéties, il ne saurait y prêter grand intérêt. « Un des grands

(70) *Œuvres* (3), t. IV, p. 290 (acte II, sc. III).
(71) *Dictionnaire des opéras* (446), p. 389.

secrets pour piquer la curiosité, c'est de rendre l'événement incertain » (72), lit-on dans les *Réflexions sur la poétique ;* cet excellent principe n'a pas été appliqué dans *Enée et Lavinie.*

Moins hardi que *Thétis et Pélée,* puisque les dieux et les oracles y sont davantage respectés, moins habile aussi, *Enée et Lavinie* ne paraît refléter aucune intention particulière. Peut-on y trouver le moindre rapport avec l'actualité ? Sans doute la guerre est-elle à nouveau peinte sous des couleurs affreuses :

O Janus ! C'est à toi de nous rendre la paix.
Retiens captives désormais
Le Guerre, la Fureur, la Discorde et la Haine.
Retiens-les à tes pieds sous une même chaîne (73).

Mais que de maximes conventionnelles parsèment ce livret ! Non seulement les prédictions des oracles sont indiscutables, mais

Si les dieux aux humains refusent leur présence,
Ils daignent leur parler par la bouche des rois (74).

Enfin cette évocation du « misérable reste » d'un peuple errant conduit par Enée et recueilli par Turnus peut représenter — malgré les multiples différences de situation et d'action — les Anglais exilés qui, avec Jacques II, avait été reçus par Louis XIV... Cette conjecture demeure discutable ; en tout cas, l'opéra a perdu l'audace qui avait inspiré *Thétis et Pélée.* Le spectacle ne paraît pas compenser les faiblesses de l'action ; au premier acte, les portes du temple de Jénus se brisent et Junon descend du ciel ; au quatrième, Vénus à son tour vient de l'Olympe à la terre ; et Junon fait une nouvelle apparition au dénouement. C'est peu — et cela pouvait sembler monotone à un public habitué à des effets plus somptueux et plus variés.

Cette œuvre maladroite, terne et conventionnelle, qui semble indiquer un travail rapide et peut-être le désir de rassurer le pouvoir et d'atteindre l'Académie, fut mal reçue par le public ; le *Mercure galant,* après avoir complaisamment loué la splendeur du spectacle, ajoute : « Les paroles sont de M. de Fontenelle... On ne peut douter qu'un ouvrage de sa façon ne soit plein d'esprit, après l'applaudissement général qu'ont reçu tous les livres qu'il a donnés au public... Il est cependant bien malaisé de contenter tous les goûts dans les choses de cette nature, qui, étant composées de différentes parties, ne plaisent qu'autant que chaque goût particulier est satisfait... » (75). C'était avouer la déception des spectateurs. Les épigrammes commencèrent à fuser ; la musique n'était pas plus appréciée que le livret ; on chantait :

Quelle pitié que l'opéra,

(72) *Œuvres* (3), t. III, p. 142 (XX).
(73) *Ibid.*, t. IV, p. 281 (acte I, sc. III).
(74) *Ibid.*, t. IV, p. 283 (acte I, sc. III).
(75) *Mercure galant,* novembre 1690, p. 253-255.

Depuis qu'on a perdu Baptiste !
Incessamment on publiera :
Quelle pitié, quel opéra !
Personne de longtemps n'ira,
Sans paraître tout à fait triste... (76).

Mme Deshoulières avec sa bienveillance habituelle s'empressait de rimer une parodie, qui soulignait cruellement les faiblesses de l'intrigue :

Gens éclairés, doctes cervelles,
Admirateurs de Campistron,
Ne pensez pas que Fontenelle
Soit indigne d'une chanson... (76 *bis*).

La scène où paraissait Didon fut aussitôt ridiculisée (77) ; l'abbé Lehoux composa cette épigramme :

Quem Trojani ignes pelagique pericla,
Quem tempestates, quem odium Junonis iniquae,
Quem fida Didonis amor, Turnique furores ;
Denique quem totus potuere haud frangere avernus,
Musa cachinnandum vulgi nunc gallica sannam
Exhibet, et magnum Aeneam indigna alinit arte (77 *bis*).

Repris le 14 février 1750, malgré les changements apportés dans le livret par Moncrif, l'opéra essuya une nouvelle chute, et Collé n'eut que mépris pour « un poème aussi froid, aussi mal versifié et aussi peu lyrique » (78).

Fontenelle parut renoncer. La Fontaine lui succéda avec la malheureuse *Astrée ;* en 1693, après l'échec d'*Alcide* et de *Médée,* on fredonna :

Fontenelle a mieux fait, il se le tient pour dit.
De son silence aussi tout Paris l'applaudit (79).

---

(76) Ms. fds fr. 12689, f. 165.

(76 *bis*) Ms. fds fr. 12641, ff. 307-314 ; on trouve ensuite, f. 314-316 une *Réponse à Mme Deshoulières par M. de Saint-Gilles,* qui se défend d'avoir composé cette parodie de l'opéra. Ces deux pièces ont été imprimées dans le *Recueil Moetjens* (299), t. III, 6e vol., p. 501-509.

(77) Ms. fds fr. 12689, f. 167.

(77 *bis*) Ms. Arsenal 6541, f. 247 :
Celui que les feux de Troie ni les périls de la mer,
Que les tempêtes, que la haine de l'inique Junon,
Que l'amour fidèle de Didon ni les fureurs de Turnus,
Enfin celui que les Enfers tout entiers ne purent briser,
La Muse française l'exhibe maintenant, bouffon risible,
Et elle le souille, le grand Enée, d'un art indigne.

(78) Collé, *op. cit.* (449), t. II, p. 226.

(79) Ms. fds fr. 12621, f. 523. Le commentaire précise : « L'opéra d'*Enée et Lavinie* ne réussit pas, et Fontenelle ne voulut plus en faire, car il avait fait aussi celui d'*Achille.* » Il y a évidemment confusion entre Fontenelle et Campistron. On trouve encore un couplet satirique dans le même recueil, 12621, f. 441.

Ce n'était pas exact puisqu'il écrivait alors *Endymion,* une pastorale héroïque, qui fut composée en 1692 selon le manuscrit de l'Arsenal, et éditée dès 1698 (80). On peut supposer que Fontenelle, déçu par son échec dans l'opéra épique, se crut plus capable de réussir dans le genre bucolique. Mais d'autres circonstances ont été à l'origine de cette œuvre. Il y avait un prologue qui « n'est pas sérieux ; aussi ne l'a-t-on pas mis à la tête de la pièce. Elle devait être jouée chez une dame et ce prologue n'a été fait que par rapport à elle. » Or, dans ces trois scènes assez plaisantes et bien enlevées, on voit surgir la troupe des Plaisirs qui demandent à Mercure :

Quel est l'emploi que vous nous destinez ?

Le dieu répond :

Divertir la beauté qui dans ces lieux commande.
Vous avez à lui plaire et l'entreprise est grande ;
Les mortels n'osent y songer.

Il précise aussitôt :

J'oubliais deux mots importants.
Si vous voulez avoir la gloire
De plaire à la jeune beauté,
Vivacité,
Diversité,
C'est ce qu'il faut et vous pouvez m'en croire... (81).

Et il fait entrer Scaramouche, les Arlequins et les Matassins :

Faisons l'essai de toute la folie
Que peut nous fournir l'Italie.

Mais l'Amour intervient :

Finissez ce vain badinage ;
Quoiqu'enfant, je suis sérieux...
Faites voir qu'un mortel peut aspirer au cœur
De la déesse la plus fière.
Le sœur du dieu de la Lumière
Reconnut autrefois un berger pour vainqueur.
Que l'on en rappelle l'histoire ;
J'ai choisi cette victoire
Entre mes plus grands exploits,
Et j'ai mes raisons pour ce choix (82).

---

(80) Ms. Ars. 6609 : « *Diane et Endymion,* pastorale héroïque de Fontenelle, mise en musique par M. le Président Hénault... Il n'y a que la musique de cet opéra, qui soit du Président Hénault, quoiqu'il soit assurément bien capable d'en faire les paroles, mais il a choisi celles de Fontenelle, qui sont imprimées dans ses œuvres et qui ont été longtemps sans avoir été mises en musique... Les paroles sont de 1692, et la musique du Président de 1713. »

(81) *Œuvres* (3), t. IV, p. 120-121.

(82) *Ibid.*, t. IV, p. 123-124.

Quelle peut être cette « jeune beauté » qui doit céder à un berger ? Serait-ce Mlle d'Achy que le poète courtisait alors ? Mais cette « fille de condition, pauvre, entretenue » (83) n'évoque guère « la sœur du dieu de la Lumière ». On songerait plutôt à quelque dame de haute naissance. Après la mort de la Dauphine, Fontenelle et Mlle Bernard paraissent s'être tournés vers Mme la Duchesse, à qui est dédié *Brutus*. Il faut avouer que cette princesse, dont Saint-Simon et Madame ont également célébré la « grâce non pareille et le charme séduisant... » (84), avait de multiples aventures avec de simples « bergers » ; on chansonnait alors sa liaison avec M. de Mailly, puis avec le marquis de Lassay. Son intimité avec le Dauphin, son demi-frère, était assez illustre pour que le prologue pût invoquer « le dieu de la lumière » ; et, si l'on pousse plus loin l'analogie, M. le Duc, qui avait « un visage difforme à faire peur, des mœurs perverses, une férocité extrême » (84 *bis*) pourrait bien être figuré par le dieu Pan, qui courtise Diane. Il n'est guère possible de parvenir à des conclusions précises, mais le prologue nous montre au moins que Fontenelle a renoncé aux thèmes religieux ou politiques des grands opéras et ne s'est voulu ici qu'un poète de salon.

Le mythe d'*Endymion* fut inlassablement traité au cours du XVIIe siècle. Gabriel Gilbert avait donné une tragédie en 1657 où l'on trouvait ces vers, qui auraient pu intéresser Fontenelle :

> Je connais bien les dieux, je sais leur origine :
> C'étaient des conquérants, des héros et des rois
> Qu'on a déifiés pour leurs fameux exploits...
> Si la peur fait les dieux et leur sacré mystère,
> La générosité pourra bien les défaire (85).

Cette œuvre connut un certain succès ; reprise en 1660 et en 1668, elle inspira un madrigal à Corneille. Fontenelle ne paraît guère s'en être souvenu. Il convenait dans une pastorale d'adoucir ce mythe trop pathétique, où l'on voyait Apollon par jalousie tuer le berger, que Diane allait rejoindre aux Enfers. Françoise Pascal, en 1657 également, fit jouer une autre tragédie sur ce thème (86), mais plus proche du roman de Gombauld (87) : c'est peut-être dans cette pièce que Fontenelle a trouvé le personnage d'Ismène, mais selon les lois de l'églogue, il a transformé cette sorcière en une bergère amoureuse. Cicéron voyait dans cette légende une représentation de la mortalité de l'âme ; Gombauld l'interprétait comme une allégorie mystique. Fontenelle a négligé tout cela. Sa conception de l'idylle et les préoccupations mondaines qui le sollicitaient, écar-

---

(83) Ms. Lyon 1543, f. 167.

(84) Saint-Simon, *op. cit.* (318), t. XVI, p. 258-259. Cf. *Histoire des princes de Condé...* par le général Piépape (636), p. 56, où sont cités plusieurs couplets satiriques concernant Mme la Duchesse. Mais il y en a beaucoup d'autres ; en 1690, on chansonne Mailly ; en 1691-1692, le comte de Marsan (ms. Arsenal, 2927, ff. 20-21 et 48).

(85) Lancaster, *op. cit.* (559), t. III, p. 498.

(86) *Ibid.*, t. III, p. 300.

(87) *L'Endimion* de Gombauld, Paris, chez N. Buon, 1626.

taient de tels développements. Il s'est plutôt rappelé *Le Triomphe de l'Amour* où figurait cette fable, et il semble avoir souvent paraphrasé Quinault (88). C'est dans des termes analogues qu'il évoque la chasteté et la fausse indifférence de Diane ; on retrouve dans les deux livrets une peinture identique de l'émoi de la déesse ; et la nuit « charmante et paisible » qui « rend le calme à l'univers » y est également célébrée.

Cette œuvre de commande ne semble guère avoir intéressé Fontenelle qui s'est contenté d'y placer quelques allusions à « la jeune beauté » qu'il voulait chanter. Ce n'est dans l'ensemble qu'une reprise un peu délayée — et parfois presque littérale — du ballet de Quinault. C'est à celui-ci que sont dûs les seuls moments un peu poétiques de cette pastorale : l'hymne à la Nuit et aux Etoiles :

Du grand astre du jour la mourante lumière
Va dans quelques moments s'éteindre au fond des mers ;
Commencez votre carrière,
Et consolez l'Univers... (89).

et l'appel que la déesse adresse au dénouement à toutes les constellations :

Vous qui fûtes jadis transformés en étoiles,
Dérobez-vous des cieux ;
Des nuages obscurs vous prêteront leurs voiles,
Descendez en ces lieux... (90).

En composant *Endymion,* Fontenelle faisait ses adieux à l'églogue ; en 1692, il n'abordait plus le genre avec la gravité et la sincérité qu'il avait montrées en 1688. Aucun musicien ne voulut se charger de ce livret jusqu'en 1713 — date à laquelle le président Hénault écrivit la partition. Le 17 mai 1731, la pièce fut créée publiquement avec une musique de Colin ; « tout cela est tombé — nota Mathieu Marais — et n'a fait que produire de nouveaux couplets contre le poète qu'on appelle *octogénaire Céladon, vieux bedeau de Cythère* » (91). De ces tentatives pour remplacer et éga-

---

(88) *Le théâtre de M. Quinault* (294), t. V, p. 69, *sq.*

(89) *Œuvres* (3), t. IV, p. 110 (acte IV, sc. v).

(90) *Ibid.*, t. IV, p. 117 (acte V, sc. III). On trouve dans Quinault, *op. cit.* (294), t. V, p. 88, ce chant de la Nuit :

Vous qui fuyez la lumière et le bruit,
Songes, rassemblez-vous dans mon obscur empire...

et cette tirade de Diane :

... Nuit charmante et paisible,
Tu rends le calme à l'Univers,
Hélas ! rends-moi, s'il est possible,
Le repos que je perds

Lucien avait d'ailleurs traité ce thème de façon analogue (55), t. I, p. 77-78 (*Dialogue de Vénus et la lune*).

(91) *Journal et Mémoires* (247), t. IV, p. 244. Mathieu Marais fait allusion à la chanson suivante (Rouen, *Correspondance Cideville*) :

C'est donc par vous, petit Colin,
Qu'on va voir Fontenelle,
Ravitaillé par Pellegrin,
Briller à la chandelle.

ler Quinault, il ne subsistait qu'une réussite indiscutable : *Thétis et Pélée*. C'est que dans cette œuvre sérieuse, Fontenelle s'était engagé complètement. Cédant avec *Enée et Lavinie* à une sorte d'académisme conventionnel, se pliant avec *Endymion* à une commande mondaine, il semble peu à peu se détourner du genre. Est-ce l'effet de ces nouvelles préoccupations, de son intérêt grandissant pour la science ? On peut présumer aussi qu'il n'avait vu dans

---

Sans vous, on n'eût jamais noté
Endymion, grande boutique
Soporifique ;
Mon fils, en vérité,
Vous avez bien de la bonté.

Qu'entre les jurés beaux-esprits,
Fontenelle ait sa place.
Ils sont faits pour mettre à haut prix
Tout ouvrage à la glace ;
Mais si le bonhomme a compté
Que d'un bon accueil on régale
Sa pastorale,
Parterre, en vérité,
Vous avez bien de la bonté.

Octogénaire Céladon,
Ta muse ressuscite.
Vers forcés, précieux jargon,
Ni rime, ni conduite.
Ton *Endymion* rebuté
Aboya trente ans à la Lune.
Pour sa fortune,
Gruyer en vérité
Témoigne bien de la bonté.

Fontenelle, le vieux bedeau
Du temple de Cythère
Fait remonter sur le tréteau
Sa muse douairière ;
Si de ce ballet accosté
Vous voulez faire la critique,
Cher Dominique,
Je dis qu'en vérité
Vous aurez bien de la bonté.

Puisque chaque âge a ses hochets,
Comme dit Fontenelle,
Passons ses vers colifichets
A sa jeune cervelle.
Mais que décrépit et voûté,
Sur la scène encore il gigotte,
Une calotte,
Messieurs, en vérité,
Ne l'a-t-il pas bien mérité ?

Endymion fut assitôt parodié par les comédiens italiens — ce qui suscita cette autre satire : *Jugement du conseil de la Calotte* (ms. Bordeaux 693, f. 58) :

Sur la complainte criminelle
Faite au conseil du Régiment
Par maître Bernard Fontenelle
Contre Arlequin et sa séquelle
Accusés solidairement

l'opéra qu'une expérience et qu'un soutien pour son ambition. Il était trop « intellectuel » pour jouer le rôle qu'avait tenu Quinault à la génération précédente.

S'il fit représenter en 1689 une comédie en un acte tirée du *Comte de Gabalis* de l'abbé de Villars, ce serait là une tentative plus profonde et plus originale. Ce livre singulier, qui avait intéressé Bayle, était voué à la dénonciation des supercheries des Rose-Croix, mais les dogmes catholiques y étaient également visés ; le « zèle indiscret » de Cham à l'égard de Noé était ridiculisé ; Villars écrivait : « Il a été décidé dans une conférence faite exprès sur cette matière par des esprits du premier ordre, que tous ces prétendus oracles n'étaient qu'une supercherie de l'avarice des prêtres gentils ou qu'un artifice de la politique des souverains. » (92). Un tel ouvrage ne pouvait que séduire l'auteur de *La Pierre philosophale* et de l'*Histoire des oracles ;* et, si les Rose-Croix ont peut-être assassiné l'abbé, l'Eglise lui interdit de prêcher. Cette comédie où Fontenelle pouvait satisfaire à son impiété, lui offrait aussi

---

A ce qu'à leur troupe comique
Il soit fait inhibition
De jouer pièce dramatique
Sous le titre d'*Endymion,*
Le plaignant sous ce titre même
Ayant depuis trente ans en ça
Rimé pièce d'un prix extrême
Qu'à l'opéra on refusa
Et qu'il veut par excès de zèle
Revendre au Roi comme nouvelle,
Ouï Scaramouche d'autre part
Sur les franchises de son art,
Vu d'Arlequin les singeries,
Culebutes (*sic*), bouffonneries,
Tout mûrement considéré,
Nous avons dit et déclaré
Que pourra la troupe italique
Par parodie ou par critique
Vilipender, huer, berner
Et contrefaire et bistourner
L'auteur d'*Aspar* pièce immortelle
Par le sifflet qui naquit d'elle,
Des *Lettres du Chevalier d'Her...*
Qu'admire Madame Lambert,
De la *Digression* où Virgile
Est traité partout d'imbécile,
Défendons à l'auteur barbon
Depuis trente ans portant lunettes,
D'écrire plus tendre sornette,
Ballets, opéras, ni chansons,
Ni dans une cour printanière
D'amener muse douairière,
A peine d'être pris meshuy
Aux incurables du Parnasse,
Où Coypel fils ayant pris place
Voudra bien chambrer avec lui.

Il semble que l'auteur de ce morceau a fait erreur en affirmant qu'*Endymion* fut refusé par l'opéra ; le *prologue* au contraire indique que cette œuvre était seulement composée pour une « dame »...

(92) *Le Comte de Gabalis* (354), p. 109-110.

l'occasion de chercher un nouveau « merveilleux », plus singulier et plus piquant que la mythologie antique. Car les sylphes, les ondins, les nymphes, les gnomes et les salamandres figurent dans le roman. *La Pierre philosophale* avait peut-être choqué les spectateurs par son fantastique insolite : c'est l'expérience faite dans cette comédie que Fontenelle voulait maintenant renouveler. Dans l'opéra, il se plie à la Fable, il la corrige, il l'altère, mais son esprit « moderne » doit désirer d'autres féeries que les dieux et les oracles. Si nous ne savons rien de ce *Comte de Gabalis,* si nous ne pouvons même imaginer devant quel public il fut joué, il nous reste le prologue d'une comédie intitulée *Pigmalion* : la date en est inconnue, mais on y retrouve la même recherche : ni Minerve, ni Vénus ne paraissent ici, mais l'Amour et l'Hyménée, qui sont également dépités de la froideur de Pigmalion, et la Gloire même que le prince de Tyr a irritée ; tous trois en appellent à la Folie :

> Grande divinité, maîtresse des humains,
> Toi, qu'en mille façon tout l'Univers adore,
> Toi, dont on suit toujours les ordres souverains,
> Soit qu'on le sache ou qu'on l'ignore...
> L'Amour, l'Hymen, la Gloire implorent ton appui ;
> Tu n'as point de sujets qui te soient plus fidèles... (93).

Et c'est à une spirituelle démythification de toutes les activités humaines que se livre le poète ; il se souvient des *Dialogues des morts* et de *Sur l'Histoire ;* les variations de la mode et du goût ne sont qu'un tourbillon d'absurdités qu'organise la toute puissante Folie :

> Les hommes d'à présent sont plus fous que leurs pères ;
> Leurs fils enchériront sur eux ;
> Les petits-fils auront plus de chimères
> Que leurs extravagants aïeux (94).

Œuvre séduisante, avec son ironie désabusée, la souplesse et l'élégance du rythme ; Fontenelle dut y voir surtout une tentative esthétique ; s'il n'exprime ici qu'une philosophie assez simple et traditionnelle, il la met en valeur en recourant aux allégories, qui font « meilleur effet » que les divinités classiques. Evidemment il n'a pas inventé le procédé, qui apparaissait souvent dans les pièces publiées par le *Mercure galant.* Peut-être les recherches que l'*Histoire du théâtre françois* l'amenait à faire sur la littérature médiévale, l'ont-elles poussé dans cette voie... Mais il n'était pas fréquent de présenter au théâtre de telles fictions ; les spectateurs devaient assister à des spectacles de ce genre : « Le Palais de la Folie s'ouvre ; il n'est composé que de grotesques enrichi de masques, etc. La Folie y paraît sur un trône, et la Raison enchaînée à ses pieds. » (95). La Motte allait plus tard composer un *Pigmalion* ins-

(93) *Œuvres* (3), t. X, p. 257.
(94) *Ibid.*, t. X, p. 264.
(95) *Ibid.*, t. X, p. 256.

piré peut-être par l'ébauche de Fontenelle. Il écrivit aussi *Le Carnaval de la folie,* qui rappelle assez nettement ce *prologue.* Mais La Motte prétendit s'être souvenu d'Erasme et de son *Eloge de la folie.* Serait-ce la source réelle de l'œuvre de Fontenelle ?

A travers ses opéras et ses comédies, l'écrivain ne cessait de chercher une solution au problème que se posaient Perrault et ses contemporains : comment renouveler — ou mieux remplacer — la mythologie antique ? Dans ses ouvrages d'esthétique littéraire, il reprendra cette question — mais évidemment dans une optique plus abstraite et plus théorique...

Les tragédies politiques.

C'est dans Justin que Mlle Bernard et Fontenelle prirent le sujet de *Laodamie.* Le récit de l'historien était assez bref : *Cum ex gente regia sola Nereis virgo cum Laudamia sorore superesset, Nereis nubit Geloni, Siciliae tyranni filio ; Laudamia autem, cum in aram Dianae confugisset, concursu populi conficitur...* (96). Voilà tout l'argument de la tragédie, mais les auteurs procédèrent à bien des modifications et à bien des additions. Pourquoi ont-ils choisi ce thème ? Peut-être précisément parce que la sécheresse de Justin et l'obscurité de cette histoire autorisaient toutes les inventions. Selon des traditions à la fois romanesques et théâtrales, les auteurs ont supposé que les deux sœurs étaient rivales : Laodamie est amoureuse de Gélon, le fiancé de Néréis. Cette situation avait déjà été représentée dans *Ariane,* dans *Anne de Bretagne* et dans *Argélie* (97) ; elle avait l'avantage de placer les personnages devant des problèmes assez complexes : la reine est partagée entre sa tendresse pour sa sœur et son amour pour Gélon ; la princesse est prête à se sacrifier, car le peuple exige que Laodamie épouse Gélon, et la révolution gronde. Il fallait un traître : ce sera Sostrate qui rêve de se marier avec Laodamie et de monter sur le trône. Cet ambitieux machiavélique, et le « sauveur de l'Etat » que représente Gélon, rappellent évidemment les héros cornéliens, mais les autres personnages sont plus intéressants : le ministre Phénix, qui ne songe qu'à des haines personnelles et les abrite sous un masque de franchise et de désintéressement, Laodamie elle-même, honnête et dévouée à son peuple, mais bien dépourvue de l'irréelle pureté que l'on pourrait redouter. Les trois protagonistes sont également admirables et touchants, mais leur valeur reste naturelle et discrète, sans emphase ni excès. A ce réalisme psychologique, s'accorde la recherche de finesses, d'observations subtiles et singulières ; ainsi l'intuition de Sostrate qui devine le premier que la reine est éprise de Gélon :

(96) *Abrégé* de Justin (54), t. II, p. 81 (liv. XXVIII, chap. III) : « Comme de la famille royale seule survivait la jeune Néréis avec sa sœur Laudamie, Néréis épousa Gélon, le fils du tyran de Sicile ; Laudamie quant à elle, ayant fui près de l'autel de Diane, fut tuée par la foule qui s'y précipita. »

(97) Lancaster, *op. cit.* (559), t. IV, I, p. 235.

L'amour, l'ambition me prêtent leur lumière (98),

l'incertitude de Laodamie à la fois hésitante et impulsive : dépitée un moment par le refus que vient de lui opposer Gélon, ne va-t-elle pas jusqu'à se montrer favorable aux prières de Sostrate :

J'estime votre amour et vous rendrai justice ?

Ces analyses, ces « jeux de théâtre », altèrent la structure apparemment cornélienne de la tragédie. Les héros ne sont plus parfaits, leurs sentiments sont assez mitigés et assez troubles. Ce réalisme se retrouve dans l'intrigue : ni le Destin, ni la volonté des dieux, ni la logique des passions ne dirigent l'action. Le dénouement n'est ni bon, ni mauvais : Laodamie, qui nous était sympathique, est tuée, mais les amants sont sauvés, et le traître est puni. Au lieu de la mécanique fatale à laquelle nous a accoutumés la tragédie racinienne, cette pièce n'offre que coups de hasard et rebondissements ; le spectateur est constamment surpris : surpris qu'Attale au premier acte soit assassiné, surpris que le messager qui annonce cette nouvelle soit l'instigateur du crime, surpris que Laodamie soit tuée après avoir calmé les mutins. Les auteurs ne se sont pas proposé d'illustrer une vérité morale ; ils nous présentent une page d'histoire, un tableau pathétique.

Cette construction dramatique entretient l'intérêt du spectateur — et le cinquième acte offre un exemple parfait de dénouement habile et inattendu : les récits fragmentaires et obscurs, des rebondissements, des hasards. Mais, par delà sa valeur esthétique, cette tragédie pourrait bien refléter la conception que Fontenelle s'était faite de l'histoire ; malgré les fatalités psychologiques et sociologiques, les grands événements demeurent imprévisibles. Et le personnage principal est peut-être le peuple, invisible, mais tout puissant ; inquiet, vite échauffé, vite apaisé, exigeant tour à tour que la reine épouse Gélon et que la princesse supplante sa sœur, docile à tous les mots d'ordre, il représente bien cette foule que Fontenelle n'a cessé de mépriser des *Dialogues des morts* aux *éloges* académiques.

Enfin, ce n'était pas pour les spectateurs de 1689 un spectacle indifférent que celui d'une révolution. Une chanson que Voltaire attribue à Fontenelle nous révèle l'attitude du philosophe devant les événements d'Angleterre :

Quand je veux rimer à Guillaume,
Je trouve aisément un royaume,
Qu'il a su mettre sous ses lois,
Mais, quand je veux rimer à Jacques,
J'ai beau rêver, mordre mes doigts,
Je trouve qu'il a fait ses pâques (99).

---

(98) *Recueil du théâtre françois* (47), t. V, p. 542.

(99) Voltaire, *Œuvres* (359), t. XIV, n. 2 (*Le siècle de Louis XIV*). Voltaire semble dater cette chanson de janvier-février 1689. On la retrouve dans le *Chansonnier Maurepas*, fds fr. 12621, f. 469 ; Cideville la cite dans ses *Traits, notes et remarques* (ms. Rouen), p. 84, mais il l'intitule simplement : « Anciens vers de M... »

Trublet ajoute ce trait : « Du vivant même de Louis XIV, on a osé, et ailleurs que dans la chaire évangélique, on a osé, dis-je, l'avertir de craindre la flatterie et l'orgueil qu'elle inspire. » (100) et il rapporte que Fontenelle aimait à citer des vers de l'*Epître au roi sur ces mots Viro Immortali qui sont en bas de sa statue dans la place des Victoires ;* l'auteur — qui peut être Barbier d'Aucour, ou Nodot, ou même Louis Petit — adressait à Louis XIV cet avertissement :

Souviens-toi qu'un grand roi n'est qu'un simple mortel (101).

Dans le même recueil, figurait le *Discours sincère à M. Despréaux,* qui fut écrit après la Révocation de l'Edit de Nantes, et sans doute vers 1689 ; la possibilité d'une défaite de la France y était évoquée avec une sorte de complaisance :

Chantez muses, chantez aux siècles à venir...
Etalez de Louis la royale splendeur,
L'invincible pouvoir, la suprême grandeur ;
Toutefois modérez l'ardeur qui vous enflamme.
Peut-être faudrait-il dans peu changer de gamme,
Si le ciel se lassait de répondre à nos vœux,
Et de le protéger par des succès heureux (102).

Et Mlle Bernard, qui montra si peu d'empressement à se convertir, ne devait guère éprouver de sympathie pour Jacques II et ses partisans.

Ces remarques peuvent nous aider à mieux comprendre *Laodamie.* Sans doute le peuple y joue-t-il un rôle assez méprisable, et ce n'est pas une apologie de la révolution que nous proposent les auteurs ; Gélon et Néréis ont une attitude loyale, qui est bien différente de celle de Guillaume d'Orange et de la princesse Marie ; Laodamie ressemble assez peu à Jacques II. Mais la scène où Gélon et Sostrate s'opposent, est plus révélatrice : celui-ci met en avant sa naissance :

Comment vous résister, quand je n'ai pour tous droits
Que d'être resté seul du sang de tous nos rois ?

l'autre lui répond en invoquant le consentement populaire :

Vous deviez régner, mais on en nomme d'autres.
L'Epire de vos droits sait assez mal juger ;
Vous sortez de ses rois, je suis un étranger.
Cependant, vous voyez en cette conjoncture
Que sa voix en effet ne vous serait pas sûre (103).

---

(100) *Mémoires* (345), p. 236.

(101) *Œuvres diverses* (270), t. I, p. 188. Trublet rapporte que Fontenelle attribuait cette pièce à Barbier d'Aucour ; il pense quant à lui qu'elle serait de Nodot, le traducteur de Pétrone ; mais — nous l'avons déjà vu — dans le même volume figurent les satires de L. Petit.

(102) *Ibid.*, t. I, p. 161.

(103) *Recueil du théâtre françois* (47), t. V, p. 595.

Ces arguments, ce sont ceux des Jacobites et des Orangistes. Dans un contexte différent, en recourant à une anecdote et à des personnages bien éloignés de l'actualité, Fontenelle et Mlle Bernard semblent cependant soulever et résoudre le problème essentiel que posa cette révolution : sont-ce les droits du sang ou le consentement populaire qui font la légitimité d'un souverain ?

Dans son originalité et même dans ses faiblesses, cette tragédie demeure intéressante. Mais l'expression n'est pas à la hauteur de la psychologie, ni de la construction dramatique ; des réminiscences de Racine,

> Pour la dernière fois, je vous parle en ce lieu ;
> Recevez d'une amante un éternel adieu... (104),

des souvenirs de Corneille,

> Je n'ai point encor vu qu'une âme noble et grande
> D'une couronne offerte avec soin se défende (105),

parsèment un langage assez monotone, qui tend parfois au lyrisme, à la plainte — mais sans parvenir à une réelle poésie :

> Aimez : l'Amour vous doit tout ce qu'il a de charmes,
> Pour vous récompenser d'avoir versé des larmes.
> Couronnez aujourd'hui votre aimable vainqueur ;
> Quel plaisir de donner un sceptre avec son cœur ! (106)

Il serait vain d'incriminer à nouveau la sécheresse de Fontenelle et son inaptitude au lyrisme. Mieux vaut avouer que là encore les conventions du temps et les influences que subissaient les auteurs les empêchaient de réussir. Malgré ses défauts, *Laodamie* eut le plus brillant succès ; représentée seule jusqu'au 2 mars, la tragédie fut alors soutenue par une petite pièce — ce qui suscita une protestation de Mlle Bernard (107). Mais nous avons pu compter vingt-deux représentations jusqu'au 27 mai 1689.

Si la part de Fontenelle dans la composition de *Laodamie* demeure imprécise, il n'en est pas de même pour *Brutus ;* non seulement cette pièce fut réimprimée parmi les *Œuvres* de Fontenelle, mais, lorsque Voltaire voulut traiter le même sujet, le *Mercure de France* de mars 1731 considéra son entreprise avec une hostilité non déguisée, et s'amusa même à souligner tous les emprunts qu'il avait faits au *Brutus* de Mlle Bernard : comment ne pas voir là une réaction inspirée par Fontenelle, qui tenait à défendre une œuvre où il avait mis du sien ? Ajoutons que la gazette de Donneau de Visé, qui en 1689 n'avait jamais parlé de *Laodamie,* concourut au lancement de *Brutus* ; on trouvait dans le numéro de décembre 1690 les lignes suivantes :

(104) *Ibid.,* t. V, p. 588.
(105) *Ibid.,* t. V, p. 570.
(106) *Ibid.,* t. V, p. 550.
(107) On trouve cette lettre aux Archives de la Comédie française ; elle fut publiée par E Asse, *Une pièce du grand Corneille* (384), p. 30-31.

Les dames sont aujourd'hui capables de tout, et, si la délicatesse de leur esprit leur fait produire sans peine des ouvrages tendres et galants, Mlle Bernard vient de faire voir qu'elles savent pousser avec force les sentiments héroïques et soutenir noblement le caractère romain. C'est elle qui a fait la tragédie de *Brutus,* dont les représentations attirent de si grandes assemblées. Il y a deux ans qu'elle fit jouer une autre pièce appelée *Laodamie,* qui coûta des larmes à tous les cœurs tendres. Elle écrit en prose avec la même justesse qu'elle fait en vers, et il n'y a rien de mieux pensé que les deux nouvelles qu'elle a données au public, l'une sous le titre d'*Eléonor d'Ivrée* et l'autre sous celui du *Comte d'Amboise* (108).

On présumera volontiers que Cydias mit la main à cet article flatteur. C'est donc dans *Brutus,* qui, selon Trublet, est « presque entièrement de M. de Fontenelle » (109), que l'on peut le mieux percevoir ses intentions et son idéal dramatique. Quelle fut à vrai dire la part de Mlle Bernard ? C'est ce que nous ne saurions déterminer, et nous ignorons tout du détail de leur collaboration. Pourquoi refusa-t-il de signer cette pièce ? Peut-être redoutait-il la vieille hostilité de Racine et de ses amis, et ne voulait-il pas rencontrer de nouvelles cabales. La dédicace à la duchesse de Bourbon est assez conventionnelle et n'apporte aucune précision sur les circonstances où naquit cette tragédie : « L'étendue et l'élévation de votre esprit — écrit Mlle Bernard — laisseront toujours une distance infinie de vous aux ouvrages qui vous seront présentés ; et elles vous mettent dans la nécessité de pardonner les dédicaces téméraires. » (110). Mais rien dans cette *épître* ne permet d'affirmer que les auteurs de *Brutus* aient été présentés à la princesse.

Est-ce dû à Fontenelle ? L'influence de Corneille semble plus nette que dans *Laodamie.* Nous revenons à Rome, et précisément à Tite-Live. Après que les Tarquins eurent été déposés, des jeunes gens de la noblesse romaine, gagnés par des émissaires du roi, méditent de renverser la république ; dans leur complot entrent les deux fils du consul : Titus et Tiberinus. L'entreprise est découverte ; tous sont arrêtés, et Brutus, malgré sa douleur, condamne ses fils à la peine capitale. Mais ces données historiques ont été traitées avec la même désinvolture que dans *Laodamie ;* pour intéresser les spectateurs et pour rendre les héros plus touchants, il fallait une intrigue sentimentale : Aquilius, qui selon Tite-Live était le neveu de Collatin, le second consul, devient un parent des Tarquins ; sa fille Aquilie est fiancée à Tiberinus, qui entre « sans peine » dans la conjuration. Comme la jeune fille est aimée par Titus, elle s'efforce, poussée par son père, de l'engager à trahir, et il cède. Mais il devait épouser Valérie : celle-ci apprend par hasard le complot et le révèle à Brutus, sans savoir d'ailleurs que Titus y est mêlé : c'est lui-même qui se dénonce à son père. Le sénat, à qui revenait

(108) *Mercure galant,* décembre 1690, p. 287-289.
(109) *Mémoires* (345), p. 24 et 301.
(110) *Œuvres* (3), t. X, p. 325-326. Cette épître est en effet signée, même dans les *Œuvres* de Fontenelle, par Mlle Bernard.

la sentence, préfère laisser Brutus seul juge de la punition de ses fils. Après un long monologue, le devoir l'emporte : les deux jeunes gens sont exécutés, Aquilie se suicide, Valérie envisage à son tour de se donner la mort :

> O tyrannique amour ! O funeste journée !
> A quel prix, liberté, nous êtes-vous données (111) ?

Malgré les apparences, cette tragédie n'est pas tellement différente de *Laodamie :* comme dans cette pièce, comme dans les romans signés par Mlle Bernard, les héros sont tous innocents et tous coupables. Aucun caractère admirable, mais aucune bassesse. La trahison d'Aquiius est excusée par sa parenté avec les rois dépossédés ; celle de Tiberinus par « l'étroite amitié », qui

> Avec les fils du roi l'avait toujours lié (112),

celle de Titus par la jalousie ; et Valérie n'est pas une amante racinienne qui veut perdre celui qui la dédaigne : quand elle dénonce la conjuration, elle ignore que Titus y participe ; elle ne vise au contraire qu'à le détourner d'Aquilie. Cette psychologie réaliste révèle un grand souci de diversifier les personnages, et, comme il est dit dans la préface, « ... ce serait un grand défaut dans une pièce de théâtre, que tous les caractères fussent pareils... » (113). Un sujet aussi cornélien ne laissait pas présager une telle pièce, qui ressemble davantage à une « haute comédie » qu'à un drame : les spectateurs furent surpris. L'auteur avoua : « Quelques-uns ont trouvé que j'avais un peu adouci le caractère de Brutus », et il tenta de se justifier en citant Tite-Live et en se livrant à des considérations morales : « ... l'action de Brutus n'est point une action de vertu, si l'on peut soupçonner qu'il y entre de la férocité naturelle ; il faut, pour être héroïque, qu'elle coûte infiniment. » (114). La Bruyère a peut-être songé à cette tragédie quand il a stigmatisé les poèmes qui ne sont « ... qu'un tissu de jolis sentiments, de déclarations tendres, d'entretiens galants, de portraits délicats, de mots doucereux... » (115). D'autres cependant ont jugé que Titus était trop parfait, et qu'on ne pouvait admettre qu'il vînt de lui-même demander à son père de le mettre à mort. Ces deux critiques paraissent contradictoires : tantôt on reproche à la tragédie trop de douceur, tantôt trop d'héroïsme. Mais on peut comprendre ces réactions : inspirés par Corneille, les auteurs sont enclins à présenter de grands sentiments et de glorieuses attitudes ; et ces éléments, qui semblaient naturels dans le *Cid* ou dans *Horace,* choquent, lorsqu'ils sont mêlés à des notations trop fines et une délicatesse romanesque. Cet alliage de deux esthétiques opposées fait éclater les insuffisances de l'une et de l'autre.

---

(111) *Ibid.,* t. X, p. 420 (acte V, sc. x).
(112) *Ibid.,* t. X, p. 350 (acte II, sc. I).
(113) *Ibid.,* t. X, p. 331.
(114) *Ibid.,* t. X, p. 328.
(115) *Des ouvrages de l'esprit,* 151.

Mais d'autres changements plus importants encore furent apportés au récit de Tite-Live ; selon l'historien, c'est bien après ces événements, après même la mort de Brutus, que Tarquin appelait au secours Porsenna, le roi des Etrusques ; Mlle Bernard et Fontenelle ont au contraire mêlé les deux actions — et quel autre projet auraient-ils pu avoir en procédant à cette modification, sinon d'évoquer la fuite de Jacques II et le soutien qu'il demandait à Louis XIV ? Ecoutons parler Octavius, l'envoyé de Tarquin :

Ce roi, le fer en main, justifiera sa cause.
Déjà de l'Etrurie il arme tous les bras ;
Déjà ses vastes champs sont couverts de soldats ;
Et bientôt Porsenna, contre un peuple rebelle,
Va des fronts couronnés soutenir la querelle.
Car enfin de son trône indignement chassé,
Tarquin par ce forfait n'est pas seul offensé ;
Et, si de Porsenna la valeur éclatante
Ne pouvait accabler Rome encore naissante,
D'un roi dépossédé l'exil et les malheurs
De tous les autres rois lui feraient des vengeurs (116).

Le 17 mai 1689, la guerre avait été déclarée entre la France et l'Angleterre ; en mars 1690, Jacques II, aidé par Louis XIV, débarquait en Irlande, mais le 10 juillet il était écrasé. Si l'on songe qu'*Athalie* où Racine a peut-être voulu chanter le triomphe souhaité des Jacobites, fut créée un mois après *Brutus*, on sera enclin à penser que les Anciens et les Modernes ne s'accordaient pas plus en politique qu'en littérature.

Ainsi trouvons-nous dans cette pièce un tableau pittoresque des événements actuels : un roi détrôné, une république qui s'installe péniblement, les complots, la nostalgie de l'ancien régime, les difficultés que rencontrent les nouveaux maîtres. Mais le problème est abordé plus profondément ; à travers les tirades d'Octavius et de Brutus, deux philosophies politiques s'opposent : voici comment parle l'envoyé de Tarquin :

... Consuls, quelle est ma joie
De parler devant vous pour le roi qui m'envoie,
Et non devant un peuple aveugle, audacieux,
D'un crime tout récent encore furieux,
Qui, ne prévoyant rien, sans crainte s'abandonne
Au frivole plaisir qu'un changement lui donne !
Rome vient d'attenter sur les droits les plus saints
Qu'ait jamais consacrés le respect des humains.
Méconnaissant des rois la majesté suprême,
Elle foule à ses pieds et sceptre et diadème...
Et quel autre forfait plus grand, plus odieux,
Peut jamais attirer tous les foudres des dieux ?
Les Romains sont en proie à leur aveuglement,
Ils ne consultent plus les lois, ni la justice,
Un caprice défait ce qu'a fait un caprice.

(116) *Œuvres* (3), t. X, p. 338 (acte I, sc. II).

Le peuple en ne suivant que sa légèreté,
Se flatte d'exercer sa fausse liberté,
Et par cette licence impunément soufferte,
Triomphe de pouvoir travailler à sa perte (117).

Mépris de la populace inconstante — légitimité supérieure du pouvoir royal — dangers de la démocratie — ne sont-ce pas là tous les arguments des Jacobites, et même de Hobbes et de Bossuet ? Et la réponse des deux consuls est aussi claire :

Non, seigneur, les Romains n'ont point commis le crime
De chasser de son trône un prince légitime.
Un roi, qui de nos lois tient son autorité,
Coupable ou vertueux, doit être respecté.
Mais bravant et nos lois, et ces lois si sacrées
Par la Nature même aux mortels inspirées...
Tarquin ose arracher le sceptre à son beau-père...
Un roi qui le premier régna contre la loi,
D'un peuple vertueux sera le dernier roi...
A la révolte enfin nous nous vîmes forcés.
La haine, les frayeurs ou les soupçons d'un homme
Etaient les seules lois qu'on reconnût dans Rome...
L'amour des nouveautés, une injuste licence,
A l'exil de Tarquin, n'eurent aucune part.
Rome s'est seulement affranchie un peu tard (118).

La Convention réunie à Londres, le 22 janvier 1689, avait déclaré en effet que « le roi Jacques II, ayant essayé de renverser la constitution du royaume en brisant le contrat originel entre le roi et le peuple, et... ayant violé les lois fondamentales... il avait abdiqué et le trône était désormais vacant » (119). Tous les griefs des Romains contre Tarquin pourraient être par les Anglais adressés à Jacques II ; on retrouve chez ce prince la même brutalité, et la même indifférence aux lois du sang, puisqu'il n'avait pas hésité à faire exécuter son neveu, le duc de Monmouth. Il serait vain de pousser plus loin « l'application » et de chercher une clef précise qui s'adapte à tous les personnages. Brutus et Valerius ne ressemblent évidemment ni à Guillaume d'Orange ni à la reine Marie. Les auteurs ont simplement voulu, avec des protagonistes différents, évoquer une situation analogue, et débattre — au moins dans le premier acte — un problème philosophique ; aux principes de Hobbes et de Bossuet, ils opposent les théories des Orangistes, que Locke devrait bientôt développer de façon éclatante.

On mesure le chemin parcouru depuis *Laodamie*. On ne pouvait dans cette pièce trouver que de légères allusions à la révolution anglaise ; les auteurs n'osaient pas représenter un peuple qui a raison contre ses gouvernants, ni un prince qui se révolte contre sa reine. Nous sommes cette fois dans le camp des révolution-

---

(117) *Ibid.*, t. X, p. 334-335 (acte I, sc. II).
(118) *Ibid.*, t. X, p. 336-338 (acte I, sc. II).
(119) *Peuples et civilisations*, t. X, *La prépondérance française*, par Th. Sagnac et A. de Saint-Léger, P.U.F., 1935, p. 379-380.

naires. Ce changement peut-il s'expliquer par la part plus importante que Fontenelle dut prendre dans la rédaction de cette tragédie ? Ou reflète-t-il simplement l'installation de plus en plus solide du nouveau régime, les preuves qu'il donnait de sa valeur et les arguments qu'inventaient ses apologistes ? Il est certain qu'en 1690, après que la France eut déclaré la guerre à Guillaume d'Orange, le problème devenait brûlant et pouvait susciter des réactions plus vives. Ne croyons pas que le mépris que Fontenelle a toujours témoigné pour le peuple, se soit soudain atténué : les rois doivent se soumettre au contrat signé avec la nation, mais la terreur est juste :

> ... ignorez-vous quelle sévère loi
> Met obstacle au dessein de rétablir le roi ?
> Quiconque seulement en serait le complice,
> Sous de cruels tourments, Rome veut qu'il périsse.
> Rome, sans distinguer âge, sexe, ni rang,
> N'écoute que sa haine et demande du sang (120).

Despotisme éclairé ou dictature de la « volonté générale » ? — peu importe cette terminologie ; n'appliquons pas à cette œuvre des théories qui lui furent postérieures. Et ce n'était pas le lieu de procéder à de longs développements abstraits. Il semble cependant possible de rappeler ici que Jurieu avait affirmé en 1689 dans les *Soupirs de la France esclave* que « les peuples ont établi des rois pour conserver les personnes, la vie, la liberté et les biens des particuliers » (121). Le doctrinaire huguenot approuva la révolution d'Angleterre car « les hommes sont naturellement libres et indépendants les uns des autres » ; les rois « tirent immédiatement leur pouvoir des peuples » ; le peuple fait des souverains, et donne « la souveraineté ; donc le peuple possède la souveraineté et la possède dans un degré plus éminent... » (122). Fontenelle aurait-il montré plus d'audace que Bayle, qui restait attaché à la monarchie absolue — à condition qu'elle fût tolérante et que les prêtres fussent éliminés des affaires ? Cela ne serait pas tellement surprenant ; la querelle des causes occasionnelles nous a déjà montré — mais sur le plan religieux et non politique — que le neveu des Corneille — le futur Académicien, le protégé de la Dauphine — avait parfois plus de hardiesse que le réfugié huguenot.

C'est qu'il savait concilier cette intransigeance avec une extrême souplesse ; en même temps que *Brutus,* il faisait représenter *Enée & Lavinie* et le prologue et tout l'opéra célébraient la puissance royale. Est-ce à son contact que Mlle Bernard avait appris l'art de tromper les puissants ? En 1691, elle concourut pour le prix de poésie de l'Académie française sur le sujet *Que le roi seul en toute l'Europe défend et protège le droit des rois.* Cette pièce est évidemment hostile à l'Angleterre :

(120) *Œuvres* (3), t. X, p. 351 (acte II, sc. I).
(121) H. Sée, *L'évolution de la pensée politique en France* (675), p. 27, *sq.*
(122) *Ibid., loc. cit.*

Quoi, faut-il que toujours une île criminelle...

Mais quelque malice y apparaît ; Louis XIV est, comme Porsenna, « le seul défenseur des rois », et n'y a-t-il pas un peu d'ironie à montrer la facilité de la révolution et à souligner l'humiliation de Jacques II :

L'onde voit fuir un roi que par grâce on exile ;
En sa place est assis l'usurpateur tranquille :
Et dans un peuple entier de traîtres et d'ingrats,
Il n'en a point coûté de sang, ni de combats (123) ?

Est-ce l'effet de ces allusions et de cette audace ? Malgré les critiques qu'encourut cette tragédie, elle eut un succès retentissant ; elle fut jouée un jour sur deux du 18 décembre 1690 au 8 février 1691. Fontenelle pouvait s'estimer heureux : il avait vengé l'échec *d'Aspar,* et redonné un peu de vie à un genre exténué. Il faut avouer, comme cette pièce, ainsi que *Thétis et Pélée,* en témoignent, qu'il trouva ses plus belles réussites, lorsqu'il fut sincère et audacieux ; le conformisme lui réussit moins. On ne saurait trop expliquer pourquoi il renonça alors à la tragédie : peut-être n'y avait-il vu qu'une « tribune politique ». Il est plus vraisemblable de supposer qu'une fois cette expérience tentée et réussie, le genre ne l'intéressait plus.

La poésie badine.

C'est vers cette époque que Fontenelle connut et aima Mlle d'Achy. Charlotte-Madeleine de Carvoisin d'Achy était issue d'une famille du Beauvaisis. En 1691, l'écrivain lui adressa la lettre suivante, qui est inédite :

> Mademoiselle,
>
> Je voudrais bien faire quelque sorte de mérite en vous écrivant, mais pour celui de la générosité, je vous avoue que je suis obligé d'y renoncer. L'inclination me l'ôte entièrement, et, par malheur, toute vive et toute naturelle qu'elle est, elle n'a jamais pu devenir un mérite auprès de vous. C'était elle qui aurait dû m'en tenir lieu, si vous aviez voulu lui rendre justice. Je sens que ma lettre prend un ton tout différent de celui que je voulais prendre. Je n'avais dessein que de vous réjouir dans votre solitude, s'il était possible, mais je suis trop pressé par quelque chose qui échappe à mon cœur malgré moi, et qui est devenu encore plus violent depuis la dernière fois que je vous ai vue. Je vous demande pardon de tout ce que je vais vous dire. Je tâcherai que ce soit pour la dernière fois. Je crois présentement vous écrire en pleine liberté, et il faut que je me dédommage de la longue contrainte où j'ai été.
>
> Vous savez à quel point j'ai été frappé de vous, et combien je m'étais occupé dans les temps où je vous voyais sans peine.

---

(123) *Pièces de poésie qui ont remporté le prix...* (285), p. 103-108.

Vous faisiez le seul plaisir de ma vie, et cependant je n'eus jamais un moment d'espérance, jamais un moment d'une agréable erreur. Ma raison, qui ne me servit de rien pour me défendre, me laissait encore assez de lumière pour me faire voir la disproportion de votre caractère et du mien. Je vous l'ai dit cent fois ; avec tout cela, je vous adorais ; je n'en appelle à témoin que vous-même ; jamais personne n'a eu sur moi un empire si naturel que vous et qui ait été plus facile à exercer ; il ne vous en coûtait que de vous laisser voir. Quand je cessai de vous voir souvent, je crus que l'absence me pourrait guérir, je ne vous attribuai qu'à beaucoup d'estime et d'amitié un intérêt très sincère que je prenais à tous vos maux ; et je donnais à la bonté de mon cœur ce qui ne venait en effet que de son trop de passion. Cependant je vous avouerai naturellement qu'à force d'être longtemps sans vous voir, j'avais quelquefois une espèce de tranquillité que je prenais pour une guérison. Dans ces temps-là, je ne cherchais pas tant à vous voir, ni à entendre parler de vous, parce que je croyais affermir ma santé. Mais le moment que je vous vis la veille de votre départ, m'a bien désabusé de ces fausses idées ; jamais vous ne me parûtes si aimable, ni si touchante. Vous me fîtes l'effet de la première surprise. Depuis ce temps-là, je n'ai eu l'esprit rempli que de vous, et je sens votre absence comme si j'avais été accoutumé à vous voir tous les jours, comme si je perdais tous les plaisirs d'une passion heureuse.

Voilà, Mademoiselle, ce que je n'ai pu m'empêcher de vous dire présentement. Je ne vous prie pas seulement d'y répondre. Mais, que dis-je, je sais qu'ils ne vous feront nulle impression ; le seul fruit que je souhaiterais d'en retirer, est que vous ne me fassiez plus ces espèces de compliments qui me blessent par d'horribles oppositions qu'ils ont à mes véritables sentiments. Je ne vous parlerai plus sur Caton, n'ayez point de peur. Je vous enverrai désormais des nouvelles, des vers que je vous ramasserai, et me croirai encore trop heureux de vous réjouir simplement. Tout ce qui a rapport à vous, tout ce qui vous convient, est d'un trop grand prix pour moi.

Adieu, mon cœur s'emporterait ici à vous dire cent choses que je supprime ; mais de vous rappeler, Mademoiselle, que je suis avec bien du respect

Votre très humble et très obéissant serviteur,

Fontenelle (124).

Cette lettre nous permet de reconstituer à peu près l'histoire de cette liaison. Nous l'avons datée de 1691, car c'est vers cette époque — selon Collé — que Fontenelle rencontra Mlle d'Achy, et le 7 juin 1691, il donna son approbation à un manuscrit intitulé *Les distiques de Caton* (125) — ce qui pourrait expliquer la curieuse allusion qu'il fait ici au vieux Romain. On devine trois « époques » dans cet amour ; il y eut d'abord « les temps où je vous voyais sans peine » ; puis, les rencontres s'espacent, involontairement —

(124) Ms. Société des Antiquaires de Picardie, Amiens.
(125) *Fichier Charavay*, 74, Flo-For, p. 263.

semble-t-il — à cause des « maux » qui accablent la jeune fille ; enfin, ils sont séparés, et la solitude où vit maintenant Mlle d'Achy n'est autre — comme nous le verrons — que le couvent de Saint-Chaumont. Par delà cette anecdote, nous trouvons dans cette missive de précieux renseignements : Mlle d'Achy — plus jeune que Fontenelle d'une quinzaine d'années — paraît plus frivole ; il fait figure à ses yeux de vieux pédant entêté de Caton. L'analyse et le lyrisme s'équilibre ici ; il n'y a aucune raison de suspecter la sincérité du philosophe ; Trublet ne dit jamais que son maître ait aimé, si ce n'est à propos de Mlle d'Achy. On devine combien la légendaire froideur de Fontenelle fut exagérée. Son style — bien loin de ses qualités habituelles — est souvent gauche, embarrassé, obscur même — et cela rend certains aveux d'autant plus touchants : « il ne vous en coûterait que de vous laisser voir » ; « des espèces de compliments qui me blessent » ; « n'ayez point de peur... ». Il semble qu'à son amour se mélange quelque pitié pour la jeune fille enfermée dans son couvent ; et, lorsqu'il essaye de discerner les « intermittences » de sa passion, il retrouve spontanément certaines maximes de sa philosophie : l'inutilité de la raison, le fatalisme. Ainsi le collaborateur de Mlle Bernard ébauche un roman vécu, plein de délicatesse et de mélancolie.

Si Trublet affirmait que Fontenelle s'était peint dans le personnage de Macate (126), nous ne serions pas surpris qu'il ait mis dans *Les Dames vangées* un peu de lui-même : ce jeune homme si froid qui découvre l'amour ne lui ressemblerait-il pas ? Et l'héroïne est vouée par sa mère à la vie monastique, comme l'était peut-être Mlle d'Achy. La finesse de cette comédie — et l'émotion que dégagent certaines scènes — pourraient bien s'expliquer ainsi. Cependant cet amour, qui eût été susceptible de donner naissance à un lyrisme romantique, ne s'exprima guère que de façon badine. Faut-il invoquer la discrétion de Fontenelle, ou la fameuse « pudeur classique » ? En fait, c'est une mentalité toute différente de la nôtre que nous devinons ici. Ce que les poètes du XIXe siècle auraient exalté et exagéré va être effacé, et couvert de plaisanteries... L'écrivain peut chanter la passion dans les opéras et l'éprouver dans la vie ; il ne songerait pas à confondre les deux plans. Ou si la littérature lui sert parfois à se confesser, c'est de façon bien voilée, en recourant aux mythes des *Pastorales* et aux plaisanteries des *Dames vangées*. En la circonstance, il fallait surtout amuser Mlle d'Achy, et Fontenelle s'y employa. Collé cite dans son *Journal historique* l'épître suivante :

> Je ne sais, Mademoiselle, si vous êtes fort versée dans la lecture de la vie des saints ; mais en cas que vous ne le soyez pas, en voici un trait que je vous apprendrai.
>
> Un vieux solitaire se glorifiait en lui-même d'être le plus parfait de tous les ermites ses frères. Il vint un ange qui rabattit sa vanité, et qui lui dit : Dans ce même désert où tu es, à trois ou quatre journées de chemin d'ici, en tirant vers

(126) *Mémoires* (345), p. 258-260.

l'Orient, il y a un solitaire qui est bien un autre homme que toi ; va le trouver et tu verras ce que je te dis.

Ainsi, Mademoiselle, s'il vous venait quelques sentiments de vanité sur ce que vous êtes retirée à Saint-Chaumont, si vous alliez vous imaginer que vous êtes une recluse bien parfaite et qu'il n'y a point de solitude qui vaille la vôtre, j'espère que vous entendriez une voix qui vous dirait :

Non loin de Saint-Chaumont, tirant vers l'Occident,
Au pays des jeuneurs, terre ingrate et maudite,
Tu trouveras un autre ermite
Qui l'est à ton exemple, et de qui cependant
Tu n'égales pas le mérite.

Jamais dans sa famille on ne le querella
Il n'est point né d'une quinteuse mère,
Anachorète volontaire,
Un pur zèle l'a logé là.

Il passe ses beaux jours dans le fond d'une grotte,
Où jamais il ne voit la gent qui porte cotte.
S'il venait une femme en ce funeste trou,
Elle s'y casserait le cou.

Là l'esprit occupé des plus tristes images,
L'ermite pour jamais fuit le monde et les siens.
Il a fait, il est vrai, quelques petits voyages
Vers les peuples nommés Académiciens.
Mais ces peuples sont si sauvages,
Que de les visiter si peu,
Ce n'est pas contre son vœu.

Le diable est inquiet d'une vertu si pure,
Il a pour le tenter l'esprit à la torture,
Il s'épuise en inventions ;
Bref, il lui fait avoir des visions.
Deux ou trois fois d'un vol rapide,
Il l'a transporté dans ces lieux
Où sans doute l'enfer préside ;
On croit y voir une certaine Armide,
Qui d'un certain Renaud adore les beux yeux ;
Mais l'ermite a bientôt connu le statagème
Dont usait cet esprit malin.
Toute l'illusion se détruit à la fin,
Et le diable honteux emporte tout lui-même.

Qu'oseriez-vous dire à cela, très imparfaite recluse ? Oseriez-vous bien vous comparer à un tel personnage ? Et savez-vous bien encore de quelle manière il passe sa journée ?

Tantôt le saint homme s'occupe
A lire deux petits écrits,
Qui sont pour lui d'un si grand prix,
Qu'il aime mieux les voir que l'envers d'une jupe.
Tantôt parlant à demi-bas,
Il dit certaines litanies,

Fort longues et presque infinies,
Car chaque article est un de vos appas.
Par exemple en voici un petit échantillon :
Nez retroussé,
Double fossette.
Eclats de rire sans sujets et pourtant jolis,
Esprit frivole et pourtant aimable,
Jarretières toujours roulantes,
Le plus petit de tous les pieds,
Charmante suite du petit pied.

Voilà, Mademoiselle, quelles sont les occupations de ce pauvre solitaire ; il est résolu à ne point sortir de son ermitage jusqu'à ce que vous le mandiez dans le vôtre, et ne le faites point languir, si vous ne voulez que la solitude le rende fou. Vous avez intérêt à lui conserver le peu de raison qui lui reste ; je vous jure qu'il ne s'en sert qu'à connaître tout ce que vous valez (127).

« Ni sentiment, ni galanterie, ni le moindre usage du monde » (128) — tel fut le cruel jugement que Collé porta sur cette épître, et l'on peut trouver en effet que ce badinage appliqué réussit moins bien à Fontenelle que sa sincérité — si gauche qu'elle puisse être. Le physique et le caractère de Mlle d'Achy se précisent ; et la vie même de Fontenelle : Collé a estimé, d'après l'allusion contenue dans la quatrième strophe, que cette lettre avait été écrite peu avant la réception de l'écrivain à l'Académie française ; ce n'est pas évident : ces vers peuvent aussi bien représenter les séances auxquelles Fontenelle va assister après son élection. Solitaire, partagé entre son travail et les soirées à l'opéra, où l'on reprend l'*Armide* de Lully, le philosophe paraît mener une vie plus retirée qu'on ne le supposerait. En 1691, il s'installa définitivement à Paris, et se fixa chez Thomas Corneille rue du Clos-Gerbeau, non loin de la rue ou du « pays des Jeuneurs ». L'intellectuel plaisante avec une sorte de complaisance sur la médiocrité de son logement, « ce funeste trou ». Peut-être la deuxième strophe est-elle destinée à rappeler quelque événement survenu à Mlle d'Achy, et cette « quinteuse mère » évoque en effet l'*Orasie* des *Dames vangées*. On ne sait trop ce qu'il advint de cette liaison. Mlle d'Achy figure dans le *Noël* que chantèrent la duchesse de Bourbon et ses amis en 1696 :

Au milieu de la presse,
La D'Achy se fourra,
Criant : quelque duchesse
Nous y présentera.
Qu'on la laisse approcher ; elle est ici de mise,
Dit Joseph au poupon, don don
Près de vingt ans y a la la
Qu'elle sert notre église (129).

---

(127) *Journal historique* (449), t. I, p. 364-367. Collé affirme tenir cette lettre de Piron.

(128) *Ibid., loc. cit.*

(129) Ms. Lyon, 1543, f. 167. Le même couplet se retrouve dans le *Chansonnier Maurepas*, fds fr. 12624, f. 175 ; mais la « D'Achy » y est

et la note du manuscrit est assez éclairante : « fille de condition, vaine, pauvre, entretenue... par trois abbés ». En fait, la frivolité et la facilité de mœurs de Mlle d'Achy étaient légendaires, s'il faut en croire certains couplets du *Chansonnier Maurepas* (130). Dans une lettre à Mme de Lambert du 21 novembre — mais l'année n'est pas indiquée — le philosophe écrit : « Voici la fin de novembre, Madame, et vous ne venez point... N'ayez point peur que mon Iris n'ait trop de part à mes sentiments, elle m'a écrit deux ou trois petites mots secs, dont je ne suis pas bien content... Non, ce n'est pas là comme on aime... Je lui cherche des excuses, comme font toujours les pauvres amants parfaits... » (131). Comment savoir s'il s'agit encore de Mlle d'Achy ? En 1707, elle épousa le marquis de Mimeure, que Boileau fit entrer à l'Académie l'année suivante. C'était un honnête homme, qui avait écrit quelques vers, et notamment une *Ode à Vénus* imitée d'Horace (132). Présenté jadis au roi comme un enfant prodige, il servit de « menin » auprès du Dauphin et fut exilé en 1682 pour « débauches ultramontaines » (133). Chose curieuse — ce protégé de Boileau était sûrement un ami de Fontenelle ; il avait publié des vers dans le *Mercure* de juillet 1677, et il laissa La Motte rédiger à sa place son discours de réception. Veuve en 1719, et sans enfants, Mme de Mimeure mourut en 1724 d'un cancer au sein : elle était à la fin de sa vie « dans la haute dévotion ». Piron et Voltaire célébrèrent à l'envi sa beauté et sa vertu, et la comparèrent à la fois à Vénus et à Minerve... (134).

Tout cela nous laisse deviner une sorte d'aventurière, qui « se range » peu à peu et finit dans le repentir. Loin de la quiéture pastorale qui entourait Mme de la Mésangère, Mlle d'Achy entraînait Fontenelle dans un monde assez mélangé — celui même qui est évoqué dans les *Dames vengées ;* et l'écrivain avait peut-être quelques raisons de glisser dans sa comédie une allusion aux « galanteries des abbés »... Malheureusement, nous ne pouvons connaître ni le déroulement précis de cette intrigue, ni les sentiments que put ressentir Fontenelle. Ce ne sont pas ses vers qui nous découvriront les secrets de son cœur ; le badinage voile l'émotion — et il n'est pas facile d'identifier les pièces qui sont vraiment dédiées à Mlle d'Achy.

Le 24 septembre 1693, Bayle écrit à Minutoli : « La fable de l'*Honneur et de l'Amour* et de M. de Fontenelle, à ce que m'a dit

---

remplacée par « la Toisy ». Cela n'enlève évidemment pas sa valeur au commentaire du manuscrit de Lyon. Enfin dans le *Chansonnier de l'Arsenal,* 2927, p. 331, on retrouve la même note, mais il y a cette fois « quatre » et non plus « trois » abbés...

(130) Ms. fds fr. 12624, f. 129 (couplets échangés par Mlles de Brosse et d'Achy).

(131) *Fichier Charavay,* 74, Flo-For, p. 280.

(132) D'Alembert, *op. cit.* (68), t. III, p. 427-430.

(133) *Mémoires* de Sourches (331), t. I, p. 111 (juin 1682).

(134) Il existe en effet plusieurs lettres de Voltaire qui lui sont adressées entre 1715 et 1720 ; de même *Œuvres complètes* de Piron (286), t. VII, p. 102-105.

M. Basnage : et je le crois d'autant plus facilement qu'elle roule sur une pensée qui est dans les *Dialogues des morts* du même auteur. » (135). Il paraît vraisemblable, vu la date, de rattacher ce poème au « cycle » de Mlle d'Achy, comme les derniers vers le suggèrent ; l'Amour, se plaignant jadis que tous se soumettaient trop aisément à sa puissance, implora Jupiter de lui forger un ennemi ; le dieu inventa l'Honneur :

> Jeune beauté, vous que rien ne surmonte,
> Je ne dis point : vous m'aimerez un jour.
> Mais cependant, ceci n'est point un conte,
> L'Honneur fut fait en faveur de l'Amour (136).

Le *Recueil Moetjens* (137) publia en 1695 *le Rossignol, la fauvette et le moineau* ; mais, comme on y trouve souvent des poèmes assez anciens, on ne saurait affirmer que cette fable date de cette époque ; l'auteur s'y livre à une satire des poètes galants, que symbolise le rossignol :

> Et moi, dit le moineau, je vous baiserai tant.

C'est lui qui gagne le cœur de la fauvette,

> Je sais mainte Cloris du goût de la fauvette,
> A moins qu'il ne se trouve un tiers oiseau donnant :
> Alors il n'est pas étonnant
> Que ce dernier gagne sur l'étiquette (138).

Peut-on donner à cette pièce un sens autobiographique ? Fontenelle se serait-il aperçu que ses assiduités, ses soupirs et ses peines ne pouvaient séduire Mlle d'Achy ? Si les *Œuvres* éditées en 1698 ne contiennent que des poèmes inspirés par l'Iris du *Mercure galant* ou par Mme de la Mésangère, les petites pièces qui parurent en 1708 reflètent la vie sentimentale de Fontenelle à partir de 1688 ou de 1690. Il n'est évidemment pas certain que Mlle d'Achy soit l'unique inspiratrice de ce recueil, mais, comme nous ne pouvons avancer aucun autre nom et comme toutes ces œuvres se ressemblent, il vaut mieux les grouper et les analyser ensemble. Un thème domine : l'amour fatal et durable qu'éprouve l'auteur ; il nous avertit dans l'*Horoscope* que sa passion put être prévue dès le jour de sa naissance par un astrologue et qu'elle n'aura pas de fin (139); *Le Temps à l'amour* (140), *Sur une passion constante sans être malheureuse* (141), *Sur un commerce d'amour qui subsistoit sans fureur, sans jalousie* (142) célèbrent la constance et la sérénité de cette liaison.

---

(135) Bayle (96 *bis*), t. II, p. 536.
(136) *Œuvres* (3), t. IV, p. 386-387.
(137) *Recueil Moetjens* (299), t. III (1695).
(138) *Œuvres* (3), t. XI, p. 257.
(139) *Ibid.*, t. IV, p. 368-370.
(140) *Ibid.*, t. IV, p. 371.
(141) *Ibid.*, t. IV, p. 382.
(142) *Ibid.*, t. IV, p. 392.

Ce bonheur a ses problèmes ; l'amant est partagé entre sa maîtresse et la science ; il est comme *la macreuse* qu'Iris transforma en pigeon (143). Dans l'*Anniversaire*, s'assemblent les sages,

Censeurs du monde et presque anthropophages,
Gens sans amour et rêvant toujours creux.

Ils déplorent la désertion de l'un de leurs compagnons. Mais, quand il reparaît, c'est pour les braver :

Je reviens dans un an, à l'autre anniversaire.
En attendant, je vous déclare à tous
Que j'aime, que l'on m'aime et que vous êtes fous (144).

Et, ne serait-ce pas une évocation humoristique de l'Académie des Sciences ? *Sur les distractions dans l'étude de la géométrie*, qui existe en deux versions, l'un en décasyllabes (145), l'autre en octosyllabes (146), ne fut pas publié en 1708, mais c'est bien dans les années 1702-1707 que Fontenelle se plongea dans la « géométrie de l'infini », et il nous avoue ici encore son ambivalence de savant et d'amoureux... Dans d'autres pièces, il recourt à Descartes — ou du moins à son *portrait* — pour exprimer le même thème.

D'autres incidents troublent cette liaison : Iris quitte son amant pour aller dans le monde, et il adresse une *Prière à l'Ennui*, où se retrouve une spirituelle satire de la vie des salons :

Le triste Sérieux et la Langueur secrète
Par qui les Plaisirs sont chassés,
Les compliments froids et glacés,
Les nouvelles de la gazette,
Les longs contes remplis de détails entassés ;
Ou, qui pis est, le ris forcés,
La gaîté fausse et contrefaite,
Les bons mots d'autrui qu'on répète,
Et qui même sont mal placés... (147).

La jeune femme voyage, et c'est *Sur un retour qui devoit être au mois d'octobre*, qui rappelle la lettre à Mme de Lambert que nous avons citée (148). Quand elle va à Versailles, Fontenelle se souvient des *Zéphyrs* de 1680, et les vents, qui portent les soupirs des deux amants se rencontrent sur le pont de Sèvres (149). Un seul jour d'absence d'Iris, et c'est *Caprice ;* deux jours à la Cour, et

J'entends la raison en colère

(143) *Ibid.*, t. IV, p. 372-373.
(144) *Ibid.*, t. IV, p. 383-384.
(145) *Ibid.*, t. IV, p. 385-386.
(146) *Ibid.*, t. IV, p. 397-399, avec le titre *Sur l'absence d'une personne à qui l'on donnoit le nom d'Iris en vers, et, hors de là, quelques autres noms.*
(147) *Ibid.*, t. IV, p. 362-363.
(148) *Ibid.*, t. IV, p. 364.
(149) *Ibid.*, t. IV, p. 394-395.

Qui gronde et tempête chez moi.
Que diable est-ce donc que je vois ?
Une humeur triste et solitaire,
Un noir chagrin qui n'appartient
Qu'aux grands malheurs, aux funérailles... (150).

Sur une petite vérole, qui évoque une maladie d'Iris, montre que sa grâce et sa beauté triomphent de tout (151). Le poète à son tour est souffrant et supplie sa maîtresse :

Vous ne venez donc point, vous par qui je respire,
Vous qui seule à mes maux pourriez me dérober (152).

On peut ajouter à cette chronique sentimentale *Sur mon portrait,* qui daterait de 1710 (153), et peut-être la gracieuse *Chanson :*

Un vainqueur après sa victoire
En répand l'éclat en tous lieux :
Un amant dérobe sa gloire
A tous les yeux (153 *bis*).

Ces poésies nous retracent l'histoire d'une liaison dans la haute société de la Cour et de la Ville ; l'amour du poète paraît d'abord timide et passionné, puis paisible et heureux, bien qu'il ait toujours à se plaindre qu'Iris soit plus frivole ou plus indifférente que lui... Nous serions enclin à rattacher toutes ces pièces au « cycle de Mlle d'Achy » ; c'est en 1708, après le mariage de sa maîtresse, que Fontenelle les publie, et il racontait dans sa vieillesse qu'il « avait boutonné sa culotte à cinquante ans » (154) — soit environ en 1707... Conjecture incertaine, mais assez cohérente... Ces pièces badines, destinées d'ordinaire à amuser leur destinatrice, reflètent un certain renouvellement dans l'inspiration et la technique de Fontenelle. Nous sommes évidemment bien loin du lyrisme des *Pastorales,* mais ce badinage ne ressemble pas davantage aux pièces qui paraissaient dans le *Mercure* vers 1678. La mythologie est encore utilisée, mais de façon bien furtive et assez sèche. L'ingéniosité et les systématiques paraboles d'autrefois sont oubliées ; la poésie rase la prose ; l'expression est simple, et même familière, et les vers inégaux renforcent encore cette impression. Oubliant les « édits d'Amour », les « procès d'Amour », si chers aux poètes galants des années 1660-1680, Fontenelle nous propose de petits morceaux sans ambition, nés des circonstances, fugitifs et parfois négligés. Les rimeurs du XVIIIe siècle recoureront aux mêmes procédés. Jusque dans son extrême vieillesse, le secrétaire de l'Académie des sciences prendra plaisir, tandis qu'on le portera en chaise à travers Paris, à improviser de menues pièces de ce genre. N'utilisant que

(150) *Ibid.,* t. IV, p. 395 et 397.
(151) *Ibid.,* t. IV, p. 379-380.
(152) *Ibid.,* t. IV, p. 391.
(153) *Ibid.,* t. IV, p. 396.
(153 *bis*) *Ibid., loc. cit.*
(154) Collé, *op. cit.* (449), t. I, p. 348.

peu d'images, parfois purement concrète, cette poésie n'avoue qu'une recherche, la virtuosité dans la versification ; dans des octosyllabes allègres et saccadés, l'auteur joue avec les rimes et s'abandonne au pur plaisir de déployer son adresse :

Toute vérité sera dite,
Puisque je viens de commencer :
Qu'un objet jamais ne vous quitte,
Qu'en vain pour s'en débarrasser,
Votre pauvre cerveau s'agite,
Que ce soit une loi prescrite
D'y penser et d'y repenser,
Tant que chez vous une âme habite,
C'est, si j'ose le confesser,
Une condition maudite... (155).

Dans le *Placet présenté par un officier de marine,* que Fontenelle dut adresser au comte de Pontchartrain, lorsqu'en 1693, celui-ci obtint la survivance de son père, reparaît la même technique :

Si la Badine toutefois
Etait une jeune blondine,
Ou brunette à joli minois,
Piquante, vive, un peu mutine,
Fringante jusqu'au bout des doigts,
Vous ne seriez pas si courtois
Que de m'accorder la Badine,
Et jamais je n'en tâterais.
Ains vous iriez à la sourdine,
Oubliant les sacs et les lois,
Et toute autre bonne doctrine,
En badinant prendre les droits
Que donne une ardeur libertine,
Dans le temps où l'ombre et Cyprine
Favorisent les doux exploits
Auxquels la jeunesse est encline (156).

Influencé peut-être par ses recherches sur « les vieux poètes français », Fontenelle retrouvait un peu le rythme allègre et la « gentillesse » de Marot. Il était l'ami de l'abbé Régnier-Desmarais ; les deux hommes aimaient à se réciter leurs vers (156 *bis*) ; nous ne

---

(155) *Œuvres* (3), t. IV, p. 398-399.

(156) *Ibid.*, t. X, p. 471-473. On retrouve exactement la même technique dans la *Réponse à une lettre de M. de Voltaire,* 1717, t. X, p. 474-476.

(156 *bis*) *Traits, notes et remarques* (Ms. Rouen), p. 35 : « M. de Fontenelle rencontre l'abbé Régnier qui lui dit : Jeune homme, on dit que vous avez fait une jolie pièce de vers ; venez me les dire. Il le mena dans une embrasure de fenêtre et tout en l'y menant il lui dit : J'en ai faits aussi ; il lui récita plus d'une fois ceux qu'il avait faits et ne parla point à M. de Fontenelle de ceux qu'il lui avait demandés. » Nous avons déjà cité (*supra, Contre les gens de Versailles*) une anecdote qui atteste les bonnes relations existant entre les deux hommes. C'est Fontenelle qui donna l'approbation aux *Poésies* et à la *Grammaire* de Régnier.

serons pas surpris de retrouver dans leurs œuvres les mêmes intentions et les mêmes procédés. Ces lettrés sceptiques, qui ignoraient ou méprisaient l'inspiration, ne cherchaient plus que les prouesses techniques. Régnier s'amuse à versifier une longue épitaphe, dont toutes les rimes sont en « ra » (157), et voici comment il nous présente ses vers :

> La poésie française n'a connu jusqu'ici que deux sortes de vers qui eussent un repos fixe ; les grands vers de douze à treize syllabes, qui ont le repos sur la sixième ; et les vers de dix à onze, qui l'ont sur la quatrième. Voici une nouvelle mesure de vers que l'on expose au jugement du public : elle est différente des deux autres en ce que le repos se fait sur la cinquième syllabe ; et elle a néanmoins quelque chose de toutes les deux, en ce que le vers est coupé justement par la moitié comme les grands vers et qu'il est renfermé dans le même nombre de syllabes que le vers de dix à onze (158).

Dans le discours *Sur la poésie, en général,* Fontenelle exprime des préoccupations analogues. Les règles de la versification sont peut-être factices ; elles n'en constituent pas moins à ses yeux l'essence de la poésie : « Ne sont-ce pas les difficultés vaincues qui font la gloire des poètes ? » (158 *bis*) ; il faut chercher quelle peut être la meilleure sorte de rime ; celle-ci est « d'autant plus parfaite quand les deux mots qui la forment sont plus étonnés de se trouver ensemble. J'ajoute seulement qu'ils doivent être aussi aises qu'étonnés » (159). Il est puéril de faire rimer *âme* et *flamme* ; ces mots ne sont pas « *étonnés,* mais *ennuyés* de se rencontrer » (159 *bis*). En revanche, si le poète accorde *fable* et *affable,* et que « le sens des deux vers soit bon » (160), il aura réussi. Et c'est en songeant à ses propres œuvres, que le théoricien précise que « l'assujetissement à la rime » importe davantage dans la poésie badine que dans la poésie sérieuse (161) ; la langue badine est plus riche, tous les termes lui appartiennent ; cette facilité doit être compensée par une plus grande exactitude et une soumission plus entière aux règles. Ainsi, bien loin de vouloir supprimer la poésie, Fontenelle tendait à en circonscrire le domaine et à en définir l'essence ; insoucieux du délire qu'inspirent les Muses, il ne s'attachait qu'à la forme. Il paraissait ramener la poésie à de simples « bouts-rimés » ; mais il ne pensait alors qu'aux petites pièces fugitives qu'il s'amusait parfois à composer. D'autres principes devaient régner, quand l'artiste abordait des sujets plus graves ou plus solennels.

---

(157) *Poésies françoises* de Régnier-Desmarais (303 *bis*), t. II, p. 520-522. Dans ses *Poésies toscanes,* on trouve une imitation du sonnet d'*Apollon à Daphné* de Fontenelle.

(158) *Ibid.,* t. II, p. 399.

(158 *bis*) *Œuvres* (3), t. VIII, p. 321 (*Discours lu dans l'Assemblée publique du 25 août 1749*).

(159) *Ibid.,* t. VIII, p. 330.

(159 *bis*) *Ibid.,* t. VIII, p. 331.

(160) *Ibid.,* t. VIII, *loc. cit.*

(161) *Ibid.,* t. VIII, p. 332.

La poésie moderne.

« Voilà encore des vers de Mlle Bernard — écrit Mme de Coulanges le 19 novembre 1694 — malgré toute cette poésie, la pauvre fille n'a pas de jupe ; mais il n'importe, elle a du rouge et des mouches. » (162) ; le P. Buffier précise : « Elle avait peu de bien, et avec tout son esprit, n'avait guère d'autre talent que la littérature, qui n'est pas propre à enrichir. » (163). Cette misère semble expliquer toutes les démarches et toute l'activité de Catherine Bernard. Nous l'avons vu supplier La Grange de ne pas interrompre les représentations de *Laodamie ;* quand la guerre différa le paiement de sa pension, elle adressa au roi ce placet :

Sire, deux cents écus sont-ils si nécessaires
Au bonheur de l'Etat, au bien de vos affaires,
Que sans ma pension, vous ne puissiez dompter
Les faibles alliés et du Rhin et du Tage (164) ?

Elle fut protégée par la Chancelière de Pontchartrain, à qui elle dédia la fable de *La Nymphe et la Cigale* (165), mais celle-ci la détourna de travailler pour le théâtre et d'écrire des romans. Vers la fin du siècle, la poétesse se fit dévote et sacrifia un grand nombre de vers qu'elle avait composés naguère. Liée avec plusieurs jésuites, Bouhours, qui publia certaines de ses œuvres, La Rue et surtout Buffier — les amis même de Fontenelle — elle obtint dans la *Grammaire française* et dans la *Suite de la grammaire* une sorte d'hommage solennel ; est-ce en songeant à Fontenelle que Buffier regrette que les « illustres amis [de Catherine Bernard] n'aient pas eu l'occasion de publier son éloge » (166) ? Leur collaboration dut en effet s'interrompre en 1696 après *Inès de Cordoue,* et l'auteur *d'Eléonor d'Ivrée* avait dû bien changer pour inspirer au jésuite ces lignes flatteuses :

> ... ce qui a redoublé l'estime que j'ai eue pour elle, et ce qui convient à un homme de ma profession de publier, c'est qu'elle n'a jamais voulu permettre qu'on imprimât quelques poésies qu'elle avait faites autrefois, et dont on lui offrait une somme considérable, qui ne lui aurait pas été inutile dans ses besoins, parce qu'il s'y était glissé des expressions qui ne convenaient pas assez à l'exactitude et au sérieux que prescrit la religion qu'elle avait embrassée. Elle s'occupa, au contraire, les dernières années de sa vie, à des pièces morales et chrétiennes... (167).

---

(162) Mme de Sévigné, *Lettres* (326), t. X, p. 214.
(163) *Suite de la grammaire...* (123), p. 286, *sq.*
(164) *La Nouvelle Pandore...* (352), t. II, p. 366-367 ; déjà paru dans le *Recueil de vers* du P. Bouhours (114).
(165) *Suite de la grammaire...* (123), *loc. cit.*
(166) *Grammaire françoise* (121), p. 523.
(167) *Ibid., loc. cit.*

On devine aisément que cette évolution, qu'avait dû encourager l'austère Chancelière de Pontchartrain, écarta la poétesse de Fontenelle dont l'impiété ne désarmait pas. Buffier publia en effet une imitation qu'elle fit du *Laudate Dominum de caelis,* et note que « les sentiments de personnes connues pour avoir beaucoup d'esprit et de goût ont paru fort opposés au sujet de cette pièce » (168) ; on serait encore enclin à reconnaître dans ces lignes une allusion au théoricien de l'*Histoire du théâtre français,* qui avoua la plus franche hostilité au « merveilleux chrétien ». Dans le *Nouveau choix de pièces de poésies* de 1715, on trouve plusieurs petits poèmes de Mlle Bernard — des œuvres badines assez conventionnelles (169) ; de même, elle écrivit quelques vers *Sur la capitation,* quelques madrigaux et quelques morceaux de circonstance. Poussée sans doute par la misère, elle participa en 1695 à un concours de sonnets à rimes imposées, qu'avait organisé la princesse de Conti (170). Mais sa pauvreté l'amena surtout à viser le prix de poésie que décernait chaque année l'Académie française, et il est bien vraisemblable qu'elle recourut alors à l'aide de Fontenelle : celui-ci cite en effet dans son Discours *Sur la poésie, en général* une strophe qu'elle avait signée et que les contemporains s'accordent à attribuer au philosophe (171). En 1691, en 1693 et en 1697, elle fut couronnée par l'Académie ; elle concourut également pour le prix des jeux floraux de Toulouse, et obtint le prix de l'ode en 1696 et en 1698, de l'églogue en 1697. Elle mérita ainsi les éloges de Vertron dans *La Nouvelle Pandore* (172) et le surnom d' « invincible » que lui décerna, en l'accueillant dans ses rangs, l'Académie des Ricovrati, où elle siégeait aux côtés de Mlles de Scudéry, de la Force, Deshoulières et de Mmes d'Aulnoy et Dacier (173).

C'est dans ces œuvres sérieuses que nous pouvons tenter de discerner la théorie que Fontenelle devait alors élaborer, touchant la poésie grave et noble. Les sujets sont imposés : *Le Roi seul en toute l'Europe, défend et protège les droits des rois* (174) ; *Plus le Roi mérite de louanges, plus il les évite* (175) ; *Le Roi par la paix de Savoie, a rendu la tranquillité à l'Italie et a donné à toute l'Europe l'espérance de la paix générale* (176) ; *Sur la Paix* (177) ; *Sur la*

(168) *Suite de la grammaire* (123), p. 253-255.

(169) *Nouveau choix de pièces...* (269), t. I, p. 207-208, *Madrigal* ; t. II, p. 122-123, *Bouquet* ; t. II, p. 238-243, *Bouquets...* On trouve les autres poèmes de Mlle Bernard dans le *Recueil Moetjens* (299), t. III, p. 251, et dans le *Recueil* du P. Bouhours (114), p. 241 et 413. Cf. Ms. fds fr. 24443, f. 22, *Vers de Mlle Bernard à M. de Coulanges pour l'engager de faire présenter les vers suivants à Mgr le duc de Bourgogne. (Sur la naissance du duc de Bretagne.)*

(170) *Recueil Moetjens* (299), t. III, p. 63-64, *sq.*

(171) *Œuvres* (3), t. VIII, p. 289 et note...

(172) *Nouvelle Pandore* (352), t. II, p. 362-366.

(173) *Ibid.*, t. I, p. 425-427. Les autres « Muses françaises » étaient Mmes de Saliés, de Bretonvilliers, le Camus de Melson et Mlle Chéron.

(174) *Pièces de poésie qui ont remporté...* (285), p. 103-108.

(175) *Ibid.*, p. 111-116.

(176) *Ibid.*, p. 127-132.

(177) *Mercure galant,* août 1698, p. 16-21. Le poème est adressé au chevalier de Pontchartrain. Toute la famille des Pontchartrain s'inté-

Foi (178) ; ajoutons encore l'*Epitaphe de Mme la marquise d'Heudicourt* (179), et la fable l'*Imagination et le Bonheur* (180) : bien que ces pièces soient postérieures, les mêmes procédés y paraissent. On n'y trouve que peu d'emplois de la mythologie, ou quelques personnifications traditionnelles :

Les fleuves orgueilleux, dans leurs grottes humides,
Tremblent, en le voyant, tels que nymphes timides (181).

Dans le disours *Sur la poésie en général,* qui fut publié en 1751 mais qui dut être écrit beaucoup plus tôt, Fontenelle s'en prend avec fureur au merveilleux antique : « Notre sublime consistera-t-il toujours à rentrer dans les idées des plus anciens Grecs encore sauvages ? » (182). Quand il lit dans un poème la description d'une tempête, il ne voit pas pourquoi l'évocation de Neptune la rendrait plus impressionnante ; les vers de Corneille dans *Cinna :*

Le fils tout dégouttant du meurtre de son père,
Et, sa tête à la main, demandant son salaire (183),

sont bien plus émouvants que toutes les Erynnies qu'on pourrait inventer. C'est cela qu'il appelle « les images réelles ». S'il faut absolument du merveilleux, autant personnifier la Gloire, la Renommée ou la Mort. Ces mythes nous laisseront moins incrédules que les vieilleries des Païens. Ce sont les « images demi-fabuleuses », et voici les vers de Mlle Bernard, qu'il cite maintenant :

Aux Muses, à Thémis, la bouche fut fermée :
Mais dans les vastes airs la libre Renommée
S'échappa, publiant un éloge interdit.
Avide et curieux, l'univers l'entendit ;
Les Muses et Thémis furent en vain muettes,
Elle les en vengea par toutes ses trompettes (184).

Mais ces poèmes présentent bien d'autres exemples de ce procédé :

---

ressait à la poésie — et surtout Jérôme, le fils du Chancelier. On trouve au ms. fds fr. Nv. Acq. 13202, f. 4, une *Ode de Mlle de la Force à M. le comte de Pontchartrain :*

Aimable ami, souffre ce nom
Permis aux enfants d'Apollon.
Rome vit autrefois Horace
Appeler ainsi Mécénas.
Accorde moi la même grâce,
Que ce mot ne t'offense pas...

(178) *Mercure galant,* septembre 1698, p. 13-18 (l'ode est dédiée au duc du Maine).
(179) *Nouveau choix* (269), p. 240-242.
(180) *Grammaire françoise* (121), p. 522.
(181) *Pièces de poésie...* (285), p. 111, *sq.*
(182) *Œuvres* (3), t. VIII, p. 288.
(183) *Ibid.,* t. VIII, p. 284.
(184) *Ibid.,* t. VIII, p. 289.

Raison, orgueilleuse puissance,
Qui parcours les cieux et les mers... (185).

La Foi est peinte comme

Une aveugle qui se conduit
Au milieu d'une obscure nuit... (186).

Dans l'ode *Sur la Paix,* paraissent la Victoire, les Beaux-Arts, les Ris et les Jeux. Mais, comme l'insinue Fontenelle, les « images réelles » sont peut-être préférables :

Nos temples ne sont plus parés
De drapeaux sanglants, déchirés (187),

ou :

Qu'ont servi leurs apprêts destinés à ta perte ?
Ces énormes vaisseaux dont la mer fut couverte,
Ces nombreux escadrons qui fondaient leur espoir,
En les affaiblissant t'ont montré ton pouvoir... (188).

Cette recherche n'était pas personnelle à Fontenelle. Corneille avait déjà cru bon en 1670 de défendre l'utilisation de la Fable dans la poésie ; Boileau, La Fontaine, Callières avaient tour à tour fait l'éloge de la mythologie ; même Mme de Lambert et les jésuites Bouhours et Rapin préféraient le merveilleux païen au merveilleux chrétien (189). A cette tradition, s'opposaient tous les modernes — qu'ils voulussent ou non emprunter à l'Evangile leurs ornements. Perrault dans *Le triomphe de sainte Geneviève,* employait comme Fontenelle, l'allégorie :

Et la pâle Famine amenait après soi
La Tristesse, l'Ennui, la Langueur et l'Effroi... (190).

Il n'y avait donc aucune originalité à vouloir chasser de la poésie les dieux antiques, mais au-dessus des « images réelles » et des « images demi-fabuleuses », Fontenelle plaçait « les images spirituelles », que l'abbé de Bernis appela « pensées » (191), et il cite dans son discours les expressions inventées par La Motte : « idolâtres tyrans des rois » pour désigner les flatteurs, « le remords incorruptible »... (192). Enfin, tout en haut de cette hiérarchie,

(185) *Mercure galant,* septembre 1698, p. 15.
(186) *Ibid.*, septembre 1698, p. 16.
(187) *Ibid.,* août 1698, p. 16.
(188) *Pièces de poésie...* (285), p. 127, *sq.*
(189) Delaporte, *Le merveilleux...* (469), p. 300, *sq.*
(190) *Recueil Moetjens* (299), t. II, p. 196.
(191) *Œuvres* (3), t. VIII, p. 392 : « Un très agréable poète de nos jours les nomme simplement pensées... » ; note 1 « M. l'abbé de Bernis, *Ode sur les poètes lyriques* ».
(192) *Ibid.,* t. VIII, p. 292-293.

figurent les « images métaphysiques » (193) ; c'est encore à La Motte que le théoricien fait appel :

La substance de ce vide,
Entre le corps supposé,
Se répand comme un fluide ;
Ce n'est qu'un plein déguisé (194).

Mlle Bernard n'avait guère l'occasion de recourir à de tels procédés pour louer le roi. Cependant son ode *Sur la Foi* prend souvent un tour abstrait et philosophique qui s'accorde avec les maximes de Fontenelle. Et dans la *Prière pour le roi* de 1693, on rencontre des vers de la sorte :

La gloire n'est pas son écueil,
Puisque sa modestie augmente
De la matière de l'orgueil (195).

En 1692, en écrivant *Endymion,* Fontenelle fait ses adieux à l'églogue et à la mythologie classique. C'est peut-être vers cette date qu'il conçut sa doctrine, que Mlle Bernard, puis La Motte allaient illustrer. La théorie est supérieure aux œuvres qu'elle inspira ; les vers de Mlle Bernard restent assez froids et contournés, et pourtant les nouveaux procédés qui y apparaissent, leur donnent une sorte de rigueur un peu sévère — bien préférable à la molle élégance qui règne dans la plupart des poésies de cette époque. Fontenelle s'éloigne de la douceur fleurie des *Pastorales.* Il tend vers une expression plus rigide et plus dense. La même évolution se discerne dans sa prose. Les *Réflexions sur la poétique,* les traités et les préfaces écrits à la fin du siècle sont dépouillés des pointes précieuses qui abondaient dans les *Dialogues des morts* et dans les *Entretiens.* C'est sans doute un indice de son évolution, et de l'importance croissante qu'il attache aux mathématiques.

Cette doctrine n'a pas suscité d'œuvres admirables, mais elle nous étonne par sa justesse et sa nouveauté. Le merveilleux mythologique est absolument condamné ; il ne faut y voir que des barbares fictions, et « une répétition dont tout le monde est capable » (196). En préférant à « ces divinités qui tombent de vieillesse » (197) « les images réelles », Fontenelle se pose déjà le problème que débattront les Romantiques, et il adopte la même solution. Comment ne pas approuver cet effort pour réconcilier la poésie et le monde moderne ? Pour la dépouiller de toute « niaiserie » pour lui donner la profondeur et la subtilité de la métaphysique ? Refusant l'inspiration bestiale, désirant que les poètes soient intelligents et osent pénétrer dans le domaine de la philosophie, Fontenelle annonce Valéry qu'il a peut-être inspiré.

(193) *Ibid.*, t. VIII, p. 298.
(194) *Ibid.*, t. VIII, p. 301.
(195) *Pièces de poésie* (285), p. 111, *sq.*
(196) *Œuvres* (3), t. VIII, p. 288.
(197) *Ibid.*, t. VIII, *loc. cit.*

Soucieux de cohérence, il distinguait soigneusement « la poésie badine » et « la poésie sérieuse » ; la virtuosité importe davantage, comme nous l'avons vu, dans les pièces fugitives que dans les morceaux solennels ; la mythologie demeure permise, lorsqu'il ne s'agit que de plaisanter, car « la gaîté a mille droits sur quoi il ne faut pas la chicaner... Quand les hommes se portent pour graves et sérieux, la raison leur tient rigueur, et n'entend pas raillerie ; mais quand ils ne se portent que pour enfants, elle joue volontiers elle-même avec eux. » (198). Nous arrivons ainsi à une esthétique assez rigoureuse : tous les sujets sont permis au poète badin, mais sa liberté l'amène à s'imposer une plus grande fidélité aux règles ; ses pièces, qui n'ont, pour ainsi dire, aucun sens, brilleront par l'habileté qu'il déploiera dans la versification ; le poète sérieux ne saurait être tenu à de tels principes, mais il faut que ses idées nous intéressent, que les images qu'il évoque nous frappent, et qu'il ne s'attarde pas dans les prestiges désuets des fables antiques.

Que penser de toutes ces « expériences », de toutes ces recherches, qui n'eurent qu'un succès inégal ? Elles furent entreprises au milieu de « la querelle des Anciens et des Modernes ». Elles lui doivent beaucoup. Quand Fontenelle aide Mlle Bernard à écrire ses nouvelles, il prend évidemment parti contre l'esthétique de Boileau qui ne voyait dans de telles œuvres qu'un amusement frivole. Le roman, dépouillé des conventions anciennes et affranchi de l'histoire, peut avoir la même valeur que l'épopée, et s'accorde sûrement mieux avec le goût du siècle. L'opéra n'est pas non plus un genre méprisable quoi qu'en ait dit Racine. Quant à la tragédie, elle peut survivre, mais libérée de la fatalité et des dieux que faisait agir l'auteur d'*Athalie*. Elle ressemblera à celles de Corneille, car elle peindra une crise politique, mais offrira une psychologie plus nuancée et plus « bourgeoise ». Le grand art des classiques est mort ; la nouvelle génération veut des formes plus galantes, plus douces, ou même plus mondaines : ainsi la poésie badine n'est pas sans prix... En tout cas, il faut fuir ou limiter, même dans l'opéra, le merveilleux antique. Pourquoi ranimer ces fables dont nous connaissons l'inanité et qui ne peuvent que restaurer une crédulité ou un conformisme néfastes ? Les idées sont préférables ; elles peuplent le prologue de *Pigmalion* et sont l'ornement essentiel des poésies de Mlle Bernard, et bientôt de La Motte. Ainsi l'art moderne s'orientera dans deux directions qui peuvent paraître contradictoires : il sera à la fois plus sentimental, plus humain, moins pompeux que l'art classique, et plus abstrait et plus intelligent. D'ailleurs, le philosophe ne renonce pas à s'exprimer. Ses romans et ses opéras ressuscitent le rêve des passions innocentes et paisibles que la société saccage ; aux grandeurs et aux ambitions funestes s'opposent l'amour, le bonheur, « les vrais biens ». Dans les tragédies politiques, la révolution anglaise est approuvée et les droits du peuple sont hautement proclamés. « La querelle des Anciens et des Modernes » n'est pas seulement un combat esthétique, ou la lutte

---

(198) *Ibid.*, t. VIII, p. 316.

de deux clans : deux morales, deux philosophies, deux politiques s'y opposent. Ce que Fontenelle nous montre, c'est que la forme même et le style sont des armes idéologiques : ses œuvres ne contredisent pas seulement l'*Art poétique* ou les *Préfaces* de Racine; en refusant le mythique, le grandiose, l'obscur, elles contestent les grandeurs empruntées de la tradition, de la religion et même de la monarchie ; leur forme simple et humaine est une sorte d'appel au bonheur ou d'évocation du rêve pastoral ; leur limpidité et parfois leur abstraction nous convient à une analyse impitoyable qui anéantira les fables et le conformisme.

CHAPITRE IV

POUR UNE ESTHETIQUE MODERNE

Les Réflexions sur la poétique nous offrent une sorte « d'arithmétique du Beau » ; les formules sont péremptoires et définitives comme des théorèmes. Fontenelle ne paraît s'être inspiré que des exigences de la pure raison, mais cette impression est trompeuse : les *Remarques* sur les poètes grecs, l'*Histoire du théâtre françois*, le *Recueil des plus belles pièces* montrent au contraire que la théorie fut précédée par des recherches historiques : c'est après avoir étudié les chefs-d'œuvre de l'Antiquité et du Moyen Age que Fontenelle conçut ses principes, auxquels il prêta une valeur abstraite et générale, qui est souvent factice.

Les recherches historiques.

Le *Recueil des plus belles pièces des poètes françois, depuis Villon jusqu'à Bensérade* parut chez Barbin, avec un privilège donné le 29 septembre 1690, « registré » le 6 mars 1692 et un achevé d'imprimer du 15 mars 1692. Le libraire avait dédié ce livre au marquis d'Effiat, qui appartenait à Monsieur. Trublet a hésité devant cet ouvrage ; il a parfois supposé que Fontenelle avait seulement rédigé la *Préface*, puis il a conclu que tout le *Recueil* était de sa main... Il est vraisemblable que le philosophe se fit aider par quelque collaborateur qui fit peut-être la compilation, et qu'il assura l'organisation et la présentation générales. Ce qui est cependant surprenant, c'est que Boileau est souvent cité dans les *vies* des poètes, et toujours de façon favorable. Mais n'en concluons pas que la rancune de Fontenelle se soit adoucie ; on supposera plutôt que dans ce travail anonyme, dont le libraire seul assumait la responsabilité, l'auteur a préféré oublier la polémique et adopter l'attitude la plus impartiale et la plus conciliante. Bacon regrettait qu'il n'y eût pas d'histoire littéraire (1) ; est-ce pour combler cette lacune qu'on réalisa ce *Recueil* ? L'intention affirmée dans la *Préface* est en effet de donner « un abrégé, un corps de tous les poètes français... une histoire de la poésie française par les ouvrages même des poètes... » (2). C'était la première fois en effet que l'on tentait une semblable entreprise. L'objectivité doit régner ; les pièces présentées sont ou bien les meilleures, ou bien les plus renommées ; le compilateur a fait abstraction de son goût particulier, mais celui-ci « dominera encore ici plus qu'il ne faudrait » (3). Villon, Marot, Saint-Gelais, Du Bellay, Ronsard, Baïf, Jodelle, Belleau, Mathurin Régnier emplissent le premier volume ; il n'est sur ces poètes aucun jugement formulé par Fontenelle qui ne soit assez traditionnel et qu'on ne puisse retrouver dans les *Caractères* ou dans l'*Art poétique*. Desportes, Du Bartas, Passerat, Bertaut, Du Perron, Malherbe, Racan, Maynard, Gombauld, Lingendes, Malleville, Motin, Brébeuf, Maître Adam, L'Estoile se succèdent ; puis Théophile que Fontenelle, comme Saint-Evremond (4), juge plus favorablement que ne le faisait Boileau : « Quoiqu'il y ait dans les vers de Théophile beaucoup d'irrégularités et de négligences, on les lui doit pardonner en faveur de sa belle imagination et des grâces heureuses de son génie... » (5). Saint-Amant n'est pas non plus méprisé ; il accompagne Boisrobert, Tristant l'Hermite et le P. Le Moyne ; Chapelain, malgré les faiblesses de la *Pucelle*, est admis dans ce Panthéon à cause de l'ode à Richelieu ; Godeau, Desmarets de Saint-Sorlin, Lalane, Patrix, Marigny, le chevalier de Cailly, Mme de Villedieu, qui est longuement louée ; la Sablière, dont on vante « la force » et « la délicatesse », Montreuil, Gilbert, Mme de la Suze, Dalibray, Habert, Charleval, Saint-Pavin, qui a « un excès de finesse et de naïveté admirable, et une délicatesse du goût extraordinaire » (6) — ce choix paraît en effet assez éclectique, encore qu'on y discerne quelque complaisance pour les formes mondaines, gracieuses et légères de la poésie, mais ce goût n'était pas particulier à Fontenelle ; toute sa génération le partageait. Chapelle, Voiture, Scarron, Sarasin, Bensserade se retrouvent dans le dernier volume et obtiennent de vifs éloges : les mêmes termes reviennent sans cesse, qui suffisent à définir le goût qui présida à cette compilation : galanterie, délicatesse, finesse, « tour aisé et naturel » (7) ... Sans le vouloir et sans pouvoir se l'interdire, Fontenele exprimait les tendances de son époque ; et ce *Recueil*, qui n'est pas une œuvre personnelle, nous présente avant tout une image du public de 1690. Bien que ce ne fût sans doute qu'un travail alimen-

---

(1) *Œuvres* de Bacon (86), p. 60, *Nouvel organe*, II, c. VI.
(2) *Recueil* (33), *Préface*.
(3) *Ibid., loc. cit.*
(4) Saint-Evremond, *Œuvres* (311), t. III, p. 122 (*Observations sur le goût et le discernement des François*) : « sa belle imagination... les grâces heureuses de son génie... »
(5) *Recueil* (33), t. III, p. 93.
(6) *Ibid.*, t. IV, p. 360.
(7) Les mêmes mots reviennent pour Chapelle (V, p. 157), Sarasin (V, p. 117), Bensserade (V, p. 80), Voiture (V, p. 1).

taire, auquel Cydias s'était plié avec complaisance, il pouvait en retirer d'autres profits : un approfondissement de sa culture, et dans sa vieillesse il étonna Trublet en citant les vers les moins connus des poètes les plus anciens — et une méditation sur l'instabilité du goût : « Ce qui paraîtra médiocre aujourd'hui était peut-être bon en son temps... » (8).

Autant ce *Recueil* dissimule la personnalité et les préférences réelles de l'auteur, autant celles-ci se révèlent dans les *Remarques sur quelques comédies d'Aristophane, sur le théâtre grec...* qui ne sont qu'un brouillon retrouvé après la mort de l'écrivain. Et, bien que Diderot se soit choqué de la hardiesse des opinions qu'on y trouve (9), Fontenelle n'était pas le premier à oser aborder les chefs-d'œuvre antiques sans préjugés, ni respect excessif. Le P. Rapin avait déjà jugé qu'Eschyle était « simple, triste, obscur », Sophocle, « compassé, artificiel, obscur », Euripide, monotone et trop insoucieux des bienséances (10) ; il n'est donc pas surprenant de trouver ici ces jugements péremptoires : « [Les] ... tragiques ont des lieux communs sans fin et souvent mal placés, et qui ne s'appliquent pas si bien aux personnages qu'aux Athéniens... mais il n'y avait pas beaucoup d'art à cela » (11) — ni surtout cette fameuse phrase : « Je crois qu'Eschyle était une manière de fou qui avait l'imagination très vive et pas trop réglée. » (12). Ces *Remarques* prolongent la *Digression* : de même que naguère Fontenelle reconnaissait la supériorité des orateurs anciens, il nous explique maintenant que « les Grecs sont harangueurs et rhéteurs jusque dans leurs tragédies » (13).

Rapin condamnait les invraisemblances, la grossièreté, la licence et le langage bas et obscur que présentent les comédies d'Aristophane (14) ; il préférait évidemment Ménandre, Térence et même Plaute (15). Fontenelle manifeste un goût plus large : *Plutus* vaut les comédies de Molière ; le dessein des *Nuées* est fort plaisant ; *La fête de Cérès* est fort bonne. L'anticléricalisme de Fontenelle s'amuse à rappeler les scènes les plus irrespectueuses que contiennent ces comédies. Les *Arcaniens*, les *Guêpes,* les *Oiseaux* sont moins bons. En général, Aristophane, malgré son comique, ne sait ni nouer, ni conclure une intrigue ; les « jeux de théâtre fins et agréables » lui sont inconnus (16) ; il ne sait pas peindre les caractères. Enfin, « les pièces d'Aristophane ne sont encore que la naissance de la comédie ; mais on voit bien en même temps qu'elle

---

(8) *Ibid., préface.*

(9) Trublet, *Mémoires* (345), p. 172. Diderot refusa d'insérer ces *Remarques* dans l'*Encyclopédie.*

(10) Rapin, *Œuvres* (297), t. II, p. 190, *sq.* (*Réflexions sur la Poétique*).

(11) *Œuvres* (3), t. IX, p. 447.

(12) *Ibid.*, t. IX, p. 448.

(13) *Ibid.*, t. IX, p. 447.

(14) Rapin, *op. cit.* (297), t. II, p. 199, *sq.*

(15) *Ibid., loc. cit.* Rapin conclut (*ibid.*, p. 202) : « Personne n'a eu un génie plus grand pour la comédie que Lope de Vega, espagnol... »

(16) *Œuvres* (3), t. IX, p. 464.

prenait naissance chez un peuple spirituel » (17). Les faiblesses de ces œuvres s'expliquent par l'époque où elles furent conçues : « ... il me semble qu'en ce temps-là, les comédies, devaient avoir rapport au gouvernement et aux affaires publiques ; et cela ne donne pas lieu de faire paraître tant de caractères différents... » (18). Ainsi, éclairé sans doute par Saint-Evremond, Fontenelle tend à souligner la relativité du goût et l'influence des facteurs sociaux et historiques sur la création artistique. Et ses préférences personnelles apparaissent ; il loue en passant les comédiens italiens et les pièces espagnoles ; il avoue qu'il aime les parodies et le romanesque. Ni la fantaisie, ni la truculence d'Aristophane ne l'effraient ; il n'invoque jamais la vraisemblance, ni les bienséances. Ces *Remarques,* qui affectent la plus grande modération et s'autorisent du patronage de Molière, reflètent un goût plus large et plus « moderne » que celui des classiques de 1670 ; les violences satiriques des *Cavaliers* ou de *La Fête de Cérès* et les gauloiseries de *Lysistrata* sont également acceptées ; Térence est bien oublié ; les intentions morales et la peinture des vices, qui justifiaient les comédies de Molière, sont sacrifiées au simple comique et aux « jeux de théâtre » — aux trouvailles, aux surprises d'une intrigue singulière et amusante. Ce sont les fantaisies des comédiens italiens ou les satires de Dancourt ou de Baron qui correspondent le mieux à l'esthétique de Fontenelle.

Le *Recueil* n'est sans doute qu'une œuvre de commande ; les *Remarques* ne sont qu'un brouillon ; Fontenelle exprime son goût ou celui de ses contemporains, mais ce n'est pas là qu'il faut chercher des études historiques bien sérieuses, ni des analyses assez profondes. L'*Histoire du théâtre françois* est autrement ambitieuse :

> La vie de M. Corneille... est proprement l'histoire de ses ouvrages. Mais cette histoire demande naturellement d'être précédée par celle du théâtre français ; il est bon de représenter en quel état il se trouvait, lorsque les ouvrages de M. Corneille commencèrent à y paraître... (19).

Telle est la justification à laquelle a recouru Fontenelle pour présenter cet ouvrage. Mais cet argument peut paraître un peu spécieux : on voit mal comment l'état de la scène au Moyen Age explique les mérites de Corneille ; le rapport est un peu lointain ; mieux vaut admettre que cette *Histoire* fut rédigée, elle aussi, pour servir de matière aux réflexions philosophiques de la *Poétique*. « Les origines de toutes choses nous sont presque toujours cachées, et c'est un assez agréable spectacle perdu pour notre curiosité... » (20). On ne peut au juste savoir comment naquit la tragédie grecque ; mais — Huet l'avait déjà constaté dans le *Traitté de l'origine des romans* (21) — la France retomba vers le onzième siècle dans une

(17) *Ibid., loc. cit.*
(18) *Ibid.*, t. IX, p. 464-465.
(19) *Œuvres* (3), t. III, p. 5-6.
(20) *Ibid.*, t. III, p. 8.
(21) *Traité* (193), p. 142, *sq.* Huet citait déjà Fauchet.

ignorance extrême, qui la rendait semblable aux peuples les plus sauvages. On peut donc, en étudiant cette période reconstituer la naissance et le développement des arts. A cette époque, les Anciens étaient oubliés ; il n'y avait aucune tradition ; l'esprit humain — redevenu ce qu'il était dans les temps les plus barbares — devait tout tirer de lui-même : « le chant a fait naître la poésie... » (22). Chrétien de Troyes, Thibault de Navarre et d'autres offrirent dans ces temps sauvages des « étincelles de poésies » (23), puis vinrent les premières comédies, mais il fallut attendre le règne de Henri II pour que la tragédie ressuscitât à l'exemple des œuvres antiques qu'on avait déterrées.

Fontenelle cite ses sources : *La vie des plus célèbres et anciens poètes provençaux* de Nostredame, qui lui avait déjà inspiré l'*Histoire du Romieu,* le *Recueil de l'origine de la langue & poésie française* de Claude Fauchet, *Les recherches de la France* d'Estienne Pasquier, les *Arrêts d'amour* de Martial d'Auvergne. C'est peut-être à travers Huet qu'il connut ces auteurs. Le *Traitté* de Huet ou *Les recherches de la France* lui découvrirent l'ignorance qui règnait au XIe siècle, et l'usage du « roman », ce latin corrompu. Le développement sur Jodelle est presque littéralement emprunté à Pasquier, et, quand Fontenelle cite Ronsard, il ne fait que recopier les vers que son devancier avait donnés. Alors que l'évocation de la Provence et de la vie médiévale demeurait assez brève et assez abstraite dans le *Romieu,* nous trouvons ici bien plus de détails historiques et de citations ; l'ordre est plus logique ; Fontenelle reprend et utilise le roman qu'il avait ébauché dans sa jeunesse, et il l'étoffe et lui donne plus de valeur scientifique. Ainsi *De l'origine des fables* reflètait un progrès par rapport à *Sur l'Histoire.* Le travail de Fontenelle demeure assez hâtif et assez aisé ; il recopie les vers de Rémond le Proux qui se trouvent dans le livre de Nostredame, et il ne gêne pas pour les modifier légèrement (24) ; il prend dans le même ouvrage quelques phrases relatives à Gaucelm Faidit, mais il commet à leur sujet un vrai contre-sens (25) ; ajoutons une erreur sur Philippe de Poitou (26), une confusion sur Jeanne de Naples (27) — et nous serons amenés à reconnaître que l'érudition apparente de Fontenelle ne doit guère nous en imposer et qu'il a mené cette entreprise avec une certaine désinvolture. Ou, comme Cydias a son atelier et ses compagnons, a-t-il recouru à des colla-

(22) *Œuvres* (3), t. III, p. 9.

(23) *Ibid.,* t. III, p. 14.

(24) Jehan Nostredame, *La vie des plus célèbres et anciens poètes...* (268), p. 49 ; *Œuvres* (3), t. III, p. 13. Dans le texte cité par Nostredame, on a « Qu'una doulor... » Fontenelle traduit « Une douleur... ».

(25) Nostredame (268), p. 40 ; *Œuvres* (3), t. III, p. 11-12. Nostredame écrit : « ... il vendait les tragédies qu'il faisait les deux ou trois mille livres mulhermenses (ou guilhermenses, du nom d'un comte de Toulouse), lui-même ordonnait la scène. » Fontenelle : « ... il vendait ses comédies et tragédies deux ou trois mille livres : Guilhermenses ordonnait la scène... »

(26) *Œuvres* (3), t. III, p. 23 ; Nostredame (268), p. 117.

(27) *Œuvres* (3), t. III, p. 23 ; Nostredame (268), p. 143.

borateurs peu scrupuleux ? Les vers de Chrétien de Troyes, ceux d'Hébert, ceux de Thibaut de Champagne, ceux de Gace Brulé, ceux de Robert de Reims, ceux « d'Eustace le peintre » viennent de l'œuvre de Claude Fauchet (27 *bis*). Fontenelle a tronqué les citations que lui offrait son prédécesseur, mais il a suivi le même ordre, en se contentant d'ajouter quelques strophes empruntées à la compilation de Nostredame. Fauchet a pu lui fournir encore quelques détails sur la vie des troubadours (28). Ce n'est qu'en arrivant au théâtre du XVe et du XVIe siècles que Fontenelle, bien qu'il cite Pasquier, manifeste un certain souci d'enrichir son information, de revenir aux œuvres véritables et de compléter les renseignements que lui fournissent ses prédécesseurs (29).

La valeur de ce travail serait donc assez discutable, et l'on pourrait se demander pourquoi Fontenelle s'est livré à cette adaptation souvent superficielle et parfois erronée des savantes études de ses devanciers. Quelque autre intention a dû le guider. Il est évident qu'en ébauchant cette histoire de la poésie et du théâtre français, l'auteur n'a cessé de penser à la « querelle des Anciens et des Modernes ». Puisque les auteurs grecs et latins étaient comme oubliés au Moyen-Age, il est intéressant de voir ce que peut faire un peuple, à qui manque cette culture et qui n'est aidé que par ses lumières naturelles. Or le résultat n'est pas aussi désastreux qu'on le croirait.

> Villon sut, le premier, dans ces siècles grossiers,
> Débrouiller l'art confus de nos vieux romanciers (30).

A ces vers célèbres, et un peu superficiels de Boileau, Fontenelle s'est attaché à présenter un démenti. Les trouvères, malgré leurs défauts, offrent « une simplicité qui se rend à son lecteur favorable, une naïveté qui fait rire sans paraître trop ridicule, et quelquefois des traits de génie imprévus et assez agréables » (31). On a tort de mépriser les vieux poètes de Provence, puisque Boccace et Pétrarque les ont souvent pillés. Certes, « sous le règne de François Ier, les Grecs et les Latins sortirent, pour ainsi dire, de leurs

---

(27 *bis*) *Œuvres* (3), t. III, p. 11-13. *Les œuvres de feu M. Claude Fauchet* (175), p. 558-576.

(28) Fauchet, *op. cit.* (157), p. 545, *sq.*

(29) *Les recherches de la France...* (276), VII, p. 602-613. Visiblement Fontenelle a lu les pièces de Jodelle et de Hardy, et la *Farce de Maître Pathelin,* et il ne se contente plus de ce qu'en dit Pasquier. Il connaissait évidemment la *Pratique du théâtre* de l'abbé d'Aubignac (85) ; on y lit, p. 149, *sq.* : « Au siècle de Ronsard, le théâtre commença à se remettre en sa première vigueur ; Jodelle et Garnier, qui s'en rendirent les premiers restaurateurs, observèrent assez raisonnablement cette règle du temps. Hardy fut celui qui fournit le plus abondamment à nos comédies de quoi divertir le peuple ; et ce fut lui sans doute qui tout à coup arrêta le progrès du théâtre, donnant le mauvais exemple des désordres que nous y avons vu régner en notre temps... »

(30) *Art poétique,* I, vers 116-117.

(31) *Œuvres* (3), t. III, p. 9.

tombeaux, et revinrent nous donner des leçons. L'ignorance commença à se dissiper, le goût des belles-lettres se répandit, la face des choses d'esprit se renouvela, tous les arts, toutes les sciences se ranimèrent... » (32). Mais, comme Boileau avait lui-même reproché à Ronsard d'avoir tout brouillé et « en français » d'avoir parlé « grec et latin » (33), Fontenelle approfondit et généralise ce grief : « La nouveauté du grec, les beautés que l'on y avait découvertes avaient tellement enivré tous les savants qu'ils étaient devenus tous Grecs. Ils faisaient semblant de parler français dans leurs ouvrages, mais effectivement ils parlaient grec, on ornait, on égayait la poésie de tout ce qu'il y avait de plus sauvage et de plus ténébreux dans les fables de l'Antiquité » (34). Il cite le *Ocymore, dypsomore, oligochronien* de Ronsard (35), et le *Yach, evoé, iach, ia, ah* de Baïf (36), et il conclut avec une hardiesse que n'eût peut-être pas approuvée le législateur de *l'Art poétique :* « ... ce jargon, ces mots forgés, ce galimatias, tout cela, selon l'idée des Anciens, est fort dithyrambique, et c'est dommage que cette pièce soit en français... » (37). Ainsi les Anciens ont été utiles et nuisibles ; ils ont ranimé les Arts, mais les ont égarés. Il serait dangereux de vouloir trop les imiter ; les naïfs troubadours ont su inventer, sans le secours des Grecs ni des Latins, une poésie sincère et touchante, et ils ne pouvaient tomber dans les défauts qui furent ceux de Ronsard ou de Baïf.

La philosophie intéressait davantage Fontenelle que l'histoire littéraire. Bien que sa documentation soit un peu superficielle et souvent approximative, c'est une véritable sociologie qu'il nous propose ici. Il rappelle — comme dans la *Digression* — que les invasions barbares « étouffèrent pour longtemps les sciences, à qui il faut, ainsi qu'à des plantes délicates, un air doux et beaucoup de soin » (38). Mais l'idée était assez banale. D'autres remarques sont plus éclairantes :

> Jodelle... n'était pas savant, son siècle l'était, et les ignorants même d'un siècle savant se sentent un peu de la science de leur siècle. Il part des gens habiles, pourvu qu'ils soient en assez grand nombre, une certaine lumière qui éclaire tout ce qui est autour d'eux, et dont on aperçoit quelques rayons réfléchis sur tous les autres. Le bon goût qu'ils prennent par choix, s'établit chez les autres par mode, et les vrais principes passent de ceux qui les ont découverts à ceux qui ne peuvent tout au plus que les entendre (39).

Sans doute Fontenelle ne conçoit-il « l'esprit du siècle » que comme une résultante d'influences personnelles, mais il met en

(32) *Ibid.*, t. III, p. 51.
(33) *Art poétique*, I, vers 126.
(34) *Œuvres* (3), t. III, p. 58.
(35) *Ibid.*, *loc. cit.*
(36) *Ibid.*, t. III, p. 60.
(37) *Ibid.*, *loc. cit.*
(38) *Ibid.*, t. III, p. 7
(39) *Ibid.*, t. III, p 52-53.

lumière l'aspect coercitif que finissent par revêtir ces influences, et cette conception, il l'explique, et l'étend bien au-delà de la littérature :

> Les siècles diffèrent entre eux comme les hommes, ils ont chacun leur tour d'imagination qui leur est propre. Un siècle ignorant, et pour ainsi dire mal élevé, pense mal, et se représente toutes choses sous des idées basses. Un siècle tel que le nôtre, éclairé de toutes les sciences, se fait des idées convenables aux objets, et pense avec élévation sur ce qui est élevé. Nous avons des idées nobles de Dieu et de la religion, ou du moins nous savons que nous ne devons pas nous arrêter aux idées faibles et peu élevées que notre esprit s'est fait souvent malgré nous, et nous remettons ces objets dans une incompréhensibilité majestueuse plus digne d'eux que toutes nos idées. Mais les siècles de nos pères, plongés dans une épaisse ignorance, n'avaient garde de prendre sur la religion des idées nobles et convenables. Jetez l'œil sur les images et les peintures de leurs églises, tout cela a quelque chose de bas et de mesquin, qui représente le caractère de leur imagination. Leur manière de penser était la même que leur manière de peindre. Les livres de ces temps-là, je parle des meilleurs, ont assez de bon sens, beaucoup de naïveté, parce que le naïf est une nuance du bas, presque jamais d'élévation. Peintures, livres, bâtiments, tout se ressemble (40).

Fontenelle avait déjà montré dans *De l'origine des fables* comment les hommes avaient au cours des siècles purifié et approfondi l'idée qu'ils se faisaient de la divinité. Perrault l'avait constaté : « Tout a changé en même temps » (41) ; et Saint-Evremond avec plus de précision : « Le changement de la religion, du gouvernement, des mœurs, des manières en a fait un si grand dans le monde qu'il nous faut comme un nouvel art pour entrer dans le goût et dans le génie du siècle où nous sommes. » (42).

Mais, selon son habitude, Fontenelle groupe les intuitions de ses devanciers en les rendant plus systématiques et plus hardies. Les fables antiques, la superstition médiévale et l'irréligion, ou du moins le fidéisme, les Modernes émanent des mêmes principes. C'est l'homme qui crée les dieux, ou, comme le disait Fontenelle, « Si Dieu a fait l'homme à son image, l'homme le lui a bien rendu » (43). Ainsi l'idée de « progrès » reçoit-elle sa signification la plus profonde. Nos croyances sont évidemment supérieures aux mythes barbares des siècles anciens, mais elles ne sont pas plus assurées. Il faut les admettre parce qu'elles nous conviennent, mais savoir que leur valeur est toute relative et que les générations futures les amélioreront encore. Fontenelle accepte et refuse à la fois son époque : il épouse et défend avec éloquence les convictions

(40) *Ibid.*, t. III, p. 24-25.

(41) Perrault, *Parallèle* (278), t. I, p. 68, éd. en 1688.

(42) Saint-Evremond, *Œuvres* (310), t. IV, p. 336 (*Sur les poèmes des anciens*).

(43) Cideville, *Traits, notes et remarques* (ms. Rouen), p. 117.

de ses contemporains, mais il garde ses arrière-pensées ; il ne dira jamais que le siècle de Louis XIV représente une perfection inégalable ; il sait que ce qu'il croit n'est jamais qu'un mythe — ou mieux la plante issue d'un terroir intellectuel et moral déterminé. Cette conception, que « la querelle des Anciens et des Modernes » et l'irréligion foncière de Fontenelle lui ont sans doute inspirée, mais à laquelle il sut donner une valeur plus large et moins polémique, peut expliquer son attitude — la sérénité et le détachement qu'il affectera jusque dans sa vieillesse : ce n'est plus une indifférence sceptique persuadée de l'universelle facticité, comme au temps des *Dialogues des morts* ; les convictions ne sont pas niées, mais dépassées ; elles sont à la fois fondées, et insuffisantes ; seule l'histoire les secrète.

Contre le théâtre religieux.

Les Modernes depuis longtemps, et Perrault récemment, avaient par dégoût de la mythologie, conseillé aux poètes de recourir au « merveilleux chrétien ». Mais le renforcement du parti dévot aggrava bientôt le problème. Les efforts de Mme de Maintenon et de Bossuet tendaient à supprimer le théâtre, ou à n'autoriser que des pièces sans amour et d'inspiration biblique ou chrétienne (44). La *Pénélope* de l'abbé Genest avait dès 1684 suscité la sympathie de Bossuet qui avait écrit : « Je ne balancerais pas d'approuver ce spectacle, si l'on représentait toujours des pièces aussi épurées. » (45). Et Racine était évidemment le plus illustre représentant de cette forme de tragédie. Or l'abbé Trublet nous l'explique : « Sans jamais nommer Racine, M. de Fontenelle l'a critiqué une ou deux fois dans l'*Histoire du théâtre...* » (46).

Ces allusions demeurent assez modérées et sournoises, mais comment ne pas songer à *Athalie,* lorsqu'on lit ce passage :

> La tragédie des *Juives* est une de celles que j'aimerais le mieux... Il est vrai que, dans cet ouvrage, Garnier a été fort aidé par l'Ecriture sainte, dont il a emprunté la plupart de ses idées, et dont il a mis de morceaux en œuvre assez heureusement. Ce n'est pas que Garnier eût beaucoup d'art, mais c'est que l'Ecriture sainte a naturellement un sublime qui fait toujours un grand effet (47) ?

Certes, cette remarque est assez bénigne ; appliquée à Racine, elle tend à rabaisser son mérite, mais non à contester la valeur de ses dernières pièces ; Fontenelle semble même s'accorder avec les défenseurs du « théâtre biblique ». La perfidie se découvre

(44) Loukovitch, *La Tragédie religieuse classique...* (581), p. 435-445. Boyer fit jouer en 1692 une *Jephté* et en 1694 une *Judith* à Saint-Cyr.

(45) D'Alembert (68), t. III, p. 462.

(46) *Mémoires* (345), p. 299.

(47) *Œuvres* (3), t. III, p. 71.

davantage dans ces lignes : « Il fallait que l'on crût alors les chœurs bien indispensables, et que l'on fût bien éloigné de s'aviser de l'expédient des violons... Il y a toujours sur le théâtre un chœur à l'antique, qui finit tous les actes et s'acquitte bien du devoir d'être moral et embrouillé. » (48). Perrault avait déjà noté après la création d'*Athalie* : « Je ne crois pas qu'il y ait rien au monde de si haïssable, ni de si ennuyeux que les chœurs. » (49). Il arrive même que Fontenelle reprenne les griefs traditionnels des cornéliens : « ... quand nous voyons que l'on donne notre manière de traiter l'amour à des Grecs et à des Romains, et qui pis est, à des Turcs, pourquoi cela ne nous paraîtrait-il pas burlesque ? » (50).

Toutes ces attaques restent épisodiques. Mais, quand il s'agit du théâtre religieux, Fontenelle, bien qu'il reconnaisse le sublime de l'Ecriture, montre plus de précision et d'insistance. Les comédies médiévales représentaient communément la Passion ou la vie des saints. Si Fontenelle s'est attardé aussi longuement sur ces œuvres, ce n'est sûrement pas, comme il le prétend, pour mettre en évidence le génie de Pierre Corneille ; c'est bien davantage parce que cet exposé lui permettait de ridiculiser les efforts du parti dévot : « Au sortir du sermon, ces bonnes gens allaient à la comédie, c'est-à-dire qu'ils changeaient de sermon. Jusque dans leurs divertissements, ils avaient les choses de la religion devant les yeux, leur foi était fortifiée par l'habitude qu'ils contractaient avec elles, et en entendre si souvent parler, c'était quasi les avoir vues... » (51). Le négateur des oracles et des miracles reparaît, et l'ancien élève du collège de Bourbon doit se souvenir des pieuses représentations qu'organisaient ses maîtres. Chez les Jésuites, comme au Moyen Age, le théâtre sert de propagande, et la superstition est nourrie par l'habitude et la répétition. Ainsi va-t-il s'étendre avec quelque malignité sur ce sujet : « Comme les comédies de la Passion ne sont pas trop connues, je crois qu'il sera à propos d'en exposer quelques traits les plus particuliers et les plus propres à en faire connaître le caractère. » (52). Et il cite tous les passages les plus ridicules de ces œuvres : Satan se fait étriller, « et certainement, quand on le voyait boiter sur le théâtre et se traîner avec peine, toute l'assemblée riait de bon cœur... » (53) ; la mort de Judas est un morceau aussi singulier car « quand il est pendu, Lucifer crie du fond des Enfers qu'on lui apporte l'âme, mais elle ne se trouve point » (54). Enfin, « il y avait des diableries partout » (55) ; ajoutons la risible bulle d'un pape, qui est lue dans l'*Elmire* d'Alexandre Hardy, et les tendresses qu'échangent les amants dans les pièces de cet auteur : « Ils appellent très souvent leurs maîtresses

---

(48) *Ibid.*, t. III, p. 72 et 53.
(49) *Parallèle* (278), t. III, p. 199 (éd. en 1692).
(50) *Œuvres* (3), t. III, p. 30-31.
(51) *Ibid.*, t. III, p. 27. L'anticléricalisme de l'*Histoire du théâtre français* a été mis en évidence par John Van Eerde (693).
(52) *Ibid.*, t. III, p. 31.
(53) *Ibid.*, t. III, *loc. cit.*
(54) *Ibid.*, t. III, p. 35.
(55) *Ibid.*, t. III, p. 39.

ma sainte... c'est une de leurs plus agréables mignardises... » (56).

Saint-Evremond, avant Fontenelle, avait exprimé la même résistance des esprits libres à l'envahissement de la scène par la religion. Dans son essai *De la tragédie ancienne et moderne*, il écrivait :

> Les dieux et les déesses causaient tout ce qu'il y avait de grand et d'extraordinaire sur le théâtre des Anciens... Mais toutes ces merveilles aujourd'hui nous sont fabuleuses. Les dieux nous manquent et nous leur manquons ; et, si voulant imiter les Anciens en quelque façon, un auteur introduisait des anges et des saints sur notre scène, il scandaliserait les dévots comme profane, et paraîtrait imbécile aux libertins... D'ailleurs, ce serait donner un grand avantage aux libertins qui pourraient tourner en ridicule à la comédie les mêmes choses qu'ils reçoivent dans les temples avec une apparente soumission, et par le respect du lieu où elles sont dites, et par la révérence des personnes qui les disent... L'esprit de notre religion est directement opposé à celui de la tragédie... Le théâtre perd tout son agrément dans la représentation des choses saintes, et les choses saintes perdent beaucoup de la religieuse opinion qu'on leur doit, quand on les représente sur le théâtre... (57).

L'argumentation était adroite ; Saint-Evremond en appelait au zèle des dévots pour leur déconseiller d'exposer l'objet de leur foi aux sarcasmes des libertins. Fontenelle s'est souvenu de cette leçon. « Le vrai est trop sérieux » (58), nous dit-il ; on dépouille de leur gravité les scènes et le vocabulaire évangéliques en les utilisant au théâtre. Mais moins prudent que son devancier — ou peut-être rassuré par le dessein de ne pas publier immédiatement son ouvrage — Fontenelle renonce bientôt à ces adresses et s'abandonne au plus franc anticléricalisme. Il s'étend avec verve sur l'*Eugène* de Jodelle qui ridiculise le clergé (59), et il ajoute : « ... il est seulement étonnant que les ecclésiastiques n'aient pas crié. Comment s'accommodaient-ils de la peinture qu'on faisait d'eux dans *Eugène* ? Il fallait qu'ils fussent bien appliqués à jouir, lorsqu'ils méprisaient les bruits jusqu'à ce point-là » (60). Il insiste aussi sur l'*Heregia dels Preyes* « pièce apparemment fort agréable en ces temps et dans ces pays-là, où les Albigeois et les Vaudois avaient assez établi la mode de railler les ecclésiastiques » (61), et il nous conte la vie de Gaucelm Faidit : « Il était homme de plaisir, grand joueur, dissipateur, et qui avait perdu aux dés tout son bien de patrimoine. Il tira d'un monastère de la ville d'Aix, une fille de qualité, nommée Guilhaumone de Soliers, et l'épousa. La religieuse s'accommoda parfaitement bien de la vie comique, et tous deux y

(56) *Ibid.*, t. III, p. 75.
(57) Saint-Evremond, *Œuvres* (310), t. III, p. 127-128.
(58) *Œuvres* (3), t. III, p. 76.
(59) *Ibid.*, t. III, p. 61-65.
(60) *Ibid.*, t. III, p. 65.
(61) *Ibid.*, t. III, p. 21.

gagnèrent un embonpoint digne que l'histoire en ait fait mention. » (62).

L'Histoire du théâtre françois n'est donc ni un éloge de Corneille, ni une étude bien scrupuleuse de la littérature française (62 *bis*). L'auteur du *Cid* a servi de prétexte, et l'historien est trop léger pour entraîner notre adhésion. La véritable intention de Fontenelle était presque purement polémique : il voulait diminuer le prestige des Anciens en soulignant la valeur des poètes qui les ont ignorés, et ridiculiser par une accumulation d'exemples et d'anecdotes le théâtre religieux. A l'époque de conformisme généralisé où cette œuvre fut composée, il y avait beaucoup de courage à formuler une telle protestation, mais le livre était impubliable, et c'est peut-être — comme nous l'avons supposé — cette circonstance même qui explique l'audace de l'écrivain.

Dans les *Réflexions sur la poétique,* Fontenelle revient sur ce problème ; mais c'est un autre ton : les théorèmes remplacent les relations historiques :

> Les Anciens n'ont presque point mis d'amour dans leurs pièces, et quelques-uns les louent de n'avoir point avili leur théâtre par de si petits sentiments. Pour moi, j'ai peur qu'ils n'aient pas connu ce que l'amour pouvait produire. Je ne vois pas trop bien où serait la finesse de ne vouloir pas traiter des sujets pareils à *Cinna* ou au *Cid* (63).

Valeur et faiblesse de la mythologie.

Fontenelle méprisait la barbarie des dieux homériques et rêvait d'une poésie « réelle » ou « spirituelle » qui fût dégagée de ce merveilleux absurde et désuet ; cependant il écrit dans *De l'origine des fables* :

> ... quoique nous soyons incomparablement plus éclairés que ceux dont l'esprit grossier inventa de bonne foi les fables, nous reprenons très aisément ce même tour d'esprit qui rendit les fables si agréables pour eux ; ils s'en repaissaient parce qu'ils y croyaient, et nous nous en repaissons avec autant de plaisir sans y croire ; et rien ne prouve mieux que l'imagination et la raison n'ont guère de commerce ensemble et que les choses dont la raison est pleinement détrompée, ne perdent rien de leurs agréments à l'égard de l'imagination (64).

En somme, il justifie par un raisonnement assez souple l'utilisation des fables les plus absurdes dans la peinture et dans la

(62) *Ibid.*, t. III, p. 22.

(62 *bis*) Les erreurs de Fontenelle s'étendent même à des questions plus graves ; est-ce par inadvertance qu'il affirme, contrairement à l'opinion de tous les historiens, « qu'en Grèce, aussi bien qu'en France, la comédie est l'aînée de la tragédie » (*ibid.*, t. III, p. 66) ?

(63) *Ibid.*, t. III, p. 132.

(64) *Ibid.*, t. III, p. 290.

poésie. Devons-nous penser qu'il se soit contredit ? L'*Histoire du théâtre françois* nous révèle sa véritable pensée : « ... il n'y a que les idées du culte païen qui soient galantes... On peut appeler sa maîtresse *ma déesse,* parce qu'il n'y a point de déesse ; et on ne peut l'appeler *ma sainte* parce qu'il y a des saintes. » (65). Les comédies qui représentaient la passion du Christ lui inspirent cette remarque : « Heureusement nous avons aujourd'hui d'autres sources où puiser des sujets ; toutes les histoires anciennes nous sont ouvertes, et quand nous voulons du merveilleux, nous avons quantité de dieux et de déesses qui ne nous sont rien, et qui ne sont bons que pour la scène. » (66). Ainsi la soudaine indulgence que Fontenelle manifeste envers la mythologie antique s'explique simplement par son hostilité au merveilleux chrétien. Les fables grecques sont méprisables, et l'esprit humain est désormais trop éclairé pour entrer dans ces fictions monotones. Mais le recours au christianisme serait bien plus dangereux ; il amènerait cette propagande incessante, qui persuadait aisément les hommes du Moyen Age et les enfonçait dans la superstition. Il vaut encore mieux évoquer Diane ou Vénus que le Christ ou la Vierge. La mythologie n'est qu'un pis aller, mais Fontenelle est prêt à en accepter toutes les « niaiseries » pour ne pas voir la scène envahie par les héros de l'Evangile. Il en vient ainsi à adopter une position intermédiaire entre les Anciens et les Modernes ; s'accordant avec ceux-ci pour mépriser la poésie antique, il rejoint Boileau dans sa lutte contre le merveilleux chrétien. Cette démarche est révélatrice. On voit la stratégie de Fontenelle : les idées les plus profondes ne sont exprimées que de façon indirecte ; il faut toujours se préparer des replis possibles, ménager et diviser ses adversaires. Le philosophe tendait par là à rendre la littérature foncièrement conventionnelle et gratuite ; les déités antiques lui paraissent acceptables, parce qu'elles sont évidemment fabuleuses et irréelles. Si l'homme n'est pas encore mûr pour se désabuser du merveilleux, qu'il s'amuse plutôt à des contes dont il connaît la facticité, qu'à des mythes qui peuvent l'impressionner et le séduire. Sa raison en sera moins atteinte.

L'arithmétique du beau.

> ... On se met à mépriser les règles, c'est, dit-on, une pédanterie gênante et inutile, et il y a un certain art de plaire qui est au-dessus de tout. Mais qu'est-ce que cet art de plaire ? Il ne se définit point, on l'attrape par hasard, on n'est pas sûr de le rencontrer deux fois, enfin c'est une espèce de magie tout à fait inconnue... (67).

C'est ainsi que Fontenelle nous présente ses *Réflexions sur la poétique,* et on sent que cette phrase vise quelque adversaire : le

(65) *Ibid.*, t. III, p. 75-76.
(66) *Ibid.*, t. III, p. 125.
(67) *Ibid.*, loc. cit.

théoricien en voudrait-il au « pragmatisme » esthétique de la génération de 1670, de Molière et de Racine ? Ne songe-t-il pas aussi au mystérieux « je ne sais quoi » qu'invoquait complaisamment le P. Bouhours (68) ? Son intellectualisme, et sa tendance à introduire le déterminisme dans les sciences humaines, ne pouvaient accepter ces attitudes un peu molles et trop incertaines. Mais la *Pratique du théâtre* de l'abbé d'Aubignac, les *Réflexions sur la poétique* du P. Rapin, l'*Art poétique* de Boileau n'avaient-ils pas déjà codifié la tragédie ? Il faut croire que ces ouvrages n'ont pas contenté Fontenelle, et avec une belle assurance, il affirme « qu'il se pourrait bien faire que tout ce qu'il y a d'important pour le théâtre ne fût point réduit en règles... » (69). Ne peut-on même supposer qu'il ait mis quelque intention provocatrice dans le choix de son titre ? En reprenant celui qu'avait utilisé le P. Rapin, ne paraît-il pas vouloir se mesurer avec lui ? On devine même que le philosophe, convaincu désormais du progrès humain et des qualités exceptionnelles de son siècle, a jugé que l'esthétique aristotélicienne était caduque et qu'il fallait la remplacer.

Son ouvrage qui paraît né de la pure raison a un aspect impressionnant. Tous les axiomes qui y sont énoncés s'enchaînent rigoureusement. Plus nettement encore que dans le *Discours sur la nature de l'églogue,* Fontenelle applique ici une méthode mathématique : l'art n'a qu'un but qui est de plaire ; et, pour plaire, il suffit de connaître les besoins de l'esprit et du cœur humains ; une psychologie précise est indispensable pour édifier une esthétique raisonnable ; encore faut-il ajouter à ces principes les changements « qu'apporte la forme du théâtre, ou par nécessité, ou pour le seul agrément... » (70). Cependant, comme tous les sujets n'autorisent pas l'emploi de toutes les règles, il conviendrait d'avoir une balance pour peser celles-ci ; « on verrait qu'elles ne méritent pas toutes une égale autorité... » (71). Ayant fixé ce plan, dont la rigueur est admirable, Fontenelle en accomplit les deux premières parties ; mais un travail si long finit par le lasser, et il abandonnera le dernier but qu'il s'était proposé : donner à chacune des règles une sorte de coefficient qui représente leur valeur. L'esprit est à la fois curieux, paresseux et inconstant ; c'est la même psychologie — teintée d'épicurisme — que proposait naguère le *Discours ;* la curiosité demande « l'important », le « nouveau », le « singulier », le « rare » (72) ; la paresse exige la simplicité, et l'inconstance la diversité (73). On discerne là une sorte de « réalisme » ; loin des chimères du « talent » et du « génie » indicibles, la poétique semble se ramener à la conscience claire des buts à atteindre et des moyens à employer. « L'important » s'obtient par « la dignité des personnages et la grandeur des intérêts », qui « se peuvent partager

---

(68) *Les entretiens d'Ariste et d'Eugène* ı111), p. 237, *sq.* (*Cinquième entretien*).
(69) *Œuvres* (3), t. III, p. 126.
(70) *Ibid.*, t. III, p. 126-127.
(71) *Ibid.*, t. III, p. 127.
(72) *Ibid.*, t. III, p. 129.
(73) *Ibid.*, t. III, *loc. cit.*

en deux espèces, les uns plus nobles, tels que l'acquisition ou la conservation d'un trône... et les autres plus touchants, tels que l'amitié ou l'amour... » (74). « Le nouveau et le singulier » peuvent se trouver dans l'intrigue comme dans les caractères, mais l'essentiel demeure ces passions inconnues que le dramaturge peut représenter. « Le rare » nous incite à peindre « les caractères dans un degré élevé » (74 *bis*) ; il faut de grandes vertus ou des vices extrêmes. Pour mieux exciter la curiosité du spectateur, il convient que l'événement soit incertain, et l'action à la fois mystérieuse et rapide. La simplicité, qui entraîne l'unité d'action et l'élimination des épisodes, peut s'unir à la diversité qui naît des « jeux de théâtre » (75). Encore faut-il toucher le cœur, comme on intéresse l'esprit, et attacher le spectateur au héros qui doit être sympathique et vertueux. Le public doit éprouver de la pitié, et il est préférable qu'au dénouement la vertu, longtemps traversée et persécutée, obtienne un triomphe mérité.

Ce noble édifice peut nous surprendre et nous fasciner, mais l'on devine bientôt que Fontenelle s'est proposé d'autres intentions. Comme il serait peu vraisemblable qu'il ait voulu codifier la dramaturgie du XVIIe siècle dans un but purement désintéressé ! Quel jugement porte-t-il lui-même sur sa méthode ? Estime-t-il qu'il suffise de l'appliquer pour créer des œuvres parfaites ? Tout au contraire, il nous avoue : « Ces sortes de spéculations ne donnent point de génie à ceux qui en manquent, et le plus souvent même les gens de génie sont incapables d'être aidés par les spéculations » (75 *bis*). Ainsi le plus systématique des législateurs est aussi le plus sceptique ; il pousse à la limite les tentatives de d'Aubignac et de Boileau, mais cet effort même lui paraît contestable. Il nous laisse deviner que ses *Réflexions*, malgré leur apparence abstraite et purement logique, sont d'abord une méditation sur les œuvres passées, et que les mathématiques n'offrent guère qu'une couverture prestigieuse à un profond empirisme. C'est la réalité qui a permis au théoricien de dégager ses axiomes ; l'histoire a précédé la législation esthétique ; enfin ce traité s'adresse moins aux poètes qu'au public ; il sert « à faire remonter jusqu'aux premières idées du beau quelques gens qui aiment le raisonnement et qui se plaisent à réduire sous l'empire de la philosophie les choses qui en paraissent les plus indépendantes, et que l'on croit communément abandonnées à la bizarrerie des goûts » (76). Le dessein de l'ouvrage est donc purement intellectuel : l'auteur souhaite avant tout faire réfléchir ses lecteurs, et leur montrer que la réussite ou l'échec d'une tragédie dépend de lois rigides ; le génie du créateur suffit

(74) *Ibid.*, t. III, p. 131.
(74 *bis*) *Ibid.*, t. III, p. 138.
(75) *Ibid.*, t. III, p. 159.
(75 *bis*) *Ibid.*, t. III, p. 205. Ce scepticisme a pu être inspiré à Fontenelle par les remarques de Saint-Evremond au début du traité *De la tragédie ancienne et moderne. Œuvres* (310), t. III, p. 126 : « Il me souvient que l'abbé d'Aubignac en composa une selon toutes les lois qu'il avait impérieusement données pour le théâtre ; elle ne réussit point... »
(76) *Ibid.* (3), t. III, p. 205-206.

pour enfanter des chefs-d'œuvre ; sans doute ce génie consiste-t-il à *retrouver* les lois — mais il faut les *retrouver* et non les *appliquer*.

Cette arithmétique, qui est fille de l'expérience et ne se propose que des buts limités, cache souvent des intentions polémiques. Trublet nous apprend que Fontenelle dans ces *Réflexions* avait songé à Racine plus souvent encore que dans l'*Histoire du théâtre françois*. Et il n'est pas difficile de découvrir dans cet ouvrage la volonté de blesser et d'humilier systématiquement l'auteur d'*Andromaque*. Ainsi, « la simplicité ne plaît point par elle-même ; elle ne fait qu'épargner de la peine à l'esprit ; la diversité au contraire par elle-même est agréable, l'esprit aime à changer d'action et d'objet » (77) — comment se dissimuler que cette remarque vise à réfuter un des points essentiels de l'esthétique racinienne ? Souvent l'agressivité est plus nette : « De là vient qu'Alexandre est si peu intéressant dans la pièce qui porte son nom... On y conte de lui... Mais quand on le voit en personne, il n'est occupé que de l'amour d'une petite Cléophile. » (78). Cette critique intéresse en fait toutes les tragédies de Racine et procède directement de la *Dissertation* de Saint-Evremond où l'admirateur de Corneille notait : « ... gardons-nous de faire un Antoine d'un Alexandre, et ne ruinons pas le héros établi par tant de siècles, en faveur de l'amant que nous formons à notre fantaisie. » (79). Parfois la perfidie est plus enveloppée : « La vertu malheureuse doit intéresser, mais il faut savoir peindre la vertu, et il n'y a guère que le pinceau de M. Corneille, qui y ait réussi. » (80). Il arrive que Fontenelle critique en même temps Corneille et Racine : « Il n'y a guère d'apparence que les scélérats, tels que la Cléopâtre de *Rodogune* et le Mathan d'*Athalie* aient des confidents, à qui ils découvrent sans aucun déguisement, et sans une nécessité absolue, le détestable fond de leur âme. » (81). Mais d'ordinaire il ébauche un parallèle fort défavorable à son ennemi : « Cléopâtre dans *Rodogune, Phocas, Stilicon,* sont de beaux caractères... Le théâtre n'est pas ennemi de ce qui est vicieux, mais de ce qui est bas et petit. C'est là ce qui gâte les caractères de Néron et de Mithridate, tels qu'on les a donnés dans deux tragédies très connues du public, et pleines d'ailleurs de très grandes beautés. » (82). Prusias et Félix « réussissent mieux » que les criminels raciniens, parce que leur faiblesse est excusable et qu'elle rehausse l'héroïsme des protagonistes. Il n'est pas vrai, quoi qu'en ait dit Racine, que le dénouement doive être prévisible ; Thomas Corneille dans *Camma* et dans *Ariane* a montré au contraire que les meilleures catastrophes sont les plus inattendues (83). Bérénice, Titus et Antiochus « ne font que le même personnage sous trois noms différents » (84), et cette uniformité est vicieuse. Il faut

(77) *Ibid.*, t. III, p. 150.
(78) *Ibid.*, t. III, p. 164.
(79) Saint-Evremond, *Œuvres* (311), t. II, p. 96.
(80) *Œuvres* (3), t. III, p. 165.
(81) *Ibid.*, t. III, p. 191-192.
(82) *Ibid.*, t. III, p. 139.
(83) *Ibid.*, t. III, p. 144-145.
(84) *Ibid.*, t. III, p. 157.

avouer qu'Andromaque, Britannicus, Junie, Bajazet et Atalide sont des caractères émouvants, mais on peut préférer à cette « mollesse touchante » les nobles héros cornéliens, qui, tels Cornélie et Nicomède, nous inspirent « une pitié mêlée d'admiration, une pitié sans larmes » (85).

Enfin, la tournure mathématique de ces *Réflexions* n'est souvent qu'un masque ; il semble que Fontenelle s'est proposé le dessein suivant : comment parvenir à la plus violente critique des tragédies de Racine en affectant la sérénité et l'impartialité ? Ce ne sont là que des ruses destinées à voiler et à renforcer à la fois la cruauté de l'ouvrage. La condamnation de l'esthétique racinienne est plus définitive, puisqu'elle semble émaner d'un jugement désintéressé, et non d'une réaction affective. Les *Réflexions* ont assurément été écrites au même moment que le *Parallèle* de 1693. Lequel de ces deux ouvrages a précédé l'autre ? On peut penser que Fontenelle est parti du *Parallèle* et a voulu préciser, développer et fonder en raison les axiomes qui y étaient formulés. Ainsi il serait passé du pamphlet à ce vaste ouvrage si abstrait et si ambitieux... Si les *Réflexions* ne furent pas publiées dès leur achèvement, c'est, nous le savons, par ménagement envers Racine. Cette attitude se comprend mieux après la réconciliation des Anciens et des Modernes — soit après 1694. Sans doute à cette date Fontenelle n'avait-il pas encore terminé son ouvrage... Ebauché durant la « querelle », continué dans le silence et l'obscurité, mais nourri d'une haine tenace et d'une rancune vieille de quinze ans, ce traité est donc une œuvre purement agressive, un témoignage sur les critiques qu'a constamment inspirées à ses adversaires le théâtre de Racine, et un reflet de la cruauté que pouvait montrer « le doux Fontenelle ».

Entre Corneille et Marivaux.

Cette polémique, qui ne se limite pas à des allusions éparses, mais qui justifie toute la construction de l'ouvrage, ne touche pas seulement les pièces de Racine ; elle vise toute la poétique d'Aristote. Fontenelle a emprunté à Descartes et à ses disciples leur conception du plaisir et de la douleur :

> ... il paraît par l'exemple du chatouillement que le mouvement du plaisir poussé un peu trop loin devient douleur, et que le mouvement de la douleur un peu modéré devient plaisir. De là vient encore qu'il y a une tristesse douce et agréable ; c'est comme une douleur affaiblie et diminuée (86).

Mais bien davantage que les livres des philosophes, ce sont les traités de dramaturgie du XVIIe siècle, qui ont inspiré le théoricien,

(85) *Ibid.*, t. III, p. 168-169.
(86) Cf. Cordemoy, *Œuvres* (34), *Le Discernement de l'âme et du corps*, sixième discours ; Malebranche, *Recherche de la Vérité*, I, X, V.

et surtout ceux de P. Corneille. Fontenelle a relu des *Discours* de son oncle, les a souvent suivis, et parfois corrigés en recourant à d'autres maîtres. S'agit-il de « la dignité des personnes et de la grandeur de leurs intérêts » (87) ? Il vaut mieux représenter des princes et des rois, « cette parure est nécessaire » (88) ; mais les Horaces et les Curiaces qui ne sont que de simples citoyens, ont réussi, parce que « la fortune des deux Etats est attachée à ces particuliers » (89). Corneille avait justifié *Don Sanche* en des termes analogues : « Outre que ce n'est pas une nécessité de ne mettre que les infortunes des rois sur le théâtre, celles des autres hommes y trouveraient place, s'il leur en arrivait d'assez extraordinaires pour la mériter. » (90). On peut simplement reconnaître chez Fontenelle plus de timidité que chez son oncle, mais, lorsqu'il reviendra dans sa vieillesse au théâtre, il osera aller plus loin.

L'auteur de *Nicomède* voulait qu'il y eût dans les tragédies « quelque grand intérêt d'Etat, ou quelque passion plus noble et plus mâle que l'amour », car « il est à propos d'y mêler l'amour, mais il faut qu'il se contente du second rang ». Fontenelle affirme que « le seul secret » pour séduire les spectateurs « est de mettre l'amour en opposition avec le devoir, l'ambition, la gloire » (91).

« Ce qui est rare et parfait en son espèce, ne peut manquer d'attirer l'attention. Ainsi il faut toujours peindre les caractères dans un degré élevé ; rien de médiocre, ni vertus, ni vices. » (92). C'est là une évidente paraphrase des illustres maximes de Pierre Corneille : « le caractère brillant et élevé d'une habitude vertueuse ou criminelle... » (93).

Après Corneille, Fontenelle souhaite que les caractères soient fixes et cohérents, mais Horace, Aristote et Boileau avaient dégagé le même principe ; Fontenelle ne semble d'ailleurs voir là qu'une convention : « Le théâtre n'admet pas les inégalités et le mélange que la nature... admettrait. » (94). L'analogie est plus nette, quand il s'agit de réfuter le système d'Aristote ou les unités classiques. Corneille avait avoué qu'il ne parvenait pas à comprendre ce que le philosophe grec disait de la purgation des passions : « J'ai bien peur — écrivait-il — que le raisonnement d'Aristote sur ce point ne soit qu'une belle idée, qui n'ait jamais son effet dans la vérité. » (95), et il préférait s'en tenir à cette constatation : « Le succès heureux de la vertu, en dépit des traverses et des périls, nous excite à l'embrasser ; et le succès funeste du crime ou de l'injustice est capable de nous en augmenter l'horreur naturelle, par l'appré-

(87) *Œuvres* (3), t. III, p. 161.
(88) *Ibid.*, t. III, p. 130.
(89) *Ibid.*, *loc. cit.*
(90) Corneille, *Œuvres* (135), t I, p. 54 (*Discours de la Tragédie*), t V, p. 406-407 (*Epître sur Don Sanche*).
(91) *Œuvres* (3), t. III, p. 132 ; Corneille (135), t. I, p. 24.
(92) *Œuvres* (3), t. III, p. 138.
(93) Corneille (135), t. I, p. 21.
(94) *Œuvres* (3), t. III, p. 186.
(95) Corneille (135), t. I, p. 58.

hension d'un pareil malheur... » (96). Fontenelle a exactement le même point de vue :

> Je n'ai jamais entendu la purgation des passions ; ainsi je n'en dirai rien. Si quelqu'un est purgé par cette voie-là, à la bonne heure ; encore ne vois-je pas trop bien à quoi il peut être bon d'être guéri de la pitié... La plus belle leçon que la tragédie puisse faire aux hommes est de leur apprendre que la vertu, quoique longtemps traversée, persécutée, demeure à la fin victorieuse (96 *bis*).

Les unités ne l'impressionnent guère ; « la règle des vingt-quatre heures n'est point une règle ; c'est une extension favorable de la véritable règle, qui n'accorde à l'action de la tragédie que la durée de sa représentation » (97), et il ajoute avec quelque malice : « Elle peut servir d'exemple à la facilité qu'ont les hommes à recevoir des maximes qu'ils n'entendent point, et à s'y attacher de tout leur cœur. » (98). Cette attitude lui a été inspirée par Corneille : « Ne nous arrêtons point ni aux douze, ni aux vingt-quatre heures », mais resserrons « l'action du poème dans la moindre durée qu'il nous sera possible afin que sa représentation ressemble mieux et soit plus parfaite » (99).

Le dénouement doit être « suspendu jusqu'au bout et imprévu » (100) — Corneille l'avait dit (101), mais sur ce point Fontenelle semble surtout se souvenir des principes de l'abbé d'Aubignac ; lorsqu'il nous explique comment le dramaturge peut ménager un effet de surprise même en traitant des sujets historiques que tout le monde connaît, il s'inspire de ces conseils de la *Pratique du théâtre* :

> Il faut conduire de telle sorte toutes les affaires du théâtre, que les spectateurs soient toujours persuadés intérieurement que ce personnage dont la fortune et la vie sont menacées, ne devrait point mourir, attendu que cette adresse les entretient en des pressentiments de commisération qui deviennent très grands et très agréables au dernier point de son malheur. Et, plus on trouve de motifs pour croire qu'il ne doit point mourir, plus on a de douleur de savoir qu'il doit mourir... (102).

Et en fait, même si Fontenelle se conforme souvent aux principes édictés par son oncle, même s'il se refuse à attacher trop de prix à la simplicité de l'action, qui était un axiome essentiel de la *Pratique du théâtre* (103), il lui arrive maintes fois de marquer

---

(96) *Ibid.*, t. I, p. 21.
(96 *bis*) *Œuvres* (3), t. III, p. 170-171 et 178.
(97) *Œuvres* (3), t. III, p. 195.
(98) *Ibid.*, t. III, p. 196.
(99) Corneille (135), t. I, p. 113.
(100) *Œuvres* (3), t. III, p. 144.
(101) Corneille (135), t. I, p. 48.
(102) *Pratique du théâtre* (84), p. 176.
(103) *Ibid.*, p. 109 : « Le poète doit toujours prendre son action la plus simple qu'il lui soit possible. »

plus de rigueur que Corneille et de se ranger à l'avis de l'abbé d'Aubignac.

« Le sujet doit marcher avec vitesse... Tout est action sur le théâtre » (104), ce principe que tous les poètes admettaient avait été exprimé de la façon la plus précise par l'abbé d'Aubignac :

> Il faut que les principaux personnages soient toujours agissants et que le théâtre porte continuellement, et sans interruption, l'image de quelques desseins, attentes, passions, troubles, inquiétudes et autres pareilles agitations qui ne permettent pas aux spectateurs de croire que l'action du théâtre ait cessé (105).

Devant les épisodes, Fontenelle adopte la même attitude que d'Aubignac. Il ne les admet que s'il s'agit des « intérêts des seconds personnages qui, quoiqu'ils ne soient pas les principaux moteurs de l'action y aident cependant... » (106). Plus rigoureux que Corneille sur ce point, il définit même avec plus de clarté que d'Aubignac l'essence du théâtre classique. L'auteur de la *Pratique du théâtre* affirmait : « ... dans le même tableau, le peintre peut mettre plusieurs actions dépendantes de celle qu'il entend principalement représenter... » (107) ; il souhaitait donc que l'épisode fût une conséquence de l'action principale. Fontenelle, avant Marmontel (108), renverse les termes : il veut que les personnages secondaires aident à l'intrigue, « j'entends que leur secours soit absolument nécessaire ; et il ne faut pas même que ce secours soit tardif... » (109). D'autre part, il distingue de façon pertinente, et le premier — semble-t-il — l'unité et la simplicité de l'action. Enfanté par la polémique, son ouvrage reflète donc une admirable lucidité ; la prodigieuse intelligence de Fontenelle, éclairée par les *Discours* de Corneille, que d'Aubignac lui permet de corriger, va plus loin que les théories de ses prédécesseurs ; les *Réflexions sur la poétique* sont sans doute le meilleur traité de dramaturgie classique (109 *bis*).

---

(104) *Œuvres* (3), t. III, p. 143.

(105) *Pratique du théâtre* (84), p. 111.

(106) *Œuvres* (3), t. III, p. 148.

(107) *Pratique du théâtre* (84), p. 107.

(108) Dans J. Schérer, *La dramaturgie classique en France* (673 *bis*), p. 103, cette révolution dans la conception des épisodes est en effet attribuée à Marmontel ; elle nous semble déjà exprimée par Fontenelle. En condamnant les épisodes, Fontenelle n'innovait guère, mais il avait peut-être quelque intention polémique ; on lit dans *La dramaturgie* (673 *bis*), p. 96, cet extrait du Ms. fds fr. N. Acq. 559 : « L'épisode est la pire des inutilités... Le grand Racine a mis trop d'épisodes dans ses pièces... » ; Fontenelle cite d'ailleurs l'Eriphile d'*Iphigénie* comme exemple de personnage secondaire dont l'intervention est trop tardive, *Œuvres* (3), t. III, p. 149.

(109) *Œuvres* (3), t. III, p. 148.

(109 *bis*) Une des preuves les plus éclatantes de la valeur de cet ouvrage est l'éloge que lui décerna l'abbé Desfontaines, peu susceptible de partialité en faveur de Fontenelle : l'*Esprit de l'abbé Desfontaines* (152), t. III, p. 261-262 : « On trouve ici des principes admirables, principes toujours fondés sur la raison et sur l'examen de la nature et

Mais d'autres soucis se révèlent, et il arrive au législateur d'anticiper sur son siècle : « Nous ne connaissons pas nous-mêmes combien les romans de notre siècle sont riches en ces sortes de traits, et jusqu'à quel point ils ont poussé la science du cœur. » (110). Ces traits, ce sont toutes les manifestations des passions, qui nous échappent souvent dans la vie commune, et que le théâtre, à l'instar du roman, peut nous révéler. Ainsi, comme la *lettre* sur *Eléonor d'Ivrée,* les *Réflexions* ouvrent la voie à une psychologie neuve, éprise de singularités ; citons cet admirable passage, qui annonce, qui implique tout le théâtre de Marivaux :

> La finesse, la délicatesse, enfin l'agrément de ces effets de passion consiste assez ordinairement dans une espèce de contradiction qui s'y trouve. On fait ce qu'on ne croit pas faire, on dit le contraire de ce qu'on veut dire, on est dominé par un sentiment qu'on croit avoir vaincu, on découvre ce qu'on prend un grand soin de cacher. Celle de toutes les passions qui fournit le plus de ces sortes de jeux, et peut-être la seule qui en fournisse, c'est l'amour... L'espérance d'être aimé, la crainte de ne l'être pas roulent sur un regard, sur un soupir, sur un mot, enfin sur des choses presque imperceptibles, d'une interprétation douteuse... Ceux-mêmes qui sont aimés, peuvent douter s'ils le sont, ou craindre à chaque moment de ne l'être plus, ou s'affliger de ne l'être pas assez... Enfin, l'amour produit plus d'effets singuliers et agréables à considérer, parce qu'il a des objets plus fins, plus incertains, plus changeants... La singularité ou la bizarrerie délicate des effets d'une passion est un spectacle plus propre à plaire que sa seule violence, parce qu'elle donne occasion à une plus grande découverte (111).

De telles pages mettent en évidence la chaîne qui relie les *Lettres galantes* et le *Jeu de l'amour et du hasard.* Ce n'est ni dans Corneille ni dans Racine que Fontenelle pouvait trouver de semblables miroitements. Et l'on perçoit la secrète incohérence de son esthétique, que *Brutus* et *Laodamie* manifestaient : la tragédie demande « de grands intérêts », des « sentiments extrêmes » (112): c'est là l'héritage de Corneille, mais il faut aussi des singularités, des bizarreries : « En peinture, les draperies réussissent mieux que nos habits communs parce qu'elles ont plus de jeu, qu'elles sont plus ondoyantes. » (113). Et Fontenelle avoue même que « les jeux de théâtre » qu'il aime tant, se trouvent plus souvent dans les comédies que dans les tragédies. Comment concilier « la mâle simplicité » cornélienne et cet art presque impressionniste, tout en nuances fugitives ? Certes, ces deux orientations ne sont pas absolument contradictoires. *Le Cid* et les comédies de Marivaux satis-

---

de l'esprit et du cœur humain. D'ailleurs cet ouvrage est écrit avec une clarté et une élégance peu communes. »

(110) *Œuvres* (3), t. III, p. 135.
(111) *Ibid.*, t. III, p. 135-137.
(112) *Ibid.*, t. III, p. 130 et 138.
(113) *Ibid.*, t. III,p. 157.

font également — quoique de façon opposée — à la curiosité du spectateur. Mais cette notion est bien imprécise : ce n'est évidemment pas le même intérêt qui nous pousse vers les exploits des héros et vers de fines analyses psychologiques. Entre l'admiration que suscitent les uns et le détachement lucide que réclament les autres, il existe un fossé — celui même que Stendhal établissait entre « l'intérêt passionné » que crée le tragique et « la curiosité amusée » où il voyait l'essence du comique. Cette contradiction se reflète dans la plupart des œuvres du temps : Boursault, Campistron — tout autant que Mlle Bernard — sont à la fois des disciples de Corneille et des Modernes — dociles à la mode de leur siècle, qui tend à remplacer le « sublime » par le « naturel » bien observé et surprenant... La décadence de la tragédie à la fin du XVIIe siècle a peut-être des causes sociales, mais elle semble surtout s'expliquer par la timidité des auteurs incapables de se dégager d'un moule qui ne leur convient plus et d'inventer une nouvelle forme qui soit plus souple, plus bourgeoise, plus intellectuelle : les Modernes — et singulièrement Fontenelle — sont les plus grands admirateurs de Corneille, mais leurs tendances profondes et le goût de leur public sont bien éloignés des glorieuses pages d'histoire et des révolutions de palais qu'aimait la génération précédente ; la haute comédie, spirituelle, assez noble et assez familière, est le genre qu'on attend.

De façon plus fragmentaire, mais plus originale que Corneille et d'Aubignac, Saint-Evremond avait donné sa conception du théâtre classique (114), et nous ne serons pas surpris de constater une ressemblance frappante entre ses théories et celles de Fontenelle. Saint-Evremond, qui aimait tant *Horace* et méprisait tant l'*Alexandre* de Racine, ne comprenait pas non plus ce qu'Aristote avait voulu dire en établissant « une certaine *purgation,* que personne jusqu'ici n'a entendue... car y a-t-il rien de si ridicule que de former une science qui donne sûrement la maladie, pour en établir une autre qui travaille incertainement à la guérison...? » (115). Il jugeait que de telles réflexions ne pouvaient venir qu'aux philosophes, et que la multitude des spectateurs en serait toujours éloignée. Il affirmait « qu'on doit rechercher à la tragédie, devant toutes choses, une grandeur d'âme bien exprimée, qui excite en nous une tendre admiration » (116). Mais il constatait aussi « que dans un temps où l'on tourne toutes les pièces de théâtre sur l'amour, on en ignore assez la nature et les mouvements » (117). Et il expliquait longuement les trois mouvements principaux de cette passion : *aimer, brûler, languir* (118). Ainsi ces remarques fugitives présentaient la même contradiction que le traité de Fontenelle, et c'est sans doute que leur époque était fatalement conduite à cette impasse.

---

(114) Saint-Evremond, *Œuvres* (311), t. II, p. 70-102 (Sur l'*Alexandre* de Racine) ; (310), t. III, p. 125-140 (*Sur la tragédie...*).
(115) *Ibid.* (310), t. III, p. 134.
(116) *Ibid.*, t. III, p. 140.
(117) *Ibid.*, t. III, p. 145.
(118) *Ibid.*, t. III, p. 146, *sq.*

L'Art et la Nature.

On connaît le fier principe de Corneille : c'est « une maxime très fausse, qu'il faut que le sujet d'une tragédie soit vraisemblable » (119). D'Aubignac au contraire affirmait avant Racine : « Il n'y a donc que le vraisemblable qui puisse raisonnablement fonder, soutenir et terminer un poème dramatique. » (120). Fontenelle approfondit le problème et propose une solution inattendue : « Une action, qui se passerait effectivement sous nos yeux, change un peu de nature, quand elle est mise sur le théâtre : c'était une chose réelle, ce n'est plus qu'une représentation ; c'était pour ainsi dire une production de la Nature, c'est maintenant un objet de l'Art. » (121). La vraisemblance est donc préférable à la vérité ; comme il était dit dans la *Pratique du théâtre,* « c'est une pensée bien ridicule d'aller au théâtre pour apprendre l'histoire » (122). Ainsi Fontenelle conseille de « respecter le gros de l'événement », mais permet au poète d'introduire « toutes les variations qui lui plaisent dans les circonstances et les motifs » (123). Il en vient même à désapprouver *Horace* : le meurtre de Camille « déplaît non seulement par son extrême barbarie mais par le peu de vraisemblance qu'il y a qu'un frère tue sa sœur » (124).

Conformément aux principes dégagés dans le *Discours sur la nature de l'églogue,* c'est une sorte d'académisme qu'il nous propose. Il estime qu'on raillerait « un peintre qui ne représenterait les hommes que comme ils sont faits communément » (125). Il ne suffit pas de dépouiller la réalité de la grossièreté ou des incohérences qui la défigurent ; il faut tromper le spectateur ; l'art n'est qu'illusion. Il y a deux sortes de vraisemblables, « l'un ordinaire, simple ; l'autre extraordinaire, singulier » (126) ; il est bon que les caractères soient à la fois vraisemblables et singuliers comme celui de Pauline ; l'action en revanche doit être plus « ordinaire » : le romanesque peut réussir, mais il est bien périlleux. En s'affranchissant ainsi des maximes de Pierre et de Thomas Corneille, Fontenelle paraît retrouver l'esthétique de Boileau, de d'Aubignac et du P. Rapin. Mais il introduit des nuances : « On n'admire point la Nature de ce qu'elle n'a composé tous les visages que d'un nez, d'une bouche, de deux yeux ; mais on l'admire de ce qu'en les composant tous de ces mêmes parties, elle les a faits fort différents. Voilà la simplicité et la diversité qui plaisent par leur union. » (127). L'artiste doit imiter cette simplicité et cette diver-

(119) Corneille (135), t. I, p. 14.
(120) *Pratique du théâtre* (84), p. 93.
(121) *Œuvres* (3), t. III, p. 181-182. C'est dans ce passage que Fontenelle rappelle « le contemplateur » que Lucien avait imaginé dans son traité *Sur l'histoire.*
(122) *Pratique du théâtre* (84), p. 81.
(123) *Œuvres* (3), t. III, p. 183.
(124) *Ibid.,* t. III, p. 185.
(125) *Ibid.,* t. III, p. 142.
(126) *Ibid.,* t. III, p. 189.
(127) *Ibid.,* t. III, p. 150.

sité que lui représente la Nature ; donc il ne doit pas copier platement les productions naturelles, mais s'inspirer des principes qui présidèrent à leur formation. C'est la « méthode » de la Nature qu'il faut admirer et utiliser — non les résultats auxquels elle aboutit.

Son esthétique — quelque analogie qu'elle offre avec les théories de Rapin — recouvre une attitude métaphysique bien différente. Rapin, nourri de platonisme, considérait la réalité comme une sorte de dégradation d'un monde idéal que l'artiste doit retrouver. L'impie Fontenelle laïcise cette conception et la renverse complètement :

> Le vrai est tout ce qui est ; le vraisemblable est ce que nous jugeons qui peut être... Ainsi le vrai a infiniment plus d'étendue que le vraisemblable... Incertains que nous sommes, et avec beaucoup de raison, sur l'infinie possibilité des choses, nous n'admettons pour possibles que celles qui ressemblent à ce que nous voyons souvent (128).

Le vraisemblable est donc né de l'habitude et de la faiblesse humaine : en nous y tenant, nous ne retrouvons pas un monde idéal où règne la pure logique ; nous nous attachons simplement aux discutables principes que notre esprit s'est forgés par induction. Le scepticisme d'inspiration gassendiste, qui soutenait jadis les *Dialogues des morts,* qui persistait dans les *Entretiens* et qui ne disparaîtra jamais dans les volumes de l'*Histoire de l'Académie des sciences,* s'exprime ici ; comme nous demeurons incapables de comprendre la Nature tout entière, il faut nous en tenir à ce qui nous paraît acceptable ; la vérité pourrait nous déconcerter et nous effrayer. Notre petitesse et notre ignorance sont exigeantes, et il faut bien les contenter.

Enfin, les *Réflexions sur la poétique* vont encore approfondir la définition de l'artiste. Le théâtre n'est pas seulement l'habile représentation d'un événement susceptible d'intéresser notre esprit et de toucher notre cœur. La tragédie est une œuvre d'art, « et en cette qualité, elle peut encore avoir et des beautés et des défauts » (129). Nous savons déjà que « la difficulté vaincue » est un des grands charmes de la poésie ; « on aime à voir que l'art tienne le poète en contrainte », mais « ce qui paraît un effet de la contrainte de l'art est désagréable » (130). La rime doit être difficile à trouver, riche, singulière peut-être, mais qu'elle paraisse naturelle ; « il faut que l'art se montre », mais « il faut que l'art se cache » (131) ; c'est un « tyran qui se plaît à gêner ses sujets, et qui ne veut pas qu'ils paraissent gênés » (132). Les mêmes principes s'appliquent à la tragédie : l'habitude a arbitrairement décidé que le dénouement devait être implicitement contenu dans le pre-

(128) *Ibid.,* t. III, p. 184.
(129) *Ibid.,* t. III, p. 198.
(130) *Ibid.,* t. III, p. 199.
(131) *Ibid.,* t. III, p. 199.
(132) *Ibid.,* t. III, p. 200-201.

mier acte ; « la pièce forme un tout plus agréable à considérer, parce qu'il a plus de symétrie, qu'il est plus renfermé en lui-même, mieux arrondi » (133). C'est encore la coutume qui impose au dramaturge les stratagèmes nécessaires pour que l'exposition soit assez naturelle, et point extérieure au sujet. Ces tracasseries ne sont peut-être pas bien fondées, mais c'est en elles que réside la valeur artistique du poème. L'écrivain, qui n'a presque aucun souci moral, qui est détaché de toute métaphysique et de tout réalisme, est simplement un technicien avisé ; « il doit, comme un politique habile, couvrir si adroitement ses intérêts du bien de la chose, qu'on ne puisse le convaincre de les avoir eus uniquement en vue » (134).

En engageant avant La Motte la poésie et le théâtre dans cet étroit chemin, en les limitant à la satisfaction d'un plaisir éphémère et assez superficiel, Fontenelle en vint un jour à se demander si l'admirable habileté et les durs efforts qu'il exige des artistes ne sont pas gaspillés, et il avouera alors qu'il n'est peut-être pas mauvais d'être plus philosophe que poète :

> Et, que serait-ce si l'on venait à découvrir et à s'assurer que ces ornements pris dans un système absolument faux et ridicule, exposés depuis longtemps à tous les passants sur les grands chemins du Parnasse, ne sont pas dignes d'être employés, et ne valent pas la peine qu'ils coûtent encore à employer ? Qu'enfin, car il faut être hardi quand on se mêle de prédire, il y a de la puérilité à gêner son langage uniquement pour flatter l'oreille, et à le gêner au point que souvent on en dit moins ce qu'on voulait, et quelquefois autre chose (135) ?

A force de dégager l'art de la nature, on aboutit à une définition purement technique et purement intellectuelle de la poésie. Mais si l'on pousse plus loin encore la raison et la philosophie, on en vient fatalement à douter de la valeur de l'art et de son utilité. Aux yeux de Fontenelle, le progrès n'était au fond qu'un lent détachement des forces affectives qui avaient opprimé les primitifs et qui conservaient encore au XVIIe siècle leur prestige et leur séduction. L'art nourri par ces puissances obscures devait mourir avec elles. Cette esthétique s'achevait par la condamnation de la création littéraire.

Le théâtre dans un fauteuil.

Et pourtant, par une étrange contradiction, ce théoricien désabusé écrivit encore des pièces de théâtre. Le hasard et peut-être l'inspiration firent renaître aux yeux des contemporains étonnés le jeune homme galant des années 1680, qui paraissait se réveiller d'un sommeil féerique. Le sujet d'*Idalie* lui vint mystérieusement : « Je me permis de jeter sur le papier à mes heures perdues une

---

(133) *Ibid.*, t. III, p. 203.
(134) *Ibid.*, t. III, p. 204.
(135) *Ibid.*, t. VIII, p. 315-316 (*Sur la Poésie, en général*).

esquisse de pièce. » (136). En 1719, la duchesse du Maine lui demanda de terminer une comédie de l'abbé Genest : il en bouleversa tout le dessein, et ce fut *Macate* ; les pièces qui suivirent ne sont issues que d'un caprice fortuit ou d'une soudaine tentation (137). A quoi tendaient les *Réflexions sur la poétique* ? Fontenelle allait-il appliquer ou renier sa doctrine ? C'est ce que ce théâtre peut nous apprendre ; il est d'autant plus intéressant qu'il ne fut pas composé pour le public ; comme Musset, Fontenelle n'écrivait alors que pour lui-même, et il nous explique l'intérêt de cette position : « Je n'avais point toujours devant les yeux ce formidable, cet impitoyable, ce barbare public. Je ne me demandais point sans cesse avec une cruelle inquiétude : *Entendra-t-on bien ceci ? goûtera-t-on cela ? ne serai-je point trop long, trop court, etc.* ? » Etant ainsi « à son aise et aisément content » (139), il a pu être plus hardi qu'il ne l'était jadis, lorsqu'il collaborait avec Mlle Bernard. Il s'est enfin libéré de l'influence de Corneille, ou n'en a retenu que les aspects les plus modernes. L'auteur de *Don Sanche* l'avait déjà insinué, Boursault l'avait fièrement proclamé pour justifier sa *Princesse de Clèves* (140), mais le théoricien des *Réflexions sur la poétique* n'avait osé l'affirmer : le *Cid* serait aussi émouvant, si l'Infante disparaissait — et « le Roi, son père, et tout ce qui donne à cette pièce un air de cour » (141). La noblesse des personnages est peut-être une parure, comme il était dit naguère, et « une belle personne en sera plus belle d'être parée, mais elle le sera encore beaucoup en simple déshabillé » (142). *Le Cid*, ainsi modifié, n'est plus une tragédie, mais « une comédie qui fait pleurer » (143). Et pourquoi non ? On peut rêver d'un nouveau genre, où le terrible et le bouffon disparaîtront symétriquement, et où il ne restera qu'une alliance du pitoyable et du tendre avec le plaisant et le ridicule. Le *Misanthrope* appartient déjà à ce genre, et les pièces de la Chaussée de Gresset et de Destouches. C'est précisément Fontenelle qui reçut Néricault-Destouches à l'Académie française, et lui adressa ce beau compliment : « ... la plus difficile espèce de comique est celle où votre génie vous a conduit, celle qui n'est comique que pour la raison, qui ne cherche point à exciter bassement un rire immodéré dans une multitude grossière, mais qui élève cette multitude, presque malgré elle-même, à rire finement et avec esprit » (144). On reconnaît les termes qu'utilisait jadis Donneau de Visé pour défendre *Les Dames vangées*, et c'était un des premiers exemples de ce genre nouveau.

(136) *Ibid.*, t. VII, p. vj. (*Préface générale de la tragédie et des six comédies de ce recueil*).
(137) *Ibid.*, t. VII, p. ix, *sq.*
(138) *Ibid.*, t. VII, p. vij.
(139) *Ibid.*, *loc. cit.*
(140) Frères Parfaict, *Histoire du théâtre* (273), t. XII, p. 130-137 (décembre 1678) : *Lettre de Boursault à Madame de...* : « Toutes les fois que vous allez à la première représentation d'une pièce sérieuse, vous croyez, dites-vous, aller à Athènes ou à Rome... »
(141) *Œuvres* (3), t. VII, p. xxj.
(142) *Ibid.*, t. VII, p. xxiij.
(143) *Ibid.*, t. VII, p. xv.

Mais, composant ses pièces dans l'isolement et la paix, ne connaissant plus la pression du public, Fontenelle y a mis beaucoup de lui-même, et a fait des œuvres plus originales et plus singulières que celles de Destouches. La fantaisie romanesque et même l'invraisemblance psychologique règnent dans *Idalie* ; le dénouement est miraculeux : l'héroïne par amour pour le roi Ptolémée accepte d'épouser le ministre Agathocle... Ces contradictions et ces singularités ne choquent pas dans cet univers purement fictif ; on retrouve dans *Macate* et dans *Lysianasse* le même climat et les mêmes bizarreries ; *Le Tyran* présente une psychologie plus schématique, un jeu d'ombres chinoises plus proche de la caricature italienne que de la comédie sentimentale ; *Abdolonime* est plus complexe et plus réaliste, malgré la pureté des caractères ; *Le Testament* ressemble à une satire de mœurs ; *Henriette* paraît inspirée par Marivaux. Cette souplesse et cette variété reflètent évidemment la liberté de Fontenelle et son désir « inquiet » de tenter toutes les expériences et de se renouveler sans cesse. La différence n'est guère que dans le ton ; tirées de Justin, de Plutarque (145), ou purement inventées (146), les intrigues se ressemblent toutes : on retrouve en général le même plan : A et B sont frère et sœur ; A aime C, B aime D. Quelque incident noue les deux fils. Ce schéma, qui est exactement suivi dans *Idalie, Abdolonime* et *Lysianasse,* est compliqué dans le *Testament* et dans *Henriette* ; il s'évanouit ou se dissimule dans le *Tyran* et *Macate.* En fait, l'anecdote ne paraît guère intéresser Fontenelle ; il n'a prétendu ni entraîner le spectateur dans les méandres d'un imbroglio, ni lui offrir un miroir de la réalité. Ce qui comptait à ses yeux, c'étaient les « surprises », le revirements, les instants d'émotion : comment Henriette, la suivante de la Comtesse, peut-elle aimer le Marquis et refuser de l'avouer ? Comment le Marquis peut-il se cacher à ses propres yeux l'inclination qu'il éprouve pour la jeune fille ? Comment se développe et s'épanouit l'amour d'Eupolis et de Lysianasse ? « Les surprises de l'amour » — tel est le sujet essentiel qui a retenu Fontenelle, et c'est peut-être lui qui a inspiré à Marivaux son illustre manifeste : « J'ai guetté dans le cœur humain toutes les niches différentes, où peut se cacher l'amour, lorsqu'il craint de se montrer, et chacune de mes comédies a pour objet de le faire sortir d'une de ses niches... » (147).

La politique n'est pas oubliée. Nous trouvons dans *Idalie* une peinture assez impressionnante et assez pessimiste de la cour pleine de pièges et de trahisons ; et le ministre — utile à l'Etat, rusé et sans scrupule — est plus puissant que le roi. *Le Tyran* reprend le même thème et l'approfondit : c'est une satire du despotisme que nous propose ici Fontenelle ; en s'inspirant des anecdotes de Plutarque, il nous montre la solitude des tyrans, l'atrophie de tous

(144) *Ibid.*, t. III, p. 327.

(145) *Abdolonime* est tiré de Justin, XI, 10, 8-9 ; Le *Tyran* de Plutarque, *Cléomène.*

(146) *Œuvres* (3), t. VII, p. xxxix : « *Henriette* et *Lysianasse* sont de pure invention » ; *Macate* est tiré de Phlégon, *Des choses étonnantes.*

(147) D'Alembert, *op. cit.* (68), t. VI, p. 148 (*Eloge de Marivaux,* note m.).

leurs sentiments devant la volonté de puissance, leur avarice mêlée à l'ambition, la corruption et les mensonges des courtisans. En face de ce monde dissolu et vicieux, le peuple ne fait pas bonne figure ; sans doute les Messéniens n'ont-ils pas tort de conspirer inlassablement à renverser leur maître, mais Lisippe, le seul bourgeois, qui paraisse sur la scène, est de l'aveu même de Fontenelle un « fripon » (148), et il est en effet avide, peureux, versatile ; seul, Hermocrate, le riche Corinthien, échappe à cette corruption généralisée. Fontenelle ne verrait-il plus de vertu que chez les financiers ou les citoyens les plus opulents ? *Abdolonime* permet de mieux discerner ses intentions : l'armée est ici ridiculisée, les officiers sont décorés, quand les soldats se font tuer (149), mais le peuple et la démocratie paraissent aussi bien risibles ; le règne de la majorité c'est « le gouvernement des imbéciles », et ses représentants font une « sotte ambassade » (150). Quant au dernier roi Straton, « quelle vie a-t-il menée ? Ses ministres le pillaient, et il n'avait pas un sol ; ses maîtresses le trompaient, et il n'osait rien voir ; les Sidoniens le tourmentaient de leurs plaintes, et il n'y pouvait rien faire » (151). On croirait volontiers qu'en ébauchant ce portrait, Fontenelle s'est souvenu du Régent volé, trahi, impopulaire malgré ses bonnes intentions. Et si le protagoniste invoque *Les grenouilles qui demandent un roi* (152), on pense en lisant cette comédie à la morale désenchantée de La Fontaine : les grands sont perfides et cruels, et le peuple méprisable ; le sage doit donc s'enfermer dans sa retraite, et tenter d'y préserver les vertus naturelles que le monde piétine. *Lysianasse* indique cependant une autre direction : se souvenant sans doute de Fénelon et de Montesquieu, Fontenelle présente l'image d'un souverain idéal — le roi honnête qui s'attache à appliquer la Loi et qui refuse obstinément de la transgresser ; ce légalisme passe même avant tous les engagements et tous les devoirs. Nous le savons déjà : des *Ajaoiens* aux *Histoires* de Vertot, de *Brutus* à *l'Eloge de Pierre-le-Grand,* la pensée politique de Fontenelle est demeurée incertaine et ondoyante ; il approuve et ridiculise tour à tour la démocratie ; il célèbre Pierre-le-Grand et blâme le despotisme. Ces variations importent peu dans des comédies, où tous les thèmes sont acceptables, et elles indiquent au moins le constant intérêt que Fontenelle porte à ces questions. Mais il semble bien que sa pensée n'est jamais parvenue à se fixer définitivement, ni à concevoir une solution du problème politique.

Il n'est dans ces pièces qu'un seul thème : celui de toute l'œuvre de Fontenelle ; le dialogue de l'amour et de l'ambition, de la nature et de la société. La vertu et la tendresse triomphent toujours : le jeune Ptolémée, soutenu par la tendresse d'Idalie, par-

---

(148) *Œuvres* (3), t. VII, p. XXXIX.
(149) *Ibid.*, t. VII, p. 363 (*Abdolonime,* acte I, sc. I) : « ... on ne tient pas grand compte des simples soldats : quand ils sont tués, c'est pour eux ; quand ils font bien, c'est pour leurs officiers... »
(150) *Ibid.*, t. VIII, p. 463 (acte V, sc. IV).
(151) *Ibid.*, t. VII, p. 408-409 (acte III, sc. I).
(152) *Ibid.*, t. VII, p. 432 (acte IV, sc. II).

vient à éliminer le ministre qui le tyrannisait ; au milieu des fantoches qui paraissent dans *Le Tyran,* les deux amants semblent des figures célestes ; le désintéressement d'Abdolonime et l'innocence de sa fille font leur bonheur, tandis que l'avide Narbal ne connaît que l'inquiétude et la déception ; Henriette, la suivante, vaut mieux que sa maîtresse. Cette victoire indéfiniment renouvelée de la Nature et de l'Innocence nous laisse une impression mélangée ; ces pièces sont trop romanesques ou trop irréelles pour que nous soyons convaincus de l'optimisme de Fontenelle. Il ne prétend sans doute que s'abandonner aux rêves qui le charment, et il tourne délibérément le dos à la réalité. Si toutes les maximes que professe Abdolonime expriment la morale de l'écrivain, le dénouement de *Macate* en est une vivante illustration ; c'est le père lui-même, qui marie les jeunes gens : « Je serai le prêtre — dit-il — vous n'en trouveriez jamais un qui s'intéressât autant à votre union. J'en pleure de joie et de douleur. Soyez heureux autant que je le désire, mais je ne vous verrai plus. » (153). On trouve évidemment dans cette scène le vieil anticléricalisme de l'auteur de l' *Histoire des oracles,* qui se révolte dans *Henriette* contre les vocations forcées, mais l'émotion règne ici. Sans notaire et sans prêtre, ces noces improvisées évoquent Greuze ; c'est le même sentimentalisme diffus, la même volonté d'édifier le public en chantant le triomphe d'une nature douce et vertueuse.

Trublet assure que le roué de *Macate,* qui ressemble tant à l'Alcippe des *Dames vangées* représente Fontenelle lui-même (154) ; ce héros avoue à son confident, et ce sont ces phrases que Trublet a citées : « Tu m'as vu vivre comme les gens de mon âge, être dans des commerces de femmes, prendre les plaisirs de l'amour ; mais je n'ai point eu d'amour... [L'amour] servirait à me remplir le cœur, à me ravir, à m'élever au-dessus de moi-même. Je sens un vide dans l'âme qui commence à m'être insupportable. Il me manque d'aimer... (155) ». Mais bien d'autres personnages nous font penser à leur créateur ; Abdolonime, dans sa bonhomie un peu simple, n'est pas sans séduction, et ne serait-ce pas une image assez triviale et populaire du bel esprit vieillissant ? Eudamidas, ce barbon amoureux, qui triomphe de son jeune rival, ne devrait-il pas sa nostalgie, ses regrets, sa clairvoyance et son amertume aux sentiments encore vifs et aux rêves tenaces du dramaturge ?

Nonchalant et fantaisiste, indifférent à la réalité et à la vraisemblance, empli d'un sentimentalisme qui alanguit le mouvement et rend toutes les scènes un peu vaporeuses, ce théâtre, où l'auteur s'est exprimé presque directement, est un des plus romantiques qu'ait produits le XVIIIᵉ siècle. Il est plus proche encore de Musset que de Marivaux ; il lui manque peut-être un peu de vivacité, le rythme paraît trop détendu, et l'action est souvent hésitante ou amollie. La distance qui sépare ces œuvres des *Réflexions sur la poétique* est considérable : Corneille et d'Aubignac sont également

(153) *Ibid.*, t. VII, p. 230 (*Macate,* acte V, sc. II).
(154) *Mémoires* (345), p. 258-260.
(155) *Œuvres* (3), t. VII, p. 153-154 (*Macate,* acte I, sc. III).

oubliés, le classicisme a disparu, les personnages vertueux sont aussi purs que les héros cornéliens, mais n'ont aucune ostentation et sont pleins de naïveté et de modestie ; le rêve s'est embourgeoisé et le drame laisse souvent la place au lyrisme. D'un point de vue dramatique, ces comédies accumulent les faiblesses. Leur charme vient seulement de la sincère confidence à laquelle l'écrivain s'est abandonné, et nous vérifions ainsi ce que nous avions pressenti : les *Réflexions* et les tragédies signées par Mlle Bernard représentaient une transition ; il fallut attendre la vieillesse pour que Fontenelle osât réaliser — même avec quelque maladresse — son idéal ; il n'a retenu de ses œuvres et de ses méditations d'autrefois que son désir de créer une sorte d'ondoiement dans l'action et dans la psychologie, et de fuir tout ce qui serait schématique ou proprement « théâtral ». Aussi la *Préface* de ces pièces est-elle un manifeste d'optimisme et de confiance dans le progrès :

> ... nous sommes en droit d'examiner si, en fait de théâtre, nous n'aurions pas quelquefois des habitudes au lieu de règles... Peut-être sommes-nous trop gênés, peut-être sommes-nous trop libres... Par bonheur, nous sommes dans un siècle où les vues commencent sensiblement à s'étendre de tous côtés : tout ce qui peut être pensé ne l'a pas été encore ; l'immense avenir nous garde des événements que nous ne croirions pas aujourd'hui, si quelqu'un pouvait les prédire... (156).

Il est beau que cet hymne vienne de la main d'un octogénaire, et qu'on y trouve une ferveur et une assurance que l'auteur des *Dialogues des morts* et même des *Entretiens* eût refusées, et que le théoricien des *Réflexions* n'entrevoyait qu'avec timidité.

Nous avons montré que toutes les réflexions esthétiques de Fontenelle reflétaient, comme ses opéras et ses tragédies, « la querelle des Anciens et des Modernes ». Nous avons vu que le théoricien est souvent un polémiste, qu'il ne cache pas son aversion pour la tragédie racinienne et le théâtre religieux, ni son goût pour certaines formes de la littérature médiévale qui échappent absolument à l'influence de l'Antiquité. Mais dans ces travaux multiples s'imposent quelques grandes idées. Convaincu depuis les *Entretiens* de la nécessité de recourir à une méthode rigoureuse et d'éliminer toutes les facilités et toutes les équivoques, Fontenelle applique ce principe à l'esthétique. C'est toujours le même raisonnement : l'intelligence n'est peut-être pas capable de découvrir la vérité, mais elle est à même d'éviter bien des erreurs. Nous remplacerons donc les sentences rapides ou conventionnelles de Boileau par une législation de forme mathématique. Ce qui nous encourage à cette entreprise, c'est que l'étude des siècles passés nous a révélé qu'il existait dans la pensée et dans les travaux des hommes un progrès certain. La création artistique est liée à la vie des sociétés, aux techniques et aux sciences ; la beauté, comme la vérité, ne se peut définir de façon absolue ; elle n'existe que par rapport

(156) *Ibid.*, t. VII, p. xxxvij-xxxviij.

à notre temps ; il ne faut pas chercher à imiter la nature ou les passions humaines, mais à satisfaire le goût des contemporains. Ainsi le relativisme historique et la confiance dans le progrès justifient l'abandon de tout réalisme, et, paradoxalement, cette forme d'académisme qui était déjà proposée dans le *Traité sur la nature de l'églogue.* Mais ce progrès n'est qu'un affranchissement progressif de l'erreur et de l'affectivité. Nous l'avons vu : l'art risque de périr au fur et à mesure que l'humanité se libère des forces néfastes qui l'opprimaient ; la philosophie et la géométrie seront peut-être les seules activités des esprits lucides qui nous succèderont. L'intellectualisme de Fontenelle, qui explique sa mathématisation de l'esthétique et sa conception du progrès, le conduit, au terme de ses recherches, à douter de la valeur de l'art.

CONCLUSION

Cette période, qui représente dans la vie de Fontenelle un évident progrès — l'entrée à l'Académie française, un rôle de premier plan dans la vie littéraire et dans les polémiques — offre un aspect ambigu. Les œuvres qu'il réalise, ou auxquelles il met la main, n'ont pas toujours un succès éclatant, mais il ne semble pas y porter un intérêt excessif. On le jugerait capable de remplacer Quinault et Racine ; un échec, une déception suffisent à le décourager ou à arrêter ses efforts. Son attention se dirige vers la théorie littéraire plutôt que vers la création. Ses traités d'esthétique, comme ses opéras, comme sa vie concrète, sont modelés par le climat qui les entoure ; la « querelle des Anciens et des Modernes », qui est aussi la querelle des libertins ou des ennemis du pouvoir contre les moralistes chrétiens que Versailles protège, accapare son activité ; il ne cesse de marquer sa haine à Racine, La Bruyère ou Boileau. C'est chez lui plus que chez Perrault, que l'on peut discerner toutes les implications de cette polémique. Il la situe dans ses ouvrages théoriques sur le plan le plus profond ; il oppose aux épigrammes et aux satires de ses adversaires des méditations, partiales peut-être, mais rigoureuses et fécondes. C'est qu'insensiblement le bel esprit se métamorphose, et son évolution véritable nous est voilée par les multiples attitudes que l'actualité l'engage à adopter. L'esthéticien en vient tacitement à mépriser les arts et les lettres ; les mathématiques lui paraissent plus nobles et plus utiles : elles offrent l'image de la clarté et de l'inflexibilité, et leur méthode peut s'adapter même aux sujets qui en semblent le plus éloignés. La vie la plus profonde de Fontenelle ne se situe alors ni dans les bureaux du *Mercure galant*, ni dans les séances académiques, ni dans les écrits de circonstance, mais dans « les travaux en commun » du « groupe normand », les échanges intellectuels qu'il entretient avec Varignon, et les lectures savantes et les travaux solitaires que nous pouvons seulement deviner.

CINQUIEME PARTIE

UN PRINCE DE L'ESPRIT
(1695-1702)

En 1678, lorsqu'il écrivait sur *La Princesse de Clèves,* Fontenelle s'amusait déjà à passer pour un géomètre ; en 1684, il donnait à Bayle son *Mémoire sur le nombre 9.* Mais tout cela était encore assez superficiel ; les *Entretiens,* dans leur première édition, reflètent d'inquiétantes lacunes. En 1696, L'Hôpital choisit Fontenelle comme « secrétaire », et lui demande de rédiger la préface de l'*Analyse des infiniment petits.* L'année suivante voit son entrée à l'Académie des Sciences ; si la plume brillante et facile le recommandait pour écrire les *Mémoires* de l'Académie et résumer agréablement les découvertes de ses confrères, un tel emploi exigeait évidemment qu'il fût initié aux sciences modernes, et il affirmera en 1702 : « Je ne suis plus que mathématicien et physicien. » (1). Ce changement, malgré sa soudaineté apparente, fut long et progressif ; nous avons vu comment le bel esprit sceptique, qui imitait Lucien, s'est laissé peu à peu attirer par de plus sérieuses études ; déjà dans la *Digression,* il avouait que l'éloquence et la poésie ne sont pas « en elles-mêmes fort importantes » (2).

Mais comme naguère il commençait à s'intéresser à la géométrie, alors qu'on ne voyait en lui qu'un librettiste d'opéras ou qu'un journaliste à gages, dans cette période où les charges officielles et les occupations quotidiennes le tournent vers la science, il ne laisse pas de se donner à la littérature et d'y exercer une influence considérable. *Inès de Cordoue* paraît en mai 1696 : c'est évidemment Mlle Bernard qui signe ce roman, mais Fontenelle n'y est certainement pas étranger ; il s'empresse même d'adresser ce livre à son

(1) Budé, *op. cit.* (425), t. II, p. 58 (lettre de Fontenelle à Turrettini, le 29 novembre 1702).
(2) *Œuvres* (3), t. III, p. 181-182.

ami Pontchartrain, qui le trouve « très joli » (3). En août 1695, le *Mercure galant* ne tarit pas d'éloges à propos de l'*Histoire des Révolutions de Suède :*

> M. de Vertot n'a épargné aucun travail pour s'instruire exactement des faits... La vie du grand Gustave Vasa... est aussi extraordinaire et pleine d'incidents surprenants que si elle avait été imaginée par l'auteur d'un roman, qui n'eût eu en vue que le grand merveilleux (4).

Et le style de l'historien est célébré, « le talent particulier qu'il a de bien conter » (5). Ces compliments un peu superficiels, qui dissimulent la portée véritable de l'ouvrage et son contenu politique, reflètent assurément l'intérêt que Fontenelle porte à ce livre, auquel il a peut-être mis la main.

Il était l'ami de Dufresny qui se plaisait à lui dire ses comédies (6), et qui prit en 1711 le privilège du *Mercure galant,* lorsque Donneau de Visé fut mort. Pourquoi les *Amusements sérieux et comiques* furent-ils deux fois réédités sous le nom de Fontenelle ? Le style brillant, vif, parfois provocant évoque bien les pièces de Dufresny ; la prose de Fontenelle est plus douce et plus « sournoise ». Mais ce sont bien les grands thèmes fontenelliens qui sont exprimés ici : « Je ne sais si le terrain de la cour est bien solide... » (7) ; l'opéra est « un séjour enchanté... le pays des métamorphoses... » (8) ; le mariage engendre l'ennui : « Combien voyons-nous de maris et de femmes qui, dès la deuxième année de leur communauté, n'ont plus rien de commun que le nom, la qualité, la mauvaise humeur et la misère... ? » (9) ; la galanterie « autrefois si cultivée... est maintenant en friche... quel désert ! » (10). N'est-ce là qu'une satire sociale assez conventionnelle ? Mais d'autres traits sont plus troublants : « La géométrie est d'un grand usage... les bons esprits s'y raffinent... » (10 *bis*) ; et plus encore, ces réflexions sur la métaphysique :

> Les philosophes bâtissent des édifices superbes qu'on appelle systèmes : ils commencent par les fonder en l'air, et, quand

---

(3) Depping, *op. cit.* (481), p. 61 ; lettre de Pontchartrain de Rochefort, le 2 juin 1696. Est-ce en songeant à *Inès de Cordoue* que le ministre ajoute « ... il me paraît que vous êtes bien plus sérieux que l'année dernière » ?

(4) *Mercure galant*, août 1695, p. 259, *sq.*

(5) *Ibid., loc. cit.*

(6) Cideville, *Traits, notes et remarques* (ms. Rouen), p. 16 : « Dufresny venait de lire une de ses comédies à M. de Fontenelle, à M. de la Motte et à quelques autres qui lui avaient fait bien des objections. Il rencontra M. d'Argental à qui il dit : on est bien fou de lire des pièces à tous ces beaux esprits ; je voudrais trouver quelqu'un à sentiment, quelque bête, venez ça que je vous la lise... »

(7) *Amusements* (167) — privilège donné le 11 juillet 1698, registré le 10 novembre 1698, achevé d'imprimer le 6 décembre 1699 — p. 20.

(8) *Ibid.*, p. 61.

(9) *Ibid.*, p. 112.

(10) *Ibid.*, p. 98.

(10 *bis*) *Ibid.*, p. 132.

> ils croient être parvenus au solide, le bâtiment s'évanouit, et l'architecte tombe des nues... On cherche des guides : on aperçoit un ancien Grec qui, depuis 2 000 ans, est maître d'un chemin creux et obscur (11).

Enfin, même le procédé employé — ce Siamois, qui annonce les Persans de Montesquieu et trouve assez risibles nos usages et nos coutumes — ne surprendrait pas de la part de Fontenelle ; il aimait les récits de voyages ; et n'avait-il pas fait figurer des ambassadeurs du Siam dans ses *Entretiens* ? A-t-il concouru à inspirer Dufresny ? Lui a-t-il proposé quelques sujets ou quelques remarques ? Nous ne pouvons le savoir ; mais cette œuvre atteste au moins le retentissement de ses idées et l'emprise qu'il avait sur les meilleurs esprits de son temps. Nous discernons un fil continu qui va des *Lettres galantes* aux *Amusements* et des *Amusements* aux *Lettres persanes.*

Houdar de la Motte avait débuté en 1693 à vingt et un ans avec les *Originaux* que jouèrent les comédiens italiens. L'échec fut si rude qu'il se réfugia deux mois à la Trappe. En 1697, il donna un opéra, *L'Europe galante,* et désormais il était célèbre. C'était l'ami de Saurin, et Saurin — partisan résolu des « tourbillons », adepte de la « nouvelle géométrie » — était lié à Fontenelle qui lui demanda de relire et de corriger les *Eléments de la géométrie de l'infini* avant leur parution. La liaison de Fontenelle et de La Motte dura plus de trente ans ; on les retrouve ensemble chez Mme du Tencin, au Palais-Royal près de Dubois. Le philosophe aimait à dire : « Mon plus grand mérite est de n'avoir jamais été jaloux de M. de La Motte » (12) ; et, selon d'Alembert, « cette amitié ne se démentit jamais,... ce fut par le conseil de La Motte que Fontenelle eut à la fois le courage et la prudence de ne pas répondre à un jésuite, censeur amer de son *Histoire des oracles* » (13). Lorsque circulèrent les fameuses stances satiriques de 1707, où La Motte,

> Le petit moine défroqué,
> Qui par maint opéra croqué
> Croyait s'enrichir au Parnasse... (14),

Boindin, Dionis, Grimarest et Colasse étaient insultés, Saurin fut arrêté sur la plainte de Rousseau, mais Fontenelle intervint, et, selon Voltaire, il aida beaucoup au bannissement de Rousseau (15).

Dans cette amitié, il est évident que Fontenelle joua un rôle de guide et même de modèle. On devine que La Motte imite l'intransigeance et la feinte mollesse de son maître, et l'on voit surtout qu'il répète et applique sa *poétique.* Dans sa *Première églogue,* il fait paraître le druide Adamas, dont les conseils ressemblent tant au *Discours* de 1688 :

---

(11) *Ibid.,* p. 133.
(12) Trublet, *Mémoires* (345), p. 189.
(13) D'Alembert, *op. cit.* (68), t. I, p. 273.
(14) Ms. fds fr. 12621, f. 389.
(15) Voltaire (359), t. XLI, p. 195 (A M. Fyot de La Marche, 6 février 1761).

Loin donc de tes chansons la première rudesse
Que notre âge reproche aux sages de la Grèce ;
Ne crains point d'ajouter à leur naïveté
L'élégance champêtre où ton art est monté.
Si tu peins nos amours, fais en voir la tendresse,
Les détours, les soupçons et la délicatesse ;
Hasarde en tes amants quelques réflexions ;
Elles naissent souvent au sein des passions (16).

L'ode *Sur l'émulation* est dédiée à Fontenelle, et paraphrase élégamment la *Digression :*

En moi, la même intelligence
Fait mouvoir les mêmes ressorts.
Croit-on la Nature bizarre,
Pour nous aujourd'hui plus avare
Que pour les Grecs et les Romains ?
De nos aînés mère idolâtre,
N'est-elle plus que la marâtre
Du reste grossier des humains (17) ?

Lorsque La Motte fut reçu à l'Académie française le 8 février 1710, il se plut à faire l'éloge de son maître et à exprimer tout ce qu'il lui devait. Plus profondément, La Motte développe les principes des *Réflexions sur la poétique* avec une froide rigueur et un mépris de l'opinion qui pouvaient plaire à Fontenelle ; s'agit-il de défendre la poésie ?... « Elle n'a rien de mauvais que l'abus qu'on en peut faire ; ce qui lui est commun avec l'éloquence. On voit seulement que son unique fin est de plaire. Le nombre et la cadence chatouillent l'oreille ; la fiction flatte l'imagination ; et les passions sont excitées par les figures... » (18). Ainsi le beau est conçu mathématiquement, et les intentions morales dont se réclamaient les classiques de 1670 semblent enterrées. Quant au sublime dont Boileau a si souvent et si mal parlé, ce n'est « autre chose que le vrai et le nouveau réunis dans une grande idée et exprimés avec élégance et précision » (19).

« C'est un homme qui a mis le goût en principe, et qui en conséquence demeurera froid où les Athéniens étouffaient de rire, et où les Romains se récriaient d'admiration » (20) ; dans ce jugement que La Motte porte sur son maître, ne voyons, malgré le tour plaisant de la phrase, qu'un éloge sincère et sans réserve. En recevant à l'Académie française l'évêque de Luçon, Fontenelle eut l'oc-

(16) La Motte (216), t. III, p. 329-330.
(17) *Ibid.*, t. I, p. 317. Dans la même ode on trouve cet éloge de Fontenelle :

Fontenelle, par qui l'églogue
Etale de nouveaux appas ;
Toi qu'en l'enjoué dialogue
Lucien même n'atteint pas,
Toi que la raison pure éclaire...

(18) *Ibid.*, t. I, p. 15-16.
(19) *Ibid.*, t. I, p. 35.
(20) *Lettres* (217), p. 13 (A la duchesse du Maine).

casion de prononcer le panégyrique de son ami : « Il a mis beaucoup de raison dans ses ouvrages, j'en conviens ; mais il n'y a pas mis moins de feu, d'élévation, d'agrément, que ceux qui ont le plus brillé par l'avantage d'avoir mis dans les leurs moins de raison » (21) ; et, comme l'a dit Trublet, « Isocrate était devenu Démosthène » (22) pour flétrir « cette foule de censeurs » que le mérite de La Motte avait attirée (23). Ne doutons pas que Fontenelle, malgré sa discrétion coutumière, n'ait aidé La Motte dans sa polémique contre Mme Dacier ; les lettres qu'il échangeait alors avec Mme Lambert attestent cette intervention, enveloppée peut-être, mais sûrement efficace... (24).

Alors que Boileau déclinait et que les amis de Fontenelle au *Journal de Trévoux* criblaient le vieux poète d'épigrammes, l'auteur d'*Aspar* parvenait à une sorte de royauté intellectuelle. Chez la veuve Laurent, Boindin louait Fontenelle, qui, avec Descartes et Bayle, avait apporté aux hommes la lumière ; Boindin collaborait avec La Motte pour composer en 1701 *Les trois Gascons ;* puis les deux hommes se brouillèrent et Fontenelle prit parti pour Boindin — il devait même regretter publiquement de recevoir Mirabaud à l'Académie à la place de son protégé (25).

Le philosophe voyait se développer le salon de Mme de Lambert où régnait un ton assez sérieux et même parfois assez sévère. Mais il paraissait dans des sociétés plus mélangées ; il allait dîner chez les Brancas (26) ; il improvisait de petits vers pour la marquise d'O (27) ; en 1705 Mmes de Brancas, d'O, de La Vrillière et de Mailly étaient chansonnées, et l'on fredonnait au dernier couplet :

Est-ce une si grande merveille,
Que le neveu du grand Corneille
Puisse lui ressembler si peu ?
Ce n'est pas une chose sûre,
Qu'on revive dans son neveu,
Pinchesne l'était de Voiture (28).

L'ami le plus intime de Fontenelle était alors des Aguais, chez qui il devait aller loger à la mort de Thomas Corneille. Selon les dires de Trublet, que Cideville paraît confirmer, ce parlementaire laissa

---

(21) *Œuvres* (3), t. IV, p. 356.
(22) *Mémoires* (345), p. 91.
(23) *Œuvres* (3), *loc. cit.*
(24) *Amateur d'autographes,* février 1892, p. 55-57 (442 *bis*). Voir *supra, Sous le masque de Cydias.*
(25) *Œuvres* de Boindin (106), t. I, p. vi-xxiij (*Mémoire sur la vie & les ouvrages de Mr Boindin*).
(26) *Amateur d'autographes,* février 1892, *loc. cit.*
(27) Cideville, *Traits, notes et remarques* (Ms. Rouen), p. 19 :
Il faut à la Marquise d'O
Quelque jeune Pastor fido,
Qui sache à peine son credo,
Qui fasse avec elle dodo,
Et la baise in omni modo.
(28) Ms. fds fr. 12625, f. 315-316.

à sa mort « une grande réputation d'esprit, de probité, et ensuite de piété... Il avait brillé pendant longtemps dans la place d'avocat général de la Cour des Aides... Orateur né à tous égards, il parlait très peu en conversation même dans le tête à tête... » (28 *bis*). On affirme que Fontenelle et des Aguais pouvaient rester des heures l'un en face de l'autre sans échanger une parole. Ce bel esprit s'amusait à rimer ; ainsi il composa un éloge du célibat sur un air tiré de *Bellérophon :*

Si l'hymen vous paraît si doux,
Mariez-vous,
Je n'en serai jamais jaloux.
De la beauté
Facilement
Je suis enchanté.
Mais du sacrement,
Toujours dégoûté... (29).

Enfin les satires et les épigrammes des années 1720 nous révèlent l'étendue et la puissance du groupe qui se réunit autour de Fontenelle ; Mmes de Lambert et de Tencin sont ses hôtesses et ses égéries ; La Faye, Marivaux, Moncrif, l'abbé de Pons et les Jésuites du *Journal de Trévoux* sont ses amis, unis malgré leurs origines et leur tempérament si divers. C'est précisément son éloignement apparent de la littérature qui avait assuré à Fontenelle cette position. La gloire persistante des *Entretiens* et même des *Pastorales*

(28 *bis*) Trublet (345), p. 242, *sq.* Cideville, *Traits, notes et remarques*, p. 94.

(29) Voici quelle est la suite de cette chanson, Cideville, *loc. cit.* :

Les plus beaux nœuds
Pour moi sont affreux,
Si je ne les puis rompre quand je veux.
Déjà mon cœur
Sentait pour vous une vive ardeur,
J'aimais votre air plein de douceur
Et vos chansons,
Toutes vos petites façons.
Vous aviez à mes yeux
De la beauté, comme je veux,
L'esprit discret,
Peu de caquet,
L'œil assez amoureux,
De la jeunesse pour tous deux,
Mais quand
Pour engager votre amant,
Vous lui parlez de ban,
D'autel, de témoins, de pasteur,
Tout cela me glace le cœur.
Faut-il pour former des nœuds
Un appareil si pompeux,
Silvie ?
N'est-ce pas assez de nous deux ?
La seule cérémonie
Pour consacrer nos liens
Est un concours heureux de vos feux
Et des miens.

lui donnait la figure d'un « patriarche des lettres », capable de conseiller les débutants et de réaliser par leur intermédiaire l'esthétique qu'il avait conçue. La Régence fut assurément sa plus belle époque ; son programme politique sembla un instant prêt d'aboutir, comme on avait appliqué sa doctrine littéraire. Mais son plus sûr prestige lui venait de ses fonctions à l'Académie des Sciences et du succès qu'y connaissaient régulièrement ses discours.

En 1697, « M. de Pontchartrain, alors ministre et secrétaire d'Etat, et depuis chancelier de France fut chargé par Louis XIV de donner à l'Académie des Sciences la forme la plus propre à tirer toute l'utilité qu'on s'en pouvait promettre... M. de Pontchartrain avait établi chef de cette compagnie depuis quelques années M. l'abbé Bignon, son neveu... M. l'abbé Bignon... communiqua ses vues à M. de Pontchartrain qui de son côté voulut bien y joindre ces mêmes lumières qu'il employa si utilement aux plus importantes affaires de l'Etat. » (29 *bis*). Fontenelle était — nous le savons — l'ami de Jérôme de Pontchartrain, le fils du chancelier, il était également lié avec l'abbé Bignon ; il fut nommé en qualité de « géomètre » en 1697. Le 2 juin 1696, Pontchartrain lui écrit : « ... je suis ravi de l'entretien que vous avez eu avec mon père... il ne tiendra pas à moi que la chose ne réussisse... » (30). Il nous paraît vraisemblable que le ministre fait ici allusion à la nomination que Fontenelle avait dû réclamer. Du Hamel, qui remplissait alors les fonctions de secrétaire de l'Académie, « quitta la plume... au commencement de 1697, ayant représenté à M. de Pontchartrain pour lors chancelier de France qu'il devenait trop infirme et qu'il avait besoin d'un successeur » (30 *bis*). C'est lui-même qui aurait souhaité que l'auteur des *Entretiens sur la pluralité des mondes* le remplaçât. Le 13 novembre 1697, le registre de l'Académie porte pour la première fois la signature de Fontenelle à la place de celle de Du Hamel et à côté de celle de Bignon (31). Mais aucun acte officiel ne le désigne encore comme « secrétaire ». C'est seulement le 28 janvier 1699, après la réorganisation générale de l'Académie, que cette nomination fut solennellement proclamée. On pourrait s'étonner de cette promotion, puisque la production scientifique de Fontenelle était à peu près inexistante et que la faveur semble avoir été son principal appui. Mais rien n'indique que les contemporains aient été surpris. Pendant ce temps, on préparait la réforme de l'Académie ; il est probable que Fontenelle participa à ce travail, bien qu'il s'en cache. Le 4 février 1699, l'abbé Bignon faisait connaître le nouveau règlement.

L'Académie est désormais divisée en quatre classes : les honoraires au nombre de dix ; les pensionnaires, les associés et les élèves — vingt de chaque catégorie. La liberté se concilie avec l'arbitraire royal : chaque « honoraire » est désigné par l'assemblée à

(29 *bis*) *Œuvres* (3), t. V, p. 24-25. (*Histoire du renouvellement...*).
(30) Depping, *op. cit.* (481), p. 61.
(30 *bis*) *Œuvres* (3), t. V, p. 131 (Eloge de Du Hamel). Cf. Maindron, *L'Académie des sciences* (590), p. 18-32 (chap. II).
(31) Académie des sciences, autographes, *dossier Fontenelle.*

la pluralité des voix, mais ce choix est soumis à l'agrément du roi ; on élira trois sujets pour remplir les places de pensionnaires, « et ils seront proposés à Sa Majesté, afin qu'il lui plaise en choisir un » (32). De même, sur les deux candidats retenus pour être « associés », le roi nommera celui qui lui conviendra. Enfin, chaque « pensionnaire » peut présenter à la compagnie un candidat à la place d' « élève », et « s'il est agréé à la pluralité des voix, il sera proposé à Sa Majesté » (33). Fontenelle n'était pas mécontent de ce règlement ; il va même jusqu'à comparer la nouvelle Académie à « ces républiques, dont le plan a été conçu par les sages, lorsqu'ils ont fait des lois, en se donnant une liberté entière d'imaginer et de ne suivre que les souhaits de leur raison » (33).

Ce n'était pas là un simple trait d'esprit : cette organisation rappelle curieusement la république que Fontenelle propose dans ses *Fragmens.* Les trois ministres y jouent en effet le même rôle qui revient au roi dans la réalité ; et, à l'intérieur de l'Académie, une juridiction est prévue. Comme les hommes se laissent conduire par l'intérêt et par l'honneur, on récompensera les meilleurs académiciens en leur donnant des gratifications, et surtout de la gloire, car « rien ne peut plus contribuer à l'avancement des sciences que l'émulation entre les savants... » (34). La démocratie, utopique dans l'état actuel du monde, pensable peut-être dans un avenir incertain, est suceptible de se réaliser dans une étroite compagnie, dont les membres échappent aux préjugés vulgaires. L'Académie des Sciences peut sans trop d'exagération être considérée comme une « république expérimentale ». Aux yeux de Fontenelle, c'est le moyen d'unir les esprits, de les faire travailler dans la liberté et dans la concorde. Les étrangers même seront admis. Si toute l'œuvre du philosophe peut s'interpréter comme la difficile recherche d'une unité, dans cette Académie, par delà toutes les divergences que suscitent la sensibilité personnelle et la société, par delà les amours-propres, les préjugés et les rivalités nationales, doit s'édifier une sorte de république de l'intelligence pacifique et progressiste. Ainsi Fontenelle cherchera souvent, comme le règlement le prévoit, à réconcilier ceux qui s'opposent, à adoucir leurs querelles ou du moins à faire régner la politesse qui suppose la tolérance. Il était sans doute trop optimiste ; il avouera bientôt la faillite de ses espérances : « On croirait que les philosophes devraient être plus modérés dans leurs querelles que les poètes, les théologiens que les philosophes ; cependant tout est assez égal... Il y a des goûts jusque dans la géométrie ; et les hommes, forcés à être d'accord sur le fond, trouvent encore le secret de se partager ou sur le choix des vérités différentes ou sur les moyens de parvenir aux mêmes vérités. » (35).

Cependant son indépendance et sa sécurité étaient en principe

(32) *Œuvres* (3), t. V, p. 29.
(33) *Ibid.*, V, p. 30.
(34) *Ibid.*, V, p. 25.
(35) Cité par Ph. Garcin, *op. cit.* (514), *Critique,* décembre 1956, p. 1020.

assurées ; le secrétaire de l'Académie était « perpétuel ». Lorsqu'en 1702 l'abbé Bignon réorganisa le *Journal des savants,* ce fut un peu avec les mêmes intentions qui avaient présidé au renouvellement de l'Académie des Sciences. Il s'agissait encore d'inventer un trait d'union entre des esprits de formation ou de pays opposés. Fontenelle — écrit Trublet — « était de cette société... mais il m'a dit plus d'une fois qu'il n'y avait point travaillé, si ce n'est peut-être par extraordinaire et à quelques extraits particuliers » (36). A-t-il rédigé en 1707 l'article consacré aux *Odes* de La Motte ? Mais il était théoriquement chargé de « la géométrie », et il s'est souvent plaint que ses charges académiques lui prissent tout son temps (36 *bis*). Etant ainsi devenu une personnalité de la science française, il prend bientôt un rôle européen ; il fut jusqu'à la fin de sa vie en correspondance avec les meilleurs esprits de son temps : Newton (37), Leibniz (37 *bis*), Crousaz (38), Turrettini (38 *bis*), S'Gravesande (39), Gottsched (40), Lockman (41). Et les lettres qu'il écrit dès 1700 à Turrettini et à Leibniz nous révèlent ses rapports avec les savants étrangers, ce qu'ils peuvent lui demander et ce qu'il peut leur apporter. Leibniz, ainsi qu'il le dit lui-même avec humour, l'utilise comme « commissionnaire » (42) ; il veut que Fontenelle fasse paraître dans les *Mémoires* de l'Académie ou dans le *Journal des savants* certains écrits qu'il lui adresse ; et lorsque cette gazette refusera d'insérer sa réponse au Père Lamy « parce qu'elle est polémique » (43), il en paraîtra offensé et ces échanges épistolaires s'arrêteront là. Mais, si Fontenelle en face du métaphysicien de Hanovre demeure assez froid et circonspect, il ne ménage à Turrettini ni ses conseils, ni ses services :

> Ce que vous avez à faire pour l'impression de votre petit livre de géographie est de trouver un libraire qui le prenne et qui s'en charge : après cela, envoyez-moi ce libraire, et je lui rendrai tous les services que je pourrai auprès de M. l'abbé Bignon, à qui M. le Chancelier se remet de tout ce qui regarde la librairie. Je n'ai pas encore eu le temps de lire le livre exactement, je n'ai fait que le parcourir. J'en ai trouvé le dessein utile ; et, s'il y avait quelque petite chose à changer... l'examinateur que M. l'abbé Bignon nommera en avertirait votre libraire, et je ferai en sorte que la sévérité ne soit pas excessive (44).

---

(36) *Mémoires* (345), p. 293-294.
(36 *bis*) Budé, *op. cit.* (425), t. II, p. 58 et *passim.*
(37) Lettres publiées par Bonno (404), *Modern langage notes,* 1939, p. 188-190.
(37 *bis*) Foucher du Careil (229) ; *Revue d'histoire des sciences,* avril-juin 1966 (402), p. 115-132.
(38) J. La Harpe (958), *Revue historique vaudoise,* juin 1954, p. 90-108.
(38 *bis*) Budé, *op. cit.* (425), t. II, p. 54-61.
(39) *Œuvres* (3), t. XI, p. 38-46.
(40) *Ibid.*, t. XI, p. 6-17.
(41) *Ibid.*, t. XI, p. 50-60.
(42) Leibniz (229), p. 224.
(43) *Ibid.*, p. 233-235.
(44) Budé, *op. cit.* (425), t. II, p. 61.

Ce rôle discret n'en fut pas moins considérable ; à travers les guerres multiples que la France soutint au cours du XVIIIe siècle, les savants de tous les pays continuèrent à collaborer ; Fontenelle écrivait à Lockman en novembre 1744 : « Je n'en suis que plus affligé de la guerre qui est entre les deux nations. Que ne sont-elles aussi raisonnables que nos Académies ! Mais c'est ce souhait-là lui-même qui n'est pas raisonnable. La nature humaine ne comporte pas qu'il ait jamais lieu. » (45). Et Lockman lui-même admirait « l'humanité » de Fontenelle et lui rendait ce bel hommage :

> ... tous ceux qui cultivent les lettres, dans quelque rang que la fortune les eût placés, quelle que fût leur patrie, leur religion, leur langue, n'étaient à vos yeux que les enfants d'une même famille, dans laquelle vous vouliez qu'il régnât une parfaite harmonie et un commerce réciproque de bons offices et d'amitié. Rien surtout ne m'a touché plus sensiblement que les éloges que vous donniez si généreusement aux habiles gens de ma nation... (46).

L'éclat et l'utilité de ces charges officielles avaient leur contrepartie ; Fontenelle dut renoncer à son œuvre personnelle. On peut donner à ce silence bien des explications. Le secrétaire de l'Académie des Sciences n'avait plus que de rares loisirs, qu'il occupait à paraître dans les salons, à griffonner de petits vers ou à composer hâtivement son « théâtre dans un fauteuil ». Mais il est bien vraisemblable que, comme Quinault et comme Racine, Fontenelle choisit de se taire, lorsqu'il fut arrivé à la brillante position qu'il avait recherchée. Le philosophe avait sans doute trouvé une solution satisfaisante à tous les problèmes qu'il s'était posés ; l'épicurien discret et modeste pouvait aimer cette situation qui lui permettait de jouer un rôle important sans trop attirer l'attention sur lui. Il est cependant certain que dans les *Mémoires de l'Académie des sciences,* il dut renoncer à exprimer ses convictions profondes ; il l'avoue lui-même à Turrettini, quand celui-ci lui adresse la théologie de Werenfels : « ... je l'ai trouvée la plus mauvaise que j'ai pu, quant au raisonnement (car il ne m'était pas permis de l'approuver sans restriction... il y a de certaines matières sur quoi l'approbation n'a pas ses coudées franches, et vous autres, Messieurs, n'avez-vous pas aussi vos contraintes... ?) » (47). Ne concluons pas hâtivement que Fontenelle ait vendu son âme, et qu'en « se trouvant » il « se soit perdu ». Mais en analysant le rôle qu'il joua dans les différentes Académies ou les « approbations » qu'il donna ou refusa aux livres qui lui étaient proposés, on pourrait mettre en évidence la valeur et l'habileté de ses « silences », et l'astuce avec laquelle il sut « utiliser l'existant » (48). Il n'est pas dans notre intention d'entre-

---

(45) *Œuvres* (3), t. XI, p. 60.
(46) *Ibid.,* t. XI, p. 53.
(47) Budé, *op. cit.* (425), p. 59.
(48) « Les silences de Fontenelle », « L'utilisation de l'existant » — tels sont les titres que J.-R. Carré a donnés aux chapitres consacrés à ces problèmes, *Fontenelle* (433), p. 651-673. J.-R. Carré y donne maintes

prendre cette étude qui nous révélerait comment le libertin, parvenu paradoxalement à un emploi officiel, sut doser l'intransigeance et la souplesse, combattre pour sa vérité sans tromper ni décevoir les puissants qui lui avaient fait confiance...

Trublet affirme que les traités *Du bonheur et* De *l'existence de Dieu* datent des années 1691-1699 (49) ; l'essai *De la liberté de l'âme* fut composé en 1700, et brûlé à cette date par ordre du Parlement (50) ; *Sur l'instinct* fut certainement rédigé dans les mêmes années : en 1744, Fontenelle note qu'il imagina ce raisonnement « autrefois » (51) ; l'expression est vague, mais — nous le verrons — toutes les sources de cet opuscule — les ouvrages de Dilly, du P. Pardies — sont antérieures à 1690. Bien que les *Eléments de la géométrie de l'infini* n'aient paru qu'en 1727, ils furent élaborés entre 1702 et 1707 : le 18 novembre 1702, Fontenelle écrit à Leibniz : « J'ai commencé la téméraire entreprise des infiniment petits » (52) ; Jean Bernoulli affirme en 1725 que cette œuvre était déjà presque achevée quatorze ans plus tôt (53). Que faut-il penser des *Fragmens d'un traité de la raison humaine* et *De la connoissance de l'esprit humain* ? Trublet ne donne aucun indice qui permette de dater ces écrits. Il s'étonne seulement qu'ils soient restés inachevés : « Je soupçonne — écrit-il — que M. de Fontenelle s'en est dégoûté... par le peu de succès qu'il en espérait. Peu de Français aiment la métaphysique » (54). Dans les *Mémoires* de Garat figurent de précieux renseignements : « Les théories de l'entendement, qui, depuis Bacon et Descartes, avaient pris dans les connaissances humaines une si grande place avaient beaucoup occupé la jeunesse de Fontenelle... la plus forte passion de sa vie, il l'eut à près de cent ans, et ce fut encore pour la métaphysique. » (55). Le vieillard rêvait chez Mme Geoffrin d'une « théorie des facultés humaines tirée à la fois et de l'organisation humaine et des chefs-d'œuvre créés déjà par la raison... Elle sera, disait-il, le grand luminaire suspendu entre le bon sens commun à tous les hommes, le génie des beaux arts et le génie des sciences ; elle les rapprochera, elle les unira, en leur faisant voir comment ils sortent des mêmes sources... C'est dans le salon de Mme Geoffrin que Fontenelle paraît avoir voulu composer ce traité..., il en parlait très souvent... » (56). Mais ces lignes sont moins décisives qu'il ne semble ; Fontenelle a dû vers 1750 projeter un « traité de la raison humaine », mais il n'avait pas manqué, comme l'indique Garat, de réfléchir dès sa

---

indications intéressantes, mais ce n'était pas son intention que de rentrer dans le détail, et il nous semble minimiser de façon un peu excessive les compromis ou les « ménagements » auxquels Fontenelle fut contraint.

(49) *Mémoires* (345), p. 294 et 299.

(50) Ms. Ars. 2858, f. 278. Cf. notre *Introduction.*

(51) *Œuvres* (3), t. XI, p. 31.

(52) Leibniz (229), p. 217.

(53) S. Delorme (477), *Revue d'histoire des sciences,* octobre-décembre 1957.

(54) *Mémoires* (344), p. 174.

(55) Garat, *op. cit.* (513), t. I, p. 117.

(56) *Ibid.,* t. I, p. 118.

jeunesse à ces problèmes. Comment savoir si les brouillons que nous possédons remontent à l'une ou à l'autre de ces époques ? D'ailleurs l'ensemble est tellement discontinu et disparate, que l'on pourrait aussi bien supposer que certaines pages ont été écrites vers 1690 ou 1700, et d'autres vers 1750.

Au début des *Fragmens de la connoissance de l'esprit humain*, Fontenelle explique ses intentions :

> Toute la nature de l'esprit est de penser, et nous ne considérons l'esprit humain que selon ses idées. Nous examinerons d'abord quelle est leur origine. Ensuite nous les regarderons sous deux rapports principaux qu'elles ont, l'un aux objets extérieurs, ce qui fait qu'on les appelle vraies ou fausses, l'autre à l'esprit même, ce qui fait qu'on les appelle agréables ou désagréables... (57).

En lisant ces lignes, on peut à la rigueur songer à la méditation sur les sciences et les arts qu'évoquait Garat, mais le philosophe ne paraît pas envisager une analyse des « chefs-d'œuvre créés par la raison ». Son projet semble plus abstrait. Il est impossible de parvenir à des conclusions assurées : les découvertes scientifiques sur lesquelles s'appuie ici Fontenelle — la « préformation des germes », le problème des « monstres » — n'apportent aucune précision, puisque de telles questions furent débattues dès 1675 ou 1680. Dans l'incertitude où nous sommes, il demeure difficile de négliger cet ouvrage ; les idées qui y sont contenues furent peut-être formulées beaucoup plus tard, mais elles pouvaient être conçues dès la période qui nous intéresse. Descartes, Malebranche, Gassendi, Bernier, Huet sont les sources essentielles auxquelles a recouru Fontenelle. Et la métaphysique qu'il exprime ici est indispensable pour comprendre l'ensemble de sa philosophie et même sa géométrie.

Tous les autres essais philosophiques que nous avons cités sont antérieurs à l'année 1699, qui marque l'entrée en fonction de Fontenelle à l'Académie des sciences... On ne sait trop la date de la fameuse *Lettre au marquis de la Fare*, mais ce n'est pas là une œuvre bien importante — un simple badinage, susceptible sans doute de révéler les tendances profondes du philosophe, mais vraisemblablement hâtif et « impromptu ». Puisque les charges officielles contraignirent Fontenelle au silence et à la dissimulation, les méditations morales et métaphysiques auxquelles il se consacra avant sa nomination, sont d'une importance évidente : ce sont ses dernières confidences ; ces opuscules renferment le système auquel son esprit semble s'être définitivement arrêté. Nous devons enfin découvrir — après tant de péripéties et d'aventures intellectuelles — l'ultime point de sa sagesse, le but auquel tous ses efforts tendirent, la physionomie que ses recherches et le poids des années lui donnèrent pour un demi-siècle.

(57) *Œuvres* (3), t. IX, p. 358.

CHAPITRE I

UN TRISTE BONHEUR

« *Les jetons à la main.* »

« On cesse d'être heureux sitôt que l'on sent l'effort que l'on fait pour l'être... Le bonheur est comme la santé ; il faut qu'il soit dans les hommes, sans qu'ils l'y mettent ; et s'il y a un bonheur que la raison produise, il ressemble à ces santés qui ne se soutiennent qu'à force de remèdes, et qui sont toujours très faibles et très incertaines. » (1). Cette maxime des *Dialogues des morts* s'accordait avec l'anti-intellectualisme et le fatalisme épicurien de l'ouvrage ; la pensée était foncièrement mauvaise. C'est une position plus circonstanciée qui apparaît dans le traité *Du Bonheur*. Seuls, les « caractères doux et modérés... peuvent travailler utilement à se rendre heureux. Il est vrai que, par la faveur de la nature, ils le sont déjà assez, et que le secours de la philosophie ne paraît pas leur être fort nécessaire : mais il n'est presque jamais que pour ceux qui en ont le moins de besoin, et ils ne laissent pas d'en sentir l'importance... Ecoutons donc la philosophie qui prêche dans le désert une petite troupe d'auditeurs qu'elle a choisis, parce qu'ils savaient déjà une bonne partie de ce qu'elle peut leur apprendre » (2). Malgré la force de notre tempérament qui nous entraîne toujours, « nous pouvons quelque chose à notre bonheur » (3). La philosophie n'est pas aussi vaine qu'elle le semblait autrefois ; elle est seulement « presque inutile », et il a fallu vingt ans pour ajouter ce « presque ».

C'est que Fontenelle connaît maintenant les ressources de l'esprit humain. Les découvertes scientifiques révèlent notre puissance. Il suffit donc de recourir à la méthode qui les a permises. « Cet homme a mal calculé », disait Fontenelle, en voyant pendre un

(1) *Œuvres* (3), t. I, p. 187-188.
(2) *Ibid.*, t. III, p. 246-247.
(3) *Ibid.*, t. III, p. 245.

condamné (3 *bis*). La morale peut être mathématique. Cette utilisation limitée de « l'esprit de géométrie » apparaissait déjà dans les *Réflexions sur la poétique*. Fontenelle projetait de comparer toutes les règles qu'il avait fixées, et de déterminer « lesquelles sont les plus importantes, lesquelles, dans la nécessité du choix, doivent être préférées » (4). Il affirme maintenant qu' « il n'est question que de calculer et que la sagesse doit toujours avoir les jetons à la main » (5). Mais comme il savait que ses *Réflexions* étaient bien incapables de donner « du génie à ceux qui en manquent », et qu'elles « n'aidaient pas beaucoup à ceux qui en ont » (6), il reconnaît que les maximes qu'il propose sur le bonheur ne serviront qu'à peu d'esprits, qui s'en seraient peut-être passés.

« Voici une matière la plus intéressante de toutes, dont tout le monde parle, que les philosophes, surtout les anciens, ont traitée avec beaucoup d'étendue... » (7). Cette phrase, qui sert d'introduction à l'ouvrage, ressemble bien à un aveu déguisé ; on connaît la discrétion du bel esprit qui refuse toujours de citer ses sources ; il est donc vraisemblable qu'il a relu Plutarque, Sénèque et Cicéron, avant d'entreprendre cet essai. D'ailleurs, dans l'édition de 1711 de *La rencontre de Messieurs Le Noble et Boileau,* on trouve la note suivante : « Le même auteur a fait un traité du bonheur, tiré des anciens philosophes... » (8). Il est malheureusement impossible de prouver que *La Rencontre* ait été écrite par Fontenelle, et qu'il s'agisse ici du traité *Du bonheur* qu'il fit paraître en 1724. Il est cependant certain que les stoïciens et les épicuriens s'accordaient pour conseiller la mathématisation de la morale ; « les jetons à la main », cette expression n'évoque-t-elle pas de façon frappante la pensée et le style de Sénèque ?

Inspiré peut-être par la philosophie antique, Fontenelle a dû être conduit dans cette voie par d'autres influences plus modernes et plus pressantes. On peut évidemment songer à Descartes ou à Spinoza, mais il est sans doute plus sûr de se souvenir de Bernoulli; Fontenelle fréquentait le savant, il connaissait le *De arte conjectandi* que celui-ci laissa inachevé lorsqu'il mourut en 1703. Dans l'*Eloge de Bernoulli,* le philosophe évoque la méthode du mathématicien et précise :

> Il la portait même jusqu'aux choses morales et politiques, et c'est là ce que l'ouvrage doit avoir de plus neuf et de plus surprenant. Cependant, si l'on considère les choses de la vie, sur lesquelles on a tous les jours à délibérer, on verra que cette délibération devrait se réduire, comme les paris que l'on ferait sur un jeu, à comparer le nombre des cas où arrivera un certain événement au nombre de cas où il n'arrivera pas... Il n'est pas si glorieux à l'esprit de géométrie de régner dans

(3 *bis*) *Traits, notes et remarques* (ms. Rouen), p. 122.
(4) *Ibid.*, t. III, p. 205.
(5) *Ibid.*, t. III, p. 259.
(6) *Ibid.*, t. III, p. 205.
(7) *Ibid.*, t. III, p. 241.
(8) C. Hugier, in-12, 1711.
(9) *Œuvres* (3), t. V, p. 100-110.

la physique que dans les choses morales si compliquées, si casuelles, si changeantes (9).

L'*Eloge de Montmort* amènera également le philosophe à louer l'*Arithmétique politique* du chevalier Petty, qui a fait voir « combien de connaissances nécessaires au gouvernement se réduisent à des calculs du nombre des hommes, de la quantité de nourriture qu'ils doivent consommer, du travail qu'ils peuvent faire, de la quantité de nourriture qu'ils doivent consommer, du travail qu'ils peuvent faire, de la quantité des naufrages dans les navigations, etc. Ces connaissances, et beaucoup d'autres pareilles, étant acquises par l'expérience et posées pour fondements, combien de conséquences en tirerait un habile ministre pour la perfection de l'agriculture, pour le commerce tant intérieur qu'extérieur, pour les colonies, pour le cours de l'argent, etc. » (10). Enfin les mathématiques semblent tout envahir ; si elles avaient séduit Fontenelle dès son adolescence, c'est seulement vers la fin du siècle qu'il en comprend l'universalité, en même temps qu'il s'y consacre.

Trublet (11) a rapproché cette méthode de ses propres recherches, de celles de Maupertuis et de Buondelmonti (12). Cependant Fontenelle est plus prudent que ses successeurs. Certes, il nous conseille de calculer sans cesse la valeur des plaisirs que nous nous proposons, et de les comparer avec les peines qu'il faudrait affronter pour y parvenir, mais il réfute à l'avance « l'arithmétique des plaisirs » de Bentham : « A mesurer le bonheur des hommes par le nombre et la vivacité des plaisirs qu'ils ont dans le cours de leur vie, peut-être y a-t-il un assez grand nombre de conditions assez égales, quoique fort différentes. Celui qui a moins de plaisirs les sent plus vivement... » (13). Son recours aux mathématiques est donc assez mesuré ; le tempérament est plus fort que la raison ; la qualité des plaisirs importe plus que leur quantité. C'est seulement lorsque nous avons une décision à prendre, que nous pouvons employer « le calcul des probabilités ». Si Pascal l'utilisait pour démontrer aux libertins qu'ils avaient intérêt à parier pour l'existence de Dieu, Fontenelle transpose cette méthode dans une sphère purement « mondaine ». Il ne le dit jamais, mais le salut éternel est radicalement exclu des perspectives qu'il envisage. On imaginera volontiers qu'il a voulu imiter et réfuter à la fois l'argument du pari ; ce sont les mêmes principes, la même rigueur, mais pour aboutir à des conclusions opposées. Le point de départ est le même ; comment ne pas se rappeler « le divertissement », lorsqu'on lit cette période majestueuse, où Fontenelle nous peint la misère humaine :

Incapables de discernement et de choix, poussés par une impétuosité aveugle, attirés par des objets qu'ils ne voient

(10) *Ibid.*, t. VI, p. 56-57.
(11) *Mémoires* (345), p. 173, note 1.
(12) *Journal étranger* (369), janvier 1755, p. 215-230 (*Lettre sur la mesure et le calcul des douleurs et des plaisirs*).
(13) *Œuvres* (3), t. III, p. 241-242.

> qu'au travers de mille nuages, entraînés les uns par les autres sans savoir où ils vont, ils composent une multitude confuse et tumultueuse, qui semble n'avoir d'autre dessein que de s'agiter sans cesse... (14) ?

Si l'on pouvait démontrer que les *Réflexions sur l'argument de M. Pascal...* sont l'œuvre de Fontenelle, il deviendrait possible de découvrir dans sa philosophie le projet systématique de ruiner l'apologétique des *Pensées*, mais, nous le savons déjà, cette conjecture est bien incertaine. L'auteur des *Réflexions* manifeste un optimisme que l'on chercherait en vain dans le traité *Du bonheur ;* il peint un philosophe chinois qui « jouit tranquillement du présent, et continue d'en jouir jusqu'à la fin, et c'est en quoi consiste le parfait bonheur » (15). Fontenelle est bien plus modeste : « ... ce sage, ce vertueux, cet heureux est toujours un homme ; il n'est point arrivé à un état inébranlable que la condition humaine ne comporte point, il peut tout perdre, et même par sa faute. » (16). Quel abîme sépare ce relativisme mesuré des orgueilleuses proclamations de l' « anti-Pascal » !

Fontenelle stoïcien ?

Des *Lettres galantes* aux *Réflexions sur la poétique,* Fontenelle s'est constamment montré attentif aux thèses avancées par Saint-Evremond ; quand il nous expliquait jadis l'art auquel recourait le chevalier d'Her... pour prolonger ou espacer les moments heureux de ses liaisons ou quand il condamnait les faiblesses de la psychologie racinienne, il demeurait également fidèle à l'enseignement de l'exilé de Londres. Il est peu de sujets qui aient autant préoccupé celui-ci que le bonheur et l'usage des plaisirs. Inspiré par Montaigne, il avouait sans façons : « Pour moi, qui ai toujours vécu à l'aventure, il me suffira de mourir de même. » (17). Il conseillait d'imiter les voluptueux, les délicats, les raffinés, dont Pétrone nous a offert le plus brillant exemple. Toute sa sagesse aboutissait à cette maxime : « Pour vivre heureux, il faut faire peu de réflexion sur la vie, mais sortir souvent comme hors de soi ; et parmi les plaisirs que fournissent les choses étrangères, se dérober la connaissance de ses propres maux. » (18). Cet épicurisme, qui semblait séduire l'auteur des *Dialogues des morts* ou des *Lettres galantes,* est envisagé maintenant de façon plus circonspecte ; la volupté ne semble plus « la véritable fin où nos actions se rapportent » (19). Le philosophe s'attache au contraire à distinguer le plaisir « agréable, mais court et passager, et qui ne peut jamais être un état » (20), et le

(14) *Ibid.*, t. III, p. 244-245.
(15) *Œuvres*, éd. par Depping (4), t. II, p. 626.
(16) *Œuvres* (3), t. III, p. 266-267.
(17) Saint-Evremond (310), t. I, p. 146.
(18) *Ibid.*, t. I, p. 144.
(19) *Ibid.*, t. V, p. 2 (*Sur la morale d'Epicure*).
(20) *Œuvres* (3), t. III, p. 241.

bonheur stable et paisible : c'est « une situation telle qu'on en désirât la durée sans changement » (21). Fontenelle marque même quelque mépris pour le plaisir ; il l'abandonne à la plupart des hommes qui « sont exclus du bonheur » et qui ne peuvent espérer que « des moments semés çà et là sur un fond triste qui en sera un peu égayé » (22). L' « innocente volupté » revêt l'aspect un peu morbide d'une drogue destinée à faire oublier la misère de notre condition.

Se dégageant ainsi de l'épicurisme traditionnel des libertins, Fontenelle peint notre vie de façon assez sombre : peu d'hommes sont à même de connaître le bonheur ; faudrait-il donc recourir à la technique préconisée par les stoïciens ? On sait que, depuis 1675 ou 1680, la philosophie du Portique était généralement méprisée par les beaux esprits ; avec toute sa génération, avec Bayle, avec Malebranche, avec Jacques Esprit, Fontenelle peut donc souligner la vanité ridicule de cette secte : « N'ajoutons pas à tous les maux que la Nature et la Fortune peuvent nous envoyer, la ridicule et inutile vanité de nous croire invulnérables. » (22 *bis*). Lorsqu'il écrit ces lignes, il peut se souvenir de la lettre *Sur les plaisirs* que Saint-Evremond avait adressée au comte d'Olonne, car il recourt au même exemple qui figurait dans cet opuscule : Saint-Evremond notait : « La philosophie de Posidonius lui fit dire au fort de sa goutte, que la goutte n'était pas un mal ; mais il n'en souffrait pas moins. » (23) ; Fontenelle affirme de façon plus allusive et plus élégante : « Si l'un [des stoïciens]..., pressé par la goutte, lui dit : *Je n'avouerai pourtant pas que tu sois un mal,* il a dit la plus extravagante parole qui soit jamais sortie de la bouche d'un philosophe. » (24).

Mais la suite est plus surprenante. L'autonomie spirituelle que célébraient les stoïciens peut paraître risible et factice ; il est également dangereux de chercher son bonheur, comme le font la plupart des hommes, dans les objets extérieurs ; cette attitude ne conduit qu'à une pénible et stérile instabilité. En fait, « nous pouvons quelque chose à notre bonheur, mais ce n'est que par nos façons de penser » (25) ; les « philosophes rigides » mettent notre bonheur à l'aventure en le faisant dépendre de nous-mêmes, et « il y a beaucoup à rabattre d'un précepte si magnifique, mais le plus qu'on en pourra conserver, ce sera le mieux » (27). Cet essai ne serait-il pas une sorte de plaidoyer prudent pour le Portique ? Au milieu des injures dont tous les moralistes de la fin du siècle accablaient Sénèque et ses partisans, il serait surprenant que Fontenelle les défendît... Et cependant, attribuer à notre pensée le pouvoir de nous ren-

(21) *Ibid., loc. cit.*
(22) *Ibid.,* t. III, p. 242.
(22 *bis*) Ibid., t. III, p. 244.
(23) Saint-Evremond (311), t. I, p. 145.
(24) *Œuvres* (3), t. III, p. 244.
(25) *Ibid.,* t. III, p. 245.
(26) *Ibid.,* t. III, p. 258.
(27) *Ibid., loc. cit.*

dre heureux, n'est-ce pas accepter le principe essentiel du stoïcisme ? Or c'est sur cette base que tout le traité est construit.

Il faut chasser « tous les maux imaginaires ». Ce ne sont pas « tous ceux qui n'ont rien de corporel » (28). Nous n'adhérons plus au naturalisme indolent de Mme Deshoulières ; nous sommes bien loin de proclamer avec Saint-Evremond :

> Les moindres animaux, plus heureux dans leur sort,
> Vivent innocemment, sans crainte et sans envie,
> Exempts de mille soins qui traversent la vie,
> Et de mille frayeurs que nous donne la mort... (29).

Les maux imaginaires sont « seulement ceux qui tirent leur origine de quelque façon de penser fausse, ou du moins problématique » (30). Ce n'est pas l'intelligence qui est nuisible, mais l'erreur. Les stoïciens nous ont appris les dangers de l' « opinion », et il est possible de préciser ce qu'il faut entendre par là : « Aux maux réels, nous ajoutons des circonstances imaginaires qui les aggravent. » (31). La singularité d'un malheur « nous irrite et nous aigrit » (32), mais nous devrions nous attendre aussi bien aux infortunes les plus étranges qu'aux difficultés les plus ordinaires. Autre poison de l'imagination : « c'est de croire que nous serons inconsolables » (33) ; en fait, « nous ne sommes pas assez parfaits pour être toujours affligés » (34). Même « les circonstances réelles de nos maux », nous les aggravons ; « nous prenons plaisir à nous les faire valoir à nous-mêmes... On a pour les violentes douleurs je ne sais quelle complaisance qui s'oppose aux remèdes... » (35). Après Epicure et Montaigne, Saint-Evremond se refusait à condamner absolument l'entendement et le souvenir ; il reconnaissait qu'en les utilisant adroitement, il était possible d'en « tirer quelque douceur » (36). Il nous avouait : « Je cherche dans le passé des souvenirs agréables, et des idées plaisantes dans l'avenir » (37). Cet usage des « représentations », il était prévisible que la nouvelle philosophie de Fontenelle s'attacherait à l'étendre et à le généraliser en suivant les principes qui parsèment les *Lettres à Lucilius.* Ainsi ce qui nous arrive est d'ordinaire très douteux ; nous aurions tort de nous affliger trop vite ; certains accidents qui semblent fâcheux se révèlent plus tard extrêmement positifs. Il ne faut pas « s'attendre à un trop grand bonheur » (38). Mieux vaut considérer « les esclaves, ceux qui n'ont pas de quoi vivre ; ceux qui ne vivent qu'à la sueur de leur front, ceux qui languissent dans les maladies habi-

(28) *Ibid.*, t. III, p. 247.
(29) Saint-Evremond (311), t. I, p. 154.
(30) *Œuvres* (3), t. III, p. 247.
(31) *Ibid.*, t. III, p. 248.
(32) *Ibid.*, t. III, p. 248.
(33) *Ibid.*, t. III, p. 249.
(34) *Ibid.*, t. III, p. 250.
(35) *Ibid.*, t. III, p. 251.
(36) Saint-Evremond (311), t. I, p. 151.
(37) *Ibid.*, *loc. cit.*
(38) *Œuvres* (3), t. III, p. 253.

tuelles... Apprenons combien il est dangereux d'être hommes, et comptons tous les malheurs dont nous sommes exempts pour autant de périls dont nous sommes échappés... » (39). A la rigueur, nous pouvons même nous féliciter d' « une infinité de choses que nous avons, et que nous ne sentons pas », quoiqu'il paraisse singulier qu'un homme « soit transporté de se trouver deux bras » (40). Songeons surtout que le malheur est notre condition naturelle : « Les biens sont très rares, et ce sont des exceptions flatteuses faites en notre faveur à la règle générale. » (41). Ce pessimisme est consolant ; il l'est encore davantage, si nous évitons de surestimer le bonheur des hommes qui nous paraissent enviables. Ne négligeons cependant aucun des biens « qui tombent dans notre partage », et évitons de nous précipiter dans l'avenir : c'est « une espèce de charlatan, qui, en nous éblouissant les yeux, nous escamote le présent... » (42).

A quoi bon souligner l'analogie que ce texte présente avec les traités et la « direction de conscience » des stoïciens ? L'évolution de Fontenelle est évidente ; on a parfois voulu rapprocher *Du bonheur* et les *Pastorales,* et retrouver dans ces deux ouvrages les mêmes conceptions (43). Il nous semble au contraire qu'il existe une véritable contradiction entre le Fontenelle de 1687 et celui de 1700. Le premier écrivait :

> Le plaisir, et le plaisir tranquille est l'objet commun de toutes les passions [des hommes] et ils sont tous dominés par une certaine paresse... Ce n'est pas que les hommes pussent s'accommoder d'une paresse et d'une oisiveté entière ; il leur faut quelque mouvement, quelque agitation, mais un mouvement et une agitation qui s'ajuste, s'il se peut, avec la sorte de paresse qui les possède (44).

La même psychologie soutenait les *Réflexions sur la poétique.* En revanche, on serait tenté d'appliquer au traité *Du bonheur* ce que Fontenelle disait autrefois du stoïcisme : il y voyait « une patience d'esclaves attachés à leur chaîne, et sujets à tous les caprices d'un maître impitoyable, une patience qui, n'étant fondée que sur l'inutilité de la révolte, arrête durement les mouvements de l'âme ; et, au lieu de la consoler, y laisse un chagrin sombre et farouche ; en un mot, un désespoir un peu raisonné plutôt qu'une véritable patience... » (45). Comment expliquer ce changement ?

Fontenelle était depuis 1690 environ l'ami et le confident de Ninon de Lenclos ; il est troublant d'observer que celle-ci, vers 1698, parut se convertir au stoïcisme. Saint-Evremond s'en étonna,

---

(39) *Ibid.,* t. III, p. 253-254.
(40) *Ibid.,* t. III, p. 254.
(41) *Ibid.,* t. III, p. 255.
(42) *Ibid..* t. III, p. 256.
(43) Telle est l'interprétation de J.-R. Carré, *La philosophie de Fontenelle...* (433), p. 588-607.
(44) *Œuvres* (3), t. IV, p. 136-137.
(45) *Ibid.,* t. III, p. 224.

et put lui écrire : « ... vous donnez de l'agrément à Sénèque qui n'a pas accoutumé d'en avoir... » (46). Quand on considère que Fontenelle semble avoir rédigé son traité pour préciser ou réfuter la plupart des arguments avancés dans la lettre *Sur les plaisirs* ou dans l'essai *Sur la morale d'Epicure,* on est naturellement amené à se demander si cet opuscule ne lui fut pas inspiré par Ninon de Lenclos afin d'expliquer et de défendre le stoïcisme auquel elle était tentée d'adhérer (47). Comme il ne reste aucune trace d'une éventuelle correspondance entre Saint-Evremond et Fontenelle, cette conjecture demeure problématique... On a parfois supposé que Ninon était alors revenue à la foi. *Du bonheur* est évidemment « laïc » et peut-être impie. Mais le dernier quatrain que l'on prête à Ninon avant de mourir, semble bien refléter la même résignation et la même amertume qu'exprime Fontenelle :

Qu'un vain espoir ne vienne point s'offrir,
Qui puisse ébranler mon courage.
Je suis en âge de mourir,
Que ferais-je ici davantage (48) ?

Enfin, il n'est pas certain que ce retour au stoïcisme ait été limité à ce milieu ; Dacier en 1691 avait donné une traduction des *Réflexions morales de l'empereur Marc Antoine* (49). Fontenelle n'hésitait pas — comme nous l'avons vu souvent — à prendre son bien chez ses adversaires. Et, comme Jacques Esprit et Malebranche avaient entraîné la pensée chrétienne dans un combat contre le stoïcisme, les libertins n'avaient plus autant de raisons d'être hostiles à cette philosophie.

Une expérience vécue.

Reconnaissance du pouvoir de l'esprit, adhésion prudente à certains thèmes stoïciens — telle est la portée philosophique de ce traité. Mais Fontenelle paraît s'y être engagé tout entier. On devine au fond de ses réflexions et de ses conseils une condamnation radicale de la vie et de l'action. L'état auquel nous devons aboutir, c'est la mort de toute espérance, le règne de l'uniformité, l'atrophie de tout élan. L'ambition, qui nous fut donnée pour notre malheur, doit s'estomper : « celui qui veut être heureux se réduit et se resserre autant qu'il est possible » (50). C'est à un effacement systématique que nous convie le philosophe. La tranquillité, ou même « l'insipidité », sont les meilleurs états que nous puissions souhaiter. Il n'est même pas certain que cette immobilité puisse nous conduire, comme le pensera Rousseau, à un « calme ravissant ». Fontenelle paraît plutôt aboutir à une sorte de philosophie de

---

(46) *Correspondance* de Ninon de Lenclos (232), p. 137.
(47) E. Magne, *Ninon de Lenclos* (587), *Ninon stoïcienne.*
(48) *Ibid.*, p. 255.
(49) Marc Aurèle, *Réflexions morales...* (143).
(50) *Œuvres* (3), t. III, p. 264.

l'Illusion, de la *Maya ;* trop modeste et trop empiriste pour systématiser ses intuitions, il s'oriente discrètement vers la négation universelle et le culte du néant. Evidemment, il faut bien vivre, « nous ne pouvons pas rompre avec tout ce qui nous environne » (51), il faut bien occuper quelque place dans le monde, mais le rêve serait d'être absolument seul, absolument inerte, et même inexistant. Si Voltaire oppose « les convulsions de l'inquiétude » et « la léthargie de l'ennui », Fontenelle choisit l'ennui — peuplé de divertissements paisibles et monotones.

Peut-être est-ce au même moment qu'il écrit son *Traité de la liberté,* et affirme son fatalisme, mais nous savons, depuis les *Dialogues des morts,* qu'il est fasciné par cette philosophie. Les clairvoyantes analyses que contient *Du bonheur* semblent souvent l'impliquer : « nous avons un certain amour pour la douleur, et... dans quelques caractères, il est invincible. « (52). Masochisme moral, mauvaise foi intérieure, instincts mystérieux qui nous entraînent... Les passions ont perdu le visage innocent qu'elles avaient naguère ; nos projets sont plus troubles que les fastueux prétextes que nous invoquons. Nous sommes « agis ». En remontant de nos prétextes à nos désirs, de nos mobiles à notre corps qui les secrète, de notre corps aux atomes qui les composent et à la pâte que la Nature « tourne et retourne sans cesse en mille façons », nous parvenons à l'unité matérielle dont nous sommes que des fragments. Est-ce un écho de ce matérialisme inavoué, les saisissantes images qu'emploie Fontenelle pour spatialiser notre conscience ? Il faut « se réduire et se resserrer », borner « son volume » (53).

Les passions sont vues de haut, *more geometrico ;* nous sommes des parcelles de la nature ; la liberté est atteinte à force de clairvoyance et en objectivant notre servitude — tout cela rappellerait Spinoza, si Fontenelle partageait l'optimisme qui s'exprime dans l'*Ethique*. Mais son bonheur est tout le contraire d'un enrichissement. A ce surcroit de pessimisme, correspond logiquement un surcroît d'individualisme ; le sage de l'*Ethique* connaissait la bienveillance et l'amitié ; le sage fontenellien cherche la solitude et le dénuement.

Comme l'a remarqué Saint-Lambert, « Fontenelle nous dit seulement comment Fontenelle était heureux. » (54). Nous découvrons ici ses plaisirs, « la tranquillité de la vie, la société, la chasse, la lecture » (55), tout ce qui se limite au présent, sans mémoire et sans projet. L'amour, dépouillé des chimères de l'imagination, était essentiel au bonheur des bergers, car il apportait un peu de mouvement dans une sérénité qui eût été insipide. Même les romans signés par Mlle Bernard semblaient célébrer les promesses et les joies de la passion condamnée par la société. Faut-il chercher encore un écho du stoïcisme dans ce culte de l'indépendance, ce

(51) *Ibid.*, t. III, p. 259.
(52) *Ibid.*, t. III, p. 251-252.
(53) *Ibid.*, t. III, p. 263.
(54) Cité dans Mauzi, *L'idée de bonheur...* (604), p. 94, n. 1.
(55) *Œuvres* (3), t. III, p. 260.

refus de tout attachement ? Mais le sage antique, comme le sage spinoziste, était sensible à l'amitié, et tous les hommes, à ses yeux, étaient solidaires. Mieux vaut voir dans cette attitude une réaction personnelle. On l'a interprétée comme l'éloge de la solitude intellectuelle, le « sourire de la raison » qui se suffit à elle-même et trouve dans son exercice une entière satisfaction. Cette exégèse est un peu abstraite. La solitude de Fontenelle est toute peuplée, mais les autres y sont seulement utilisés. S'il ne veut pas s'attacher, c'est peut-être qu'il craint tous les engagements. Il nous exprime son acharnement — égoïste évidemment, mais parfaitement conscient — à se forger une félicité artificielle. Cet homme fragile s'était bâti une santé ; il se construit maintenant un bonheur — malgré son profond pessimisme, et son pessimisme même est utilisé dans sa « chasse au bonheur ». Le fond de l'ouvrage, c'est un cynisme radical. Comme Horace, Fontenelle préfère être fou et heureux plutôt que sage et malheureux. Ce cynisme le conduit à l'éloge de la vertu, puisque la bonne conscience est indispensable. Il ne définit pas la vertu ; il précise seulement : « Chaque devoir rempli en est payé dans le moment, on peut sans orgueil appeler à soi-même des injustices de la Fortune ; on s'en console par le témoignage légitime qu'on se rend de ne les avoir pas méritées ; on trouve dans sa propre raison et dans sa droiture un plus grand fond de bonheur que les autres n'en attendent des caprices du hasard... » (56). Ce lieu commun des diatribes stoïciennes est certainement sincère. Cette morale profondément immorale aboutit par le détour de l'utilitarisme à l'éloge du Devoir.

Quelle profonde amertume dans tout ce traité... (56 *bis*) ! Et, comme cette tristesse, nourrie d'expériences et de réflexions, est plus impressionnante que les paradoxes anarchistes que lançait vers 1680 un jeune homme trop spirituel, qui trouvait que le monde ne ressemblait ni à ce qu'on lui avait appris, ni à ce qu'il en espérait ! Faut-il incriminer l'évolution de la société ? On sait le climat morose dans lequel se termina ce règne trop long. « Il me semble — écrivait Le Verrier — que tout se décourage en ce pays. » (57). Ce découragement que les dévots ressentaient, comment un esprit libre — réduit au silence ou à l'hypocrisie — ne l'aurait-il pas éprouvé ?

Il eut au moins une fois l'occasion de s'exprimer publiquement à ce sujet. En 1699, Pontchartrain fut nommé Chancelier ; des Aguais devait prononcer une harangue pour la présentation des lettres du nouveau chancelier à la Cour des Aides. C'est Fontenelle qui rédigea ce discours (58). Il s'amusa évidemment à pasticher le style noble, mais surtout il eut ainsi la possibilité de « parler politique » et de nous exposer ses vues sur la France de son temps.

---

(56) *Ibid.*, t. III, p. 265.

(56 *bis*) Au même moment, Bayle exprime le même pessimisme dans son *Dictionnaire*. On ne remarque toutefois aucun rapport littéral entre les réflexions des deux philosophes.

(57) Cité dans Adam, *Histoire de la littérature* (375), t. V, p. 8.

(58) *Mémoires* (345), p. 242, *sq.* ; Cideville, *Traits, notes et remarques* (ms. Rouen), p. 94.

Certes, ce n'était pas le moment d'être trop sincère. Nous trouvons pourtant dans ce morceau une étrange lucidité. Dans une société dominée par l'avidité, le contrôleur général des finances est l'homme le plus puissant. Mais le traité *Du bonheur* nous l'a appris ; ces grandeurs, qui de loin paraissent enviables, sont vaines et tristes ; « l'enchantement disparaît au premier regard de la raison ! » (59). On ne peut dire que l'Etat, tel qu'il est dépeint ici, semble paisible, ni prospère : les maux se succèdent, qui demandent sans cesse de nouveaux remèdes ; « souvent de ces remèdes mêmes il renaît des maux qu'il faut encore guérir » (60). Celui qui gouverne est pareil à Sisyphe ; ses efforts ont la même constance et la même stérilité ; les ministres sont haïs, car le peuple est misérable, et les campagnes ne produisent rien. Fénelon, Boisguilbert, Vauban préciseront ce tableau, que Fontenelle ne fait qu'ébaucher. Pontchartrain a laissé le souvenir d'un homme estimable ; Saint-Simon, qui détestait son fils, ne tarit pas d'éloges sur son compte. Mais il ne recourut guère qu'à des expédients ; sous son règne, on pratiqua la refonte des monnaies. Boisguilbert lui proposa en 1695 l'instauration de la dîme générale, et c'est à son intention qu'il publia en 1697 *Le détail de la France,* où il conseille l'imposition universelle et proportionnelle de la taille, et la suppression ou l'adoucissement des aides et des douanes. Dans ce contexte, cette harangue prend un relief saisissant ; le ministre peut être honnête et capable ; il est condamné à l'inefficacité et à la haine publique ; les « gémissements du peuple sont légitimes, du moins par la douleur présente » (61).

Revenons au traité *Du bonheur ;* Fontenelle y montre la plus grande discrétion, mais la misère générale qu'il décrit, c'est sans doute celle des réformés persécutés ou des paysans qu'évoquait La Bruyère. Ces jouissances qui donnent un peu de répit dans notre pénible existence, pourraient représenter les orgies des Vendôme ou du duc de Chartres. L'heureux optimisme de Perrault, qui voyait dans le siècle de Louis XIV une réussite inégalable, se justifiait peut-être en 1687 ; il semblait absurde après 1695. L'épicurisme pouvait suffire à une société sans problèmes trop graves, sûre d'elle-même, de ses richesses, de ses plaisirs. Il ne convenait pas à des circonstances aussi pénibles ; il était adouci, oublié, ou il couvrait d'assez vulgaires réjouissances.

Si l'on connaissait mieux la biographie de Fontenelle, on parviendrait peut-être à expliquer de façon plus précise ce soudain durcissement — cette sécheresse et cette amertume qu'il avoue avec tant de franchise. Mais aucun élément n'est vraiment éclairant. Ce qui semble indéniable, c'est que ce traité renferme sa véritable sagesse ; les années qui suivirent ne durent pas la modifier. Un stoïcisme limité est acceptable ; nous devons chercher la tranquillité, et même l'apathie, et même le néant. La littérature est vaine ; la philosophie est « presque inutile » ; les plaisirs sont

---

(59) *Œuvres* (3), t. XI, p. viij.
(60) *Ibid.*, t. XI, *loc. cit.*
(61) *Ibid.*, t. XI, p. ix.

éphémères. Il ne reste que les mathématiques. C'est alors que Fontenelle a dû commencer à paraître tel que tant de récits et d'anecdotes l'ont immortalisé. Sage, immobile, prudent, ennemi des projets, préférant la paix à toute chose...

Un roman extraordinaire.

Après la Dauphine et Mme de Bourbon, la duchesse du Maine devait s'intéresser à Fontenelle et à Mlle Bernard, puisque celle-ci dédia *Inès de Cordoue* au prince des Dombes, le fils de la princesse, âgé alors de six mois. Elle espère — nous dit-elle — que l'enfant apprendra à lire dans le roman qu'elle lui offre ; elle se flatte au moins d'être la première à lui adresser une dédicace. Cette œuvre se présente comme une « nouvelle espagnole ». Sont-ce les récits de Mme d'Aulnoy ou les lettres de Mme de Villars, qui avaient remis l'Espagne à la mode (62) ? Les auteurs semblent surtout s'être souvenus du *Dom Carlos* de Saint-Réal. Ils font paraître dans leur roman la princesse d'Eboli (63), Don Juan d'Autriche, le fils naturel de Charles-Quint (64) ; ils évoquent même la condamnation à mort de Dom Carlos et l'empoisonnement de la reine. Mais tous ces personnages et tous ces événements sont secondaires ; ils forment simplement une toile de fond devant laquelle s'agitent les protagonistes. Cette technique ne doit pas nous surprendre ; nous avons vu que *Le Comte d'Amboise* représentait la même époque que *La Princesse de Clèves,* où figuraient déjà Sancerre et Mme de Tournon. C'était une tentative assez naturelle pour l'intellectualisme de Fontenelle, que de rêver de romans qui fussent construits sur d'autres romans... Le héros est le marquis de Lerme ; Saint-Réal notait en effet que « le comte de Lerme, à qui le roi avait confié la conduite de Dom Carlos, durant sa prison, avait conçu une amitié si extraordinaire pour lui qu'il parut inconsolable aux yeux de la cour » (65), quand le prince fut exécuté ; il ajoute que Philippe II donna alors à ce personnage une commanderie de Calatrava, et le fit gentilhomme de la Chambre. Les auteurs ont gardé le nom, mais négligé ces circonstances. Ils ont dû trouver dans l'*Histoire générale d'Espagne* de Mayerne la figure de Ruy Gomez de Sylva (65 *bis*), mais ils ne se sont pas gênés pour lui prêter toutes les aventures qui leur parurent séduisantes. Un fond historique, des héros inconnus ou imaginaires que l'on peut plier à sa fantaisie, nous savons que ces procédés leur étaient habituels.

(62) *Relation du voyage d'Espagne* (par Mme d'Aulnoy), La Haye, 1691 ; *Lettres de Mmes de Villars, de Coulanges et de La Fayette, de Ninon de Lenclos et de Mlle d'Aïssé,* Paris, L. Collin, 1805.

(63) *Inès de Cordoue, nouvelle espagnole* (45) ; achevé d'imprimer le 10 mai 1696 (sans nom d'auteur), p. 9, *sq.* ; Saint-Réal (315), t. III, p. 80.

(64) *Inès* (45), p. 108 ; Saint-Réal (315), t. III, p. 83.

(65) Saint-Réal (315), t. III, p. 147-148.

(65 *bis*) *Second volume de l'histoire générale d'Espagne* (251), p. 1400, *sq.* Don Ruy Gomez de Silva, « portugais », était membre du conseil du roi.

D'*Eléonor d'Ivrée* au *Comte d'Amboise* apparaissait une certaine évolution ; la vraisemblance était peu à peu abandonnée ; une action extraordinaire et des sentiments « naturels » — tel était l'alliage que Mlle Bernard et Fontenelle semblaient préférer. *Inès de Cordoue* manifeste un nouveau progrès, et un nouvel affranchissement des principes classiques. L'intrigue dans cette nouvelle n'est qu'un amas de coïncidences. On nous conte l'histoire d'Inès et du marquis de Lerme, dont l'amour est traversé par les intrigues de Léonor, l'envieuse rivale de la jeune fille. Léonor est aimée du père d'Inès ; elle le pousse à marier sa fille avec de Silva, puis avec le comte de las Torrès. Cette union doit se réaliser, mais, la veille du jour fixé pour les noces, Inès préfère se réfugier dans un couvent. Quand Lerme quitte son poste pour la rejoindre, il est jugé comme déserteur, et ses juges sont le père d'Inès et las Torrès lui-même. A ces imbroglios, à ces situations compliquées, succède une longue scène où le hasard va régner. La jeune fille est contrainte d'épouser las Torrès pour obtenir la grâce de Lerme ; elle s'arrange pour revoir son amant, mais le même jour il est convoqué chez le roi. Il part pour cette entrevue ; elle reste à l'attendre dans la maison ; « les portes ne s'y fermaient en dedans que par un secret qui lui était inconnu (66). Retenu par Philippe II, Lerme donne la clef de cet appartement à las Torrès, car il ignore le mariage d'Inès. La comtesse, impatiente, « s'était mise à une jalousie... elle aperçut de loin son mari » (67), et elle parvient miraculeusement à se sauver chez la mère d'une de ses suivantes. Lerme apprend son erreur et tente de se tuer... Mais la Fortune préside encore au dénouement du roman. S'étant sauvée de Madrid, Inès réside dans une maison de campagne. Un jour, tandis qu'elle se promène dans le parc, elle voit arriver un cavalier que des voleurs poursuivent. Coup de théâtre : c'est le baron de Silva ; il la reconnaît ; il écrit à Léonor ; las Torrès survient ; il pardonne à sa femme, et exige qu'elle vienne habiter dans un de leurs domaines près de Madrid. Lerme vient souvent rôder, déguisé, autour de ce château. Mais, quand on veut le marier à la fille de la duchesse de Feria, Inès, pour se délivrer enfin de sa passion, le pousse à accepter cette union. Il s'y résigne ; elle s'en repent confusément, et le jour même où les noces doivent se conclure, elle apprend la mort de las Torrès, tué à la guerre. Elle ne peut avertir à temps le marquis de Lerme ; le mariage se fait ; pour Inès, il ne reste plus que la retraite ; elle refuse de revoir son amant, à qui « il prit... une fièvre, dont il mourut en peu de jours » (68).

Visiblement, cette nouvelle est emplie de hasards, de rencontres, de merveilles... Elle peut rappeler Scarron, qui avouait que les Espagnols ont le secret de faire « de petites histoires qu'ils appellent nouvelles, qui sont bien plus à notre usage, et plus à la portée de l'humanité, que ces héros de l'Antiquité, qui sont quelquefois

(66) *Inès* (45), p. 154-155.
(67) *Ibid.*, p. 163.
(68) *Ibid.*, p. 232.

incommodes à force d'être honnêtes gens » (69). Comme dans les récits de Scarron, il y a dans *Inès de Cordoue* une certaine recherche de la couleur locale ; les dames ne peuvent parler aux cavaliers sans témoins ; les portes s'ouvrent selon des combinaisons secrètes. Fontenelle avait noté dans les *Réflexions sur la poétique :*

> Les Espagnols diversifient ordinairement leurs pièces, en y mettant beaucoup d'intrigues et d'incidents. Princes déguisés ou inconnus à eux-mêmes, lettres équivoques ou tombées entre les mains de gens à qui elles ne s'adressaient pas, portraits perdus, méprises qui arrivent dans la nuit, rencontres surprenantes et imprévues ; de ces sortes de jeux et d'embarras, ils n'en ont jamais trop. Pour nous, nous les avons aimés pendant quelque temps et notre goût a changé (70).

Doit-on s'étonner de le voir recourir dans cette nouvelle aux procédés qu'il écarte du théâtre ? Mais, à ses yeux, les règles de la comédie ne s'appliquent pas au roman. Cet espagnolisme, que Scarron et sa génération jugeaient plus vraisemblable que les péripéties inventées par La Calprenède ou par Mlle de Scudéry, devait surtout paraître aux lecteurs de 1695 « romanesque » et divertissant. L'atmosphère de ce récit peut — sans trop d'exagération — se comparer à celle qui règne dans les « chroniques » de Stendhal ou de Mérimée.

Mme d'Aulnoy avait glissé un conte de fées dans son *Histoire d'Hypolite comte de Douglas* en 1690 ; Perrault et Mlle Lhéritier cédèrent ensuite à cette mode. La reine d'Espagne, dans *Inès de Cordoue,* demande à Inès et à Léonor de la distraire, et les jeunes filles narrent l'une *Le Prince-Rosier,* l'autre *Riquet à la Houppe ;* c'est l'occasion de définir l'esthétique du genre : « que les aventures fussent toujours contre la vraisemblance, et les sentiments toujours naturels ; on jugea que l'agrément de ces contes ne consistait qu'à faire voir ce qui se passe dans le cœur, et que du reste il y avait une sorte de mérite dans le merveilleux des imaginations qui n'étaient point retenues par les apparences de la vérité... » (71). Ces principes s'appliquent en fait à toute la nouvelle, aussi bien qu'aux deux contes qu'elle renferme. Ainsi s'explique la désinvolture avec laquelle l'intrigue est traitée. La bizarrerie des événements flatte l'imagination, et permet de mettre en évidence les ressorts du cœur humain, qui se découvrent mieux dans des circonstances exceptionnelles que dans la banalité quotidienne.

Froideur et fatalisme.

C'est d'abord dans les deux contes, que les intentions morales des auteurs se révèlent le mieux. Ces fictions sont beaucoup plus intellectuelles et « littéraires », si l'on peut dire, que celles de Per-

(69) Cité dans Adam, *op. cit.* (375), t. II, p. 146 (*Roman comique*).
(70) *Œuvres* (3), t. III, p. 151.
(71) *Inès* (45), p. 7-8.

rault. Le narrateur semble chercher l'étrangeté. *Le Prince-Rosier* se déroule dans un pays, « qui ne se trouve point sur la carte » (72). La reine est veuve et vit avec sa fille ; une fée apparaît, qui rend son oracle :

> Florinde est née avec beaucoup d'appas.
> Mais son malheur doit être extrême,
> S'il faut qu'un jour elle aime
> L'amant qu'elle ne verra pas (73).

Dans un autre palais, vit un jeune homme que son père a élevé loin des femmes ; il lui a fait connaître toutes les sciences, tous les amusements, pour mieux l'éloigner de l'amour. Mais, quand le prince voit le portrait de Florinde, il part à sa recherche. Déçue par tous les prétendants qui se sont présentés, la jeune fille s'est retirée dans une maison de campagne. Elle voit dans le jardin un rosier, qui cherche à l'enlacer en soupirant. L'arbre parle et lui dit : « Une fée m'a donné cette figure et m'a prédit que je la garderais jusqu'au jour où je serais aimé de la plus belle personne du monde. » Il ne cessait de gémir ; elle lui fit un cabinet de marbre pour le protéger des vents. Quand sa mère la rappela à la cour, elle fondit en larmes, à la pensée de quitter le rosier ; et, inondé de pleurs, il devint un prince charmant ; la mère de Florinde accepte qu'il épouse la jeune fille. Mais celle-ci lui impose une épreuve : il fallait qu'il se séparât d'elle pendant quelque temps, et qu'il allât vivre dans l' « île de la Jeunesse » ; il y aborde ; « les ris, les jeux et les amours le reçurent en lui jetant des roses » (74) ; la reine de l'île s'éprend du jeune homme, mais Florinde le rappelle, il l'épouse ; « le mariage, selon la coutume, finit tous les agréments de leur vie ». Comme elle ne cessait de le harceler par sa jalousie, il demanda à la fée de le changer à nouveau en rosier ; il obtint cette faveur. Florinde « ne pouvait supporter l'odeur d'une fleur, qui la faisait ressouvenir de son amour ; c'est depuis ce temps-là, que les roses ont toujours donné des vapeurs » (75).

Ce conte est plein d'originalité et de grâce. Il ne paraît d'abord viser qu'à nous charmer, en suscitant des images claires et vives. On pense souvent à Fragonard — ainsi, quand on voit apparaître la fée dans les allées du jardin, ou la petite reine de l'île sur son trône de jasmin. Le ton est délibérément désinvolte et narquois. Mais ce merveilleux a un sens ; dans ces palais de rêve, vivent des êtres réels. Les sentiments sont peints avec finesse ; ainsi, lorsque le prince, élevé loin des femmes et de l'amour, surprend le portrait de Florinde, lorsqu'il oublie la jeune fille pour la reine de la Jeunesse, lorsqu'il revient à sa fiancée, lorsqu'il préfère enfin redevenir un arbre plutôt que de souffrir les plaintes de sa femme. Les dehors féeriques ne doivent pas nous abuser ; ces douces images enfer-

(72) *Ibid.*, p. 11.
(73) *Ibid.*, p. 13.
(74) *Ibid.*, p. 35.
(75) *Ibid.*, p. 44.

ment une vision assez satirique de l'humanité ; l'amour n'est qu'un mythe, que le mariage détruit ; malgré l'oracle, nous nous forgeons nous-mêmes nos maux. Mieux vaut la retraite — l'immobilité du rosier, la vie végétative — que l'agitation chimérique des hommes.

« Un grand seigneur de Grenade, possédant des richesses dignes de sa naissance » (76) avait une fille unique, aussi belle que stupide. Elle s'appelait Mama ; elle vit un jour apparaître un homme hideux, qui se nommait Riquet à la Houppe ; il lui apprit que, si elle l'aimait, elle deviendrait intelligente ; il fallait l'épouser dans un an, et répéter ces paroles qui la guériraient de sa sottise :

Toi qui peux tout animer,
Amour, si pour n'être plus bête,
Il ne faut que savoir aimer,
Me voilà prête (77).

La métamorphose s'accomplit ; Mama devient spirituelle, et trouve des soupirants : « il n'était bruit que d'elle et que pour elle » (78), mais, loin d'éprouver de la tendresse pour Riquet à la Houpe, elle s'éprit du plus beau de ses amoureux, Arada. Il n'était pas riche ; les parents de Mama « lui firent... des leçons contre l'amour ; mais défendre d'aimer à une jeune et jolie personne, ce serait défendre à un arbre de porter des feuilles au mois de mai » (79). L'année s'écoula, la terre s'ouvrit, le monstre reparut ; il s'aperçut qu'il ne plaisait pas à la jeune fille, et la laissa libre ; « vous avez le choix de m'épouser ou de retomber dans votre premier état ; je vous remettrai chez votre père, telle que je vous ai trouvée, ou je vous rendrai maîtresse de ce royaume. Je suis le roi des gnomes, vous en serez la reine. » (80). Il lui accorda deux jours pour délibérer, et la conduisit dans un appartement magnifique — mais, ni le dîner, ni la comédie, ni le bal ne lui plurent. Elle ne savait que faire : si elle redevenait stupide, elle perdrait Arada... Elle préféra épouser Riquet à la Houppe, et fut encore plus intelligente, et encore plus malheureuse. Arada la rejoignit ; il vint vivre avec elle sous terre ; Mama retrouva alors sa gaîté ; le gnome devina qu'il avait un rival, et, pour se venger, imagina de laisser de l'esprit à sa femme durant la nuit, et de la rendre stupide durant le jour. C'était encore trop : elle mit sous le nez de son mari une herbe qui augmenta son sommeil, et alla retrouver Arada. Ainsi s'écoulèrent plusieurs nuits de bonheur, mais un gnome entendit son maître ronfler, et, croyant qu'il se plaignait, il retira l'herbe qu'il avait sur le visage. Riquet à la Houppe se réveilla, partit chercher sa femme et la retrouva avec son amant. « Il toucha l'amant d'une baguette, qui le rendit d'une figure semblable à la sienne. » (81). Mama ne

(76) *Ibid.*, p. 46.
(77) *Ibid.*, p. 50.
(78) *Ibid.*, p. 51.
(79) *Ibid.*, p. 52-53.
(80) *Ibid.*, p. 57.
(81) *Ibid.*, p. 71-72.

pouvait plus distinguer les deux hommes ; « peut-être qu'elle n'y perdit guère. Les amants à la longue deviennent des maris. » (82).

Ce conte, comme *Le Prince-Rosier,* est assez satirique, et cet esprit de dérision vise d'abord la société ; le mythe reflète les mœurs du temps : mariage d'argent, trahison... Riquet à la Houppe peut figurer un financier qui achète une pauvre fille et lui donne l'expérience du monde. Mais l'amour et la vie en général ne sortent pas indemnes de cette histoire. Les amants les plus beaux et les plus tendres, qui pleurent dans des jardins féeriques, deviennent les plus repoussants des maris. Le thème central peut même revêtir une valeur symbolique plus précise : Mama ne reçoit l'intelligence qu'en voyant l'ignoble Riquet à la Houppe ; et celui-ci n'est heureux que dans le sommeil. Fontenelle nous l'avait déjà dit dans les *Dialogues des morts :* « la raison est triste ». Riquet épousa Mama : « l'esprit de Mama augmenta encore par ce mariage, mais son malheur augmenta à proportion de son esprit » (83). Transfigurée par le gnome, elle se réjouit d'abord de trouver des soupirants, mais son intelligence devient vite « un présent funeste » (84). Mieux vaut être rosier que d'être homme. Mieux vaut être stupide et délaissée que d'avoir de l'esprit et des amants. L'amour même, qui était le plus innocent des penchants et venait animer le paradis pastoral, n'apporte plus que malheur : c'est un « mouvement », comme l'ambition et la haine. Tous les mouvements sont pernicieux. Il faut éliminer la vie.

On sait que le conte de Perrault se termine bien : Mama finit par aimer Riquet à la Houppe, qui paraît alors à ses yeux « l'homme du monde le plus beau, le mieux et le plus aimable qu'elle eût jamais vu » (85). Cette version est sans doute plus proche que celle de Fontenelle de la forme populaire du conte. Ce naïf optimisme convient mieux aux récits de nourrices que « la dure logique ».

Bien que l'auteur paraisse s'intéresser à la psychologie de ses protagonistes, il se moque souvent de l'histoire qu'il nous conte ; son nihilisme aboutit à la parodie :

> ... par bonheur, le temps des amants fidèles durait encore. Il se désespérait de l'oubli de Mama sans en être aigri ; les soupçons injurieux n'entraient point dans son esprit ; il se plaignait, il mourait sans en avoir une pensée qui pût offenser sa maîtresse et sans chercher à se guérir ; il n'est pas difficile de croire qu'avec ces sentiments, il alla retrouver Mama au péril de ces jours... (86).

Le rythme des phrases, le romanesque, servent à railler les romans. Ce conte qui insulte l'amour, la société et la vie, qui saccage les idylles en exploitant leur charme, finit par détruire toute littéra-

---

(82) *Ibid.*, p. 72.
(83) *Ibid.*, p. 62.
(84) *Ibid.*, p 54.
(85) *Recueil Moetjens* (299), t. V, p. 437-449.
(86) *Inès* (45), p. 64.

ture. Comme *Endymion* marquait les adieux de Fontenelle aux prestiges de la Fable et de l'opéra, *Riquet à la Houppe* représente son ultime incursion dans le merveilleux. L'évolution littéraire de Fontenelle est logique ; épris de nouveautés, il avait pu traiter quelque temps les vieux thèmes mythologiques, puis il avait vu dans les contes de fées des merveilles insolites qui valaient bien les légendes antiques ; son esprit, qui ne se fixe jamais, est maintenant parvenu au terme de la littérature — au point où elle doute d'elle-même, où il ne reste plus que le silence. La retraite et l'effacement, comme il l'affirmait dans le traité *Du bonheur,* sont les seules valeurs qui résistent. Mlle Bernard renonce alors au théâtre et brûle ses poésies. Fontenelle se donne aux sciences. Tous deux ont choisi de se taire. Leur dernière œuvre commune le laissait présager.

Ce ne sont pas seulement les contes de fées, c'est tout le roman, qui prône cette attitude. Comme dans *Le Prince-Rosier* et comme dans *Riquet à la Houppe,* l'auteur s'interdit toute pitié. Les passions sont considérées de loin, de haut. Une sorte de fatalisme règne. L'héroïne a perdu tout caractère prestigieux. Hésitante, impulsive, elle regrette les décisions qu'elle prend. « Lorsqu'Inès eut épousé le comte de las Torrès et qu'elle se vit hors d'état de pouvoir jamais être à Lerme, ni même de penser à lui sans scrupule, elle fut surprise de s'être jetée elle-même dans cet abîme. » (87). Toutes les contradictions des personnages sont mises en évidence : l'héroïne doit-elle aller retrouver son amant dans sa prison ?

> Ce fut encore un nouvel obstacle pour Inès, que la facilité de manquer à son devoir, mais, si le projet lui avait plu étant impossible, il lui plut enfin étant aisé... elle sut trouver des raisons de vertu dans ce que l'amour seul lui faisait entreprendre... Tous ses combats redoublèrent, et, sur le point de partir, elle vit qu'elle n'était pas encore résolue. Cette démarche lui parut terrible, et un pressentiment de disgrâce, joint à la timidité que donnent l'amour et la vertu, la retardèrent si longtemps que le comte de las Torrès revint chez lui, avant qu'elle fût sortie... Les scrupules revinrent en foule dans l'esprit de la comtesse ; mais elle se sentit entraînée avant que les avoir vaincus, et avant que s'être bien déterminée à partir, elle partit... (88).

Lorsque Lerme a été convoqué chez le roi, elle reste seule :

> Dès qu'elle ne vit plus le marquis, et qu'elle put faire des réflexions, elle pensa une partie de ce qu'elle avait déjà pensé avant que de venir, mais il était différent d'y songer quand les pas étaient à faire, ou quand ils étaient faits. Elle penchait déjà vers le repentir. Les moments lui paraissaient d'une longueur insupportable ; elle craignait alors que Lerme ne fût

---

(87) *Ibid.*, p. 134-135.
(88) *Ibid.*, p. 140-150.

pas maître de son retour, comme son désir et une conjoncture pressante le leur avaient persuadé (89).

Retirée à la campagne, elle retrouve Lerme ; elle n'ose lui parler, mais le regrette aussitôt : « Aurais-je intéressé ma vertu, disait-elle, quand j'aurais entendu de la bouche d'un malheureux la confirmation de son innocence ? » (90). Elle apprend qu'il doit épouser Casilde ; « Tant que Lerme sera libre, disait-elle à Elvire, je sentirai dans mon âme un plaisir secret qu'y entretiendra l'amour ; il faut que j'en arrache jusqu'à la moindre racine ; mais elle ne démêlait pas que l'espérance de voir Lerme sous une autre forme que celle de son amant aux yeux du monde, et même de le voir souvent, se glissait insensiblement dans son cœur. » (91). Cependant — on s'en doute — quand le mariage se rapproche, « la comtesse ne fut point tout à fait contente de cette nouvelle ; quoiqu'elle l'eût souhaitée, elle y trouvait dans ce moment une sorte de répugnance qu'il lui était impossible de vaincre » (92). Tous les prétextes, toutes les ruses de la passion sont dévoilés ; la vertu est impuissante ; nos penchants sont plus forts que nous — et d'autant plus forts qu'ils se déguisent. Inès ne fait rien ; elle n'est que passivité : « ses malheurs ne devaient pas être bornés, et l'on court au devant de son destin » (93). Il n'apparaît chez l'auteur aucune cruauté, mais beaucoup de détachement — ou mieux une sorte de froideur presque « spinoziste ». Trois forces nous accablent et nous rendent impuissants : notre aveuglement qui nous soumet aux passions, l'imagination qui amplifie nos misères, et l'opinion qui falsifie notre personnalité.

La solution, c'est évidemment celle qu'adoptait le prince-rosier : le silence, l'effacement — une sorte de suicide. « Elle se fit un devoir d'oublier toutes choses. Que de raisons pour quitter le monde ! Mais cet amant avait voulu mourir par l'amour qu'il lui portait. Que de difficultés à l'oublier ! Ce n'était que par une espèce d'oubli de soi-même qu'elle en pouvait venir à bout... » (94). Elle se retire loin de la cour avec sa suivante. « Cette solitude faisait tous leurs plaisirs ; de sorte qu'à force de réflexions sur l'embarras et sur le chagrin même des plus grandes douceurs de la vie, elles parvinrent à n'en plus faire, et jouirent d'un repos qu'elles n'auraient jamais trouvé dans le monde. » (95). La précision des termes leur donne une valeur obsédante ; ce roman est une méditation systématique sur la vie et la morale. On ne peut parvenir à cet état qu'on appelle *bonheur,* qu'après avoir beaucoup souffert et beaucoup réfléchi ; c'est la suppression de la personnalité ; c'est l'élimination de tous les rêves. Activité, mouvement, imagination —

(89) *Ibid.*, p. 156-157
(90) *Ibid.*, p. 198-199.
(91) *Ibid.*, p. 212-213.
(92) *Ibid.*, p. 223-224.
(93) *Ibid.*, p. 155.
(94) *Ibid.*, p. 175-176.
(95) *Ibid.*, p. 177.

tous ces mots recouvrent pour Fontenelle la même réalité : ce sont tous les dangers auxquels nous sommes exposés. La sérénité laborieusement conquise demeure fragile. « Ce sage... est toujours un homme... Il conservera d'autant mieux sa sagesse ou sa vertu, qu'il s'y fiera moins, et son bonheur, qu'il s'en assurera moins. » (96). Le comte demande à Inès de rentrer dans le monde ; « elle appréhendait pour la tranquillité de son cœur. Elle supplia son mari de la laisser jouir de cette paix qu'une longue suite de disgrâces et de réflexions lui avait acquise » (97). Et, sitôt qu'elle renoue avec la vie, sa passion, ses projets et ses mensonges renaissent. Elle repense à Lerme, et conçoit « une tendre mélancolie qui n'était pas sans quelque sorte de douceur » (98). Elle retrouve bientôt l'impatience et l'instabilité morbides qu'engendrent nos penchants : « elle se leva plusieurs fois du lieu où elle était, et, quoiqu'elle sût que cette agitation ne l'avançait point, elle allait du côté de la porte et en revenait avec une inquiétude extraordinaire » (99). C'est qu'elle attache à nouveau son *bonheur* à des objets extérieurs. L'âme, qui avait conquis le calme et l'immobilité, est dès lors divisée et incohérente. Le roman prend ainsi un aspect singulièrement moderne : c'est l'itinéraire spirituel d'une femme à la recherche de la paix. Il faut bien des malheurs, des guérisons suivies de rechutes, pour qu'elle arrive au renoncement total : « Je n'ai plus rien à faire dans le monde... » (101). Il n'est pas en notre pouvoir d'éviter la souffrance, mais la souffrance enseigne le chemin de la sérénité. Eléonor d'Ivrée finissait aussi par abdiquer, mais elle « fut toujours malheureuse par la passion qu'elle avait dans le cœur » (101) ; la comtesse d'Amboise termina ses jours à la campagne, mais elle était « remplie de ses diverses afflictions » (102). Il n'appartient qu'à Inès de Cordoue de trouver une paix véritable, car elle renonce non seulement aux sollicitations mondaines et à l'agitation extérieure, mais à tous les mouvements affectifs. Ne donnons pas à cet effacement une valeur religieuse que Fontenelle eût refusée ; cette morale est toute terrestre. Rien ne nous permet de supposer qu'Inès, même réfugiée dans un cloître, puisse connaître la foi. Le philosophe qui conçut ce mythe est plus proche des sages antiques que des mystiques modernes.

C'est en effet un roman philosophique que nous proposent Mlle Bernard et Fontenelle. Et c'était encore une raison de renoncer à la littérature. Ils avaient trop prétendu que le silence assure le bonheur, pour continuer à écrire — mais surtout la fiction qui les avait séduits n'était plus qu'un voile diaphane qui ramenait aux idées et au mutisme. En imaginant cette histoire d'amour, ils avaient doublé leur expérience de la vie d'une expérience littéraire, qui l'avait confirmée. Tout s'achevait dans ce roman, presque dou-

(96) *Œuvres* (3), t. III, p. 266-267.
(97) *Inès* (45), p. 191-192.
(98) *Ibid.*, p. 194.
(99) *Ibid.*, p. 230.
(100) *Ibid.*, p. 231.
(101) *Eléonor d'Ivrée* (43), p. 236-237.
(102) *Le comte d'Amboise* (44), p. 202.

loureux à force de lucidité, admirable d'intelligence, désolant et désabusé — le fidèle reflet du désespoir de l'héroïne. L'impassibilité du narrateur n'est peut-être pas « romanesque ». Il faudrait sans doute plus d'émotion. Mais « ce roman mathématique » figurait au moins le fatalisme glacé qui séduisait alors Fontenelle.

Ce détachement est encore plus sensible dans l'*Histoire de la rupture d'Abénamar et de Fatime* — une brève nouvelle qui parut dans le même volume qu'*Inès de Cordoue* (103). A la cour de Grenade, Abénamar est un illustre général ; il aime Fatime, qui répond à ses sentiments. Pour le guérir de sa passion, le père d'Abénamar l'envoie en Espagne, où il tombe malade. Guéri, il dicte une lettre à sa mère, mais, ne pouvant écrire lui-même, il n'envoie aucun message à Fatime. La jeune fille se croit abandonnée, et, quand elle reçoit enfin une missive de son amant, elle refuse de la lire. Abénamar revient à Grenade et retrouve Fatime ; celle-ci affecte l'indifférence et se laisse courtiser par Mulei-Hamet ; Abénamar, par dépit, se tourne vers Zaïde. Mais par hasard ils se retrouvent seuls, et se justifient ; elle lui remet les lettres que lui avait adressées Mulei-Hamet. La jalousie du jeune homme se ranime à cette lecture. Il ne vient pas à une entrevue qu'elle lui avait fixée, puis écrit pour se faire pardonner. Vexée, elle répond sèchement et revient à Mulei-Hamet ; Abénamar se retourne vers Zaïde. Fatime, jalouse, malheureuse, commence à songer à la retraite ; elle avoue tout à Mulei-Hamet, et, bien qu'Abénamar tente de réveiller son amour en lui annonçant son prochain mariage avec Zaïde, elle préfère le quitter et renoncer au monde.

Ce n'était pas là une fiction. Une note du *Chansonnier Clairambault* nous l'apprend : « La rupture de M. le Prince avec Mlle du Vigean a été écrite par Mlle Bernard sous les noms d'Abénamar et de Fatime. » (103 *bis*). Mais cette anecdote de cour revêt un aspect plus singulier ; le roman se dépouille de tout ornement romanesque ; il ne reste plus qu'un schéma abstrait, fatal et symétrique, qui s'achève par l'immobilité et le silence. Fatime suit la même route qu'Inès ; elle a les mêmes hésitations : « Les déserts lui parurent des lieux convenables à ses malheurs, mais elle médita sa fuite longtemps sans pouvoir quitter une cour, où elle voyait tous les jours un spectacle cruel pour son cœur. » (104) ; et elle atteint la même tranquillité après toutes ces agitations stériles ; Mulei-Hamet « cessa de lui rendre des soins qui réveillaient la tendresse qu'elle avait pour son rival, de sorte que, livrée à ses chagrins et s'accoutumant en quelque façon à sa solitude, elle se fortifiait sans cesse dans la résolution qu'elle avait déjà prise... elle s'en alla sans dire le lieu où elle allait ; et ne lui laissa que le regret de n'avoir pu profiter d'une inclination aussi grande que celle qu'elle avait pour lui » (105).

---

(103) On retrouve cette nouvelle dans le *Recueil Moetjens* (299), t V, p. 346-357.
(103 *bis*) Ms. fds fr. 12724, fl. 15 v°.
(104) *Inès* (45), p. 254.
(105) *Ibid.*, p. 257.

Mais ce n'est pas l'amour qui condamne à l'échec, c'est la vie. Les amants heureux deviennent des époux jaloux et tourmentés. Ces deux nouvelles et ces deux contes de fées reflètent la même morale. Mlle Bernard se tournait alors vers la dévotion, et, pour ne pas perdre la pension que lui octroyait la chancelière de Pontchartrain, elle renonçait à la littérature galante. Sincère ou opportuniste, son silence suivit les livres où elle prônait le silence. Doit-on songer au désenchantement des classiques, au refus de la princesse de Clèves ? Mais Dieu, l'honneur et le devoir manquent également aux héros de Mlle Bernard. Ce qui nous frappe surtout, c'est l'évidente analogie entre ces thèmes et ceux que traitait Fontenelle dans *Du bonheur*. Après l'épicurisme et le rêve pastoral, il parvenait à la plus triste et à la plus froide des morales ; elle frôle les thèmes religieux les plus austères ; elle témoigne d'un désespoir lucide auquel le philosophe cherche à remédier à force de réflexions et d'expériences. L'expression reflète ces idées. Les sentiments sont « gelés ». Ce ne sont plus que des « jeux de la Nature » — parfois harmonieux, toujours atroces pour ceux qui y sont mêlés ; l'auteur les contemple et prend plaisir à les révéler, tant la vanité de ces phantasmes lui marque le prix de son bonheur et de sa retraite. Ce fatalisme sans espoir, ce stoïcisme sans orgueil, dépassent largement la tradition morale du XVIIe siècle. Ils ne s'expliquent vraiment qu'en considérant la métaphysique à laquelle Fontenelle est alors parvenu...

CHAPITRE II

UN SYSTEME MORCELE

La méthode.

Les romans et les méditations de Fontenelle définissent une morale cohérente. Celle-ci trahit souvent un point de vue métaphysique. Mais nous ne trouverons aucune « somme philosophique » signée par Fontenelle. Nous avons seulement les petits essais, *De l'existence de Dieu, De la liberté de l'âme, Sur l'instinct,* et les *Fragmens* consacrés à l'analyse de l'esprit humain. C'est là une méthode singulière : le penseur se borne à des problèmes précis qu'il résout séparément. L'unité n'est pas donnée au départ ; elle résulte de l'accumulation des thèses particulières qui finissent par se concilier.

C'est que Fontenelle se méfie des raisonnements métaphysiques. Il répète au début du traité *De l'existence de Dieu* ce qu'il avait dit dans sa *Digression* : « ... la physique... a le secret d'abréger bien des contestations que la rhétorique rend infinies » (1). Les problèmes les plus abstraits peuvent souvent se résoudre en recourant à l'expérience. Les cartésiens ont tort de nous enseigner la méfiance envers les données sensorielles. Sans doute arrive-t-il qu'elles nous égarent, « mais ces cas-là, quoiqu'en grand nombre, sont pourtant en petit nombre, en comparaison de ceux où je juge vrai, qui sont 1° l'existence de tous les corps ; 2° presque tous leurs mouvements, situations, figures et actions » (2). Et nos erreurs sont aisément réparables. Reconnaissant ainsi la réalité du monde extérieur, Fontenelle se situe d'emblée contre Descartes. Sa philosophie évoque implicitement celle de Claude Buffier, qui affirme : « Les jugements vrais qui nous sont dictés par la nature et par le sens commun, sont les premières vérités » (3). Loin de fuir les lumières du « sens commun », il convient de les débarrasser de

(1) *Œuvres* (3), t. IV, p. 174-175.
(2) *Ibid.*, t. IX, p. 350-351 (*Fragmens*).
(3) *Traité des premières veritez* (123), t. I, p. 27.

l'obscurité qu'y répandent « les savants qui méconnaissent les vérités les plus importantes » (4). Buffier, comme Fontenelle, prétend que les données des sens suffisent « pour nous conduire dans l'usage de la vie » (5). Cette analogie n'est évidemment pas fortuite ; nous savons que les deux hommes furent intimes.

Il y a cependant quelque chose de bon dans les principes de Descartes et de Malebranche. Relisons les règles établies dans *La Recherche de la vérité* : « Il faut toujours conserver l'évidence dans ses raisonnements pour découvrir la vérité sans crainte de se tromper... nous ne devons raisonner que sur des choses dont nous avons des idées claires... nous devons toujours commencer par les choses les plus simples et les plus faciles, et nous y arrêter fort longtemps avant que d'entreprendre la recherche des plus composées et des plus difficiles » (6) ; c'est évidemment la maxime fondamentale du *Discours de la méthode* que nous retrouvons ici ; et nous verrons que Fontenelle procède toujours de la sorte. Mais les autres règles sont plus précises — et singulièrement, la troisième, la quatrième et la cinquième, qui s'adaptent exactement aux recherches de Fontenelle. « ... Il faut retrancher avec soin du sujet que l'on doit examiner toutes les choses qu'il n'est point nécessaire d'examiner pour découvrir la vérité que l'on cherche » (7) : voilà l'explication de ce morcellement intellectuel qui nous a frappé. « Il faut diviser le sujet de sa méditation par parties, et les considérer toutes les unes après les autres, selon l'ordre naturel, en commençant par les plus simples, c'est-à-dire par celles qui renferment moins de rapports, et ne passer jamais aux plus composées avant que d'avoir reconnu distinctement les plus simples et se les être rendues familières » (8) : ainsi est construit le traité *De la liberté de l'âme* ; le problème est divisé : peut-on concilier la prescience divine et la liberté ? L'âme est-elle libre ? « On doit... abréger les idées et les ranger ensuite dans son imagination, ou les écrire sur le papier, afin qu'elles ne remplissent plus la capacité de l'esprit » (9) ; nous comprenons la brièveté mathématique de tous ces essais ; de longues méditations sont éclaircies et condensées. Le philosophe écrit plutôt pour lui-même que pour le public. Il veut rendre limpide et définitive sa pensée afin de « s'en débarrasser » et de pouvoir se tourner vers d'autres problèmes. Trublet précise : « Il médite paisiblement son sujet ; mais, la plume une fois prise marche sans interruption ; point de brouillon, une copie unique et sans rature » (10). Cette méthode, qui ne fut sûrement pas employée dans les ouvrages de jeunesse, est bien celle qui servit à la rédaction de ces traités de métaphysique. Dans le *Discours sur la nature de l'églogue* et dans la *Digression,* ces principes appa-

(4) *Ibid.*, t. I, p. 4.
(5) *Ibid.*, t. I, p. 102.
(6) *Recherche de la vérité,* VI, II, 1.
(7) *Ibid., loc. cit.*
(8) *Ibid., loc. cit.*
(9) *Ibid., loc. cit.*
(10) *Mémoires* (345), p. 13.

raissaient déjà, mais la forme restait « littéraire ». La mathématisation de la pensée n'était pas achevée. Désormais tous les problèmes doivent être posés comme des équations.

La *Lettre au marquis de la Fare* n'est qu'une plaisanterie assez irrévérencieuse ; La Fare était l'ami de Fontenelle, qui avait pu le connaître autrefois chez Mme de La Sablière et qui le retrouvait maintenant au Palais-Royal ; « démesuré en grosseur », selon Saint-Simon, c'était « un homme que tout le monde aimait, excepté M. de Louvois » (11). Il demanda un jour à Fontenelle de lui expliquer la résurrection des corps ; et, en lui répondant, le philosophe va nous révéler sa méthode.

Il commence par écarter toute métaphysique ; il ne veut voir là qu'un problème concret : « nos corps ne sont composés aujourd'hui que des débris de ceux de nos pères ; les mêmes matériaux qui ont servi à former ceux qui ne sont plus, seront un jour employés à la composition de ceux qui ne le sont pas encore » (12). La matière est toujours la même ; il n'y a ni « anéantissement », ni « création », comme le croit le vulgaire ; mais seulement des métamorphoses. Comment le Seigneur peut-il rendre contemporains tant d'hommes qui furent formés des mêmes éléments ?

Il suffit de raisonner méthodiquement. La solution est simple : la Nature, qui nous est absolument indispensable, ne nous servira plus à rien ; « nous n'aurons plus besoin ni des eaux pour nous rafraîchir et nous humecter, ni du soleil pour nous chauffer et purifier » (13). Les matériaux qui servent à composer la Nature serviront donc à former des hommes ; « plus de forêts, plus de bâtiments, plus de montagnes, plus de rochers etc » (14).

S'ajoutent à cela quelques plaisanteries : « le gros marquis » fournira assez de matière pour quatre hommes ; le duc de Roquelaure aura un nez ; le duc d'Estrées n'en aura qu'un ; « je ne sais encore si les dames conserveront leur sexe dans ce bouleversement universel » (15). Ces facéties ont un sens : c'est que le jeu devenait sérieux ; il fallait bien en déduire toute gravité ; les preuves fictives auraient fini par prendre du poids. Mais l'essentiel demeure pour nous la méthode : elle consiste à clarifier et à définir précisément la question posée, à se référer, autant que possible, à la physique, à exclure toutes les réflexions annexes qui apporteraient seulement de l'obscurité. Quant au sens de cette *lettre*, il nous semble assez clair : ce n'est qu'un « divertissement dialectique » ; sans illusion et sans principe, Fontenelle s'amuse à se faire l'avocat de l'Evangile ; les arguments qu'il avance en valent bien d'autres. Il n'est qu'une faille dans son raisonnement : c'est qu'il suppose que les eaux, la lumière et la terre sont faites pour les hommes. Pourquoi accepte-t-il ici l'anthropocentrisme qu'il condamne d'ordinaire ? Mais cela faisait partie des « règles du jeu » ; il ne convenait pas

(11) Saint-Simon (318), t. XXIV, p. 76-78.
(12) *Œuvres* (4), t. II, p. 634.
(13) *Ibid.*, t. II, p. 635.
(14) *Ibid.*, *loc. cit.*
(15) *Ibid.*, t. II, p. 636.

de s'interroger sur tous les articles du dogme. Il faut se limiter à un problème précis, et accepter les postulats qu'impose le sujet.

L'ancienne philosophie.

Utilisant et complétant la méthode cartésienne, Fontenelle ne manifeste aucune admiration pour la métaphysique du *Discours de la méthode* ou de *La Recherche de la vérité*. Sur chaque question qu'il aborde — l'existence de Dieu, l'intelligence des bêtes, l'origine des idées — il s'attache à écarter ou à réfuter la solution cartésienne. Et, c'est alors qu'il peut écrire cette phrase singulière, dont la forme mesurée ne doit pas nous dissimuler l'importance : « L'ancienne philosophie n'a pas toujours eu tort. » (16). Sa pensée paraît souvent régresser et revenir de Descartes à la *Somme* de saint Thomas. Car Fontenelle n'a jamais éprouvé pour saint Thomas le mépris que lui inspirait Aristote ; il a même affirmé que le maître de la Scolastique « dans un autre siècle, et dans d'autres circonstances, était Descartes » (17). Il n'a pas osé réhabiliter la philosophie des Jésuites, mais il était assez lucide et assez intransigeant pour s'en inspirer. D'ailleurs, ce n'est pas saint Thomas seulement, qui suscite son admiration ; il écrit dans la *Préface* à l'*Analyse des infiniment petits* de 1696 : « Ce que nous avons des Anciens sur ces matières, principalement d'Archimède, est assurément digne d'admiration... plus les chemins qu'ils ont tenus étaient difficiles et épineux, plus ils sont admirables de ne s'y être pas perdus... ils ont fait ce que nos bons esprits auraient fait en leur place ; et, s'ils étaient à la nôtre, il est à croire qu'ils auraient les mêmes vues que nous. » (18). En rédigeant l'*Histoire de l'Académie des sciences*, il célèbre souvent l'efficacité des méthodes modernes, mais les Anciens, qui en étaient dépourvus, n'ont pas manqué de parvenir à des vérités qui nous étonnent encore : « La gloire des Anciens est d'avoir pu faire sans le secours de notre art le peu qu'ils ont fait, et la gloire des Modernes est d'avoir trouvé un art si merveilleux. » (19). Archimède et Ptolémée sont souvent loués ; « il se trouve que certaines choses qui ont été dites par les Anciens ou sont vraies ou moins absurdes qu'on ne pensait, et assez peu absurdes pour avoir pu se dire... » (20) ; même leurs erreurs sont parfois excusables. S'il est dangereux de commenter indéfiniment leurs ouvrages, il est également absurde de s'attacher immédiatement aux opinions les plus modernes ; « la vérité n'a ni jeunesse, ni vieillesse ; les agréments de l'une ne la doivent pas faire aimer davantage, et les rides de l'autre ne lui doivent pas attirer plus de

(16) *Œuvres* (3), t. IX, p. 359 (*Fragmens*).
(17) *Ibid.*, t. VI, p. 415-416 (*Eloge de Marsigli*).
(18) *Ibid.*, t. X, p. 32-33.
(19) *Histoire de l'Académie* (40), 1704, p. 53 (*Sur les spirales à l'infini*).
(20) *Ibid.*, 1714, p. 83 (*Géographie, Sur les mesures géographiques des anciens*).

respect » (21) : ce principe, qui était déjà exprimé dans les *Doutes sur les causes occasionnelles,* est appliqué de façon plus rigoureuse et plus systématique dans les écrits de la fin du siècle. Nous avons déjà vu comment le moraliste de l'essai *Du bonheur* osait défendre les principes stoïciens ; dans l'écroulement de tous les préjugés, sa pensée ne doit mépriser aucun système. Fontenelle se contente de confronter sa culture, presque universelle, et les observations de la science moderne.

Ce mouvement, que l'on pourrait presque baptiser une « redécouverte des Anciens », ne s'explique pas seulement par les relations intimes que le philosophe continuait d'entretenir avec les Jésuites. Il est vraisemblable que les rédacteurs du *Journal de Trévoux* pouvaient le pousser dans cette voie, mais d'autres influences ont dû jouer. Ni Spinoza, ni surtout Leibniz n'avaient laissé perdre l'enseignement de la Scolastique. Plus près de Fontenelle, Du Hamel et Huet représentaient le même effort pour revenir à travers Descartes, aux vérités qu'Aristote ou saint Thomas avaient révélées. Il semble qu'en cette fin du XVIIe siècle, le cartésianisme s'accorde avec l'orthodoxie, comme en témoignent, quoique de façon différente, Régis et Malebranche. Le gassendisme au contraire, toujours vivace, se réconcilie avec la Scolastique ; le sensualisme de Huet et de Du Hamel, leur refus de l'automatisme animal, leur théologie fondée sur l'ordre du monde laissent deviner ces deux courants qui se mêlent ; ces hommes, qui ont connu La Mothe le Vayer et Gassendi, sont les amis des Jésuites. Une obscure alliance semble se nouer entre les héritiers des libertins et les derniers défenseurs de la philosophie médiévale. Tel est le climat dans lequel s'est formé le système de Fontenelle. A ces éléments qu'il partageait avec tous les bons esprits de sa génération, il devait donner un sens particulier ; son intransigeance et son « impiété » le conduisirent à des solutions extrêmes.

L'existence de Dieu.

Huet dans sa *Censura* avait montré que le raisonnement inventé par Descartes pour démontrer l'existence de Dieu était risible, et qu'il valait mieux revenir aux preuves traditionnelles (22). Dans une lettre à Leibniz du 11 juillet 1691, Huygens avouait : « Pour ce qui est des démonstrations métaphysiques *De existentia Dei, animae non incorporae et immortalis,* je n'en ai jamais été satisfait. » (23). Et Bernoulli affirmait : « *Cartesium circa demonstrationem existentiae Dei hallucinatum esse.* » (24). Il n'est donc pas surprenant que Fontenelle nous dise à son tour :

---

(21) *Œuvres* (3), t. IX, p. 95 (*Doutes...*).
(22) *Censura...* (190), p. 120, *sq.*
(23) Huygens, *Œuvres* (200), t. X, p. 302.
(24) Cit. dans Busson, *La religion...* (427), p. 329 : « Descartes en ce qui concerne la démonstration de l'existence de Dieu a divagué... »

> La métaphysique fournit des preuves fort solides de l'existence de Dieu ; mais, comme il n'est pas possible qu'elles ne soient un peu subtiles, et qu'elles ne roulent sur des idées un peu fines, elles en deviennent suspectes à la plupart des gens qui croient que tout ce qui n'est pas sensible et palpable, est chimérique et purement imaginaire... Il y a lieu d'espérer que ceux qui sont de ce caractère goûteront un raisonnement de physique fort clair, fort intelligible et fondé sur des idées très familières à tout le monde... (25).

Mais la source la plus précise de ces réflexions se trouve dans les *Dissertations sur l'existence de Dieu* que Jaquelot écrivit pour réfuter Epicure et Spinoza (26). On lisait en effet dans la *Préface* de cet ouvrage :

> Il est vrai que cette partie qu'on nomme métaphysique va un peu plus loin, mais ses idées sont si abstraites, et souvent si embarrassées et si épineuses, que peu de personnes s'appliquent à les méditer, et qu'il y en a encore moins qui en soient et touchées et sincèrement persuadées (27).

C'est exactement la même démarche, ce sont presque les mêmes termes que dans l'essai de Fontenelle. Et l'analogie va se poursuivre — avec quelques nuances. Si ces *Dissertations* parurent en 1697, n'est-il pas vraisemblable que *De l'existence de Dieu* ait été écrit à cette date ? Il apparaît que Fontenelle a rédigé son traité « en marge » du livre de Jaquelot.

Il a abandonné les preuves historiques auxquelles recourait son devancier. L'ordre du monde et la course des planètes ne semblent pas non plus l'avoir convaincu. Après avoir donné sa démonstration, il ajoute : « Les cieux et les astres sont des objets plus éclatants pour les yeux ; mais ils n'ont peut-être pas pour la raison des marques plus sûres de l'action de leur auteur. Les plus grands ouvrages ne sont pas ceux qui parlent le plus de leur ouvrier. » (28). Le philosophe s'est donc borné à une réflexion limitée sur la naissance des animaux : « Il faut nécessairement que les deux premiers de chaque espèce aient été produits ou par la rencontre fortuite des parties de la matière, ou par la volonté d'une être intelligent. » (29). S'ils ont été formés par hasard, comme le dit Epicure, on devrait encore maintenant voir les bêtes sortir de terre. Mais Lucrèce avait déjà répondu à cette objection : la terre dans sa jeunesse était pleine de vigueur et « assez féconde pour pousser hors d'elle-même toutes les différentes espèces d'animaux » (30). Les marais nouvellement asséchés produisent beaucoup plus « que cinquante ans après qu'ils ont été labourés » (31). Tous ces arguments se trouvaient dans les *Dissertations* de Jaquelot :

---

(25) *Œuvres* (3), t. III, p. 229.
(26) *Dissertations...* (201).
(27) *Ibid., Préface*, p. 1.
(28) *Œuvres* (3), t. III, p. 239-240.
(29) *Ibid.*, t. III, p. 230.
(30) *Ibid.*, t. III, *loc. cit.*
(31) *Ibid.*, t. III, p. 230-231.

> Si on recherche dans les principes d'Epicure, quelle est la cause qui a produit tant d'espèces de créatures, par le seul mouvement de la matière, il est clair qu'on ne voit point d'éléphants, de lions, de chevaux, de bœufs, de brebis sortir aujourd'hui de la terre, qu'on nous dise la raison, pourquoi elle n'en produirait plus. Dira-t-on que la terre n'est plus de même nature qu'elle était autrefois ? Mais ce serait parler pour parler, et sans rendre aucune raison de ce qu'on dit (32).

Fontenelle ne s'est donné la peine que de varier quelques expressions et de donner un peu d'élégance à une démonstration qu'il n'a pas inventée. Jaquelot ajoutait :

> Mais on nous objecte qu'il s'engendre tous les jours des insectes de pourriture et de corruption... ceux qui ont le plus étudié et examiné la nature des animaux et de leur génération, rejettent avec raison cette production qui se ferait par voie de corruption. Car, quand on considère les œufs des chenilles, des mouches et des autres insectes, quand on fait réflexion sur tous ces petits animaux que les microscopes font découvrir dans les liqueurs, et généralement dans tous les corps, il faut nécessairement demeurer d'accord, qu'il n'y a aucun lieu dans la Nature où la semence des insectes ne puisse entrer (33).

Que nous dit Fontenelle ? « On dira peut-être qu'il y a des animaux qui naissent hors de la voie de la génération... tous les animaux qui paraissent venir ou de pourriture ou de poussière humide et échauffée, ne viennent que de semences que l'on n'avait pas aperçues. » (34).

On serait tenté de mépriser un travail aussi peu original ; on serait même enclin à suspecter le sérieux et la sincérité de Fontenelle, s'il s'est borné à plagier Jaquelot. Mais on voit au contraire que de ces volumineuses *Dissertations,* il n'a retenu qu'une dizaine de pages. Et surtout il les complète, il ajoute ses réflexions personnelles. Quand Lucrèce affirmait que la Nature s'était épuisée et avait perdu sa fécondité primitive, Jaquelot se montrait quelque peu embarrassé ; il se contentait de dire : « Ce serait parler pour parler... » Fontenelle s'est efforcé de présenter des arguments plus rigoureux. Il convient de démontrer que, quand les premiers animaux sont nés, la terre était dans le même état que maintenant. Ce n'est pas bien difficile. Les animaux ne sont venus au monde que quand ils pouvaient trouver leur nourriture ; il fallait donc des herbes, des eaux douces, un air fluide et chaud. Bref, il fallait la terre « dans l'état où nous la voyons » (35). Car tout se tient dans la nature. Un seul brin d'herbe exige pour croître l'existence dans la terre de certains sucs, un certain mouvement de ces sucs, « un certain soleil pour imprimer ce mouvement, un certain milieu par

(32) *Dissertations* (201), p. 340.
(33) *Ibid.,* p. 342-343.
(34) *Œuvres* (3), t. III, p. 235-236.
(35) *Ibid.,* t. III, p. 232.

où le soleil agisse » (36). On ne peut d'ailleurs comparer la terre tout entière aux marais : la fécondité des marais que l'on vient d'assécher vient des sels qu'ils ont accumulés, « mais la terre a toujours la même quantité de corpuscules et d'atomes » (37). Les atomes qui auraient produit par rencontre fortuite les premiers animaux, ne sont pas anéantis ; ils se sont dispersés dans tout l'univers : pourquoi donc auraient-ils perdu leurs vertus primitives ? pourquoi ne voyons-nous plus se former d'animaux par génération spontanée ? Quand même, comme quelques savants le croient, cette manière de naître aurait été observée dans certains cas, on ne comprendrait pas pourquoi elle a disparu dans presque toutes les espèces... Fontenelle ajoute encore une réflexion qui fortifie son raisonnement : les premiers animaux devaient être à même de se nourrir ; il faudrait donc supposer que la Nature ait spontanément produit par un hasard incroyable un enfant d'un ou deux ans, car un nouveau-né ne saurait vivre même « au milieu de la prairie la mieux couverte d'herbes, auprès des meilleures eaux du monde » (38).

Toutes ces additions montrent que Fontenelle a pris le problème au sérieux ; il n'est donc aucune raison de suspecter ce qu'il nous dit — d'autant qu'il attendit une trentaine d'années avant de publier cet écrit. Nous sommes loin du panthéisme des *Ajaoiens*. L'existence de Dieu est admise. Mais ce traité a d'abord une valeur polémique. Fontenelle anéantit implicitement les démonstrations métaphysiques de Descartes et les démonstrations historiques de Bossuet. Le Dieu qu'il conçoit a peut-être montré quelque bienveillance pour les animaux en ne les faisant paraître que dans un monde où ils pouvaient survivre. Mais Fontenelle se garde bien d'expliquer les intentions du créateur. Il lui arrivera dans l'*Histoire de l'Académie des sciences* de louer « cette intelligence infinie, qui, ayant d'abord établi pour la mécanique du corps des animaux un certain modèle général, déjà si merveilleux en lui-même, l'a ensuite diversifiée de tant de façons différentes, non moins merveilleuses par rapport aux éléments où les animaux devaient vivre, aux pays qu'ils devaient habiter, aux inclinations qu'ils devaient avoir... » (39), mais le plus souvent il se méfiera du finalisme : « Quand nous aurons découvert ce qui est, ne craignons pas de n'y pas trouver assez d'ordre et de dessein, mais ne jugeons pas de ce qui est par un ordre et des desseins tirés de notre imagination... » (40). Et il reprochera à Leibniz d'utiliser les causes finales en physique.

Rien ne permet de conclure que Fontenelle se soit soudain rallié au christianisme qu'il avait si souvent méprisé ou réfuté. En 1695, il aida Brunet à écrire un discours pour le prix de l'Académie française *Du danger qu'il y a dans de certaines voies qui paroissent*

(36) *Ibid.*, t. III, *loc. cit.*
(37) *Ibid.*, t. III, p. 233.
(38) *Ibid.*, t. III, p. 238.
(39) *Histoire de l'Académie...* (39), 1679, p. 279 (*Anatomie*).
(40) *Histoire* (41), 1723, p. 115.

sûres... (41). Dans cet écrit conventionnel, il n'est guère surprenant de voir l'orateur adresser une prière au Christ : « Daignez répandre la clarté sur ceux qui sont nés dans les ténèbres... » (42) ; il lui arrive même de paraphraser Bossuet et d'invoquer « les promesses divines faites si solennellement [au]... premier pasteur [de l'Eglise], la succession non interrompue de ses pontifes, la source du sacerdoce qui réside en elle... » (43). Mais dans ce même discours, on trouve une analyse assez vigoureuse et assez virulente de la conscience religieuse :

> Parmi tant de diverses religions... celle où l'on est jeté par le hasard de la naissance est presque toujours celle que l'on prend pour la voie salutaire... une première opinion qui s'empare des esprits encore jeunes... qui se fait de jour en jour par la force des habitudes une autorité plus inébranlable, qui est soutenue par les exemples de crédulité que l'on se donne mutuellement, qui est appuyée par les noms les plus illustres et les plus révérés, qui a eu des siècles entiers d'un règne paisible, qui tire des preuves de sa longue durée, et qui enfin ne peut être attaquée qu'aux dépens de l'honneur de toute une nation (44).

N'y a-t-il pas là quelque malice ? On croirait que Fontenelle s'est amusé à réfuter les preuves historiques qu'il avance dans le même discours. On peut affirmer que le philosophe est désormais convaincu de l'existence de Dieu, mais il se refuse à définir la divinité ; il fuit tout ce qui pourrait paraître de l'anthropomorphisme ; la mythologie chrétienne demeure à ses yeux une fable.

Si, parmi tous les arguments que contenaient les *Dissertations* de Jaquelot, Fontenelle a choisi celui qui touche « la naissance des animaux », c'est sans doute que ce raisonnement le concernait personnellement ; *les Ajoiens* trahissaient l'influence de Cyrano ; on connaît la thèse des *Etats et Empires de la Lune* :

> L'univers infini n'est composé d'autre chose que de ces atomes infinis, très solides, très incorruptibles et très simples... Comment le hasard peut-il avoir assemblé en un lieu toutes les choses qui étaient nécessaires à produire ce chêne ? Je réponds que ce n'est pas merveille, que la matière ainsi disposée ait formé un chêne, mais que la merveille eût été bien grande, si, la matière ainsi disposée, le chêne n'eût pas été formé... ce n'est pas merveille qu'entre une infinie quantité de matière qui change et se remue incessamment, elle ait rencontré à faire le peu d'animaux, de végétaux, de minéraux que nous voyons, non plus que ce n'est pas merveille qu'en cent coups de dés, il arrive une rafle... (45).

---

(41) Discours de Brunel « procureur du roi au siège présidial et au baillage de Rouen » imprimé séparément (approbation du 21 mai 1695) ; on le retrouve dans le *Recueil Moetjens* (299), t. V, p. 77-95, et dans les *Pièces d'éloquence...* (284), t. I, p. 233-251.

(42) *Pièces d'éloquence* (284), t. I, p. 251.

(43) *Ibid.*, t. I, p. 243.

(44) *Ibid.*, t. I, p. 238.

(45) Cyrano, *op. cit.* (140), p. 323.

Il est probable qu'en écrivant *De l'existence de Dieu,* Fontenelle s'est souvenu de Cyrano. Il cite le même exemple de génération spontanée qu'invoquait celui-ci : les macreuses (46). Pour réfuter l'athéisme de son maître, il n'emploie pas un argument théorique ; il ne dit pas du tout, comme Voltaire, que l'ordre du monde prouve l'existence d'un Dieu. Mais c'est que Cyrano avait déjà répondu à ce raisonnement en recourant au « calcul des probabilités » et à l'infinité des hasards possibles. Fontenelle se borne à constater qu'il est impossible que les premiers animaux soient nés de rien. Ainsi dans ce traité, il paraît renoncer à l'épicurisme d'autrefois, comme il l'abandonne au même moment dans son essai *Du bonheur* ; c'est aux maîtres qu'il s'était choisis dans sa jeunesse, c'est à lui-même qu'il s'adresse.

On ne saurait voir dans ces réflexions l'indice d'un prétendu ralliement au malebranchisme (46 *bis*). Ce qui paraissait aux yeux de l'oratorien la plus éclatante manifestation de Dieu dans la Nature, c'est l'infinie préformation des germes ; il fallait que toutes les créatures, qui pussent jamais exister, eussent été constituées avant de naître. Il arrivera à Fontenelle de défendre cette thèse dans l'*Histoire de l'Académie.* Ainsi il écrit dans les *Fragmens* :

> On dit qu'on a vu dans le germe des oignons de quelques fleurs de petites fleurs déjà toutes faites, en sorte que la nature n'avait plus qu'à leur donner de l'accroissement et de l'étendue. Et dans ces petites fleurs, il fallait qu'il y eût encore des oignons, et dans ces oignons, des fleurs encore plus petites.

Mais il ajoute avec quelque scepticisme : « Ce système est vraisemblable, mais de plus, il est joli, et fait plaisir à croire. » (47). Dans *De l'existence de ce Dieu,* il n'est pas question de cela. Si Fontenelle a pensé à Malebranche en écrivant ces pages, c'est pour le réfuter, non pour le suivre. Et quelle différence entre le dogmatisme de l'oratorien, qui prouve la préformation des germes par la nature même de Dieu, et l'empirisme du philosophe qui s'amuse de cette hypothèse, l'écarte, quand il veut parler sérieusement, et part des animaux pour arriver à Dieu ! Nous rencontrons souvent dans l'*Histoire de l'Académie* des idées et des démarches, qui évoquent celles de Malebranche, mais s'agit-il d'une sincère conversion ? Ne serait-ce pas plutôt un voile conformiste destiné à dissimuler les véritables convictions du vieillard ?

Dieu et la matière.

A l'époque règne, selon l'expression de J. Ehrard, un « mécanisme universel » (47 *bis*). Depuis les *Entretiens sur la pluralité*

---

(46) *Œuvres* (3), t. III, p. 235.
(46 *bis*) Comme semble l'envisager A. Robinet (662).
(47) *Ibid.*, t. IX, p. 254 (*Fragmens*).
(47 *bis*) J. Ehrard (498), p. 63.

des mondes, Fontenelle est persuadé, comme tous ses contemporains, que l'univers est ordonné. Cependant, même si ces lois rigoureuses révèlent l'existence de Dieu, il est bien des façons de comprendre son rôle dans la nature et ses rapports avec la matière. Fontenelle refuse, nous le savons, l'occasionalisme de Malebranche, qui lui paraît établir, comme le dira Leibniz, un miracle continuel. Comme l'auteur de la *Théodicée,* il tient à sauver l'indépendance des créatures. Oserons-nous poursuivre ce rapprochement et l'assimiler au métaphysicien de Hanovre ? Les deux hommes paraissent en effet destinés à s'entendre ; tous deux aiment l'histoire et l'érudition : tous deux admirent Descartes et utilisent la Scolastique. Et pourtant leur correspondance manifeste un malentendu évident, et c'est là que Fontenelle nous explique le mieux sa conception de Dieu. Il existe cinq lettres de Fontenelle, datées respectivement du 8 décembre 1700, du 30 avril 1701, du 18 novembre 1702, du 24 mars 1703 et du 6 juillet 1703 ; cinq de Leibniz du 3 septembre 1700, du 26 février 1701, du 12 juillet 1702, du 7 avril 1703, et une vraisemblablement de 1704.

Les deux hommes sont d'une parfaite courtoisie et d'une admirable modestie ; ils ne cessent de protester de leur insuffisance et de leur infini respect pour les travaux de leur interlocuteur. Mais ces éloges recouvrent une certaine agressivité. Ni les travaux scientifiques, ni les théories métaphysiques de Leibniz ne semblent enthousiasmer Fontenelle. Quand il examine les hypothèses de son correspondant, il écrit : « Les idées que vous me donnez, Monsieur, sur la dilatabilité des corps et sur la recondensation ont paru fort ingénieuses, mais d'une exécution difficile. Les grandes dilatations cassent tout. On fera pourtant quelque tentative, quand on en aura l'occasion, et cela irait plus vite si vous vouliez bien nous aider de quelque projet d'expérience plus circonstanciée. » (48). On saisit le grief qui perce sous cette politesse fleurie ; Fontenelle considère Leibniz comme un physicien brillant, mais téméraire, insoucieux d'expérimentation précise ; il prétend lui donner des leçons de prudence. S'agit-il maintenant de philosophie ? L'auteur de la *Théodicée* veut répondre à Bayle et lui expliquer son « système de l'âme » (49). Le secrétaire de l'Académie lui rétorque : « ... il est très ingénieux, et le moyen qu'un système qui vient de vous ne le fût pas ? Mais je vous avouerai que je crois la nature de l'esprit humain incompréhensible à l'esprit humain... » (50). Dans tous les domaines, Fontenelle oppose son scepticisme presque déprimant à l'audace de Leibniz. Celui-ci demeure impassible ; toute la malveillance de son correspondant lui arrache seulement cette boutade : « Certains tours propres à montrer le néant de bien des choses marquent l'auteur des *Dialogues des morts.* » (51).

Mais Fontenelle est bientôt amené à sortir de sa réserve ; le scepticisme assez tolérant auquel il recourait n'était peut-être

(48) Leibniz (229), p. 205-206.
(49) *Ibid.*, p. 216.
(50) *Ibid.*, p. 216-217.
(51) *Ibid.*, p. 207.

qu'une position de défense ; et il va se risquer à définir les rapports de Dieu et de la matière :

> ... Il vous est échappé dans votre lettre des traits, ou plutôt des rayons de métaphysique, qui m'ont charmé et qui m'ont porté de grandes lumières dans l'esprit. Tout ce que vous me dites sur les premières lois du mouvement qui renferment quelque cause immatérielle est d'une beauté sublime. Je voudrais seulement savoir si ces lois sont indifférentes à la nature des corps, c'est-à-dire telles que la cause immatérielle ou Dieu en eût pu prescrire d'autres en ce cas-là. Je vous avoue qu'il y a là quelque chose d'arbitraire qui me fait de la peine, et qui peut-être par des conséquences pourrait faire tort aux vérités géométriques. Si ces lois sont déterminées par la nature des corps à être réelles, il y a donc entre elles et la nature des corps quelque rapport qui nous échappe, et, si nous le connaissions, les lois du mouvement [ne] nous conduiraient nécessairement à rien d'immatériel. Il me semble que selon votre idée c'est absolument la première partie du dilemme qu'il faut soutenir, mais elle a bien des difficultés. Si les lois du mouvement sont arbitraires, qui m'assure qu'elles soient générales ? Il y en aura ici d'une façon, ailleurs d'une autre. Ainsi, parce que la construction d'un animal est arbitraire, il y a différentes constructions d'animaux. Ce qui est nécessaire est général, cela est incontestable ; mais la proposition négative paraît vraie aussi, que ce qui n'est point nécessaire n'est point général. Pourquoi l'être infiniment sage aura-t-il entre deux espèces de lois légales par elles-mêmes préféré absolument les unes aux autres ? Pourquoi ne pas les employer toutes, ou ensemble, ou séparément, s'il le fallait ? J'ai bien de la peine à croire qu'en ce genre-là tout ce qui est possible n'existe. L'ouvrage du Souverain Ouvrier en sera plus noble et plus magnifique. Enfin, l'essence de Dieu, qui renferme les autres essences, étant nécessaire, je croirais qu'elle les détermine nécessairement aussi à être telles. De là les vérités éternelles. Or je crois bien que le mouvement ne s'en suit pas, et ne peut s'en suivre de l'essence de la matière, quelle qu'elle soit, mais pour les lois du mouvement, il me paraît qu'elles doivent s'en suivre, quoique je ne voie pas cette liaison, peut-être parce que l'essence de la matière ne m'est pas assez connue (52).

On saisit la richesse de ce texte — un de ceux où Fontenelle s'est le plus livré, où il est allé le plus loin. Quelle est son intention ? Selon Leibniz, les lois du mouvement sont choisies librement par Dieu. Alors, pourquoi seraient-elles générales ? Où le nécessaire est exclu, reste le possible ; Dieu serait plus admirable d'avoir réalisé tous les possibles. Fontenelle préfère admettre que les lois du mouvement sont déterminées par la matière ; cette liaison demeure mystérieuse, mais on peut toujours espérer que la science parviendra dans l'avenir à la révéler. Les lois ne nous conduisent donc « nécessairement à rien d'immatériel » ; seul le mouvement dépend de Dieu. En fait, c'est lui qui a fixé les lois — mais comme

(52) *Ibid.*, p. 222-223.

la Nature l'impliquait. Ainsi la nécessité et la généralité des lois sont sauvées, et la vérité même des principes géométriques. Comme naguère en face de Malebranche, Fontenelle s'attache donc à limiter le plus possible l'action de Dieu : le monde physique suffit à expliquer tous les effets de la Nature ; il n'est que le mouvement initial — « la première chiquenaude » — qui oblige à admettre la présence d'un Agent supérieur. Certaines inflexions de cette lettre nous feraient même croire que Fontenelle confondrait volontiers Dieu et le monde. Le créateur semble infiniment lointain, et presque absent ; mais en face de lui, paraît un autre Dieu toujours présent, qui se révèle dans l'ordre physique. Le déisme, à force de s'abstraire, nous amène presque à une sorte de panthéisme.

Leibniz répliqua longuement : « Ces lois ne sont pas si arbitraires ou indifférentes que quelques-uns ont cru, ni si nécessaires qu'ont cru d'autres. » Elles sont convenables ; elles sont « naturellement essentielles » à l'entéléchie, mais « elles ne sont point essentielles à la matière, c'est-à-dire à ce qu'il y a de passif dans la substance corporelle » (53). S'il n'y avait dans les corps que « matière ou passif », il y aurait d'autres lois, mais « elles produiraient les effets les plus absurdes et irréguliers du monde » (54). C'est une erreur de vouloir que tout possible arrive ; « c'est comme si feignant qu'il soit une des perfections de Dieu d'être poète, on voulait que ce poète parfait fît tous les vers possibles, bons ou mauvais, il en est de même de l'architecte, et Dieu l'est véritablement... Dieu est déterminé à produire les autres êtres non pas par la loi de nécessité... mais par celle de la sagesse ou du meilleur, du mieux ordonné, du plus parfait... » (55). Fontenelle aurait donc altéré la pensée du métaphysicien. Les cartésiens, en invoquant « les causes occasionnelles », tendent à promouvoir « un miracle continuel ». Mais supposer que tout possible se produise, c'est tomber dans le matérialisme des épicuriens. Cette allusion a sans doute un sens précis, car Fontenelle paraît se souvenir du compromis proposé par Gassendi, entre le Dieu qui a créé le monde et lui a donné le mouvement, et l'imperturbable enchaînement des phénomènes matériels.

Dans sa réponse, Fontenelle déploya une ironie assez perfide :

> Quant à la métaphysique que vous avez bien voulu m'exposer sur les lois du mouvement, j'en suis charmé. La sublimité de vos pensées m'a élevé, et j'aimerais fort à avoir un guide tel que vous, qui me menât dans cette haute région, car sans cela on court grand risque de s'y égarer. J'ai pourtant encore quelque scrupule. Peut-être la difformité des lois contraires aux nôtres ne serait-elle que pour nous, mais je ne m'arrêterai point à vous développer ce que je veux dire, c'est bien assez pour moi d'avoir osé vous parler quelque autre fois sur de pareilles matières... (56).

---

(53) *Ibid.*, p. 226.
(54) *Ibid.*, p. 227.
(55) *Ibid.*, p. 228.
(56) *Ibid.*, p. 230-231.

Prudent et assez désinvolte, le Normand préfère se retirer, mais son hostilité demeure : la résurrection de l'entéléchie aristotélicienne n'est guère faite pour lui plaire. Cependant il insinue un nouveau grief : il discerne dans les thèses de Leibniz une sorte d'anthropomorphisme : Dieu nous témoigne une bienveillance tout humaine : « les lois contraires aux nôtres » sont inadmissible... Selon Fontenelle au contraire, « les vues de Dieu ne sont pas de nature à tomber dans l'esprit humain » (57). Quand il aura à faire l'*Eloge de Leibniz,* il reviendra sur ce thème : « Dès qu'on est hors du nécessaire rigoureux et absolu, qui n'est pas bien commun en métaphysique, le suffisant, le convenable, un degré ou un saut, tout cela pourrait bien être un peu arbitraire, et il faut prendre garde que ce ne soit le besoin du système qui en décide » (58). En 1740 il avouera la même hostilité pour la métaphysique de son adversaire : « Je me permets souvent de n'être pas de son avis, et de croire positivement le contraire. J'ai, ce me semble, insinué cela dans l'éloge que j'ai fait de lui » (59).

Dieu s'est donc borné à créer le monde et les premiers animaux et à donner à la matière le mouvement. Les lois physiques ne sauraient prouver son existence. Il est vrai que dans la *Théorie des Tourbillons* Fontenelle affirmera :

> Il faut que la main de l'horloger s'applique à l'ouvrage, et que cette main soit conduite avec beaucoup d'intelligence. Il ne fera rien que selon les lois du mouvement, mais ces lois seules n'eussent pas fait par elles-mêmes ce qu'il fera (59 *bis*).

Mais plutôt que de supposer quelque incohérence ou quelque évolution, ne peut-on admettre que sa véritable pensée, Fontenelle l'a exprimée dans ses lettres à Leibniz, et que dans la *Théorie des tourbillons* il a voulu rallier les dévots à la physique cartésienne et la concilier avec la pure orthodoxie ?

Le fatalisme (60).

Dieu est indispensable à l'univers fontenellien, et pourtant son rôle semble infime. Dans le *Traité de la liberté* cette théologie se précise. « J'examine premièrement si Dieu peut prévoir les actions des causes libres » (60 *bis*). La prescience divine et la liberté humaine sont-elles conciliables ? Problème d'Ecole, problème traditionnel. On peut songer à Cicéron : *Nihil enim tam contrarium*

(57) *Œuvres* (3), t. IX, p. 64 (*Doutes...*).
(58) *Ibid.*, t. V, p. 484-485.
(59) Lettre à Crousaz, le 22 décembre 1740, J. La Harpe (558), p. 102.
(59 *bis*) *Œuvres* (3), t. IX, p. 162.
(60) Nous préférons utiliser ce mot plutôt que « déterminisme » qui pourrait cependant paraître plus exact. Car pour Fontenelle, ses contemporains et ses premiers commentateurs, le « déterminisme » n'existe pas ; ils ne connaissent que le fatalisme.
(60 *bis*) *Œuvres* (4), t. II, p. 605.

est rationi et constantiae quam fortuna, ut mihi ne in Deum quidem cadere videatur ut sciat quid casu et fortuito futurum sit. Si enim scit, certe illud eveniet ; sin eveniet, nulla fortuna est (61). On peut se rappeler le *De Fato et fatali vitae termino* de Naudé (62) et le *De Fato* de Pomponazzi. Celui-ci pose le problème de la façon la plus claire : il est possible d'admettre, comme Protagoras, que l'homme est libre et qu'il n'y a pas de Dieu ; il est possible avec Epicure de croire en Dieu et de nier la Providence ; il est possible, comme certains commentateurs d'Aristote, d'opposer la fatalité qui règne dans le monde sidéral et le hasard qui domine dans le monde sublunaire ; il est possible, selon la tradition chrétienne, de concilier l'existence de Dieu et le libre-arbitre ; mais le mieux est d'accepter la prescience divine et d'anéantir la liberté humaine (63). C'est l'attitude des stoïciens. C'est la conclusion qu'adoptera Fontenelle, et il n'est pas indifférent de constater qu'au moment où il réhabilite dans le traité *Du bonheur* la morale du Portique, il paraît s'orienter vers une métaphysique analogue. Mais en son temps ce problème troublait surtout les consciences chrétiennes. Bossuet et Bayle en arrivaient à admettre un mystère qui transcende l'intelligence humaine. L'ouvrage de Fontenelle trahit donc d'abord son hostilité tenace au christianisme.

Son raisonnement est simple et péremptoire. Les astronomes prévoient les éclipses, Dieu également. Mais, dira-t-on, il y a deux différences : Dieu a lui-même instauré l'ordre qui permet ces prévisions ; sa connaissance est plus précise que celle des astronomes. Ces objections n'ont guère de poids elles « peuvent être remplies ». Dieu, comme les hommes, « ne peut jamais prévoir ce qui ne dépend pas d'un ordre nécessaire et invariable » (64). Donc il ne prévoit point « les actions des causes qu'on appelle libres » (65). Sa grandeur n'est pas blessée s'il est incapable de « prévoir des choses qu'il aurait faites lui-même de nature à ne pouvoir être prévues » (66). En comparant Dieu et les astronomes, Fontenelle insinue la même théologie qu'il avait soutenue contre Leibniz : à ses yeux, l'action de Dieu dans le monde est « passée » ; on ne saurait l'assimiler à une création continuée. Dieu, en face du monde qu'il a créé et mis en mouvement, est presque aussi étranger que les simples savants.

Encore faut-il savoir si les hommes sont libres. Descartes en appelait à notre sentiment intérieur de la liberté. Spinoza a montré

---

(61) *De Divinatione* (50), II, cap. 7 : « Rien n'est en effet aussi contraire à la raison et à l'ordre que le hasard, si bien qu'à mon avis Dieu même ne peut avoir le privilège de savoir ce qui doit arriver par hasard et de façon fortuite. Car, s'il le sait, cela arrivera forcément ; mais s'il en est ainsi, il n'y a plus de hasard. »

(62) Pintard, *op. cit.* (640), p. 466. *Gabrielis Naudaei...* (264), p. 157-332. Naudé se rallie à la conception aristotélicienne du destin (enchaînement de causes).

(63) *Petri Pomponatii Opera* (288 *bis*), p. 239, *sq.*

(64) *Œuvres* (4), t. II, p. 605-606.

(65) *Ibid.*, t. II, p. 606.

(66) *Ibid.*, *loc. cit.*

que ce n'était qu'une illusion, et, puisque Fontenelle a écrit le traité *De la liberté de l'âme* avant que Bayle eût donné sa *Réponse aux questions d'un provincial*, et Collins ses *Recherches philosophiques sur la liberté*, c'est vraisemblablement l'*Ethique* qui a été la source essentielle de cet ouvrage. On pourrait aussi songer au *Dictionnaire historique et critique*, mais Bayle y paraît surtout une âme religieuse qui se demande comment Dieu a pu nous donner la liberté de pécher. Ce n'est pas là ce qui préoccupe Fontenelle, et d'ailleurs il semble souvent citer presque littéralement l'*Ethique*. « Un esclave se croirait libre, s'il se pouvait faire qu'il ne connût point son maître, qu'il exécutât ses ordres sans le savoir et que ces ordres fussent toujours conformes à son inclination... Les hommes se sont toujours trouvés en cet état » (67) — cette analyse n'évoque-t-elle pas les fameuses remarques de Spinoza : « Les hommes ignorent le plus souvent les causes de leurs désirs. Ils sont... conscients de leurs actions et de leurs désirs, mais ignorants des causes qui les déterminent à désirer quelque chose » (68) ?

Comme Spinoza, Fontenelle refuse tout compromis : l'âme est toujours libre ou elle ne l'est jamais. Le principe qui nous entraîne doit être aussi général et aussi inflexible que la pesanteur. On se souvient des exemples avancés par le sage de La Haye : « ... un petit enfant croit désirer librement le lait, un jeune garçon en colère vouloir se venger, et un peureux s'enfuir. Un homme ivre aussi... de même le délirant, la bavarde, l'enfant, et beaucoup de gens de même farine » (69). Ainsi Fontenelle médite sur un crime commis par un fou ; il invoque les « rêveurs ». L'illustration de ses arguments est assez limitée ; il fuit le bavardage et recherche une forme géométrique. C'est qu'il travaille d'après l'*Ethique* ; il y trouve à la fois un modèle de rigueur et une information suffisante, dont il suffit de retenir l'essentiel. Il précise parfois le raisonnement ; il recourt à une méthode plus scientifique ; ainsi pour montrer que notre liberté doit être égale dans tous les cas, au lieu de l'accumulation d'exemples qu'avait produits Spinoza, Fontenelle imagine simplement l'anecdote suivante. Dans un songe, je délibère si je tuerai mon ami ou ne le tuerai pas. Je me réveille. « Ou le réveil fortifie également les deux dispositions de mon cerveau »(70), et il n'y a aucun changement. Ou il ne fortifie qu'une seule tendance, « il faut, pour établir la liberté, que ce soit celle contre laquelle je me détermine » (71), mais en quoi cela nous rendrait-il libres ? Dira-t-on que dans le sommeil les pensées ne sont pas nettes ? Cela ne peut altérer la liberté de l'âme : « Il paraît donc que le principe commun que l'on suppose inégal, et tantôt dépendant, tantôt indépendant des dispositions du cerveau, est sujet à des difficultés insurmontables et qu'il vaut mieux établir le principe par lequel l'âme se détermine toujours dépendant des dispositions

(67) *Ibid.*, t. II, p. 615.
(68) *Ethique* (334), part. I, app., p. 64.
(69) *Ibid.*, part. III, prop. II, sc., p. 153.
(70) *Œuvres* (4), t. II, p. 609-610.
(71) *Ibid.*, t. II, p. 610.

du cerveau en quelque cas que ce puisse être... cela est plus conforme à la physique. » (72).

Spinoza avait présenté et réfuté quatre objections possibles à sa philosophie : la volonté paraît s'étendre plus loin que l'entendement ; l'expérience nous incline à croire que nous pouvons toujours suspendre notre jugement ; nous ne paraissons pas avoir besoin d'une plus grande puissance « pour affirmer que ce qui est vrai est vrai, que pour affirmer que quelque chose qui est faux est vrai » (73) ; qu'arrivera-t-il enfin, lorsque l'âme sera en équilibre entre deux désirs, comme l'âne de Buridan ? Fontenelle a abandonné la deuxième et la troisième de ces objections, qui sont en effet contenues dans la première. Celle-ci même, il l'a simplifiée et présentée de façon moins philosophique : « Le pouvoir qu'on a sur les pensées et sur les mouvements volontaires du corps » — nous dit-il — est évident ; ou, pour raisonner de façon plus concrète, pour se rapprocher de l'exacte physique, l'âme — selon l'opinion commune — « a dans son cerveau des esprits auxquels elle peut imprimer à son gré le mouvement qui lui est propre à étouffer ou à fortifier les pensées qui sont nées d'abord indépendamment d'elle » (74). La riposte est aisée ; l'action des esprits dépend de trois facteurs : la nature du cerveau, la nature des esprits, l'intensité ou la détermination du mouvement des esprits. Les deux premiers éléments échappent absolument à l'âme ; on peut admettre en revanche que le mouvement des esprits lui appartient. Mais, si ce mouvement suffisait à établir la liberté, pourquoi sommes-nous incapables d'acquérir « plus de connaissance et de lumières naturelles » (75) ? Les fous devraient être aussi libres que les hommes les plus sages. Notre pouvoir s'accroîtrait même dans le sommeil, puisque le corps dans cet état doit offrir moins de résistance. C'est à d'autres arguments qu'avait recouru Spinoza ; Fontenelle les a sans doute jugés trop subtils ou trop abstraits. Mais il en a retenu l'essentiel : il faut distinguer volonté et liberté ; « ce qui est volontaire est en même temps nécessaire, et ce qui est sans liberté n'a pourtant pas de contrainte... Il n'est pas absolument de la nature des mouvements volontaires d'être libres » (76).

Astruc, lorsqu'il voulut répondre au traité de Fontenelle, exposa les différentes attitudes auxquelles ont recouru les philosophes en face du problème posé par « l'âne de Buridan ». Leibniz ne voit là qu'une supposition absurde. Cicéron juge cette hypothèse possible, *ut, cum in eadem re paria contraria contrariis in partibus momenta inveniuntur, facilius ab utraque parte assensio sustineatur* (76 *bis*). Bayle, dans l'article *Buridan* de son *Diction-*

---

(72) *Ibid.*, t. II, p. 611.
(73) *Ethique* (334), part. II, prop. XLIX, sc., p. 136.
(74) *Œuvres* (4), t. II, p. 611.
(75) *Ibid.*, *loc. cit.*
(76) *Ibid.*, t. II, p. 613.
(76 *bis*) *Academ. quaestion.*, lib. I, cap. ult : « de sorte que, lorsque dans la même chose deux influences en sens contraire se rencontrent, l'assentiment est facilement maintenu en équilibre de part et d'autre. »

naire, affirme qu'un homme placé devant un tel dilemme finirait toujours par se tirer d'affaire : ou bien il agirait « pour se flatter de l'agréable imagination qu'il est le maître chez lui » (77), ou bien il obéirait au hasard. Spinoza « accorde entièrement qu'un homme placé dans un tel équilibre... périra de faim et de soif » (78). Lui dit-on que c'est absurde ? Il réplique en citant « celui qui se pend » (79), les enfants, les idiots — tous ceux que l'on voit agir de façon stupide. Fontenelle adopte une position plus circonstanciée : nous délibérons, lorsque deux dispositions contraires s'équlibrent dans notre cerveau, nous nous décidons, « lorsque l'une des deux disposition matérielles l'emporte sur l'autre... » (80). Mais cette réponse est évidemment toute proche de celle qu'avait présentée Spinoza. Connaissant certainement les arguments que Bayle avait proposés à ce sujet, c'est volontairement que Fontenelle les a omis : de même, lorsqu'il avance et réfute l'hypothèse, selon laquelle « l'âme dans tous les hommes ne serait la cause d'aucun mouvement, mais elle le voudrait seulement dans le même temps qu'il se ferait », il paraît songer à « l'harmonie préétablie ». La philosophie de Leibniz et l'occasionalisme de Malebranche et de Bayle prolongent le dualisme cartésien ; Fontenelle, plus proche du matérialisme et du spinozisme, n'admet qu'une action : celle des dispositions physiques sur le fonctionnement de l'esprit. Et cela s'accorde avec toute sa théologie ; il refuse de suivre Spinoza, lorsque celui-ci confond Dieu avec la Nature ; il tient à sauvegarder une transcendance, mais il dépouille le créateur de tout attribut et remet ses pouvoirs à la matière et aux lois nécessaires qui la dirigent.

Comme dans *Sur l'existence de Dieu,* Fontenelle s'oppose à la fois aux cartésiens et aux épicuriens. Il élimine le sentiment intérieur de la liberté, qu'avait invoqué Descartes. Il admet — ainsi que tous ses contemporains — les conceptions physiologiques de son adversaire ; il reprend les principes établis dans *La recherche de la vérité* : « tous les objets, même spirituels, auxquels il pense, laissent des dispositions matérielles, c'est-à-dire des traces dans le cerveau » (81). Et avec cela, il en arrive à anéantir la métaphysique de Descartes ou de Malebranche. Dans les *Dialogues des morts,* il invoquait, guidé par Guillaume Lamy, une sorte de fatalisme ; il s'est souvenu ici de son ouvrage de jeunesse, puisqu'il a mêlé aux arguments de Spinoza la remarque qu'il prêtait jadis à Charles V : « Vous étiez un grand génie, mais demandez à tous les philosophes à quoi il tenait que vous ne fussiez stupide et hébété ; presque à rien, à une petite disposition de fibres ; enfin à quelque chose que l'anatomie la plus délicate ne saurait jamais apercevoir. » (82). Mais cette analogie n'est qu'apparente. Le faux déterminisme ne menait alors qu'à l'adoration de la toute-puissante Fortune ; comme la science était encore assez méprisée, il était impossible

(77) *Dictionnaire* (93), article *Buridan.*
(78) *Ethique* (334), part. II, prop. XLIX, sc., p. 140.
(79) *Ibid., loc. cit.*
(80) *Œuvres* (4), t. II, p. 614.
(81) *Ibid.,* t. II, p. 606.
(82) *Œuvres* (3), t. I, p. 78.

que le philosophe parvînt à admettre l'existence de lois inflexibles et universelles. Le hasard est maintenant anéanti : l'univers fontenellien est aussi organisé que celui de Spinoza ou celui des stoïciens.

Ces méditations métaphysiques aboutissent à la définition d'une morale et d'un ordre social. « Cette doctrine — lit-on dans l'*Ethique* — est utile à la vie sociale en tant qu'elle enseigne à ne mépriser personne, à ne se moquer de personne, à ne se fâcher contre personne, à n'envier personne » (83) ; « ce système — dit Fontenelle — rend la vertu un pur bonheur, et le vice un pur malheur » (84). Les bons ne doivent avoir aucun orgueil ; les mauvais sont à plaindre ; il ne faut pas désespérer de les corriger, « parce qu'à force d'exhortations et d'exemples, on peut mettre dans leur cerveau les dispositions qui les déterminent à la vertu, et c'est ce qui conservera les lois, les peines et les récompenses... les criminels sont des monstres qu'il faut étouffer en les plaignant » (85). Nous pouvons fortifier les dispositions naturelles qui nous portent au bien. Enfin, « ce système ne change rien à l'ordre du monde... Ce n'est pas la seule matière sur laquelle il semble que Dieu ait pris soin de cacher au commun des hommes les vérités qui auraient pu nuire » (86).

Il semble donc que Fontenelle est parti de l'*Ethique,* a voulu répandre dans le public les thèses qui y étaient contenues, mais les concilier avec l'affirmation d'une transcendance, et les rendre plus simples et plus convaincantes en leur prêtant l'allure d'un raisonnement expérimental. Il n'était pas le seul vers 1700 à adopter de telles conceptions ; on lit dans les *Mémoires* de La Fare : « Je suis presque persuadé de... l'inutilité [des préceptes de morale], et je crois que chacun a dans soi les principes du bien et du mal qu'il fait, contre lesquels les conseils de la philosophie ont peu de pouvoir. Celui-là seul est capable d'en profiter, dont les dispositions se trouvent heureusement conformes à ces préceptes » (87). C'est à peu près ce qu'avait dit Fontenelle en légiférant sur la *Poétique* ou en donnant des conseils sur le *Bonheur.* Nous avons trouvé un texte assez singulier, qui permet de mieux comprendre cette philosophie :

> Il y a aujourd'hui deux classes de déistes, dont l'une et l'autre reconnaît l'existence de Dieu. Les uns conviennent que l'homme est obligé d'honorer et d'aimer l'Etre Suprême, de qui il tient tout ce qu'il est, et de vivre conformément à la droite raison : ils admettent aussi la récompense de la vertu et le châtiment du vice après cette vie, mais ils prétendent que les supplices ne dureront pas toujours. Du reste, ils n'ont aucun égard à la révélation. Les autres déistes soutiennent que

(83) *Ethique* (334), part. II, prop. XLIX, sc., p. 141.
(84) *Œuvres* (4), t. II, p. 616.
(85) *Ibid., loc. cit.*
(86) *Ibid., loc. cit.*
(87) La Fare, *Mémoires* (203), p. 255.

Dieu n'exige aucun devoir de ses créatures, que lui seul est immortel, que tout le reste sera anéanti, sans excepter l'âme, de quelque nature qu'elle puisse être, que la distinction du vice et de la vertu est une chimère, et qu'il n'y a ni punition à craindre, ni récompense à attendre après cette vie (88).

Bien que Fontenelle ait dispersé son système dans une foule de petits traités ou de remarques éparses, il n'est pas difficile de reconnaître en lui le plus pur représentant de « la deuxième classe » des déistes. C'est par là qu'il se rapproche et se distingue du spinozisme (88 *bis*). L'abbé de Lignac, qui le cite nommément, affirme : « Les déistes, unis d'intérêt avec les matérialistes, en ce qu'ils ne reconnaissent aucun principe de mœurs, de devoir, de mérite et de démérite, conviennent que l'existence de Dieu ne peut être démontrée, mais qu'il est d'autant plus raisonnable d'admettre ce dogme que Dieu n'entre pour rien dans la conduite des hommes... La divinité est pour eux, à la vérité, un être nécessaire, mais sans conséquence. » (89). S'il est nécessaire, on doit pouvoir démontrer son existence, et nous savons que Fontenelle s'y est employé. Mais, à cette réserve près, l'abbé de Lignac nous semble résumer assez bien son système. Pourtant dans le traité *Du bonheur* il célébrait la quiétude que donne une bonne conscience. Peut-on concilier la morale qu'il proposait dans cet essai et le fatalisme que nous rencontrons maintenant ?

Il ne doit pas exister entre ces deux ouvrages de contradiction bien sensible, puisque Fontenelle avouait que ses conseils seraient inutiles à ceux qui n'avaient pas de dispositions naturelles au bonheur ; loin de nier le fatalisme, il paraissait l'admettre implicitement. Ses principes sont pourtant bien éloignés de ceux auxquels Diderot devait parvenir en partant d'une philosophie analogue ; après Fontenelle, l'auteur de *Jacques le fataliste* avoue que « l'homme injuste est modifié par le bâton » (90), mais il nous propose souvent une sorte d'abandon au flux naturel des passions et des instincts. Ce que Fontenelle eût jadis accepté, ce qu'il refuse maintenant. Cependant il arrive aussi à Diderot de rêver d'un « quiétisme délicieux ». Les deux philosophes ont vécu les problèmes et les contradictions du fatalisme ; ils ont fini par choisir. Leur choix reflète sans doute leur tempérament et leur époque. Comment doit-on interpréter la retraite et l'effacement que nous conseille Fontenelle ? C'est la destruction de la personnalité, mais est-ce pour nous confondre avec le devenir universel ? Il semble au contraire que ce que nous appelons notre personnalité n'est à ses

(88) Ms. Ars. 7585, ff. 308-309.

(88 *bis*) Ici, comme dans tous les passages où nous rencontrons la pensée de Spinoza, nous l'assimilons, ainsi que le firent tous les contemporains de Fontenelle, à un système matérialiste et athée (cf. notre *introduction*).

(89) *Le témoignage du sens intime...* (236 *bis*), t. I, p. 16-17.

(90) *Jacques le fataliste*, dans *Œuvres romanesques*, Paris, Garnier, 1959, p. 671.

yeux qu'une masse d'instincts physiques et de mouvements d'atomes. C'est le temps, qui mesure notre faiblesse et notre dépendance. La retraite ne serait donc pas une absorption dans la Nature, mais une tentative pour arrêter le temps, pour échapper au déterminisme physiologique. Nous l'avons déjà noté : cette pause n'est à la limite que la mort. Mais l'ambiguïté subsiste. La conscience fait notre malheur ; elle nous divise et nous arrache au repos du présent. En ce sens, le bonheur, c'est d'être une « chose ». Le drame, c'est ce fantôme de liberté qui flotte à la surface de nos déterminations physiques. Il faut n'être plus que corps ; et cependant il faut commencer par tuer les désirs que notre corps secrète. On le voit — les limpides formules cachent des contradictions. Fontenelle nous conseille-t-il de mourir à la vie ou de mourir à la conscience ? Le bonheur est-il la liberté du sage qui échappe au temps, ou la placidité de l'objet que le temps dévore, sans qu'il le sente ? C'est tout à la fois. Le malheur est d'être corps et conscience. Il faut renoncer à l'un ou à l'autre pour trouver la paix.

Ainsi peut-on comprendre que Fontenelle associe ce désespoir et le culte de la science. Le fatalisme ne conduit pas à la paresse. Et surtout la science est le salut, car elle permet l'absorption de notre moi dans l'objectivité de la raison. Si le prince dans le conte choisit de redevenir rosier, si Fontenelle choisit la géométrie et l'Académie des Sciences, ils sont tous deux à la quête de la même paix. Comme dans les *Entretiens,* le plus savant et le plus simple se ressemblent. Mais la simplicité n'est plus l'amour innocent des bergers ; c'est l'inertie et l'uniformité. Il n'y a que peu de différence entre la vie végétative et la vie intellectuelle ; dans les deux cas, le projet, l'avenir, la mémoire sont morts. Il ne reste qu'un présent : celui des mathématiques éternelles ou celui de l'instant. Quant à la « bonne conscience », elle n'implique à vrai dire aucune morale précise : lorsque nous « remplissons nos devoirs », si dépourvus qu'ils soient de toute garantie religieuse ou mondaine, nous nous intégrons à un autre présent que celui de l'intelligence ou celui de l'objet : la fixité des devoirs et la répétition des mêmes actes concourent à figer l'écoulement temporel et à créer une sorte de « sérénité sans principe ».

Le fatalisme amène d'ailleurs Fontenelle à concevoir une juridiction proche de celle qu'avait proposée Spinoza ; le régime idéal qu'il semble souvent préférer est le despotisme de l'intelligence, permettant à une élite de conduire le peuple à force de sanctions physiques et morales. En ce sens, le savant, ou plus exactement l'académicien, a un rôle utile à jouer : par son exemple, par les relations cosmopolites qu'il noue, par la propagande qu'il fait, il tend à promouvoir une société universelle d'esprits délivrés, autant que possible, de leur subjectivité. L'histoire paraît, sans qu'il faille être trop optimiste, s'orienter fatalement dans ce sens. Ce progrès peut être favorisé. A l'intérieur de la nécessité, l'homme a les moyens d'agir. Plus que jamais nous retrouvons l'idéal stoïcien : le sage est citoyen du monde ; la dialectique et la physique sont des vertus.

L'abbé de Lignac publia en 1760 *Le témoignage du sens intime et de l'expérience opposée à la foi profane et ridicule des fatalistes modernes,* où il réfutait brièvement le traité de Fontenelle, qu'il rapprochait des *Recherches* de Collins (91). Il s'étonnait que Fontenelle pût croire que Dieu trompe les hommes en leur donnant l'idée de liberté ; il concluait : « Un amas de contradictions ; un plan où tous les hommes sont nécessités, où tous croient être libres ! où l'erreur, comme l'évidence, entraîne irrésistiblement votre suffrage, et est tout aussi nécessaire que la vérité... » (92). Astruc montra plus de science et plus de méthode dans ses *Dissertations* de 1755. Il aboutit cependant à des jugements aussi durs : « L'auteur de ce traité paraît assez mal instruit de la matière qu'il a entrepris de traiter... il ignore l'état de la question. » (94). Astruc ne voit dans cet ouvrage que « confusion... désordre... on perd à chaque pas le fil du raisonnement, supposé qu'il y en ait un... » (95).

Nous ne sommes pas obligés de partager cette sévérité. Il paraît au contraire que cet opuscule est un des plus importants et des plus profonds qu'ait écrits Fontenelle. Tout son système dépend des thèses qui sont ici soutenues. Entre tous les courants du XVIIe siècle il fait son choix et s'avance avec une prudence qui exclut toute timidité et toute docilité contrainte. Il emprunte à Malebranche sa méthode et admet la physiologie cartésienne, mais il n'oublie pas l'empirisme des libertins : les « petits faits » aident à bâtir des théorèmes, et le Dieu de Fontenelle ressemble à celui de Gassendi, comme son atomisme rappelle les Epicuriens, Cyrano et Bernier. Malebranche a raison d'insister sur les lois générales qui règnent dans la Nature, mais nous ne saurions admettre l'occasionalisme et cette omniprésence divine qu'il instaure. Nous affirmerons avec Leibniz l'indépendance des créatures, mais les lois naturelles ne sont pas « convenables », elles sont « nécessaires ». Tout se passe comme dans l'univers spinoziste, et pourtant Fontenelle refuse obstinément de sacrifier l'existence de Dieu. Nous le savons : ce Dieu presque inutile n'est pas une vaine précaution. Fontenelle y croit sérieusement, comme toute la « classe des déistes » dans laquelle il se range. Quant à la morale, elle est stoïcienne, quoique « le sage » fontenellien n'ait aucun orgueil et soit toujours en danger. La pensée de Fontenelle, avec ses audaces et ses réticences, est singulièrement personnelle et unifiée. Ce mondain fut un solitaire. Cet esprit cultivé pensa tout seul. Il faut connaître les livres et les oublier. Rien n'est plus absurde que « l'autorité ».

L'intuition fondamentale semble peut-être une sorte d' « adhérence » de l'esprit au corps, du corps à la Nature. « Un brin d'herbe ne peut croître qu'il ne soit de concert, pour ainsi dire, avec le

---

(91) Lignac, *op. cit.* (236 *bis*), t. II, p. 433, *sq.*

(92) *Ibid.*, t. II, p. 521.

(93) *Dissertations...* (85). Astruc était d'ailleurs un ami de Fontenelle, et il ne semble pas l'avoir reconnu dans l'auteur du traité qu'il attaque.

(94) *Ibid.*, p. 382.

(95) *Ibid.*, *loc. cit.*

reste de la Nature. » Notre servitude s'incarne dans les sucs et le soleil qui nous sont nécessaires, dans la « pâte » dont nous sommes des parcelles ; c'est un monde mou et solide à la fois, toujours dénoué et reformé. C'est le temps — avec ses pullulements d'esprits animaux, les instincts qui les suivent, la mauvaise foi qui les justifie... Un monde lunaire, plat et blafard. La limpidité du style, qui marquait la persistance des rêves d'églogue, devient une froide lumière, projetée par une conscience sans visage et sans histoire.

L'intelligence des bêtes.

Comme *Sur l'existence de Dieu*, le traité *Sur l'instinct* est une œuvre de polémique, qui vise Malebranche. Lorsqu'en 1744 on réimprima l'*Essai philosophique sur l'âme des bêtes* de Boullier, Fontenelle lui écrivit : « Je fus bien aise d'... avoir imaginé » le raisonnement contenu dans *Sur l'instinct* « pour m'en servir contre un homme d'un grand nom, qui ne pensait pas comme vous » (96). Et cet homme ne peut être que l'auteur de *La Recherche de la vérité*.

Les arguments de Malebranche étaient les suivants : « Les cartésiens... disent que, lorsqu'on est trop proche du feu, les parties du bois viennent heurter contre la main, qu'elles en ébranlent les fibres, que cet ébranlement se communique jusqu'au cerveau, qu'il détermine les esprits animaux qui y sont contenus à se répandre dans les parties extérieures du corps d'une manière propre pour le faire retirer... Les cartésiens disent de plus, que, dans les hommes, l'ébranlement des fibres du cerveau est accompagné du sentiment de chaleur et que le cours des esprits animaux vers le cœur et vers les viscères est suivi de la passion de haine ou d'aversion ; mais ils nient que ces sentiments et ces passions de l'âme se rencontrent dans les bêtes. » (97). L'âme des bêtes serait ou matérielle, comme l'ont prétendu les péripatéticiens, ou spirituelle, comme l'a avancé saint Augustin ; « on ne croira jamais qu'aucun mouvement de matière puisse être un amour ou une joie » (98). Il est vrai cependant que toutes les actions que font les animaux marquent qu'il y a une intelligence ; mais « c'est que Dieu les ayant faits pour les conserver, il a formé leur corps de telle façon qu'ils évitent machinalement et sans crainte tout ce qui est capable de les détruire. Autrement il faudrait dire qu'il y a plus d'intelligence dans le plus petit des animaux ou même dans une seule graine que dans le plus spirituel des hommes... » (99).

Chacun sait les remous qu'avait provoqués l'automatisme cartésien. Fontenelle connaît évidemment la phrase de Descartes : « Après l'erreur de ceux qui nient Dieu, il n'y en a point qui éloigne plutôt les esprits faibles du chemin de la vertu que d'imaginer

(96) *Œuvres* (3), t. XI, p. 31.
(97) *Recherche de la Vérité,* VI, II, 7.
(98) *Ibid., loc. cit.*
(99) *Ibid., loc. cit.*

que l'âme des bêtes soit de même nature que la nôtre, et que par conséquent nous n'avons rien à craindre, ni à espérer après cette vie, non plus que les mouches et les fourmis. » (100). Il ne peut ignorer que Cyrano se refusait à établir la moindre différence entre l'âme humaine et l'âme animale (101). Dans les *Lettres galantes*, il ironisait sur la théorie de Descartes ; l'*Histoire des Ajaoiens* n'accordait aux hommes qu'une âme matérielle et mortelle. Fontenelle ne semble donc pas avoir évolué sur ce point, mais aux sarcasmes succèdent de solides raisonnements.

« On entend par ce mot d'*instinct* quelque chose de surajouté à ma raison et qui produit un effet avantageux pour la conservation de mon être... » (102). Une fois la définition posée, nous recourons à un exemple précis, qui clarifie l'argumentation : en tombant, j'étends le bras « sans savoir que ce bras étant plus éloigné du point fixe du centre de gravité, aura plus de poids et me remettra en équilibre » (103). Ces considérations ne sont pas empruntées aux ouvrages de Malebranche, mais le cartésien Dilly dans son *Traitté de l'âme et de la connoissance des bêtes* avait envisagé « les opérations merveilleuses que nous faisons indépendamment de l'âme ». Et il notait : « Il est certain en premier lieu que, quand nous sommes en danger de tomber, nous faisons beaucoup de choses merveilleuses pour nous en empêcher. » (103 *bis*). D'autres passages de cet opuscule ont inspiré Fontenelle ; ainsi cette remarque : « Souvent il arrive qu'ayant l'esprit extrêmement occupé à la considération de quelque objet qui nous plaît beaucoup, nous sommes tellement absorbés dans cette considération qu'il ne nous reste plus moyen de penser à autre chose. » (104). A travers Dilly, Fontenelle retrouvait les assertions du P. Pardies (104 *bis*) : ces deux auteurs ont pu lui fournir l'exemple de « l'homme qui rêve en marchant » (105). Or Dilly se proposait de démontrer l'automatisme animal ; on a soupçonné l'honnêteté du jésuite Pardies, qui déploya plus de zèle pour exposer les thèses des cartésiens que celles de son ordre. Voilà donc avec Malebranche les adversaires que Fontenelle a poursuivis dans ce traité.

Cependant leur influence demeure limitée. *Sur l'instinct* nous propose un raisonnement systématique, dont l'originalité est indiscutable. Les actions que l'on dit « instinctives » ne se font pas dans

---

(100) *Discours de la méthode,* Ve partie, Descartes (147), t. I, p. 59.

(101) Cyrano (140), p. 346-347.

(102) *Œuvres* (3), t. IX, p. 379.

(103) *Ibid., loc. cit.*

(103 *bis*) *Traitté de l'âme ou de la connoissance des bêtes* (157). La première édition est de 1678. Voir p. 142-143. L'auteur est nommé « Dilly, prêtre d'Embrun ». Malgré les évidentes analogies que l'on constate entre cet écrit et *Sur l'instinct,* nous persistons à penser que l'adversaire essentiel de Fontenelle est ici Malebranche. On ne saurait considérer l'obscur Dilly comme un « homme d'un grand nom ».

(104) *Ibid.,* p. 154-155.

(104 *bis*) *Discours de la connoissance des bestes* (272), p. 131, *sq.*

(105) *Œuvres* (3), t. IX, p. 384 ; Dilly (157), p. 96-97 ; Pardies (272), *loc. cit.* A ces influences s'ajoute peut-être, mais de façon plus diffuse, celle du P. Daniel, *Nouvelles difficultez* (146).

le sommeil ; elles ne peuvent donc être machinales ; il faut admettre qu'elles sont volontaires, quoique de façon particulière : mon âme « veut empêcher le corps de tomber », mais elle n'a pas la volonté [précise] d'étendre le bras » (105 *bis*). Que faut-il en penser ? Ou bien Dieu « allonge mon bras sans l'opération de mon âme », ce qui est impossible, puisque cette action n'est pas machinale (106). Ou bien sur la volonté générale qu'a mon âme, Dieu « en exécute le moyen particulier » (106 *bis*), mais il y a bien d'autres cas où il agirait de la sorte et où il ne le fait pas. Ou bien « il inspire à mon âme la volonté particulière d'allonger le bras, qu'elle sache précisément pourquoi » (107) ; mais alors je me souviendrais d'avoir voulu allonger le bras... Ces trois hypothèses étant écartées, il faut reconnaître qu'il n'y a pas d'instinct. D'où vient donc ce mouvement ?

Lorsque mon âme a une volonté générale, « elle essaie au hasard plusieurs moyens particuliers pour l'exécuter » (108). Une fois qu'elle a rencontré celui qui convient, elle le conserve, et l'adopte à l'avenir sans y songer. Les mouvements prétendus instinctifs sont choisis par l'âme « au hasard » ; il se trouve parfois que celui qui se présente en premier « en vertu de la disposition machinale », c'est-à-dire de « la plus grande facilité qu'ont les esprits à couler plus d'un côté que de l'autre » (109), est justement celui qui convient le mieux à la volonté générale de mon âme. Ainsi dans l'exemple invoqué précédemment. Mais il y a d'autres rencontres où ces attitudes spontanées ne sont pas propres à me protéger ; « quand je passe une rivière sur une planche étroite », mes mouvements « machinaux » me font tomber (110). « Un homme qui rêve en marchant » peut voir un pieu et cependant ne pas y prêter attention et le heurter. C'est simplement qu'il ne pense pas au pieu ; « pour faire penser à une chose nouvelle, lorsqu'on est occupé d'une autre, il faut un ébranlement du cerveau d'une égale force à peu près que celui qui cause la première pensée » (111). Un chien, dans la même circonstance, n'évitera pas non plus l'obstacle ; reconnaissons donc que « ce qui ne se peut faire machinalement dans le cerveau de l'homme, ne se peut faire machinalement dans celui d'un chien » (112). Les cartésiens affirment que les bêtes sont des machines, parce qu'ils les voient accomplir tout ce que les hommes font machinalement. Il suffit de renverser le raisonnement : « Ce que les hommes et les bêtes font également, et ce que les hommes ne font pas machinalement, les bêtes ne le font pas machinalement non plus. » (113).

(105 *bis*) *Œuvres* (3), t. IX, p. 380.
(106) *Ibid., loc. cit.*
(107) *Ibid.*, t. IX. p. 380-381.
(108) *Ibid.*, t. IX, p. 382.
(109) *Ibid.*, t. IX. p. 383.
(110) *Ibid.*, t. IX, p. 384.
(111) *Ibid.*, t. IX, p. 388. C'est précisément ce passage que Fontenelle évoque dans la lettre à Boullier, *ibid.*, t. XI, p. 31.
(112) *Ibid.*, t. IX, p. 389.
(113) *Ibid.*, t. IX, p. 390.

Ce n'est là qu'un brouillon, des « rêveries diverses », comme eût dit Fontenelle. Mais la métaphysique se précise ; en éliminant l'instinct, le philosophe vise évidemment à intellectualiser l'âme et la Nature. Il refuse toute propriété mystérieuse ; il ne veut connaître que les mouvements de notre raison et le cours des esprits animaux. Son univers est donc parfaitement net — dépouillé de toute ombre, de toute énigme, où il ne voit qu'une résurrection des chimères scolastiques et des mythes chrétiens.

Dieu joue ici le même rôle que dans le traité *De la liberté* ou les lettres à Leibniz ; « les causes occasionnelles », ou tout système qui tend à proposer une action continuelle du créateur, doivent être éliminés. « La volonté que tu as de remuer le bras est toujours suivie de son effet » — affirmait Malebranche — ; or « un paysan ou un joueur de gobelets, qui ne sait point s'il a des muscles, des esprits animaux, ni ce qu'il faut faire pour remuer le bras, ne laisse pas de le remuer aussi savamment que le plus habile anatomiste » (114). L'ignorance où nous sommes de la nature de nos mouvements prouve donc qu'ils émanent de Dieu ; notre volonté n'est qu' « une cause occasionnelle ». Sans doute Fontenelle envisage-t-il ici les actes instinctifs et non les actes volontaires, mais ses conclusions peuvent être généralisées. Dans le système de Malebranche, les créatures étaient tellement dépendantes que la volonté humaine semblait presque anéantie ; « elle ne peut faire changer de place le plus petit » des esprits animaux (115). Fontenelle défend au contraire l'indépendance des créatures, au point de rendre les animaux presque égaux aux hommes.

Ainsi peut se comprendre son fatalisme. Quoique nos actes soient aussi prévisibles que le cours d'une planète, ils n'en émanent pas moins de notre volonté. La conscience est peut-être une comédie — mais une comédie nécessaire. Nos dilemmes et nos délibérations ne font que refléter les forces physiques qui nous entraînent. Mais le Dieu Créateur est absent du monde. Nous ne sommes indépendants qu'envers lui ; nous demeurons soumis à la matière.

L'âme des bêtes est-elle spirituelle ou matérielle ? Le philosophe ne se prononce pas. En fait, il ne semble pas qu'à ses yeux l'âme, même humaine, soit spirituelle ; nous connaissons les sarcasmes que lui inspirait la distinction de l'être pensant et de l'être étendu. Il préfère sans doute réserver ce problème ; c'est une de ces questions que l'état actuel de la science ne permet pas de résoudre, et qu'il faut abandonner à « l'immense avenir ». Ne peut-on évoquer ici ce raisonnement de Spinoza : « ... personne jusqu'ici n'a connu la structure du corps assez exactement pour en expliquer toutes les fonctions, et je ne veux rien dire ici de ce que l'on observe chez les bêtes, et qui dépasse de loin la sagacité humaine, ni des nombreux actes que les somnambules accomplissent durant le sommeil et qu'ils n'oseraient pas faire éveillés... » (116) ?

Fontenelle fut amené à plusieurs reprises à revenir sur ce pro-

---

(114) *Méditations chrétiennes*, VI, 11.
(115) *Ibid.*, *loc. cit.*
(116) *Ethique* (334), IIIe part., prop. II, sc., p. 150-151.

blème. Il est assez surprenant de lire dans l'*Histoire de l'Académie des sciences* : « A la fin, les abeilles en sauraient trop, et l'excès de leur gloire en est la ruine. Il faut remonter jusqu'à une intelligence infinie qui les fait agir aveuglément, sans leur rien accorder de ces lumières capables de s'accroître et de se fortifier par elles-mêmes, qui sont tout l'honneur de notre raison. » (117). Toutes les conceptions qu'anéantissait *Sur l'instinct* — le finalisme, l'automatisme animal — paraissent ici réhabilitées ; et il est curieux d'observer que cette phrase fut écrite en 1739. Deux ans plus tôt, les travaux de Réaumur inspiraient à Fontenelle ce commentaire : « Il y a une certaine quantité d'intelligence répandue entre tous les animaux de notre globe terrestre... », et, à propos de la teigne, il ajoutait : « Dans ce qu'on appelle l'instinct des animaux, il y a plus de détermination, plus de nécessaire, plus de ce qui peut avec quelque apparence les faire passer pour de pures machines. Ici il paraît qu'il y a quelque chose d'abandonné à un choix libre » (118). Comment expliquer ces contradictions ? Est-ce qu'en suivant toutes les découvertes qu'a successivement présentées Réaumur dans son *Histoire des insectes*, Fontenelle fut amené à reviser ses théories anciennes ? Mais en 1744, il soutient encore la thèse présentée par Boullier, et Trublet note qu'il n'a jamais varié sur ce point. Cet exemple permet peut-être de comprendre ce qu'est l'*Histoire de l'Académie des sciences* : Fontenelle s'efface souvent derrière les savants dont il résume les travaux ; sa pensée personnelle est toujours plus complexe ; il cache ses doutes ou ses réticences. Sans doute commence-t-il par tenter de défendre ses propres conceptions et ici par proposer une conciliation entre les merveilles constatées par Réaumur et l'intelligence animale. Mais, s'il sent quelque difficulté, si les découvertes les plus récentes paraissent compromettre ses théories, il est tout disposé à les dissimuler ou à les édulcorer, sans cependant les abandonner ; convaincu de l'instabilité des connaissances humaines, il peut supposer que d'autres recherches et d'autres inventions viendront dans l'avenir appuyer ses opinions — qu'au moins il faut y rester attaché, jusqu'à ce qu'elles soient définitivement anéanties.

Lorsqu'en 1732, il fit l'éloge de La Motte, il opposa la recherche volontaire du poète et le talent, ou l'instinct, ces dons de la Nature, qui témoignent « d'une industrie nullement ou du moins très peu éclairée par une intelligence » (119). Mais là non plus, il n'y a pas, malgré les apparences, de contradiction. On discerne un écart entre les positions qu'adopte le philosophe soucieux de réfuter Malebranche, et les affirmations de l'orateur, et comment s'en étonner ? Cependant, même dans ce discours, où Fontenelle paraît adopter des théories auxquelles il ne croit pas, il laisse planer l'équivoque ; il admet que les animaux puissent être — fût-ce « très peu » — doués d'intelligence. Il y a évidemment une énorme différence entre les travaux des hommes et ceux des bêtes ; « la première ruche

(117) *Histoire de l'Académie* (42), 1739 (*Géométrie*).
(118) *Ibid.*, 1737, p. 9 et 13 (Réaumur, *Histoire des insectes*).
(119) *Œuvres* (3), t. VIII, p. 309-310 et III, p. 354-355.

valait mieux que les maisons qui ont succédé aux cabanes, que les palais, que les temples » (120). Mais c'est simplement que l'intelligence animale n'est pas identique à l'intelligence humaine.

L'esprit humain.

Les *Fragmens* nous permettent de mieux comprendre cette distinction. Fontenelle y affirme un sensualisme déterminé ; il distingue les idées « qui représentent » et les idées « qui assurent » — c'est-à-dire les idées particulières et les idées universelles. L'entendement se sert des unes pour former les autres ; le procédé, c'est l'induction qui généralise. « On voit plusieurs choses particulières semblables. L'esprit qui ne peut ni les voir toutes, ni, quand il les aurait vues, les embrasser toutes, conclut que celles qu'il n'a pas vues et qui sont de même nature sont semblables aussi et là-dessus, forme une proposition universelle » (121). Rien d'original dans cette description, à propos de laquelle Fontenelle invoque « l'ancienne philosophie » ; nous pensons aussitôt aux vieux principes de la Scolastique. Mais dans le *Petri Gassendi Syntagma philosophicum,* se trouve une analyse, qui évoque étrangement celle des *Fragmens :*

Omnis quae in mente habetur, idea ortum ducit a sensibus... Omnis idea, quae per sensum transit, singularis est ; mens autem est, quae ex singularibus consimilibus generales facit... Cum vero mens habet multas simileis, tum unam ex illis generales facit, et modo quidem duplici ; uno aggregando, alio abstrahendo... detractis, seu non spectatis discriminibus, quibus differunt (122).

Dans l'*Abrégé* de Bernier, Fontenelle pouvait lire une traduction presque littérale de ce texte (123) ; il a pu encore recourir à Hobbes ou à Bacon ; et surtout à la *Censura* de Huet, où figure un

(120) *Ibid.*, t. VIII, p. 310. Il est vraisemblable que Fontenelle doit certaines de ses conceptions à des expériences concrètes. Ainsi cette anecdote que conte Cideville, *Traits, notes et remarques* (ms. Rouen), p. 81 : « M. de Fontenelle m'a dit que dans une maison un jour, s'amusant d'un joli singe qui divertissait toute la compagnie par ses tours et encore plus par l'intelligence qu'il semblait y mettre, on s'avisa pour l'intriguer de mettre à terre un miroir debout. Le singe y vint, se regarda et courut vite voir derrière ; il recommença une fois ou deux ce manège et parut étonné de ne point trouver derrière un autre singe ; enfin il se mit tout à côté du miroir de façon qu'en avançant la tête en devant, il se voyait, et qu'en la tournant de l'autre côté il voyait derrière le miroir sans bouger de sa place. Il recommença deux fois, et ne s'approcha plus du miroir. M. de Fontenelle en fut témoin... »

(121) *Œuvres* (3), t. IX, p. 329.

(122) *Syntagma* (181), *Institutio Logica,* Pars Prima, Canon IV : « Toute idée qui est reçue dans notre esprit tire son origine des sens... Toute idée qui passe par les sens, est singulière ; mais c'est l'esprit, qui des idées singulières qui se ressemblent fait les idées générales... Quand l'esprit a beaucoup d'idées semblables, alors il en fait une générale, et de deux manières : d'une part en additionnant, d'autre part en soustrayant... en enlevant on en ne considérant pas les différences qui les distinguent. »

(123) *Abrégé* (100), t. III, p. 1-41.

peu la même analyse : *Universales porro ideae exceptae sunt ex singularibus, cum animus in rebus multis idem quippiam animadvertens, excerpit illud e multis in quibus fuerat dispersum, et in unum colligit, atque inde ideam universalem conflat...* (124).

Faut-il ajouter Locke ? Ce n'est pas nécessaire, et cela n'apporterait guère de précision sur la date possible de ces *Fragmens,* puisque dès 1688, la *Bibliothèque universelle et historique* publiait la traduction d'un extrait de l'*Essai sur l'entendement.* Tous ces auteurs ont la même théorie ; ils recourent aux mêmes exemples : Bernier écrit : « Un aveugle-né n'a aucune idée de la couleur... » (125) ; Locke affirme ; « Un aveugle-né n'a aucune idée des couleurs. » (126). On lit dans les brouillons de Fontenelle ; « ... si je suis aveugle-né, et que nulle idée ne m'ait représenté aucune couleur, nulle idée ne pourra m'assurer qu'il y en puisse avoir » (127). Nous supposerions volontiers que Locke s'est inspiré de Bernier, comme sa biographie semble l'indiquer. La tradition française a suffi pour faire naître les réflexions de Fontenelle.

Si l'induction permet à l'esprit de passer des idées singulières aux notions générales, Fontenelle ne juge pas que ce soit un progrès : « une idée universelle ne peut rien représenter de réel, et par conséquent ne représente rien du tout... cette idée est confuse... elle n'a pour but rien qui soit réel... Les idées universelles sont bien éloignées d'être plus parfaites que les particulières, tout au contraire. » (128). Ainsi ébauche-t-il une curieuse conception de la hiérarchie des êtres : « Les deux extrémités se rejoignent. Dieu et les bêtes n'ont que des idées qui représentent. » (129). Seule la connaissance du particulier est fondée ; les propositions universelles trahissent la paresse de l'esprit, « qui, las de recevoir tant d'idées particulières, les suppose toutes égales » (130). Dieu ne saurait se perdre dans ces notions confuses et flottantes. En soulignant l'incapacité des bêtes à atteindre les idées générales, Fontenelle nous ramène encore à Gassendi et à Bernier : « Les brutes n'appréhendent pas les abstraits même... Mais les concrets seulement... Les bêtes ne font pas d'universaux. » (131). Nous comprenons ainsi que le philosophe paraisse parfois reconnaître, parfois nier l'intelligence animale ; c'est que celle-ci est inférieure à l'intelligence humaine. Si imparfaits que soient nos « universaux », ils permet-

---

(124) *Censura...* (190), p. 95 : « D'autre part, les idées universelles sont tirées des idées singulières, quand l'esprit dans plusieurs choses, constatant une identité, la tire de la multiplicité dans laquelle elle était dispersée, et en fait un concept unique, avec lequel il forme une idée universelle... »

(125) *Abrégé* (100), t. III, p. 10.

(126) *Bibliothèque universelle et historique* (65), 1688, janvier, p. 52.

(127) *Œuvres* (3), t. IX, p. 332.

(128) *Ibid.*, t. IX, p. 331.

(129) *Ibid.*, t. IX, p. 330-331.

(130) *Ibid.*, t. IX, p. 331. Au sujet de l'intelligence animale, Fontenelle est bien plus proche de Bernier et de Huet que de Locke qui admet que les bêtes ont de la mémoire, *Essai sur l'entendement,* liv. II, chap. x, § 10 (237), p. 163.

(131) *Abrégé* (100), t. VI, p. 347.

tent au moins un progrès ; ils nous arrachent au pur présent, auquel sont bornées les bêtes.

Bernier avait déjà noté : « L'idée qu'on acquiert par ses propres sens est plus parfaite que celle qu'on forme sur la description qu'on nous fait. » (132). Mais il ne soulignait pas, comme Fontenelle, l'insuffisance des « universaux ». Il est certain que cette conception est fidèle aux doctrines de « l'ancienne philosophie », ou du moins de Guillaume d'Ockham ou d'Abélard, qui avouaient : « Il n'y a qu'opinion de l'universel... il n'y a de savoir que du particulier. » (133). Mais on peut encore songer à Spinoza ; ne lit-on pas dans les *Pensées métaphysiques :* « Nous... attribuons à Dieu la connaissance des choses particulières et lui dénions celle des choses universelles, sauf en tant qu'il connaît les esprits des hommes. » (134) ? Ne retrouve-t-on pas dans l'*Ethique* cette proposition : « Plus nous comprenons les choses singulières, plus nous comprenons Dieu » (135) ? Mais ces rapprochements demeurent douteux ; si la connaissance intuitive que Fontenelle accorde à Dieu, peut rappeler la connaissance du troisième genre définie dans l'*Ethique,* l'auteur des *Fragmens* ne semble guère admettre que l'homme puisse y parvenir ; l'influence des gassendistes français est beaucoup plus nette. Et, c'est encore à Huet ou à Bernier que pense Fontenelle, lorsqu'il réfute l'innéisme cartésien : « Il est impossible que j'aie une idée universelle sur laquelle je n'en ai point de particulières. Donc il est impossible que j'aie une idée innée des axiomes. » (136).

« Depuis que nous sommes nés et que nous avons commencé à ouvrir les yeux jusques à présent, nous n'avons jamais rien vu qui n'eût et sa grandeur et ses parties » (137), affirme Bernier. Fontenelle semble d'abord suivre ce principe : « Mon esprit naturellement copie » (138) ; il suffit de voir un cheval noir pour s'imaginer que tous les chevaux sont noirs. Je ne doute point que dans mon enfance je n'aie eu beaucoup d'axiomes vrais et faux que je croyais tous avec une égale évidence ; mais les uns ont tenu bon, les autres non. » (139). Cependant le philosophe introduit bientôt une distinction : il y a « deux sortes d'axiomes », nous dit-il ; et avec l'intention visible de réfuter Bernier, il ajoute : « Je ne crois point que le tout, etc., parce que je l'ai toujours vu ainsi, mais parce que, ne l'eussé-je jamais vu qu'une fois, je ne le puis concevoir autrement, quelque mélange que je fasse des autres idées que j'ai par expérience. » (140). Certaines propositions reposent uniquement sur les expériences que j'ai faites ; de nouvelles expérien-

(132) *Ibid.*, t. III, p. 33.
(133) Gilson, *La philosophie du Moyen Age...* (519), p. 386, *sq.*, et 640, *sq.*
(134) *Pensées métaphysiques,* IIe part., chap. VII, 5 (333), t. I, p. 475.
(135) *Ethique,* Ve part., prop. XXIV (334), p. 357.
(136) *Œuvres* (3), t. IX, p. 339.
(137) *Abrégé* (100), t. VI, p. 432, *sq.*
(138) *Œuvres* (3), t. IX, p. 339.
(139) *Ibid.*, t. IX, p. 341-342.
(140) *Ibid.*, t. IX, p. 342-343.

ces peuvent les anéantir. Mais d'autres propositions s'appuient sur l'impossibilité où je me trouve d'adopter des idées qui leur soient contraires. Ma montre sonne, mais je ne puis l'affirmer en me basant simplement sur le fait que je l'entende sonner ; ce ne serait là qu'une induction, ou qu' « un axiome d'expérience ». Il faut ouvrir la montre ; il devient alors impossible de concevoir qu'elle ne sonne pas. « Cela répond aux vrais axiomes. » (141).

Cette distinction ne vient pas de notre esprit, mais de la nature : « dans un certain ordre de choses, la nature se montre tout entière à nous, et dans un autre elle ne se montre pas entière » (142). Ainsi se définit la valeur des différentes sciences. Les mathématiques sont sûres, car « l'être mathématique se montre à nous entier » — et encore Fontenelle ajoute prudemment : « j'entends sur de certaines matières » (143). La physique est toujours douteuse, et les maximes de prudence qui parsèment l'*Histoire de l'Académie des sciences* reçoivent ici leur justification métaphysique : « L'être physique, qui consiste en figures et mouvements, ne se montre pas entier... Pour les axiomes d'expérience, il faut quelques précautions avant que de les recevoir. Comme ils ne sont fondés que sur ce que la chose est toujours d'une certaine manière, il faut voir si on a assez d'expériences, assez de différents cas, etc. » (144). On se rappelle évidemment la méfiance de Bacon : « Cette sorte d'induction qui procède par voie de simple énumération ne vaut pas mieux » (145). Mais il est plus facile de dénoncer l'insuffisance des « axiomes d'expérience » que de concilier l'empirisme et la valeur absolue des « axiomes de nature ». Il faut bien sauver la science. Fontenelle a autant de mal que Bacon à définir correctement les cas où « la nature se montre tout entière à nous ». Comment distinguer si nous appréhendons toute la nature ou seulement une partie ? D'où vient cette impression de nécessité que nous ressentons en certains cas ? « Par impossibilité de concevoir autrement, je n'entends pas une réflexion expresse que l'esprit fasse qu'il ne peut concevoir autrement, ou un effort inutile de concevoir autrement. Je n'entends que la nécessité de concevoir, jointe peut-être au sentiment de cette nécessité. » (146). Il y a là un effort évident

---

(141) *Ibid.*, t. IX, p. 348. On lit dans les *Nouvelles difficultez...* du P. Daniel (146), p. 124-125 : « Un paysan voit une montre qui marque et qui sonne les heures, les quarts, les demi-heures : on lui dit que cela se fait par des ressorts cachés au-dedans de la montre. Direz-vous que ce paysan a une idée fort claire et fort distincte de cette montre ? On ne peut pas en avoir une plus générale et plus confuse. Mais un horloger qui connaît toutes les pièces dont elle est composée, qui sait leur arrangement, leur usage, la dépendance qu'elles ont les unes des autres : voilà ce qui s'appelle avoir une idée distincte ». Ce rapprochement nous éclaire sur le contexte intellectuel dans lequel se situe alors Fontenelle, et nous sommes d'autant plus enclin à placer la rédaction des *Fragmens* dans les dernières années du XVIIe siècle.

(142) *Œuvres* (3), t. IX, p. 343.

(143) *Ibid.*, t. IX, p. 348.

(144) *Ibid.*, t. IX, *loc. cit.*

(145) Bacon, *Œuvres* (86), p. 304 (*Nouvel Organe*, I, CV).

(146) *Œuvres* (3), t. IX, p. 349.

pour éviter que l'empirisme ne mène au pyrrhonisme « le plus parfait, et par conséquent le plus impertinent qui ait jamais été » (147). Cette fois, Fontenelle paraît revenir au cartésianisme — dépouillé de l'innéisme des idées et de la règle de l'évidence. Ces passages sont trop brefs pour que nous parvenions à une interprétation plus satisfaisante. Mais l'essentiel, c'est de retrouver chez Fontenelle, comme chez tous les empiristes jusqu'à Hume, le refus du scepticisme, et le désir de promouvoir une science rationnelle, qui transcende l'expérience, bien qu'elle en soit issue. Avec plus de clairvoyance que ses maîtres, Fontenelle pressent que l'induction généralisée aboutit à la négation de la science.

« Les mots — écrivait Bacon — se retournent pour ainsi dire contre l'entendement. » (148). Bernier affirmait : « On doit être sur ses gardes à l'égard des mots ambigus et des façons de parler figurées. » (149). Locke soulignait « les obscurités et les équivoques du langage » (150). Spinoza aboutissait à des remarques analogues. Fontenelle revient ici sur ce thème, qu'il avait déjà traité dans *De l'origine des fables* : « ... l'idée de la chose coûte à prendre, et... celle du mot ne coûte rien » (151). Le langage représente donc une simple économie, à laquelle nous incline spontanément notre paresse. Certes, « en méditant, nous parlons dans notre esprit » (152), mais toute vérification suppose un retour du langage aux choses mêmes : « Quand on me dit une armée de 30.000 hommes, j'entends cela sans prendre aucune idée précise d'hommes assemblés et armés ; mais, si je ne crois pas qu'une armée de 30.000 hommes puisse être en tel lieu, je prends l'idée précise de la chose pour la mieux voir. » (153). Le langage finit même par constituer un obstacle plutôt qu'un soulagement, et les sourds-muets « ont l'esprit plus vif que les autres » (154). Bernier, qui écrivait avant Fontenelle : « La pensée n'est autre chose qu'un discours par lequel on parle intérieurement en soi-même » (155), ne semblait pas pousser aussi loin la méfiance que nous devons garder envers le langage. Il se bornait à des remarques générales ; il ne paraissait pas imaginer que la connaissance la plus exacte fût celle qui se passe des mots, et qui opère « sur les idées des choses mêmes ». On peut invoquer l'influence inavouée de Spinoza.

Si le Père Buffier affirmait que la philosophie « suffit pour conduire aux principes les plus solides de religion » (156), Fontenelle, qui soutient un système analogue, en arrive également à édifier une théologie dans ses *Fragmens*. Dieu y est constamment présent. Nous avons déjà rencontré cette curieuse conception du monde —

(147) *Ibid.*, t. IX, p. 353.
(148) Bacon, *Œuvres* (86), p. 279 (*Nouvel Organe*, I, LIX).
(149) *Abrégé* (100), t. III, p. 41.
(150) *Bibliothèque universelle* (365), janvier 1688, p. 104-105.
(151) *Œuvres* (3), t. IX, p. 334.
(152) *Ibid.*, t. IX, p. 335.
(153) *Ibid.*, *t.* IX, p. 335-336.
(154) *Ibid.*, t. IX, p. 336.
(155) *Abrégé* (100), t. III, p. 1.
(156) Buffier, *op. cit.* (123), t. I, p. IX.

conçu comme un cercle, où « les deux extrémités se rejoignent », puisque ni Dieu, ni les bêtes n'ont d'idées abstraites. Mais le problème central que le philosophe a dû se poser est bien le suivant : comment assurer la vérité de la science, en sacrifiant l'innéité des axiomes ? Comment garantir que « le tout est plus grand que la partie » ? Et il ne suffit pas de dire que de telles propositions s'imposent par leur nécessité. Il devient inévitable de réintroduire le principe cartésien de la créance en Dieu. « L'esprit juge vrai tout ce qu'il ne peut penser autrement... Ce ne pourrait être que par un mouvement naturel et imprimé de Dieu... Il a fallu que Dieu, en imprimant la loi générale de la créance, évitât les cas d'erreur... La loi générale de la pensée porte quelquefois au faux, mais rarement Elle n'y porte jamais dans les idées composées, universelles, etc. Il n'y a rien de faux, et qui soit tel, que je ne le puisse concevoir autrement... » (157). En logique, comme en physique, Dieu demeure l'unique solution des problèmes insolubles. Nous pouvons encore nous souvenir de saint Thomas aussi bien que de Descartes. Mais cette confiance en un Dieu qui ne saurait nous tromper comme un génie malicieux, aboutit à des affirmations toutes contraires à celle du *Discours de la méthode ;* Descartes nous conseillait, puisque l'erreur n'est jamais fatale et dépend de notre volonté, de nous garder des jugements précipités et d'adhérer seulement aux vérités évidentes. Du même principe, Fontenelle tire des conclusions opposées : « Restent les idées simples des sens, le bâton rompu dans l'eau, les grandeurs des corps célestes, les couleurs, etc. Je me trompe sur tout cela... » (158). Mais ce n'est pas une raison de fuir tous les jugements que nous inspirent nos sens : « ... peut-être que Dieu, qui doit la vérité à tout esprit qu'il crée, ne nous doit-il sur les objets des sens que cette vérité respective, au lieu que sur les objets de l'entendement il nous doit une vérité absolue » (159). Nous le savons : le scepticisme en face des données sensorielles conduirait à un doute universel ; ni le monde, ni Dieu n'en sortiraient indemnes. En 1736, Fontenelle écrira à Boullier : « Tout ce que vous me dites sur la véracité de Dieu est bien vrai, et la métaphysique est obligée d'aller jusque-là, pour aller jusqu'au bout » ; mais « cette véracité n'est pas toujours si aisée à expliquer. Je vous soutiendrai, si je veux, qu'elle n'est point blessée, quand la bonté ne l'est point. » Ainsi, « quand la vérité de mes jugements n'intéressera point la bonté de Dieu, sa véracité ne s'opposera point à mes erreurs, parce qu'on pourra toujours supposer que ces erreurs entrent dans quelque ordre inconnu » (160). Nous avons vu en effet que le philosophe admettait fort bien que Dieu nous eût égarés en nous donnant le sentiment de la liberté. Il faut cependant avouer que l'image qu'il nous propose ici de Dieu n'est peut-être pas absolument conforme à l'idée qu'il s'en faisait dans les traités *De la liberté* et *Sur l'existence de Dieu.* Ce créateur, tel-

(157) *Œuvres* (3), t. IX, p. 344.
(158) *Ibid.*, t. IX, p. 350.
(159) *Ibid.*, *t.* IX, p. 351.
(160) *Ibid.*, t. XI, p. 22-23.

lement lointain, qui laissait l'ordre physique se perpétuer sans jamais intervenir, semble s'être rapproché. Fontenelle évoque sa « bonté ». Tiendrait-il soudain à l'humaniser ? Voudrait-il réintroduire la Providence ?

Mais ses conceptions se précisent. Il en vient bientôt à ébaucher une théorie singulière de la divinité et des rapports de la Nature et de l'Esprit. « Les lois générales de la génération des animaux produisent quelquefois des monstres. Ainsi la loi générale de la pensée porte quelquefois au faux, mais rarement. » Les lois de la Nature et les lois de l'Esprit sont parallèles : ce que nous savons du monde matériel est vrai du monde intellectuel. « Les tulipes qui naissent à présent étaient bien enveloppées dans celles qui fleurirent il y a six mille ans. Aussi les équations de l'algèbre sont-elles bien enveloppées dans les propositions que je viens de vous dire ; mais il ne tient qu'à les en tirer, elles y sont... L'esprit a sa divisibilité à l'infini, comme la matière... » (161). Ce principe s'épanouit dans le paragraphe intitulé *Analogie de la matière et de l'esprit ;* nous y trouvons une suite de théorèmes symétriques, qui soulignent la cohérence de la création : « Dieu a fait la matière capable de mouvement... Il a fait l'esprit capable de penser... Il a donné à la matière un mouvement général... Il a donné à l'esprit une pensée générale... Dieu a donné des lois au mouvement... Il a donné des lois à la pensée. » (162). Le mécanisme s'introduit dans l'entendement. Ainsi le principe de « la créance en Dieu » n'implique pas l'intervention permanente du créateur. Dans la Nature, comme dans l'Esprit, Dieu a simplement fixé des lois qui s'exécutent nécessairement et qui étaient sans doute obligatoires.

Cette théorie fait penser à Leibniz : les phénomènes mentaux et les phénomènes physiques offrent deux enchaînements parallèles de causes et d'effets ; il est logique de supposer l'existence de lois psychologiques, et peut-être même de lois historiques. Ecartant l'occasionalisme, Fontenelle supposerait-il maintenant une sorte d'harmonie préétablie entre l'âme et le corps ? Un Dieu législateur ? La correspondance et l'adéquation de tous les éléments de l'univers ? Même sa conception du raisonnement rappelle la *Monadologie* : « Je ne vous apprends jamais rien, mais je vous fais voir jusqu'où va tout ce que vous saviez. La conséquence était dans les principes ; vous ne l'y aperceviez pas ; et cette conséquence-là va devenir principe à l'égard d'une autre conséquence. » (163). Cependant cette analogie est trompeuse : dans l'*Eloge de Leibniz,* Fontenelle, après avoir résumé la théorie du métaphysicien, ajoute :

> Ce système donne une merveilleuse idée de l'intelligence infinie du Créateur : mais peut-être cela même le rend-il trop sublime pour nous. Il a toujours pleinement contenté son auteur ; cependant il n'a pas fait jusqu'ici, et il ne paraît pas devoir faire, la même fortune que celui de Descartes. Si tous

---

(161) *Ibid.*, t. IX, p. 350-355.
(162) *Ibid.*, t. IX, p. 365-366.
(163) *Ibid.*, t. IX, p. 355.

> les deux succombaient aux objections, il faudrait, ce qui serait bien pénible pour les philosophes, qu'ils renonçassent à se tourmenter davantage sur l'union de l'âme et du corps (164).

Un panégyriste officiel ne peut guère pousser plus loin l'ironie. Ce n'est donc pas ainsi qu'il faut interpréter le système de Fontenelle. « Tout est compris dans un ordre physique où les actions des hommes sont à l'égard de Dieu la même chose que les éclipses, et où il prévoit les unes et les autres » (165), nous devons nous souvenir de cette phrase ; l'âme, bien que différente du corps, lui est soumise ; le parallélisme, qui se découvre entre l'enchaînement des pensées et l'enchaînement des phénomènes physiques, représente simplement cette dépendance que Dieu a instaurée. Avouons cependant qu'il y aurait quelque difficulté à développer et à concilier tous ces principes, et la brièveté des *Fragmens* ne nous permet pas une exégèse plus systématique.

L'infini est continuellement présent dans ces textes : préformation des germes ; préformation des connaissances au fond de l'esprit ; divisibilité à l'infini de l'esprit et de la matière. Mais à côté de cela, figure une critique assez vive de l'idée même d'infini. « Nous n'avons aucune idée positive qui embrasse l'infini... l'idée de l'infini consiste dans un reste inépuisable qui ne peut jamais entrer dans une idée positive... » (166), à ces phrases de Locke, déjà publiées en 1688, répondent les arguments présentés par Huet dans sa *Censura* : *Idea rei infinitae et summe perfectae quae in nobis est, finita est* (167). Fontenelle nous montre comment « l'esprit, faisant effort pour concevoir l'infini, y met des bornes malgré soi, et sent en même temps qu'il en faut ôter ces bornes » (168). N'est-ce pas ce qu'avait dit Huet ? *Finiti ad infinitum cum nulla sit omnino proportio, quantumcumque animo contendam ad amplificandam ideam quae finita sit, nunquam per eam rei infinitae notitiam in me exprimam* (169). Nous pourrions souligner bien d'autres analogies, qui indiquent évidemment que la *Censura* fut la source essentielle, et peut-être la seule, de ces réflexions ; les deux philosophes considèrent que l'idée d'infini naît d'un effort pour enlever les bornes de notre esprit : *ex detractione finium quibus continebatur* (170). Alors que Descartes, Malebranche et même Du Hamel disent « qu'on ne comprend pas l'infini, mais qu'on

---

(164) *Ibid.*, t. V, p. 486.

(165) *Œuvres* (4), t. II, p. 616 (*De la liberté de l'âme*).

(166) *Bibliothèque universelle* (365), janvier 1688, p. 66.

(167) *Censura* (190), p. 107 : « L'idée d'une chose infinie et souverainement parfaite, qui est en nous, est finie. »

(168) *Œuvres* (1), t. IX, p. 375.

(169) *Censura* (190), p. 110 : « Du fini à l'infini, comme il n'est absolument aucune proportion, quelque effort que mon esprit fasse pour amplifier une idée qui est finie, jamais par ce moyen je ne mettrai en moi la notion d'une chose infinie... »

(170) *Ibid.*, p. 110 : « en enlevant les bornes dans lesquelles cette idée était contenue. »

l'aperçoit » (171), Fontenelle rétorque qu' « on ne le comprend, ni on ne l'aperçoit » (172), Huet affirme : *Cum autem infiniti notitiam nullam habeam, neque vero habere possim, de ejus imagine certi nihil possum statuere* (173). Conclusion : « L'idée que j'ai de l'infini ne suppose... ni la possibilité de l'infini dans la nature, ni une plus grande étendue dans mon esprit. » (174) ; *idea rei infinitae et summe perfectae quae in nobis est, aliunde proficisci potest, quam a re infinita et summe perfecta... colligi non potest existentia Dei... non necessario sequitur rem illam infinitam et summe perfectam extra mentem exstare* (175). Comme envers Spinoza dans le traité *De la liberté,* Fontenelle se borne à déplacer les arguments de Huet et à leur prêter une forme plus nette et plus persuasive. C'est ainsi qu'il recourt à cette supposition : « un nombre tel que son carré sera moindre que le produit de sa racine 1ZZ :Z1 — a... » L'infini est « ce Z que je ne puis jamais voir en lui-même » (176). Toujours soucieux d'expérimentation précise, il raisonne sur des exemples : « trois gouttes d'eau » dans un vase, « le temps pendant lequel la mer s'épuisera », « un vaisseau qui contient une pinte d'eau » (177).

Comment concilier ce texte et les phrases où Fontenelle admet implicitement l'existence de l'infini ? Mais, s'il s'est inspiré de Huet, c'est peut-être qu'il avait les mêmes intentions que lui. Croit-on que l'évêque d'Avranches ait voulu conduire ses lecteurs à l'athéisme ? Il s'est simplement proposé d'anéantir la philosophie cartésienne. Fontenelle dit d'ailleurs : « L'idée de l'infini est tout au moins aussi imparfaite en moi, que celle du fini d'une certaine grandeur... La fausseté des raisonnements ordinaires consiste en ce qu'on ne met l'esprit humain qu'au-dessous de l'infini. Il est aussi au-dessous de beaucoup de choses finies » (178). L'obscurité de l'idée d'infini ne prouve donc pas l'inexistence de l'infini ; ou alors, « même le fini d'une certaine grandeur » deviendrait inexistant. Il n'en reste pas moins que cette idée est tellement dépourvue de netteté et de précision, qu'il est impossible de raisonner à son sujet : l'infini est accepté, comme l'existence de Dieu, mais il est mystérieux, comme les attributs du créateur. Cette métaphysique aboutit à nier la métaphysique, à nous limiter aux mathématiques, dont

---

(171) *Œuvres* (3), t. IX, p. 378 ; *Recherche de la Vérité,* livre III, Ire partie, chap. II ; Du Hamel, *De consensu* (169), p. 43, *sq.*

(172) *Œuvres* (3), *loc. cit.*

(173) *Censura* (190), p. 117 : « Puisque je n'ai aucune notion de l'infini, et ne puis en avoir, je ne peux rien établir de certain à propos de cette idée. »

(174) *Œuvres* (3), t. IX, p. 374.

(175) *Censura* (190), p. 118, 122 et 130 : « L'idée d'une chose infinie et souverainement parfaite, qui est en nous, peut venir d'une autre source que d'une chose infinie et souverainement parfaite... on ne peut en conclure que Dieu existe... il ne s'en suit pas fatalement que cette chose infinie et souverainement parfaite existe en dehors de notre esprit. »

(176) *Œuvres* (3), t. IX, p. 375-377.

(177) *Ibid.,* t. IX, p. 366, 367, 374-375.

(178) *Ibid.,* t. IX, p. 370.

« l'être... se montre à nous entier », à nous conseiller la prudence en physique, « dont l'être ne se montre pas entier », et dont beaucoup de grandeurs finies et l'infini même nous échappent. C'est là tout ce que les *Fragmens* nous apprennent ; la pratique de la géométrie amènera — nous le verrons — Fontenelle à préciser ses conceptions.

Avec ces brouillons, le système s'achève, ou plutôt ce que Fontenelle en a laissé. Il est vraisemblable que bien d'autres questions l'ont sollicité ; certains de ses écrits sont peut-être perdus ; ceux qu'il nous a transmis sont souvent brefs et trop allusifs ; nous sommes contraints de reconstituer un édifice entier avec des ruines éparses. Mais nous pouvons au moins avouer que Fontenelle a été un métaphysicien ; le scepticisme narquois, qui perce souvent dans l'*Histoire de l'Académie*, est assurément sincère, mais il a ses limites et ses fondements... Il est également certain que le système fontenellien, avec son éclectisme, demeure d'une singulière cohérence. La « bizarrerie de l'esprit humain, qui a tant d'étendue en un sens, et si peu en un autre, etc. » (179), cette bizarrerie, qui était déjà soulignée dans les *Entretiens*, reçoit dans les *Fragmens* son explication profonde : nous n'avons guère plus d'idées particulières que les bêtes, mais nous avons la féconde et dangereuse faculté de créer des idées générales. Notre faiblesse et notre force, notre insatisfaction et notre ambition, notre « double nature » procèdent de là. A ce sujet au moins, Fontenelle n'a jamais évolué : cette vision de l'homme divisé et inquiet se retrouve dans toute son œuvre. Il a fallu la fin du siècle pour qu'il en trouve le fondement métaphysique. Ainsi a-t-on bien l'impression que sa quête s'achève. Quoiqu'il reste des doutes sur la date précise des *Fragmens...* Comme *Sur l'existence de Dieu* donne une réponse aux questions que Fontenelle se posait déjà dans l'*Histoire des Ajaoiens*, comme *Du bonheur* résout les problèmes qui troublaient le chevalier d'Her..., l'œuvre est parfaite. Mais « la connaissance de l'esprit humain » introduit à une conception originale de la science ; c'est la seule activité qui soit vraiment utile, et pas trop décevante. Encore faut-il de la prudence, et certaines matières sont sans doute inconnaissables.

(179) *Ibid.*, t. IX, p. 374.

CHAPITRE III

LE HERAUT DE LA SCIENCE

Le « secrétaire » du marquis de L'Hôpital.

Fontenelle lui-même nous apprend comment le marquis de L'Hôpital fut amené à composer et à publier l'*Analyse des infiniment petits*. Huygens et L'Hôpital correspondaient alors régulièrement ; le mathématicien hollandais avait « quitté Paris, et l'Académie des sciences, dont il était un des principaux ornements. Il paraît par beaucoup de lettres de lui, qu'on a trouvées dans les papiers de M. de L'Hôpital, et surtout par celles qui sont des années 1692 et 1693, qu'il consultait à M. de L'Hôpital ses difficultés sur le calcul différentiel... Jusque-là la géométrie des infiniment petits n'était encore qu'une espèce de mystère, et, pour ainsi dire, une science cabalistique renfermée entre cinq ou six personnes... M. de L'Hôpital résolut de communiquer sans réserve les trésors cachés de la nouvelle géométrie... » (1). Le 14 mars 1695, le marquis écrit à Huygens : « Il y a quelques années que j'avais composé un traité où j'explique tout ce qui regarde le calcul différentiel, et j'avais dessein d'y ajouter plusieurs méthodes pour l'inverse de ce calcul, parmi lesquelles était celle qui m'a donné la quadrature de la feuille de Descartes... Mais ayant reçu une lettre de M. Leibniz, par laquelle il me marque qu'il a dessein de donner au public un traité *De Scientia Infiniti,* je m'en abstiendrai, n'étant pas juste de prévenir son travail, puisqu'il est l'auteur de ce calcul et que d'ailleurs il s'en acquittera beaucoup mieux que moi... » (2). On trouve précisément dans la dixième section de l'*Analyse des infiniment petits* « une nouvelle manière de se servir du calcul des différences pour les courbes géométriques ; d'où l'on déduit la méthode de MM. Descartes et Hudde » (3). Ainsi nous pouvons reconstituer la rédaction de cet ouvrage : commencé vers 1692 et inspiré en partie par

---

(1) *Œuvres* (3), t. V, p. 83-85 (*Eloge du marquis de l'Hôpital*).
(2) Huygens, *Œuvres complètes* (202), t. X, p. 713.
(3) *Œuvres* (3), t. X, p. 40 (*Préface...*).

la correspondance que l'auteur entretenait alors avec Huygens, il ne fut terminé qu'en 1695 — peu avant sa parution.

La nouvelle méthode était encore méconnue ; dans ses préfaces à l'*Analyse des infiniment petits* et aux *Eléments de la géométrie de l'infini,* dans ses *Eloges,* Fontenelle nous en retrace l'histoire : ce calcul, inventé, comme on sait, par Leibniz et Newton, avait d'abord intéressé les Bernoulli, qui sentirent « par le peu qu'ils voyaient... quelle en devait être l'étendue et la beauté. » (4). Mais L'Hôpital n'était pas le seul en France à comprendre la valeur de cette découverte ; Varignon « ne pouvait manquer de saisir avidement la géométrie des infiniment petits, dès qu'elle parut... Avec quel transport vit-il naître une nouvelle géométrie et de nouveaux plaisirs ! » (5). L'*Analyse* fut une œuvre collective ; tout un groupe de chercheurs y collabora : L'Hôpital et Varignon sont les plus illustres, mais Malebranche lui-même ne se contenta pas de prendre parti pour la nouvelle géométrie, il suivit de près la composition de ce traité. Catelan et Saurin ne laissèrent pas de s'y intéresser également.

Les liens personnels de Varignon et de Fontenelle, la culture scientifique que celui-ci avait acquise depuis 1687, et sa réputation de bel esprit, expliquent qu'il fut choisi pour rédiger la préface. Mais Trublet nous dit : « M. de Fontenelle a été en quelque sorte en cette occasion le secrétaire de l'auteur du livre, et il a parlé en son nom. » (6). Il ne faut donc pas chercher dans ce texte les idées de Fontenelle, mais celles de L'Hôpital et de ses collaborateurs.

La philosophie qui domine ici est celle de Malebranche. La critique des Anciens — assez modérée et réfléchie — émane directement de *La Recherche de la vérité.* « ... Plus les chemins qu'ils ont tenus étaient difficiles et épineux, plus ils sont admirables de ne s'y être pas perdus... » (7). Mais il faut détester ceux qui ont arrêté le progrès en vénérant excessivement les savants de l'Antiquité : « De cette manière, bien des gens travaillaient, ils écrivaient ; les livres se multipliaient, et cependant rien n'avançait : tous les travaux de plusieurs siècles n'ont abouti qu'à remplir le monde de respectueux commentaires et de traductions répétées d'originaux souvent assez méprisables. » (8). On lisait dans les dernières éditions de *La Recherche de la vérité :* « L'invention du calcul différentiel et du calcul intégral a donné à l'analyse une étendue sans bornes pour ainsi dire. Car ces nouveaux calculs lui ont soumis une infinité de figures mécaniques, et une infinité de problèmes de physique... » (9). C'est exactement ce que Fontenelle affirme dans sa *Préface ;* il se place à un point de vue tout pragmatique : il se

(4) *Ibid.,* t. X, p. 38.
(5) *Ibid.,* t. VI, p. 166 (*Eloge de Varignon*).
(6) *Mémoires* (345), p. 42.
(7) *Œuvres* (3), t. X, p. 33.
(8) *Ibid.,* t. X, p. 34.
(9) *Recherche de la vérité,* VI-I, 5. Il est vrai que ce texte ne fut imprimé qu'en 1712, mais Fontenelle connaissait Malebranche ; de telles idées étaient partagées par tout le groupe du marquis de l'Hôpital.

montre sensible à la fécondité et à l'utilité des nouvelles méthodes ; il souligne « le merveilleux usage de ce calcul dans la physique, jusqu'à quel point de précision il la peut porter, et combien les mécaniques en peuvent tirer d'utilité » (10).

Si cet ouvrage est né d'un travail collectif, il convenait de mettre en évidence la fécondité d'une telle méthode ; Fontenelle cite tous les savants qui ont aidé L'Hôpital : Leibniz, les Bernoulli, « surtout... [le] jeune présentement professeur à Groningue » (11). Tous les pays semblent avoir collaboré à cette œuvre. Et même tous les siècles : « M. Descartes commença où les Anciens avaient fini... [Leibniz] a commencé où M. Barrow et les autres avaient fini... » (12). Rien n'est dit trop nettement ; mais on retrouve dans ces pages le vieux thème pascalien : l'humanité est comme un seul homme, qui ne cesse de croître et de se perfectionner. Cette conception est peut-être moins proche de la philosophie de Malebranche que de celle de Fontenelle ; le progrès consiste d'abord à dépasser nos querelles et nos « différences » ; les Académies réunissent les Anglais et les Français ; un raisonnement commencé en Italie s'achève en Hollande ; nous continuons ce qu'ont ébauché les Grecs et les Romains. Malgré les siècles et les frontières qui nous divisent, une union est possible : celle de l'intelligence. Dans l'*Histoire de l'Académie des sciences,* Fontenelle ne cessera d'insister sur la politesse et la modération que doivent observer les savants : Il en donne ici l'exemple : « ... je me suis servi — fait-il dire à de L'Hôpital — des... découvertes [des Bernoulli] et de celle de M. Leibniz. C'est pourquoi je consens qu'ils en revendiquent tout ce qu'il leur plaira, me contentant de ce qu'ils voudront bien me laisser... » (13). C'est que l'amour-propre doit disparaître ; seuls comptent les travaux et les conquêtes de la raison universelle. Telle est la portée morale de la géométrie : en permettant l'accord des esprits, elle répond aux questions que Fontenelle se posait dès sa jeunesse.

Cette préface, où Rollin vit « un modèle de jugement et d'impartialité » (14) prend donc un aspect ambigu : dominée d'abord par le malebranchisme du marquis de L'Hôpital et de ses collaborateurs, elle trahit une autre philosophie ; les implications métaphysiques de la géométrie de l'infini sont oubliées ; on ne considère ici que sa valeur pratique et sa valeur morale : « l'humanitarisme du siècle des lumières » remplace sournoisement le dogmatisme de *La Recherche de la vérité.* Dans l'*Histoire des ouvrages des savants* de mai 1697, le traité de L'Hôpital était commenté ; Basnage de Beauval reprenait les mêmes arguments, et souvent les mêmes termes, auxquels avait recouru Fontenelle. Il mettait en évidence la valeur de cet ouvrage : « M. Leibniz, qui est l'inventeur de ce calcul, en avait donné les règles dans les *Actes de Leipzig* en

(10) *Œuvres* (3), t. X, p. 41.
(11) *Ibid.*, t. X, p. 42-43.
(12) *Ibid.*, t. X, p. 35 et 38.
(13) *Ibid.*, t. X, p. 43.
(14) Cité par d'Alembert, *Histoire...* (68), t. V, p. 554.

peu de mots et sans aucune démonstration ; on les trouve ici démontrées d'une manière très nette et fort intelligible... » (15). Il montrait comment les travaux de Huygens et de Tschirnhaus ont aidé L'Hôpital dans ses recherches.

Les travaux de l'Académie des Sciences.

En travaillant pour L'Hôpital, Fontenelle était déjà amené à méditer sur la valeur des sciences. Il affirmait : « Il n'y a qu'à profiter dans les méthodes,... et les livres qui ne consistent qu'en détails ou en propositions particulières, ne sont bons qu'à faire perdre du temps à ceux qui les font et à ceux qui les lisent... » (16). Une grande découverte implique d'ailleurs une infinie variété d'applications. Ces thèmes demeurent un peu simples et schématiques. Mais en 1702, à la tête du premier volume de l'*Histoire de l'Académie,* se trouvait la *Préface sur l'utilité des mathématiques et de la physique,* où Fontenelle s'expliquait de façon plus précise.

C'est encore à Malebranche qu'il faut revenir pour comprendre ce texte. L'auteur de *La Recherche de la vérité* avait montré l'utilité universelle des mathématiques, et les raisons pour lesquelles le peuple les méprise :

> L'analyse, ou l'algèbre spéciale, est assurément la plus belle, je veux dire, la plus féconde et la plus certaine de toutes les sciences. Sans elle, l'esprit n'a ni pénétration, ni étendue ; et avec elle il est capable de savoir presque tout ce qui se peut savoir avec certitude et évidence... En un mot, c'est une science universelle, et comme la clef de toutes les autres sciences. Cependant, quelque estimable qu'elle soit en elle-même, elle n'a rien d'éclatant, ni de charmant pour la plupart des hommes, par cette seule raison qu'elle n'a rien de sensible... (17).

Fontenelle n'a fait que paraphraser et développer ce passage : « On traite volontiers d'inutile ce qu'on ne sait point ; c'est une espèce de vengeance » (18) ; les sciences sont « épineuses, sauvages, et d'un accès difficile. » (19). Il est donc tentant de les mépriser. L'astronome aide le navigateur ; le géomètre aide les maçons et les mariniers ; mais on ne leur en tient pas gré ; les malades que secourt le chirurgien ne savent pas qu'ils doivent leur guérison aux obscurs travaux d'un anatomiste ; la géométrie et la physique ne sont dédaignées que parce qu'elles ne font pas le même bruit « qu'un poème agréable ou un beau discours d'éloquence » (20). Il serait absurde de ne cultiver les mathématiques

(15) *Histoire des ouvrages des savants,* mai 1697.
(16) *Œuvres* (3), t. X, p. 40.
(17) *Recherche de la vérité,* IV, 11-12.
(18) *Œuvres* (3), t. V, p. 1 (*Préface...*).
(19) *Ibid.,* t. V, p. 2.
(20) *Ibid.,* t. V, p. 5.

« qu'autant qu'elles ont un rapport immédiat et sensible aux arts » (21). Les sciences les plus abstraites sont indispensables ; les mathématiques mixtes, qui se rapprochent de la réalité, exigent les mathématiques pures. En analysant le corps des bêtes et même celui des monstres, on parvient à connaître le corps humain. Enfin, « l'esprit a ses besoins, et peut-être aussi étendus que ceux du corps » (22).

On devine que cette *Préface* est aussi ambiguë que celle de l'*Analyse*. Après Malebranche, Fontenelle fait l'éloge des mathématiques, où il découvre une méthode incomparable ; il affirme même que « la véritable physique s'élève jusqu'à devenir une espèce de théologie » (23), et ce thème était inlassablement développé dans *La Recherche de la vérité*. Ne voyons dans cette phrase ni un aveu sincère, ni un mensonge officiel : Fontenelle, qui juge les desseins de Dieu inconnaissables et qui condamne l'emploi des causes finales en physique, peut cependant accepter de façon très générale la valeur religieuse de la science. Connaître le monde, c'est forcément connaître les lois que Dieu a prescrites — même si ces lois dépendaient forcément de la nature des corps. Que ce Dieu soit celui des chrétiens ou celui des déistes, c'est un autre problème... Cependant, à côté de ces affirmations où l'on retrouve, plus ou moins gauchie ou édulcorée, la philosophie de Malebranche, d'autres passages sont plus surprenants. Pour l'oratorien, la *libido sciendi* gardait son aspect diabolique. La science, qui menait à la découverte de Dieu, était corrompue par les impressions sensibles. Les astres par leur grandeur et leur éclat fascinent les hommes, mais « passer toutes les nuits pendu à une lunette pour découvrir dans les cieux quelque tache ou quelque nouvelle planète, perdre sa santé et son bien et abandonner le soin de ses affaires pour rendre régulièrement visite aux étoiles et pour en mesurer les grandeurs et les situations, il me semble que c'est oublier entièrement et ce qu'on est présentement et ce qu'on sera un jour... » (24). Bien qu'il préférât encore l'anatomie à l'astronomie, Malebranche concluait : « Il est permis de s'amuser à cela quand on n'a rien à faire et pour se divertir, mais les hommes ne doivent point y employer tout leur temps, s'ils ne sont insensibles à leurs misères. » (25). C'est à de telles affirmations que Fontenelle a voulu répondre en montrant l'utilité de ces sciences. Il lui arrive même de reprendre les mêmes expressions que Malebranche. Celui-ci écrivait : « Qu'avons-nous tant affaire de savoir si Saturne est environné d'un anneau ou d'un grand nombre de petites lunes, et pourquoi prendre parti là-dessus ? » (26). Fontenelle prête à ses adversaires ce raisonnement : « Nous avons une lune pour nous éclairer pendant nos nuits : que nous importe dira-t-on, que Jupiter en ait quatre ?

(21) *Ibid.*, t. V, p. 6.
(22) *Ibid.*, t. V, p. 13.
(23) *Ibid.*, t. V, p. 16.
(24) *Recherche de la vérité*, IV, 7.
(25) *Ibid.*, *loc. cit.* Cf. *Préface.*
(26) *Ibid.*, *loc. cit.*

Pourquoi tant d'observations si pénibles, tant de calculs si fatigants, pour connaître exactement leur cours ? Nous n'en serons pas mieux éclairés, et la nature, qui a mis ces petits astres hors de la portée de nos yeux, ne paraît pas les avoir faits pour nous... » ; et il réplique : « ... depuis que ces quatre lunes de Jupiter sont connues, elles nous ont été plus utiles par rapport à ces sciences que la nôtre elle-même. » (27).

Fontenelle se situe donc à l'intérieur du malebranchisme ; il en accepte les données essentielles, mais le laïcise ; loin d'écrire que « les hommes doivent incessamment s'appliquer à la connaissance de Dieu et d'eux-mêmes » (28), il voit dans la science l'activité la plus noble et la plus utile que les hommes puissent se proposer, et il montre longuement comment notre vie devient grâce à elle plus facile et plus agréable. On pourrait interpréter toute l'*Histoire de l'Académie des sciences* et tous les *Eloges* de cette façon : le malebranchisme a conquis l'élite intellectuelle de la France, et Fontenelle en connaît la valeur, mais il parvient toujours à dépouiller cette philosophie de ses principes chrétiens, il la rend plus générale, il la teinte de scepticisme, il lui superpose une conception plus limitée et plus pragmatique de la science.

Une méthode est ici définie : « Amassons toujours des vérités de mathématique et de physique au hasard de ce qui en arrivera, ce n'est pas risquer beaucoup » ; certaines resteront peut-être éternellement inutiles, « j'entends inutiles par rapport aux usages sensibles, et, pour ainsi dire, grossiers », mais « toutes les vérités deviennent plus lumineuses les unes par les autres. » (29). D'ailleurs, « les sciences ne font que de naître ». Un jour, la physique systématique remplacera la physique expérimentale. « Jusqu'à présent, l'Académie des Sciences ne prend la nature que par petites parcelles... » (30) ; il faut fuir les synthèses prématurées ; « ... le temps viendra peut-être... » (31). On reconnaît la tradition anglaise de Bacon et de Boyle : « Toutes nos belles méditations et spéculations, toutes les théories imaginées par l'homme sont chose dangereuse » ; la meilleure voie pour la recherche et l'invention est celle « qui de l'expérience et des faits tire les lois en s'élevant progressivement et sans secousse jusqu'aux principes les plus généraux qu'elle atteint en dernier lieu... » (32). Dans sa correspondance avec Leibniz, Fontenelle trouve l'occasion de préciser cette théorie de la connaissance : l'esprit humain — écrit-il — « ne connaît que ce qui est d'un ordre inférieur, que l'étendue et ses propriétés. Encore qui le pousserait bien sur cela, il ne s'en tirerait peut-être pas à son honneur. Je croirais plutôt que l'on

(27) *Œuvres* (3), t. V, p. 2.

(28) *Recherche de la vérité, loc. cit.*

(29) *Œuvres* (3), t. VI, p. 11.

(30) *Ibid.*, t. V, p. 21. A ce propos, Fontenelle développe ses idées sur la nécessité du travail en commun : « Ni les lumières, ni les soins, ni la vie, ni les facultés d'un particulier n'y suffiraient. »

(31) *Ibid.*, t. V, p. 21.

(32) Bacon, *op. cit.* (86), p. 270-271 (*Nouvel Organe,* I, x et XIX).

pourrait démontrer l'impossibilité d'acquérir jamais ces sortes de connaissances métaphysiques... » (33). Théorie qui paraît littéralement positiviste, que Voltaire ne fera que développer dans *Micromégas :* les philosophes connaissent mieux le poids de l'air ou les distances qui séparent les étoiles, que la nature de leur pensée ; il faut borner nos recherches à la science, et la science à l'expérience. On pourrait même donner à cette conception un sens « dialectique » ; seul ce qui est d'un ordre inférieur — ce qui est passé et dépassé — peut être compris. La science tend ainsi à s'éparpiller. Les ensembles somptueux ne pourront être édifiés que dans un avenir imprévisible. Mieux vaut les fuir et se borner aux « anecdotes de la nature », comme Fontenelle, et les écrivains qui l'imiteront, se contentent souvent d'anecdotes psychologiques ou historiques .

Les *Fragmens* nous l'ont appris : la géométrie est sûre ; la physique est incertaine. Fontenelle revient ici sur ce thème : « ... peut-être l'excellence des méthodes géométriques... fera-t-elle voir à la fin le bout de la géométrie, c'est-à-dire de l'art de faire des découvertes en géométrie, ce qui est tout ; mais la physique, qui contemple un objet d'une variété et d'une fécondité sans bornes, trouvera toujours des observations à faire et des occasions de s'enrichir, et aura l'avantage de n'être jamais une science complète... » (34). Il n'y a pas d'adéquation entre la raison et le monde; « les différentes vues de l'esprit humain sont presque infinies, et la nature l'est véritablement... » (35). En soulignant l'infériorité de l'homme devant la création, Fontenelle est parfaitement orthodoxe, mais il tend à refuser — au moins pour l'instant — toute recherche théologique ou métaphysique. L'anéantissement de l'homme devant la divinité aboutit à nous confiner dans notre « jardin ».

L'histoire « n'est qu'un spectacle de révolutions perpétuelles dans les affaires humaines, de naissances, de chutes d'empires... » (36). Nous savons comme Fontenelle a varié sur ce point. Tantôt, comme dans *Sur l'Histoire,* il propose une sorte de mécanisme psychologique ; tantôt, comme dans la *Digression,* il paraît inventer le déterminisme sociologique ; ici il ne veut connaître que la Fortune et les caprices humains, « une suite d'événements si bizarres que l'on a autrefois imaginé une divinité aveugle et insensée pour lui en donner la direction » (37). Il paraît dans cette *Préface* le plus décidé des cartésiens, puisqu'il oppose la rigueur de la science et les mystères de l'histoire. Pourtant le traité *De la liberté* nous a appris que les instincts et les passions étaient, pour ainsi dire, des forces matérielles, analogues à la pesanteur. Il serait donc logique que leur action fût prévisible. Comment interpréter cette contradiction ? La *Préface* fut précisément publiée deux ans après que *De la liberté* eût été brûlé par ordre du Par-

---

(33) Leibniz (229), p. 217.
(34) *Œuvres* (3), t. V, p. 17.
(35) *Ibid.,* t. V, p. 16.
(36) *Ibid.,* t. V, p. 14.
(37) *Ibid.,* t. V, p. 14.

lement ; doit-on supposer que Fontenelle a voulu désavouer cette ouvrage scandaleux, dont l'auteur n'était peut-être pas absolument inconnu ? Remarquons surtout que la contingence historique interdit toute fatalité, mais exclut aussi toute providence ; contre Bossuet et la tradition chrétienne, Fontenelle refuse de chercher Dieu dans l'univers humain ; il n'y a aucune « fin », aucune intention dans cette avalanche d'événements qui nous surprennent toujours. Ainsi, à mi-chemin entre le conformisme et la sincérité, Fontenelle combattrait dans cette *Préface* sur des positions de repli. D'autre part, même si Dieu prévoit nos actions aussi exactement que les astronomes prévoient la course des planètes, les hommes sont loin d'atteindre à une telle connaissance : « Hors les nombres purs et les lignes pures, il n'y a rien d'exactement vrai. Sitôt qu'on applique ces grandeurs à la matière, cette exacte vérité les abandonne ; il semble donc que la pureté de leur nature soit altérée, dès qu'on leur donne un être réel... » (38). La physique, qui est évidemment plus précise que l'histoire, n'égale pas la géométrie. Une psychologie ou une « sociologie » scientifiques sont pensables ; le monde humain est en droit aussi facile à comprendre que le monde physique. Mais celui-ci nous échappe souvent ; comment celui-là nous serait-il accessible avec son enchevêtrement de forces divergentes ? Il faut donc attendre — et réserver ce problème, comme beaucoup d'autres ; l'avenir le résoudra peut-être.

En ébauchant une hiérarchie des sciences dont les plus abstraites sont les plus aisées, Fontenelle annonce le système d'Auguste Comte. Mais, malgré les apparences, il est loin du positivisme : la métaphysique, encore plus complexe et plus incertaine que l'histoire, ne semble pas complètement séparée de la physique. Le philosophe est infiniment prudent et infiniment confiant ; il conseille d'aller lentement, de se garder de toute synthèse prématurée, mais il attend beaucoup de « l'immense avenir ». En fait, deux voix se mêlent dans cette *Préface* : celle de Malebranche ; ce sont les lois de la nature, le désordre de l'histoire, les cieux qui « content la gloire de Dieu » — et plus discrète, parfois presque étouffée, celle du gassendisme français : la physique ne sera peut-être qu'un catalogue d'anecdotes, elle semble destinée à demeurer toujours inachevée. Dans toute l'*Histoire de l'Académie des sciences* cette équivoque se poursuivra. Mais le lecteur, qui connaît la correspondance et la biographie de Fontenelle, sera tenté de croire que dans ce malebranchisme il entre quelque convention, et que le véritable Fontenelle est plutôt l'empiriste, ou même le sceptique, que l'on devine dans certaines inflexions, dans certaines remarques désabusées...

Une géométrie dogmatique.

« ... Cette analyse s'étend bien au-delà de l'infini : car elle ne se borne pas aux différences infiniment petites... de sorte qu'elle

---

(38) *Histoire de l'Académie des sciences* (39), 1678, p. 253. Cette idée se retrouve dans presque tous les volumes de l'*Histoire*.

n'embrasse pas seulement l'infini, mais l'infini de l'infini, ou une infinité d'infinis. » (39). Dans cette phrase de la *Préface* de 1696, est déjà indiquée l'intuition fondamentale qui présida à la rédaction des *Eléments de la géométrie de l'infini*. Le 18 novembre 1702, Fontenelle écrit à Leibniz : « J'ai commencé la téméraire entreprise des infiniment petits... » ; et son travail doit être déjà avancé, car il ajoute : « A vous parler sérieusement, il me paraît que le plan en sera net et général, et que dans toute l'étendue où je jette mes filets, rien ne m'échappera. Du reste, ce ne seront que de malheureux petits éléments que les grands géomètres regarderont pardessus l'épaule. » (40). Jusqu'ici, nous n'avons vu en Fontenelle qu'un vulgarisateur ou un défenseur de la science ; il se transforme en mathématicien. Il faudrait savoir pourquoi il fut tellement attiré par le calcul infinitésimal. Cette méthode était encore à la fin du XVIIe siècle fort contestée, et les comptes rendus de l'*Histoire de l'Académie* évoquent souvent les polémiques qu'elle souleva. Il serait insuffisant d'expliquer l'engouement de Fontenelle par l'influence de Varignon, de Malebranche et du marquis de L'Hôpital. Un esprit aussi libre ne pouvait se laisser entraîner par aucune personnalité, si forte qu'elle fût. Certes, il aimait son siècle, il était « moderne » en littérature, la nouveauté même de cette géométrie pouvait le séduire. Mais ce n'eût été que changer de préjugé. Fontenelle a souvent exalté les vertus du calcul infinitésimal, et ce texte, presque contemporain de la *Préface* de l'*Analyse*, est beaucoup plus explicite : « On vit paraître pour la première fois un corps de géométrie régulier, où une infinité de solutions différentes ne dépendaient que du même principe, où l'on en donnait sans peine plusieurs que l'ancienne géométrie n'eût osé tenter, où l'on donnait avec une facilité incomparablement plus grande celles qui pouvaient être communes à l'ancienne et à la nouvelle. » (41). Universalité, fécondité, rapidité — telles sont les qualités essentielles de la nouvelle méthode.

Il dut donc entreprendre les *Eléments de la géométrie de l'infini* vers 1700, et nous avons vu qu'il les acheva sept ans plus tard. Lorsqu'il les fit paraître en 1727, il expliqua dans la *Préface* ses intentions. Il a voulu — nous dit-il — éclaircir l'infini : « L'asymptotime des courbes toujours fort étonnant, quoique fort ordinaire, les espaces asymptotiques que d'assez légères différences rendent finis ou infinis, et que les espaces finis donnent infinis, des sommes de suites infinies, qui d'infinies qu'elles étaient deviennent finies par la seule élévation des suites au carré, une infinité d'autres merveilles incompréhensibles par elles-mêmes naissent à chaque moment sous les pas des géomètres, et il semble que la géométrie, qui se pique d'avoir la clarté en partage, devrait être exempte de ses merveilles. Quelquefois même des méthodes quoi-

(39) *Œuvres* (3), t. X, p. 31-32.
(40) Leibniz, *op. cit.* (229), p. 217-218.
(41) *Histoire de l'Académie*... (40), 1701, p. 87 (*Sur la résolution d'un problème proposé dans le « Journal de Trévoux », ou sur une propriété nouvelle de la parallaxe*).

que fines et ingénieuses, ne donnent aucune idée nette. » (42). Il cite comme exemples de ces obscurités « la règle des inflexions et des rebroussements » et « la courbure infinie ». Ce sont ces mystères qui l'ont troublé ; il a voulu les démêler : « ... j'ai cru que cet éclaircissement, négligé par les habiles géomètres, pourrait être utile à la géométrie ; on n'en marchera pas plus sûrement, mais on verra plus clair autour de soi » (43).

Cette modestie apparente ne doit pas nous abuser. Fontenelle n'a pas voulu écrire un traité de géométrie, mais découvrir les « éléments » du nouveau calcul — remplacer des méthodes fécondes, mais obscures par un système cohérent. Il n'invente rien. Il se contente de démontrer ce que les autres ont trouvé, et de synthétiser leurs découvertes. On ne comprit pas toujours bien l'intention du philosophe ; Leibniz crut que Fontenelle voulait « faire les éléments métaphysiques de notre calcul » (44), et il considéra cette entreprise avec un certain scepticisme ; le Père Castel en revanche lui reprocha de n'avoir pas voulu « remonter à la métaphysique » (44 *bis*). Fontenelle s'est expliqué dans une lettre à Bernoulli : « Il faut que la géométrie ose plus que la métaphysique ne lui permet, qu'elle s'en débarrasse, la dédaigne et se fie à ses raisonnements particuliers... Si notre géométrie veut s'asservir à la métaphysique, elle n'a qu'à renoncer à tout ce qu'elle a fait, le désavouer, s'en dédire et ne prononcer jamais le mot d'infini... » (45). Ainsi insistera-t-il — comme nous le verrons — sur la distinction à établir entre l'infini métaphysique et l'infini géométrique : autant l'un lui semblera obscur et équivoque, autant l'autre lui paraîtra fécond et limpide... Leibniz au contraire affirme : « La vraie géométrie, ou philosophie, si vous voulez, ne me paraît pas moins importante que la géométrie. » (46).

Mais ce n'est pas là la seule originalité de cette entreprise ; « Le calcul — écrit Fontenelle — n'est guère en géométrie que ce qu'est l'expérience en physique ; et toutes les vérités produites seulement par le calcul, on les pourrait traiter de vérités d'expérience. Les sciences doivent aller jusqu'aux premières causes... » (47). Il faut donc faire la théorie de l'infini ; « tous les autres, selon le Père Castel, sans en excepter M. de l'Hôpital n'en ont traité que l'art, le tâtonnement et la routine du calcul...» (48). Cette théorie sera mathématique, et non métaphysique. Et ce projet explique le plan et la beauté de l'ouvrage ; « quand j'eus pris l'infini pour le tronc, il ne m'a plus été possible d'en trouver d'autre, et je l'ai vu distribuer de toutes parts et répandre ses rameaux

(42) *Œuvres* (3), t. X, p. 61-62.
(43) *Ibid.*, t. X, p. 63.
(44) Lettre à Varignon, le 20 juin 1702 ; passage cité dans *Leibniz...* par Y. Belaval (394), p. 355, note 4.
(44 *bis*) *Œuvres* (3), t. XI, p. 157.
(45) Lettre du 28 juin 1729 dans S. Delorme (477), p. 346.
(46) Leibniz, *op. cit.* (229), p. 234.
(47) *Œuvres* (3), t. X, p. 68.
(48) *Ibid.*, t. XI, p. 157 (20 mars 1728).

avec une régularité, et une symétrie qui n'a pas peu servi à ma persuation particulière... » (49).

C'est qu'aux yeux de Fontenelle l'analyse infinitésimale achève la géométrie, et, s'il attachait tant de prix à ses *Eléments,* c'est qu'il y voyait le couronnement des travaux de tous les géomètres, d'Euclide à Varignon. Une science — nous le savons déjà — ne se constitue que lentement, par le rassemblement progressif des découvertes éparses ; ainsi, « quand une science, telle que la géométrie ne fait que de naître, on ne peut guère attraper que des vérités dispersées qui ne tiennent point, et on les prouve chacune à part comme l'on peut et presque toujours avec beaucoup d'embarras. Mais quand un certain nombre de ces vérités désunies ont été trouvées, on voit en quoi elles s'accordent, et les principes généraux commencent à se montrer. » (50). Cette lente génération, qui est la démarche naturelle de l'esprit humain, est arrivée pour la géométrie à son dénouement ; c'est la fierté de Fontenelle que de grouper toutes les inventions de ses prédécesseurs, de les concilier et de les situer à leur juste place.

L'ordre d'exposition n'est pas l'ordre de découverte ; l'infini ne fut atteint qu'à force de tâtonnements ; il devient ici le tronc d'où se répandent les rameaux. Montesquieu en rédigeant *L'Esprit des Lois* devait se souvenir de cette méthode. C'est la même démarche : des découvertes troubles aux systèmes limpides ; et la même exigence d'universalité : « Tout s'élève en ce siècle-ci, et tend à devenir toujours plus universel. » (51). Il faut fuir la métaphysique prématurée, mais ne pas se borner indéfiniment à des vérités éparpillées ; il faut, autant que possible, s'efforcer de les unir et de les généraliser.

La géométrie est donc la première des sciences à souffrir une synthèse systématique. Sa réussite s'explique pour Fontenelle, comme pour Auguste Comte, par son abstraction. Il aboutit ainsi à lui enlever toute valeur physique ou métaphysique. Il se montre résolument idéaliste. « Il n'y a dans la géométrie que ce que nous y avons mis ; ce ne sont que les idées les plus claires que l'esprit humain puisse former sur la grandeur comparées ensemble et combinées d'une infinité de façons différentes. » (52) ; ou mieux, « la géométrie est tout intellectuelle, indépendante de la description actuelle et de l'existence des figures dont elle découvre les propriétés. » (53). Fontenelle affirmera même dans une lettre à Crousaz : « La géométrie roule non sur le réel précisément, mais sur des idées abstraites, ou plutôt formées par abstraction, telles sont celles du point, de la ligne, de la surface. Il suffit que ces idées soient équivalentes au réel... mais je vais plus loin, je dis que la géométrie prend et adopte des idées contraires au réel... » (54). Ainsi sont conciliés

(49) *Ibid.,* t. X, p. 66-67.
(50) *Ibid.,* t. X, p. 66.
(51) *Histoire de l'Académie...* (40), 1703, p. 69.
(52) *Œuvres* (3), t. X, p. 68.
(53) *Elémens de la géométrie de l'infini* (38), p. 449, par. 1351.
(54) J. La Harpe (558), p. 97 (25 mars 1729).

l'origine empirique et l'intellectualisme de la géométrie ; les figures, nées d'un réel décapé et purifié, ont perdu tout contact avec la physique, et souvent la contredisent formellement. Rien de moins cartésien que cette théorie, qui revient à chaque page de l'*Histoire de l'Académie :* « La Nature n'est pas obligée à exécuter réellement toutes les idées abstraites de la géométrie... En géométrie, toute possibilité est un fait, mais il n'en va pas de même en physique. » (55).

Les *Eléments* sont plus proches de l'infini leibnizien que de l'infini newtonien ; Fontenelle admet en effet différents ordres d'infinis. Mais tout change, lorsqu'on arrive à la section III de la première partie, « véritable fondement de l'ouvrage » (56), selon l'abbé Terrasson. « J'avoue — nous dit Fontenelle — qu'on peut me reprocher qu'au lieu d'éclaircir l'infini, j'y porte une obscurité nouvelle, un paradoxe inouï... qui... se retrouve souvent dans tout l'ouvrage. » (57). En effet, il innovait, et non sans orgueil : « Si ce paradoxe est vrai, s'il suit nécessairement de la nature de l'infini, je la fais mieux connaître, j'en fais mieux connaître les propriétés, qui, quoique obscures, sont la source de tout ce que le calcul nous donne de plus étonnant ; on arrivera aux plus grandes merveilles, bien préparé, et sans cette espèce de surprise qui, dans le fond, n'est point honorable à une vraie science. » (58).

Soit la série A et la série A^2, coupée toutes deux par la ligne B-C, qui correspond au passage du fini à l'infini.

	TERMES FINIS							B	TERMES INFINIS
A	1	2	3	4	&c	n	nn		
A^2	1	4	9	16	&c	nn			
								C	

nn, le plus grand carré fini, sera fatalement dans A^2, puisqu'il est le carré de n. Mais il est le plus grand terme fini de A. Son carré est donc infini. Donc, « après nn il vient dans A^2 des infinis, et A^2 en a plus tôt que A. Comment les carrés des termes finis peuvent-ils être infinis ?... J'avoue que du premier coup d'œil, cette difficulté est accablante, et elle m'aurait fait abandonner tout ce système de l'infini, si je n'avais vu un grand nombre de fortes raisons qui la diminuaient. » (59).

Sept arguments justifient cette découverte :

1° Ce paradoxe n'est pas plus terrible que celui d'un infini plus grand et même infiniment plus grand qu'un autre infini...
2° Les finis que je suppose qui deviennent infinis, ne le deviennent que dans le passage obscur et presque incompréhensible et cependant constant du fini à l'infini.

---

(55) *Histoire de l'Académie...* (40), 1710, p. 120 (*Catoptique, Des foyers par réflexion, en général*).
(56) Cité dans Grégoire, *Fontenelle...* (524), p. 29, note 40.
(57) *Œuvres* (3), t. X, p. 63.
(58) *Ibid.*, t. X, p. 63-64.
(59) *Elémens* (38), p. 63-64, par. 196-197.

> 3° Il y a bien de la différence entre le fini *fixe* pour ainsi dire et le fini *en mouvement,* ou comme disent nos habiles voisins, *en fluxion...* Tous les calculs n'opèrent que sur des finis fixes, et jamais sur les finis en mouvement, et de là vient la règle invariable que le fini multiplié par le fini n'est que fini...
>
> 4° Comme nous n'opérons que sur des finis qui sont tout à l'origine des suites, de même, quand nous opérons sur des infinis, ce n'est que sur ceux qui sont tout à l'extrémité, et qui ont pris la nature entière et complète d'infini, de sorte que nous ne saisissons que les deux bouts des suites... Tout l'entre-deux infini nous échappe, et il doit cependant y arriver tout ce que l'infini a de plus merveilleux...
>
> 5° Ces degrés, ces nuances sont nécessaires dans les suites...
>
> 6° Si l'on n'admet pas ce paradoxe, je démontrerai invinciblement le contraire de quelques vérités constantes et reçues.
>
> 7° Le paradoxe admis ne conduit jamais à aucune conclusion fausse (60).

En appelant « *finis indéterminables* les termes finis de A qui deviennent infinis dans A^2 » (61), Fontenelle revient de Leibniz à Newton, et aux « fluxions ». L'infini n'est plus statique ; c'est une limite vers laquelle tend le fini, il n'y a plus de fossé entre eux. N'est-ce là qu'une « gageure inutile » (62), ou faut-il, avec Poincaré, y voir l'ébauche de la théorie de Cantor (63) ? Il ne nous appartient pas d'en décider, mais le monde mathématique, tel que le conçoit Fontenelle, prend un aspect singulier : il existe un fini pur et un infini pur ; ils sont fixes et incomparables ; entre eux subsiste un intervalle obscur, mais plein de merveilles, où règnent les finis en mouvement, et les infinis qui n'ont pas encore pris « la nature entière et complète d'infini ». Avouons que ces *finis indéterminables,* auxquels correspondent logiquement des *infinis indéterminables,* demeurent équivoques ; et plus équivoque encore, cette géographie mathématique qui tente d'associer la fixité et le mouvement, la pureté et les nuances.

On a été généralement sévère pour cette géométrie, mais il faut chercher la source de ces paradoxes dans une métaphysique, à laquelle Fontenelle ne pouvait s'empêcher de céder, bien qu'il s'en défendît. Dès 1704, il soutient contre Leibniz la réalité absolue de ces infinis, et il s'attire de l'inventeur du calcul infinitésimal cette mise en garde :

> Il est vrai que chez moi, les infinis ne sont pas des touts et les infiniment petits ne sont pas des grandeurs. Ma métaphysique les bannit de ses terres. Elle ne leur donne retraite que dans les espaces imaginaires du calcul géométrique, où ces notions ne sont de mise que comme les racines qu'on appelle

(60) *Ibid.,* p. 64-66, par. 197.
(61) *Ibid.,* p. 66-67, par. 198.
(62) Selon Renouvier, cité par Brunschvicg, *Etapes* (422), p. 243.
(63) Poincaré, *Dernières pensées* (647), p. 146-162 ; Grégoire, *op. cit.* (524), p. 33-34.

imaginaires. La part que j'ai eue à faire valoir le calcul des infinitésimales ne m'en rend pas assez amoureux pour les pousser au-delà du bon sens... (64).

Si Fontenelle s'irritait de l'excessive audace de Leibniz en physique ou en métaphysique, il lui reprochera d'être trop timide en géométrie. « Un architecte a fait un bâtiment si hardi, qu'il n'ose lui-même y loger ; et il se trouve des gens qui se fient plus que lui à sa solidité, qui y logent sans crainte, et, qui plus est, sans accident... » (65). Il l'accusera même d'avoir « un peu chancelé » (66). Il affirme au contraire qu'on ne saurait comparer l'infini à ces échafaudages qu'on abat aussitôt que l'édifice est construit... « L'infini que [la géométrie]... démontre... est aussi réel que le fini, et l'idée qu'elle en a n'est point plus que toutes les autres une idée de supposition qui ne soit que commode, et qui doive disparaître, dès qu'on en a fait usage. » (67). La géométrie est purement intellectuelle ; elle peut donc accepter l'infini, qui n'est au fond pas plus abstrait que le fini. Dans cette attitude Fontenelle était guidé par les mathématiciens français. Quelques semaines avant sa mort, Leibniz écrit : « Quand [nos amis]... disputèrent en France..., je leur témoignai que je ne croyais point qu'il y eût des grandeurs véritablement infinies, ni véritablement infinitésimales, que ce n'étaient que des fictions... Mais comme le marquis de L'Hôpital croyait que par là je trahissais la cause, ils me prièrent de n'en rien dire... » (68).

Ce n'est pas tout ; l'infini embrasse le fini ; « on rapporte qu'il y a dans les Pays-Bas de grandes étendues de terres qui ont été couvertes par la mer et dont il ne reste que quelques pointes de clochers éparses çà et là, qui sortent de l'eau. C'est ainsi à peu près que l'océan de l'infini a abîmé tous les nombres et toutes les grandeurs, dont il ne reste que les commensurables, que nous puissions connaître parfaitement. » (69). Loin d'être un échafaudage temporaire, loin même d'être une extension du fini, l'infini devient la seule réalité, et les grandeurs sur lesquelles nous opérons n'en sont que des fragments. Sa valeur ne se borne d'ailleurs pas à l'abstraction mathématique : « ... si... la géométrie a toujours quelque obscurité essentielle qu'on ne puisse dissiper, et ce sera uniquement, à ce que je crois du côté de l'infini, c'est que de ce côté-là, la géométrie tient à la physique, à la nature intime des corps que nous connaissons peu, et peut-être aussi à une métaphysique trop élevée, dont il ne nous est permis que d'apercevoir quelques rayons » (70). L'infini est le seul point où la géométrie rencontre la physique ; il n'a pas seulement la réalité intellectuelle qu'ont tous les objets mathématiques ; son obscurité même indique sa réalité physique.

---

(64) Leibniz, *op. cit.* (229), p. 234.
(65) *Œuvres* (3), t. V, p. 482.
(66) *Ibid.*, t. X, p. 55 (*Préface*).
(67) *Ibid.*, t. X, p. 56 et 58.
(68) Cité dans Brunscvicg, *Etapes* (422), p. 242.
(69) *Œuvres* (3), t. X, p. 65.
(70) *Ibid.*, t. X, p. 68-69.

Ainsi la préformation des germes, à laquelle Malebranche était tellement attaché, montre la présence de l'infini dans la Nature : ce n'est pas par hasard que Fontenelle évoque cette théorie dans la *Préface* des *Eléments,* et conclut : « Je remarquerai en passant que, dans cet exemple même, la principale difficulté vient de l'infini. » (71). Et en 1701, il est précisément amené à rédiger un compte rendu *Sur la fécondité des plantes ;* il en profite pour affirmer :

> Voilà un infini d'infini qui naît de la supposition que les plantes, aussi bien que les animaux, sont toutes formées dès la première création et ne font que se développer. M. Dodart... tâche... à nous accoutumer à l'idée de l'infini... Il n'aurait pas beaucoup de peine avec ceux qui ont un peu l'habitude de creuser soit en physique, soit en mathématique, ils savent bien qu'ils ne vont pas bien loin, sans rencontrer aussitôt quelque infini, comme si l'auteur de la Nature et de toutes les vérités avait pris soin de répandre partout son principal caractère (72).

Fontenelle prend le visage surprenant d'un apologiste ; l'infini enveloppe le fini ; il règne dans toute la Nature ; les « rayons de métaphysique » qu'il nous découvre semblent coïncider avec la Révélation. Certes, on se méfiera de ces pompeuses protestations d'orthodoxie ; quand Fontenelle recourt à cette éloquence nombreuse et fleurie, ce n'est pas forcément qu'il mente ; c'est au moins qu'il gauchit et simplifie sa pensée. Et nous avons vu que dans les *Fragmens* il insistait sur l'obscurité irréductible de l'idée d'infini. Cette difficulté est clarifiée dans la *Préface* de 1727. Il faut distinguer l'infini métaphysique et l'infini géométrique. L'un est « une grandeur sans bornes en tous sens, qui comprend tout, hors de laquelle il n'y a rien » (73). L'autre « est seulement une grandeur plus grande que toute grandeur finie, mais non pas plus grande que toute grandeur ». Autant l'infini géométrique est exalté, autant l'infini métaphysique est déprécié ; il « ne peut s'appliquer ni aux nombres, ni à l'étendue ; il y devient un pur être de raison dont la fausse idée ne sert qu'à nous troubler et à nous égarer... » (74). Cette distinction, qui semble déjà indiquée par Malebranche (75) et par Leibniz (75 *bis*), a été exprimée de la façon la

(71) *Ibid.*, t. X, p. 64.

(72) *Histoire de l'Académie...* (40), 1701, p. 77. Cf. 1707, p. 144 (*Sur la résistance des milieux en mouvement*) : « Un tout fini quelconque, un pied, par exemple, est un composé de fini et d'infini... » ; 1726, p. 96 (*Mécanique, Sur la force des corps en mouvement*) : « L'infini est partout de quelque manière que ce soit, tout fini se résoud en infini. »

(73) *Œuvres* (3), t. X, p. 60.

(74) *Ibid.*, t. X, p. 61.

(75) *Recherche de la vérité,* IV, 2, 5 ; à propos de « la propriété des hyperboles entre les asymptotes », « notre esprit, quoique fini, peut apercevoir l'infini, mais par une perception, qui, quoique infiniment légère, est certainement très réelle ».

(75 *bis*) Cf. Relaval, *op. cit.* (594), p. 355, *sq.*

plus précise par le P. Buffier. Puisque le *Traité des premières véritez* parut en 1717, c'est vraisemblablement la source des réflexions contenues dans la *Préface* de 1727 ; mais les deux hommes se connaissaient : quel est celui qui a influencé l'autre ? Buffier écrit :

> ... on peut distinguer avec les scolastiques deux sortes d'infinis. L'un est dit infini en puissance, l'autre infini absolu. Le premier selon ma pensée consiste en ce qu'un être, quelque grand ou petit qu'on le suppose, soit conçu avoir encore plus de grandeur ou petitesse qu'on ne peut concevoir, à quelques degrés multipliés les uns sur les autres que l'on soit parvenu. Le second infini consiste en ce qu'une chose ait actuellement et absolument tant de grandeur et de petitesse qu'on n'en puisse imaginer davantage... Il est évident que nous avons naturellement l'idée du premier infini ; car nous ne concevons rien de si grand que nous ne puissions ajouter dans notre pensée aux degrés de grandeur qui sont présents dans notre esprit, des degrés ultérieurs de grandeur (76).

Ne croyons pas qu'en soulignant l'obscurité de l'infini métaphysique, Fontenelle aboutisse à l'athéisme, comme d'Alembert, qui reprit la même critique. Buffier n'hésite pas à écrire : « Nous n'avons pas une idée de Dieu conforme à toute l'étendue de l'objet... Parlant de l'infini absolu, nous n'avons l'idée que d'une chose incompréhensible. » (77). Ce qui ne l'empêche pas de « croire que cet infini existe effectivement comme je puis supposer ou croire qu'il existe des choses dont je n'ai et ne puis avoir aucune idée » (78). N'étant pas géomètre, l'auteur du *Traité des premières véritez* peut considérer qu'il est « frivole » de se demander « si un infini est plus grand que l'autre » (79). Il est cependant évident que sa pensée est toute proche de celle de Fontenelle.

Une difficulté subsiste : cet infini qui existe dans la nature, dont la préformation des germes est le plus éclatant exemple, est-ce l'infini métaphysique ou l'infini géométrique ? Il semble bien que Fontenelle voit là un infini métaphysique, puisqu'il y retrouve « le principal caractère » de « l'auteur de la Nature ». Mais comment se fait-il que l'infini géométrique, qui paraît irréductiblement séparé de l'infini métaphysique, puisse rejoindre « la nature intime des corps » et s'obscurcir en s'y appliquant ? Fontenelle ne nous dit rien de précis sur ce point. On peut supposer que pour lui, comme pour Leibniz, quoique de façon très différente, l'infini mathématique est une approximation de l'infini métaphysique (80). Cependant, l'auteur de la *Théodicée* valorise la métaphysique, et ne voit dans la géométrie qu'un procédé éphémère ; Fontenelle, avec Huet et Buffier, juge la Nature et Dieu presque inconnaissables, mais il accorde à la géométrie une confiance sans réserve.

(76) Buffier, *op. cit.* (123), t. I, p. 205-206.
(77) *Ibid.*, t. I, p. 209.
(78) *Ibid.*, t. I, p. 210.
(79) *Ibid.*, t. I, p. 212, *sq.*
(80) Belaval, *op. cit.* (394), *loc. cit.*

Il n'entre pas dans notre propos d'analyser tous les *Eléments de la géométrie de l'infini*. Nous avons seulement voulu éclaircir les notions essentielles qui y paraissent, car elles sont indispensables pour comprendre la métaphysique de Fontenelle. Il est visible que de 1696 à 1702, au fur et à mesure qu'il progressait dans cette entreprise, sa pensée s'est enrichie et approfondie. Sensible d'abord à l'utilité du calcul infinitésimal, à son universalité, à sa rapidité, il découvre bientôt que cette méthode a une valeur de connaissance physique et même métaphysique. Elle nous conduit jusqu'aux portes des mystères de la création. Parmi tous ses ouvrages, c'est peut-être aux *Eléments* que Fontenelle attacha le plus d'importance. « L'honneur — comme dit Trublet — ne fut pas proportionné au travail... » (81). Mairan et Nicole, chargés par l'Académie d'examiner le manuscrit, le jugèrent « solide et ingénieux », mais ils ne laissèrent pas d'exprimer quelques réserves : « La plupart des idées contenues dans cet ouvrage — écrivent-ils — sont nouvelles soit par le fonds, soit par la forme que l'auteur leur donne... » (83) ; et leurs éloges demeurent un peu réticents. Fontenelle était resté en correspondance avec Jean Bernoulli, tandis qu'il rédigeait son livre ; il lui avait expliqué les difficultés que présentaient les *finis indéterminables :* « autant que ce principe est paradoxe et sauvage, autant il est fécond et général » (83). Bernoulli ne se laissait pas aisément convaincre : « Ce que vous appelez des *finis indéterminables,* que vous dites être nécessaires pour la nuance ou pour le passage prétendu du fini à l'infini, enfin vos finis indéterminables ne sont que des véritables infinis par rapport à l'unité, mais des infinis qui sont infiniment plus petits que ceux des degrés suivants. » (84). Ces objections retardèrent même la parution de l'ouvrage. Quand il fut publié, Fontenelle demanda à Bernoulli son avis sur tout le livre ; il l'obtint : malgré les éloges et les formules, il y a beaucoup de critiques : « *inassignable* et *indéterminable* sont des termes synonymes, il me semble donc que qui dit *finis indéterminables* dit autant que *finis inassignables* ou *finis infinis,* ce qui serait contradictoire... » (85). Les comptes rendus du Père Castel dans le *Journal de Trévoux* ne contentèrent pas non plus Fontenelle ; l'extrait de Gravesande paru dans le *Journal littéraire* lui déplut également, et l'amena à rédiger des *Eclaircissements* (87). Ces difficultés naissaient toujours des mêmes principes : les *finis indéterminables* hérissaient les lecteurs, qui n'y voyaient qu'un verbalisme stérile ; la distinction entre l'infini métaphysique et l'infini mathématique était mal comprise ou oubliée. Enfin, l'œuvre à laquelle Fontenelle s'était voué, était méconnue ; le philosophe n'en tira qu'une nouvelle raison d'être amer et désabusé : « ... il y a déjà

---

(81) *Mémoires* (345), p. 294-295.
(82) *Ibid.*, p. 315-318.
(83) S. Delorme (477), p. 342 (22 avril 1725).
(84) *Ibid.*, p. 343 (28 mai 1725).
(85) *Ibid.*, p. 347 (4 octobre 1729).
(86) *Mémoires de Trévoux,* juillet 1728, p. 1233-1263 ; mars 1729, p. 415-422. Cf. *Œuvres* (3), t. XI, p. 141-172.
(87) *Journal littéraire,* t. XIV ; *Œuvres* (3), t. X, p. 38-48.

longtemps que j'ai pris le parti de ne plus me casser la tête à ces sortes de choses-là, qui s'oublient très facilement, quand on ne s'y entretient pas... » (88). Il fallut attendre Poincaré pour que ce travail fût pris au sérieux. Le mathématicien vit en Fontenelle le plus parfait représentant du courant « cantorien », auquel s'oppose le courant « pragmatiste ». Le cantorien place l'infini avant le fini ; il est « réaliste » ; il suppose implicitement que les mathématiques existent indépendamment du mathématicien (89). Tout cela semble bien se retrouver dans les *Eléments,* et nous ne suivrons pas F. Grégoire, lorsqu'il affirme qu'en critiquant l'idée d'infini, Fontenelle réintroduit un certain pragmatisme (90). L'élimination de l'infini métaphysique ne vise qu'à mieux définir et qu'à exalter davantage l'infini mathématique.

Une physique approximative.

L'*Histoire de l'Académie des sciences* n'est pas absolument cohérente. Selon les circonstances, selon les opinions des savants dont il résume les travaux, Fontenelle modifie légèrement ses points de vue. Ainsi il paraît hésiter entre un scepticisme déterminé (91) et une confiance résolue dans le progrès (92). Tantôt il lui semble que la physique ne parviendra jamais à aucune vérité assurée ; tantôt il manifeste un optimisme sans réserve. Son attitude la plus profonde s'exprime peut-être dans cette phrase écrite en 1731 : « ... Tout ceci n'aboutit qu'à des incertitudes, mais des incertitudes sont des espèces de lumières qui peuvent mener à la connaissance du vrai au lieu que des décisions hardies et précipitées nous en éloigneraient » (93).

Il ne nous appartient pas d'analyser toutes ces variations. Mais nous voudrions comprendre pourquoi Fontenelle, avec de telles conceptions, est devenu physicien. La géométrie était achevée, et les *Eléments* devaient présenter une synthèse et un couronnement définitifs. Mais pourquoi un homme aussi convaincu de la relativité et de l'insuffisance de la « philosophie naturelle », s'est-il obstiné à défendre « les tourbillons » durant un demi-siècle ? Un historien

(88) Académie française ; *Collection Moulin,* p. 21 : « Paris, le 16 février 1751, à une personne qui cultivait la haute géométrie... »

(89) *Etapes* (422), p. 245.

(90) Grégoire, *op. cit.* (524), p. 33.

(91) *Histoire...* (40), 1726, p. 21 : « Il n'y a encore rien qui ait été assez examiné ; et peut-être rien ne le sera-t-il jamais assez. Tout est infini dans la Nature... » ; *Histoire* (42), 1755, p. 4 : « On dirait que les causes se cachent à mesure que nous connaissons mieux les effets. »

(92) *Histoire* (40), p. 19 : « On peut voir par cet exemple, et on le verrait aussi par une infinité d'autres, que nos progrès sont fort lents, qu'il y a toujours entre une découverte et une autre d'assez grands intervalles, et que ces intervalles, qui sont fort grands dans les premiers temps, diminuent toujours et se serrent en approchant de ces temps-ci... » Il est vrai que le scepticisme en matière de physique est affirmé bien plus souvent que cet optimisme — au demeurant assez mitigé.

(93) *Histoire* (41), 1731, p. 29 (*Sur le changement de figure du cœur dans la systole*).

des sciences pourrait suivre dans tous les *Mémoires de l'Académie* cette lutte obstinée, où les succès et les revers se succèdent... (94).

En octobre 1699, on trouvait dans les *Nouvelles de la République des lettres* une épître relative aux *Entretiens sur la pluralité des mondes*. L'auteur ne comprenait pas comment Fontenelle avait pu imaginer qu'un observateur, suspendu dans les airs, verrait défiler sous ses yeux les habitants des quatre continents ; il lui semblait qu'un homme, placé dans une telle situation, ne verrait rien du tout ; la terre, en tournant sur elle-même et en étant emportée par la matière céleste, s'éloignerait de lui rapidement, et ne reviendrait à la même place qu'au bout d'un an. On peut encore se demander si cet « observateur » ne devrait pas tomber vers le soleil. Enfin, pourquoi le soleil tourne-t-il à l'instar de la terre et des autres planètes ? « D'où vient la première impulsion qui anime la matière céleste ? » (95).

Ces critiques n'étaient point trop vives, et Fontenelle, soucieux de défendre la réputation qu'il s'était acquise parmi les savants, répondit aussitôt. En imaginant un homme suspendu dans les airs, il n'avait voulu que badiner ; on ne doit pas interpréter trop littéralement de telles suppositions, qui ne servent qu'à égayer le texte. Pourtant cette hypothèse est acceptable ; le spectateur qui contemplerait la terre serait « enfermé dans l'atmosphère » (96) ; il suivrait donc le mouvement du globe. Cette polémique insignifiante a surtout l'intérêt de nous montrer comment Fontenelle envisage en 1699 le problème de la pesanteur. « Il y a bien de l'apparence — nous dit-il — que les planètes pèsent à l'égard de la terre, et quelques philosophes modernes nous ont déjà ouvert de grandes vues sur cette matière » (97). Bien que cette phrase paraisse s'appliquer à Newton, la pesanteur ne ruine pas « les tourbillons » ; le soleil est animé d'un mouvement rotatif, car il est pareil à « un corps placé au centre d'un liquide qui tourne. » Fontenelle se rallie franchement aux « forces centrifuges » de Huygens, dont il explique la valeur dans la *Théorie des tourbillons :*

> Comme les cartésiens avaient les attractions en horreur et qu'ils se flattaient de les avoir bannies à jamais, ils attaquèrent le système newtonien, et firent voir qu'en appliquant aux corps célestes les forces contrifuges de M. Huygens, et en les supposant en équilibre entre eux, il en naissait nécessairement la règle de Kepler, et même le principe fondamental du livre de M. Newton, pourvu seulement qu'on veuille bien appeler force centrifuge ce qu'il appelait attraction (98).

(94) *Ibid.*, 1727, p. 128 ; 1728, p. 13, 97, etc. ; et surtout à propos des travaux de l'abbé de Molières, 1729, p. 87 ; 1731, p. 66 ; 1733, p. 91 ; 1734, p. 88.

(95) *Œuvres* (3), t. IX, p. 121-137 (*Nouvelles de la République des lettres*, octobre 1699, p. 386, *sq.*).

(96) *Ibid.*, t. IX, p. 138-142. Fontenelle envoya cette réponse à l'*Histoire des ouvrages des savants* ; elle parut dans le numéro de novembre, p. 415, *sq.*

(97) *Ibid.*, t. IX, p. 141.

(98) *Ibid.*, t. IX, p. 317-318.

Voilà le point de vue auquel Fontenelle s'est tenu obstinément. Nous ne sommes pas parvenu à dater la *Théorie des tourbillons*, écrite — de l'aveu même de l'éditeur — « longtemps après » les *Entretiens*, mais bien avant 1752, l'année où ce livre fut publié (99). Cet ouvrage a été visiblement composé pour défendre plutôt que pour exposer le système cartésien. En 1700, cette conception régnait en France sans difficulté. Nous croirions volontiers que la *Théorie* a été conçue vers 1730, au moment où s'allumèrent les polémiques entre newtoniens et cartésiens. En fait, l'*Histoire de l'Académie*, les *Eloges* et la correspondance de Fontenelle montrent qu'il n'évolua jamais sur ce point.

On a voulu voir dans cette attitude une « humeur chagrine de vieillard » (100) ; on a jugé que sa vanité d'auteur était intéressée dans ce débat ; en défendant les « tourbillons », il aurait voulu perpétuer la gloire des *Entretiens* (101). De telles explications nous semblent un peu légères. Plus vraisemblablement — quoiqu'on ne s'y attende pas — le patriotisme a dû influencer Fontenelle. C'était sa fonction officielle, que d'exalter et de soutenir la science française. Son *Eloge de Newton* fut mal accueilli en Angleterre. Certains passages de l'*Histoire de l'Académie* mettent en évidence cet aspect du problème : « Le système général de Descartes mérite que non seulement la nation française, mais toute la nation des philosophes, soit disposées favorablement à le conserver. » (102). Un jour, Fontenelle note avec plaisir :

> M. de Maupertuis a déterré un fait curieux, et qui peut surprendre. Dans le siècle passé et avant Newton, deux de nos plus illustres Français ont eu la même idée que lui sur la pesanteur. Ils ne l'ont pas embrassée, ni réduite en système, mais enfin ils l'ont eue, l'ont jugée possible, et s'en sont même expliqués en termes plus forts que M. Newton et ses disciples. M. de Maupertuis a-t-il voulu revendiquer une gloire à sa patrie ou justifier un peu les Anglais à nos dépens (103) ?

Le secrétaire de l'Académie était, pour ainsi dire, contraint de protéger la physique française contre les prétentions britanniques. S'il mesurait la facticité des conventions sociales, il s'attachait à les respecter scrupuleusement. Il est malaisé de discerner ses pensées profondes : les contemporains ont remarqué qu'il paraissait souvent indifférent aux disputes de l'Académie et qu'il s'amusait à donner à ses confrères des leçons de modestie (103 *bis*). Cette attitude

---

(99) *Ibid.*, t. IX, p. 145. Trublet précise, *Mémoires* (345), p. 300 : « Cet ouvrage avait été composé depuis plusieurs années. M. de Fontenelle l'avait communiqué à quelques amis, et on l'invitait à le publier... Il y avait de la répugnance... M. de Fontenelle consentit enfin à l'impression, en exigeant néanmoins que son nom ne parût point à la tête du livre. »

(100) Flourens, *Fontenelle...* (506), p. 129.

(101) Laborde-Milaa, *Fontenelle...* (549), p. 137.

(102) *Histoire* (41), 1728, p. 103 (*Sur les mouvemens en tourbillon*).

(103) *Histoire* (42), 1734, p. 93.

(103 *bis*) Tougard, *Documents* (690), t. I, p. 11 ; *Fontenelliana* (458), p. 36-37.

favorisait l'opportunisme. L'auteur du *Triomphe de la religion* était bien capable de défendre un système dont il n'était pas trop entêté, mais que ses charges lui imposaient de soutenir.

Cependant la *Théorie des tourbillons* est un ouvrage personnel, plein de gravité. En 1752, quand ce livre parut, la majorité des savants français étaient ralliés à l'attractionisme newtonien. Il faut donc que Fontenelle ait eu des raisons sérieuses d'afficher ce cartésianisme obstiné. Il a lui-même donné ses arguments : l'attraction est une chimère de la Scolastique ; c'est « un principe très obscur et très contestable » ; « une force inconnue et métaphysique... dont on ne peut prévoir les effets, mais que l'on suppose telle que certains faits établis la demandent, et qui, par conséquent, satisfait toujours précisément à tout. » (104) L'exactitude des calculs newtoniens n'est donc pas surprenante ; le savant est parti des phénomènes, alors que Descartes partait des principes. Et voici comment Fontenelle juge la méthode du Français et celle de l'Anglais : « Les principes évidents de l'un ne conduisent pas toujours aux phénomènes tels qu'ils sont ; les phénomènes ne conduisent pas toujours l'autre à des principes assez évidents. » (105). Il y a un véritable danger à consentir à l'attractionisme ; l'effort du XVIIe siècle pour éliminer toute les puissances occultes et pour rendre la nature intelligible échouerait : « Si l'on dit que l'attraction mutuelle est une propriété essentielle aux corps, quoique nous ne l'apercevions pas, on en pourra dire autant des sympathies, des horreurs, de tout ce qui a l'opprobre de l'ancienne philosophie scolastique. » (106). Prétendra-t-on que l'impulsion est également une idée obscure ? C'est tout autre chose : certes, « nous n'avons pas une idée nette de ce que le choc fait passer du corps mû dans le corps en repos. » (107) ; il y a là un mystère que l'occasionalisme cartésien ne dissipe pas ; « mais nous voyons très clairement que si le corps A mû choque le corps B en repos, il arrivera quelque chose de nouveau. » Il y a donc une « différence infinie entre ce qui reste d'obscurité dans l'idée de l'impulsion et l'obscurité totale qui enveloppe celle de l'attraction » (108).

Il est évident en effet que Fontenelle, depuis les *Entretiens,* n'a cessé de défendre tous les systèmes qui permettaient de clarifier et d'intellectualiser la nature. Mais on découvre bientôt que toute sa métaphysique est concernée par ce problème. Les savants anglais retrouvaient dans l'attraction la preuve que Dieu intervenait cons-

---

(104) *Œuvres* (3), t. IX, p. 303 ; *Histoire* (42), 1733, p. 94 (*Sur la conciliation des deux règles astronomiques de Kepler dans le système des tourbillons*). Plus exactement, Fontenelle reconnaît qu' « il serait très raisonnable de dire qu'en attendant la connaissance des causes physiques ou mécaniques de ces pesanteurs, on en considère les effets, et qu'on est en droit de donner à ces causes inconnues des noms commodes... » ; mais le système de Newton « comprend les véritables attractions », *Histoire* (42), 1734, p. 88.

(105) *Œuvres* (3), t. VI, p. 297 (*Eloge de Newton*).

(106) *Ibid.,* t. IX, p. 308 (*Théorie...*).

(107) *Ibid.,* t. IX, p. 304.

(108) *Ibid.,* t. IX, p. 305.

tamment dans le monde ; et c'était le Dieu de la Bible, puisqu'ils mettaient « sur le même plan spirituel, la physique générale, la religion naturelle et la religion révélée » (109). Au contraire, comme l'écrit Maupertuis, « pour d'autres philosophes qui font mouvoir les planètes dans un fluide qui les emporte... l'uniformité de leur cours ne paraît point inexplicable ; elle ne suppose pas ce singulier coup de hasard et ne prouve pas plus l'existence de Dieu, que ne ferait tout autre mouvement imprimé à la matière » (110). Fontenelle se retrouve ici dans le même camp que Leibniz ; comme l'auteur de la *Théodicée,* il adresse à Newton les mêmes reproches qu'à Malebranche : il redoute ce théisme qui confond le naturel et le surnaturel, il tient à un rationalisme net qui écarte les miracles de l'occasionalisme et les miracles de l'attractionisme. Mais, dès que Leibniz s'élève à la mystique, il ne le suit plus. Son intention, nous le savons, c'est de prouver l'existence de Dieu, mais de ne situer son intervention qu'à l'instant de la création et de « la première chiquenaude ». Tous les systèmes qui établissent l'omniprésence divine sont dangereux, car ils réintroduisent les mythes chrétiens que Fontenelle veut détruire.

Son déisme s'accorde au contraire avec « les tourbillons » : « Tout mouvement est une action de Dieu sur la matière... Il ne reste en tout ceci d'obscurité que l'idée précise de l'action de Dieu, qui ne doit pas être à notre portée... » (111). Habilement, pour rallier les chrétiens à sa thèse, le philosophe explique que le système de Newton, en rendant l'action de Dieu arbitraire, ruinerait toute preuve de la spiritualité de l'âme ; « Dieu aurait aussi bien pu donner la pensée à la matière, que l'attraction » (112). Mais nous savons que sur ce problème, Fontenelle est demeuré hésitant, et qu'il a sans doute préféré le réserver pour un avenir imprévisible. Ne voyons donc là qu'un argument adroit. Il est en revanche évident que le newtonisme se conciliait avec la religion révélée, et c'était aux yeux de Fontenelle son aspect le plus nocif.

Même la géométrie de l'infini est en cause ici. « L'espace newtonien » fait du monde « un vide immense qui ne contiendrait rien... Le Tout-Puissant n'aurait rien versé dans ce vase » (113). Pour Descartes au contraire la matière est infinie ; ainsi reflète-t-elle l'action du créateur, et permet-elle à l'homme par l'entremise du calcul infinitésimal d'approcher un peu « de la nature des corps ». Dès 1700, Fontenelle l'avoue à Leibniz : « M. Varignon...

(109) H. Metzger, *Attraction universelle et religion naturelle,* p. 7, cité dans Roger, *op. cit.* (663), p. 242.
(110) Maupertuis, *Essai de cosmologige,* cité dans Roger, p. 470.
(111) *Œuvres* (3), t. IX, p. 306.
(112) *Ibid.,* t. IX, p. 308. De même, Fontenelle précise, *ibid.,* t. IX, p. 161 : « ... non que la matière une fois créée et ayant reçu du créateur une première impression de mouvement dans toutes ses parties, je crois qu'elle pût en un temps quelconque et même infini se mettre en vertu des seules lois du mouvement dans l'état où nous voyons aujourd'hui l'univers. » C'est là vraisemblablement — comme nous l'avons vu — sa pensée profonde, mais ce n'était pas le moment de l'exprimer.
(113) *Ibid,* t. IX, p. 323.

nous a donné depuis peu une méthode générale pour trouver les différentes *forces centrales* qui poussent une planète... il ne se sert jamais que du calcul différentiel, et... par là il va fort bien... » (114).

« Les tourbillons » permettent à la fois d'abstraire la divinité et de comprendre son action dans la nature ; ils s'accordent avec la géométrie de l'infini, qui est elle-même conforme à cette métaphysique. Ainsi s'achève logiquement toute la pensée de Fontenelle, et nous voyons — de façon éclatante — que ce qu'il a écrit ou publié entre 1730 et 1755 ne fut qu'une conséquence ou qu'un développement de ce qu'il avait conçu avant 1700.

---

(114) Leibniz, *op. cit.* (229), p. 200.

CONCLUSION

Dans le système philosophique et scientifique de Fontenelle entrent bien des influences ; la forme des écrits et la personnalité de l'auteur semblent exclure toute synthèse pour ne laisser entrevoir qu'une multitude de pistes mêlées et divagantes. Nous avons vu comment Fontenelle se situait par rapport à Malebranche, à Leibniz, à Spinoza. Peut-être définirait-on plus exactement sa philosophie en y voyant trois étages. On discerne d'abord une adhésion au mécanisme : la Nature est organisée, elle a des lois, mais nous savons que ce légalisme, qui exclut tous les miracles et toutes les qualités occultes, conduit au fatalisme spinoziste : les lois indiquent peut-être l'action de Dieu, elles dépendent surtout de la constitution de la matière. A cette vision globale s'ajoute un principe de contestation ou de scepticisme, et c'est le vrai rôle de Dieu dans ce système. Il n'est pas seulement, comme l'a dit J.-R. Carré, « la solution des problèmes insolubles » ; il est surtout « le garant du scepticisme », la cause métaphysique de l'ignorance humaine. Etant infini, il est inconnaissable pour l'esprit humain. La Nature est infinie comme son créateur et ne peut donc être pénétrée par notre intelligence. Notre faiblesse nous contraint à remplacer les idées particulières, qui seules sont fondées, par des idées générales flottantes et inadéquates. Ainsi devons-nous renoncer à toute connaissance exhaustive de l'univers : « les axiomes d'expérience » sont toujours douteux. Mais ce Dieu et cette infinité de la Nature, qui sont d'abord des principes de doute, deviennent enfin des principes de connaissance. L'infini géométrique n'a pas seulement la réalité intellectuelle qui appartient à toutes les mathématiques ; il permet d'approcher, et pas seulement de façon symbolique, de la véritable constitution de la Nature. Dans la préformation des germes et dans les « tourbillons » se discerne cet infini métaphysique qui est la marque de Dieu dans la nature, et l'infini géométrique en donne une approximation. Ainsi la pensée de Fontenelle nous semble s'élever du mécanisme spinoziste au scepticisme, du scepticisme à une sorte d'optimisme limité, que fonde essentiellement l'analyse infinitésimale.

Tout dans ce système — le fatalisme, le scepticisme, l'insuffisance des idées générales, le culte de la géométrie — conseille le silence et l'effacement. A quoi bon parler puisque nous sommes condamnés à l'ignorance ? Ne subsiste que l'analyse de l'infini — seul moyen de connaître un peu l'univers et, en échappant aux stériles agitations humaines, d'atteindre à cette sérénité froide que Fontenelle appelle « le bonheur »...

La vie du philosophe va se poursuivre, mais aucune évolution n'apparaît plus : en 1755, le vieillard redira à Trublet toutes les craintes que lui inspire le clergé, et il niera encore la liberté humaine (115). S'il projette dans le salon de Mme Geoffrin d'écrire sur « la nature de l'esprit humain », ce n'est pas pour renier ses œuvres de jeunesse, mais pour les compléter et les rendre plus systématiques... (115 *bis*). En 1742, il fait paraître les *Réflexions sur la poétique* et l'*Histoire du théâtre françois*, écrites quarante ans plus tôt, mais il n'en change pas un mot (116). Trublet affirme que son maître n'accepta jamais l'automatisme animal, ni l'occasionalisme (117). Sa pensée était désormais achevée : l'homme se plia avec une application assez sèche et désabusée à tout ce que lui demandèrent ses amis et ses protecteurs : il développa avec éloquence le malebranchisme qu'avait adopté l'élite intellectuelle ; il s'amusa au badinage monotone qu'exigeait la duchesse du Maine ; il prêta sa plume aux manifestes ou aux discours que lui commandait le Régent. Il était mort — et encore vivant ; car ses discours imposés, ses petits vers, ses articles monnayés, finirent toujours par lui ressembler, et par révéler ce qu'il voulait taire. Cet homme qui ne cesse d'écrire refuse de s'exprimer, mais il s'exprime malgré tout.

Cependant l'inspiration d'autrefois reviendra. Ce seront ces comédies sentimentales et intellectuelles... Les disciples seront tous les jours plus nombreux ; Montesquieu, Marivaux, et même Voltaire se rassembleront autour du vieillard, qui ne cessera de donner des leçons de lucidité et d'ironie. Il n'est pas sûr que ses admirateurs lui aient fait plaisir ; il s'est effrayé de la « conviction » qui régnait dans la nouvelle génération. Il s'était placé décidément dans la sphère de l'intelligence éternelle ; il dominait tous les tumultes et tous les espoirs de son siècle, même ceux qui étaient nés de ses écrits.

---

(115) Jacquart, *La correspondance...* (543), *app.*, p. 154, *sq.* (*Journal* de l'abbé Trublet).

(115 *bis*) C'est ce que semble indiquer Garat, *op. cit.* (513), t. I, p. 117.

(116) *Traits, notes et remarques* (Ms. Rouen), p. 71 : « il en relut scrupuleusement le manuscrit, avant de l'imprimer... et il n'y trouva rien à corriger... »

(117) *Mémoires* (345), p. 174, note 1.

SIXIEME PARTIE

TEL QU'EN LUI-MEME ENFIN...

Après avoir suivi Fontenelle dans ses combats, ses contradictions et ses aventures intellectuelles, nous voulons faire un bilan. Il faut enfin savoir, s'il mit plus de quarante ans à « se trouver », quel fut le résultat de ses efforts — quelle personnalité il s'est forgée, quel jugement il nous inspire...

CHAPITRE I

TRISSOTIN OU SPINOZA ?

Bel esprit superficiel, voué à l'amusement des « femmes savantes » ou métaphysicien solitaire et intransigeant ? Ecrivain conventionnel, « philosophe des temps nouveaux » ? On devine déjà que tous ces jugements sont partiels et schématiques. Il faut chercher le véritable Fontenelle, en oubliant les caricatures de La Bruyère ou de l'abbé Desfontaines et les éloges parfois un peu fastueux de la critique moderne.

Une carrière assez difficile.

Tes jours comblés d'honneurs et tissus de plaisirs,
Tes beaux jours, sage Fontenelle,
Semés d'heureux travaux et de riants loisirs,
Dont, au gré de nos vœux, le fil se renouvelle,
Consacrent à jamais la raison éternelle
Qui dirigea tes pas et régla tes désirs.
On vit un céleste génie
T'apporter tour à tour le compas d'Uranie,
La plume de Clio, la lyre des Amours (1).

Ces vers de l'abbé de Bernis résument, en l'embellissant, toute la carrière de Fontenelle. La variété des travaux, le bonheur, la gloire, la longévité. Cette image harmonieuse et paisible ne résiste pas à l'examen.

Le « neveu de Messieurs Corneille », qu'épaulait le *Mercure galant*, eut du mal à s'imposer. Sans doute fut-il académicien à trente-quatre ans, mais après combien d'échecs et d'intrigues ! La chute d'*Aspar*, le succès des *Dialogues des morts*, puis des *Entretiens*, la polémique qui suivit les *Pastorales*, la « querelle des Anciens et des Modernes », le triomphe de *Thétis et Pélée*, l'échec d'*Enée et Lavinie*, sont les dates marquantes de cette carrière souvent compromise par les ennemis de l'écrivain, par son imperti-

(1) *Œuvres complettes* (101), t. I, p. 75-76 : *Epître XIII, à M. de Fontenelle.*

nence ou sa témérité. Ses entreprises littéraires ne donnèrent aucune œuvre vraiment admirable — rien qui valût *Le Cid* ou *Phèdre* ; rien même qui eût le prestige des opéras de Quinault. Avec une sorte d'instabilité, le jeune homme glisse d'un genre à l'autre — sans s'attacher à aucun. Il mériterait plus que La Fontaine ce reproche :

> Tu changes tous les jours de manière et de style ;
> Tu cours en un moment de Térence à Virgile ;
> Aussi rien de parfait n'est sorti de tes mains...

Cette inconstance manifeste peut-être une « âme inquiète » ; elle reflète plus sûrement l'intellectualisme de Fontenelle, et sa désinvolture — ou son indifférence profonde — en face de la littérature. Il rêve tour à tour de remplacer Racine, de succéder à Quinault, de faire revivre Voiture... Il abandonne bientôt ; tous ces essais ne semblent que des amusements ou des expériences. Cette attitude peut se comprendre ; Fontenelle avait été nourri de belles-lettres au collège de Bourbon et dans la maison de ses oncles ; il avait trop de « facilité » pour réussir dans cette voie... Cette carrière, qui lui était si familière et qui lui paraissait si aisée, ne pouvait susciter ses efforts.

De 1678 à 1699, il est l'homme d'un groupe ; son combat est celui de sa génération ; Basnage de Beauval, Donneau de Visé, Charles Perrault, Bayle, le soutiennent et s'accordent avec lui. Contre les poètes que protège la cour, les beaux esprits de Paris comptent avant tout sur la presse et la publicité. Les « gazettes de Hollande » et le *Mercure galant* forment un réseau assez cohérent. Encore que certaines dissensions apparaissent : Mme Deshoulières, la muse des Modernes, déteste Fontenelle ; celui-ci semble quitter le *Mercure* pour les *Nouvelles de la République des lettres* vers 1684, et en 1687 il revient au *Mercure*... Bien des éléments nous manquent pour expliquer ces variations.

Mais, de 1700 à 1740, Fontenelle dirigea le monde des lettres et des sciences. Il présida à toutes les découvertes physiques et à toutes les créations littéraires. Après l'effacement de Racine et de Boileau, il vit se tourner vers lui les meilleurs esprits de l'âge nouveau. Ses discours à l'Académie des Sciences, ses bons mots, ses petits vers suscitaient l'intérêt, et souvent l'admiration, de tous. Après la mort de La Motte, avec le succès grandissant de Voltaire et des philosophes, son crédit déclina ; Grimm put écrire méchamment : « Il semble qu'à mesure qu'on respecte davantage la personne de M. de Fontenelle, on fasse moins de cas de ses ouvrages... L'auteur, depuis un ou deux ans, est traité moins favorablement que l'homme... On convient assez généralement qu'il a porté dans les sciences une méthode qui n'y était pas et qu'il possède ce qui s'appelle le bel esprit au plus haut point, mais on lui refuse la chaleur, l'imagination, le naturel, et toute sorte de génie, et même de talent. » (2). Collé note dans son *Journal* :

---

(2) *Correspondance littéraire* (186), t. II, p. 101-102 ; voir aussi III, p. 338-340.

> Depuis l'âge de quatre-vingt-dix ans, il souhaitait la mort... Personne n'a joui d'une plus grande réputation... Mais persécuté par l'envie et par tous les écrivains subalternes auxquels il a eu la prudence et la fermeté de ne répondre jamais, il a avoué à bien des gens que cette persécution avait été le poison de sa vie et l'avait rendu malheureux, au point qu'il n'aurait pas accepté de recommencer la carrière brillante qu'il a fournie... (3).

Un journaliste ?

Ce succès relatif s'explique sans doute par la souplesse de l'écrivain. Manquant d'obstination et d'ambition pour accomplir une œuvre de longue haleine, il avait assez de facilité pour se plier à toutes les exigences de son siècle. Il avait surtout une curiosité assez ample pour traiter tous les problèmes qui intéressaient ses contemporains. L'ami de Montesquieu fut l'ami de Malebranche et le correspondant de Leibniz. La psychologie de La Rochefoucauld, la théologie du père Thomassin, les « causes occasionnelles », « les animaux machines », la préformation des germes de Malebranche, l'infini de Malebranche, de Leibniz et de Newton, la génération spontanée — toutes les idées de son époque le sollicitèrent ; et comme *La Recherche de la vérité* domine cette période, malgré les « ravages » souterrains de l'*Ethique* — la pensée de Fontenelle se ramène souvent à un dialogue, parfois épineux, parfois conciliant, avec la métaphysique de l'oratorien.

Ne fut-il donc qu'un journaliste supérieurement doué ? Son évolution semble suivre les mouvements de son siècle. Il faut le *Traité de l'origine des romans* et le *Tractatus* pour qu'il écrive *Sur l'Histoire* ; il faut Perrault et Malebranche pour la *Digression* ; il faut le marquis de L'Hôpital et Varignon pour la *Géométrie de l'infini*. Il suffit de généraliser cette impression, pour en arriver à le considérer comme un de ces esprits intelligents, diserts et stériles, qui savent exprimer de façon élégante et précise des idées qui ne leur appartiennent pas. Docile à toutes les modes, acceptant tous les moules, il écrit des *Lettres galantes* comme Le Pays, des *Pastorales* comme Segrais, des contes de fées comme Perrault ; il ne paraît qu'un miroir, dont la justesse et la beauté voilent le vide. Ses contemporains ont été frappés par la variété de ses talents, mais cela même lui fit du tort ; beaucoup de réussites moyennes et de demi-échecs n'égalent pas le génie, limité, mais prestigieux. A force de ressembler à Fénelon, à La Motte, à Buffier, sa personnalité semble se dissoudre. N'écrivit-il donc que des œuvres de circonstance ? Et nous avons vu comme il suit souvent de façon presque littérale ses devanciers. Sa seule inspiration serait la soif de l'argent ou des honneurs — ou les occasions officielles. Cet esprit trop calme et trop divers n'est peut-être pas un grand homme. On

(3) Collé, *Journal* (449), t. II, p. 152-153.

croirait qu'il ignora tous les tourments ; ses travaux ne paraissent qu'un rôle bien interprété dans une pièce qu'il n'a pas choisie.

Ses contemporains, et même la postérité, ne lui ont d'ordinaire reconnu qu'une originalité ; il a inventé la vulgarisation scientifique, le « badinage érudit », « l'esprit de son siècle ». Il fit beaucoup en effet pour faire naître un nouvel idéal humain, qui tient sa place entre l'honnête homme et le philosophe. Il faut savoir passer du plaisant au sévère, mais le plaisant doit être plein de grâce, le sévère doit être moderne, étonnant, singulier. Il convient d'exprimer des idées neuves et profondes sans paraître se prendre trop au sérieux. Duclos dans *Les Confessions du comte de* ... évoque le salon de Mme du Tencin ; il voit les habitués se livrer à une « espèce de dissertation métaphysique... Dans leurs discours savants, un grand nombre de traits, d'épigrammes et malheureusement des pointes assez triviales... » ; et il conclut : « Tous ces bureaux de bel esprit ne servent qu'à dégoûter le génie, rétrécir l'esprit, encourager les médiocres, donner de l'orgueil aux sots et révolter le public... » (3 *bis*). Cette parade continuelle, ce scepticisme systématique devaient être lassants. Il est facile de montrer qu'entre les savants et la haute société il fallait bien un intermédiaire : le bel esprit, avec ses épigrammes et ses subtilités métaphysiques, était indispensable. On peut encore ajouter que ce perpétuel badinage n'est pas gai ; il révèle un profond nihilisme, l'instabilité, l'insatisfaction. Plaisanter de tout, c'est douter de tout. On comprend que certains aient été exaspérés par cette frivolité concertée. Elle trahit différentes tendances ; il y entre bien de la vanité — une affectation de supériorité — peut-être aussi de la prudence : la plaisanterie est un voile, un nuage, que la pensée secrète pour se dérober ; on croit l'atteindre, elle échappe. Cette génération privée de liberté, habituée à la crainte et au mensonge, ne pouvait plus se prendre au sérieux. Le pouvoir, avec les contraintes qu'il imposait et la licence qu'il autorisait, suscitait l'opportunisme et l'hypocrisie : on pouvait tout penser, mais on ne pouvait pas tout dire ; il fallait souvent se taire, et parfois mentir. Comment ces hommes, habitués à biaiser, à trahir, à truquer, auraient-ils gardé leur gravité ? Mais l'ironie est aussi positive : c'est la liberté de l'esprit, c'est le détachement, c'est le refus de « s'arrêter », d'adhérer, de se confondre : chaque étape est dépassée, sitôt qu'elle est atteinte. Le « philosophe inquiet » se place déjà au point de vue de la vérité ; il sait qu'il ne peut la concevoir ; elle n'appartient même pas à « l'immense avenir » ; le progrès est indéfini. Cette vérité qui se dérobe, on ne peut l'atteindre, ou du moins en avoir l'illusion, qu'en se situant, en s'objectivant. Vaniteux et craintif, le bel esprit est surtout optimiste ; s'il se moque de lui-même, ce n'est pas qu'il soit convaincu de l'infinie variété des coutumes et des systèmes — ou du moins cette variété ne le décourage pas, car il y distingue un progrès. Le progrès nous enseigne que nous avons raison et tort

---

(3 *bis*) *Les Confessions du Comte de*... (165), I, p. 350 et 365. On sait que Marivaux dans *La vie de Marianne* présente les salons de façon beaucoup plus favorable et n'y voit que peu d'affectation...

d'être ce que nous sommes. Le détachement et l'ironie sont un effort désespéré pour rejoindre l'avenir. Nous savons que du pyrrhonisme des *Dialogues des morts,* Fontenelle est peu à peu passé à la constatation que l'humanité était susceptible de se perfectionner ; avec cette nouvelle conviction, l'ironie n'est pas morte, mais elle a changé de valeur : elle ne trahit plus le désespoir, mais un optimisme assuré et foncièrement insatisfait à la fois. Les plaisanteries nous consolent de notre limitation, et nous permettent de la dominer — fût-ce de façon factice (4).

Journaliste et bel esprit, intelligent et souple, capable de comprendre toutes les sciences et d'épouser toutes les modes littéraires — c'est peu dire. On voudrait trouver une personnalité ; n'est-ce qu'un reflet ?

Une recherche personnelle.

Il est faux de voir en Fontenelle un métaphysicien solitaire, dont les activités mondaines et les mensonges de convenance dissimuleraient les secrètes méditations. Mais il est absurde de ne vouloir trouver dans ses œuvres qu'un « écho sonore » de son siècle. A travers ses amitiés, ses lectures et ses concessions, il suivit une route personnelle ; s'il oscilla entre la littérature et la science, ce mouvement ne se ramène pas aux *Distractions dans l'étude de la géométrie.* Le poète, le vulgarisateur et le mathématicien ne font qu'un ; ils poursuivent la même quête. Il importe de résumer cette histoire.

Jusqu'en 1680, l'écrivain ne nous confie rien ; il ne compose que de petits vers — sans prétention et sans originalité ; ses poèmes de collège, ses idylles qui paraissent dans le *Mercure,* et sans doute *Aspar,* nous paraissent également convenus et futiles. Prêtera-t-on plus d'attention au librettiste de *Bellérophon* ? On s'inquiétera seulement de cette facilité excessive, qui pourrait étouffer les talents les plus vigoureux ; ce n'est pas dans ce monde de journalistes avides, trop complaisants et trop flatteurs, que le jeune homme peut s'épanouir ; même *La Comète,* où l'on chercherait volontiers quelque confidence plus profonde, ressemble trop aux petites comédies que La Reynie demandait à Donneau de Visé et à Thomas Corneille. Les *Dialogues des morts* et les *Lettres galantes,* malgré leur aspect mondain et épigrammatique, sont autrement révélateurs ; nous y découvrons un pessimisme singulier : l'histoire est folle, et la société est mauvaise ; on peut avec Lucien se moquer de tout ; on peut, en se souvenant de l'*Astrée,* rêver du paradis pastoral ; mais le mieux, c'est de tout accepter, et de cacher ses déceptions sous un voile de cynisme. Toutes ces attitudes, Fontenelle

(4) Il va de soi que le « bel esprit » que nous décrivons ici est le « bel esprit » des années 1680-1730; mais le terme fut employé de façon beaucoup plus générale : ainsi Racine ou Boileau purent-ils être considérés comme de beaux esprits.

les a apprises des derniers libertins, qui sont alors ses véritables maîtres : Bernier sans doute, mais Guillaume Lamy également, Mme Deshoulières et peut-être Hénault. Si les « moralités » des *Dialogues* paraissent souvent empruntées aux églogues de Mme Deshoulières, les historiettes que narre le chevalier d'Her... nous ramènent aux maximes exprimées dans les *Discours anatomiques*. *Sur l'Histoire* et — sans doute — les *Ajaoiens* nous indiquent le sens profond de ces développements, qui paraissent parfois un peu gratuits ou trop légers ; et ce qui nous frappe alors, c'est le radicalisme de Fontenelle : il n'hésite pas à analyser la naissance des religions, ni à proposer une cité parfaite, d'où les prêtres et les princes soient bannis ; l'enseignement de Spinoza complète les leçons des épicuriens, mais l'*utopie* n'est qu'un rêve, l'amertume domine, et le dernier des libertins, malgré sa jeunesse, frôle le nihilisme.

Vers 1684, s'opère un véritable renversement ; les *Pastorales* et les *Entretiens* ne font à la rigueur qu'un seul ouvrage : il est possible de vivre comme vivent les bergers des *Eglogues*, et certaines vérités nous sont accessibles. Les bergers ignorent les passions, les savants ignorent l'erreur. Le rêve le plus profond qui hantait Fontenelle, qui justifiait les sarcasmes des *Dialogues* et le persiflage du chevalier d'Her..., c'est la *pureté*. Les héros des *Pastorales* ne sont pas si chimériques qu'on le croirait. Mme de La Mésangère est l'Iris de la *Première églogue*. Les mathématiques et l'astronomie sont pures, comme le fond de notre cœur « purgé de tout ce que les excès des fantaisies humaines y ont mêlé d'étranger et de mauvais » (4 *bis*). Dans l'amour, comme dans la science, se retrouve la même innocence. Notre époque est mauvaise, mais les premiers hommes furent les plus heureux, et la science restaurera cette félicité. Connaître la Nature, être naturel, dominer la Nature — tous ces termes recouvrent la même expérience. L'astronomie, la morale et la technique convergent. Le monde, dépouillé des fausses merveilles que nos craintes et nos passions ont inventées, est encore plus beau ; on ne peut qu'admirer avec Malebranche la splendeur et l'économie qui y règnent. Notre cœur, dépouillé de toutes les illusions et des faux désirs que nous y avons introduits, n'est que bonheur et innocence. On pourrait presque donner à cette démarche une valeur mystique ; il s'agit de redécouvrir Dieu dans ses œuvres et en nous-mêmes. L'homme devient capable de supprimer le mal qu'il a fait. Malgré son culte des sciences, Fontenelle annoncerait Rousseau : « J'aperçois Dieu partout dans ses œuvres ; je le sens en moi, je le vois tout autour de moi » (5) ; comme dans la *Profession de foi du vicaire savoyard,* le Dieu des *Doutes sur les causes occasionnelles* est mystérieux et irréductible aux calculs humains. « Pourquoi Dieu a-t-il voulu créer le monde, tel qu'il est ? Nous n'en savons rien » (6), écrit Fontenelle, et Rousseau

(4 *bis*) *Discours sur l'églogue, Œuvres* (3), t. IV, p. 139.
(5) *Emile,* IV.
(6) *Œuvres* (3), t. IX, p. 63-64 (*Causes occasionnelles,* IV).

précise : « J'ignore pourquoi l'univers existe... Je suis comme un homme qui verrait pour la première fois une montre ouverte et qui ne laisserait pas d'en admirer l'ouvrage, quoiqu'il ne connût pas l'usage de la machine et qu'il n'en eût point vu le cadran. » (7). Et, tous deux rejettent sur l'homme la responsabilité du mal, et tous deux s'attachent à détruire les dogmes.

Mais il y a plus de chaleur et d'émotion chez Rousseau, plus de réserve et d'ironie chez Fontenelle. Son déisme n'est peut-être vers 1687 qu'une façade commode ; il ne peut aller jusqu'au bout de sa pensée. Même les sciences, où il semble voir le seul moyen d'unir les esprits entre eux et de réconcilier l'homme et le monde, lui inspirent quelque scepticisme ; le poids de son époque et des conventions littéraires l'entraîne trop souvent... Cependant le nihilisme de naguère est dépassé ; il devient possible de retrouver le paradis pastoral ; le siècle doit naturellement progresser dans cette voie ; il y aura des longueurs et des rechutes, mais les préjugés stupides et les superstitions cruelles finiront par disparaître. C'est par une lutte quotidienne qu'on peut y parvenir ; en défendant et en divulguant la science, en appliquant systématiquement dans tous les domaines la même méthode.

Est-ce vraiment la méthode cartésienne ? Il importe d'éviter la précipitation et la prévention, mais il ne faut pas compter sur une soudaine évidence. Comme Leibniz, Fontenelle réhabilite l'érudition ; s'il invoque Descartes, il s'inspire surtout de Bacon : « Il vaut toujours mieux en fait d'astronomie voir et observer, que de calculer et de déduire. » (8). Et ce n'est pas seulement « en fait d'astronomie ». Pour connaître la nature de l'églogue, il faut commencer par faire « l'histoire de l'églogue ». L'*Histoire du théâtre françois* est l'indispensable prélude aux *Réflexions sur la poétique*. Après les expériences tâtonnantes, viennent les théorèmes limpides et péremptoires. Cet empirisme est souvent « honteux » : « il n'est question que de calculer, et la sagesse doit toujours avoir les jetons à la main » (9). La seule certitude est mathématique ; la physique est toujours douteuse. C'est une faiblesse que d'être contraint de recourir à la réalité : « La géométrie pure ne roule que sur des idées de l'esprit, qui n'est jamais obligé de s'arrêter, et de là vient que la précision de la géométrie n'a point de limites, mais celle des mathématiques mixtes en a nécessairement parce qu'elles roulent sur des effets bornés de la matière, ou dépendent des organes grossiers de nos sens. » (10). Tout dépend du domaine auquel s'appliquent nos recherches. La morale, l'esthétique devraient être géométriques. Mais au fond ce n'est qu'un déguisement prestigieux qu'empruntent nos observations. En droit, tout est

(7) *Emile*, IV.

(8) *Histoire de l'Académie des sciences* (40), 1700, p. 120 (*Sur une conjonction de Vénus avec le soleil*).

(9) *Œuvres* (3), t. III, p. 259 (*Du bonheur*).

(10) *Histoire de l'Académie des sciences* (40), 1713, p. 71 (*Sur les cordes sonores*).

mathématique, mais notre insuffisance nous contraint à l'empirisme.

Avec ces principes assez souples et assez mélangés, Fontenelle commence son « combat pour la vérité ». Sans doute préfèrerait-il traiter sincèrement les grands problèmes religieux et politiques de son temps, mais les circonstances interdisent d'aborder ces sujets ; il faudra « mettre entre parenthèses » les doutes ou les blasphèmes que le libertin serait enclin à proférer ; la politique ne saurait figurer que dans les tragédies ou dans les opéras, masquée, sublime et lointaine. *Brutus* sera pourtant assez clair, et l'innocente nature, délivrée des tyrans et des dieux, sera chantée dans *Thétis et Pélée*. Il ne reste guère que deux domaines où une entière franchise soit autorisée : la science, et la polémique littéraire. Ainsi s'explique l'importance excessive que prend dans l'œuvre de Fontenelle « la querelle des Anciens et des Modernes » ; aux conflits personnels, aux rancunes anciennes, à l'esprit de clan, s'ajoute un mobile plus sérieux : même assez futile, cette querelle permet au moins sur un point précis de ruiner une erreur pernicieuse, et d'établir une brèche, par où la vérité pourra pénétrer. Le monde classique — religieux et absolutiste — sera miné ; les principes les plus solides qui le soutiennent seront atteints. L'*Histoire du théâtre françois* ébauche une sorte de sociologie, qui repousse la religion parmi les barbaries des vieux âges. Les *Réflexions sur la poétique* saccagent l'esthétique racinienne, et mettent en évidence la nature humaine, et ses besoins fondamentaux, que l'artiste doit satisfaire. Le scepticisme, qui triomphait autrefois, n'a pas complètement disparu ; il ne faut pas s'illusionner : les principes de la *Poétique* ne suffiront pas à faire éclore des œuvres géniales ; ce serait déjà beaucoup s'ils guérissaient les auteurs de certaines erreurs, et leur évitaient certains faux pas.

Tout converge vers l'idée de *progrès*, encourageante et décevante à la fois. Nous valons mieux que les primitifs, mais tout est encore à faire. Notre tâche ne sera jamais achevée. Comme nous méprisons les superstitions médiévales, les siècles futurs dédaigneront notre « déisme raisonnable ». Il faudrait être en dehors de l'histoire, et c'est impossible. Malgré nos réticences, nous ne fuirons ni la morale, ni la métaphysique. Il convient d'approfondir, et même de corriger, les croyances des libertins de 1680 : il faut remplacer les négations et les sarcasmes des *Dialogues des morts* par des affirmations, douteuses peut-être, mais acceptables dans l'état actuel de notre civilisation. Les animaux prouvent l'existence de Dieu ; le pyrrhonisme d'autrefois, l'athéisme des Ajaoiens, sont dépassés, et ce n'est plus un mensonge de convenance, comme dans les fastueuses périodes du discours *Sur la patience*. Mais ce Dieu reste le plus imprécis et le plus lointain, et les religions n'en demeurent pas moins injustifiables. On peut simplement assurer que Dieu a créé le monde et lui a donné le mouvement. Les lois qu'il a prescrites, dépendant nécessairement de la nature de la matière, jouent indéfiniment ; la matière, formée d'atomes, est perpétuellement divisée et recomposée. *Sur le bonheur* et *Inès de Cordoue* indiquent quelle est la place de l'homme dans ce système ;

tous nos mouvements sont empoisonnés ; nous ne savons ce que nous voulons ; notre conscience se réduit essentiellement à la mauvaise foi ; l'amour a perdu l'innocence qu'il avait naguère. C'est, comme le montre le traité *De la liberté de l'âme,* que notre volonté n'est qu'un détour qu'empruntent les mouvements des esprits animaux pour parvenir à l'action. Nous sommes déterminés, mais le bonheur n'est pas interdit : c'est la suppression de la personnalité, qui s'efface et se fond dans l'objectivité de la Nature ou dans l'objectivité de la Raison. Ainsi la science et les mathématiques se justifient-elles à l'intérieur du système qu'elles ont concouru à édifier. Fontenelle appliquera ses principes en renonçant à la littérature et en se vouant à la géométrie, la plus pure et la plus rapide des sciences.

Ce système a ses apories : Fontenelle semble parfois nier, parfois accepter le finalisme, mais la prudence et les conventions ont pu jouer... Plus sérieusement, il adresse aux savants des conseils qui paraissent l'expression même du positivisme, et pourtant il ne sépare jamais, même dans la *Théorie des Tourbillons* la physique de la métaphysique, ni de la théologie. Enfin, il ne sait si l'âme humaine est immortelle, bien qu'il s'attache à la distinguer de l'âme animale.

Un Dieu mystérieux, dont l'observation de la Nature révèle l'existence et qui ne saurait être démontré par des arguments métaphysiques ; l'esprit humain plein de faiblesse et de misère, qui parvient à des idées générales, souvent trompeuses, en accumulant les constatations empiriques — nous sommes cette fois bien loin de Descartes, et plus encore que de Bernier ou de Gassendi, nous nous rapprochons de Huet et des derniers héritiers de la Scolastique. Certes, ce n'est que le deuxième des trois « étages » que nous avons distingués dans la pensée de Fontenelle. Le *Traité de la liberté* et la *Géométrie de l'infini* complètent de part et d'autre cet édifice en y ajoutant l'héritage de Spinoza et une sorte de dogmatisme mathématique. Mais tous les principes de *Sur l'existence de Dieu* et des *Fragmens* évoquent la *Censura...* ou les futurs traités de Buffier. C'est que pour la libre-pensée à la fin du XVIIe siècle, l'ennemi principal demeure Descartes, et plus encore Malebranche. En écartant la règle de l'évidence, en combattant l'automatisme animal, en niant l'innéisme, Fontenelle s'avance sur un terrain incertain, où l'on ne sait plus si c'est l'ami des Jésuites ou le mécréant qui s'exprime. Ses véritables intentions, nous pouvons les deviner en lisant les manuscrits clandestins du siècle suivant, où ses ouvrages furent utilisés ; *L'ame matérielle* nous montre à quelles conséquences on peut aboutir en s'appuyant sur les principes de Huet ou du P. Daniel (11).

---

(11) A la mort de Fontenelle, on fit l'inventaire de la bibliothèque, mais de façon incomplète : le scribe se contenta de noter le nombre de livres qui figuraient dans chaque pile, et le titre de l'ouvrage qui se trouvait au sommet (Arch. Minutier Central, XXIII, 608).

16 volumes : *Histoire critique de la philosophie.*

16 volumes : *Essai sur la nécessité et les moyens de plaire.*

Mais, comme tout n'était pas dit, comme les éléments du système étaient voilés, et présentés de façon disparate, l'équivoque subsistait : ainsi doit s'expliquer la tenace amitié que les Jésuites ont vouée à Fontenelle ; ainsi s'explique son rôle officiel dans les académies ; ainsi s'explique sa réussite sociale, qui n'est pas due à un reniement, mais plutôt à une savante utilisation de l'équi-

---

14 volumes : *Sur l'électricité.*
17 volumes : *Traité des amers.*
17 volumes : *Physique* du P. Régnault.
15 volumes : *Usage des saignées.*
18 volumes : *Maladies des os.*
8 volumes : *Essais de littérature.*
14 volumes : *Récréation mathématique.*
16 volumes : *Chimie* de Lémery.
15 volumes : *Eléments de mathématique.*
16 volumes : *Eloges des académiciens.*
10 volumes : *Vie de Grotius.*
7 volumes : *Institution de physique.*
11 volumes : *Architecture hydraulique.*
14 volumes : *Analyse des jeux de hasard.*
17 volumes : *Histoire du Languedoc.*
34 volumes : *Chef-d'œuvre d'un inconnu.*
15 volumes : *Voyages* de Paul Lucas.
17 volumes : *Parnasse françois.*
14 volumes : *Poésie chrétienne.*
12 volumes : *Traité de l'opinion.*
17 volumes : *Histoire de Normandie.*
16 volumes : *Réflexions sur la poésie & la peinture.*
19 volumes : *L'homme universel.*
12 volumes : *Traité de la société civile.*
11 volumes : *Lettres* de Cicéron.
16 volumes : *Logique* de Crousaz.
17 volumes : *Poésies* de Camoiens.
18 volumes : *Essais sur les honneurs.*
19 volumes : *Etablissement des Bretons.*
7 volumes : *Histoire de Saint-Domingue.*
42 volumes : *Histoire ancienne* de M. Rollin.
15 volumes : *Lettres* de Sévigné (*sic*).
13 volumes : *Lettres* de Richelet.
16 volumes : *Œuvres* de Lucrèce.
15 volumes : *Lettres galantes & philosophiques.*
14 volumes : Lucien.
15 volumes : *Poésies* d'Anacréon.
21 volumes : *Recueil de vers.*
10 volumes : Apulée.
10 volumes : *Œuvres* de Corneille.
16 volumes : *Œuvres* de Regnard.
20 volumes : *Traité du vrai mérite.*
25 volumes : *Plaidoyers.*
40 volumes : *Grammaire françoise* du P. Buffier.
19 volumes : Denys d'Halicarnasse.
6 volumes : *Dictionnaire géographique* de Baudran.
8 volumes : *Dictionnaire géographique* de Thomas Corneille.
6 volumes : *Cours de science* du P. Buffier.
5 volumes : *Médailles de Louis-le-Grand.*
21 volumes : *Mémoires de l'Académie des Belles-Lettres.*
13 volumes : *Plaidoyers* de Gillet.
12 volumes : *Essai philosophique sur l'entendement humain.*
8 volumes : *Antiquité de la monarchie françoise.*
11 volumes : *Observations de l'Académie.*

voque et de la nuance. L'histoire de Fontenelle est celle des derniers libertins ; condamnés d'abord à la nostalgie et aux sarcasmes, ils trouvent bientôt dans la science et dans les querelles littéraires l'occasion de s'exprimer avec plus d'audace ; ils osent enfin proposer une métaphysique cohérente, dont ils sont seulement contraints de disloquer et de déguiser l'expression.

Un style discuté.

Le style de Fontenelle a suscité des réactions bien différentes. Trublet ne tarit pas d'éloges :

> Le style peut être singulier et naturel tout ensemble. Tel style nous frappe par sa singularité ; il ne ressemble en rien aux autres styles que nous connaissons ; nous ne sommes point tentés de croire que nous l'imiterions aisément ; et cependant

---

33 volumes : *Cassiodori opera.*
33 volumes : *Théologie* de Du Hamel.
15 volumes : *Parnasse françois.*
9 volumes : *Eléments d'astronomie.*
10 volumes : *Principes de la philosophie* de Newton.
11 volumes : *Cours de mathématiques* de Belidor.
8 volumes : *Recueil d'observations.*
34 volumes : *Historia Academiae Scientiarum.*
15 volumes : *Mécanique* de Varignon.
33 volumes : *Philosophie* de Régis.
21 volumes : *Traité de dynamique.*
70 volumes : *Recueil de l'Académie.*
14 volumes : *Opérations de la taille.*
20 volumes : *Œuvres* de La Motte.
23 volumes : *Projet de tailles tariffées.*
1 paquet : *Essai sur l'esprit.*
24 volumes : *Nouvelle vue sur le système de l'univers.*
18 volumes : *Observations sur les Grecs.*
21 volumes : *Essais de littérature.*
20 volumes : *Traité des animaux.*
22 volumes : *Essai historique des connoissances humaines ;* Buffon, *Histoire naturelle.*
150 volumes : *Mercures de France, Journaux des savants.*
1 portefeuille : 4 géographies.

Nous n'avons pas voulu omettre ce document, mais peut-on dire qu'il nous renseigne beaucoup sur la vie intellectuelle de Fontenelle ? Il faudrait que cet inventaire soit complet, et surtout que nous sachions à quelle date le philosophe a acquis chacun de ces livres. D'ailleurs, Trublet ne semble pas nous dire que son maître fut un liseur acharné. Les conversations mondaines, et, dans la deuxième partie de sa vie, les travaux des savants étaient sans doute la source essentielle de ses méditations. Il n'est guère surprenant de retrouver ici les plus célèbres auteurs anciens et les philosophes les plus illustres du XVIIe et du XVIIIe siècles. Aucun ouvrage bien rare ; nous savons déjà que Fontenelle était curieux de tout : de *La nécessité et les moyens de plaire* aux *Jeux de hasard,* des *Maladies des os* aux *Tailles tariffées,* rien ne lui est étranger ; son œuvre personnelle et son travail à l'Académie des sciences exigeaient cette universalité.

nous y trouvons quelque chose de naturel, de simple et d'aisé. Nous sentons bien qu'il coule d'une plume facile. Tel est à mon avis le style de M. de Fontenelle (11 *bis*).

Rémond de Saint-Mard a étudié avec soin et avec malveillance les écrits de Fontenelle :

> ... Il nous donna des ouvrages de sa façon, raisonnés, délicats, précis, sans sécheresse, mais pourtant dénués de cet air de vie, de cette belle chaleur et de cette simplicité que nous admirions chez les Anciens. Il faut en convenir, ce bel esprit a mille qualités plus précieuses les unes que les autres ; à une grande délicatesse d'imagination, il joint une grande netteté, et beaucoup d'étendue dans l'esprit.
>
> Né, dis-je, avec le talent de s'élever aux principes des choses, il ne fait point pour attraper la vérité ces détours ennuyeux et pourtant si ordinaires ; il y va et il y mène par le chemin le plus court et ce chemin, il le sème de fleurs... il commande à son imagination... mais, par malheur, cet empire qu'il a sur son imagination est senti... l'on a le regret de le voir acheté par la perte de ce beau feu, de ce beau naturel qui touche et qui enchante... [S'il traite] une idée commune, elle acquiert entre ses mains tout l'éclat dont elle est capable ; il la taille dans toutes ses faces ; à force d'art, il la rend lumineuse... Une idée brillante ? Il l'orne autant que si elle était commune... Econome comme s'il n'était pas riche, il l'étend, il l'allonge... et devenu ensuite tout à coup prodigue, il étale tout à la fois ses richesses, vous accable de pensées, les met les unes dans les autres et force ainsi votre admiration... Il se plaît à habiller en paradoxes les idées communes... Son grand art est de supprimer les liaisons, parce que, quoiqu'elles donnent de la chaleur et du naturel au discours, elles n'étonnent point et lui veut absolument étonner... Mais sa façon d'étonner et d'éblouir, celle qui lui plaît davantage, la plus dangereuse aussi et la plus capable de ruiner le bon goût, c'est qu'au lieu de prendre le ton des matières qu'il traite, il leur fait prendre le sien... Les dissertations de géométrie, les éloges même funèbres deviennent entre ses mains des sujets badins, où son esprit, malgré la répugnance de la matière brille dans tout son enjouement et déploie toute sa gaîté... Telle est en gros la mécanique du style de M. de Fontenelle. Sage et retenu dans ses hardiesses, il ne mit d'abord dans ses ouvrages, si l'on excepte les *Lettres du Chevalier d'Her...* que la dose d'ornements qui était nécessaire, ou du moins cette dose fut un peu excédée... mais lorsqu'il vit que le public se détachait de plus en plus des choses simples... semblable alors à un cuisinier adroit qui ne s'embarrasse pas de gâter le goût de son maître, pourvu qu'il plaise, il jeta l'épice dans ses ouvrages avec moins de réserve... mit plus de coquetterie qu'il n'avait fait dans son style; prodigua les ornements, qui, mis d'abord par une main habile et mis sur un fond solide, eurent l'avantage de plaire, et comme dans doute

---

(11 *bis*) Trublet, *Essais sur divers sujets...* (344), t. II, p. 246 (*Du naturel dans les ouvrages d'esprit*, IV).

> il l'avait espéré, l'honneur de devenir à la mode... Il n'est rien de plus facile que d'imiter un grand homme lorsque son imagination l'emporte trop loin, lorsque, refroidie, elle le laisse tomber en langueur ou lorsque le beau naturel se refusant à lui, il a recours à des ornements ambitieux... Les défauts qui chez lui tenant toujours à de belles choses et rarement poussés à l'excès n'étaient presque pas sentis, parurent chez ses copistes dans toute leur difformité (12).

C'est là une belle page de critique, mais on y discerne plutôt l'intention de dénigrer qu'un véritable souci d'objectivité. Encore faut-il se souvenir des polémiques des années 1730 ; Rémond de Saint-Mard épouse les préjugés de l'abbé Desfontaines : Fontenelle a chassé de la littérature « le beau naturel », dont les Anciens étaient les modèles idéaux ; son école — La Motte, Marivaux, Terrasson — est pire que lui. Dans cette diatribe, on trouve cependant des remarques précises, qui paraissent plus éclairantes : Fontenelle sait donner de l'éclat à des idées banales, orner des idées brillantes; « son grand art est de supprimer les liaisons ». On peut également reconnaître qu'il s'est complu à donner un tour badin aux sujets les plus graves ou les plus tristes. Mais il n'est pas évident que son style se soit compliqué et perverti au fur et à mesure des années ; il y a beaucoup plus de simplicité dans les *Préfaces* ou dans les *Eloges* que dans les *Dialogues des morts* ou les *Entretiens*. Enfin, Rémond de Saint-Mard n'invoque aucun exemple ; il reste dans le vague ; il imagine Fontenelle plutôt qu'il ne l'étudie. Voltaire semble plus impartial : « On m'a souvent envoyé en Angleterre des épigrammes et des petites satires contre M. de Fontenelle... Oublions avec M. de Fontenelle des lettres composées dans sa jeunesse, mais apprenons par cœur, s'il est possible, les *Mondes*, la *Préface de l'Académie des sciences*, etc. » (13). Mais Voltaire lui-même s'amusait d'un discours que devait prononcer le vieux secrétaire de l'Académie, « où il y aura sans doute beaucoup d'antithèses, et plus de points que de virgules » (14).

Adversaires et admirateurs (15) se retrouvent pour faire les mêmes remarques : Fontenelle veut étonner à tout prix ; il complique ce qui est trivial ; il amuse, quand il faudrait émouvoir. Le philosophe connaissait ces critiques, et n'y était pas insensible. Dans une lettre à Mme de Lambert, il tente de se justifier :

> On fut à notre assemblée publique si réjoui de mes éloges qu'on le fut trop. Beaucoup de gens ont dit que le ton en était trop galant, trop enjoué, trop éloigné du funèbre ; d'autres

(12) *Les œuvres mêlées* (304), t. III, p. 292-300 (*Sur les causes de la décadence du goût*).

(13) Voltaire, *Œuvres* (359), t. XXXIII, p. 222 (*Aux auteurs du « Nouvelliste du Parnasse »*, juin 1731).

(14) *Ibid.*, t. XXXIII, p. 83 (A Thiériot, décembre 1722).

(15) On peut lire à ce propos les ouvrages de l'abbé Desfontaines, la *Correspondance* de Grimm, les *Essais...* de Trublet, les *Réflexions...* de d'Argens.

ont pris mon parti. Il est certain, ce me semble, qu'à les lire, on ne trouve rien qui soit hors du ton, mais à les entendre réciter en public, la vérité est que les gens s'emportèrent les uns les autres à les trouver plus drôles que je ne prétendais qu'ils fussent. Puisque le monde veut être ennuyé, je l'ennuierai tout aussi bien qu'un autre... (16).

On peut trouver ces arguments un peu minces. Si Fontenelle eut sa doctrine littéraire, celle-ci demeure trop vague pour expliquer ses écrits. La haine du sublime, la naïveté, l'enjouement, la délicatesse ne sont pas des clefs suffisantes pour comprendre sa prose. Condillac en fit une analyse méthodique ; il note le refus des liaisons — les phrases sont juxtaposées, alors qu'elles dépendent l'une de l'autre : ainsi « il est aisé de se corriger : les habitudes se contractent... » (17). Il souligne le goût des incidentes, parfois accumulées, des ellipses, des comparaisons, des tropes (18) ; il remarque lui aussi que Fontenelle « ennoblit des petites choses », et aime à envelopper sa pensée. Il ajoute :

> M. de Fontenelle... avait l'esprit juste, lumineux et méthodique. Il s'était fait à ce sujet un principe bien extraordinaire : il croyait, et je lui ai souvent entendu dire, qu'il y a toujours du faux dans un trait d'esprit, et qu'il faut qu'il y en ait. C'est pourquoi il s'enveloppait, lorsqu'il écrivait sur des choses de pur agrément, lui qui traitait des matières philosophiques avec tant de lumière, qui connaissait mieux que personne l'art de les mettre à la portée du commun des lecteurs, et qui, par ce talent, a contribué à la célébrité de l'Académie des Sciences... Sage d'ailleurs dans ses ouvrages, comme dans sa conduite... (19).

L'esprit est toujours faux, mais l'esprit est indispensable. Fontenelle obscurcit ce qui est clair, et éclaircit ce qui serait hermétique. Son style manifeste avant tout une sorte de refus presque baroque de se soumettre aux obligations du sujet ; l'expression est en deçà ou au delà de ce qu'on attendrait. Même dans les textes qui semblent les plus graves, la limpidité et la régularité de la prose ne dissimulent qu'à demi un fourmillement de trouvailles : la *Préface sur l'utilité,* un des monuments les plus admirés qui soient sortis de sa main, n'offre d'abord qu'une apparence de netteté — un peu tendue, un peu vive ; on y discerne bientôt une infinité de recherches de détail : les personnifications, les comparaisons s'accumulent — plus souvent ébauchées que développées ; chaque phrase contient une énigme : tantôt l'auteur parle en son nom, tantôt il fait parler ses adversaires ; il glisse des idées essentielles dans des incidentes ; il ennoblit, puis brise le rythme ; il répète les mêmes

---

(16) Académie française, *Autographes* (*Collection Moulin*).

(17) Condillac (133), t. I, p. 529, a (*Cours d'études : III, De l'art d'écrire*).

(18) *Ibid.,* t. I, p. 532, b ; 535, a ; 565, a.

(19) *Ibid,* t. I, p. 570, b.

termes, joue sur les mots. Chaque paragraphe — chaque phrase à la rigueur — sont indépendants ; on sent un perpétuel frisson, une sorte de hérissement ; et l'ensemble reste paisible et harmonieux. C'est, si l'on veut, la vivacité même de l'intelligence, qui accepte et refuse à la fois la calme clarté dont on l'affuble. Style destiné à plaire, style inquiet, qui ne voudrait jamais lasser... Il faut toujours étonner, ranimer l'attention ; chaque alinéa est marqué par une pointe... Et pourtant Trublet a raison : ce style singulier reste naturel ; les pointes se justifient. Le miracle, le même que dans *l'Esprit des lois,* c'est d'associer à tant de reflets vacillants et d'instables miroitements l'harmonie de l'ensemble. La netteté des termes, la précision des nuances, qui, malgré leur éclat, sont toujours nécessaires, l'intelligence même qui préside à ces recherches, et leur ôte toute gratuité — voilà les vrais mérites de ce style. Dans ses plus belles réussites, il nous donne paradoxalement une impression de *sécurité* ; il nous livre la pensée à nu. Elle est rapide, toujours au delà de ce qu'on escompte, plus riche et plus variée.

« Une mouche arrivant sur un coche s'écriait : Oh ! que j'élève de poussière ! M. de Fontenelle disait qu'il aimait mieux cette idée toute simple, que revêtue des circonstances que lui prête M. de La Fontaine dans sa fable : il vaut mieux laisser à deviner à son lecteur que de lui expliquer tout » (20). Ce jugement peut nous choquer ; il est singulièrement révélateur : il suffit à nous faire comprendre la fausse « simplicité » de ces textes, où il y a tant à deviner, et les insuffisances d'un poète qui ne voulait jamais séduire que l'intelligence des lecteurs...

Nous avons déjà cité cette phrase de Trublet : Fontenelle « médite paisiblement son sujet ; il ne se met à écrire qu'après avoir achevé de penser ; mais la plume une fois prise marche sans interruption : point de brouillons, une copie unique et presque sans rature » (20 *bis*). Cet éloge semble un peu excessif : comme l'*Histoire des Ajaoïens* semble au contraire maladroite et négligée ! Quelle distance entre ces gaucheries et la souple élégance des *Dialogues des morts,* qui furent écrits dans les mêmes années ! Même dans sa vieillesse, Fontenelle lisait ses *éloges* chez Mme de Lambert, et remaniait son texte, selon les remarques de ses auditeurs...

---

(20) Cideville, *Traits, notes et remarques* (Ms. Rouen), p. 20. Cideville cite *ibid,* p. 112, la version proposée par Fontenelle de cette fable :

Dans un chemin poudreux un char allait son trot.
Une mouche s'y vint asseoir sur son derrière,
Et se rengorgeant dit ce mot :
Oh que j'élève de poussière !

Une seule œuvre de Fontenelle échappe en partie à cet intellectualisme : ce sont évidemment les *Entretiens sur la pluralité des mondes.*

(20 *bis*) Trublet, *Mémoires* (345), p. 13. Cideville confirme cette déclaration ; il écrit (*Traits, notes et remarques,* p. 71) : « M. de Fontenelle travaillait singulièrement ; il n'écrivait jamais que ce qu'il composait ne fût bien digéré ; il ne faisait presque jamais de ratures... c'était si bien sa manière que de n'écrire que quand c'était son dernier mot, que j'ai vu plusieurs comédies, au nombre je crois de six, où il n'y avait presque point de ratures etc. à la différence de M. de Voltaire qui corrige et recorrige sans cesse... »

Malgré ces réserves, acceptons l'affirmation de Trublet : si Fontenelle a vraiment recouru à une telle méthode, on comprend les caractéristiques de son style ; cette clarté et cette rigueur que nous avons admirées viennent des réflexions qui ont précédé la rédaction, mais l'improvisation de détail explique les pointes, les trouvailles, la vivacité du rythme. « Tous les génies au-dessus du commun sont un assemblage d'esprit et de talent, combinés selon une infinité de degrés différents » (21). L'esprit, c'est la volonté, le goût — le plan prémédité ; le talent, c'est la rapidité, les inventions instantanées. Le génie, c'est de concilier tant de raison et tant d'intuition, tant de prudence et tant de hâte. On retrouve l'âme même de Fontenelle : son opportunisme méthodique et ses audaces... Chaque élément exige l'élément opposé pour prendre toute sa valeur ; la logique sans pointes est trop austère ; les pointes gratuites sont absurdes. Cet idéal esthétique est un idéal moral : c'est le bel esprit.

Cette description — il est vrai — convient avant tout aux écrits de vulgarisation, aux *Entretiens,* à l'*Histoire des oracles,* aux discours académiques. Là se retrouve le style le plus célèbre de Fontenelle — paré d'humour et de poésie. Il correspond aux « convictions moyennes » soutenues avec quelque scepticisme : les plaisanteries ont leur utilité ; elles permettent toujours de suggérer le doute, ou d'insinuer d'autres thèmes plus hardis ; elles jettent un peu de dérision sur les attitudes que l'écrivain est obligé d'adopter ; elles montrent au moins qu'il n'est pas dupe ; elles indiquent bien des sous-entendus ; elles donnent une leçon d'esprit critique.

Mais Fontenelle n'a pas toujours « fui le sublime » : lorsqu'il a consenti à la rhétorique nombreuse, c'est par jeu, ou pour mentir ; le discours *Sur la patience,* les harangues pour des Aguais, Brunel ou Dubois ne laissent sur ce point aucune équivoque... Reste un troisième style : celui des *Doutes sur les causes occasionnelles,* des traités *Sur la liberté de l'âme, Sur l'instinct,* des *Fragmens :* une géométrie nue — aucun ornement — la seule vérité froide, inflexible, pétrifiée. C'est peut-être la plus belle prose de Fontenelle, et elle convenait, quand il était absolument sincère : il ne voulait plus alors nuancer, ni déguiser sa pensée. A quoi bon s'affubler d'images, de railleries, de sous-entendus, quand on n'a en vue que la seule vérité ?

Ces trois genres figurent les trois visages de l'écrivain : le « nègre » qui fait des ouvrages de commande et pastiche les prédicateurs, l'homme du monde qui divulgue des idées parfois amères et souvent dangereuses, en les couvrant de railleries et d'ornements, le libertin solitaire qui retrouve l'expression, et un peu la métaphysique, de Spinoza. L'orateur que les ministres payent et protègent, l'hôte des salons, le « philosophe à la Rembrandt ». Et ce sont aussi trois philosophies : le christianisme traditionnel, le scepticisme souriant, le fatalisme presque matérialiste et presque désespéré.

(21) *Œuvres* (3), t. VIII, p. 313-314 (*Sur la Poésie, en général*).

Une influence considérable.

Jusqu'à la fin du XVIIIe siècle, l'œuvre de Fontenelle, malgré les critiques qu'elle encourut, ne cessa d'être rééditée et imitée. Il a inventé l'art de la vulgarisation, et appris à orner les exposés les plus sévères. Marivaux, Montesquieu, l'abbé Terrasson sont ses émules. Voltaire, qui rêva d'un style plus mâle et plus simple, couvrit ses idées d'anecdotes et de plaisanteries ; c'est Fontenelle qui lui avait enseigné cet art. Rousseau renonça le premier à ses parures ; il ne savait pas « être clair pour qui ne veut pas être attentif ».

Il n'est pas excessif d'affirmer que toute la pensée française jusqu'au romantisme descend de Fontenelle. L'*Histoire de l'Académie, l'Histoire des oracles,* les *Entretiens* ont circulé dans toutes les provinces et dans tous les milieux ; le style fardé et le poids des circonstances édulcoraient ou gauchissaient les intentions profondes ; mais ce que disait le philosophe suffisait parfois pour deviner ce qu'il pensait, et il éveillait toujours les esprits à la science et au « libre-examen ». Il ne dédaignait pas de jouer un rôle pédagogique ; « il excitait volontiers à composer ceux en qui il percevait du talent, et surtout un talent original, mais surtout de la lumière, de l'esprit proprement dit, le grand don de penser de soi-même et d'après soi-même, de voir dans les choses ce qu'on n'y avait pas encore vu » (22).

Le siècle de Louis XIV et l'*Essai sur les mœurs* appliquent le programme défini dans *Sur l'Histoire.* Diderot n'a pu ignorer le traité *De la liberté.* Les rêves des *Pastorales,* la sévère démocratie des *Ajaoiens* annoncent Rousseau, qui connut le vieillard chez Mme Dupin. Fontenelle a imaginé une sociologie précise ; il a conçu que les croyances et les arts n'étaient que le reflet de l'état social ou économique d'une nation ; et la méthode statistique lui a paru la meilleure pour mener à bien ces recherches. Avant Auguste Comte, il a détourné les hommes des problèmes théoriques ou métaphysiques, et montré que les sciences progressaient d'autant plus rapidement qu'elles étaient plus abstraites, et souhaité l'avènement d'une république des intelligences. Le *Plan des travaux nécessaires pour réorganiser la société* semble développer les secrètes espérances du secrétaire de l'Académie des Sciences :

> Il est sensible que les savants seuls forment une véritable coalition, compacte, active, dont tous les membres s'entendent et se correspondent avec facilité et d'une manière continue d'un bout de l'Europe à l'autre. Cela tient à ce qu'eux seuls aujourd'hui ont des idées communes, un langage uniforme, un but d'activité général et permanent... Les industriels même, si éminement portés à l'union par la nature de leurs travaux et de leurs habitudes, se laissent encore trop maîtriser

(22) *Mémoires* (345), p. 187. Trublet ajoute que c'est Fontenelle qui incita Duclos à composer ; il lui aurait dit : « Vous devriez écrire, faire quelque ouvrage. »

par les inspirations hostiles d'un patriotisme sauvage, pour qu'il puisse, dès aujourd'hui, s'établir entre eux une véritable combinaison européenne. C'est à l'action des savants qu'il est réservé de la produire (23).

Sans doute A. Comte est-il plus dogmatique et plus optimiste que son maître, mais c'est le propre de tous les disciples, que d'amplifier, de prolonger et d'exagérer les intuitions éparses d'une œuvre complexe et mélangée...

Plutôt que tous ces héritiers qui reconnurent leur dette, nous voulons rappeler les premiers disciples, les plus proches de Fontenelle, et les moins connus. Mirabaud peut-être, mais surtout Fréret et Dumarsais. Dans la *Lettre de Thrasibule à Leucippe,* se retrouvent les thèmes les plus profonds de la philosophie de Fontenelle : épicurisme, déterminisme, négation de l'innéisme cartésien, génétique de la raison. *La Religion chrétienne analysée,* l'*Examen de la religion,* les traités *Des miracles, Des oracles, L'ame matérielle* appliquent la même méthode à laquelle Fontenelle avait recouru à l'instar de Van Dale, et utilisent littéralement des extraits des *Dialogues des morts* ou du traité *De la liberté,* dont ils nous révèlent la signification profonde. Tel fut le rôle historique de Fontenelle. En une époque de conformisme généralisé, où les jansénistes, les Jésuites et les cartésiens s'unissaient pour combattre toute pensée libre, il a transmis de Bernier à Diderot les thèmes les plus audacieux des libertins de 1640 ; il les a approfondis et renouvelés, et, par un paradoxe singulier, il a concilié cette propagande obstinée avec la plus brillante des réussites sociales.

Il ne faut pas s'étonner que les romantiques l'aient ignoré, encore qu'il ait combattu pour eux, en ressuscitant la littérature française des siècles passés et en voulant remplacer la mythologie classique par un nouveau merveilleux. Ce n'est pas seulement son intellectualisme qui pouvait les choquer ; ils étaient bien éloignés de cette vision glacée d'un univers tout matériel, où les sentiments et les croyances reflètent les mouvements des esprits-animaux, et ils ne pouvaient plus comprendre les ruses et les compromissions d'un libertin inflexible.

Notre siècle a mieux compris Fontenelle. On a parfois souligné l'évidente analogie qui existe entre le bel esprit de la Régence et Paul Valéry ; celui-ci semble bien avoir repris la même conception de la poésie ; nous discernons dans *Eupalinos* des réminiscences des *Dialogues des morts* (25) ; c'est le même culte des mathématiques, le même pessimisme, la même vision de l'histoire ; et les méditations métaphysiques — et leur forme disparate et solitaire. Même le style, où les ornements subsistent, plus modernes et plus abstraits.

(23) *Politique d'Auguste Comte* (452), p. 57.

(24) Il faut ajouter aux ouvrages cités le *Talliamed* de Benoit de Maillet (244). L'auteur fut en effet soutenu par Fontenelle qu'il cite souvent dans son livre.

(25) Ainsi les premières répliques d'*Eupalinos,* et cette idée — évidemment banale — que les morts sont les seuls à connaître la vérité.

Même cette duplicité d'auteur officiel et de « mauvais esprit »... Tous ces traits nous montrent en l'auteur de *La Jeune Parque* une sorte de double intellectuel de l'auteur des *Pastorales*. Le Valéry de la deuxième période, couvert d'honneurs, nous présente dans notre siècle l'image de ce que dut être Fontenelle deux cents ans plus tôt : le conformisme et l'indépendance ; les discours académiques, et les doutes et les recherches dans le silence. Ce sont encore des raisons philosophiques qui expliquent que Jean Rostand et André Maurois aient témoigné pour Fontenelle d'une telle admiration. Il n'est peut-être pas absurde d'avancer que sa méthode et ses principes sont plus proches de nous que ceux de ses contemporains — Bossuet, Fénelon et La Bruyère.

CHAPITRE II

UN HOMME SECRET

Comme il est téméraire, comme il est difficile, de tenter d'approcher d'une personnalité aussi solitaire et aussi discrète ! On connaît maintes anecdotes que les historiens ont indéfiniment répétées. Mais elles sont parfois trop belles pour être vraies, et elles datent toutes des trente dernières années de la vie du philosophe. Peut-on, tant le problème est complexe, essayer à travers l'analyse des œuvres littéraires, de découvrir quelques secrets que l'écrivain aurait laissé transparaître ?

L'inconscient ?

Fontenelle ne pensait pas se livrer dans ses écrits. Les circonstances, ou le simple désir de tenter quelque expérience littéraire, suffisaient à l'inspirer. C'est sans doute par ambition qu'il composa les petits poèmes publiés dans le *Mercure* entre 1678 et 1680, et les opéras de 1690. Par amusement ou par curiosité qu'il mit la main aux romans et aux tragédies de Mlle Bernard. Certes, c'est lui qui choisit d'imiter Lucien, de traduire Van Dale et d'attaquer Malebranche, mais ne sont-ce pas plutôt des travaux de journaliste que des ouvrages personnels ? Seuls, les *Entretiens* et les *Pastorales* mériteraient ce nom — ou les *Réflexions sur la poétique,* et les petits traités philosophiques qu'il tarda tant à publier. Cette pudeur a caché sa personnalité ; on a trop répété qu'il avait de la cervelle à la place du cœur ; il n'a pu se taire absolument ; il a parlé sans le vouloir.

Le berger des *Eglogues* est épris d'une nymphe majestueuse et inconstante. Enone découvre que le pâtre Paris, son amant, est le fils du roi de Troie. La déesse Thétis, courtisée par Jupiter et Neptune, leur préfère Pélée, un simple mortel. La princesse Lavinie choisit Enée, le proscrit errant sur les mers plutôt que le puissant Turnus. Diane aime Endymion. Les comédies de vieillesse reprennent des situations analogues : le roi Ptolémée est amoureux d'Idalie, « l'étrangère... qu'un naufrage a jetée dans Alexandrie » (1) ; le marquis épouse Henriette, la suivante de la comtesse ; Lysianasse reste fidèle à Eupolis, quand son père devient roi de Sidon. Il n'est donc qu'un thème : l'Amour triomphe de la Société. Les obstacles de la fortune et de la naissance retardent cette victoire, mais ne la compromettent pas. Il n'est pas d'argument romanesque plus banal: avec moins d'optimisme et plus de complications, Rousseau devait en tirer *La Nouvelle Héloïse*. Les opéras et les comédies atténuent les difficultés ; Fontenelle choisit le mythe antique — ou la Grèce des poètes ; il sait que la réalité ne ressemble pas aux romans ; il n'a jamais renié le cynisme cru du chevalier d'Her... Mais toutes ses œuvres suscitent un monde limpide et paisible, à peine troublé par des remous éphémères.

On remarque des variations : le plus souvent, c'est l'homme qui est faible et pauvre, et la femme est une princesse ou une divinité. Osera-t-on parler de « masochisme » à propos de toutes ces évocations qui semblent nous convier à une sorte d'abandon langoureux ? C'est le rythme même des *Pastorales* :

Soins plus amoureux que brillants,
Timidité flatteuse, ardeurs toujours égales... (2).

Il faut, avant que Thétis et Pélée soient unis, que le malheureux amant soit emporté par les vents sur un « rocher funeste ». Lavinie écarte ou accepte Enée selon ses caprices et ses craintes ; il ne doit sa victoire qu'à Vénus, et encore lui faut-il supplier Junon. Endymion ne parle à Diane qu'en balbutiant ; il se punit lui-même d'avoir osé se déclarer, et s'enferme dans une caverne des montagnes ; la déesse exige le mystère et les ténèbres pour le retrouver et l'aimer. Ptolémée, Macate et Hermocrate doivent se dépouiller de leurs biens, accepter la misère et le dénuement, pour conquérir leur maîtresse. Il faut à la rigueur tout abdiquer, s'effacer, nier son ambition, sa personnalité — ou, comme Henriette, se sacrifier — pour triompher. L'avidité n'apporte que l'inquiétude et des biens illusoires. Le vrai bien réside dans l'oubli de soi. Cette obsession que le traité *Du bonheur* exprime sur le plan moral, prend peut-être dans les comédies et les opéras un aspect plus personnel et plus révélateur.

Le poète semble en effet paraître dans ses héros. Ainsi en vieillissant il témoigne une indulgence croissante aux pères, et davantage de sévérité aux fils. Après avoir célébré la fougue naïve d'Enée et d'Endymion, il nous peint dans ses dernières comédies des vieillards sceptiques et tolérants, et des jouvenceaux stupides et violents : Abdolonime vaut mieux que Nabal, Eudamidas que Démocède... Mais si Fontenelle fut d'abord Pélée et Endymion, doit-on donner une signification œdipienne à ces mythes qui nous montrent comment le jeune homme modeste conquiert une femme

(1) *Œuvres* (3), t. VII, p. 52 (*Idalie*).
(2) *Ibid.*, t. IV, p. 30.

qu'un dieu puissant convoitait ? Peut-on dire que Jupiter et Pan figurent une image paternelle magnifiée et durcie ?

Dans les romans qu'a signés Mlle Bernard, comme dans *Laodamie* et *Henriette,* s'exprime la rivalité sexuelle de deux femmes — l'une puissante, l'autre faible, mais toujours destinée à vaincre. C'est, si l'on veut, le combat de la mère et de la fille : la fille s'appelle Eléonor, Mlle de Roye, Inès de Cordoue ; la mère prend le double visage de la Duchesse et de Matilde, de Mme de Roye et de Mme de Tournon, pour s'incarner enfin dans le personnage ambigu de Léonor, belle-mère et rivale d'Inès...

Sous sa forme masculine ou féminine, il nous semble toujours retrouver le complexe d'Œdipe — la haine d'un « parent tyrannique » — et aussi l'exaltation du masochisme ou de la dépendance. Malheureusement nous n'avons fait là que repertorier et interpréter les thèmes les plus banals de la *galanterie* de la fin du XVIIe siècle : les églogues de Segrais, les opéras de Quinault, les romans de Mme de Villedieu seraient susceptibles de faire apparaître les mêmes obsessions. Alors faut-il simplement constater que ces mythes, auxquels nous serions trop vite enclin à prêter un sens personnel, ne sont que l'héritage commun de tous les poètes du temps ? Il n'est pas dans notre propos d'analyser les « complexes collectifs » que la littérature s'est plue à exprimer entre 1650 et 1700. La sociologie parviendrait sans doute à justifier les diverses formes que la galanterie a pu prendre en cette époque. Peut-être avouera-t-on que Fontenelle, quelle qu'ait été la pression de ses protecteurs et de son public, a mis une sorte d'acharnement jusque dans sa vieillesse à développer ses thèmes langoureux ; et malgré l'insuccès relatif de ses œuvres littéraires, il a transmis à la génération de Rousseau les mythes qu'avait chantés Mme Deshoulières. En cette complaisance nous discernerons aisément l'aveu d'un goût personnel ; mais comment savoir si cette littérature ne fut pas plutôt une forme convenue que le virtuose s'amusa à varier et à perpétuer, sans trop de conviction ni de sincérité ? Fontenelle n'est pas un paysagiste ; son imagination est assez pauvre. Nous distinguons toutefois dans les *Lettres galantes* quelques évocations touchantes d'une nature d'opéra, qui convie à l'amollissement et à la volupté : les rossignols chantent dans « de grandes allées sombres... Je suis d'une faiblesse étrange ; je n'oserais plus entendre un ruisseau qui gazouille, que cela ne m'aille au cœur » (3) ; « je ne sais comment la nuit vint ; peut-être les pèlerines le savent bien ; mais enfin elle vint » (4). Les *Pastorales* sont emplies de strophes qui exaltent les douceurs de l'ombre où les amants sont protégés, et enfin délivrés de la société curieuse et hostile ; aux ténèbres se mélange parfois « un clair ruisseau, tombant d'une colline », qui « roule entre les fleurs » (5). C'est le soir, que les amants des *Entretiens* viennent se retrouver, car « on s'imagine que les étoiles marchent avec plus de silence que le soleil ; les objets que le

(3) *Ibid.*, t. I, p. 311 (*Lettres galantes,* I, X).
(4) *Ibid.*, t. I, p. 372 (*Lettres galantes,* I, XXXVI).
(5) *Ibid.*, t. IV, p. 65.

ciel présente sont plus doux ; la vue s'y arrête plus aisément ; enfin, on rêve mieux, parce qu'on se flatte d'être alors dans toute la Nature la seule personne occupée à rêver » (5 *bis*), *Bellérophon* et *Psyché* nous chantent les prestiges de la nuit pleine de musique et de douceur. La Terre et le Feu y paraissent même des complices diaboliques. C'est dans « une grande allée... qui était coupée par quantité de petites routes » (6), que les amants d'*Eléonor d'Ivrée* se disent adieu ; c'est parmi « une fraîcheur délicieuse » (7) que Sansac rencontre Mlle de Roye.

Si l'on voulait prêter à ces pauvres images une signification affective, il faudrait encore penser à l'Œdipe. Le jour, le soleil et le feu semblent haïs, mais les ténèbres, l'eau et le ciel constellé qui ressemble à une onde lumineuse, doivent être adorés. Les grandes divinités enfantines ressuscitent : la nature et la fortune. L'agitation est condamnée. La vie n'est que mensonge et stérile inquiétude. La seule valeur est le repos ; osera-t-on parler d'anéantissement prénatal ? Mais les douces nuits qu'évoquait Quinault, les eaux courantes que chantait Mme Deshoulières, les amours secrètes que célébrait Segrais, participeraient donc aux mêmes sources affectives. Comment ce librettiste qui traite indéfiniment des situations convenues, comment ce paysagiste un peu « grêle » et artificiel aurait-il pu nous faire beaucoup de confidences ? Avouons seulement — sans vouloir conclure trop vite — que la mollesse, l'alanguissement, la douceur sont les valeurs qu'il n'a cessé de prôner dans ses opéras ou ses romans...

La biographie permet-elle d'éclairer et d'approfondir l'étude des mythes ou des images ? Fontenelle a beaucoup aimé sa mère ; il a confié à Trublet : « Je lui ressemblais beaucoup, et je me loue en le disant... » (8) ; il s'est plaint de « l'humeur fâcheuse » de son père. On devine que Thomas Corneille, l'oncle parisien, encore jeune, chargé de tous les prestiges de la gloire et de la fortune et encore plus séduisant par son universelle curiosité, put jouer le rôle d'un père spirituel, et que le jeune homme se conforma à cette image attirante. Il serait facile, à partir de ces minces indices, de reconstruire l'histoire affective de Fontenelle. On supposerait qu'il fut passionnément attaché à sa mère, qu'il haït inconsciemment son père et que son aversion pour le Pouvoir et l'Eglise ne fut qu'une sublimation de son Œdipe. Il serait aisé de retrouver dans tous les puissants, dans tous les tyrans, les Jupiter, les Turnus, les Agathocle, les Lisippe, les Abantidas, des reflets de François Le Bovier. Ainsi toute la destruction des valeurs chrétiennes et des valeurs classiques, à laquelle le philosophe s'est consacré, ne serait qu'un parricide toujours recommencé. Mais Marthe Corneille était quiétiste. En ridiculisant les mythes antiques et les fables de la Bible, c'est plutôt à sa mère que l'écrivain s'en prenait, aux contes dont

(6) *Eléonor d'Ivrée* (43), p. 233.
(7) *Le comte d'Amboise* (44), p. 16.
(8) Trublet, *Mémoires* (345), p. 274 ; cf. Mme Necker, *Nouveaux mélanges* (621), t. I, p. 166.

elle avait nourri son enfance ; et les valeurs qu'il proposait — la clarté, la sèche analyse, la froideur — sont des valeurs viriles. Nous serions donc conduit à une hypothèse tout opposée. Le père n'aurait plus la même importance. Fontenelle, élevé par sa mère, par les feuillants, par les Jésuites, qui tous incarnaient les mêmes croyances, se serait volontairement appliqué à briser ce carcan. Il n'aurait cessé de secouer les chaînes dont on l'avait chargé.

Il ne serait pas surprenant que cet intellectuel glacé ait tant chéri la mollesse des idylles, et se soit plu à ranimer la cadence et les mythes d'Ovide. Il est assez fréquent que la littérature se constitue comme une revanche sur les convictions claires. Le plus sceptique se plie aux chimères, quand le prétexte d'un opéra ou d'un roman l'y autorise... Les bois, l'eau et la nuit qui peuplent ses rêves réveilleraient les sortilèges d'un monde maternel, que le penseur refuserait obstinément. A l'intérieur même de ses créations littéraires, se retrouve la même ambiguïté : la mère, soumise à un ordre social détestable qu'elle accepte et qui la modèle, prendrait le masque risible ou détestable du tyran ; délivrée de toutes les oppressions et de tous les mensonges, elle serait l'une des ombres blanches qui hantent ce théâtre : Thétis, Lavinie, Idalie, Philonoé, Lysianasse...

La sensibilité est à la fois chérie et détestée ; elle suscite les rêves clairs des églogues et des comédies, mais elle engendre les superstitions cruelles et absurdes. Même le scepticisme, et cette absurdité joyeuse et triste à la fois, à laquelle Fontenelle aboutit si souvent, pourraient se justifier ; ce serait l'indice d'un état transitoire. Partagé entre des croyances troubles qu'il ne pouvait accepter et des convictions trop audacieuses qu'il n'osait exprimer, le philosophe aurait inventé son style de bel esprit et sa conception du progrès pour accorder l'inconciliable. L'admirable intelligence de Fontenelle lui aurait ainsi permis d'approfondir le drame toujours renouvelé de l'esprit qui s'obstine à saccager des valeurs, sans pouvoir se refuser à leur attrait. Ses rapports avec les Jésuites, ce confus mélange d'amitié, de gratitude, de fourberie et de haine, seraient une autre incarnation de sa rebellion inachevée contre l'influence maternelle.

Peut-être nos hypothèses prendraient-elles plus de force, si la vie intime de Fontenelle nous était mieux connue. Mais ses amitiés et ses amours nous demeurent souvent mystérieuses ; comment les *Eglogues* qu'il dédia à Mme de la Mésangère, les lettres et les petits vers qu'il adressa à Mlle d'Achy, nous autoriseraient-ils à conclure ?

Les transformations du personnage.

Une littérature souvent conventionnelle, une biographie encore trop obscure — c'est assez pour ébaucher des conjectures trop hasardeuses. Mais il est possible, d'après les témoignages des contemporains, de deviner les visages successifs qu'emprunta Fontenelle en son temps.

On connaît Cydias, son afféterie, son arrogance, sa vanité. Bien des historiettes ont popularisé la physionomie de Fontenelle vieillard : Mme Necker a parlé à son sujet d' « apathie absolue » (9) ; elle ajoute : « Il ne riait jamais ; il n'avait jamais pleuré ; il ne s'était jamais mis en colère... il n'aimait personne, c'était un esprit tout pur... son cœur ne l'avertissait pas des besoins d'autrui... » (10). Collé renchérit : « Son âme n'est jamais affectée bien vivement de rien... Il a eu des femmes, et point de maîtresse, des connaissances et point d'amis... Il n'a jamais rien aimé que lui... » (11). Quand on conseillait à Voltaire de le prendre pour modèle, « Donnez-moi, disait-il, son cœur insensible, donnez-moi son indifférence pour tout ce qui n'était pas l'art de montrer de l'esprit et de le faire valoir » (12). A travers ces textes, se dessine la physionomie d'un parfait indifférent, égoïste et glacé ; on lui a encore attribué quelques maximes d'un cynisme parfois presque atroce... Mais, sans vouloir suspecter la véracité de ces témoignages, comment pourrions-nous nous en satisfaire ? Ils sont tous postérieurs à 1730 ; c'est un octogénaire dont on blâme la froideur ou le repliement sur soi... Mme de Lambert a célébré la « probité et la droiture » de Fontenelle ; elle lui a trouvé « le cœur aussi sain que l'esprit », mais elle ajoute : « Il a les agréments du cœur sans en avoir les besoins ; nul sentiment ne lui est nécessaire. » (13). Il représente à ses yeux le type même de l'intellectuel calme et vertueux : on a l'impression d'une sorte de *neutralité,* que l'habitude du monde couvre de badinage et d'affabilité ; la société n'est plus qu'une comédie distrayante ; la vie véritable est celle de l'esprit, et peut-être celle de la chair, car « il ne demande aux femmes que le mérite de la figure ; dès que vous plaisez à ses yeux, cela lui suffit, et tout autre mérite est perdu » (14). Ce portrait, bien antérieur à ceux que nous avons cités, souligne déjà la froide placidité du personnage, qui n'a cependant pas encore revêtu l'aspect apathique des dernières années... Avec plus de bienveillance, Mme de Forgeville aboutit à des conclusions analogues : « La probité, la droiture, l'équité composaient son caractère... l'honnête homme chez lui n'était négligé nulle part » ; mais elle ajoute une notation plus singulière et plus révélatrice : « Sa conduite fut une application continuelle de ses principes. » (15). Et, elle nous explique que Fontenelle, en évitant de provoquer les autres, en évitant de se laisser troubler par la calomnie, s'est forgé une artificielle et presque inhumaine tranquillité.

De tous ces documents ressortent les mêmes traits ; l'essence de cette personnalité, c'est le « recul » vis-à-vis des autres et de soi-même. La vieillesse durcit ce caractère ; la désinvolture devint

(9) Mme Necker, *op. cit.* (621), t. I, p. 164-165.
(10) *Ibid., loc. cit.* Voir aussi d'Argenson, *Essais* (77), p. 255-258.
(11) *Journal* de Collé (449), t. I, p. 348.
(12) Voltaire, *Œuvres* (359), t. XLI, p. 195 (2 février 1761).
(13) Ce *Portrait de Monsieur de Fontenelle* fut réimprimé dans les *Œuvres* (3), t. IX, p. xxxij-xxxv
(14) *Ibid.*, t. IX, p. xxxiij.
(15) *Ibid.*, t. IX, p. xxvij-xxviij.

de l'immobilité. Mais tout cela exista bien avant. Déjà l'amant de l'*Histoire de mes conquêtes* « avait une espèce de raison froide et inflexible... » (16), et se refusait à toute complaisance et à toute impulsion incontrôlée. Cependant cet intellectualisme ne supprimait ni l'affectivité, ni même la violence. Nous avons vu comme Fontenelle avait poursuivi d'une haine tenace Racine et Longepierre ; nous l'avons suivi dans ses tendres hommages à Mme de la Mésangère, dans sa mélancolique correspondance avec Mlle d'Achy ; la mort de Brunel fut dans sa vie une véritable catastrophe, qui renversa ses projets et lui laissa un cruel souvenir... Il serait peut-être un peu romanesque d'imaginer quelque incident qui ait bloqué sa sensibilité. Remarquons plutôt qu'au fil des années sa personnalité se durcit, et qu'à travers des déceptions qu'il eut la pudeur de ne pas étaler, il parvint à systématiser ses tendances latentes à l'impassibilité et peut-être à l'isolement... Mais enfin peut-on nier la fébrilité du jeune Cydias, la vigueur de ses réactions, la prestesse de son style ? On connaît le portrait de Rigaud (17) ; le peintre a mis quelque apparat dans cette représentation du membre des « Académies française, des Sciences, des Belles-Lettres, de Londres, de Nancy, de Berlin et de Rome » ; même le négligé demeure solennel. Le visage ovale, souriant nous donne une impression de triomphe un peu vaniteux, ou de fatigue hautaine, ou de supériorité universelle. Le jeune savant — il avait en fait cinquante-quatre ans ! — paraît un prince de l'esprit, qui domine de son intelligence et de son ironie le tumulte et la naïveté populaires. Cette flatteuse image correspond assez bien à celle que J.-R. Carré a donnée du philosophe dans son *Sourire de la raison.* Voiriot (18) nous le révèle dans son extrême vieillesse : parcheminé, les chairs molles, les lèvres éteintes, ce visage exprime une lassitude infinie. C'est bien l'apathie que découvraient les amis de Mme Geoffrin. Tout le corps semble recroquevillé, et l'on songe aux confidences du moribond, à « la difficulté d'être » qu'il prétendait ressentir... Mais, si nous avons suivi le jeune Fontenelle dans ses aventures, dans ses doutes, dans ses hésitations, nous nous attacherons plutôt à l'étrange portrait que nous a laissé Jean Grimoux. L'homme ne paraît guère qu'une quarantaine d'années ; les cheveux noirs, le visage assez gras, le cou épais, il nous donne une impression de vitalité, voire de brutalité, qu'une ironie discrète tempère à peine ; il évoque Balzac (18 *bis*). Cydias, affairé, avide, laborieux eut sans doute cette allure. Comme on est loin du paisible égoïsme auquel le nom même de l'écrivain fait songer ! Cependant le portrait qui nous semble le plus représentatif, celui où se retrouvent le mieux les traits essentiels du personnage, tel qu'il fut à l'apogée de sa vie et de sa carrière, c'est assurément celui

(16) *Ibid.*, t. XI, p. iij.
(17) Musée de Montpellier.
(18) Musée de Rouen
(18 *bis*) Gravé par Duchesne au Cabinet des Estampes de la Bibliothèque nationale, N. 2, 16177. Cf. Duchesne (488). On trouve aussi au Cabinet des Estampes une curieuse lithographie de Delpech.

de Largillière (19) ; il doit dater sensiblement des mêmes années que celui de Rigaud, mais il est moins flatteur, et plus vivant : la ruse, l'esprit, la gaieté rayonnent de ce visage tendu ; la négligence est réelle, ce n'est plus un désordre apprêté... On devine le mondain qui trouve une répartie saisissante, le philosophe qui médite une objection décisive.

Il fallut du temps pour modérer les ardeurs du jeune homme et pour lui donner le visage placide que la postérité lui a conservé. Mais on ne saurait nier l'extrême intellectualisme de Fontenelle. Ne nous étonnons pas de la sécheresse de ses descriptions ; l'univers extérieur l'a peu intéressé ; il n'aimait ni la peinture, ni la musique (20) ; il a toujours vécu chez les autres — chez Thomas Corneille, chez des Aguais, au Palais-Royal et enfin chez son neveu, Richer d'Aube ; il ne s'est jamais donné le mal de « changer un clou » dans les maisons où il résidait (21). Il a accepté d'occuper un « galetas » chez le régent (21*bis*). L'inventaire fait à sa mort reflète cette atmosphère abstraite et négligée où il se plaisait. Pareil à M. Teste, il supportait la laideur des lieux, les criailleries de ses hôtes (22) ; il a prolongé jusqu'à la fin de sa vie ce style un peu « bohême » qu'il avait adopté dès son adolescence ; il est resté le jeune homme qui loge chez des parents ou des protecteurs, qui se fait inviter à dîner. « Il n'était assurément point parasite ; il donnait dix mille francs par an à d'Aube, et depuis à la sœur de d'Aube, pour ne jamais dîner avec eux. » (22 *bis*).

L'intellectualisme le conduisit à une sorte de détachement universel ; c'est Fontenelle qui prit pour maxime que « tout était possible et que tout le monde avait raison » ; Morand affirme qu' « il ne prenait nul intérêt dans les disputes de l'Académie des sciences, et je ne l'ai vu qu'une fois s'échapper par une plaisanterie vis-à-vis de M. du Fay... » (23). On a pu célébrer sa bienfaisance ; on a pu lui reprocher sa sécheresse : il a permis à Beauzée de poursuivre ses études (24), et il a abandonné la nièce de Corneille, que Voltaire devait recueillir. C'est qu'il avait décidé de « reléguer le sentiment dans l'églogue » (25) et de réprimer toutes les impulsions affectives. Mais ne cherchons pas dans ces attitudes un indice d'égoïsme ou d'avidité ; il oubliait l'argent qu'il donnait (26) ; « un homme lui avait confié une somme considérable ; M. de Fontenelle la mit dans un coffre et n'y pensa plus ; au bout d'un an ou deux, le maître du dépôt vint le demander, et eut grand peur, quand le

(19) Musée de Chartres.
(20) Mme Necker, *op. cit.* (621), t. I, p. 166.
(21) *Ibid., loc. cit.*
(21 *bis*) *Mémoires* (345), p. 208-209.
(22) « L'humeur querelleuse » de Richard d'Aube est légendaire ; voir par exemple Cideville, *Traits, notes et remarques* (ms. Rouen), p. 257.
(22 *bis*) *Voltaire's correspondence* (360), t. XXI, p. 103 (17 mars 1757).
(23) Tougard, *Documents...* (690), t. I, p. 11 (à Le Cat, le 29 juillet 1757).
(24) Trublet, *Mémoires* (345), p. 266.
(25) *Correspondance littéraire* (186), t. III, p. 345 (15 février 1757).
(26) Mme Necker, *op. cit.* (621), t. I, p. 167.

dépositaire parut balancer à s'en ressouvenir ; inquiet de son argent, il circonstancia avec vivacité le lieu, le coffre où cet argent avait été déposé. M. de Fontenelle lui dit : Si nous l'y avons mis, cet argent y est encore. Réellement on l'y trouva. Mais M. de Fontenelle l'avait parfaitement oublié. » (26 *bis*). Considérons donc que la passion intellectuelle en s'épanouissant peut susciter cette indifférence généralisée, qui s'étendait aussi bien à ses propres intérêts qu'à ceux de ses proches ; c'est Mme Geoffrin qui lui donna l'idée de faire son testament et qui lui en dicta le contenu ; c'est vraisemblablement pour lui plaire qu'il « se convertit » dans ses dernières années (27).

Mais encore une fois ne nous laissons pas abuser par ces témoignages qui ne nous peignent jamais que le vieillard ; rappelons-nous l'amertume des *Dialogues des morts,* l'admirable courage que montra l'auteur des *Ajaoiens,* de la *Relation de Bornéo* et de l'*Histoire des oracles,* l'avidité et l'ardeur de Cydias. Sans doute devine-t-on déjà dans les œuvres de jeunesse quelque dilettantisme, mais ce n'est peut-être en partie qu'un masque que la prudence et le souci de plaire conseillent d'emprunter. Les caractérologues (27 *bis*) ont tenté de situer Fontenelle, et ils se sont partagés : on a pu reconnaître en lui la souplesse, l'ironie et l'habileté manœuvrière du sanguin, ou le calme imperturbable de l'apathique ; ne vaut-il pas mieux reconnaître que cette personnalité s'est transformée, et que le Fontenelle actif et créateur des dernières années du XVIIe siècle ne ressemble guère au paisible octogénaire que les salons ont immortalisé ?

Sa constitution fut évidemment vigoureuse. Trublet précise : « Son estomac a toujours été très bon, et sa poitrine toujours délicate » ; il évoque la toux perpétuelle du philosophe (28). Il nous apprend aussi que dès les années 1700 Fontenelle fut sujet à des évanouissements de nature épileptique. Ne peut-on voir dans ces malaises l'indice de quelque nervosité profonde, qu'une sagesse méthodique a fini par maîtriser, puis par refouler entièrement ? Ne serait-il pas tentant d'imaginer que la modération, l'ironie et même l'intelligence furent sécrétées ou développées pour se défendre contre les risques excessifs de l'affectivité ?

(26 *bis*) Cideville, *Traits, notes et remarques,* p. 240.

(27) C'est du moins ce que prétend Piron ; il affirme dans ses *Œuvres inédites* (287), p. 282 (30 mai 1768, à M. Leroux-Gerland) : « Je renverrai bien les rieurs et les libertins aux pâques de leur patriarche qui, comme Fontenelle, n'a pas attendu 99 ans pour les faire une première fois, encore fallut-il que les prières de sa pieuse et bonne amie, Mme Geoffrin, s'en mêlassent... » A vrai dire, Piron s'amuse ou simplifie la vérité. Mme Necker (621), t. I, p. 167, Trublet et Cideville (voir *infra, Un brillant sujet*) s'accordent au contraire pour reconnaître que Fontenelle, malgré son irréligion, fut un pratiquant régulier. Tout au plus, peut-on supposer que dans les dernières années de sa vie il adopta une attitude plus « dévote ». C'est ce que semble indiquer Trublet (344), p. 304. Voilà en quel sens nous entendons ce terme de « conversion ». Mais nous reviendrons sur ce problème.

(27 *bis*) Voir Le Senne, *Traité de caractérologie* (577), p. 423, *sq.* ; G. Berger, *Traité pratique...* (396).

(28) *Mémoires* (345), p. 273.

L'homme et la société.

Fontenelle n'a cessé de condamner le monde où il vivait. Le chevalier d'Her... voyage parmi les hommes, et tout ce qu'il voit le révolte ; chez les nobles, « le commerce de la fourberie est établi » ; « on se lasse d'être héros... on ne se lasse point d'être riche » (30). Dans *Les Dames vangées,* dans les dernières comédies, les mêmes personnages et les mêmes thèmes reparaissent indéfiniment. Deux griefs essentiels : le mensonge et l'avidité. Aucune classe sociale n'échappe à ces vices ; il n'est d'estimables que les bergers — plus ou moins mythiques — et les savants. Tous les *Eloges* sont des leçons de morale ; Viviani « avait cette innocence et cette simplicité de mœurs que l'on conserve ordinairement quand on a moins de commerce avec les hommes qu'avec les livres » (31). Amontons montrait « une droiture si naïve et si peu méditée, qu'on y voyait l'impossibilité de se démentir ; une simplicité, une franchise et une candeur, que le peu de commerce avec les hommes pouvait conserver, mais qu'il ne lui avait pas données ; une entière incapacité de se faire valoir autrement que par ses ouvrages, ni de faire sa cour autrement que par son mérite, et, par conséquent, une incapacité presque entière de faire fortune » (32). Le savant est candide, désintéressé, gai surtout. Nous le savons : en nous délivrant des erreurs, nous nous délivrons des passions. Le seul remède à la corruption sociale est la retraite — retraite champêtre, retraite dans les livres, retraite psychologique aussi, puisque le détachement est le meilleur asile.

On peut encore rêver de reconstruire une république idéale ; les lois qui y règnent indiquent les vices qu'il faut éteindre : l'avidité, l'orgueil et les privilèges de la naissance. Les monarchies patriarcales des comédies sont purement fictives ; la démocratie serait préférable — mais il faut attendre et ne pas nourrir trop d'illusions. Sans doute l'Angleterre nous indique-t-elle la voie, mais il y a loin de ce monde mercantile à la vertueuse Sparte qu'il faudrait recréer.

Ne reste-t-il donc que la retraite ? Mais elle peut se concilier avec l'adaptation sociale ; il n'est pas interdit d'occuper une place importante et de faire fortune dans une société qu'on méprise. Fontenelle avait à sa mort vingt-et-un mille livres de rente : trois mille en fonds sur les Etats de Bretagne, dix-huit mille en pensions et rentes, dont trois mille de l'Académie des sciences, mille deux cents du roi, mille cinq cents de la maison d'Orléans, mille deux cents en Normandie ; « on lui a trouvé quatre-vingt mille francs (33) ». Cet argent ne lui servait à rien, puisque ses habitudes

(29) *Ibid.*, p. 304.
(30) *Œuvres* (3), t. I, p. 398 (*L.G.* I, IV) et I, p. 386 (*L.G.* I, XLII).
(31) *Ibid.*, t. V, p. 73.
(32) *Ibid.*, t. V, p. 117-118. Cf. l'article de S. Delorme, *Des éloges de Fontenelle...* (474).
(33) Tougard, *Documents* (689), t. I, p. 19 (Cideville à Le Cat, le 12 février 1757) ; Pellisson, *Les hommes de lettres...* (632), p. 192. Fontenelle possédait également une « assez grande maison meublée » à Rouen.

étaient simples et qu'il vivait chez les autres. C'était la mesure de sa réussite sociale — ou une précaution pour l'avenir. Mme Necker nous montre que vers 1750 Fontenelle était parfaitement détaché de ces problèmes ; il n'avait jamais aucune somme sur lui ; il oubliait ses dépenses (34). La correspondance que le philosophe entretint avec Cideville atteste son indifférence, ou même sa bonté envers les débiteurs récalcitrants (35). Mais Cydias était avide : c'est parce qu'il avait longtemps voulu s'enrichir et y était enfin parvenu, que Fontenelle pouvait dans sa vieillesse afficher un tel désintéressement. Nous retrouvons ici la même évolution que nous avons constatée sur d'autres plans...

Peut-on concilier la vertueuse indignation du moraliste et la cupidité de Cydias ? Ce paradoxe se retrouve dans ses livres : il condamne la société moderne, mais la position qu'il prend dans la « querelle » l'amène à célébrer le progrès, le luxe et les raffinements de son époque — contre l'austérité religieuse que soutiennent plus ou moins consciemment les Anciens. Il faut l'avouer : Fontenelle n'a été ni un berger d'églogue, ni un pur savant ; il a participé aux vices qu'il observait ; il a parfois paru les justifier ; il a oscillé entre le cynisme et la révolte — jusqu'à ce que les honneurs et la réussite aient supprimé le problème, et lui aient permis de vivre selon ses principes.

Son père était avocat. « Les deux familles dont sortait M. de Fontenelle étaient anciennes ; elles pouvaient se parer de belles alliances, et d'avoir longtemps rempli les plus considérables magistratures de la province. » (36). Petite noblesse normande, attachée à la religion et aux valeurs morales — moins puissante que les grands seigneurs, moins riche surtout que les financiers. Les amis de Fontenelle sont Brunel, Vertot, l'abbé de Saint-Pierre, Cideville — tous des cadets de Normandie, assez besogneux ; travailleurs, consciencieux, vertueux, ils s'indignent de la montée du capitalisme moderne. C'est dans la noblesse de robe, qui participe à la même mentalité, que Fontenelle ira chercher ses protecteurs : des Aguais, les Pontchartrain. Tout un aspect de son œuvre pourrait ainsi s'expliquer par ses origines ; comme Montesquieu, qui représente à un niveau supérieur les mêmes couches sociales, Fontenelle se désespère de voir l'argent conquérir tous les honneurs et dominer la société parisienne. Sa *République* évoque déjà la vie innocente des « Troglodytes ». On peut encore songer à Fénelon, et surtout à Boisguilbert, le cousin de Fontenelle, qui peint dans son *Détail de la France* la misère des campagnes. La pensée du philosophe refléterait donc l'amertume de la petite noblesse ou des robins de pro-

(34) *Mélanges...* (621), t. I, p. 167.

(35) Tougard, *Documents* (690), t. I, p. 44, 65, 96 (Cideville-Fontenelle, 1740, 1747, 1750). Fontenelle ne cesse de consentir à des nouveaux délais, quand ses débiteurs ne le payent pas. A ce propos, voir la lettre de Fontenelle publiée dans le *Bulletin du bibliophile,* 1908 (689) ; elle est adressée à l'abbé d'Herminier, qui s'occupait des affaires du philosophe ; elle contient cette maxime révélatrice : « Faisons bien les méchants et ne le soyons guère ; je crois que cette façon d'agir vous conviendra. »

(36) *Eloge* par Fouchy, *Œuvres* (3), t. IX, p. v.

vince devant l'ascension des traitants. Même ses rêves bucoliques ne seraient qu'une revanche sur cet univers tumultueux qui l'exclut. C'est surtout après son échec à Paris qu'il se laisse séduire par les mythes de l'*Astrée* — et comment s'en étonner ? Il a tenté de s'adapter au monde moderne ; il est rejeté : la poésie doit lui offrir une sorte d'asile, en suscitant un bonheur fabuleux et en dévalorisant la société qui l'a méprisé. La Bruyère l'a bien dit : Cydias « est fait pour être admiré de la bourgeoisie et de la province » (37). Encore ce terme de « bourgeoisie » est-il ambigu ; il ne désigne pas les financiers aux réussites scandaleuses, mais les honnêtes robins.

Si Fontenelle s'était borné à cela, il aurait précisément ressemblé à La Bruyère — et il a été son ennemi juré. Il aurait épousé les valeurs des « gens de Versailles » et du parti dévot. A l'instar de Fénelon et même de Montesquieu, il aurait imaginé une monarchie tempérée par la loi — c'est-à-dire par les privilèges des notables et des provinces. Il aurait haï le despotisme. C'est ce régime au contraire qu'il a le plus loué ; peut-être les circonstances l'ont incité à donner tant d'ampleur à son *Eloge de Pierre-le-Grand,* mais les idées qui sont exprimées dans ce texte se retrouvent dans l'*Eloge de d'Argenson,* et elles indiquent un programme cohérent. L'immixtion de l'Eglise dans les affaires d'Etat est condamnée. Comme Bayle, Fontenelle voit sans doute dans la Révocation de l'Edit de Nantes un signe de faiblesse de la part de Louis XIV. Si le roi — c'est-à-dire le pouvoir civil — n'avait pas été soumis à l'influence des prêtres, il n'aurait pas commis cette sottise. Le Czar au contraire « osa entreprendre la réforme de tant d'abus, sa politique même y était intéressée... Il fit divers réglements ecclésiastiques sages et utiles... Il retrancha aux églises et aux monastères trop riches l'excès de leurs biens... » (38). Tous les ennemis de Fontenelle — Boileau, Racine, Renaudot, Le Verrier, Mathieu Marais, la Bruyère — appartiennent au parti dévot et teinté de jansénisme qu'a longtemps patronné Mme de Maintenon. Le philosophe s'est associé à la Motte et à Astruc pour rédiger le mandement du cardinal du Tencin, qui visait à exterminer les jansénistes. Il a été l'intime du régent et de Dubois, qui méditaient, grâce au système de Law, de racheter les charges et d'anéantir les privilèges. Il a approuvé Machault. Enfin, toute sa politique semble singulièrement cohérente ; elle hérite de la tradition de Colbert, qu'il a si souvent loué ; elle exalte un pouvoir fort, mais laïc — capable d'étouffer la voix des grands, du clergé et des parlements — plus soucieux de réformes concrètes que de glorieuses entreprises.

Fontenelle est l'ami de Perrault que protégeait Colbert. Les Modernes en face des Anciens représentent un peu Paris contre Versailles, la finance contre l'Eglise, la nouvelle bourgeoisie éprise de luxe et volontiers immorale contre les traditions des parlementaires.

L'ambiguïté demeure : Fontenelle a été socialement un « déraciné » ; provincial admirant Paris, contestant la société moderne

(37) *Les Caractères, De la société,* X.
(38) *Œuvres* (3), t. VI, p. 207.

et méprisant l'ancienne, sans possessions malgré ses rentes, il reste « en marge ». Il épouse les points de vue de l'un et de l'autre parti. Alors même qu'il combat les parlements jansénistes, il écrit des comédies où revit le vieux rêve d'une monarchie patriarcale. Tandis qu'il publie les *Pastorales* qui opposent la pureté de l'âge d'or aux vices contemporains, il prend position pour les Modernes. Ce fut peut-être la condition même de son intelligence que ce déracinement : de là son absence de préjugé, de là sa hardiesse. La *République* exprime sa crainte et son mépris des financiers, mais anéantit la religion et les libertés traditionnelles. Le moins populaire des hommes rejoint le peuple.

Une duplicité continuelle.

Affectivement et socialement « divisé », Fontenelle nous demeure mystérieux. Sur tous les plans, toutes ces attitudes sont équivoques, ou trop habiles. Le vieillard confiait à Trublet qu'il n'avait pas désarmé et que la religion lui semblait toujours aussi dangereuse pour le bien public... Mais il était l'ami des Jésuites qui protestaient de la pureté de ses intentions. Il savait concilier l'enseignement de G. Lamy et celui de Huet. Il a écrit *Le Comte de Gabalis* au moment où il visait l'Académie française et le *Traité de la liberté,* quand Pontchartrain venait de le faire nommer à l'Académie des sciences. Il n'hésita pas la même année à chansonner Jacques II et à célébrer dans ses prologues d'opéras les victoires de Louis XIV. Il a été foncièrement double — aussi platement conformiste que téméraire — et sans doute d'autant plus conformiste que plus téméraire. Les honneurs qu'il a conquis ne lui ont pas seulement apporté la sécurité ou des plaisirs d'amour-propre ; il a pu y voir la plus belle offense qu'il fût capable de faire au pouvoir qui l'opprimait. Sans doute dans la dernière partie de sa vie, lorsque le Régent, Dubois ou Tencin furent « aux affaires », Fontenelle n'eut-il plus besoin de tant redouter et de tant duper les puissants ; peut-être même en vint-il à voir dans ces princes et ces ministres des amis du progrès... Mais dans sa jeunesse il prit un visage presque « satanique », celui qu'ont revêtu tant de mauvais esprits du règne de Louis XIII ; être pensionné par un roi, être protégé par un cardinal, ce n'est pas vendre son âme, c'est faire éclater la sottise de ses ennemis... Une telle attitude exige, pour qu'on n'en soit pas la victime, autant de sincérité que de fourberie, autant d'intransigeance que de souplesse. L'hypocrite est peut-être avide ; il est surtout « méchant » ; c'est à force de mépris qu'il consent à tant de soumission.

Nous avons déjà évoqué sa conversion qui amusa Piron (39), et Trublet est heureux de nous apprendre que le vieillard voyait souvent le père Bernard d'Arras, un capucin... (40). Mais ne nous laissons pas abuser par cette attitude. à laquelle tant de libertins du

(39) Piron (287), *loc. cit.*
(40) *Mémoires* (345), p. 304.

XVIIe siècle ont recouru. Fontenelle a étonné ses proches en chargeant de cent messes son testament (41). N'est-ce que par complaisance envers Mme Geoffrin — une complaisance que l'universel détachement du philosophe facilitait ? Ne peut-on y voir aussi bien l'aboutissement normal de ce « double jeu » que Fontenelle avait mené pendant près d'un siècle ? Puisque l'enfer n'existe pas, que la résurrection des corps n'est qu'un mythe ridicule, on n'a rien à craindre : ce testament, qui paraîtrait à certains une précaution ou même un aveu, n'est peut-être que l'ultime bravade d'un vieillard impénitent.

Un des hommes les plus doubles de notre littérature ; un des plus acharnés, même après sa retraite : l'*Histoire de l'Académie des sciences* réussit à être à la fois un combat positif pour la vérité et un mensonge méthodique ; les correspondants de Fontenelle n'ont-ils pas loué son zèle à ramener toutes les inventions à la Religion ? A faire apparaître en chaque occasion la présence de la Providence dans la Nature (41 *bis*) ? Pour défendre les sciences, il fallait bien les compromettre avec les valeurs de l'époque ; « il est toujours temps de penser ; mais il ne l'est pas toujours de dire ce qu'on pense... » (42).

L'amant de l'*Histoire de mes conquêtes* mettait la sincérité par dessus tout ; il se refusait même aux compliments convenus que ses maîtresses attendaient. Mais il fallait bien vivre — la vie supposait beaucoup de parade — et beaucoup de mensonges ; miraculeusement la franchise résistait à toutes les palinodies. Cette haine, cette sournoiserie, cette rigueur géométrique et cette éloquence flatteuse, c'est la grandeur de Fontenelle et sa valeur exemplaire ; il a vécu l'histoire éternellement recommencée de l'intelligence opprimée par la société.

Nous savons qu'à cette duplicité qu'imposaient les circonstances, s'ajoute une autre duplicité apparemment plus gratuite. L'intellectuel, qui détruisait les mystères et les enthousiasmes, a fait une des œuvres les plus fabuleuses qu'on ait vues. Après l'*Histoire des oracles,* il écrit *Thétis et Pélée* et *Enée et Lavinie,* qui tend malgré tout à montrer le pouvoir des oracles... Quel écrivain a eu plus que lui recours au merveilleux ? Ici les bois rendent des prophéties ; là paraissent les ondins et les salamandres ; là c'est le Prince-Rosier et Riquet à la Houppe. Des opéras aux contes, tous ses livres se meuvent dans le féerique et l'impossible. On serait tenté de voir en lui un romantique, mais le merveilleux qu'il évoque est trop différent du merveilleux romantique. La grâce règne toujours, et jamais l'épouvante ; la fantaisie est pleine de lucidité ; elle peut s'égarer dans les rêves les plus fous ; elle reste contrôlée et mesurée ; elle nous convie à des fêtes galantes, pleines de fraîcheur et d'élégance ; c'est la « belle nature » de Watteau ou de Fragonard ;

---

(41) Mme Ogier écrit le 16 février 1757 : « tout cela est peu conséquent à la façon de penser que je lui ai vue, c'eût été une belle conquête à faire il y a vingt ans pour le christianisme... », dans G. Martin, *Retouches* (596), p. 322.

(41 *bis*) Crousaz, éd. par J. La Harpe (558).

(42) F. Grégoire, *Fontenelle...* (524), p. 472.

les tourments des héroïnes demeurent sereins, et les métamorphoses ne sont jamais horribles — ou plutôt l'horreur même n'est pas sans charme.

Tant de fables nous ont surpris : certaines s'expliquent sans doute par la prudence ; en vantant les mythes, en écrivant des opéras « à machines » Fontenelle prenait un visage innocent et semblait inoffensif. Mais enfin il nous a lui-même avoué que « les choses dont la raison est pleinement détrompée ne perdent rien de leurs agréments à l'égard de l'imagination » (43), et l'on sait qu'il courait voir les magiciens avec le Régent. Il ne nous a pas fait beaucoup de confidences ; une des rares auxquelles il se soit abandonné, c'est pour nous parler de son enfance, et des contes de nourrice dont on l'abreuvait (44).

Il n'était pas le seul à unir le goût de la clairvoyance et le goût des chimères ; Bayle et Perrault, ses amis, partageaient les mêmes aspirations. Ce n'était pas seulement une revanche sur le classicisme étroit de la génération précédente. Aux yeux de ces hommes, il n'y avait pas de contradiction : les mythes qu'ils évoquaient n'étaient affectifs qu'en apparence. C'était plutôt un jeu de l'intelligence ; et l'intelligence doit être parfaitement claire et maîtresse d'elle-même pour jouer ainsi avec le bizarre et l'irréel. Ces esprits furent peut-être les plus intellectuels de notre histoire. Combiner des mythes et les analyser, ce sont deux plaisirs aussi forts, et pas tellement différents. C'est l'orgueil de l'intelligence, que de pénétrer sur le terrain des rêves, et de les maîtriser et de les épouser à la fois. Il n'est pas surprenant que les fables les plus étranges émanent des êtres les plus froids. La sensibilité serait trop attachée aux phantasmes ; elle les prendrait trop au sérieux pour les développer autant assez d'adresse, la virtuosité suppose l'indifférence.

Conformiste, mais révolutionnaire, analyste sceptique, mais auteur de *Pastorales* et de contes — si Fontenelle nous demeure insaisissable, c'est qu'il a refusé de « se simplifier » et de « se localiser ». L'audace de l'esprit renforce la soumission, qui l'encourage ; la clairvoyance suit et précède les mythes. Comme l'académicien prend plaisir à flatter et à tromper les rois, comme il mesure son pouvoir d'après sa facilité à les berner, son intelligence — parvenue à son paroxysme — feint de s'humilier, en consentant aux chimères absurdes. Elle triomphe en se reniant. Le reniement social et le reniement littéraire sont parallèles. Il ne faut y voir que des ruses de l'esprit.

Ainsi Fontenelle est toujours « ailleurs ». Sa singularité et sa grandeur, c'est de n'avoir presque pas de psychologie. Pour ainsi dire, il n'est qu'intelligence. L'intelligence doit toujours se dérober. C'est le « sylphe » de Valéry. C'est la fuite d'une détermination à l'autre, vers un niveau de conscience toujours plus lointain, qui refuse et domine les étapes précédentes. Il doit toujours y avoir une « arrière-pensée ».

---

(43) *Œuvres* (3), t. III, p. 290 (*De l'origine des fables*).
(44) *Ibid.*, t. III, p. 282.

CONCLUSION

A travers les hasards disparates, la continuité de l'ambition, les interrogations successives d'un esprit inquiet et tenace, les lectures et les polémiques, Fontenelle s'est cherché pendant une vingtaine d'années. Une fois qu'il s'est « trouvé », il s'est tu — ou presque. L'intellectuel qui avait donné une solution plausible à tous les problèmes qu'il s'était posés, n'avait plus de raisons de se confier. Les obligations officielles, qui n'étaient ni inutiles, ni parfaitement satisfaisantes, suffirent à l'occuper... Le système qu'il s'était forgé est clair et cohérent. L'homme demeure plus énigmatique. Nous l'avons vu se dépouiller peu à peu des ardeurs et des impulsions juvéniles, acquérir une sagesse sans gaîté, devenir insensiblement une sorte de pure incarnation de l'intelligence.

On comprend son succès en son temps, et l'oubli relatif où il a sombré ; il ressemblait trop à ses contemporains pour ne pas susciter leur admiration, et pour n'être pas méconnu par les générations suivantes. Sa discrétion, ses réticences, ses demi-mensonges ne facilitaient pas la compréhension de son œuvre. Moins profondément sans doute que La Mothe le Vayer, mais avec autant d'adresse et de façon aussi périlleuse, il a fait ce qu'il pouvait pour brouiller ses traits et voiler son visage.

Que peut-il aujourd'hui nous apprendre ? Plus que le style souvent un peu trop fardé, plus même que la métaphysique, malgré sa vigueur et son originalité, la vie de l'homme et le combat qu'il a poursuivi nous instruiront, cette obstination et cette habileté, les ruses perpétuelles qu'un esprit libre doit déployer contre une société qui l'opprime, comment il sut se faire écouter sans se renier — voilà la plus belle leçon que Fontenelle nous a laissée. Et, à travers cette lutte, nous devinons la splendeur d'une intelligence exceptionnelle, qui sut se garder d'ordinaire de l'amour propre, des préjugés, des faiblesses. En suivant la biographie de Fontenelle, il nous semble parfois voir « l'intelligence à nu » : sa prudence, ses réserves, son détachement, sa perpétuelle mobilité.

Sans doute le philosophe a-t-il édifié un système ; mais convaincu de la fatalité du progrès, il sait que les hommes qui viendront corrigeront, compléteront ou même refuseront certaines de ses affirmations. Loin de s'en effrayer, il les convie à cet exercice. L'essentiel demeure l'esprit critique. En face de tous les dogmatismes, de toutes les synthèses somptueuses, de tous les beaux principes et de tous les orgueils, c'est un conseil de méfiance indéfiniment répété que cet homme nous adresse. Il nous dit de ne jamais nous arrêter, mais d'oser « penser jusqu'au bout ». Il nous dit aussi que l'intransigeance n'interdit pas la souplesse, et que l'esprit doit toujours être le plus fort.

BIBLIOGRAPHIE

I. — SOURCES MANUSCRITES

ARCHIVES NATIONALES

Minut. Cent. XXIII, 583 (Testament de Fontenelle).
Minut. Cent. XXIII, 608 (Inventaire des biens de Fontenelle après son décès).
O[1] 39, f. 265 (Brevet de don des biens de N. Clément... à Fontenelle).
O[1] 45, f. 86, v° (Rente donnée à Fontenelle par la duchesse de Nocé).
Y 11775 (Scellés à la mort de Fontenelle).

ARCHIVES DÉPARTEMENTALES DE SEINE-MARITIME

Cours des Aides, Bureau des Expéditions, 1525-26 (Maintenue de noblesse de Guillaume Le Bovier, 28 février 1525).
G. 330 (Biens du père de Fontenelle à La Feuillie).
G. 3236, 3410, 3433 (Documents relatifs au frère de Fontenelle, Joseph-Alexis).
G. 3719 (Lettre de Fontenelle au Chapitre de la Cathédrale de Rouen).
Not. Regis, octobre-décembre 1683 (Vente de la maison de Pierre Corneille).
D. 26-271, G. 1263, C. 1138 et 1248 (Histoire du collège de Rouen).

ARCHIVES DÉPARTEMENTALES DE LA HAUTE-VIENNE

287-288 : *Deux recueils de différents auteurs : Amyot, Godeau, Fontenelle, Florian,* etc., 143 et 67 ff.

BIBLIOTHÈQUE NATIONALE

fds lat. 9324 : *Theophrastus Redivivus...* 1090 p.
fds lat. 11439 : *Huet. in Sacram Scripturam.*
fds lat. 11451 : *Huet. Schedae variae.*
fds fr. 10265 : *Gazettes historiques et anecdotiques, du 20 février 1682 au 13 mars 1687,* 220 ff.
fds fr. 12620 : *Chansonnier dit de Maurepas,* années 1680-1685, 544 p.
fds fr. 12621 : *Id.,* années 1686-1690, 571 p.
fds fr. 12622 : *Id.,* années 1690-1693, 563 p.

fds fr. 12623 : *Id.*, années 1694-1695, 387 p.
fds fr. 12624 : *Id.*, années 1696-1699, 390 p.
fds fr. 12640 : *Id.*, années 1676-1686, 486 p.
fds fr. 12641 : *Id.*, années 1687-1692, 499 p.
fds fr. 12645 : *Id.*, années 1711-1727, 411 p.
fds fr. 12647 : *Id.*, année 1744, 487 p.
fds fr. 12658 et 12659 : *Id.*, *Table générale*, 195 et 217 ff.
fds fr. 12689 : *Chansonnier dit de Clairembault*, années 1685-1689, 636 p.
fds fr. 12690 : *Id.*, années 1690-1692, 526 p.
fds fr. 12724 : *Id.*, *Recueils de vaux de ville et de vers satiriques et historiques avec des notes*, volume C, 211 ff.
fds fr. 12737 : *Id.*, *Table générale*, 321 ff.
fds fr. 12738 : *Id.*, *Supplément à la Table du Chansonnier*, décembre 1732, 105ff.
fds fr. 15189-190 : *Correspondance de Huet, évêque d'Avranches*, 362, 246 et 288 ff.
fds fr. 15276 : *Vie de M. Charpentier de l'Académie française*, par Boscheron, 153 ff.
fds fr. 19148 : *Mélanges... de la seconde moitié du dix-septième siècle et de la première moitié du dix-huitième siècle*, 404 ff.
fds fr. 19700 : *Mélanges sur le Jansénisme*, 187 ff.
fds fr. 21946 : *Registre des privilèges accordés aux auteurs et libraires, 1673-1687*, 303 ff.
fds fr. 22137 : *Jugemens des censeurs sur divers ouvrages sous l'administration de M. Malesherbes, A.-K*, 167 ff.
fds fr. 22567 : *Recueil de chansons, épigrammes, satires...*, 327 ff.
fds fr. 24443 : *Recueil de pièces imprimées et manuscrites relatives aux règnes de Louis XIII et de Louis XIV*, 291 ff.
fds fr. 24525 : *Papiers de Martin Billet de Fanière : Recueil d'anecdotes, de faits divers et de notes biographiques ou bibliographiques*, 205 ff.
fds fr. 25436 : *Recueil de chansons, sonnets, madrigaux, poèmes du vicomte de Chevry, etc.*, 697 p.
fds fr. 25570 : *Recueil de plusieurs pièces concernant le régiment de la Calotte (1734)*, 915 p.
fds fr. 32688 : *Tables alphabétiques des noms des personnes dont il est parlé dans les Mercures galans depuis le commencement jusqu'à l'année 1680 inclusive*, 133 ff.
fds fr. N. acq. 1963 : *Carpentariana et Baudelotiana*, 140 ff.
fds fr. N. acq. 9676 : *Portefeuille d'Antoine Lancelot, Documents généalogiques*, 162 ff.
fds fr. N. acq. 11364 : *Mélanges*, 188 ff.
fds fr. N. acq. 13202 : *Diverses pièces de poésies recueillies et écrittes par Mlle des Houillères*, 110 ff.
fds fr. N. acq. 22337 : *Mélanges d'histoire littéraire (1694-1717)*, 395 ff.
fds fr. N. acq. 24342 : *Correspondance de Voltaire*, 408 ff.
Fichier Charavay, 74.
Collection Chérin, 193.

BIBLIOTHÈQUE DE L'ARSENAL

2239 : *Recueil*, 19 : « *L'ame materielle ou nouveau systeme sur les faux principes des philosophes anciens et modernes et des nouveaux Docteurs qui soutiennent son immatérialité.* » 171 p., plus les pages A-B.

2371 : *Recueil*, t. III, année 1755. Tome quatrième des *Œuvres de Fontenelle*, édition d'Amsterdam, 1742, 414 p.
2858 : *Recueil ;* f. 278-294 : « *Traitté de la liberté, composé par M. de Fontenelle.* »
2926 : *Recueil de chansons choisies en vaudevilles, pour servir à l'histoire anecdote*, t. II, 1665-1688, 241 ff.
2927 : Suite du précédent, t. III, 1689-1701, 248 ff.
2928 : Suite du précédent, t. IV, 1702-1708, 231 ff.
3118 : *Recueil de chansons historiques et satiriques*, t. I, *Dix-septième et dix-huitième siècles, Musique notée*, 1027 p.
3186 : *Œuvres de M. L. de Choisy, qui n'ont pas été imprimées*, t. I, 251 ff., plus les feuillets A-B.
3505 : *Portefeuille de Bachaumont ;* ff. 49-52 : *Mémoire abrégé des antiquités, droits, titres, prérogatives et étendue de Breüilpont par M. de Fontenelle*, deux copies.
3597 : *Mémoires de feu Monsieur du Ferrier*, 520 p.
5770 : *Recueil des pièces curieuses et diverses, 1710*, 427 ff. ; f. 299 v°-302 r° : *Lettre à M. le marquis de La Farre par M. de Fontenelle sur la question si les hommes pourront tenir à la vallée de Josaphat.*
6541 : *Recueil Tralage*, t. I, 528 ff.
6542 : *Recueil Tralage*, t. II, 358 ff.
6543 : *Recueil Tralage*, t. III, 449 ff.
6609 : *Diane et Edimion, pastorale héroïque (de Fontenelle) mise en musique par M. le Président Hénault, 1713*, 246 p.
7585 : *Diversité*, 332 p.

BIBLIOTHÈQUE MAZARINE

1189, 3 : *L'âme mortelle ou Réponse aux objections que font les partisans de son immortalité, traduit du manuscrit qui a pour titre : Theophrastus Redivivus*, 138 ff.
1195 : *Recueil*, 1 : *Des miracles, Traduction d'un chapitre du manuscrit intitulé Theophrastus Redivivus*, 192 p. ; 3 : *Theophrastus Redivivus, Traduction des quatre premiers chapitres*, 176 p.

BIBLIOTHÈQUE SAINTE-GENEVIÈVE

1094 : *Ariettes, romances, rondeaux, pour premier et deuxième violons, tirés de divers opéras du dix-septième et du dix-huitième siècles, Enée et Lavinie de Fontenelle, musique de Dauvergne*, 37 ff.
2083 : f. 4 : *La Chimère, poème satirique contre le cardinal de Tencin, Fontenelle, Astruc et Houdard.*
2331 : *Lettre d'Antoine Deparcieux de l'Académie des sciences*, Paris, 28 mai 1741, Autographe, 3 ff.

BIBLIOTHÈQUE DE LA VILLE DE PARIS

445 : *Macédoine, 1840*, 262 p.

BIBLIOTHÈQUE DE L'INSTITUT

2716 : *Autographes des membres de l'Académie française, dossier 27, fauteuil XXII.*

ARCHIVES DE L'ACADÉMIE FRANÇAISE

Collection d'autographes formée par M. L.-H. Moulin.

ARCHIVES DE L'ACADÉMIE DES SCIENCES

Dossier Fontenelle (extraits des registres de l'Académie des sciences ; *Dissertation sur le système du monde de la terre immobile au centre du monde et sur celui de la terre en mouvement autour du soleil*).

ARCHIVES DE L'ACADÉMIE DE MÉDECINE

66 : *Recueil d'œuvres du chirurgien Morand, 1722*, 144 p.

ARCHIVES DE LA COMÉDIE FRANÇAISE

Registre La Grange.

BIBLIOTHÈQUE DE L'UNIVERSITÉ DE PARIS

141-142 : p. 200, *sq.* : *Eloge de M. le maréchal de Vauban par M. de Fontenelle, académicien.*

AMIENS, SOCIÉTÉ DES ANTIQUAIRES DE PICARDIE

130 : *Recueil d'autographes*, 36 pièces ; 23 : Lettre de Fontenelle à Mlle d'Achy.

BIBLIOTHÈQUE MUNICIPALE D'ANGERS

552 : *Recueil de poésies diverses*, 138 ff.

BIBLIOTHÈQUE MUNICIPALE D'AVIGNON

2777 : *Annales historiques, chronologiques et critiques sur l'état moderne, civil et ecclésiastique de la ville d'Avignon*, par Joseph-Louis-Dominique de Cambis, marquis de Velleron ; f. 315-331 : *Histoire du Romieu de Provence par M. de Fontenelle, pour l'année 1245.*

Autographes de la collection Requiem, 3825, *Fontenelle.*

BIBLIOTHÈQUE MUNICIPALE DE BESANÇON

578 : *Vie de M. Corneille avec l'histoire du théâtre français jusqu'à luy et des réflections sur la poétique* par Bernard de Fontenelle, 68 ff.

1441-1442 : *Collections d'autographes*, 542 et 455 ff.

BIBLIOTHÈQUE MUNICIPALE DE BORDEAUX

643 : *Bellérophon, tragédie, paroles de Th. Corneille et de Fontenelle, musique de Lully*, 150 ff.

693 : *Sottisier*, 893 p. (p. 1, 11, 17, 25, 27, 93, 487, 514, 515, 613, 616, 622, 690, pièces de Fontenelle ou relatives à Fontenelle).

828 : *Collection des mémoires de l'Académie des sciences, belles-lettres et arts de Bordeaux :* XL, 7e dossier : *Extrait du discours de Fontenelle sur l'origine des fables* ; XX, 66e dossier : *Lettres et papiers de Dortous de Mairan.*

BIBLIOTHÈQUE MUNICIPALE DE CAEN

432 : *Recueil d'éloges historiques de plusieurs hommes illustres et savans morts dans ce siècle*, 167 ff.

502 : *Correspondance du Père André*, 411 ff.

BIBLIOTHÈQUE DE L'UNIVERSITÉ DE CAEN

36-46 : *Cours de littérature française d'Armand Gasté, professeur à la faculté des lettres de Caen (1838-1902) :* 38 : *Les Normands à à l'Académie française,* 207 ff.

BIBLIOTHÈQUE LOVENJOUL DE CHANTILLY

739-768 : *Dossiers littéraires, notes prises ou recueillies par Sainte-Beuve, coupures de journaux, lettres de correspondants et épreuves corrigées :* 751, t. XIII : *Fontenelle.*

BIBLIOTHÈQUE MUNICIPALE DE CHATEAUROUX

26 : *Poésies provençales,* 28 ff., f. X : *Carte originale de l'empire de la poésie, dressée sur un texte de Fontenelle.*

BIBLIOTHÈQUE MUNICIPALE DE DIJON

822-823 : *Portraits et particularités de la vie des hommes illustres,* 1736, t. II, f. 83 : *Bernard de Fontenelle.*
264 : *Œuvres inédites de J. Tissot,* 310 p. (dont *Essai sur Fontenelle*).

BIBLIOTHÈQUE MUNICIPALE DE LA ROCHELLE

673 : *Recueil des pièces, œuvres de Gédéon Tallemant des Réaux, ou écrites et recueillies par lui,* 275 ff. (f. 201 v° et 247 : pièces relatives à Fontenelle).

BIBLIOTHÈQUE MUNICIPALE DE LILLE

404-412 : *Recueil,* 9 vol., 516, 508, 517, 517 512, 499, 520, 512 et 500 p. (nombreuses pièces écrites par Fontenelle ou attribuées à Fontenelle).

BIBLIOTHÈQUE MUNICIPALE DE LYON

778 : *Mélanges et lettres diverses...,* ff. 79-84 : *Copie d'une lettre de Fontenelle sur la vallée de Josaphat.*
1540-1543 : *Recueil de chansons, parodies...,* 179, 226 et 259 ff.

BIBLIOTHÈQUE MUNICIPALE DE MARSEILLE

1502 : *Manuscrits de Haitze ou recueil d'opuscules et de documents concernant l'histoire de Provence, composés ou réunis par P.J. de Haitze,* 404 ff., f. 282-297 : *Eloge de M. Tournefort par M. de Fontenelle.*

BIBLIOTHÈQUE MUNICIPALE DE NANCY

353 : *Recueil de poésies latines et françaises,* 49 ff. : f. 27 : *Vers adressés à M. de Fontenelle.*

BIBLIOTHÈQUE MUNICIPALE DE PERPIGNAN

60 : *Tractatus de laterculis bicoloribus... authope R.P. Melitone Perpinianensi, ordinis Capucinorum antiquo professore,* 1724, 268 ff. (*approbation de Fontenelle*).

BIBLIOTHÈQUE MUNICIPALE DE PONT-AUDEMER

60 : *Autographes* (dont *Fontenelle*).

BIBLIOTHÈQUE MUNICIPALE DE ROUEN

Doc. 92, N: « *Dossier Fontenelle.*
Arc. Mun. Reg. 278, Saint-Laurent.
Arc. Mun. Reg. 619, Saint-Vigor.
Arc. Mun. Reg. 623, Saint-Vigor.
Arc. Mun. Reg. 819, Notre-Dame de la Ronde.
Arc. Mun. Reg. 820, Notre-Dame de la Ronde.
O. 37 : *Manuscrits de poésie, brouillons, essais, etc., de la main de M. de Cideville,* 109 ff.
O. 40 : *Traits, notes et remarques, Recueil d'anecdotes de la main de M. de Cideville* (1743-1775), 281 p.
I. 12 : *Manuscrits de l'abbé de Saint-Pierre,* t. III, 653 ff.
Y. 43 : *Dictionnaire historique et critique des hommes illustres de la province de Normandie, précédé de l'histoire chronologique de ses ducs et des comtes et ducs d'Alençon, et suivi d'un catalogue des malheureuses victimes de cette province par cause de révolution,* par Adrien Pasquier, 9 vol., 463, 517, 392, 493, 546, 559, 397, 434, 384 et 240 ff.
Martainville, Y. 51 : *Le Moreri des Normans* par Joseph-André Guiot de Rouen, 2 vol., 588 et 434 p.
Duputel, *Collection d'autographes :* 654 : *Fontenelle.*
Leber, 5771 : *Noëls, Chansons, Vaudevilles et autres pièces,* 415 p.
Montbret, 938 : *Mélanges sur le dix-huitième siècle,* ff. 1-6 : *Lettre de M. de Fontenelle à un de ses amis (Perrault) l'an 1686.*
Correspondance Cideville.
Correspondance de l'Académie.
Papiers et correspondance Cideville à classer.

SAINT-PAER PAR DUCLAIR

Archives du château de Launay communiquées par M. des Guerrots.

BIBLIOTHÈQUE MUNICIPALE DE TOULOUSE

848 (C, 32) : *Histoire de Bélise et Cléante.*
861 : *Recueil de poésies du dix-huitième formé probablement par Lefranc de Pompignan,* 284 p. : p. 30 : *La Brune* par Fontenelle.

BIBLIOTHÈQUE MUNICIPALE DE TROYES

2892 : *Recueil de pièces concernant principalement l'histoire de la Champagne méridionale et de la Bourgogne (1144-1815 environ) :* liasse où vers adressés à Fontenelle.

II. — SOURCES IMPRIMEES

A) ŒUVRES DE FONTENELLE

1. *Œuvres diverses de M. de Fontenelle de l'Académie françoise.* Nouvelle édition augmentée. Paris, Michel Brunet, 1724, 3 vol. in-12.
2. *Œuvres de M. de Fontenelle des Académies françoise, des sciences,*

des belles lettres, de la Société royale de Londres. Nouvelle édition augmentée. Paris, Bernard Brunet fils, 1742, 6 vol. in-12.

2 *bis. Œuvres de M. de Fontenelle...* Paris, B. Brunet, 10 vol. in-12, 1758.

3. *Œuvres de M. Fontenelle des Académies françoise, des sciences, des belles lettres, de Londres, de Nancy, de Berlin et de Rome.* Nouvelle édition. Paris. Chez les Libraires associés, 1766, 11 vol. in-12.

4. *Œuvres de Fontenelle,* éd. par Depping. Paris, Belin, 1818, 3 vol. in-8°.

5. *Œuvres de Fontenelle, études sur sa vie et son esprit,* par Voltaire, la marquise de Lambert, Grimm, Garat, Sainte-Beuve, A. Houssaye. Paris, Didier, 1858, in-12.

6. Fontenelle, *Textes choisis et commentés,* par Emile Faguet. Paris, Plon-Nourrit (*Bibliothèque française, dix-huitième siècle*), 1912, in-8°.

7. Fontenelle, *Textes choisis,* introduction et notes par M. Roelens. Paris, Editions sociales, 1966, in-16.

8. *Le Coq,* fable. Paris, G. de Luyne, 1673, in-8°.

9. *Psyché,* tragédie représentée par l'Académie royale de musique. Paris, aux dépens de l'Académie, imprimerie de R. Baudry, 1678, in-4°.

10. *Bellérophon,* tragédie représentée par l'Académie royale de musique. Paris, aux dépens de l'Académie, C. Ballard, 1679, in-4°.

11. *Lettres diverses de M. le Chevalier d'Her...* Paris, C. Blageart, 1683, in-12.

12. *Lettres galantes de M. le Chevalier d'Her...* Paris, C. Blageart, 1687, in-12.

13. Fontenelle, *Lettres galantes,* éditées par Daniel Delafarge (*Annales de l'Université de Lyon*). Paris, Les Belles Lettres, 1961, in-8°.

14. *Nouveaux dialogues des morts.* Paris, C. Blageart, 1683, in-12.

15. *Nouveaux dialogues des morts.* Paris, C. Blageart, 1684, in-12.

16. *Jugement de Pluton sur les deux parties des Nouveaux dialogues des morts.* Paris, C. Blageart, 1684, in-12.

17. *Entretiens sur la pluralité des mondes.* Paris, Vve C. Blageart, 1686, in-12.

18. *Entretiens sur la pluralité des mondes.* Nouvelle édition augmentée d'un nouvel *Entretien.* Paris, Michel Guérout, 1687, in-12.

19. Fontenelle, *Entretiens sur la pluralité des mondes,* précédés de l'*Astronomie* des dames par J. de Lalande. Paris, Jamet et Cotelle, 1820, in-16.

20. Fontenelle, *Entretiens sur la pluralité des mondes, Digression sur les anciens et les modernes,* edited by Robert Shackleton. Oxford, Clarendon press, 1955, 14/22.

21. Fontenelle, *Entretiens sur la pluralité des mondes.* Edition critique avec une introduction et des notes par Alexandre Calame (Société des Textes français modernes). Paris, Librairie Marcel Didier, 1966, in-12.

22. *Histoire des oracles.* Paris, G. de Luyne, 1686, in-12.

23. Fontenelle, *Histoire des oracles.* Edition critique par Louis Maigron (*Société des Textes français modernes*). Paris, E. Cornély, 1908, in-16.

24. *« L'histoire des oracles » de Fontenelle* par M. Bouchard. Paris, Sfelt (*Les grands Evénements littéraires*), 1947, 12/19.

25. *Le Triomphe de la religion sous Louis-le-Grand représenté par des*

inscriptions et des devises, avec une explication en vers latins et françois. Paris, G. Martin, 1687, in-18.

26. *Pro restituta Ludovici magni valetudine Musarum gratulatio, in Regio Ludovici Magni Collegio Patrum Societatis Jesu.* Paris, G. Martin, 1687, in-16.
27. *Poésies pastorales de M.D.F. avec un Traité sur la nature de l'églogue et une digression sur les anciens et les modernes.* Paris, M. Guérout, 1688, in-12.
28. *Poésies pastorales, avec un Traité sur la nature de l'églogue et une digression sur les anciens et les modernes.* Paris, M. Brunet, 1698, in-12.
29. *Poésies pastorales, avec un Traité sur la nature de l'églogue et une digression sur les anciens et les modernes.* Londres, P. et I. Vaillant, 1707, in-12.
30. *Poésies pastorales, avec un Traité sur la nature de l'églogue et une digression sur les anciens et les modernes.* Paris, M. Brunet, 1715.
31. *Thétis et Pélée,* tragédie en musique, représentée par l'Académie royale de musique, suivant la copie imprimée à Paris, 1689, in-12.
32. *Enée et Lavinie,* tragédie en musique, représentée par l'Académie royale de musique. Paris, C. Ballard, 1690, in-4°.
33. *Recueil des plus belles pièces des poëtes françois, tant anciens que modernes depuis Villon jusqu'à M. de Benserade.* Paris, C. Barbin, 1692, 5 vol. in-12.
34. *Nouvelles libertés de penser.* Amsterdam (Paris, Piget), 1743, in-12.
35. *La République des philosophes, ou Histoire des Ajaoiens, ouvrages posthume de M. de Fontenelle.* On y a joint une *Lettre sur la nudité des sauvages.* Genève, 1768, in-12.
36. *Relation de l'isle de Bornéo* (*Première lettre écrite de Batavia, le 27 novembre 1684, par Fontenelle. Avec une seconde lettre écrite de Batavia le 16 mai 1806, par l'éditeur G. Peignot, et une lettre à l'éditeur signée Judaeus Apella*). En Europe, 1807, in-12.
37. Fontenelle, *De l'origine des fables* (1724). Edition critique avec une introduction, des notes et un commentaire par J.-R. Carré, Paris, F. Alcan, 1932, in-8°
38. *Elémens de la géométrie de l'infini, suite des « Mémoires de l'Académie royale des sciences ».* Paris, Imprimerie royale, 1727, in-4°.
39. *Histoire de l'Académie royale des sciences depuis 1666 jusqu'en 1699.* Paris, par la Compagnie des libraires, 1720-1734, 14 vol. in-4°.
40. *Histoire de l'Académie royale des sciences, années 1699-1727, avec les mémoires de mathématique et de physique pour la même année.* Paris, J. Roudot, 1702-1729, 30 vol. in-4°.
41. *Histoire de l'Académie royale des sciences, années 1728-1731, avec les mémoires de mathématique et de physique pour la même année.* Paris, Imprimerie royale, 1730-1733, 4 vol. in-4°.
42. *Histoire de l'Académie royale des sciences, années 1732-1740, avec les mémoires de mathématique et de physique pour la même année.* Paris, Imprimerie royale, 1735-1742, 9 vol. in-4°.

B) ŒUVRES SIGNÉES PAR MLLE BERNARD

43. *Les malheurs de l'amour, première nouvelle : Eléonor d'Ivrée.* Paris, M. Guérout, 1687, in-12.
44. *Le comte d'Amboise, nouvelle galante.* La Haye, A. de Hondt et J. Van Ellinckhuysen, 1689, in-12.
45. *Inès de Cordoue, nouvelle espagnole.* Paris, M. et G. Jouvenel, 1696, in-16.

46. *Brutus*, tragédie. Paris, Vve L. Gontier, 1691, in-12.
47. *Laodamie*, dans *Théâtre françois ou Recueil des meilleures pièces de théâtre*. Paris, P. Gandouin, 1737, 12 vol. in-12 (t. V).

c) ŒUVRES DE L'ANTIQUITÉ ET DU MOYEN AGE

48. Apollodorus, *The library*, with an english translation by Sir James George Frazer. London, William Heinemann, 1921, 2 vol. in-16.
49. Apulée, *Œuvres complètes*, traduites en français par Victor Bétolaud. Nouvelle édition entièrement refondue. Paris, Garnier, 1883, 2 vol. in-12.
50. Cicéron, *De la Divination, Du Destin, Académiques*, traduction nouvelle avec notices et notes par Charles Appuhn. Paris, Garnier, 1937, in-16.
51. Dante, *Œuvres complètes*, traduction et commentaires par André Pézard (*Bibliothèque de la Pléiade*). Paris, Gallimard, 1965, in-16.
52. Euripide, *Théâtre*, texte établi et traduit par Louis Méridier... 2e édition revue et corrigée. Paris, Les Belles Lettres, 1956, 8 vol. in-16.
53. Homère, *Iliade*, texte établi et traduit par Paul Mazon avec la collaboration de Pierre Chantraine, Paul Collart et René Langumier. Paris, Les Belles Lettres, 1938, 4 vol. in-16.
54. Justin, *Abrégé des histoires philippines de Trogue Pompée, et prologues de Trogue Pompée*, traduction nouvelle de E. Chambry et Mme L. Thély-Chambry. Paris, Garnier, 1936, 2 vol. in-16.
55. Lucien, *Œuvres complètes*, traduction nouvelle avec une introduction et des notes par Eugène Talbot. Paris, Hachette et Cie, 1857, 2 vol. in-12.
56. Lucrèce, *De la nature*, texte établi et traduit par Albert Ernout. 4e édition. Paris, Les Belles Lettres, 1942, 2 vol. in-16.
57. Ovide, *Héroïdes*, texte établi par Henri Bornecque et traduit par Marcel Prévost. Paris, Les Belles Lettres, 1928, in-16.
58. Ovide, *Les Métamorphoses*, texte établi et traduit par George Lafaye. Paris, Les Belles Lettres, 1928, 2 vol. in-16.
59. Pausanias, *Description of Greece*, with an english translation by W.H.S. Jones, in four volumes with a companion volume containing maps, plans and indices. London, William Heinemann, 1933-1935, 5 vol. in-16.
60. Pindare, *Isthmiques et fragments*, texte établi et traduit par Aimé Puech. 2e édition revue et corrigée. Paris, Les Belles Lettres, 1952, in-16.
61. Pline, *Histoire naturelle*. Paris, Les Belles Lettres, 1950-1964, 32 vol. in-16.
61 *bis*. Plutarque, *Vies parallèles*, traduction nouvelle avec une introduction et des notes par Bernard Latzarus. Paris, Garnier, 1950, 4 vol. in-16.
62. *Les Stoïciens*, textes traduits par Emile Bréhier, édités sous la direction de Pierre-Maxime Schuhl (*Bibliothèque de la Pléiade*). Paris, Gallimard, 1962, in-16.
63. *Bucoliques grecs*, t. I, Théocrite, texte établi et traduit par Ph.-E. Legrand. Paris, Les Belles Lettres, 1925, in-16.
64. Tite-Live, *Histoire romaine*, traduction nouvelle avec une introduction et des notes par Eugène Lasserre. Paris, Garnier, 1936-1957, 7 vol. in-16.
64 *bis*. Virgile, *Enéide*, texte établi par Henri Goelzer et René Durand

et traduit par André Bellessort. Paris, Les Belles Lettres, 1952, 2 vol. in-16.

65. Virgile, *Géorgiques,* texte établi et traduit par E. de Saint-Denis. 2e édition. Paris, Les Belles Lettres, 1960, in-16.

66. Virgile, *Bucoliques,* texte établi et traduit par E. de Saint-Denis. 4e édition. Paris, Les Belles Lettres, 1960, in-16.

67. Xénophon, *Helléniques,* texte établi et traduit par J. Hatzfeld. Paris, Les Belles-Lettres, 1936, 2 vol. in-16.

D) ŒUVRES DES XVIe, XVIIe ET XVIIIe SIÈCLES

68. Alembert (Jean Le Rond d'), *Histoire des membres de l'Académie françoise morts depuis 1700 jusqu'en 1771...* Amsterdam ; et Paris, Moutard, 1785-1787, 6 vol. in-12.

69. Algarotti (Francesco), *Il Newtonianismo per le dame, ovvero Dialoghi sopra la luce.* Napoli, 1737, in-4°.

70. *Amours de Mirtil.* Constantinople, 1761, in-8°.

71. *Amours de Théagènes et Chariclée, histoire éthiopique.* Paris, Coutelier, 1743, 2 vol. in-12.

72. *Ancien théâtre scolaire normand,* pièces recueillies et publiées avec une notice par P. Le Verdier. Rouen, imprimerie Léon Gy, 1804, 4 vol. in-8°.

73. Ancillon (Charles), *Mémoires concernant les vies et les ouvrages de plusieurs modernes célèbres dans la république des lettres.* Amsterdam, chez les Wetsteins, 1709, in-12.

74. André (le P. Yves), *Œuvres philosophiques* du Père André..., avec une introduction sur sa vie et ses ouvrages tirée de la correspondance inédite par Victor Cousin. Paris, Charpentier, 1843, in-12.

75. André (le P. Yves), *Essai sur le beau.* Nouvelle édition revue et corrigée avec soin, augmentée de six discours... par le Père André et précédée d'une notice sur l'auteur. Paris, Delalain, 1824, in-16.

76. Aquin de Chateaulyon (Pierre-Louis d'), *Lettre sur M. de Fontenelle, doyen des trois Académies de Paris, membre de l'Académie des arcades de Rome.* Paris, B. Brunet, 1751, in-12.

77. Argenson (René-Louis de Paulmy, marquis de), *Essais dans le goût de ceux de Montaigne, composés en 1736 par l'auteur des considérations sur le gouvernement de France.* Amsterdam, 1785, in-8°.

78. Arnauld (Antoine), *Œuvres philosophiques,* comprenant les *Objections contre les « Méditations » de Descartes,* la *Logique de Port-Royal,* le *Traité des vraies et des fausses idées,* et publiées avec des notes et une introduction par C. Jourdain. Paris, L. Hachette, 1843, in-18.

79. Arnauld (Antoine), *Des vrayes et des fausses idées contre ce qu'enseigne l'auteur de la « Recherche de la vérité ».* Cologne, N. Schouten, 1683, in-12.

80. Arnauld (Antoine), *Réflexions philosophiques et théologiques sur le vrai système de la nature et de la grâce.* Cologne, N. Schouten, 1685-1686, 3 vol. in-12.

81. Arnauld (Antoine), *Logique de Port-Royal,* introduction par R. Roubinet (*Publications de la Faculté des lettres et sciences humaines de l'université de Lille,* XII). Lille, René Giard, 1965, in-8°.

82. Assoucy (Charles Coypeau d'), *L'Ovide en belle humeur, enrichy de toutes ses figures burlesques.* Parie, C. de Sercy, 1650, in-4°.

83. Astruc (Jean), *Dissertation sur la liberté.* Paris, Vve Cavelier & fils, 1755, in-12.

84. Aubignac (François Hédelin, abbé d'), *Pratique du théâtre, œuvre*

très nécessaire à tous ceux qui veulent s'appliquer à la composition des poèmes dramatiques, qui font profession de les réciter en public, ou qui prennent plaisir d'en voir les représentations. Paris, A. de Sommaville, 1657, in-4°.

85. Aubignac (François Hédelin, abbé d'), *Conjectures académiques ou Dissertation sur l'Iliade.* Nouvelle édition corrigée, annotée, précédée d'une introduction par Victor Magnien. Paris, Hachette, 1925, in 8°.

86. Bacon (Francis), *Œuvres philosophiques, morales et politiques.* Paris, Desrez, gr. in-8°.

86 *bis.* Baillet (Adrien), *Jugemens des sçavans sur les principaux ouvrages des auteurs.* Paris, A. Dezaillier, 1685-1686, 4 tomes en 9 vol. in-12.

87. Baltus (le P. Jean-François), *Réponse à l'Histoire des oracles de M. de Fontenelle de l'Académie françoise, dans laquelle on réfute le système de M. Van Dale sur les auteurs des oracles du paganisme, sur la cause et le temps de leur silence, et où l'on établit le sentiment des Pères de l'Eglise sur le même sujet.* Strasbourg, J.-R. Doulssecker, 1707, 2 vol. in-8°.

88. Baltus (le P. Jean-François), *Suite de la réponse à l'Histoire des oracles dans laquelle on réfute les objections insérées dans le treizième tome de la Bibliothèque choisie & dans l'article II de la République des lettres du mois de juin 1707, & où l'on établit sur de nouvelles preuves le sentiment des SS. Pères touchant les oracles du paganisme.* Strasbourg, J.-R. Doulssecker, 1708, in-8°.

89. Baltus (le P. Jean-François), *Défense des SS. Pères accusez de platonisme.* Paris, Le Conte et Montalant, 1711, in-4°.

90. Barbier (Marie-Anne), *La Mort de César.* Paris, P. Ribou, 1710, in-12.

90 *bis.* Basnage (Jacques), *Reponse à M. l'evesque de Meaux sur la lettre pastorale,* s.l., 1686, in-12.

91. Baudier (Michel), *Histoire de l'incomparable administration de Romieu, grand ministre d'Etat en Provence, lorsqu'elle étoit en souveraineté, où se voient les effets d'une grande sagesse et d'une rare fidelité, ensemble le vray modèle d'un Ministre d'estat & d'un surintendant des finances.* Paris, J. Camusat, 1635, in-12.

92. Bayle (Pierre), *Œuvres diverses, comprenant tout ce que cet auteur a publié pendant sa vie.* La Haye, P. Husson, 1727-1731, 4 vol. in-fl.

93. Bayle (Pierre), *Critique générale de l'histoire du calvinisme de M. de Maimbourg.* Ville-franche, P. Le Blanc, 1682, in-12.

94. Bayle (Pierre), *Pensées diverses écrites à un docteur de Sorbonne à l'occasion de la comète qui parut au mois de décembre 1680.* Rotterdam, Reinier Leers, 1683, 2 tomes en 1 vol. in-12.

95. Bayle (Pierre), *Continuation des pensées diverses écrites à un docteur de Sorbonne à l'occasion de la comète qui parut au mois de décembre 1680, ou Réponse à plusieurs difficultés que M... a proposées à l'auteur.* Rotterdam, Reinier Leers, 1705, 2 vol. in-12.

96. Bayle (Pierre), *Dictionnaire historique et critique.* Troisième édition, à laquelle on a ajouté la Vie de l'auteur et mis ses Additions et Corrections à leur place. Rotterdam, Reinier Leers, 1715, 3 vol. in-fl.

96 *bis.* Bayle (Pierre), *Lettres de M. Bayle,* publiées sur les originaux avec des *Remarques* par M. des Maizeaux. Amsterdam, aux dépens de la compagnie, 1729, 3 vol. in-12.

97. Bensserade (Isaac de), *Les Œuvres*. Paris, C. de Sercy, 1697, 2 vol. in-12.
98. Bensserade (Isaac de), *Les métamorphoses d'Ovide en rondeaux imprimés et enrichis de figures par ordre de Sa Majesté*. Paris, Imprimerie royale, 1697, 2 tomes en 1 vol. in-4°.
99. Bernard de Hautmont (P.), *Idylle à Mme la Dauphine*. Paris, Martin Jouvenel, 1686, in-4°.
100. Bernier (François), *Abrégé de la philosophie de Gassendi*. Lyon, Anisson et Posuel, 1678, 8 tomes en 7 vol. in-12.
101. Bernis (François-Joachim, cardinal de), *Œuvres complettes de M. le C. de B. de l'Académie françoise*. Dernière édition. Londres, 1767, 2 vol. in-8°.
102. Bernis (François-Joachim, cardinal de), *Poésies diverses...*, avec une notice bio-bibliographique, par Bernard Drujon. Paris, A. Quantin, 1882, in-8°.
103. Bigot (Emeric), *Lettres d'Emeric Bigot à Gilles Ménage et à Ismaël Bouillaud au cours de son voyage en Allemagne lors de l'élection de l'empereur Léopold I (1657-1658)*, publiées par Henri Omont. Paris, Picard, 1887, in-8°.
104. Boileau-Despréaux (Nicolas), *Œuvres complètes*, accompagnées de notes et précédées d'une étude sur sa vie et ses ouvrages par A. Ch. Gidel. Paris, Garnier, 1870-1875, 4 vol. in-8°.
105. Boileau-Despréaux (Nicolas), *Bolaeana ou Bons mots de M. Boileau, avec les poésies de Sanlecque, &c*. Amsterdam, Lhonoré, 1742, in-12.
106. Boindin (Nicolas), *Œuvres*. Paris, Prault, 1753, 2 vol. in-12.
107. Boisguilbert (Pierre Le Pesant de), *Marie Stuart, reyne d'Ecosse, nouvelle historique*. Paris, C. Barbin, 1675, 3 vol. in-12.
108. Boisguilbert (Pierre Le Pesant de), *Le Détail de la France*, s. l., 1695, in-12.
109. Borel (Pierre), *Discours nouveau prouvant la pluralité des mondes, que les astres sont des terres habilées, & et la terre une étoile, qu'elle est hors du centre du monde dans le troisième cielle, & se trouve devant le soleil qui est fixe, & autres choses très curieuses*. Genève, 1657, in-8°.
110. Bossuet (Jacques-Bénigne), *Œuvres*, textes établis et annotés par l'abbé Velat et Yvonne Champailler (*Bibliothèque de la Pléiade*). Paris, Gallimard, 1961, in-16.
111. Bouhours (le P. Dominique), *Les entretiens d'Ariste & d'Eugène*. Paris, Sébastien Mabre-Cramoisy, 1671, in-4°.
112. Bouhours (le P. Dominique), *La vie de Mme de Bellefont, supérieure & fondatrice du monastère des religieuses bénédictines de Nostre Dame des Anges* établi à Rouen. Paris, Sébastien Mabre-Cramoisy, 1686, in-8°.
113. Bouhours (le P. Dominique), *La manière de bien penser dans les ouvrages d'esprit. Dialogues*. Paris, Vve Sébastien Mabre-Cramoisy, 1687, in 4°.
114. Bouhours (le P. Dominique), *Recueil de vers choisis*. Paris, Louis Josse, 1693 et 1701, 2 vol. in-12.
115. Boullier (David-Renaud), *Essai philosophique sur l'âme des bêtes où l'on trouve diverses réflexions sur la nature de la liberté, sur celle de nos sensations, sur l'union de l'âme et du corps, sur l'immortalité de l'âme*. Seconde édition revue et augmentée à laquelle on a joint un *Traité des vrais principes qui servent de fondement à la certitude morale*. Amsterdam, F. Changuion, 1737, 2 vol. in-12.

116. Boullier (David-Renaud), *Pièces philosophiques et littéraires par M.B.*, s. l., 1754, in-12.
117. Boursault (Edme), *La Comédie sans titre,* revue et corrigée par son véritable auteur. Paris, J. Guignard, 1694, in-12.
118. Boze (Claude Gros de), *Histoire de l'Académie royale des inscriptions & belles-lettres depuis son établissement avec les éloges des académiciens morts depuis son renouvellement.* Paris, H.-L. Guérin, 1740, 3 vol. in-8°.
119. Brantôme (Pierre de Bourdeille, sg. de), *Œuvres complètes,* publiées d'après les manuscrits, avec variantes et fragments inédits pour la Société de l'Histoire de France par L. Lalanne. Paris, Vve J. Renouard, 1876, 11 vol. in-8°.
120. Brienne (Louis-Henri de Loménie, comte de), *Mémoires inédits* publiés d'après les manuscrits autographes par F. Barrière. Paris, Ponthieu & Cie, libraires ; Leipzig, Ponthieu, Michelsen et Cie, 1828, 2 vol. in-8°.
121. Buffier (le P. Claude), *Grammaire française sur un plan nouveau avec un traité de la prononciation des « e », & un abrégé des règles de la poésie française.* Nouvelle édition revue, corrigée et augmentée. Paris, d'Houry, 1723, in-12.
122. Buffier (le P. Claude), *Traité des premieres veritez & de la source de nos jugemens où l'on examine le sentiment des philosophes de ce temps sur les premieres notions des choses.* Paris, Vve Mongé, 1724, 2 part. en 1 vol. in-12.
123. Buffier (le P. Claude), *Suite de la grammaire française sur un plan nouveau ou Traité philosophique et pratique d'éloquence.* Paris, N. Le Clerc, Jean Musier, Charles-Louis Thiboust, 1728, 2 part. en 1 vol. in-12.
124. Bussy (Roger de Rabutin, comte de), *Histoire amoureuse des Gaules,* suivie de la *France galante,* romans satiriques du XVIIe siècle attribués au comte de Bussy. Edition nouvelle avec des notes et une introduction par Auguste Poitevin. Paris, Delahaye, 1857, 2 vol. in-8°.
125. Bussy (Roger de Rabutin, comte de), *Correspondance avec sa famille et ses amis (1666-1693).* Nouvelle édition revue et augmentée par L. Lalanne. Paris, Charpentier, 1859, 6 vol. in-12.
126. Callières (François de), *Histoire poëtique de la guerre nouvellement déclarée entre les anciens & les modernes.* Paris, P. Aubouin, P. Emery, Ch. Clousier, 1688, in-12.
127. Callières (François de), *Du bel esprit où sont examinez les sentimens qu'on a d'ordinaire dans le monde.* Paris, J. Anisson, 1695, in-12.
128. Castelnau (Michel de), *Mémoires,* illustrés et augmentés par I. Le Laboureur, conseiller & aumosnier du Roy. Paris, P. Lamy, 1660, 2 vol. in-fol.
129. Chapelain (Jean), *Mélanges de litterature tirez des lettres manuscrites de M. Chapelain de l'Académie françoise.* Paris, Briasson et J.-F. Tabarie, 1726, in 8°.
130. Chapelle (Claude-Emmanuel Lhuillier, dit) et Bachaumont, *Œuvres.* La Haie ; et Paris, Quillau, 1755, in-12.
131. Colleté ou Colletet (Guillaume), *L'Art poétique, où il est traité de l'épigramme, du sonnet, du poème bucolique, de l'églogue, de la pastorale et de l'idyle, de la poésie morale et sententieuse... Avec un discours de l'éloquence & de l'imitation des anciens, un autre discours contre la traduction et la nouvelle morale du mesme autheur.* Paris, A. de Sommaville, 1658, 6 parties en 2 vol. in-12.

132. Commire (le P. Jean), *Joannis Commirii e Societate Jesu Carmina*, Editio novissima longe auctior & emendatior. Lutetiae Parisiorum, apud J. Barbou, 1741, 2 vol. in-16.
133. Condillac (Etienne Bonnot de), *Œuvres philosophiques*, éd. par Georges Le Roy (*Corpus général des philosophes français*). Paris, P.U.F., 1947, 3 vol. in-4°.
134. Cordemoy (Geraud de), *Œuvres de feu Monsieur de Cordemoy*. Paris, C. Remy, 1704, 3 part. en 1 vol. in-4°.
135. Corneille (Pierre), *Œuvres complètes*. Nouvelle édition revue sur les plus anciennes impressions et les autographes... par Marty-Laveaux. Paris, Hachette, 1862, 12 vol. in-8°.
136. Corneille (Thomas), *Pièces choisies d'Ovide, traduites en vers françois*. Rouen ; et Paris, G. de Luyne, 1670, in-12.
137. Corneille (Thomas), *La Devineresse ou les faux enchantements*, comédie représentée par la Troupe du Roy. Paris, C. Blageart, 1680, in-12.
138. Corneille (Thomas), *Le dictionnaire des arts et des sciences*. Nouvelle édition revue, corrigée et augmentée par M... de l'Académie royale des sciences. Paris, J.-B. Coignard, 1731, 2 vol. in-fl.
139. Cousin (le Président Louis), *Histoire de Constantinople depuis le règne de l'ancien Justin jusqu'à la fin de l'Empire traduite sur les originaux grecs*. Paris, P. Rocolet, Damien Foucault, 1662-1664, 8 vol. in 4°.
140. Cyrano de Bergerac (Savinien), *Les Etats du soleil* (*Voyages imaginaires, songes, visions et romans cabalistiques*, XIII). Amsterdam; et Paris, rue et hôtel Serpente, 1787, in-8°.
141. Cyrano de Bergerac (Savinien), *L'Autre Monde ou les Etats et Empires de la lune et du soleil*. Nouvelle édition revue sur les éditions originales et enrichie des additions du manuscrit de la Bibliothèque nationale, avec une notice bio-bibliographique par F. Lachèvre. Paris, Garnier, 1932, in-16.
142. Cyrano de Bergerac (Savinien), *Lettres d'amour et Lettres satiriques* suivies de *Les deux Cyrano*, préface par Henry Frichet, bois gravés de H. Armengol. Paris, France-Edition, 1932, in-8°.
143. Dacier (André), *Marc Aurèle, réflexions morales, avec des remarques*. Amsterdam, 1691, 2 tomes en 1 vol. in-8°.
144. Dangeau (Philippe de Courcillon, marquis de), *Mémoires et journal* publiés pour la première fois sur les manuscrits originaux avec les notes du duc de Saint-Simon. Paris, Mame et Delaunay-Vallée, 1830, 4 vol. in-8°.
145. Daniel (le P. Gabriel), *Voyage du monde de Descartes*. Paris, Vve S. Bernard, 1690, in-12.
146. Daniel (le P. Gabriel), *Nouvelles difficultez proposées par un peripateticien a l'auteur du Voyage du monde de Descartes touchant la connoissance des bestes, avec la refutation de « deux défenses du système général du monde de Descartes »*. Paris, Vve S. Bernard, 1693, in-12.
147. Descartes (René), *Œuvres* publiées par Charles Adam et Paul Tannery. Paris, L. Cerf, 1897-1908, 13 vol. in-4°.
148. Desfontaines (abbé Pierre-François Guyot), *Dictionnaire néologique à l'usage des beaux esprits du siècle, avec l'éloge de Pantalon-Phœbus par un avocat de province*. Troisième édition corrigée et augmentée de plus de deux cents articles, de la *Réception de l'illustre Messire Christophle Mathanasius à l'Académie françoise*, d'une *Réponse de M. le doyen de l'Académie*, de remarques, du *Pantalon-Phébeana ou mémoires, observations et anecdotes au sujet*

de Pantalon-Phœbus, de *Deux lettres d'un rat calotin à Citron Barbet au sujet de l'histoire des chats*, etc., par l'auteur du *Dictionnaire néologique*. Amsterdam, M.C. Le Cène, 1728, in-12.

149. Desfontaines (abbé Pierre-François Guyot), *Le Nouvelliste du Parnasse ou Reflexions sur les ouvrages nouveaux* (abbés Desfontaines et F. Granet). Paris, Chaubert, 1731-1732, 4 vol. in-12.

150. Desfontaines (abbé Pierre-François Guyot), *Observations sur les écrits des modernes* (abbé Desfontaines, Mairault, abbé Granet, Fréron). Paris, Chaubert, 1735-1743, 33 vol. in-12.

151. Desfontaines (abbé Pierre-François Guyot), *Jugemens sur quelques ouvrages nouveaux* (abbé Desfontaines, Mairault, Fréron, abbé Destrées). Avignon, P. Girou, 1744-1746, 11 vol. in-12.

152. Desfontaines (abbé Pierre-François Guyot), *L'Esprit de l'abbé Desfontaines ou Reflexions sur differens genres de science et de litterature avec des jugemens sur quelques auteurs & sur quelques ouvrages tant anciens que modernes*. Londres, Clément, 1757, 4 vol. in-12.

153. Deshoulières (Mme Antoinette et Mlle), *Œuvres*. Nouvelle édition augmentée de leur *Eloge historique* et de plusieurs poésies qui n'avoient pas encore été imprimées. Paris, David l'aîné, 1747, 2 vol. in-12.

154. Desmarets de Saint-Sorlin (Jean), *La comparaison de la langue et de la poésie françoise avec la grecque & la latine, et des poetes grecs, latins & françois, et les Amours de Protée et de Physis, dédiés aux beaux-esprits de France*. Paris, Th. Jolly, 1670, in-12.

155. Desmolets (le P. Pierre-N.), *Continuation des mémoires de littérature et d'histoire*. Paris, 1726-1731, 11 vol. in-8°.

156. *Dictionnaire portatif des théâtres contenant l'origine des différents théâtres de Paris*. Paris, C.-A. Jombert, 1754, in-16.

157. Dilly (prêtre d'Embrun), *Traitté de l'âme et de la connoissance des bêtes, où après avoir demontré la spiritualité de l'âme de l'homme l'on explique par la seule machine les actions les plus surprenantes des animaux, suivant les principes de Descartes*. Amsterdam, G. Galley, 1691, in-12.

158. *Discours prononcez à l'Académie françoise le cinquième may 1691 à la réception de M. de Fontenelle, avec plusieurs pièces de poésie qui ont été lues le même jour*. Paris, Vve J.-B. Coignard, 1691, in-4°.

159. *Discours prononcez dans l'Académie françoise à la réception de M. l'abbé Bignon et de M. de La Bruyère le lundy quinzième juin 1693*. Paris, Vve J.-B. Coignard, 1693, in-4°.

159 *bis*. Donneau de Visé (Jean), *Nouvelles nouvelles*, divisées en trois partie. Paris, P. Bienfaict, 1663, 3 vol. in-12.

160. Donneau de Visé (Jean), *L'Amour eschappé ou les diverses manieres d'aimer contenues en quarante histoires avec le parlement d'Amour*. Paris, Th. Jolly, 1669, 3 vol. in-12.

161. Donneau de Visé (Jean), *Les Nouvelles galantes comiques et tragiques*. Paris, G. Quinet, 1669, 3 vol. in-12.

162. Donneau de Visé (Jean), *La Pierre philosophale*, comédie mêlée de spectacles. Paris, C. Blageart, 1681, in-4°.

163. Donneau de Visé (Jean), *Les Dames vangées ou la Dupe de soy-même*, comédie suivant la copie de Paris. Amsterdam, J.-L. de Lorme et E. Rogier, 1696, in-12.

164. Du Bos (abbé Jean-Baptiste), *Réflexions critiques sur la poésie et sur la peinture*. Paris, J. Mariette, 1719, 2 vol. in-12.

165. Duclos (Charles Pinot), *Les confessions du Comte de... écrites par lui-même à un ami*. Amsterdam, 1741, 2 vol. in-12.

166. Duclos (Charles Pinot), *Mémoires secrets (Nouvelle collection des mémoires pour servir à l'histoire de France depuis le treizième siècle jusqu'à la fin du dix-huitième* par Michaud et Poujoulat, X). Paris, chez l'éditeur du Commentaire analytique du Code civil, 1859, gr. in-8°.

167. Dufresny (Charles), *Amusements sérieux et comiques.* Paris, C. Barbin, 1699, in-12.

168. Du Hamel (Jean-Baptiste), *De corpore animato seu promotae per experimenta philosophiae specimen alterum.* Parisiis, apud Stephanum Michallet, 1673, in-12.

169. Du Hamel (Jean-Baptiste), *De consensu Veteris et Novae Philosophiae libri quatuor seu promotae per experimenta philosophiae pars prima.* Editio nova multo auctior et emendatior. Rothomagi, apud Jacobum Lucas, 1675, in-12.

170. Du Hamel (Jean-Baptiste), *Philosophia vetus et nova ad usum scholae accommodata, in regio Burgundiae olim pertractata.* Editio tertia multo emendatior. Parisiis, apud Stephanum Michallet, 1684, 2 vol. in-4°.

171. Durey de Noinville (Jacques-Bernard), *Histoire du théâtre de l'Académie royale de musique en France depuis son établissement jusqu'à présent.* Seconde édition corrigée et augmentée. Paris, Duchesne, 1757, 2 parties en 1 vol. in-8°.

172. *Esprit* (Jacques), *La Fausseté des vertus humaines.* Paris, A. Prelard, 1693, in-12.

173. *Examen de la Religion dont on cherche l'éclaircissement de bonne foy.* Londres, G. Cook, 1745, in-12.

174. Farin (François), *Histoire de la ville de Rouen,* divisée en trois parties. Rouen, J. Hérault, 1668, 3 vol. in-12.

175. Fauchet (P. Claude), *Les Œuvres,* revues et corrigées en cette dernière édition... Paris, J. de Heuqueville, 1610, in-4°.

176. *Féderic de Sicile* (*Recueil de romans historiques,* t. XIII). Londres, 1747, in-12.

177. Fénelon (François de Salignac de la Mothe), *Œuvres,* précédées de son histoire littéraire. Lyon, Librairie catholique de Périsse frères ; Paris, 1843, 4 vol. gr in-8°.

177 *bis.* Fénelon (François de Salignac de la Mothe), *Démonstration de l'existence de Dieu, tirée de la connoissance de la nature et proportionnée à la plus faible intelligence des plus simples.* Quatrième édition. Amsterdam, L'Honoré et Chatelain, 1715, in-12.

178. Fonseca (P. Pedro da), *Petri Fonsecae Societatis Jesu Institutionum Dialecticarum libri octo,* emendatius quam ante hac editi. Coloniae, apud Petrum Colinum, 1623, 2 parties en 1 vol. in-8°.

179. Fontette de Sommery (Mlle), *Lettres de Mme la Comtesse de L... à M. le Comte de R...* Paris, Barrois l'aîné, 1785, in-12.

180. Gacon (François), *Le poète sans fard, contenant satires, épîtres, épigrammes sur toutes sortes de sujets.* Libreville, chez Paul disant vray, à l'enseigne du miroir qui ne flate point, 1698, in-12.

181. Gassendi (Pierre Gassend dit), *Petri Gassendi diniensis ecclesiae praepositi, et in academia parisiensi matheseos regii professoris opera omnia,* in sex tomos divisa. Lugduni, sumptibus Laurenti Anisson et Joannis Baptisae Devenet, 1658, 6 vol. in-fl.

182. Gassendi (Pierre Gassend dit), *Syntagma Philosophiae Epicuri, cum Refutationibus Dogmatum, Quae contra Fidem Christianam ab eo asserta sunt...* Hagae-Comitis, ex Typographia Adriani Ulacq, 1659, in-4°.

183. Gervaise (de Montpellier), *Histoire de la conjuration faite à Stokolm contre M. Descartes.* Paris, J. Boudot, 1695, in-12.

184. Gherardi (Evariste), *Le théâtre italien de Gherardi ou Le recueil général de toutes les comédies et scènes françoises jouées par les comédiens italiens du roi.* Paris, Briasson, 1741, 6 vol. in-12.

186. Goujet (abbé Claude-Pierre), *Bibliothèque françoise, ou Histoire de la littérature françoise.* Paris, P.J. Mariette, 1740-1756, 18 vol. in-12.

186. Grimm, Diderot, Raynal, Meister, etc., *Correspondance littéraire, philosophique et critique,* revue sur les textes originaux par Maurice Tourneux. Paris, Garnier frères, 1882, 16 vol. in-8°.

187. Grisel (Hercule), *Herculis Griselli Fastorum Rothomogensium...* publiés avec une étude littéraire et des notes historiques et bibliographiques par F. Bouquet. Rouen, imprimerie de Henry Boissel, 1870, in-4°.

188. *Histoire de la ville de Rouen,* divisée en 6 parties. 3e édition par un solitaire et revue par plusieurs personnes de mérite. Rouen, L. du Souillet, 1721, 2 vol. in-12.

189. *Histoire des troubles et démêlées littéraires depuis l'origine jusqu'à nos jours inclusivement,* 2 parties. Amsterdam, et Paris, rue du Four-Saint-Honoré, 1779, 2 vol. in-12.

190. Huet (Pierre-Daniel), *Petri Danielis Huetii episcopi suessionensis designati censura philosophiae cartesianae.* Lutetiae Parisiorum, apud Danielem Horthemels, 1689, in-12.

191. Huet (Pierre-Daniel), *Petri Danielis Huetii episcopi Abrincenssis designati Alnetanae quaestiones de concordia rationis et fidei.* Cadomi, apud Joannem Cavelier ; Lutetiae Parisiorum, apud Thomas Moette, 1690, in-4°.

192. Huet (Pierre-Daniel), *Demonstratio Evangelica ad Serenissum Delphinum.* Editio altera emendatior in qua additamenta auctoris singula suis locis sunt inserta. Amstelaedami, apud Janssonio Waesbergios et Henricum et Theodorum Boom, anno 1690, 2 vol. in-8°.

193. Huet (Pierre-Daniel), *Traité de l'origine des romans,* 6e édition, Paris, Thomas Moette, 1685, in-12.

194. Huet (Pierre-Daniel), *Nouveaux Mémoires pour servir à l'histoire du cartésianisme* par M.G. de l'A. (Gilles de Launay pour Huet), s.l., 1692, in-12.

195. Huet (Pierre-Daniel), *Diane de Castro.* Paris, G. Martin, 1728, in-8°.

196. Huet (Pierre-Daniel), *Huetiana ou pensées diverses de M. Huet, évêque d'Avranches.* Nouvelle édition augmentée de la description en vers latins du voyage de l'auteur en Suède, publié par l'abbé d'Olivet. Amsterdam, Herman Uytwerf, 1723, in-12.

197. Huet (Pierre-Daniel), *Mémoires de Daniel Huet, évêque d'Avranches,* traduits pour la première fois du latin en français par Charles Nisard. Paris, Hachette, 1853, in-8°.

198. Huet (Pierre-Daniel), *Lettres inédites à son neveu, M. de Charsigné, conseiller et procureur général du roi au bureau des finances de Caen,* publiées par Armand Gasté, première partie. Caen, H. Delesques, 1901, in-8°.

199. Huygens (Christian), *Christiani Hugenii* Κοσμοθεωρός, *sive de Terris coelestibus earumque ornatu conjecturae.* Hagae-Comitum, apud A. Moetjens, 1698, in-4°.

200. Huygens (Christian), *Œuvres complètes,* publiées par la Société hollandaise des sciences. La Haye, Martinus Nijhoff, 1901, 12 vol. in-4°.

200 *bis.* Irailh (abbé (Simon-Augustin), *Querelles littéraires ou Mémoires*

pour servir à l'histoire des révolutions de la Républiques des lettres depuis Homère jusqu'à nos jours. Paris, Durand, 1761, 4 vol.

201. Jaquelot (Isaac), *Dissertations sur l'existence de Dieu où l'on démontre cette vérité par l'histoire universelle de la première entité du monde, par la réfutation du système d'Epicure et de Spinoza.* La Haye, E. Foulque, 1697, in-4°.

201 *bis.* Labbe (le P. Philippe), *Abrégé chronologique de l'histoire sacrée et profane de tous les âges et de tous les siècles du monde... depuis Adam jusques à Louis XIV...* Paris, Société des libraires du Palais, t. II, 1663, in-18.

202. La Bruyère (Jean de), *Œuvres.* Nouvelle édition revue sur les plus anciennes impressions et les autographes et augmentée de morceaux inédits, des variantes, de notices... par M.G. Servois. Paris, Hachette, 1865-1882, 5 parties en 4 vol. in-8°.

203. La Fare (Charles-Auguste, marquis de), *Mémoires* (*Nouvelle collection de mémoires pour servir à l'Histoire de France depuis le treizième siècle jusqu'à la fin du dix-huitième* par Michaud et Poujoulat, VIII). Paris, chez l'éditeur du Commentaire analytique du Code civil, 1839, gr. in-8°.

204. Lafayette (Marie-Madeleine de la Vergne, comtesse de), *Romans et nouvelles,* textes revus sur les éditions originales avec une introduction, une bibliographie et des notes par Emile Magne. Paris, Garnier, 1939, in-16.

205. La Fontaine (Jean de), *Œuvres.* Nouvelle édition revue sur les plus anciennes impressions et les autographes et augmentée de variantes, de notices... par Henri Régnier. Paris, Hachette, 1883-1893, 11 vol. in-8°.

206. La Fontaine (Jean de), *Œuvres complètes (Bibliothèque de la Pléiade).* Paris, Gallimard, 2 vol. in-16 : t. I, *Fables, contes et nouvelles,* préface par Edmond Pilon et René Groos, texte établi et annoté par René Groos et Jacques Schiffrin, 1963 ; t. II, *Œuvres diverses,* texte établi et annoté par Pierre Clarac, 1958.

207. La Harpe (Jean-F. de), *Héroïdes nouvelles,* précédées d'un *Essai sur l'héroïde en général.* Amsterdam ; Paris, Cailleau, 1759, in-8°.

208. Lahontan, *Mémoires de l'Amérique Septentrionale ou la suite des Voyages de M. le baron de Lahontan qui contiennent la description d'une grande étendue de Païs de ce continent, l'intérêt des François et des Anglois, leurs commerces, leurs navigations, les mœurs et les coutumes des sauvages, etc., avec un petit Dictionnaire de la langue du Païs, le tout enrichi de cartes et de figures.* La Haye, les frères L'Honoré, 1705, 2 vol. in-12.

209. Lambert (Anne-T., marquise de), *Œuvres...* Nouvelle édition avec un *Abrégé de sa vie.* Paris, Vve Gaveau, 1748, in-12.

210. La Mothe le Vayer (François), *Œuvres.* Paris, Augustin Courbé, 1654, 2 vol. in-f°.

211. La Mothe le Vayer (François), *Discours de l'Histoire.* Paris, J. Camusat, 1638, in-8°.

212. La Mothe le Vayer (François), *Derniers petits traitez en formes de lettres escrites à diverses personnes studieuses.* Paris, A. Courbé, 1660, in-12.

213. La Mothe le Vayer (François), *Prose chagrine.* Paris, A. Courbé, 1661, 3 vol. in-12.

214. La Mothe le Vayer (François), *Deux discours, le premier Du peu de certitude qu'il y a dans l'histoire, le second De la connoissance de soi-même.* Paris, L. Billaine, 1668, in-12.

215. La Mothe le Vayer (François), *Dialogues d'Oratius Tubero, Cincq*

Dialogues faits à l'imitation des anciens par Oratius Tubero, Quatre autres dialogues du mesme auteur, faits comme les precedents à l'imitation des anciens. Francfort, I. Savius, 1716, 2 vol. in-16.

216. La Motte (A. Houdar de), *Œuvres.* Paris, Prault l'aîné, 1754, 10 vol. in-12.
217. La Motte (A. Houdar de), *Lettres de M. de La Motte, suivies d'un recueil de vers du même auteur pour servir de supplément à ses œuvres.* S.l., 1754, in-12.
218. La Motte (de la Hode, ci-devant jésuite), *La vie de Philippe d'Orléans petit-fils de France, régent du royaume pendant la minorité de Louis XV.* A Londres, aux dépens de la Compagnie, 1736, in-12.
219. Lamy (Dom François), *Lettres philosophiques sur divers sujets importants.* A Trévoux, de l'imprimerie de S.A.S. ; et Paris, J. Boudot, 1703, in-12.
220. Lamy (Guillaume), *Discours anatomiques de M. Lamy, docteur en médecine de la Faculté de Paris.* Rouen, J. Lucas, 1675, in-12.
221. Lamy (Guillaume), *Explication mechanique et physique des fonctions de l'âme sensitive ou Des sens, des passions et du mouvement volontaire.* Paris, Lambert Roullant, 1678, in-12.
222. La Rochefoucauld (François, duc de), *Œuvres.* Nouvelle édition revue sur les plus anciennes impressions et les autographes et augmentée de morceaux inédits, des variantes, de notices... par M.D.L. Gilbert. Paris, Hachette, 1868-1883, 4 tomes en 5 vol. in-8°.
223. La Suze (Henriette de Coligny, comtesse de) et Pellisson (Paul), *Recueil de pièces galantes, augmenté de plusieurs élégies.* Paris, Quinet, 1674, 2 tomes en 1 vol. in-12.
224. Launay (Gilles de), *La Dialectique du sieur de Launay contenant l'art de raisonner juste sur toutes sortes de matieres.* Paris, Barbin, 1673, in-4°.
225. Le Cat (Charles), *Eloge de M. de Fontenelle.* Rouen, Besongne, 1759, in-12.
226. Le Gallois (Pierre), *Conversations de l'Académie de M. l'abbé Bourdelot.* Paris, Th. Moette, 1672, in-12.
227. Le Gallois (Pierre), *Conversations académiques tirées de l'Académie de M. l'abbé Bourdelot.* Paris, C. Barbin, 1674, 2 vol. in-12.
228. Leibniz (Gottfried-Wilhelm), *Opera omnia,* nunc primum collecta... studio L. Dutens. Genevae, apud fratres de Tournes, 1768, 6 vol. in-4°.
229. Leibniz (Gottfried-Wilhelm), *Lettres et opuscules inédits,* précédés d'une introduction par A. Foucher de Careil. Paris, Ladrange, 1854, in-8°.
230. Leibniz (Gottfried-Wilhelm), *Nouveaux essais sur l'entendement humain,* publiés par E. Boutroux. Paris, Delagrave, 1886, in-12.
231. Lenclos (Ninon de), *Mémoires* recueillis et mis en ordre par Eugène de Mirecourt et précédés du *Siècle de Louis XIV* par Mery. Paris, impr. de Du Guisson, 1854, in-8°.
232. Lenclos (Ninon de), *Correspondance authentique de Ninon de Lenclos contenant un grand nombre de lettres inédites et suivie de « La Coquette vengée »,* avec une introduction et des notices par Emile Colombey. Paris, E. Dentu, 1886, in-8°.
233. Le Noble (Eustache), *Les Œuvres.* Paris, P. Ribou, 1718, 19 vol. in-12.
234. Le Pays (René), *Amitiez, amours et amourettes.* Nouvelle édition revue, corrigée et augmentée de la *Zélotyde, histoire galante,* composée par le mesme autheur. Paris, C. de Sercy, 1672, 2 vol. in-12.

235. Le Pays (René), *Les Nouvelles œuvres de M. Le Pays.* Amsterdam, Abraham Wolfgang, suivant la copie de Paris, 1674, 2 tomes en 1 vol. in-12.

236. L'Hôpital (Guillaume de, marquis de Sainte-Mesme), *Analyse des infiniment petits pour l'intelligence des lignes courbes.* Paris, Imprimerie Royale, 1696, in-4°.

236 *bis.* Lignac (Joseph-Adrien Lelarge, abbé de), *Le témoignage du sens intime et de l'expérience opposé à la foi profane et ridicule des fatalistes modernes.* Auxerre. F. Fournier, 1760, 3 vol. in-12.

237. Locke (John), *Essai philosophique concernant l'entendement humain, où l'on montre quelle est l'étendue de nos connoissances certaines, et la maniere dont nous y parvenons,* traduit de l'Anglois... par Pierre Coste, sur la quatrième édition, revue, corrigée et augmentée par l'auteur. Amsterdam, H. Schelte, 1700, in-4°.

238. Longepierre (Hilaire-Bernard Requeleyne, baron de), *Les idylles de Bion et de Moschus traduites du grec en vers françois, avec des remarques.* Paris, P. Aubouin, P. Emery et C. Clousier, 1686, in-12.

239. Longepierre (Hilaire-Bernard Requeleyne, baron de), *Idylles.* Paris, Aubouin, 1686, in-12.

240. Longepierre (Hilaire-Bernard Requeleyne, baron de), *Discours sur les anciens.* Paris, P. Aubouin, P. Emery et C. Clousier, 1687, in-12.

241. Longepierre (Hilaire-Bernard Roqueleyne, baron de), *Idylles nouvelles.* Paris, P. Aubouin, P. Emery et C. Clousier, 1690, in-12.

242. Loret (Jean), *La Muze historique, ou Recueil des lettres en vers contenant les nouvelles du temps, écrites à Son Altesse Mademoizelle de Longueville, depuis duchesse de Nemours (1650-1655).* Nouvelle édition revue sur les manuscrits et les éditions originales et augmentée d'une introduction, de notes et d'une table générale des matières par MM. J. Ravenel et Ed. V de La Pelouze. Paris, P. Jannet (P. Daffis), 1857-1878, 4 vol. in-8°.

243. Luynes (Charles-Philippe d'Albert, duc de), *Mémoires sur la cour de Louis XV,* publiés sous le patronage de M. le duc de Luynes, par MM. L. Dussieux et Eugène Soulié. Paris, Firmin-Didot, 1865, 17 vol. in-8°.

244. Maillet (Benoît de), *Telliamed, ou Entretiens d'un philosophe indien avec un missionnaire français sur la diminution de la mer, la formation de la terre, l'origine de l'homme, etc.,* mis en ordre sur les mémoires de feu M. de Maillet (par Guers). Amsterdam, L'Honoré, 1748, 2 vol. in-8°.

245. Maimbourg (le P. Louis), *Histoire de la décadence de l'Empire après Charlemagne et des différends des empereurs avec les papes au sujet des investitures et de l'indépendance.* Suivant la copie imprimée à Paris, chez Sébastien Mabre-Cramoisy, 1681, in-4°.

246. Malebranche (le P. Nicolas), *Œuvres complètes,* publiées sous la direction d'A. Robinet. Paris, Vrin, 1960-1965, 17 vol. in-8°.

247. Marais (Mathieu), *Journal et mémoires sur la régense et le règne de Louis XV (1715-1767),* publiés avec une introduction et des notes par M. de Lescure. Paris, Firmin-Didot frères, 1863-1868, 4 vol. in-8°.

248. Marana (Giovanni-Paolo), *L'Espion dans les Cours des princes chrétiens, ou Lettres et mémoires d'un envoyé secret de la Porte,* traduit de l'anglois. Cologne, Erasme Kinkius, 1710, 6 vol. in-12.

249. Marca (Pierre de), *Marca hispanica sive limes hispanicus, hoc est Geographica et historica descriptio Cataloniae, Ruscionis et circumjacentium populorum.* Parisiis, apud Franciscum Muguet, 1688, in-4°.

250. Maupoin (M.), *Bibliothèque des théâtres contenant le catalogue alphabétique des pièces dramatiques et opéra, le nom des auteurs et le temps de la représentation de ces pièces, avec des anecdotes sur les auteurs et sur la plupart des pièces contenues en ce recueil.* Paris, Jacques Chardon Briasson, 1733, in-8°.
251. Mayerne (Louis Turquet de), *Histoire générale d'Espagne comprise en XXXVI livres... depuis le commencement de cette histoire jusqu'au déceds de Philippe II et principalement la conqueste du royaume de Portugal.* Paris, S. Thiboust, 1685, t. II, in-fl.
252. Ménage (Gilles), *Anti-Baillet ou Critique du livre de M. Baillet intitulé « Jugemens des sçavans ».* La Haye, E. Foulque et L. Van Dole, 1688, 2 vol. in-12.
253. Ménage (Gilles), *Menagiana.* Paris, Florentin et Pierre Delaulne, 1693, in-8°.
254. Mézeray (François-Eudes de), *Histoire de France depuis Faramond jusqu'à maintenant, œuvre enrichie de plusieurs belles et rares antiquités et d'un abrégé de la vie de chaque reyne... le tout embelli d'un recueil nécessaire des médailles qui ont été fabriquées sous chaque règne et de leur explication.* Paris, M. Guillemot, 1643-1651, 3 vol. in-fl.
255. Mézeray (François-Eudes de), *Histoire de France depuis Faramond jusqu'au règne de Louis le Juste, enrichie de plusieurs belles et et rares antiquités et de la vie des reynes.* Nouvelle édition revue et augmentée par l'auteur d'un volume de l'origine des François. Paris, Denys Thierry, Jean Guignard, Claude Barbin, 1685, 3 vol. in-fl.
256. Mézeray (François-Eudes de), *Abrégé chronologique ou extrait de l'Histoire de France.* Paris, Thomas Jolly, 1667-1668, 3 vol. in-4°.
256 *bis.* Moncrif (François-Auguste Paradis de), *Les Chats.* Paris, Gabriel-François Quillau, 1727, in-8°.
257. Montaigne (Michel de), *Les Essais* publiés par MM. Fortunat, Strowski, François Gebelin et Pierre Villey... sous les auspices de la Commission des Archives municipales de Bordeaux. Bordeaux, Imprimerie nouvelle F. Pech et Cie, 1920, 4 vol. in-4°.
258. Montesquieu (Charles de Secondat, baron de), *Œuvres complètes*, éd. par Roger Caillois (*Bibliothèque de la Pléiade*). Paris, Gallimard, 1949-1951, 2 vol. in-16.
259. Montpensier (Anne d'Orléans de), *Mémoires* (*Nouvelle collection des Mémoires pour servir l'histoire de France puis le treizième siècle jusqu'à la fin du dix-huitième* par Michaud et Poujoulat, IV). Paris, chez l'éditeur du Commentaire analytique du Code civil, 1838, gr. in-8°.
260. More (Thomas), *L'Utopie de Thomas Morus, chancelier d'Angleterre,* traduit par Samuel Sorbière. Amsterdam, Jean Blaeu, 1643, in-12.
261. Moreri (Louis), *Grand dictionnaire historique ou le Mélange curieux de l'histoire sacrée et profane...* 18e édition revue et augmentée. Amsterdam, P. Brunel, 1740, 8 vol. in-fl.
262. Naudé (Gabriel), *Instruction à la France sur la vérité de l'histoire des Frères de la Rose-Croix.* Paris, F. Julliot, 1623, in-8°.
263. Naudé (Gabriel), *Considerations politiques sur les coups d'Estat par G.N.P.* Rome, 1639, in-12.
264. Naudé (Gabriel), *Gabrielis Naudaei parisiani* Πεντάς *Quaestionum Iatro-philologicarum.* Genèvae, S. Chouet, 1647, in-8°.
265. Naudé (Gabriel), *Réflexions historiques et politiques sur les moyens dont les plus grands princes et habiles ministres se sont servis pour*

gouverner leurs Etats avec les qualités qu'un ministre doit avoir, de quelle condition il faut qu'il soit ; et ce qu'un prince est obligé d'observer envers lui. Leide, Jean et Herman Verbeek, 1739, in-8°.
266. Niceron (P. Jean-Pierre), *Mémoires pour servir à l'histoire des hommes illustres de la République des lettres, avec un catalogue raisonné de leurs ouvrages.* Paris, Briasson, 1727-1745, 44 vol. in-12.
267. Nostradamus (Caesar de), *Histoire et chronique de Provence.* Lyon, Simon Rigaud, 1614, in-fl.
268. Nostredame (Jehan de), *Les vies des plus célèbres et anciens poètes provençaux.* Nouvelle édition accompagnée d'extraits d'œuvres inédites du même auteur, préparée par Camille Chabaneau, et publiée avec une introduction et commentaires par J. Anglade. Paris, Honoré Champion, 1913, in-8°.
269. *Nouveau choix de pièces de poésie.* Nancy ; et Paris, P. Witte, 1715, in-12.
270. *Œuvres diverses du Sr. D... avec un recueil de poésies de M. de B.* Amsterdam, Frisch et Bohm, 1714, 2 vol. in-12.
271. Orléans (Charlotte-E. de Bavière, duchesse d'), *Correspondance de Mme la duchesse d'Orléans,* extraite de ses lettres originales par L. W. Holland et Jaeglé. Deuxième édition. Paris, E. Bouillau, 1890, 3 vol. in-16.
272. Pardies (P. Ignace-Gaston), *Discours de la connoissance des bestes.* Paris, S. Mabre-Cramoisy, 1672, in-12.
273. Parfaict (Claude et François), *Histoire du théâtre françois depuis son origine jusqu'à présent, avec la vie des plus célèbres poètes dramatiques.* Paris, P. G. Le Mercier et Saillant, 1735-1749, 15 vol. in-12.
274. Parfaict (Claude et François), *Histoire de l'ancien théâtre italien depuis son origine en France jusqu'à sa suppression en l'année 1697... par les auteurs de l'Histoire du théâtre françois.* Paris, Lambert, 1753, in-12.
275. Pascal (Blaise), *Œuvres,* publiées selon l'ordre chronologique avec documents complémentaires, introductions et notes par Léon Brunschvicg et Pierre Boutroux. Paris, Hachette, 1904-1925, 14 vol. in-8°.
276. Pasquier (Etienne), *Les recherches de la France,* revues, corrigées, mises en meilleur ordre et augmentées en cette dernière édition de trois livres entiers, outre plusieurs chapitres entrelassés. Paris, G. de Luyne, 1655, in-fl.
277. Pavillon (Etienne), *Œuvres,* considérablement augmentées dans cette nouvelle édition. Amsterdam, Z. Chatelain, 1747, 2 vol. in-12.
278. Perrault (Charles), *Parallèle des anciens et des modernes en ce qui regarde les arts et les sciences, dialogues,* avec le *Poème sur le siècle de Louis le Grand et une Epître en vers sur le génie.* Paris, J.-B. Coignard, 1688-1697, 4 vol. in-12.
279. Petit (Louis), *Discours satyriques et moraux et Satyres générales.* Rouen, R. Lallemant, 1686, in-12.
280. Petit (Louis), *Discours satyriques,* éd. par O. de Gourcuff. Paris, Librairie des bibliophiles, 1883, in-12.
281. Petit (Louis), *Dialogues satyriques et moraux,* Paris ; et Lyon, T. Amaulry, 1687, in-8°.
282. Petit (Louis), *La Muse Normande de Louis Petit de Rouen en patois normand, 1658,* publiée... par Alphonse Chassant. Rouen, A. Le Brument, 1853, in-12.
283. *Petit réservoir contenant une variété de faits historiques, et critiques, de littérature, de morale et de poésie, etc., et quelquefois de*

petites aventures romanesques et galantes, ouvrage périodique. Berlin, librairie de J. Neaulme, 1750, 5 vol. in-8°.

284. *Pièces d'éloquence qui ont remporté le prix de l'Académie françoise depuis 1661 jusqu'en 1748.* Paris, Brunet, 1750, 2 vol. in-8°.

285. *Pièces de poésie qui ont remporté le prix de l'Académie françoise depuis 1761 jusqu'à 1747.* Paris, J.-B. Coignard, 1747, in-8°.

286. Piron (Alexis), *Œuvres complettes,* publiées par M. Rigoley de Juvigny. Paris, M. Lambert, 1776, 7 vol. in-8°.

287. Piron (Alexis), *Œuvres inédites (prose et vers)* accompagnées de lettres également inédites adressées à Piron par Mlles Quinault et De Bar, publiées sur les manuscrits autographes originaux, avec une introduction et des notes par Honoré Bonhomme. Paris, Poulet-Malassis et de Broise, 1859, in-8°.

288. *Poésies choisies de MM. Corneille, Bensérade, de Scudéry... et de plusieurs autres.* Paris, Ch. de Sercy, 1653-1660, 5 vol. in-12.

288 *bis.* Pomponazzi (Pietro), *Petri Pomponatii Opera...* Basilae, ex officina Henricpetrina. 1567, in-8°.

289. *Le portefeuille trouvé ou tablettes d'un curieux.* Genève, Les libraires associés, 1757, 2 vol. in-12.

290. Pradon (Nicolas), *Les Œuvres,* divisées en deux tomes. Nouvelle édition. Paris, par la Compagnie des libraires associés, 1744, 2 vol. in-12.

291. Pradon (Nicolas), *Nouvelles remarques sur tous les ouvrages du Sieur D...* Avec l'*Epître à Alcandre.* La Haye, J. Strik, 1685, in-12.

292. Primi Visconti, *Mémoires sur la cour de Louis XIV,* traduits de l'italien, publiés avec une introduction, des appendices et des notes par Jean Lemoine. Paris, Calmann-Levy, s.d., in-8°.

293. Quinault (Philippe), *Le théâtre de M. Quinault.* Nouvelle édition augmentée et enrichie. Amsterdam, P. de Coup, 1715, 2 vol. in-12.

294. Quinault (Philippe), *Le théâtre de M. Quinault contenant ses tragédies, comédies et opéra.* Nouvelle édition précédée de *La vie de Quinault* (par Boffrand). Paris, par la Compagnie des libraires, 1739, 5 vol. in-12.

295. Rabelais (François), *Œuvres complètes,* texte établi et annoté par Jacques Boulenger (*Bibliothèque de la Pléiade*). Paris, Gallimard, 1942, in-16.

296. Racine (Jean), *Œuvres complètes.* Nouvelle édition revue sur les plus anciennes impressions et les autographes... par Paul Mesnard. Paris, Hachette, 1865-1873, 9 vol. in-8°.

297. Rapin (le P. René), *Œuvres.* La Haye, Pierre Gosse, 1725, 3 vol. in-12.

298. Rapin (le P. René), *Renati Rapini Societatis Jesu Eclogae, cum dissertatione de carmine pastorali.* Nova editio auctior et emendiator. Parisiis, sumptibus Fratrum Barbou, 1723, 3 vol. in-8°.

299. *Recueil de pièces curieuses et nouvelles tant en prose qu'en vers.* La Haye, Adrien Moetjens, 1694-1696, 5 vol. in-12.

300. *Recueil des harangues prononcées par MM. de l'Académie françoise dans leurs réceptions.* Paris, J.-B. Coignard, 1709, 2 vol. in-12.

301. *Recueil des pièces d'éloquence présentées à l'Académie françoise pour les prix qu'elle distribue.* Amsterdam, H. du Sauzet, 1760, 4 vol. in-12.

302. Régis (Sylvain), *Système de philosophie contenant la logique, la métaphysique, la physique et la morale...* Paris, D. Thierry, 1690, 2 vol. in-4°.

303. Régis (Sylvain), *L'Usage de la raison et de la foy ou l'accord de la foy et de la raison.* Paris, J. Cusson, 1704, in-4°.

303 *bis*. Régnier-Desmarais (François-Seraphin, abbé), *Poésies françoises*. Nouvelle édition augmentée de plusieurs pièces qui ne se trouvent pas dans celle de Paris. La Haye, Jean Neaulme, 1721, 2 vol. in-12.

304. Rémond de Saint-Mard (Toussaint de), *Les Œuvres mêlées*. Nouvelle édition augmentée. La Haye, Jean Neaulme, 1742, 3 vol. in-12.

305. *La Rencontre de MM. Le Noble et Boileau aux Champs-Elysées, dialogue*. Paris, C. Huguier, 1711, in-16.

306. Robinet (Jean-Baptiste-René), *Dictionnaire universel des sciences morale, économique, politique et diplomatique ou Bibliothèque de l'homme d'Etat et du citoyen*. Londres, Les libraires associés, 1777-1783, 30 vol. in-4°.

307. Rocoles (Jean-Baptiste de), *Abrégé de l'histoire de l'empire d'Allemagne, son origine, ses révolutions, avec les vies succinctes de tous ses empereurs jusu'à présent*. Cologne, P. Marceau, 1679, in-4°.

308. Rocoles (Jean-Baptiste de), *Les imposteurs insignes ou Histoire de plusieurs hommes de néant, de toutes les nations, qui ont usurpé la qualité d'empereurs, roys et princes*. Amsterdam, A. Wolfgang, 1683, in-12.

309. Rudbeck (Olof), *Olf Rudbecks Atland eller Mannheim... Olavi Rudbeckii Atlantica sive Manheim...* Upsalae, H. Curio, 1675-1698, 3 vol. in-fl.

310. Saint-Evremond (Charles de), *Œuvres mêlées*, publiées sur les manuscrits de l'auteur. Nouvelle édition revue, corrigée et augmentée de nouvelles remarques. Amsterdam, P. Mortier, 1706, 5 vol. in-12.

311. Saint-Evremond (Charles de), *Œuvres en prose*, textes publiés avec introduction, notices et notes par R. Ternois. Paris, Didier, 1962-1965, 3 vol. in-16.

311 *bis*. Saint-Evremond (Charles de), *Œuvres meslées, contenant Pensées sur l'honnesteté, Avis et pensées sur plusieurs sujets, Fragment d'une lettre sur la fausseté des vertus humaines, De l'Amitié, Pensées sur des sujets differents, Réflexions nouvelles sur la vérité de nos deffauts, Avis sur la maniere d'estudier, Maximes morales*, Sixiesme partie. Paris, C. Barbin, 1680, in-12.

312. Saint-Evremond (Charles de), *Mélange curieux des meilleures pièces attribuées à M. de Saint-Evremond et de plusieurs autres ouvrages rares ou nouveaux*. Amsterdam, P. Mortier, 1706, 2 vol. in-12.

313. Saint-Evremond (Charles de), *Saint-Evremontiana ou Dialogues des nouveaux dieux dédiés à M. Bontemps*. Paris, M. Brunet, 1700, in-12.

314. Saint-Pierre (Charles I Castel, abbé de), *Annales politiques (1658-1749)*. Nouvelle édition, avec une introduction et des notes par J. Drouet. Paris, H. Champion, 1942, in-8°.

315. Saint-Réal (César Vichard, abbé de), *Œuvres*. Nouvelle édition revue, corrigée et augmentée d'un volume. Amsterdam, F. L'Honoré et fils, 1740, 6 vol. in-12.

316. Saint-Réal (César Vichard, abbé de), *De l'usage de l'histoire*. Paris, C. Barbin, 1671, in-12.

317. Saint-Réal (César Vichard, abbé de), *Dom Carlos, nouvelle historique. Amsterdam*, G. Commelin, 1672, in-12.

318. Saint-Simon (Louis de Rouvroy, duc de), *Mémoires*. Nouvelle édition collationnée sur le manuscrit autographe, augmentée des additions de Saint-Simon au *Journal* de Dangeau et de notes et appendices par A. de Boislile. Paris, Hachette, 1879-1928, 41 vol. in-8°.

319. Scudéry (Georges de), *Almahide ou l'esclave Reyne*. Paris, A. Courbé, 1660, 8 vol. in-8°.

320. Scudéry (Marie-Françoise de Martinvast, dame de), *Lettres de Mmes de Scudéry, de Salvan, de Saliez et de Mlle Descartes,* précédées de notices biographiques et accompagnées de notes explicatives. Paris, L. Colin, 1806, in-12.
321. Segrais (Jean Regnault de), *Œuvres diverses.* Amsterdam, F. Changuïon, 1723, 2 vol. in-8°.
322. Segrais (Jean Regnault de), *Les Nouvelles françoises ou les divertissements de la princesse Aurélie.* Paris, A. de Sommaville, 1656-1657, 5 parties en 2 vol. in-8°.
323. Segrais (Jean Regnault de), *Poésies diverses ; les églogues, l'Athis, poème pastoral, les odes, épîtres, élégies chansons, stances, etc.* Nouvelle édition. Paris, Vve Delormel, René Josse, 1733, in-8°.
324. Segrais (Jean Regnault de), *Segraisiana ou Mélange d'histoire et de littérature, recueilli des entretiens de M. de Segrais de l'Académie françoise.* Paris, Compagnie des libraires associés, 1721, 3 parties en 1 vol. in-8°.
325. Selden (John), *Joannis Seldeni... De Diis Syris Syntagma II.* Amstelaedami, apud L. Bisterum, 1680, 2 part. en 1 vol. in-8°.
326. Sévigné (Marie de Rabutin-Chantal, marquise de), *Lettres de Mme de Sévigné, de sa famille et de ses amis,* recueillies et annotées par M. Monmerqué. Nouvelle édition. Paris, Hachette, 1862-1866, 14 vol. in-8°.
327. Solignac (Pierre-Joseph de), *Eloge historique de M. de Fontenelle prononcé à la séance publique de la Société royale de Nancy le 8 mai 1757.* Nancy, imp. de Haenec, 1757, in-4°.
328. Somaize (Antoine Baudeau, sieur de), *Le grand dictionnaire des Pretieuses, Historique, poétique...* Paris, J. Ribou, 1661, 2 vol in-8°.
329. Sorbière (Samuel-Joseph), *Sorberiana ou bons mots, rencontres agréables, pensées judicieuses et observations curieuses de M. Sorbière.* Paris, Vve Cramoisy, 1694, in-12.
330. Sorel (Charles), *De la connoissance des bons livres ou Examen de plusieurs autheurs.* Paris, A. Pralard, 1671, in-12.
331. Sourches (L.-F., marquis de), *Mémoires sur le règne de Louis XIV,* publiés d'après le manuscrit authentique appartenant à M. le duc des Cars par le Comte de Cosnac et E. Pontal. Paris, Hachette, 1882-1912, 13 vol. in-8°.
332. Spanheim (Ezéchiel), *Relation de la Cour de France en 1690,* publiée par la Société de l'histoire de France par M. Ch. Schefer. Paris, H. Loones, 1882, in-8°.
333. Spinoza (Baruch), *Œuvres,* traduites et annotées par C. Appuhn. Paris, Garnier, 1959, 3 vol. in-16.
334. Spinoza (Baruch), *L'Ethique,* traduit par R. Caillois. Paris, Gallimard, 1954, in-16.
335. Staal (Marguerite de Launay, baronne de), *Mémoires (Nouvelle collection des mémoires pour servir à l'histoire de France depuis le treizième siècle jusqu'à la fin du dix-huitième,* par Michaud et Poujoulat, X), Paris, chez l'éditeur du Commentaire analytique du Code civil, 1839, gr. in-8°.
336. Tallemant des Réaux (Gédéon), *Les Historiettes.* Troisième édition entièrement revue sur le manuscrit original et disposée dans un nouvel ordre par MM. de Monmerqué et Paulin. Paris, J. Techener, 1854-1860, 9 vol. in-8°.
337. Tavernier (Jean-Baptiste), *Les six voyages de Jean-Baptiste Tavernier... qu'il a fait en Turquie, en Perse et aux Indes.* Nouvelle édition revue, corrigée et augmentée de diverses choses curieuses. *Suite des voyages de M. Tavernier... ou Nouveau recueil de plu-*

sieurs relations et traitez singuliers et curieux qui n'ont point été mis dans ses six premiers voyages. Paris, G. Clouzier, 1679-1682, 3 vol. in-4°.

337 *bis.* Terson (Jean de), *Ad Illustrissimum et Reverendissimum Episcopum Vaurensem Ode. Optat reditum sui Episcopi Podiolaurum.* s.l., s.d., in-8°.

337 *ter.* Terson (Jean de), *Illustrissimo ac Reverendissimo D.D. Carolo Antonio de la Garde de Chambonas, Episcopo et D. Lodovensi, necnon comiti Montis Bruni, Carmen Panegyricum,* s.l., 1687, in-8°.

338. Thomassin (le P. Louis), *La Méthode d'étudier et d'enseigner chrétiennement et solidement les lettres humaines par rapport aux lettres divines et aux écritures, divisée en six parties dont les trois premières regardent l'étude des poètes et les trois suivantes celle des historiens, des philosophes et des grammairiens.* Paris, F. Muguet, 1681-1682, 3 vol. in-8°.

339. Thomassin (le P. Louis), *La méthode d'étudier et d'enseigner chrétiennement et solidement la philosophie par rapport à la religion chrétienne et aux écritures.* Paris, F. Muguet, 1685, in-8°.

340. Thou (Jacques A. de), *Histoire de M. de Thou des choses arrivées de son temps, mise en françois par P. Du Ryer.* Paris, A. Courbé, 1659, 2 vol. in-fl.

341. Titon du Tillet (Evrard), *Le Parnasse françois, remarques sur la poésie et la musique et sur l'excellence de ces deux beaux arts...* Paris, J.-B. Coignard fils, 1732, in-fl.

342. Toledo (Francisco), *D. Francisci Toleti Societatis olim S.R.E. Cardampliss. Commentaria una cum quaestionibus in universam Aristotelis logicam.* Venetiis, apud Juntas, 1603, in-4°.

343. *Les Trois imposteurs.* En Suisse, de l'imprimerie philosophique, 1793, in-12.

344. Trublet (abbé Nicolas-Charles-Joseph), *Essais sur divers sujets de littérature et de morale.* Cinquième édition corrigée et augmentée. Paris, Briasson, 1754, 4 vol. in-12.

345. Trublet (abbé Nicolas-Charles-Joseph), *Mémoires pour servir à l'histoire de la vie et des ouvrages de M. de Fontenelle.* Amsterdam, Marc-Michel Rey, 1759, in-12.

346. Urfé (Honoré d'), *L'Astrée ou par plusieurs histoires et sous personnes de bergers et d'autres sont déduits les divers effects de l'honneste amitié.* Paris, Toussainct du Bray, 1621, 6 vol. in-8°.

347. Vairasse (Denis), *Histoire des Sevarambes, peuples qui habitent une partie du troisième continent ordinairement appelé Terre Australe, contenant un compte exact du gouvernement, des mœurs, de la religion, du langage de cette nation jusques aujourd'hui inconnue aux peuples de l'Europe,* traduit de l'anglois. Paris, Barbin, 1677, 2 vol. in-12 ; 1678-1679, 3 vol. in-12.

348. Van Dale (Antoine), *Antonii Van Dale M. D. de Oraculis Ethnicorum dissertationes duae : quarum prior de ipsorum duratione ac defectu, posterior de eorundem Auctoribus. Accedit et Schediasma de Consecrationibus Ethnicis.* Amstelaedami, apud Henricum et Viduam Theodori Boom, 1683, in-fl.

349. Varillas (Antoine), *Histoire de Charles IX.* Nouvelle édition. Cologne, P. Marteau, 2 vol. in-12.

350. Vertot (René Aubert de), *Œuvres choisies.* Paris, Didier, 1844, 2 vol. in-8°.

351. Vertot (René Aubert de), *Petits chef-d'œuvres historiques,* avec introduction et notices historiques par M. Antoine de Latour. Paris, Firmin-Didot, 1846, 2 vol. in-12.

352. Vertron (Louis), *La Nouvelle Pandore ou Les Femmes illustres du siècle de Louis le Grand, recueil de pièces académiques en prose et en vers sur la préférence des sexes, dédié aux dames.* Paris, Vve C. Mazuel, 1698, 2 vol. in-12.
353. Vigneul-Marville (Noël dit Bonaventure d'Argonne), *Mélanges d'histoire et de littérature.* Rouen, A. Maurry, 1699-1700, 2 vol. in-12.
354. Villars (Nicolas-Pierre-Henri de Montfaucon, abbé de), *Le Comte de Gabalis ou entretiens sur les sciences secrètes.* Paris, C. Barbin, 1670, in-12.
355. Villedieu (Hortense Desjardins, Mme de), *Recueil de quelques lettres ou relations galantes* (par Mlle Desjardins). Paris, Barbin, 1668, in-12.
356. Villedieu (Hortense Desjardins, Mme de), *Fables ou histoires allégoriques dédiés au roy.* Paris, C. Barbin, 1670, in-12.
357. Villedieu (Hortense Desjardins, Mme de), *Les exilés de la cour d'Auguste.* Paris, C. Barbin, 1675, in-12.
358. Voiture (Vincent), *Lettres et autres œuvres de M. de Voiture,* divisées en deux volumes. Nouvelle édition plus complète que les précédentes et augmentée de la suite et de la conclusion de l'*Histoire d'Alcidalis et de Zelide.* Amsterdam, A. de Hoogenhuysen, 1697, in-8°.
359. Voltaire (François Arouet, dit), *Œuvres complètes.* Nouvelle édition conforme pour le texte à l'édition de Beuchot... Paris, Garnier, 1885, 52 vol. in-8°.
360. Voltaire (François Arouet, dit), *Voltaire's correspondence,* ed. by Th. Besterman. Genève, Institut et Musée Voltaire « Les Délices », 107 vol. in-8°.
361. Wilkins (John), *Le monde dans la lune, divisé en deux livres, le premier prouvant que la lune peut estre un monde, le second que la terre peut estre une planètte.* De la traduction du Sr de la Montagne. Rouen, J. Cailloues, 1655, 2 tomes en 1 vol. in-8°.

E) PÉRIODIQUES DU XVIIe ET DU XVIIIe SIÈCLES

362. *Bibliothèque ancienne et moderne.* Amsterdam, puis La Haye, 1714-1727, 27 vol. in-12.
363. *Bibliothèque choisie pour servir de suite à la Bibliothèque universelle.* Amsterdam, H. Schelte, 1703-1713, 27 vol. in-12.
364. *Bibliothèque impartiale.* Leide, imprimerie d'Elie Luzac, 1751, t. IV, in-12.
365. *Bibliothèque universelle et historique* (J. Le Clerc). Amsterdam, 1686-1693, 25 vol. in-12.
366. *Histoire des ouvrages des savants* (Basnage de Beauval). Rotterdam, 1687-1709, 25 vol. in-12.
367. *Journal de Hambourg,* III, 23 mars 1696, in-8°.
368. *Journal des savants.* Paris, 1665-1757, in-4°.
369. *Journal étranger.* Paris, au bureau du *Journal étranger* et chez Pissot, Saugrain, Duchesne, 1755, in-8°.
370. *Mémoires pour servir à l'histoire des sciences et des beaux-arts,* dits *Mémoires de Trévoux.* Trévoux, puis Paris, 1701-1767, 265 vol. in-12.
371. *Mercure galant, Mercure de France.* Paris, 1672-1757, in-12.
372. *Nouvelles de la République des lettres* (Bayle, Larroque). Amsterdam, 1684-1718, in-12.
373. *Le Temple d'Esculape ou le dépositaire des nouvelles découvertes...*

publié par Nicolas de Blegny. Paris, l'auteur, C. Blageart et L. d'Houry, 1680, in-12.

F) OUVRAGES CONSULTÉS (XIXe et XXe SIÈCLES)

374. Abbott (John Laurence), *Dr John, Fontenelle, Le Clerc and six « Franch lives », dans Modern Philology,* novembre 1966.

375. Adam (Antoine), *Histoire de la littérature française au dix-septième siècle.* Paris, Domat, 1949-1955, 5 vol. in-12.

376. Adam (Antoine), *Le raisonnable Fontenelle,* dans *Les Lettres françaises,* 11 avril 1957.

377. Adam (Antoine), *Fontenelle écrivain,* dans *Annales de l'Université de Paris,* juillet-septembre 1957.

378. Adam (Antoine), *Fontenelle, homme de lettres,* dans *Revue de synthèse,* 82, 1961.

379. Adam (Antoine), *Les libertins au dix-septième siècle.* Paris, Buchet-Chastel, 1964, in-16.

380. Adam (Antoine), *Le mouvement philosophique dans la première moitié du dix-huitième siècle.* Paris, S.E.D.E.S., 1964, in-16.

380 *bis.* Alekan (J.), *Une bataille électorale au dix-septième siècle : Fontenelle contre La Bruyère,* dans *Revue des sociétés savantes de Haute-Normandie,* 1er trimestre 1968.

381. Andler (Charles), *Nietzsche, sa vie et sa pensée : I. Les précurseurs de Nietzsche, la jeunesse de Nietzsche.* Paris, Gallimard, 1958, in-8°.

382. André (Paul), *La jeunesse de Bayle, tribun de la tolérance.* Genève, éditions générales, 1953, in-16.

383. *Annales dramatiques ou Dictionnaire général des théâtres...* par une société de gens de lettres. Paris, Babault, 1808-1812, in-8°.

385. Atkinson (Geoffroy), *The extraordinary Voyage in French Literature before 1700.* New York, Columbia University Press, 1900, in-8°.

386. Atkinson (Geoffroy), *Les relations de voyages du dix-septième siècle et l'évolution des idées, contribution à l'étude de la formation de l'esprit du dix-huitième siècle.* Paris, Champion, 1924, in-16.

387. Ball (W.W. Rouse), *Histoire des mathématiques,* traduite par par L. Freund. Paris, A. Hermann, 1906, in-8°.

388. Barbier (Antoine-Alexandre), *Dictionnaire des ouvrages anonymes,* corrigé et augmenté par O. Barbier. Paris, Doffier, 1872-79 et 1899, 5 vol. in-8°.

389. Barrière (Pierre), *La vie intellectuelle en France du seizième siècle à l'époque contemporaine.* Paris, Albin Michel, 1961, in-16.

390. *Pierre Bayle, le philosophe de Rotterdam,* études et documents publiés sous la direction de Paul Dibon. Amsterdam, Elsenier Publishing Company ; Paris, Vrin, 1959, in-8°.

391. Beaurepaire (Charles de), *Recherches sur l'instruction publique dans le diocèse de Rouen avant 1789.* Evreux, P. Huet, 1872, 3 vol. in-8°.

392. Beaurepaire (Charles de), *Mélanges historiques et archéologiques concernant le département de la Seine-Inférieure et plus spécialement la ville de Rouen.* Rouen, Cagniard, 1897, in-8°.

393. Beaurepaire (Charles de), *Nouveaux mélanges historiques et archéologiques.* Rouen, Cagniard, 1904, in-8°.

394. Belaval (Yvon), *Leibniz, critique de Descartes.* Paris, Gallimard, 1960, gr. in-8°.

395. Benichou (Paul), *Morales du grand siècle.* Paris, Gallimard, 1948, in-8°.

396. Berger (Gaston), *Traité pratique d'analyse du caractère.* Paris, P.U.F., 1961, in-16.
397. Bergner (Georges), *Le centenaire prodige,* dans *Cahiers français,* janvier 1958.
398. Bernardin (Napoléon-Maurice), *Hommes et mœurs au dix-septième siècle.* Paris, Soc. fr. d'imprimerie et de librairie, 1900, in-8°.
399. Bernardin (Napoléon-Maurice), *La comédie italienne en France et les théâtres de la foire et du boulevard.* Paris, Revue Bleue, 1902, in-8°.
400. Bertrand (Joseph), *Fontenelle ou M. Teste au dix-septième siècle,* dans *Revue générale belge,* février 1957.
401. Birembaut (Arthur), *Fontenelle et la géologie,* dans *Revue d'histoire des sciences,* octobre-décembre 1957.
402. Birembaut (A), Costabel (P.), Delorme (S.), *Correspondance Leibniz-Fontenelle et les relations de Leibniz avec l'Académie royale des sciences en 1700-1701,* dans *Revue d'histoire des sciences,* avril-juin 1966.
403. Boas (Marie), *La méthode scientifique de Robert Boyle,* dans *Revue d'histoire des sciences,* 1956.
404. Bonno (Gabriel), *Deux lettres inédites de Fontenelle à Newton,* dans *Modern language notes,* 54, 1939.
405. Bonno (Gabriel), *Les relations intellectuelles de Locke avec la France, d'après des documents inédits.* University of California Press, 1955, in-8°.
406. Bouillier (Francisque), *Histoire de la philosophie cartésienne.* Paris, Delagrave, 1868, 2 vol. in-8°.
407. Boulan (Emile), *Figures du dix-huitième siècle ; les sages : Fontenelle et Mme de Lambert.* Leyde, Sijthoff, 1920, in-16.
408. Bouquet (François-Valentin), *Fontenelle et la marquise des entretiens sur la pluralité des mondes,* dans *Revue de la Normandie,* 1868.
409. Bouteiller (Jean-Haycinthe de), *Histoire complète et méthodique des théâtres de Rouen.* Rouen, Giroux et Renaux (et C. Meterie), 1860-1880, 4 vol. in-16.
410. Boysse (Ernest), *Le théâtre des Jésuites.* Paris, H. Vaton, 1880, in-18.
411. Bray (René), *La préciosité et les précieux de Thibaut de Champagne à Giraudoux.* Paris, A. Michel, 1948, in-16.
412. Bray (René), *La formation de la doctrine classique en France.* Paris, Nizet, 1951, gr. in-8°.
413. Brédif (Léon), *Segrais, sa vie et ses œuvres.* Paris, A. Durand, 1863, in-8°.
414. Bréhier (Emile), *Histoire de la philosophie.* Paris, P.U.F., 1950, 2 tomes en 9 fasc. in-8°.
415. Brown (Harcourt), *Un cosmopolite du grand siècle, Henri Justel,* dans *Bulletin de la Société d'histoire du Protestantisme français,* LXXX, 1933.
416. Brown (Harcourt), *Scientific organization in seventeenth century France (1620-1680).* Baltimore, The Williams et Wilkins C°, 1934, in-8°.
417. Brugmans (Henri L.), *Le séjour de Christian Huygens à Paris et ses relations avec les milieux scientifiques français,* suivi de son *Journal de voyage à Paris et à Londres.* Paris, P. André, 1935, gr. in-8°.
418. Brunet (Pierre), *Les physiciens hollandais et la méthode expérimentale en France au dix-huitième siècle.* Paris, A. Blanchard, 1926, gr. in-8°.

419. Brunet (Pierre), *Maupertuis, son œuvre et sa place dans la pensée scientifique et philosophique du dix-huitième siècle*. Paris, A. Blanchard, 1929, 2 vol. gr. in-8°.
420. Brunet (Pierre), *L'introduction des théories de Newton en France au dix-huitième siècle*. Paris, A. Blanchard, 1931, in-4°.
421. Brunetière (Ferdinand), *Etudes sur le dix-huitième siècle, la formation de l'idée de progrès*, dans *Revue des deux mondes*, 15 octobre 1892.
422. Brunschvicg (Léon), *Les étapes de la philosophie mathématique*. Paris, P.U.F., 1947, in-8°.
423. Brunschvicg (Léon), *Le progrès de la conscience dans la philosophie occidentale*. Paris, P.U.F., 1953, 2 vol. in-8°.
424. Budé (Eugène de), *Vie de J.-A. Turrettini, théologien genevois, 1671-1737*. Lausanne, G. Bridel, 1880, in-16.
425. Budé (Eugène de), *Lettres inédites adressées de 1686 à 1737 à J.A. Turrettini*. Paris, Librairie de la Suisse française, P. Monnerat ; Genève, J. Carey, 1887, 2 vol. in-8°.
426. Busson (Henri), *Les sources et le développement du rationalisme dans la littérature française de la Renaissance (1533-1601)*. Paris, Letouzey et Ané, 1922, in-8°.
427. Busson (Henri), *La Religion des classiques (1660-1685)*. Paris, P.U.F., 1948, in-8°.
428. Cadet (Pierre), *Pierre de Boisguilbert, précurseur des économistes, (1646-1714), sa vie, ses travaux, son influence*. Paris, Guillaumin, in-8°.
429. Callot (E.), *Six philosophes français du dix-huitième siècle, la vie, l'œuvres et la doctrine de Diderot, Fontenelle, Maupertuis, La Mettrie, d'Holbach, Rivarol*. Annecy, Gardet, 1964, in-8°.
430. Callot (E.), *La philosophie de la vie au dix-huitième siècle, étudiée chez Fontenelle, Montesquieu, Maupertuis, La Mettrie, Diderot, d'Holbach, Linné*. Paris, M. Rivière et Cie, 1966, in-8°.
431. Canguilhem (Georges), *Fontenelle, philosophe et historien des sciences*, dans *Annales de l'Université de Paris*, juillet-septembre 1957.
432. Capefigue (Jean-B.-H.-R.), *Philippe d'Orléans, régent de France, 1715-1723*. Paris, Dufey, 1838, 2 vol. in-8°.
433. Carré (Jean-Raoul), *La philosophie de Fontenelle ou le Sourire de la raison*. Paris, F. Alcan, 1932, in-8°.
434. Castil-Blaze (François-R.-J. Blaze, dit), *Théâtres lyriques de Paris, l'Académie impériale de musique, histoire littéraire, musicale, chorégraphique, facétieuse, politique et galante de ce théâtre de 1645 à 1855*. Paris, Castil-Blaze, 1855, 2 vol. in-8°.
435. *Catalogue de la bibliothèque de feu M. Alfred Piat*. Paris, C. Parquet, Em. Paul et Guillemin, 1890, 3 vol. in-8°.
436. *Catalogue de l'Exposition Fontenelle à la Bibliothèque nationale*. Paris, Bibliothèque nationale, 1957, in-8°.
437. Charavay (Etienne), *Lettres autographes recueillies par feu M. A. Sensier*. Paris, Charavay frères, 1878, in-8°.
438. Charavay (Etienne), *Une lettre de Fontenelle*, dans *Amateur d'autographes*, février 1892.
439. Charbonnel (J.-Roger), *La pensée italienne au seizième siècle et le courant libertin*. Paris, E. Champion, 1919, in-8°.
440. Charma (Antoine), *Biographie de Fontenelle*, dans *Mémoires de l'Académie de Caen*, VI, 1847.
441. Charma (Antoine) et Mancel (G.), *Le Père André, documents iné-*

dits pour servir à l'histoire philosophique, religieuse et littéraire du dix-huitième siècle. Caen, Lesaulnier, 1844-1856, 2 vol. in-8°.

442. Charmot (le P. François), *La pédagogie des Jésuites, ses principes, son actualité.* Paris, Éditions Spes, 1953, in-8°.

443. Chaumeix (André), *Un précurseur de la littérature scientifique,* dans *Revue hebdomadaire,* 22 octobre 1910.

443 *bis.* Chérel (Albert), *De Télémaque à Candide.* Paris, Del Duca, 1958, in-8°.

444. Chevalier (Jacques), *Histoire de la pensée, III : La pensée moderne des Descartes à Kant.* Paris, Flammarion, 1961, in-8°.

445. Chinard (Gilbert), *L'Amérique et le rêve exotique dans la littérature française au dix-septième et au dix-huitième siècles.* Paris, Hachette, 1913, in-8°.

446. Clément (Félix) et Larousse (Pierre), *Dictionnaire des opéras.* Paris, Larousse, 1897, in-8°.

447. Cluzel (Etienne), *L'exposition Fontenelle et l'actualité,* dans *Bulletin du bibliophile,* 1957, n° 4.

448. Collas (Georges), *Jean Chapelain (1595-1674), étude historique et littéraire d'après des documents inédits.* Paris, Perrin, 1911, in-8°.

449. Collé (Charles), *Journal historique ou mémoires critiques et littéraires sur les ouvrages dramatiques et sur les événements les plus mémorables depuis 1748 jusqu'en 1772, inclusivement.* Paris, imprimerie bibliographique, 3 vol. in-8°, 1805.

450. Colombey (Emile), *Ruelles, salons et cabarets, Histoire anecdotique de la littérature française.* Paris, Dentu, 1892, 2 vol. in-8°.

451. Comte (Auguste), *Cours de philosophie positive,* t. VI. Paris, Bachelier, 1842, in-8°.

452. *Politique d'Auguste Comte* par Pierre Arnaud. Paris, Colin, 1965, in-16.

453. Congleton (J.-E.), *Theories of pastoral poetry in England (1684-1717),* dans *Studies in philology,* 41, 1944.

454. Consentini (John-W.), *Fontenelle's art of dialogue.* New York, King's Crown press, 1952, in-8°.

455. Couder (André), *Deux portraits de Fontenelle, le secrétariat de l'Académie des sciences, les « Entretiens » avec la marquise,* dans *Précis analytique des travaux de l'Académie des sciences, belles lettres et arts de Rouen (1957-1959),* 1960.

456. Couder (André), *Fontenelle, homme de science,* dans *Revue de synthèse,* 82, 1961.

456 *bis.* Coulet (Henri), *Le Roman jusqu'à la Révolution.* Paris, A. Colin (*Collection U.*), 1967, 2 vol. in-8°.

457. Counillon (Jean-François), *Fontenelle, écrivain, savant, philosophe.* Fécamp, Imprimeries Réunies L. Durand et fils, 1959, in-8°.

458. Cousin d'Avallon (Charles-Inès Cousin, dit), *Fontenelliana.* Paris, an XI, 1801, in-18.

459. Couton (Georges), *La vieillesse de Corneille (1658-1684).* Paris, Maloine, 1949, in-8°.

460. Dagen (Jean), *Pour une histoire de la pensée de Fontenelle* dans *Revue d'histoire littéraire de la France,* octobre-décembre 1966.

461. Dainville (le P. François de), *L'Enseignement des mathématiques dans les collèges jésuites de France du seizième au dix-huitième siècle,* dans *Revue d'histoire des sciences,* VII, 1954.

462. Dainville (le P. François de), *L'Enseignement des mathématiques au dix-septième siècle,* dans *Bulletin de la Société d'étude du dix-septième siècle,* 30, janvier 1956.

463. Dallas (Dorothy Frances), *Le roman français de 1660 à 1680.* Paris, Gamber, 1932, in-8°.
464. Dally (Philippe), *Les Justel,* dans *Bulletin de la Société d'histoire du protestantisme français,* 1929, et 1930.
465. Debès (M.), *Quelques remarques sur l'opuscule de Fontenelle, intitulé « De l'origine des fables »,* dans *Revue d'Histoire religieuse,* VCII, 1933.
466. Decorde (André), *Fontenelle et Cideville. Correspondance et documents inédits,* dans *Mémoires de l'Académie de Rouen, 1867-1868 ; Revue de Normandie,* IX, 1869 ; *Mémoires lus à la Sorbonne,* 1868.
467. Dedieu (Joseph), *Le rôle politique des protestants français.* Paris, Bloued et Gay, 1920, in-16.
468. Delamare (Edith), *A Bernard de Fontenelle centenaire éternellement jeune, la République reconnaissante,* dans *Rivarol,* 5 décembre 1958.
469. Delaporte (le P. Victor), *Du Merveilleux dans la littérature française sous le règne de Louis XIV.* Paris, Rétaux-Bray, 1891, in-8°.
470. Delarue (Paul), *Les contes merveilleux de Perrault, faits et rapprochements nouveaux,* dans *Arts et traditions populaires,* janvier-mars 1954.
471. Delattre (Pierre), *Les établissements des Jésuites en France depuis quatre siècles, répertoire topo-bibliographique publié à l'occasion du quatrième centenaire de la fondation de la Compagnie de Jésus.* 1540-1940. Enghien (Belgique), Wetteren (Belgique), 1956.
472. Delavigne (M.), *Le premier salon du dix-huitième siècle, une amie de Fontenelle,* dans *Mémoires de l'Académie des sciences, inscriptions et belles-lettres de Toulouse,* 7e série, t. X, 1878.
473. Delorme (Suzanne) ; *La vie scientifique à l'époque de Fontenelle, d'après les « Eloges » des savants,* dans *Archeion,* XIX, 1937.
474. Delorme (Suzanne), *Des « Eloges » de Fontenelle et de la psychologie des savants,* dans *Mélanges Georges Jamati,* 1956.
475. Delorme (Suzanne), *Tableau chronologique de la vie et des œuvres de Fontenelle avec les principaux synchronismes littéraires, philosophiques et scientifiques,* dans *Revue d'histoire des sciences,* octobre-décembre 1957.
476. Delorme (Suzanne), *Contribution à la bibliographie de Fontenelle,* dans *Revue d'histoire des sciences,* octobre-décembre 1957.
477. Delorme (Suzanne), *La « Géométrie de l'infini » et ses commentateurs de Jean Bernoulli à M. de Cury,* dans *Revue d'histoire des sciences,* octobre-décembre 1957.
478. Delorme (Suzanne), *Fontenelle, l'homme et son temps,* dans *Revue de synthèse,* 82, 1961.
479. Delorme (Suzanne), *Testament de Fontenelle,* dans *Revue de synthèse,* 82, 1961.
480. Delvolvé (Joseph), *Religion, critique et philosophie positive chez Pierre Bayle.* Paris, Alcan, 1906, in-8°.
480 *bis.* Demy (Adolphe), *Fontenelle et les armées modernes,* dans *L'intermédiaire des chercheurs et des curieux,* 20 juin 1893.
481. Depping (M.), *Lettres de Phelypeaux, comte de Pontchartrain, secrétaire d'Etat sous le règne de Louis XIV à des littérateurs et à des amis de la littérature de son temps,* dans *Bulletin du comité historique des monuments écrits de l'Histoire de France, Histoire, Sciences, Lettres,* t. II, 1850.
481 *bis.* Des Guerrots (Ph.), *Launay et le souvenir de Cideville, l'ami de Voltaire,* dans *Revue des sociétés savantes de Haute-Normandie,* 1960, 3e trimestre.

482. Desnoiresterres (Gustave), *Les cours galantes*. Paris, E. Dentu, 1860-1864, 4 vol. in-18.

483. Desvignes (Lucette), *Fontenelle et Marivaux : Les résultats d'une amitié*, dans *Dix-huitième siècle*, n° 2, 1970.

484. Doumic (René), *Fontenelle*, dans *Revue des deux mondes*, 15 janvier 1907.

485. Drouet (Joseph), *L'abbé de Saint-Pierre, l'homme et l'œuvre*. Paris, H. Champion, 1912, in-8°.

486. Dubosc (Georges), *L'abbé de Saint-Pierre au collège de Rouen*, dans *Notre vieux lycée*, bulletin de l'association des anciens élèves du lycée de Rouen, janvier 1909.

487. Dubosc (Georges), *Par ci, par là, études d'histoire et de mœurs normandes*. Rouen, Defontaine, 1932, 2 vol. in-16.

488. Duchesne (C.), *Notice sur le portrait de Fontenelle par Jean Grimoux*, dans *Revue de la Normandie*, 1869.

489. Duhem (Jules), *Fontenelle aéronaute et astronaute. Essai sur les éditions et les traductions intéressantes des « Entretiens » sur la pluralité des mondes*, dans *Bulletin du bibliophile*, 1946.

490. Duine (F.), *Lettres inédites concernant l'histoire ou la littérature du dix-septième au dix-neuvième siècle : Chateaubriand, Duclos, La Chalotais, Fontenelle*, dans *Mémoires de la société d'Ille-et-Vilaine*, XLIII, 1914.

491. Dulong (Gustave), *L'abbé de Saint-Réal, étude sur les rapports de l'histoire et du roman au dix-septième siècle*. Paris, H. Champion, 1921, 2 vol. in-8°.

492. Dumas (Gustave), *Histoire du journal de Trévoux depuis 1701 jusqu'en 1762*. Paris, Boivin, 1936, in-8°.

493. Dupont (Paul), *Un poète philosophe au commencement du dix-huitième siècle, Houdar de la Motte (1672-1731)*. Paris, Hachette, 1898, in-8°.

494. Dupont-Sommer (André), *Fontenelle, historien des religions*, dans *Annales de l'université de Paris*, juillet-septembre 1957.

495. Dupront (A.), *Pierre-Daniel Huet et l'exégèse comparatiste au dix-septième siècle*. Paris, Leroux, 1929, in-8°.

496. Edsall (H.-L.), *The idea of history and progress in Fontenelle and Voltaire*, dans *Studies by members of the French Department of Yale University*, 1941.

497. Egilsrud (John-S.), *Le « Dialogue des morts » dans les littératures française, allemande et anglaise (1644-1789)*. Paris, L'Entente linotypiste, 1934, gr. in-8°.

498. Ehrard (Jean), *L'idée de nature en France dans la première moitié du dix-huitième siècle*. Paris, S.E.V.P.E.N. 1963, 2 vol. gr. in-8°.

499. Ereuvao, *L'acte de naissance de Fontenelle*, dans *L'intermédiaire des chercheurs et des curieux*, 10 février 1907.

500. Etiemble (René), *L'Orient philosophique au dix-huitième siècle*. Paris, C.D.U. 3 vol. in-8°.

501. Faguet (Emile), *Dix-huitième siècle, études littéraires : Fontenelle...* Paris, H. Lecène et Oudin, 1890, in-18.

502. Fernandez (Ramon), *Itinéraire français*, Paris, Ed. du Pavois, 1943, in-16.

503. Féron (Alex.), *La Congrégation des Messieurs*, dans *Précis des travaux de l'académie de Rouen*, 1926.

504. Ferté (Henri), *Programme et règlement des études de la Société de Jésus (ratio atque institutio studiorum societatis Jesu), comprenant les modifications faites en 1832 et en 1858*. Paris, Hachette, 1892, in-16.

505. Fleuret (Fernand) et Perceau (Louis), *Les satires françaises au dix-septième siècle recueillies et publiées avec une préface, des notices et un glossaire*. Paris, Garnier, 1923, 2 vol. in-16.
506. Flourens (Pierre), *Fontenelle ou de la philosophie moderne relativement aux sciences physiques*. Paris, Paulin, 1847, in-8°.
507. Forster (Guyer E.), *C'est nous qui sommes les anciens*, dans *Modern language notes*, 1921.
508. Fouqueray (le P. Henri), *Histoire de la Compagnie de Jésus en France des origines à la suppression (1528-1762)*, t. II et III. Paris, Picard, 1913, in-8°.
509. Fournier (Edouard), *La comédie de Jean de la Bruyère*. Paris, Dentu, 1872, 2 vol. pet. in-12.
510. Frère (Edouard), *Manuel du bibliographe normand ou Dictionnaire historique et bibliographique*. Rouen, A. Le Brument, 1857, in-16.
511. Frondeville (Henri de), *Les présidents du Parlement de Normandie (1499-1710), recueil généalogique*. Rouen, A. Lestringant, Paris, A. Picard, 1953, in-8°.
512. Fukui (Y.), *Raffinement précieux dans la poésie française du dix-septième siècle*. Paris, Nizet, 1964, in-8°.
513. Garat (Joseph), *Mémoires historiques sur la vie de M. Suard, sur ses écrits et sur le dix-huitième siècle*. Paris, A. Belin, 1820, 2 vol. in-8°.
514. Garcin (Philippe), *Fontenelle ou la métaphysique du bavardage*, dans *Critique*, décembre 1956.
515. *Gassendi Pierre (1592-1685), sa vie et son œuvre (Journées Gassendi)*. Paris, Albin-Michel, 1955, in-12.
516. George (André), *Ce Fontenelle qui n'éleva jamais le ton*, dans *le Figaro littéraire*, 12 janvier 1957.
517. Gerhardt (Mia I.), *Essai d'analyse littéraire de la pastorale dans les littératures italienne, espagnole et française*. Assen, Van Gorcum, 1950, in-8°.
518. Gigas (Emile), *Choix de la correspondance inédite de Pierre Bayle (1670-1706)*. Copenhague, G.E.C. Gad, 1890, in-8°.
519. Gilson (Etienne), *La Philosophie au Moyen Age, des origines patristiques à la fin du quatorzième siècle*. Paris, Payot, 1962, in-8°.
520. Goizet (J.), *Dictionnaire universel du théâtre en France et du théâtre français à l'étranger... alphabétique, biographique et bibliographique, depuis l'origine du théâtre jusqu'à nos jours, avec la biographie de tous les auteurs et principaux artistes de toutes les époques*, par M.-A. Burtal. Paris, les auteurs, 2 parties en 1 vol. in-8°.
521. Goube (Ignace-Joseph), *Histoire du duché de Normandie*, Rouen, Mégard, Thomine, 1815, 3 vol. in-8°.
522. Goumy (Edouard), *Etude sur la vie et les écrits de l'abbé de Saint-Pierre*. Paris, P.-A. Bourdier, 1859, in-8°.
523. Grand-Carteret (John), *Les almanachs français, bibliographie iconographie des almanachs, annuaires, calendriers, chansonniers, états, étrennes, états, heures, listes, livres d'adresses, tableaux, tablettes et autres publications annuelles éditées à Paris (1600-1895)*. Paris, J. Alisié, 1896, gr. in-8°.
524. Grégoire (François), *Fontenelle, une « philosophie désabusée »*. Nancy, G. Thomas, 1947, in-8°.
525. Grégoire (François), *Le dernier défenseur des tourbillons*, dans *Revue d'histoire des sciences*, juillet-septembre 1954.
526. Gros (Etienne), *Philippe Quinault, sa vie et son œuvre*. Paris, H. Champion, 1926, in-8°.
527. Guilbert (Philippe), *Mémoires biographiques et littéraires sur les*

grands hommes qui se sont fait remarquer dans la Seine-Inférieure. Rouen, F. Mari, 1812, 2 vol. in-8°.

528. Guiot (abbé Joseph-André), *Les trois siècles palinodiques.* Rouen, A. Lestringant, 1898, 2 vol. in-8°.

529. Haag (Emmanuel et Eugène), *La France protestante ou vies des protestants français qui se sont fait un nom dans l'histoire depuis les premiers temps de la Réformation jusqu'à la reconnaissance de la liberté des cultes par l'Assemblée Nationale.* Paris, J. Cherbaliez, 1846-1859, 10 vol. in-8°.

530. Hallays (André), *Les Perrault.* Paris, Perrin, 1926, in-8°.

531. Harmand (René), *Essai sur la vie et les œuvres de Georges de Brébœuf (1617-1661).* Paris, Société française d'imprimerie et de librairie, 1897, in-8°.

532. Hazard (Paul), *La crise de la conscience européenne, 1680-1715.* Paris, Fayard, 1963, in-8°.

533. Hazard (Paul), *La pensée européenne au dix-huitième siècle de Montesquieu à Lessing.* Paris, Fayard, 1963, in-8°.

534. Henriot (Emile), *Fontenelle et « De l'origine des fables »*, dans *Le Temps,* 26 avril 1932.

535. Henry (Charles), *Un érudit, homme du monde, homme d'Eglise, homme de cour (1630-1721) lettres inédites de Mme de La Fayette, de Mme Dacier, de Bossuet, de Fléchier, de Fénelon, etc., extraites de la correspondance de Huet.* Paris, Hachette, 1879, in-8°.

535 *bis.* Hepp (Noémi), *Homère en France au dix-septième siècle.* Paris, C. Klincksieck, 1968, in-8°.

536. Nerval (René), *Histoire de Rouen du seizième siècle à nos jours.* Paris, Mangard, 1949, in-8°.

537. Hess (Von Gerhard), *Fontenelles Dialogues des morts,* dans *Romanisches Forschungen,* 1942.

538. Houssaye (Arsène), *Monsieur de Fontenelle,* dans *Revue de Paris,* t. 27, 1841.

539. Jacob (Paul Lacroix, dit P.-L.), *Bibliothèque dramatique de Monsieur de Soleinne.* Paris, Alliance des Arts, 1943, 5 vol. in-8°.

540. Jacob (Paul Lacroix, dit P.-L.), *Une lettre de Fontenelle,* dans *Amateur d'autographes,* août 1863.

541. Jacob (Paul Lacroix, dit P.-L.), *Une lettre de Fontenelle,* dans *Amateur d'autographes,* juillet 1869.

542. Jacquart (Jean), *L'abbé Trublet, critique et moraliste ; 1897-1770, d'après des documents inédits.* Paris, A. Picard, 1926, in-8°.

543. Jacquart (Jean), *Un journal de la vie littéraire au dix-huitième siècle, la correspondance de l'abbé Trublet, documents inédits avec une introduction et des notes explicatives.* Paris, A. Picard, 1926, in-8°.

544. Jal (A.), *Dictionnaire critique de biographie, errata et supplément pour tous les dictionnaires historiques d'après les documents authentiques inédits.* Paris, Plon, 1867, in-8°.

545. Jonquières (M. de), *Lettre au sujet de Mme de la Mésangère,* dans *Revue de la Normandie,* 1869.

546. Jovy (Ernest), *Le médecin Antoine Menjot, notes péripascaliennes.* Vitry-le-François, M. Tavernier, 1914, in-8°.

547. Kail (Andrée), *Note sur le théâtre de Fontenelle,* dans *French Review,* december 1962.

548. Krauss (Werner), *Fontenelle und die « Republik der philosophen »*, dans *Romanische Forschungen,* 75 band, 1963.

548 *bis.* Krauss (Werner), *Fontenelle und die Aufklärung.* München, Wilhem Fink Verlag, 1969, in-8°.

549. Laborde-Milaa (A.), *Fontenelle.* Paris, Hachette, 1905, in-16.

550. Labrousse (Elisabeth), *Inventaire critique de la correspondance de Pierre Bayle.* Paris, Vrin, 1961, in-8°.

551. Labrousse (Elisabeth), *Pierre Bayle. Du pays de Foix à la cité d'Erasme, hétérodoxie et rigorisme.* La Haye, Martinus Nijhoff, 1963-1964, 2 vol. in-8°.

552. La Chesnaye-Desbois (Aubert) et Badier, *Dictionnaire de la noblesse comprenant les généalogies, l'histoire et la chronologie des familles nobles de France,* 2e éd. Paris, Vve Duchesne (et M. Badier), 1770-1786, 15 vol. in-4°.

553. Lachèvre (Frédéric), *Bibliographie des recueils collectifs de poésies publiés de 1597 à 1700.* Paris, Leclerc, 1901, 4 vol. in-8°.

554. Lachèvre (Frédéric, *Les œuvres de Jean Dehenault.* Paris, H. Champion, 1922, in-8°.

555. Lachèvre (Frédéric), *Les derniers libertins.* Paris, H. Champion, 1924, in-8°.

556. Lagerborg (Rolf), *Un écrit apocryphe de Fontanelle,* dans *Revue d'histoire de la philosophie,* 1935.

557. Lagneau (Jules), *Quelques notes sur Spinoza,* dans *Revue de métaphysique et de morale,* 1895.

558. La Harpe (Jacqueline), *Des inédits de Fontenelle : sa correspondance avec J.-P. de Crousaz,* dans *Revue historique vaudoise,* juin 1953.

559. Lancaster (Henry Carrington), *A history of french dramatic literature in the XVIIth century.* Baltimore, Johns Hopkins press, Paris, P.U.F., 1929-1942, 5 tomes en 9 vol. in-8°.

560. Lang (Andrew), *Myth, Ritual and Religion.* Londres, Longmans, Green et Cie, 2 vol. in-8°.

561. Langlois (Marcel), *Louis XIV et la cour d'après trois témoins nouveaux : Bélise, Beauviller, Chamillart.* Paris, Albin Michel, 1926, in-8°.

562. Langlois (Marcel), *Quel est l'auteur de la « Princesse de Clèves » ?* dans *Mercure de France,* 1939.

563. Lanson (Gustave), *Origine et premières manifestations de l'esprit philosophique dans la littérature français de 1675 à 1748* dans *Revue des cours et conférences,* 1909, 1910.

564. Lanson (Gustave), *Questions diverses sur l'histoire de l'esprit philosophique en France avant 1750,* dans *Revue d'histoire littéraire de France,* 1912.

565. Lantoine (Henri), *Histoire de l'enseignement secondaire en France au dix-septième siècle.* Paris, E. Thorin, 1874, in-8°.

566. Larroumet (Gustave), *Marivaux, sa vie et ses œuvres d'après de nouveaux documents.* Paris, Hachette, 1882, in-8°.

567. Lathuillère (Roger), *La préciosité.* Genève, Droz, 1966, in-8°.

568. Lavelle (Louis), *De Descartes à Fontenelle,* dans *Le Temps,* 4 juillet 1933.

569. Lebreton (André), *Vauvenargues et Fontenelle,* dans *Journal des savants,* 1907.

570. Lebreton (T.), *Biographie normande.* Rouen, A. Le Brument, 1857, 3 vol. in-16.

571. Lefèvre (Roger), *La vocation de Descartes, l'humanisme de Descartes ; le criticisme de Descartes.* Paris, P.U.F. 1956-58, 3 vol. in-8°.

572. Lefèvre-Pontalis (Antonin), *Vingt années de République parlementaire au dix-septième siècle, Jean de Witt, grand pensionnaire de Hollande.* Paris, Plon, Nourrit et Cie, 1884, 2 vol. in-8°.

573. Legrand-Chabrier, *Fontenelle ou la vieillesse sans effroi*, dans *Le Gaulois*, 29 octobre 1921.

574. Lemoine (Jules) et Lichtenberger (André), *Trois familiers du grand Condé, l'abbé Bourdelot, le P. Talon, le P. Tixier*. Paris, H. Champion, 1900, in-16.

575. Lenoir (Raymond), *Les historiens de l'esprit humain, Fontenelle, Marivaux, Lord Bolingbroke, Vauvenargues, La Mettrie*. Paris, Alcan, 1926, in-8°.

576. Lescure (Adolphe de), *Les maîtresses du Régent, études d'histoire et de mœurs sur le commencement du dix-huitième siècle*. Paris, E. Dentu, 1860, in-18.

577. Le Senne (René), *Traité de caractérologie*. Paris, P.U.F. 1960, in-16.

578. Levy-Brühl (Lucien), *Les tendances générales de Bayle et de Fontenelle*, dans *Revue d'histoire de la philosophie*, 1927.

580. Lichtenberger (André), *Le socialisme au dix-huitième siècle, étude sur les idées socialistes dans les écrivains français du dix-huitième siècle avant la Révolution*. Paris, Alcan, 1895, gr. in-8°.

581. Loukovitch (Kosta), *La tragédie religieuse en France*. Paris, Droz, 1933, gr. in-8°.

582. L.P., *La maison de Fontenelle à Ville d'Avray* dans *l'Intermédiaire des chercheurs et des curieux*, 1935.

583. Mac Kie (Douglas), *Fontenelle et la Société royale de Londres*, dans *Revue d'histoire des sciences*, octobre-décembre 1957.

584. Magne (Emile), *Mme de Villedieu (Hortense Des Jardins)*, documents inédits et portrait. Paris, Mercure de France, 1907, in-16.

585. Magne (Emile), *Mme de la Suze (Henriette de Coligny) et la société précieuse*, documents inédits. Paris, Mercure de France, 1908, in-16.

586. Magne (Emile), *Le cœur et l'esprit de Mme de Lafayette*. Paris, Emile-Paul frères, 1927, in-8°.

587. Magne (Emile), *Ninon de Lenclos*, portraits et documents inédits. Paris, Emile-Paul frères, 1948, in-18.

588. Maigron (Louis), *Fontenelle, l'homme, l'œuvre, l'influence*. Paris, Plon-Nourrit, 1906, in-8°.

589. Maigron (Louis), *Caractère de Fontenelle*, dans *Revue d'Auvergne*, XXIII, 1906.

590. Maindron (Ernest), *L'Académie des sciences, histoire de l'Académie, fondation de l'Institut national, Bonaparte membre de l'Institut national*. Paris, Alcan, 1888, in-8°.

591. Marsak (Leonor M.), *Bernard de Fontenelle, the idea of science in 18th century in France*, dans *Dissertation abstracts*, 1957.

592. Marsak (Léonor M.), *Bernard de Fontenelle in defense of science*, dans *Journal of the History of Ideas*, january 1959.

593. Marsak (Leonor M.), *Cartesianism in Fontenelle and french science, 1686-1752*, dans *Isis*, march 1959.

594. Marsak (Leonor M.), *Bernard de Fontenelle, the idea of science in the French Enlightment*. Philadelphie, American philosophical society, 1959, in-4°.

595. Martin (Aimé), *Souvenirs inédits*, dans *L'intermédiaire des chercheurs et des curieux*, 30 décembre 1893.

596. Martin (Geneviève), *Retouches au portrait de Fontenelle, pièces inédites*, dans *Revue d'histoire des sciences*, octobre-décembre 1957.

597. Martin (Geneviève), *A propos de Fontenelle*, dans *Bulletin des bibliothèques de France*, décembre 1958.

598. Martin (J.), *Les grands théologiens, Thomassin (1619-1695)*. Paris, Bloud et Cie, 1911, in-16.

599. Martino (Pierre), *L'Orient dans la littérature française aux dix-septième et dix-huitième siècles.* Paris, Hachette, 1906, in-8°.
600. Mas (Emile), *La Champmeslé.* Paris, F. Alcan, 1927, in-16.
601. Maugain (Gabriel), *Fontenelle et l'Italie,* dans *Revue de littérature comparée,* 1923.
602. Maurois (André), *Le double centenaire de Fontenelle,* dans *Annales de l'Université de Paris,* juillet-septembre 1957.
603. Maurois (André), *Un grand esprit prématuré,* dans *Précis analytique des travaux de l'Académie des sciences, belles-lettres et arts de Rouen, 1957-1959,* 1960.
604. Mauzi (Robert), *L'idée de bonheur dans la littérature et la pensée françaises au dix-huitième siècle.* Paris, Colin, 1960, gr. in-8°.
605. May (Georges), *L'histoire a-t-elle engendré le roman ? Aspect français de la question au seuil du siècle des lumières,* dans *Revue d'histoire littéraire de la France,* 1955.
606. Mélèse (Pierre), *Un homme de lettres au temps du grand roi, Donneau de Visé, fondateur du « Mercure galant ».* Paris, Droz, 1936, in-16.
607. Menjot d'Elbène (vicomte Samuel), *Mme de la Sablière, ses pensées chrétiennes et ses lettres à l'abbé de Rancé.* Paris, Plon-Nourrit et Cie, 1923, in-8°.
608. Michaut (Gustave), *La Bruyère.* Paris, Boivin et Cie, 1936, in-4°.
609. Molinari (Gustave de), *L'abbé de Saint-Pierre, membre exclu de l'Académie française.* Paris, Guillaumin et Cie, 1857, in-18.
610. Mongrédien (Georges), *Le dix-septième siècle galant, libertins et amoureux* (documents inédits). Paris, Perrin, 1929, in-16.
611. Mongrédien (Georges), *Le fondateur du « Mercure galant », Jean Donneau de Visé,* dans *Mercure de France,* 279, 1937.
612. Mongrédien (Georges), *Une aventurière du grand siècle, la duchesse de Mazarin.* Paris, Amiot-Dumont, 1952, in-16.
613. Montgomery (Frances K.), *La vie et l'œuvre du Père Buffier.* Paris, Association du doctorat, 1930, in-8°.
614. Monval (Georges), *Le théâtre à Rouen au dix-septième siècle,* dans *Revue d'art dramatique,* 15 février 1893.
615. Morillot (Paul), *Un bel esprit de province au dix-septième siècle, René Le Pays, directeur des gabelles en Dauphiné.* Grenoble, F. Allier, 1890, in-8°.
616. Morize (André), *L'apologie du luxe au dix-huitième siècle et « Le Mondain » de Voltaire, étude critique sur « Le Mondain » et ses sources.* Paris, Didier, 1909, in-16.
617. Mornet (Daniel), *Les origines intellectuelles de la Révolution française, 1715-1787.* 4e éd. Paris, A. Colin, 1947, in-8°.
618. Morrissette (Bruce), *A Marcel Langlois s'untenable attribution of « La Princesse de Clèves » to Fontenelle,* dans *Modern language notes,* avril 1946.
619. Munot (Philippe), *Un texte d'idées, Fontenelle « De l'origine des fables »,* dans *Cahiers d'analyse textuelle,* 1961.
620. Nauroy, *Le plus rare des livres de Fontenelle,* dans *L'intermédiaire des chercheurs et des curieux,* 20 mai 1898.
621. Necker (Mme Suzanne), *Nouveaux mélanges extraits des manuscrits de Mme Necker.* Paris, Paugen, an XI, 1801, 2 vol. in-8°.
621 *bis.* Niderst (Alain), Remarques sur l'article de J. Dagen, *Pour une histoire de la pensée de Fontenelle,* dans *Revue d'histoire littéraire de la France,* janvier-février 1968 (*Correspondance*).
621 *ter.* Niderst (Alain), *« Traits, notes et remarques » de Cideville,* dans

Revue d'histoire littéraire de la France, septembre-octobre 1969 et mai-juin 1970.

622. Nietzsche (Friedrich), *Le gai savoir,* tr. par Alex. Vialatte. Paris, Gallimard, 1964, in-16.
623. Nobécourt (René-Gustave), *Fontenelle, lauréat du Puy des Palinods,* dans *Le bouquiniste français,* nov. 1959.
624. Nobécourt (René-Gustave), *Fontenelle et l'Académie de Rouen,* dans *Précis analytique des travaux de l'Académie des sciences, belles-lettres et arts de Rouen,* 1957-1959, 1960.
625. Noury (Dr.), *La cicatrice frontale de Fontenelle,* dans *Chronique médicale,* 1925.
626. Noury (J.), *Les comédiens de Rouen au dix-septième siècle d'après les registres paroissiaux de Saint-Eloi,* dans *Patriote de Normandie,* décembre 1892, janvier 1893.
627. Orcibal (Jean), *Racine et Boileau librettistes,* dans *Revue d'histoire littéraire de la France,* juillet-septembre 1949.
628. Oursel (Mme N.), *Nouvelle biographie normande.* Paris, A. Picard, 1886, 2 vol. in-8°.
629. Palante (G.), *Deux types d'immoralisme,* dans *Revue philosophique de la France et de l'étranger,* 65, 1908.
630. Palmézeaux (Michel de Cubières), *Fontenelle, Colardeau et Dorat ou Eloges de ces trois écrivains...* Paris, Cérioux, Fuchs, Levrault, P. Mongie, an XI, 1803, in-8°.
631. Pélissier (L.-G.), *Les correspondants du duc de Noailles,* dans *Revue d'histoire littéraire de la France,* 1902.
632. Pellisson (Maurice), *Les hommes de lettres au dix-huitième siècle.* Paris, A. Colin, 1911, in-16.
633. Périaux (Nicolas), *Histoire sommaire et chronologique de la ville de Rouen, de ses monuments, de ses institutions, de ses personnages célèbres, etc., jusqu'à la fin du dix-huitième siècle.* Rouen, Lanctin, Ch. Météric, 1874, in-8°.
634. Petit (Léon), *La Fontaine et Saint-Evremond ou la tentation de l'Angleterre.* Toulouse, Privat, 1953, in-8°.
635. Picard (Raymond), *La carrière de Jean Racine.* Paris, Gallimard, 1956.
636. Piépape (général Léonce de), *Histoire des princes de Condé au dix-huitième siècle. Les trois premiers descendants du grand Condé.* Paris, Plon-Nourrit, 1911, in-8°.
637. Pike (R.E.), *Note on a letter by Fontenelle,* dans *Modern language notes,* 52, 1937.
638. Pinatel (J.), *Fontenelle le plus malin,* dans *L'Ecole,* 8 décembre 1957.
639. Pinot (Virgile), *La Chine et la formation de l'esprit philosophique en France (1640-1740).* Paris, Geuthner, 1932, in-8°.
640. Pintard (René), *Le libertinage érudit dans la première moitié du dix-septième siècle.* Paris, Boivin, 1943, 2 vol. in-8°.
641. Pintard (René), *La Mothe le Vayer, Gassendi, Guy Patin, études de bibliographie et de critique, suivies de textes inédits de Guy Patin.* Paris, Boivin, 1943, in-16.
642. Pintard (René), *Modernisme, humanisme, libertinage,* dans *Revue d'histoire littéraire de la France,* 1948.
643. Pintard (René), *Fontenelle et la société de son temps,* dans *Annales de l'université de Paris,* juillet-septembre 1957.
644. Pitou (Spite), *An aspect of Classicism, François de Callières and the « Bon Mot »,* dans *Modern language review,* 1953.
645. Pizzorusso (Arnaldo), *Fontenelle e l'idea di progresso,* dans *Belfegor,* 31 marzo 1963.

646. Pizzorusso (Arnaldo), *Il Ventaglio e il compasso, Fontenelle e le sue teorie letterarie*. Napoli, Edizioni scientifiche italiane, 1964, in-16.
647. Poincaré, *Dernières pensées*. Paris, E. Flammarion, 1913, in-16.
648. Pomeau (René), *La Religion de Voltaire*. Paris, Nizet, 1956, in-8°.
649. Popkin (Richard H.), *The history of scepticism from Erasmus to Descartes*. Assen, Van Gorcum and Co., 1960, in-8°.
650. Portalis (Roger de), *Longepierre*, dans *Bulletin du bibliophile*, 1903-1904.
651. Potez (Henri), *Rabelais et Fontenelle*, dans *Revue des études rabelaisienne*, 1908.
652. Potez (Henri), *Un homme heureux, Fontenelle*, dans *Mercure de France*, 1er novembre 1908.
653. Poulet (Georges), *Etudes sur le temps humain*, t. I, Paris, Plon, 1949, in-12.
654. *Promenades d'un Rouennais dans sa ville et dans les environs*, dans *Magasin pittoresque*, 1868-1869.
655. Rathery (Edme J.-B.) et Boutron, *Mlle de Scudéry, sa vie et sa correspondance avec un choix de ses poésies*. Paris, Techener, 1873, in-8°.
656. Rémy (Gabriel), *Un précieux de province au dix-septième siècle, René Le Pays (sa vie, ses œuvres et son milieu)*. Paris, Ass. des Etudiants de Doctorat, 1925, in-8°.
657. Renan (Ernest), *Œuvres complètes*, éd. définitive établie par H. Psichari. Paris, Calmann-Lévy, 1949, 3 vol. in-16.
658. Reynier (Gustave), *Thomas Corneille, sa vie et son théâtre*. Paris, Hachette, 1892, in-8°.
659. Riemann (Hugo), *Dictionnaire de musique*, tr. par G. Humbert, 3e édition entièrement refondue et augmentée sous la direction de A. Schaeffner. Paris, Payot, 1931, in-8°.
660. Ritter (Eugène), *Deux lettres de Fontenelle*, dans *Revue d'histoire littéraire de la France*, 1910.
661. Robinet (André), *Considérations sur un centenaire*, dans *Revue de métaphysique et de morale*, 1958.
662. Robinet (André), *Fontenelle et Malebranche*, dans *Revue de synthèse*, janvier-mars 1961.
663. Roger (Jacques), *Naissance et mort de Fontenelle*, dans *L'Education nationale*, 24 janvier 1957.
664. Roger (Jacques), *Les sciences de la vie dans la pensée française au dix-huitième siècle*. Paris, Colin, 1963, gr. in-8°.
665. Rostand (Jean), *Hommes de vérité : Pasteur, Claude Bernard, Fontenelle, La Rochefoucauld*. Paris, Delamain et Boutelleau, 1942, in-16.
666. Rostand (Jean), *Fontenelle ou la leçon des astres*, dans *Le Figaro littéraire*, 18-19 juillet 1942.
667. Rostand (Jean), *Fontenelle, homme de vérité*, dans *Revue de synthèse*, 82, 1961.
668. Sacy (S. de), *Fontenelle avec nous*, dans *Les Lettres nouvelles*, janvier 1958.
669. Sainte-Beuve (Charles-Augustin), *Causeries du lundi*. 2e édition, t. III. Paris, Garnier, 1858, in-12.
670. Sainte-Beuve (Charles-Augustin), *Philosophes et savants, I : Fontenelle, Montesquieu, Buffon, Diderot*. Paris, Garnier, 1932, in-16.
671. Sainte-Claire Deville (Charles), *Coup d'œil historique sur la géologie et sur les travaux d'Elie de Beaumont*. Paris, G. Masson, 1878, in-8°.
672. Saisselin (Remy G.), *Fontenelle, le parfait honnête homme*, dans *Le Bayou*, 72, hiver 1958.

673. Samfiresco (Elvire), *Ménage, polémiste, philologue, poète.* Paris, L'Emancipatrice, 1902, in-8°.

673 *bis.* Schérer (Jacques), *La dramaturgie classique en France.* Paris, Nizet, 1949, 2 vol. in-8°.

674. Schweitzer (Jérôme W.), *Georges de Scudéry's « Almahide » Autorship, Analysis, Sources and Structure.* Baltimore, The Johns Hopkins Press ; London, Humphrey Milford ; Oxford University Press ; Paris, Les Belles-Lettres, 1939, in-8°.

675. Sée (Henri), *L'évolution de la pensée politique en France au dix-huitième siècle.* Paris, M. Giard, 1923, in-8°.

676. Seznec (Jean), *La survivance des dieux antiques, essai sur le rôle de la tradition mythologique dans l'humanisme et dans l'art de la Renaissance.* London, The Warburg Institute, 1939, in-8°.

677. Simon (Renée), *Un révolté du grand siècle, Henry de Boulainvilliers* (préface de Henri Gouhier). Garches, Ed. du Nouvel Humanisme, 1948, in-8°.

677 *bis.* Soriano (Marc), *Les contes de Perrault, culture savante et traditions populaires.* Paris, Gallimard, 1968, in-8°.

678. Sortais (P. Gaston), *Le cartésianisme chez les jésuites français au dix-septième et au dix-huitième siècle.* Paris, G. Beauchesne, 1929, in-8°.

679. Spink (John Stephenson), *Le « Theophrastus Redivivus », la diffusion des idées matérialistes en France au début du dix-huitième siècle,* dans *Revue d'histoire littéraire de la France,* 1937.

680. Spink (John Stephenson), *French free-thought from Gassendi to Voltaire.* London, University of London, the Athlone Press, 1960, in-8°.

681. Storer (Mary-E.), *La mode des contes de fées (1685-1700).* Paris, H. Champion, 1928, in-8°.

682. Stychet (Sylvie), *Thomas Corneille et la musique,* dans *Dix-septième siècle,* 20-21, 1954.

683. Tchemerzine (Avenir), *Bibliographie d'éditions originales et rares d'auteurs français des quinzième, seizième, dix-septième et dix-huitième siècles, contenant environ six mille fac-similés de titres et de gravures.* Paris, M. Plée, 1927-1934, 10 vol. gr. in-8°.

684. Ternois (René), *Les débuts de l'anglophilie en France, Henri Justel,* dans *Revue de littérature comparée,* XIII, octobre-décembre 1933.

685. Ternois (René), *Saint-Evremond, gentilhomme normand,* dans les *Annales de Normandie,* 1960.

686. Thomas (Félix), *La philosophie de Gassendi.* Paris, Alcan, 1889, in-8°.

687. Tolmer (abbé Léon), *Pierre-Daniel Huet (1630-1721), humaniste, physicien.* Bayeux, P. Colas, 1949, in-8°.

688. Torlais (Jean), *La santé de Fontenelle d'après une lettre inédite de Réaumur (22 janvier 1751),* dans *Progrès médical,* 24 novembre 1952.

689. Tougard (abbé A.), *Une lettre de Fontenelle,* dans *Bulletin du bibliophile,* 1908.

690. Tougard (abbé A.), *Documents concernant l'histoire littéraire du dix-huitième siècle conservés aux archives de l'Académie de Rouen, publiés avec une introduction, notes et tables.* Rouen, A. Lestringant ; Paris, A. Picard, 1912, 2 vol. in-8°.

691. Troude (Robert), *Fontenelle ennemi de Racine,* dans *Revue des sociétés savantes de Haute-Normandie,* 7, 3e trimestre 1957.

692. Vandryes (Joseph), *Hommage à la mémoire de Fontenelle,* dans *Annales de l'Université de Paris,* juillet-septembre 1957.

693. Van Eerde (John), *A note on Fontenelle's Histoire du théâtre français,* dans *Modern language quartely,* décembre 1956.

694. Van Eerde (John), *Fontenelle's reflections on language,* dans *The Modern language journal,* février 1957.

695. Van Eerde (John), *Le théâtre de Fontenelle,* dans *Studi francesi,* mai-août 1962.

696. Vanier (Georges), *Demeures rouennaises disparues : un soir de novembre 1683 à l'hôtel de la Mésangère,* dans *Précis analytique des travaux de l'Académie des sciences, belles-lettres et arts de Rouen,* 1954-1956, 1957.

697. Van Roosbroeck (Gustave L.), *Corneille's Relations with Louis Petit,* dans *Modern language notes,* 1922.

698. Van Roosbroeck (Gustave L.), *Uncollected poems by Fontenelle,* dans *Modern language notes,* 1924.

699. Van Roosbroeck (Gustave L.) and Gerig (J.-L.), *Unpublished letters of Pierre Bayle,* dans *Romanic Review,* 1934.

700. Vanuxem (Jacques), *Racine et Boileau librettistes,* dans *Revue d'histoire littéraire de la France,* janvier 1951.

701. Vernière (Paul), *Spinoza et la pensée française avant la Révolution.* Paris, P.U.F., 1954, 2 vol. in-8°.

702. Vialard (abbé Augustin), *Le premier secrétaire perpétuel de l'Académie des sciences, J.-B. Du Hamel, prêtre de l'Oratoire, chancelier de l'église de Bayeux.* Paris, G. Téqui, 1884, in-8°.

703. Vier (Jacques), *Fontenelle, 1657-1757,* dans *L'Ecole,* 21 novembre 1959.

704. Virolle (Roland), *Explication de texte : Fontenelle et la science-fiction,* dans *L'Ecole,* 9 janvier 1959.

705. Wade (Ira O.), *The clandestine organization and diffusion of philosophic ideas in France from 1700 to 1750.* Princeton University Press ; London, Humphrey Milford ; Oxford University Press, 1938, in-8°.

706. Weiss (Charles), *Histoire des réfugiés protestants de France depuis la Révocation de l'Edit de Nantes jusqu'à nos jours.* Paris, Charpentier, 1853, 2 vol. in-12.

INDEX NOMINUM

(Cet *index* s'arrête à la fin du XVIIIe siècle. Il comprend non seulement les personnes[1], mais les ouvrages collectifs ou périodiques de cette période.)

1. Ne figurent pas dans cet *index* les noms des héros — même historiques — que Fontenelle a mis en scène dans ses œuvres d'imagination.

TABLE DES MATIERES

PREMIERE PARTIE

« LE NEVEU DE MESSIEURS CORNEILLE » (1657-1680)

TROISIEME PARTIE

LE BERGER MECREANT (1683-1686)

La liaison de Fontenelle avec Mme de la Mésangère (241). Datation des *Pastorales* (242), des *Entretiens sur la pluralité des mondes* (242). Le problème protestant (243). *L'Histoire des oracles*, les *Doutes sur le système des causes occasionnelles*, le *Mémoire sur le nombre 9*, la *Relation de Bornéo* (244). Evolution de Fontenelle : du bel esprit aux mathématiques, à la métaphysique et à la révolte (245).

SIXIEME PARTIE

TEL QU'EN LUI-MEME ENFIN...

ACHEVÉ D'IMPRIMER LE
5 FÉVRIER 1972
SUR LES PRESSES DES
IMPRIMERIES RÉUNIES
22, RUE DE NEMOURS
——— RENNES ———

Dépôt légal : 1er trimestre 1972